实用韩汉会话词典
실용한중회화사전

【韩】蔡心妍 编
채심연 편

北京市版权局著作权登记号：01-2005-3121

图书在版编目(CIP)数据

实用韩汉会话词典/(韩)蔡心妍编．—北京：北京大学出版社，2009.4
（北大版学习词典）
ISBN 978-7-301-11544-2

Ⅰ．实… Ⅱ．蔡… Ⅲ．汉语－口语－词典 Ⅳ．H195.4-61

中国版本图书馆CIP数据核字(2007)第005463号

本词典获得韩国民众书林出版社授权在中华人民共和国境内（包括香港、澳门特别行政区及台湾地区）及东南亚地区出版发行中文简体字版
ⓒ 2005 民众书林 蔡心妍 编

书　　　　名：	实用韩汉会话词典
著作责任者：	〔韩〕蔡心妍 编
责 任 编 辑：	欧慧英
标 准 书 号：	ISBN 978-7-301-11544-2/H·1723
出 版 发 行：	北京大学出版社
地　　　　址：	北京市海淀区成府路205号 100871
网　　　　址：	http://www.pup.cn
电　　　　话：	邮购部 62752015　发行部 62750672
	编辑部 62753374　出版部 62754962
电 子 信 箱：	zpup@pup.pku.edu.cn
印 　刷 　者：	北京中科印刷有限公司
经 　销 　者：	新华书店
	880毫米×1230毫米　A5　40.375印张　802千字
	2009年4月第1版　2009年4月第1次印刷
定　　　　价：	128.00元（含2张MP3）

未经许可，不得以任何方式复制或抄袭本书之部分或全部内容。
版权所有，侵权必究　举报电话：010-62752024
电子信箱：fd@pup.pku.edu.cn

出版说明

《实用韩汉会话词典》是一部针对韩国人士学习汉语口语而编纂的中型工具书,同时也适用于学习韩国语的中国人。

理论上说,句子是无限多的,但实际交际中,特定环境下常用的句子又是相对有限的,其表达方式更是有限的。本词典共收录常用句子10000余个,皆取自日常口语,涵盖了生活、学习、工作的各个方面。选句准确、地道、鲜活、生动,具有强烈的时代感。本词典以交际功能为纲,分为打招呼、人际交往、个人信息、家务、情感、表达方法、交流、天气与季节、电话、约会、交通、社交与宴会、用餐与饮酒、异性交往、购物、学校生活、在公共场所、医院Ⅰ看病程序、医院Ⅱ科室分类、就业与工作、电脑与网络、商务、出入境、旅游、宾馆住宿、爱好与运动,共26部分。每部分又根据各自情况分为若干方面或场景,如"打招呼"部分下分"见面、告别、称呼、节日"等4个场景,"情感"部分下分"欢喜/幸福、悲伤/不幸、生气/批评/责骂、惊讶/恐惧、焦虑/紧张、不平/不满、后悔/遗憾"等7个方面。之下再分相应的使用环境,如"称呼"下分"称呼别人时、非敬语/敬语、外号"3种使用环境。之下收录该环境下最常用的场景对话和句子,并附常用词语。所收10000余个句子各归其类,井然有序。

学习者可以根据自己的需要选用适当的场景系统学习该领域的交际表达,也可以查阅特定场景语境下的表达方式,并通过词语替换,生成自己实际需要的句子,完成交际任务。

为方便初学者,句子中的难点词、生僻词以脚注的形式加以解释。

为突出口语学习的特点,本词典所有文本均配有录音(约30个小时)。考虑到读者的需要,录音采用汉韩、韩汉对照形式,可检索至二级子话题,在一定程度上可以脱离文本有针对性地进行口语学习与训练。

일러두기

1. 본서의 구성과 특징
- 본서는 모두 26개의 장으로 분류된 사전 개념을 도입한 한국어와 중국어를 동시에 익힐 수 있는 실용회화사전이다. 풍부하고도 다양한 내용은 본서의 가장 큰 자랑이며, 여러 권에 해당되는 분량을 한 권으로 압축하여 간편함과 경제적 효율성을 극대화 하였다.
- 각 장은 몇 개의 큰 주제를 설정하였고, 다시 작은 주제들로 세분하여 독자가 원하는 표현을 쉽게 찾아볼 수 있도록 하였다.
- 원문에서 따로 설명이 필요한 부분은 각주 처리하여 이해를 돕고자 하였다.
- 매 장이 끝날 때마다 자주 사용되는 관련 용어들을 따로 모아 정리해 두었다.

2. 병음 및 성조 표기
- **多音字**: 중국어에는 여러 개의 병음과 성조를 가지고 있는 한자가 많은데, 이들은 단어나 문장에 따라 각기 다르게 발음된다. 본서에서는 이러한 多音字가 있을 경우 각주를 달아 그 차이를 예시하였다.

  예) 1) 병음이 다른 경우

  差：差异(chāyì)　差不多(chàbuduō)　出差(chūchāi)　参差(cēncī)

  长：长短(chángduǎn)　长辈(zhǎngbèi)

  2) 성조가 다른 경우

  量：量词(liàngcí)　量杯(liángbēi)

  要：重要(zhòngyào)　要求(yāoqiú)

- **轻声**: 중국어에서는 성조가 경성 처리됨으로써 뜻이나 뉘앙스가 달라지는 경우가 많이 있다. 또 의미에는 변화가 없으나 지역에 따라 습관상 경성으로 발음하는 경우도 많다. 본서에서는 병음 표기를 한자의 원래 성조가 아닌 문장 안에서 변화되는 성조로 표기하여, 실제 대화에 있어 현지의 억양에 가깝게 발음할 수 있도록 하였다.

예) 1) 성조에 따라 의미가 달라지는 경우
　　　告诉(gàosù): 고소하다 — 告诉(gàosu): 알려주다
　　　生意(shēngyì): 생기, 활기 — 生意(shēngyi): 장사, 영업
　　　运气(yùnqì): 기를 모으다 — 运气(yùnqi): 운, 재수
　　2) 의미가 달라지지는 않지만 습관상 경성으로 발음하는 경우
　　　这里(zhèlǐ) → 这里(zhèli)
　　　早上(zǎoshàng) → 早上(zǎoshang)
　　　喜欢(xǐhuān) → 喜欢(xǐhuan)

* 儿化: 현대 중국어의 두드러진 특징으로 儿化를 꼽을 수 있다. 특히 베이징을 비롯한 북방지역에서는 이 현상이 매우 심하여 같은 단어라도 儿을 사용했을 때와 사용하지 않았을 때는 의미나 뉘앙스가 달라지게 되는 경우가 많다. 본서는《汉语拼音方案》의 규정에 따라 儿化된 단어의 병음을 아래와 표기하였다.

예) 点儿(diǎn ér) → 点儿(diǎnr)
　　这儿(zhè ér) → 这儿(zhèr)
　　事儿(shì ér) → 事儿(shìr)

* 不와 一의 성조 변화: 不은 뒤에 4성이 올 경우 2성으로 변화하며, 동사나 형용사의 단어 사이에 쓰일 경우에는 경성으로 발음된다. 또 숫자 一은 뒤에 1, 2, 3성이 올 경우는 4성으로, 4성이 올 경우는 2성으로 바뀌게 된다. 본서에서는 이들 역시 실제 변화되는 성조로 표기하였다.

예) 1) 不이 2성으로 변화되는 경우
　　　不是(bùshì) → 不是(búshì)
　　　不看(bùkàn) → 不看(búkàn)
　　2) 不이 경성으로 변화되는 경우
　　　是不是(shìbùshì) → 是不是(shìbushì)
　　　对不起(duìbùqǐ) → 对不起(duìbuqǐ)
　　3) 一이 2성으로 변화되는 경우
　　　一次(yīcì) → 一次(yícì)
　　　一下(yīxià) → 一下(yíxià)

4) 一이 4성으로 변화되는 경우

一天(yītiān) → 一天(yìtiān)

一年(yīnián) → 一年(yìnián)

一种(yīzhǒng) → 一种(yìzhǒng)

3. 중국어 예문 및 한국어 번역

* 본서에 제시된 중국어 예문은 중국의 수도인 베이징에서 사용하고 있는 보통화 입말을 위주로 하였다. 또한 실제 대화에 직접 적용하기 위해 문법에 얽매이기 보다는 자연스러운 대화를 채택하였다.
* 한글 예문은 될 수 있는 대로 직역을 원칙으로 하였다. 처음 중국어를 배우는 독자들이 문장 속의 단어니 용법을 비교해 가면서 자연스럽게 익힐 수 있게 하고, 또 한국어를 배우는 중국인들도 중국어 문장과의 대조를 통해 한국어의 어순 등에 익숙해지기 위해서이다.

차 례
目 录

1 인사 打招呼 ··· 1
　① 만났을 때 见面 ·· 3
　② 헤어질 때 告别 ·· 21
　③ 호칭 称呼 ··· 28
　④ 명절 때 节日 ··· 34

2 대인 교류 人际交往 ·· 39
　① 환영·환송할 때 欢迎/欢送 ·· 41
　② 축하할 때 祝贺 ·· 44
　③ 감사할 때 道谢 ·· 50
　④ 칭찬할 때 称赞 ·· 55
　⑤ 선물할 때 收送礼物 ··· 63
　⑥ 사과할 때 道歉 ·· 67
　⑦ 부탁할 때 请求 ·· 76
　⑧ 오해했을 때 误会 ··· 84

3 개인 신상 个人信息 ·· 89
　① 나이 年龄 ··· 91
　② 성격 性格 ··· 96
　③ 외모 外貌 ··· 104
　④ 가족 관계 亲属关系 ·· 111
　⑤ 학교 관계 学校关系 ·· 117
　⑥ 고향·거주지 家乡/居住地 ··· 121
　⑦ 종교·기타 宗教/其他 ··· 124

2 차 례

4 가사 家务 ································· 135

1. 이사 搬家 ································· 137
2. 청소 打扫 ································· 143
3. 세탁 洗衣 ································· 147
4. 요리 烹饪 ································· 153
5. 수도·전기·가스 水/电/煤气 ················ 161
6. 고장·수리 故障/维修 ······················ 167
7. 가사 도우미 쓰기 雇保姆 ·················· 173
8. 애완동물·화초 宠物/花草 ·················· 180

5 감정 표현 情感 ·························· 187

1. 기쁨·행복 欢喜/幸福 ······················ 189
2. 슬픔·불행 悲伤/不幸 ······················ 195
3. 화·비난·욕설 生气/批评/责骂 ·············· 203
4. 놀라움·두려움 惊讶/恐惧 ·················· 218
5. 걱정·긴장 焦虑/紧张 ······················ 224
6. 불평·불만 不平/不满 ······················ 231
7. 후회·유감 后悔/遗憾 ······················ 236

6 의사 표현 表达方法 ······················ 243

1. 의견 제시 提意见 ························· 245
2. 확신·단언 确认/断言 ······················ 248
3. 결심·결정 决心/决定 ······················ 251
4. 토론·협상 讨论/协议 ······················ 259
5. 충고·설득 忠告/说服 ······················ 264
6. 질문·답변 提问/回答 ······················ 269
7. 찬성·반대 赞成/反对 ······················ 275
8. 추측·판단 推测/判断 ······················ 283
9. 요구·명령 要求/命令 ······················ 287

10 수락・거절　接受/拒绝 ··· 290

7　대화　交流 ··· 295
　　　1 대화의 기술　交流的技巧 ·· 297
　　　2 의사 소통　沟通 ·· 309
　　　3 참말・거짓말　实话/谎话 ·· 313
　　　4 농담・유머　玩笑/幽默 ··· 318
　　　5 소문・비밀　传闻/秘密 ··· 323

8　날씨와 계절　天气与季节 ·· 331
　　　1 계절　季节 ·· 333
　　　2 기후　气候 ·· 343
　　　3 기상　气象 ·· 350
　　　4 온도・습도　温度/湿度 ··· 365

9　전화　电话 ··· 373
　　　1 전화 걸 때　打电话 ··· 375
　　　2 전화 받을 때　接电话 ·· 381
　　　3 전화 끊을 때　挂电话 ·· 389
　　　4 잘못 걸린 전화　打错电话 ··· 395
　　　5 전화 메시지　电话留言 ··· 399
　　　6 공중전화・휴대폰　公用电话/手机 ···································· 411
　　　7 기타 통화 내용　其他通话内容 ·· 416
　　　8 각종 안내・신고 전화　各种服务电话 ································ 421

10　약속　约会 ·· 429
　　　1 시간・장소　时间/地点 ··· 431
　　　2 수락・거절　承诺/拒绝 ··· 438
　　　3 변경・취소　更改/取消 ··· 442
　　　4 확인・만남　确认/见面 ··· 447

4　차　례

    ⑤ 위약・사과　失约/道歉 ………………………………………… 456

11 교통　交通 …………………………………………………………… 463

    ① 버스　公共汽车 ………………………………………………… 465
    ② 지하철・전철　地铁/城铁 …………………………………… 472
    ③ 기차　火车 ……………………………………………………… 476
    ④ 택시　出租车 …………………………………………………… 481
    ⑤ 자전거・오토바이　自行车/摩托车 ………………………… 490
    ⑥ 자가용 승용차　私人轿车 …………………………………… 495

12 사교와 모임　社交与宴会 ………………………………………… 509

    ① 초대・회답　邀请/答复 ……………………………………… 511
    ② 방문・접대　拜访/接待 ……………………………………… 515
    ③ 각종 모임　各种宴会 ………………………………………… 526
    ④ 사교 예절　社交礼节 ………………………………………… 537
    ⑤ 헤어질 때　散场 ……………………………………………… 541

13 식사와 음주　用餐与饮酒 ………………………………………… 547

    ① 식사 제의　提议用餐 ………………………………………… 549
    ② 자리 예약　预订座位 ………………………………………… 554
    ③ 음식 주문　点菜 ……………………………………………… 559
    ④ 식사할 때　用餐 ……………………………………………… 572
    ⑤ 술을 마실 때　喝酒 …………………………………………… 582
    ⑥ 계산할 때　结账 ……………………………………………… 594
    ⑦ 음식에 관한 화제　有关饮食的话题 ……………………… 598

14 이성 교제　异性交往 ……………………………………………… 609

    ① 관심　关心 ……………………………………………………… 611
    ② 만남　相识 ……………………………………………………… 616
    ③ 데이트　约会 …………………………………………………… 622

　　　　　　　　　　　　　　　　　　　　　차　례　5

    4 사랑　相爱 ……………………………………………… 628
    5 청혼·약혼　求婚/订婚 ………………………………… 637
    6 갈등　矛盾 ……………………………………………… 641
    7 이별　分手 ……………………………………………… 650

15 쇼핑　购物 ……………………………………………… 657

    1 쇼핑 제의 및 정보　购物提议及信息 ……………… 659
    2 각종 매장에서　在各种专卖店 ……………………… 667
    3 가격 흥정　讨价还价 ………………………………… 692
    4 대금 지불　付款 ……………………………………… 701
    5 포장·배달　包装/送货 ……………………………… 706
    6 교환·반품　换货/退货 ……………………………… 711
    7 쇼핑 화제　购物话题 ………………………………… 716

16 학교 생활　学校生活 ……………………………………… 725

    1 입학·전학·편입　入学/转学/插班 ………………… 727
    2 수업·과제　上课/作业 ……………………………… 733
    3 시험·성적　考试/成绩 ……………………………… 742
    4 학교·전공 선택　选择学校/专业 …………………… 751
    5 수강신청·학점　选课/学分 ………………………… 755
    6 학비·장학금　学费/奖学金 ………………………… 757
    7 도서관에서　在图书馆 ……………………………… 762
    8 기숙사에서　在宿舍 ………………………………… 767

17 공공장소에서　在公共场所 ……………………………… 775

    1 관공서에서　在公共事务机构 ……………………… 777
    2 은행에서　在银行 …………………………………… 780
    3 우체국에서　在邮局 ………………………………… 787
    4 약국에서　在药店 …………………………………… 793
    5 서점에서　在书店 …………………………………… 798

6 차 례

- ⑥ 미용실에서　在美容美发店 …………………… 802
- ⑦ 세탁소에서　在洗衣店 …………………………… 810
- ⑧ 의류점에서　在服装店 …………………………… 813
- ⑨ 부동산중개소에서　在房地产中介公司 ………… 817
- ⑩ 패스트푸드점에서　在快餐店 …………………… 827

18 병원 Ⅰ : 진료 절차　医院Ⅰ　看病程序 …………… 833
- ① 예약·접수　预约/挂号 …………………………… 835
- ② 진찰받기　看病 …………………………………… 838
- ③ 진료·수술　治疗/手术 …………………………… 848
- ④ 입원·퇴원　住院/出院 …………………………… 852
- ⑤ 약 타기·용법　取药/用法 ……………………… 854
- ⑥ 문병　看望病人 …………………………………… 857
- ⑦ 응급구조　急救 …………………………………… 863

19 병원 Ⅱ : 전문의 진료　医院Ⅱ　科室分类 ………… 867
- ① 내과　内科 ………………………………………… 869
- ② 외과　外科 ………………………………………… 878
- ③ 신경외과　神经外科 ……………………………… 882
- ④ 소아과　儿科 ……………………………………… 886
- ⑤ 산부인과　妇产科 ………………………………… 889
- ⑥ 이비인후과　耳鼻喉科 …………………………… 894
- ⑦ 안과　眼科 ………………………………………… 898
- ⑧ 치과　牙科 ………………………………………… 902
- ⑨ 정신과　精神科 …………………………………… 906
- ⑩ 비뇨기과　泌尿科 ………………………………… 910
- ⑪ 피부과　皮肤科 …………………………………… 914
- ⑫ 중의　中医 ………………………………………… 917

20 취업 및 근무　就业与工作 …………………………… 923
- ① 구직　求职 ………………………………………… 925

차 례 **7**

② 출퇴근　上下班 ·· 942
③ 사무　办公 ··· 951
④ 회의　开会 ··· 958
⑤ 사무기기 사용　使用办公设备 ···························· 966
⑥ 임금·복지　工资/福利 ······································ 973
⑦ 인사 이동　人事调动 ·· 978

21 컴퓨터와 인터넷　电脑与网络 ··································· 987
① 컴퓨터 및 주변기기　电脑及配件 ························ 989
② 문서　电子文档 ··· 996
③ 이메일　电子邮件 ·· 1001
④ 채팅·게임　聊天/游戏 ····································· 1007
⑤ 검색·다운로드　搜索/下载 ······························· 1014
⑥ 고장·수리　故障/维修 ····································· 1018

22 비즈니스　商务 ·· 1025
① 바이어 영접　迎接客户 ···································· 1027
② 회사 소개 및 참관　介绍与参观公司 ··················· 1033
③ 상담 및 계약　洽谈与合同 ································ 1048
④ 주문·결제·클레임　订购/付款/索赔 ··················· 1069
⑤ 바이어 접대　接待客户 ···································· 1080

23 출입국　出入境 ·· 1087
① 비자 신청　申请签证 ······································· 1089
② 항공권 예약　订机票 ······································· 1093
③ 탑승 수속　登机手续 ······································· 1100
④ 항공기 탑승　登机 ·· 1106
⑤ 환승　转机 ·· 1116
⑥ 출입국·세관 수속　出入境/海关手续 ·················· 1119
⑦ 환영홀에서　在迎客厅 ······································ 1127

8 차 례

24 여행　旅游 ……………………………………………… 1133

1. 여행 정보　旅游信息 …………………………………… 1135
2. 기차 여행　乘火车旅行 ………………………………… 1141
3. 유람선 여행　乘船旅行 ………………………………… 1147
4. 관광지에서　在旅游景点 ……………………………… 1150
5. 기념사진·기념품　留影/纪念品 ……………………… 1154
6. 단체여행　团体旅游 …………………………………… 1159
7. 분실신고　挂失 ………………………………………… 1163

25 호텔 이용　宾馆住宿 …………………………………… 1171

1. 호텔 예약　预订房间 …………………………………… 1173
2. 체크 인　入住登记 ……………………………………… 1178
3. 부대시설　服务设施 …………………………………… 1184
4. 호텔 서비스　饭店服务 ………………………………… 1190
5. 불편 신고　投诉 ………………………………………… 1201
6. 체크아웃　退房 ………………………………………… 1204
7. 프런트 데스크　前台 …………………………………… 1210

26 취미와 스포츠　爱好与运动 …………………………… 1215

1. 여가생활　业余生活 …………………………………… 1217
2. 각종 취미　各种爱好 …………………………………… 1221
3. 각종 스포츠　各种运动 ………………………………… 1250
4. 경기 관전　观看比赛 …………………………………… 1269

1

인 사
打招呼　　　　　　　　　　　　DA ZHAOHU

1. 만났을 때　　　　　　　见面
2. 헤어질 때　　　　　　　告别
3. 호　칭　　　　　　　　称呼
4. 명절 때　　　　　　　　节日

1 만났을 때　　　见面
jiàn miàn

사람을 만났을 때 가장 흔히 하는 일상적인 인사는 "你好 nǐ hǎo" 이다. 바로 한국말의 "안녕하세요?" 에 해당하는 인사로서 시간이나 장소 또는 연령에도 크게 구애받지 않고 쓸 수 있다. 물론 상대방을 높여서 인사를 해야 할 경우에는 "您好 nínhǎo" 라고 하는 것이 좋다. 이 밖에 시간대에 따라서 인사를 달리 하기도 하는데 자주 쓰는 아침저녁 인사 "早上好 zǎoshang hǎo", "晚上好 wǎnshang hǎo" 외에도 오전 점심 오후를 구별하여 "上午好 shàngwǔ hǎo", "中午好 zhōngwǔ hǎo", "下午好 xiàwǔ hǎo"라고 하기도 한다.

기본대화

A: 早上　好!
　　Zǎoshang hǎo
B: 早, 今天 天气 真 好 啊!
　　Zǎo　jīntiān tiānqì zhēn hǎo　a
A: 是 啊, 真 的 不错。
　　Shì　a　zhēn de búcuò

A: 안녕하십니까?
B: 안녕하세요, 오늘 날씨가 아주 좋습니다.
A: 그렇군요. 정말 좋습니다.

여러 가지 활용

I 일상의 인사　打 招呼
　　　　　　　 dǎ zhāohu

▶아침·오전　 早上 / 上午
　　　　　　zǎoshang shàngwǔ

• 안녕하십니까?
　早上　好! / 早! / 您 早!
　Zǎoshang hǎo　Zǎo　　Nín zǎo

• 안녕하세요?
　上午　好!
　Shàngwǔ hǎo

1. 인 사

- 안녕히 주무셨습니까?
  您 睡 得 好 吗？
  Nín shuì de hǎo ma

- 아침 드셨습니까?
  您 吃 早饭 了 吗？
  Nín chī zǎofàn le ma

▶점심·오후　中午 / 下午
　　　　　　zhōngwǔ　xiàwǔ

- 안녕하세요?
  中午　好！/ 下午 好！
  Zhōngwǔ hǎo　　Xiàwǔ hǎo

- 점심 드셨어요?
  吃 午饭 了 吗？
  Chī wǔfàn le ma

▶저녁　晚上
　　　　wǎnshang

- 안녕하세요?
  晚上　好！
  Wǎnshang hǎo

- 안녕히 주무십시오.
  晚安！
  Wǎn'ān

- 편안히 주무십시오.
  睡 个 好 觉！
  Shuì ge hǎo jiào

- 좋은 꿈 꾸세요.
  做 个 好 梦！
  Zuò ge hǎo mèng

▶근황을 물을 때　询问 近况 时
　　　　　　　　xúnwèn jìnkuàng shí

A: 您 身体 好 吧？
　　Nín shēntǐ hǎo ba

① 만났을 때

B: 挺 好 的 。
　　Tǐng hǎo de
A: 건강은 어떠하십니까?
B: 아주 좋습니다.

A: 最近 过 得 怎么样？
　　Zuìjìn guò de zěnmeyàng
B: 挺 好 的 。
　　Tǐng hǎo de
A: 요즘 어떻게 지내십니까?
B: 잘 지내고 있습니다.

A: 这 几 天 过 得 好 吗？
　　Zhè jǐ tiān guò de hǎo ma
B: 马马虎虎！①
　　Mǎmahūhū
A: 그동안 잘 있었니?
B: 그럭저럭.

A: 生意 好 吗？
　　Shēngyi hǎo ma
B: 这 几 天 不 太 好 。
　　Zhè jǐ tiān bú tài hǎo
A: 장사는 잘 됩니까?
B: 요즘엔 그다지 좋지 않습니다.

A: 您 的 家人 都 好 吧？
　　Nín de jiārén dōu hǎo ba
B: 都 挺 好 的 。
　　Dōu tǐng hǎo de
A: 가족들은 다 잘 계십니까?
B: 다 잘 지내고 있습니다.

---

① 马马虎虎 mǎmahūhū : '그저 그렇다', '그리 나쁘지 않다' 라는 뜻 외에도 '대충대충하다', '건성건성하다' 의 뜻이 있음.

1. 인 사

A: 几 天 不 见 , 身体 还 好 吗 ?
　　Jǐ tiān bú jiàn　shēntǐ hái hǎo ma
B: 还 行 , 你 呢 ?
　　Hái xíng nǐ ne
A: 我 也 不 错 。
　　Wǒ yě bú cuò
A: 며칠 못 봤는데 여전히 건강하지?
B: 그런 대로, 너는?
A: 나도 좋아.

A: 最近 忙 吗 ?
　　Zuìjìn máng ma
B: 很 忙 。
　　Hěn máng
A: 요즈음 바쁘세요?
B: 아주 바쁩니다.

A: 怎么样? 有 什么 事 吗 ?
　　Zěnmeyàng Yǒu shénme shì ma
B: 也 没 什么 特别 的 事情 。
　　Yě méi shénme tèbié de shìqing
A: 어떻게 지내? 무슨 일 있어?
B: 뭐 별일은 없어.

▶기분이 좋아 보일 때　　脸色 好 时
　　　　　　　　　　　　liǎnsè hǎo shí

A: 看 你 高兴 的 样子 , 有 什么 喜事 吗 ?
　　Kàn nǐ gāoxìng de yàngzi　yǒu shénme xǐshì ma
B: 我 收到 录取 通知书 了 。①
　　Wǒ shōudào lùqǔ tōngzhīshū le
A: 신나 보이는데 무슨 좋은 일이라도 있니?
B: 합격 통지서를 받았거든요.

---

① 录取 lùqǔ: 채용하다, 뽑다, 합격시키다. 录取线 lùqǔxiàn: 합격선.

① 만났을 때

- 안색이 좋아 보이십니다.
  看你满面红光的样子。①
  Kàn nǐ mǎn miàn hóngguāng de yàngzi
- 기색도 좋고 활력이 있어 보이십니다.
  看起来你气色不错，精神焕发。②
  Kàn qǐlai nǐ qìsè búcuò, jīngshén huànfā
- 기분이 좋은 걸 보니 무슨 좋은 일이라도 있나보죠?
  看你美滋滋的，是不是有什么高兴的事?
  Kàn nǐ měizīzī de, shì bu shì yǒu shénme gāoxìng de shì

▶ 기분이 안 좋아 보일 때　脸色不好时
　　　　　　　　　　　　liǎnsè bù hǎo shí

A: 今天早晨怎么了? 好像气色不太好。
　　Jīntiān zǎochen zěnme le　Hǎoxiàng qìsè bú tài hǎo
B: 昨天睡觉有点儿着凉了。③
　　Zuótiān shuìjiào yǒudiǎnr zháoliáng le
A: 오늘 아침 웬일이에요. 안색이 안 좋아 보여요.
B: 어젯밤 잘 때 감기에 걸린 것 같아요.

A: 你看起来很累。
　　Nǐ kàn qǐlai hěn lèi
B: 可能是因为昨天工作了一个晚上吧。
　　Kěnéng shì yīnwèi zuótiān gōngzuò le yí ge wǎnshang ba
A: 不要太累了，要注意身体。
　　Búyào tài lèi le, yào zhùyì shēntǐ
A: 많이 피곤해 보이는데.
B: 아마 어제 밤새워 일을 해서 그런가 봐요.
A: 너무 무리하지 말고, 건강 조심해.

---

① 满面红光 mǎn miàn hóngguāng: 안색이 환하다, 안색이 밝다. 이와 유사한 말로 满面春风 mǎn miàn chūn fēng 등이 있다.
② 焕发 huànfā: 환하게 드러나다, 빛을 발하다. 精神焕发 jīngshén huànfā: 정기가 발산되다. 容光焕发 róngguāng huànfā: 얼굴빛이 환하다.
③ 着凉 zháoliáng: 찬바람에 노출되어 감기 드는 것을 말한다. = 伤风 shāngfēng.

1. 인 사

A: 怎么，心情 不 好 吗？
　　Zěnme xīnqíng bù hǎo ma
B: 最近 不 太 好 。
　　Zuìjìn bú tài hǎo
A: 왜 기분이 안 좋아요?
B: 요즘 별로 안 좋아요.

A: 看 你 今天 脸色 不 太 好 , 有 什么 心事 吗？
　　Kàn nǐ jīntiān liǎnsè bú tài hǎo yǒu shénme xīnshì ma
B: 没有，只是 觉得 身体 有点儿 不 舒服 。
　　Méiyǒu zhǐshì juéde shēntǐ yǒudiǎnr bù shūfu
A: 오늘은 안색이 안 좋아 보이는데 무슨 걱정거리라도 있어요?
B: 아니에요, 그냥 몸이 좀 불편할 뿐이에요.

A: 不 舒服 吗？
　　Bù shūfu ma
B: 没有，只是 昨晚 没 睡好。
　　Méiyǒu zhǐshì zuówǎn méi shuìhǎo
A: 어디 불편하세요?
B: 아니요, 어젯밤 잠을 좀 못 잤어요.

A: 怎么 了？ 什么 事 让 你 这么 担心 啊？
　　Zěnme le Shénme shì ràng nǐ zhème dānxīn a
B: 你 看 出来 了？ 我 爱人 生病 住院 了。
　　Nǐ kàn chulai le Wǒ àiren shēngbìng zhùyuàn le
A: 왜 그래요? 무슨 일로 그렇게 걱정하세요?
B: 그렇게 보입니까? 아내가 병이 나서 입원했거든요.

II 처음 만났을 때　初见 时
　　　　　　　　　　　chūjiàn shí

A: 金 永 , 给 你 介绍 一下 , 这 位 是 李 娜 。
　　Jīn Yǒng gěi nǐ jièshào yíxià zhè wèi shì Lǐ Nà
B: 初次 见 面 , 请 多多 关照 。
　　Chūcì jiàn miàn qǐng duōduō guānzhào

① 만났을 때

① 见面

C: 很 高兴 认识 你。
　　Hěn gāoxìng rènshi nǐ

A: 金 永 是 我 的 同事，李 娜 是 我 小时候 的 朋友。
　　Jīn Yǒng shì wǒ de tóngshì　Lǐ Nà shì wǒ xiǎoshíhou de péngyou

A: 진용씨, 소개해 드릴게요, 이 분은 리나씨예요.
B: 처음 뵙겠습니다. 잘 부탁드립니다.
C: 만나 뵙게 되어 반갑습니다.
A: 진용씨는 나의 회사 동료이고, 리나씨는 어릴 적 친구예요.

▶소개할 때　介绍 时
　　　　　　　jièshào shí

- 이 분은 저희 북경 지사의 지사장입니다.
  这 位 是 我们 北京 分 公司 的 总经理。
  Zhè wèi shì wǒmen Běijīng fēn gōngsī de zǒngjīnglǐ

- 이번에 새로 오신 진용 선생님입니다.
  这 位 是 新来 的 老师 金 永。
  Zhè wèi shì xīnlái de lǎoshī Jīn Yǒng

- 이 분은 한국의 저명한 서예가이십니다.
  这 位 是 韩国 著名 的 书法家。
  Zhè wèi shì Hánguó zhùmíng de shūfǎjiā

- 이 분이 바로 네가 만나고 싶어하던 이선생님이셔.
  这 位 就 是 你 想 见 的 李 先生。
  Zhè wèi jiù shì nǐ xiǎng jiàn de Lǐ xiānsheng

- 서로 인사하시죠.
  你们 互相 认识 一下 吧。
  Nǐmen hùxiāng rènshi yíxià ba

▶처음 만났을 때의 예절　初见 时 的 礼节
　　　　　　　　　　　　chūjiàn shí de lǐjié

- 안녕하세요, 처음 뵙겠습니다. 저는 리나입니다.
  你好, 初次 见面, 我 叫 李 娜。
  Nǐ hǎo chūcì jiànmiàn wǒ jiào Lǐ Nà

1. 인 사

- 만나서 반갑습니다. 앞으로 잘 부탁합니다.
  见到 你 很 高兴 ，以后 请 多多 关照。
  Jiàndào nǐ hěn gāoxìng yǐhòu qǐng duōduō guānzhào

- 만나 뵙게 되어 영광입니다.
  见到 你 很 荣幸。
  Jiàndào nǐ hěn róngxìng

- 당신을 알게 되어서 정말 영광입니다.
  能 有 机会 认识 你，真 是 荣幸。
  Néng yǒu jīhuì rènshi nǐ zhēn shì róngxìng

- 존함은 익히 듣고 있었습니다.
  您 的 大名 早 有 所闻 啊。
  Nín de dàmíng zǎo yǒu suǒwén a

- 장용씨한테서 얘기 많이 들었습니다.
  张 永 常常 在我 面前 提起你。
  Zhāng Yǒng chángcháng zài wǒ miànqián tíqǐ nǐ

▶ 만나보고 싶었을 때 希望 认识 时
                      xīwàng rènshi shí

- 오래 전부터 말씀 많이 들었습니다.
  久仰，久仰。①
  Jiǔyǎng jiǔyǎng

- 오래 전부터 존함 많이 들었습니다.
  久仰 您 的 大名。
  Jiǔyǎng nín de dàmíng

- 말씀 많이 들었는데 오늘 드디어 뵙게 되는군요.
  久仰，久仰，今天 终于 见到 你 了。
  Jiǔyǎng jiǔyǎng jīntiān zhōngyú jiàndào nǐ le

- 오래 전부터 찾아뵙고 싶었습니다.
  我 很 早 就 想 拜访 您。
  Wǒ hěn zǎo jiù xiǎng bàifǎng nín

---

① 久仰 jiǔyǎng: 상대가 누구인지 익히 들어 알고 있다가 드디어 처음으로 만났을 때 하는 인사이다.

① 만났을 때

- 오래 전부터 만나 뵙기를 희망해 왔습니다.
  很 早 就 希望 能 认识 你。
  Hěn zǎo jiù xīwàng néng rènshi nǐ

- 기회가 있으면 꼭 한 번 뵙고 싶었습니다.
  我 一直 希望 有 机会 能 见 您 一次。
  Wǒ yìzhí xīwàng yǒu jīhuì néng jiàn nín yí cì

▶ 성명 묻기　询问　姓名
　　　　　　xúnwèn xìngmíng

- 성이 어떻게 되십니까?
  请问, 您 贵姓?
  Qǐngwèn nín guìxìng

- 이름이 뭐예요?
  你 叫 什么 名字?
  Nǐ jiào shénme míngzi

- 성함을 남겨 주시겠습니까?
  留下 您 的 姓名, 好 吗?
  Liúxià nín de xìngmíng hǎo ma

- 죄송하지만 성함과 주소를 다시 한 번 말씀해 주십시오.
  麻烦 您 把 姓名 和 地址 再 说 一 遍。
  Máfan nín bǎ xìngmíng hé dìzhǐ zài shuō yí biàn

- 당신을 어떻게 불러야 되죠?
  我 该 怎么 称呼 您?
  Wǒ gāi zěnme chēnghu nín

- 샤오피아오라 불러 주세요.
  就 叫 我 小 朴 吧。①
  Jiù jiào wǒ Xiǎo Piáo ba

- 그냥 이름을 부르시면 됩니다.
  您 就 叫 我 的 名字 吧。
  Nín jiù jiào wǒ de míngzi ba

---

① 자기와 동년배이거나 어린 사람을 부를 때 친근함의 표현으로 성 앞에 小 xiǎo를 붙여 부른다.

1. 인사

▶ 자기를 소개할 때 介绍 自己 时
　　　　　　　　jièshào zìjǐ shí

- 먼저 제 소개를 하겠습니다.
  先 自我 介绍 一下儿。①
  Xiān zìwǒ jièshào yíxiàr

- 진용이라고 합니다.
  我 叫 金 永。
  Wǒ jiào Jīn Yǒng

- 제 성은 마, 이름은 용허입니다.
  我 姓 马, 叫 马 永鹤。
  Wǒ xìng Mǎ jiào Mǎ Yǒnghè

- 저는 한국에서 왔습니다.
  我 是 从 韩国 来 的。
  Wǒ shì cóng Hánguó lái de

- 저는 북경대학에서 공부하고 있습니다.
  我 在 北京 大学 读 书。
  Wǒ zài Běijīng Dàxué dú shū

- 저는 한 한국기업에서 일하고 있습니다.
  我 在 一个 韩国 企业 上 班。
  Wǒ zài yí ge Hánguó qǐyè shàng bān

- 중국에 온지 한 달도 안 되었습니다.
  来 中国 还 不 到 一 个 月。
  Lái Zhōngguó hái bú dào yí ge yuè

- 중국에 온지 2년이 되어 갑니다.
  来 中国 快 两 年 了。
  Lái Zhōngguó kuài liǎng nián le

- 중국 방문은 이번이 처음입니다.
  这 是 我 第一 次 来 中国。
  Zhè shì wǒ dìyī cì lái Zhōngguó

---

① 自我介绍 zìwǒ jièshào: 자기 소개.

① 만났을 때

▶일행을 소개할 때　介绍　同伴　时
　　　　　　　　　jièshào tóngbàn shí

- 얘는 저의 가장 친한 친구 쉬징이에요.
  这 是 我 最 好 的 朋友 徐 静。
  Zhè shì wǒ zuì hǎo de péngyou Xú Jìng
- 소개 드리겠습니다. 제 약혼녀입니다.
  介绍 一下，这 是 我 的 未婚妻。①
  Jièshào yíxià　zhè shì wǒ de wèihūnqī
- 이 분은 우리 과장님 리치앙씨입니다.
  这 位 是 我们 科长 李 强。
  Zhè wèi shì wǒmen kēzhǎng Lǐ Qiáng
- 이 분은 왕 선생님입니다. 무역에 종사하고 있지요.
  这 位 是 王 先生，他 从事 贸易 工作。
  Zhè wèi shì Wáng xiānsheng tā cóngshì màoyì gōngzuò

▶가족을 소개할 때　介绍　家人　时
　　　　　　　　　jièshào jiārén shí

- 저의 아버지와 어머니, 그리고 남동생입니다.
  我 的 爸爸、妈妈 和 弟弟。
  Wǒ de bàba　māma hé　dìdi
- 형이 하나 있는데 신문사 기자입니다.
  我 有 个 哥哥，是 报社 记者。
  Wǒ yǒu ge gēge　shì bàoshè jìzhě
- 남동생은 고3이고, 여동생은 중2입니다.
  弟弟 上 高三，妹妹 上 初二。
  Dìdi　shàng gāosān　mèimei shàng chū'èr
- 제 집사람입니다. 어린이 병원에서 간호사로 일하고 있어요.
  这 是 我 妻子，在 儿童 医院 当 护士。
  Zhè shì wǒ qīzi　zài értóng yīyuàn dāng hùshi
- 제 남편이에요. 대학에서 영어를 가르치고 있어요.
  这 是 我 先生，在 大学 教 英语。
  Zhè shì wǒ xiānsheng zài dàxué jiāo Yīngyǔ

---

① 未婚妻 wèihūnqī:약혼녀. 약혼자는 未婚夫 wèihūnfū.

1. 인　사

▶명함을 교환할 때　交换 名片 时
jiāohuàn míngpiàn shí

- 앞으로 어떻게 하면 연락할 수 있습니까?
  以后 怎么 联系 您 呢？
  Yǐhòu zěnme liánxì nín ne

- 명함 한 장 주시겠습니까?
  能 给 我 一 张　名片 吗？
  Néng gěi wǒ yì zhāng míngpiàn ma

- 제 명함입니다. 앞으로 자주 연락합시다.
  这 是 我 的　名片，以后　常　联系 吧。
  Zhè shì wǒ de míngpiàn yǐhòu cháng liánxì ba

- 명함을 안 가져 왔네요. 연락처를 적어드리겠습니다.
  我 没有 带　名片，给 你 写 一下 我 的 联系 地址 吧。
  Wǒ méiyǒu dài míngpiàn gěi nǐ xiě yíxià wǒ de liánxì dìzhǐ ba

- 하필 명함이 다 떨어졌군요. 다음에 드리겠습니다.
  真　不 巧，名片　用完 了，下次 再 给 你 吧。
  Zhēn bù qiǎo míngpiàn yòngwán le xiàcì zài gěi nǐ ba

Ⅲ　다시 만났을 때　再次　见面 时
zàicì jiànmiàn shí

A: 啊，陈 磊 先生，很 高兴 再次 见到 您。
　　A　Chén Lěi xiānsheng hěn gāoxìng zàicì jiàndào nín
B: 真　是 好久 不 见 了。
　　Zhēn shì hǎojiǔ bú jiàn le
A: 是 啊，您 过 得 好 吗？
　　Shì a nín guò de hǎo ma
B: 很 好。你 呢？
　　Hěn hǎo Nǐ ne
A: 和 以前 一样，这 段　时间 您 去 哪儿 了？
　　Hé yǐqián yíyàng zhè duàn shíjiān nín qù nǎr le
B: 因 公事 去 波士顿 待 了 一 年。
　　Yīn gōngshì qù Bōshìdùn dāi le yì nián
A: 一定 收获 不 小 吧？
　　Yídìng shōuhuò bù xiǎo ba

1 만났을 때

```
B: 是啊, 很 刺激, 也 获得 了 不 少 经验。
   Shì a  hěn cìjī  yě huòdé le bù shǎo jīngyàn
A: 아, 천레이씨, 다시 만나 뵙게 되어 정말 기쁩니다.
B: 정말 오래간만입니다.
A: 그래요. 그동안 잘 지내셨습니까?
B: 잘 지내고 있습니다. 당신은요?
A: 여전합니다. 그런데 그동안 어디에 계셨습니까?
B: 회사 일로 보스턴에서 1년 있었습니다.
A: 많은 수확이 있으셨겠습니다.
B: 네, 자극도 많이 받았고 경험도 많이 했습니다.
```

▶오랜만에 만났을 때 久别 见面 时
　　　　　　　　　　jiǔbié jiànmiàn shí

- 오랜만입니다. 어떻게 지내셨습니까?
  好久 不 见 了, 过 得 好 吗?
  Hǎojiǔ bú jiàn le guò de hǎo ma

- 오랫동안 연락드리지 못해 죄송합니다.
  好久 没 跟 您 联系, 真 是 抱歉。
  Hǎojiǔ méi gēn nín liánxì zhēn shì bàoqiàn

- 정말 오랫동안 뵙지 못했습니다.
  真 是 好 长 时间 没 见到 你 了。
  Zhēn shì hǎo cháng shíjiān méi jiàndào nǐ le

- 한 2년 못 뵈었습니다.
  都 两 年 没 见 了。
  Dōu liǎng nián méi jiàn le

- 오랫동안 소식 드리지 못해 죄송합니다.
  好 长 时间 没 给 你 消息, 真 对不起。
  Hǎo cháng shíjiān méi gěi nǐ xiāoxi zhēn duìbuqǐ

- 그동안 어떻게 지냈니?
  这么 长 时间 你 是 怎么 过 的?
  Zhème cháng shíjiān nǐ shì zěnme guò de

- 요 몇 년이 정말 빨리 지나갔어요. 마치 꿈을 꾼 것 처럼요.
  这 几 年 过 得 真 快, 就 好像 做梦 一样。
  Zhè jǐ nián guò de zhēn kuài jiù hǎoxiàng zuòmèng yíyàng

1. 인사

- 지난번에 만난 이후 벌써 3년이나 못 뵈었군요.
  自从 上 次 见面 以后，我们 已经 三 年 没见 了。
  Zìcóng shàng cì jiànmiàn yǐhòu wǒmen yǐjīng sān nián méi jiàn le

▶ 상대방의 안부를 물을 때　问候　对方　时
　　　　　　　　　　　　　wènhòu duìfāng shí

> A: 这 段 时间 没 见到 您，您 去 哪儿 了？
> 　　Zhè duàn shíjiān méi jiàndào nín　nín qù nǎr le
> B: 去 外国 进修 了。
> 　　Qù wàiguó jìnxiū le
> A: 그간 뵙지 못했는데 어디에 갔었습니까?
> B: 외국에 연수 나가 있었습니다.

- 요즈음 어떻게 지내고 계세요?
  最近 过 得 怎么样？
  Zuìjìn guò de zěnmeyàng

- 건강은 좋으십니까?
  身体 还 好 吗？
  Shēntǐ hái hǎo ma

- 가족들도 모두 안녕하세요?
  您 的 家人 都 好 吗？
  Nín de jiārén dōu hǎo ma

- 그간 집안에 별고 없으셨어요?
  这 段 时间 家里 没 什么 变化 吧？
  Zhè duàn shíjiān jiāli méi shénme biànhuà ba

- 부인께서는 안녕하십니까?
  您 夫人 好 吗？
  Nín fūren hǎo ma

- 저 대신 어머님께 안부 전해 주세요.
  代 我 向 您的 母亲 问 好。
  Dài wǒ xiàng nín de mǔqīn wèn hǎo

▶우연히 만났을 때 偶遇时
ǒuyù shí

A: 哎呀，这不是李刚吗？
　　Aiya　zhè bú shì Lǐ Gāng ma

B: 啊，小丽。真没想到会在这里见到你，
　　A　Xiǎo Lì　Zhēn méi xiǎngdào huì zài zhèli jiàndào nǐ
　　你真是一点儿都没变啊。
　　nǐ zhēn shì yìdiǎnr dōu méi biàn a

A: 你也一点儿都没变啊，和上大学时一样。
　　Nǐ yě yìdiǎnr dōu méi biàn a　hé shàng dàxué shí yíyàng

B: 谢谢，这话我爱听，你也和当年一样漂亮。
　　Xièxie zhè huà wǒ àitīng nǐ yě hé dāngnián yíyàng piàoliang

A: 어머, 리강 아니야?
B: 아, 샤오리. 여기서 만날 줄 상상도 못했는데. 정말 하나도 안 변했구나.
A: 너도 하나도 안 변했어. 대학 다닐 때 그대로야.
B: 고마워. 그 말 듣기 좋은데. 너도 그때처럼 여전히 예쁘구나.

- 어! 리우메이 맞죠?
  呀！是刘梅吧？
  Ya　Shì Liú Méi ba

- 세상 정말 좁군요!
  这世界真小啊！
  Zhè shìjiè zhēn xiǎo a

- 세상은 넓은 듯 하면서도 참 좁군요.
  这世界看起来很大，其实也挺小的。
  Zhè shìjiè kàn qilai hěn dà　qíshí yě tǐng xiǎo de

- 어떻게 여기에 계십니까?
  你怎么在这里？
  Nǐ zěnme zài zhèli

1. 인 사

▶길에서 만났을 때　在 路上 遇见 时
　　　　　　　　　zài lùshang yùjiàn shí

> A: 小　江，去 哪儿 啊？
>   Xiǎo Jiāng qù　nǎr　a
> B: 我 现在 去 图书馆。
>   Wǒ xiànzài qù túshūguǎn
> A: 샤오지앙, 어디 가니?
> B: 나 지금 도서관에 가는 길이야.

* 너 지금 어디 가니? 학교 가니?
　你 现在 去 哪儿 啊？　上 学 吗？
　Nǐ xiànzài qù　nǎr　a　Shàng xué ma

* 출근하는 길이세요?
　您 上 班 啊？
　Nín shàng bān a

* 퇴근하세요?
　下 班 了？
　Xià bān le

▶낯익은 얼굴일 때　似 曾 相识 时
　　　　　　　　　sì céng xiāngshí shí

> A: 我们　好像 以前 在 哪儿 见过。
>   Wǒmen hǎoxiàng yǐqián zài nǎr jiànguo
> B: 是 吗？ 没有 印象。
>   Shì ma　Méiyǒu yìnxiàng
> A: 或许 十 年 前 在 北京 大学……
>   Huòxǔ shí nián qián zài Běijīng Dàxué
> B: 哦，想 起来 了，你 是……
>   O　xiǎng qǐlai le　nǐ shì
> A: 我 是 李 刚。你 是 王 兰，对 吧？
>   Wǒ shì Lǐ Gāng Nǐ shì Wáng Lán　duì ba
> B: 对，真 对不起，一下子 没 认 出来。
>   Duì　zhēn duìbuqǐ　yíxiàzi méi rèn chulai

打招呼

① 만났을 때

> A: 이전에 어디선가 뵌 적이 있는 것 같아요.
> B: 글쎄요, 기억이 없는데요.
> A: 혹시 10년 전 북경대학에서 …
> B: 아, 생각이 나는군요. 당신은 …
> A: 저는 리강입니다. 당신은 왕란, 맞죠?
> B: 맞아요. 얼른 알아보지 못해 죄송합니다.

- 어디서 만난 적이 있는 것 같지 않아요?
  我们 是否 在 哪儿 见过？
  Wǒmen shìfǒu zài nǎr jiànguo

- 틀림없이 어디에선가 당신을 뵌 것 같아요.
  我 敢 肯定, 在 哪儿 见过 你。①
  Wǒ gǎn kěndìng zài nǎr jiànguo nǐ

- 실례합니다만, 리강씨 아닙니까?
  冒昧 地问 一下, 你是 李 刚 吗？②
  Màomèi de wèn yíxià nǐ shì Lǐ Gāng ma

- 아직 저를 기억하십니까?
  还 记得 我 吗？
  Hái jìde wǒ ma

- 매우 낯이 익습니다.
  你 很 面熟。③
  Nǐ hěn miànshú

- 제가 누군지 아십니까?
  你 知道 我 是 谁 吗？
  Nǐ zhīdào wǒ shì shéi ma

- 죄송합니다. 다른 사람으로 착각했습니다.
  对不起, 我 认错 人 了。④
  Duìbuqǐ wǒ rèncuò rén le

---

① 敢 gǎn. 감히 ~하다. 我敢肯定 wǒ gǎn kěndìng 은 '확신하건대', '장담하건대' 의 뜻.
② 冒昧 màomèi: 주제넘다, 당돌하다, 외람되다.
③ 面熟 miànshú: 낯익다.
④ 认错 rèncuò: 잘못 알다. 잘못 보다.

1. 인사

- 사람을 잘못 보신 것 같습니다.
  您 好像 认错 人 了。
  Nín hǎoxiàng rèncuò rén le

- 죄송하지만 전 당신을 모릅니다.
  对不起，我 不 认识 你。
  Duìbuqǐ   wǒ bú rènshi nǐ

2 헤어질 때

告别
gàobié

헤어질 때 하는 인사말은 "再见 zàijiàn"으로서 "또 만나요"라는 뜻이다. "안녕히 가세요."라고 인사할 때는 "慢走 màn zǒu"라는 말을 주로 쓰며, 남방에서는 "好走 hǎo zǒu"를 많이 쓰는 편이다. 만일 상대방이 먼 길을 떠나는 경우라면 "一路平安 yí lù píng'ān"(가시는 길 평안하길 빕니다!)이라고 하면 된다.

기본대화

A: 不早了，我该回去了。
   Bù zǎo le, wǒ gāi huíqu le

B: 好的，代我向你们家人问好。
   Hǎo de, dài wǒ xiàng nǐmen jiārén wèn hǎo

A: 一定，今天玩儿得很开心，谢谢您的 盛情 款待。①
   Yídìng, jīntiān wánr de hěn kāixīn xièxie nín de shèngqíng kuǎndài

B: 哪里话呀，你太客气了。
   Nǎli huà ya, nǐ tài kèqi le

A: 以后我再来拜访您。
   Yǐhòu wǒ zài lái bàifǎng nín

B: 你一定要来啊。
   Nǐ yídìng yào lái a

A: 会的。打扰了，再见。
   Huì de. Dǎrǎo le, zàijiàn

B: 请 慢走。
   Qǐng màn zǒu

A: 늦었으니 이제 가봐야겠습니다.
B: 네, 그러면 가족들에게 안부 전해 주십시오.
A: 그러겠습니다. 오늘 즐거웠고, 후한 대접을 해 주셔서 감사합니다.
B: 천만에요. 별 말씀 다하십니다.
A: 다음에 또 찾아뵙겠습니다.
B: 꼭 오셔야 됩니다.
A: 네. 폐가 많았습니다. 안녕히 계십시오.
B: 안녕히 가십시오.

---

① 盛情款待 shèngqíng kuǎndài : 후히 대접을 하다, 융숭하게 대접하다.

1. 인 사

여러 가지 활용

I 작별할 때 告别 时
　　　　　　 gàobié shí

- 내일 만나요!
  明天 见!
  Míngtiān jiàn

- 나중에 또 봐요.
  以后 再见 吧。 / 改天 再见 吧。
  Yǐhòu zàijiàn ba　　　Gǎitiān zàijiàn ba

- 시간 있으면 또 놀러 오세요.
  有 时间 再来 玩儿 啊。
  Yǒu shíjiān zài lái wánr a

- 기회가 있으면 다시 한번 모입시다.
  有 机会 再聚 一 次 吧。
  Yǒu jīhuì zài jù yí cì ba

- 그럼 나중에 다시 찾아뵙겠습니다.
  那 以后 再 登门 拜访 吧。①
  Nà yǐhòu zài dēngmén bàifǎng ba

- 부디 몸조심하세요.
  好好儿 照顾 自己 啊。
  Hǎohāor zhàogù zìjǐ a

- 건강하십시오.
  注意 身体 啊。
  Zhùyì shēntǐ a

- 몸 건강히 안녕히 계세요.
  你 可 要 多多 保重 啊。
  Nǐ kě yào duōduō bǎozhòng a

▶자리를 뜰 때 离开 时
　　　　　　　　　líkāi shí

- 이제 돌아가야 하겠습니다.
  我 要 回去 了。
  Wǒ yào huíqu le

---

① 登门 dēngmén: 방문하다, 심방하다, 찾아뵙다.

② 헤어질 때

② 告別

- 별일 없으면 이만 가보겠습니다.
  没 什么 事 就 告辞 了。
  Méi shénme shì jiù gàocí le
- 오늘은 이만 실례하겠습니다.
  今天 就 到 这里 吧。
  Jīntiān jiù dào zhèli ba
- 이젠 정말 가야겠습니다.
  我 真的 该 走 了。
  Wǒ zhēnde gāi zǒu le
- 그럼 먼저 실례하겠습니다.
  那我 先 告辞 了。
  Nà wǒ xiān gàocí le
- 시간이 늦어서 이젠 가야겠습니다.
  时间 不 早 了，该 回去 了。
  Shíjiān bù zǎo le gāi huíqu le

▶ 다시 만나기로 약속할 때　约好 再 见面 时
　　　　　　　　　　　　yuēhǎo zài jiànmiàn shí

- 그럼 그곳에서 뵙도록 하죠.
  那就 在 那儿 见 吧。
  Nà jiù zài nàr jiàn ba
- 내일 댁으로 찾아뵙겠습니다.
  明天 我 到 府上 去 拜访。①
  Míngtiān wǒ dào fǔshàng qù bàifǎng
- 내일 저녁 7시에 만나자.
  明天 晚上 七点 见。
  Míngtiān wǎnshang qī diǎn jiàn
- 그럼, 그때 다시 뵙지요.
  好 的，到 时候 再 见 吧。
  Hǎo de dào shíhou zài jiàn ba

---

① 府上 fǔshàng : 댁. 즉 남의 집을 높여 부르는 말. ＝ 贵府 guìfǔ.

1. 인사

▶ 다시 연락하기를 바랄 때　希望 再 联系 时
　　　　　　　　　　　　　xīwàng zài liánxì shí

- 시간 있으면 자주 놀러 오세요.
  有 时间 常 来玩儿 啊。
  Yǒu shíjiān cháng lái wánr a

- 시간이 있으면 전화 주십시오.
  有 时间 给我 打 电话。
  Yǒu shíjiān gěi wǒ dǎ diànhuà

- 바로 전화 드리겠습니다.
  我 会 很 快 给 你 打 电话 的。
  Wǒ huì hěn kuài gěi nǐ dǎ diànhuà de

- 자주 연락하는 것 잊지 마세요.
  别 忘了 保持 联络。
  Bié wàngle bǎochí liánluò

- 그 곳에 도착하는 대로 바로 전화 주십시오.
  到 那儿 以后，就 给 我 打 电话 吧。
  Dào nàr yǐhòu jiù gěi wǒ dǎ diànhuà ba

▶ 다시 만나기를 바랄 때　希望 再次 见面 时
　　　　　　　　　　　　xīwàng zàicì jiànmiàn shí

- 우리 다음에 다시 모이자.
  我们 下 回 再 聚 吧。
  Wǒmen xià huí zài jù ba

- 또 만나 뵙고 싶군요.
  我 想 再 见到 你。
  Wǒ xiǎng zài jiàndào nǐ

- 당신이 한국에 가기 전에 다시 한번 뵐 수 있을까요?
  你去 韩国 之前，我们 可以 再 见 一 次 面 吗？
  Nǐ qù Hánguó zhīqián wǒmen kěyǐ zài jiàn yí cì miàn ma

▶ 주말에 헤어질 때　周末 分别 时
　　　　　　　　　　zhōumò fēnbié shí

- 즐거운 주말을 보내세요.
  祝 你 有 个 愉快 的 周末！
  Zhù nǐ yǒu ge yúkuài de zhōumò

- 즐거운 여행이 되기를 바랍니다.
  祝 你 旅行 愉快！
  Zhù nǐ lǚxíng yúkuài

II 전송할 때　送别 时
sòngbié shí

A: 你 这 次 回 韩国，什么 时候 再 回来 啊？
  Nǐ zhè cì huí Hánguó shénme shíhou zài huílai a

B: 不 太 清楚，我 希望 能 尽早 回来。
  Bú tài qīngchu wǒ xīwàng néng jǐnzǎo huílai

A: 这 段 时间 我们 常常 见面，你 走 了 我
  Zhè duàn shíjiān wǒmen chángcháng jiànmiàn nǐ zǒu le wǒ
  真的 很 舍不得。
  zhēnde hěn shěbude

B: 我 也 一样，很 感谢 这 段 时间 以来 你 对 我 的
  Wǒ yě yíyàng hěn gǎnxiè zhè duàn shíjiān yǐlái nǐ duì wǒ de
  照顾。
  zhàogù

A: 没 什么，你 到 了 韩国 一定 要 多 加 保重 啊！
  Méi shénme nǐ dào le Hánguó yídìng yào duō jiā bǎozhòng a

B: 好 的，你 也 保重！
  Hǎo de nǐ yě bǎozhòng

A: 一路 顺风！
  Yílù shùnfēng

B: 谢谢！ 再见！
  Xièxie Zàijiàn

A: 이번에 한국에 가면 언제 다시 돌아오세요?
B: 잘 모르겠어요. 될 수 있는 대로 빨리 오려고요.
A: 그동안 매일 만났는데, 가신다 하니 정말 섭섭하군요.
B: 저도 그래요. 그동안 잘 보살펴 주셔서 너무 고맙습니다.
A: 뭘요. 한국에 가면 건강하게 잘 지내세요.
B: 예, 당신두요.
A: 그럼 편히 가세요.
B: 고마워요. 다시 만나요.

1. 인 사

- 안녕히 가십시오.
  慢 走。／ 请 走 好。
  Màn zǒu   Qǐng zǒu hǎo

- 조심해 가십시오.
  路上 小心 啊。
  Lùshang xiǎoxīn a

- 시간이 되면 또 와서 뵙겠습니다.
  有 时间我 会 再 来 看 你 的。
  Yǒu shíjiān wǒ huì zài lái kàn nǐ de

- 들어가시죠, 배웅하실 것 없습니다.
  你 进去 吧，不用 送 了。
  Nǐ jìnqu ba búyòng sòng le

- 나오지 마세요.
  请 留步。
  Qǐng liúbù

- 멀리 배웅하지 않겠습니다.
  我 不 送 你 了。
  Wǒ bú sòng nǐ le

- 문 앞까지 바래다 드리겠습니다.
  我 就 送 你 到 门口 吧。
  Wǒ jiù sòng nǐ dào ménkǒu ba

▶ 먼 길을 배웅할 때　 送 某人 远行 时
　　　　　　　　　　sòng mǒurén yuǎnxíng shí

- 가시는 길 평안하길 빕니다.
  祝 你 一 路 平安！
  Zhù nǐ yí lù píng'ān

- 각별히 조심하세요.
  请 多 加 小心 啊。
  Qǐng duō jiā xiǎoxīn a

- 편안히 잘 가시기를 빕니다.
  祝 你 一 路 顺风！
  Zhù nǐ yí lù shùnfēng

2 헤어질 때

Ⅲ 안부를 전할 때 代替 问候 时
dàitì wènhòu shí

> A: 代 我 向 您夫人 问好。
> Dài wǒ xiàng nín fūren wènhǎo
> B: 一定 。
> Yídìng
> A: 부인께 안부 전해 주세요.
> B: 그러겠습니다.

- 부모님께 안부 전해 주세요.
  替我 向 你的父母 问好。
  Tì wǒ xiàng nǐ de fùmǔ wènhǎo

- 댁에 돌아가시면 가족들에 안부 전해 주세요.
  回到 家里, 向 您的家人 问候 一 声。
  Huídào jiāli xiàng nín de jiārén wènhòu yì shēng

- 가족들에게 대신 안부 전해 주세요.
  代我 向 你的家人 问好。
  Dài wǒ xiàng nǐ de jiārén wènhǎo

- 저희 부모님께서 안부 전해 달라고 하셨습니다.
  我的父母 让我 向 您 问好。
  Wǒ de fùmǔ ràng wǒ xiàng nín wènhǎo

1 ② 告别

3 호 칭

称呼
chēnghu

사람을 호칭할 때 남성은 "先生 xiānsheng", 여성은 "小姐 xiǎojiě"라고 하는 것이 가장 무난하다. 만일 결혼한 여성의 경우라면 그 여성의 성(姓 xìng) 뒤에 女士 nǚshì를 붙이거나, 남편의 성 뒤에 太太 tàitai를 붙여서 호칭해도 된다. 호칭을 적절하게 사용하지 못할 경우 결례가 될 뿐만 아니라 상대의 기분을 상하게 할 수도 있으므로 주의하여 사용하는 것이 좋다.

기 본 대 화

A: 不好意思, 请问 您贵姓?
　　Bù hǎoyìsi qǐngwèn nín guìxìng

B: 我叫刘庆彬, 叫我小彬就行了。
　　Wǒ jiào Liú Qìngbīn jiào wǒ Xiǎo Bīn jiù xíng le

A: 是杨柳的柳吗?
　　Shì yángliǔ de liǔ ma

B: 不, 是姓刘的刘, 左面是"文", 右面是一个 "立刀"。①
　　Bù shì xìng Liú de Liú zuǒmiàn shì wén yòumiàn shì yí ge
　　lìdāo

A: 실례지만 성함을 여쭤 봐도 될까요?

B: 제 이름은 리우칭빈입니다. 그냥 샤오빈이라 부르시면 됩니다.

A: 버들 류자입니까?

B: 아니요, 성 유자입니다. 왼쪽에 글월문이고 오른쪽에 칼도자입니다.

---

① 立刀 lìdāo : "刂"(칼도) 의 명칭.

여러 가지 활용

I 사람을 부를 때　称呼 别人 时
　　　　　　　　　chēnghu biéren shí

▶여성에 대한 호칭　对 女性 的 称呼
　　　　　　　　　duì nǚxìng de chēnghu

- 왕여사님, 안녕하세요?
  王 女士, 您 好! ①
  Wáng nǚshì　nín hǎo

- Miss 리, 언제 돌아왔어요?
  李 小姐, 你 什么 时候 回来 的? ②
  Lǐ xiǎojiě　nǐ shénme shíhou huílai de

- 누님, 한 가지 상의 좀 드릴 수 있을까요?
  大姐, 我 能 跟 你 商量 一 件 事 吗? ③
  Dàjiě　wǒ néng gēn nǐ shāngliang yí jiàn shì ma

- 사모님, 정사장님은 아직 안 돌아 오셨습니까?
  太太, 郑 总 还 没 回来 吗? ④
  Tàitai　Zhèng zǒng hái méi huílai ma

- 선배님, 이번 웅변대회 입상을 축하드려요.
  师姐, 恭喜 你 在 这 次 演讲 比赛 中 得奖! ⑤
  Shījiě　gōngxǐ nǐ zài zhè cì yǎnjiǎng bǐsài zhōng dé jiǎng

- 아주머니, 이 근처에 슈퍼가 있나요?
  阿姨, 这 附近 有 没有 超市? ⑥
  Āyí　zhè fùjìn yǒu méiyǒu chāoshì

---

① 女士 nǚshì: 여성을 높여 부르는 말로서 여사, 부인 또는 숙녀의 의미. 여성의 성에 붙여 사용한다.
② 小姐 xiǎojiě: 젊은 여성에 대한 가장 보편적인 호칭. Miss 또는 아가씨란 의미지만 우리나라에서와 같은 폄하의 의미가 아닌 예의바른 호칭이다.
③ 大姐 dàjiě: 누나, 언니의 뜻. 나이가 다소 높은 여성을 친밀하게 부를 때 사용한다.
④ 太太 tàitai: 결혼한 여성에 대한 존칭. 남편의 성을 붙여 사용한다.
⑤ 师姐 shījiě: 학교의 여자 선배에 대한 호칭. 여자 후배는 师妹 shīmèi.
⑥ 阿姨 āyí: 어머니와 연배가 비슷한 여성에 대한 일반적인 호칭. 아줌마, 아주머니.

1. 인 사

- 할머니, 제가 가방을 들어 드릴게요.
  奶奶，我来帮您提包。①
  Nǎinai wǒ lái bāng nín tí bāo

▶ 남성에 대한 호칭 对男性的称呼
　　　　　　　　　duì nánxìng de chēnghu

- 선생님, 뭘 좀 드시겠습니까?
  先生，您喝点什么吗?②
  Xiānsheng nín hē diǎn shénme ma

- 젊은이, 이 짐 좀 들어 줄 수 있겠나?
  小伙子，能帮我拿这件行李吗?③
  Xiǎohuǒzi néng bāng wǒ ná zhè jiàn xíngli ma

- 젊은이, 앞으로 다시는 이 같은 우를 범하지 말도록 해요.
  年轻人，以后不要再做这样的傻事了。
  Niánqīngrén yǐhòu búyào zài zuò zhèyàng de shǎ shì le

- 형씨, 당신은 도대체 어떻게 생각합니까?
  哥们儿，你到底想怎么样?④
  Gēmenr nǐ dàodǐ xiǎng zěnmeyàng

- 선배님, 이번 여름방학에 우리 동아리는 어떤 계획이 있나요?
  师兄，这个暑假我们社团有什么安排?⑤
  Shīxiōng zhè ge shǔjià wǒmen shètuán yǒu shénme ānpái

- 아저씨, 동물원에 가려면 어떻게 가야 해요?
  叔叔，请问去动物园怎么走?⑥
  Shūshu qǐngwèn qù dòngwùyuán zěnme zǒu

- 할아버지, 또 산책 나가세요?
  大爷，又去遛弯儿呀?⑦
  Dàye yòu qù liùwānr ya

---

① 奶奶 nǎinai: 할머니와 같은 연배의 여성에 대한 호칭.
② 先生 xiānsheng: 남성에 대한 존칭. 영어의 Mr., 우리말의 ~씨 또는 ~선생님에 해당한다.
③ 小伙子 xiǎohuǒzi: 약관의 젊은 남성에 대한 호칭. 총각.
④ 哥们儿 gēmenr: 동년배의 남성에 대한 호칭으로 친밀한 관계를 나타낸다.
⑤ 师兄 shīxiōng: 학교의 남자 선배. = 师哥 shīgē, 남자 후배는 师弟 shīdì 라 한다.
⑥ 叔叔 shūshu: 아버지 연배와 비슷한 남성에 대한 호칭. 아저씨.
⑦ 大爷 dàye: 할아버지 연배의 남성에 대한 호칭.

③ 호칭

- 동지, 화내지 말아요, 화내면 건강에 해로워요.
  同志，别 生气，气坏了身体就不好了。①
  Tóngzhì bié shēngqì qìhuài le shēntǐ jiù bù hǎo le

- 기사님, 좀 빨리 가 주시겠어요?
  师傅，开快 一点儿 好 吗？②
  Shīfu kāikuài yìdiǎnr hǎo ma

▶ 기타 其他
　　　　qítā

- 꼬마야, 너는 몇 학년에 다니니?
  小朋友， 你 上 几 年级 呀？③
  Xiǎopéngyǒu nǐ shàng jǐ niánjí ya

- 착한 아가야, 울지 말아요.
  好 孩子，别 哭。
  Hǎo háizi bié kū

- 신사 숙녀 여러분 안녕하십니까?
  女士们， 先生们， 大家 好！
  Nǚshìmen xiānshengmen dàjiā hǎo

- 내빈 여러분 안녕하십니까?
  各 位 来宾， 晚上 好！
  Gè wèi láibīn wǎnshang hǎo

- 친구들아, 안녕?
  朋友们， 你们 好 吗？
  Péngyoumen nǐmen hǎo ma

- 승객 여러분 안녕하십니까?
  各 位 旅客，你们 好！
  Gè wèi lǚkè nǐmen hǎo

---

① 同志 tóngzhì: 우호적이며 연대감을 나타내는 호칭.

② 师傅 shīfu: 운전기사, 요리사 등 주로 기능계통의 전문직 종사자를 높여 부를 때 사용한다.

③ 小朋友 xiǎopéngyǒu: 어린이들을 친근하게 부를 때 사용. 꼬마 친구.

1. 인 사

Ⅱ 비존칭어 · 존칭어 　非敬语 / 敬语
　　　　　　　　　　　　fēi jìngyǔ　jìngyǔ

- 몇 살이니? /연세가 어떻게 되십니까?
  你几岁? / 您多大年纪了?
  Nǐ jǐ suì　　Nín duōdà niánjì le

- 영감은 몇 살이요? /할아버님, 춘추가 어떻게 되십니까?
  老头儿，多大了? / 老大爷，您高寿了?①
  Lǎotóur　duōdà le　　Lǎo dàye　nín gāoshòu le

- 그가 죽었어. /돌아가셨어요.
  他死了。/ 他去世了。
  Tā sǐ le　　Tā qùshì le

- 먹어. /천천히 드십시오.
  你吃吧。/ 请您慢用。
  Nǐ chī ba　　Qǐng nín màn yòng

- 잘 가. /안녕히 가세요. /안녕히 가십시오.
  走了。/ 走好。/ 您慢走。
  Zǒu le　Zǒu hǎo　　Nín màn zǒu

- 말해. /말씀하십시오.
  你说。/ 请讲。
  Nǐ shuō　　Qǐng jiǎng

- 샤오장, 내가 술 한 잔 따를게. /장선생님, 술 한 잔 올리겠습니다.
  小张，我给你倒杯酒吧。/ 张老师，我敬您
  Xiǎo Zhāng wǒ gěi nǐ dào bēi jiǔ ba　　Zhāng lǎoshī　wǒ jìng nín
  一杯吧。
  yì bēi ba

- 내 아내야. /이 분이 당신 부인이십니까?
  这是我老婆。/ 这位是您夫人吗?
  Zhè shì wǒ lǎopo　　Zhè wèi shì nín fūren ma

Ⅲ 별명 및 어투 　外号
　　　　　　　　　　wàihào

- 그의 별명은 "꼬마귀신"이라고 합니다.
  他的外号叫"小鬼"。
  Tā de wàihào jiào xiǎoguǐ

---

① 您高寿了는 연세가 많으신 노인께 물을 때만 사용.

- 우리들은 선생님에게 "키다리"라는 별명을 붙였어요.
  我们 给 老师 取 了 个 外号 叫 "大个子"。
  Wǒmen gěi lǎoshī qǔ le ge wàihào jiào dàgèzi
- 우리 이런 어투로 말하지 맙시다.
  我们 不要 再 用 这 种 语气 说 话 了。
  Wǒmen búyào zài yòng zhè zhǒng yǔqì shuō huà le
- 저한테 함부로 반말하지 마세요.
  请 你 不要 对 我 说 话 这么 随便。①
  Qǐng nǐ búyào duì wǒ shuō huà zhème suíbiàn
- 말조심 하세요.
  请 你 说 话 小心 点儿。
  Qǐng nǐ shuō huà xiǎoxīn diǎnr

---

① 随便 suíbiàn: 마음대로 하다, 제멋대로 하다.

4 명절 때   节日 jiérì

새해가 되면 한국 사람들이 "새해 복 많이 받으세요" 라고 인사하는 것처럼 중국 사람들은 서로 "新年好 xīnnián hǎo" 또는 "新年快乐! Xīnnián kuàilè" 라고 인사를 한다. 또한 새해에는 만사형통하고 순조롭기를 바라는 뜻에서 "恭喜发财! Gōngxǐ fācái" (부자 되세요.) 또는 "万事如意! Wànshì rúyì" (모든 일이 뜻대로 이루어지길 바랍니다.) 라고 축원을 하기도 한다. 세배를 하면 어른들이 세뱃돈을 주는데 이를 压岁钱 yāsuìqián 이라고 하며, 길 하라는 의미로 빨간 봉투에 넣어 준다.

기본대화

A: 喂! 张 老师, 您好! 我是 小 王, 给您拜年 了。
 Wèi Zhāng lǎoshī nín hǎo Wǒ shì Xiǎo Wáng gěi nín bài nián le
B: 哦, 小 王, 你 好! 新年 快乐!
 O Xiǎo Wáng nǐ hǎo Xīnnián kuàilè
A: 张 老师, 新年 快乐! 身体 健康!
 Zhāng lǎoshī xīnnián kuàilè Shēntǐ jiànkāng
B: 谢谢, 祝 你 学习 进步, 万事 如意!
 Xièxie zhù nǐ xuéxí jìnbù wànshì rúyì
A: 谢谢。
 Xièxie

A: 여보세요. 장 선생님, 안녕하세요. 샤오왕이에요. 새해 인사 드립니다.
B: 아, 샤오왕, 잘 있었어요? 새해 복 많이 받아요.
A: 장 선생님, 새해 복 많이 받으시고, 건강하십시오.
B: 고마워. 샤오왕도 공부 잘하고, 뜻하는 일 다 이루어지길 바래요.
A: 감사합니다.

④ 명절 때

여러 가지 활용

I 새 해   新年
xīnnián

- 새해 복 많이 받으세요.
  新年 好！ / 过 年 好！①
  Xīnnián hǎo   Guò nián hǎo

- 기쁜 새해가 되십시오.
  新年 快乐！ / 元旦 快乐！②
  Xīnnián kuàilè   Yuándàn kuàilè

- 새해 인사 드립니다. 부자 되세요.
  给 您 拜 年 了。 恭喜 发 财！
  Gěi nín bài nián lo   Gōngxǐ fā cái

- 사업이 번창하시길 바랍니다.
  祝 您 财源 广进！
  Zhù nín cáiyuán guǎngjìn

- 새해에는 새로운 마음으로 시작하십시오.
  新年 新 气象！
  Xīnnián xīn qìxiàng

II 기타   其他
qítā

- 즐거운 추석 보내시기 바랍니다.
  中秋 节 快乐！
  Zhōngqiū Jié kuàilè

- 발렌타인데이를 축하해요.
  情人 节 快乐！
  Qíngrén Jié kuàilè

- 스승의 날을 맞아 선생님 노고에 감사드립니다.
  老师 您 辛苦 了，祝 您 教师 节 快乐！
  Lǎoshī nín xīnkǔ le   zhù nín Jiàoshī Jié kuàilè

---

① 过年 guò nián: 설을 쇠다, 새해를 맞다. 过年好 guò nián hǎo 는 春节 Chūn Jié(음력설)에 주로 하는 인사이다.

② 元旦 Yuándàn: 양력 1월 1일.

1. 인사

참고 관련 용어 词汇 cíhuì

- 예절 礼节 lǐjié
- 인사하다 打招呼 dǎ zhāohu
- 얼굴이 밝다 满面红光, mǎn miàn hóngguāng
  满面笑容 mǎn miàn xiàoróng
- 무고하다 安然无恙 ānrán wúyàng
- 처음 만나다 初次见面 chūcì jiànmiàn
- 소개하다 介绍 jièshào
- 이름을 익히 들어 알다 久仰 jiǔyǎng
- 존함 尊姓大名 zūnxìng dàmíng
- 부탁하다 拜托 bàituō
- 명함 名片 míngpiàn
- 연락하다 联系 liánxì
- 다시 만나다 重逢 chóngféng
- 안부를 묻다 问候 wènhòu
- 우연히 만나다 偶遇 ǒuyù
- 서로 사귀다 相识 xiāngshí
- 헤어지다 分别 fēnbié
- 안녕 再见 zàijiàn
- 안녕히 가세요 慢走 / 走好 màn zǒu / zǒu hǎo
- 작별을 고하다 告辞 gàocí
- 헤어지다 告别 gàobié
- 송별하다 送别 sòngbié
- 여사 女士 nǚshì
- 아가씨, 미스 小姐 xiǎojiě
- 언니, 누나 大姐 dàjiě
- 부인, 사모님 夫人 / 太太 fūren / tàitai
- 여자 선배 师姐 shījiě
- 축하하다 恭喜 gōngxǐ
- Mr. 先生 xiānsheng
- 젊은이, 총각 小伙子 xiǎohuǒzi
- 젊은이 年轻人 niánqīngrén
- 형제 哥们儿 gēmenr
- (남자) 선배 师兄 shīxiōng
- 아저씨 叔叔 shūshu
- 할아버지 大爷 dàye
- 동지 同志 tóngzhì
- 기사 师傅 shīfu
- 꼬마 친구 小朋友 xiǎopéngyǒu
- 나이 年纪 niánjì
- 춘추, 연세 高寿 gāoshòu
- 세상을 뜨다 去世 qùshì
- 새해 복 많이 받으세요! 新年好 xīnnián hǎo

④ 명절 때

- 새해를 축하합니다! 新年 快乐 xīnnián kuàilè
- 부자 되세요! 恭喜 发 财 gōngxǐ fā cái
- 뜻대로 이루어지기를! 万事 如意 wànshì rúyì
- 원단 元旦 Yuándàn
- 설 春节 Chūn Jié
- 추석, 중추절 中秋 节 Zhōngqiū Jié
- 발렌타인데이 情人 节 Qíngrén Jié
- 스승의 날 教师 节 Jiàoshī Jié
- 성탄절 圣诞 节 Shèngdàn Jié

- 대보름날 元宵 节 Yuánxiāo Jié
- 단오절 端午 节 Duānwǔ Jié
- 노동절 劳动 节 Láodòng Jié
- 국경절 国庆 节 Guóqìng Jié
- 여성의 날 妇女 节 Fùnǚ Jié
- 어린이 날 儿童 节 Értóng Jié
- 어머니 날 母亲 节 Mǔqīn Jié
- 아버지 날 父亲 节 Fùqīn Jié

2

대인 교류
人际交往   RENJI JIAOWANG

1. 환영·환송할 때 　　　　　欢迎/欢送
2. 축하할 때 　　　　　　　　祝贺
3. 감사할 때 　　　　　　　　道谢
4. 칭찬할 때 　　　　　　　　称赞
5. 선물할 때 　　　　　　　　收送礼物
6. 사과할 때 　　　　　　　　道歉
7. 부탁할 때 　　　　　　　　请求
8. 오해했을 때 　　　　　　　误会

1 환영·환송할 때   欢迎 / 欢送
huānyíng   huānsòng

상점에 들어서면 대개 "欢迎光临! Huānyíng guānglín"이라고 반갑게 맞이한다. 한국말의 "어서 오세요"라는 뜻이다. 상점에서 뿐만 아니라 가정에서 손님을 맞이할 경우에도 많이 사용되며, "欢迎, 欢迎。Huānyíng huānyíng"이라고도 한다. 손님을 전송할 때에는 "欢迎下次再来。Huānyíng xià cì zài lái"(다음에 또 오세요.)라고 하면 된다.

기본대화

A: 刘 先生, 欢迎 你来 韩国。
   Liú xiānsheng huānyíng nǐ lái Hánguó

B: 谢谢, 李 总 这么 欢迎 我, 我 感到 很 荣幸。
   Xièxie Lǐ zǒng zhème huānyíng wǒ wǒ gǎndào hěn róngxìng

A: 我 给 您 介绍 一下, 这 是 我 太太。
   Wǒ gěi nín jièshào yíxià zhè shì wǒ tàitai

B: 您 好! 请 多多 关照。
   Nín hǎo Qǐng duōduō guānzhào

C: 欢迎 您! 见到 您 很 高兴。
   Huānyíng nín Jiàndào nín hěn gāoxìng

A: 리우 선생님, 한국에 오신 것을 환영합니다.
B: 고맙습니다. 이 사장님이 이렇게 환영해 주시니 영광입니다.
A: 소개시켜 드리죠. 제 아내입니다.
B: 안녕하세요. 잘 부탁드립니다.
C: 환영합니다. 만나 뵙게 되어 반갑습니다.

여러 가지 활용

Ⅰ 환영할 때   欢迎 时
                huānyíng shí

• 어서 오십시오.
  欢迎 光临!
  Huānyíng guānglín

2. 대인 교류

- 환영합니다.
  欢迎，欢迎！
  Huānyíng huānyíng

- 저희 집에 오신 것을 환영합니다.
  欢迎 你 来 我 家 做 客。①
  Huānyíng nǐ lái wǒ jiā zuò kè

- 중국에 오신 것을 환영합니다.
  欢迎 你 到 中 国 来。
  Huānyíng nǐ dào Zhōngguó lái

- 우리 동아리에 들어온 것을 환영해요.
  欢迎 你 加入 我们 社团。
  Huānyíng nǐ jiārù wǒmen shètuán

- 우리 반에 전학 온 것을 환영합니다.
  欢迎 你 转到 我们 班。
  Huānyíng nǐ zhuǎndào wǒmen bān

- 오늘 밤 환영파티를 엽시다.
  今 晚 开 一 个 欢迎 派对 吧。②
  Jīn wǎn kāi yí ge huānyíng pàiduì ba

- 김선생님을 위해 환영회를 엽시다.
  为 金 先 生 开 个 欢迎会 吧。
  Wèi Jīn xiānsheng kāi ge huānyínghuì ba

▶ 환영을 받을 때　受到 欢迎 时
　　　　　　　　　shòudào huānyíng shí

- 이렇게 환영해 주셔서 감사합니다.
  这么 欢迎 我，真 的 很 感谢！
  Zhème huānyíng wǒ zhēn de hěn gǎnxiè

- 여러분 모두가 환영해 주시니 영광입니다.
  大家 都 这么 欢迎 我，我 感到 很 荣幸！
  Dàjiā dōu zhème huānyíng wǒ wǒ gǎndào hěn róngxìng

---

① 做客 zuò kè：(남의 집 등을 방문하여) 손님이 되다, 손님으로 가다.
② 派对 pàiduì：영어의 party를 음역한 것임.

1 환영·환송할 때

- 이렇게 많은 분들이 환영해 주실 줄은 미처 몰랐습니다.
  我 没 想到 会 有 这么 多 人 欢迎 我。
  Wǒ méi xiǎngdào huì yǒu zhème duō rén huānyíng wǒ

II 환송할 때　欢送 时
huānsòng shí

- 당신과 함께 지낸 시간이 매우 즐거웠습니다.
  和 您 相处 很 快乐。
  Hé nín xiāngchǔ hěn kuàilè

- 당신과 함께 보낸 날들을 잊지 못할 것입니다.
  我 忘 不 了 和 你 一起 度过 的 日子。
  Wǒ wàng bu liǎo hé nǐ yìqǐ dùguò de rìzi

- 다음에 꼭 다시 놀러 오십시오.
  下 次 一定 再 来 玩儿 啊！
  Xià cì yídìng zài lái wánr a

▶환송을 받을 때　接受 欢送 时
jiēshòu huānsòng shí

- 후히 대접해 주셔서 감사합니다.
  谢谢 您 的 热情 款待。
  Xièxie nín de rèqíng kuǎndài

- 다음에는 당신께서 한국으로 놀러 오십시오.
  下 次 欢迎 你 到 韩国 来 玩儿。
  Xià cì huānyíng nǐ dào Hánguó lái wánr

- 이번에 너무나 즐거웠습니다.
  这 次 我 玩儿 得 很 高兴。
  Zhè cì wǒ wánr de hěn gāoxìng

- 당신과 함께 보낸 날들 정말 즐거웠습니다.
  很 开心 和 您 一起 度过 这 段 日子。
  Hěn kāixīn hé nín yìqǐ dùguò zhè duàn rìzi

2 축하할 때   祝贺
zhùhè

축하할 때는 "祝贺你! Zhùhè nǐ" "恭喜你! Gōngxǐ nǐ" 또는 "恭喜恭喜! Gōngxǐ gōngxǐ"라 하고, 기원 또는 축복할 때는 "祝你~Zhù nǐ"라고 하면 된다. 이 밖에도 생일, 승진, 결혼, 출산 등 경우에 따라 사용되는 의례적인 말들이 있으므로 기억해 두면 편리하다.

기 본 대 화

A: 听说 你 升 职 了。
    Tīngshuō nǐ shēng zhí le

B: 是啊，多亏 你们 的 帮助。
    Shì a duōkuī nǐmen de bāngzhù

A: 祝贺 你!
    Zhùhè nǐ

B: 谢谢。
    Xièxie

A: 듣자 하니 승진하셨다면서요.
B: 네, 모두 여러분이 도와주신 덕분이지요.
A: 축하합니다.
B: 감사합니다.

여러 가지 활용

I 축하할 때   祝贺 时
                       zhùhè shí

• 축하합니다.
   恭喜 你! / 恭喜 恭喜!
   Gōngxǐ nǐ   Gōngxǐ gōngxǐ

▶ **승진을 축하할 때**   祝贺 升 职
                             zhùhè shēng zhí

• 승진을 축하합니다.
   祝贺 你 升 职!
   Zhùhè nǐ shēng zhí

② 축하할 때

- 또 한 계급 승진하신 것을 축하합니다.
  祝贺你又升了一级!
  Zhùhè nǐ yòu shēngle yì jí
- 듣자 하니 부장으로 승진하셨다구요, 축하드립니다.
  听说 你 升职 当 部长 了, 恭喜 你!
  Tīngshuō nǐ shēngzhí dāng bùzhǎng le gōngxǐ nǐ

▶생일을 축하할 때　祝贺 生日 时
　　　　　　　　　zhùhè shēngrì shí

A: 丽红, 祝 你 生日 快乐! 你 今天 太 漂亮 了。
　　Lìhóng zhù nǐ shēngrì kuàilè Nǐ jīntiān tài piàoliang le
B: 谢谢 大家。干 一 杯?
　　Xièxie dàjiā Gān yì bēi
A: 리훙, 생일 축하해요. 오늘 정말 멋진데.
B: 모두 감사합니다. 건배할까요?

- 생일을 축하해요.
  祝 你 生日 快乐!
  Zhù nǐ shēngrì kuàilè
- 한 살 더 먹은 것을 축하한다!
  祝贺你又长大了一岁!
  Zhùhè nǐ yòu zhǎngdà le yí suì
- 다복하시고 장수하십시오.
  祝 您 福如东海, 寿比南山! ①
  Zhù nín fúrúdōnghǎi shòubǐnánshān

▶약혼·결혼을 축하할 때　祝贺 定婚 / 结婚 时
　　　　　　　　　　　　zhùhè dìnghūn jiéhūn shí

- 두 분 축하합니다.
  恭喜 你们!
  Gōngxǐ nǐmen

---

① 福如东海, 寿比南山 fúrúdōnghǎi shòubǐnánshān : "동해물처럼 큰 복 누리시고, 남산처럼 장수하십시오." 라는 뜻.

2. 대인 교류

- 두 분 영원히 행복하세요.
  祝 你们 永远 幸福！
  Zhù nǐmen yǒngyuǎn xìngfú

- 행복하고 아름다운 가정을 이루세요.
  希望 你们 家庭 幸福 美满！
  Xīwàng nǐmen jiātíng xìngfú měimǎn

- 두 분 한 마음 엮어 백년해로 하세요.
  祝愿 你们 永结 同心，白头 偕老！
  Zhùyuàn nǐmen yǒngjié tóngxīn báitóu xiélǎo

- 서로 사랑하고 존경하며 백년해로 하십시오!
  祝愿 你们 相爱 相敬，百年 好合！
  Zhùyuàn nǐmen xiāng'ài xiāngjìng bǎinián hǎohé

- 빨리 옥동자를 낳으세요.
  祝 你们 早生 贵子！
  Zhù nǐmen zǎoshēng guìzǐ

▶ 출산을 축하할 때　祝贺 生 子 时
　　　　　　　　　　zhùhè shēng zǐ shí

- 어여쁜 공주님 탄생을 축하합니다!
  恭喜 你 生了 一个 这么 漂亮 的 千金！①
  Gōngxǐ nǐ shēngle yí ge zhème piàoliang de qiānjīn

- 축하합니다. 떡두꺼비같은 아드님을 낳으셨다구요!
  恭喜 你 生了 这么 个 大 胖 小子！
  Gōngxǐ nǐ shēngle zhème ge dà pàng xiǎozi

▶ 입학·졸업을 축하할 때　祝贺 入学 / 毕业 时
　　　　　　　　　　　　 zhùhè rùxué　bìyè shí

- 합격을 축하합니다.
  恭喜 你 被 录取 了。
  Gōngxǐ nǐ bèi lùqǔ le

- 대학입학을 축하해요.
  祝贺 你 考上 了大学。
  Zhùhè nǐ kǎoshàng le dàxué

---

① 千金 qiānjīn : 남의 집 딸을 귀히 여겨 부르는 말.

- 졸업을 축하합니다.
  恭喜 你 毕业 了。
  Gōngxǐ nǐ bìyè le

▶개업을 축하할 때　祝贺 开业 时
　　　　　　　　　　zhùhè kāiyè shí

- 개업을 축하하며 발전을 기원합니다.
  开业 大吉。
  Kāiyè dàjí
- 순풍에 돛단 듯 사업이 순조로우시길 바랍니다.
  祝 你 在 事业 上 一帆风顺！①
  Zhù nǐ zài shìyè shang yìfānfēngshùn
- 부자되세요!
  祝 你 发 大财！
  Zhù nǐ fā dàcái

▶성공·성취를 축하할 때　祝贺　成功　／　成就　时
　　　　　　　　　　　　　zhùhè chénggōng　chéngjiù shí

- 우리들의 성공을 위하여 건배!
  为 我们 的 成功, 干杯！
  Wèi wǒmen de chénggōng gānbēi
- 끝내 성공했구나. 축하해, 건배!
  终于 成功 了, 恭喜 你, 干杯！
  Zhōngyú chénggōng le gōngxǐ nǐ gānbēi
- 성공했다니, 정말 저도 기쁩니다.
  你 成功 了, 我 真心 地 为 你 高兴。
  Nǐ chénggōng le wǒ zhēnxīn de wèi nǐ gāoxìng
- 영어 말하기 대회에서 일등 입상을 축하합니다.
  恭喜 你 获得 了 英语 演讲 比赛 的 第一 名。
  Gōngxǐ nǐ huòdé le Yīngyǔ yǎnjiǎng bǐsài de dìyī míng

---

① 一帆风顺 yìfānfēngshùn : "순풍에 돛을 달다"는 뜻으로 모든 일이 순조롭게 잘 풀리기를 바라는 마음을 전할 때 사용한다. 이와 비슷한 말로는 "一路顺风 yílùshùnfēng"이 있다.

2. 대인 교류

- 수학 올림피아드에서의 우승을 축하합니다.
  祝贺 你 在 奥林匹克 数学 竞赛 中 获得 冠军。①
  Zhùhè nǐ zài Àolínpǐkè shùxué jìngsài zhōng huòdé guànjūn

▶기타 其他
qítā

- 좋은 직장을 찾은 것을 축하합니다.
  恭喜 你 找到 了好 工作。
  Gōngxǐ nǐ zhǎodào le hǎo gōngzuò

- 축하합니다. 드디어 금연에 성공하셨군요.
  祝贺 你 终于 戒 烟 成功 了。
  Zhùhè nǐ zhōngyú jiè yān chénggōng le

- 이렇게 빨리 완쾌한 것을 축하해요.
  恭喜 你 这么 快 就 恢复 了 健康。
  Gōngxǐ nǐ zhème kuài jiù huīfù le jiànkāng

II 축복할 때 祝福时
zhùfú shí

> A: 小 彬, 新年 快乐！祝 你 万事 如意！
>   Xiǎo Bīn xīnnián kuàilè Zhù nǐ wànshì rúyì
> B: 谢谢, 新年 快乐！祝 你 发 大财！
>   Xièxie xīnnián kuàilè Zhù nǐ fā dàcái
> A: 샤오빈, 새해 복 많이 받으세요. 만사형통 하시구요.
> B: 감사합니다. 새해 복 많이 받으시고, 부자 되세요.

- 행복하시기를 빕니다!
  祝 你 幸福！
  Zhù nǐ xìngfú

- 성공을 기원합니다!
  祝 你 成功！
  Zhù nǐ chénggōng

---

① 冠军 guànjūn : 우승, 우승자, 챔피언, 1위. 亚军 yàjūn : 준우승, 2위.

② 축하할 때　49

- 사업이 번창하시기를 바랍니다.
  祝 你 生意 兴隆！
  Zhù nǐ shēngyi xīnglóng
- 즐거운 여행이 되시기를 빕니다.
  祝 你 旅途 愉快。
  Zhù nǐ lǚtú yúkuài
- 신체 건강하시기를 빕니다.
  祝 你 身体 健康。
  Zhù nǐ shēntǐ jiànkāng
- 하루 빨리 회복하기를 바랍니다.
  希望 你 早日 康复。
  Xīwàng nǐ zǎorì kāngfù

Ⅲ 축하에 대한 화답　祝贺 时 的 回答
　　　　　　　　　　　zhùhè shí de huídá

- 진심으로 감사합니다.
  真的 谢谢 你。
  Zhēnde xièxie nǐ
- 모두 당신 덕분입니다.
  多亏 有 你。
  Duōkuī yǒu nǐ
- 운이 좋았을 뿐입니다
  运气 好 而已。
  Yùnqi hǎo éryǐ
- 저도 축하드립니다.
  同喜，同喜！①
  Tóngxǐ tóngxǐ
- 여러분 덕택에 오늘이 있을 수 있었습니다.
  多亏 大家 才 有 今天 。
  Duōkuī dàjiā cái yǒu jīntiān
- 고맙습니다. 다 여러분의 공로입니다.
  谢谢，这 是 大家 的 功劳。
  Xièxie zhè shì dàjiā de gōngláo

---

① 同喜 tóngxǐ：새해 인사와 같은 축하의 말을 들었을 때 화답하는 말.

③ 감사할 때

道谢
dàoxiè

'감사하다'는 표현으로 가장 일반적인 것은 "谢谢! Xièxie", "非常感谢! Fēicháng gǎnxiè" 등이며, 상대방으로부터 감사하다는 인사를 받았을 경우에는 "不客气。Búkèqi"라고 하거나, "不用谢。Búyòngxiè" 또는 "别谢。Biéxiè"라고 하면 된다.

A: 谢谢 您 的 热心 帮助。
　　Xièxie nín de rèxīn bāngzhù

B: 哪儿 的 话，你 这 不 是 太 客气 了 吗？
　　Nǎr de huà nǐ zhè bú shì tài kèqi le ma

A: 多亏 有 你的 帮助，事情 才 这么 快 结束。
　　Duōkuī yǒu nǐ de bāngzhù shìqing cái zhème kuài jiéshù

B: 可以 为 你 出 点儿 力，我 感到 很 高兴，以后 有
　　Kěyǐ wèi nǐ chū diǎnr lì wǒ gǎndào hěn gāoxìng yǐhòu yǒu
　 什么 事 尽管 找 我。
　　shénme shì jǐnguǎn zhǎo wǒ

A: 以后我 少 不 了 要 麻烦 您，多 谢 啊。①
　　Yǐhòu wǒ shǎo bu liǎo yào máfan nín duō xiè a

A: 열심히 도와 주셔서 감사합니다.
B: 천만에요, 별 말씀을 다하십니다.
A: 다행히 당신의 도움으로 일이 이렇게 빨리 끝났어요.
B: 당신에게 힘이 될 수 있어서 기쁩니다. 앞으로 무슨 일 있으면 말씀하세요.
A: 앞으로도 귀찮게 하는 일이 적지 않을텐데, 정말 고맙습니다.

---

① 少不了 shǎo bu liǎo : 없어서는 안된다, 빼놓을 수 없다, ~하지 않을 수 없다.
~ 不了는 주로 양적으로 너무 많아서 다하지 못하거나 끝맺지를 못할 경우에 사용한다.
예) 吃不了 chī bu liǎo : (음식 양이 너무 많아서) '다 먹을 수 없다.' 干不了 gàn bu liǎo : (일이 너무 많거나 고되어) '다 해낼 수 없다'.

③ 감사할 때

2 ③ 道谢

여러 가지 활용

I 감사의 표현   表示 感谢
　　　　　　　biǎoshì gǎnxiè

- 대단히 감사합니다.
  非常　感谢。
  Fēicháng gǎnxiè
- 너무나 감사합니다.
  太 感谢 您 了。
  Tài gǎnxiè nín le
- 충심으로 감사합니다.
  衷心　地 谢谢 您。
  Zhōngxīn de xièxie nín
- 기다려 주어서 고맙습니다.
  谢谢 你 等 我。
  Xièxie nǐ děng wǒ
- 염려해 주셔서 감사합니다.
  谢谢 您 能 替 我 着想。①
  Xièxie nín néng tì wǒ zháoxiǎng
- 정말로 뭐라고 감사의 말씀 드려야 할지 모르겠습니다.
  真 不 知道 该 怎么 感谢 你。
  Zhēn bù zhīdào gāi zěnme gǎnxiè nǐ
- 바쁘신 가운데 이렇게 와 주셔서 감사합니다.
  谢谢 您 在　百忙之中　抽 时间 过来。②
  Xièxie nín zài bǎimángzhīzhōng chōu shíjiān guòlai
- 왕림해 주셔서 정말 고맙습니다.
  大驾 光临, 真 是 太 感谢 了。③
  Dàjià guānglín zhēn shì tài gǎnxiè le

---

① 着想 zháoxiǎng : (다른 사람이나 일의 이익을) 고려하다, 생각하다.
② 百忙之中 bǎimángzhīzhōng : 바쁜 가운데, 다망한 가운데.
③ 大驾 dàjià: 지체 높은 사람이 타는 수레이므로 곧 상대방을 높여 부르는 말이다.

2. 대인 교류

▶수고에 대한 감사　**因 辛苦 道谢**
　　　　　　　　　　　yīn xīnkǔ dàoxiè

A: 在 各 方面　承蒙　您 关照, 真 是感激 不
　　Zài gè fāngmiàn chéngméng nín guānzhào zhēn shì gǎnjī bú
　尽。①
　　jìn
B: 你太客气了, 也不是 什么 大事。
　　Nǐ tài kèqi le　yě bú shì shénme dà shì
A: 여러 가지로 당신의 도움을 받아 정말 감사합니다.
B: 천만에요. 별일도 아닌걸요.

- 수고하셨습니다.
  辛苦您了。
  Xīnkǔ nín le
- 너무 많은 폐를 끼쳤습니다.
  给 您 添了 很 多 麻烦。
  Gěi nín tiānle hěn duō máfan
- 이렇게 폐를 끼쳐드려 정말 죄송합니다.
  这样　给您添 麻烦 真 不好意思。
  Zhèyàng gěi nín tiān máfan zhēn bù hǎoyìsi

▶도움에 대한 감사　**因 帮助 道谢**
　　　　　　　　　　yīn bāngzhù dàoxiè

- 매번 도와 주셔서 정말 대단히 감사합니다.
  每 次 都 让 您 帮忙, 真 是 非常 感谢。
  Měi cì dōu ràng nín bāngmáng zhēn shì fēicháng gǎnxiè
- 저에게 큰 도움이 되었습니다.
  您 帮了我的大 忙 啊。
  Nín bāngle wǒ de dà máng a
- 당신 덕분입니다. 감사합니다.
  多亏 您 了。谢谢。②
  Duōkuī nín le　Xièxie

---

① 承蒙 chéngméng: (주로 은혜, 혜택, 보살핌 등) ~을 입다, ~을 받다.
② 多亏 duōkuī: 다행히, 덕분에, ~의 은혜를 입다, ~의 덕택이다.

③ 감사할 때

- 일전에 도와 주셔서 감사합니다.
  谢谢 你 上 回 帮了 我。
  Xièxie nǐ shàng huí bāngle wǒ

- 당신의 큰 은혜를 영원히 잊을 수 없습니다.
  我 永远 都 不 会 忘记 您 的 大恩 大德。
  Wǒ yǒngyuǎn dōu bú huì wàngjì nín de dà'ēn dàdé

- 신경써 주셔서 감사합니다.
  让 您 费心 了, 谢谢。①
  Ràng nín fèixīn le xièxie

▶ 친절에 대한 감사　因 热情 道谢
　　　　　　　　　　yīn rèqíng dàoxiè

- 이렇게 친절히 보살펴 주셔서 감사합니다.
  谢谢 您 这么 热情 地 照顾 我。
  Xièxie nín zhème rèqíng de zhàogù wǒ

- 친절히 환대해 주셔서 감사합니다.
  谢谢 您 的 盛情 款待。
  Xièxie nín de shèngqíng kuǎndài

- 저에게 베풀어 주신 사랑, 평생 잊지 않겠습니다.
  您 对 我 的 爱, 我 将 永生 难忘。
  Nín duì wǒ de ài wǒ jiāng yǒngshēng nánwàng

- 충고에 감사합니다.
  谢谢 您 的 忠告。
  Xièxie nín de zhōnggào

Ⅱ 감사에 대한 화답　对 道谢 的 应答
　　　　　　　　　　duì dàoxiè de yìngdá

- 천만에요.
  不 客气。
  Bú kèqi

- 천만의 말씀을요.
  哪里 的 话。
  Nǎli de huà

---

① 费心 fèixīn: 마음을 쓰다, 신경쓰다, 걱정하다.

2. 대인 교류

- 감사는요.
  不用 谢。
  Búyòng xiè

- 당연한걸요.
  应该 的。①
  Yīnggāi de

- 너무 겸손하신 말씀이십니다.
  您 那么 说 实在 是 太 客气 了。
  Nín nàme shuō shízài shì tài kèqi le

- 아무튼 도와드릴 수 있어서 저도 기쁩니다.
  总之, 能 帮上 忙 已经 很 高兴 了。
  Zǒngzhī néng bāngshàng máng yǐjīng hěn gāoxìng le

- 별로 큰일도 아닌걸요.
  也 不 是 什么 大事。
  Yě bú shì shénme dà shì

- 작은 일인데요 뭘.
  小 事 一 桩, 不 足 挂齿。②
  Xiǎo shì yì zhuāng bù zú guàchǐ

- 도움이 되셨다니 영광입니다.
  能 帮助 你 是 我 的 荣幸。③
  Néng bāngzhù nǐ shì wǒ de róngxìng

---

① 应该的 yīnggāi de : 자신이 마땅히 해야 할 일을 했을 뿐이라는 뜻.
② 桩 zhuāng : 사건이나 일 등에 쓰이는 양사(量词 liàngcí).
   挂齿 guàchǐ : 언급하다, 제기하다. = 说起 shuōqǐ, 提起 tíqǐ. 즉 不足挂齿 bù zú guàchǐ 는 '언급할 만한 일도 아니다' 라는 뜻.
③ 荣幸 róngxìng : 영광이다. 영광스럽다.

④ 칭찬할 때 　　　　　称赞
　　　　　　　　　　　　　　　chēngzàn

칭찬을 나타내는 단어에는 称赞 chēngzàn 외에도 赞扬 zànyáng, 表扬 biǎoyáng 등이 있다. 赞扬 zànyáng 은 칭찬의 정도가 称赞 chēngzàn 보다 높은 경우에 주로 사용되며, 表扬 biǎoyáng 은 공개적으로 널리 알려 칭찬하는 의미가 내포되어 있는데, 선생님이 학생을 칭찬하는 경우와 같이 주로 윗사람이 아랫사람을 칭찬할 때에 사용된다.

기 본 대 화

A: 金先生，您的研究计划真是太好了。
　　Jīn xiānsheng nín de yánjiū jìhuà zhēn shì tài hǎo lo

B: 谢谢您的夸奖，真是太高兴了。
　　Xièxie nín de kuājiǎng zhēn shì tài gāoxìng le

A: 这样下去，您一定会有很大成就的。
　　Zhèyàng xiàqu nín yídìng huì yǒu hěn dà chéngjiù de

B: 好的，我会更加努力的。
　　Hǎo de wǒ huì gèngjiā nǔlì de

A: 김선생님, 연구계획이 정말 훌륭합니다.
B: 칭찬해 주시니 정말 기쁩니다.
A: 이대로만 하면 곧 커다란 성과를 올리게 될 것입니다.
B: 네, 더 열심히 하겠습니다.

여러 가지 활용

I 칭찬할 때　　称赞时
　　　　　　　　　chēngzàn shí

- 당신이 최고예요.
  你是最棒的。
  Nǐ shì zuì bàng de

- 당신 정말 대단하군요.
  你真了不起！①
  Nǐ zhēn liǎobuqǐ

---

① 了不起 liǎobuqǐ : 보통이 아니다, 대단하다, 굉장하다.

2. 대인 교류

- 아주 잘했어요.
  做 得 很 好。
  Zuò de hěn hǎo
- 아주 멋지군요!
  太 精彩 了！
  Tài jīngcǎi le
- 장하다, 참 잘했어.
  好样儿 的，你 做 得 很 棒。
  Hǎoyàngr de nǐ zuò de hěn bàng
- 당신이 존경스러워요.
  我 很 佩服 你。
  Wǒ hěn pèifú nǐ
- 너무나 위대하십니다.
  你 太 伟大 了。
  Nǐ tài wěidà le
- 우리는 당신을 자랑스럽게 여기고 있어요.
  我们 以 你 为 荣。
  Wǒmen yǐ nǐ wéi róng
- 당신은 우리들의 자랑이에요.
  你 是 我们 的 骄傲。①
  Nǐ shì wǒmen de jiāo'ào
- 모두가 당신의 공로입니다.
  这 都 是 你 的 功劳。
  Zhè dōu shì nǐ de gōngláo

▶능력에 대한 칭찬 对 能力 的 称赞
　　　　　　　　　duì nénglì de chēngzàn

A: 真 羡慕 你 能 说 一 口 流利 的 汉语。
   Zhēn xiànmù nǐ néng shuō yì kǒu liúlì de Hànyǔ
B: 谢谢。不过，您 的 汉语 也 不 差 啊。
   Xièxie   Búguò nín de Hànyǔ yě bú chà a

---

① 骄傲 jiāo'ào: 여기서는 자랑, 긍지, 자부 등의 뜻을 나타내는 명사로 쓰임. 자랑하다, 뽐내다, 교만하다, 거만하다 등의 동사로 쓰이기도 한다.

4 칭찬할 때

A: 还 差 得 远 呢。你 学 汉语 多 长 时间 了？
　　Hái chà de yuǎn ne　Nǐ xué Hànyǔ duō cháng shíjiān le

B: 快 一 年 了。
　　Kuài yì nián le

A: 学 了 一 年 就 说 得 这么 棒，你 很 有 语言 天分 啊！
　　Xué le yì nián jiù shuō de zhème bàng nǐ hěn yǒu yǔyán tiānfèn a

B: 您 太 抬举 我 了，我 还 要 多 加 努力 呢。①
　　Nín tài táijǔ wǒ le　wǒ hái yào duō jiā nǔlì ne

A: 당신이 중국어를 유창하게 하는 게 정말 부러워요.
B: 고마워요. 그런데 당신의 중국어도 못하지 않던데요.
A: 아직 멀은걸요. 중국어 배운지 얼마나 됐어요?
B: 1년 돼 가요.
A: 1년 배워서 그렇게 잘 하다니 어학적 재능이 있군요.
B: 너무 치켜 세우시네요. 저도 더 열심히 배워야 하는걸요.

- 너 정말로 똑똑하구나.
  你 真 聪明。
  Nǐ zhēn cōngmíng

- 당신은 정말로 천재군요.
  你 可 真 是 个 天才。
  Nǐ kě zhēn shì ge tiāncái

- 손재주가 정말 좋습니다.
  你 的 手艺 真 好。
  Nǐ de shǒuyì zhēn hǎo

- 당신 영어회화에 정말 두 손 들었어요.
  你 的 英语 会话 真 是 让 我 甘拜下风 啊。②
  Nǐ de Yīngyǔ huìhuà zhēn shì ràng wǒ gānbàixiàfēng a

- 초보자치고는 상당히 잘 하시는군요.
  对 初学者 来说，这 已经 很 不错 了。
  Duì chūxuézhě láishuō　zhè yǐjīng hěn búcuò le

---

① 抬举 táijǔ : 들어올리다, 칭찬하다, 밀어주다.
② 甘拜下风 gānbàixiàfēng : 상대방보다 못함을 인정하거나, 상대방에게 졌음을 인정하는 말.

2. 대인 교류

- 중국어를 정말 잘하시네요. 외국 사람이 말하는 것 같지 않아요.
  你的 汉语 说 得 真 好, 都 听 不 出来 你 是 一 个
  Nǐ de Hànyǔ shuō de zhēn hǎo dōu tīng bu chūlái nǐ shì yí ge
  外国人。
  wàiguórén

- 영어 발음이 정확하군요.
  你的 英语 发音 真 标准。
  Nǐ de Yīngyǔ fāyīn zhēn biāozhǔn

- 당신이 만든 한국요리는 정말 끝내주는군요.
  您 做 的 韩国 料理 真 是 没的说 啊。①
  Nín zuò de Hánguó liàolǐ zhēn shì méideshuō a

- 솜씨가 저보다 좋습니다.
  你的 手艺 比 我 高。
  Nǐ de shǒuyì bǐ wǒ gāo

- 당신의 재주는 세상에서 비길 데가 없군요.
  你的 才华 可 是 天下 无比 啊。
  Nǐ de cáihuá kě shì tiānxià wúbǐ a

- 당신은 정말 못하는 게 없군요.
  你 简直 没有 不 会 做 的。
  Nǐ jiǎnzhí méiyǒu bú huì zuò de

- 일처리 효율이 정말로 높군요.
  你的 办事 效率 真 高。
  Nǐ de bàn shì xiàolǜ zhēn gāo

- 좋다는 말밖에 할 말이 없군요.
  除了 好, 我 无 话 可 说。
  Chúle hǎo wǒ wú huà kě shuō

▶ 공로에 대한 칭찬 对 功劳 的 称赞
　　　　　　　　　duì gōngláo de chēngzàn

- 그것은 오로지 당신의 공로입니다.
  那 都 是 您 的 功劳 啊。
  Nà dōu shì nín de gōngláo a

---

① 没的 méide: 동사의 앞에서 그 동작이나 행위가 미칠 대상이 없음을 나타냄.
没的说 méideshuō: 말할 것이 없다. 没的吃 méidechī: 먹을 것이 없다.

④ 칭찬할 때

- 어떻게 그 난제를 해결하셨습니까? 모두가 칭찬하고 있습니다.
  你是怎么解决那个难题的？大家都在赞叹呢。
  Nǐ shì zěnme jiějué nà ge nántí de　Dàjiā dōu zài zàntàn ne

- 정말이지 너무 잘 해내셨습니다.
  您做得实在是太好了。
  Nín zuò de shízài shì tài hǎo le

- 이번 일에서 당신은 큰 공로를 세웠습니다.
  这次的事情，你可是立了汗马功劳啊。①
  Zhè cì de shìqing　nǐ kě shì lìle hànmǎgōngláo　a

- 이번 담판에서 당신의 유창한 한국어가 큰 공을 세웠어요.
  在这次谈判中，您一口流利的韩语可是立了大功啊。
  Zài zhè cì tánpàn zhōng nín yì kǒu liúlì de Hányǔ kě shì lìle dà gōng a

▶ 외모에 대한 칭찬　对外貌的称赞
　　　　　　　　　　duì wàimào de chēngzàn

- 그는 너무나 멋있어요.
  他好帅呀！②
  Tā hǎo shuài ya

- 몸매가 정말 늘씬하군요.
  你的身材真苗条。③
  Nǐ de shēncái zhēn miáotiao

- 실제 나이에 비해 젊어 보이시네요.
  您比实际年龄年轻多了。
  Nín bǐ shíjì niánlíng niánqīng duō le

- 저는 이십대 밖에 안 되신 줄 알았습니다.
  我还以为你才二十几岁呢。
  Wǒ hái yǐwéi nǐ cái èrshíjǐ suì ne

---

① 汗马功劳 hànmǎgōngláo : 원래는 '전쟁에서 세운 공로' 란 뜻이며, 주로 일정 분야에서 세운 공적·공로·공헌 등을 말한다.
② 帅 shuài : 남자가 아주 잘 생기거나 멋있음을 말한다. 帅哥 shuàigē : 미남, 잘생긴 남자, 젊은 오빠.
③ 苗条 miáotiao : 여성의 몸매가 늘씬하고 호리호리한 것을 일컫는다.

2. 대인 교류

- 코트가 아주 멋져요.
  您的外套真好看。
  Nín de wàitào zhēn hǎokàn

- 옷이 정말로 예뻐요. 당신에게 잘 어울리네요.
  这衣服真漂亮，非常适合您。
  Zhè yīfu zhēn piàoliang fēicháng shìhé nín

- 그 캐주얼을 입으니 5년은 젊어 보입니다.
  穿上那套休闲服，看起来年轻五岁。
  Chuānshàng nà tào xiūxiánfú kàn qilai niánqīng wǔ suì

- 그런 디자인을 입으니 정말 보기 좋네요.
  那版型穿起来真好看。
  Nà bǎnxíng chuān qilai zhēn hǎokàn

- 당신은 어떤 옷을 입어도 잘 어울리는군요.
  你穿什么衣服都好看。
  Nǐ chuān shénme yīfu dōu hǎokàn

- 스웨터가 아주 예쁘네요. 손수 짜셨나요?
  这毛衣真好看，是自己织的吗?
  Zhè máoyī zhēn hǎokàn shì zìjǐ zhī de ma

▶성격에 대한 칭찬　对性格的称赞
duì xìnggé de chēngzàn

- 당신은 정말 착하시군요.
  你真善良。
  Nǐ zhēn shànliáng

- 당신은 정말 유머가 풍부하군요.
  你真幽默。
  Nǐ zhēn yōumò

- 그는 겉으로 보기에는 차거워 보이지만 실제 속마음은 따뜻한 사람이에요.
  她表面看起来很冷淡，其实内心是很热情的。
  Tā biǎomiàn kàn qilai hěn lěngdàn qíshí nèixīn shì hěn rèqíng de

- 저는 당신같은 낙천적인 사람이 좋아요.
  我很喜欢你这种乐观主义者。
  Wǒ hěn xǐhuan nǐ zhè zhǒng lèguān zhǔyìzhě

④ 칭찬할 때

- 당신처럼 유머가 있었으면 좋겠어요.
  能 像 你 那样 幽默 就 好 了。
  Néng xiàng nǐ nàyàng yōumò jiù hǎo le
- 그는 책임감이 아주 강합니다.
  他 责任心 很 强 。
  Tā zérènxīn hěn qiáng
- 당신은 천사같은 마음씨를 가지셨군요.
  你 有 一 个 天使 般 的 心灵 。
  Nǐ yǒu yí ge tiānshǐ bān de xīnlíng
- 당신은 상냥하고 친절한 분이시군요.
  您 真 是 一 位 和蔼 可亲 的 人。①
  Nín zhēn shì yí wèi hé'ǎi kěqīn de rén

Ⅱ 칭찬을 받았을 때   得到 称赞 时
                     dédào chēngzàn shí

- 칭찬해 주시니 감사합니다.
  谢谢 您 的 夸奖。②
  Xièxie nín de kuājiǎng
- 당신의 격려에 감사드립니다.
  非常 感谢 您 的 鼓励 。
  Fēicháng gǎnxiè nín de gǔlì
- 과찬이십니다!
  过奖, 过奖!③
  Guòjiǎng guòjiǎng
- 칭찬해 주시니 정말 영광입니다.
  承蒙 您 夸奖, 真 是 感到 很 荣幸。④
  Chéngméng nín kuājiǎng zhēn shì gǎndào hěn róngxìng

---

① 和蔼可亲 hé'ǎi kěqīn : 상냥하고 친절하다, 자애롭고 친근하다.
② 夸奖 kuājiǎng : 칭찬하다. 찬양하다. 남의 칭찬을 들었을 때 겸손의 표현으로 '과찬'을 의미한다.
③ 过奖 guòjiǎng : 지나치게 칭찬하다, 과찬하다.
④ 承蒙 chéngméng : (은혜, 혜택을) 입다. 받다.

2. 대인 교류

- 이런 영예를 얻다니 정말 부끄럽습니다.
  真 是有愧于 这个 荣誉 啊。①
  Zhēn shì yǒukuìyú zhè ge róngyù a

- 아닙니다. 아직 부족한 점이 많은걸요.
  哪里，我还有 很 多 不足 的 地方 。
  Nǎli wǒ hái yǒu hěn duō bùzú de dìfang

- 너무 칭찬하지 마세요. 마땅히 해야 할 일을 한 것 뿐인걸요.
  您 不用 那么 夸我，这是我 应该 做 的 事 。
  Nín búyòng nàme kuā wǒ zhè shì wǒ yīnggāi zuò de shì

- 별로 대단한 것도 아닌데요.
  也不是 什么 了不起 的 事 。
  Yě bú shì shénme liǎobuqǐ de shì

- 자꾸 치켜 세우지 마세요.
  您 不要 再 夸 我了 。
  Nín búyào zài kuā wǒ le

- 칭찬해 주시니 몸둘 바를 모르겠습니다.
  您 的 夸奖 我 真 是 不敢 当 啊。②
  Nín de kuājiǎng wǒ zhēn shì bù gǎn dāng a

- 그렇게 말씀해 주시니 저도 매우 기쁩니다.
  有 你 这么 一 句 话，我 也 就 心满意足 了。③
  Yǒu nǐ zhème yí jù huà wǒ yě jiù xīnmǎnyìzú le

- 아직 멀었는걸요, 앞으로 더욱 열심히 하겠습니다.
  还 差 得 远 呢，我 以后 要 继续 努力 。
  Hái chà de yuǎn ne wǒ yǐhòu yào jìxù nǔlì

- 아직 부족하니 많은 지도편달 바랍니다.
  还 差 得 多，希望 您 多多 指教 。
  Hái chà de duō xīwàng nín duōduō zhǐjiào

---

① 有愧于 yǒukuìyú : ~에 부끄럽다. 有愧于良心 yǒukuìyú liángxīn : 양심에 부끄럽다.
② 敢当 gǎndāng : 감당하다.
③ 心满意足 xīnmǎnyìzú : 마음에 들다. 만족하다. 흡족하다.

5 선물할 때

收 送 礼 物
shōu sòng lǐwù

선물을 주는 것은 "送礼 sòng lǐ", 받는 것은 "收礼 shōu lǐ"라고 한다. 일반적으로 선물을 주고 받을 때는 서로가 예절과 격식을 갖추기 마련인데, 선물을 하는 입장에서는 "这是我一点儿心意, 请您收下。Zhè shì wǒ yìdiǎnr xīnyì qǐng nín shōuxià"(조그만 제 마음의 선물입니다. 받아 주십시오.)라 말하고, 받는 입장에서는 "谢谢你送这么好的礼物。Xièxie nǐ sòng zhème hǎo de lǐwù"(이렇게 좋은 선물을 주시니 감사합니다.)라고 하거나 "哎呀! 你别太客气。Aiya nǐ bié tài kèqi"(아유, 이러시면 안되는데.)라고 감사의 뜻을 표하기도 한다.

기 본 대 화

A: 小小 礼物不 成 敬意, 但 这是我的一片心意。
　　Xiǎoxiǎo lǐwù bù chéng jìngyì dàn zhè shì wǒ de yí piàn xīnyì
B: 谢谢 您的礼物, 可以打开 看看 吗?
　　Xièxie nín de lǐwù kěyǐ dǎkāi kànkan ma
A: 当然 可以, 希望 你 喜欢。
　　Dāngrán kěyǐ xīwàng nǐ xǐhuan
B: 哇, 是 韩国 传统 的娃娃, 真 可爱。
　　Wa shì Hánguó chuántǒng de wáwa zhēn kě'ài
A: 你们 喜欢, 我 很 高兴。
　　Nǐmen xǐhuan wǒ hěn gāoxìng
B: 让 您破费了, 谢谢。①
　　Ràng nín pòfèi le xièxie

A: 보잘 것 없는 선물이지만 저의 작은 성의입니다.
B: 선물 고맙습니다. 열어봐도 될까요?
A: 물론이지요. 마음에 드셨으면 좋겠습니다.
B: 와, 한국 전통 인형이군요. 너무 귀여워요.
A: 마음에 드신다니 기쁩니다.
B: 저 때문에 돈을 쓰셨군요. 고맙습니다.

---

① 破费 pòfèi : 돈을 쓰다. 금전적 손해를 끼치다.

여러 가지 활용

I 선물을 줄 때　送 礼物 时
　　　　　　　　　sòng lǐwù shí

- 이 선물 받으세요.
  这 礼物 请 收下 吧。
  Zhè lǐwù qǐng shōuxià ba

- 당신에게 드릴 선물이 있습니다.
  我 有 件 东西 要 送给 你。
  Wǒ yǒu jiàn dōngxi yào sònggěi nǐ

- 좋은 것은 아니지만 받아 주십시오.
  也 不 是 什么 好 东西，请 收下。
  Yě bú shì shénme hǎo dōngxi qǐng shōuxià

- 대단한 건 아니지만 마음에 드셨으면 좋겠습니다.
  虽然 不 是 什么 稀世之宝，但 希望 你 喜欢。
  Suīrán bú shì shénme xīshìzhībǎo dàn xīwàng nǐ xǐhuan

- 작은 선물이지만 당신에 대한 깊은 축복의 표시입니다.
  小小 礼物 表达 我 对 你 的 深深 祝福。
  Xiǎoxiǎo lǐwù biǎodá wǒ duì nǐ de shēnshēn zhùfú

- "보내는 선물은 가벼우나 그 담긴 정은 두텁다."
  "千 里 送 鹅毛，礼 轻 情意 重。"①
  Qiān lǐ sòng émáo lǐ qīng qíngyì zhòng

II 선물을 받을 때　接受 礼物 时
　　　　　　　　　　jiēshòu lǐwù shí

- 이렇게 좋은 선물을 주셔서 고맙습니다.
  谢谢 你 送 这么 好 的 礼物。
  Xièxie nǐ sòng zhème hǎo de lǐwù

---

① 천리 먼 곳에서 거위털을 보내니 그 선물은 비록 보잘 것 없으나 선물을 보내는 마음만은 깊고 중하다는 뜻.

⑤ 선물할 때

- 너무 예의를 차리시는군요.
  您太客气了。①
  Nín tài kèqi le

- 이런 데까지 다 신경을 쓰셨군요.
  您想得可真周到。②
  Nín xiǎng de kě zhēn zhōudào

▶ 선물을 거절할 때　谢绝礼物时
　　　　　　　　　xièjué lǐwù shí

- 죄송하지만 이 선물은 받을 수가 없습니다.
  真对不起，我不能接受这份礼物。
  Zhēn duìbuqǐ　wǒ bù néng jiēshòu zhè fèn lǐwù

- 이렇게 비싼 선물을 받는 것은 금지되어 있습니다.
  我们不允许接受这么贵重的礼物。
  Wǒmen bù yǔnxǔ jiēshòu zhème guìzhòng de lǐwù

- 호의는 마음으로 받겠습니다만 이건 받을 수 없습니다.
  您的好意我心领了，可我不能接受。③
  Nín de hǎoyì wǒ xīnlǐng le　kě wǒ bù néng jiēshòu

Ⅲ　선물을 달라고 할 때　要求礼物时
　　　　　　　　　　　　yāoqiú lǐwù shí

- 저에게 선물 안 주세요?
  有礼物送给我吗？
  Yǒu lǐwù sònggěi wǒ ma

- 장미꽃 한 송이면 충분해요.
  送我一朵玫瑰就够了。
  Sòng wǒ yì duǒ méigui jiù gòu le

- 내일이 내 생일인데 무슨 선물 해 주실 거예요?
  明天是我生日，打算送我什么礼物？
  Míngtiān shì wǒ shēngrì　dǎsuàn sòng wǒ shénme lǐwù

---

① "그냥 오셔도 되는데…" "뭘 이런 걸 다 사오세요." 와 같은 의미를 내포하고 있다.
② 周到 zhōudào : 일을 처리하는데 있어 매우 세심하거나 주도면밀함을 말함.
③ 心领 xīnlǐng : 마음으로 받아들이다.

2. 대인 교류

- 오늘 발렌타인데이인데, 나에게 초컬릿 안 주니?
  今天 是 情人 节，你不给我巧克力呀？①
  Jīntiān shì Qíngrén Jié nǐ bù gěi wǒ qiǎokèlì ya

- 와! 누가 나에게 이 인형 하나 선물해 줬으면 정말 좋겠다.
  哇！要是 有人 送 我 这个 可爱的 娃娃，我会很高兴
  Wa Yàoshi yǒu rén sòng wǒ zhè ge kě'ài de wáwa wǒ huì hěn gāoxìng
  的。
  de

---

① 情人节 Qíngrén Jié : 발렌타인데이. 화이트데이는 白色情人节 Báisè Qíngrén Jié, 빼빼로데이는 光棍节 Guānggùn Jié.

6 사과할 때   道歉
dàoqiàn

道歉 dàoqiàn의 道 dào는 "말하다"는 뜻이고 "歉 qiàn"은 "歉意 qiànyì" 즉 '미안한 마음' 또는 '유감의 뜻'을 일컫는다. "사과 드립니다"라고 할 때는 "我向您道歉。Wǒ xiàng nín dàoqiàn"이라 하면 되고, "용서해 주십시오."라고 할 때는 "请您原谅我。Qǐng nín yuánliàng wǒ"라고 하면 된다.

A: 真的很对不起, 我太大意了。①
　　Zhēn de hěn duìbuqǐ　wǒ tài dàyi le
B: 只是你的努力白费了。
　　Zhǐshì nǐ de nǔlì báifèi le
A: 我不想再为自己辩护了。
　　Wǒ bù xiǎng zài wèi zìjǐ biànhù le
B: 没关系。以后要多注意。
　　Méi guānxi　Yǐhòu yào duō zhùyì
A: 我知道了。以后我会注意的, 不会再有这样的
　　Wǒ zhīdào le　Yǐhòu wǒ huì zhùyì de　bú huì zài yǒu zhèyàng de
　　事情发生了。
　　shìqing fāshēng le

A: 정말 죄송합니다. 제가 너무 부주의했습니다.
B: 당신의 노력이 헛수고가 되었군요.
A: 더 이상 변명하지 않겠습니다.
B: 괜찮아요. 앞으로는 더욱 주의하세요.
A: 알겠습니다. 앞으로는 주의해서 이런 일이 다시 발생하지 않도록 하겠습니다.

---

① 大意 dàyi: 여기서는 '부주의하다' '소홀하다'의 뜻으로, 이 때에는 意를 경성으로 읽어야 한다. 원래대로 4성으로 읽으면 '대의' '큰 뜻'이 됨.

여러 가지 활용

I 사과할 때　道歉 时
　　　　　　　dàoqiàn shí

- 정말 미안합니다.
  很 对不起。
  Hěn duìbuqǐ

- 아, 미안해요.
  啊，不 好 意思。
  A　 bù hǎoyìsi

- 실례했습니다.
  失礼 了。
  Shīlǐ　le

- 죄송합니다.
  很 抱歉。
  Hěn bàoqiàn

- 진심으로 사과드립니다.
  真心　 向 您 道歉。
  Zhēnxīn xiàng nín dàoqiàn

- 용서해 주십시오.
  原谅　 我 吧。
  Yuánliàng wǒ ba

- 죄송합니다. 저의 실수입니다.
  不 好 意思，这 是 我 的 失误。
  Bù hǎoyìsi　 zhè shì wǒ de shīwù

- 어떻게 말씀드려야 좋을지 모르겠습니다.
  不 知道 该 说 什么 才 好。
  Bù zhīdào gāi shuō shénme cái hǎo

▶ 약속에 늦었을 때　迟到 时
　　　　　　　　chídào shí

A: 对不起，让 你们 久 等 了。
　　Duìbuqǐ　 ràng nǐmen jiǔ děng le
B: 没 关系，正 准备 开会 呢。
　　Méi guānxi　 zhèng zhǔnbèi kāihuì ne

A: 오래 기다리시게 해서 죄송합니다.
B: 괜찮습니다. 이제 막 회의를 시작하려는 참입니다.

- 늦어서 죄송합니다.
  对不起，我 来晚 了。
  Duìbuqǐ   wǒ láiwǎn le

- 오래 기다리게 해서 죄송합니다.
  真 不好意思 让 你 等 这么 久。
  Zhēn bù hǎoyìsi ràng nǐ děng zhème jiǔ

- 미안해요, 길이 막혀서 늦었어요.
  不好意思， 路上 堵车 所以 我 迟到 了。
  Bù hǎoyìsi   lùshang dǔchē suǒyǐ wǒ chídào le

▶잘못했을 때   做错 事 时
              zuòcuò shì shí

- 모두 저의 잘못입니다.
  都 是我的 错。
  Dōu shì wǒ de cuò

- 당신에게 깊은 사과의 뜻을 표합니다.
  对你 深 表 歉意。
  Duì nǐ shēn biǎo qiànyì

- 악의는 없었습니다.
  我 没有 恶意。
  Wǒ méiyǒu èyì

- 그런 뜻으로 말한 것은 아니었습니다.
  我 说 的不是 那个意思。
  Wǒ shuō de bú shì nà ge yìsi

- 고의로 그렇게 한 것은 아닙니다.
  我 不是 故意那么 做 的。
  Wǒ bú shì gùyì nàme zuò de

- 제가 어리석은 짓을 했습니다.
  是 我 做了 蠢事。①
  Shì wǒ zuòle chǔnshì

---

① 蠢事 chǔnshì: 어리석은 짓, 미련한 짓, 바보짓.

- 제 생각이 부족했기 때문입니다.
  是我考虑不周。
  Shì wǒ kǎolǜ bù zhōu
- 사고의 책임은 제게 있습니다.
  事故的责任在我。
  Shìgù de zérèn zài wǒ
- 저를 용서하시고 다시 한번 기회를 주시겠습니까?
  请您原谅我,再给我一次机会,好吗?
  Qǐng nín yuánliàng wǒ zài gěi wǒ yí cì jīhuì hǎo ma
- 결례를 범했습니다. 당신께 사과하고 싶군요.
  是我失礼了。我要给您道歉。
  Shì wǒ shīlǐ le Wǒ yào gěi nín dàoqiàn
- 당신을 다시 볼 면목이 없습니다.
  我没脸再见你了。
  Wǒ méi liǎn zài jiàn nǐ le
- 제 실수입니다. 그를 나무라지 마세요.
  是我的失误,别怪他。①
  Shì wǒ de shīwù bié guài tā
- 이런 일이 다시 일어나지 않도록 주의하겠습니다.
  我会注意的,不会再出现这样的事情了。
  Wǒ huì zhùyì de búhuì zài chūxiàn zhèyàng de shìqing le

▶폐를 끼쳤을 때   打扰别人时
                  dǎrǎo biéren shí

- 신경쓰시게 해서 죄송합니다.
  不好意思,让你费心了。
  Bù hǎoyìsi ràng nǐ fèixīn le
- 바쁘신 걸 알면서도 폐를 끼쳐 죄송합니다.
  知道你忙,还打扰你,真不好意思。
  Zhīdào nǐ máng hái dǎrǎo nǐ zhēn bù hǎoyìsi

---

① 怪 guài: 나무라다, 책망하다, 원망하다. =责怪 zéguài.

6 사과할 때

- 매번 도움을 받아 정말 미안합니다.
  每次 都 让 你 帮忙， 真 过意不去。①
  Měi cì dōu ràng nǐ bāngmáng zhēn guòyìbúqù
- 이렇게 늦게 전화드려 죄송합니다.
  对不起，这么 晚 打 电话 给 你。
  Duìbuqǐ zhème wǎn dǎ diànhuà gěi nǐ

▶기타　其他
　　　　qítā

A: 哎呀， 请 你 走路 看 清楚 一点儿。
　　Aiya qǐng nǐ zǒulù kàn qīngchu yìdiǎnr
B: 对不起， 有 没有 受伤？
　　Duìbuqǐ yǒu méiyǒu shòushang
A: 没 关系， 以后 注意 一点儿 。
　　Méi guānxi yǐhòu zhùyì yìdiǎnr
B: 我 会 的 。 实在 对不起 。
　　Wǒ huì de Shízài duìbuqǐ
A: 아야, 좀 앞을 똑바로 보고 걸으세요.
B: 죄송합니다. 다치신 데는 없습니까?
A: 괜찮습니다. 앞으로는 주의하세요.
B: 알겠습니다. 정말 죄송합니다.

- 제가 당신을 화나게 했다면 용서하십시오.
  如果 是 我 惹 你 生气 的话，请 你 原谅。
  Rúguǒ shì wǒ rě nǐ shēngqì dehuà qǐng nǐ yuánliàng
- 제 말이 기분을 상하게 했다면 사과하겠습니다.
  如果 我 的 话 使 你 不 开心， 那么 我 向 你 道歉。
  Rúguǒ wǒ de huà shǐ nǐ bù kāixīn nàme wǒ xiàng nǐ dàoqiàn
- 이렇게 회답을 늦게 드려 죄송합니다.
  这么 久 才 给 你 答复， 真 不 好意思 。
  Zhème jiǔ cái gěi nǐ dáfù zhēn bù hǎoyìsi
- 나중에 다시 그에게 사과하겠습니다.
  以后 再 向 他 道歉 吧 。
  Yǐhòu zài xiàng tā dàoqiàn ba

---

① 过意不去 guòyìbúqù: 미안해하다, 죄송하게 생각하다.

2. 대인 교류

- 적어도 미안하다는 말이라도 했어야지요.
  至少 你 应该 说 声 对不起。
  Zhìshǎo nǐ yīnggāi shuō shēng duìbuqǐ

II 사과를 받아들일 때 接受 道歉 时
jiēshòu dàoqiàn shí

- 괜찮아요. 다 잊었습니다.
  没 关系，我 都 忘记 了。
  Méi guānxi wǒ dōu wàngjì le
- 괜찮아요, 아무렇지 않습니다.
  不要紧，没 事 的。
  Bú yàojǐn méi shì de
- 이 일은 당신과는 상관 없습니다.
  这 跟 你 没 关系。
  Zhè gēn nǐ méi guānxì
- 너무 깊이 생각하지 마십시오.
  别 想 太 多 了。
  Bié xiǎng tài duō le
- 다 지난 일인걸요. 잊어버리세요.
  都 已经 过去 了。 忘了 吧。
  Dōu yǐjīng guòqu le Wàngle ba
- 별 일도 아닙니다.
  没 什么 事。
  Méi shénme shì
- 사과하실 것 없습니다.
  不 需要 道歉。
  Bù xūyào dàoqiàn
- 그 일은 정말 당신 잘못이 아니에요.
  那 件 事 真 的 不 是 你 的 错。
  Nà jiàn shì zhēn de bú shì nǐ de cuò

▶자신에게도 잘못이 있을 때 自我 检讨 时
zìwǒ jiǎntǎo shí

- 아니, 다 제 잘못입니다.
  不，都 是 我 的 错。
  Bù dōu shì wǒ de cuò

6 사과할 때 73

- 제 잘못이에요. 저에게도 책임이 있습니다.
  是我不对。我也有责任。
  Shì wǒ bú duì　Wǒ yě yǒu zérèn

- 모든 책임은 마땅히 제가 져야 합니다.
  所有的责任都该由我承担。
  Suǒyǒu de zérèn dōu gāi yóu wǒ chéngdān

III 용서를 구할 때　请求原谅时
qǐngqiú yuánliàng shí

- 절 봐서라도, 한 번만 그를 용서해 주세요.
  看在我的面子上，就原谅他一次吧。
  Kànzài wǒ de miànzi shang jiù yuánliàng tā yí cì ba

- 제 사과를 받아 주세요. 이런 일 두 번 다시 없을 겁니다.
  请接受我的道歉，这样的事不会再有第二次了。
  Qǐng jiēshòu wǒ de dàoqiàn zhèyàng de shì búhuì zài yǒu dì'èr cì le

- 제가 당신을 오해했었습니다. 용서해 주세요.
  是我误会你了，原谅我吧。
  Shì wǒ wùhuì nǐ le　yuánliàng wǒ ba

- 이번 만큼은 용서하겠어요.
  这回就饶了你。①
  Zhè huí jiù ráole nǐ

- 이번 한 번만 저를 용서해 주세요.
  请饶恕我这一回吧。
  Qǐng ráoshù wǒ zhè yì huí ba

- 컨닝을 하다니, 절대로 용서할 수 없어요.
  你竟然作弊，绝对不能原谅。
  Nǐ jìngrán zuòbì　juéduì bù néng yuánliàng

IV 변명할 때　找借口时
zhǎo jièkǒu shí

- 고의로 당신을 속인 것이 아닙니다.
  我不是故意骗你的。
  Wǒ bú shì gùyì piàn nǐ de

---

① 饶 ráo: 용서하다, 처벌하지 않다. =饶恕 ráoshù.

2. 대인 교류

- 그때는 정말 어쩔 수가 없었습니다.
  那时 真 的 没有 其他 办法 了。
  Nàshí zhēn de méiyǒu qítā bànfǎ le

▶ **변명하지 말라고 할 때**　不许 狡辩 时
　　　　　　　　　　　　　bùxǔ jiǎobiàn shí

> A: 为什么 会 迟到？
>   Wèishénme huì chídào
> B: 因为 堵车。
>   Yīnwèi dǔchē
> A: 你 就 不要 再 狡辩 了，这 不 是 主要 原因。①
>   Nǐ jiù búyào zài jiǎobiàn le zhè bú shì zhǔyào yuányīn
> A: 왜 지각을 했지?
> B: 차가 막혀서요.
> A: 자꾸 변명하지 마. 그건 진짜 이유가 아니잖아.

- 더 이상 변명하지 마세요.
  不要 再 解释 了。
  Búyào zài jiěshì le

- 변명은 듣고 싶지 않아.
  我 不 想 听 你 狡辩。
  Wǒ bù xiǎng tīng nǐ jiǎobiàn

- 이번엔 또 어떤 핑계를 대려는 거지?
  这 次 又 找 什么 借口？
  Zhè cì yòu zhǎo shénme jièkǒu

- 그건 변명에 지나지 않아.
  这 只 不过 是 借口。
  Zhè zhǐ búguò shì jièkǒu

- 지금 말해봐야 이미 늦었어.
  现在 说 已经 太 迟 了。
  Xiànzài shuō yǐjīng tài chí le

---

① 狡辩 jiǎobiàn: 궤변, 변명.

⑥ 사과할 때

② ⑥ 道歉

- 변명은 필요 없어. 넌 언제나 그랬으니까.
  不需要 解释。因为 你 一向 都 是 那样 的。
  Bù xūyào jiěshì　Yīnwèi nǐ yíxiàng dōu shì nàyàng de

- 넌 항상 무슨 이유가 그리 많아!
  你 的 做法 总 有 理由！
  Nǐ de zuòfǎ zǒng yǒu lǐyóu

7 부탁할 때

请求
qǐngqiú

부탁을 하는 입장이라면 좀더 예의를 갖추는 것이 상대의 도움이나 허락을 얻어내는 데 도움이 될 것이다. "부탁 드립니다."라고 할 때는 "拜托您了。Bàituō nín le"라고 하며, "제발 좀 ~해 주세요."라고 간청할 때는 "求求你~Qiúqiu nǐ"라고 한다.

기본대화

A: 对不起，能不能求你一件事？
　　Duìbuqǐ　néng bu néng qiú nǐ yí jiàn shì

B: 可以呀，只要我能做到的，我一定会帮你的。①
　　Kěyǐ ya　zhǐyào wǒ néng zuòdào de　wǒ yídìng huì bāng nǐ de

A: 请你帮我修改这篇汉语作文。
　　Qǐng nǐ bāng wǒ xiūgǎi zhè piān Hànyǔ zuòwén

B: 好吧，我可以帮你看一下。
　　Hǎo ba　wǒ kěyǐ bāng nǐ kàn yíxià

A: 谢谢你。
　　Xièxie nǐ

A: 죄송하지만 부탁 하나 드릴 수 있을까요?
B: 그럼요, 내가 할 수 있는 일이라면 도와 드리죠.
A: 이 중국어 작문을 좀 고쳐 주셨으면 해서요.
B: 좋아요. 내가 봐 드릴게요.
A: 감사합니다.

여러 가지 활용

I 부탁하고자 할 때　拜托时
　　　　　　　　　　　　bàituō shí

• 부탁 하나 드려도 괜찮을까요?
　我可以拜托你一件事吗？
　Wǒ kěyǐ bàituō nǐ yí jiàn shì ma

---

① 只要 zhǐyào: ~하기만 하면, 오직(단지) ~이라면.

7 부탁할 때

- 좀 도와주실 수 있겠습니까?
  你可以 帮 个 忙 吗？
  Nǐ kěyǐ bāng ge máng ma
- 당신의 도움이 필요합니다.
  我 需要 你 的 帮助。
  Wǒ xūyào nǐ de bāngzhù
- 제발 저를 도와 주십시오.
  求求 你， 帮帮 我 吧。
  Qiúqiu nǐ   bāngbang wǒ ba
- 한 가지 청이 있는데, 설마 거절하지는 않겠죠?
  我 求 你 一 件 事，你 不 会 拒绝 吧 ？
  Wǒ qiú nǐ yí jiàn shì nǐ bú huì jùjué ba
- 솜 부탁드릴 일이 있는데요.
  我 有 事 想 拜托 你 。
  Wǒ yǒu shì xiǎng bàituō nǐ
- 제 청을 들어 주시겠습니까?
  能 接受 我 的 请求 吗？
  Néng jiēshòu wǒ de qǐngqiú ma

▶돈을 빌릴 때   借钱 时
              jièqián shí

A: 你 现在 有 钱 吗？ 能 不 能 借我 1,000 元？
   Nǐ xiànzài yǒu qián ma   Néng bu néng jiè wǒ yìqiān yuán
B: 不 好意思, 我 现在 没有。
   Bù hǎoyìsi   wǒ xiànzài méiyǒu
A: 지금 돈 있으세요? 1,000 위안만 빌려 주시겠습니까?
B: 미안해요. 지금은 돈이 없습니다.

- 지금 돈 있으시면 500 위안만 꿔 주시겠습니까?
  你 要是 现在 有 钱 的话，可以 借我 500   元 吗 ？
  Nǐ yàoshi xiànzài yǒu qián dehuà   kěyǐ jiè wǒ wǔbǎi yuán ma
- 미안하지만 100 위안 밖에 없는데요.
  对不起，我 现在 只 有 100 元 。
  Duìbuqǐ   wǒ xiànzài zhǐ yǒu yìbǎi yuán

2 ⑺ 请求

2. 대인 교류

- 지금 그런 큰 돈은 가지고 있지 않습니다.
  我 现在 没带那么多 钱。
  Wǒ xiànzài méi dài nàme duō qián

- 10일 안에 꼭 갚아 주십시오.
  十 天 之内 必须 还 钱。
  Shí tiān zhīnèi bìxū huán qián

▶ 짐이나 자리를 부탁할 때   请 人 照看 行李 或 位子 时
　　　　　　　　　　　　　　qǐng rén zhàokàn xíngli huò wèizi shí

- 미안하지만, 이 짐들을 좀 봐 주시겠습니까?
  对不起， 能 不 能 帮 我 看 一下 这些 行李？ ①
  Duìbuqǐ néng bu néng bāng wǒ kān yíxià zhèxiē xíngli

- 수고스럽겠지만 이 가방 좀 들어 주시겠어요?
  麻烦你， 帮 我 拿 一下 这 个 包， 好 吗？
  Máfan nǐ bāng wǒ ná yíxià zhè ge bāo hǎo ma

- 실례지만, 이 좌석에 임자 있습니까?
  请问， 这个 座位 有 人 吗？
  Qǐngwèn zhège zuòwèi yǒu rén ma

- 제가 앉아도 됩니까?
  我 可以 坐 吗？
  Wǒ kěyǐ zuò ma

▶ ~하는 김(길)에   请 人 顺便 帮忙 时
　　　　　　　　　qǐng rén shùnbiàn bāngmáng shí

- 돌아오는 길에 담배 한 갑 좀 사다 주시겠습니까?
  你 回来 顺便 帮 我 买 一 盒 烟 好 吗？
  Nǐ huílai shùnbiàn bāng wǒ mǎi yì hé yān hǎo ma

- 일어서거든 창문 좀 닫아 주세요.
  你 起来 的话， 顺便 帮 我 关 一下 窗户 吧。
  Nǐ qǐlai dehuà shùnbiàn bāng wǒ guān yíxià chuānghu ba

- 청소하시는 김에 제 방도 치워 주시겠어요?
  你 收拾 屋子， 顺便 把我 的 房间 也 整理 一下，
  Nǐ shōushi wūzi shùnbiàn bǎ wǒ de fángjiān yě zhěnglǐ yíxià

---

① 看 kān: '보다'의 뜻일 때는 4성이지만, '지키다', '돌보다', '파수하다'의 뜻일 때는 1성으로 발음한다.

7 부탁할 때

好 吗?
hǎo ma

▶ 기타 其他
　　　　qítā

- 커피 한 잔 타 주세요.
  帮 我 冲 一 杯 咖啡。
  Bāng wǒ chōng yì bēi kāfēi

- 내가 없는 동안 아기 좀 돌봐 주세요.
  我 不 在 的 时候， 帮 我 照顾 一下 孩子。
  Wǒ bú zài de shíhou bāng wǒ zhàogù yíxià háizi

- 무리한 일을 요구하지는 않겠어요.
  我 不 会 要求 你 做 不 合理 的 事情。
  Wǒ bú huì yāoqiú nǐ zuò bù hélǐ de shìqing

- 이번이 처음이자 마지막입니다.
  这 是 第一 次， 也 是 最 后 一 次 了。
  Zhè shì dìyī cì yě shì zuì hòu yí cì le

Ⅱ 도움을 청할 때   请求 帮助 时
　　　　　　　　　qǐngqiú bāngzhù shí

A: 小 彬, 我 有 事 想 请 你 帮忙。
　　Xiǎo Bīn wǒ yǒu shì xiǎng qǐng nǐ bāngmáng
B: 什么 事?
　　Shénme shì
A: 可以 帮 我 打 一下 这 封 信 吗?
　　Kěyǐ bāng wǒ dǎ yíxià zhè fēng xìn ma
B: 现在 马上 要 吗?
　　Xiànzài mǎshàng yào ma
A: 是 的。
　　Shì de
B: 知道 了, 我 马上 给 你 打 一 份。
　　Zhīdào le wǒ mǎshàng gěi nǐ dǎ yí fèn
A: 太 谢谢 你 了。
　　Tài xièxie nǐ le

B: 不用 客气。我 随时 为 您 效劳。①
　　Búyòng kèqi　Wǒ suíshí wèi nín xiàoláo
A: 샤오빈, 도와줘야 할 일이 하나 있는데.
B: 무슨 일인데요?
A: 이 편지를 타이핑해 주겠어요?
B: 지금 당장 해야 되나요?
A: 그래요.
B: 알겠습니다. 바로 해 드리겠습니다.
A: 너무 고마워요.
B: 뭘요. 언제라도 도와 드리겠습니다.

- 저를 도와주세요.
  请 你 帮帮 我 吧。
  Qǐng nǐ bāngbang wǒ ba
- 저를 도와주시겠습니까?
  你 能 帮 我 吗?
  Nǐ néng bāng wǒ ma
- 협조해 주시기 바랍니다.
  希望 你 能 合作。
  Xīwàng nǐ néng hézuò

▶ 기꺼이 도와 줄 때　　愿意 帮忙 时
　　　　　　　　　　　yuànyì bāngmáng shí

- 문제 없습니다.
  没 问题。
  Méi wèntí
- 최선을 다해 도와드리겠습니다.
  我 一定 尽力 而 为。②
  Wǒ yídìng jìnlì ér wéi
- 언제라도 도와 드리겠습니다.
  不管 什么 时候，我 都 会 帮 你 的。
  Bùguǎn shénme shíhou　wǒ dōu huì bāng nǐ de

---

① 效劳 xiàoláo: 힘쓰다, 진력하다.
② 尽力而为 jìnlì ér wéi: 전력을 다해서 이루다.

7 부탁할 때

- 다소나마 저도 기꺼이 도움이 되고 싶습니다.
  我 多少 也 应该 帮 你 做点儿 什么 。
  Wǒ duōshǎo yě yīnggāi bāng nǐ zuò diǎnr shénme
- 그 일은 제게 맡기십시오.
  那 件 事 交给 我 吧 。
  Nà jiàn shì jiāogěi wǒ ba
- 무슨 일 있으면 언제라도 전화 주십시오.
  有 什么 事，随时 给 我 打 电话 吧。
  Yǒu shénme shì suíshí gěi wǒ dǎ diànhuà ba
- 당신의 일이라면 무슨 일이든 돕겠습니다.
  只要 是你的事，我 都 会 帮 你 做 的 。
  Zhǐyào shì nǐ de shì wǒ dōu huì bāng nǐ zuò de

▶도움을 사양할 때   谢绝 帮助 时
                   xièjué bāngzhù shí

- 괜찮습니다. 관심을 가져 주셔서 감사합니다.
  不用 了 。 谢谢 你 的 关心 。
  Búyòng le Xièxie nǐ de guānxīn
- 아닙니다. 제가 스스로 해결하겠습니다.
  不 , 让 我 自己 解决 吧 。
  Bù ràng wǒ zìjǐ jiějué ba
- "자신의 일은 자신이 하라"는 말이 있습니다.
  有 句 话 叫 "自己 的 事 自己 做 "。
  Yǒu jù huà jiào zìjǐ de shì zìjǐ zuò

▶도움에 감사할 때   道谢 时
                   dàoxiè shí

- 당신의 도움에 감사드립니다.
  谢谢 你 的 帮助 。
  Xièxie nǐ de bāngzhù
- 당신의 도움을 죽을 때까지 잊지 못할 것입니다.
  我 终生 难忘 您 的 帮助 。
  Wǒ zhōngshēng nánwàng nín de bāngzhù
- 당신의 은혜를 보답할 길이 없습니다.
  我 无法 报答 您 的 恩惠 。
  Wǒ wúfǎ bàodá nín de ēnhuì

2 请求

Ⅲ 양해를 구할 때 谅解 时
liàngjiě shí

> A: 对不起，我可以抽支烟吗？
>   Duìbuqǐ wǒ kěyǐ chōu zhī yān ma
> B: 这里禁止吸烟。你可以到卫生间抽烟。
>   Zhèli jìnzhǐ xī yān   Nǐ kěyǐ dào wèishēngjiān chōu yān
> A: 好的，谢谢你。
>   Hǎo de xièxie nǐ
> A: 미안합니다만, 담배 좀 피워도 되겠습니까?
> B: 이곳은 금연입니다. 화장실에 가서 피우시면 됩니다.
> A: 알겠습니다. 감사합니다.

▶사전 양해를 구할 때 事前 请求 时
shì qián qǐngqiú shí

- 창문을 열어도 되겠습니까?
  可以开窗户吗？
  Kěyǐ kāi chuānghu ma

- 라이터 좀 빌려 주시겠습니까?
  借一下打火机行吗？
  Jiè yíxià dǎhuǒjī xíng ma

- 들어가도 되겠습니까?
  我可以进去吗？
  Wǒ kěyǐ jìnqu ma

- 여기에 주차해도 되겠습니까?
  我可以在这里停车吗？
  Wǒ kěyǐ zài zhèli tíng chē ma

- 화장실을 써도 되겠습니까?
  我可以用一下卫生间吗？
  Wǒ kěyǐ yòng yíxià wèishēngjiān ma

▶물건을 빌릴 때 借 东西 时
jiè dōngxi shí

- 실례합니다. 사전 좀 사용할 수 있을까요?
  不好意思，可以借我词典用用吗？
  Bù hǎoyìsi kěyǐ jiè wǒ cídiǎn yòngyong ma

7 부탁할 때

- 미안합니다만 전화 좀 빌려도 되겠습니까?
  打扰了，可以借一下电话吗？
  Dǎrǎo le　　kěyǐ jiè yíxià diànhuà ma

- 곧바로 돌려 드리겠습니다.
  我会很快还你的。
  Wǒ huì hěn kuài huán nǐ de

▶길을 비켜 달라고 할 때　　请求让路时
　　　　　　　　　　　　　qǐngqiú rànglù shí

- 미안하지만 실례하겠습니다.
  不好意思，打扰了。
  Bù hǎoyìsi　　dǎrǎo le

- 지나갈 수 있을까요?
  能让我过去吗？
  Néng ràng wǒ guòqu ma

- 좀 비켜 주십시오.
  请让一下。
  Qǐng ràng yíxià

- 미안합니다, 좀 지나가겠습니다.
  对不起，过一下。
  Duìbuqǐ　　guò yíxià

8 오해했을 때

误会
wùhuì

"오해를 하다"라는 표현으로는 "误会 wùhuì"와 "误解 wùjiě"가 있다. "误会 wùhuì"가 주로 대인관계에서 빚어지는 감정상의 오해 등을 일컫는 데에 많이 사용된다면, "误解 wùjiě"는 주로 상대의 말이나 뜻을 잘못 이해하는 경우에 많이 사용된다. "그건 오해야."라고 할 때에는 "你误会了。Nǐ wùhuì le"라고 하면 되며, 오해 하지 말라고 할 때는 "别误会。Bié wùhuì"라고 하면 된다.

기본대화

A: 听说 你 最近 遇上 麻烦 事 了。
　　Tīngshuō nǐ zuìjìn yùshàng máfan shì le

B: 别提 了！ 上 回在 电梯 里，我 想 替一个 女 同事
　　Biétí le　　Shàng huí zài diàntī li　wǒ xiǎng tì yí ge nǚ tóngshì
　　拿下 她 屁股 上 的 东西，却 被 她 误会 了。
　　náxià tā pìgu shang de dōngxi　què bèi tā wùhuì le

A: 什么 误会 啊！ 你 真 的 只有 那个 想法 吗？
　　Shénme wùhuì a　　Nǐ zhēn de zhǐ yǒu nà ge xiǎngfǎ ma

B: 你 说 什么 呀？ 难道 你 也 把 我 当成 好色 之
　　Nǐ shuō shénme ya　Nándào nǐ yě bǎ wǒ dāngchéng hàosè zhī
　　徒？①
　　tú

A: 不，不，你 别 误会。 我 只是 在 开 玩笑 而已。
　　Bù　bù　nǐ bié wùhuì　　Wǒ zhǐshì zài kāi wánxiào éryǐ

A: 듣자니 너 요즘 난처한 일에 처해 있다며?
B: 말도 마. 며칠 전 엘리베이터에서 여자 동료의 힙에 뭔가 있는 것을 떼어 주려고 했다가 오히려 오해를 샀어.
A: 오해는 무슨! 정말 그 뜻밖에 없었을까?
B: 지금 무슨 말을 하고 있는거야? 설마 너까지 나를 호색한으로 만들 셈이야?
A: 아냐 아냐. 오해하지 마. 그냥 농담 한 번 해본 거야.

---

① 好色之徒 hàosè zhī tú : 호색가, 여자를 밝히는 사람.

여러 가지 활용

Ⅰ 오해가 있을 때　有 误会 时
　　　　　　　　　　yǒu wùhuì shí

- 그건 오해야.
  你 误会 了。
  Nǐ wùhuì le

- 당신이 그를 오해하고 있어요.
  是 你 误会 他 了。
  Shì nǐ wùhuì tā le

- 아마 저에게 무슨 오해가 있으신 것 같습니다.
  你 好像 对我 有 什么 误会。
  Nǐ hǎoxiàng duì wǒ yǒu shénme wùhuì

- 제가 말한 건 그런 뜻이 아닙니다.
  你 说 的 不是 那个 意思。
  Nǐ shuō de bú shì nà ge yìsi

- 제가 당신의 뜻을 오해했었군요.
  是 我 误会 了 您 的 意思。
  Shì wǒ wùhuì le nín de yìsi

- 우리들 사이에 뭔가 오해가 있었나 봅니다.
  我们 之间 好像 有 点儿 误会。
  Wǒmen zhījiān hǎoxiàng yǒu diǎnr wùhuì

- 어쩌면 제가 당신 말을 오해했을 수도 있죠.
  也许 是 我 误解 了 您 的 话。
  Yěxǔ shì wǒ wùjiě le nín de huà

Ⅱ 오해하지 말라고 할 때　让 对方 不要 误会 时
　　　　　　　　　　　　　ràng duìfāng búyào wùhuì shí

- 오해하지 마.
  你 别 误会。
  Nǐ bié wùhuì

- 오해하지 마세요.
  请 不要 误会。
  Qǐng búyào wùhuì

2. 대인 교류

- 나쁜 쪽으로 생각하지 마세요.
  您 不要 往 坏处 想。
  Nín búyào wǎng huàichu xiǎng

- 당신을 해칠 생각은 없었습니다.
  我 没有 想过 要 伤害 你。
  Wǒ méiyǒu xiǎngguo yào shānghài nǐ

- 오해하지 마세요. 전 악의가 없습니다.
  你 不要 误会, 我 没有 恶意。
  Nǐ búyào wùhuì wǒ méiyǒu èyì

- 앞으로 다시 오해가 없도록 확실히 말해 둡시다.
  我们 还是 说 清楚, 免得 以后 再 有 误会。
  Wǒmen háishi shuō qīngchu miǎnde yǐhòu zài yǒu wùhuì

III 착각·혼동했을 때   错觉 / 混乱 时
   cuòjué   hùnluàn shí

- 도대체 뭐가 뭔지 나는 모르겠네요.
  什么 乱七八糟 的, 我 不 懂。①
  Shénme luànqībāzāo de wǒ bù dǒng

- 아마도 제가 잘못 기억한 것 같습니다.
  好像 是我 记错 了。
  Hǎoxiàng shì wǒ jìcuò le

- 그건 단지 너의 착각일 뿐이야.
  那 只 是 你 的 错觉。
  Nà zhǐ shì nǐ de cuòjué

- 지금 머리가 너무 혼란스러워요.
  我 现在 脑子 很 乱。
  Wǒ xiànzài nǎozi hěn luàn

- 성명이 비슷해서 착각을 했습니다.
  姓名 差不多, 所以 使我 产生 了错觉。
  Xìngmíng chàbuduō suǒyǐ shǐ wǒ chǎnshēng le cuòjué

---

① 乱七八糟 luànqībāzāo : '엉망진창이다', '어수선하다', '난장판이다' 라는 뜻의 성어.

8 오해했을 때

- 오늘이 금요일인 줄 알았습니다.
  我还以为今天是星期五呢。
  Wǒ hái yǐwéi jīntiān shì xīngqīwǔ ne

- 틀림없이 네가 잘못한 걸거야.
  一定是你弄错了。
  Yídìng shì nǐ nòngcuò le

- 너 또 잘못 알고 있었지?
  你又记错了吧?
  Nǐ yòu jìcuò le ba

- 너 또 헷갈렸구나. 좀 조심해.
  你又犯糊涂了,下次注意点儿。①
  Nǐ yòu fàn hútu le xià cì zhùyì diǎnr

참고 관련 용어 词汇 cíhuì

• 열렬하다	热烈 rèliè	• 감사합니다	谢谢,感谢 xièxie gǎnxiè
• 박수치다	鼓掌 gǔ zhǎng	• 천만에요	不客气 bú kèqi
• 축하하다	祝贺,恭喜 zhùhè gōngxǐ	• 마음을 쓰다	费心 fèixīn
• 축복하다	祝福 zhùfú	• 칭찬하다	称赞 chēngzàn
• 환영하다	欢迎 huānyíng	• 친양히다	赞扬 zànyáng
• 환송하다	欢送 huānsòng	• 표양하다	表扬 biǎoyáng
• 어서 오십시오	欢迎光临 huānyíng guānglín	• 찬송하다	赞颂 zànsòng
• 영광이다	荣幸 róngxìng	• 찬탄하다	赞叹 zàntàn
• 건배하다	干杯 gān bēi	• 찬미하다	赞美 zànměi
• 행복하다	幸福 xìngfú	• 과찬하다	夸奖 kuājiǎng
• 축 개업	开业大吉 kāiyè dàjí	• 훌륭하다/좋다	棒 bàng
• 감사 인사를 하다	道谢 dàoxiè	• 대단하다	了不起 liǎobuqǐ

① 犯糊涂 fàn hútu : 흐리멍텅하다. 똑똑치 못하다. 어리벙벙하다.

2. 대인 교류

- 탄복하다   佩服 pèifú
- 위대하다   伟大 wěidà
- 격려하다   鼓励 gǔlì
- 영예롭다   荣誉 róngyù
- 영광이다   光荣 guāngróng
- 선물을 하다   送礼 sòng lǐ
- 선물을 받다   收礼 shōu lǐ
- 선물   礼物 lǐwù
- 뇌물   贿赂 huìlù
- 사과하다   道歉 dào qiàn
- 유감/사과   歉意 qiànyì
- 용서하다   原谅 yuánliàng
- 미안합니다   对不起 duìbuqǐ
- 죄송합니다   抱歉 bàoqiàn
- 미안하다/염치없다   不好意思 bù hǎoyìsi
- 결례하다   失礼 shīlǐ
- 실수하다   失误 shīwù
- 잘못하다   错误 cuòwù
- 용서하다   饶恕 ráoshù
- 변명하다   借口 jièkǒu
- 궤변하다   狡辩 jiǎobiàn
- 부탁하다   请求 qǐngqiú
- 부탁하다   拜托 bàituō
- ~하는 김에   顺便 shùnbiàn
- 사절하다   谢绝 xièjué
- 거절하다   拒绝 jùjué
- 양해하다   谅解 liàngjiě
- 오해하다   误会, 误解 wùhuì wùjiě
- 착각하다   错觉 cuòjué
- 혼동하다   混乱 hùnluàn

3

개인 신상
个人信息　　　　　　　　　GEREN XINXI

1. 나　이　　　　　　　　年龄
2. 성　격　　　　　　　　性格
3. 외　모　　　　　　　　外貌
4. 가족 관계　　　　　　　亲属关系
5. 학교 관계　　　　　　　学校关系
6. 고향・거주지　　　　　　家乡/居住地
7. 종교・기타　　　　　　　宗教/其他

1 나 이   年龄
niánlíng

중국은 서양과 같이 만으로 나이를 계산하는데, 이렇게 만으로 계산하는 나이를 周岁 zhōusuì 라고 한다. 물론 예전에는 한국처럼 태어나면서 바로 1 살로 계산하던 관습이 있었는데 이는 虚岁 xūsuì 라고 한다. 나이를 묻는 표현으로는 "你多大了? Nǐ duō dà le " 또는 "你多大年纪? Nǐ duō dà niánjì "등이 있다. "你几岁? Nǐ jǐ suì "는 어린 아이에게 묻는 표현이므로 어른에게는 쓰지 않는다.

기본대화

A: 请问 您多大了?
　　Qǐngwèn nín duō dà le
B: 你看我有多大?
　　Nǐ kàn wǒ yǒu duō dà
A: 三十岁左右吧。
　　Sānshí suì zuǒyòu ba
B: 错了, 我已经四十岁了。
　　Cuò le　wǒ yǐjīng sìshí suì le
A: 是吗? 您看起来真年轻。
　　Shì ma　Nín kàn qilai zhēn niánqīng
A: 실례지만 나이가 얼마나 되셨어요?
B: 제가 몇 살로 보이나요?
A: 서른 정도 되신 것 같아요.
B: 아니에요. 벌써 마흔인걸요.
A: 그러세요? 정말 젊어 보이시네요.

■ 여러 가지 활용

I 나이를 물을 때   询问 年龄 时
xúnwèn niánlíng shí

A: 你儿子几岁了?
　　Nǐ érzi jǐ suì le

3. 개인 신상

B: 五岁了，正在 上 幼儿园。
　　Wǔ suì le　zhèngzài shàng yòu'éryuán
A: 你父亲 今年 多大岁数了？
　　Nǐ fùqīn jīnnián duō dà suìshù le
B: 今年 是我父亲的 花甲 年。①
　　Jīnnián shì wǒ fùqīn de huājiǎ nián
A: 당신의 아들은 몇 살입니까?
B: 다섯 살이에요, 유치원에 다니고 있어요.
A: 당신의 아버님께서는 올해 연세가 어떻게 되십니까?
B: 올해가 저의 아버님 환갑이십니다.

- 꼬마야, 몇살이니?
  小朋友， 你几岁啦？
  Xiǎopéngyǒu nǐ jǐ suì la

- 연세가 어떻게 되셨습니까?
  您 多大年纪了？ / 您 多大岁数了？
  Nín duō dà niánjì le　　Nín duō dà suìshù le

- 춘추가 어떻게 되십니까?
  您 高寿 了？②
  Nín gāoshòu le

- 당신의 나이를 알려 주실 수 있나요?
  能 告诉我你的 年龄 吗？
  Néng gàosu wǒ nǐ de niánlíng ma

- 마흔이 다 되어 갑니다.
  快 四十岁了。
  Kuài sìshí suì le

- 다음 달이면 서른이 됩니다.
  下个月就 三十 了。
  Xià ge yuè jiù sānshí le

---

① 花甲 huājiǎ: 회갑, 환갑.
② 高寿 gāoshòu: 연세가 많으신 노인 분에게만 사용한다.

▶나이 비교　比较 年龄
　　　　　　　bǐjiào niánlíng

- 저와 동갑이군요.
  跟 我 同 岁 啊 。
  Gēn wǒ tóng suì a

- 저보다 세 살 많으시네요.
  比 我 大 三 岁 。
  Bǐ wǒ dà sān suì

- 저보다 한 살 아래입니다.
  比 我 小 一 岁 。
  Bǐ wǒ xiǎo yí suì

- 그는 당신보다 몇 살 위입니까?
  他 比 你 大 几 岁 ?
  Tā bǐ nǐ dà jǐ suì

- 저는 3월생입니다. 당신보다 두 달 빠르군요.
  我 是 三 月份 生 的 , 比 你 大 两 个 月 。
  Wǒ shì sān yuèfèn shēng de　bǐ nǐ dà liǎng ge yuè

▶나이 가늠하기　从 外貌 上 打量 年龄
　　　　　　　cóng wàimào shang dǎliang niánlíng

- 스무살 되었나요?
  你 有 二十 了 吗 ?
  Nǐ yǒu èrshí le ma

- 아직 서른 안됐죠?
  不 到 三十 岁 吧 ?
  Bú dào sānshí suì ba

- 그 나이 또래처럼 안보이는데요.
  看 起来 不 像 是 那个 年龄 的 人 。
  Kàn qilai bú xiàng shì nà ge niánlíng de rén

- 그는 나이가 많이 들어보여요.
  那个 人 看 起来 很 苍老 。①
  Nà ge rén kàn qilai hěn cānglǎo

---

① 苍老 cānglǎo: 나이 들어 보이다. (서화의 필체 등이)원숙하다.

3. 개인 신상

- 그녀는 매우 성숙해 보여요.
  她 看 起来 很 成熟。
  Tā kàn qǐlái hěn chéngshú

- 그녀는 퍼머를 하니까 나이가 들어보여요.
  她 烫 发 以后 很 显 老。①
  Tā tàng fà yǐhòu hěn xiǎn lǎo

- 머리를 짧게 자르니 훨씬 젊어 보이는군요.
  头发 剪短 了，显得 很 年轻。②
  Tóufa jiǎnduǎn le xiǎnde hěn niánqīng

- 여자의 나이는 정말 짐작할 수 없어요.
  女人 的 年龄 真 是无法 琢磨。③
  Nǚrén de niánlíng zhēn shì wú fǎ zuómo

II 생년 월일   出生 年 月
chūshēng nián yuè

> A: 你 属 什么 ?
>   Nǐ shǔ shénme
> B: 我 属 马。
>   Wǒ shǔ mǎ
> A: 당신은 무슨 띠 입니까?
> B: 저는 말띠 입니다.

- 당신의 생일은 몇 월 며칠입니까?
  你 的 生日 是 几 月 几 号 ?
  Nǐ de shēngrì shì jǐ yuè jǐ hào

- 당신은 언제 태어났어요?
  你 什么 时候 生 的 ?
  Nǐ shénme shíhou shēng de

- 저는 1975년 6월 6일생입니다.
  我 是 1975 年 6 月 6 日 出生 的。
  Wǒ shì yījiǔqīwǔ nián liù yuè liù rì chūshēng de

---

① 显 xiǎn: 나이가 들어보이다, 늙어보이다.
② 显得 xiǎnde: 훨씬 ~해 보이다. ~가 두드러지다.
③ 琢磨 zuómo: 곰곰이 생각하다, 이리저리 궁리하다.

① 나이

Ⅲ 띠　生肖 ①
　　　shēngxiào

• 당신은 무슨 띠입니까?
  你是属 什么 的?
  Nǐ shì shǔ shénme de

• 저는 호랑이띠입니다.
  我 属 虎。
  Wǒ shǔ hǔ

---

　① 属相 shǔxiàng 또는 生肖 shēngxiào 라고도 하며, 12가지 띠의 명칭은 다음과 같다. 鼠 shǔ(쥐), 牛 niú(소), 虎 hǔ(호랑이), 兔 tù(토끼), 龙 lóng(용), 蛇 shé(뱀), 马 mǎ(말), 羊 yáng(양), 猴 hóu(원숭이), 鸡 jī(닭), 狗 gǒu(개), 猪 zhū(돼지).

2 성 격

性格
xìnggé

성격은 크게 내향(内向 nèixiàng)적인 성격과 외향(外向 wàixiàng)적인 성격으로 나눌 수 있다. 모두 나름대로의 장점(优点 yōudiǎn)과 단점(缺点 quēdiǎn)이 있기 때문에 장점은 더욱 발전시키고 단점은 극복해 나가는 노력이 필요할 것이다.

기본대화

A: 你觉得你是一个什么样的人？
　　Nǐ juéde nǐ shì yí ge shénmeyàng de rén

B: 我不爱说话，也不爱出门，有点儿内向。
　　Wǒ bú ài shuō huà　yě bú ài chū mén　yǒudiǎnr nèixiàng

A: 不过你做什么事都很认真、很仔细。
　　Búguò nǐ zuò shénme shì dōu hěn rènzhēn　hěn zǐxì

B: 您那样说太感谢了。
　　Nín nàyàng shuō tài gǎnxiè le

A: 虽然性格是天生的，但同时也受环境的
　　Suīrán xìnggé shì tiānshēng de　dàn tóngshí yě shòu huánjìng de
影响。
yǐngxiǎng

B: 确实是。所以要不断地克服自己的缺点。
　　Quèshí shì　Suǒyǐ yào búduàn de kèfú zìjǐ de quēdiǎn

A: 당신은 어떤 형의 사람이라고 생각하세요?
B: 저는 말수가 적고, 외출도 잘 안하고, 좀 내성적인 편이에요.
A: 하지만 당신은 모든 일에 매우 성실하고 꼼꼼하더군요.
B: 그렇게 말씀해 주시니 고맙습니다.
A: 성격은 타고 나는 거지만 동시에 환경의 영향도 받지요.
B: 확실히 그래요. 그래서 끝없이 자신의 결점을 극복해 나가야 하겠죠.

여러 가지 활용

I 성격의 유형　性格 类型
　　　　　　　　xìnggé lèixíng

- 그의 성격은 어떠한가요?
  他 的 性格 怎样?
  Tā de xìnggé zěnyàng
- 그는 성격이 밝은 편입니까?
  他 比较 开朗 吗?
  Tā bǐjiào kāilǎng ma
- 그는 매우 비관적인 사람이에요.
  他 是 一 个 很 悲观 的 人。
  Tā shì yí ge hěn bēiguān de rén
- 어떠한 일이 닥치더라도 그는 매우 낙관적이에요.
  无论 遇到 什么 事, 他 都 很 乐观。
  Wúlùn yùdào shénme shì　tā dōu hěn lèguān
- 좀 그렇게 소극적으로 굴지 마!
  你 不要 总 那么 被动 嘛!
  Nǐ búyào zǒng nàme bèidòng ma
- 그는 늘 적극적으로 나서서 어려운 사람들을 돕습니다.
  他 总是 积极 主动 地 帮助 有 困难 的 人。
  Tā zǒngshì jījí　zhǔdòng de bāngzhù yǒu kùnnan de rén
- 그는 일을 하는데 항상 그렇게 우유부단해요.
  他 做事 总 那么 优柔 寡断。
  Tā zuò shì zǒng nàme yōuróu guǎduàn
- 그는 매우 솔직한 사람이에요.
  他 是 一 个 直率 的 人。①
  Tā shì yí ge zhíshuài de rén

II 성격의 장단점　性格 的 好坏
　　　　　　　　　xìnggé de hǎohuài

▶장점　优点
　　　　yōudiǎn

- 당신의 장점은 무엇입니까?
  你 的 优点 是 什么?
  Nǐ de yōudiǎn shì shénme

---

① 直率 zhíshuài: 말이나 일을 하는데 있어 직선적이고 솔직하다.

3. 개인 신상

- 그는 낯선 환경에도 매우 빨리 적응해요.
  他 能 很 快 地 适应 陌生 的 环境。
  Tā néng hěn kuài de shìyìng mòshēng de huánjìng
- 그녀는 독립심이 매우 강한 여성이에요.
  她 是 个 独立性 很 强 的 女人。
  Tā shì ge dúlìxìng hěn qiáng de nǚrén
- 그는 일을 하는데 매우 과단성이 있습니다.
  他 做 事 很 果断。
  Tā zuò shì hěn guǒduàn
- 그의 장점은 책임감이 아주 강하다는 것입니다.
  他 的 优点 就 是 责任感 很 强。
  Tā de yōudiǎn jiù shì zérèngǎn hěn qiáng
- 그는 참을성이 매우 많은 사람입니다.
  他 是 忍耐力 很 强 的 人。
  Tā shì rěnnàilì hěn qiáng de rén
- 그는 어떤 일에나 적극적입니다.
  他 对 什么 事情 都 很 积极。
  Tā duì shénme shìqing dōu hěn jījí
- 그는 우리 부서에서 제일 부지런한 사람입니다.
  他 在 我们 部门 是 最 勤快 的。
  Tā zài wǒmen bùmén shì zuì qínkuài de
- 그는 책임감이 있고 통솔력도 강합니다.
  他 很 有 责任感，领导 能力 也 很 强。
  Tā hěn yǒu zérèngǎn lǐngdǎo nénglì yě hěn qiáng

▶단점　缺点
　　　　quēdiǎn

- 자신의 단점이 무엇이라고 생각하십니까?
  你 觉得 自己 的 缺点 是 什么？
  Nǐ juéde zìjǐ de quēdiǎn shì shénme
- 저는 내성적이어서 자주 손해를 보곤 합니다.
  我 很 内向，所以 常常 吃亏。①
  Wǒ hěn nèixiàng suǒyǐ chángcháng chīkuī

---

① 吃亏 chīkuī: 손해보다, 밑지다.

② 성　　격

- 변덕스러운 사람은 믿을 수가 없어요.
  我 不 能 相信 变化 无常 的 人。
  Wǒ bù néng xiāngxìn biànhuà wúcháng de rén

- 책임감이 없는 사람은 성공하기가 매우 어렵습니다.
  没有 责任感 的 人，很 难 取得 成功。
  Méiyǒu zérèngǎn de rén hěn nán qǔdé chénggōng

- 넌 다 좋은데 게으른 게 흠이야.
  你 哪儿 都 很 好，就 是 懒了 一点儿。
  Nǐ nǎr dōu hěn hǎo jiù shì lǎnle yìdiǎnr

- 다른 사람을 배려하지 못하는 사람은 정말 싫어요.
  很 难 喜欢 不会 替 别人 着想 的 人。
  Hěn nán xǐhuan bú huì tì biéren zháoxiǎng de rén

- 그의 단점은 성질이 너무 급하다는 겁니다.
  他 的 缺点 就 是 太 急躁。①
  Tā de quēdiǎn jiù shì tài jízào

- 그는 리더의 자질이 부족해요.
  他 缺乏 领袖 风度 。
  Tā quēfá lǐngxiù fēngdù

- 당신은 성격이 조금 나약한 것 같아요.
  我 觉得 你 的 性格 有点儿 懦弱 。
  Wǒ juéde nǐ de xìnggé yǒudiǎnr nuòruò

▶ 호평　　好评
　　　　　 hǎopíng

- 그는 이해심이 많은 남자예요.
  他 是 善解 人意 的 人 。
  Tā shì shànjiě rényì de rén

- 그는 정의감이 충만한 사람이에요.
  他 是 一 个 充满 正义感 的 人 。
  Tā shì yí ge chōngmǎn zhèngyìgǎn de rén

- 그는 희생정신이 매우 강해요.
  他 很 有 牺牲 精神。
  Tā hěn yǒu xīshēng jīngshén

---

① 急躁 jízào: 조급해 하다, 초조해 하다, 조바심을 내다.

3. 개인 신상

- 그녀는 정말 천진난만해요.
  她 真 的 很 天 真。
  Tā zhēn de hěn tiānzhēn

- 너 참 순진하구나.
  你 很 单纯。①
  Nǐ hěn dānchún

- 그녀는 말은 날카롭게 해도 마음은 아주 부드러워요.
  她 这 个 人 刀子 嘴, 豆腐 心。②
  Tā zhè ge rén dāozi zuǐ dòufu xīn

- 그는 천성이 참 친절해요.
  他 天生 让 人 觉得 亲切。
  Tā tiānshēng ràng rén juéde qīnqiè

- 그녀는 아주 차분합니다.
  她 很 文静。③
  Tā hěn wénjìng

- 당신은 정말 좋은 사람이에요.
  你 真 是 个 好人。
  Nǐ zhēn shì ge hǎorén

- 그는 성실한 사람입니다. / 그는 마음이 아주 착해요.
  他 是 诚实 的 人。/ 他 心地 很 善良。
  Tā shì chéngshí de rén   Tā xīndì hěn shànliáng

- 나는 그 사람같이 착실하고 듬직한 사람이 좋아요.
  我 喜欢 像 他 一样 踏实 稳重 的 人。④
  Wǒ xǐhuan xiàng tā yíyàng tāshi wěnzhòng de rén

- 그녀는 아주 부드러워요, 제가 좋아하는 타입이죠.
  她 很 温柔, 是 我 喜欢 的 那 一 种 类型。
  Tā hěn wēnróu shì wǒ xǐhuan de nà yì zhǒng lèixíng

---

① 单纯 dānchún: 우리 말에서 사용되는 것처럼 '단순하다' 는 의미가 아니라 '순진하다' 는 뜻이다.

② 刀子嘴, 豆腐心 dāozi zuǐ dòufu xīn: 겉으로는 아주 쌀쌀맞게 말을 하나 속마음은 매우 따뜻하고 부드러움을 일컫는 말.

③ 文静 wénjìng: 조용하고 차분한 성격을 말함.

④ 踏实 tāshi: 성실하다, 착실하다, 차분하다.
  稳重 wěnzhòng: 듬직하다, 점잖다, 중후하다.

- 그는 비록 돈이 많지만 무척 검소하게 살아요.
  虽然 他 很 有钱，但是 生活 过 得很 俭朴。①
  Suīrán tā hěn yǒuqián dànshì shēnghuó guò de hěn jiǎnpǔ
- 그녀의 남편은 아량이 매우 넓어요.
  她 的 丈夫 是一 个 心胸 宽阔 的 人。②
  Tā de zhàngfu shì yí ge xīnxiōng kuānkuò de rén

▶ 악평 批评
   pīpíng

- 당신은 유머 감각이 너무 부족해요.
  你 太 缺乏 幽默感 了。
  Nǐ tài quēfá yōumògǎn le
- 그 사람은 너무 새미가 없어, 조금도 웃길 줄을 모른다니까.
  他 这 个 人 特 没劲，一点儿 都 不 幽默。
  Tā zhè ge rén tè méijìn yìdiǎnr dōu bù yōumò
- 그는 속이 좁은 사람이에요.
  他 是 心胸 狭窄 的 人。③
  Tā shì xīnxiōng xiázhǎi de rén
- 그는 대인관계면에서 처신을 잘 못합니다.
  在 人际 关系 方面，他 处理 得 不 好。
  Zài rénjì guānxì fāngmiàn tā chǔlǐ de bù hǎo
- 그는 너무 이기적이에요.
  他 太 自私 了。
  Tā tài zìsī le
- 그 여자는 여우보다도 더 교활해요.
  那 女人 比 狐狸 还 狡猾。
  Nà nǚrén bǐ húli hái jiǎohuá
- 그 사람은 아주 악독해.
  那 个 人 很 恶毒。
  Nà ge rén hěn èdú

---

① 俭朴 jiǎnpǔ : 검소하며 소박함.
② 心胸 xīnxiōng : 아량, 도량, 마음, 가슴.
   宽阔 kuānkuò : 넓다, 광대하다.
③ 狭窄 xiázhǎi : 좁다, 협소하다.

3. 개인 신상

- 그 녀석은 악랄한 놈이야.
  那家伙心狠手辣。①
  Nà jiāhuo xīnhěn shǒulà

- 그는 아주 오만하고 방자해요.
  他很傲慢，也很放肆。②
  Tā hěn àomàn yě hěn fàngsì

- 당신은 왜 그렇게 모든 일에 소극적이세요?
  你为什么对所有的事情都那么消极呢？
  Nǐ wèishénme duì suǒyǒu de shìqing dōu nàme xiāojí ne

- 그는 사람을 대할 때 늘 차가워요.
  他对人总是很冷淡。
  Tā duì rén zǒngshì hěn lěngdàn

- 그는 툭하면 화를 내요.
  他很容易发脾气。
  Tā hěn róngyì fā píqi

- 그는 화를 잘 내요.
  他很爱生气。
  Tā hěn ài shēngqì

- 그는 성질이 변덕스러워 가까이 지내려는 사람이 없어요.
  他喜怒无常，所以没有人敢接近他。
  Tā xǐnù wúcháng suǒyǐ méiyǒu rén gǎn jiējìn tā

Ⅲ 행동거지　行为举止
　　　　　　　xíngwéi jǔzhǐ

- 그는 진정한 사나이에요.
  他是真正的男子汉。
  Tā shì zhēnzhèng de nánzǐhàn

- 그의 아내는 현모양처입니다.
  他的妻子很贤惠。
  Tā de qīzi hěn xiánhuì

---

① 心狠手辣 xīnhěn shǒulà: 마음이 독살스럽고 하는 짓이 악랄함.
② 放肆 fàngsì: 방자하다, 멋대로 굴다.

② 성　　격

- 그녀는 아름다울 뿐만 아니라 누구에게나 친절해요.
  她 不但 漂亮，而且 对 谁 都 很 热情。
  Tā búdàn piàoliang érqiě duì shéi dōu hěn rèqíng
- 그녀는 전혀 여자답지가 않아요.
  她 一点儿 都 不 像 女人。
  Tā yìdiǎnr dōu bú xiàng nǚrén
- 그녀는 아주 드센 여자예요.
  她 简直 是 个 泼妇。①
  Tā jiǎnzhí shì ge pōfù
- 그렇게 쩨쩨하게 굴지 마!
  别 那么 小气 嘛!
  Bié nàme xiǎoqi ma
- 저 놈은 왜 저렇게 뻔뻔스러워. 정말 누 손 들었다니까.
  那 家伙 怎么 那么 厚颜 无耻，真 服了 他。②
  Nà jiāhuo zěnme nàme hòuyán wúchǐ zhēn fúle tā
- 참 별난 사람 다 있군!
  真 是 什么样 的 人 都 有 啊!
  Zhēn shì shénmeyàng de rén dōu yǒu a

▶ 개성　个性
　　　　gèxìng

- 당신은 스스로 개성이 있다고 생각하십니까?
  你 觉得 自己 有 个性 吗?
  Nǐ juéde zìjǐ yǒu gèxìng ma
- 그 사람은 개성이 너무 강해요.
  他 的 个性 太 强 了。
  Tā de gèxìng tài qiáng le

---

① 泼妇 pōfù: 억척스러운 여자, 드센 여자.
② 厚颜无耻 hòuyán wúchǐ: 후안무치하다, 파렴치하다, 낯짝이 두꺼워 부끄러운 줄 모르다.
　 服 fú: 심복하다. 경복하다.

3 외 모   外貌
wàimào

외모를 칭찬할 경우 여성에게는 "漂亮 piàoliang"(아름답다)을, 남성에게는 "帅 shuài"(잘 생기다)라는 표현을 많이 쓴다. 요즘은 너나 할 것 없이 아름다운 몸매를 갖기 위해 "减肥 jiǎnféi"(다이어트)를 많이 하는데, 날씬하다는 "苗条 miáotiao", 뚱뚱하다는 "胖 pàng", 그리고 말랐다는 "瘦 shòu"라고 표현한다.

기본대화

A: 你平时喜欢穿什么样的衣服？
　　Nǐ píngshí xǐhuan chuān shénmeyàng de yīfu

B: 我喜欢休闲一点儿的，比如T恤和牛仔裤。
　　Wǒ xǐhuan xiūxián yìdiǎnr de, bǐrú T xù hé niúzǎikù

A: 这样穿显得很年轻。
　　Zhèyàng chuān xiǎnde hěn niánqīng

B: 谢谢！你穿西装也挺精神的嘛！
　　Xièxie Nǐ chuān xīzhuāng yě tǐng jīngshen de ma

A: 噢，是吗？多谢夸奖！①
　　O shì ma Duō xiè kuājiǎng

A: 평소에 어떤 스타일의 옷을 즐겨 입으세요?
B: 좀 캐주얼한 것을 좋아해요. 티셔츠와 청바지 같은거요.
A: 그렇게 입으니 훨씬 젊어 보여요.
B: 고마워요. 당신도 정장을 입으니 아주 활기차 보여요.
A: 아, 그래요? 칭찬해 줘서 고마워요.

---

① 精神 jīngshen: 여기에서는 '정신'이라는 뜻이 아니라 '생기' '원기' '활기' 등을 의미한다.

여러 가지 활용

I 외모 外貌
　　　　　wàimào

▶ 외모에 대한 칭찬　对 外貌 的 称赞
　　　　　　　　　duì wàimào de chēngzàn

- 당신 오늘 아주 아름다운데!
  今天 你 好 漂亮 啊！
  Jīntiān nǐ hǎo piàoliang a

- 그는 정말 잘 생겼어요!
  他 长 得 真 帅 呀！
  Tā zhǎng de zhēn shuài ya

- 시집안간 처녀인줄 알았어요.
  我 以为 你 是 还 没 结婚 的 姑娘 呢。
  Wǒ yǐwéi nǐ shì hái méi jiéhūn de gūniang ne

- 정말 날씬하군요, 비결이 뭐지요?
  你 真 苗条, 有 什么 秘诀 吗？
  Nǐ zhēn miáotiao yǒu shénme mìjué ma

- 머리를 올리니 더욱 우아하네요.
  你 的 头发 绾 起来 更 典雅。
  Nǐ de tóufa wǎn qǐlái gèng diǎnyǎ

- 당신이 웃을 때 생기는 보조개가 정말 매력있어요.
  你 笑 的 时候 露 出来 的 酒窝 真 是 迷死 人 了。
  Nǐ xiào de shíhou lù chūlái de jiǔwō zhēn shì mísǐ rén le

- 하늘에서 선녀가 내려온 것 같아요. 너무 아름답군요.
  她 就 像 是 仙女 下凡, 太 漂亮 了。①
  Tā jiù xiàng shì xiānnǚ xiàfán　tài piàoliang le

▶ 화장　化妆
　　　　huàzhuāng

- 화장이 아주 자연스럽군요. 안한 것 같아요.
  你 打扮 得 很 自然, 看 不 出来 化妆 了。
  Nǐ dǎban de hěn zìrán　kàn bu chūlái huàzhuāng le

---

① 仙女下凡 xiānnǚ xiàfán: 선녀가 인간세상으로 내려오다. 여기서 凡 fán은 범속한 세계를 뜻함.

3. 개인 신상

- 향수를 너무 많이 뿌렸어요.
  香水 喷 得 太 多 了。
  Xiāngshuǐ pēn de tài duō le
- 화장이 너무 진해요.
  化 得 太 浓 了。
  Huà de tài nóng le
- 땀으로 화장이 다 지워져 버렸어요.
  因为 流汗，化 的 妆 都 被 擦掉 了。
  Yīnwèi liú hàn huà de zhuāng dōu bèi cādiào le
- 화장을 고쳐야겠어요.
  要 补 妆 了。
  Yào bǔ zhuāng le
- 그렇게 화장을 진하게 하다니, 천박해 보인다.
  化 得 那么 浓，看 起来 很 俗气。
  Huà de nàme nóng kàn qilai hěn súqi

II 옷차림　　穿着
　　　　　　　chuānzhuó

▶ 옷차림 취향　　穿着 习惯
　　　　　　　　chuānzhuó xíguàn

- 저는 운동복을 즐겨 입습니다.
  我 喜欢 穿 运动服。
  Wǒ xǐhuan chuān yùndòngfú
- 청바지가 실용적이라 즐겨 입어요.
  牛仔裤 很 实用，我 喜欢 穿。
  Niúzǎikù hěn shíyòng wǒ xǐhuan chuān
- 그는 언제나 세련된 옷을 입는답니다.
  他 总是 穿 很 洋气 的 衣服。①
  Tā zǒngshì chuān hěn yángqì de yīfu
- 당신은 항상 단정하게 옷을 입는군요.
  你 穿 得 一向 都 是 那么 整齐。
  Nǐ chuān de yíxiàng dōu shì nàme zhěngqí

---

① 洋气 yángqì： '서양식' '서양풍' 이란 뜻으로 여기서는 '세련됨' 을 의미한다.

- 제 남편은 옷에는 전혀 신경을 쓰지 않아요.
  我的丈夫从来不在穿着上花费心思。①
  Wǒ de zhàngfu cónglái bú zài chuānzhuó shang huāfèi xīnsi

- 그녀는 아주 고상하게 단장을 해요.
  她打扮得很高贵。
  Tā dǎban de hěn gāoguì

- 그녀는 항상 수수하게 옷을 입어요.
  她一向都穿得很朴素。
  Tā yíxiàng dōu chuān de hěn pǔsù

- 장소에 따라 옷차림도 마땅히 달라져야 합니다.
  到什么样的场合就应该穿什么样的衣服。
  Dào shénmeyàng de chǎnghé jiù yīnggāi chuān shénmeyàng de yīfu

- 유행을 따르는게 그리 좋은 일은 아니죠.
  赶时髦不是什么好事。②
  Gǎn shímáo bú shì shénme hǎo shì

▶ 옷차림에 대한 칭찬　对穿着的赞叹
　　　　　　　　　　　duì chuānzhuó de zàntàn

> A: 这件衣服怎么样?
>   Zhè jiàn yīfu zěnmeyàng
> B: 你穿着正合适，很配你。
>   Nǐ chuānzhe zhèng héshì, hěn pèi nǐ
> A: 이 옷 어때요?
> B: 당신에게 꼭 맞는군요. 정말 잘 어울립니다.

- 너는 치장을 아주 잘하는구나!
  你很会打扮！
  Nǐ hěn huì dǎban

- 누군지 몰라 볼 뻔 했어요.
  我快认不出来了。
  Wǒ kuài rèn bu chūlái le

---

① 花费 huāfèi: 허비하다, 소모하다, 소비하다.
② 赶 gǎn: 뒤쫓다, 따라가다, 따라잡다.

3. 개인 신상

- 당신은 무엇을 입어도 잘 어울리는군요.
  你 穿 什么 都 合适。
  Nǐ chuān shénme dōu héshì

- 그녀는 옷을 고르는 데 있어 안목이 매우 높아요.
  在 挑选 衣服 上，她 很 有 眼光。
  Zài tiāoxuǎn yīfu shang tā hěn yǒu yǎnguāng

- 넥타이와 양복이 아주 잘 어울립니다.
  领带 和 西装 很 般配。
  Lǐngdài hé xīzhuāng hěn bānpèi

- 뭘 입어도 아주 매력이 있어요.
  穿 什么 都 是 那么 有 魅力。
  Chuān shénme dōu shì nàme yǒu mèilì

- 유행에 맞게 옷을 입었구나.
  穿 得 真 时尚。
  Chuān de zhēn shíshàng

- 네가 옷을 잘 맞춰 입는게 정말 부럽다.
  真 羡慕 你 把 服装 搭配 得 这么 好。
  Zhēn xiànmù nǐ bǎ fúzhuāng dāpèi de zhème hǎo

- 누구에게 보이려고 이렇게 예쁘게 치장을 했지?
  打扮 得 这么 漂亮，给 谁 看 啊？
  Dǎban de zhème piàoliang gěi shéi kàn a

▶ 옷차림이 잘못 되었을 때　　穿着　不当　时
　　　　　　　　　　　　　　chuānzhuó búdàng shí

- 넥타이가 비뚤어졌네요.
  领带 歪 了。
  Lǐngdài wāi le

- 구두끈이 풀렸어요.
  皮鞋 带儿 松 了。
  Píxié dàir sōng le

- 스타킹 올이 나갔어요. / 스타킹이 틀어졌어요.
  连裤袜 破 了。 / 高筒袜 脱 丝 了。[①]
  Liánkùwà pò le　　Gāotǒngwà tuō sī le

---

① 连裤袜 liánkùwà: 팬티 스타킹. 高筒袜 gāotǒngwà: 스타킹, 밴드 스타킹.

- 바지 지퍼가 열렸어요. / 등뒤 지퍼가 열려 있군요.
  裤子的拉链开了。／你的后背拉锁开了。
  Kùzi de lāliàn kāi le　　Nǐ de hòubèi lāsuǒ kāi le
- 셔츠 자락이 밖으로 빠져나와 있군요.
  你的衬衫露出来了。
  Nǐ de chènshān lù chulai le
- 단추가 떨어졌어요. / 단추가 잘못 잠겨 있어요.
  你的扣子掉了。／你的扣子系错了。
  Nǐ de kòuzi diào le　　Nǐ de kòuzi jìcuò le
- 옷을 거꾸로 입었어요.
  衣服穿反了。
  Yīfu chuānfǎn le
- 옷깃이 잘못됐어, 잘 꺼내 입이.
  你的领子没弄好，赶快翻出来吧。
  Nǐ de lǐngzi méi nònghǎo gǎnkuài fān chulai ba
- 소매를 좀 올리세요.
  把袖子挽起来。
  Bǎ xiùzi wǎn qilai
- 머리가 헝클어졌네요. 빨리 잘 빗어요.
  你的头发都炸起来了，赶快梳一下吧。
  Nǐ de tóufa dōu zhà qilai le gǎnkuài shū yíxià ba

▶기타　其他
　　　　qítā

- 옷을 갈아 입으세요. / 뭘 입어야 좋을까?
  换衣服吧。／穿什么好呢？
  Huàn yīfu ba　　Chuān shénme hǎo ne
- 옷 좀 단정하게 입을 수 없어요?
  你不能穿得整齐点儿吗？
  Nǐ bù néng chuān de zhěngqí diǎnr ma
- 그녀는 옷 입는게 너무 촌스러워요.
  她穿衣服很土气。
  Tā chuān yīfu hěn tǔqì
- 그녀는 정장보다는 캐주얼이 어울려요.
  她穿西装不如穿休闲装。
  Tā chuān xīzhuāng bùrú chuān xiūxiánzhuāng

3. 개인 신상

- 화려한 색보다는 부드러운 색이 잘 어울립니다.
  和 华丽 的 颜色 相比，还是 柔和 的 颜色 比较 般配。
  Hé huálì de yánsè xiāngbǐ, háishi róuhé de yánsè bǐjiào bānpèi

- 그 흰색 셔츠에는 이 베이지색 바지가 참 잘 어울립니다.
  那 件 白色 衬衫 配 这 件 米色 裤子 一定 很 合适。
  Nà jiàn báisè chènshān pèi zhè jiàn mǐsè kùzi yídìng hěn héshì

- 귀걸이와 브로치는 반드시 옷에 어울려야 해요.
  耳环 和 胸针 一定 要 和 服装 般配。
  Ěrhuán hé xiōngzhēn yídìng yào hé fúzhuāng bānpèi

- 전통 한복은 너무 아름다워요.
  传统 的 韩服 真 漂亮。
  Chuántǒng de hánfú zhēn piàoliang

- 한국 속담에 "옷이 날개"란 말이 있지요.
  韩国 俗话 说 " 衣服 是 翅膀 "。
  Hánguó súhuà shuō yīfu shì chìbǎng

4 가족 관계

亲属关系
qīnshǔ guānxì

강력한 计划生育 jìhuà shēngyù(가족계획)의 영향으로 요즘 신세대는 결혼을 매우 늦게 하거나 자녀를 늦게 낳거나 아예 낳지 않으려는 풍조가 만연되어 있다. 이러한 현상은 중국의 폭발적인 인구증가를 억제시키는 효과를 가져왔지만 그에 따르는 부작용 또한 심각한 것이 사실이다. 사촌은 물론 형제의 개념마저 희박한 환경에서 자라는 아이들이 사랑을 받을 줄만 알고 함께 나누지 못하며 사회에 잘 적응을 하지 못하기 때문이다.

기본대화

A: 您家有几个孩子？
　　Nín jiā yǒu jǐ ge háizi
B: 有三个。两个儿子，一个女儿。
　　Yǒu sān ge　Liǎng ge érzi　yí ge nǚ'ér
A: 有三个？他们都多大了？
　　Yǒu sān ge　Tāmen dōu duō dà le
B: 老大八岁，老二五岁，最小的三岁。
　　Lǎo dà bā suì　lǎo èr wǔ suì　zuì xiǎo de sān suì
A: 大儿子上小学了吧？
　　Dà érzi shàng xiǎoxué le ba
B: 是啊，上小学二年级。
　　Shì a　shàng xiǎoxué èr niánjí
A: 댁에 자녀가 몇이세요?
B: 셋입니다. 아들 둘, 딸 하나죠.
A: 셋이요? 모두 몇 살이에요?
B: 큰 아들은 여덟살이고, 둘째는 다섯 살, 막내가 세 살이에요.
A: 큰 아드님은 초등학교에 다니겠네요?
B: 네, 초등학교 2학년이랍니다.

여러 가지 활용

I 부부·부모 夫妻/父母
fūqī fùmǔ

▶ 부부 夫妻
         fūqī

- 저는 아내를 아주 사랑합니다.
  我 很 爱 妻子。
  Wǒ hěn ài qīzi

- 부인에게 아주 자상하시네요.
  看来 您 对 夫人 很 关心 。
  Kànlái nín duì fūren hěn guānxīn

- 우리 집은 집사람이 다 알아서 해요.
  我们 家 我 妻子 做主 。①
  Wǒmen jiā wǒ qīzi zuòzhǔ

- 저는 공처가예요. / 그는 마누라한테 꽉 잡혀 있어요.
  我 很 怕 妻子 。 / 他 是 个 "气管炎" 。②
  Wǒ hěn pà qīzi   Tā shì ge qìguǎnyán

▶ 부모·조부모 父母 / 祖父母
              fùmǔ zǔfùmǔ

> A: 爷爷 现在 过 得 怎么样?
>   Yéye xiànzài guò de zěnmeyàng
> B: 看 起来 很 健康, 但 毕竟 已经 上了 年纪 , 还是
>   Kàn qilai hěn jiànkāng dàn bìjìng yǐjīng shàngle niánjì háishi
>   让 人 有点儿 担心 。
>   ràng rén yǒudiǎnr dānxīn
> A: 할아버님은 요즘 어떻게 지내십니까?
> B: 보기에는 건강하시지만 연세가 많으신만큼 좀 걱정입니다.

---

① 做主 zuòzhǔ: 어떤 일을 전적으로 알아서 하다. 책임지고 맡아서 하다.
② 气管炎 qìguǎnyán(기관지염)의 발음이 妻管严 qīguǎnyán과 같은데서 착안한 우스개 소리. 아내의 간섭이나 관리가 매우 엄격하다는 뜻으로 '엄처시하'를 의미한다.

④ 가족 관계

- 부모님과 함께 사세요?
  和父母一起生活吗?
  Hé fùmǔ yìqǐ shēnghuó ma

- 아버님은 제가 일곱 살 때 돌아가셨습니다.
  父亲在我七岁的时候就去世了。
  Fùqīn zài wǒ qī suì de shíhou jiù qùshì le

II 자녀·형제 子女 / 兄弟
              zǐnǚ   xiōngdì

▶ 자녀 子女
        zǐnǚ

- 아이들은 몇이나 됩니까?
  您有几个孩子?
  Nín yǒu jǐ ge háizi

- 네 살된 아들 하나가 있습니다.
  有一个四岁的儿子。
  Yǒu yí ge sì suì de érzi

- 딸도 아들 못지 않아요, 다 보배이지요.
  女儿也不比儿子差，都是宝贝。①
  Nǚ'ér yě bù bǐ érzi chà dōu shì bǎobèi

- 저는 아직 아이가 없습니다.
  我现在还没有孩子。
  Wǒ xiànzài hái méiyǒu háizi

- 아이를 가지려고 합니다.
  我们打算要个孩子。
  Wǒmen dǎsuàn yào ge háizi

- 저희는 아이를 원치 않아요.
  我们不要孩子。
  Wǒmen bú yào háizi

---

① 宝贝 bǎobèi: 보배, 보물이란 뜻이면서, 동시에 baby 의 음역으로 사용되기도 한다.

3. 개인 신상

▶ 형제 · 자매　　兄弟 / 姐妹
　　　　　　　　xiōngdì　jiěmèi

- 형제가 있습니까? / 두 분 자매세요?
  有 兄弟 吗？你们 俩 是 姐妹 吗？
  Yǒu xiōngdì ma / Nǐmen liǎ shì jiěmèi ma

- 형제가 몇이세요?
  你 有 几 个 兄弟？
  Nǐ yǒu jǐ ge xiōngdì

- 저는 외아들입니다. / 저는 무남독녀예요.
  我 是 独生子 。 / 我 是 独生女 。
  Wǒ shì dúshēngzǐ　　Wǒ shì dúshēngnǚ

- 저는 쌍둥이 입니다.
  我 是 双胞胎 。
  Wǒ shì shuāngbāotāi

- 당신들은 얼굴이 꼭 닮았네요.
  你们 俩 长 得 一模 一样 。
  Nǐmen liǎ zhǎng de yìmú yíyàng

- 저희 형제는 한 살 터울이에요.
  我们 兄弟 相差 一 岁 。
  Wǒmen xiōngdì xiāngchà yí suì

- 형은 (오빠는) 저보다 세 살 위입니다.
  哥哥 比 我 大 三 岁 。
  Gēge bǐ wǒ dà sān suì

- 저는 5형제 중 맏이입니다.
  我 是 五个 兄弟 中 的 老大 。
  Wǒ shì wǔ ge xiōngdì zhōng de lǎo dà

- 누나(언니)나 여동생이 있었으면 좋겠어요.
  我 想 有 一个 姐姐 或者 妹妹 。
  Wǒ xiǎng yǒu yí ge jiějie huòzhě mèimei

- 형제간에 서로 마음이 맞습니까?
  兄弟 之间 合得来 吗？
  Xiōngdì zhījiān hédelái ma

④ 가족 관계

③ ④ 亲属关系

Ⅲ 가정　家庭
jiātíng

▶가족 수　家庭 人数
　　　　　jiātíng rénshù

> A: 你们家有几口人？
>   Nǐmen jiā yǒu jǐ kǒu rén
> B: 四口人，母亲和我们一起生活，还有一个
>   Sì kǒu rén　mǔqīn hé wǒmen yìqǐ shēnghuó hái yǒu yí ge
>   两岁的儿子。
>   liǎng suì de érzi
> A: 가족은 몇 식구입니까?
> B: 네 식구예요. 어머니와 함께 살며 두살된 아들 하나 있어요.

- 저희 집은 모두 여섯 식구입니다.
  我家一共有六口人。
  Wǒ jiā yígòng yǒu liù kǒu rén

- 우리 부부만 사는데요.
  只有我们夫妻俩。
  Zhǐyǒu wǒmen fūqī liǎ

- 저희는 3대가 함께 사는 대가족입니다.
  我们是三代一起生活的大家庭。①
  Wǒmen shì sān dài yìqǐ shēnghuó de dà jiātíng

- 우리 집은 4대가 함께 삽니다.
  我们家是四世同堂。
  Wǒmen jiā shì sìshìtóngtáng

▶가정생활　家庭 生活
　　　　　　jiātíng shēnghuó

- 저의 가정은 아주 행복합니다.
  我的家庭很幸福。
  Wǒ de jiātíng hěn xìngfú

---

① 四世同堂 sìshìtóngtáng: 4대가 함께 사는 대가족을 일컫는 성어.

3. 개인 신상

- 저는 아들에게 엄격한 편입니다.
  我 对 儿子 比较 严格 。
  Wǒ duì érzi bǐjiào yángé

- 주말은 늘 가족과 함께 보냅니다.
  周末 常 和家人 一起 过 。
  Zhōumò cháng hé jiārén yìqǐ guò

- 아이들과 함께 보낼 시간이 없어요.
  我 没有 时间 和孩子们 相处 。
  Wǒ méiyǒu shíjiān hé háizimen xiāngchǔ

- 고향을 떠나 있으니 특히 가족들이 그립군요.
  离开 家乡, 特别 想念 家人 。
  Líkāi jiāxiāng tèbié xiǎngniàn jiārén

5 학교 관계   学校 关系
xuéxiào guānxì

학교에서 함께 공부하는 친구들을 同学 tóngxué 라고 하며, 같은 학교를 졸업한 동창을 "校友 xiàoyǒu", 동창회를 "校友会 xiàoyǒuhuì"라고 한다. 선배는 "学长 xuézhǎng"이라고 하는데 남자 선배를 "学哥 xuégē", 师哥 shīgē, 여자 선배를 学姐 xuéjiě 또는 师姐 shījiě 라고 한다. 또한 남자 후배는 师弟 shīdì, 学弟 xuédì 라고 하며, 여자 후배는 师妹 shīmèi, 学妹 xuémèi 라고 한다.

기본대화

A: 你 从 哪个 大学 毕业 的?
   Nǐ cóng nǎge dàxué bìyè de

B: 北京 师范 大学。
   Běijīng Shīfàn Dàxué

A: 是 吗? 我 也 是 从 那 个 学校 毕业 的。
   Shì ma Wǒ yě shì cóng nà ge xuéxiào bìyè de

B: 你 是 学 什么 专业 的?
   Nǐ shì xué shénme zhuānyè de

A: 我 是 学 中文 的。
   Wǒ shì xué Zhōngwén de

B: 哪 一 级 呢?
   Nǎ yì jí ne

A: 九九 级 的。
   Jiǔjiǔ jí de

B: 噢, 我 还是 你 的 师兄 呢! 我 是 八九 级 对外 汉语 专业 的。
   O wǒ háishi nǐ de shīxiōng ne Wǒ shì bājiǔ jí duìwài Hànyǔ zhuānyè de

A: 어느 대학교 졸업하셨어요?
B: 북경사범대학요.
A: 그래요? 저도 그 학교를 졸업했는데요.
B: 무엇을 전공하셨어요?
A: 중국어를 전공했어요.
B: 몇 학번이세요?
A: 99 학번이에요.
B: 아, 그럼 내가 선배네요. 나는 89 학번 대외한어를 전공했거든요.

여러 가지 활용

I 출신 학교　母校
mǔxiào

- 그와는 같은 학교 동창입니다.
  我 和 他 是 同 一 所 学校 的。
  Wǒ hé tā shì tóng yì suǒ xuéxiào de

- 우리는 동창이에요.
  我们 是 校友。
  Wǒmen shì xiàoyǒu

- 알고 보니 우리가 동문이었군요.
  原来 我们 是 一 个 学校 的。
  Yuánlái wǒmen shì yí ge xuéxiào de

- 우리는 같은 학교를 다녔습니다.
  我们 上过 同 一 所 学校。
  Wǒmen shàngguo tóng yì suǒ xuéxiào

- 그는 이과이고 저는 문과를 공부했습니다.
  他 上 的是理科，我 上 的是文科。
  Tā shàng de shì lǐkē wǒ shàng de shì wénkē

II 선후배　上下 届
shàngxià jiè

- 그는 저의 선배입니다. / 저는 그의 후배입니다.
  他 是 我 上 届 的。/ 我 是 他 下 届 的。
  Tā shì wǒ shàng jiè de   Wǒ shì tā xià jiè de

- 우리는 같은 전공이지만 학번은 다릅니다.
  我们 俩 是 同 一 专业 的，但 不 是 一 届 的。
  Wǒmen liǎ shì tóng yī zhuānyè de dàn bú shì yí jiè de

- 저는 그보다 2년 늦게 다녔습니다.
  我 比 他 晚 上了 两 年。
  Wǒ bǐ tā wǎn shàngle liǎng nián

- 저와 그는 같은 학년이에요.
  我 和 他 是 同 一 年级 的。
  Wǒ hé tā shì tóng yì niánjí de

- 제가 까마득한 후배가 되는군요.
  我 还是 你 的 小 师弟 呢。
  Wǒ háishi nǐ de xiǎo shīdì ne

▶재학 중인 학교   就读 院校
　　　　　　　　 jiùdú yuànxiào

A: 你 在 哪儿 上 学？
　　Nǐ zài nǎr shàng xué
B: 清华 大学。
　　Qīnghuá Dàxué
A: 어느 학교에 다니고 있죠?
B: 청화대학에요.

- 고등학교 3 학년입니다.
  我 上 高 三。
  Wǒ shàng gāo sān

- 아직 대학 재학 중입니다.
  现在 还 上 大学。
  Xiànzài hái shàng dàxué

- 저는 인민대학에서 공부하고 있습니다.
  我 在 人民 大学 读书。
  Wǒ zài Rénmín Dàxué dúshū

Ⅲ 전공   专业
　　　　　zhuānyè

- 대학에서의 전공은 무엇이었습니까?
  你 在 大学 学 的 是 什么 专业？
  Nǐ zài dàxué xué de shì shénme zhuānyè

- 무엇을 전공합니까?
  你 是 学 什么 专业 的？
  Nǐ shì xué shénme zhuānyè de

- 저의 전공은 철학입니다.
  我 的 专业 是 哲学。
  Wǒ de zhuānyè shì zhéxué

- 문학석사 학위를 취득했습니다.
  我 拿到 了 文学 硕士 学位。
  Wǒ nádào le wénxué shuòshì xuéwèi

- 저는 지금 박사과정을 밟고 있습니다.
  我 现在 读博士。
  Wǒ xiànzài dú bóshì

3. 개인 신상

- 본과에서는 경제학을 전공했고, 대학원에서는 법률을 전공했습니다.
  上　本科时我学的是经济学，读研时就改学法律了。①
  Shàng běnkē shí wǒ xué de shì jīngjìxué dú yán shí jiù gǎi xué fǎlǜ le

IV 기타　其他
　　　　　qítā

- 학생시절에 무슨 서클활동을 했습니까?
  在 大学 参加过 什么 社团？②
  Zài dàxué cānjiāguo shénme shètuán

- 그는 고등학교 때 퇴학 당했어요.
  他 上　高中　时 被 开除 了。③
  Tā shàng gāozhōng shí bèi kāichú le

- 그녀는 우수한 성적으로 대학을 졸업했어요.
  她 以 优异 的 成绩　从 那 所 大学 毕业。
  Tā yǐ yōuyì de chéngjì cóng nà suǒ dàxué bìyè

- 저는 청화대학 2002년 졸업생입니다.
  我 是 清华 大学　2002　年 的 毕业生。
  Wǒ shì Qīnghuá Dàxué èrlínglíng'èr nián de bìyèshēng

---

① 读研 dú yán: 대학원에 다니다. 대학원은 研究院 yánjiūyuàn, 研究所 yánjiūsuǒ 대학원생은 研究生 yánjiūshēng 이라 한다.
② 社团 shètuán: 서클, 동아리 모임.
③ 开除 kāichú: 제거하다. 제명하다. 해고하다. 내쫓다.

6 고향 · 거주지   家乡 / 居住地
jiāxiāng   jūzhùdì

北京 Běijīng, 上海 Shànghǎi, 天津 Tiānjīn 등 대도시에는 중국 각 지역에서 교육, 취업 등을 위해 올라 온 사람들이 많이 있다. 따라서 중국 사람들끼리도 서로의 말이 다른 것을 보고는 "你是哪儿人? Nǐ shì nǎr rén"(당신은 어디 사람입니까?) 하고 묻는 경우가 많다. 중국은 지역에 따라 말이 통하지 않는 것을 방지하기 위하여 학교 등 공공장소에서는 반드시 普通话 pǔtōnghuà를 쓰도록 적극 권장하고 있지만, 지역성이 강한 일부 지방에서는 방언(方言 fāngyán)을 사용하지 않으면 오히려 배척을 당하는 경우도 있다.

기본 대화

A: 你的 家乡 是 哪里?
　　Nǐ de jiāxiāng shì nǎli
B: 我的 家乡 是 黑龙江 省 哈尔滨。
　　Wǒ de jiāxiāng shì Hēilóngjiāng Shěng Hā'ěrbīn
A: 离开 故乡 有 多 长 时间 了?
　　Líkāi gùxiāng yǒu duō cháng shíjiān le
B: 已经 十 多 年 了。
　　Yǐjīng shí duō nián le

A: 당신의 고향은 어디세요?
B: 저의 고향은 헤이동장성 하얼빈입니다.
A: 고향을 떠난 지 얼마나 되셨어요?
B: 10여년이 되었습니다.

여러 가지 활용

I 고향   家乡
　　　　　jiāxiāng

• 당신은 어느 지방 사람입니까?
　你 是 什么 地方 人?
　Nǐ shì shénme dìfang rén
• 당신은 어디 사람이지요?
　你 是 哪儿 人?
　Nǐ shì nǎr rén

3. 개인 신상

- 저는 장쑤 사람입니다.
  我 是 江苏 的。
  Wǒ shì Jiāngsū de

- 저의 고향집은 윈난에 있습니다.
  我 的 老家 在 云南。
  Wǒ de lǎojiā zài Yúnnán

- 저의 본적은 지린입니다.
  我 的 籍贯 是 吉林。
  Wǒ de jíguàn shì Jílín

- 저와 그는 동향입니다.
  我 和 他 是 老乡。
  Wǒ hé tā shì lǎoxiāng

▶ 자란 곳   生长 的 地方
           shēngzhǎng de dìfang

- 당신은 어디에서 자랐습니까?
  你 是 在 哪儿 长大 的?
  Nǐ shì zài nǎr zhǎngdà de

- 저는 순수한 베이징 사람입니다.
  我 是 地道 的 北京 人。①
  Wǒ shì dìdao de Běijīng rén

- 저는 베이징 토박이입니다.
  我 是 个 老 北京。
  Wǒ shì ge lǎo Běijīng

Ⅱ 국적   国籍
          guójí

- 당신은 어느 나라 사람입니까?
  你 是 哪 国 人?
  Nǐ shì nǎ guó rén

- 저는 한국에서 왔습니다.
  我 来 自 韩国。
  Wǒ lái zì Hánguó

---

① 地道 dìdao : 본고장의, 순수한, 순전한. dìdào로 발음할 경우에는 지하도로, 지하통로의 뜻이 된다.

- 저의 부모님은 모두 캐나다로 이민하였습니다.
  我 父母 都 移民 到 加拿大 了。
  Wǒ fùmǔ dōu yímín dào Jiānádà le

Ⅲ 거주지　居住地
jūzhùdì

- 댁은 어디십니까?
  您 家 在 哪儿？
  Nín jiā zài nǎr

- 주소를 알려주시겠습니까?
  能 告诉我 您 的 住址 吗？
  Néng gàosu wǒ nín de zhùzhǐ ma

- 저는 야윈춘에 살고 있습니다.
  我 住 亚运村。①
  Wǒ zhù Yàyùncūn

- 저는 이 근처에 살고 있습니다.
  我 就 住在 这 附近。
  Wǒ jiù zhùzài zhè fùjìn

▶주위 환경　周围 环境
zhōuwéi huánjìng

- 댁의 주변 환경은 어떻습니까?
  你 家 周围 的 环境 怎么样？
  Nǐ jiā zhōuwéi de huánjìng zěnmeyàng

- 근처에 지하철역이 있어 아주 편리합니다.
  附近 有 地铁站，所以 很 方便。
  Fùjìn yǒu dìtiězhàn suǒyǐ hěn fāngbiàn

- 집 근처에 버스 정류장이 있어 시끄럽습니다.
  我 家 附近 是 车站，所以 很 吵。
  Wǒ jiā fùjìn shì chēzhàn suǒyǐ hěn chǎo

- 근처에 은행, 파출소, 우체국 등이 있어 생활이 아주 편리해요.
  附近 有 银行、派出所、邮局， 生活 很 方便。
  Fùjìn yǒu yínháng pàichūsuǒ yóujú shēnghuó hěn fāngbiàn

---

① 亚运村 Yàyùncūn: 북경 아시안게임 때 지어졌던 선수촌아파트.

7 종교·기타

宗教 / 其他
zōngjiào qítā

중국의 헌법은 개인이 종교를 가질 권리를 보장한다. 그러나 동시에 종교를 갖지 않을 권리도 존중한다. 따라서 타인에게 종교를 강권하는 전교(传教 chuánjiào) 활동은 엄격히 금지된다.

기본대화

A: 你 信仰 宗教 吗？
　　Nǐ xìnyǎng zōngjiào ma

B: 我 信仰 天主教，你 呢？
　　Wǒ xìnyǎng Tiānzhǔjiào nǐ ne

A: 我 不 信仰 宗教。
　　Wǒ bú xìnyǎng zōngjiào

B: 有 一 种 信仰 对 人 做 事 很 有 帮助。
　　Yǒu yì zhǒng xìnyǎng duì rén zuò shì hěn yǒu bāngzhù

A: 真 的 是 吗？ 那 您 认为 宗教 对 您 有 什么 帮助？
　　Zhēn de shì ma　Nà nín rènwéi zōngjiào duì nín yǒu shénme bāngzhù

B: 它 可以 让 我 做 事情 更加 坚定。
　　Tā kěyǐ ràng wǒ zuò shìqing gèngjiā jiāndìng

A: 종교를 가지고 있습니까?
B: 저는 천주교를 믿습니다. 당신은요?
A: 저는 종교가 없어요.
B: 신앙이 있으면 사람을 대하거나 일을 하는데 도움이 돼요.
A: 정말인가요? 그럼 당신은 종교가 당신에게 어떤 도움이 된다고 생각하세요?
B: 저로 하여금 일을 행함에 있어 신념을 갖게 해요.

여러 가지 활용

I 능력 能力
 nénglì

▶ 유능하다　有能力
　　　　　　yǒu nénglì

- 그 분야에서는 그와 비길 사람이 없어요.
  在那个领域，无人能和他相比。
  Zài nà ge lǐngyù　wú rén néng hé tā xiāngbǐ

- 그는 타고난 음악가예요.
  他是天生的音乐家。
  Tā shì tiānshēng de yīnyuèjiā

- 그녀는 누구에게도 지지 않습니다.
  她从不会输给任何人。
  Tā cóng bú huì shūgěi rènhé rén

- 그는 장래가 촉망되는 청년입니다.
  他是个很有前途的青年。
  Tā shì ge hěn yǒu qiántú de qīngnián

- 그는 보기 드문 천재입니다.
  他是个罕见的天才。①
  Tā shì ge hǎnjiàn de tiāncái

- 뛰는 놈 위에 나는 놈 있다.
  天外有天，人外有人。②
  Tiān wài yǒu tiān　rén wài yǒu rén

- 영어에 관한한 너는 그와 비교도 안돼.
  在英语方面，你比不上他。
  Zài Yīngyǔ fāngmiàn nǐ bǐbushàng tā

▶ 무능하다　　无能
　　　　　　wúnéng

- 그는 바보예요./그는 멍청이에요.
  他是个笨蛋。/ 他是傻瓜。
  Tā shì ge bèndàn　Tā shì shǎguā

---

① 罕见 hǎnjiàn: 罕 hǎn은 '드물다'는 뜻이므로 罕见 hǎnjiàn은 "매우 드물게 보이다"의 뜻.

② 원뜻은 "하늘 밖에 또 하늘이 있고, 사람 밖에 또 사람이 있다".

3. 개인 신상

- 그는 "기역" 자도 쓸 줄 몰라요.
  他 连 "八" 字 都 不 会 写。①
  Tā lián bā zì dōu bú huì xiě

- 그는 아무 쓸모없는 사람이에요.
  他 是 个 没用 的 人。
  Tā shì ge méiyòng de rén

- 그에게는 아무 특기도 없어요.
  他 没有 什么 特长。
  Tā méiyǒu shénme tècháng

- 그는 희망이 없는 사람이에요.
  他 是 一 个 没有 出息 的 人。②
  Tā shì yí ge méiyǒu chūxi de rén

- 이 무능한 사람아, 이렇게 간단한 일도 제 때에 처리를 못하나.
  你 真 没 本事, 这么 简单 的 事 都 不 能 按时
  Nǐ zhēn méi běnshi zhème jiǎndān de shì dōu bù néng ànshí
  完成。③
  wánchéng

II 신뢰성 信赖
xìnlài

▶믿을 만하다 可靠
kěkào

- 그는 거짓말 할 사람이 아니에요.
  他 不 会 说 谎 的。
  Tā bú huì shuō huǎng de

- 그는 아주 성실합니다. /그는 정말 솔직해요.
  他 很 诚实。/ 他 真 的 很 直率。
  Tā hěn chéngshí   Tā zhēn de hěn zhíshuài

- 그는 믿을 만한 사람입니다.
  他 是 可以 信赖 的 人。
  Tā shì kěyǐ xìnlài de rén

---

① 한국 속담의 "낫 놓고 기역자도 모른다." 에 해당.
② 出息 chūxi: 발전성, 전도, 전망, 희망.
③ 本事 běnshi: 기능, 능력.

7 종교·기타

- 이 사람은 믿을 만 합니다.
  这个人很可靠。
  Zhè ge rén hěn kěkào

- 그가 하는 일은 안심입니다.
  他办事，我放心。
  Tā bàn shì　wǒ fàng xīn

- 그가 정직한 사람이라는 것을 제가 보증합니다.
  我可以保证他是正直的人。
  Wǒ kěyǐ bǎozhèng tā shì zhèngzhí de rén

- 그는 신용을 지키는 사람입니다.
  他是守信用的人。
  Tā shì shǒu xìnyòng de rén

- 그는 절박한 상황에서도 친구를 배반하지 않을 겁니다.
  即使在迫不得已的情况下，他也不会出卖
  Jíshǐ zài pòbùdéyǐ de qíngkuàng xià　tā yě bú huì chūmài
  朋友。①
  péngyou

▶믿을 수 없다　不可靠
　　　　　　　bù kěkào

- 그에게 속았어요. /그가 나를 속였어요.
  我被他骗了。/ 他蒙了我。
  Wǒ bèi tā piàn le　　Tā mēngle wǒ

- 그는 늘 속임수를 씁니다. /그는 속이 검어요.
  他经常骗人。/ 他心很黑。
  Tā jīngcháng piàn rén　　Tā xīn hěn hēi

- 그는 거짓말을 밥먹듯이 합니다.
  他说谎就像家常便饭。
  Tā shuō huǎng jiù xiàng jiācháng biànfàn

- 그는 변덕이 심해서 믿을 수가 없어요.
  你太善变了，真是不可靠。
  Nǐ tài shànbiàn le　zhēnshi bù kěkào

---

① 迫不得已 pòbùdéyǐ:절박하여 어쩔 수 없다, 出卖 chūmài:부득이하다 팔아먹다, 배반하다, 배신하다.

3. 개인 신상

- 그는 말 뿐이지 실행은 하지 않아요.
  他只会说，不会做。
  Tā zhǐ huì shuō   bú huì zuò

- 그는 판단력이 떨어집니다.
  他判断力很差。
  Tā pànduànlì hěn chà

- 그는 얼굴빛 하나 변하지 않고 태연스럽게 거짓말을 해요.
  他说谎时，脸不红，心不跳。①
  Tā shuō huǎng shí   liǎn bù hóng xīn bú tiào

- 그의 말이 사실이라는 걸 저는 믿지 못하겠어요.
  我不能相信他说的是事实。
  Wǒ bù néng xiāngxìn tā shuō de shì shìshí

- 그는 언제나 그렇게 큰 소리를 친다니까요.
  他总那么大言不惭。②
  Tā zǒng nàme dàyánbùcán

- 그는 말만 잘하지 실천은 안 해요.
  他是一个说话的巨人，行动的矮子。③
  Tā shì yí ge shuōhuà de jùrén   xíngdòng de ǎizi

Ⅲ 종교　宗教
zōngjiào

- 중국에서 종교를 가진 사람은 극소수입니다.
  在中国信教人数占一小部分。
  Zài Zhōngguó xìn jiào rénshù zhàn yì xiǎo bùfen

- 많은 한국 사람들은 종교를 가지고 있습니다.
  很多韩国人都信教。
  Hěnduō Hánguó rén dōu xìn jiào

- 모든 사람은 종교의 자유를 누릴 권리가 있습니다.
  每个人都享有信仰自由的权利。
  Měi ge rén dōu xiǎngyǒu xìnyǎng zìyóu de quánlì

---

① 脸不红，心不跳 liǎn bù hóng xīn bú tiào：얼굴도 붉어지지 않고, 심장도 뛰지 않다.
② 大言不惭 dàyánbùcán：큰소리 치고도 부끄러워하지 않는다.
③ 원뜻은 "말하는 데 있어서는 거인, 행동하는 데 있어서는 난장이"이다.

▶종교가 있을 때　信教 时
xìnjiào shí

- 신이 있다고 믿으세요?
  你 相信 有 神 吗？
  Nǐ xiāngxìn yǒu shén ma
- 저는 기독교 신자입니다.
  我 是 基督教 徒。
  Wǒ shì Jīdūjiào tú
- 저는 불교를 믿고 있습니다.
  我 信 佛。
  Wǒ xìn Fó
- 일요일마다 저는 예배를 드리러 갑니다.
  每 到 星期天，我 都 会 去 做 礼拜。
  Měi dào xīngqītiān wǒ dōu huì qù zuò lǐbài
- 그는 목사입니다. / 그는 스님입니다.
  他 是 牧师。 / 他 是 僧人。
  Tā shì mùshī　　Tā shì sēngrén
- 주님의 가호가 있기를 빕니다!
  愿 主 保佑 你！
  Yuàn zhǔ bǎoyòu nǐ

▶종교가 없을 때　不 信教 时
bú xìnjiào shí

- 그는 종교가 없습니다. / 저는 무신론자입니다.
  他 不 信教。 / 我 是 无神论 者。
  Tā bú xìn jiào　　Wǒ shì wúshénlùn zhě
- 그는 신의 존재를 믿지 않아요.
  他 不 相信 有 神。
  Tā bù xiāngxìn yǒu shén
- "종교는 정신의 아편이다."
  "宗教 是 精神 鸦片。"
  Zōngjiào shì jīngshén yāpiàn
- 중국에서는 남에게 종교를 강요할 수 없습니다.
  在 中国 不 能 强迫 人们 信教。
  Zài Zhōngguó bù néng qiǎngpò rénmen xìnjiào

Ⅳ 예의범절 礼貌
lǐmào

▶예절이 바르다 知礼
zhī lǐ

- 그녀는 예의가 바릅니다.
  她很有礼貌。
  Tā hěn yǒu lǐmào

- 그는 교양있는 사람이에요.
  他是有教养的人。
  Tā shì yǒu jiàoyǎng de rén

- 그는 제법 예의 바릅니다.
  他还挺懂礼貌的。
  Tā hái tǐng dǒng lǐmào de

- 제 부모님은 예의범절을 매우 따지십니다.
  我的父母很讲究礼节。
  Wǒ de fùmǔ hěn jiǎngjiu lǐjié

- 그는 연장자에게 매우 예절 바릅니다.
  他对长辈很有礼貌。
  Tā duì zhǎngbèi hěn yǒu lǐmào

- 아무리 친한 사이라 해도 기본적인 예의는 지켜야 합니다.
  再怎么亲，基本的礼节还是要遵守的。
  Zài zěnme qīn, jīběn de lǐjié háishi yào zūnshǒu de

▶무례하다 无礼
wú lǐ

- 그는 입이 더러워요.
  他嘴很臭。
  Tā zuǐ hěn chòu

- 그는 툭하면 욕을 해요.
  他动不动就骂人。
  Tā dòngbudòng jiù mà rén

- 그는 윗사람을 봐도 인사를 안해요.
  他看见长辈也不打招呼。
  Tā kànjiàn zhǎngbèi yě bù dǎ zhāohu

⑦ 종교·기타

- 그는 인사도 없이 자리를 떴어요.
  他 没 吭 一 声 就 走开 了。①
  Tā méi kēng yì shēng jiù zǒukāi le

- 윗사람에게 대드는 것은 너무 무례하지 않아요?
  和 长辈 顶嘴 是 不 是 太 没 礼貌 了?②
  Hé zhǎngbèi dǐngzuǐ shì bu shì tài méi lǐmào le

- 당신은 최소한의 예의도 모릅니까?
  难道 你 连 起码 的 礼貌 都 不 懂 吗?③
  Nándào nǐ lián qǐmǎ de lǐmào dōu bù dǒng ma

- 그는 다른 사람은 안중에도 없습니다.
  他 不 把 别人 放在 眼里 。
  Tā bù bǎ biéren fàngzài yǎnli

V 꿈 理想
lǐxiǎng

> A: 你 以后 想 当 什么 ?
>   Nǐ yǐhòu xiǎng dāng shénme
> B: 当 一 名 优秀 的 科学家 。
>   Dāng yì míng yōuxiù de kēxuéjiā
> A: 너는 장차 무엇이 되고 싶니?
> B: 훌륭한 과학자가 되려고 합니다.

- 장래에 대해 무슨 계획이 있습니까?
  你 对 将来 有 什么 打算 吗?④
  Nǐ duì jiānglái yǒu shénme dǎsuàn ma

- 인생의 목표를 달성하기 위하여 노력하세요.
  为了 实现 你 的 人生 目标,努力 吧 。
  Wèile shíxiàn nǐ de rénshēng mùbiāo nǔlì ba

---

① 吭 kēng: 소리를 내다. 말하다.
② 顶嘴 dǐngzuǐ: 말대꾸하다, 말대답하다.
③ 难道 nán dào ~ 吗 ma : 설마 ~이겠는가? 그래 ~란 말인가?
   连 lián ~都 dōu ~: ~조차도 ~하다. ~까지도 ~하다.
   起码 qǐmǎ: 최저한도의. 최소의. 기본의.
④ 打算 dǎsuàn:~하려고 하다. ~할 작정이다. ~할 셈이다.

3. 개인 신상

- 사람은 누구나 이상이 있어야 합니다.
  人 都 要 有 理想。①
  Rén dōu yào yǒu lǐxiǎng
- 너의 장래 희망을 말해줄 수 있겠니?
  你 能 说 一下 你 的 理想 吗？
  Nǐ néng shuō yíxià nǐ de lǐxiǎng ma
- 너의 학창시절의 꿈은 무엇이었어?
  你 在 学生 时期 的 理想 是 什么？
  Nǐ zài xuéshēng shíqī de lǐxiǎng shì shénme

참고 관련 용어 词汇
                   cíhuì

- 가정 家庭
         jiātíng
- 부모 父母
         fùmǔ
- 자녀 子女
         zǐnǚ
- 형제 兄弟
         xiōngdì
- 자매 姐妹
         jiěmèi
- 나이 年龄 / 年纪
         niánlíng niánjì
- 띠   生肖 / 属相
         shēngxiào shǔxiàng
- 생년월일 出生 年 月
            chūshēng nián yuè
- 별자리 星座
          xīngzuò
- 외모   外貌
         wàimào
- 전공   专业
         zhuānyè
- 지도교수 导师
            dǎoshī
- 선배   前辈 / 学长
         qiánbèi xuézhǎng
- 남자선배 师兄 / 学长 / 师哥
            shīxiōng xuézhǎng shīgē

- 여자선배 师姐 / 学姐
            shījiě xuéjiě
- 남자후배 师弟 / 学弟
            shīdì xuédì
- 여자후배 师妹 / 学妹
            shīmèi xuémèi
- 부부   夫妻
         fūqī
- 고향   故乡 / 家乡
         gùxiāng jiāxiāng
- 출신지 籍贯
          jíguàn
- 국적   国籍
         guójí
- 종교   宗教
         zōngjiào
- 천주교 天主教
          Tiānzhǔjiào
- 기독교 基督教
          Jīdūjiào
- 불교   佛教
         Fójiào
- 이슬람교 伊斯兰教
            Yīsīlánjiào
- 도교   道教
         Dàojiào
- 교회   教堂
         jiàotáng

① 理想 lǐxiǎng：이상. 희망. 꿈.

7 종교·기타

- 예배   礼拜 lǐbài
- 미사   弥撒 mísa
- 미신   迷信 míxìn
- 좌우명   座右铭 zuòyòumíng
- 이상   理想 lǐxiǎng
- 희망   希望 xīwàng
- 꿈   梦想 mèngxiǎng
- 목표   目标 mùbiāo
- 성격   性格 xìnggé
- 내향적   内向 nèixiàng
- 외향적   外向 wàixiàng
- 장점   优点 yōudiǎn
- 결점   缺点 quēdiǎn
- 약점   弱点 ruòdiǎn

- 화장하다   化妆 huà zhuāng
- 날씬하다   苗条 miáotiao
- 유행하다   流行 liúxíng
- 땀을 흘리다   流汗 liú hàn
- 명랑하다   开朗 kāilǎng
- 냉담하다   冷淡 lěngdàn
- 나약하다   懦弱 nuòruò
- 낙관적이다   乐观 lèguān
- 비관적이다   悲观 bēiguān
- 유머   幽默 yōumò
- 성실하다   诚实 / 老实 chéngshí / lǎoshi
- 부지런하다   勤快 / 勤勉 qínkuài / qínmiǎn
- 소박하다   俭朴 / 朴素 jiǎnpǔ / pǔsù

4

가 사

家 务　　　　　　　　　　　　JIAWU

1. 이　　사　　　　　　　　搬家
2. 청　　소　　　　　　　　打扫
3. 세　　탁　　　　　　　　洗衣
4. 요　　리　　　　　　　　烹饪
5. 수도・전기・가스　　　　水/电/煤气
6. 고장・수리　　　　　　　故障/维修
7. 가사 도우미 쓰기　　　　雇保姆
8. 애완동물・화초　　　　　宠物/花草

1 이 사

搬家
bān jiā

이사(搬家 bānjiā)는 가사일 중에서도 가장 번거롭고 힘든 노동이다. 이사 갈 집을 고르는 것부터 시작하여 이삿짐을 꾸리고 풀기까지 세심한 신경을 써야만 한다. 더구나 외국에서 집을 얻을 때는 더욱 그러한데 한국인이 많이 살고 있는 중국 대도시에는 한국인이나 중국 동포들이 운영하는 부동산중개소가 있어서 편리하다. 임차의 형식은 전세가 아닌 월세이며, 통상적으로 월세 이외에 1—3개월치에 해당하는 금액을 보증금(押金 yājīn)으로 예치해 두어야 한다.

기 본 대 화

A: 喂, 您好, 世纪 房地产。①
Wèi nín hǎo Shìjì Fángdìchǎn

B: 你好, 我 想 租一套 韩国 国际 学校 附近 的 房子。
Nǐ hǎo wǒ xiǎng zū yí tào Hánguó Guójì Xuéxiào fùjìn de fángzi

A: 您要 租几居的?
Nín yào zū jǐ jū de

B: 我 想 租 两居的, 月 租金 大概 是 多少?
Wǒ xiǎng zū liǎng jū de yuè zūjīn dàgài shì duōshao

A: 稍微 好一点儿 的 房子 要 5,500, 一般 的 5,000 左右。
Shāowēi hǎo yìdiǎnr de fángzi yào wǔqiānwǔ yìbān de wǔqiān zuǒyòu

B: 我 可以 先 看一下 房子 吗?
Wǒ kěyǐ xiān kàn yíxià fángzi ma

A: 随时 都 可以。
Suíshí dōu kěyǐ

A: 안녕하세요. 세기 부동산입니다.
B: 안녕하세요. 한국국제학교 근처에 집을 얻으려고 하는데요.
A: 몇 칸짜리 방을 얻으시려고 하세요?
B: 두 칸짜리요. 월세는 대략 얼마나 합니까?

---

① 부동산중개업소의 정식명칭은 ○○房地产经纪有限公司 fángdìchǎn jīngjì yǒuxiàn gōngsī 이나 흔히 줄여 ○○房地产 fángdìchǎn 이라고 한다.

4. 가 사

A: 좀 좋은 집은 5,500 위안이구요, 일반적인 것은 5,000 위안 정도 합니다.
B: 먼저 집을 볼 수 있을까요?
A: 언제라도 가능합니다.

여러 가지 활용

I 이사짐센터 이용하기　利用 搬家 公司
　　　　　　　　　　　　lìyòng bān jiā gōngsī

▶이사비용 문의　询问 搬家 费用
　　　　　　　xúnwèn bān jiā fèiyòng

- 피아노 운반비를 따로 받나요?
  钢琴 的运费是单 算 吗?
  Gāngqín de yùnfèi shì dān suàn ma

- 업라이트 피아노 운송은 200 위안입니다. 그랜드 피아노는 500 위안이구요.
  立式 钢琴 的运费是 200 元。卧式 的要 500 元。①
  Lìshì gāngqín de yùnfèi shì èrbǎi yuán Wòshì de yào wǔbǎi yuán

- 대형 냉장고와 대형 세탁기도 요금이 추가됩니까?
  大型 冰箱 和 大型 洗衣机 也 要 加 钱 吗?
  Dàxíng bīngxiāng hé dàxíng xǐyījī yě yào jiā qián ma

- 층에 따라 이사 요금이 달라집니까?
  每 层 的运费都 不一样 吗?
  Měi céng de yùnfèi dōu bù yíyàng ma

- 집이 5층인데, 운반비는 대략 얼마나 됩니까?
  房间 在 五 层, 运费 大概 是 多少?
  Fángjiān zài wǔ céng yùnfèi dàgài shì duōshao

---

① 立式钢琴 lìshì gāngqín: 업라이트 피아노. 卧式钢琴 wòshì gāngqín: 그랜드 피아노.

4 ① 搬家

▶ 포장과 배상　包装 与 赔偿
　　　　　　　bāozhuāng yǔ péicháng

- 포장을 잘 해 주세요.
  麻烦 您 好好儿 包装 一下。
  Máfan nín hǎohāor bāozhuāng yíxià

- 깨지는 물건에는 "유리조심"이라고 써 주세요.
  容易 碎 的 东西 上 写一下 "小心 轻放"。
  Róngyì suì de dōngxi shang xiě yíxià xiǎoxīn qīngfàng

- 만일 파손된 것이 있으면 배상해 주셔야 합니다.
  如果 弄坏 东西，一定 要 赔偿。
  Rúguǒ nònghuài dōngxi yídìng yào péicháng

II 이사 당일에　搬家 当天
　　　　　　　bān jiā dàngtiān

▶ 이삿짐을 내갈 때　搬走 时
　　　　　　　　　bānzǒu shí

- 그거 깨지는 물건이에요. 조심하세요.
  那 是 易碎 的 东西，搬 时 小心 一点儿。
  Nà shì yìsuì de dōngxi bān shí xiǎoxīn yìdiǎnr

- 물건을 좀 살살 다루어 주시겠어요?
  轻点儿 拿 东西 好 吗？
  Qīngdiǎnr ná dōngxi hǎo ma

- 물건이 망가지지 않도록 조심하세요.
  小心 损坏 东西。
  Xiǎoxīn sǔnhuài dōngxi

- 한 사람은 밖에서 물건을 지켜 주세요.
  一个人 在 外面 看着 东西 吧。
  Yí ge rén zài wàimian kānzhe dōngxi ba

- 그것은 안 가져 가는 물건입니다.
  那 是 不 拿走 的 东西。
  Nà shì bù názǒu de dōngxi

- 전등도 모두 떼어 주세요.
  灯 也 都 卸下来 吧。
  Dēng yě dōu xiè xialai ba

4. 가　사

▶**이삿짐을 들일 때**　搬 进来 时
　　　　　　　　　　bān jìnlai shí

- 우선 여기에 놓으십시오.
  先　放在　这儿 吧 。
  Xiān fàngzài zhèr ba

- 그릇은 모두 주방에 놓으시면 됩니다.
  餐具 全部　放到　厨房　吧 。
  Cānjù quánbù fàngdào chúfáng ba

- 이 세탁기가 화장실 안에 들어갈 수 있을까요?
  这 个 洗衣机 能 进 洗手间 吗 ?
  Zhè ge xǐyījī néng jìn xǐshǒujiān ma

- 이 피아노가 저 작은 방에 들어갈 수 있을까요?
  这 架 钢琴　能　放到　小屋 里 吗 ?
  Zhè jià gāngqín néng fàngdào xiǎowū li ma

- 문을 뜯으면 들어갈 수 있을 것 같습니다.
  拆 门 的话 , 应该　可以 进去 。
  Chāi mén dehuà yīnggāi kěyǐ jìnqu

▶**집세 및 기타 비용 결산**　清算　房费　及 其他　费用
　　　　　　　　　　　　　qīngsuàn fángfèi jí qítā fèiyòng

- 관리사무소에 연락해서 빨리 수도와 전기요금을 정산하자고 하세요.
  给 物业 打　电话 , 让　他们　快点　过来　清算　一下
  Gěi wùyè dǎ diànhuà ràng tāmen kuàidiǎn guòlai qīngsuàn yíxià
  水电费 。
  shuǐdiànfèi

- 수도, 전기, 가스요금은 보증금에서 제하고 주시면 됩니다.
  水费、电费、煤气费 在 押金 上　扣除　就 可以 了 。
  Shuǐfèi diànfèi méiqìfèi zài yājīn shang kòuchú jiù kěyǐ le

- 전기요금이 아직 100 위안 어치가 남아 있습니다.
  电费 还 剩 100 元。①
  Diànfèi hái shèng yìbǎi yuán

---

① 요즈음 새로 짓는 아파트에는 전기카드, 가스카드를 이용하여 은행이나 관리소에서 일정량씩 구입하여 쓰기 때문에 이사를 할 때는 남은 양만큼의 전기료나 가스료를 되돌려 받아야 하는 경우가 있다.

- 전화요금은 다음 달 초에 나오니 그때 건설은행에 가서 다시 정산하면 됩니다.
  电话费 下 个 月初 会 出来， 到时 上 建设 银行 支付 就 可以 了。
  Diànhuàfèi xià ge yuèchū huì chūlai dàoshí shàng Jiànshè Yínháng zhīfù jiù kěyǐ le

- 아이들이 벽에 낙서를 한 것은 당신이 변상해야 합니다.
  孩子们 在 墙上 乱写 乱画，你 要 赔偿。
  Háizimen zài qiángshang luànxiě luànhuà nǐ yào péicháng

- 보증금을 그렇게 많이 떼는 것은 부당합니다.
  扣 那么 多 押金 是 不 合法 的。①
  Kòu nàme duō yājīn shì bù héfǎ de

- 자연적인 마모까지 트집 잡아서 보증금을 안 주는 것은 도리에 어긋납니다.
  以 自然 磨损 为 理由，不 给 押金 是 不 合理 的。
  Yǐ zìrán mósǔn wéi lǐyóu bù gěi yājīn shì bù hélǐ de

▶ 기타　其他
　　　　　qítā

- 망치와 드라이버가 어디 있죠?
  锤子 和 改锥 在 哪儿？
  Chuízi hé gǎizhuī zài nǎr

- 수고하십니다. 음료수 한 잔 드세요.
  辛苦 了，喝 一 杯 饮料 吧。
  Xīnkǔ le hē yì bēi yǐnliào ba

- 이사가 점심 전에 끝날 수 있을까요?
  在 中午 之前 能 搬完 吗？
  Zài zhōngwǔ zhīqián néng bānwán ma

- 사진액자 유리가 깨졌으니, 당신들이 변상해줘야 해요.
  相框 的 玻璃 碎 了，你们 应当 赔偿。
  Xiàngkuàng de bōli suì le nǐmen yīngdāng péicháng

---

① 많은 한국 사람들이 계약 만기가 되어 이사를 갈 때에도 여러 가지 이유로 보증금 전액을 못 받거나 일부밖에 받지 못하는 경우가 있다. 이를 방지하기 위해서는 집주인의 허락 없이 벽에 못을 박거나 구조를 변경하는 행위를 하지 말아야 하며, 반드시 사전에 주인의 허락을 받은 뒤 하는 것이 좋다.

4. 가   사

- 옮길 때 TV가 떨어져 깨졌으니 누가 책임질 거죠?
  搬运 时 电视 摔坏 了，谁 负责 呀？
  Bānyùn shí diànshì shuāihuài le shéi fùzé ya

- 곧 비가 올 것 같으니 바깥의 물건들을 잘 덮으세요.
  快 要 下 雨 了，把 外面 的 东西 盖好 吧。
  Kuài yào xià yǔ le bǎ wàimiàn de dōngxi gàihǎo ba

② 청　　소　　　　　打扫
dǎsǎo

매일 같이 할 때는 잘 모르지만, 단 하루만 하지 않아도 당장 표가 나는 것이 청소이다. 청소를 한다는 표현에는 打扫 dǎsǎo 외에도 搞卫生 gǎo wèishēng 이라고도 한다. 엄밀히 말하면, 打扫 dǎsǎo 는 주로 쓸고 닦는 행위를 가리켜 말하는 것이고, 搞卫生 gǎo wèishēng 은 위생을 고려한 전반적인 청소를 의미한다.

기본대화

A: 今天 我们 来 个 大扫除 吧。
　　Jīntiān wǒmen lái ge dàsǎochú ba
B: 好 吧， 正好 天气 也 不错。
　　Hǎo ba　zhènghǎo tiānqì yě búcuò
A: 先 把 家具 移到 别的 位置，掸 一 掸 灰尘 吧。
　　Xiān bǎ jiājù yídào biéde wèizhì　dǎn yi dǎn huīchén ba
B: 好 的。然后 我们 再 擦 一下 卧室、客厅 和 厨房 的
　　Hǎo de　Ránhòu wǒmen zài cā yíxià wòshì　kètīng hé chúfáng de
地板。
dìbǎn

A: 오늘 우리 대청소해요.
B: 그러죠. 마침 날씨도 좋네요.
A: 먼저 가구를 다른 데로 옮기고 먼지를 털어요.
B: 알겠어요. 그리고나서 방, 거실, 주방의 바닥을 닦도록 하죠.

여러 가지 활용

I　쓸고 닦기　扫/擦
　　　　　　sǎo cā

▶바닥 쓸기　扫 地
　　　　　　sǎo dì

• 방을 좀 쓸고 닦아야겠어요.
　这 房间 要 好好儿 打扫 一下。
　Zhè fángjiān yào hǎohāor dǎsǎo yíxià

4. 가 사

- 먼저 먼지를 좀 털고 난 뒤에 바닥을 쓸도록 해요.
  先 掸掸 灰尘 再 扫 地 吧。
  Xiān dǎndan huīchén zài sǎo dì ba

- 진공청소기를 한 번 돌리세요.
  用 真空 吸尘器 吸 一 遍 吧。
  Yòng zhēnkōng xīchénqì xī yí biàn ba

▶바닥 쓸기   擦 地
              cā dì

- 바닥을 물걸레로 닦으세요.
  地板 用 湿 抹布 擦 一下 吧。
  Dìbǎn yòng shī mābù cā yíxià ba

- 방은 대걸레로 밀기에 부적당하니 그냥 걸레로 닦으세요.
  房间 用 拖布 拖 不 合适，还是 用 抹布 擦 一 遍 吧。①
  Fángjiān yòng tuōbù tuō bù héshì háishi yòng mābù cā yí biàn ba

▶가구 닦기   擦 家具
              cā jiājù

- 창문이 지저분하네요.
  窗户 有点儿 脏。
  Chuānghu yǒudiǎnr zāng

- 창틀을 좀 닦으세요.
  擦 一下 窗框 吧。
  Cā yíxià chuāngkuàng ba

- 젖은 걸레로 장식품 위의 먼지를 닦아 내세요.
  用 湿 抹布 擦 一 擦 装饰品 上面 的 灰尘。
  Yòng shī mābù cā yi cā zhuāngshìpǐn shàngmian de huīchén

- 가구 닦는 걸레와 바닥 닦는 걸레는 구분해서 사용하세요.
  擦 家具 的 抹布 和 擦 地 的 抹布 要 分开 使用。
  Cā jiājù de mābù hé cā dì de mābù yào fēnkāi shǐyòng

▶기타   其他
         qítā

- 베란다를 좀 정리해야겠어요.
  这 阳台 该 整理 一下 了。
  Zhè yángtái gāi zhěnglǐ yíxià le

---

① 중국 사람들은 무릎을 굽히고 손걸레질하는 것에 익숙치 않으므로 대부분 대걸레를 많이 사용한다.

- 솔을 이용하여 닦아 보세요.
  用 刷子 刷 一下 吧 。
  Yòng shuāzi shuā yíxià ba

II 정리 정돈하기 整理 和 收拾
zhěnglǐ hé shōushi

▶옷 정리하기 收拾 衣服
shōushi yīfu

- 오늘은 옷 좀 정리해 주세요.
  今天 整理 一下 衣服 吧 。
  Jīntiān zhěnglǐ yíxià yīfu ba
- 겨울옷은 집어넣고 봄옷을 꺼내세요.
  把 冬天 的 衣服 收 起来 , 春天 的 衣服 拿 出来 吧 。
  Bǎ dōngtiān de yīfu shōu qǐlai chūntiān de yīfu ná chulai ba
- 먼저 웃옷을 한 데 넣고, 다음에 바지를 함께 넣으세요.
  先 把 上衣 放在 一起 , 再把 裤子 放到 一起 。
  Xiān bǎ shàngyī fàngzài yìqǐ zài bǎ kùzi fàngdào yìqǐ
- 여름옷은 정리함 안에 모두 넣어 주세요.
  夏天 的 衣服 放在 整理箱 里面 吧 。
  Xiàtiān de yīfu fàngzài zhěnglǐxiāng lǐmian ba

▶책 정리하기 整理 书本
zhěnglǐ shūběn

- 책들은 모두 책꽂이에 꽂으세요.
  把 书 都 放在 书架 上 吧 。
  Bǎ shū dōu fàngzài shūjià shang ba
- 아이들 책과 어른 책을 구별해서 꽂으세요.
  把 孩子们 的 书 和 大人 的 书 分着 插 吧 。
  Bǎ háizimen de shū hé dàrén de shū fēnzhe chā ba

▶기타 其他
qítā

- 잡동사니들은 한 곳에 모아 주세요.
  把 杂物 放在 一块儿 吧 。
  Bǎ záwù fàngzài yíkuàir ba
- 신문은 테이블 위에 놓아두어요.
  把 报纸 放在 桌子 上面 。
  Bǎ bàozhǐ fàngzài zhuōzi shàngmian

146 4. 가　사

III 소독하기　消毒
xiāodú

- 유행성독감이 유행하고 있으니 소독을 합시다.
  现在　流行 流感，消 一下 毒 吧。
  Xiànzài liúxíng liúgǎn　xiāo yíxià dú ba

- 문손잡이와 엘리베이터도 소독을 해야 해요.
  门 把手 和 电梯 也 要 消毒。
  Mén bǎshou hé diàntī yě yào xiāodú

- 소독약을 뿌리고 10분 후에 닦아 내세요.
  先 喷 消毒水，过 十 分钟 后 擦一下。
  Xiān pēn xiāodúshuǐ guò shí fēnzhōng hòu cā yíxià

- 걸레는 반드시 살균비누로 빨도록 해요.
  抹布 一定 要 用 杀菌的 肥皂 洗。
  Mābù yídìng yào yòng shā jūn de féizào xǐ

- 수건과 속내의를 삶으면 살균이 됩니다.
  煮 毛巾 和 内衣 可以 杀菌。
  Zhǔ máojīn hé nèiyī kěyǐ shā jūn

IV 쓰레기 처리　处理 垃圾
chǔlǐ lājī

- 냄새나지 않도록 매일 한 차례 쓰레기를 버리세요.
  为了 防止 臭味儿，要 每天 扔 一 次 垃圾。
  Wèile fángzhǐ chòuwèir yào měitiān rēng yí cì lājī

- 재활용되는 것들은 따로 모으세요.
  可 回收 的 放在 另 一 边 吧。
  Kě huíshōu de fàngzài lìng yì biān ba

- 병은 재활용함에 넣으세요.
  瓶子 放在 可 回收箱 里。
  Píngzi fàngzài kě huíshōuxiāng li

③ 세 탁   洗衣
xǐ yī

세탁에는 湿洗 shīxǐ(물세탁)와 干洗 gānxǐ(드라이클리닝)의 방법이 있다. 옷감의 종류에 따라 干洗 gānxǐ를 하지 않으면 옷이 줄어들거나(缩水 suōshuǐ), 늘어지거나(变长 biàn cháng), 변색(褪色 tuì shǎi)이 될 수 있고, 옷감의 방수(防水 fáng shuǐ), 주름방지(免烫 miǎntàng)기능이 떨어지게 된다. 그러므로 옷감에 부착된 라벨(标签 biāoqiān)을 잘 확인하여 세탁에 유의하도록 하여야 한다.

기본대화

A: 每次用洗衣机洗衣服, 都觉得不怎么干净。
  Měi cì yòng xǐyījī xǐ yīfu dōu juéde bù zěnme gānjìng
B: 是啊, 衣服看起来都发黄, 所以不得不漂白。
  Shì a yīfu kàn qǐlai dōu fā huáng suǒyǐ bùdébù piǎobái
A: 但漂白剂用多了, 衣服会褪色的。①
  Dàn piǎobáijì yòngduō le yīfu huì tuì shǎi de
B: 嗯, 尽量不用呗! 有斑点的部分多放些
  Ng jǐnliàng bú yòng bei Yǒu bāndiǎn de bùfen duō fàng xiē
  洗衣粉搓几下就行了。
  xǐyīfěn cuō jǐ xià jiù xíng le

A: 매번 세탁기에 옷을 빨으니 별로 깨끗하지 않은 것 같아요.
B: 그래요, 옷들이 누렇게 변해 보여서 표백을 안할 수가 없네요.
A: 하지만 표백제를 너무 많이 쓰면 색이 바랠 수도 있어요.
B: 네, 되도록 사용하지 말아야죠. 얼룩진 부분은 세제를 좀더 넣고 주무르면 돼요.

---

① 褪色 tuì shǎi: 색이 바래다. 退色 tuì shǎi 라고도 한다.

여러 가지 활용

I 손세탁 手洗
shǒu xǐ

▶주물러 빨기　搓
　　　　　　　cuō

- 이 옷은 손으로 빨아 주세요.
  这 件 衣服 用 手 洗 吧。
  Zhè jiàn yīfu yòng shǒu xǐ ba

- 양말은 손으로 주물은 다음 세탁기에 넣어 돌리세요.
  袜子 先 用 手 搓 一 搓，再 放进 洗衣机 里 洗。
  Wàzi xiān yòng shǒu cuō yi cuō zài fàngjìn xǐyījī li xǐ

▶빨래 삶기　煮
　　　　　　zhǔ

- 속 내의는 삶아 주세요.
  内衣 要 煮 一下。
  Nèiyī yào zhǔ yíxià

- 흰 옷은 적어도 1주일에 한 번 삶아야 해요.
  白色 衣服 最 少 一 个 星期 要 煮 一 次。
  Báisè yīfu zuì shǎo yí ge xīngqī yào zhǔ yí cì

▶울·실크 세탁　丝毛 制品 的 洗涤
　　　　　　　　sīmáo zhìpǐn de xǐdí

- 모직 옷은 울세제를 사용하세요.
  洗 毛织品 衣服，请 使用 丝毛净。
  Xǐ máozhīpǐn yīfu qǐng shǐyòng sīmáojìng

- 이 실크 스커트는 세탁기에 돌리면 안됩니다.
  这 件 丝绸 裙子 不 能 用 洗衣机 洗。
  Zhè jiàn sīchóu qúnzi bù néng yòng xǐyījī xǐ

▶기타　其他
　　　　qítā

- 와이셔츠 깃은 솔로 가볍게 솔질하세요.
  衬衫 领子 要 用 刷子 轻轻 地 刷。
  Chènshān lǐngzi yào yòng shuāzi qīngqīng de shuā

③ 세 탁

- 모포는 발로 밟아 빨아도 됩니다.
  这个毛毯你可以用脚踩着洗。
  Zhè ge máotǎn nǐ kěyǐ yòng jiǎo cǎizhe xǐ

Ⅱ 드라이클리닝　干洗
　　　　　　　gānxǐ

> A: 冬季的衣服最好先干洗再收起来。
> 　　Dōngjì de yīfu zuìhǎo xiān gānxǐ zài shōu qilai
> B: 那用不用把皮衣、羽绒服、羊毛衫　送到
> 　　Nà yòng bu yòng bǎ píyī yǔróngfú yángmáoshān sòngdào
> 　　洗衣店呢？
> 　　xǐyīdiàn ne
> A: 不用送，打个电话他们就会过来拿了。
> 　　Búyòng sòng dǎ ge diànhuà tāmen jiù huì guòlai ná le
> A: 겨울옷은 드라이클리닝을 한 다음 보관하는 것이 좋아요.
> B: 그러면 가죽옷, 오리털 옷, 양모로 된 옷들을 다 세탁소에
> 　　갖다 주어야겠네요?
> A: 그럴 필요 없어요. 세탁소에 전화하면 가지러 올 겁니다.

- 실크 제품은 드라이를 해야 해요.
  丝绸制品需要干洗。
  Sīchóu zhìpǐn xūyào gānxǐ

- 드라이를 했는데도 얼룩이 빠지지를 않았어요.
  已经干洗了，但是斑点还是没洗掉。
  Yǐjīng gānxǐ le dànshì bāndiǎn háishi méi xǐdiào

- 드라이한 후에는 냄새가 빠지도록 좀 널어 놓으세요.
  干洗以后，为了防止有味儿，应该先晒一会儿。
  Gānxǐ yǐhòu wèile fángzhǐ yǒu wèir yīnggāi xiān shài yíhuìr

Ⅲ 빨래 널기와 개기　晾／叠
　　　　　　　　　　liàng dié

▶ 빨래 널기　晾
　　　　　　liàng

- 세탁이 다 됐으니 빨래를 좀 널어 주세요.
  已经洗了，请晾一下吧。
  Yǐjīng xǐ le qǐng liàng yíxià ba

4. 가사

- 빨래는 베란다에 널어 주세요.
  衣服 晾到 阳台 上 吧。
  Yīfu liàngdào yángtái shang ba
- 빨래줄에 먼지가 끼었으니 좀 닦고 난 뒤에 널으세요.
  晾衣绳 上 有 灰尘，先 擦 一下 再 晾 吧。
  Liàngyīshéng shang yǒu huīchén xiān cā yíxià zài liàng ba
- 집게로 빨래를 집어 주세요, 바람에 날아가지 않게.
  用 夹子 夹 一下 衣服 吧，以 防 被 风 吹走。
  Yòng jiāzi jiā yíxià yīfu ba yǐ fáng bèi fēng chuīzǒu
- 비가 올 것 같으니 빨래 건조대를 안으로 들여 놓으세요.
  好像 要 下雨 了，把 晾衣架 拿到 里边 吧。
  Hǎoxiàng yào xiàyǔ le bǎ liàngyījià nádào lǐbian ba

▶ 빨래 개기 叠
　　　　　　 dié

- 빨래가 다 말랐으니 개어 놓으세요.
  衣服 都 干 了，叠 一下 吧。
  Yīfu dōu gān le dié yíxià ba
- 빨래를 잘 개어 놓으세요, 구겨지지 않게.
  衣服 要 叠好，不要 让 它 出 皱。
  Yīfu yào diéhǎo búyào ràng tā chū zhòu

Ⅳ 다림질하기 熨 衣服
　　　　　　　 yùn yīfu

A: 这 件 衬衫 熨过 吗？
   Zhè jiàn chènshān yùnguo ma
B: 上 个 星期 都 熨好 了。
   Shàng ge xīngqī dōu yùnhǎo le
A: 那 怎么 还是 皱皱 的。再 熨 一 次 吧。
   Nà zěnme háishi zhòuzhòu de Zài yùn yí cì ba
A: 이 와이셔츠 다린 건가요?
B: 지난 주에 다 다려놓은 건데요.
A: 그런데 여전히 구겨져 있네요. 다시 한 번 다려 주세요.

③ 세　　탁

- 이 셔츠 좀 다려 주실래요?
  熨一下这件衬衫好吗？
  Yùn yíxià zhè jiàn chènshān hǎo ma
- 다림질하는 데도 숙련된 기술이 필요해요.
  熨衣服也是一件有技巧的工作。
  Yùn yīfu yě shì yí jiàn yǒu jìqiǎo de gōngzuò

▶ 적정 온도　适宜的温度
　　　　　　shìyí de wēndù

- 순면 옷은 고온에서 다려야 잘 다려집니다.
  纯棉的衣服要用高温熨，才能熨好。
  Chúnmián de yīfu yào yòng gāowēn yùn cái néng yùnhǎo
- 합성섬유는 고온에서 다림질하면 안돼요.
  不能用高温熨合成纤维。
  Bù néng yòng gāowēn yùn héchéng xiānwéi
- 눈 깜짝할 사이에 옷을 태워 버렸어요.
  一眨眼的工夫就把衣服弄焦了。
  Yì zhǎyǎn de gōngfu jiù bǎ yīfu nòngjiāo le
- 잠깐 전화를 받는 사이에 옷이 눌어 버렸어요.
  接电话的一瞬间，衣服熨糊了。
  Jiē diànhuà de yí shùnjiān yīfu yùnhú le

▶ 다림질시 주의를 줄 때　小心烫伤时
　　　　　　　　　　　　xiǎoxīn tàngshāng shí

- 다림질할 때는 절대 조심하세요.
  熨的时候一定要小心。
  Yùn de shíhou yídìng yào xiǎoxīn
- 전화를 받으러 갈 때는 반드시 코드를 뽑도록 해요.
  去接电话时，一定要拔掉插销。
  Qù jiē diànhuà shí yídìng yào bádiào chāxiāo
- 아이들이 다리미를 만지지 않도록 조심하세요.
  小心不要让孩子们碰到熨斗。
  Xiǎoxīn búyào ràng háizimen pèngdào yùndǒu

▶기타 其他
　　　　qítā

- 이 옷은 다림질 할 필요가 없어요.
  这件衣服不需要熨。
  Zhè jiàn yīfu bù xūyào yùn

- 이 옷은 주름방지 처리가 되어 있어요.
  这件衣服是免熨的。
  Zhè jiàn yīfu shì miǎn yùn de

4 요 리

烹饪
pēngrèn

밥하는 것은 做饭 zuò fàn, 음식을 만드는 것을 做菜 zuò cài 라고 한다. 이러한 것을 통틀어 한국은 "요리한다"고 말하는데 중국에서는 料理 liàolǐ란 말을 잘 쓰지 않고 烹饪 pēngrèn 또는 烹调 pēngtiáo 라고 한다. 주요 요리법(烹饪法 pēngrènfǎ)에는 炒 chǎo(볶기), 烤 kǎo(굽기), 煎 jiān(부치기), 拌 bàn(무치기), 酱 jiàng(졸이기), 炸 zhá(튀기기), 炖 dùn(삶기) 등이 있다. "당신 요리 솜씨가 참 좋군요." 라고 할 때는 "你的手艺真棒。Nǐ de shǒuyì zhēn bàng", "내가 제일 자신있게 잘 만드는 것은 ~이다." 는 표현은 "我最拿手的是~。Wǒ zuì náshǒu de shì~"라고 하면 된다.

기본대화

A: 今天 晚上 做 炸酱面 吧。
　　Jīntiān wǎnshang zuò zhájiàngmiàn ba
B: 好 啊，那 要 买 土豆、洋葱、西葫芦、猪肉 吧。
　　Hǎo a nà yào mǎi tǔdòu yángcōng xīhúlu zhūròu ba
A: 是 的，买来 以后 切成 小 块儿。
　　Shì de   mǎilái yǐhòu qiēchéng xiǎo kuàir
B: 我 来 炒 吧。
　　Wǒ lái chǎo ba
A: 오늘 저녁은 자장면을 만들어요.
B: 좋아요, 그럼 감자, 양파, 애호박, 돼지고기를 사와야겠네요.
A: 네, 사다가 모두 조그맣게 네모썰기를 해 주세요.
B: 제가 볶을게요.

여러 가지 활용

Ⅰ 장보기 买 菜
　　　　　 mǎi cài

• 오늘 손님을 초대했으니 먼저 장을 봐와야겠군요.
今天 我们 要 请 客，先 去 买 些 菜 吧。
Jīntiān wǒmen yào qǐng kè xiān qù mǎi xiē cài ba

4. 가 사

- 장보기 전에 반드시 품목을 적으세요.
买 菜 之前 ，一定 要 先 列出 清单。
Mǎi cài zhīqián yídìng yào xiān lièchū qīngdān

- 미안하지만, 저 대신 장 좀 봐 주세요.
麻烦 你， 帮 我 去 买 菜 吧 。
Máfan nǐ   bāng wǒ qù mǎi cài ba

- 얼른 가서 두부 좀 사오세요.
快 去 买 块儿 豆腐 。
Kuài qù mǎi kuàir dòufu

II 재료 준비하기   准备 材料
zhǔnbèi cáiliào

▶껍질 벗기기   去 皮
qù pí

- 마늘 좀 까 주세요.
剥 一下 蒜 。
Bāo yíxià suàn

- 감자 좀 깎아 주세요.
削 一下 土豆皮 。
Xiāo yíxià tǔdòupí

- 사과를 깎아서 접시에 담으세요.
把 苹果 削成 块儿 放在 碟子 里 。
Bǎ píngguǒ xiāochéng kuàir fàngzài diézi li

▶씻기   洗
xǐ

- 이 야채들을 씻어 주세요.
洗洗 这些 蔬菜 。
Xǐxi   zhèxiē shūcài

- 흐르는 물에 씻으세요.
请 用 流水 洗 。
Qǐng yòng liúshuǐ xǐ

- 야채는 씻어서 물에 담가 놓으세요.
  蔬菜 洗完 了，泡在 水里 吧。
  Shūcài xǐwán le　pàozài shuǐli ba
- 야채와 과일은 모두 주방세제로 씻어요.
  蔬菜 和 水果 都 用 洗涤灵 洗 吧。
  Shūcài hé shuǐguǒ dōu yòng xǐdílíng xǐ ba
- 포도는 한알 한알 따서 씻어 주세요.
  把 葡萄 一 粒 一 粒 摘 下来 洗 吧。
  Bǎ pútáo yí lì yí lì zhāi xialai xǐ ba
- 딸기는 소금을 약간 넣고 씻어 주세요.
  草莓 放 点儿 盐 洗 吧。
  Cǎoméi fàng diǎnr yán xǐ ba

▶절이기　洒 盐
　　　　　sǎ yán

- 배추는 씻기 전에 먼저 소금을 뿌려 주세요.
  洗 白菜 之前，先 洒 点儿 盐 吧。
  Xǐ báicài zhīqián　xiān sǎ diǎnr yán ba
- 깨끗이 씻은 뒤에 소금을 뿌려 놓으세요.
  洗 干净 以后，洒 点儿 盐 吧。
  Xǐ gānjìng yǐhòu　sǎ diǎnr yán ba

▶썰기　切
　　　　qiē

- 당근은 채를 치세요.
  胡萝卜 切成 丝。
  Húluóbo qiēchéng sī
- 감자는 납작썰기를 해 주세요.
  土豆 切成 片儿 吧。
  Tǔdòu qiēchéng piànr ba
- 카레 만들거니까 네모나게 썰어 주세요.
  要 做 咖喱，就 切成 块儿 吧。
  Yào zuò gālí　jiù qiēchéng kuàir ba

4. 가　　사

- 깍둑 썰기를 해 주세요.
  请　切成　大块儿。
  Qǐng qiēchéng dàkuàir
- 고기를 저며 주세요.
  切 肉片儿。
  Qiē ròupiànr

▶다지기　剁
　　　　　duò

- 이 고기를 다져 주세요.
  把 这 个 肉 剁 一下 吧 。
  Bǎ zhè ge ròu duò yíxià ba
- 이 마늘을 곱게 다져 줄래요?
  把 这 蒜 剁碎， 好 吗 ?
  Bǎ zhè suàn duòsuì hǎo ma
- 믹서기로 갈으세요.
  用 搅拌机 搅 一下 吧 。
  Yòng jiǎobànjī jiǎo yíxià ba

▶기타　其他
　　　　qítā

- 생선 비늘을 제거해 주세요.
  请 把鱼鳞 去掉。
  Qǐng bǎ yúlín qùdiào
- 조개는 소금물에 하룻밤 담가 놓으세요.
  贝壳 要 在 盐水 里 泡 一 夜 。
  Bèiké yào zài yánshuǐ li pào yí yè
- 채판을 사용하도록 해요.
  请　用 擦板 擦 吧 。
  Qǐng yòng cābǎn cā ba

Ⅲ 요리하기 做 菜
　　　　　　 zuò cài

▶굽기　烤
　　　　kǎo

- 고기는 타지 않게 구우세요.
  肉 不要 烤焦 了 。
  Ròu búyào kǎojiāo le

- 생선을 철판에 구우세요.
  把 鲜鱼 放在 铁板 上 烤 一下。
  Bǎ xiānyú fàngzài tiěbǎn shang kǎo yíxià

▶ 볶기 炒
         chǎo

- 오징어를 매콤하게 볶으세요.
  鱿鱼 炒 得 辣 一些。
  Yóuyú chǎo de là yìxiē

▶ 튀기기 炸
          zhá

- 생선을 튀기세요.
  炸 一下 鲜鱼。
  Zhá yíxià xiānyú
- 야채튀김을 만드세요.
  炸 菜团子。
  Zhá càituánzi

▶ 고으기 煮 / 炖 ①
          zhǔ dùn

- 소꼬리를 두 근 정도 사다가 푹 고아서 곰탕을 만드세요.
  买 两 斤 牛尾巴 来，炖了 做 骨头汤 吧。
  Mǎi liǎng jīn niúwěiba lái dùnle zuò gǔtoutāng ba
- 고기를 찬물에 넣고 삶기 시작하세요.
  把 肉 放在 凉水 中 开始 煮 吧。
  Bǎ ròu fàngzài liángshuǐ zhōng kāishǐ zhǔ ba

▶ 부치기 煎
          jiān

- 김치전을 부쳐 주세요.
  煎 一下 泡菜饼。
  Jiān yíxià pàocàibǐng

---

① 煮 zhǔ 는 물에 넣고 끓여서 익히는 것으로 가장 일반적인 표현이며, 炖 dùn 과 熬 áo 는 작은 불로 장시간을 끓이는 것을 말하는데 습관상 국을 끓일 때는 炖汤 dùntāng 이라 하고, 죽을 끓일 때는 熬粥 áozhōu 라고 말한다.

158 4. 가　사

- 계란 프라이를 해 주세요.
  做 个 煎鸡蛋。①
  Zuò ge jiānjīdàn

▶데치기　烫 / 焯
　　　　　tàng　chāo

- 야채를 끓는 물에 살짝 데쳐 주세요.
  蔬菜 在 热水 里 过 一下。②
  Shūcài zài rèshuǐ li guò yíxià

- 야채를 데칠 때 소금을 조금 넣으면 더 파래져요.
  烫 蔬菜 时，放 点儿 盐 的话 会 变得 更 绿。
  Tàng shūcài shí　fàng diǎnr yán dehuà huì biànde gèng lǜ

- 시금치를 살짝 데쳐요.
  焯 一下 菠菜。
  Chāo yíxià bōcài

- 너무 오래 데치지 말아요.
  别 焯 太 久。
  Bié chāo tài jiǔ

▶무치기　拌
　　　　　bàn

- 시금치를 무치세요.
  拌 一下 菠菜。
  Bàn yíxià bōcài

- 콩나물은 간장과 고추장으로 무치세요.
  豆芽 用 酱油 和 辣椒酱 拌 吧。
  Dòuyá yòng jiàngyóu hé làjiāojiàng bàn ba

- 오이를 새콤달콤하게 무치세요.
  黄瓜 拌 得 酸甜 一些。
  Huángguā bàn de suāntián yìxiē

---

① 우리 말의 습관상 '鸡蛋煎 jīdànjiān'을 종종 쓰는데 '煎鸡蛋 jiānjīdàn'이 옳다.
② 끓는 물에 잠깐 넣었다 건진다는 뜻으로 过 guò 를 쓰기도 한다.

▶끓이기　做汤
zuò tāng

- 해장국 좀 담백하게 끓여 주세요.
 解酒汤 做 得 清淡 一些。①
 Jiějiǔtāng zuò de qīngdàn yìxiē
- 생선찌개를 끓여 주세요.
 给 我 做 鲜鱼汤。
 Gěi wǒ zuò xiānyútāng
- 된장국을 끓이세요.
 做 一下 大酱汤。
 Zuò yíxià dàjiàngtāng

Ⅳ 설거지하기　洗碗
xǐ wǎn

▶헹구기　冲
chōng

- 그릇은 흐르는 물에 충분히 헹구세요.
 餐具 在 流水 中 好好儿 冲 一下。
 Cānjù zài liúshuǐ zhōng hǎohāor chōng yíxià
- 잔여 세제가 남지 않도록 깨끗이 헹구세요.
 把 残余 的 洗涤灵 完全 冲 干净。②
 Bǎ cányú de xǐdílíng wánquán chōng gānjìng

▶닦기　擦
cā

- 코팅된 프라이팬은 부드러운 행주로 닦으세요.
 不粘锅 用 软布 擦 一下。
 Bùzhānguō yòng ruǎnbù cā yíxià
- 그릇이 무척 더러워요. 철수세미로 닦으세요.
 餐具 很 脏, 用 铁刷子 刷刷 吧。
 Cānjù hěn zāng yòng tiěshuāzi shuāshua ba

---

① 醒酒汤 xǐngjiǔtāng 이라고도 함.
② 洁洁灵 jiéjiélíng, 灭害灵 mièhàilíng 등 상품명에 灵 líng 이 들어가는 것을 종종 보는데, 여기서 灵 líng 은 "효과나 효력이 탁월하다" 는 뜻이 있다.

4. 가사

- 병은 긴 솔로 닦아 주세요.
  把瓶子用 长刷子 刷 一下吧。
  Bǎ píngzi yòng chángshuāzi shuā yíxià ba

▶ 제대로 닦이지 않았을 때　收拾 得不 干净 时
　　　　　　　　　　　　　shōushi de bù gānjìng shí

- 이 그릇은 제대로 닦이지 않았네요.
  这 个 餐具 洗 得 不 干净。
  Zhè ge cānjù xǐ de bù gānjìng

- 수저에 밥풀이 남아 있어요.
  勺子 上 还有 饭粒。
  Sháozi shang hái yǒu fànlì

- 바로 설거지를 하지 않아 다 말라 붙었네요.
  就 是 因为 没有 立刻 收拾，所以 都 干巴 了。
  Jiù shì yīnwèi méiyǒu lìkè shōushi suǒyǐ dōu gānba le

- 그릇에 기름기가 많으니 뜨거운 물로 씻으세요.
  餐具 上 油渍 很 多， 用 热水 洗 一下 吧。
  Cānjù shang yóuzì hěn duō yòng rèshuǐ xǐ yíxià ba

V 요리 도구　厨房 用具
　　　　　　　chúfáng yòngjù

▶ 칼을 사용할 때　用 刀
　　　　　　　　yòng dāo

- 칼이 안 들어요. / 칼 좀 갈아다 주세요.
  刀 不 快。/ 去 磨 一下 刀 。
  Dāo bú kuài　 Qù mó yíxià dāo

- 칼날이 예리하니 베지 않도록 조심해요.
  刀 很 快，小心 切 手。
  Dāo hěn kuài　xiǎoxīn qiē shǒu

- 가위 어디 있어요?
  剪刀 在 哪儿 ?
  Jiǎndāo zài　nǎr

⑤ 수도 · 전기 · 가스 水 / 电 / 煤气
shuǐ   diàn   méiqì

요즘 중국에서 새로 짓는 아파트에는 전기카드(电卡 diànkǎ)나 가스카드(煤气卡 méiqìkǎ)를 사용하도록 되어 있다. 그러나 이전에 지어진 대부분의 주택에서는 아직도 구식 계량기를 사용하므로 매달 정기검침(查表 chá biǎo)을 하러 나오는데, 만일 전기 검침을 하러 나온 것이라면 검침원(查表员 chábiǎoyuán)은 "我来查电表。Wǒ lái chá diànbiǎo"(전기 검침 나왔습니다)라고 설명할 것이다.

기본대화

A: 咦，怎么突然停电了？
   Yí zěnme tūrán tíng diàn le
B: 是不是统一停电啊？
   Shì bu shì tǒngyī tíng diàn a
A: 我去看一看。啊，别的家都有电！
   Wǒ qù kàn yi kàn   A biéde jiā dōu yǒu diàn
B: 那一定是电卡没电了。
   Nà yídìng shì diànkǎ méi diàn le
   我说让你提前买吧，你还不听。
   Wǒ shuō ràng nǐ tíqián mǎi ba nǐ hái bù tīng
A: 我忘了，我明天就去买。
   Wǒ wàng le wǒ míngtiān jiù qù mǎi

A: 어, 왜 갑자기 정전이지?
B: 전부 다 정전인 거 아니야?
A: 내가 가서 보고 올게요, 다른 집은 다 전기가 들어오는데.
B: 그럼 분명히 전기카드에 전기가 없는 거겠지. 내가 미리 사놓으라고 했는데, 아직도 하지 않았군.
A: 잊어버렸어요. 내일 가서 살게요.

여러 가지 활용

I 수도　自来水
　　　　　zìláishuǐ

▶수돗물이 샐 때　水管 漏 时
　　　　　　　　　shuǐguǎn lòu shí

- 수도관이 새어 물이 똑똑 떨어지네요.
  水管 漏 了，一直 在 滴 水。
  Shuǐguǎn lòu le　yìzhí zài dī shuǐ
- 수도관이 줄줄 새는데 어떻게 해야 하지요?
  水管 漏 得 很 严重，怎么 办 啊？
  Shuǐguǎn lòu de hěn yánzhòng zěnme bàn a
- 수도꼭지를 아무리 꼭 잠가도 물이 샙니다.
  水龙头 关 得 再 紧 也 滴 水。
  Shuǐlóngtóu guān de zài jǐn yě dī shuǐ
- 수도관이 터진 것 같아요.
  好像 水管 裂 了。
  Hǎoxiàng shuǐguǎn liè le
- 먼저 수도 밸브를 잠가요.
  先 把 总闸 关 一下 吧。
  Xiān bǎ zǒngzhá guān yíxià ba
- 어디선가 수도가 새는 것 같아요.
  好像 哪儿 漏 水。
  Hǎoxiàng nǎr lòu shuǐ
- 수도관에 금이 가서 거기서 물이 새고 있어요.
  水管 有 裂痕，所以 从 那里 漏水。
  Shuǐguǎn yǒu lièhén　suǒyǐ cóng nàli lòushuǐ

▶수돗물이 안나올 때　停水 时
　　　　　　　　　　tíngshuǐ shí

- 갑자기 수돗물이 안 나오네요.
  突然 没 水 了。
  Tūrán méi shuǐ le
- 수돗물이 언제부터 안 나옵니까?
  什么 时候 没 水 的？
  Shénme shíhou méi shuǐ de

- 언제 수돗물이 나옵니까?
  什么 时候 才 有 水 呀？
  Shénme shíhou cái yǒu shuǐ ya
- 큰일 났어요, 지금 물이 한 방울도 없는데요.
  出 大 事 了, 现在 一 滴 水 都 没有 。
  Chū dà shì le   xiànzài yì dī shuǐ dōu méiyǒu
- 어디서 수도관을 수리하는가 보지요?
  可能 是 哪里 修 管道 吧 ？
  Kěnéng shì nǎli xiū guǎndào ba
- 사전 예고도 없이 물이 안 나오면 어떻게 해요?
  事先 不 通知 一 声 就 停 水，怎么 办 啊 ？
  Shìxiān bù tōngzhī yì shēng jiù tíng shuǐ   zěnme bàn a

▶ 수도 검침 및 수도요금 납부　　查 水表 及 交 水费
　　　　　　　　　　　　　　　chá shuǐbiǎo jí jiāo shuǐfèi

- 이달 수도 요금은 얼마인가요?
  这 个 月 的 水费 是 多少 ？
  Zhè ge yuè de shuǐfèi shì duōshao
- 수도요금이 왜 그렇게 많이 나왔죠?
  水费 怎么 会 那么 多 ？
  Shuǐfèi zěnme huì nàme duō
- 별로 쓰지도 않았는데, 혹시 계량기가 잘못된 것 아니에요?
  也 没 怎么 用 啊，是 不 是 水表 坏 了 ？
  Yě méi zěnme yòng a   shì bu shì shuǐbiǎo huài le
- 수도요금이 또 올랐나요?
  水费 又 涨 了 ？
  Shuǐfèi yòu zhǎng le

II 전기　电
　　　　 diàn

▶ 전기 사기　买 电 ①
　　　　　　 mǎi diàn

- 전기를 어디 가서 사나요?
  到 哪儿 去 买 电 ？
  Dào nǎr qù mǎi diàn

---

① 먼저 은행에 가서 필요한 양 만큼의 전기료를 납부하고 전기카드(电卡 diànkǎ)에 충전해 와서 계량기에 꽂으면 된다. 카드를 삽입하는 것을 插卡 chā kǎ 라고 한다.

4. 가 사

- 공상은행에 가서 사면 됩니다.
  去 工商 银行 买 就 可以 了。
  Qù Gōngshāng Yínháng mǎi jiù kěyǐ le

- 전기를 다 사용하면 바로 정전이 됩니다.
  电 用完 了，就 会 马上 停 电。①
  Diàn yòngwán le jiù huì mǎshàng tíng diàn

- 전기용량을 수시로 확인해야 합니다.
  要 随时 确认 一下 电量。
  Yào suíshí quèrèn yíxià diànliàng

- 이 건물은 전기카드를 가지고 전기를 사야 합니다.
  这 座 楼 要 用 电卡 买 电。
  Zhè zuò lóu yào yòng diànkǎ mǎi diàn

- 공상은행 카드가 있으면 한밤에도 전기를 살 수 있습니다.
  有 工商 银行 的 卡，半夜 也 可以 买 电。②
  Yǒu Gōngshāng Yínháng de kǎ bànyè yě kěyǐ mǎi diàn

- 전기는 미리미리 사두는 것이 좋습니다.
  电 还是 多 预备 一些 的 好。
  Diàn háishi duō yùbèi yìxiē de hǎo

▶ 전기 검침　查 电表
　　　　　　　chá diànbiǎo

- 전기 검침 왔습니다.
  我 是 来 查 电表 的。
  Wǒ shì lái chá diànbiǎo de

- 전기 계량기가 어디 있습니까?
  电表 在 哪儿？
  Diànbiǎo zài nǎr

▶전기가 나갔을 때　停 电 时
　　　　　　　　　tíng diàn shí

- 전기가 또 나갔어요.
  又 停 电 了。
  Yòu tíng diàn le

---

① 충전된 전기를 다 쓰고 나면 바로 전기가 나가게 되어 있다. 대개는 전기의 양이 조금 남아 있을 경우에 빨간 불이 켜지므로 주의해서 확인해 보아야 한다.

② 한밤에 전기가 끊어지는 불편함을 해소하기 위하여 工商银行 Gōngshāng Yínháng 에서는 당행카드 소지자에게 이 서비스를 제공하고 있다.

5 수도 · 전기 · 가스

- 차단기 스위치가 내려갔군요.
  跳 闸 了。①
  Tiào zhá le
- 휴즈가 나갔어요.
  保险丝 烧断 了。
  Bǎoxiǎnsī shāoduàn le
- 우리 집만 전기가 안들어 옵니다.
  只有 我们 家 没有 电。
  Zhǐyǒu wǒmen jiā méiyǒu diàn

▶ 등을 교환할 때 换 灯泡 时
  huàn dēngpào shí

- 전구가 나간 것 같아요. 새걸로 교환해 주세요.
  灯泡 坏了，换 新 的 吧。
  Dēngpào huàile huàn xīn de ba
- 20 와트는 너무 어두워요. 40 와트로 갈아 주시겠어요?
  20 瓦太暗，换 40 瓦好吗？
  Èrshí wǎ tài àn huàn sìshí wǎ hǎo ma
- 절전형 전구는 전기도 절약되고 오래 쓸 수 있어요.
  节能 灯泡 既 省电 又 耐用。②
  Jiénéng dēngpào jì shěngdiàn yòu nàiyòng

Ⅲ 가스 煤气
       méiqì

> A: 这里 使用 煤气罐，还是 管道 煤气？
>   Zhèli shǐyòng méiqìguàn háishi guǎndào méiqì
> B: 这里 都 使用 管道 煤气。
>   Zhèli dōu shǐyòng guǎndào méiqì
> A: 여기는 가스통을 사용하나요? 아니면 천연가스를 사용하나요?
> B: 여기는 모두 천연가스를 사용합니다.

---

① 跳 tiào：'뛰다', '뛰어오르다', '뛰어오르다'. 闸 zhá:스위치, 개폐기, 수문 (水门), 여기서는 누전차단기의 스위치를 말함.

② 여기서 省 shěng은 '아끼다', '절약하다'의 뜻. 예) 省钱 shěng qián(돈을 절약하다), 省时间 shěng shíjiān(시간을 절약하다), 省力 shěng lì(힘을 덜 들이다).

4. 가　사

▶가스 검침　检查 煤气表
jiǎnchá méiqìbiǎo

- 가스 검침 나왔습니다.
  我 来 检查 煤气表。
  Wǒ lái jiǎnchá méiqìbiǎo

- 가스 누출 정기검사 나왔습니다.
  我 是 定期 来 检查　管道　是否 漏气 的。
  Wǒ shì dìngqī lái jiǎnchá guǎndào shìfǒu lòu qì de

▶가스가 샐 때　漏 煤气 时
lòu méiqì shí

- 이게 무슨 냄새야? 가스 냄새 아니에요?
  这 是 什么 味儿 啊？ 是不是 煤气 味儿？
  Zhè shì shénme wèir a　Shì bu shì méiqì wèir

- 주방에 가스 냄새가 나는데, 새는 것 아닐까요?
  厨房　有 煤气 味儿, 是 不 是 漏 气 了？
  Chúfáng yǒu méiqì wèir　shì bu shì lòu qì le

- 가스를 쓰고 난 뒤에는 꼭 잘 잠그도록 해요.
  用完　煤气 后 一定 要　关好 。
  Yòngwán méiqì hòu yídìng yào guānhǎo

- 가스가 새는 것 같아요. 빨리 와 검사해 보세요.
  好像　煤气 漏 了, 快　点儿 过来 检查 一下 吧。
  Hǎoxiàng méiqì lòu le　kuài diǎnr guòlai jiǎnchá yíxià ba

- 창문을 열고 환기를 시켜요.
  开开 窗户, 换换　空气 吧。
  Kāikai chuānghu huànhuan kōngqì ba

- 가스 밸브를 꼭 잠그지 않아서 가스가 새어 나왔어요.
  没有　关好 煤气阀, 所以 漏气 了。
  Méiyǒu guānhǎo méiqìfá　suǒyǐ lòu qì le

- 이음새 부분에 비누칠을 해보면 알 수 있어요.
  在 裂缝　上 擦一点儿 肥皂 就 知道 了。
  Zài lièfèng shang cā yìdiǎnr féizào jiù zhīdào le

- 비누거품이 나오고 있네요. 바로 여기에서 새는 거에요.
  出来 肥皂泡 了, 就 是 这里 漏 。
  Chūlai féizàopào le　jiù shì zhèli lòu

6 고장·수리   故障 / 维修
gùzhàng   wéixiū

아파트에 사는 경우라면 집안 내의 시설에 문제가 있을 때에 아파트 관리사무소 (物业管理所 wùyè guǎnlǐsuǒ)에 연락하면 바로 수리해 주므로 편리하다. 물론 하자 보수 기간이 끝난 뒤에는 정해진 수리요금과 부품비를 내야 한다. 시중에는 저가의 가짜상품(假冒商品 jiǎmào shāngpǐn)들도 있는데 이러한 부품을 쓰게 될 경우 쉽게 고장이 나고 자주 고쳐야 하는 불편함이 생기므로 부품 구입시 세심한 신경을 써야 한다.

기본대화

A: 喂，你好，是物业吗？
    Wèi nǐ hǎo shì wùyè ma

B: 是的，您有什么事吗？
    Shì de nín yǒu shénme shì ma

A: 我们家下水道堵了。能快点儿过来修一下吗？
    Wǒmen jiā xiàshuǐdào dǔ le Néng kuài diǎnr guòlai xiū yíxià ma

B: 您在几号楼几号房间？
    Nín zài jǐ hào lóu jǐ hào fángjiān

A: 102楼274号房间。
    Yāolíng'èr lóu èrqīsì hào fángjiān

B: 好的，现在马上派修理工过去。
    Hǎo de xiànzài mǎshàng pài xiūlǐgōng guòqu

A: 여보세요? 관리사무소죠?
B: 그렇습니다. 무슨 일이십니까?
A: 저희 집 하수도가 막혔어요. 빨리 와서 고쳐 주시겠어요?
B: 몇 동 몇 호이십니까?
A: 102동 274호예요.
B: 알겠습니다. 지금 바로 수리기사를 보내겠습니다.

4. 가 사

여러 가지 활용

I 하수구·변기가 막혔을 때   下水道 / 马桶 堵塞 时
                          xiàshuǐdào mǎtǒng dǔsè shí

▶ 하수구   下水道
           xiàshuǐdào

- 하수구가 막혔어요.
  下水道 堵 了。
  Xiàshuǐdào dǔ le

- 하수구가 막혀 물이 안 내려가요.
  排水沟 堵住 了, 水 下 不 去。
  Páishuǐgōu dǔzhù le shuǐ xià bu qù

- 하수구 물이 역류해 올라와요.
  下水道 的 水 倒流 出来 了。
  Xiàshuǐdào de shuǐ dàoliú chulai le

- 수채구멍 속의 찌꺼기를 꺼내야 해요.
  把 水池子 里 的 垃圾 清理 出来 吧。
  Bǎ shuǐchízi li de lājī qīnglǐ chulai ba

▶ 변기   马桶
         mǎtǒng

- 변기가 막혔어요.
  马桶 堵 了。
  Mǎtǒng dǔ le

- 빨리 와서 수리해 주세요.
  快 点儿 过来 修理 一下 吧。
  Kuài diǎnr guòlai xiūlǐ yíxià ba

- 변기에는 휴지 외에 다른 것을 버리면 절대 안돼요.
  马桶 里 除了 卫生纸 以外 其他 的 什么 都 不 能 扔。
  Mǎtǒng li chúle wèishēngzhǐ yǐwài qítā de shénme dōu bù néng rēng

- 기계로 뚫어야 할 것 같아요.
  好像 要 用 机器 通 才 行。
  Hǎoxiàng yào yòng jīqì tōng cái xíng

- 변기가 막혔으니 사용하지 마세요.
  马桶 堵塞，请勿 使用 。
  Mǎtǒng dǔsè qǐng wù shǐyòng
- 빨리 관리사무소에 전화하세요.
  快 点儿 给 物业 打 电话 吧 。
  Kuài diǎnr gěi wùyè dǎ diànhuà ba

Ⅱ 가전제품이 고장났을 때　家电 出 故障 时
jiādiàn chū gùzhàng shí

▶에어컨　空调
kōngtiáo

> A: 空调 不出 冷风。
> 　　Kōngtiáo bù chū lěngfēng
> B: 是不是 没有 氟 了？①
> 　　Shì bu shì méiyǒu fú le
> A: 叫 人 过来 看 一下 吧 。
> 　　Jiào rén guòlai kàn yíxià ba
> A: 에어컨에서 찬바람이 안 나와요.
> B: 프레온 가스가 없는 것 아닐까요?
> A: 사람을 불러서 확인해 봅시다.

- 난방은 되는데 냉방이 안되네요.
  可以 制 热 , 但是 不 能 制 冷 。
  Kěyǐ zhì rè dànshì bù néng zhì lěng
- 바람이 너무 약해요.
  风 太 小 了 。
  Fēng tài xiǎo le
- 프레온가스가 샌 것 같군요. 가스를 충전하면 됩니다.
  可能 是 漏 氟 了 , 加 氟 就 行 。
  Kěnéng shì lòu fú le jiā fú jiù xíng

---

① 氟 fú : 氟利昂 fúlì'áng (freon, 프레온)의 준말. 氟 fú 는 불소(F; fluorin)를 뜻하기도 한다.

▶냉장고　冰箱
bīngxiāng

- 냉장고가 냉동이 안돼요.
  冰箱　不　能　冷冻。
  Bīngxiāng bù néng lěngdòng

- 냉장고에 서리가 잔뜩 끼었어요.
  冰箱　里有很多　霜。
  Bīngxiāng li yǒu hěn duō shuāng

- 냉장고 잡음이 너무 큽니다.
  冰箱　的杂音很大。
  Bīngxiāng de záyīn hěn dà

- 냉장고가 고장나서 음식이 다 상했어요.
  冰箱　坏了，里面的东西也都坏了。
  Bīngxiāng huài le lǐmian de dōngxi yě dōu huài le

▶세탁기　洗衣机
xǐyījī

- 세탁기가 고장나서 작동이 안돼요.
  洗衣机 出　故障了，无法 启动。
  Xǐyījī chū gùzhàng le wúfǎ qǐdòng

- 세탁기가 탈수가 안됩니다.
  洗衣机不　能　甩干。
  Xǐyījī bù néng shuǎigān

- 세탁기 속의 빨래가 늘 엉킵니다.
  洗衣机里的衣服 总是　拧成　一团。
  Xǐyījī li de yīfu zǒngshì níngchéng yì tuán

- 세탁기가 또 고장났네.
  洗衣机又 出　毛病了。
  Xǐyījī yòu chū máobìng le

6 고장·수리   171

Ⅲ 열쇠·자물쇠   钥匙 / 锁
                yàoshi   suǒ

▶열쇠를 잃어버렸을 때 丢失 钥匙 时
                      diūshī yàoshi shí

- 열쇠가 안 보이니 어떡하지?
  钥匙 不 见 了，怎么 办 呢？
  Yàoshi bú jiàn le   zěnme bàn ne

- 열쇠를 잃어버렸으니 어쩌면 좋아요?
  丢了 钥匙，怎么 办 才 好？
  Diūle yàoshi   zěnme bàn cái hǎo

▶문을 열 수 없을 때 打 不 开 门 时
                   dǎ bu kāi mén shí

- 열쇠가 방안에 있어요.
  钥匙 在 房间 里面。
  Yàoshi zài fángjiān lǐmian

- 열쇠 수리공을 불러서 문을 열어 봅시다.
  叫 钥匙 修理工 过来 开 门 吧。
  Jiào yàoshi xiūlǐgōng guòlai kāi mén ba

- 열쇠 수리공도 열지를 못하니 문을 뜯어내는 수밖에요.
  钥匙 修理工 都 没 法 开，只好 拆 门 了。
  Yàoshi xiūlǐgōng dōu méi fǎ kāi   zhǐhǎo chāi mén le

- 열쇠를 통째 새것으로 바꿔 주세요.
  这 钥匙 全部 换 新 的 吧。
  Zhè yàoshi quánbù huàn xīn de ba

- 분명히 이 열쇠가 맞는데 왜 안 열리지?
  这 钥匙 没 错，怎么 就 开 不 了？
  Zhè yàoshi méi cuò   zěnme jiù kāi bu liǎo

▶열쇠 복제하기 配 钥匙
                pèi yàoshi

- 열쇠를 두 개 더 복제하세요.
  再 配 两 把 钥匙 吧。①
  Zài pèi liǎng bǎ yàoshi ba

---

① 여기서 把 bǎ 는 열쇠의 양사(量词 liàngcí)이다.

4. 가　사

- 비상열쇠 없어요?
  有 没有 备用 钥匙？
  Yǒu méiyǒu bèiyòng yàoshi

▶ 기타　其他
　　　　qítā

- 화장실 천장에서 물이 떨어집니다.
  洗手间 的 顶上　渗 水。
  Xǐshǒujiān de dǐngshang shèn shuǐ

- 타일이 떨어졌어요.
  磁砖　掉 下来 了。
  Cízhuān diào xialai le

- 마루바닥이 계속 삐걱삐걱 소리가 나요.
  木地板 总是 咯吱 咯吱 响。
  Mùdìbǎn zǒngshì gēzhī gēzhī xiǎng

7 가사 도우미 쓰기

雇保姆
gù bǎomǔ

중국은 인건비가 싼 편이므로 많은 가정에서 保姆 bǎomǔ(가정부)를 쓰고 있다. 대부분의 경우 외지인(外地人 wàidì rén)들이 도시에 나와 일을 하고 있으므로 신분을 확실히 파악해 두는 것이 좋다. 또한 경우에 따라서는 普通话 pǔtōnghuà (표준중국어)를 제대로 구사하지 못하거나 지방사투리(方言 fāngyán)를 심하게 쓰는 사람도 있으므로 이에 대한 확인도 필요하다.

기본대화

A: 你 当过 保姆 吗？
  Nǐ dāngguo bǎomǔ ma

B: 当过。大概 两三 年 了。
  Dāngguo Dàgài liǎngsān nián le

A: 你 会 不 会 做 韩国 菜？
  Nǐ huì bu huì zuò Hánguó cài

B: 我 以前 在 韩国人 家 干过 一 年，基本 上 能 做。
  Wǒ yǐqián zài Hánguórén jiā gànguo yì nián jīběn shang néng zuò

A: 工作 时间 是 早上 八 点 到 晚上 六 点，你
  Gōngzuò shíjiān shì zǎoshang bā diǎn dào wǎnshang liù diǎn nǐ
  可以 吗？
  kěyǐ ma

B: 可以，那 您 需要 我 做 什么 呢？
  Kěyǐ nà nín xūyào wǒ zuò shénme ne

A: 帮 我 打扫 房间、整理 衣物、买 菜、做 饭 什么 的。
  Bāng wǒ dǎsǎo fángjiān zhěnglǐ yīwù mǎi cài zuò fàn shénmede

B: 好 的。如果 有 什么 不 满意 的 地方，请 多多
  Hǎo de Rúguǒ yǒu shénme bù mǎnyì de dìfang qǐng duōduō
  包涵！
  bāohan

A: 가정부 일 해본 적 있으세요?
B: 해봤습니다. 한 2~3년 됐어요.
A: 한국음식 할 줄 아세요?
B: 예전에 한국인 집에서 1년 일해 기본적인 것은 할 줄 알아요.
A: 아침 8시부터 오후 6시까지 필요한데 괜찮겠어요?
B: 괜찮아요. 제가 무슨 일들을 해야 합니까?

4. 가사

A: 집안청소와 물건정리, 시장보기, 음식만들기 등이에요.
B: 알겠습니다. 만일 만족스럽지 않은 부분이 있더라도 잘 이해해 주세요.

여러 가지 활용

I 면접할 때 　面试
　　　　　　　miànshì

▶신분을 확인할 때 　确认 身份 时
　　　　　　　　　　quèrèn shēnfen shí

- 신분증 좀 보여 주시겠습니까?
  能 看 一下 你 的 身份证 吗?
  Néng kàn yíxià nǐ de shēnfènzhèng ma

- 신분증을 복사해 오셨습니까?
  身份证 的 复印件 拿来 了 吗?
  Shēnfènzhèng de fùyìnjiàn nálái le ma

▶인적 사항을 물을 때 　询问 个人 情况 时
　　　　　　　　　　　xúnwèn gèrén qíngkuàng shí

- 이력서 가져오셨습니까?
  简历 拿来 了 吗?
  Jiǎnlì nálái le ma

- 어느 지방 사람입니까?
  你 是 哪里 人?
  Nǐ shì nǎli rén

- 올해 나이는 어떻게 됩니까?
  今年 多 大 了?
  Jīnnián duō dà le

- 어느 학교를 졸업했습니까?
  哪 个 学校 毕业 的?
  Nǎ ge xuéxiào bìyè de

- 표준어를 구사할 수 있습니까?
  会 说 普通话 吗?
  Huì shuō pǔtōnghuà ma

[7] 가사 도우미 쓰기 **175**

▶가정 상황을 물을 때　询问　家庭　情况　时
　　　　　　　　　　　xúnwèn jiātíng qíngkuàng shí

- 가족 관계는 어떻습니까?
  家里 都 有 谁?
  Jiāli dōu yǒu shéi
- 결혼은 했습니까? / 아이가 있습니까?
  结婚 了 没有? / 有 孩子 吗?
  Jiéhūn le méiyǒu　　Yǒu háizi ma

▶신체 상황을 물을 때　询问　身体　情况　时
　　　　　　　　　　　xúnwèn shēntǐ qíngkuàng shí

- 건강증명서를 가지고 있습니까?
  有 没有 健康证?
  Yǒu méiyǒu jiànkāngzhèng
- 신체는 건강합니까?
  身体 健康 吗?
  Shēntǐ jiànkāng ma
- 어떤 질병은 없습니까?
  没有 什么 疾病 吧?
  Méiyǒu shénme jíbìng ba

▶근무 경력을 물을 때　询问　工作　经历
　　　　　　　　　　　xúnwèn gōngzuò jīnglì

- 이전에 파출부로 일한 경험이 있습니까?
  以前 做过 保姆 吗?①
  Yǐqián zuòguo bǎomǔ ma
- 가정부 일을 얼마나 했습니까?
  做 保姆 多 长 时间 了?
  Zuò bǎomǔ duō cháng shíjiān le
- 이전에 한국인 집에서 일한 적이 있습니까?
  以前 在 韩国人 家里 做过 事 吗?
  Yǐqián zài Hánguórén jiāli zuòguo shì ma

---

① 保母 bǎomǔ 라고도 한다. 保姆 bǎomǔ를 호칭할 때는 비교적 젊은 경우에는 小张 Xiǎo Zhāng과 같이 小 xiǎo 뒤에 성을 붙여 부르면 된다. 保姆의 나이가 많을 경우에는 张姐 Zhāng jiě처럼 姐를 붙여 부르면 된다. 또한 아이들이 保姆를 부를 때에는 阿姨 āyí가 가장 무난하다.

4. 가　　사

- 한국 요리를 할 수 있습니까?
  会 做 韩国菜 吗？
  Huì zuò Hánguócài ma

- 어떤 요리를 가장 잘할 수 있습니까?
  最 拿手 的 是 什么 菜？
  Zuì náshǒu de shì shénme cài

▶근무 조건 및 보수　　工作　条件　及 工资
　　　　　　　　　　　gōngzuò tiáojiàn jí gōngzī

- 희망하는 월급은 얼마입니까?
  你 希望 的 工资 是 多少？
  Nǐ xīwàng de gōngzī shì duōshao

- 한 달에 2,000 위안이면 되겠습니까?
  一 个 月 2,000 元 可以 吗？
  Yí ge yuè liǎng qiān yuán kěyǐ ma

- 저는 오전 반나절만 쓰려고 하는데 괜찮겠습니까?
  我 只 想 用 上午 半 天，可以 吗？
  Wǒ zhǐ xiǎng yòng shàngwǔ bàn tiān　kěyǐ ma

- 월요일부터 토요일까지 일할 수 있습니까?
  从 星期一 到 星期六 可以 吗？
  Cóng xīngqīyī dào xīngqīliù kěyǐ ma

- 주일에 세 번만 일해 주시면 됩니다.
  一 个 星期 来 三 回 就 可以 了。
  Yí ge xīngqī lái sān huí jiù kěyǐ le

- 시간당 15 위안이면 되겠습니까?
  一 个 小时 15 块 钱 可以 吗？
  Yí ge xiǎoshí shíwǔ kuài qián kěyǐ ma

▶결정 전에　　决 定　前
　　　　　　　juédìng qián

- 먼저 1주일 일해 보고 다시 결정하도록 합시다.
  先 试 一 个 星期，然后 再 决定 吧。
  Xiān shì yí ge xīngqī　ránhòu zài juédìng ba

- 결정이 되면 바로 연락해 드리겠습니다.
  我 决定 了 就 会 马上 给 您 打 电话 的。
  Wǒ juédìng le jiù huì mǎshàng gěi nín dǎ diànhuà de

⑦ 가사 도우미 쓰기

- 연락처를 알려 주세요.
  请 告诉 我 联系 方式 。
  Qǐng gàosu wǒ liánxì fāngshì

Ⅱ 일을 시킬 때 吩咐 做 事 时
fēnfù zuò shì shí

▶ 처음 만났을 때 初 次 接触 时
chū cì jiēchù shí

- 우리 한 가족처럼 잘 지냅시다.
  我们 就 像 一家人 一样 好好儿 相处 吧 。
  Wǒmen jiù xiàng yì jiā rén yíyàng hǎohāor xiāngchǔ ba

- 불편하거나 어려운 점이 있으면 나한데 바로 얘기해요.
  有 什么 不 方便 的 地方 就 跟 我 说 一 声 。
  Yǒu shénme bù fāngbiàn de dìfang jiù gēn wǒ shuō yì shēng

- 우리 집에서 일하시는 동안은 개인 위생에도 특히 신경 써 주시길 부탁합니다.
  在 我们 家 做 事 , 个人 卫生 也 要 特别 注意 。
  Zài wǒmen jiā zuò shì gèrén wèishēng yě yào tèbié zhùyì

▶ 언어 소통의 문제 语言 障碍
yǔyán zhàng'ài

- 내가 아직 중국어가 서두르니 이해해 주세요.
  我 现在 汉语 说 得 不 怎么 好 , 请 你 谅解 。
  Wǒ xiànzài Hànyǔ shuō de bù zěnme hǎo qǐng nǐ liàngjiě

- 내가 한 말을 잘 못 알아들었을 경우에는 꼭 다시 확인해 주세요.
  如果 没有 听 明白 我 说 的 话 , 一定 要 再 问 一 次 。
  Rúguǒ méiyǒu tīng míngbai wǒ shuō de huà yídìng yào zài wèn yí cì

- 내가 중국말을 할때 틀린 부분이 있으면 지적해 주세요.
  我 说 汉语 时 , 如果 用 词 不当 , 要 提醒 我 一 声 。
  Wǒ shuō Hànyǔ shí rúguǒ yòng cí búdàng yào tíxǐng wǒ yì shēng

- 방언을 쓰지 말고 정확한 표준말을 쓰도록 해 주세요.
  不要 说 方言 , 讲 标准 的 普通话 。
  Búyào shuō fāngyán jiǎng biāozhǔn de pǔtōnghuà

4. 가 사

▶시정을 요구할 때   要求 改正 时
　　　　　　　　　　yāoqiú gǎizhèng shí

- 이거 지난 번에 하라고 한 건데, 어째서 아직도 안되어 있죠?
  这 是 我 上 次 让 你 做 的，怎么 现在 还 没 弄好？
  Zhè shì wǒ shàng cì ràng nǐ zuò de zěnme xiànzài hái méi nònghǎo

- 여러 번 이야기했는데도 왜 고쳐지지 않는거죠?
  已经 说了 好 几 次，怎么 还是 改 不 了?
  Yǐjīng shuōle hǎo jǐ cì zěnme háishi gǎi bu liǎo

- 이건 그렇게 하는 것이 아니라 이렇게 하는 거예요.
  这 不 是 那样 做 的，应该 是 这样 的。
  Zhè bú shì nàyàng zuò de yīnggāi shì zhèyàng de

- 아마도 풍습이 달라서 익숙하지 않은 것 같네요.
  可能 是 习惯 不 同，所以还 没 适应 吧。
  Kěnéng shì xíguàn bù tóng suǒyǐ hái méi shìyìng ba

- 처음에는 어려워도 나중에는 괜찮아질 거에요.
  刚 开始 会 难 一些，以后 就 没事 了。
  Gāng kāishǐ huì nán yìxiē yǐhòu jiù méi shì le

Ⅲ 그만두게 할 때 解雇 时
　　　　　　　　　jiěgù shí

▶이유를 설명할 때   说明 理由 时
　　　　　　　　　　shuōmíng lǐyóu shí

- 다음 달에 한국으로 들어가게 되었어요.
  下 个 月 要 回 韩国 。
  Xià ge yuè yào huí Hánguó

- 내가 중국어가 너무 부족해서 한족 파출부를 쓸 수가 없군요.
  我 的 汉语 太 差 了，所以 不 能 雇用 汉族 保姆 。
  Wǒ de Hànyǔ tài chà le   suǒyǐ bù néng gùyòng Hànzú bǎomǔ

- 나는 이제 파출부를 쓰지 않으려고 해요.
  我 不 想 再 用 保姆 了。
  Wǒ bù xiǎng zài yòng bǎomǔ le

- 사정이 있어서 더 이상 사람을 쓸 필요가 없게 되었어요.
  因为 有点儿 事情，所以 不 需要 再 用 人 了。
  Yīnwèi yǒu diǎnr shìqing suǒyǐ bù xūyào zài yòng rén le

▶고마움의 표현　表示 感谢
biǎoshì gǎnxiè

- 그동안 수고 많았어요.
  这 些 日子 辛苦 你 了。
  Zhè xiē rìzi xīnkǔ nǐ le
- 이미 한 가족같이 지내왔는데 정말 섭섭하군요.
  我们 已经 像 一 家 人 了，真 舍不得 你 啊。①
  Wǒmen yǐjīng xiàng yì jiā rén le　zhēn shěbude nǐ a
- 처음 중국에 와서 아무 것도 모를 때에 아줌마 도움 많이 받았어요.
  我 初 到 中国 时 什么 都 不 知道，多亏 了 你 的
  Wǒ chū dào Zhōngguó shí shénme dōu bù zhīdào　duōkuī le nǐ de
  帮助。
  bāngzhù
- 평생 아줌마를 잊지 못할 거예요.
  我 一辈子 都 不 会 忘了 你 的。②
  Wǒ yíbèizi dōu bú huì wàngle nǐ de
- 그동안 당신을 섭섭하게 한 것이 있었다면 양해해 주기 바래요.
  这 段 时间 有 什么 委屈 你 的 地方，还 请 谅解。③
  Zhè duàn shíjiān yǒu shénme wěiqū nǐ de dìfang　hái qǐng liàngjiě
- 계속 일하기를 원한다면 다른 집을 소개시켜 줄게요.
  你 想 继续 做 的话，我 给 你 介绍 别人 家 吧。
  Nǐ xiǎng jìxù zuò dehuà　wǒ gěi nǐ jièshào biérén jiā ba

---

① 舍不得 shěbude : 아깝다. 아쉽다. 섭섭하다. 서운하다.
② 一辈子 yíbèizi : 한평생. = 一生 yìshēng.
③ 委屈 wěiqū : 부당한 대우 등을 받아 억울하거나 섭섭함을 이르는 말.

8 애완동물·화초

宠物 / 花草
chǒngwù　huācǎo

취미 또는 여가활동 삼아 애완동물이나 화초 등을 기르는 것을 养 yǎng 이라고 한다. 즉, 강아지나 고양이를 기르는 것을 养狗 yǎng gǒu, 养猫 yǎng māo 라고 하며, 화초를 기르는 것을 养花 yǎng huā 라고 한다. 중국에서 가장 사랑받는 애완견으로는 京巴狗 jīngbāgǒu (北京犬 Běijīngquǎn 이라고도 함)라는 토종개가 있는데 털이 하얗고 눈망울이 큰 것이 특징이다. 예로부터 궁정(宫廷 gōngtíng)에서 많이 길렀다고 한다.

기본대화

A: 这是谁的狗啊？
　　Zhè shì shéi de gǒu a
B: 是我的。我现在开始养狗了。
　　Shì wǒ de　Wǒ xiànzài kāishǐ yǎng gǒu le
A: 我也很喜欢狗，但是我没养。
　　Wǒ yě hěn xǐhuan gǒu　dànshì wǒ méi yǎng
B: 你为什么不养呢？
　　Nǐ wèishénme bù yǎng ne
A: 我妈妈不让。她说狗会传播疾病。
　　Wǒ māma bú ràng　Tā shuō gǒu huì chuánbō jíbìng
B: 只要注意卫生，并且按时打预防针就可以了。
　　Zhǐyào zhùyì wèishēng bìngqiě ànshí dǎ yùfángzhēn jiù kěyǐ le

A: 이건 누구네 개지?
B: 내꺼야. 이제부터 개를 기르기로 했거든.
A: 나도 개를 무척 좋아하긴 하지만, 기르지는 않아.
B: 왜 안 기르는데?
A: 우리 엄마가 허락을 안하셔. 개는 질병을 옮긴다고.
B: 위생에 주의하고, 제 때에 예방주사를 맞히면 괜찮아.

여러 가지 활용

I 애완동물 기르기   养　宠物
　　　　　　　　　　yǎng chǒngwù

▶ 먹이 주기　饲养
　　　　　　sìyǎng

- 강아지 밥을 주세요.
  给　小狗　喂 饭 吧。
  Gěi xiǎogǒu wèi fàn ba
- 강아지 밥은 하루 두 번만 주세요.
  小狗　要 一 天 喂　两　顿。
  Xiǎogǒu yào yì tiān wèi liǎng dùn
- 고양이밥은 수퍼에서 사면 돼요.
  猫粮　到 超市 买 就　可以 了。
  Māoliáng dào chāoshì mǎi jiù kěyǐ le
- 고양이에게 다른 음식은 주지 마세요.
  别　让　猫 吃 别的 食物。
  Bié ràng māo chī biéde shíwù
- 언제나 옆에 신선한 물을 놓아 주세요.
  旁边　随时 都 要　放着　新鲜　的 水 。
  Pángbiān suíshí dōu yào fàngzhe xīnxiān de shuǐ

▶ 목욕시키기　洗澡
　　　　　　　xǐzǎo

- 강아지는 이틀에 한 번씩 목욕을 시켜야 해요.
  每 隔 一 天 要 给　小狗 洗 一 次 澡 。
  Měi gé yì tiān yào gěi xiǎogǒu xǐ yí cì zǎo
- 목욕시킬 때는 전용 샴푸로 시키세요.
  洗澡 时 要　用　　专用　沐浴露 。
  Xǐzǎo shí yào yòng zhuānyòng mùyùlù
- 목욕시키고 난 뒤에는 털을 잘 빗질해 주세요.
  洗澡 以后 , 好好儿 梳 一下 毛 。
  Xǐzǎo yǐhòu hǎohāor shū yíxià máo
- 감기 걸리지 않도록 따뜻한 곳에서 씻겨요.
  为 了 不 让 它 感冒，一定 要 在　温暖　的 地方 给 它
  Wèile bú ràng tā gǎnmào yídìng yào zài wēnnuǎn de dìfang gěi tā
  洗澡 。
  xǐzǎo

182 4. 가   사

▶병이 났을 때   生病 时
shēngbìng shí

- 이 근처에 동물병원이 있나요? /강아지가 병이 났나봐요.
  这 附近 有 动物 医院 吗？/ 小狗 好像   生病 了。
  Zhè fùjìn yǒu dòngwù yīyuàn ma   Xiǎogǒu hǎoxiàng shēngbìng le
- 강아지가 감기가 든 것 같아요. /고양이가 설사를 해요.
  小狗   好像   感冒 了。/ 小猫 拉 肚子 了。
  Xiǎogǒu hǎoxiàng gǎnmào le   Xiǎomāo lā dùzi le
- 애완동물병원에 데려가 봐야겠어요.
  要 去 宠物 医院 看看 了。
  Yào qù chǒngwù yīyuàn kànkan le

▶기타   其他
qítā

- 광견병 주사를 맞혔나요?
  打 狂犬 疫苗 了 吗？
  Dǎ kuángquǎn yìmiáo le ma
- 고양이 예방주사를 맞혀야 해요.
  小猫   要 打 预防针。
  Xiǎomāo yào dǎ yùfángzhēn
- 아이들이 있는 집은 애완동물 기르는게 적합하지 않아요.
  有 小孩儿 的 家里 不 适合 养 宠物。
  Yǒu xiǎoháir de jiāli bú shìhé yǎng chǒngwù
- 아이들이 강아지를 너무 좋아해서 할 수 없이 기르고 있어요.
  孩子们 太 喜欢 小狗 了，所以 没 办法 才 养 啊。
  Háizimen tài xǐhuan xiǎogǒu le   suǒyǐ méi bànfǎ cái yǎng a
- 밖에서 돌아오면 반드시 발을 씻겨요.
  从   外面 回来 一定 要 给 它 洗 脚。
  Cóng wàimian huílai yídìng yào gěi tā xǐ jiǎo
- 우리집 흰둥이가 새끼를 낳았는데 기르실 분 안계세요?
  我们 家 小白 生了 小崽子，有 没有 人 要 养?①
  Wǒmen jiā xiǎobái shēngle xiǎozǎizi yǒu méiyǒu rén yào yǎng

---

① 小崽子 xiǎozǎizi 는 우리나라의 '새끼' 라는 말처럼 사람을 욕하는 뜻으로 쓰이기도 한다.

⑧ 애완동물·화초 183

- 새끼 낳으면 저도 한 마리 주세요.
  如果 生 小狗 了，给我一只吧。
  Rúguǒ shēng xiǎogǒu le gěi wǒ yì zhī ba

Ⅱ 물고기 기르기　养 观赏 鱼
yǎng guānshǎng yú

- 열대어 기르기는 물의 온도 유지가 아주 중요해요.
  养 热带鱼 维持 水温 很 重要。
  Yǎng rèdàiyú wéichí shuǐwēn hěn zhòngyào

- 수돗물은 해로우니 생수로 갈아 주세요.
  自来水 有 害，所以 要 换 纯净水。
  Zìláishuǐ yǒu hài suǒyǐ yào huàn chúnjìngshuǐ

- 어항의 물이 더럽네요, 물을 갈아 줘야겠어요.
  鱼缸 里的水很 脏，该 换 水 了。
  Yúgāng li de shuǐ hěn zāng gāi huàn shuǐ le

- 물에 산소가 부족하면 물고기가 죽기 쉬워요.
  水里 氧气 不足的话，鱼很 容易死。
  Shuǐli yǎngqì bù zú dehuà yú hěn róngyì sǐ

- 물고기에게 먹이를 많이 주면 절대 안돼요.
  绝对 不能 给鱼太多的食物。
  Juéduì bù néng gěi yú tài duō de shíwù

Ⅲ 새 기르기　养 鸟
yǎng niǎo

- 우리는 원앙새 한 쌍을 기르고 있어요.
  我们 养了一对 鸳鸯。
  Wǒmen yǎngle yí duì yuānyāng

- 앵무새가 말을 따라 해요.
  鹦鹉 跟着 人 说话。
  Yīngwǔ gēnzhe rén shuōhuà

- 아침이 되면 새장을 들고 나가서 산책을 한답니다.
  早上 拎着 鸟笼 出去 散步。①
  Zǎoshang līnzhe niǎolóng chūqu sànbù

---

① 拎 līn: (손으로) 들다.

184 4. 가　　사

- 새 기르기는 정말 쉽지 않아요.
  养　鸟　真 的 很 不 简单　。
  Yǎng niǎo zhēn de hěn bù jiǎndān

Ⅳ 꽃 가꾸기　养 花
yǎng huā

- 화분은 베란다에 놓아 두세요.
  花盆儿 放在　阳台　上 吧 。
  Huāpénr fàngzài yángtái shang ba
- 매일 아침 화분에 물 주는 것 잊지 말아요.
  别 忘了 每 天　早上 给 花 浇 水 。
  Bié wàngle měi tiān zǎoshang gěi huā jiāo shuǐ
- 저녁 때가 되면 화분을 집안에 들여 놓아요.
  到了　晚上，把 花盆儿 搬到　屋里 吧 。
  Dàole wǎnshang bǎ huāpénr bāndào wūli ba
- 와, 꽃이 피었네요. /꽃이 다 시들었어요.
  哇，开 花 了 。/ 花 都 谢 了 。
  Wa　kāi huā le　　Huā dōu xiè le
- 꽃시장에 가서 화분을 몇 개 사와야겠어요.
  得 去 花卉　市场 买 几 个 花盆儿 。
  Děi qù huāhuì shìchǎng mǎi jǐ ge huāpénr

◇◇◇◇◇◇◇◇◇◇◇◇◇◇◇◇◇◇◇◇◇◇◇◇◇◇◇◇◇◇

참고 관련 용어　词汇
　　　　　　　　　cíhuì

- 이사하다　搬 家
　　　　　　bān jiā
- 이사짐센터　搬 家 公司
　　　　　　bān jiā gōngsī
- 포장이사　包装 搬 家
　　　　　　bāozhuāng bān jiā
- 운반하다　搬运
　　　　　　bānyùn
- 쓸다　扫
　　　　sǎo
- 닦다　擦
　　　　cā
- 정리하다　整理 ，收拾
　　　　　　zhěnglǐ　shōushi
- 청소하다　打扫
　　　　　　dǎsǎo
- 비　扫帚
　　　sàozhou

- 걸레　抹布
　　　　mābù
- 먼지털이개　鸡毛掸
　　　　　　　jīmáodǎn
- 진공청소기　吸尘器
　　　　　　　xīchénqì
- 파출부　保姆
　　　　　bǎomǔ
- 아줌마　阿姨
　　　　　āyí
- 시간제 파출부　小时工
　　　　　　　　xiǎoshígōng
- 신분증　身份证
　　　　　shēnfènzhèng
- 아파트 관리사무소　物业 公司，
　　　　　　　　　　wùyè gōngsī
　　　　　　　　　　物业 管理
　　　　　　　　　　wùyè guǎnlǐ

- 전기요금　电费 diànfèi
- 수도요금　水费 shuǐfèi
- 가스요금　煤气费 méiqìfèi
- 전기 계량기　电表 diànbiǎo
- 수도 계량기　水表 shuǐbiǎo
- 고장　故障 gùzhàng
- 수리　修理 xiūlǐ
- 아프터서비스　售后 服务 shòuhòu fúwù
- 절전형　节电型 jiédiànxíng
- 절약하다　节约 jiéyuē
- 낭비하다　浪费 làngfèi
- 단수되다　停 水 tíng shuǐ
- 정전되다　停 电 tíng diàn
- 물이 새다　漏水 lòu shuǐ
- 하수구가 막히다　下水道 被 堵 xiàshuǐdào bèi dǔ
- 등을 교환하다　换 灯 huàn dēng
- 전구가 나가다　灯泡 坏 了 dēngpào huài le
- 휴즈가 나가다　跳 闸 tiào zhá
- 시장보다　买 菜 mǎi cài
- 요리하다　做 菜 zuò cài
- 볶다　炒 菜 chǎo cài
- 부치다　煎 jiān
- 끓이다　炖 dùn
- 푹 끓이다　熬 áo
- 삶다　煮 zhǔ
- 굽다　烤 kǎo
- 튀기다　炸 zhá
- 무치다　拌 bàn
- 날것을 무치다　生拌 shēngbàn
- 데치다　烫 tàng
- 밥을 담다　盛 饭 chéng fàn
- 썰다　切 qiē
- 채치다　切 丝 qiē sī
- 깍뚝 썰다　切 块儿 qiē kuàir
- 다지다　剁 duò
- 납작 썰기하다　切 片儿 qiē piànr
- 반죽하다　搅拌 jiǎobàn
- 설거지하다　洗 碗 xǐ wǎn
- 그릇을 깨다　打破 了 碗 dǎpò le wǎn
- 빨래하다　洗 衣服 xǐ yīfu
- 주물러 빨다　搓 衣服 cuō yīfu
- 드라이하다　干洗 gānxǐ
- 표백하다　漂白 piǎobái
- 담가 놓다　泡 pào
- 다림질하다　熨 yùn
- 걸어놓다　挂 guà
- 빨래를 널다　晾 衣服 liàng yīfu

5

감정 표현

情　感　　　　　　　　　QINGGAN

① 기쁨·행복　　　　　　欢喜/幸福
② 슬픔·불행　　　　　　悲伤/不幸
③ 화·비난·욕설　　　　生气/批评/责骂
④ 놀라움·두려움　　　　惊讶/恐惧
⑤ 걱정·긴장　　　　　　焦虑/紧张
⑥ 불평·불만　　　　　　不平/不满
⑦ 후회·유감　　　　　　后悔/遗憾

① 기쁨 · 행복

欢喜 / 幸福
huānxǐ　xìngfú

'기쁘다' '즐겁다'의 가장 일반적인 표현은 高兴 gāoxìng 이며, 그 정도가 매우 대단함을 나타낼 때에는 很高兴 hěn gāoxìng, 好高兴 hǎo gāoxìng, 真高兴 zhēn gāoxìng, 太高兴 tài gāoxìng, 高兴极了 gāoxìng jí le, 高兴得不得了 gāoxìng de bùdéliǎo 등 여러 가지로 다양하게 표현할 수 있다. 또한 다른 사람의 행복이나 즐거움을 기원할 때에는 "祝你幸福! Zhù nǐ xìngfú"(행복을 기원합니다), "祝你天天快乐! Zhù nǐ tiāntiān kuàilè"(즐거운 나날 되십시오) 등의 표현을 사용하면 된다.

기본회화

A: 小梅，小梅，你听我说。
　　Xiǎo Méi　Xiǎo Méi　nǐ tīng wǒ shuō
B: 你怎么了？什么事儿那么高兴？
　　Nǐ zěnme le　Shénme shìr nàme gāoxìng
A: 你知道吗？今天小清终于对我表白了。①
　　Nǐ zhīdào ma　Jīntiān Xiǎo Qīng zhōngyú duì wǒ biǎobái le
B: 真的吗？哇，你真幸福。
　　Zhēn de ma　Wa　nǐ zhēn xìngfú
A: 没错，今天是我一生中最高兴的一天。
　　Méi cuò　jīntiān shì wǒ yìshēng zhōng zuì gāoxìng de yì tiān

A: 샤오메이, 샤오메이, 내 말 좀 들어봐.
B: 왜 그래? 무슨 일인데 그렇게 좋아하는 거니?
A: 너 아니? 오늘 샤오칭이 드디어 나에게 고백을 했다구.
B: 정말이야? 와, 너 정말 행복하겠다.
A: 맞아, 오늘은 내 생애 최고로 기쁜 날이야.

---

① 表白 biǎobái: 표명하다, 분명히하다. 여기서는 상대를 좋아한다는 고백.

여러 가지 활용

Ⅰ 기쁨　欢喜
　　　　　huānxǐ

▶기쁠 때　高兴 时
　　　　　gāoxìng shí

- 정말 신난다. /너무너무 기뻐요.
  真　高兴　。/　高兴　极了。
  Zhēn gāoxìng　　Gāoxìng jí le
- 기뻐서 어쩔 줄을 모르겠어.
  高兴　得不得了。
  Gāoxìng de bùdéliǎo
- 와! 짱이다.
  哇！太 棒 了。
  Wa　Tài bàng le
- 인생은 정말 너무 아름답구나!
  人生　真 是太美 了！
  Rénshēng zhēn shì tài měi le
- 너무 기뻐서 날아갈 것만 같아!
  我 简直 高兴 得 快 要飞 起来 了！
  Wǒ jiǎnzhí gāoxìng de kuài yào fēi qilai le
- 너무 기뻐서 눈물이 다 나오려고 해요.
  高兴　得 眼泪 都 要 流 出来 了。
  Gāoxìng de yǎnlèi dōu yào liú chulai le
- 그는 좋아서 어린애처럼 깡충깡충 뛰었어요.
  他 高兴 得 像 个孩子似的　蹦蹦跳跳　的。
  Tā gāoxìng de xiàng ge háizi shìde bèngbèngtiàotiào de
- 내 생애 이보다 더 기쁜날은 없을거야.
  我这 辈子不会 有 比 现在 更　高兴 的日子了。
  Wǒ zhè bèizi bú huì yǒu bǐ xiànzài gèng gāoxìng de rìzi le
- 오늘 아주 기분 좋아 보이는구나.
  看 你 今天 挺 高兴 的 。
  Kàn nǐ jīntiān tǐng gāoxìng de

- 정말이지 지금의 심정을 말로는 표현 못하겠어요.
  我 简直 无法 用 语言 来 表达 现在 的 心情。
  Wǒ jiǎnzhí wúfǎ yòng yǔyán lái biǎodá xiànzài de xīnqíng

▶즐거울 때　开心 时
　　　　　　　kāixīn shí

- 무슨 일이길래 그렇게 즐거워 해?
  有 什么 事 那么 开心?①
  Yǒu shénme shì nàme kāixīn

- 넌 매일 뭐가 그리 즐겁니?
  你 为什么 每 天 都 那么 开心 ?
  Nǐ wèishénme měi tiān dōu nàme kāixīn

- 좋은 일 있으면 말해봐, 나도 같이 좀 즐기자.
  有 高兴 事就 说 出来， 让 我也 开心 一下。
  Yǒu gāoxìng shì jiù shuō chulai ràng wǒ yě kāixīn yíxià

- 즐거운 일을 생각하다보면 정말로 즐거워질거야.
  想想　　 快乐 的 事情， 真 的会 高兴 起来。
  Xiǎngxiang kuàilè de shìqing zhēn de huì gāoxìng qilai

- 나는 늘 즐거운 일들만 생각해.
  我　常常　 想 一些 开心 的 事情。
  Wǒ chángcháng xiǎng yìxiē kāixīn de shìqing

▶기쁜 소식을 들었을 때　听到 好 消息 时
　　　　　　　　　　　　tīngdào hǎo xiāoxi shí

- 정말이에요? 축하합니다!
  真 的吗? 祝贺 你!
  Zhēn de ma　Zhùhè nǐ

- 이 소식은 정말 저를 기쁘게 하는군요.
  这个 消息 简直 太 让 我 高兴 了。
  Zhège xiāoxi jiǎnzhí tài ràng wǒ gāoxìng le

- 이 기쁜 소식을 아내에게 빨리 알리고 싶어요.
  我 想 尽快 告诉我 爱人 这 件 高兴 的 事。
  Wǒ xiǎng jǐnkuài gàosu wǒ àiren zhè jiàn gāoxìng de shì

---

① 开心 kāixīn: 유쾌하다, 즐겁다, 기분을 전환하다, 기분을 유쾌하게 하다의 뜻.

5. 감정 표현

- 이 소식을 들으니 저도 정말 기쁩니다.
  听到 这个消息我也很 高兴。
  Tīngdào zhè ge xiāoxi wǒ yě hěn gāoxìng

- 그가 들으면 얼마나 기뻐할까!
  他听了会有多 高兴啊!
  Tā tīngle huì yǒu duō gāoxìng a

- 기쁨은 함께 나눠야지요, 제가 다 기쁘군요.
  快乐要一起分享，我也替你高兴。
  Kuàilè yào yìqǐ fēnxiǎng wǒ yě tì nǐ gāoxìng

- 이건 경사스런 일이니, 꼭 한턱 내셔야 해요.
  这是值得庆祝的事情，一定要请客。
  Zhè shì zhídé qìngzhù de shìqing yídìng yào qǐng kè

II 행복 幸福
xìngfú

▶ 행복할 때 幸福时
xìngfú shí

- 나는 정말 행복해.
  我真幸福。
  Wǒ zhēn xìngfú

- 이 순간이 너무나 행복해요.
  在这一瞬间我真幸福。
  Zài zhè yíshùnjiān wǒ zhēn xìngfú

- 당신과 같이 있으니 정말 행복해요.
  跟你在一起真幸福。
  Gēn nǐ zài yìqǐ zhēn xìngfú

- 행복은 바로 당신 가까이에 있어요.
  幸福就在你身旁。
  Xìngfú jiù zài nǐ shēn páng

- 사실 행복은 줄곧 우리의 평범한 생활 속에 있답니다.
  其实幸福一直就在我们平凡的生活中。
  Qíshí xìngfú yìzhí jiù zài wǒmen píngfán de shēnghuó zhōng

- 행운의 여신이 드디어 내게 온 거야.
  幸运女神终于降临了。
  Xìngyùn nǚshén zhōngyú jiànglín le

① 欢喜/幸福

- 이 순간이 영원히 지속되었으면!
  真 希望 这 瞬间 永远 存在!
  Zhēn xīwàng zhè shùnjiān yǒngyuǎn cúnzài

- 이대로 언제까지나 있을 수 있다면!
  真 希望 就 这样 直到 永远!
  Zhēn xīwàng jiù zhèyàng zhídào yǒngyuǎn

- 당신은 나의 행운의 여신이에요.
  你 是 我 的 幸运 女神。
  Nǐ shì wǒ de xìngyùn nǚshén

- 현재의 행복을 소중히 여기세요.
  你 要 珍惜 现在 的 幸福 。
  Nǐ yào zhēnxī xiànzài de xìngfú

▶ 운이 좋을 때　幸运 时
　　　　　　　　xìngyùn shí

- 와, 오늘 정말 재수가 좋은 걸.
  哇，今天 运气 真 不错。①
  Wa jīntiān yùnqi zhēn búcuò

- 나는 억수로 운좋은 사나이야.
  我 是 很 幸运 的 男孩儿。
  Wǒ shì hěn xìngyùn de nánháir

- 쟤는 왜 늘 저렇게 운이 좋지?
  他 为什么 总是 那么 幸运？
  Tā wèishénme zǒngshì nàme xìngyùn

- 오늘 정말 재수좋다!
  我 今天 太 走 运 了！②
  Wǒ jīntiān tài zǒu yùn le

- 드디어 대박이다! 복권 1등에 당첨이 되었어.
  我 简直 走 大运 了！ 中了 头 等 彩票。
  Wǒ jiǎnzhí zǒu dàyùn le Zhòngle tóu děng cǎipiào

---

① 运气 yùnqi: 운, 재수, 운세. 이 때는 气를 경성으로 발음해야 한다. yùnqì로 발음하면 '기'를 신체의 어느 부위에 불어 넣는다는 의미가 된다.

② 走运 zǒu yùn: 운이 좋다. 운수가 트이다. 일이 잘 풀리다.

▶웃을 때　笑 时
xiào shí

- 하하하! / 허허허! / 헤헤헤!
  哈哈哈! / 呵呵呵! / 嘿嘿嘿!
  Ha ha ha　　He he he　　Hei hei hei

- 희색이 만면하구나.
  看你 春光 满面啊。
  Kàn nǐ chūnguāng mǎn miàn a

- 그녀는 웃느라 입을 다물지 못했어요.
  她 笑 得 嘴 都 合 不 拢 了。①
  Tā xiào de zuǐ dōu hé bu lǒng le

- 그렇게 웃지 마.
  不要 那么 笑。
  Búyào nàme xiào

- 너의 웃는 모습이 정말 눈부시구나.
  你的 笑脸 真 灿烂。
  Nǐ de xiàoliǎn zhēn cànlàn

- 그들은 즐거워 함박웃음을 지었어요.
  他们 高兴 得 都 乐开 了 花。
  Tāmen gāoxìng de dōu lèkāi le huā

---

① 合拢 hé lǒng: 합치다. 합하다. 닫다.

2 슬픔·불행　　　悲伤 / 不幸
　　　　　　　　　　　bēishāng　búxìng

"슬프다"는 말에는 悲哀 bēi'āi, 悲伤 bēishāng, 悲痛 bēitòng 등이 있으며, 伤心 shāngxīn, 难过 nánguò 또한 "마음 아프다" "괴롭다"라는 뜻이다. 만일 조문을 갔을 때에는 상주를 향하여 "请节哀。Qǐng jié'āi"(너무 슬퍼하지 마십시오) 또는 "我表示衷心的哀悼。Wǒ biǎoshì zhōngxīn de āidào"(충심으로 조의를 표합니다.)라고 위로를 하면 된다.

기 본 대 화

A: 小　韩，不要 太 难过 了。
　　Xiǎo Hán　búyào tài nánguò le
B: 怎么 能 不 难过 呢?①
　　Zěnme néng bù nánguò ne
A: 但 也 不 能 总 这么 伤心 啊。
　　Dàn yě bù néng zǒng zhème shāngxīn a
B: 我 一直 那么 信任 的 朋友 背叛 了 我，对 我 打击 太
　　Wǒ yìzhí nàme xìnrèn de péngyou bèipàn le wǒ　duì wǒ dǎjī tài
　　大 了。
　　dà le
A: "塞翁 失 马，焉 知 非 福。" 一切 从 头 开始 嘛。②
　　Sàiwēng shī mǎ　yān zhī fēi fú　Yíqiè cóng tóu kāishǐ ma
B: 谢谢 你 这么 安慰 我。
　　Xièxie nǐ zhème ānwèi wǒ
A: 因为 我 也 有过 这 种 经历。
　　Yīnwèi wǒ yě yǒuguo zhè zhǒng jīnglì
A: 샤오한, 너무 괴로워하지 말아요.

---

① 难过 nánguò: (마음이) 괴롭다. 슬프다. 지내기 어렵다.

② 塞翁失马 sàiwēng shī mǎ: 옛날 塞 sài 씨라는 노인의 말이 도망쳐 슬퍼하였더니 준마를 이끌고 돌아와 기뻐하였는데 그 아들이 말을 타다가 넘어져서 절름발이가 되어 몹시 슬퍼하였다. 그런데 전쟁이 나서 장정들이 다 끌려나갔으나 그 아들은 낙마 덕분에 전쟁에 끌려가지 않아 목숨을 건질 수 있었다는 고사에서 모든 것은 변화가 많아 인생의 길흉화복을 예측할 수 없다는 뜻이다. 뒤에 오는 焉知非福 yān zhī fēi fú는 '어찌 그것이 복이 아님을 알겠는가?'라는 뜻으로 즉, 복이 될지 화가 될지는 알 수 없음을 말한다.

B: 어떻게 괴로워하지 않을 수가 있어요?
A: 그렇다고 이렇게 상심만 할 수는 없잖아요.
B: 그토록 믿었던 친구가 배신을 하다니, 충격이 너무 크네요.
A: 인생은 새옹지마라 했잖아요. 처음부터 다시 시작하면 돼요.
B: 그렇게 위로해 주니 고마워요.
A: 나도 그런 경험이 있었거든요.

여러 가지 활용

I 슬픔 悲伤
bēishāng

▶슬플 때　悲伤 时
bēishāng shí

- 하늘이 무너지는 것 같아요.
  好像 天 都 快要 塌下来 了。
  Hǎoxiàng tiān dōu kuàiyào tā xiàlai le

- 그 일은 정말 가슴 아프게 생각합니다.
  那 件 事 很 让 人 心痛。
  Nà jiàn shì hěn ràng rén xīntòng

- 앞으로 날더러 어떻게 살라고?
  以后 让 我 怎么 活 下去 啊?
  Yǐhòu ràng wǒ zěnme huó xiaqu a

- 살고 싶지 않아요.
  我 都 不 想 活 了。
  Wǒ dōu bù xiǎng huó le

- 내 마음도 갈기갈기 찢어지는 것 같아요.
  我 的 心 都 快要 被 撕碎 了。
  Wǒ de xīn dōu kuàiyào bèi sīsuì le

- 그저 울고만 싶군요.
  我 只 想 哭。
  Wǒ zhǐ xiǎng kū

- 한바탕 실컷 울 수 있다면 좋겠어요.
  能 痛快 地 哭 一 场 就 好 了。
  Néng tòngkuài de kū yì chǎng jiù hǎo le

② 슬픔·불행

- 나보다 더 불행한 사람이 있을까?
  有比我更不幸的人吗？
  Yǒu bǐ wǒ gèng búxìng de rén ma

- 이런 재수 없는 일이 왜 하필 나에게 생긴거야?
  这么倒霉的事为什么偏偏发生在我身上？①
  Zhème dǎoméi de shì wèishénme piānpiān fāshēng zài wǒ shēnshang

- 삶에 아무런 희망도 없어요.
  我觉得生活没有了希望。
  Wǒ juéde shēnghuó méiyǒu le xīwàng

▶ 섭섭할 때　难过时
　　　　　　　nánguò shí

- 그렇게 말을 하다니 정말 섭섭합니다.
  你那样说，我很难过。
  Nǐ nàyàng shuō wǒ hěn nánguò

- 이렇게 헤어지자니 정말 섭섭하군요.
  真是太舍不得就这样分开了。
  Zhēn shì tài shěbude jiù zhèyàng fēnkāi le

- 어떻게 나에게 그런 말을 할 수 있어요?
  你怎么能对我说这种话呢？
  Nǐ zěnme néng duì wǒ shuō zhè zhǒng huà ne

- 당신이 이런 사람이라고는 생각도 못했는데, 정말 실망이군요.
  没想到你是这样的人，真是很让我失望。
  Méi xiǎngdào nǐ shì zhèyàng de rén zhēn shì hěn ràng wǒ shīwàng

▶ 우울할 때　忧郁时
　　　　　　　yōuyù shí

- 날씨가 안 좋으니 마음도 우울해 지는군요.
  这天气真差，让人心情都变得忧郁。
  Zhè tiānqì zhēn chà ràng rén xīnqíng dōu biànde yōuyù

---

① 偏偏 piānpiān: 하필이면, 공교롭게도.

198 5. 감정 표현

- 그가 떠난 뒤로 제 기분은 계속 아주 엉망이에요.
  自从 他走了 之后，我 的 心情 一直 很 糟糕。①
  Zìcóng tā zǒule zhīhòu wǒ de xīnqíng yìzhí hěn zāogāo

- 저 지금 마음이 몹시 괴로우니 기분전환 좀 시켜 줘요.
  我 现在 很 烦恼，想 个 办法 让 我 开心 一下。
  Wǒ xiànzài hěn fánnǎo xiǎng ge bànfǎ ràng wǒ kāixīn yíxià

▶속이 상할 때   伤心 时
　　　　　　　　　shāngxīn shí

- 정말 가슴이 아픕니다.
  真 是 好 伤心 啊。②
  Zhēn shì hǎo shāngxīn a

- 여자 친구 때문에 너무나 속이 상해.
  我 的 女朋友 让 我 很 伤心。
  Wǒ de nǚpéngyou ràng wǒ hěn shāngxīn

- 그녀는 마음에 상처를 잘 받는 여자예요.
  她 是 一 个 很 容易 伤心 的 女孩儿。
  Tā shì yí ge hěn róngyì shāngxīn de nǚháir

- 그녀가 상심해 있을 때는 건드리지 않는게 좋아.
  在 她 伤心 的 时候 最好 不要 烦她。
  Zài tā shāngxīn de shíhou zuìhǎo búyào fán tā

II 불행   不幸
　　　　　　búxìng

▶조문을 할 때   哀悼 时
　　　　　　　　　āidào shí

- 슬퍼하지 마십시오.
  请 节哀。
  Qǐng jié'āi

- 다같이 고인을 위해 묵념합시다.
  让 我们 一起 默哀。
  Ràng wǒmen yìqǐ mò'āi

---

① 糟糕 zāogāo：망치다, 엉망진창이 되다. 아뿔싸, 아차. 제기랄.
② 好 hǎo：여기서는 정도가 심함을 나타내는 부사로 쓰였음. 아주, 정말, 참으로.

② 슬픔 · 불행

- 기운을 내십시오.
  请 您 振作 一点儿。
  Qǐng nín zhènzuò yìdiǎnr
- 어떻게 위로해 드려야 할지 모르겠습니다.
  不 知道 该 怎么 安慰 你。
  Bù zhīdào gāi zěnme ānwèi nǐ
- 마음을 굳게 하십시오.
  你 一定 要 挺住。①
  Nǐ yídìng yào tǐngzhù
- 힘을 내십시오.
  坚强 一点儿！
  Jiānqiáng yìdiǎnr
- 정말 비통한 일입니다.
  真 是一 件 让 人 悲痛 的 事。
  Zhēn shì yí jiàn ràng rén bēitòng de shì
- 호상입니다. 너무 슬퍼하지 마십시오.
  这 是 喜丧，你 不要 太 难过。②
  Zhè shì xǐsāng nǐ búyào tài nánguò
- 무슨 말을 해도 소용없겠지만, 충심으로 위로를 표합니다.
  我 知道 说 什么 都 没 用，只 能 表示 衷心 的
  Wǒ zhīdào shuō shénme dōu méi yòng zhǐ néng biǎoshì zhōngxīn de
  慰问。
  wèiwèn
- 그분은 저희의 마음속에 영원히 살아계십니다.
  他 会 永远 活在 我们 心中。
  Tā huì yǒngyuǎn huózài wǒmen xīnzhōng

▶위로할 때 安慰 时
       ānwèi shí

- 너무 마음 아파하지 마세요.
  你 别 难过 了。
  Nǐ bié nánguò le

---

① 挺 tǐng: 여기서는 '꼿꼿하게 버티어 섬'을 뜻함.
② 喜丧 xǐsāng: '호상'을 말함. 중국에서는 红白喜事 hóngbái xǐshì 라고 하여 결혼과 호상의 두 경사를 함께 일컫기도 함.

5. 감정 표현

- 그렇게 슬픈 얼굴 하지 말아요.
  不要 那样，一副 伤心 的 样子。
  Búyào nàyàng yí fù shāngxīn de yàngzi

- 진정하세요.
  冷静 点儿。
  Lěngjìng diǎnr

- 너무 상심하면 건강에 해로워요.
  太 伤心 了会对 身体 不 好。
  Tài shāngxīn le huì duì shēntǐ bù hǎo

- 세월이 지나면 서서히 잊혀질 겁니다.
  时间 久了 慢慢儿 会 忘记 的。
  Shíjiān jiǔle mànmānr huì wàngjì de

- 시간이 흐른 뒤 생각해 보면 모든 게 다 지난 일일거에요.
  过 一 段 时间 再 想 一 想，一切 都 过去 了。
  Guò yí duàn shíjiān zài xiǎng yi xiǎng yíqiè dōu guòqu le

- 고진감래라고 했으니, 모든 게 다 좋아질 거예요.
  苦尽 甘来，一切 都 会 好 起来 的。①
  Kǔjìn gānlái yíqiè dōu huì hǎo qǐlai de

▶ 울 때 哭时
           kū shí

- 흑흑흑... / 앙앙앙...
  呜 呜 呜 …… / 哇 哇 哇 ……
  Wu wu wu   Wa wa wa

- 눈물로 얼굴이 범벅이 되었어요.
  泪 流 满 面。
  Lèi liú mǎn miàn

- 나도 모르게 눈물이 나옵니다.
  不 知 不 觉 地 流泪。
  Bù zhī bù jué de liúlèi

- 두 줄기 눈물이 볼을 타고 흘러요.
  两 行 泪水 顺着 脸颊 流 下来 了。
  Liǎng háng lèishuǐ shùnzhe liǎnjiá liú xialai le

---

① 苦尽甘来 kǔjìn gānlái : "고생 끝에 낙이 온다" 는 뜻의 성어.

② 슬픔·불행

- 눈물이 하염없이 흐릅니다.
  眼泪 止 不 住 地 流。
  Yǎnlèi zhǐ bu zhù de liú

- 눈에 눈물이 가득 고여 있군요.
  眼里 盈满 了泪水。
  Yǎnli yíngmǎn le lèishuǐ

- 금방이라도 울어버릴 것 같군요.
  快要 哭 出来 了。
  Kuàiyào kū chulai le

- 눈물이 앞을 가려요.
  泪水 模糊 了视线。①
  Lèishuǐ móhu le shìxiàn

- 한바탕 울고 나니 정말 시원합니다.
  大哭了一场, 真 痛快。
  Dà kūle yì chǎng zhēn tòngkuài

- 너무 울어서 눈이 퉁퉁 부었어요.
  哭得太久, 眼睛 都 肿 了。
  Kū de tài jiǔ yǎnjing dōu zhǒng le

- 눈시울이 빨개졌어요.
  眼圈 发 红。
  Yǎnquān fā hóng

▶ 달랠 때　劝解 时
　　　　　quànjiě shí

- 울지 말아요. / 이제 그만 울어요.
  不要 哭 了。/ 不要 再 哭 了。
  Búyào kū le　　Búyào zài kū le

- 운다고 문제가 해결되나요?
  哭 能 解决 问题 吗?
  Kū néng jiějué wèntí ma

- 당신이 자꾸 우니 나도 눈물이 나려고 해요.
  你再哭, 我也 快要 哭 了。
  Nǐ zài kū　wǒ yě kuàiyào kū le

---

① 模糊 móhu: 흐릿하다, 모호하다.

- 눈물을 닦아요.
  擦干 眼泪 吧。
  Cāgān yǎnlèi ba
- 이렇게 계속 울고만 있을거예요?
  你 要 一直 这样 哭 下去 吗?
  Nǐ yào yìzhí zhèyàng kū xiaqu ma

③ 화 · 비난 · 욕설

生气 / 批评 / 责骂
shēngqì pīpíng zémà

누군가에게 화를 내거나, 욕을 하거나, 누구를 비난하는 것은 당연히 피하는 것이 좋다. 물론 살다보면 사람들과 갈등(矛盾 máodùn)이나 언쟁(吵架 chǎo jià)이 생길 수도 있겠지만 가능하면 인내하고 양보하여 인화(人和 rénhé)해야 한다. 더구나 외국 땅에서 외국인과 불협화음을 일으키는 것은 개인의 체면(面子 miànzi) 손상을 넘어 교민들에게도 폐를 끼치게 될 뿐 아니라 신변의 안전에도 위협이 될 수 있으므로 가능한 삼가야 한다. 외국에 나가면 누구나 다 민간외교관이라는 말도 있듯이 각자가 개인과 국가의 이미지를 실추시키지 않도록 주의해야 할 것이다.

기본대화

A: 是谁把我的房间弄成这样的？
　　Shì shéi bǎ wǒ de fángjiān nòngchéng zhèyàng de

B: 对不起，刚才朋友们过来玩儿……
　　Duìbuqǐ gāngcái péngyoumen guòlai wánr

A: 不是说过了吗？谁都不许进我的房间。
　　Bú shì shuōguo le ma Shéi dōu bùxǔ jìn wǒ de fángjiān

B: 收拾一下不就行了吗？这么点儿小事，干吗那么生气？
　　Shōushi yíxià bú jiù xíngle ma Zhème diǎnr xiǎo shì gànmá nàme shēng qì

A: 如果换成你的话，能不生气吗？
　　Rúguǒ huànchéng nǐ dehuà néng bù shēng qì ma

B: 你什么都好，就是太爱发火儿了。
　　Nǐ shénme dōu hǎo jiù shì tài ài fā huǒr le

A: 도대체 누가 내 방을 이렇게 해 놓은거야?
B: 미안해, 아까 친구들이 놀러왔다가 그만.
A: 내가 말하지 않았니? 누구도 내 방에 들어오지 말라고.
B: 치워주면 될 거 아냐, 이런 사소한 일에 뭘 그렇게 화를 내?
A: 너 같으면 화 안 나겠니?
B: 너는 다 좋은데 화를 잘 내는게 흠이야.

여러 가지 활용

I 화가 났을 때　生气时
shēngqì shí

- 나 지금 화났어. 말 시키지 마.
  我 现在 很 生气，不要 跟 我 说 话。
  Wǒ xiànzài hěn shēngqì búyào gēn wǒ shuō huà

- 나 기분 안 좋으니까 건드리지 않는게 좋아.
  我 心情 不 好，最好 不要 惹 我。①
  Wǒ xīnqíng bù hǎo　zuìhǎo búyào rě wǒ

- 나도 이제 참을 만큼 참았어.
  我 已经 忍了 好 久 了。
  Wǒ yǐjīng rěnle hǎo jiǔ le

- 참는 것도 한계가 있다구.
  我 的 忍耐 是 有 限度 的。
  Wǒ de rěnnài shì yǒu xiàndù de

- 정말 사람 열받게 하네.
  真 是 让 人 生 气。
  Zhēn shì ràng rén shēng qì

- 그 사람 보기만 하면 정말 화가 나.
  一 看到 他，我 就 生 气。
  Yí kàndào tā　wǒ jiù shēng qì

- 알고있니? 네가 한 말이 나를 얼마나 화나게 하는지.
  知道 吗？你 说 的 话 我 多 生 气。
  Zhīdào ma　Nǐ shuō de huà wǒ duō shēng qì

- 너 정말 나 화나게 할래?
  你 真 的 要 惹 我 生 气 吗？
  Nǐ zhēn de yào rě wǒ shēng qì ma

- 당장 내 눈 앞에서 사라져.
  马上 从 我 眼前 消失。
  Mǎshàng cóng wǒ yǎnqián xiāoshī

- 꺼져! 다시는 꼴도 보기 싫어.
  滚! 我 不 想 再 见到 你。
  Gǔn Wǒ bù xiǎng zài jiàndào nǐ

---

① 惹 rě: 야기하다, 일으키다, 건드리다.

3 화·비난·욕설

- 말리지 마. 더 이상은 못참아.
  不要再劝我了，我不能再忍了。
  Búyào zài quàn wǒ le　wǒ bù néng zài rěn le

- 너 때문에 화가 나서 죽겠어.
  我快要被你气死了。
  Wǒ kuàiyào bèi nǐ qìsǐ le

- 너 같으면 참을 수 있겠니?
  换成是你的话，你能忍吗？
  Huànchéng shì nǐ dehuà　nǐ néng rěn ma

- 두고 봐. 내 너를 가만 안 놔둘테니.
  等着瞧，我不会放过你的。
  Děngzhe qiáo wǒ bú huì fàngguò nǐ de

▶재수가 없을 때　倒霉时
　　　　　　　　　dǎoméi shí

- 오늘 되게 재수없네.
  今天真倒霉。
  Jīntiān zhēn dǎoméi

- 오늘 운이 정말 안좋네.
  我今天运气很差。
  Wǒ jīntiān yùnqi hěn chà

- 오늘 왜 이렇게 일이 안풀리지?
  今天为什么这么倒霉？
  Jīntiān wèishénme zhème dǎoméi

- 그런 재수없는 말 하지 마.
  少说那种不吉利的话。
  Shǎo shuō nàzhǒng bù jílì de huà

- 아침부터 재수가 없으려니.
  一大清早就这么倒霉。
  Yí dà qīngzǎo jiù zhème dǎoméi

▶언행이 지나칠 때　言行过分时
　　　　　　　　　yánxíng guòfèn shí

- 입 닥쳐! /됐으니 그만 좀 해. /됐어, 그만 말해.
  住嘴！／好了，别闹了。／好了！别再说了。
  Zhù zuǐ　　Hǎo le　bié nào le　　Hǎo le　Bié zài shuō le

5. 감정 표현

- 너 말 다했어? / 할 말 다했니?
  你 说完 了吗？/ 你 说够 了吗？
  Nǐ shuōwán le ma   Nǐ shuōgòu le ma

- 너 나를 깔보는 거냐?
  你 小看 我，是吗？
  Nǐ xiǎokàn wǒ shì ma

- 그걸 말이라고 내뱉는 거니?
  这 种 话你也说得出口？
  Zhè zhǒng huà nǐ yě shuō de chū kǒu

- 목소리를 좀 낮출 수 없어요?
  不要 那么 大 声 好不好？
  Búyào nàme dà shēng hǎo bu hǎo

- 한 번만 더 말하면 나도 화낼거야.
  再 说，我 就 要 生 气 了。
  Zài shuō wǒ jiù yào shēng qì le

- 쓸데없는 소리 작작하라구.
  少 说 废话。①
  Shǎo shuō fèihuà

- 그런 바보같은 소리 하지 마!
  不要 说 那 种 傻话 。
  Búyào shuō nà zhǒng shǎhuà

- 말 같지 않은 소리.
  太 不 像 话 了。
  Tài bú xiàng huà le

- 함부로 지껄이지 마!
  不 能 乱 说！
  Bù néng luàn shuō

- 말이라고 그렇게 함부로 하면 되는 줄 알아?
  你 以为 说 话 可以 那么 随便 吗？
  Nǐ yǐwéi shuō huà kěyǐ nàme suíbiàn ma

- 네가 어떻게 나에게 이런 말을 할 수 있니?
  你 怎么 能 这样 对我 说话？
  Nǐ zěnme néng zhèyàng duì wǒ shuō huà

---

① 废话 fèihuà: 쓸데없는 말, 허튼 소리.

▶간섭을 당할 때 受到 干涉 时
shòudào gānshè shí

- 상관하지 마!
  不要 管 我！
  Búyào guǎn wǒ
- 이 일에 당신은 간섭하지 말아요.
  这 件 事 你 不要 管。
  Zhè jiàn shì nǐ búyào guǎn
- 내 일은 내가 처리할 수 있어요.
  我 的 事 我 自己 能 处理。
  Wǒ de shì wǒ zìjǐ néng chǔlǐ
- 내 일이야. 너는 참견할 필요 없어.
  我 的 事，你 甭 管。①
  Wǒ de shì nǐ béng guǎn
- 내 걱정하지 말고, 당신 일이나 잘해.
  不用 为我 操心，好好儿 管管 自己 吧。
  Búyòng wèi wǒ cāoxīn hǎohāor guǎnguan zìjǐ ba
- 남의 일에 참견 말아요.
  别 多 管 闲事。②
  Bié duō guǎn xiánshì
- 쓸데없이 걱정 좀 하지 마!
  别 瞎 操心。③
  Bié xiā cāoxīn
- 나를 좀 내버려 둬요.
  你 放过 我 吧。
  Nǐ fàngguò wǒ ba
- 나도 이제 어린애가 아니에요.
  我 已经 不 是 小孩子 了。
  Wǒ yǐjīng bú shì xiǎoháizi le
- 사적인 일이니 당신이 알 필요 없어요.
  这 是 私事，你 没 必要 知道。
  Zhè shì sīshì nǐ méi bìyào zhīdào

---

① 甭 béng: 不用 búyòng. 필요없다.
② 闲事 xiánshì: 자기와 상관없는 일. 闲事老 xiánshìlǎo: 남 일에 참견을 잘하는 사람.
③ 瞎 xiā: 본래는 "눈이 멀다"는 뜻이지만 부사로 쓰이면 '무턱대고', '쓸데없이', '함부로' 등의 의미로 쓰인다.

▶방해를 받을 때　受到 打扰 时
shòudào dǎrǎo shí

- 업무 중이니까 방해하지 마세요.
  我 在 工作，你 不要 打扰 我。
  Wǒ zài gōngzuò nǐ búyào dǎrǎo wǒ

- 나를 귀찮게 하지 말아요.
  不要 烦 我。
  Búyào fán wǒ

- 쓸데없는 소리 그만 좀 해요.
  不要 再 说 废话 了。
  Búyào zài shuō fèihuà le

- 제발, 나 좀 내버려 둬요.
  求 你，放过 我 吧。
  Qiú nǐ　fàngguò wǒ ba

- 나 좀 괴롭히지 말아요.
  不要 再 折磨 我 了。①
  Búyào zài zhémó wǒ　le

▶화를 참을 때　忍耐 时
rěnnài shí

- 그래, 내가 참는다.
  好，我 忍。
  Hǎo wǒ rěn

- 이번 한 번은 참지만 다음엔 장담 못해.
  这 一 次 我 忍，下 回 就 很 难 说 了。
  Zhè yí cì wǒ rěn　xià huí jiù hěn nán shuō le

- 내가 참는다만 사람의 인내심에는 한계가 있는거야.
  我 可以 忍，但是 人 的 忍耐 是 有 限度 的。
  Wǒ kěyǐ rěn　dànshì rén de rěnnài shì yǒu xiàndù de

- 한 번 참으면 풍파가 가라앉고, 한 발 물러서면 세상이 넓어진다.
  忍 一 时 风平 浪静，退 一 步 海阔 天空。
  Rěn yì shí fēngpíng làngjìng tuì yí bù hǎikuò tiānkōng

---

① 折磨 zhémó: 괴롭히다, 못살게 굴다, 구박하다, 학대하다.

③ 화・비난・욕설 209

▶**화를 못 참을 때　无法 忍受 时**
　　　　　　　　　wúfǎ rěnshòu shí

- 이번만은 나도 도저히 참을 수가 없어.
  这 回 我 再 也 不 能 忍 了。
  Zhè huí wǒ zài yě bù néng rěn le

- 이번엔 정말 참을래야 참을 수가 없어.
  这 次 我 实在 忍 无 可 忍 了。
  Zhè cì wǒ shízài rěn wú kě rěn le

- 너 나 화나면 어떤 줄 알아? 오늘 본때를 보여 주지.
  你 知道 我 生 气 会 怎么样 吗? 今天 就 让 你 见识
  Nǐ zhīdào wǒ shēng qì huì zěnmeyàng ma Jīntiān jiù ràng nǐ jiànshi
  见识。
  jiànshi

- 가만히 있자니까 날 바보로 아나보군?
  老虎 不 发 威，你 当 我 是 病猫 啊? ①
  Lǎohǔ bù fā wēi　nǐ dāng wǒ shì bìngmāo a

▶**화가 난 이유를 물을 때　问 生 气的理由时**
　　　　　　　　　　　wèn shēng qì de lǐyóu shí

- 나에게 화났니?
  是 生 我 的 气 吗?
  Shì shēng wǒ de qì ma

- 말을 해, 왜 그렇게 화가 난거야?
  说话 啊，为什么 那么 生 气?
  Shuōhuà a　wèishénme nàme shēng qì

- 무슨 일로 그렇게 화가 난거야?
  什么 事 使 你 那么 生 气?
  Shénme shì shǐ nǐ nàme shēng qì

- 설마 나 때문은 아니겠지?
  不 会 是 因为 我 吧?
  Bú huì shì yīnwèi wǒ ba

- 나에게 화가 난 것 같은데, 그렇지?
  你 好像 在 生 我 的 气，是 不 是?
  Nǐ hǎoxiàng zài shēng wǒ de qì　shì bu shì

---

① 원뜻은 "호랑이가 가만히 있자니까 병든 고양인줄 아나보지?"
　 发威 fā wēi: 위엄을 부리다, 위세를 부리다, 거만하게 굴다.

5. 감정 표현

▶화내지 말라고 할 때 劝 对方 不要 生 气 时
quàn duìfāng búyào shēng qì shí

- 자, 이제 그만 화내요.
  好了，别再 生 气了。
  Hǎo le bié zài shēng qì le

- 왜 그렇게 화를 내? 너답지 않게.
  为什么 那么 生 气？ 真 不 像 你。
  Wèishénme nàme shēng qì Zhēn bú xiàng nǐ

- 잊어버려. 화내면 결국 자신만 손해야.
  忘了 吧。 生 气 到头来 吃 亏 的 是 自己。①
  Wàngle ba Shēng qì dàotóulái chī kuī de shì zìjǐ

- 화내면 자신만 더욱 괴로워져.
  生 气是拿别人的错误 惩罚 自己。②
  Shēng qì shì ná biéren de cuòwù chéngfá zìjǐ

- 이깟 일 가지고 그럴 필요 없잖아?
  这么 小 的事，不必 那样 吧。
  Zhème xiǎo de shì búbì nàyàng ba

- 그렇게 화낼 필요는 없잖아?
  没 必要那么 生 气吧。
  Méi bìyào nàme shēng qì ba

- 내가 볼 때는 대단한 일도 아닌데.
  在 我 看来，也 不 算 什么 大事。
  Zài wǒ kànlái yě bú suàn shénme dà shì

- 네가 참아. 참는 자가 이기는 거야.
  你 忍 一 忍，忍者 是 赢家。
  Nǐ rěn yi rěn rěnzhě shì yíngjiā

▶화가 나 있음을 설명할 때 说明 现在 生 气时
shuōmíng xiànzài shēng qì shí

- 사장님은 지금 몹시 화가 나 있어요.
  经理 现在 很 生 气。
  Jīnglǐ xiànzài hěn shēng qì

---

① 吃亏 chī kuī：손해를 보다, 밑지다, 불리하다.
② 화내면 건강에 해로우므로 남의 잘못으로 인해 공연히 자신을 해롭게 한다는 뜻.

③ 화·비난·욕설 **211**

③ 生气／批评／责骂

- 그는 전화를 받은 후부터 줄곧 노발대발하고 있어요.
  他 接完 电话 以后 一直 在 大 发 脾气。
  Tā jiēwán diànhuà yǐhòu yìzhí zài dà fā píqi

- 그는 화를 참지 못하고 크게 분통을 터뜨렸어요.
  他 没有 忍住 怒气， 终于 发 火 了。
  Tā méiyǒu rěnzhù nùqì zhōngyú fā huǒ le

- 그는 이 일을 듣고 나서 크게 화를 냈어요.
  他 听说 这 件 事 后 便 大 怒。
  Tā tīngshuō zhè jiàn shì hòu biàn dà nù

- 그는 늘 저렇게 화를 내요.
  他 常常 这样 生 气。
  Tā chángcháng zhèyàng shēng qì

- 그 사람 지금 화가 머리끝까지 났어요.
  他 现在 正在 气头 上。
  Tā xiànzài zhèngzài qìtóu shang

- 그 소식을 듣고 나니 너무나 화가 나는군요.
  听了 那个 消息，我 很 生 气。
  Tīngle nà ge xiāoxi wǒ hěn shēng qì

- 너무나 화가 나서 물건을 다 깨부쉈어요.
  他气 得 把 东西 都 摔 了。
  Tā qì de bǎ dōngxi dōu shuāi le

- 그는 화가 나면 닥치는 대로 집어던져요.
  他 一 生 气， 就 见 什么 扔 什么。
  Tā yì shēng qì jiù jiàn shénme rēng shénme

II 비난 批评
pīpíng

▶꾸중할 때 责备时
zébèi shí

- 도대체 왜 그렇게 말을 안 듣는 거지?
  你 为什么 那么 不 听话 ？
  Nǐ wèishénme nàme bù tīnghuà

- 도대체 내가 몇 번이나 말해야 알아듣겠니?
  你 让 我 说 几 遍 才 听 得 懂 ？
  Nǐ ràng wǒ shuō jǐ biàn cái tīng de dǒng

5. 감정 표현

- 네가 한 일이니 네가 가장 잘 알거야.
  你 做 的 事，你 自己 最 清楚。
  Nǐ zuò de shì nǐ zìjǐ zuì qīngchu

- 말을 안 들으면 매를 맞아야지.
  如果 不 听话，就 要 挨打。
  Rúguǒ bù tīnghuà jiù yào ái dǎ

- 너무 말썽부리지 마라!
  你 不要 太 调皮 了!①
  Nǐ búyào tài tiáopí le

- 너 미쳤니? 어떻게 그런 짓을 할 수가 있어?
  你 疯 了？怎么 做出 那 种 事呢？
  Nǐ fēng le Zěnme zuòchū nà zhǒng shì ne

- 조심해. 또다시 이러면 내가 가만 있지 않겠어.
  小心 点儿。你再 这样 我 就 不 客气 了。
  Xiǎoxīn diǎnr Nǐ zài zhèyàng wǒ jiù bú kèqi le

- 왜 그렇게 아직도 철이 없니?
  你 怎么 到 现在 还 那么 不 懂事？
  Nǐ zěnme dào xiànzài hái nàme bù dǒngshì

▶ 꾸중을 들었을 때　受到 责备 时
　　　　　　　　　shòudào zébèi shí

- 제가 도대체 뭘 잘못했나요?
  我 到底 做错 了 什么？
  Wǒ dàodǐ zuòcuò le shénme

- 일부러 그런 것도 아닌데 왜 그러세요?
  我 又 不 是 故意 的，为什么 要 那样？
  Wǒ yòu bú shì gùyì de wèishénme yào nàyàng

- 왜 나를 탓하는 거에요?
  你 为什么 怪 我？②
  Nǐ wèishénme guài wǒ

- 저를 어린애로 보지 마세요.
  不要 把我 看成 小孩子。
  Búyào bǎ wǒ kànchéng xiǎoháizi

---

① 调皮 tiáopí: 장난치다, 까불다, 개구지다, 말을 듣지 않다.
② 怪 guài: 탓하다, 책망하다, 원망하다.

▶비난할 때　批评 别人 时
pīpíng biéren shí

- 너무나 치사하군.
  真　小气。
  Zhēn xiǎoqi

- 당신같이 비열한 사람은 처음이에요.
  没 见过　像 你 这么 卑鄙 的 人。
  Méi jiànguo xiàng nǐ zhème bēibǐ de rén

- 당신 정말 돼먹지 않았어.
  你 简直 太 不 像 话 了。①
  Nǐ jiǎnzhí tài bú xiàng huà le

- 행동 잘해. 한국 사람들 망신시키지 말고.
  好好儿 做，不要 给 韩国人 丢脸。
  Hǎohāor zuò　búyào gěi Hánguórén diūliǎn

- 네가 하는 일이 그렇지.
  你 做 事 就 这样。
  Nǐ zuò shì jiù zhèyàng

- 넌 너무 뒷일은 생각지도 않고 일을 하는구나.
  你 做 事 也 太 不 考虑 后果 了。
  Nǐ zuò shì yě tài bù kǎolǜ hòuguǒ le

- 넌 아무 짝에도 쓸모가 없어.
  你 太 没用 了！
  Nǐ tài méiyòng le

- 넌 낯짝도 두껍구나!
  你 脸皮 真 厚！
  Nǐ liǎnpí zhēn hòu

- 나이도 적지 않은데 그렇게 유치하게 굴지 마.
  年龄 也 不 小 了，就 不要 那么 幼稚 了。
  Niánlíng yě bù xiǎo le　jiù búyào nàme yòuzhì le

- 너는 왜 항상 그 모양이니?
  你 为什么　总是 那样？
  Nǐ wèishénme zǒngshì nàyàng

---

① 不像话 bú xiàng huà: 말도 되지 않는 소리, 당치도 않은 말, 돼먹지 않은 말.

5. 감정 표현

▶ 비난을 들었을 때 　 受到 批评 时
　　　　　　　　　　　shòudào pīpíng shí

- 너 지금 나한테 하는 소리냐?
  你在 跟 我 说 话 吗？
  Nǐ zài gēn wǒ shuō huà ma

- 넌 네 자신이 아주 잘난줄 아나보지?
  你 觉得 自己 很 了不起 吗？
  Nǐ juéde zìjǐ hěn liǎobuqǐ ma

- 오십보 백보야, 너나 잘해.
  五十 步 笑 百 步，你 自己 先 做好 吧。
  Wǔshí bù xiào bǎi bù　nǐ zìjǐ xiān zuòhǎo ba

- 내 일은 내가 알아서 하니까 상관 말고 당신 일이나 잘해.
  我 的 事 我 自己 办，你 不要 管，做好 自己 的 事 吧。
  Wǒ de shì wǒ zìjǐ bàn　nǐ búyào guǎn zuòhǎo zìjǐ de shì ba

- 너 더 이상 나를 모멸하지 마.
  你 不要 再 诬蔑 我 了。①
  Nǐ búyào zài wūmiè wǒ le

- 보자 하니 너 못하는 소리가 없구나.
  看来，你 无 话 不 说。
  Kànlái nǐ wú huà bù shuō

- 그래서 어쩌겠다는 거야?
  那 你 要 怎么样？
  Nà nǐ yào zěnmeyàng

- 너 왜 나 없는 데서 내 말하고 다니니?
  你 为什么 总 在 背后 说 我？
  Nǐ wèishénme zǒng zài bèihòu shuō wǒ

- 나 원 참, 기가 막혀서.
  天 啊，我 简直 都 哑口无言 了。②
  Tiān a wǒ jiǎnzhí dōu yǎkǒuwúyán le

- 너 지금 내가 돈 없다고 깔보는 거니?
  你 在 小看 我 没有 钱 吗？
  Nǐ zài xiǎokàn wǒ méiyǒu qián ma

---

① 诬蔑 wūmiè：더럽히다, 모독하다, 중상하다.
② 哑口无言 yǎkǒuwúyán：말문이 막히다, 벙어리가 된 듯 말을 못하다.

③ 화・비난・욕설

- 네가 뭐라고 하든 난 상관 안해.
  你怎么说我也不在乎。①
  Nǐ zěnme shuō wǒ yě bú zàihu
- 그런 소리 한 번만 더 들리면 가만 놔두지 않을테다.
  如果我再听到那样的话，我不会放过你的。
  Rúguǒ wǒ zài tīngdào nàyàng de huà wǒ bú huì fàngguò nǐ de
- 할말 있으면 앞에서 분명히 해. 뒤에서 내 얘기하지 말고.
  有话当面说清楚，不要在背后说我。
  Yǒu huà dāngmiàn shuō qīngchu búyào zài bèihòu shuō wǒ
- 그게 어때서? 뭐가 잘못됐다는 거야?
  那怎么了？有什么不对吗？
  Nà zěnme le Yǒu shénme bú duì ma
- 너 나를 바보로 아니? 경고하는데 조심해.
  你把我当傻瓜啊？警告你，小心点儿。
  Nǐ bǎ wǒ dāng shǎguā a Jǐnggào nǐ xiǎoxīn diǎnr

▶ 증오　憎恨
　　　　zēnghèn

- 난 네가 미워.
  我恨你。
  Wǒ hèn nǐ
- 넌 교활한 여우야.
  你是只狡猾的狐狸。
  Nǐ shì zhī jiǎohuá de húli
- 네가 날 미워하는 거 잘 알아.
  我知道你很恨我。
  Wǒ zhīdào nǐ hěn hèn wǒ
- 내가 그렇게 싫으니?
  你觉得我那么讨厌吗？
  Nǐ juéde wǒ nàme tǎoyàn ma

▶ 경멸　轻蔑
　　　　qīngmiè

- 흥, 네까짓게.
  哼，就你。
  Hng jiù nǐ

---

① 不在乎 bú zàihu: 개의치 않다, 괘념치 않는다, 신경 쓰지 않는다.

5. 감정 표현

- 내 말이 맞지, 지가 어쩌겠어?
  我说的没错吧，他能怎么样？
  Wǒ shuō de méi cuò ba tā néng zěnmeyàng
- 네까짓게 아무리 도망가 봤자 내 손바닥 안이라구.
  你再怎么折腾也逃不出我的手掌心的。①
  Nǐ zài zěnme zhēteng yě táo bu chū wǒ de shǒuzhǎngxīn de
- 그 자식은 돈 밖에는 아무 것도 없는 놈이야.
  除了钱，他是个什么都没有的家伙。
  Chúle qián tā shì ge shénme dōu méiyǒu de jiāhuo
- 끼어들지 마. 네가 뭘 안다고?
  少插嘴，你知道什么？
  Shǎo chāzuǐ nǐ zhīdào shénme
- 제까짓게? 웃기지 말라고 해.
  就他？别开玩笑了。
  Jiù tā Bié kāi wánxiào le

▶ 경멸을 당했을 때   受到 轻视 时
　　　　　　　　　　shòudào qīngshì shí

- 어디 두고 보자, 네가 감히 나를 경멸해?
  你等着瞧，你还敢轻视我？
  Nǐ děngzhe qiáo nǐ hái gǎn qīngshì wǒ
- 너 재미삼아 나를 깔보지 마라.
  你不要拿侮辱我当做乐趣。②
  Nǐ búyào ná wǔrǔ wǒ dàngzuò lèqù
- 너 지금 나 모욕하는 거니?
  你是在侮辱我？
  Nǐ shì zài wǔrǔ wǒ

Ⅲ 욕설 责骂
　　　　　zémà

- 이 못된 놈!
  你这个臭小子!
  Nǐ zhè ge chòu xiǎozi

---

① 이와 유사한 것으로 '孙悟空永远也跳不出如来佛的手掌心. Sūn Wùkōng yǒngyuǎn yě tiào bu chū Rúláifó de shǒuzhǎngxīn.'(부처님 손 안의 손오공)이라는 표현도 있다.

② 拿 ná: ~로서, ~를 가지고. 当做 dàngzuò: ~로 삼다. ~로 간주하다.

③ 화·비난·욕설

③ 生气／批评／责骂

- 가증스러운 놈.
 假惺惺 的 家伙。
 Jiǎxīngxīng de jiāhuo

- 더러운 놈! /못된 놈!
 臭 皮囊！／ 臭 小子！
 Chòu pínáng　　Chòu xiǎozi

- 바보같은 새끼!
 你 这 个 笨蛋！
 Nǐ zhè ge bèndàn

- 이런 뻔뻔한 놈이 다 있나.
 还 有 这么 不 要脸 的 家伙。
 Hái yǒu zhème bú yàoliǎn de jiāhuo

▶욕설에 대한 대응　对 责骂 的 回应
　　　　　　　　　　duì zémà de huíyìng

- 너 말 다했어?
 你 说完 了吗？
 Nǐ shuōwán le ma

- 너 누구한테 한 말이냐?
 你 在 跟 谁 说 话 啊？
 Nǐ zài gēn shéi shuō huà a

- 너 이 자식 정말 못됐구나.
 你 这 家伙 真 是 太 不 像 话 了。
 Nǐ zhè jiāhuo zhēn shì tài bú xiàng huà le

- 좋은 말로 해요. 욕하지 말고.
 好好儿 谈，不要 说 脏话。
 Hǎohāor tán　búyào shuō zānghuà

- 욕하지 말아요. 남을 존중해야 자기도 존중받는 거예요.
 不要 骂 人 了。 尊重 别人 就 等于 尊重 自己。①
 Búyào mà rén le　Zūnzhòng biéren jiù děngyú zūnzhòng　zìjǐ

---

① 원뜻은 '남을 존중하는 것은 자기를 존중하는 것과 같아요'.

4 놀라움・두려움

惊讶 / 恐惧
jīngyà kǒngjù

"깜짝 놀라다"라는 표현에는 "吓了一跳。Xià le yítiào"나 "吓死我了。Xiàsǐ wǒ le"등이 많이 쓰이고, "너무나 두렵다"라는 표현으로는 "太恐怖了。Tài kǒngbù le"가 적합하다. "테러"에 관한 뉴스(新闻 xīnwén)가 자주 등장하는데 테러를 恐怖 kǒngbù 라고 한다. 또한 테러리즘은 "恐怖主义 kǒngbù zhǔyì", 테러리스트는 "恐怖分子 kǒngbù fènzǐ"라고 한다.

기본대화

A: 清清, 你 先 进去 看看 吧。
　　Qīngqing nǐ xiān jìnqu kànkan ba
B: 不要, 我 也 害怕, 我们 一起 进去 吧。
　　Bú yào wǒ yě hàipà wǒmen yìqǐ jìnqu ba
A: 好 吧, 嘘! 轻 点儿。
　　Hǎo ba xu Qīng diǎnr
B: 怎么 了? 什么 都 没有 嘛!
　　Zěnme le Shénme dōu méiyǒu ma
A: 到底 怎么 回 事? 刚才 明明 听到 了 奇怪 的
　　Dàodǐ zěnme huí shì Gāngcái míngmíng tīngdào le qíguài de
　声音。
　shēngyīn
B: 胆小鬼, 肯定 是 你 听错 了。
　　Dǎnxiǎoguǐ kěndìng shì nǐ tīngcuò le

A: 칭칭, 네가 먼저 들어가 봐.
B: 싫어, 나도 무섭단 말이야. 우리 같이 들어가자.
A: 좋아. 쉿! 좀 가만히 해.
B: 뭐야, 아무 것도 없잖아.
A: 대체 어떻게 된거지? 아까 분명히 이상한 소리를 들었는데.
B: 이 겁쟁이, 분명히 네가 잘못 들은 걸거야.

여러 가지 활용

I 놀라움　惊讶
　　　　　　jīngyà

▶놀랐을 때　惊讶 时
　　　　　　 jīngyà shí

- 어머나!
  哎呀! / 哎哟!
  Aiya　　　Aiyo

- 오, 하느님!
  哦，上帝! / 哦，天 啦!
  O　Shàngdì　　O　tiān la

- 아이구, 깜짝이야. / 깜짝 놀랐네.
  哎哟，吓死我了。/ 我 吓了一 跳。
  Aiyo　　xiàsǐ wǒ le　　Wǒ xiàle yí tiào

- 저런, 어쩜 좋아.
  哎呀，怎么办 才 好?
  Aiya　　zěnmebàn cái hǎo

- 이게 꿈은 아니겠죠?
  这 不是 在 做 梦 吧?
  Zhè bú shì zài zuò mèng ba

- 이게 생시야? 꿈이야?
  这 是 真 的还是 在 做 梦?
  Zhè shì zhēn de háishi zài zuò mèng

- 당신은 정말 나를 놀라게 하는군요.
  你 真 让 我惊讶 。
  Nǐ zhēn ràng wǒ jīngyà

- 놀라서 식은땀이 다 나는군요.
  吓 得 我 出 冷汗。
  Xià de wǒ chū lěnghàn

- 아유, 하마터면 큰일날 뻔 했네.
  哎哟，差 点儿 出 大事 了。
  Aiyo　　chà diǎnr chū dàshì le

- 어떻게 이런 일이 있을 수가 있지?
  怎么 会 有 这 种 事?
  Zěnme huì yǒu zhè zhǒng shì

- 정말 믿을 수 없어요.
  真 不 敢 相信。
  Zhēn bù gǎn xiāngxìn

▶경이로울 때　神奇 时
shénqí shí

- 어쩜 이렇게 신기하죠?
  怎么 会 这么 神奇 ?
  Zěnme huì zhème shénqí

- 와, 정말 굉장하군요.
  哇, 真 了不起。
  Wa　zhēn liǎobuqǐ

- 너무나 신기해서 믿을 수 없네요.
  太 神奇 了, 真 不 敢 相信。
  Tài shénqí le　zhēn bù gǎn xiāngxìn

- 생명의 탄생은 정말 신비스러워요.
  生命 的 诞生 真 是 好 神奇。
  Shēngmìng de dànshēng zhēn shì hǎo shénqí

- 그런 용기가 어디서 나왔니? 정말 다시 봤다.
  那样 的 勇气 从 哪儿 来 的? 真 让 人 另 眼 相
  Nàyàng de yǒngqì cóng nǎr lái de　Zhēn ràng rén lìng yǎn xiāng
  看 啊。
  kàn a

▶상대가 놀랐을 때　对方 惊讶 时
duìfāng jīngyà shí

- 왜 그렇게 놀라세요?
  为什么 那么 惊讶 ?
  Wèishénme nàme jīngyà

- 그렇게 놀랄 것까진 없잖아.
  不用 那么 惊讶 吧。
  Búyòng nàme jīngyà ba

- 어때? 정말 놀랍지?
  怎么样? 吓着 了 吧 ?
  Zěnmeyàng Xiàzháo le ba

- 너 때문에 나까지 깜짝 놀랐잖아.
  你 害 我 也 吓了 一 跳。
  Nǐ hài wǒ yě xiàle yí tiào

- 꿈에도 생각 못했지?
  做梦也没有想到吧？
  Zuò mèng yě méiyǒu xiǎngdào ba

II 두려움　恐惧
　　　　　　kǒngjù

▶무서울 때　害怕时
　　　　　　hàipà shí

- 정말 무서워.
  真 害怕。
  Zhēn hàipà

- 심장이 멎어버릴 것만 같아.
  心脏 快要 停止 跳动 了。
  Xīnzàng kuàiyào tíngzhǐ tiàodòng le

- 무서워 이가 다 떨리네.
  吓 得 牙齿 都 在 抖。
  Xià de yáchǐ dōu zài dǒu

- 난 겁쟁이라구, 놀라게 하지 마.
  我 胆子 小, 别 吓唬 我。
  Wǒ dǎnzi xiǎo bié xiàhu wǒ

- 이 장면은 등골이 다 오싹해지는군.
  这 个 镜头 使 我 毛 骨 悚然。
  Zhè ge jìngtóu shǐ wǒ máo gǔ sǒngrán

- 무서워서 온몸에 소름이 다 끼쳐요.
  我 吓 得 浑身 起 鸡皮疙瘩。
  Wǒ xià de húnshēn qǐ jīpí gēda

- 무서워 바들바들 떨고 있어요.
  我 被 吓 得 哆哆嗦嗦 地 发抖。
  Wǒ bèi xià de duōduosuōsuō de fādǒu

- 심장이 다 벌렁거리네.
  心 都 要 蹦 出来 了。
  Xīn dōu yào bèng chulai le

- 무서워. 꼭 안아주세요.
  我 害怕, 抱紧 我。
  Wǒ hàipà bàojǐn wǒ

222 5. 감정 표현

- 그 생각만 하면 몸서리가 쳐져.
  想起 那 件 事 就 胆 战 心 惊。①
  Xiǎngqǐ nà jiàn shì jiù dǎn zhàn xīn jīng
- 차라리 악몽이라면 좋을텐데.
  这 要是 一 场 噩梦 就 好 了。
  Zhè yàoshi yì chǎng èmèng jiù hǎo le

▶ 공포　恐怖
　　　　kǒngbù

- 정말 공포의 하루였어.
  真 是 恐怖 的 一 天 啊。
  Zhēn shì kǒngbù de yì tiān a
- 한 바탕 악몽을 꾼 것같아.
  好像 做了 一 个 噩梦。
  Hǎoxiàng zuòle yí ge èmèng
- 그런 공포는 처음이라니까.
  那样 恐怖 还是 第一 次。
  Nàyàng kǒngbù háishi dìyī cì
- 공포영화는 질색이야.
  我 不 喜欢 看 恐怖 的 电影。
  Wǒ bù xǐhuan kàn kǒngbù de diànyǐng
- 그는 나로 하여금 공포를 느끼게 해.
  他 使 我 感到 恐怖。
  Tā shǐ wǒ gǎndào kǒngbù
- 너무 두려운 나머지 기절하고 말았어요.
  太 恐怖 了，吓 得 我 晕了 过去。
  Tài kǒngbù le xià de wǒ yūnle guoqu

▶ 무섭지 않을 때　不害怕时
　　　　　　　　bú hàipà shí

- 에이 시시해.
  真 无聊。
  Zhēn wúliáo

---

① 胆战心惊 dǎn zhàn xīn jīng：간담이 서늘해지다.

④ 놀라움·두려움

- 난 조금도 무섭지 않아.
  我 一点儿 都 不 怕。
  Wǒ yìdiǎnr dōu bú pà

▶상대가 무서워할 때　对方 害怕 时
　　　　　　　　　　duìfāng hàipà shí

- 뭐가 무섭다고 그래?
  你 怕 什么 啊?
  Nǐ pà shénme a

- 이런 겁쟁이, 당황하지 마!
  你 这 个 胆小鬼, 不要 慌张!
  Nǐ zhè ge dǎnxiǎoguǐ búyào huāngzhāng

- 무서워할 것 없어.
  没 什么 可 害怕 的。
  Méi shénme kě hàipà de

- 괜히 지레 겁먹지 마!
  不要 自己 吓 自己!
  Búyào zìjǐ xià zìjǐ

- 내가 있잖아. 무서워할 것 없어.
  有 我 在, 你 不用 害怕。
  Yǒu wǒ zài nǐ búyòng hàipà

- 뭐가 무서워? 진짜도 아닌데, 영화일 뿐이잖아.
  怕 什么? 又 不 是 真 的, 只是 电影 而已 嘛!
  Pà shénme Yòu bú shì zhēn de zhǐshì diànyǐng éryǐ ma

- 무섭다고 생각하면 더 무서워져.
  你 觉得 害怕, 就 更 害怕 了。
  Nǐ juéde hàipà jiù gèng hàipà le

- 네가 무서워하니까 나까지 무서워지잖아.
  看 你 害怕, 我 也 觉得 害怕 了。
  Kàn nǐ hàipà wǒ yě juéde hàipà le

- 자꾸 무섭다고 하지마, 그러면 더 무서워진단 말이야.
  你 别 总是 说 害怕, 越 说 越 害怕。
  Nǐ bié zǒngshì shuō hàipà yuè shuō yuè hàipà

- 너 앞으로는 공포영화 보지마, 알았지?
  你 以后 别 看 恐怖 电影, 知道 了 吧?
  Nǐ yǐhòu bié kàn kǒngbù diànyǐng zhīdào le ba

5 걱정 · 긴장

焦虑 / 紧张
jiāolǜ jǐnzhāng

중국인들이 일상생활에서 가장 많이 쓰는 말 중에, "没事儿 méishìr", "别着急 bié zháojí", "不要紧 bú yàojǐn" 등이 있다. "没事儿"는 '괜찮다', '아무 일 없다' 는 뜻이며, "别着急" 는 '서두르지 마라, 조급해 하지 마라', 그리고, "不要紧" 역시 '괜찮다, 별 문제 아니다' 라는 뜻이다. 모두가 걱정이나 조급함을 덜어주기 위한 말이라 할 수 있겠다.

기본대화

A: 看你脸色不太好, 有什么事吗?
Kàn nǐ liǎnsè bú tài hǎo yǒu shénme shì ma

B: 是啊, 连续几天给家里打电话, 都没人接。
Shì a liánxù jǐ tiān gěi jiāli dǎ diànhuà dōu méi rén jiē

A: 不要太担心了, 不会有事的。
Búyào tài dān xīn le bú huì yǒu shì de

B: 妈妈一个人在家, 我能不担心吗?
Māma yí ge rén zài jiā wǒ néng bù dān xīn ma

A: 可是你担心也没用啊。
Kěshì nǐ dān xīn yě méiyòng a

A: 얼굴이 안 좋아 보이는데, 무슨 일 있어?
B: 응, 며칠째 집에다 전화를 해 보았는데 계속 전화를 안받아.
A: 너무 걱정하지 마. 무슨 일이야 있을려구.
B: 어머니 혼자 집에 계시는데, 내가 걱정 안할 수 있겠어?
A: 하지만 걱정한다고 해도 소용없는 거잖아.

여러 가지 활용

I 걱정 担心
dān xīn

▶ 걱정스러울 때 担心时
dān xīn shí

- 걱정스러워 죽겠어요.
担心死了。
Dān xīn sǐ le

5 걱정·긴장

- 아이 때문에 늘 걱정이에요.
  这 孩子 总 让 我 担心。
  Zhè háizi zǒng ràng wǒ dān xīn

- 그의 건강이 걱정스러워요.
  我 担 心 他 的 健康。
  Wǒ dān xīn tā de jiànkāng

- 이 밤에 차를 몰고 나갔으니 무슨 일 없나 모르겠어요.
  这么 晚 开车 出去，不 知道 会 不 会 有 事。
  Zhème wǎn kāichē chūqu　bù zhīdào huì bu huì yǒu shì

- 앞으로의 일이 더 걱정이에요.
  以后 的 事 更 让 我 担心。
  Yǐhòu de shì gèng ràng wǒ dān xīn

- 그녀에게 무슨 일이 생긴 건 아닐까?
  她 会 不 会 出 了 什么 事？
  Tā huì bu huì chūle shénme shì

- 난 정말 자신이 없는데, 어떡한담?
  我 真 的 没有 把握，怎么办？
  Wǒ zhēn de méiyǒu bǎwò　zěnmebàn

- 그가 화를 내면 어떡하지?
  他 生 气 的话 怎么办？
  Tā shēng qì dehuà zěnmebàn

- 집안에 조용한 날이 하루도 없으니 늘 걱정이랍니다.
  家里 没有 一 天 平静 的 日子，我 总是 很 担 心。
  Jiāli méiyǒu yì tiān píngjìng de rìzi　wǒ zǒngshì hěn dān xīn

- 어젯밤 당신이 걱정이 되어서 한숨도 잠을 못잤어요.
  昨天 晚上 很 担心 你，我 一 夜 都 没 睡。
  Zuótiān wǎnshang hěn dān xīn nǐ　wǒ yí yè dōu méi shuì

- 요즘 늘 아이 걱정으로 매일 잠을 잘 못자요.
  最近 我 总是 惦记着 孩子，天天 睡 不 好 觉。
  Zuìjìn wǒ zǒngshì diànjìzhe háizi　tiāntiān shuì bu hǎo jiào

- 이 일은 그렇게 간단하지가 않아요.
  我 觉得 这 事 没 那么 简单。
  Wǒ juéde zhè shì méi nàme jiǎndān

- 틀림없이 무슨 문제가 생겼을 거야.
  一定 出了 什么 事。
  Yídìng chūle shénme shì

▶상대가 걱정을 할 때 对方 担心时
duìfāng dān xīn shí

- 걱정하지 말아요. 아무 일 없을 거에요.
  不用 担心，会没事的。
  Búyòng dān xīn huì méi shì de

- 무슨 일인데 그렇게 걱정을 하세요?
  什么 事那么担心？
  Shénme shì nàme dān xīn

- 요즘 항상 걱정스러워 보여요.
  最近我觉得你 总是 神情 焦虑。
  Zuìjìn wǒ juéde nǐ zǒngshì shénqíng jiāolǜ

- 너무 걱정말고 좀 웃어봐요.
  别太担心，笑一笑 嘛。
  Bié tài dān xīn xiào yi xiào ma

- 안색이 안 좋아 보이는데, 무슨 일인지 나에게 말해 줄 수 있어요?
  看 你脸色不太好，什么事能 跟我 说 一下吗？
  Kàn nǐ liǎnsè bú tài hǎo shénme shì néng gēn wǒ shuō yíxià ma

- 걱정한다고 문제가 해결되는 것도 아니니 그냥 하늘에 맡기세요.
  担心 也 解决 不了 什么 问题， 听天由命 吧。
  Dānxīn yě jiějué bu liǎo shénme wèntí tīngtiānyóumìng ba

- 무슨 일인지 나에게 말해요. 내가 해결해 줄 수도 있잖아요.
  有 什么事跟我 说，也许我 能 帮 你解决。
  Yǒu shénme shì gēn wǒ shuō yěxǔ wǒ néng bāng nǐ jiějué

- 너는 왜 맨날 우는 얼굴이냐?
  你 为什么 天天 哭丧着 脸？
  Nǐ wèishénme tiāntiān kūsangzhe liǎn

- 그깟 일 가지고 뭘 그렇게 걱정이야?
  那么点儿 小 事，看 你 担心成 这样？
  Nàme diǎnr xiǎo shì kàn nǐ dānxīnchéng zhèyàng

- 그런 일들로 고민하지 마세요.
  不要 为那些事烦恼。
  Búyào wèi nàxiē shì fánnǎo

Ⅱ 불안　不安
bù'ān

▶마음이 불안할 때　心里不安 时
　　　　　　　　　xīnli bù'ān shí

- 요즘 하루하루가 더욱 불안해요.
  最近 我 一 天 比 一 天 不安 了。
  Zuìjìn wǒ yì tiān bǐ yì tiān bù'ān le
- 마음이 불안해서 미쳐버릴 것 같아요.
  我 觉得 心里 不安，简直 快要 疯 了。
  Wǒ juéde xīnli bù'ān jiǎnzhí kuàiyào fēng le
- 하루도 마음 편한 날이 없군요.
  没有 一 天 平静 的 日子。
  Méiyǒu yì tiān píngjìng de rìzi
- 왜 불안한 마음을 떨쳐버릴 수 없는지 모르겠어요.
  不 知 为什么 摆脱 不 了 不安 的 心情。
  Bù zhī wèishénme bǎituō bu liǎo bù'ān de xīnqíng
- 자꾸만 불길한 예감이 들어요.
  我 总 觉得 有 种 不祥 的 预感。
  Wǒ zǒng juéde yǒu zhǒng bùxiáng de yùgǎn
- 여태까지 그의 소식이 없으니 안절부절 아무 일도 할 수가 없어요.
  到 现在 还 没有 他 的 消息，我 忐忑 不安，无 心 干
  Dào xiànzài hái méiyǒu tā de xiāoxi wǒ tǎntè bù'ān wú xīn gàn
  任何 事。①
  rènhé shì

▶상대가 불안해 보일 때　看 对方 不安 时
　　　　　　　　　　　　kàn duìfāng bù'ān shí

- 마음을 편히 해요.
  放松 一下 心情。
  Fàngsōng yíxià xīnqíng
- 아무 일도 없을 거예요.
  什么 事 都 不 会 有 的。
  Shénme shì dōu bú huì yǒu de

---

① 忐忑 tǎntè : 마음이 불안함, 안절부절함, 가슴이 두근거림. '忐忑不安'의 형태로 많이 쓰인다.

5. 감정 표현

- 너무 불안해하지 마, 다 잘 될거야.
  不要 担 心 了，一切 都 会 好 的。
  Búyào dān xīn le yíqiè dōu huì hǎo de
- 뭐 죄지은 것 있니? 왜 그렇게 불안해 해?
  做了 什么 亏心事 吗？ 为什么 那么 不安？
  Zuòle shénme kuīxīnshì ma Wèishénme nàme bù'ān

Ⅲ 초조 焦急
jiāojí

A: 有 什么 事 吗？
   Yǒu shénme shì ma
B: 没有，为什么 这样 问我？
   Méiyǒu wèishénme zhèyàng wèn wǒ
A: 从 刚才 到 现在，你的 腿 一直 都 在 抖。
   Cóng gāngcái dào xiànzài nǐ de tuǐ yìzhí dōu zài dǒu
B: 是 吗？其实 我 现在 心情 很 焦急。
   Shì ma Qíshí wǒ xiànzài xīnqíng hěn jiāojí
A: 为什么 啊？
   Wèishénme a
B: 我 一直 等 她的 电话，但 她还 没有 消息。
   Wǒ yìzhí děng tā de diànhuà dàn tā hái méiyǒu xiāoxi

A: 무슨 일 있니?
B: 없어. 그런데 왜 묻는 거지?
A: 너 아까부터 줄곧 다리를 떨고 있더라.
B: 그래? 사실은 지금 몹시 초조하거든.
A: 왜?
B: 줄곧 그녀의 전화를 기다리는데 아직도 소식이 없잖아.

▶초조할 때 焦急 时
jiāojí shí

- 초조해서 진땀이 다 납니다.
  我 急 得一直 冒汗。
  Wǒ jí de yìzhí màohàn

- 지금 뜨거운 솥 위의 개미처럼 마음이 바빠.
  我 现在 急 得 就 像 热锅 上 的 蚂蚁。①
  Wǒ xiànzài jí de jiù xiàng règuō shang de mǎyǐ
- 내일이 수능시험 발표일이라서 초조해 죽겠어요.
  明天 是 高考 发 榜 的 日子，我 很 焦急。②
  Míngtiān shì gāokǎo fā bǎng de rìzi wǒ hěn jiāojí
- 그는 왜 아직도 소식이 없는 거야. 나는 초조해 죽겠는데.
  他 怎么 到 现在 还 没有 消息？我 都 快 急死 了。
  Tā zěnme dào xiànzài hái méiyǒu xiāoxi Wǒ dōu kuài jísǐ le

▶긴장할 때   紧张 时
              jǐnzhāng shí

- 너무나 긴장이 돼.
  太 紧张 了。
  Tài jǐnzhāng le
- 손에 땀을 쥐게 하는군.
  手里 捏了 一 把 汗。
  Shǒuli niēle yì bǎ hàn
- 너무 긴장한 탓에 할말을 제대로 못했어요.
  太 紧张 了，该 说 的 话 都 没说。
  Tài jǐnzhāng le gāi shuō de huà dōu méi shuō
- 대중 앞에서 말을 할 때 몹시 긴장이 돼요.
  我 在 众人 面前 发言 很 紧张。
  Wǒ zài zhòngrén miànqián fāyán hěn jǐnzhāng
- 너무 떨려서 말이 안 나와요.
  紧张 得 说 不 出 话 来。
  Jǐnzhāng de shuō bu chū huà lai
- 나는 긴장이 되면 무슨 말을 해야 할지 다 까먹어 버려요.
  我 一 紧张 就 不 知道 该 说 什么。
  Wǒ yì jǐnzhāng jiù bù zhīdào gāi shuō shénme
- 어찌나 긴장을 했는지 식은땀이 다 나네요.
  太 紧张 了，都 冒 冷汗 了。
  Tài jǐnzhāng le dōu mào lěnghàn le

---

① 热锅上的蚂蚁 règuō shang de mǎyǐ : 뜨거운 솥 위의 개미란 뜻으로 마음이 매우 바쁘고 초조함을 일컬음.

② 高考 gāokǎo : 고등학교 3학년생들이 대학을 가기 위해 치러야 하는 시험.

▶상대가 긴장·초조해 할 때　对方　紧张 / 焦急 时
　　　　　　　　　　　　　　duìfāng jǐnzhāng　jiāojí shí

- 조급할 것 없어.
  别 着急。
  Bié zháojí

- 마음을 느긋하게 해.
  放松　心情。
  Fàngsōng xīnqíng

- 넌 잘못한 거 없어. 너무 그렇게 초조해 하지 마.
  你 没有 错，不要 那么 担 心。
  Nǐ méiyǒu cuò　búyào nàme dān xīn

- 모든 일은 서서히 해결이 될 겁니다.
  所有 的事 都 会 慢慢儿 解决 的。
  Suǒyǒu de shì dōu huì mànmānr jiějué de

- 시간이 다 해결해 줄거야.
  时间 会　冲淡　一切。①
  Shíjiān huì chōngdàn yíqiè

- 조금만 더 기다려 봐. 좋은 소식이 있을 테니.
  再　等 一会儿，会 有 好 消息 的。
  Zài děng yíhuìr　huì yǒu hǎo xiāoxi de

- 긴장하지 마. 긴장하면 오히려 능력을 발휘 못해.
  不要 紧张，一　紧张 就 不 能　充分　发挥 了。
  Búyào jǐnzhāng yì jǐnzhāng jiù bù néng chōngfèn fāhuī le

- 긴장이 되면 숨을 크게 쉬어 봐요.
  要是 紧张，深 吸 一 口 气。
  Yàoshi jǐnzhāng shēn xī yì kǒu qì

- 초조해 하지 말고 마음을 느긋이 먹어 봐.
  别 着急，把 心 再 平静 一些。
  Bié zháojí　bǎ xīn zài píngjìng yìxiē

---

① 冲淡 chōngdàn: 엷게 하다, 묽게 하다, 약화시키다, 감소시키다.

6 불평・불만

不平 / 不满
bùpíng bùmǎn

낙관적인 사고(乐观主义 lèguān zhǔyì)를 가진 사람은 반쯤 찬 술잔을 보고 "술이 아직 반이나 남았구나."(酒还剩一半了。Jiǔ hái shèng yí bàn le)하고 행복해 하지만, 비관적인 사고(悲观主义 bēiguān zhǔyì)를 가진 사람은 "술이 절반밖에 안 남았군."(酒只剩一半了。Jiǔ zhǐ shèng yí bàn le)하고 슬퍼한다는 말이 있다. 이와같이 우리 주변에는 많은 것을 가지고도 불행한 사람이 있는가 하면, 가진 것이 없어도 행복한 사람이 있다. 늘 불평불만인 사람에게 행복은 요원한 일이다.

기본대화

A: 你真的不听我的话吗？
   Nǐ zhēn de bù tīng wǒ de huà ma

B: 你又怎么了？我做错了什么？
   Nǐ yòu zěnme le Wǒ zuòcuò le shénme

A: 我都说了多少遍了？你用的东西要放到
   Wǒ dōu shuōle duōshao biàn le Nǐ yòng de dōngxi yào fàngdào
   原来的位置上。
   yuánlái de wèizhì shang

B: 又开始了，你怎么会有那么多的不满？
   Yòu kāishǐ le nǐ zěnme huì yǒu nàme duō de bùmǎn

A: 你看这乱七八糟，我能不说吗？
   Nǐ kàn zhè luànqībāzāo wǒ néng bù shuō ma

B: 总是那么多不满，是不是厌倦我了？
   Zǒngshì nàme duō bùmǎn shì bu shì yànjuàn wǒ le

A: 不是，是你的做法让我厌倦了。
   Bú shì shì nǐ de zuòfǎ ràng wǒ yànjuàn le

B: 得了得了，不和你吵了。
   Déle déle bù hé nǐ chǎo le

A: 당신 정말 내 말을 안들을 거에요？

B: 또 왜 그래？ 내가 뭘 잘못했는데？

5. 감정 표현

A: 내가 몇 번이나 말했어요? 사용한 물건은 항상 제자리에 갖다 놓으라고.
B: 또 시작이군. 당신은 도대체 웬 불만이 그렇게 많아?
A: 이렇게 엉망진창인 꼴을 봐요. 내가 말 안할 수가 있냐구요?
B: 늘 그렇게 불만이 많은 걸 보니, 내가 싫어진 것 아니야?
A: 아니, 당신 하는 짓이 싫어지게끔 만드는 거죠.
B: 됐어 됐어. 당신과 말싸움하고 싶지 않아.

여러 가지 활용

I **불평 不平**
bùpíng

▶ 짜증이 날 때   厌烦 时
yànfán shí

- 정말 짜증스러워.
真 烦。
Zhēn fán

- 다시는 나를 귀찮게 하지 마.
不要 再 烦 我。
Búyào zài fán wǒ

- 다른 사람 귀찮게 하지 말고 스스로 해.
别 再 烦 人家 了, 自己 做 吧。
Bié zài fán rénjia le   zìjǐ zuò ba

- 날씨 탓인가? 왜 이렇게 짜증이 나지?
是 天气 的 关系 吗?   为什么 这么 烦?
Shì tiānqì de guānxì ma   Wèishénme zhème fán

- 나에게 너무 스트레스 주지 마.
你 不要 对 我 施加 太 大 的 压力。
Nǐ búyào duì wǒ shījiā tài dà de yālì

- 스트레스가 너무 많아요.
我 的 压力 太 大 了。
Wǒ de yālì tài dà le

6 불평 · 불만

- 이런 생활 이젠 진절머리가 나.
  这样的生活，我已经过腻了。①
  Zhèyàng de shēnghuó wǒ yǐjīng guònì le

- 이런 단순한 작업 지긋지긋해.
  这样单一的工作，令人厌烦。
  Zhèyàng dānyī de gōngzuò lìng rén yànfán

- 하루 종일 놀고 먹기 정말 너무 무료해요.
  一天到晚游手好闲，简直太无聊了。②
  Yì tiān dào wǎn yóu shǒu hào xián jiǎnzhí tài wúliáo le

- 요즘 왜 툭하면 성질을 내죠?
  你为什么最近爱闹脾气啊？
  Nǐ wèishénme zuìjìn ài nào píqi a

- 하루 종일 해도 끝이 없는 집안일, 너무 지긋지긋해.
  整天都没完没了地做家务事，太烦人了。③
  Zhěngtiān dōu méiwán méiliǎo de zuò jiāwùshì tài fán rén le

- 희망이 없어지니 만사가 다 귀찮아요.
  我失去了希望，事事都烦。
  Wǒ shīqù le xīwàng shìshì dōu fán

- 제발 나에게 이래라 저래라 하지 좀 말아요.
  求求你不要再让我做这做那。
  Qiúqiu nǐ búyào zài ràng wǒ zuò zhè zuò nà

▶억울할 때　冤枉时
　　　　　　yuānwang shí

- 정말 억울합니다.
  我真冤啊。
  Wǒ zhēn yuān a

- 정말 너무 억울해요.
  真是太冤枉人了。
  Zhēn shì tài yuānwang rén le

---

① 腻 nì : 싫증이 나다, 물리다, 진저리나다.
② 游手好闲 yóu shǒu hào xián : 하는 일 없이 빈둥거리다, 일 하지 않고 놀고 먹다.
③ 没完没了 méiwán méiliǎo : 한도 끝도 없다.

- 장화홍련보다도 더 억울합니다.
  我 简直 比 窦娥 还 冤。①
  Wǒ jiǎnzhí bǐ Dòu'é hái yuān

- 방구뀐 놈이 도리어 성낸다더니.
  恶人 先 告状。②
  Èrén xiān gàozhuàng

- 너무나 억울해서 말도 안나오네.
  太 冤 了，都 说 不 出 话 来 了。
  Tài yuān le dōu shuō bu chū huà lai le

- 모두가 그 결과에 억울해 하고 있어요.
  大家 对于 那个 结果 都 觉得 很 冤枉。
  Dàjiā duìyú nàge jiéguǒ dōu juéde hěn yuānwang

II 불만 不满
bùmǎn

▶불만일 때 不满意 时
bù mǎnyì shí

- 나 당신한테 불만 많아요.
  我 对 你 很 不满。
  Wǒ duì nǐ hěn bùmǎn

- 너는 왜 이런 일 하나도 제대로 못하는 거니?
  你 怎么 连 这么 简单 的 事 都 做 不 好？
  Nǐ zěnme lián zhème jiǎndān de shì dōu zuò bu hǎo

- 내가 뭐 잘못한 것 있어? 왜 맨날 나에게 불만이야?
  我 做错 了 什么 事？你 为什么 天天 对 我 不满？
  Wǒ zuòcuò le shénme shì Nǐ wèishénme tiāntiān duì wǒ bùmǎn

- 나는 너에게 불만 없는 줄 알아?
  你 以为 我 对 你 就 没有 不满 了 吗？
  Nǐ yǐwéi wǒ duì nǐ jiù méiyǒu bùmǎn le ma

---

① 窦娥 Dòu'é：元曲 yuánqǔ(원나라 때의 희곡)의 유명한 작품인 "窦娥冤" Dòu'é Yuān 에 나오는 여주인공의 이름으로 억울함을 표현할 때 자주 쓰인다.

② 원뜻은 "악인이 도리어 먼저 착한 사람을 고발한다" 는 뜻.

- 우리 사장님은 말이 많은 게 흠이라니까.
  我们 老总 的 缺点 就 是 说 话 太 啰嗦 了。①
  Wǒmen lǎozǒng de quēdiǎn jiù shì shuō huà tài luōsuō le
- 나는 키도 작고 뚱뚱하고, 나의 신체조건이 너무 불만스러워.
  我 又 矮 又 胖，对 自己 的 身材 很 不满意。
  Wǒ yòu ǎi yòu pàng duì zìjǐ de shēncái hěn bù mǎnyì

▶상대가 불만일 때 对方 不满 时
　　　　　　　　　duìfāng bùmǎn shí

- 왜 그렇게 볼멘 소리야?
  你 怎么 说 赌气 的 话？
  Nǐ zěnme shuō dǔqì de huà
- 맨날 불평만 하지 말고 대책을 생각해 봐요.
  别 天天 愤愤 不平 的，想想 对策 吧。
  Bié tiāntiān fènfèn bùpíng de xiǎngxiang duìcè ba
- 나에게 불만이 있으면 다 얘기를 해요.
  对 我 有 不满，尽管 说 出来。
  Duì wǒ yǒu bùmǎn jǐnguǎn shuō chūlai
- 잔소리 좀 그만 해요.
  别 再 唠叨 了。②
  Bié zài láodao le
- 허구한 날 찡그리고 있지 마.
  你 别 天天 皱眉。
  Nǐ bié tiāntiān zhòuméi
- 너는 계속 궁시렁거리는네 무슨 불만이라도 있니?
  你 总是 嘟嘟囔囔 的，有 什么 不满 吗？
  Nǐ zǒngshì dūdunāngnāng de yǒu shénme bùmǎn ma
- 불만이 있으면 얘기를 해야지, 그러고 있지 말고.
  有 什么 不满 说 出来，不要 那样。
  Yǒu shénme bùmǎn shuō chulai búyào nàyàng
- 왜 저를 나무라세요?
  为什么 要 怪 我？
  Wèishénme yào guài wǒ

---

① 啰嗦 luōsuō: 말이 많다, 수다스럽다.
② 唠叨 láodao: 잔소리를 하다, 수다떨다, 시끄럽게 말하다.

7 후회 · 유감   后悔 / 遗憾
                                                                                     hòuhuǐ   yíhàn

"늦었다고 후회하는 때가 가장 빠른 때이다" 라는 말이 있다. 이 말은 후회하는 그 시점에서라도 잘못을 바로잡아 나가면 얼마든지 다시 잘될 수 있음을 강조하는 말이다. 그런 의미에서 볼 때 "소 잃고 외양간 고친다" 는 뜻의 "亡羊补牢 wáng yáng bǔ láo" 는 그 우둔함을 탓하는 것이라기 보다는, 이제라도 그 잘못을 바로 잡아 그와 같은 우를 다시는 범하지 말아야 함을 경계하는 성어라고 할 수 있다.

기 본 대 화

A: 我 很 后悔 上学 的 时候 没有 好好儿 学习。
    Wǒ hěn hòuhuǐ shàngxué de shíhou méiyǒu hǎohāor xuéxí

B: 你 现在 才 觉得?
    Nǐ xiànzài cái juéde

A: 那 时候 好好儿 学习 的话, 现在 也 不会 这样 了。
    Nà shíhou hǎohāor xuéxí dehuà xiànzài yě bú huì zhèyàng le

B: 现在 也 不 晚 啊, 从 现在 开始 好好儿 学习 也 可以 啊。
    Xiànzài yě bù wǎn a cóng xiànzài kāishǐ hǎohāor xuéxí yě kěyǐ a

A: 现在 开始 还 来得及 吗?
    Xiànzài kāishǐ hái láidejí ma

B: 为时 不 晚。①
    Wéishí bù wǎn

A: 好 吧, 为了 不 让 以后 后悔, 我 现在 从 头 再 来 吧。
    Hǎo ba wèile bú ràng yǐhòu hòuhuǐ wǒ xiànzài cóng tóu zài lái ba

B: 没错, 失败 是 成功 之 母 嘛。
    Méicuò shībài shì chénggōng zhī mǔ ma

---

① 为时不晚 wéishí bù wǎn: "(지금 시작해도) 아직 때가 늦지 않았다" 는 뜻의 성어.

[7] 후회·유감

5 [7] 后悔／遗憾

A: 학교에 다닐 때 공부를 열심히 하지 않았던게 후회가 돼.
B: 그걸 이제야 깨달은 거야?
A: 그 때 열심히 했더라면 지금 이 모양은 아닐텐데.
B: 지금도 늦지 않았어. 이제부터라도 열심히 공부하면 돼.
A: 지금 시작해도 늦지 않을까?
B: 늦었다고 생각하는 때가 가장 빠른 때야.
A: 좋아, 나중에 더 후회하지 않기 위해 이제라도 처음부터 다시 시작해야겠어.
B: 맞아. 실패는 성공의 어머니잖아.

여러 가지 활용

Ⅰ 후회 后悔
hòuhuǐ

▶후회할 때 后悔 时
hòuhuǐ shí

- 지금 생각하니 몹시 후회가 됩니다.
  现在 想 一 想，很 后悔。
  Xiànzài xiǎng yi xiǎng hěn hòuhuǐ

- 그 때 그 말은 하지 말았어야 했는데.
  那 时候 我 真 不 该 说 那 句 话。
  Nà shíhou wǒ zhēn bù gāi shuō nà jù huà

- 일을 그르치고 나니 후회가 막심해요.
  做错 了事，太 后悔 了。
  Zuòcuò le shì tài hòuhuǐ le

- 지금 와서 후회한들 무슨 소용이 있겠어?
  现在 后悔 有 什么 用？
  Xiànzài hòuhuǐ yǒu shénme yòng

- 부모님 살아계실 때 좀더 효도할걸.
  爸妈 在 的 时候，应该 多 尽 孝心。
  Bàmā zài de shíhou yīnggāi duō jìn xiàoxīn

- 내가 왜 진작 중국어 공부를 열심히 하지 않았을까?
  我 为什么 没有 及早 好好儿 学 中文？
  Wǒ wèishénme méiyǒu jízǎo hǎohāor xué Zhōngwén

5. 감성 표현

- 정말 후회막급입니다.
  我 真 是 追 悔 莫 及 啊 。
  Wǒ zhēn shì zhuī huǐ mò jí a

▶ 후회하는 사람에게   针对 后悔 的 人
                    zhēnduì hòuhuǐ de rén

- 지금 후회해 봤자 늦었어.
  你 现在 后悔 也 来不及 了 。
  Nǐ xiànzài hòuhuǐ yě láibují le

- 내가 말하지 않았어? 너 분명히 후회할거라고.
  我 不 说了 吗 ? 你 一定 会 后悔 的 。
  Wǒ bù shuōle ma   Nǐ yídìng huì hòuhuǐ de

- 그만 해. 지금 와서 후회해도 소용없어.
  算了 吧 。 现在 后悔 也 没用 。
  Suànle ba   Xiànzài hòuhuǐ yě méiyòng

- 넌 왜 맨날 후회만 하니?
  你 怎么 天天 后悔 ?
  Nǐ zěnme tiāntiān hòuhuǐ

- 후회한들 아무런 도움이 안돼.
  后悔 也 无济 于 事 了 。①
  Hòuhuǐ yě wú jì yú shì le

- 그것을 선택한다면 틀림없이 후회할걸.
  你 选择 那个 的话 ， 一定 会 后悔 的 。
  Nǐ xuǎnzé nàge dehuà   yídìng huì hòuhuǐ de

- 그 때 그것을 선택했더라도 지금 후회했을거야.
  假如 当初 你 选 那个 , 现在 也会 后悔 的 。
  Jiǎrú dāngchū nǐ xuǎn nàge   xiànzài yě huì hòuhuǐ de

- 지난 일을 후회하는 것보다 더 어리석은 것은 없어. 잊어버려.
  最 蠢 的事 莫过于 后悔 过去 的 事 。 忘了 吧 。②
  Zuì chǔn de shì mòguòyú hòuhuǐ guòqù de shì   Wàngle ba

---

① 无济于事 wú jì yú shì: 일에 아무런 도움이 안되다, 아무 소용없다.
② 蠢 chǔn: 어리석다, 우둔하다, 미련하다.
　 莫过于 mòguòyú : ~보다 더한 것은 없다, ~이상의 것은 없다.

⑦ 후회·유감

- 기죽지 마. 앞으로 그러지 않으면 되는 거 아냐?
  别 沮丧 了，以后 不要 那样 不 就 行了 吗？①
  Bié jǔsàng le   yǐhòu búyào nàyàng bú jiù xíngle ma
- 너는 매번 이래도 후회 저래도 후회, 도대체 왜 그래?
  你 总是 这 也 后悔 那 也 后悔，到底 怎么 回 事？
  Nǐ zǒngshì zhè yě hòuhuǐ nà yě hòuhuǐ   dàodǐ zěnme huí shì

▶ 기타 其他
       qítā

- 언젠가는 후회할거야.
  总 有一天，你会 后悔 的。
  Zǒng yǒu yì tiān   nǐ huì hòuhuǐ de
- 나중에 후회한다해두 지금은 이럴 수밖에 없어.
  以后 可能 会 后悔，但 现在 只 能 这样。
  Yǐhòu kěnéng huì hòuhuǐ   dàn xiànzài zhǐ néng zhèyàng
- 네가 한 말, 후회하지 않겠지?
  你 说过 的 话，不会 后悔 吧？
  Nǐ shuōguo de huà   bú huì hòuhuǐ ba
- 그렇게 후회를 하고도 아직 정신을 못차리는구나.
  那样 后悔，现在 还 这样 执迷 不 悟。②
  Nàyàng hòuhuǐ   xiànzài hái zhèyàng zhímí bú wù

Ⅱ 유감 遗憾
         yíhàn

▶ 유감일 때 遗憾 时
              yíhàn shí

- 아직도 매우 유감입니다.
  现在 还 很 遗憾。
  Xiànzài hái hěn yíhàn
- 그때는 왜 몰랐을까? 나중에 한이 되리라는 걸.
  我 那 时候 为什么 不 知道 以后 会 遗憾 呢？
  Wǒ nà shíhou wèishénme bù zhīdào yǐhòu huì yíhàn ne

---

① 沮丧 jǔsàng: 기가 꺾이다, 기가 죽다, 풀이 죽다.
② 执迷不悟 zhímí bú wù: 미혹함에 사로잡혀 깨닫지 못하다, 잘못을 고집하여 깨닫지 못하다.

5. 감정 표현

- 한스러워. 그때 그녀를 보내지 말았어야 하는건데.
  很 遗憾，那时候我不应该 让她走。
  Hěn yíhàn nà shíhou wǒ bù yīnggāi ràng tā zǒu
- 이렇게 긴 시간이 흘렀는데도 아직 미련이 남아 있어요.
  都 这么 长 时间了，我还是 感到 很 遗憾。
  Dōu zhème cháng shíjiān le wǒ háishi gǎndào hěn yíhàn

▶애석할 때　可惜 时
　　　　　　　　　kěxī shí

- 정말 아깝군, 너무나 근소한 차이였어.
  真 可惜啊，就只差 那么一点儿。
  Zhēn kěxī a jiù zhǐ chà nàme yìdiǎnr
- 아쉽지만 여기서 헤어집시다.
  真 可惜，但 就在 这儿 分手 吧。
  Zhēn kěxī dàn jiù zài zhèr fēnshǒu ba
- 더 잘할 수 있었는데, 정말 아쉬워요.
  你可以做得更 好，真可惜。
  Nǐ kěyǐ zuò de gèng hǎo zhēn kěxī
- 아쉬워도 어쩔 수 없어요.
  再 可惜也 没有 办法
  Zài kěxī yě méiyǒu bànfǎ

▶미련을 갖는 사람에게　劝慰 遗憾 的人
　　　　　　　　　　　　quànwèi yíhàn de rén

- 깨끗이 잊어버리라구.
  彻底 忘了 吧。
  Chèdǐ wàngle ba
- 더 이상 미련 갖지 마.
  别 再 遗憾 了。
  Bié zài yíhàn le
- 됐어, 이제 그만 생각해.
  好了，别再 想 了。
  Hǎo le bié zài xiǎng le
- 그러한 유감스런 일들에 얽매여 있지 마세요.
  你不要 总是 想着 那些 让你遗憾 的事了。
  Nǐ búyào zǒngshì xiǎngzhe nàxiē ràng nǐ yíhàn de shì le

7 후회·유감

참고 관련 용어 词汇 cíhuì

- 기쁨　欢喜 huānxǐ
- 행복　幸福 xìngfú
- 행운　幸运 xìngyùn
- 기쁘다　高兴 gāoxìng
- 즐겁다　快乐，开心 kuàilè　kāixīn
- 유쾌하다　愉快 yúkuài
- 통쾌하다　痛快 tòngkuài
- 시원하다　爽快 shuǎngkuai
- 재수 좋다　走运 zǒu yùn
- 불행　不幸 búxìng
- 슬프다　悲哀，悲伤 bēi'āi　bēishāng
- 비통/비참하다　悲痛 / 悲惨 bēitòng　bēicǎn
- 속상하다　伤心 shāng xīn
- 마음이 아프다　难过 nánguò
- 괴롭다　烦恼 fánnǎo
- 고통스럽다　痛苦 tòngkǔ
- 우울하다　忧郁 yōuyù
- 답답하다　郁闷 yùmèn
- 슬픔을 누르다　节哀 jié'āi
- 위로하다　安慰 ānwèi
- 달래다　哄 hǒng

- 애도하다　哀悼 āidào
- 화를 내다　生气 shēng qì
- 화를 참다　憋气 biē qì
- 성질을 내다　发脾气 fā píqi
- 노발대발하다　大发脾气 dà fā píqi
- 비평하다　批评 pīpíng
- 나무라다　骂 mà
- 재수 없다　倒霉 dǎo méi
- 귀찮다/성가시다　烦 fán
- 괴롭히다　折磨 zhémó
- 고민하다/괴로워하다　折腾 zhēteng
- 심기를 건드리다　惹 rě
- 떨다　发抖 fādǒu
- 뻔뻔스럽다　不要脸 bú yàoliǎn
- 증오하다　憎恨 zēnghèn
- 싫어하다　讨厌 tǎoyàn
- 경멸하다　轻蔑 qīngmiè
- 놀라다　惊讶 jīngyà
- 두려움　恐惧 kǒngjù
- 공포　恐怖 kǒngbù
- 신기하다　神奇 shénqí

5. 감정 표현

- 무섭다 　可怕 kěpà
- 무서워하다 　害怕 hàipà
- 겁쟁이 　胆小鬼 dǎnxiǎoguǐ
- 섬뜩하다/오싹하다 　毛骨悚然 máo gǔ sǒngrán
- 소름이 끼치다 　起鸡皮疙瘩 qǐ jīpí gēda
- 걱정하다 　担心，惦念，惦记 dān xīn, diànniàn, diànjì
- 불안하다 　不安 bù'ān
- 초조하다 　焦急 jiāojí
- 긴장하다 　紧张 jǐnzhāng
- 심심하다/무료하다 　无聊 wúliáo
- 억울하다 　冤枉 yuānwang
- 후회하다 　后悔 hòuhuǐ
- 섭섭하다 　舍不得 shěbude
- 아쉽다/애석하다 　可惜 kěxī

6

의사 표현

表达方法　　BIAODA FANGFA

1. 의견 제시　　　　　　　提意见
2. 확신·단언　　　　　　　确认/断言
3. 결심·결정　　　　　　　决心/决定
4. 토론·협상　　　　　　　讨论/协议
5. 충고·설득　　　　　　　忠告/说服
6. 질문·답변　　　　　　　提问/回答
7. 찬성·반대　　　　　　　赞成/反对
8. 추측·판단　　　　　　　推测/判断
9. 요구·명령　　　　　　　要求/命令
10. 수락·거절　　　　　　　接受/拒绝

1 의견 제시   提意见
                  tí yìjiàn

다른 사람에게 의견을 제시하거나 물어볼 때 흔히 "~, 怎么样? zěnmeyàng"을 많이 사용하는데 이는 "~하면 어떨까요?"라고 상대의 뜻을 물어보는 표현이 된다. 한편 의견을 제시하면서 개인의 사견임을 먼저 밝히고자 할 때에는 "依我个人的想法 yī wǒ gèrén de xiǎngfǎ (제 개인적인 생각으로는 ~)라고 시작하면 된다.

기본대화

A: 哎, 终于 下班 了!
   Ai zhōngyú xià bān le
B: 太好了! 待会儿你去干什么?
   Tài hǎo le Dāi huìr nǐ qù gàn shénme
A: 时间还早, 我们出去喝一杯, 怎么样?
   Shíjiān hái zǎo wǒmen chūqu hē yì bēi zěnmeyàng
B: 不好意思, 今天 晚上 我已经约了人, 下次吧。
   Bù hǎoyìsi jīntiān wǎnshang wǒ yǐjīng yuēle rén xià cì ba

A: 자, 드디어 퇴근시간이군요!
B: 좋지요. 퇴근 후에 뭐 하십니까?
A: 일찍 퇴근했으니 우리 나가서 한 잔 할까요?
B: 죄송하지만 오늘 저녁엔 선약이 있어요. 다음에 합시다.

여러 가지 활용

I 의견을 말하려할 때   想 要 提 意 见 时
                       xiǎng yào tí yìjiàn shí

- 저에게 발언할 기회를 주시겠습니까?
  请 给 我 发言的 机会 好 吗?
  Qǐng gěi wǒ fāyán de jīhuì hǎo ma

- 선생님, 저 드릴 말씀이 있습니다.
  先生, 我有话要跟您说。
  Xiānsheng wǒ yǒu huà yào gēn nín shuō

6. 의사 표현

- 사실대로 말씀드려도 될까요?
  我 可以 说 实话 吗？
  Wǒ kěyǐ shuō shíhuà ma

- 단도직입적으로 말씀드리겠습니다.
  我 直截了当 地 说 吧。①
  Wǒ zhíjiéliǎodàng de shuō ba

- 그 문제에 관해 제 의견을 말씀드리겠습니다.
  关于 那个 问题，我 想 说 一下我 的 观点。
  Guānyú nà ge wèntí wǒ xiǎng shuō yíxià wǒ de guāndiǎn

- 저의 개인적인 생각을 말씀드리겠습니다.
  我 想 跟 您 说 一下我 个人 的 看法。
  Wǒ xiǎng gēn nín shuō yíxià wǒ gèrén de kànfǎ

- 마지막으로 다시 한 말씀 드리겠습니다.
  我 想 最后 再 说 一 句。
  Wǒ xiǎng zuìhòu zài shuō yí jù

▶ 자신의 생각을 말할 때　表达 自己 的 意见 时
　　　　　　　　　　　　biǎodá zìjǐ de yìjiàn shí

- 저는 그렇게 생각하지 않습니다.
  我 倒 不 那么 认为。②
  Wǒ dào bú nàme rènwéi

- 저는 그게 이것보다 더 좋다고 생각합니다.
  我 认为 那 个 比 这 个 好多 了。
  Wǒ rènwéi nà ge bǐ zhè ge hǎoduō le

- 이 정도면 이미 충분한 것 같습니다.
  我 觉得 这 个 程度 已经 够 了。
  Wǒ juéde zhè ge chéngdù yǐjīng gòu le

- 그렇게 해도 아무 소용없다고 생각합니다.
  我 认为 那样 做 也 是 没用 的。
  Wǒ rènwéi nàyàng zuò yě shì méiyòng de

- 엄격히 말하자면, 그건 정당한 수법이 아닙니다.
  严格 地 说，那 是 不 正当 的 手法。
  Yángé de shuō nà shì bú zhèngdāng de shǒufǎ

---

① 直截了当 zhíjiéliǎodàng: 단도직입적이다, 간단명료하다, 명쾌하다는 뜻.

② 倒 dào: 상대방의 예상이나 기대와는 상반되는 의견을 말하고자 할 때 사용한다.

① 의견 제시

- 어쨌든 제 생각에는 이렇게 하는 것이 좋을 것 같습니다.
  总 的 来说，我 觉得 还是 这样 做 好。
  Zǒng de lái shuō wǒ juéde háishi zhèyàng zuò hǎo

II 제안할 때   提议 时
                tíyì shí

> A: 放 学 后 有 事儿 吗?
>   Fàng xué hòu yǒu shìr ma
> B: 没 什么 事。
>   Méi shénme shì
> A: 那么 我们 一起 到 网吧 玩 一会儿。
>   Nàme wǒmen yìqǐ dào wǎngbā wán yíhuìr
> B: 我 也 这么 想 的。
>   Wǒ yě zhème xiǎng de
> A: 방과 후에 뭐 할꺼니?
> B: 별로 할 거 없는데.
> A: 그럼 우리 컴퓨터방에 가서 조금만 놀자.
> B: 나도 그럴 생각이었어.

- 제안이 하나 있는데요.
  我 有 个 提议。
  Wǒ yǒu ge tíyì

- 우리 이렇게 하면 어떨까요?
  咱们 这样 好 不 好?
  Zánmen zhèyàng hǎo bu hǎo

- 저에게 좋은 생각이 있습니다.
  我 有 个 好 主意。
  Wǒ yǒu ge hǎo zhǔyi

- 다시 한번 시도해 봅시다.
  我们 再 试 一 次 吧。
  Wǒmen zài shì yí cì ba

- 하루 더 기다려 보면 어떨까요?
  你 再 等 一 天 怎么样?
  Nǐ zài děng yì tiān zěnmeyàng

- 저는 샤오왕을 총무로 선출할 것을 제안합니다.
  我 提议 选 小 王 当 总务。
  Wǒ tíyì xuǎn Xiǎo Wáng dāng zǒngwù

6
① 提意见

2 확신 · 단언

确认 / 断言
quèrèn　duànyán

"틀림이 없다", "틀리지 않다"라는 뜻을 나타내는 단어는 "没错。Méicuò"이다. "不错。Búcuò"라는 말은 구어에서 "꽤 좋다", "썩 괜찮다"라는 의미로 많이 사용되므로 잘 구분하여 사용해야 한다.

기본대화

A: 这次 比赛 我们 赢定 了。
　　Zhè cì bǐsài wǒmen yíngdìng le

B: 为什么 那么 自信 啊？
　　Wèishénme nàme zìxìn a

A: 过去 三 年 的 成绩 足以 证明 这 一切。
　　Guòqù sān nián de chéngjì zúyǐ zhèngmíng zhè yíqiè

B: 不要 那么 自信。
　　Búyào nàme zìxìn

A: 이번 시합은 우리가 이길게 뻔해.
B: 어째서 그렇게 자신을 하니?
A: 과거 3년간의 전적이 그것을 말해 주거든.
B: 그렇게 자신하지 마.

여러 가지 활용

I 확신할 때　确信 时
　　　　　　　quèxìn shí

- 물론이죠.
  当然 了。
  Dāngrán le

- 내 두 눈으로 똑똑히 보았어요.
  是 我 亲眼 见到 的。
  Shì wǒ qīnyǎn jiàndào de

- 틀림없어요, 확실합니다.
  没错，确实 是 这样。
  Méicuò quèshí shì zhèyàng

② 확신 · 단언

- 절대로 틀릴 리가 없습니다.
  绝对 不会 错 的。
  Juéduì bú huì cuò de
- 이것은 제가 보증합니다.
  这 个 我 向 你 保证。
  Zhè ge wǒ xiàng nǐ bǎozhèng
- 저는 당신이 옳다는 것을 믿습니다.
  我 相信 你 是 对 的。
  Wǒ xiāngxìn nǐ shì duì de
- 그가 결백하다는 것을 증명할 수 있습니다.
  我 可以 证明 他 是 清白 的。
  Wǒ kěyǐ zhèngmíng tā shì qīngbái de
- 들림 없이 그 사람입니다.
  肯定 是 他。
  Kěndìng shì tā
- 나는 네가 반드시 성공하리라 믿어.
  我 相信 你 一定 会 成功 的。
  Wǒ xiāngxìn nǐ yídìng huì chénggōng de
- 그가 틀림없이 오리라고 확신합니다.
  我 确信 他 一定 会 来。
  Wǒ quèxìn tā yídìng huì lái
- 이게 진짜란 것은 제가 보증할테니까, 더 이상 망설이지 마십시오.
  我 保证 这 是 真 的, 你 不要 再 犹豫 了。
  Wǒ bǎozhèng zhè shì zhēn de nǐ búyào zài yóuyù le

▶확신할 수 없을 때　不 能 确信 时
　　　　　　　　　bù néng quèxìn shí

- 그럴 수도 있겠지요.
  也许 是 那样 吧。
  Yěxǔ shì nàyàng ba
- 그럴지도 모른다는 생각입니다.
  我 想 也许 会 那样。
  Wǒ xiǎng yěxǔ huì nàyàng
- 그것은 대단히 중요할 수도 있고, 조금도 중요하지 않을 수도 있어요.
  也许 那 非常 重要, 也许 一点儿 都 不 重要。
  Yěxǔ nà fēicháng zhòngyào yěxǔ yìdiǎnr dōu bú zhòngyào

- 아무튼 그 소식이 진짜 믿을 만한 것인지는 확신할 수 없습니다.
  总之，我不能确定那个消息是否是真实可靠的。
  Zǒngzhī wǒ bù néng quèdìng nà ge xiāoxi shìfǒu shì zhēnshí kěkào de
- 비록 그것이 사실이라 하더라도 저는 믿을 수가 없습니다.
  虽说那件事确实是那样，但我还是不能相信。
  Suīshuō nà jiàn shì quèshí shì nàyàng dàn wǒ háishi bù néng xiāngxìn

II 단언할 때　断言时
duànyán shí

- 그건 뻔하지 않습니까?
  那不是明摆着的事儿吗？①
  Nà bú shì míngbǎizhe de shìr ma
- 그건 당연한 겁니다.
  那是理所当然的。②
  Nà shì lǐsuǒdāngrán de
- 그는 자신이 결백하다고 단언했어요.
  他一口咬定自己是清白的。③
  Tā yìkǒu yǎodìng zìjǐ shì qīngbái de
- 그는 틀림없이 성공할 겁니다. 의심의 여지가 없어요.
  他一定会成功，毋庸置疑。④
  Tā yídìng huì chénggōng wúyōngzhìyí
- 이번에는 기필코 대학에 합격할 겁니다.
  这次我一定能考上大学。
  Zhè cì wǒ yídìng néng kǎoshàng dàxué
- 어떠한 일이 있더라도 이번에는 절대로 실패하지 않을 겁니다.
  无论如何，这次绝不能失败。
  Wúlùn rúhé zhè cì jué bù néng shībài

---

① 明摆着 míngbǎizhe: 환히 펼쳐져 있다, 뚜렷이 놓여 있다.
② 理所当然 lǐsuǒdāngrán: 도리로 보아 당연하다, 당연한 이치이다.
③ 一口咬定 yìkǒu yǎodìng: 한 마디로 잘라 말하다, 단언하다.
④ 毋庸置疑 wúyōngzhìyí: 의심할 바 없다, 의심의 여지가 없다.

③ 결심·결정

决心 / 决定
juéxīn juédìng

자신의 결심을 밝힐 때는 "我下定决心~了. Wǒ xiàdìng juéxīn~le"(저는 ~을 결심했어요.)라고 하면 된다. 또한 이미 어떤 결정을 내렸음을 말할 때에는 "我已经决定~了. Wǒ yǐjīng juédìng~le"라고 한다. 물론 상황에 따라서 "我要 ~Wǒ yào~", "我打算~Wǒ dǎsuàn~" 등으로 표현할 수도 있다.

기본대화

A: 在 新年 到来 之际, 大家 有 什么 新 的 决心 吗?
　　Zài xīnnián dàolái zhī jì, dàjiā yǒu shénme xīn de juéxīn ma

B: 首先 我 要 戒 烟, 然后 多 做 些 运动。
　　Shǒuxiān wǒ yào jiè yān, ránhòu duō zuò xiē yùndòng

A: 那么, 崔 勇 你 呢?
　　Nàme, Cuī Yǒng nǐ ne

C: 也 算 不 上 什么 决心, 就 是 想 减减 肥。
　　Yě suàn bu shàng shénme juéxīn, jiù shì xiǎng jiǎnjian féi

B: 希望 你 如愿以偿。①
　　Xīwàng nǐ rúyuànyǐcháng

A: 我 也 希望 大家 今年 都 万事 如意, 心想 事成。②
　　Wǒ yě xīwàng dàjiā jīnnián dōu wànshì rúyì, xīnxiǎng shìchéng

A: 새해를 맞이하여 여러분은 어떤 새로운 결심을 하셨습니까?
B: 우선 담배를 끊고 운동을 많이 하려고 합니다.
A: 그럼 추이용씨는요?
C: 결심이라고까지 할 건 없고, 다이어트를 좀 할 생각이에요.
B: 그 소원이 이루어지기를 빌겠습니다.
A: 모두들 올해는 뜻하시는 모든 일들이 다 이루어지기를 바랍니다.

---

① 如愿以偿 rúyuànyǐcháng: 원하는 바가 이루어지다, 소원성취하다.
② 万事如意, 心想事成 wànshì rúyì xīnxiǎng shìchéng: 모든 일이 뜻하는 대로 다 이루어지기를 바란다는 뜻.

여러 가지 활용

I 결심을 밝힐 때   表示 决心 时
　　　　　　　　　biǎoshì juéxīn shí

- 다가오는 새해에는 어떤 계획들을 세웠습니까?
  新年 快要 到 了，有 什么 新 的 打算 吗?①
  Xīnnián kuàiyào dào le yǒu shénme xīn de dǎsuàn ma

- 술과 담배를 끊기로 결심했습니다.
  我 决心 把 烟 和 酒 戒掉。②
  Wǒ juéxīn bǎ yān hé jiǔ jièdiào

- 이번에는 반드시 이 계획을 해내고야 말 겁니다.
  这 回 我 一定 要 完成 这 项 计划。
  Zhè huí wǒ yídìng yào wánchéng zhè xiàng jìhuà

- 그를 용서하기로 결심했습니다.
  我 下 决心 要 原谅 他 了。
  Wǒ xià juéxīn yào yuánliàng tā le

- 끝까지 해보기로 결심했습니다.
  我 决心 坚持 到底。
  Wǒ juéxīn jiānchí dàodǐ

- 새 학기부터는 공부를 열심히 하기로 결심했습니다.
  从 新 学期 开始，我 下定 决心 要 努力 学习。
  Cóng xīn xuéqī kāishǐ wǒ xiàdìng juéxīn yào nǔlì xuéxí

▶**확고한 의지를 말할 때   表示 意志 坚定 时**
　　　　　　　　　　　　biǎoshì yìzhì jiāndìng shí

- 무슨 일이 있어도 제 결심을 바꾸지 않을 겁니다.
  不管 发生 什么 事，我 都 不会 改变 我 的 决心。
  Bùguǎn fāshēng shénme shì wǒ dōu bú huì gǎibiàn wǒ de juéxīn

---

① 打算 dǎsuàn: 생각, 기획, 작정, 기도(企图). 동사로는 ~할 생각이다, ~할 작정이다.

② 掉 diào: 동사 뒤에 쓰여 '~해 버리다'의 뜻을 나타낸다. 예) 吃掉 chīdiào (먹어버리다), 卖掉 màidiào (팔아버리다).

③ 결심·결정

- 목숨을 바쳐서라도 끝까지 해내겠습니다.
  就算 牺牲 生命，也 要 进行 到底。
  Jiù suàn xīshēng shēngmìng yě yào jìnxíng dàodǐ

- 다시는 도박을 하지 않겠다고 맹세합니다.
  我 发誓 再也不 赌博 了。
  Wǒ fā shì zài yě bù dǔbó le

- 앞으로 다시는 담배를 피우지 않겠습니다.
  我 保证 以后不再 吸烟 了。[1]
  Wǒ bǎozhèng yǐhòu bú zài xī yān le

- 거기는 절대로 안 갈 겁니다.
  我 绝对 不会 去 那里。
  Wǒ juéduì bú huì qù nàli

Ⅱ 결정을 할 때 决定 时
　　　　　　　　juédìng shí

A: 小 梅，那 件 事 你 到底 决定 了 吗？
   Xiǎo Méi   nà jiàn shì nǐ dàodǐ juédìng le ma
B: 我 已经 决定 了，我 一定 会 坚持 到底 的。
   Wǒ yǐjīng juédìng le   wǒ yídìng huì jiānchí dàodǐ de
A: 为什么 会 突然 变得 这么 坚定 呢？
   Wèishénme huì tūrán biànde zhème jiāndìng ne
B: 我 考虑 了 很 久，觉得 只要 努力 就 一定 会
   Wǒ kǎolǜ le hěn jiǔ   juéde zhǐyào nǔlì jiù yídìng huì
   成功 的。
   chénggōng de
A: 你 能 这样 想 真 好，祝 你 成功！
   Nǐ néng zhèyàng xiǎng zhēn hǎo   zhù nǐ chénggōng

A: 샤오메이, 너 그 일 도대체 결정했니?
B: 이미 결정했어요, 반드시 끝까지 해내기로요.
A: 왜 갑자기 그렇게 확고하게 변했지?
B: 곰곰이 생각해 봤는데, 노력만 하면 성공할 수 있겠어요.
A: 그렇게 생각했다니 잘했다. 성공을 빌게.

---

[1] 保证 bǎozhèng : 보증하다, 책임지다, 맹세하다.

6. 의사 표현

▶**계획을 밝힐 때**　说出 计划 时
　　　　　　　　　shuōchū jìhuà shí

- 휴대용 컴퓨터를 한 대 사려고 합니다.
  我 想 买 一 台 手提 电脑。①
  Wǒ xiǎng mǎi yì tái shǒutí diànnǎo

- 매 주말을 가족과 함께 보내기로 했습니다.
  我 决定 每 个 周末 都 和 家人 一起 过。
  Wǒ juédìng měi ge zhōumò dōu hé jiārén yìqǐ guò

- 이번 주말까지 그 계획을 완성할 작정입니다.
  我 打算 本 周末 之前 完成 那 项 计划。
  Wǒ dǎsuàn běn zhōumò zhīqián wánchéng nà xiàng jìhuà

- 다음 달에 한국여행을 계획하고 있습니다.
  我 准备 下 个 月 去 韩国 旅行。②
  Wǒ zhǔnbèi xià ge yuè qù Hánguó lǚxíng

▶**결정을 못했을 때**　没有 决定 时
　　　　　　　　　　méiyǒu juédìng shí

- 아직 최종 결정을 못했습니다.
  还 没有 做 最后 的 决定 呢。
  Hái méiyǒu zuò zuìhòu de juédìng ne

- 한참을 생각했는데도 결정을 못했습니다.
  想了 半天 也 还 没 决定 呢。
  Xiǎngle bàntiān yě hái méi juédìng ne

- 생각 좀 해보고 결정을 내리겠습니다.
  我 想 考虑 一下 再 做 决定。
  Wǒ xiǎng kǎolǜ yíxià zài zuò juédìng

- 먼저 다른 사람들 의견을 들어보겠습니다.
  我 想 先 听听 大家 的 意见。
  Wǒ xiǎng xiān tīngting dàjiā de yìjiàn

---

① 手提电脑 shǒutí diànnǎo：노트북 컴퓨터 =笔记本电脑 bǐjìběn diànnǎo.

② 准备 zhǔnbèi：'준비하다'는 뜻 외에도, '~하려고 하다', '~할 작정이다'의 뜻이 있다.

▶ **결정하기가 곤란할 때**　很 难 决 定 时
　　　　　　　　　　　　 hěn nán juédìng shí

- 정말 결정하기가 어렵군요.
  真 的 很 难 决定。
  Zhēn de hěn nán juédìng

- 어떻게 해야 할지 정말 모르겠어요.
  真 不 知道 该 怎么办。
  Zhēn bù zhīdào gāi zěnmebàn

- 지금 결정하기에는 너무 일러요.
  现在 做 决定 太 早 了。
  Xiànzài zuò juédìng tài zǎo le

- 한 번 더 신중하게 고려해 보겠어요.
  我 再 慎重 地 考虑 一下。
  Wǒ zài shènzhòng de kǎolǜ yíxià

▶ **결정을 유보할 때**　保留 决定 时
　　　　　　　　　　 bǎoliú juédìng shí

- 지금은 말하고 싶지 않아요.
  我 现在 不 想 说。
  Wǒ xiànzài bù xiǎng shuō

- 상황을 보고 다시 이야기합시다.
  看 情况 再 说 吧。
  Kàn qíngkuàng zài shuō ba

- 며칠만 더 생각할 시간을 주세요.
  再 给 我 几 天 时间 好好儿 想想 吧。
  Zài gěi wǒ jǐ tiān shíjiān hǎohāor xiǎngxiang ba

- 모든 가능성을 고려해 봐야 하겠습니다.
  我 要 考虑 所有 的 可能性。
  Wǒ yào kǎolǜ suǒyǒu de kěnéngxìng

- 무슨 좋은 수가 없을까요?
  有 什么 好 办法 吗 ?
  Yǒu shénme hǎo bànfǎ ma

- 일의 진전을 지켜본 후에 다시 결정합시다.
  看看 事情 的 发展 再 做 决定 吧。
  Kànkan shìqing de fāzhǎn zài zuò juédìng ba

6. 의사 표현

- 이 일은 여러 각도에서 고려할 필요가 있습니다.
  这件事有必要从各个角度来考虑一下。
  Zhè jiàn shì yǒu bìyào cóng gè ge jiǎodù lái kǎolù yíxià
- 그것은 아직 확정되지 않은 일이므로 당장 결정할 수는 없습니다.
  那是不确定的事情，因此我不能立刻做出决定。
  Nà shì bú quèdìng de shìqing yīncǐ wǒ bù néng lìkè zuòchū juédìng

▶ 자신에게 결정권이 없을 때　自己没有决定权时
　　　　　　　　　　　　　　zìjǐ méiyǒu juédìngquán shí

- 그 일은 제 마음대로 결정할 수가 없습니다.
  那件事我不能自作主张。
  Nà jiàn shì wǒ bù néng zì zuò zhǔzhāng
- 저는 결정할 권한이 없습니다.
  我没有决定的权力。
  Wǒ méiyǒu juédìng de quánlì
- 저에게는 최종 결정권이 없습니다.
  我没有最终的决定权。
  Wǒ méiyǒu zuìzhōng de juédìngquán
- 제 마음대로 결정할 수가 없습니다.
  我不能擅自决定。①
  Wǒ bù néng shànzì juédìng

▶ 결정권이 상대에게 있을 때　决定权在对方时
　　　　　　　　　　　　　　juédìngquán zài duìfāng shí

- 모든 것이 당신에게 달려 있어요.
  一切都看你的了。
  Yíqiè dōu kàn nǐ de le
- 당신이 결정하세요.
  就由你来决定吧。
  Jiù yóu nǐ lái juédìng ba

---

① 擅自 shànzì：멋대로, 제멋대로, 독단적으로.

③ 결심·결정

- 가든지 말든지 그건 당신의 일이에요.
  去不去那是你自己的事情。
  Qù bu qù nà shì nǐ zìjǐ de shìqing

- 당신이 하고 싶은 대로 하세요.
  你想怎么做就怎么做吧。
  Nǐ xiǎng zěnme zuò jiù zěnme zuò ba

- 당신이 어떤 결정을 하든 저는 다 지지합니다.
  无论你做什么样的决定, 我都会支持你的。
  Wúlùn nǐ zuò shénmeyàng de juédìng wǒ dōu huì zhīchí nǐ de

- 당신들의 의견대로 처리합시다.
  就按你们的意思去办吧。
  Jiù àn nǐmen de yìsi qù bàn ba

- 결정권은 당신이 쥐고 있습니다.
  决定权掌握在你自己手里。①
  Juédìngquán zhǎngwò zài nǐ zìjǐ shǒuli

▶ 기타 其他
　　　　qítā

- 그럼 일단 이렇게 결정을 합시다.
  那就先这样决定吧。
  Nà jiù xiān zhèyàng juédìng ba

- 정말 어려운 결정을 하셨군요.
  真是做了一个很难的决定啊。
  Zhēn shì zuòle yí ge hěn nán de juédìng a

- 되든 안되든 일단 해봅시다.
  行不行, 先试试看吧。
  Xíng bu xíng xiān shìshi kàn ba

- 성공하든 실패하든 일단 부딪쳐 봅시다.
  不管成功与否, 还是搏一搏吧。②
  Bùguǎn chénggōng yǔ fǒu háishi bó yi bó ba

---

① 掌握 zhǎngwò: 장악하다, 주관하다, 관리하다.
② 搏 bó: 치다, 맞서 싸우다, 격투를 벌이다.

258 6. 의사 표현

- 이제 와서 그런 말을 해봐야 무슨 소용 있어? 이제는 밀고 나가는 수밖에 없어.
 这 时候 说 那 种 话 有 什么 用？现在 只 能 继续
 Zhè shíhou shuō nà zhǒng huà yǒu shénme yòng Xiànzài zhǐ néng jìxù
 做 下去 了。
 zuò xiaqu le

- 그것도 어떤 상황인지를 살펴봐야 합니다.
 那 也 得 看 是 什么 情况 了。
 Nà yě děi kàn shì shénme qíngkuàng le

- 그 문제에 대해서 우리는 신중하게 생각한 뒤에 결정해야 합니다.
 对 那 件 事，我们 应该 慎重 地考虑 一下 再 做
 Duì nà jiàn shì wǒmen yīnggāi shènzhòng de kǎolǜ yíxià zài zuò
 决定。
 juédìng

- 그 프로젝트를 실행하기에는 시기상조에요.
 实施 那 项 研究 计划 为时 尚早。①
 Shíshī nà xiàng yánjiū jìhuà wéishí shàngzǎo

- 더 이상 말해 봤자 아무 의미가 없습니다.
 再 说 下去 也 没 什么 意义 了。
 Zài shuō xiaqu yě méi shénme yìyì le

---

① 为时尚早 wéishí shàngzǎo: 때가 아직 이르다, 시기상조이다. = 为时过早 wéishí guòzǎo.

4 토론·협상   讨论/协议
                                                                          tǎolùn   xiéyì

我们 wǒmen 과 咱们 zánmen 은 한국 말로는 다같이 "우리" 라는 뜻이지만, 특히 咱们 zánmen 은 상대방을 포함한 우리를 뜻하므로 훨씬 더 친근감이 있다. 따라서 상대방과 협상을 할 때는 친근감이나 유대감을 나타내기 위하여 我们 wǒmen 이라는 말보다 咱们 zánmen 이라는 말을 더 많이 쓴다.

기본대화

A: 我 想 今天 谈好 这 件 事情，不要 拖拖拉拉 的 。
    Wǒ xiǎng jīntiān tánhǎo zhè jiàn shìqing búyào tuōtuolālā de

B: 我 也 是 那么 想 的，但 以 现在 的 条件 我 要
    Wǒ yě shì nàme xiǎng de dàn yǐ xiànzài de tiáojiàn wǒ yào
   听听 经理 的 意见 。
   tīngting jīnglǐ de yìjiàn

A: 那样 的话 这 笔 交易 就 很 难 谈成 。 我们 互相 让
    Nàyàng dehuà zhè bǐ jiāoyì jiù hěn nán tánchéng Wǒmen hùxiāng ràng
   一步 好 吗 ？
   yí bù hǎo ma

B: 那 你 说说 看 。
    Nà nǐ shuōshuo kàn

A: 这样 好 不 好，我们 互相 让 一 步，就 五五 开
    Zhèyàng hǎo bu hǎo wǒmen hùxiāng ràng yí bù jiù wǔwǔ kāi
   怎么样 ？
   zěnmeyàng

B: 真 是 说 不过 你，我 认 输，就 那样 吧 。①
    Zhēn shì shuō bu guò nǐ wǒ rèn shū jiù nàyàng ba

A: 오늘 이 일을 매듭짓고 싶습니다. 질질 끌 필요가 없거든요.

B: 저도 그렇게 생각합니다만, 지금의 조건으로는 사장님의 의견을 들어봐야 하겠습니다.

---

① 동사 뒤에 不过가 오면 '능가하지 못하다', '앞서지 못하다' 의 뜻이 된다.
예) 说不过: 말로는 이겨낼 수 없다. 学不过: 아무리 공부해도 능가하지 못하다.

260 6. 의사 표현

A: 그러다가는 거래가 성사되기 어렵습니다. 우리 서로 조금씩 양보하면 어떨까요?
B: 말씀해 보시지요.
A: 이러면 어떻겠습니까? 서로 조금씩 양보하여 5 : 5로 합시다.
B: 정말 말로는 당신을 이길 수가 없군요. 제가 졌습니다. 그렇게 합시다.

여러 가지 활용

I 토론   讨论
         tǎolùn

- 한잔 하면서 토론합시다.
  我们 边 喝 边 谈。①
  Wǒmen biān hē biān tán

- 해결책을 찾을 때까지 계속 토의해 봅시다.
  我们 要 继续 讨论 直至 找到 解决 方案 为止。
  Wǒmen yào jìxù tǎolùn zhízhì zhǎodào jiějué fāng'àn wéizhǐ

- 당신이 원하기만 하면 저는 언제든지 상의할 수 있습니다.
  只要 您 愿意, 我 什么 时候 都 可以 商量。
  Zhǐyào nín yuànyì wǒ shénme shíhou dōu kěyǐ shāngliang

▶재고를 부탁할 때   要求 再 考虑 时
                 yāoqiú zài kǎolǜ shí

- 다시 한번 생각해 주시면 안되겠습니까?
  您 可 不 可以 再 考虑 一下 ?
  Nín kě bu kěyǐ zài kǎolǜ yíxià

- 모두 다함께 신중히 고려하여 결정합시다.
  大家 都 慎重 考虑 一下 再 做 决定 吧!
  Dàjiā dōu shènzhòng kǎolǜ yíxià zài zuò juédìng ba

- 이 점은 한번 더 생각해 볼 필요가 있습니다.
  这 点 有 必要 再三 考虑 一下。
  Zhè diǎn yǒu bìyào zàisān kǎolǜ yíxià

---

① 边~边~: ~하면서 (동시에 다른 한편으로) ~하다.

▶논점이 빗나갈 때　跑题 时
　　　　　　　　　　　pǎotí shí

- 그것은 별개의 문제예요.
  那 又 是 另 一 回 事 了。
  Nà yòu shì lìng yì huí shì le
- 지금 당신이 하는 얘기는 우리의 화제와 아무 상관이 없습니다.
  你 说 的 跟 我们 的 话题 一点儿 关系 都 没有。
  Nǐ shuō de gēn wǒmen de huàtí yìdiǎnr guānxì dōu méiyǒu
- 그 문제는 잠시 놔두고 우선 본론부터 얘기합시다.
  这 件 事 就 先 放着，先 谈 正事 吧。
  Zhè jiàn shì jiù xiān fàngzhe xiān tán zhèngshì ba
- 주제에선 벗어나지만 너에게는 아주 도움이 되는 말이야.
  虽然 这 是 题外话，但 它 对 你 也 是 很 有 启发 的。
  Suīrán zhè shì tíwàihuà dàn tā duì nǐ yě shì hěn yǒu qǐfā de
- 빙빙 돌리지 말고 핵심을 이야기하시겠습니까?
  不要 拐弯 抹角 的，说 重点 好 吗?①
  Búyào guǎiwān mòjiǎo de shuō zhòngdiǎn hǎo ma
- 그런 문제들은 다 부차적인 것입니다.
  那些 问题 都 是 次要 的。
  Nàxiē wèntí dōu shì cìyào de

Ⅱ 협상　协议
　　　　　xiéyì

▶협상을 이룰 때　达成 协议 时
　　　　　　　　　dáchéng xiéyì shí

- 그들의 제안을 받아들입시다.
  就 接受 他们 的 提案 吧。
  Jiù jiēshòu tāmen de tí'àn ba
- 드디어 의견이 일치되었군요.
  终于 可以 谈到 一块儿 了。
  Zhōngyú kěyǐ tándào yíkuàir le

---

① 拐弯抹角 guǎiwān mòjiǎo: 빙빙 돌아가다, 이리저리 돌아가다.

- 그 방면에서 우리의 의견은 일치합니다.
  在那一方面，我们的意见是一致的。
  Zài nà yì fāngmiàn wǒmen de yìjiàn shì yízhì de

- 그 회사는 이미 우리의 조건을 수락하였습니다.
  那家公司已经接受了我们的条件。
  Nà jiā gōngsī yǐjīng jiēshòu le wǒmen de tiáojiàn

- 이번 주 내로 모든 문제가 해결될 것입니다.
  在这个星期内，所有的问题都会得到解决的。
  Zài zhège xīngqī nèi suǒyǒu de wèntí dōu huì dédào jiějué de

- 장기적 이익을 생각하면 이 계획이 양쪽 모두에게 유리합니다.
  从长远利益来看，这项计划对双方都有好处。
  Cóng chángyuǎn lìyì lái kàn zhè xiàng jìhuà duì shuāngfāng dōu yǒu hǎochu

▶ 협상이 순조롭지 못할 때　协议不顺利时
　　　　　　　　　　　　　xiéyì bú shùnlì shí

- 양측은 아직도 의견이 엇갈립니다.
  双方还是意见不合。
  Shuāngfāng háishi yìjiàn bù hé

- 그 문제는 아직도 합의를 보지 못하였습니다.
  这件事还没有达成协议。
  Zhè jiàn shì hái méiyǒu dáchéng xiéyì

- 1주일 안으로 합의를 달성하도록 노력하겠습니다.
  我会努力在一个星期内与他达成协议。
  Wǒ huì nǔlì zài yí ge xīngqī nèi yǔ tā dáchéng xiéyì

▶ 양보를 요구할 때　要求对方让步时
　　　　　　　　　　yāoqiú duìfāng ràng bù shí

- 우리 서로 한 발씩 양보합시다.
  我们互相让一步吧。
  Wǒmen hùxiāng ràng yí bù ba

- 우리는 한 치도 양보할 수 없습니다.
  我们一点儿都不能让步。
  Wǒmen yìdiǎnr dōu bù néng ràng bù

- 우리의 입장을 고수하겠습니다. 결코 양보할 수 없습니다.
  我们 要 坚持 自己 的 立场，绝 不 会 妥协 退让 的。
  Wǒmen yào jiānchí zìjǐ de lìchǎng jué bú huì tuǒxié tuìràng de

- 너무 많은 양보는 허락되지 않습니다.
  太 多 的 退让 是 不 允许 的。
  Tài duō de tuìràng shì bù yǔnxǔ de

- 눈앞의 이익만 살피다 보면 나중에 큰 손해를 입게 됩니다.
  只 顾 眼前 利益，以后 一定 会 吃 大亏 的。
  Zhǐ gù yǎnqián lìyì yǐhòu yídìng huì chī dàkuī de

5 충고·설득   忠告 / 说服
zhōnggào shuōfú

"我劝你 wǒ quàn nǐ"는 "내가 당신에게 권고하는데 ~"라는 뜻이다. 이는 상대방을 위하여 권고 또는 충고를 할 때 사용한다. 만일 상대에게 다시는 그러지 않도록 엄중히 경고를 할 때에는 "我警告你 wǒ jǐnggào nǐ"라고 하면 된다.

기본대화

A: 真 不 知道 该 怎么办 才 好。
 Zhēn bù zhīdào gāi zěnmebàn cái hǎo

B: 你 难道 想 半途而废 吗?①
 Nǐ nándào xiǎng bàntú ér fèi ma

A: 我 觉得 凭 我 一个人 的 力量 是 绝对 不 可能 实现 的。
 Wǒ juéde píng wǒ yí ge rén de lìliàng shì juéduì bù kěnéng shíxiàn de

B: 以 我 的 经验 来 看, 只要 努力 就 一定 会 成功。
 Yǐ wǒ de jīngyàn lái kàn zhǐyào nǔlì jiù yídìng huì chénggōng

A: 说 起来 简单, 做 起来 难。
 Shuō qilai jiǎndān zuò qilai nán

B: 如果 放弃 的话 就 意味 着 永远 都 不 会 成功。
 Rúguǒ fàngqì dehuà jiù yìwèi zhe yǒngyuǎn dōu bú huì chénggōng
 不管 怎么样, 我 希望 你 不要 放弃。
 Bùguǎn zěnmeyàng wǒ xīwàng nǐ búyào fàngqì

A: 谢谢 你 的 忠告。
 Xièxie nǐ de zhōnggào

A: 어떻게 해야 좋을지 정말 모르겠습니다.
B: 설마 중도에서 포기할 생각은 아니겠지?
A: 저 혼자의 힘으로는 그것을 실현하기란 도저히 불가능한 것 같습니다.
B: 내 경험으로 보건대, 노력만 하면 반드시 성공할 수 있어.
A: 그게 말은 쉬운데 행동하기가 어렵네요.

---

① 半途而废 bàntú ér fèi: 중도에서 포기하다, 도중에서 그만두다.

B: 만일 포기한다면 그건 영원히 성공할 수 없음을 의미하지. 어떤 일이 있더라도 포기하지 말길 바라네.
A: 충고의 말씀 고맙습니다.

여러 가지 활용

I 충고　忠告
　　　　zhōnggào

- 내가 권고하는데 그렇게 하지 마.
  我 劝 你 不要 那样 做。
  Wǒ quàn nǐ búyào nàyàng zuò

- 제발 그러지 마라.
  你 千万 别 这样。
  Nǐ qiānwàn bié zhèyàng

- 잘 생각해 봐.
  你 好好儿 想 一 想。
  Nǐ hǎohāor xiǎng yi xiǎng

- 너무 지나치게 하지 마세요.
  不要 太 过分 了。
  Búyào tài guòfèn le

- 언행에 좀 더 주의를 기울이세요.
  要 多 注意 自己 的 言行 举止。
  Yào duō zhùyì zìjǐ de yánxíng jǔzhǐ

- 제일 좋기는 담배와 술을 끊는 겁니다.
  最好 把 烟 和 酒 都 戒 了。
  Zuìhǎo bǎ yān hé jiǔ dōu jiè le

- 건강도 안 좋으신데 이런 일은 상관하지 마세요.
  您 身体 不 太 好，就 别 管 这些 了。
  Nín shēntǐ bú tài hǎo jiù bié guǎn zhèxiē le

- 불필요한 일에 돈을 낭비하지 말게.
  不要 为 没 必要 的 事情 浪费 金钱。
  Búyào wèi méi bìyào de shìqing làngfèi jīnqián

- 자네에게 주의 한 가지 하겠네.
  我 提醒 你 一 件 事。
  Wǒ tíxǐng nǐ yí jiàn shì

- 자기가 한 말은 지켜야지.
  要 遵守 自己 的 诺言。
  Yào zūnshǒu zìjǐ de nuòyán

- 남의 험담은 하지 말아요.
  不要 说 别人 的 坏话。
  Búyào shuō biéren de huàihuà

- 사람 놀리지 마라.
  你 不要 再 捉弄 人 了。
  Nǐ búyào zài zhuōnòng rén le

- 너무 우쭐대지 말라구.
  你 不要 太 骄傲 了。
  Nǐ búyào tài jiāo'ào le

- 그렇게 경솔하게 결정하지 마세요.
  不要 那么 草率 地 做 决定。
  Búyào nàme cǎoshuài de zuò juédìng

- 바보 같은 짓 그만 둬.
  不要 做 傻事 了。
  Búyào zuò shǎshì le

- 어떤 상황에서든 친구와의 신의를 저버려서는 안 됩니다.
  无论 什么 情况, 都 不 能 背叛 朋友 之间 的 信义。
  Wúlùn shénme qíngkuàng, dōu bù néng bèipàn péngyou zhījiān de xìnyì

- 너는 자존심이 너무 강한게 탈이야.
  你 的 缺点 就 是 自尊心 太 强 了。
  Nǐ de quēdiǎn jiù shì zìzūnxīn tài qiáng le

- 자업자득이야, 그만 잊어버려.
  那 是 自作自受, 就 别 再 想 了。
  Nà shì zìzuòzìshòu jiù bié zài xiǎng le

II 설득　说服
shuōfú

A: 我要 向 法院 起诉，要 他 赔偿 我 的 损失 。
　　Wǒ yào xiàng fǎyuàn qǐsù　yào tā péicháng wǒ de sǔnshī
B: 那么 做 不 好 吧 。 其实 你 也 有 错 啊 ，还是 私下
　　Nàme zuò bù hǎo ba　　Qíshí nǐ yě yǒu cuò a　háishi sīxià
　解决 比较 好 。①
　jiějué bǐjiào hǎo
A: 那 是 不 可能 的 。
　　Nà shì bù kěnéng de
B: 你 清醒 一点儿 ，听 我 说 好 不 好 ?
　　Nǐ qīngxǐng yìdiǎnr　tīng wǒ shuō hǎo bu hǎo
A: 不 ，你 听 我 说 ，你 到底 站在 哪 一 边 ?
　　Bù　nǐ tīng wǒ shuō nǐ dàodǐ zhànzài nǎ yì biān

A: 법원에 고소를 해서 그에게 손해배상을 하도록 해야겠어.
B: 그러는건 좋지 않아. 사실 너도 잘못이 있잖아. 그러니 조용히 해결하는게 비교적 좋을 것 같다.
A: 그건 불가능해.
B: 정신을 차리고 내 말을 좀 들어.
A: 아니, 너나 내말을 들어. 넌 대체 누구편이야?

▶설득시키려고 할 때 要 说服 叶
　　　　　　　　　yào shuōfú shí

- 이렇게 하면 어떨까요?
　这样 做 怎么样 ?
　Zhèyàng zuò zěnmeyàng

- 당신이 나서서 그를 설득해 보세요.
　你来 劝劝 他试试 。
　Nǐ lái quànquan tā shìshi

- 그를 설득해서 비밀을 말하도록 하세요.
　你 要 说服 他 把 秘密 说 出来 。
　Nǐ yào shuōfú tā bǎ mìmì shuō chulai

---

① 私下 sīxià: 몰래, 살짝, 비공식적으로.

268 6. 의사 표현

- 우리 제안을 받아들이도록 반드시 그를 설득해야 합니다.
  一定 要 说服 他 接受 我们 的 提案。
  Yídìng yào shuōfú tā jiēshòu wǒmen de tí'àn
- 그들이 이 연구프로젝트의 중요성을 알도록 해야 합니다.
  要 让 他们 知道 这 项 研究 计划 的 重要性。
  Yào ràng tāmen zhīdào zhè xiàng yánjiū jìhuà de zhòngyàoxìng

▶ 고집을 피울 때   固执 时
                  gùzhí shí

- 내 방식대로 하겠어요.
  我 要 按 自己 的 方式 办 事。
  Wǒ yào àn zìjǐ de fāngshì bàn shì
- 너는 늘 자기 생각을 남에게 강요하기를 좋아하는구나.
  你 总是 喜欢 把 自己 的 想法 强加 于 别人。①
  Nǐ zǒngshì xǐhuan bǎ zìjǐ de xiǎngfǎ qiángjiā yú biérén
- 너는 왜 언제나 네멋대로만 하려고 하니?
  你 为什么 总 那么 随心所欲 呢?②
  Nǐ wèishénme zǒng nàme suíxīnsuǒyù ne
- 그는 고집이 너무 세요. 당신이 아니면 그를 꺾을 사람이 없습니다.
  他 这 个 人 太 固执 了。 除了 你， 没有 人 能 说服
  Tā zhè ge rén tài gùzhí le   Chúle nǐ méiyǒu rén néng shuōfú
  他。
  tā
- 이 고집쟁이야.
  你 这 个 老 顽固。
  Nǐ zhè ge lǎo wángù
- 그는 정말 황소고집이에요.
  你 真 是 头 倔牛。
  Nǐ zhēn shì tóu juèniú

---

① 强加 qiángjiā: 강요하다, 강압하다.
② 随心所欲 suíxīnsuǒyù: 자기 하고 싶은 대로 하다, 제 맘대로 하다.

6 질문·답변

提问 / 回答
tíwèn　huídá

질문을 할 때 가장 일반적인 표현은 "请问 qǐngwèn"(말씀 좀 묻겠습니다.)으로 시작하는 것이다. 일반적으로 교사가 학생에게 문제를 제기하는 것은 "提问题 tí wèntí"이며, 학생이 교사에게 모르는 것을 물어보는 것은 "问问题 wèn wèntí"라고 한다. 질문에 대한 대답이 맞았을 때에는 "回答正确。Huídá zhèngquè" 또는 "答对了。Dáduì le"라고 하고, 틀렸을 경우에는 "回答错误。Huídá cuòwù" 또는 "答错了。Dácuò le"라고 한다.

A: 我有问题想问您。
　 Wǒ yǒu wèntí xiǎng wèn nín
B: 好,请说吧。
　 Hǎo qǐng shuō ba
A: "希望工程"是什么意思?①
　 Xīwàng gōngchéng shì shénme yìsi
B: 它就是为扶助失学儿童而开展的一项活动。
　 Tā jiù shì wèi fúzhù shīxué értóng ér kāizhǎn de yí xiàng huódòng
A: 您能具体地说一下吗?
　 Nín néng jùtǐ de shuō yíxià ma
B: 例如为贫困地区的儿童捐款、捐物,帮助他们
　 Lìrú wèi pínkùn dìqū de értóng juān kuǎn juān wù bāngzhù tāmen
　 建立学校等。②
　 jiànlì xuéxiào děng
A: 여쭤보고 싶은게 있어요.
B: 네, 말씀해 보세요.

---

① 希望工程 xīwàng gōngchéng: 중국청소년발전기금회에서 운영하는 민간주도의 사회공익사업으로 1989년에 처음 실시된 이래 지금까지 약 1만여개의 초등학교 건설과 250여만명의 어린이들에게 학업의 기회를 주었다. 갈수록 빈부격차가 심해지는 중국에서 농촌 및 빈곤지역의 문맹퇴치에 큰 공헌을 하고 있다.

② 捐 juān: 기부하다, 헌납하다.

6. 의사 표현

A: "희망공정"이란 게 무슨 뜻이죠?
B: 그것은 배움의 기회를 잃어버린 아동들을 돕기 위해 전개하고 있는 활동이에요.
A: 구체적으로 설명해 주실 수 있나요?
B: 예를 들자면 빈민지역의 아동을 위해 돈이나 물건을 기부하거나, 학교를 건립해주는 것 등이죠.

여러 가지 활용

Ⅰ 질문할 때   提问 时
　　　　　　　tíwèn shí

- 한 가지 질문해도 괜찮습니까?
  可以 问 你 一 个 问题 吗?
  Kěyǐ wèn nǐ yí ge wèntí ma

- 사적인 문제를 물어봐도 될까요?
  可以 问 私人 问题 吗?
  Kěyǐ wèn sīrén wèntí ma

- 누구에게 물어봐야 되죠?
  应该 问 谁 呀?
  Yīnggāi wèn shéi ya

- 새로운 소식이 없습니까?
  有 没有 新 的 消息?
  Yǒu méiyǒu xīn de xiāoxi

- 그 일은 대체 어찌되었습니까?
  那 件 事 到底 怎么样 了?
  Nà jiàn shì dàodǐ zěnmeyàng le

- 이 글자 어떻게 읽어요?
  这 个 字 怎么 念?
  Zhè ge zì zěnme niàn

- 왜 그런 일을 하려고 하는 거죠?
  你 为什么 要 做 那 种 事?
  Nǐ wèishénme yào zuò nà zhǒng shì

6 질문・답변

6 提问／回答

- 뭘 알고 싶으시죠?
  你 想 知道 什么？
  Nǐ xiǎng zhīdào shénme

- 그건 어떻게 하는 거죠?
  那个 应该 怎么 做？
  Nà ge yīnggāi zěnme zuò

- 무슨 생각을 하고 있어요?
  你在 想 什么？
  Nǐ zài xiǎng shénme

- 이 말의 뜻이 잘 이해가 안가서 당신께 물어보고 싶습니다.
  这 句 话 的 意思 我 不 太 明白，想 问问 你。
  Zhè jù huà de yìsi wǒ bú tài míngbai xiǎng wènwen nǐ

▶질문이 있나 물을 때   问 谁 有 问题 时
  wèn shéi yǒu wèntí shí

- 누구 질문 있습니까? /다른 질문 없어요?
  谁 有 问题 吗？／ 有 没有 别的 问题？
  Shéi yǒu wèntí ma   Yǒu méiyǒu biéde wèntí

- 질문이 있으신 분은 손을 드십시오.
  有 疑问 的 人 请 举 手。
  Yǒu yíwèn de rén qǐng jǔ shǒu

- 그럼 다음 분 질문해 주십시오.
  那就 请 下 一 位 提问 吧。
  Nà jiù qǐng xià yí wèi tíwèn ba

- 의문이 있으면 물어보세요. 무엇이든 괜찮습니다.
  有 疑问 的话 就 问， 什么 问题 都 可以。
  Yǒu yíwèn dehuà jiù wèn   shénme wèntí dōu kěyǐ

▶의문을 나타낼 때   表示 怀疑 时
  biǎoshì huáiyí shí

- 정말이야?
  真 的吗？
  Zhēn de ma

- 어떻게 그럴 수가? /그럴리가?
  怎么 可能 呢？／ 不 会 吧？
  Zěnme kěnéng ne   Bú huì ba

- 그것에 대해선 의심할 필요가 없습니다.
  对于那件事，没有什么值得怀疑的。
  Duìyú nà jiàn shì méiyǒu shénme zhídé huáiyí de

- 당신들의 장부에 문제가 있지 않나 의심스럽습니다.
  我怀疑你们的账本有问题。
  Wǒ huáiyí nǐmen de zhàngběn yǒu wèntí

- 그의 말이 사실이라고 생각합니까?
  你认为他说的是真的吗？
  Nǐ rènwéi tā shuō de shì zhēn de ma

- 당신의 말을 믿을 수가 없습니다.
  你所说的话我无法相信。
  Nǐ suǒ shuō de huà wǒ wúfǎ xiāngxìn

Ⅱ 답변할 때　回答时
　　　　　　huídá shí

▶답변을 요구할 때　要求回答时
　　　　　　　　　yāoqiú huídá shí

- 간단히 대답해 주세요.
  请简单地回答一下。
  Qǐng jiǎndān de huídá yíxià

- "예" 또는 "아니오"로 간단히 대답해 주십시오.
  请用"是"或"不是"简单地回答。
  Qǐng yòng shì huò bú shì jiǎndān de huídá

- 그 일에 대해 명확히 설명해 주셔야 합니다.
  你必须给我解释清楚那件事。
  Nǐ bìxū gěi wǒ jiěshì qīngchu nà jiàn shì

- 무슨 일이 있었는지 말씀해 주세요.
  告诉我发生了什么事。
  Gàosu wǒ fāshēng le shénme shì

- 그 과정을 자세히 설명해 주십시오.
  请详细地说明一下经过。
  Qǐng xiángxì de shuōmíng yíxià jīngguò

▶답변할 때 回答 时
huídá shí

- 제가 답변해 드리겠습니다. / 제가 설명을 드리겠습니다.
  我 来 回答。 / 请 让 我 解释 一下。
  Wǒ lái huídá   Qǐng ràng wǒ jiěshì yíxià

- 요컨대, 문제는 바로 여기에 있습니다.
  总而言之，问题 就 出在 这里。①
  Zǒng'éryánzhī wèntí jiù chūzài zhèli

- 이것이 제가 알고 있는 전부입니다.
  这 就 是 我 所 知道 的 一切。
  Zhè jiù shì wǒ suǒ zhīdào de yíqiè

- 저의 답변에 만족하십니까?
  您 满意 我 的 答案 吗？
  Nín mǎnyì wǒ de dá'àn ma

▶답변할 수 없을 때 不 能 回答 时
bù néng huídá shí

- 저는 잘 모르겠습니다.
  我 不大 清楚。
  Wǒ bú dà qīngchu

- 실은 저도 잘 모릅니다.
  其实 我 也 不 明白。
  Qíshí wǒ yě bù míngbai

- 전혀 들어본 적이 없습니다.
  我 从来 都 没 听说 过。
  Wǒ cónglái dōu méi tīngshuō guo

- 왜 그러한지는 저도 설명할 수가 없습니다.
  到底 为什么 会 那样，我 也 说 不 明白。
  Dàodǐ wèishénme huì nàyàng wǒ yě shuō bu míngbai

- 말로는 표현하기 힘들어요.
  用 语言 很 难 表达。
  Yòng yǔyán hěn nán biǎodá

---

① 总而言之 zǒng'éryánzhī:종합적으로 말하면, 한 마디로 말하면. =总之 zǒngzhī.

▶답변하고 싶지 않을 때　不 想 回答 时
　　　　　　　　　　　　bù xiǎng huídá shí

- 그것은 제가 관여할 일이 아닙니다.
  那不是我该管的事。
  Nà bú shì wǒ gāi guǎn de shì

- 당신이 제기한 질문에는 답변할 수 없군요.
  你提出的问题，我无法回答。
  Nǐ tíchū de wèntí wǒ wúfǎ huídá

- 말씀드릴 만한 것이 없습니다.
  没什么好说的。
  Méi shénme hǎo shuō de

- 그 문제에 관해서는 사장님에게 물어 보세요.
  关于那些问题，你去问老板吧。
  Guānyú nàxiē wèntí nǐ qù wèn lǎobǎn ba

- 제가 말하고 싶은 것은 전부 말했습니다.
  我想说的已经都说完了。
  Wǒ xiǎng shuō de yǐjīng dōu shuōwán le

- 어떻게 대답해야 좋을지 모르겠군요.
  我不知道该怎么回答。
  Wǒ bù zhīdào gāi zěnme huídá

- 미안하지만 이미 충분히 상세하게 말씀드렸습니다.
  不好意思，我说得已经够详细了。
  Bù hǎoyìsi wǒ shuō de yǐjīng gòu xiángxì le

7 찬성 · 반대   赞成 / 反对
zànchéng　fǎnduì

타인의 의견에 동의 또는 찬성할 때는 "我同意。Wǒ tóngyì" 또는 "我赞成。Wǒ zànchéng"하면 되고, 동의하지 않거나 반대를 할 때는 "我不同意。Wǒ bù tóngyì" 또는 "我反对。Wǒ fǎnduì"라고 하면 된다. 만일 찬반의 의사를 보류하거나 좀더 자기 의견을 말하는데 생각할 시간이 필요한 경우에는 "让我再想一想。Ràng wǒ zài xiǎng yi xiǎng"(좀더 생각해 보겠습니다.)라고 하거나 "我现在不能答复。Wǒ xiànzài bù néng dáfù"(지금 바로 답변드릴 수는 없습니다.)라고 하면 된다.

기본 내화

A: 我觉得那部电影把暴力过度美化了。
　　Wǒ juéde nà bù diànyǐng bǎ bàolì guòdù měihuà le
B: 我也是这么想的。
　　Wǒ yě shì zhème xiǎng de
C: 没有啊，我觉得这样才够刺激。
　　Méiyǒu a　wǒ juéde zhèyàng cái gòu cìjī
A: 是吗？我认为暴力和刺激是两码事。
　　Shì ma　Wǒ rènwéi bàolì hé cìjī shì liǎng mǎ shì
C: 行了，行了。只是部电影而已。看着有意思就行了。
　　Xíngle xíngle　Zhǐ shì bù diànyǐng éryǐ　Kànzhe yǒu yìsi jiù xíngle

A: 그 영화는 폭력을 너무 미화한 것 같아.
B: 나도 그렇게 생각해.
C: 아니, 나는 그래야 스릴이 있다고 생각하는데.
A: 그래? 나는 폭력과 스릴은 별개의 문제라고 봐.
C: 됐어, 됐어. 그냥 영화일 뿐이야. 봐서 재미있으면 된 거지.

여러 가지 활용

I 찬성할 때　赞成 时
　　　　　　　　zànchéng shí

- 전적으로 당신 의견에 찬성합니다.
  我 非常 赞同 您的 意见。
  Wǒ fēicháng zàntóng nín de yìjiàn

- 너무 좋습니다. 두손 들어 찬성합니다.
  太 棒 了, 我 举 双手 赞成。
  Tài bàng le wǒ jǔ shuāngshǒu zànchéng

- 당신과 같은 생각입니다.
  我 和 您 想 的 一样。
  Wǒ hé nín xiǎng de yíyàng

- 지당하신 말씀입니다.
  您 说 得 很 有 道理。
  Nín shuō de hěn yǒu dàolǐ

- 일리 있는 말입니다.
  言 之 有 理。
  Yán zhī yǒu lǐ

- 정말 좋은 생각입니다.
  真 是 个 好 主意!
  Zhēn shì ge hǎo zhǔyi

▶ 동의할 때　同意 时
　　　　　　　tóngyì shí

> A: 这个 周末 一起 去 爬 山, 好 吗?
>   Zhège zhōumò yìqǐ qù pá shān hǎo ma
> B: 好 啊, 我 也 正 有 此 意。
>   Hǎo a wǒ yě zhèng yǒu cǐ yì
> A: 이번 주말에 같이 등산이나 갈까?
> B: 좋지. 나도 그럴 생각이었어.

- 그 점은 전적으로 동의합니다.
  我 完全 同意 那 一 点。
  Wǒ wánquán tóngyì nà yì diǎn

- 저도 당신의 추측과 일치합니다.
  我 和 您 的 推测 一样。
  Wǒ hé nín de tuīcè yíyàng
- 그 건에 대해서는 전혀 이의가 없습니다.
  我 对 那 件 事 完全 没有 意见。
  Wǒ duì nà jiàn shì wánquán méiyǒu yìjiàn

▶부분적 동의　部分 同意
　　　　　　　bùfen tóngyì

> A: 你 对 他 的 计划 有 什么 看法？
> 　　Nǐ duì tā de jìhuà yǒu shénme kànfǎ
> B: 虽说 他 的 想法 很 有 创新，但 好像 有点儿
> 　　Suīshuō tā de xiǎngfǎ hěn yǒu chuàngxīn dàn hǎoxiàng yǒudiǎnr
> 　　荒唐。
> 　　huāngtáng
> A: 不过，我 认为 他 的 那 种 创新 精神，还是
> 　　Búguò wǒ rènwéi tā de nà zhǒng chuàngxīn jīngshén háishi
> 　　值得 我们 学习 的。
> 　　zhídé wǒmen xuéxí de
> B: 你 说 的也 对。
> 　　Nǐ shuō de yě duì
> A: 그의 프로젝트를 어떻게 보십니까?
> B: 생각이 창의적이기는 하나 좀 황당하기도 하군요.
> A: 그래도 그런 창의적 정신은 우리가 본받을 만하다고 생각하는데요.
> B: 그 말도 맞습니다.

- 그렇게 말할 수도 있겠군요.
  也 可以 那么 说。
  Yě kěyǐ nàme shuō
- 어쩌면 당신 말도 맞을 수 있지요.
  或许 您 说 的也 对。
  Huòxǔ nín shuō de yě duì
- 과히 나쁘지는 않군요.
  也 不 算 太 坏。
  Yě bú suàn tài huài

6. 의사 표현

- 아마도 그럴 겁니다.
  好像 是那样。
  Hǎoxiàng shì nàyàng

- 단정할 수는 없지만, 아마도 진짜 그럴 겁니다.
  说不定，也许 真 的是那样。
  Shuōbudìng yěxǔ zhēn de shì nàyàng

- 쌍수 들어 찬성하는 것은 아니지만 기본적으로 동의합니다.
  虽然 不是 双手 赞成，但 基本 上 还是 同意 的。
  Suīrán bú shì shuāngshǒu zànchéng dàn jīběn shang háishi tóngyì de

- 경우에 따라서는 그렇게 말할 수도 있겠지요.
  在 某 种 情况 下，也 可以 这么 说。
  Zài mǒu zhǒng qíngkuàng xià yě kěyǐ zhème shuō

▶ 맞장구를 칠 때　情投意合 时
　　　　　　　　　qíngtóuyìhé shí

- 그러게 말이에요.
  可不是 嘛！
  Kěbúshì ma

- 누가 아니랍니까.
  谁 说 不是！
  Shéi shuō bú shì

- 맞습니다!
  对 呀！
  Duì ya

- 그럼요.
  就 是 嘛。
  Jiù shì ma

- 우리가 진짜 약속이라도 한것 같군요.
  我们 真 的很 默契。①
  Wǒmen zhēn de hěn mòqì

---

① 默契 mòqì: 묵계(하다), 묵약(하다), 비밀약속(하다).

- 우린 정말 마음이 서로 통하는군요.
  我们 真 是 心 有 灵犀 啊。①
  Wǒmen zhēn shì xīn yǒu língxī a

Ⅱ 반대할 때　反对 时
　　　　　　　　fǎnduì shí

> A: 我 反对 那个 计划, 太 不 现实 了。
> 　　Wǒ fǎnduì nàge jìhuà　tài bú xiànshí le
> B: 我 倒 不 那么 想, 它 一定 有　成功　的 可能。
> 　　Wǒ dào bú nàme xiǎng tā yídìng yǒu chénggōng de kěnéng
> A: 저는 그 프로젝트에 반대합니다. 너무 비현실적이에요.
> B: 저는 그렇게 생각 안합니다. 성공할 가능성이 충분히 있어요.

- 그렇게 하는 것은 반대입니다.
  我 反对 那么 做。
  Wǒ fǎnduì nàme zuò

- 저는 그 제안에 반대합니다.
  我 反对 那个 提案。
  Wǒ fǎnduì nà ge tí'àn

- 그의 의견은 도저히 지지할 수 없어요.
  我 无法 支持 他 的 意见。
  Wǒ wúfǎ zhīchí tā de yìjiàn

- 그것은 도가 지나칩니다.
  那 太 过分 了。
  Nà tài guòfèn le

- 저는 절대로 찬성하지 않을 겁니다.
  我 绝对 不 会 赞成 的。
  Wǒ juéduì bú huì zànchéng de

- 유감스럽지만 저는 여전히 당신의 견해에 찬성할 수 없습니다.
  真　遗憾, 我 还是 不　赞成　您 的　观点。
  Zhēn yíhàn　wǒ háishi bú zànchéng nín de guāndiǎn

---

① 心有灵犀 xīn yǒu língxī: 마음이 서로 통하다. = 心有灵犀一点通 xīn yǒu língxī yì diǎn tōng.

6. 의사 표현

- 저는 그런 불합리한 제의에는 반대합니다.
  我 反对 那 种 不 合理 的 提议。
  Wǒ fǎnduì nà zhǒng bù hélǐ de tíyì

- 그런 계획은 통하지 않습니다.
  那个 计划 是 行 不 通 的。①
  Nà ge jìhuà shì xíng bu tōng de

- 그 계획은 도무지 말도 안됩니다.
  那 计划 简直 不 像 话。
  Nà jìhuà jiǎnzhí bú xiàng huà

- 그렇게 말씀하시면 틀립니다.
  那么 说 就 不 对 了。
  Nàme shuō jiù bú duì le

- 우리 둘은 전혀 말이 통하지 않는군요.
  我们 俩 真 是 难以 沟通 啊。
  Wǒmen liǎ zhēn shì nányǐ gōutōng a

Ⅲ 동의하지 않을 때   不 同意 时
bù tóngyì shí

- 저는 그렇게 생각하지 않습니다.
  我 不 那么 想。
  Wǒ bú nàme xiǎng

- 지금 당장 동의할 수는 없습니다.
  我 不 能 立刻 同意。
  Wǒ bù néng lìkè tóngyì

- 그건 별로 좋지 않은데요.
  那 不 太 好 吧。
  Nà bú tài hǎo ba

- 그것은 당신 개인의 생각일 뿐입니다.
  那 只 是 你 个人 的 想法。
  Nà zhǐ shì nǐ gèrén de xiǎngfǎ

- 당신이 틀린 것 같습니다.
  好像 是 您 错 了。
  Hǎoxiàng shì nín cuò le

---

① 行不通 xíng bu tōng: 통하지 않다, 통용되지 않다, 실행되지 않다.

7 찬성 · 반대

- 제가 볼 때 그건 좋은 방법이 아닙니다.
 依 我 看 , 那 不 是 好 办法。①
 Yī wǒ kàn nà bú shì hǎo bànfǎ
- 이런 관점은 너무 터무니 없습니다.
 这 种 观点 太 荒谬 了。
 Zhè zhǒng guāndiǎn tài huāngmiù le
- 이것은 분명 억지 주장입니다.
 这 分明 就 是 强词 夺理 嘛。②
 Zhè fēnmíng jiù shì qiǎngcí duólǐ ma
- 분명히 말하자면 현재로선 당신 의견에 동의하지 않습니다.
 确切 地 说 , 我 现在 不 同意 您 的 意见 。
 Quèqiè de shuō wǒ xiànzài bù tóngyì nín de yìjiàn

▶ 이견이 있을 때　有 异议 时
　　　　　　　　yǒu yìyì shí

- 저에게 또 다른 생각이 있습니다.
 我 还 有 另外 一 种 想法。
 Wǒ hái yǒu lìngwài yì zhǒng xiǎngfǎ
- 우리는 마땅히 다른 방면도 고려해야 합니다.
 我们 还 应该 考虑 另 一 方面。
 Wǒmen hái yīnggāi kǎolǜ lìng yì fāngmiàn
- 당신 뜻은 알겠습니다만, 이 점을 간과하신 것 같습니다.
 我 明白 您 的 意思 , 但 您 忽略 了 这 一 点。③
 Wǒ míngbai nín de yìsi dàn nín hūlüè le zhè yì diǎn
- 제 생각은 여러분들과는 다릅니다.
 我 的 看法 跟 大家 不 同。
 Wǒ de kànfǎ gēn dàjiā bù tóng
- 그 계획은 완벽한 것 같지 않습니다.
 我 觉得 那 个 计划 不 够 周全。④
 Wǒ juéde nà ge jìhuà bú gòu zhōuquán

---

① 依 yī: 의지하다, 기대다. 依我看 yī wǒ kàn : 내가 볼 때, 내가 보기에.
② 强词夺理 qiǎngcí duólǐ : 억지 주장을 하다, 억지 논리를 펴다.
③ 忽略 hūlüè: 소홀히 하다. 등한히 하다.
④ 周全 zhōuquán : 주도면밀하다, 빈틈없다, 세심하다, 전면적이다.

Ⅳ 의견을 보류할 때　保留 意见 时
bǎoliú yìjiàn shí

- 그 건은 잠시 보류하면 어떨까요?

我们 暂时 不 谈 那 件 事，好 吗？
Wǒmen zànshí bù tán nà jiàn shì　hǎo ma

- 의견이 분분하니 다음에 다시 얘기합시다.

既然 意见 都 不 一样，就 下 回 再 谈 吧。
Jìrán yìjiàn dōu bù yíyàng jiù xià huí zài tán ba

- 현재로선 확실한 대답을 할 수 없군요.

现在 我 不 能 给 您 明确 的 答复。
Xiànzài wǒ bù néng gěi nín míngquè de dáfù

- 생각해 보고 다시 정확한 결과를 알려 드리지요.

让 我 想想，再 给 你 明确 的 答复。
Ràng wǒ xiǎngxiang zài gěi nǐ míngquè de dáfù

8 추측·판단

推测 / 判断
tuīcè pànduàn

"也许 yěxǔ" "或许 huòxǔ" "恐怕 kǒngpà"는 모두 "아마(도) ~일 것이다"라는 뜻으로 추측을 나타낼 때 사용되는 부사들이다. 이 중 "恐怕 kǒngpà"는 "恐怕不行了。Kǒngpà bù xíng le"(아마도 안될 것 같습니다)와 같이 주로 좋지 않은 결과가 예상될 때 사용된다. "大约 dàyuē" "大概 dàgài"는 "대략" "대개"의 뜻으로 역시 추측이나 추정을 할 때에 사용된다.

기본대화

A: 这次议员选举谁会被选上啊?
   Zhè cì yìyuán xuǎnjǔ shéi huì bèi xuǎnshàng a

B: 我想一定是张永。
   Wǒ xiǎng yídìng shì Zhāng Yǒng

A: 但是我觉得他根本就不可能当选。
   Dànshì wǒ juéde tā gēnběn jiù bù kěnéng dāngxuǎn

B: 不要那么说，这次选举谁都说不准。
   Búyào nàme shuō zhè cì xuǎnjǔ shéi dōu shuō bu zhǔn

A: 이번 의원선거에서 누가 뽑힐까요?
B: 저는 틀림없이 장용씨라고 생각하는데요.
A: 하지만 제 생각에 그는 당선 가능성이 전혀 없어요.
B: 그렇게는 말할 수 없죠. 이번 선거는 누구도 장담할 수 없어요.

여러 가지 활용

I 추측할 때 推测时
                tuīcè shí

- 내 생각에 오늘은 그가 올 것 같아요.
  我想今天他会来的。
  Wǒ xiǎng jīntiān tā huì lái de

- 아마도 지금쯤 소식이 있을 겁니다.
  也许现在有消息了。
  Yěxǔ xiànzài yǒu xiāoxi le

- 아마 이번 시험은 그다지 어렵지 않을거야.
  或许 这 次 考试 不 会 太 难 。
  Huòxǔ zhè cì kǎoshì bú huì tài nán

- 너의 짓이 틀림없어, 안 그래?
  肯定 是 你 弄 的 , 不 是 吗 ?
  Kěndìng shì nǐ nòng de bú shì ma

- 아마도 그는 지금 화가 나 있을거야.
  恐怕 他 现在 正在 发脾气 。
  Kǒngpà tā xiànzài zhèngzài fā píqi

- 그건 단지 추측에 지나지 않아요.
  那 只 不过 是 推测 而已 。
  Nà zhǐ búguò shì tuīcè éryǐ

- 현재 상황에 미루어 짐작해 볼 수는 있지요.
  我们 可以 根据 现象 进行 推测 。
  Wǒmen kěyǐ gēnjù xiànxiàng jìnxíng tuīcè

II 판단할 때 判断 时
  　　　　　　 pànduàn shí

- 나는 당신이 틀렸다고 생각합니다.
  我 认为 你 不 对 。
  Wǒ rènwéi nǐ bú duì

- 어떤게 좋은지 판단을 해 주십시오.
  请 您 评判 一下 到底 哪个 好 。
  Qǐng nín píngpàn yíxià dàodǐ nǎ ge hǎo

- 옳고 그름은 당신 스스로 판단하세요.
  是 与 非 , 由 你 自己 来 判断 。
  Shì yǔ fēi yóu nǐ zìjǐ lái pànduàn

- 우리는 사람을 외모로 판단해서는 안돼요.
  我们 不要 以 貌 取 人 。
  Wǒmen búyào yǐ mào qǔ rén

- 학교 성적만으로 학생의 좋고 나쁨을 판단하지 마세요.
  不要 通过 学习 成绩 来 判断 学生 的 好坏 。
  Búyào tōngguò xuéxí chéngjì lái pànduàn xuésheng de hǎohuài

Ⅲ 추측·판단이 맞았을 때　推测 / 判断　正确　时
　　　　　　　　　　　　　　　　　tuīcè　pànduàn zhèngquè shí

- 내 그럴 줄 알았어.
  我 就 知道 会 是 那样 。
  Wǒ jiù zhīdào huì shì nàyàng

- 당신 추측이 틀리지 않았군요.
  您 推测 的 没错 。
  Nín tuīcè de méicuò

- 당신 판단이 아주 정확했어요.
  您 的 判断 太 正确 了 。
  Nín de pànduàn tài zhèngquè le

- 결과는 우리가 예상했던 것과 같습니다.
  结果 和 我们 想象 的 一样 。
  Jiéguǒ hé wǒmen xiǎngxiàng de yíyàng

- 거봐, 내 추측이 맞았지?
  你 看, 我 的 推测 没错 吧 !
  Nǐ kàn wǒ de tuīcè méicuò ba

Ⅳ 추측·판단이 틀렸을 때　推测 / 判断　失误 时
　　　　　　　　　　　　　　　　　tuīcè　pànduàn shīwù shí

- 그건 뜻밖이군요.
  那 是 意外 。
  Nà shì yìwài

- 그것은 미처 생각지 못한 일이었습니다.
  那 是 意想 不 到 的 事情 。
  Nà shì yìxiǎng bú dào de shìqing

- 당신이 오리라고는 전혀 생각 못했어요.
  真 没 想到 你 会 来 。
  Zhēn méi xiǎngdào nǐ huì lái

- 그도 판단을 잘못할 때가 있군요.
  原来 他 也 有 判断 错误 的 时候 。①
  Yuánlái tā yě yǒu pànduàn cuòwù de shíhou

---

① 原来 yuánlái : '원래', '본래' 라는 뜻 외에도 "알고 보니 ~" 의 뜻이 있다.

- 일이 이 지경이 되리라고는 정말 생각도 못했습니다.
  真 没 想到 事情 会 发展 到 这 种 地步。
  Zhēn méi xiǎngdào shìqing huì fāzhǎn dào zhè zhǒng dìbù
- 그 결과는 뜻밖이었어요.
  那个 结果 是 出 乎 我们 意料 的。①
  Nà ge jiéguǒ shì chū hū wǒmen yìliào de
- 그가 성공을 하다니 정말로 믿기 어렵군요.
  他 成功 了，真 令 人 难以 置信。②
  Tā chénggōng le zhēn lìng rén nányǐ zhìxìn

▶추측・판단이 어려울 때   很 难 推测 / 判断 时
                          hěn nán tuīcè   pànduàn shí

- 현재로선 추측할 수 없어요.
  现在 无法 推测。
  Xiànzài wúfǎ tuīcè
- 그렇게 쉽게 판단할 수 있는 일이 아닙니다.
  那不是 轻易 就 能 判定 的事。
  Nà bú shì qīngyì jiù néng pàndìng de shì
- 그의 생각이 맞는지 틀리는지는 지금은 말할 수 없습니다.
  他 的 想法 是 对 是 错， 现在 还 说 不准。
  Tā de xiǎngfǎ shì duì shì cuò   xiànzài hái shuō bu zhǔn
- 구체적인 정황은 아무도 모릅니다.
  具体 情况， 谁 都 不 清楚。
  Jùtǐ   qíngkuàng shéi dōu bù qīngchu
- 내일 무슨 일이 일어날지 아무도 정확히 말할 수 없습니다.
  明天 会 发生 什么 事情，谁 都 说 不准。
  Míngtiān huì fāshēng shénme shìqing shéi dōu shuō bu zhǔn

---

① 出乎意料 chū hū yìliào : 뜻밖이다, 예상 밖이다.
② 难以置信 nányǐ zhìxìn : 믿기 어렵다.

⑨ 요구 · 명령

要求 / 命令
yāoqiú mìnglìng

"听从指挥，服从命令。Tīngcóng zhǐhuī fúcóng mìnglìng"은 중국의 관료사회나 공안(公安 gōng'ān), 군대(军队 jūnduì) 등 규율이 엄격한 계급사회에서 많이 쓰이는 말로 "지휘에 따르고 명령에 복종한다."라는 뜻이다. 그러나 일상생활에서 일방적으로 지시나 명령을 내리는 경우는 그리 흔치 않으며 대개는 부탁의 형식을 취하는 편이다.

기본대화

A: 那件事 进展 得 怎么样 了？
　　Nà jiàn shì jìnzhǎn de zěnmeyàng le

B: 对不起，由于 很 多 原因，我 刚刚 完成 了 一半。
　　Duìbuqǐ　yóuyú hěn duō yuányīn wǒ gānggāng wánchéng le yí bàn

A: 你 要 加快 速度 了！无论 如何 都 要 在 这 个 星期五
　　Nǐ yào jiākuài sùdù le　　Wúlùn rúhé dōu yào zài zhè ge xīngqīwǔ
　　之前 做完。
　　zhīqián zuòwán

B: 没 问题！我 一定 会 按时 完成 任务。
　　Méi wèntí　　Wǒ yídìng huì ànshí wánchéng rènwù

A: 그 일은 잘 되어 가고 있습니까?
B: 죄송합니다. 여러 가지 사유로 겨우 절반 정도 되었습니다.
A: 좀 빨리해 주세요. 어찌됐든 이번 주 금요일까지는 끝내야 합니다.
B: 알겠습니다. 반드시 그때까지 임무를 완성하겠습니다.

여러 가지 활용

I 지시 指示
　　　　　zhǐshì

- 반드시 기일 안에 완성하세요.
  一定 要 按时 完成 任务。
  Yídìng yào ànshí wánchéng rènwù

- 내 뜻을 알겠습니까?
  你 明白 我 的 意思 了 吗 ?
  Nǐ míngbai wǒ de yìsi le ma
- 내가 말한 대로 해. 안 그러면 후회할거야.
  就按我 说 的 去 做 吧，要不然你 会 后悔 的 。
  Jiù àn wǒ shuō de qù zuò ba yàoburán nǐ huì hòuhuǐ de
- 군말 말고 어서 가서 일이나 해요.
  不要 说三 道四的，快 去 做 事 吧。①
  Búyào shuōsān dàosì de kuài qù zuò shì ba
- 무슨 방법을 쓰든지 5시까지 그 일을 끝내세요.
  不管 你 用 什么 方法，在 五 点 之前 必须 把 那 件
  Bùguǎn nǐ yòng shénme fāngfǎ zài wǔ diǎn zhīqián bìxū bǎ nà jiàn
  事 做完。
  shì zuòwán
- 무슨 수를 써서라도 목적만 달성하면 됩니다.
  不管 用 什么 办法，只要 达到 目的 就行。
  Bùguǎn yòng shénme bànfǎ zhǐyào dádào mùdì jiù xíng

Ⅱ 명령　命令
　　　　　mìnglìng

- 이건 명이야. /명령대로 해요.
  这 是 命令。/ 按 命令 行事。
  Zhè shì mìnglìng Àn mìnglìng xíngshì
- 떠들지 마. /조용히 해!
  不要 吵 了。/ 安静！
  Búyào chǎo le Ānjìng
- 다시는 싸움을 하지 마라.
  不要 再打 架了。②
  Búyào zài dǎ jià le
- 그곳에서 꼼짝 말고 기다려.
  你 就 在 那儿 别动， 等着 我 。
  Nǐ jiù zài nàr bié dòng děngzhe wǒ

---

① 说三道四 shuōsān dàosì : 이것저것 지껄이다, 제멋대로 지껄이다. 说와 道는 모두 '말하다' 는 뜻.

② 打架 dǎ jià: 싸우다, 다투다. 여기서 架 jià는 싸움, 언쟁의 뜻.

9 요구 · 명령

- 무슨 일이 있어도 밖에 나가면 안돼.
  不管 发生 什么 事，你 都 不要 出去 。
  Bùguǎn fāshēng shénme shì nǐ dōu búyào chūqu

Ⅲ 지시 · 명령을 받았을 때 收到 命令 时
shōudào mìnglìng shí

- 예, 잘 알겠습니다. /말씀대로 하겠습니다.
  好, 我 明白 了 。/ 我 会 照 您 的 意思 去 做 。
  Hǎo wǒ míngbai le   Wǒ huì zhào nín de yìsi qù zuò

- 어떤 장애가 있더라도 끝까지 고수하겠습니다.
  不管 有 多大 的 障碍，我 都 会 坚持 到底 。
  Bùguǎn yǒu duō dà de zhàng'ài wǒ dōu huì jiānchí dàodǐ

- 그런 일은 저에게 시키지 마세요.
  那 种 事情 不要 叫 我 去 做 。
  Nà zhǒng shìqing búyào jiào wǒ qù zuò

- 전 그런 일 할 수 없어요. 다른 사람 찾아보시죠.
  我 不 能 干 那样 的 事，你 找 别人 吧 !
  Wǒ bù néng gàn nàyàng de shì nǐ zhǎo biéren ba

▶지시 · 명령을 어겼을 때 违背 指令 时
wéibèi zhǐlìng shí

- 감히 내 명령을 어기다니!
  你 敢 不 听从 我 的 命令!
  Nǐ gǎn bù tīngcóng wǒ de mìnglìng

- 왜 내 말대로 하지 않았지?
  为什么 你 不 按照 我 说 的 去 做 ?
  Wèishénme nǐ bú ànzhào wǒ shuō de qù zuò

- 내 말이 말 같지 않아?
  你 认为 我 说 的 不 像 话 吗 ?
  Nǐ rènwéi wǒ shuō de bú xiàng huà ma

- 명령을 어기면 어떻게 되는 줄 알지?
  你 知道 违背 命令 的 后果 吗?①
  Nǐ zhīdào wéibèi mìnglìng de hòuguǒ ma

---

① 后果 hòuguǒ: 뒤의 결과, 나중의 결과.

10 수락 · 거절　　　　接受 / 拒绝
　　　　　　　　　　　　　jiēshòu　jùjué

상대방의 부탁이나 의견을 수락할 때는 "行。Xíng" "可以。Kěyǐ" "我同意。Wǒ tóngyì" 또는 "好吧。Hǎo ba"라고 하면 된다. 만일 매우 적극적으로 받아들일 때에는 "当然可以。Dāngrán kěyǐ" "没问题。Méi wèntí"라고 한다. 거절을 하거나 받아들일 수 없을 경우에는 먼저 "对不起。Duìbuqǐ" "不好意思。Bù hǎoyìsi"나 "真遗憾。Zhēn yíhàn" 등으로 미안함이나 유감의 뜻을 나타내면 된다.

기본대화

A: 能 帮 我 一个 忙 吗？
　　Néng bāng wǒ yí ge máng ma
B: 什么 事？
　　Shénme shì
A: 能 帮 我 把 这个 合同 翻译 成 中文 吗？
　　Néng bāng wǒ bǎ zhè ge hétong fānyì chéng Zhōngwén ma
B: 啊, 不好意思。 我 现在 没 时间。 我 有 很 急 的 事
　　A　 bù hǎoyìsi　　　Wǒ xiànzài méi shíjiān　 Wǒ yǒu hěn jí de shì
　 要 做。
　 yào zuò
A: 没 关系, 你 先 忙 你 的 去 吧。
　　Méi guānxi nǐ xiān máng nǐ de qù ba
B: 真 的 很 抱歉。有 时间 一定 帮 你 忙。
　　Zhēn de hěn bàoqiàn Yǒu shíjiān yídìng bāng nǐ máng

A: 좀 도와주시겠어요?
B: 무슨 일인데요?
A: 이 계약서를 중국어로 번역해 주시겠습니까?
B: 아, 미안하지만 지금은 시간이 없습니다. 아주 급히 해야 할 일이 있어서요.
A: 괜찮습니다. 어서 가서 일 보세요.
B: 정말 죄송합니다. 틈이 나면 반드시 도와 드리겠습니다.

여러 가지 활용

I 수락할 때 接受 时
jiēshòu shí

- 좋습니다. 그거 좋은 생각이군요.
  可以。你的 想法 很 好。
  Kěyǐ　　Nǐ de xiǎngfǎ hěn hǎo

- 그거 재미있는 제안이네요. 그렇게 합시다.
  那个 提议 很 有趣, 就 这么 办 吧。
  Nà ge　tíyì　hěn yǒuqù　jiù zhème bàn ba

- 기꺼이 당신의 건의를 받아들이겠습니다.
  我 非常 愿意 接受 您 的 建议。
  Wǒ fēicháng yuànyì jiēshòu nín de jiànyì

- 저의 청을 들어 주셔서 감사합니다.
  谢谢 您 能 答应 我 的 请求。
  Xièxie nín néng dāying wǒ de qǐngqiú

- 그런 일은 누워서 떡먹기야, 걱정 말고 내게 맡겨.
  那 种 事 小菜一碟, 你 就 放心 地 交给 我 吧。①
  Nà zhǒng shì xiǎocàiyìdié　nǐ jiù fàngxīn de jiāogěi wǒ ba

II 거절할 때 拒绝 时
jùjué shí

- 안되겠습니다. 도와드릴 수가 없습니다.
  不 行 , 帮 不 了。
  Bù xíng　bāng bu liǎo

- 죄송하지만, 제가 급한 일이 있어서요.
  对不起, 我 有 要事 在 身。
  Duìbuqǐ　wǒ yǒu yàoshì zài shēn

- 죄송하지만, 제가 또 다른 일이 있네요.
  对不起, 我 还 有 别的 事。
  Duìbuqǐ　wǒ hái yǒu biéde shì

---

① 小菜一碟 xiǎocàiyìdié : '대수롭지 않은 일' 이라는 뜻. 식은 죽 먹기, 누워서 떡먹기.

- 저는 아무런 힘이 없습니다.
  我 无 能 为 力。①
  Wǒ wú néng wéi lì
- 유감입니다만, 지금은 안되겠습니다.
  真 遗憾， 现在 不 行。
  Zhēn yíhàn xiànzài bù xíng
- 지금 급히 해결해야 할 일들이 많아서요.
  现在 我 手上 亟待 解决 的 事情 太 多 了。②
  Xiànzài wǒ shǒushang jídài jiějué de shìqing tài duō le

Ⅲ 망설일 때 犹豫 时
yóuyù shí

> A: 麻烦 你 一 件 事， 你 能 当 我 的 担保人 吗？
>   Máfan nǐ yí jiàn shì nǐ néng dāng wǒ de dānbǎorén ma
> B: 怎么 了？
>   Zěnme le
> A: 我 想 去 银行 贷款。
>   Wǒ xiǎng qù yínháng dàikuǎn
> B: 恐怕 我 不 能 立刻 回答 你。
>   Kǒngpà wǒ bù néng lìkè huídá nǐ
> A: 你 不 会 拒绝 我 吧？
>   Nǐ bú huì jùjué wǒ ba
> B: 还是 让 我 先 和我的 妻子 商量 一下 吧。
>   Háishi ràng wǒ xiān hé wǒ de qīzi shāngliang yíxià ba
> A: 미안한 부탁인데, 내 보증인이 되어 줄 수 있겠니?
> B: 무슨 일인데?
> A: 은행에서 대출을 받을까 해서.
> B: 지금 당장은 대답할 수가 없겠는데.
> A: 설마 거절하지는 않겠지?
> B: 그래도 먼저 와이프와 상의를 좀 해봐야 해.

---

① 无能为力 wú néng wéi lì : 힘이 될 만한 능력이 없다, 어찌할 도리가 없다, 무력하다.

② 亟待 jídài: 시급을 요하다. 亟待解决 jídài jiějué 빠른 해결을 요하다.

- 좀 생각할 여유를 주십시오.
  给我点儿时间考虑一下。
  Gěi wǒ diǎnr shíjiān kǎolǜ yíxià
- 이 일은 좀 곤란하겠는데요.
  这件事有点儿困难。
  Zhè jiàn shì yǒudiǎnr kùnnan
- 상황을 보고나서 다시 얘기합시다.
  看情况再说吧。
  Kàn qíngkuàng zài shuō ba

참고 관련 용어 词汇 cíhuì

- 의견 意见 yìjiàn
- 생각 想法 xiǎngfǎ
- 이견 异议 yìyì
- 유감 遗憾 yíhàn
- 발언하다 发言 fā yán
- 솔직하다 坦白 tǎnbái
- 관점 观点 guāndiǎn
- 표현하다 表达 biǎodá
- 제의하다 提议 tíyì
- 제안하다 提案 tí'àn
- 확신하다 确信 quèxìn
- 단언하다 断言 duànyán
- 보증히디, 보장하다 保证 bǎozhèng
- 증명하다 证明 zhèngmíng
- 결심하다 决心 juéxīn

- 결정하다 决定 juédìng
- 맹세하다 发誓 fāshì
- 고려하다 考虑 kǎolǜ
- 준비하다 准备 zhǔnbèi
- 상의하다 商议, 商量 shāngyì shāngliang
- 타협하다 妥协 tuǒxié
- 협의하다 协议 xiéyì
- 받아들이다 接纳 jiēnà
- 수락하다 接受 jiēshòu
- 거절하다 拒绝 jùjué
- 충고하다 忠告 zhōnggào
- 설득하다 说服 shuōfú
- 권하다 劝 quàn
- 깨우쳐 주다 提醒 tíxǐng
- 질문하다 提问 tíwèn

6. 의사 표현

- 대답하다, 회답하다   回答 huídá
- 설명하다   说明 shuōmíng
- 찬성하다   赞成 zànchéng
- 반대하다   反对 fǎnduì
- 동의하다   同意 tóngyì
- 답변하다   答复 dáfù
- 의사소통하다   沟通 gōutōng
- 보류하다   保留 bǎoliú
- 추측하다   推测 tuīcè
- 판단하다   判断 pànduàn
- 지시하다   指示 zhǐshì
- 명령하다   命令 mìnglìng
- 응답하다   答应 dāying

7

대　화
交　流　　　　　　　　　　JIAOLIU

1. 대화의 기술　　　　　　　交流的技巧
2. 의사 소통　　　　　　　　　　　沟通
3. 참말・거짓말　　　　　　　实话/谎话
4. 농담・유머　　　　　　　　玩笑/幽默
5. 소문・비밀　　　　　　　　传闻/秘密

1 대화의 기술

交流 的 技巧
jiāoliú de jìqiǎo

우리 속담에 "말 한 마디로 천냥 빚을 갚는다"는 말처럼 인간관계에서 대화를 어떻게 하느냐 하는 것은 아주 중요하다. 상대방이 다른 일에 몰두하고 있을 때 처음 말을 걸거나 무엇을 물어보려면 "打扰了. Dǎrǎo le"나 "打搅了. Dǎjiǎo le"라는 표현을 사용하는 것이 좋다. 곧 우리말의 "실례합니다"와 같은 표현이다. 이 말은 또한 대화가 끝난 뒤에 "실례했습니다"와 같이 다시 한번 반복하여 쓸 수도 있다.

─── 기 본 대 화 ───

A: 胡 先生, 能 问 您 一 个 问题 吗?
　　Hú xiānsheng néng wèn nín yí ge wèntí ma
B: 什么 问题?
　　Shénme wèntí
A: 在 中国, 外国 人 要 了解 的 最 基本 的 是 什么?
　　Zài Zhōngguó wàiguó rén yào liǎojiě de zuì jīběn de shì shénme
B: 我 个人 觉得 最 基本 的 是 要 了解 彼此 在 文化 习惯
　　Wǒ gèrén juéde zuì jīběn de shì yào liǎojiě bǐcǐ zài wénhuà xíguàn
　　上 的 差异, 以便 互相 尊重 礼节。①
　　shang de chāyì yǐbiàn hùxiāng zūnzhòng lǐjié
A: 因为 我 是 第一 次 来 中国, 所以 不 知道 这儿 的
　　Yīnwèi wǒ shì dìyī cì lái Zhōngguó suǒyǐ bù zhīdào zhèr de
　　习惯。
　　xíguàn
B: 你 以后 跟 中国 朋友 多 交流, 很 快 就 会 知道 的。
　　Nǐ yǐhòu gēn Zhōngguó péngyou duō jiāoliú hěn kuài jiù huì zhīdào de

A: 후선생님, 한 가지 여쭤봐도 되겠습니까?
B: 무슨 문제죠?
A: 중국에서 외국인이 지켜야 할 가장 기본적인 것은 무엇입니까?
B: 가장 기본적인 것은 서로의 문화관습의 차이를 이해하여 상호 존중하고 예절을 지키는 것이라고 생각해요.
A: 제가 중국에 처음 왔기 때문에 여기 관습을 잘 모르거든요.
B: 앞으로 중국 친구들과 많이 교류하다 보면 금방 알게 될 거에요.

---

① 习惯 xíguàn: 관습, 습관, 버릇.

여러 가지 활용

I 처음 말을 걸 때   初次开口时
chūcì kāi kǒu shí

- 실례하겠습니다.
 对不起，打扰了。①
 Duìbuqǐ　dǎrǎo　le

- 지금 시간이 있으세요?
 您 现在 有 时间 吗？
 Nín xiànzài yǒu shíjiān ma

- 2～3 분만 시간을 내주실 수 있습니까?
 我 能 打扰 您 两三 分钟 吗？
 Wǒ néng dǎrǎo nín liǎngsān fēnzhōng ma

- 시간을 좀 내줄 수 있습니까?
 能 抽 点儿 时间 吗？②
 Néng chōu diǎnr shíjiān ma

- 한 가지 부탁해도 될까요?
 能 求 您 一 件 事 吗？
 Néng qiú nín yí jiàn shì ma

- 단독으로 드릴 말씀이 있습니다.
 我 有 话 要 跟 你 单独 说。
 Wǒ yǒu huà yào gēn nǐ dāndú shuō

- 당신과 한 가지 일을 상의하고 싶습니다.
 我 想 和 你 谈 点儿 事儿。
 Wǒ xiǎng hé nǐ tán diǎnr　shìr

▶ 화두를 꺼낼 때   开场白
kāichǎngbái

- 최근에 이야기 들으셨어요?
 你 最近 听说 了 吗？
 Nǐ zuìjìn tīngshuō le ma

---

① 打扰 dǎrǎo : 방해하다, 훼방하다, 교란하다. 打扰了 dǎrǎo le : 다른 사람에게 폐를 끼칠 경우에 인사말로 많이 사용한다. ＝打搅了 dǎjiǎo le .

② 抽 chōu : 뽑다, 추출하다. 예) 抽血 chōu xiě : 피를 뽑다. 抽奖 chōu jiǎng : 추첨하다.

- 당신도 이미 알고 계시겠지만.
  大概 你 也 知道 了 吧 。
  Dàgài nǐ yě zhīdào le ba
- 그 일은 대충 이렇습니다.
  那 件 事 大概 是 这样 的 。
  Nà jiàn shì dàgài shì zhèyàng de

II 대화 중에 끼어들 때　插 话 时
chā huà shí

- 죄송합니다만, 몇 마디만 말씀드려도 될까요?
  对不起, 我 能 说 几 句 吗 ?
  Duìbuqǐ　wǒ néng shuō jǐ jù ma
- 실례합니다만, 몇 마디 당신께 드릴 말씀이 있습니다.
  打扰 了 , 我 有 几 句 话 要 对 你 说 。
  Dǎrǎo le　wǒ yǒu jǐ jù huà yào duì nǐ shuō

▶끼어들지 말라고 할 때　劝 不要 插 话 时
quàn búyào chā huà shí

- 우리들의 대화를 방해하지 마십시오.
  不要 打扰 我们 说话 。
  Búyào dǎrǎo wǒmen shuōhuà
- 내가 다른 사람과 말하고 있을 때 함부로 끼어들지 마세요.
  在 我 与 别人 说 话 时 , 你 不要 随便 插话 。①
  Zài wǒ yǔ biéren shuō huà shí　nǐ búyào suíbiàn chā huà
- 다른 사람과 얘기할 때 함부로 끼어드는 것은 예의에 어긋납니다.
  在 别人 谈话 时 随便 插话 是 很 不 礼貌 的 。
  Zài biéren tánhuà shí suíbiàn chā huà shì hěn bù lǐmào de
- 너는 정말 끼어들기를 좋아하는구나.
  你 这 个 人 太 爱 随便 插 话 了 。
  Nǐ zhè ge rén tài ài suíbiàn chā huà le

---

① 随便 suíbiàn: 제멋대로, 마음대로, 자유로이.

Ⅲ 말을 수정·취소할 때　　更正 / 收回 说过 的话 时
　　　　　　　　　　　　　gēngzhèng　shōuhuí shuōguo de huà shí

A: 那 事故 是 什么 时候 发生 的？
　　Nà shìgù shì shénme shíhou fāshēng de
B: 上　星期一。
　　Shàng xīngqīyī
A: 刚才 你不是 说 星期二 吗？
　　Gāngcái nǐ bú shì shuō xīngqī'èr ma
B: 哦，对不起。刚才 我 说错 了，应该 是星期二。
　　O　duìbuqǐ　Gāngcái wǒ shuōcuò le　yīnggāi shì xīngqī'èr
A: 그 사고는 언제 일어났습니까?
B: 지난 월요일입니다.
A: 조금 전에는 화요일이라고 안했습니까?
B: 아, 죄송해요. 방금 잘못 말했어요. 분명히 화요일이에요.

• 조금전 실수로 잘못 말씀드렸습니다. 지금 정정하겠습니다.
　由于 口误， 刚才　 说错　了。 现在 我 要 更改
　Yóuyú kǒuwù　 gāngcái shuōcuò le　 Xiànzài wǒ yào gēnggǎi
　一下。①
　yíxià

• 죄송합니다, 제가 금방 한 말을 취소합니다.
　对不起，收回 我 刚才　说过 的话。②
　Duìbuqǐ　shōuhuí wǒ gāngcái shuōguo de huà

• 제가 잘못 말했을 수도 있습니다. 저도 기억이 선명치 않아요.
　可能 是我 说错　了，我 也记不太 清楚 了。
　Kěnéng shì wǒ shuōcuò le　wǒ yě jì bu tài qīngchu le

• 말을 함부로 바꾸지 마세요, 사람 헷갈리게.
　你别 随便 更改 你的话， 让 人 捉摸 不定。③
　Nǐ bié suíbiàn gēnggǎi nǐ de huà　ràng rén zhuōmō bú dìng

---

① 口误 kǒuwù : 실언하다, 말실수를 하다, 잘못 말하다, 잘못 읽다.
② 收回 shōuhuí : 거두어 들이다.
③ 捉摸 zhuōmō : 추측하다, 헤아리다, 짐작하다.

Ⅳ 주의를 환기시킬 때   转移 注意力 时
zhuǎnyí zhùyìlì shí

> A: 听我把话说完好吗？
> Tīng wǒ bǎ huà shuōwán hǎo ma
> B: 我不是在听吗？继续说吧。
> Wǒ bú shì zài tīng ma Jìxù shuō ba
> A: 你可以先不看电视吗？
> Nǐ kěyǐ xiān bú kàn diànshì ma
> B: 没关系，我一边看一边听着呢！
> Méi guānxi wǒ yìbiān kàn yìbiān tīng zhe ne
> A: 내 말 좀 끝까지 들어 줄래요?
> B: 듣고 있잖아? 말하라구.
> A: 텔레비전 좀 안보면 안돼?
> B: 상관없어. 보면서 듣고 있다구.

- 주의해서 제 말을 들어 주십시오.
  注意听我说。
  Zhùyì tīng wǒ shuō

- 제 말을 흘려듣지 마십시오.
  不要把我的话当耳旁风。
  Búyào bǎ wǒ de huà dàng ěrpángfēng

Ⅴ 할말이 없을 때   无话可说时
wú huà kě shuō shí

> A: 你对这件事有什么看法吗？
> Nǐ duì zhè jiàn shì yǒu shénme kànfǎ ma
> B: 怎么说呢，我实在不知道该怎么说。
> Zěnme shuō ne wǒ shízài bù zhīdào gāi zěnme shuō
> A: 이 일에 대해 어떤 생각을 가지고 계셔요?
> B: 글쎄요, 어떻게 말씀드려야 할지 저도 정말 모르겠네요.

- 당신과는 할 말이 없습니다.
  我觉得和你已经没什么可说的了。
  Wǒ juéde hé nǐ yǐjīng méi shénme kě shuō de le

7. 대화

- 실은 저도 잘 모릅니다.
  其实我也不太清楚。
  Qíshí wǒ yě bú tài qīngchu
- 무슨 말을 해야 좋을지?
  说 什么 好 呢？
  Shuō shénme hǎo ne
- 그 일에 관해서는 할 말이 없습니다.
  我 对于 那 件 事 无 话 可 说 。
  Wǒ duìyú nà jiàn shì wú huà kě shuō

VI 얘기를 재촉할 때   催促 说话 时
cuīcù shuōhuà shí

> A: 哎，你 知道 吗？ 小 张 他…… 算 了，还是 不
>   Ai nǐ zhīdào ma Xiǎo Zhāng tā   suàn le háishi bù
>   说 了。
>   shuō le
> B: 怎么 了？ 你还是 快 说 吧。
>   Zěnme le   Nǐ háishi kuài shuō ba
> A: 我 不 想 在 背后 说 别人的 事。①
>   Wǒ bù xiǎng zài bèihòu shuō biéren de shì
> B: 到底 是 什么 事呀？ 急死我 了，快 告诉 我 吧。②
>   Dàodǐ shì shénme shì ya   Jísǐ wǒ le kuài gàosu wǒ ba
> A: 이봐, 알고 있어? 샤오장이… 아니야. 말 안할래.
> B: 왜 그래? 어서 얘기해 봐.
> A: 뒤에서 남 얘기하고 싶지 않아.
> B: 도대체 무슨 일인데 그래? 답답해 죽겠네. 빨리 말해 봐.

- 계속 말씀하세요.
  接着 说 吧。
  Jiēzhe shuō ba
- 빨리 말해 줘요. / 빨리 말을 해.
  你 快 给 我 讲 啊。 / 你 快 点儿 说 啊。
  Nǐ kuài gěi wǒ jiǎng a   Nǐ kuài diǎnr shuō a

---

① 背后 bèihòu: 뒤에서, 남몰래, 암암리에.
② 急死了 jísǐ le: 몹시 초조할 때, 애가 탈 때, 화급을 다툴 때 사용한다.

- 말 좀 해보라구.
  你倒是说话呀。
  Nǐ dàoshì shuō huà ya
- 그래서, 결과가 어떻게 됐어?
  那么结果怎么样了?
  Nàme jiéguǒ zěnmeyàng le
- 낱낱이 다 알려 주세요.
  请您一五一十地告诉我吧。①
  Qǐng nín yīwǔyīshí de gàosu wǒ ba
- 사건의 진상을 알려 주세요.
  请把事情的真相告诉我。
  Qǐng bǎ shìqing de zhēnxiàng gàosu wǒ
- 우물우물하지 말고 할 말이 있으면 다 얘기해 보세요.
  不要吞吞吐吐的,有什么话您就直说吧。
  Búyào tūntūntǔtǔ de yǒu shénme huà nín jiù zhí shuō ba
- 여행은 어땠어? 빨리 얘기해 봐.
  旅途怎么样?赶紧跟我说说吧。
  Lǚtú zěnmeyàng Gǎnjǐn gēn wǒ shuōshuo ba
- 그 사람이 도대체 어쨌길래? 왜 말을 안하는 거야?
  那个人到底怎么样?你怎么不说话呢?
  Nà ge rén dàodǐ zěnmeyàng Nǐ zěnme bù shuō huà ne
- 무슨 말 못할 사연이라도 있어요?
  有什么难言之隐?②
  Yǒu shénme nányánzhīyǐn

Ⅶ 요점을 말할 때　说重点时
　　　　　　　　　shuō zhòngdiǎn shí

A: 你在看什么书?
　　Nǐ zài kàn shénme shū
B: 我正在看福尔摩斯的小说呢。
　　Wǒ zhèngzài kàn Fú'ěrmósī de xiǎoshuō ne
A: 有意思吗?
　　Yǒu yìsi ma

---

① 一五一十 yīwǔyīshí: 처음부터 끝까지, 낱낱이, 하나하나.
② 难言之隐 nányánzhīyǐn: 말하지 못할 사연, 털어놓지 못할 말.

B：他的 小说 让 人读起来 津津 有味。①
　　Tā de xiǎoshuō ràng rén dú qǐlai jīnjīn yǒu wèi

A：能 给我介绍 一下 故事 情节 吗？
　　Néng gěi wǒ jièshào yíxià gùshi qíngjié ma

B：你 不要 打扰 我， 等 我 读完 再给你 讲。
　　Nǐ búyào dǎrǎo wǒ děng wǒ dúwán zài gěi nǐ jiǎng

A：你可以 先 简单 地 说 一下 嘛。
　　Nǐ kěyǐ xiān jiǎndān de shuō yíxià ma

A：무슨 책을 보고 있니?
B：홈즈의 소설을 읽고 있어.
A：재미있니?
B：그의 소설을 읽자면 흥미진진해.
A：줄거리 좀 얘기해 줄 수 있겠니?
B：방해하지 마. 다 읽고 나면 얘기해 줄게.
A：우선 간단히 얘기해 줄 수 있잖아.

- 간단히 말해 보세요. 요점만 말씀해 주시면 됩니다.
  简单 地 说 一下 吧。 只 说 重点 就可以 了。
  Jiǎndān de shuō yíxià ba　Zhǐ shuō zhòngdiǎn jiù kěyǐ le

- 쓸데 없는 얘기 하지 말고 빨리 요점을 말해 주세요.
  不要 说 那么 多 废话， 快 说 重点。
  Búyào shuō nàme duō fèihuà kuài shuō zhòngdiǎn

- 제가 하고 싶은 말은 이것입니다.
  我 要 说 的 就 这些 了。
  Wǒ yào shuō de jiù zhèxiē le

- 종합적으로 말하면, 그의 사업은 그래도 매우 성공적입니다.
  总的来说， 他 的 事业 还是 很 成功 的。
  Zǒngdeláishuō tā de shìyè háishi hěn chénggōng de

- 종합해서 볼 때, 이 사람은 그래도 괜찮은 사람이야.
  总的来看， 这 个 人 还是 不错 的。②
  Zǒngdeláikàn zhè ge rén háishi búcuò de

---

① 津津有味 jīnjīn yǒu wèi：'흥미진진하다' 라는 뜻의 성어.
② 总的来看 zǒngdeláikàn：종합적으로 볼 때, 전반적으로 볼 때.

① 대화의 기술

- 방금 토론한 문제들을 정리해 보겠습니다.
  我 总结 一下 刚才 讨论 的 问题。
  Wǒ zǒngjié yíxià gāngcái tǎolùn de wèntí
- 이 논문의 중심사상을 간단히 개괄해 보겠습니다.
  我 简单 地 概括 一下 这 篇 论文 的 中心 思想。
  Wǒ jiǎndān de gàikuò yíxià zhè piān lùnwén de zhōngxīn sīxiǎng
- 너무 복잡하게 얘기하지 말고 요점만 말씀하시겠어요?
  别 太 啰嗦， 说 重点 好 不 好？
  Bié tài luōsuō shuō zhòngdiǎn hǎo bu hǎo

Ⅷ 대화를 마칠 때 结束 对话 时
jiéshù duìhuà shí

A: 时间 已经 不 早 了，我 也 该 回去 了。
   Shíjiān yǐjīng bù zǎo le wǒ yě gāi huíqu le
B: 好 的，今天 玩儿 得 开心 吗？
   Hǎo de jīntiān wánr de kāixīn ma
A: 非常 开心！ 以后 有 时间 我 还 会 来 玩儿 的。
   Fēicháng kāixīn Yǐhòu yǒu shíjiān wǒ hái huì lái wánr de
B: 好 吧，再见！
   Hǎo ba zàijiàn
A: 시간이 많이 늦었네요. 이제 돌아가 봐야 겠어요.
B: 그러시죠. 오늘 즐거우셨는지요?
A: 아주 즐거웠어요. 앞으로 시간 있으면 다시 놀러 올게요.
B: 그래요. 안녕히 가세요.

- 이런, 시간이 정말 빠르게 지나가네요.
  哎呀，时间 过 得 真 快 呀！
  Aiya shíjiān guò de zhēn kuài ya
- 어머, 이야기하느라 시간 가는 것도 잊었어요.
  哎呀，聊着 聊着 就 把 时间 忘 了。①
  Aiya liáozhe liáozhe jiù bǎ shíjiān wàng le

---

① 聊 liáo: 이야기하다. 한담하다. 잡담하다.

7. 대　화

- 오늘 아주 즐거웠습니다.
  今天 聊 得 很 尽兴。①
  Jīntiān liáo de hěn jìnxìng

- 오늘 정말 감사합니다. 당신의 말씀 제게 많은 도움이 되었습니다.
  今天 真 的 很 感谢 你, 你 的 话 对 我 很 有 启发。②
  Jīntiān zhēn de hěn gǎnxiè nǐ　nǐ de huà duì wǒ hěn yǒu qǐfā

▶ 맺음말　结束语
　　　　　　jiéshùyǔ

- 끝으로 몇 마디만 말씀드리고 싶습니다.
  最后 我 只 想 说 几 句。
  Zuìhòu wǒ zhǐ xiǎng shuō jǐ jù

- 제가 하고 싶은 말은 바로 이것입니다.
  我 想 说 的 就 是 这些。
  Wǒ xiǎng shuō de jiù shì zhèxiē

Ⅸ 기타　其他
　　　　　qítā

- 마침 당신에 관해 얘기하고 있던 참이에요.
  我们 正在 说 你 呢。
  Wǒmen zhèngzài shuō nǐ ne

- 호랑이도 제말 하면 온다더니.
  说 曹 操, 曹 操 就 到。③
  Shuō Cáo Cāo　Cáo Cāo jiù dào

- 당신의 충고를 새겨듣겠습니다.
  我 会 记住 您 的 忠告 的。
  Wǒ huì jìzhù nín de zhōnggào de

- 그에 관한 일은 많이 들었습니다.
  他 的 事, 我 听多 了。
  Tā de shì　wǒ tīngduō le

---

① 尽兴 jìnxìng: 흥을 다하다. 마음껏 즐기다.
② 启发 qǐfā: 계발하다. 깨우치다.
③ 원뜻은 "조조를 말하니까 조조가 온다" 이다.

1 대화의 기술

- 그의 말을 다 믿으면 안됩니다.
  不能 完全 相信 他的话。
  Bù néng wánquán xiāngxìn tā de huà

- 할 말 있거든 만나서 다시 얘기합시다.
  有 什么 话 见 面 再 说 吧。
  Yǒu shénme huà jiàn miàn zài shuō ba

- 그는 저속한 말을 많이 써요.
  他 常 说 那 种 俗气 的 话。
  Tā cháng shuō nà zhǒng súqi de huà

- 그의 말은 대단히 감동적이었어요.
  他 的 话 非常 有 震撼力。①
  Tā de huà fēicháng yǒu zhènhànlì

- 그의 말에는 많은 뜻이 내포되어 있어요.
  他 的 话 包含 着 很 多 含义。
  Tā de huà bāohán zhe hěn duō hányì

- 당신은 말솜씨가 아주 좋군요.
  他 的 口才 真 好。
  Tā de kǒucái zhēn hǎo

- 그는 말이 청산유수처럼 술술 끊이지가 않아요.
  真 是 口若悬河, 滔滔 不 绝 啊!②
  Zhēn shì kǒuruòxuánhé tāotāo bù jué a

- 그는 대중 앞에서는 말을 잘 못해요.
  他 在 众人 面前 总是 不 善 言辞。
  Tā zài zhòngrén miànqián zǒngshì bú shàn yáncí

- 그녀는 수다장이에요.
  她 是 很 啰嗦 的 女人。
  Tā shì hěn luōsuō de nǚrén

- 나에게 그런 말투로 말하는거 싫어요.
  我 讨厌 你 用 那 种 口气 和 我 说话。
  Wǒ tǎoyàn nǐ yòng nà zhǒng kǒuqì hé wǒ shuōhuà

---

① 震撼 zhènhàn: 진동하다, 뒤흔들다. 震撼力 zhènhànlì: 사람의 마음을 움직이는 힘.
② 口若悬河 kǒuruòxuánhé: 말이 흐르는 물처럼 막힘이 없다.
　　滔滔不绝 tāotāo bù jué: 끊임없이 '도도히 흐르다' 라는 뜻으로 흔히 말이 청산유수와 같다는 표현으로 쓰인다.

7. 대　　화

- 그녀가 말하는 것은 모두 진심이에요.
  她 说 的 都 是 真心话。
  Tā shuō de dōu shì zhēnxīnhuà

- 제가 알기론 그는 남을 속일 사람이 아닙니다.
  据我了解，他不会骗人的。
  Jù wǒ liǎojiě　tā bú huì piàn rén de

- 다 알다시피 그는 바람둥이에요.
  众所周知，　他是一个风流倜傥的男人。①
  Zhòngsuǒzhōuzhī tā shì yí ge fēngliú tìtǎng de nánrén

- 격언에 "젊어서 노력하지 않으면 늙어서 처량해진다"라는 말이 있지요.
  正　如 格言 所 说："少　壮　不 努力，老 大 徒
  Zhèng rú géyán suǒ shuō shào zhuàng bù nǔlì lǎo dà tú
  伤悲。"②
  shāngbēi

- 속담에 이르기를 "석자 얼음은 하루 추위에 언 것이 아니다"고 했어요.
  俗话 说："冰 冻 三 尺，非一日之寒。"
  Súhuà shuō　bīng dòng sān chǐ　fēi yí rì zhī hán

---

① 众所周知 zhòngsuǒzhōuzhī：누구나 다 알다시피, 주지하는 바와 같이.
　风流倜傥 fēngliú tìtǎng：풍류를 즐기며 사는 호방함을 뜻함. 대개 폄하의 뜻으로 쓰인다.

② 少壮 shào zhuàng：젊고 힘차다. 소장. 少는 '적다'는 뜻일 때는 shǎo, '젊다'는 뜻일 때는 shào로 발음한다. 예) 少数 shǎoshù, 少年 shàonián.
　徒 tú：헛되이. 한갓되이.

2 의사 소통

沟通
gōutōng

중국인과 대화를 할 때 잘 못알아 들었거나 이해가 잘 안될 때에는 "刚才我没听明白, 你再说一遍好吗? Gāngcái wǒ méi tīng míngbai, nǐ zài shuō yí biàn hǎo ma"(금방 잘 못 알아들었는데 다시 한 번 말씀해 주시겠습니까?)라고 하면 된다. 만일 상대방의 말이 너무 빠를 때에는 "请您说慢点儿。Qǐng nín shuō màn diǎnr"(조금 천천히 말씀해 주세요)라고 부탁한다.

기본대화

A: 你 听懂 我 说 的 话 了 吗?
　　Nǐ tīngdǒng wǒ shuō de huà le ma
B: 我 不 太 清楚, 请 再 说 一遍。
　　Wǒ bú tài qīngchu qǐng zài shuō yí biàn
A: 好, 那 我 再 说 慢 点儿 吧。
　　Hǎo nà wǒ zài shuō màn diǎnr ba
B: 谢谢 。
　　Xièxie

A: 제가 한 말을 알아들으시겠습니까?
B: 잘 모르겠는데요. 다시 한 번 말씀해 주십시오.
A: 좋습니다. 그럼 천천히 다시 말씀드릴게요.
B: 고맙습니다.

여러 가지 활용

I 알아들었는가를 물을 때　询问 是否 听 明白 时
　　　　　　　　　　　　　xúnwèn shìfǒu tīng míngbai shí

* 제가 하고 있는 말을 이해하십니까?
  您 能 明白 我 说 的 话 吗?
  Nín néng míngbai wǒ shuō de huà ma

* 제 뜻을 이해하시겠습니까?
  您 明白 我的意思 吗?
  Nín míngbai wǒ de yìsi ma

7. 대화

▶ 알아들었을 때 听 明白 时
　　　　　　　　　tīng míngbai shí

- 네, 알겠습니다. /이제 알겠습니다.
  哦，我 知道 了。/ 总算 明白 了。
  O　wǒ zhīdào le　　Zǒngsuàn míngbai le

- 당신의 뜻을 잘 압니다. /이해할 수 있습니다.
  我 明白 你的 意思。/ 我 能 理解。
  Wǒ míngbai nǐ de yìsi　　Wǒ néng lǐjiě

- 저도 그렇게 생각합니다. /저도 다 알고 있습니다.
  我 也 那么 想。/ 我 都 知道 了。
  Wǒ yě nàme xiǎng　Wǒ dōu zhīdào le

- 무슨 말씀을 하시려는지 알겠습니다.
  我 知道 您 要 说 什么。
  Wǒ zhīdào nín yào shuō shénme

- 당연히 이해합니다. 우린 마음이 서로 통하잖아요.
  当然 理解 了。你 和 我 心灵 相通 嘛！
  Dāngrán lǐjiě le　Nǐ hé wǒ xīnlíng xiāngtōng ma

▶ 못 알아들었을 때 没 听 明白 时
　　　　　　　　　　méi tīng míngbai shí

- 저는 중국어를 못 알아듣습니다.
  我 听 不 懂 汉语。
  Wǒ tīng bu dǒng Hànyǔ

- 잘 못 알아들었습니다.
  我 听 不 清楚。
  Wǒ tīng bu qīngchu

- 여기에다 써 주시겠습니까?
  在 这里 写 一下，好 吗？
  Zài zhèli xiě yíxià　hǎo ma

- 한자로 써 주시겠습니까?
  请 用 中文 写，好 吗？
  Qǐng yòng Zhōngwén xiě　hǎo ma

- 잠깐만요. 방금 무엇이라 말씀하셨지요?
  等等，您 刚才 说 什么？
  Děngdeng nín gāngcái shuō shénme

▶상대의 뜻을 잘 모를 때 　不　明白　对方　的意思 时
　　　　　　　　　　　　bù míngbai duìfāng de yìsi shí

- 그게 무슨 뜻이죠? /무슨 말을 하는 거야?
  那 是 什么 意思？/ 你 在 说 什么？
  Nà shì shénme yìsi　　Nǐ zài shuō shénme

- 여전히 당신의 뜻을 잘 못 알아듣겠습니다.
  我 还是 没 听 明白 你 的 意思 。
  Wǒ háishi méi tīng míngbai nǐ de yìsi

- 전 도저히 이해할 수가 없습니다.
  我 无法 理解 。
  Wǒ wúfǎ lǐjiě

- 도대체 무슨 말씀을 하시려는 건지 정말 모르겠군요.
  我 真 的 不 明白 您 到底 想 说 什么。
  Wǒ zhēn de bù míngbai nín dàodǐ xiǎng shuō shénme

- 정말로 이해하기가 어렵군요.
  真 叫 人 难以 理解 。
  Zhēn jiào rén nányǐ lǐjiě

- 당신의 뜻을 모르겠습니다.
  我 不 懂 您 的 意思 。
  Wǒ bù dǒng nín de yìsi

- 간단한 예를 들어 설명해 주십시오.
  请 举 个 简单 的 例子 说明 一下 吧 。
  Qǐng jǔ ge jiǎndān de lìzi shuōmíng yíxià ba

- 좀더 상세히 말씀해 주시겠습니까?
  请 说 得 再 详细 一点儿 好 吗 ?
  Qǐng shuō de zài xiángxì yìdiǎnr hǎo ma

- 누구 얘기를 하고 있는 겁니까?
  你 在 说 谁 啊 ?
  Nǐ zài shuō shéi a

- 좀 구체적으로 말씀해 주세요, 무슨 뜻입니까?
  说 得 具体 点儿 , 是 什么 意思 ?
  Shuō de jùtǐ diǎnr shì shénme yìsi

7. 대 화

II 다시 말해 달라고 할 때 要求再说一遍时
yāoqiú zài shuō yí biàn shí

- 좀더 천천히 말씀해 주시겠습니까?
  请 再 说 慢 点儿 好 吗？
  Qǐng zài shuō màn diǎnr hǎo ma

- 조급해 하지 말고 천천히 말씀하세요.
  别 着急， 慢 点儿 说。
  Bié zháojí màn diǎnr shuō

- 다시 한 번 간단히 말씀해 주세요.
  请 你再 简单 地 说 一 遍 吧。
  Qǐng nǐ zài jiǎndān de shuō yí biàn ba

③ 참말 · 거짓말   实话 / 谎话
shíhuà huǎnghuà

중국 TV에 <实话实说 shíhuà shíshuō >라는 대담 프로가 있다. "사실을 사실대로 말한다" 라는 뜻이다. "솔직히 말하자면~" 이라고 서두를 꺼낼 때에는 "说实话~shuōshíhuà~"라고 하면 된다. 남이 거짓말을 할 때 "거짓말 하지 말라"고 말할 때에는 "不要撒谎。Búyào sā huǎng " 또는 "别说假话。Bié shuō jiǎhuà " 등으로 표현한다.

기 본 대 화

A: 求你这次一定相信我。
   Qiú nǐ zhè cì yídìng xiāngxìn wǒ
B: 你那么爱说谎，我怎么信呢？
   Nǐ nàme ài shuō huǎng wǒ zěnme xìn ne
A: 是真的。这绝对不是假话。
   Shì zhēn de   Zhè juéduì bú shì jiǎ huà
B: 你怎么说我都不相信。
   Nǐ zěnme shuō wǒ dōu bù xiāngxìn
A: 如果我说的是假话，我就不姓王。
   Rúguǒ wǒ shuō de shì jiǎ huà   wǒ jiù bú xìng Wáng

A: 제발 이번만은 꼭 나를 믿어줘.
B: 네가 그렇게 거짓말을 잘하는데, 어떻게 믿을 수가 있니?
A: 정말이야. 이건 절대로 거짓말이 아니라구.
B: 네가 뭐라고 해도 난 안 믿어.
A: 만일 내 말이 거짓이라면, 내가 성을 갈겠어.

여러 가지 활용

I 사실대로 말하라고 할 때   要求 实话 实说
yaoqiú shíhuà shíshuō

• 사실을 말씀해 주세요.
请你说实话。
Qǐng nǐ shuō shíhuà

7. 대 화

- 일의 자초지종을 말씀해 주세요.
  请 把 事情 的 来龙去脉 告诉 我。①
  Qǐng bǎ shìqing de láilóngqùmài gàosu wǒ

- 숨김없이 다 털어 놓고 말씀하세요.
  你 就 打开 天窗 说 亮话 吧。②
  Nǐ jiù dǎkāi tiānchuāng shuō liànghuà ba

- 나에게 감추지 말고 있는 그대로 얘기하세요.
  不要 对 我 隐瞒，有 什么 就 说 什么 吧。
  Búyào duì wǒ yǐnmán yǒu shénme jiù shuō shénme ba

- 너무 걱정하지 말고 바른대로 말하세요.
  您 不用 太 担心，就 跟 我 直 说 吧。
  Nín búyòng tài dānxīn jiù gēn wǒ zhí shuō ba

- 혼자 냉가슴 앓지 말고 할말 있거든 다 털어놓으세요.
  不要 一 个 人 闷在 心里，有 什么 话 就 说 出来 吧。③
  Búyào yí ge rén mēnzài xīnli yǒu shénme huà jiù shuō chulai ba

Ⅱ 사실대로 말할 때   说 实话 时
shuō shíhuà shí

- 솔직히 말씀드리자면, 사정은 그가 말한 것과 다릅니다.
  说 实话，事情 不 像 他 说 的 那样。
  Shuō shíhuà shìqing bú xiàng tā shuō de nàyàng

- 제가 말씀드린 것은 다 사실입니다.
  我 说 的 都 是 实话。
  Wǒ shuō de dōu shì shíhuà

- 솔직히 저는 정말로 드릴 말씀이 없습니다.
  说 实话，我 真 的 没有 什么 可 说 的 了。
  Shuō shíhuà wǒ zhēn de méiyǒu shénme kě shuō de le

---

① 来龙去脉 láilóngqùmài : 어떤 일이나 사물의 처음과 끝, 일의 경위.

② 打开天窗说亮话 dǎkāi tiānchuāng shuō liànghuà : "하늘로 난 창문을 활짝 열어놓고 밝은 말을 한다" 는 뜻으로, "툭 털어놓고 이야기하다" 라는 의미이다.

③ 闷 mēn: 날씨의 영향이나 공기가 통하지 않아 갑갑할 때는 1성으로 발음하고, 심리적인 영향으로 인하여 울적하거나 답답할 때는 4성으로 발음한다. 예) 闷热 mēnrè: (날이) 무덥다. 闷死 mēnsǐ: (날씨가) 푹푹찌다. 闷得慌 mèndehuāng: 답답하다.

③ 참말·거짓말

- 숨기는 것이 없습니다. 알고 있는 것은 다 말씀드렸습니다.
  我 没有 隐瞒 什么，已经 把 我 知道 的 都 说 了。
  Wǒ méiyǒu yǐnmán shénme yǐjīng bǎ wǒ zhīdào de dōu shuō le

- 솔직하게 다 말씀드리지요.
  我 还是 坦白 地 说 吧。
  Wǒ háishi tǎnbái de shuō ba

- 속에 있는 말을 다 하고 나니 한결 편안해졌습니다.
  把 心里 的 话 都 说 出来，觉得 舒服 多 了。
  Bǎ xīnli de huà dōu shuō chulai juéde shūfu duō le

Ⅲ 믿어 달라고 할 때 希望 别人 相信 自己 时
xīwàng biéren xiāngxìn zìjǐ shí

A: 你 知道 吗？ 小 张 偷了 别人的 东西。
   Nǐ zhīdào ma Xiǎo Zhāng tōule biéren de dōngxi
B: 怎么 可能 呢？
   Zěnme kěnéng ne
A: 是 我 亲眼 看到 的，信不信 由 你。
   Shì wǒ qīnyǎn kàndào de xìn bu xìn yóu nǐ

A: 너 아니? 샤오장이 다른 사람 물건을 훔쳤어.
B: 어떻게 그럴 수가?
A: 내 눈으로 직접 봤는걸. 믿고 안 믿고는 너에게 달렸어.

- 저를 믿으세요. / 저를 한 번만 믿어 주세요.
  你 就 相信 我 吧。/ 你 就 相信 我 一次 吧。
  Nǐ jiù xiāngxìn wǒ ba   Nǐ jiù xiāngxìn wǒ yí cì ba

- 내 말은 모두가 사실인데 넌 왜 날 안 믿니?
  我 说 的 都 是 实话，你 为什么 不 相信 我 呢？
  Wǒ shuō de dōu shì shíhuà nǐ wèishénme bù xiāngxìn wǒ ne

- 맹세하건대 제가 말한 건 모두 진실이니 저를 믿으세요.
  我 发誓，我 说 的 都 是 真话，你 就 相信 我 吧。
  Wǒ fāshì wǒ shuō de dōu shì zhēn huà nǐ jiù xiāngxìn wǒ ba

7. 대화

Ⅳ 거짓말을 할 때 说 谎 时
shuō huǎng shí

> A: 他 用 一 句 谎话 避免 了一 场 争执。
>   Tā yòng yí jù huǎnghuà bìmiǎn le yì chǎng zhēngzhí
> B: 说 谎 虽然 不 好， 但 也 要 看 在 什么
>   Shuō huǎng suīrán bù hǎo dàn yě yào kàn zài shénme
>   情况 下，出于 什么样 的 目的。
>   qíngkuàng xià chūyú shénmeyàng de mùdì
> A: 그가 한 마디 거짓말로 한 바탕의 분쟁을 모면했답니다.
> B: 거짓말이 나쁘기는 하지만, 어떤 상황, 어떤 의도로 그랬는지 알아봐야 겠죠.

- 이 거짓말쟁이!
  你 这 个 骗子！
  Nǐ zhè ge piànzi

- 자신을 속이지 마세요.
  你 不要 欺骗 自己 了。①
  Nǐ búyào qīpiàn zìjǐ le

- 그건 순전히 거짓말이에요. 그에게 속았어요.
  那 纯属 谎言。我 被 他 骗 了。
  Nà chúnshǔ huǎngyán Wǒ bèi tā piàn le

- 언젠가는 진실은 밝혀지게 돼 있어요.
  总 有一天会 真相 大白的。②
  Zǒng yǒu yìtiān huì zhēnxiàng dà bái de

- 거짓말로 사실을 덮을 수는 없습니다.
  谎言 是 掩盖 不 住 事实 的。③
  Huǎngyán shì yǎngài bu zhù shìshí de

- 손바닥으로 하늘을 가릴 수 없습니다. 거짓말은 언젠가는 드러나게 돼 있어요.
  纸 包 不 住 火， 谎言 总 有一 天 会 揭穿 的。④
  Zhǐ bāo bu zhù huǒ huǎngyán zǒng yǒu yì tiān huì bèi jiēchuān de

---

① 欺骗 qīpiàn : 속이다, 기만하다.
② 真相大白 zhēnxiàng dà bái : 진상이 모두 다 드러나다, 진상이 밝혀지다.
③ 掩盖 yǎngài : 가리다, 덮어씌우다, 감추다.
④ 纸包不住火 zhǐ bāo bu zhù huǒ : 원뜻은 "종이로 불을 쌀 수는 없다" 이다.

③ 实话/谎话

- 거짓말 하지 마세요. 난 절대로 당신을 믿지 않습니다.
  别撒谎了！我是绝对不会相信你的。
  Bié sā huǎng le Wǒ shì juéduì bú huì xiāngxìn nǐ de

- 더 이상 수작부리지 마. 다시는 너한테 속지 않아.
  不要再耍花招了，我不会再被你骗的。①
  Búyào zài shuǎ huāzhāo le wǒ bú huì zài bèi nǐ piàn de

- 네 속을 뻔히 알고 있어. 나를 속일 생각일랑 하지 마.
  我已经看透你了，休想再骗我。②
  Wǒ yǐjīng kàntòu nǐ le xiūxiǎng zài piàn wǒ

- 내가 너의 거짓말에 속을 줄 알아?
  你以为我会被你的谎言所欺骗吗？
  Nǐ yǐwéi wǒ huì bèi nǐ de huǎngyán suǒ qīpiàn ma

- 너 아직도 나를 속이려 하니?
  你还想骗我？
  Nǐ hái xiǎng piàn wǒ

- 그는 눈도 깜짝하지 않고 거짓말을 해요.
  他说谎，眼睛都不眨一下。
  Tā shuō huǎng yǎnjing dōu bù zhǎ yíxià

- 저는 거짓말을 하면 마음이 불안해집니다.
  我说谎话会觉得心里不安。
  Wǒ shuō huǎnghuà huì juéde xīnli bù'ān

- 거짓말을 하면 양심의 가책을 빋게 됩니다.
  说谎会受到良心的谴责。
  Shuō huǎng huì shòudào liángxīn de qiǎnzé

- 그가 거짓말하고 있는 것을 설마 모르진 않겠죠?
  难道你看不出他在说谎吗？
  Nándào nǐ kàn bu chū tā zài shuō huǎng ma

---

① 耍花招 shuǎ huāzhāo：속임수를 쓰다, 교묘히 계략을 쓰다.
② 休想 xiūxiǎng：~할 생각 그만 둬라, 단념해라, 쓸데 없는 생각 마라.

4 농담·유머   玩笑 / 幽默
                                                                                                  wánxiào   yōumò

농담하는 것을 开玩笑 kāi wánxiào 라고 하며, "농담하지 마."라고 할 때는 "你别开玩笑. Nǐ bié kāi wánxiào"라고 한다. 幽默 yōumò 는 영어의 humour 를 음역한 것으로 "그는 참 유머가 풍부하다"라는 표현을 할 때는 "他真幽默. Tā zhēn yōumò"라고 하면 되며, 늘 좌중을 잘 웃기는 사람을 보고는 "他这个人真逗. Tā zhè ge rén zhēn dòu"(저 사람 너무 재밌어.)라고 한다.

기본대화

A: 哎呀, 最近 真 无聊!
   Aiya   zuìjìn zhēn wúliáo

B: 怎么 了?
   Zěnme le

A: 周末 也 没 地方 去 玩儿。
   Zhōumò yě méi dìfang qù wánr

B: 不会吧! 你 身边 不是有 很 多 女人 陪伴 吗?
   Bú huì ba   Nǐ shēnbiān bú shì yǒu hěn duō nǚrén péibàn ma

A: 别 开 这 种 玩笑! 让 我 老婆 知道 了, 我 可 就 惨 了!①
   Bié kāi zhè zhǒng wánxiào Ràng wǒ lǎopo zhīdào le   wǒ kě jiù cǎn le

A: 아유, 요즘 너무 재미없어!
B: 왜 그래?
A: 주말인데 어디 놀러갈 데도 없고 말이야.
B: 그럴 리가. 네 옆에는 늘 여자들이 따라다니잖아?
A: 그런 농담하지 마. 와이프가 알면 난 끝장이라구.

---

① 惨 cǎn: 비참하다, 처참하다, 무참하다.

여러 가지 활용

I 농담 玩笑
　　　　wánxiào

▶농담이라고 생각될 때　感觉 在 开 玩笑 时
　　　　　　　　　　　gǎnjué zài kāi wánxiào shí

- 지금 농담하는 거죠?
  你 在 开 玩笑 吧?
  Nǐ zài kāi wánxiào ba

- 농담하고 있는 건 아니겠죠?
  你 不 是 在 开 玩笑 吧?
  Nǐ bú shì zài kāi wánxiào ba

- 내 생각에는 그가 농담하는 것 같은데.
  我 觉得 他 在 开 玩笑。
  Wǒ juéde tā zài kāi wánxiào

▶농담하지 말라고 할때　阻止 对方 开 玩笑 时
　　　　　　　　　　　zǔzhǐ duìfāng kāi wánxiào shí

- 그만 좀 히히덕거리라구.
  少　跟我 嘻嘻 哈哈 的。①
  Shǎo gēn wǒ xīxī hāhā de

- 너 또 나를 속이려는 거니?
  你 是 不 是 又 想 骗 我 呀?
  Nǐ shì bu shì yòu xiǎng piàn wǒ ya

- 좀 진지해 볼래?
  正经　一点儿 好 吗?
  Zhèngjing yìdiǎnr hǎo ma

- 나 놀리지 마.
  不要　捉弄 我。
  Búyào zhuōnòng wǒ

---

① 少 shǎo: 명령문에서 '~를 삼가하라', '작작 ~해라', '그만 ~해라'의 뜻으로 쓰임.

　　嘻嘻哈哈 xīxī hāhā : '히히하하', 소리 높여 웃는 모양을 말함.

7. 대화

- 너 날 가지고 농담하지 마.
  你别拿我开玩笑了。
  Nǐ bié ná wǒ kāi wánxiào le
- 너하고 농담하고 싶은 기분 아니야.
  我可没心情和你开玩笑。
  Wǒ kě méi xīnqíng hé nǐ kāi wánxiào
- 농담이라도 그런 말은 하면 안돼!
  就算是开玩笑，也不能说那种话呀！
  Jiù suàn shì kāi wánxiào yě bù néng shuō nà zhǒng huà ya
- 그는 모든 일을 진짜로 여기니까, 그와 농담은 안하는 게 좋아.
  他什么事都当真，所以最好不要和他开玩笑。
  Tā shénme shì dōu dàngzhēn suǒyǐ zuìhǎo búyào hé tā kāi wánxiào

▶농담이 지나칠 때　玩笑 开得 过分 时
　　　　　　　　　wánxiào kāi de guòfèn shí

- 농담이라도 정도가 너무 지나치면 안 되지.
  开玩笑也不要太过分了。
  Kāi wánxiào yě búyào tài guòfèn le
- 그런 저속한 농담은 삼가해 주세요.
  少开那种俗气的玩笑。
  Shǎo kāi nà zhǒng súqi de wánxiào
- 자칫하면 농담이 악담이 되기도 합니다.
  一不小心，玩笑会变成坏话的。
  Yí bù xiǎoxīn wánxiào huì biànchéng huài huà de
- 농담할 때는 때와 장소를 가려야 해요.
  开玩笑要分场合。
  Kāi wánxiào yào fēn chǎnghé
- 이런 장소에서는 농담하는 게 적합지 않아요.
  在这些场合，不适合开玩笑。
  Zài zhèxiē chǎnghé bú shìhé kāi wánxiào

▶농담이라고 말할 때　说明 在开 玩笑 时
　　　　　　　　　shuōmíng zài kāi wánxiào shí

- 그저 농담으로 말했을 뿐이야.
  我只是在开玩笑。
  Wǒ zhǐshì zài kāi wánxiào

- 화내지 마. 그냥 해본 말일 뿐이야.
  不要 生气 嘛 。 我 只是 说说 而已 。
  Búyào shēngqì ma   Wǒ zhǐshì shuōshuo éryǐ
- 그렇게 진지할 필요는 없잖아.
  不要 那么 认真 嘛 。
  Búyào nàme rènzhēn ma
- 농담으로 한 것이니 마음에 두지 마세요.
  我 在 跟 你 开 玩笑 呢, 不要 放在 心上 。
  Wǒ zài gēn nǐ kāi wánxiào ne búyào fàngzài xīnshang

▶농담이 아닐 때   说明 不是 开 玩笑 时
                 shuōmíng bú shì kāi wánxiào shí

| A: 明天 老师 有事, 所以 不 上 课 。 |
| Míngtiān lǎoshī yǒu shì   suǒyǐ bú shàng kè |
| B: 你 骗 谁 啊? 我 知道 今天 是 愚人节 。 |
| Nǐ piàn shéi a   Wǒ zhīdào jīntiān shì Yúrén Jié |
| A: 谁 骗 你 呢! 是 老师 刚刚 告诉 我 的 。 |
| Shéi piàn nǐ ne   Shì lǎoshī gānggāng gàosu wǒ de |
| B: 真的 吗? 对不起, 我 还 以为 你 在 开 玩笑 呢 。 |
| Zhēnde ma   Duìbuqǐ wǒ hái yǐwéi nǐ zài kāi wánxiào ne |
| A: 내일은 선생님께서 일이 있으셔서 수업을 안한대. |
| B: 누굴 속이려고? 오늘이 만우절인 거 알아. |
| A: 누가 널 속인다는 거야! 선생님이 방금 말씀하셨다구. |
| B: 정말이야? 미안해. 네가 농담하는 줄 알았어. |

- 뭐가 웃긴다는 거야, 나는 진지한데.
  这 有 什么 好笑 的, 我 是 认真 的 。
  Zhè yǒu shénme hǎoxiào de   wǒ shì rènzhēn de
- 농담으로 받아들이지 마세요. 저는 진지하게 말씀드리는 거예요.
  别 以为 我 在 和 你 开 玩笑, 我 是 跟 你 说 正经 事 呢 。
  Bié yǐwéi wǒ zài hé nǐ kāi wánxiào wǒ shì gēn nǐ shuō zhèngjing shì ne
- 난 농담인 줄 알았어, 미안해.
  我 以为 是 开 玩笑 呢, 对不起 。
  Wǒ yǐwéi shì kāi wánxiào ne   duìbuqǐ

7. 대   화

- 누가 너랑 농담하재?
  谁 跟 你 开 玩笑 啊?
  Shéi gēn nǐ kāi wánxiào a

Ⅱ 유머   幽默
          yōumò

- 당신은 유머가 풍부하군요.
  你 真 幽默 。
  Nǐ zhēn yōumò

- 당신은 정말 재미있군요.
  你 这 个 人 真 逗 。①
  Nǐ zhè ge rén zhēn dòu

- 매번 당신은 좌중을 즐겁게 하는군요.
  每 次 你 都 能 让 大家 开心 起来 。
  Měi cì nǐ dōu néng ràng dàjiā kāixīn qǐlai

- 너무 웃어 배 아파요. 그만 좀 웃겨요!
  我们 笑 得 都 肚子 疼 了,你 就 别 再 逗 我们 了。
  Wǒmen xiào de dōu dùzi téng le nǐ jiù bié zài dòu wǒmen le

- 저 사람을 보기만 해도 웃음이 나와요.
  我 一 看见 他 就 想 笑 。
  Wǒ yí kànjiàn tā jiù xiǎng xiào

- 당신은 유머가 부족한 게 제일 큰 흠이에요.
  你 最 大 的 缺点 就是 太 缺乏 幽默感 了 。
  Nǐ zuì dà de quēdiǎn jiù shì tài quēfá yōumògǎn le

- 그는 우스갯소리를 아주 잘 해요.
  他 会 讲 很 多 笑话 。
  Tā huì jiǎng hěn duō xiàohuà

---

① 逗 dòu: 웃기다. 놀리다. 희롱하다. 어르다.

5 소문 · 비밀

传闻 / 秘密
chuánwén mìmì

소문을 뜻하는 단어에는 传闻 chuánwén, 谣言 yáoyán, 绯闻 fēiwén, 飞语流言 fēi yǔ liú yán, 蜚语 fēiyǔ 등이 있다. 传闻 chuánwén 은 비교적 중립성의 단어로서 좋고 나쁜 소문을 다 포함한다. 그러나 谣言 yáoyán, 飞语流言 fēi yǔ liú yán, 蜚语 fēiyǔ 는 모두 주로 근거가 없는 헛소문을 뜻하며, 绯闻 fēiwén 은 특히 연예계나 유명인사들에 관한 악성 루머를 뜻한다.

기본대화

A: 最近有很多关于张敏的绯闻。
　　Zuìjìn yǒu hěn duō guānyú Zhāng Mǐn de fēiwén

B: 什么绯闻啊?
　　Shénme fēiwén a

A: 大家都在保密。①
　　Dàjiā dōu zài bǎomì

B: 保密? 到底是什么?
　　Bǎomì　Dàodǐ shì shénme

A: 听说她和一位富商同居了。
　　Tīngshuō tā hé yí wèi fùshāng tóngjū le

B: 不会吧? 这种事就当没听到算了。
　　Bú huì ba　Zhè zhǒng shì jiù dāng méi tīngdào suàn le

A: 요즘 장민에 대한 소문이 무성하더군요.
B: 어떤 소문인데요?
A: 모두가 비밀로 하고 있어요.
B: 비밀로 하다니요? 도대체 뭔데 그래요?
A: 그녀가 한 갑부와 동거를 하고 있대요.
B: 그럴 리가요? 이런 소문은 그냥 안들은 걸로 합시다.

---

① 保密 bǎomì= 保守秘密 bǎoshǒu mìmì : 비밀을 지키다.

여러 가지 활용

I 소문　传闻
　　　　chuánwén

▶소문을 전할 때　传播　传闻
　　　　　　　　chuánbō chuánwén

- 내가 얘기 하나 해줄게, 너 분명히 깜짝 놀랄걸.
  我 跟 你 说 件 事，你 肯定 会 吓 一 跳 。
  Wǒ gēn nǐ shuō jiàn shì　nǐ kěndìng huì xià yí tiào
- 밖에 당신에 대한 안 좋은 소문이 떠돌고 있어요.
  外面　正　流传　着 关于 你 的 绯闻 。
  Wàimian zhèng liúchuán zhe guānyú nǐ de fēiwén
- 인사이동이 있을 때마다 꼭 떳떳치 못한 소문들이 나돈답니다.
  每 到 人事 调动， 总 会 出现 许多 不 光彩 的
  Měi dào rénshì diàodòng zǒng huì chūxiàn xǔduō bù guāngcǎi de
  传闻 。①
  chuánwén
- 요즘 온통 대통령에 관한 소문들이 판을 쳐요.
  最近 关于　总统　的 谣言 满天飞 。②
  Zuìjìn guānyú zǒngtǒng de yáoyán mǎntiānfēi
- 헛소문은 지혜로운 사람에겐 통하지 않아. 그런 소문 믿지 마.
  谣言　止 于 智者，不要　相信　传言 。
  Yáoyán zhǐ yú zhìzhě búyào xiāngxìn chuányán

▶소문의 출처　传闻 的 来历
　　　　　　chuánwén de láilì

- 누가 그런 말을 하던가요?
  是 谁 说 的 那 种 话？
  Shì shéi shuō de nà zhǒng huà

---

① 调动 diàodòng : 옮기다, 이동하다. 人事调动 rénshì diàodòng : 인사 이동.
　光彩 guāngcǎi : 광채 · 명예 · 영예 · 영광스럽다, 영예스럽다.
② 满天飞 mǎntiānfēi : 하늘 가득 날리다, 이리저리 돌아 다니다.

- 그런 얘기 어디서 들었어요?
  那 种 事, 你 是 在 哪儿 听说 的?
  Nà zhǒng shì nǐ shì zài nǎr tīngshuō de
- 근거 없이 떠도는 말을 함부로 전하지 마세요.
  你 不要 随便 传播 这 种 毫无 根据 的 谣言。
  Nǐ búyào suíbiàn chuánbō zhè zhǒng háowú gēnjù de yáoyán

▶ 이미 알고 있을 때   已经 得知 时
                    yǐjīng dézhī shí

A: 那 位 记者 是 怎么 知道 这 个 秘密 的?
   Nà wèi jìzhě shì zěnme zhīdào zhè ge mìmì de
B: 那 当然 是 凭 记者 的 第六感 了。①
   Nà dāngrán shì píng jìzhě de dìliùgǎn le
A: 그 기자는 이 비밀을 어떻게 알았을까요?
B: 그게 바로 기자의 육감이란 거겠지요.

- 그것은 공공연한 비밀인데 누가 모르겠어요?
  那 是 公开 的 秘密, 谁 不 知道 啊?
  Nà shì gōngkāi de mìmì shéi bù zhīdào a
- 저는 처음부터 알고 있었어요.
  我 从 一 开始 就 知道 了。
  Wǒ cóng yì kāishǐ jiù zhīdào le
- 그 일은 이미 모두가 알고 있답니다.
  那 件 事 已 闹 得 尽 人 皆 知。
  Nà jiàn shì yǐ nào de jìn rén jiē zhī
- 그는 내부 사정을 잘 알고 있어요.
  他 非常 熟悉 内部 情况。
  Tā fēicháng shúxī nèibù qíngkuàng
- 저는 그 일을 아주 훤히 알고 있어요.
  我 心里 非常 清楚 那 件 事。
  Wǒ xīnli fēicháng qīngchu nà jiàn shì

---

① 凭 píng: ~에 의존하다, ~에 의거하다, ~에 달리다.

7. 대화

▶ 금시초문일 때　未 听说 过 时
　　　　　　　　wèi tīngshuō guo shí

- 아직까지 그런 일은 들어본 적이 없습니다.
  到 现在 我 还 没有 听说 过 那 件 事情。
  Dào xiànzài wǒ hái méiyǒu tīngshuō guo nà jiàn shìqing
- 지금까지 그 일에 대해서는 전혀 모르고 있었어요.
  到 现在 我 对 那 件 事 还是 一概 不 知。①
  Dào xiànzài wǒ duì nà jiàn shì háishi yígài bù zhī
- 그 일은 들어본 일조차 없습니다.
  那 件 事，我 连 听 都 没 听说 过。
  Nà jiàn shì　wǒ lián tīng dōu méi tīngshuō guo

▶ 소문을 믿기 어려울 때　无法 相信 传闻 时
　　　　　　　　　　　wúfǎ xiāngxìn chuánwén shí

A: 听说，金 永 和 张 敏 好像 有一腿。②
　　Tīngshuō Jīn Yǒng hé Zhāng Mǐn hǎoxiàng yǒuyìtuǐ
B: 那 种 传闻 不 能 相信。我 很 了解，他们
　　Nà zhǒng chuánwén bù néng xiāngxìn Wǒ hěn liǎojiě tāmen
　之间 什么 都 没有。
　　zhījiān shénme dōu méiyǒu
A: 듣자니 진용과 장민이 보통 사이가 아니라던데요.
B: 그런 소문은 믿을 수가 없어요. 내가 잘 알아요, 두 사람
　사이에는 아무 일도 없다는 걸.

- 확실합니까? / 그게 사실입니까?
  您 确定 吗? / 那 是 事实 吗?
  Nín quèdìng ma　　Nà shì shìshí ma
- 정말 믿을 수 없군요.
  真 让 人 无法 相信。
  Zhēn ràng rén wúfǎ xiāngxìn

---

① 一概 yígài: 일체, 일절, 전혀, 모조리, 전부.
② 有一腿 yǒuyìtuǐ: (남녀가) 한 몸이 되다.

- 정말 뜻밖이군요.
 真 让 人 感到 意外。
 Zhēn ràng rén gǎndào yìwài
- 그것이 사실이라 해도 저는 믿기가 어렵습니다.
 虽然 那 是 事实，但是 我 还是 觉得 难以 置信。
 Suīrán nà shì shìshí dànshì wǒ háishi juéde nányǐ zhìxìn

II 비밀　秘密
　　　　mìmì

A: 昨天 我 看见 小 刚 和 小 红 正 手 拉 手
　　Zuótiān wǒ kànjiàn Xiǎo Gāng hé Xiǎo Hóng zhèng shǒu lā shǒu
　　地 在 街上 遛 弯儿。
　　de zài jiēshang liù wānr
B: 真 的 吗？ 真 不 敢 相信，他们 两 个 会 在
　　Zhēn de ma　Zhēn bù gǎn xiāngxìn tāmen liǎng ge huì zài
　　一起！
　　yìqǐ
A: 那 是 我 亲眼 看见 的。 不过 我们 还是 先 不要
　　Nà shì wǒ qīnyǎn kànjiàn de　Búguò wǒmen háishi xiān búyào
　　对 别人 说 了。
　　duì biéren shuō le
B: 好 的，我 会 替 他们 保守 秘密 的。
　　Hǎo de　wǒ huì tì tāmen bǎoshǒu mìmì de

A: 어제 샤오강과 샤오홍이 손을 잡고 거리에서 다니는 걸 봤어.
B: 진짜야? 믿기 어려운데. 그 두 사람이 같이 있다니!
A: 내 눈으로 똑똑히 봤다구. 하지만 아직은 다른 사람에게 말하면 안돼.
B: 알았어. 그들을 위해 비밀을 지켜 줘야지.

▶비밀을 말할 때　告诉 秘密 时
　　　　　　　　gàosu mìmì shí

- 이 일을 그에게 말하지 마세요.
 这 件 事 你 不要 对 他 说。
 Zhè jiàn shì nǐ búyào duì tā shuō

7. 대 화

- 이 일은 우선 그에게는 비밀로 합시다.
  这件事先对他保密吧。
  Zhè jiàn shì xiān duì tā bǎo mì ba

- 비밀을 지켜 주시겠습니까?
  请您保守秘密，好吗？
  Qǐng nín bǎoshǒu mìmì hǎo ma

- 어느 누구에게도 말하지 말아요.
  对任何人都不要说。
  Duì rènhé rén dōu búyào shuō

- 비밀이 조금이라도 새나가면 안됩니다.
  不可以走漏一点儿风声。①
  Bù kěyǐ zǒulòu yìdiǎr fēngshēng

- 미안하지만 비밀이라 알려드릴 수가 없군요.
  对不起，这是秘密，我不能告诉你。
  Duìbuqǐ zhè shì mìmì wǒ bù néng gàosu nǐ

▶비밀을 약속할 때　保密时
　　　　　　　　　bǎo mì shí

- 알았어, 비밀을 꼭 지킬게.
  知道了，我一定会保密的。
  Zhīdào le wǒ yídìng huì bǎo mì de

- 좋아, 새끼손가락을 걸자.
  好，我们拉钩。
  Hǎo wǒmen lā gōu

- 걱정 마, 나는 입이 아주 무겁거든.
  你别担心，我口风很严的。②
  Nǐ bié dān xīn wǒ kǒufēng hěn yán de

- 이 일은 아주 중요해, 꼭 비밀을 지켜줘야 해.
  这件事关系重大，你一定要帮我保密。
  Zhè jiàn shì guānxì zhòngdà nǐ yídìng yào bāng wǒ bǎo mì

---

① 走漏风声 zǒulòu fēngshēng: 소문이나 비밀이 새나가는 것을 뜻하는 성어.
② 口风 kǒufēng: 말 뜻, 말투. 严 yán: 엄밀하다, 엄격하다, (입이) 무겁다.

5 소문·비밀

- 절대로 소문내지 않을게.
  我 不 会 走漏 风声 的。
  Wǒ bú huì zǒulòu fēngshēng de

▶비밀 누설 泄密
         xiè mì

- 이 일을 도대체 누가 누설한거지?
  这 件 事到底是 谁 泄 的 密？
  Zhè jiàn shì dàodǐ shì shéi xiè de mì

- 이 일은 너 한 사람만 알고 있으면 돼. 외부에 퍼뜨리지 말고.
  这 件 事你一个人 知道 就 行 了，不要 对 外 宣扬
  Zhè jiàn shì nǐ yí ge rén zhīdào jiù xíng le búyào duì wài xuānyáng
  了。
  le

- 이건 회사의 중요 기밀이므로 누설할 경우 처벌을 받게 됩니다.
  这 是 公司 的 重大 机密，如果 你 泄露 的话，会 受
  Zhè shì gōngsī de zhòngdà jīmì rúguǒ nǐ xièlòu dehuà huì shòu
  到 惩罚。
  dào chéngfá

- 속담에 이르길 "낮말은 새가 듣고 밤말은 쥐가 듣는다"는 말도 있잖아.
  俗话 说："没有 不 透 风 的 墙。"①
  Súhuà shuo méiyǒu bú tòu fēng de qiáng

- 이 비밀은 언센가는 나쁜 사람이 알게 될거야.
  这 个 秘密 总 有一 天 会 被 别人 知道 的。
  Zhè ge mìmì zǒng yǒu yì tiān huì bèi biéren zhīdào de

参고 관련 용어 词汇
              cíhuì

- 대화   对话
         duìhuà
- 한담, 잡담 聊天
            liáo tiān
- 화제   话题
         huàtí
- 언변, 말재주 口才
              kǒucái

① 没有不透风的墙 méiyǒu bú tòu fēng de qiáng: 이 속담의 원뜻은 "바람이 새나가지 않는 담이란 없다"이다.

7 5 传闻／秘密

7. 대화

- 말투, 어투　　口气
  　　　　　　　kǒuqì
- 입버릇, 말버릇　口头语，口头禅
  　　　　　　　kǒutóuyǔ　kǒutóuchán
- 격언　　格言
  　　　　géyán
- 사실　　事实
  　　　　shìshí
- 정보　　信息
  　　　　xìnxī
- 비밀　　秘密
  　　　　mìmì
- 소문　　传闻
  　　　　chuánwén
- 헛소문　绯闻，谣言，蜚语
  　　　　fēiwén yáoyán fēiyǔ
- 참말　　实话，真话
  　　　　shíhuà zhēnhuà
- 거짓말　谎话，假话
  　　　　huǎnghuà jiǎhuà
- 착각하다　错觉
  　　　　　cuòjué
- 오해하다　误会
  　　　　　wùhuì

- 맞장구를 치다　情投 意合
  　　　　　　　qíngtóu yìhé
- 수다스럽다　啰嗦
  　　　　　　luōsuō
- 농담하다　开 玩笑
  　　　　　kāi wánxiào
- 끼어들다　插 话
  　　　　　chā huà
- 사실대로 말하다　实话 实说
  　　　　　　　　shíhuà shíshuō
- 믿다　　相信
  　　　　xiāngxìn
- 거짓말을 하다　说 谎，撒 谎
  　　　　　　　shuō huǎng sā huǎng
- 취소하다　取消
  　　　　　qǔxiāo
- 비밀을 지키다　保 密
  　　　　　　　bǎo mì
- 희롱하다　捉弄
  　　　　　zhuōnòng
- 말문이 막히다　没 话 可说
  　　　　　　　méi huà kěshuō
- 화제를 바꾸다　换 话题
  　　　　　　　huàn huàtí

8 날씨와 계절

天气与季节　　　　　TIANQI YU JIJIE

1. 계　　절　　　　　　　　　季节
2. 기　　후　　　　　　　　　气候
3. 기　　상　　　　　　　　　气象
4. 온도・습도　　　　　　　　温度/湿度

1 계 절

季节
jìjié

우리의 생활은 계절과 날씨에 따라 매우 밀접한 영향을 받는다. 중국은 지역에 따라 차이는 있으나 대부분의 지역이 春夏秋冬 chūn xià qiū dōng(춘하추동)이 뚜렷한 大陆性气候 dàlùxìng qìhòu(대륙성기후)이다. 특히 베이징을 비롯한 华北 Huáběi(화베이)지역의 기후는 우리나라 중부지방의 기후와 거의 비슷하므로 갓 중국으로 건너온 사람일지라도 크게 무리없이 적응할 수 있다.

기본대화

A: 韩国 也是 春 夏 秋 冬 四季 分明 吗?
　　Hánguó yě shì chūn xià qiū dōng sìjì fēnmíng ma

B: 是的。 春天 的百花, 夏天 的烈日, 秋天 的红
　　Shì de　　Chūntiān de bǎi huā　xiàtiān de liè rì　qiūtiān de hóng
叶和 冬天 的白雪都很美。
yè hé dōngtiān de bái xuě dōu hěn měi

A: 可以 说 得到了 造物主 的 青睐。
　　Kěyǐ shuō dédào le zàowùzhǔ de qīnglài

B: 在 寒带 或 热带 地区 是 无法 拥有 这 种 美丽的。
　　Zài hándài huò rèdài dìqū shì wúfǎ yōngyǒu zhè zhǒng měilì　de

A: 就是, 但是 现在 重要 的还是 怎样 将 这 种
　　Jiùshì　dànshì xiànzài zhòngyào de háishi zěnyàng jiāng zhè zhǒng
美好 永久 保持 下去。
měihǎo yǒngjiǔ bǎochí xiaqu

B: 对, 环保 造福子孙 后代 嘛。①
　　Duì　huánbǎo zàofú zǐsūn hòudài ma

A: 한국도 춘하추동 사계절이 뚜렷한가요?

B: 네, 봄에는 꽃, 여름은 태양, 가을은 단풍, 그리고 겨울은 흰 눈이 아주 아름다워요.

A: 대자연의 축복을 받았다고 할 수 있겠군요.

B: 한대나 열대지방에서는 그 아름다움을 느낄 수 없죠.

---

① 造福 zàofú: 행복을 만들다, 행복을 가져오다, 행복하게 하다.

A: 그래요. 그러나 지금 중요한 것은 이 아름다움을 어떻게 보전해 나가는가 하는 겁니다.
B: 맞아요. 환경보호는 후대 자손들에게 행복을 선사하는 일이죠.

여러 가지 활용

I 봄 春天
chūntiān

> A: 现在 已经是 阳春 三月 了。
> Xiànzài yǐjīng shì yángchūn sānyuè le
> B: 是呀。风 都 暖融融 的，树也开始吐新芽了。
> Shì ya Fēng dōu nuǎnróngróng de shù yě kāishǐ tǔ xīn yá le
> A: 刚才 我 看见 迎春花 开得 漫山遍野 的。
> Gāngcái wǒ kànjiàn yíngchūnhuā kāi de mànshānbiànyě de
> A: 이제 완연한 봄 3월이야.
> B: 그래. 바람도 따뜻하고, 나무도 파릇해지기 시작했어.
> A: 아까 보니 개나리도 곳곳에 활짝 피었던걸.

- 봄의 따뜻한 햇살은 기분을 즐겁게 해줘요.
  春天 暖和 的 阳光 让人 心情 愉快。
  Chūntiān nuǎnhuo de yángguāng ràng rén xīnqíng yúkuài

- 사계절 내내 화창한 봄날 같았으면 좋겠어요.
  真 希望 四季 都 像 阳光 明媚 的 春天。
  Zhēn xīwàng sìjì dōu xiàng yángguāng míngmèi de chūntiān

- "1년의 계획은 봄에 있다"는 말이 있지요.
  有 句 话 叫 "一 年 之 计 在 于 春"。
  Yǒu jù huà jiào yì nián zhī jì zài yú chūn

▶ 꽃과 초목 花与草木
huā yǔ cǎo mù

- 봄은 만물이 소생하는 계절입니다.
  春天 是 万物 复苏 的 季节。
  Chūntiān shì wànwù fùsū de jìjié

- 나무마다 싹이 트기 시작했어요.
  树木 都 开始 发芽 了。
  Shùmù dōu kāishǐ fā yá le

① 계 절

- 벚꽃이 곧 필거예요.
  樱花 快要 开 了。
  Yīnghuā kuàiyào kāi le

- 봄은 온갖 꽃이 만발하고, 나무마다 새싹이 돋아 들놀이하기 가장 좋은 시기에요.
  春天，百花 争 艳，万 树 吐 新，是 郊游 的 好 时期。
  Chūntiān bǎi huā zhēng yàn wàn shù tǔ xīn shì jiāoyóu de hǎo shíqī

- 개나리, 진달래, 벚꽃 모두 봄에 핀답니다.
  迎春花、 杜鹃花、樱花 都 是 在 春天 开 的。
  Yíngchūnhuā dùjuānhuā yīnghuā dōu shì zài chūntiān kāi de

- 버들개지가 온 하늘에 날리는게 마치 눈이 내리는 것 같아요.
  柳絮 漫天 飞舞， 就 像 下 雪 一样。
  Liǔxù màntiān fēiwǔ jiù xiàng xià xuě yíyàng

- 난 꽃피는 봄만 되면 꽃가루 알레르기가 생겨요.
  我 一 到 春天 花 开 的 时候，就 会 花粉 过敏。①
  Wǒ yí dào chūntiān huā kāi de shíhou jiù huì huāfěn guòmǐn

II 여름 夏天
　　　　xiàtiān

A: 你最喜欢哪个季节？
   Nǐ zuì xǐhuan nǎ ge jìjié
B: 我最喜欢夏天。因为可以吃到很多水果，
   Wǒ zuì xǐhuan xiàtiān Yīnwèi kěyǐ chīdào hěn duō shuǐguǒ
   而且还能在沙滩上尽情玩耍。
   érqiě hái néng zài shātān shang jìnqíng wánshuǎ
A: 我最讨厌天气热的时候，我宁愿选择寒冷
   Wǒ zuì tǎoyàn tiānqì rè de shíhou wǒ nìngyuàn xuǎnzé hánlěng
   的冬天。②
   de dōngtiān

---

① 过敏 guòmǐn: '알러지', '과민하다'의 뜻으로, 주로 '对 ~过敏'의 형태로 쓰입니다. 예)我对青霉素过敏。Wǒ duì qīngméisù guòmǐn(저는 페니실린에 알러지가 있어요.).

② 宁愿 nìngyuàn: 차라리 ~가 낫다. 宁 níng은 '편안하다', '평온하다'의 뜻으로 쓰일 때는 2성이지만, '차라리', '오히려' 등의 뜻으로 쓰일 때는 4성으로 발음합니다. 예)宁静 níngjìng(평온하다), 宁日 níngrì(평온한 나날), 宁可 nìngkě(차라리), 宁死不屈 nìng sǐ bù qū(죽을지언정 굽히지 않는다).

8. 날씨와 계절

B: 冬天，天那么冷，我都不想动。
   Dōngtiān tiān nàme lěng wǒ dōu bù xiǎng dòng
A: 넌 어느 계절을 제일 좋아하니?
B: 난 여름을 제일 좋아해. 과일도 많이 먹을 수 있고 물가에서 마음껏 놀 수 있으니까.
A: 난 더운 것은 질색인데. 차라리 추운 겨울을 택하겠어.
B: 겨울에 날이 추우면 난 꼼짝도 하기 싫어.

- 저는 본래 더위를 타지 않아요.
  我 从来 不怕 热。
  Wǒ cónglái bú pà rè

- 저는 쉽게 햇볕에 타기 때문에 여름이 싫어요.
  我 容易 晒 黑，所以 讨厌 夏天。
  Wǒ róngyì shài hēi suǒyǐ tǎoyàn xiàtiān

- 날씨가 더우니 모기도 많아졌어요.
  天气 热 了，蚊子 也 变多 了。
  Tiānqì rè le wénzi yě biànduō le

- 에어컨 너무 세게 틀지 마. 냉방병 걸리기 쉬워.
  空调 不要 开 得 太 大 了，容易 得 热伤风。①
  Kōngtiáo búyào kāi de tài dà le róngyì dé rèshāngfēng

▶혹서　酷暑
　　　　kùshǔ

- 지금은 찌는 듯한 여름입니다.
  现在 是 炎热 的 夏天。
  Xiànzài shì yánrè de xiàtiān

- 한여름에는 자외선이 강하게 내리쬐여요.
  夏天 紫外线 照射 非常 强。
  Xiàtiān zǐwàixiàn zhàoshè fēicháng qiáng

- 하늘에 태양이 이글거리니 대기중에 타는 듯한 열기가 가득하군요.
  烈日 当 空，好像 空气 里 都 弥漫 着 一 种 烧焦
  Lièrì dāng kōng hǎoxiàng kōngqì li dōu mímàn zhe yì zhǒng shāojiāo
  的 味道。
  de wèidào

---

① 热伤风 rèshāngfēng: 伤风 shāngfēng은 찬바람 등을 쐬어서 걸리는 감기를 말하며, 热伤风이라 함은 더운 여름날 걸리는 여름감기를 일컫는다.

① 계 절

- 한국에서는 7, 8월이 가장 더운 때예요.
  在 韩国，七八 月份 是 最 热 的 时候。
  Zài Hánguó qībā yuèfèn shì zuì rè de shíhou
- 여름 태양이 화로처럼 달아오르니 대지의 식물도 축 늘어져 있군요.
  太阳 像 火炉 一样 烤着，地上的 植物 都 蔫蔫 地
  Tàiyáng xiàng huǒlú yíyàng kǎozhe dìshangde zhíwù dōu niānniān de
  歪着 脑袋。①
  wāizhe nǎodai
- 내가 더위를 먹었나봐.
  我 好像 中 暑 了。
  Wǒ hǎoxiàng zhòng shǔ le

▶ 피서 避 暑
       bì shǔ

A: 夏天 到 了，你 准备 上 哪儿 度假？
   Xiàtiān dào le nǐ zhǔnbèi shàng nǎr dù jià
B: 我 想 去 夏威夷，那儿 的 风景 很 美。
   Wǒ xiǎng qù Xiàwēiyí nàr de fēngjǐng hěn měi
A: 还是 冲 浪 的 好 地方，你 真 会 享受 啊。
   Háishi chōng làng de hǎo dìfang nǐ zhēn huì xiǎngshòu a
B: 当然 了，机会 难得，错过 了 就 会 遗憾 终生
   Dāngrán le jīhuì nándé cuòguò le jiù huì yíhàn zhōngshēng
   的。
   de
A: 是 呀。不 会 休息 的 人，就 不 会 好好儿 工作 嘛。
   Shì ya Bú huì xiūxi de rén jiù bú huì hǎohāor gōngzuò ma

A: 여름이 왔는데, 넌 어디로 휴가를 갈거니?
B: 나는 하와이로 가려고 해. 그곳의 풍경이 매우 아름답잖아.
A: 그리고 파도타기에 좋은 곳이잖아. 넌 정말 즐길 줄 아는 구나.
B: 당연하지. 모처럼의 기회인데, 놓치면 평생 후회할거야.
A: 그래, 놀지 못하는 사람은 일도 잘 못하지.

---

① 蔫蔫地 niānniān de : 맥없이, 기운 없이, 의기소침하여, 풀이 죽어.
  歪 wāi : 기울다, 비뚤다, 비스듬하다, 옆으로 눕다.

8. 날씨와 계절

- 여름철 피서지로 가장 좋은 곳은 바다죠.
  夏天 避暑 的 好 地方 可能 就 是 海边 了。
  Xiàtiān bì shǔ de hǎo dìfang kěnéng jiù shì hǎibiān le
- 이글거리는 태양 아래 반짝이던 바다를 잊을 수 없어요.
  我 无法 忘记 炽热 的 阳光 下 波光粼粼 的 大海。①
  Wǒ wúfǎ wàngjì chìrè de yángguāng xià bōguānglínlín de dàhǎi
- 해수욕을 할 때는 자외선크림을 발라야지, 안 그러면 피부가 타서 다 벗겨져요.
  到 海边 游泳 要 擦 防晒霜, 要不 皮肤 都 给 晒 脱皮 了。
  Dào hǎibiān yóuyǒng yào cā fángshàishuāng yàobù pífū dōu gěi shài tuōpí le

▶여름철 음식　夏天 饮食
　　　　　　 xiàtiān yǐnshí

- 한국에서는 복날 삼계탕을 먹는답니다.
  在 韩国 三伏天 一般 喝 参鸡汤。②
  Zài Hánguó sānfútiān yìbān hē shēnjītāng
- 더위를 이기기 위해 저는 매일 녹두탕을 먹어요.
  为了 消暑, 我 天天 喝 绿豆汤。③
  Wèile xiāoshǔ wǒ tiāntiān hē lǜdòutāng
- 여름에는 땀을 많이 흘리니 물을 많이 마셔야 해요.
  夏天 出 汗 多, 必须 得 多 喝 水。
  Xiàtiān chū hàn duō bìxū děi duō hē shuǐ
- 여름에 찬 것을 자주 먹으면 배탈 나기 쉬워요.
  夏天 经常 吃 凉的 东西 容易 拉 肚子。
  Xiàtiān jīngcháng chī liángde dōngxi róngyì lā dùzi

---

① 波光粼粼 bōguānglínlín: 물빛이 맑고 깨끗하다.
② 三伏天 sānfútiān: 삼복 기간을 말하며, 중국에서는 초복, 중복, 말복을 一伏 yīfú, 二伏 èrfú, 三伏 sānfú 이라고 한다. 参鸡汤 shēnjītāng: 삼계탕. 参은 '참여하다' 의 뜻으로 쓰일 때는 cān이나, '인삼' 으로 쓰일 때는 shēn이며, 들쭉날쭉하다의 뜻일 때는 cēn으로 발음한다. 예)参加 cānjiā(참가하다), 人参 rénshēn(인삼), 参差 cēncī(들쭉날쭉하다).
③ 중국 사람들은 녹두가 냉한 식품이라 하여 여름철에 즐겨 먹으면 더위를 이길 수 있다고 한다.

- 여름에는 아이스크림이 불티나듯 팔려요.
  夏天 冰淇淋 很 畅销。
  Xiùtiān bīngqílín hěn chàngxiāo

Ⅲ 가을 秋天
qiūtiān

> A: 好像 秋天 已经 过 半 了， 树上 都 飘下 落叶
>   Hǎoxiàng qiūtiān yǐjīng guò bàn le shùshang dōu piāoxià luòyè
>   了。
>   le
> B: 可不是 嘛。 连 路旁 的 绿叶 都 变 黄 了。
>   Kěbúshì ma Lián lùpáng de lǜyè dōu biàn huáng le
> A: 当 我 看到 落叶 的 时候， 就 会 想起 自己 的
>   Dāng wǒ kàndào luòyè de shíhou jiù huì xiǎngqǐ zìjǐ de
>   晚年。
>   wǎnnián
> B: 其实 人 跟 这 树叶 一样， 人生 短暂 呀！
>   Qíshí rén gēn zhè shùyè yíyàng rénshēng duǎnzàn ya
> A: 가을이 벌써 많이 깊었나봐. 낙엽이 지는걸 보니.
> B: 그러게 말야. 길옆의 푸르던 잎새도 노랗게 물이 들었어.
> A: 난 낙엽을 바라볼 때면 나의 말년을 생각하곤 해.
> B: 사실 사람이나 나무나 다 같지, 인생은 짧은 거야.

- 어느새 벌써 가을이 되었군요. 하늘이 너무나 맑아요.
  不知不觉 已经 到了 秋天 。 天气 格外 晴朗。
  Bùzhībùjué yǐjīng dàole qiūtiān Tiānqì géwài qínglǎng

- 가을은 독서의 계절이에요.
  秋天 是 读书 的 季节。
  Qiūtiān shì dúshū de jìjié

- 가을은 천고마비의 계절입니다.
  秋天 是 天高 气爽 的 季节。①
  Qiūtiān shì tiāngāo qìshuǎng de jìjié

---

① 天高气爽 tiāngāo qìshuǎng: 가을은 하늘이 높고 날씨가 상쾌하다. =秋高气爽 qiūgāo qìshuǎng.

8. 날씨와 계절

- 어느덧 국화가 만발하는 계절이 되었군요.
  又 到了菊花 盛开 的季节。
  Yòu dàole júhuā shèngkāi de jìjié

▶ 단풍　红叶
　　　　hóngyè

- 온 산이 단풍잎으로 붉게 물들었어요.
  整 座 山 都 被 枫叶 染成 红色。
  Zhěng zuò shān dōu bèi fēngyè rǎnchéng hóngsè
- 한국의 설악산은 울긋불긋 절정이겠는걸.
  韩国 的 整个 雪岳 山 应该 是色彩 斑斓 的。
  Hánguó de zhěngge Xuěyuè Shān yīnggāi shì sècǎi bānlán de
- 가을철 향산에는 단풍이 울긋불긋해요.
  秋天，香 山 红叶 层林尽染。
  Qiūtiān Xiāng Shān hóngyè cénglínjìnrǎn

▶ 수확　收获
　　　　shōuhuò

- 가을은 수확의 계절이에요.
  秋天 是 收获 的季节。
  Qiūtiān shì shōuhuò de jìjié
- 과수원에 과실이 주렁주렁, 정말 흐뭇합니다.
  果园 里 硕果 累累，甚 是 喜人。①
  Guǒyuán li shuòguǒ léiléi shèn shì xǐrén
- 황금물결이 바람에 넘실거려요.
  金黄 的 麦浪 随 风 摇摆 起伏。
  Jīnhuáng de màilàng suí fēng yáobǎi qǐfú

Ⅳ 겨울　冬天
　　　　dōngtiān

A: 我 不 太 喜欢 冬天，因为 树 都 光秃秃 的，看
　　Wǒ bú tài xǐhuan dōngtiān yīnwèi shù dōu guāngtūtū de kàn
　上去 很 萧条。
　shangqu hěn xiāotiáo

---

① 硕果 shuòguǒ：큰 열매, 큰 과실. 硕果累累 shuòguǒ léiléi：큰 열매가 주렁주렁 달리다.

B: 我 不 这么 认为。 冬天 的 休整 正是 为
　　Wǒ bú zhème rènwéi   Dōngtiān de xiūzhěng zhèngshì wèi
　来年 的 茂盛 做准备。
　láinián de màoshèng zuò zhǔnbèi

A: 你 是 不 是 想 说 " 冬天 来 了， 春天 还 会
　　Nǐ shì bu shì xiǎng shuō   dōngtiān lái le   chūntiān hái huì
　远 吗 "？
　yuǎn ma

B: 当然 了。 人 都 应该 乐观 一点儿， 要不 谁 都
　　Dāngrán le   Rén dōu yīnggāi lèguān yìdiǎnr yàobù shéi dōu
　像 你 一样，那 不 愁死 了？
　xiàng nǐ yíyàng nà bù chóusǐ le

A: 난 겨울이 싫어. 나무들도 모두 벌거벗어서 스산해 보이거든.

B: 난 그렇게 생각 안해. 겨울의 휴면은 이듬해의 울창함을 위한 준비잖아.

A: 너 "겨울이 오면 봄도 멀지 않으리" 란 말을 하려고 그러지?

B: 그래, 사람은 좀 낙관적이어야 해. 누구나 다 너 같으면 우울해서 어디 살겠니?

- 올 겨울은 예년보다 더 춥군요.
  今年 冬天 比 往年 冷。
  Jīnnián dōngtiān bǐ wǎngnián lěng

- 소한은 겨울 중 가장 추운 때입니다.
  小寒 是 冬天 最 寒冷 的 时候。
  Xiǎohán shì dōngtiān zuì hánlěng de shíhou

- 밖에 날씨가 굉장히 추워요.
  外边 的 天气 非常 冷。
  Wàibiān de tiānqì fēicháng lěng

- 고드름이 어는 계절이니 손발도 다 꽁꽁 얼었어요.
  滴水成冰 的 季节，手 脚 都 被 冻坏 了。
  Dīshuǐchéngbīng de jìjié shǒu jiǎo dōu bèi dònghuài le

- 북경의 겨울은 그리 춥지 않습니다.
  北京 的 冬天 不 怎么 冷。
  Běijīng de dōngtiān bù zěnme lěng

8. 날씨와 계절

- 겨울 흰눈이 하얗게 내리면 대지는 폭신한 카펫을 깐 것 같아요.
  冬天　白雪　皑皑，大地　像　铺上　了一层　厚厚的
  Dōngtiān báixuě ái'ái　dàdì xiàng pūshàng le yì céng hòuhòu de
  地毯 。
  dìtǎn

V 환절기　**换 季**
　　　　　huàn jì

- 환절기에는 감기에 걸리기 쉬워요.
  换　季 的 时候 容易 感冒。
  Huàn jì de shíhou róngyì gǎnmào

- 계절이 바뀌는 때가 되면 옷도 따라서 바꿔야 해요.
  到　季节 变换　的 时候，衣服 也 要　跟着 换。
  Dào jìjié biànhuàn de shíhou　yīfu yě yào gēnzhe huàn

② 기　　후　　　　　　　　　　气候
qìhòu

중국의 东北 Dōngběi(동북)지역은 亚寒带气候 yàhándài qìhòu (아한대기후)에 속하며, 华北 Huáběi (화북), 华中 Huázhōng (화중)지역은 温带气候 wēndài qìhòu (온대기후), 그리고 华南 Huánán (화남)지역은 亚热带气候 yàrèdài qìhòu (아열대기후)에 속한다. 또한 중국의 가장 남쪽에 위치한 海南岛 Hǎinán Dǎo (하이난다오)의 三亚 Sānyà (산야)는 热带气候 rèdài qìhòu (열대기후)에 속하므로, 중국의 기후는 한대에서 열대에 걸쳐 있음을 알 수 있다.

기본대화

A: 今天　真　热。
　　Jīntiān zhēn rè

B: 是啊，现在 是 三伏天，能 不 热 吗？
　　Shì a xiànzài shì sānfútiān néng bú rè ma

A: 太 热 还 能 接受，就是 又 湿 又 热 的 浑身　黏黏
　　Tài rè hái néng jiēshòu jiùshì yòu shī yòu rè de húnshēn niánnián
　　的，真　难受。
　　de zhēn nánshòu

B: 根据 天气 预报，从 下 周 开始 可能 会　凉快　一些。
　　Gēnjù tiānqì yùbào cóng xià zhōu kāishǐ kěnéng huì liángkuai yìxiē

A: 希望 那个 预报 是　正确　的。
　　Xīwàng nà ge yùbào shì zhèngquè de

A: 오늘은 정말 더운데.
B: 그러게 말이야. 지금이 삼복이니 어찌 안 덥겠어?
A: 더운 건 그래도 참겠는데 습하고 더워서 온몸이 끈적끈적한 것은 정말 못 참겠어.
B: 일기예보에 따르면 다음 주부터는 좀 선선해질 거래.
A: 그 예보가 맞았으면 좋겠구나.

여러 가지 활용

I 날씨를 물을 때　问 天气 时
　　　　　　　　　　wèn tiānqì shí

- 오늘 날씨 어때요?
  今天 天气 怎么样?
  Jīntiān tiānqì zěnmeyàng
- 내일은 날씨가 좋아요, 안 좋아요?
  明天　天气 好 不 好 ?
  Míngtiān tiānqì hǎo bu hǎo
- 오늘 일기예보에서 뭐라 말하던가요?
  今天 的 天气 预报 怎么 说 ?
  Jīntiān de tiānqì yùbào zěnme shuō
- 장마가 언제까지 지속될까요?
  这种　 连阴雨 会 持续 到 什么 时候 呢?①
  Zhèzhǒng liányīnyǔ huì chíxù dào shénme shíhou ne

▶날씨가 좋을 때　天气 好 时
　　　　　　　　　 tiānqì hǎo shí

- 오늘은 정말 좋은 날씨예요.
  今天　真 是 一 个 好 天气 。
  Jīntiān zhēn shì yí ge hǎo tiānqì
- 요즈음은 날씨가 계속 좋군요. / 날씨가 개려나 봅니다.
  最近 天气 一直 这么 好 。 / 好像　要　变　晴 了 。
  Zuìjìn tiānqì yìzhí zhème hǎo　　Hǎoxiàng yào biàn qíng le
- 야, 해가 나왔어요. 날이 개었네요.
  哎呀 , 太阳 出来 了 , 天 晴 了 。
  Aiya　tàiyáng chūlai le　 tiān qíng le
- 하늘에 구름 한 점 없어요.
  天上　 连 一 朵 云 都 没有 。
  Tiānshang lián yì duǒ yún dōu méiyǒu
- 이렇게 상쾌한 날은 정말 나들이하기 좋은 때이죠.
  这么　 凉爽　 的 天 , 真 是 去 郊游 的 好 时机 。
  Zhème liángshuǎng de tiān　 zhēn shì qù jiāoyóu de hǎo　shíjī

---

① 连阴雨 liányīnyǔ: 장마비, 연일 계속해서 내리는 비.

- 맑은 하늘, 찬란한 햇살, 오늘보다 더 좋은 날씨는 없을 겁니다.
  今天 晴空 万里, 阳光 灿烂, 再 没有 比 今天 更
  Jīntiān qíngkōng wànlǐ yángguāng cànlàn zài méiyǒu bǐ jīntiān gèng
  好 的 天气 了。
  hǎo de tiānqì le

▶ **날씨가 나쁠 때 天气 不 好 时**
  tiānqì bù hǎo shí

- 날씨가 정말 안 좋군요.
  天气 真 不 好。
  Tiānqì zhēn bù hǎo
- 먹구름이 잔뜩 끼었어요.
  乌云 密布。
  Wūyún mìbù
- 봄의 날씨는 변화무쌍해요.
  春天 的 天气 变化 无常。
  Chūntiān de tiānqì biànhuà wúcháng
- 요 며칠 황사가 대단히 심해서 나가기만 하면 흙먼지를 뒤집어 쓰게 돼요.
  这 两 天 沙尘暴 非常 严重, 只要 一 出 门 就 会
  Zhè liǎng tiān shāchénbào fēicháng yánzhòng zhǐyào yì chū mén jiù huì
  灰头 土脸 的。
  huītóu tǔliǎn de
- 황사가 미치는 범위는 대단히 넓어서 중국만 심각한 피해를 입는 것이 아니라 주변 국가들도 영향을 받습니다.
  沙尘暴 波及 的 范围 非常 广, 不仅 中国 深受
  Shāchénbào bōjí de fànwéi fēicháng guǎng bùjǐn Zhōngguó shēnshòu
  其害, 而且 周边 的 国家 也 受到 了 影响。
  qí hài érqiě zhōubiān de guójiā yě shòudào le yǐngxiǎng

II 기후 气候
  qìhòu

▶ **덥다 炎热**
  yánrè

- 올해는 특히 덥군요. / 더워 죽겠어요.
  今年 特别 热。/ 热死 了。
  Jīnnián tèbié rè   Rèsǐ le

8. 날씨와 계절

- 푹푹 찌는군요. 완전히 찜통 속 같아요.
  火 烧 火 燎 的。 整个 就 像 一个 大 火炉。
  Huǒ shāo huǒ liǎo de Zhěngge jiù xiàng yí ge dà huǒlú

- 하루가 다르게 더워지네요.
  一 天 比 一 天 热。
  Yì tiān bǐ yì tiān rè

- 그는 옷이 온통 땀으로 흠뻑 젖었어요.
  他 整件 衣服 都 被 汗 浸湿 了。
  Tā zhěngjiàn yīfu dōu bèi hàn jìnshī le

- 그는 땀을 특히 많이 흘려요.
  他 汗 出 得 特别 多。
  Tā hàn chū de tèbié duō

- 어제 밤은 정말 살인적인 더위였어요.
  昨晚 真 是 热 得 要命。
  Zuówǎn zhēn shì rè de yàomìng

- 선풍기를 제일 세게 틀어 주세요.
  把 电风扇 开到 最 大。
  Bǎ diànfēngshàn kāidào zuì dà

- 정말 덥군, 에어컨 좀 세게 틀어 주세요.
  真 热, 把 空调 开大 一些 吧。
  Zhēn rè bǎ kōngtiáo kāidà yìxiē ba

- 너무 더워서 아무 것도 하기 싫군요.
  太 热, 什么 都 不 想 做。
  Tài rè shénme dōu bù xiǎng zuò

- 오랜 가뭄과 고온으로 땅이 전부 갈라졌어요.
  由于 多 日 的 干旱 和 高温, 土地 都 龟裂 了。①
  Yóuyú duō rì de gānhàn hé gāowēn tǔdì dōu jūnliè le

- 길도 마치 녹아버릴 듯 걸을 때 끈적끈적 달라붙는군요.
  路 好像 都 要 被 烧化 了, 走 上去 黏黏 的。
  Lù hǎoxiàng dōu yào bèi shāohuà le zǒu shangqu niánnián de

---

① 龟裂 jūnliè: 균열하다, 갈라지다. 龟가 '거북이'의 뜻으로 쓰일 때는 guī로 발음하나, '갈라지다'의 뜻으로 쓰일 때는 jūn으로 발음한다.

▶ 춥다　寒冷
　　　　　hánlěng

- 오늘은 아주 춥습니다. / 오늘은 제법 춥네요.
  今天 很 冷 。/ 今天 怪 冷 的。①
  Jīntiān hěn lěng　　Jīntiān guài lěng de

- 올 겨울은 특히 춥군요.
  今年 冬天 特别 冷 。
  Jīnnián dōngtiān tèbié lěng

- 추워서 온몸이 떨려요.
  我 冻 得 全身 发抖 。
  Wǒ dòng de quánshēn fādǒu

- 찬바람이 부니 뼛속까지 시리군요.
  寒风 吹来 刺骨 般的 冷 。
  Hánfēng chuīlái cìgǔ bānde lěng

- 어제 밤은 너무 추워 두껍게 얼음이 얼었어요.
  昨晚 太 冷 了，所以 结了 厚厚 的 冰 。
  Zuówǎn tài lěng le　suǒyǐ jiéle hòuhòu de bīng

- 안으로 들어가시죠. 몸이 다 얼어붙겠어요.
  里边 请，身体 快要 冻僵 了吧。②
  Lǐbian qǐng shēntǐ kuàiyào dòngjiāng le ba

- 오늘은 10년 만에 제일 추운 날씨입니다.
  今天 是 十 年 以来 最 冷 的 一天 。
  Jīntiān shì shí nián yǐlái zuì lěng de yìtiān

- 겨울이 가까우니 나날이 추워지는군요.
  快 到 冬天 了，一 天 比一 天 冷。
  Kuài dào dōngtiān le　yì tiān bǐ yì tiān lěng

- 바깥 기온은 영하 20도입니다.
  外边 气温 是 零下 20 度 。
  Wàibian qìwēn shì língxià èrshí dù

---

① 怪 guài: 여기에서는 '매우', '몹시' 라는 뜻으로 쓰임.
② 僵 jiāng: 뻣뻣하다, 굳다, 경직하다.

8. 날씨와 계절

▶ **따뜻하다** 暖和
nuǎnhuo

- 오늘은 정말 날씨가 따뜻하군요.
  今天 天气 真 暖和。
  Jīntiān tiānqì zhēn nuǎnhuo
- 오늘 오후는 햇살이 따스하군요.
  今天 下午 阳光 明媚。
  Jīntiān xiàwǔ yángguāng míngmèi
- 입춘도 되었으니 날이 점차 따뜻해질 거예요.
  入春了，天气变得越来越暖和。
  Rù chūn le tiānqì biàn de yuèláiyuè nuǎnhuo

▶ **서늘하다** 凉快
liángkuai

- 입추가 지나면 아침저녁 날씨가 서늘해요.
  入秋之后，早晚的天气都很凉快。
  Rù qiū zhīhòu zǎowǎn de tiānqì dōu hěn liángkuai
- 가을이 되니 날씨가 나날이 서늘해지네요.
  秋天了，天气一天比一天凉快。
  Qiūtiān le tiānqì yì tiān bǐ yì tiān liángkuai
- 저는 청량한 가을을 제일 좋아해요.
  我最喜欢清凉的秋天。
  Wǒ zuì xǐhuan qīngliáng de qiūtiān

Ⅲ 기후대 气候带
qìhòudài

A: 中国 属于 什么 气候带？
　　Zhōngguó shǔyú shénme qìhòudài
B: 中国 的版图 横跨 亚寒带、温带、亚热带 和
　　Zhōngguó de bǎntú héngkuà yàhándài wēndài yàrèdài hé
　　热带。
　　rèdài

A: 那 中国 的 植物 种类 应该 很 丰富 吧。
　　Nà Zhōngguó de zhíwù zhǒnglèi yīnggāi hěn fēngfù ba
B: 当然 了。气候不同，植物 当然 也 不 同 了。
　　Dāngrán le　　Qìhòu bù tóng　zhíwù dāngrán yě bù tóng le
A: 중국은 어떤 기후대에 속하지요?
B: 중국의 영토는 아한대, 온대, 아열대, 그리고 열대 기후에 걸쳐 있습니다.
A: 중국의 식생 또한 풍부하겠군요.
B: 물론입니다. 기후가 다르면 식생도 당연히 다르니까요.

- 중국의 대부분 지역은 여름은 덥고 겨울은 추워요.
 中国 大部分 地区 都 是 夏热 冬 冷。
 Zhōngguó dà bùfen dìqū dōu shì xià rè dōng lěng
- 중국은 남북의 기후가 확연히 달라요.
 中国 南北 的 气候 截然 不 同 。
 Zhōngguó nánběi de qìhòu jiérán bù tóng
- 중국 서북부의 기후는 매우 열악해요. 바람 많고, 건조하고, 강우량이 적지요.
 中国 西北 的 气候 很 差 ，风 大、干燥，降雨量 少。
 Zhōngguó Xīběi de qìhòu hěn chà　fēng dà gānzào jiàngyǔliàng shǎo
- 중국 남부는 비가 많고 습해 아열대 기후에 속합니다.
 中国 南方 多雨、潮湿，属于 亚热带 气候 。
 Zhōngguó nántang duo yǔ　cháoshī shǔyú yàrèdài qìhòu
- 한국은 온내 기후로서 사계절이 뚜렷합니다.
 韩国 是 温带 气候，四季 分明。
 Hánguó shì wēndài qìhòu　 sìjì fēnmíng
- 봄은 따뜻하고, 여름은 더우며, 가을은 서늘하고, 겨울은 추워요.
 春天 暖和，夏天 炎热，秋天 凉爽， 冬天 寒冷。
 Chūntiān nuǎnhuo xiàtiān yánrè　qiūtiān liángshuǎng dōngtiān hánlěng

③ 기 상   气象
qìxiàng

일기예보는 天气预报 tiānqì yùbào 라고 한다. 일기예보는 주로 뉴스시간을 통하여 들을 수 있지만, 12121 번으로 전화하면 해당 지역의 각 气象台 qìxiàngtái (기상대)에서 발표하는 상세한 일기예보를 들을 수가 있다. 또한 매일의 일기예보를 휴대폰 문자 메시지로 전달받을 수 있는 서비스도 제공되고 있다.

기 본 대 화

A: 北京 的 天气 不 好， 去 北京 的 飞机 不 能 按时 起飞。
    Běijīng de tiānqì bù hǎo， qù Běijīng de fēijī bù néng ànshí qǐfēi
B: 北京 的 天气 怎么 了？
    Běijīng de tiānqì zěnme le
A: 现在 那边 正在 下 大 暴雨。
    Xiànzài nàbiān zhèngzài xià dà bàoyǔ
B: 哎呀， 怎么 办 呀？ 这 都 误了 我 的 事 了。
    Aiya zěnme bàn ya Zhè dōu wùle wǒ de shì le
A: 북경의 기상이 나빠 북경행 비행기가 제 시간에 뜰 수 없대요.
B: 북경의 날씨가 어떠한데?
A: 지금 폭우가 쏟아지고 있다나봐요.
B: 저런, 어떡하지? 일을 다 망쳐버렸군.

여러 가지 활용

I 일기예보   天气 预报
                tiānqì yùbào

> A: 你 今天 听 天气 预报 了 吗？ 明天 的 天气
>   Nǐ jīntiān tīng tiānqì yùbào le ma Míngtiān de tiānqì
> 怎么样？
> zěnmeyàng
> B: 听说 明天 会 降 温。
>   Tīngshuō míngtiān huì jiàng wēn
> A: 오늘 일기예보 들었니? 내일 날씨 어떻대?
> B: 내일은 기온이 내려갈 거래.

- 기상주의보입니다.
  这是 气象 警报。
  Zhè shì qìxiàng jǐngbào

- 오늘밤 강한 바람과 폭우가 예상됩니다.
  今天 晚上 会有 狂风 暴雨。
  Jīntiān wǎnshang huì yǒu kuángfēng bàoyǔ

- 동해안 연안에 이미 해일 경보가 발효되었습니다.
  东海沿岸已经发了海啸警报。
  Dōng Hǎi yán'àn yǐjīng fāle hǎixiào jǐngbào

- 태풍이 시속 20km 속도로 북상하고 있습니다.
  台风 以 每 小时 20 公里 的 速度 向 北 挺进。①
  Táifēng yǐ měi xiǎoshí èrshí gōnglǐ de sùdù xiàng běi tǐngjìn

- 내일은 흐리고 간간이 비가 오겠습니다.
  明天 是 阴天，有 零星 小雨。②
  Míngtiān shì yīntiān yǒu língxīng xiǎoyǔ

- 주말에는 날이 맑게 개이겠습니다.
  到 周末 的 时候，天 就 会 变得 晴朗 起来。
  Dào zhōumò de shíhou tiān jiù huì biànde qínglǎng qilai

- 내일 한낮 최고기온은 30도, 밤 최저기온은 19도입니다.
  明天 白天 的 最 高 气温 是 30 度，晚上 的 最低 气温 是 19 度。
  Míngtiān báitiān de zuì gāo qìwēn shì sānshí dù wǎnshang de zuì dī qìwēn shì shíjiǔ dù

- 내일 아침에는 안개가 짙게 끼겠습니다.
  明天 早上 会 有 浓雾。
  Míngtiān zǎoshang huì yǒu nóngwù

- 내일은 오늘보다 5~6도 내려 가겠습니다.
  明天 会 比 今天 降 五至六度。
  Míngtiān huì bǐ jīntiān jiàng wǔ zhì liù dù

- 내일부터는 한파가 물러 가겠습니다.
  从 明天 开始 寒流 就 撤退 了。
  Cóng míngtiān kāishǐ hánliú jiù chètuì le

---

① 挺进 tǐngjìn：세차게 나아가다, 전진하다.
② 零星 língxīng：소량의, 산발적인, 드문드문.

8. 날씨와 계절

- 이번 무더위는 금주 내내 계속되겠습니다.
  这种 闷热 的 天气 在 本 周 会 一直 持续 下去。
  Zhèzhǒng mēnrè de tiānqì zài běn zhōu huì yìzhí chíxù xiaqu

- 오늘 비가 내릴 확률은 60%입니다.
  今天 的 降水 概率 达到 60%。
  Jīntiān de jiàngshuǐ gàilǜ dádào bǎifēnzhī liùshí

II 비 雨
     yǔ

▶비가 올 것 같다   将要 下雨
                  jiāngyào xià yǔ

- 비가 올 것 같아요.
  好像 要下雨。
  Hǎoxiàng yào xià yǔ

- 바람이 세군요, 보아하니 폭우가 내릴 모양이에요.
  风 好 大 呀, 看 样子 是 要 下 暴雨 了。
  Fēng hǎo dà ya kàn yàngzi shì yào xià bàoyǔ le

▶비가 내리다   下雨
              xià yǔ

A: 你 呆呆 地 看 什么 呢?
   Nǐ dāidāi de kàn shénme ne

B: 我 在 听 雨 呢。你 听, 雨 打在 树叶 上 的
   Wǒ zài tīng yǔ ne Nǐ tīng yǔ dǎzài shùyè shang de
   声音 多 好听 啊!
   shēngyīn duō hǎotīng a

A: 你 还 挺 有 闲情 逸致。①
   Nǐ hái tǐng yǒu xiánqíng yìzhì

B: 这么 好 的 雨 不 欣赏 多 可惜 呀。
   Zhème hǎo de yǔ bù xīnshǎng duō kěxī ya

A: 우두커니 뭘 바라보고 있어?

B: 빗소리를 듣고 있어. 들어봐. 잎사귀에 부딪히는 빗소리가 좋지 않니?

A: 너 아주 감상적이구나.

B: 이렇게 좋은 비를 감상하지 못하면 너무 아깝잖아.

---

① 闲情逸致 xiánqíng yìzhì: 한가로운 정취.

③ 기　　상

- 비가 내리기 시작했어요.
  开始 下 雨 了。
  Kāishǐ xià yǔ le
- 비가 아직도 내리고 있군요.
  雨 还 在 下。
  Yǔ hái zài xià
- 하루 종일 비가 오고 있어요.
  一 整天 都 在 下雨。
  Yì zhěngtiān dōu zài xià yǔ
- 이 비가 왜 이렇게 오락가락 하는거지?
  这 雨 怎么 一会儿 下，一会儿 停 啊？
  Zhè yǔ zěnme yíhuìr xià yíhuìr tíng a
- 비가 억수같이 쏟아지고 있어요.
  雨 下 得 真 猛。①
  Yǔ xià de zhēn měng
- 굵은 빗방울이 후두둑 떨어지고 있어요.
  豆大 的 雨滴 从 天上 砸了 下来。②
  Dòudà de yǔdī cóng tiānshang zále xialai
- 비가 왜 이리 안 그친담?
  雨 怎么 不 停 啊？
  Yǔ zěnme bù tíng a
- 큰 비로 축구 시합이 중지되었어요.
  因为 下 大 雨，足球 比赛 暂停 了。
  Yīnwèi xià dà yǔ zúqiú bǐsài zàntíng le

▶비를 맞다　淋雨
　　　　　　lín yǔ

A: 怎么 浑身 湿淋淋 的？
　　Zěnme húnshēn shīlínlín de
B: 真 倒霉，途中 碰到 下 雨 了。
　　Zhēn dǎoméi, túzhōng pèngdào xià yǔ le
A: 왜 이렇게 흠뻑 다 젖었어요?
B: 재수 없게도 도중에 비를 만났어.

---

① 猛 měng : 사납다. 맹렬하다. 돌연히. 급히.
② 砸 zá : 깨뜨리다. 부수다. 찧다. 으스러뜨리다.

8. 날씨와 계절

- 비를 만나는 바람에 온 몸이 흠뻑 젖었어요.
  赶上　下雨了，浑身　被浇了个透。①
  Gǎnshàng xià yǔ le　húnshēn bèi jiāole ge tòu

- 물에 빠진 생쥐처럼 다 젖었어, 진짜 낭패로군.
  淋得跟落汤鸡似的，真是狼狈极了。②
  Lín de gēn luòtāngjī shìde　zhēn shì lángbèi jí le

- 가을날 비를 맞으며 산책하는 것도 낭만적이죠.
  秋天　一边淋雨，一边散步也挺浪漫的。
  Qiūtiān yìbiān lín yǔ　yìbiān sàn bù yě tǐng làngmàn de

- 어젯밤 비를 맞은 탓인지 감기에 걸렸어요.
  可能　是昨天　晚上　淋雨的关系，感冒了。
  Kěnéng shì zuótiān wǎnshang lín yǔ de guānxì gǎnmào le

▶ 비가 멎다　雨停了
　　　　　　　yǔ tíng le

- 비가 그치거든 가시죠.
  等　雨停下来了再走吧。
  Děng yǔ tíng xialai le zài zǒu ba

- 오전에는 날씨가 안 좋더니 오후는 개는군요.
  上午　天气不好，但是下午晴了。
  Shàngwǔ tiānqì bù hǎo　dànshì xiàwǔ qíng le

- 하늘가에 아름다운 무지개가 나타났어요.
  天边　出现了一道美丽的彩虹。
  Tiānbiān chūxiàn le yí dào měilì de cǎihóng

- 여름날 폭풍우가 지나간 후에 하늘가에 무지개가 뜨지요.
  夏天　暴风雨过后，天边会出现彩虹。
  Xiàtiān bàofēngyǔ guòhòu　tiānbiān huì chūxiàn cǎihóng

---

① 赶上 gǎnshàng:따라잡다, 따라붙다. 여기서는 '(어떤 상황을) 만나다'의 뜻.
② 落汤鸡 luòtāngjī:물에 빠진 닭.

▶우산 · 우의　雨伞 / 雨衣
　　　　　　　yǔsǎn　　yǔyī

A: 今天 有 雨 呀，你 带着 雨伞 吧。
　　Jīntiān yǒu yǔ ya　 nǐ dàizhe yǔsǎn ba
B: 不用，我 已经 拿了 雨衣 了。
　　Búyòng wǒ yǐjīng nále　yǔyī le
A: 오늘 비 온다고 했어요. 우산 가지고 가세요.
B: 필요 없어요. 이미 우의를 챙겼어요.

- 우산 좀 빌려줄 수 있어요?
  你 能 借给 我 一 把 雨伞 吗？
  Nǐ néng jiègěi wǒ yì bǎ yǔsǎn ma

- 비가 올 것 같으니 우산을 가지고 가세요.
  好像　 要 下 雨 了，带着 雨伞 走 吧。
  Hǎoxiàng yào xià yǔ le　dàizhe yǔsǎn zǒu ba

- 우산이 새는군요.
  这 把 雨伞 漏雨。
  Zhè bǎ yǔsǎn lòu yǔ

- 죄송한데 우산 좀 치워 주세요. 바지가 다 젖었어요.
  麻烦 您 把 雨伞 拿开 吧，我 的 裤子 都 湿 了。
  Máfan nín bǎ yǔsǎn nákāi ba　 wǒ de kùzi dōu shī le

- 비가 멎었으니 우산을 접어요.
  雨 停 了，把 雨伞 收 起来 吧。
  Yǔ tíng le　bǎ yǔsǎn shōu qǐlai ba

- 우산은 비닐 봉투에 넣으세요.
  请 把 雨伞 放到 塑料 袋子 里。
  Qǐng bǎ yǔsǎn fàngdào sùliào dàizi li

- 거리에 우의를 입고 자전거를 타는 사람이 많네요.
  马路 上 有 很 多 穿着 雨衣 骑车 的 人。
  Mǎlù shang yǒu hěn duō chuānzhe yǔyī qí chē de rén

8. 날씨와 계절

▶ 장마　雨季
　　　　　yǔjì

- 중국 남부의 우기는 4월부터 시작됩니다.
  中国　南方 的 梅雨 是 从 四 月份 开始 的。[①]
  Zhōngguó nánfāng de méiyǔ shì cóng sì yuèfèn kāishǐ de
- 6월은 강우량이 비교적 많습니다.
  六月 的　降雨量　比较 大。
  Liùyuè de jiàngyǔliàng bǐjiào dà
- 비가 벌써 4, 5일째 계속 내리는군요.
  这 雨 已经 连续 下了 四五 天 了。
  Zhè yǔ yǐjīng liánxù xiàle sìwǔ tiān le
- 올해는 작년보다 비가 많이 오지요?
  今年 比 去年 雨 下 得 多 吧？
  Jīnnián bǐ qùnián yǔ xià de duō ba
- 이 비는 끝내 1주일을 꼬박 내리는군요.
  这 雨 竟然　整整　下了 一个 星期。
  Zhè yǔ jìngrán zhěngzhěng xiàle yí ge xīngqī

▶ 홍수　洪水
　　　　　hóngshuǐ

A: 今年 雨 下 得 特别 多。
　　Jīnnián yǔ xià de tèbié duō
B: 是 啊，听说　因为 下 大雨，　长江　沿岸 不少
　　Shì a　tīngshuō yīnwèi xià dàyǔ　Chángjiāng yán'àn bùshǎo
　　地方 严重 受 灾。
　　dìfang yánzhòng shòu zāi
A: 是 啊，不仅 中国，南美 和 印度 也 出现 了 罕见
　　Shì a　bùjǐn Zhōngguó NánMěi hé Yìndù yě chūxiàn le hǎnjiàn
　　的 洪灾。
　　de hóngzāi

---

① 梅雨 méiyǔ : 중국 남부의 아열대 지역에 봄에서 초여름에 걸쳐 계속 내리는 비로, 매실이 익어가는 계절에 내린다 해서 梅雨 méiyǔ 라고도 하고, 긴 장마로 곰팡이가 핀다 해서 霉雨 méiyǔ 라고도 한다.

B: 这 都 是 我们 不 注意 保护 环境 造成 的 恶果
　　Zhè dōu shì wǒmen bú zhùyì bǎohù huánjìng zàochéng de èguǒ
　啊。
　　a

A: 금년은 유난히 비가 많이 오네요.
B: 네, 듣자니 큰 비로 양자강유역의 여러 지역이 엄청난 피해를 입었다는군요.
A: 그래요. 중국뿐 아니라, 남미와 인도도 보기 드문 수해가 났대요.
B: 이게 다 우리가 환경 보호에 주의하지 않아 생긴 결과지요.

- 1주일이나 계속되는 큰 비로 중부지역에 홍수가 나겠는걸.
  连续 一 星期 的 大雨 可能 会 给 中部 地区 造成
  Liánxù yì xīngqī de dàyǔ kěnéng huì gěi zhōngbù dìqū zàochéng
  洪灾。
  hóngzāi

- 지난 번 홍수로 많은 사람이 집을 잃었어요.
  上 次 发 大水 使得 许多 人 无家可归。
  Shàng cì fā dàshuǐ shǐde xǔduō rén wújiākěguī

- 이번 홍수로 물질적 손실은 컸지만 인명피해는 적었습니다.
  这 次 洪灾 物质 损失 很 大 , 不过 受伤 的 人 很 少。
  Zhè cì hóngzāi wùzhì sǔnshī hěn dà búguò shòushāng de rén hěn shǎo

- 하천이 범람하여 주변의 농작물이 다 잠겼어요.
  河水 上 涨, 岸边 的 庄稼 都 被 淹没 了。
  Héshuǐ shàng zhǎng ànbiān de zhuāngjia dōu bèi yānmò le

▶ 기타　其他
　　　　　qítā

- 비가 오면 시합이 연기될 수 있습니다.
  如果 下 雨 , 会 延期 比赛。
  Rúguǒ xià yǔ huì yánqī bǐsài

- 큰 비가 한 바탕 쏟아졌으면 좋겠어요.
  真 希望 下 一 场 大雨。
  Zhēn xīwàng xià yì chǎng dà yǔ

III 눈 雪
xuě

- 금방이라도 눈이 올 것 같군요.
  快要 下 雪 了。
  Kuàiyào xià xuě le

- 눈이 내리기 시작하는군요.
  开始 下 雪 了。
  Kāishǐ xià xuě le

- 아직도 눈이 내리고 있어요.
  还 在 下 雪。
  Hái zài xià xuě

- 눈송이가 펄펄 날리고 있어요.
  雪花 在 飘。
  Xuěhuā zài piāo

- 눈송이가 바람에 흩날리고 있어요.
  雪花 被 风 吹散 了。
  Xuěhuā bèi fēng chuīsàn le

- 눈송이가 내리자마자 녹는군요.
  雪花 刚 一 落地就 融化 了。
  Xuěhuā gāng yí luòdì jiù rónghuà le

- 바깥이 너무 아름다워. 우리 눈싸움도 하고 눈사람도 만들자.
  外面 很 美 的, 咱们 去 打 雪仗, 堆 雪人 吧。
  Wàimiàn hěn měi de zánmen qù dǎ xuězhàng duī xuěrén ba

▶대설 大雪
dàxuě

- 온 마을이 눈에 갇혀버렸어요.
  整个 村子被 雪 盖住 了。
  Zhěngge cūnzi bèi xuě gàizhù le

- 10년에 한 번 있을까 말까 하는 대설이에요.
  是 十 年 才 有 一 次 的 大雪。
  Shì shí nián cái yǒu yí cì de dàxuě

- 오늘 아침 눈이 내려 교통이 모두 두절되었어요.
  今天 早上, 因为 下 雪 交通 都 中断 了。
  Jīntiān zǎoshang yīnwèi xià xuě jiāotōng dōu zhōngduàn le

- 이런 큰 눈은 제 평생 처음이에요.
 这么 大 的 雪 , 我 平生 第一次 见到 。
 Zhème dà de xuě wǒ píngshēng dìyī cì jiàndào
- 눈이 10cm나 쌓였어요.
 积雪 有 10 厘米 厚 。
 Jīxuě yǒu shí límǐ hòu
- 어젯밤 눈이 많이 내려 길이 많이 미끄러울 거예요. 조심해요.
 昨晚 下了一 场 大雪 , 路上 肯定 很 滑 ,一定 要
 Zuówǎn xià le yì chǎng dà xuě lùshang kěndìng hěn huá yídìng yào
 小心 。
 xiǎoxīn

Ⅳ 바람 风
 fēng

> A: 外边 刮 风 了 , 你 穿着 大衣 吧 。
> Wàibiān guā fēng le nǐ chuānzhe dàyī ba
> B: 不用 了 , 这点儿 小 风 没多大 关系 的 。
> Búyòng le zhè diǎnr xiǎo fēng méi duō dà guānxì de
> A: 밖에 바람이 불어요. 외투를 입어요.
> B: 괜찮아요. 이 정도 바람쯤이야 상관없어요.

- 바람이 멈췄어요.
 风 停 了 。
 Fēng tíng le
- 바람이 일기 시작했어요.
 开始 刮 风 了 。
 Kāishǐ guā fēng le
- 오늘은 바람이 세차게 불어요.
 今天 刮 风 很 厉害 。
 Jīntiān guā fēng hěn lìhai
- 일기예보에 내일은 바람이 불 거래요.
 天气 预报 说 明天 有 风 。
 Tiānqì yùbào shuō míngtiān yǒu fēng
- 어둠이 내리면서 바람도 잠잠해졌습니다.
 夜幕 降临 时 , 风 渐渐 停 了 。
 Yèmù jiànglín shí fēng jiànjiàn tíng le

8. 날씨와 계절

- 우리가 바람을 안고 자전거를 타는군요.
  我们 逆 风 骑 车。
  Wǒmen nì fēng qí chē
- 창문을 꼭 닫아요. 바람이 들어오지 않도록.
  把 窗户 关紧 了，别 让 风 进来。
  Bǎ chuānghu guānjǐn le bié ràng fēng jìnlai

▶ 태풍　台风
　　　　　táifēng

> A: 外边 的 风 把 树 吹 得 东倒 西歪 的，窗户
>   Wàibiān de fēng bǎ shù chuī de dōngdǎo xīwāi de chuānghu
>   都 咣当 咣当 地 响。
>   dōu guāngdāng guāngdāng de xiǎng
> B: 是 呀。 赶紧 把 窗户 关好，要不 该 吹到 屋里
>   Shì ya Gǎnjǐn bǎ chuānghu guānhǎo yàobù gāi chuīdào wūli
>   的 东西 了。
>   de dōngxi le
> A: 밖에 바람이 불어 나무가 나부끼고 창문이 덜컹이고 있어.
> B: 그러게. 빨리 창문을 닫아. 안 그러면 물건이 다 날아가겠어.

- 이번 태풍으로 인해 재산 피해는 1억 위안을 넘었어요.
  这 次 台风， 财产 损失 超过 一 亿 元。
  Zhè cì táifēng cáichǎn sǔnshī chāoguò yí yì yuán
- 이번 태풍으로 2명이 죽고 6명이 실종되었어요.
  这 次 台风 导致 两 人 死亡、六 人 失踪。
  Zhè cì táifēng dǎozhì liǎng rén sǐwáng liù rén shīzōng
- 바람이 세서 걷지도 못할 정도군요.
  风 很 大， 吹 得 我 都 走 不 动 路。
  Fēng hěn dà chuī de wǒ dōu zǒu bu dòng lù
- 연해에 큰 회오리바람이 불어 배 한 척이 전복되었대요.
  听说 沿海 刮了 大 旋风， 有 的 船只 都 被 打翻 了。
  Tīngshuō yánhǎi guāle dà xuànfēng yǒu de chuánzhī dōu bèi dǎfān le
- 어젯밤 바람은 정말 무섭더군요. 큰 나무들도 뿌리째 뽑혔답니다.
  昨夜 的 风 太 可怕 了， 许多 大 树 都 被 连 根 拔起 了。
  Zuóyè de fēng tài kěpà le xǔduō dà shù dōu bèi lián gēn báqǐ le

③ 기　　상

- 어제 바람이 귀신 우는 소리 같아서 무서워 잠을 못 잤어.
  昨天　外边　的　风　像　鬼哭　狼嚎　一样，吓得我睡不着。①
  Zuótiān wàibian de fēng xiàng guǐkū lángháo yíyàng xià de wǒ shuì bu zháo

- 갑자기 회오리바람이 불어 하늘이 온통 먼지로 덮였어요.
  突然 刮起 了大 旋风，漫天 灰尘。
  Tūrán guāqǐ le dà xuànfēng màntiān huīchén

▶산들바람　微风
　　　　　　wēifēng

- 버드나무 한들거리고 실바람이 얼굴을 어루만지니 정말 기분이 좋구나.
  杨柳　依依，微风　拂面，甚 是 惬意。②
  Yángliǔ yīyī wēifēng fúmiàn shèn shì qièyì

- 시원한 바람이 부는 여름밤, 많은 사람들이 밖에 나와 더위를 쫓습니다.
  在　夏天　凉风　习习　的 夜晚，有 许多 人 出外 乘凉。③
  Zài xiàtiān liángfēng xíxí de yèwǎn yǒu xǔduō rén chūwài chéng liáng

▶찬바람　寒风
　　　　　hánfēng

- 매서운 바람이 쌩쌩 불어 귀가 얼얼해요.
  寒风　凛冽，吹 得 耳朵 直 发 麻。④
  Hánfēng lǐnliè chuī de ěrduo zhí fā má

---

① 鬼哭狼嚎 guǐkū lángháo: 귀신과 이리의 울음소리, 즉 처량하게 흐느끼는 소리를 말함.
② 依依 yīyī: 한들거리다. 하늘거리다.
　 拂 fú: (바람이) 스쳐 지나다. 털다. 털어내다.
　 惬意 qièyì: 마음에 들다. 마음에 낮다. 흐뭇하다. 흡족하다.
③ 习习 xíxí: 바람이 살랑이다. 솔솔 불다.
　 乘凉 chéng liáng: 서늘한 바람을 쐬어 더위를 쫓다.
④ 凛冽 lǐnliè: 매섭게 춥다. 살을 에는 듯 춥다.
　 发麻 fā má: 얼얼하다. 마비되다. 오싹하다.

- 얼굴에 닿는 바람이 살을 에는 듯하네요.
  风 刮到 脸上 就 像 刀 割 一样。
  Fēng guādào liǎnshang jiù xiàng dāo gē yíyàng

V 기타 其他
qítā

▶ 안개 雾
wù

- 이런, 오늘 왜 이렇게 안개가 자욱하지?
  哎呀，今天 怎么 有 这么 浓 的 雾 呀？
  Aiya jīntiān zěnme yǒu zhème nóng de wù ya

- 안개가 자욱해서 앞에 아무것도 보이질 않아.
  雾 浓 得 前面 什么 也 看 不 见。
  Wù nóng de qiánmiàn shénme yě kàn bu jiàn

- 황산의 안개는 다른 명산들에 비교할 수 없습니다.
  黄 山 的雾是其他 名山 无法 相比 的。
  Huáng Shān de wù shì qítā míngshān wúfǎ xiāngbǐ de

- 안개가 산허리에 자욱하니 마치 선경 같군요.
  雾 在 山腰 弥漫， 恍若 人间 仙境。①
  Wù zài shānyāo mímàn huǎngruò rénjiān xiānjìng

- 전 안개 속을 산책하는 것을 좋아해요.
  我 喜欢 在 雾 中 散步。
  Wǒ xǐhuan zài wù zhōng sàn bù

- 안개 낀 밤에 고속도로를 달릴 때는 정말 조심해야 해요.
  有 雾 的 晚上， 在 高速 公路 上 行 车 要 万分
  Yǒu wù de wǎnshang zài gāosù gōnglù shang xíng chē yào wànfēn
  小心。
  xiǎoxīn

- 베이징에 짙은 안개가 껴서 비행기가 임시로 톈진 공항에 착륙했대요.
  北京 浓雾 弥漫， 飞机 临时 在 天津 机场 降落。
  Běijīng nóngwù mímàn fēijī línshí zài Tiānjīn Jīchǎng jiàngluò

---

① 恍若 huǎngruò： '마치 ~인 것 같다'. = 恍如 huǎngrú.

▶서리　霜
　　　　shuāng

- 아침에 일어나니 밤새 서리가 내렸더군요.
  早上　起来，我 发现 昨晚 下　霜　了。
  Zǎoshang qǐlai　wǒ fāxiàn zuówǎn xià shuāng le
- 서리가 내려 창문에 하얗게 끼었네요.
  下　霜　了，窗户　上　白蒙蒙　的。
  Xià shuāng le　chuānghu shang báiméngméng de

▶우박　冰雹
　　　bīngbáo

- 어제 한바탕 우박이 내려 많은 농작물이 피해를 입었어요.
  昨天　下了　一　场　大　冰雹，许多　农作物　都 被　砸死
  Zuótiān xiàle　yì chǎng dà bīngbáo xǔduō nóngzuòwù dōu bèi zásǐ
  了。
  le
- 갑자기 하늘이 깜깜해지더니 우박이 쏟아졌어요.
  突然 之间 天　变 得 异常 黑，接着 就 下 冰雹 了。
  Tūrán zhījiān tiān biàn de yìcháng hēi　jiēzhe jiù xià bīngbáo le

▶천둥·번개　雷／电
　　　　　　léi　diàn

A: 打雷 了，好像　马上 要 下雨。
　　Dǎ léi　le　hǎoxiàng mǎshàng yào xià yǔ
B: 那可不一定，说不定 这雷是干雷，只打雷
　　Nà kě bù yídìng　shuō bu dìng zhè léi shì gān léi　zhǐ dǎ léi
　不下雨。
　　bú xià yǔ
A: 천둥이 치네, 비가 곧 오려나봐.
B: 아닐걸, 마른 천둥일거야. 천둥만 치고 비는 안 올거라구.

8. 날씨와 계절

- 밤에 우르릉 꽝하는 천둥소리 때문에 잠을 못 잤어.
  晚上 轰隆隆 的 雷声 让 我 睡 不 着 觉。①
  Wǎnshang hōnglōnglōng de léishēng ràng wǒ shuì bu zháo jiào

- 여름에는 자주 천둥이 쳐요.
  夏天 经常 会 打雷。
  Xiàtiān jīngcháng huì dǎ léi

- 요란한 천둥소리에 크게 놀랐어요.
  天边 炸起 了 响雷, 吓了 我 一 大 跳。
  Tiānbiān zhàqǐ le xiǎngléi xiàle wǒ yí dà tiào

- 천둥번개가 치는 밤에는 TV를 안 보는 게 좋아요.
  电闪雷鸣 的 晚上 最好 不要 看 电视。
  Diànshǎnléimíng de wǎnshang zuìhǎo búyào kàn diànshì

- '꽝' 하는 소리를 들으니 아마도 뭔가가 벼락을 맞은 것 같군.
  只 听 得 "咔嚓" 一 声, 好像 什么 东西 被 闪电
  Zhǐ tīng de kāchā yì shēng hǎoxiàng shénme dōngxi bèi shǎndiàn
  击中 了。②
  jīzhòng le

---

① 轰隆隆 hōnglōnglōng: 요란한 소리, 또는 굉음을 나타내는 의성어.
② 咔嚓 kāchā: 깨지거나 부러지거나 찢어지는 소리를 나타내는 의성어.

4 온도 · 습도

温度 / 湿度
wēndù shīdù

중국은 동부와 서부, 그리고 남부와 북부의 날씨가 확연한 차이를 보이고 있다. 동부는 평야가 주를 이루는 습윤지역으로 강수량이 풍부하나, 서부는 지대가 높고 초원과 사막이 주를 이루고 있어 매우 건조하다. 그러나 같은 습윤지역일지라도 长江 ChángJiāng 을 기준으로 하여 그 이북 지방은 비교적 건조하며, 이남 지방은 훨씬 고온다습하다.

기본대화

A: 今天 到底 多少 度？热死了。
　　Jīntiān dàodǐ duōshao dù Rèsǐ le

B: 预报 说，今天 最 高 温度 达到 38 度。
　　Yùbào shuō jīntiān zuì gāo wēndù dádào sānshíbā dù

A: 哎呀， 38 度？怪不得 路上 没有 几个人。
　　Aiya sānshíbā dù Guàibude lùshang méiyǒu jǐ ge rén

B: 是 的，很 多 人 都 待在 家里。
　　Shì de hěn duō rén dōu dāizài jiāli

A: 我 一会儿 也 要 回家，这里 太 热 了。
　　Wǒ yíhuìr yě yào huíjiā zhèli tài rè le

B: 好 的。我 开车 送 你 回去 吧。
　　Hǎo de Wǒ kāi chē sòng nǐ huíqu ba

A: 오늘 대체 몇 도야? 더워 죽겠어.
B: 예보에 오늘 최고 기온이 38도까지 간다더라.
A: 뭐, 38도? 어쩐지 거리에도 사람이 낯 없더라구.
B: 그래, 사람들이 다 집안에서 꼼짝하지 않는가봐.
A: 나도 곧 집으로 돌아가야겠어. 여긴 너무 덥군.
B: 그러렴. 내가 차로 바래다 줄게.

여러 가지 활용

I 온도　温度
　　　　　　wēndù

A: 一天 比 一天 热， 明天 会 有 多少 度？
　　Yì tiān bǐ yì tiān rè míngtiān huì yǒu duōshao dù

8. 날씨와 계절

> B: 明天 比今天还高 两 度。
> Míngtiān bǐ jīntiān hái gāo liǎng dù
> A: 날이 갈수록 더워지는군, 내일은 몇 도나 되려나?
> B: 내일은 오늘보다 2도 더 올라갈거래.

- 북경의 평균기온은 몇 도죠?
  北京 的 平均 气温 是 多少 度?
  Běijīng de píngjūn qìwēn shì duōshao dù

- 한국과 비교해서 기온은 어떻습니까?
  与 韩国 相比 气温 怎么样?
  Yǔ Hánguó xiāngbǐ qìwēn zěnmeyàng

- 실내 온도를 23도로 유지해 주세요.
  保持 室内 温度 在 23 度。
  Bǎochí shìnèi wēndù zài èrshísān dù

- 별로 시원하지가 않아. 에어컨을 20도로 조절해 봐.
  不 怎么 冷,把 空调 调到 20 度吧。
  Bù zěnme lěng bǎ kōngtiáo tiáodào èrshí dù ba

- 한여름 차 안의 기온은 60도까지도 올라갈 수 있어.
  盛夏, 汽车内 的 温度 会 上升 到 60 度。
  Shèngxià qìchē nèi de wēndù huì shàngshēng dào liùshí dù

- 이곳 날씨는 아무리 덥다 해도 30도를 넘지는 않아요.
  这里 的 天气, 怎么 热 也 不会 超过 30 度。
  Zhèli de tiānqì zěnme rè yě bú huì chāoguò sānshí dù

- 쿤밍은 한해의 온도 변화가 크지 않아요. 일반적으로 18도에서 26도 사이에요.
  昆明 一年 的 气温 变化 都不大, 一般 在 18 到
  Kūnmíng yì nián de qìwēn biànhuà dōu bú dà yìbān zài shíbā dào
  26 度。
  èrshíliù dù

- 그것은 섭씨온도예요, 아니면 화씨온도예요?
  那 是 摄氏度 还是 华氏度?
  Nà shì shèshìdù háishi huáshìdù

- 지구의 생태계 파손으로 인해 기온의 변화가 심합니다.
  由于 全球 生态 平衡 遭到 破坏,气温 的 变化 很
  Yóuyú quánqiú shēngtài pínghéng zāodào pòhuài qìwēn de biànhuà hěn
  大。
  dà

▶영하　零下
líng xià

A: 据说，明天 气温 降到 零下 10 度。
　　Jùshuō míngtiān qìwēn jiàngdào língxià shí dù
B: 真 的？那会不会把 水管 冻裂？
　　Zhēn de　　Nà huì bu huì bǎ shuǐguǎn dòngliè
A: 내일 기온이 영하 10 도까지 내려간대요.
B: 정말? 그러면 수도관이 얼어서 터지지 않을까?

- 이 곳의 기온은 일반적으로 영하로 내려가지 않아.
  这里 的 气温 一般 不会 降到 零下 。
  Zhèli　de qìwēn yìbān bú huì jiàngdào língxià

- 오늘 아침은 영하 12 도까지 내려갔어요.
  今天 早上 降到 零下 12 度 。
  Jīntiān zǎoshang jiàngdào língxià shí'èr dù

▶일교차　日温差
rìwēnchā

- 온도 변화가 너무 심해서 감기에 걸리기 쉬워요.
  气温 变化 太 大 了，容易 得 感冒。
  Qìwēn biànhuà tài dà le róngyì dé gǎnmào

- 중국 서북지역은 일교차가 아주 큽니다.
  中国 西北 地区 一 天 温差 很 大 。
  Zhōngguó xīběi dìqū yì tiān wēnchā hěn dà

- 밤에는 기온이 많이 떨어질테니 외투를 가지고 가도록 해.
  到 了 晚上 温度 会 下降 的，你 拿着 外套 吧 。
  Dào le wǎnshang wēndù huì xiàjiàng de　nǐ názhe wàitào ba

- 한낮에는 기온이 큰 폭으로 올라갈거야.
  中午 气温 会 大 幅度 地 上升 。
  Zhōngwǔ qìwēn huì dà fúdù de shàngshēng

II 습도　湿度
shīdù

A: 你 这 个 上海 人 到 北京 还 习惯 吗？
　　Nǐ zhè ge Shànghǎi rén dào Běijīng hái xíguàn ma

B: 还行，就是受不了北方的干燥。
　　Hái xíng jiù shì shòu bu liǎo běifāng de gānzào
A: 你们南方四季都很湿润，是吗？
　　Nǐmen nánfāng sìjì dōu hěn shīrùn shì ma
B: 是呀，因为上海临海，又挨着长江，所以
　　Shì ya yīnwèi Shànghǎi lín hǎi yòu āizhe ChángJiāng suǒyǐ
　　不像内地这么干。①
　　bú xiàng nèidì zhème gān
A: 넌 상하이 사람인데 북경에 와서 좀 적응이 되니?
B: 그런대로. 다만 북방의 건조한 기후가 견디기 힘들어.
A: 남부지방은 사계절이 다 습하지?
B: 응, 상하이는 바다가 가까운데다 양자강에 접해 있어서 내륙처럼 건조하지 않아.

▶ 습하다　潮湿
　　　　　　cháoshī

- 날이 습해서 몸이 끈적끈적해요.
  天气潮湿，身上黏糊糊的。②
  Tiānqì cháoshī shēnshang niánhūhū de

- 오늘 최대 상대습도는 80%에 달해요.
  今天的最大相对湿度达到 80%。
  Jīntiān de zuì dà xiāngduì shīdù dádào bǎifēnzhī bāshí

- 대기 중 습도가 85%가 넘으면 사람들이 불쾌함을 느끼죠.
  空气湿度超过 85%，人就会感到不舒服。
  Kōngqì shīdù chāoguò bǎifēnzhī bāshíwǔ rén jiù huì gǎndào bù shūfu

- 대기 중 습도가 높아서 곰팡이 냄새가 나는군요.
  空气湿度很大，闻着有股霉味儿。③
  Kōngqì shīdù hěn dà wén zhe yǒu gǔ méi wèir

---

① 挨着 āizhe: 가까이 있다. 옆에 붙어있다.
② 黏糊糊 niánhūhū: 달라붙다. 끈적끈적하다. 차지다.
③ 股 gǔ: 냄새·맛·기체·힘 등을 나타내는 양사. 줄기.

▶건조하다　干燥
　　　　　　　gānzào

- 북방의 겨울은 춥고 건조합니다.
  北方 的 冬天 又 冷 又 干燥。
  Běifāng de dōngtiān yòu lěng yòu gānzào

- 날이 너무 건조해요, 가습기를 틀어야 겠어요.
  天 太 干, 要 开 加湿器。
  Tiān tài gān yào kāi jiāshīqì

- 실내공기가 건조하면 저는 물을 받아다 방안에 놓아요.
  屋 内 空气 干燥, 我 接了 一 盆 水 放在 屋子 里。
  Wū nèi kōngqì gānzào wǒ jiēle yì pén shuǐ fàngzài wūzi li

- 공기가 몹시 건조하니 화재를 조심해야 합니다.
  空气 很 干燥, 要 小心 着 火。①
  Kōngqì hěn gānzào yào xiǎoxīn zháo huǒ

참고　관련 용어　词汇
　　　　　　　　　　cíhuì

- 사계절　四季
  　　　　sìjì
- 봄　春天
  　　chūntiān
- 여름　夏天
  　　　xiàtiān
- 가을　秋天
  　　　qiūtiān
- 겨울　冬天
  　　　dōngtiān
- 이른 봄　早春
  　　　　zǎochūn
- 홍수　洪水
  　　　hóngshuǐ
- 강우량　降雨量
  　　　　jiàngyǔliàng
- 우산　雨伞
  　　　yǔsǎn
- 우의　雨衣
  　　　yǔyī

- 수해　水灾
  　　　shuǐzāi
- 눈이 내리다　下雪
  　　　　　　xià xuě
- 늦봄　暮春
  　　　mùchūn
- 초여름　初夏
  　　　　chūxià
- 한여름　盛夏, 仲夏
  　　　　shèngxià zhòngxià
- 늦여름　季夏
  　　　　jìxià
- 초가을　早秋, 初秋
  　　　　zǎoqiū chūqiū
- 늦가을　深秋, 暮秋
  　　　　shēnqiū mùqiū
- 초겨울　初冬
  　　　　chūdōng
- 한겨울　严冬
  　　　　yándōng

---

① 着火 zháo huǒ: 불이 붙다, 불이 나다, 불이 켜지다.

8. 날씨와 계절

- 날씨　天气 tiānqì
- 기상　气象 qìxiàng
- 기후　气候 qìhòu
- 일기예보　天气预报 tiānqì yùbào
- 따뜻하다　暖和 nuǎnhuo
- 서늘하다　凉快, 凉爽 liángkuai liángshuǎng
- 덥다　炎热 yánrè
- 무덥다　闷热 mēnrè
- 춥다　寒冷 hánlěng
- 개인 날　晴天 qíngtiān
- 흐린 날　阴天 yīntiān
- 작열하는 태양　烈日 lièrì
- 먹구름　乌云 wūyún
- 흰구름　白云 báiyún
- 무지개　彩虹 cǎihóng
- 비가 내리다　下雨 xià yǔ
- 비를 맞다　淋雨 lín yǔ
- 비가 새다　漏雨 lòu yǔ
- 눈송이　雪花 xuěhuā
- 함박눈　鹅毛大雪 émáo dàxuě
- 싸락눈　雪糁儿, 雪子儿 xuěshēnr xuězǐr
- 진눈깨비　雨夹雪 yǔjiāxuě
- 눈싸움　雪仗 xuězhàng
- 눈사람　雪人 xuěrén
- 바람이 불다　刮风 guā fēng
- 태풍　台风 táifēng
- 북풍　北风 běifēng
- 남풍　南风 nánfēng
- 산들바람　微风 wēifēng
- 찬바람　寒风 hánfēng
- 황사　沙尘暴 shāchénbào
- 안개　雾 wù
- 우박　冰雹 bīngbáo
- 서리　霜 shuāng
- 온도　温度 wēndù
- 기온　气温 qìwēn
- 섭씨　摄氏 shèshì
- 화씨　华氏 Huáshì
- 영하　零下 língxià
- 습도　湿度 shīdù
- 습하다　潮湿 cháoshī
- 건조하다　干燥 gānzào
- 정전기　静电 jìngdiàn
- 단풍　红叶 hóngyè
- 빗방울　雨滴 yǔdī
- 보슬비　绵绵细雨, 毛毛雨 miánmián xìyǔ máomáoyǔ

④ 온도 · 습도

- 소나기　阵雨, 急雨, 骤雨
　　　　　zhènyǔ　jíyǔ　zhòuyǔ
- (천둥번개 동반)　雷雨, 雷阵雨
　　　　　　　　　léiyǔ　léizhènyǔ
- 천둥　雷
　　　　léi
- 천둥치다　打 雷
　　　　　　dǎ léi
- 번개　电
　　　　diàn
- 번개 치다　闪电
　　　　　　shǎndiàn
- 장마철　雨季
　　　　　yǔjì
- 장마비　阴雨, 淫雨
　　　　　yīnyǔ　yínyǔ
- 피서　避 暑
　　　　bì shǔ

- 복날　三伏天
　　　　sānfútiān
- 더위를 쫓다　散 热
　　　　　　　sàn rè
- 일사병, 더위 먹다　中 暑
　　　　　　　　　　zhòng shǔ
- 냉방병　热伤风
　　　　　rèshāngfēng
- 기후대　气候带
　　　　　qìhòudài
- 한대　寒带
　　　　hándài
- 온대　温带
　　　　wēndài
- 아열대　亚热带
　　　　　yàrèdài
- 열대　热带
　　　　rèdài

9

전 화
电 话
DIANHUA

1. 전화 걸 때   打电话
2. 전화 받을 때   接电话
3. 전화 끊을 때   挂电话
4. 잘못 걸린 전화   打错电话
5. 전화 메시지   电话留言
6. 공중전화·휴대폰   公用电话/手机
7. 기다 동화 내용   其他通话内容
8. 각종 인내·신고 전화   各种服务电话

1 전화 걸 때

打电话
dǎ diànhuà

전화를 걸 때 식사시간이나 취침시간 등을 피하는 것은 기본 예의이다. 또한 스포츠 빅게임이 진행되거나 중요한 뉴스가 방송되고 있을 때에도 가급적 피하는 것이 좋다. 스포츠나 뉴스에 한창 몰입되어 있을 때 전화벨이 울리면 짜증이 나기 쉬우므로 만일 부탁이나 도움을 청하는 전화일 경우 거절당할 확률도 높아진다. 또한 중국 사람들은 점심식사 후 낮잠(午休 wǔxiū)을 자는 경우가 있으므로 급한 일이 아니라면 이 시간도 피하는 것이 좋다.

기본대화

A: 喂, 张先生在吗?
　　Wèi Zhāng xiānsheng zài ma
B: 我就是。请问您是哪位?
　　Wǒ jiù shì Qǐngwèn nín shì nǎ wèi
A: 我是金美英,从韩国来的。
　　Wǒ shì Jīn Měiyīng cóng Hánguó lái de
B: 啊,是吗? 你有什么事吗?
　　A shì ma Nǐ yǒu shénme shì ma
A: 关于我的入学问题,我想和您谈一谈。
　　Guānyú wǒ de rùxué wèntí wǒ xiǎng hé nín tán yi tán
B: 好的,随时都欢迎。
　　Hǎo de suíshí dōu huānyíng

A: 여보세요? 장 선생님 계십니까?
B: 전데요, 실례지만 누구십니까?
A: 저는 김미영이라고 합니다. 한국에서 왔어요.
B: 아, 그래요? 무슨 일이죠?
A: 제 입학문제로 찾아뵙고 상의드리고 싶습니다.
B: 좋습니다. 언제라도 환영합니다.

여러 가지 활용

I. 자기가 누구인지 말할 때 说明 自己 的 身份
shuōmíng zìjǐ de shēnfen

> A: 喂 ，你 好 ！ 我 是 陈 莉娜 。
>   Wèi   nǐ hǎo   Wǒ shì Chén Lìnà
> B: 噢 ，小 陈。你 好 吗？①
>   O   Xiǎo Chén Nǐ hǎo ma
> A: 안녕하세요? 저는 천리나라고 합니다.
> B: 아, 샤오천 잘 있었어요?

- 저는 최인화입니다. 후이정의 한국 친구예요.
  我 叫 崔 仁花 ，是 惠正 的 韩国 朋友 。
  Wǒ jiào Cuī Rénhuā shì Huìzhèng de Hánguó péngyou

- 천 선생님, 안녕하세요? 저는 장석훈이라고 합니다. 사학과 1
  학년 한국유학생이에요.
  陈 老师 ，您 好 ！ 我 叫 张 锡勋 ，是 历史 系 大 一 的
  Chén lǎoshī nín hǎo   Wǒ jiào Zhāng Xīxūn shì lìshǐ xì dà yī de
  韩国 留学生 。
  Hánguó liúxuéshēng

- 이 선생님 안녕하세요? 상하이 출판사 편집부입니다.
  李 先生 ，您 好 ！ 这里 是 上海 出版社 的 编辑部 。
  Lǐ xiānsheng nín hǎo   Zhèli shì Shànghǎi Chūbǎnshè de biānjíbù

- 부산현대해운회사에서 온 정은희입니다.
  我 是 从 釜山 现代 海运 公司 来 的 郑 恩熙 。
  Wǒ shì cóng Fǔshān Xiàndài Hǎiyùn Gōngsī lái de Zhèng Ēnxī

- 지난주에 한 번 만나 뵈었던 조상호입니다.
  我 叫 曹 相浩 ，我们 上 星期 见过 一 次 面 。
  Wǒ jiào Cáo Xiānghào wǒmen shàng xīngqī jiànguo yí cì miàn

---

① 중국에서는 친구나 아랫사람의 이름을 부를 때 대개 小 xiǎo 를 앞에 붙여서 부르기를 좋아한다. 성 앞에 붙이기도 하고 이름 끝자에 붙이기도 하는데 예를 들면 曹美娟 Cáo Měijuān 의 경우 小曹 Xiǎo Cáo 라 부르기도 하고 小娟 Xiǎo Juān 이라 부르기도 한다. 그냥 이름을 부르는 것보다 훨씬 더 정감있고 친밀하게 느껴진다.

Ⅱ 상대방을 확인할 때   确认 对方
quèrèn duìfāng

> A: 您好！是 曹 老师 吗？
> Nín hǎo   Shì Cáo lǎoshī ma
> B: 不 是，你 找 曹 老师 吗？ 等 一下，我 帮 你
> Bú shì   nǐ zhǎo Cáo lǎoshī ma Děng yíxià wǒ bāng nǐ
> 叫 他。
> jiào tā
> A: 안녕하세요? 차오 선생님이십니까?
> B: 아닙니다. 차오 선생님 찾으세요? 잠시만요. 불러드리겠습니다.

- 여보세요. 이 사장님이시죠?
  喂 ，您好！ 您是李 总 吧？①
  Wèi   nín hǎo   Nín shì Lǐ zǒng ba

- 거기 번영상점입니까?
  请问 是 繁荣 商店 吗？
  Qǐngwèn shì Fánróng Shāngdiàn ma

- 여보세요, 580-8888 입니까?
  喂，是 580-8888 吗？②
  Wèi shì wǔbālíng-bābābābā ma

Ⅲ 전화를 바꿔달라고 할 때   请 对方 叫 人 接 电话
qǐng duìfāng jiào rén jiē diànhuà

- 리우 선생님 좀 부탁합니다.
  请 刘 先生 接 电话。
  Qǐng Liú xiānsheng jiē diànhuà

---

① 여기서 "吧 ba"는 추측을 나타내는 어기조사로 긍정의 대답을 기대할 때 쓰인다.
② 중국 사람들이 가장 선호하는 번호로는 8이 많이 들어가는 번호인데, 이는 8의 발음이 发 fā와 유사하므로 '번영', '발달'의 뜻을 함축하고 있기 때문이다. 이밖에 9 (九 jiǔ)는 久 jiǔ(항구, 영원)의 뜻을 담고 있기 때문에, 그리고 6(六 liù)는 流 liú(물의 흐름처럼 순조롭다)의 뜻을 담고 있으므로 역시 매우 좋아하는 번호이다. 이 밖에 중국에서는 전화번호를 기입할 때 우리나라와 달리 국번과 번호 사이에 "—"(하이픈)을 사용하지 않는다는 것도 알아두면 좋을 듯하다.

- 실례지만, 이 여사님 좀 부탁합니다.
  麻烦你 找 一下 李 女士。①
  Máfan nǐ zhǎo yíxià Lǐ nǚshì
- 김 사장님께 전화 좀 받으라고 해 주시겠습니까?
  能 让 金 总 接一下 电话 吗?
  Néng ràng Jīn zǒng jiē yíxià diànhuà ma
- 여기는 한국인데요, 최 선생님 좀 바꿔 주세요.
  这里 是 韩国, 请 转 崔 老师 。
  Zhèli shì Hánguó qǐng zhuǎn Cuī lǎoshī
- 죄송하지만, 영업부의 김 경리 좀 바꿔 주세요.
  打扰 了, 我 找 营业部 的 金 经理。②
  Dǎrǎo le wǒ zhǎo yíngyèbù de Jīn jīnglǐ

▶전화를 돌려달라고 할 때   请 接/转 分机
                        qǐng jiē zhuǎn fēnjī

- 프론트 부탁합니다.
  请 转 前台 。
  Qǐng zhuǎn qiántái
- 내선번호 333번 부탁합니다.
  请 接 333 号 分机 。
  Qǐng jiē sānsānsān hào fēnjī
- 관리과로 연결해 주시겠습니까?
  请 联系 一下 管理科 好 吗?
  Qǐng liánxì yíxià guǎnlǐkē hǎo ma
- 이 전화를 102번으로 돌려주십시오.
  请 把 这 电话 转到 102 号 。
  Qǐng bǎ zhè diànhuà zhuǎndào yāolíng'èr hào
- 이 전화를 다시 교환실로 돌려주시겠습니까?
  把 这 电话 转回 总机 好 吗?
  Bǎ zhè diànhuà zhuǎnhuí zǒngjī hǎo ma

---

① 麻烦你 máfan nǐ 역시 일상생활에서 반드시 습관화되어야 할 표현으로, "귀찮게 (번거롭게, 성가시게) 해서 죄송합니다" 라는 뜻이다.
② 打扰了 dǎrǎo le 는 실례합니다의 뜻으로서 '방해를 해서 죄송하다' 는 의미.

① 전화 걸 때

Ⅳ 부적절한 시간에 전화를 걸었을 때　不 适当 的 时候 打 电话
　　　　　　　　　　　　　　　　　　　bú shìdàng de shíhou dǎ diànhuà

- 휴일에 전화 드려서 죄송합니다.
  休息日 还 给 你 打 电话, 真 抱歉。
  Xiūxirì   hái gěi nǐ dǎ diànhuà zhēn bàoqiàn

- 휴식시간을 방해해서 죄송합니다.
  休息 时间 打扰 您, 不 好意思。
  Xiūxi shíjiān dǎrǎo nín bù hǎoyìsi

- 갑자기 전화를 드려 정말 실례했습니다.
  突然 打 电话 给 你, 真 是 失礼 了。
  Tūrán dǎ diànhuà gěi nǐ   zhēn shì shīlǐ le

- 이렇게 불쑥 전화를 드려서 죄송합니다.
  对不起, 这么 冒昧 地 给 你 打 电话。①
  Duìbuqǐ zhème màomèi de gěi nǐ dǎ diànhuà

▶너무 늦게 전화를 걸었을 때　打 电话 太 晚 的 时候
　　　　　　　　　　　　　　dǎ diànhuà tài wǎn de shíhou

A: 这么 晚 还 给 你 打 电话, 真 是 很 抱歉。
　 Zhème wǎn hái gěi nǐ dǎ diànhuà zhēn shì hěn bàoqiàn
B: 没 关系。
　 Méi guānxi
A: 이렇게 밤늦게 전화를 드려 정말 죄송합니다.
B: 괜찮습니다.

- 정말 죄송합니다. 이렇게 늦은 시간에 귀찮게 해서요.
  真 对不起, 这么 晚 打搅 您。
  Zhēn duìbuqǐ   zhème wǎn dǎjiǎo nín

- 이렇게 늦은 시간에 연락을 드려 정말 죄송합니다.
  这么 晚 和 您 联系, 真 的 很 对不起。
  Zhème wǎn hé nín liánxì   zhēn de hěn duìbuqǐ

- 이렇게 늦게 전화를 드려 정말 죄송합니다.
  这么 晚 给 您 打 电话, 真 不好意思。
  Zhème wǎn gěi nín dǎ diànhuà zhēn bù hǎoyìsi

---

① 冒昧 màomèi: 외람되다, 당돌하다, 주제넘다.

- 제가 잠을 깨운 건 아닌지요?

  是不是我 吵醒 你了？
  Shì bu shì wǒ chǎoxǐng nǐ le

▶너무 일찍 전화를 걸었을 때　打 电话 太 早 的 时候
　　　　　　　　　　　　　　　dǎ diànhuà tài zǎo de shíhou

A: 对不起，这么 早 给 你 打 电话，因为 有 急事。
　　Duìbuqǐ　zhème zǎo gěi nǐ dǎ diànhuà yīnwèi yǒu jíshì
B: 没 关系，是 什么 事？
　　Méi guānxi shì shénme shì
A: 이렇게 일찍 전화 드려서 죄송합니다. 급한 일이 있어서요.
B: 괜찮아요. 무슨 일이에요?

- 이렇게 일찍 전화를 드려 죄송합니다. 리우 선생님 일어나셨습니까?

  这么 早 打 电话 不 好意思，刘　先生　起来 了吗？
  Zhème zǎo dǎ diànhuà bù　hǎoyìsi Liú xiānsheng qǐlai　le ma

- 새벽부터 전화를 다하고 무슨 일이에요?

  这么 早 打 电话，有 什么 事 吗？
  Zhème zǎo dǎ diànhuà yǒu shénme shì ma

- 아니에요. 벌써 일어났는걸요.

  没 关系，我 早 就 起 床　了。
  Méi guānxi wǒ zǎo jiù qǐ chuáng le

② 전화 받을 때   接 电 话
                                jiē diànhuà

"여보세요" 라는 뜻의 중국말은 "喂 wèi"이며, 본래 성조가 4성이나 요즘은 2성으로 발음하는 경우가 많다. 2성으로 발음하는 것이 더 부드럽고 친밀감을 느끼게 하기 때문이다. 또한 많은 경우 "喂 wèi"라고 하지 않고 "喂,你好! Wéi nǐhǎo"라고 말하는데 훨씬 친절하고 상냥한 느낌을 준다.

기 본 대 화

A: 喂 ，你 好 ， 工商 银行。
　　Wèi　 nǐ hǎo　Gōngshāng Yínháng

B: 你好，我 想 和 营业部 的 李 庆喜 通话。
　　Nǐ hǎo wǒ xiǎng hé yíngyèbù de Lǐ Qìngxǐ tōnghuà

A: 请问， 您 是 哪 位 ？
　　Qǐngwèn nín shì nǎ wèi

B: 我 是 从 韩国 来 的， 叫 金 正植。
　　Wǒ shì cóng Hánguó lái de　jiào Jīn Zhèngzhí

A: 请 你 等 一会儿， 我 让 她 接 电话。
　　Qǐng nǐ děng yíhuìr　 wǒ ràng tā jiē diànhuà

B: 谢谢 。
　　Xièxie

A: 안녕하세요? 공상은행입니다.
B: 안녕하세요? 영업부 리칭시씨와 통화하고 싶습니다.
A: 실례지만 누구십니까?
B: 저는 한국에서 온 김정식이라고 합니다.
A: 잠시만 기다리세요. 바꿔 드리겠습니다.
B: 감사합니다.

여러 가지 활용

Ⅰ 받는 사람을 말할 때   自报 身份
                                  zì bào shēnfen

▶ 교환원이 받을 때   接线员 接 电话 时
                          jiēxiànyuán jiē diànhuà shí

- 안녕하세요? 국제무역센터입니다.
  你 好！这里 是 国际 贸易 中心。
  Nǐ hǎo   Zhèli shì Guójì Màoyì Zhōngxīn

- 안녕하세요? 교환입니다. 무엇을 도와 드릴까요?
  早上 好！这里 是 总台。有 什么 需要 服务 的 吗？
  Zǎoshang hǎo Zhèli shì zǒngtái Yǒu shénme xūyào fúwù de ma

- 안녕하세요? 국제전화국입니다. 몇 번으로 돌려 드릴까요?
  您 好！国际 电话 服务台，您 要 转 几 号？
  Nín hǎo   Guójì Diànhuà Fúwùtái   nín yào zhuǎn jǐ hào

- 안녕하세요? 경제연구소입니다. 내선번호를 눌러 주십시오. 번호를 모르실 때는 0번을 눌러 주십시오.
  你 好！这里 是 经济 研究所，请 拨 分机 号码，查 号
  Nǐ hǎo   Zhèli shì Jīngjì Yánjiūsuǒ   qǐng bō fēnjī hàomǎ   chá hào
  请 拨 "0"。①
  qǐng bō líng

▶ 사무실에서 받을 때   在 办公室 里 接 电话 时
                          zài bàngōngshì li jiē diànhuà shí

- 안녕하세요. 리 안나입니다.
  您 好！我 是 李 安娜。
  Nín hǎo   Wǒ shì Lǐ Ānnà

- 안녕하세요. 최 변호사 사무실입니다.
  你 好！崔 律师 办公室。
  Nǐ hǎo   Cuī lǜshī bàngōngshì

---

① 일부 회사나 기관에서는 이와 같은 자동 안내 메시지를 사용하고 있다. 처음 들을 때는 무슨 소리인지 당황하기 쉬우므로 익혀두면 편리할 것이다.

② 전화 받을 때

- 안녕하세요? 영업부 추이란입니다.
  你好！我是销售部的崔兰。
  Nǐ hǎo Wǒ shì xiāoshòubù de Cuī Lán

II 상대방 및 용건을 물을 때　询问 对方 身份 或 事情
　　　　　　　　　　　　　　　xúnwèn duìfāng shēnfen huò shìqing

> A: 请问 您是谁？有什么事儿？
>   Qǐngwèn nín shì shéi Yǒu shénme shìr
> B: 我是平安保险公司的。我想咨询一下。
>   Wǒ shì Píng'ān Bǎoxiǎn Gōngsī de Wǒ xiǎng zīxún yíxià
> A: 누구시죠? 무슨 일이십니까?
> B: 평안보험회사인데, 좀 여쭤보려 합니다.

- 어느 분이십니까?
  请问 你是哪位？
  Qǐngwèn nǐ shì nǎ wèi

- 성함이 어떻게 되십니까?
  请问 您贵姓？
  Qǐngwèn nín guìxìng

- 누구 찾으십니까? /어느 분 찾으십니까?
  请问 您找谁？/ 您找哪一位？
  Qǐngwèn nín zhǎo shéi Nín zhǎo nǎ yí wèi

- 무엇을 도와 드릴까요?
  有什么需要帮忙的吗？
  Yǒu shénme xūyào bāng máng de ma

- 무슨 일로 전화하셨습니까?
  打电话有什么事吗？
  Dǎ diànhuà yǒu shénme shì ma

▶ 찾는 사람의 이름을 물어볼 때　询问 对方 要 找 的人 时
　　　　　　　　　　　　　　xúnwèn duìfāng yào zhǎo de rén shí

- 찾으시는 김 선생님의 이름이 무엇입니까?
  您要找的金先生叫什么名字？
  Nín yào zhǎo de Jīn xiānsheng jiào shénme míngzi

- 저희 회사에는 장시엔씨가 두 분인데요, 어느 부서 장시엔씨를 찾으십니까?
  我们 公司有 两 位 张 贤，您找 的 张 贤是 哪
  Wǒmen gōngsī yǒu liǎng wèi Zhāng Xián nín zhǎo de Zhāng Xián shì nǎ
  一个 部门 的？
  yí ge bùmén de

- 김씨 성을 가진 사람이 여러 명 있습니다. 이름을 말씀해 주십시오.
  姓 金 的人 有 好 几 位，请 您告诉 我他 的 名字。
  Xìng Jīn de rén yǒu hǎo jǐ wèi　qǐng nín gàosu wǒ tā de míngzi

III 전화를 바꿔줄 때　　叫 人 接 电话 时
jiào rén jiē diànhuà shí

- 잠시만 기다리세요. 전화 바꿔 드릴게요.
  请 稍 等，我 让 他 接 电话。
  Qǐng shāo děng wǒ ràng tā jiē diànhuà

- 잠시만 기다리세요. 그를 찾아보겠습니다.
  稍 等 一下，我 去 找 他。
  Shāo děng yíxià　wǒ qù zhǎo tā

- 전화 끊지 마세요. 제가 불러오겠습니다.
  您 先 不要 挂 电话，我 去 叫 他。
  Nín xiān búyào guà diànhuà wǒ qù jiào tā

- 지금 막 들어오는군요. 전화 바꿔 드리겠습니다.
  正好　他 回来 了，我 让 他 接 电话 。
  Zhènghǎo tā huílai le　wǒ ràng tā jiē diànhuà

- 곧 회계사 한 분과 연결시켜 드리겠습니다.
  我 马上 给您联系 一 位 会计 。
  Wǒ mǎshàng gěi nín liánxì yí wèi kuàijì

▶전화를 돌려줄 때　　转 电话 时
zhuǎn diànhuà shí

- 잠시만 기다리세요. 돌려 드리겠습니다.
  稍微 等 一下，我 帮 你 转 过去 。
  Shāowēi děng yíxià　wǒ bāng nǐ zhuǎn guoqu

- 기다려 주세요. 판매부로 돌려 드리겠습니다.
  请 您 等 一下，我 帮 您 转到 销售部。
  Qǐng nín děng yíxià　wǒ bāng nín zhuǎndào xiāoshòubù

- 전화를 그의 사무실로 돌려 드리겠습니다.
  我 把 电话 转到 他 的 办公室 吧。
  Wǒ bǎ diànhuà zhuǎndào tā de bàngōngshì ba
- 그는 판매부로 옮겼습니다. 전화를 그쪽으로 돌려 드리겠습니다.
  他 调到 销售部 了，我 帮 您 把 电话 转到 那里 吧。
  Tā diàodào xiāoshòubù le wǒ bāng nín bǎ diànhuà zhuǎndào nàli ba

▶ 전화를 받으라고 부를 때   叫 受话人 时
                          jiào shòuhuàrén shí

- 당신 전화예요.
  你 的 电话！
  Nǐ de diànhuà
- 한국에서 걸려온 거예요. 빨리 전화 받으세요.
  是 从 韩国 打来 的，快 点儿 接 电话 吧！
  Shì cóng Hánguó dǎlái de kuài diǎnr jiē diànhuà ba
- 샤오칭, 전화 받아. 너의 엄마에게서 온 전화야.
  小 青，接 电话，是 你 妈妈 打来 的。
  Xiǎo Qīng jiē diànhuà shì nǐ māma dǎlái de
- 미스 김, 11번 당신 전화예요.
  金 小姐，11 号 有 您 的 电话。
  Jīn xiǎojiě shíyī hào yǒu nín de diànhuà

▶ 전화 받을 사람이 통화중일 때   受话人 在 通话 时
                           shòuhuàrén zài tōnghuà shí

- 지금 다른 전화를 받고 있는데, 잠시만 기다려 주시겠습니까?
  她 正在 接 另 一个 电话，您 等 一下 好 吗？
  Tā zhèngzài jiē lìng yí ge diànhuà nín děng yíxià hǎo ma
- 죄송하지만 아직도 통화중인데 조금만 더 기다려 주시겠습니까?
  对不起，他 还 在 通话，请 你 再 等 一下 好 吗？
  Duìbuqǐ tā hái zài tōnghuà qǐng nǐ zài děng yíxià hǎo ma
- 통화가 길어질 것 같은데요. 잠시 후에 다시 걸어 주시겠습니까?
  他 通话 的 时间 可能 会 比较 长。要 不 要 过 一会儿 再 打？
  Tā tōnghuà de shíjiān kěnéng huì bǐjiào cháng Yào bu yào guò yíhuìr zài dǎ

9. 전화

▶ 전화 받을 사람이 바쁠 때　　受话人　忙　的 时候
　　　　　　　　　　　　　　　shòuhuàrén máng de shíhou

- 미안합니다만, 그녀는 지금 손님과 함께 있는데요.
  不 好意思， 她 正 跟 客人 在 一起 。
  Bù hǎoyìsi　tā zhèng gēn kèren zài yìqǐ

- 죄송하지만 지금 고객을 접대 중입니다.
  对不起， 他 在 接待 一 个 客户 。
  Duìbuqǐ　tā zài jiēdài yí ge kèhù

Ⅳ 기다리던 전화가 왔을 때　　来 了 正　等候 的 电话 时
　　　　　　　　　　　　　　lái le zhèng děnghòu de diànhuà shí

> A: 您好！ 张 老师， 我 是 马 志元。
>   Nín hǎo　Zhāng lǎoshī　wǒ shì Mǎ Zhìyuán
> B: 啊！小 马，我 正　想　要 给 你 打 电话 呢 。
>   A　Xiǎo Mǎ　wǒ zhèng xiǎng yào gěi nǐ dǎ diànhuà ne
> A: 是 吗？ 太 巧 了 。
>   Shì ma　Tài qiǎo le
> A: 안녕하세요? 장 선생님, 저 마즈위엔입니다.
> B: 아, 마군. 지금 막 전화 걸려던 참이었는데.
> A: 그렇습니까? 마침 잘 됐군요.

- 당신 전화를 기다리고 있던 중이에요.
  正在　等 你 的 电话 呢 。
  Zhèngzài děng nǐ de diànhuà ne

- 전화가 올 것 같은 예감이 들었어요.
  我 预料 到 你 会 来 电话 的 。
  Wǒ yùliào dào nǐ huì lái diànhuà de

- 당신에게 전화 걸려던 참이었어요.
  我 正 要 拨 你的 电话 呢 。
  Wǒ zhèng yào bō nǐ de diànhuà ne

- 마침 맞게 전화해 줘서 고마워. 막 나가려던 참이었거든.
  谢谢 你 及时 给 我 打 电话， 我 正 要 准备 出去 呢 。
  Xièxie nǐ jíshí gěi wǒ dǎ diànhuà wǒ zhèng yào zhǔnbèi chūqu ne

② 전화 받을 때

▶ 전화를 받고 반가움을 표할 때　接到 电话 表示 高兴 之意
　　　　　　　　　　　　　　　jiēdào diànhuà biǎoshì gāoxìng zhī yì

- 목소리 들으니 정말 반갑네요.
  很 高兴 听到 你 的 声音。
  Hěn gāoxìng tīngdào nǐ de shēngyīn

- 오랫동안 목소리를 듣지 못했군요.
  好 久 没 听到 你 的 声音 了。
  Hǎo jiǔ méi tīngdào nǐ de shēngyīn le

- 이게 얼마만이야? 정말 반가워요.
  好 久 没有 联系 了，接到 你 的 电话 真 高兴。
  Hǎo jiǔ méiyǒu liánxì le jiēdào nǐ de diànhuà zhēn gāoxìng

- 당신과 연락이 되어 매우 기쁩니다.
  很 高兴 能 联系 到 您。
  Hěn gāoxìng néng liánxì dào nín

V 다른 사람에게 전화 받으라고 할 때　让 别人 接 电话 时
　　　　　　　　　　　　　　　　ràng biéren jiē diànhuà shí

A: 小 张，你 可以 帮 我 接一下 电话 吗？
　 Xiǎo Zhāng nǐ kěyǐ bāng wǒ jiē yíxià diànhuà ma
B: 可以 呀，有 什么 话 要 转告 吗？
　 Kěyǐ ya yǒu shénme huà yào zhuǎngào ma
A: 是 小 郑 的话，就 请 你 转告 他，我 做完
　 Shì Xiǎo Zhèng dehuà jiù qǐng nǐ zhuǎngào tā wǒ zuòwán
　 事儿 就 给 他 回 电话。
　 shìr jiù gěi tā huí diànhuà
B: 哦，知道 了。
　 O zhīdào le
A: 샤오장, 나 대신 전화 좀 받아줄래요?
B: 그러죠. 뭐라고 전할까요?
A: 샤오정이면 내가 일 끝나고 전화하겠다고 전해 줘요.
B: 네, 알겠습니다.

▶전화를 받고 싶지 않을 때　不想接电话时
bù xiǎng jiē diànhuà shí

- 혹시 누가 저를 찾으면 없다고 말해 주세요.
要是 有人 找 我 的话 就 说 我 不 在。
Yàoshi yǒu rén zhǎo wǒ dehuà jiù shuō wǒ bú zài

- 왕선생님이 아니면, 저를 바꿔주지 마세요.
不是 王 老师 的话, 就 不要 叫 我 接 电话。
Bú shì Wáng lǎoshī dehuà　jiù búyào jiào wǒ jiē diànhuà

- 장선생님 전화면 저 외출했다고 해 주세요.
要是 张 老师 来 电话, 你 就 说 我 出去 了。
Yàoshi Zhāng lǎoshī lái diànhuà nǐ jiù shuō wǒ chūqu le

- 영업시간이 끝난 뒤에는 전화 받지 마세요.
营业 时间 结束 以后 就 不要 再 接 电话 了。
Yíngyè shíjiān jiéshù yǐhòu jiù búyào zài jiē diànhuà le

▶전화 받기 어려울 때　不方便接电话时
bù fāngbiàn jiē diànhuà shí

- 저 대신 좀 받아 주시겠어요?
可以 替 我 接 一下 吗？
Kěyǐ　tì wǒ jiē yíxià ma

- 전화 좀 받아주세요. 제가 지금 벗어날 수가 없네요.
你 帮 我 接 一下 好 吗？ 我 现在 脱不开身。①
Nǐ bāng wǒ jiē yíxià hǎo ma　Wǒ xiànzài tuō bu kāi shēn

- 수고스럽지만 저 대신 전화 좀 받아 주세요.
麻烦你, 帮 我 接 一下 电话, 好 吗？
Máfan nǐ　bāng wǒ jiē yíxià diànhuà hǎo ma

---

① 脱不开身 tuō bu kāi shēn: 몸이 매여있어 빠져나올 수가 없다.

③ 전화 끊을 때   挂 电 话
guà diànhuà

전화를 끊을 때 중국 사람들은 대개 "那就这样。Nà jiù zhèyàng"이라는 말로 마무리를 한다. 우리말의 "그럼 이만 끊겠습니다" 정도에 해당한다고 하겠다. 때로 상황에 따른 적절한 인사를 곁들이면 훨씬 부드러워지기도 하는데, 이를테면 연장자와 통화를 했을 경우는 "您多保重。Nín duō bǎozhòng"(건강하십시오) 오랜만에 통화를 한 경우에는 "咱们经常联系吧。Zánmen jīngcháng liánxì ba"(자주 연락합시다) 등의 표현을 쓰면 좋다. 전화를 끊을 때에는 일반적으로 걸은 사람이 먼저 끊는 것이 예의이나 윗사람과 통화했을 경우는 윗사람이 먼저 끊은 뒤에 끊도록 한다.

기본대화

A: 你好！我是李军。
   Nǐ hǎo Wǒ shì Lǐ Jūn

B: 啊！好久不见了。你还好吗？
   A Hǎo jiǔ bú jiàn le Nǐ hái hǎo ma

A: 我很好，你今天什么时候有时间？
   Wǒ hěn hǎo nǐ jīntiān shénme shíhou yǒu shíjiān

B: 中午之前都可以。
   Zhōngwǔ zhī qián dōu kěyǐ

A: 那好，我十一点去找你。
   Nà hǎo wǒ shíyī diǎn qù zhǎo nǐ

   哦，对不起，董事长在叫我，我要挂电话了。
   O duìbuqǐ dǒngshìzhǎng zài jiào wǒ wǒ yào guà diànhuà le

B: 好的，待会儿再联系。①
   Hǎo de dāi huìr zài liánxì

A: 안녕하세요? 저 리쥔이에요.
B: 아, 오랜만이에요. 안녕하셨어요?

---

① 待会儿 dāi huìr : 이따가. 잠시 후에. 待가 4성일 때는 '기다리다' '접대하다'의 뜻이며, 1성일 때는 '머물다' '체류하다'의 뜻이 된다.

9. 전　화

A: 네, 잘 있어요. 언제 시간 있으세요?
B: 점심 전에는 시간 있어요.
A: 좋아요. 제가 11시에 찾아뵐게요.
　 어, 죄송하지만 이사장님께서 절 부르세요. 전화를 끊어야겠어요.
B: 그래요. 나중에 다시 통화해요.

여러 가지 활용

I 맺음 인사하기　　电话 结束 语
diànhuà jiéshù yǔ

> A: 谢谢 你 的 帮助。
> 　　Xièxie nǐ de bāngzhù
> B: 不用 谢，你 随时 可以 给 我 来 电话。
> 　　Búyòng xiè　nǐ suíshí kěyǐ gěi wǒ lái diànhuà
> A: 도와 주셔서 감사합니다.
> B: 고맙기는요, 언제라도 전화 주십시오.

- 그럼 그렇게 하지요. 안녕히 계세요.
  那就 这样 吧。 再见！
  Nà jiù zhèyàng ba　Zàijiàn

- 그럼 끊을게요. 잘 자요!
  那 我 挂 了。 晚安！
  Nà wǒ guà le　Wǎn'ān

- 일 있으면 전화로 연락합시다.
  有 事 打 电话 联系 吧。
  Yǒu shì dǎ diànhuà liánxì ba

- 다음에 또 연락 드리겠습니다.
  下 次 再 跟 你 联系。
  Xià cì zài gēn nǐ liánxì

- 전화 주셔서 감사합니다.
  谢谢 你 给 我 打 电话。
  Xièxie nǐ gěi wǒ dǎ diànhuà

③ 挂电话

- 긴 시간 폐를 끼쳐 죄송합니다.
  打扰 你 这么 长 时间，真 不好意思。
  Dǎrǎo nǐ zhème cháng shíjiān zhēn bù hǎoyìsi

Ⅱ 전화를 끊으려 할 때　要 挂 电话 时
　　　　　　　　　　yào guà diànhuà shí

- 전화를 끊어야겠어요.
  我 要 挂 电话 了。
  Wǒ yào guà diànhuà le

- 바쁜 것 같으니 그만 끊죠.
  看来 你 很 忙，那就 挂了 吧。
  Kànlái nǐ hěn máng nà jiù guàle ba

- 갑자기 일이 생겨서 전화를 끊어야 겠어요.
  突然 有 点儿 急事，我 要 挂 电话 了。
  Tūrán yǒu diǎnr jí shì wǒ yào guà diànhuà le

- 지금 사람들이 전화를 걸려고 기다리고 있어서 이만 끊어야 할 것 같습니다.
  现在 有 很 多 人 等着 打电话，所以 就 说到 这里
  Xiànzài yǒu hěn duō rén děngzhe dǎ diànhuà suǒyǐ jiù shuōdào zhèli
  吧。
  ba

▶통화할 시간이 없을 때　没有 时间 通 话 时
　　　　　　　　　　　méiyǒu shíjiān tōng huà shí

- 죄송합니다, 용건만 간단히 말씀해 주세요.
  不 好意思，请 把 事情 简单 说 一下。
  Bù hǎoyìsi qǐng bǎ shìqing jiǎndān shuō yíxià

- 시간이 없으니 빨리 얘기해 주시죠.
  我 时间 紧，你 快 点儿 说 好 吗？
  Wǒ shíjiān jǐn nǐ kuài diǎnr shuō hǎo ma

- 바쁘신 것 같으니 용건만 말씀드리겠습니다.
  看来 你 很 忙，我 就 说 几 句 重点。
  Kànlái nǐ hěn máng wǒ jiù shuō jǐ jù zhòngdiǎn

- 1분만 이야기 하겠습니다.
  我 就 说 一 分钟。
  Wǒ jiù shuō yì fēnzhōng

9. 전　　화

- 2, 3 분이면 됩니다.
  两三 分钟 就够了。
  Liǎngsān fēnzhōng jiù gòu le
- 카드 요금이 얼마 남지 않아 곧 끊어질 것 같습니다.
  我的卡快没钱了，电话可能要断了。
  Wǒ de kǎ kuài méi qián le　diànhuà kěnéng yào duàn le

▶곧 다시 걸겠다고 말할 때　告诉 对方 自己 一会儿 再 打
　　　　　　　　　　　　　gàosu duìfāng zìjǐ yíhuìr zài dǎ
　　　　　　　　　　　　　电话 时
　　　　　　　　　　　　　diànhuà shí

- 잠시 후에 다시 전화 드릴게요.
  待一会儿我会给你电话。
  Dāi yíhuìr wǒ huì gěi nǐ diànhuà
- 잠시 후에 다시 전화 드려도 될까요?
  我等一会儿再给你回电话，好吗？
  Wǒ děng yíhuìr zài gěi nǐ huí diànhuà hǎo ma
- 먼저 제가 가서 알아본 뒤에 다시 전화 드리겠습니다.
  我先去查看一下，然后再给你打电话。
  Wǒ xiān qù chákàn yíxià ránhòu zài gěi nǐ dǎ diànhuà
- 잡음이 심하니 우선 끊으세요. 제가 다시 걸겠습니다.
  杂音很大，先挂了吧。我再给你打过去。
  Záyīn hěn dà xiān guàle ba Wǒ zài gěi nǐ dǎ guoqu
- 전화선이 좀 이상하네요. 제가 다시 걸겠습니다.
  电话线好像出了问题。我再给你打过去。
  Diànhuà xiàn hǎoxiàng chūle wèntí Wǒ zài gěi nǐ dǎ guoqu
- 통화요금이 비싸니 제가 걸도록 하겠습니다.
  电话费很贵，还是我给你打吧。
  Diànhuà fèi hěn guì háishi wǒ gěi nǐ dǎ ba

▶다시 걸어달라고 할 때　叫 对方 再给 自己 打 电话 时
　　　　　　　　　　　jiào duìfāng zài gěi zìjǐ dǎ diànhuà shí

- 소리가 잘 안 들리는데 다시 걸어 주시겠습니까?
  声音听不清楚，重新打过来好吗？
  Shēngyīn tīng bu qīngchu chóngxīn dǎ guolai hǎo ma

③ 전화 끊을 때

- 이 전화는 돌릴 수가 없으니 200번으로 다시 거십시오.
 这个电话 转 不了，你再拨一下 200。
 Zhè ge diànhuà zhuǎn bu liǎo　nǐ zài bō yíxià　èrlínglíng
- 제가 지금 좀 바쁜데 나중에 다시 걸어 주시겠습니까?
 我现在很忙，你过一会儿再给我打电话 好吗?
 Wǒ xiànzài hěn máng nǐ guò　yíhuìr　zài gěi wǒ dǎ diànhuà hǎo ma
- 지금 자리에 없는데 10분 후에 다시 걸어 보세요.
 现在他不在，十 分钟 以后你再打过来吧。
 Xiànzài tā bú zài　shí fēnzhōng yǐhòu nǐ zài dǎ guolai ba

▶전화를 끊지 말라고 할 때　请求 不要 挂 电话 时
　　　　　　　　　　　　 qǐngqiú búyào guà diànhuà shí

- 먼저 끊지 마세요. 제 말 아직 안 끝났어요.
 你 先 别挂，我 还 没 说完。
 Nǐ xiān bié guà　wǒ hái méi shuōwán
- 성급히 끊으려 하지 마세요. 제가 드릴 말씀이 있어요.
 你 先 别 急着 挂 电话，我 还 有 话 说 。
 Nǐ xiān bié jízhe guà diànhuà wǒ hái yǒu huà shuō

Ⅲ 전화가 끊어졌을 때　电话 挂断 时
　　　　　　　　　　　diànhuà guàduàn shí

- 전화가 끊어졌어요.
 电话 挂断 了。
 Diànhuà guàduàn le
- 전화가 저절로 끊어졌어요.
 电话 是 自动 掉线 的。
 Diànhuà shì zìdòng diàoxiàn de
- 왜 갑자기 전화를 끊었지?
 怎么 突然 挂 了?
 Zěnme tūrán guà le
- 저쪽에서 전화를 끊어버렸어요.
 是 对方 先 挂断 电话 的。
 Shì duìfāng xiān guàduàn diànhuà de

9. 전 화

- 뭐 이래, 인사도 없이 그냥 끊어버리네.
  怎么 可以 这样，连 声 再见 都 不 说 就 挂 了。
  Zěnme kěyǐ zhèyàng lián shēng zàijiàn dōu bù shuō jiù guà le

- 카드 금액이 남질 않아 끊어졌어요.
  电话 卡 上 没 钱 了，所以 掉线 了。
  Diànhuà kǎ shang méi qián le suǒyǐ diàoxiàn le

4 잘못 걸린 전화

打错 电话
dǎcuò diànhuà

우리는 아직 잘못 걸려온 전화에 대해서 친절하지 않은 경우가 많다. "你打错了。Nǐ dǎcuò le"(잘못 걸었어요.) 하고는 퉁명스럽게 끊어버리거나, 다시 잘못 걸려오면 "不对呀! 真烦人。Bú duì ya! Zhēn fán rén(아니라니까요! 성가시게.)하고 상대방의 말을 더 이상 듣지 않고 끊어버리는 경우가 많다. 그러나 조금만 인내심을 발휘하여 친절하게 응대해 주면 우리의 생활은 훨씬 따뜻해질 것이다. 아래에서 그러한 표현들을 살펴보기로 한다.

기 본 대 화

A: 你好！请 找 一下 朴 止斌 好 吗？
　　Nǐ hǎo Qǐng zhǎo yíxià Piáo Zhèngbīn hǎo ma

B: 这里 没有 您要 找 的人。
　　Zhèli méiyǒu nín yào zhǎo de rén

A: 是不是 9876-5432 ？
　　Shì bu shì jiǔbāqīliù-wǔsìsān'èr

B: 不是，您打错了。
　　Bú shì nín dǎcuò le

A: 抱歉，打扰 您了。
　　Bàoqiàn dǎrǎo nín le

B: 没 事儿。
　　Méi shìr

A: 안녕하세요, 피아오정빈씨 좀 바꿔 주시겠습니까?
B: 그런 사람 없는데요.
A: 9876-5432 아닙니까?
B: 아닙니다. 잘못 거셨습니다.
A: 죄송합니다. 실례했습니다.
B: 뭘요.

9. 전 화

여러 가지 활용

I 전화가 잘못 걸려왔을 때　来错　电话　时
　　　　　　　　　　　　　　　láicuò diànhuà shí

> A: 早上　好！这里是 联合　房地产　公司。
> 　　Zǎoshang hǎo　　Zhèli shì Liánhé Fángdìchǎn Gōngsī
> B: 你好！请 找 王 洋 先生 接 电话。
> 　　Nǐ hǎo　Qǐng zhǎo Wáng Yáng xiānsheng jiē diànhuà
> A: 对不起，这儿 没有 您要 找 的人。你 是 不 是
> 　　Duìbuqǐ　　zhèr méiyǒu nín yào zhǎo de rén　Nǐ shì bu shì
> 拨错 号码 了？
> bōcuò hàomǎ le
> B: 他 给 我 的 就 是 这 个 号码。我 得 确认 一下。
> 　　Tā gěi wǒ de jiù shì zhè ge hàomǎ　Wǒ děi quèrèn yíxià
> 打扰 了。
> Dǎrǎo le
> A: 안녕하십니까? 연합부동산회사입니다.
> B: 안녕하세요. 왕양씨 좀 바꿔 주세요.
> A: 죄송하지만 여긴 그런 분이 안 계십니다. 번호를 잘못 누르신 거 아닙니까?
> B: 그가 알려준 번호인데요. 확인해 봐야겠군요. 실례했습니다.

▶전화번호가 틀렸을 때　电话　号码　错误　时
　　　　　　　　　　　　diànhuà hàomǎ cuòwù shí

- 잘못 거신 것 아닙니까?
  是 不 是 打错 了？
  Shì bu shì dǎcuò le

- 실례지만 몇 번 거셨습니까?
  请问　您 拨 的 号码 是 多少？
  Qǐngwèn nín bō de hàomǎ shì duōshao

- 전화번호가 틀렸습니다.
  您 拨错 号码 了。
  Nín bōcuò hàomǎ le

▶그런 사람이 없을 때　没有 要 找 的 人 时
　　　　　　　　　　　méiyǒu yào zhǎo de rén shí

- 저희 회사에는 그런 분은 안 계십니다.
　我们　公司　没有　您要　找　的那位　先生。
　Wǒmen gōngsī méiyǒu nín yào zhǎo de nà wèi xiānsheng
- 여기 그런 이름 가진 사람 없습니다.
　这里　没有　叫　这个　名字　的人。
　Zhèli méiyǒu jiào zhè ge míngzi de rén

Ⅱ 전화를 잘못 걸었을 때　打错　电话　时
　　　　　　　　　　　dǎcuò diànhuà shí

▶잘못 걸어 미안하다고 할 때　为 拨错 电话 道歉 时
　　　　　　　　　　　　　　wèi bōcuò diànhuà dàoqiàn shí

- 미안합니다. 잘못 걸었습니다.
　对不起，我 打错 了。
　Duìbuqǐ　wǒ dǎcuò le
- 번호를 잘못 눌렀습니다.
　我 把 号码 拨错 了。/ 拨错 号码 了。
　Wǒ bǎ hàomǎ bōcuò le　Bōcuò hàomǎ le
- 네? 잘못 걸었다고요? 죄송합니다.
　啊？我 打错 了？ 对不起。
　A　Wǒ dǎcuò le　Duìbuqǐ
- 전화번호가 바뀐 것 같군요. 미안합니다.
　好像　电话 号码 变 了，不 好意思。
　Hǎoxiàng diànhuà hàomǎ biàn le　bù hǎoyìsi

▶번호를 확인해 볼 때　确认 拨打 的 号码 时
　　　　　　　　　　querèn bōdǎ de hàomǎ shí

A: 你这儿是不是张　先生　家？
　Nǐ zhèr shì bu shì Zhāng xiānsheng jiā
B: 号码 是 对 了，可能 您 记错 了 吧。
　Hàomǎ shì duì le　kěnéng nín jìcuò le ba
A: 거기 장선생님댁 아닙니까?
B: 번호는 맞습니다만, 아마도 잘못 아신 것 같군요.

9. 전 화

- 전화번호는 맞는데요.
  电话　号码是对的。
  Diànhuà hàomǎ shì duì de

- 9876-5432 번을 걸었는데요. 거기 한국유학생 없습니까?
  我拨的是　9876-5432。那里 没有 韩国 留学生 吗？
  Wǒ bō de shì jiǔbāqīliù-wǔsìsān'èr Nàli méiyǒu Hánguó liúxuéshēng ma

- 금방 전화 걸었던 사람인데 실례지만 이사 간 집 전화번호를 알 수 있습니까?
  麻烦您，我是 刚才 打过 电话 的人，可以 告诉 我 刚 搬出去的那家的 电话 号码 吗？
  Máfan nín wǒ shì gāngcái dǎguo diànhuà de rén kěyǐ gàosu wǒ gāng bān chuqu de nà jiā de diànhuà hàomǎ ma

5 전화 메시지

电话 留言
diànhuà liúyán

통화하려고 하는 사람이 부재중일 때, 전화를 건 사람은 그 목적에 따라 필요한 메시지를 부탁할 수 있을 것이다. 이 때에는 "你能不能帮我转告他? Nǐ néng bu néng bāng wǒ zhuǎngào tā"(메시지를 전해주실 수 있습니까?) 라고 물으면 된다. 메시지를 대신 전해 줄 사람은 "当然可以，请您稍等。Dāngrán kěyǐ, qǐng nín shāo děng"(그럼요. 잠시만요.) 라고 하면 된다.

기본대화

A: 请问，徐总在吗？
  Qǐngwèn Xú zǒng zài ma

B: 对不起，他现在外出了，您有什么事吗？
  Duìbuqǐ tā xiànzài wàichū le nín yǒu shénme shì ma

A: 是为了广告的事情，他什么时候回来？
  Shì wèile guǎnggào de shìqing tā shénme shíhou huílai

B: 可能下午回来。有没有要转达的话？
  Kěnéng xiàwǔ huílai Yǒu méiyǒu yào zhuǎndá de huà

A: 请你转告他，出版社的蓝萍找过他。
  Qǐng nǐ zhuǎngào tā chūbǎnshè de Lán Píng zhǎoguo tā

B: 好的，知道了。我一定会告诉他您来过电话了。
  Hǎo de zhīdào le Wǒ yídìng huì gàosu tā nín láiguo diànhuà le

A: 서 사장님 계십니까?
B: 죄송하지만 지금 외출중입니다. 무슨 일이십니까?
A: 광고 때문에 그러는데, 언제쯤 들어오세요?
B: 아마 오후에나 돌아오실 텐데요. 전할 말씀 있으세요?
A: 출판사의 란펑이 전화했었다고 전해 주십시오.
B: 네, 알겠습니다. 전화 왔었다고 꼭 전해 드리겠습니다.

여러 가지 활용

I 부재중이라고 말할 때　告诉 对方 人 不 在 时
gàosu duìfāng rén bú zài shí

> A: 他 去 哪儿 了？
> 　　Tā qù nǎr le
> B: 他 出去 工作 了，具体 地点 我 也 不 是 很 清楚。
> 　　Tā chūqu gōngzuò le　jùtǐ dìdiǎn wǒ yě bú shì hěn qīngchu
> A: 그 사람 어디 갔습니까?
> B: 일하러 나갔는데 어딘지는 자세히 모르겠습니다.

- 지금 자리에 없습니다.
  他 不 在。
  Tā bú zài

- 일이 있어서 나갔습니다.
  他 有 事 出去 了。
  Tā yǒu shì chūqu le

- 저런, 방금 나갔습니다.
  太 不 巧 了，他 刚刚 出去。
  Tài bù qiǎo le　tā gānggāng chūqu

- 방금 화장실에 갔습니다.
  刚 去了 洗手间。
  Gāng qùle xǐshǒujiān

- 외출했는데 아직 안 돌아왔습니다.
  他 外出 还 没有 回来。
  Tā wàichū hái méiyǒu huílai

- 회의에 간다고 방금 사무실을 나갔습니다.
  他 刚 离开 办公室 开会 去 了。
  Tā gāng líkāi bàngōngshì kāihuì qù le

- 점심 식사하러 방금 내려갔습니다.
  他 刚刚 下去 吃 午饭 了。
  Tā gānggāng xiàqu chī wǔfàn le

- 자리에 안 계시는데요, 아마 다른 사무실에 계실 겁니다.
  他 不 在 自己 的 位子，可能 在 别的 办公室。
  Tā bú zài zìjǐ de wèizi　kěnéng zài biéde bàngōngshì

▶출근 전, 퇴근 후일 때　　上　班　前 / 下　班　后
　　　　　　　　　　　　shàng bān qián　 xià bān hòu

- 아직 출근을 안 했습니다.
  他 还 没有　上　班。
  Tā hái méiyǒu shàng bān
- 감기가 걸려서 출근을 안 했습니다.
  他 感冒 了 , 所以 不 来 上 班 了。
  Tā gǎnmào le　suǒyǐ bù lái shàng bān le
- Miss 김은 오늘 오후에 출근합니다.
  金 小姐 是 今天 下午 的 班。
  Jīn xiǎojiě shì jīntiān xiàwǔ de bān
- 이미 퇴근하셨는데요.
  他 已经 下 班 了。
  Tā yǐjīng xià bān le
- 1시간 전에 집으로 가셨습니다.
  他 一个 小时 之 前 回家 了。
  Tā yí ge xiǎoshí zhī qián huí jiā le

Ⅱ 돌아오는 시간을 물을 때　询问　要　找　的 人 何 时 回来
　　　　　　　　　　　　　xúnwèn yào zhǎo de rén hé shí huílai

A: 他 什么 时候 能 回来？
　 Tā shénme shíhou néng huílai
B: 大概 一个 小时 以后 吧。
　 Dàgài yí ge xiǎoshí yǐhòu ba
A: 언제쯤 돌아오십니까?
B: 아마 한 시간 후에 돌아올 겁니다.

A: 什么 时候 打 电话 才能 找到 他？
　 Shénme shíhou dǎ diànhuà cáinéng zhǎodào tā
B: 不 好 说 , 每天 回来 没有 定点。
　 Bù hǎo shuō　měitiān huílai méiyǒu dìngdiǎn
A: 언제쯤 전화하면 그와 통화할 수 있을까요?
B: 글쎄요. 매일 들어오는 시간이 일정치가 않아요.

9. 전　화

- 언제쯤 돌아온다고 했습니까?
  他 有 没有 说 什么 时候 回来 ?
  Tā yǒu méiyǒu shuō shénme shíhou huílai

- 몇 시쯤이면 있을까요?
  他 几 点钟 会 在 呢 ?
  Tā jǐ diǎnzhōng huì zài ne

- 출장에서 언제 돌아옵니까?
  他 出 差 什么 时候 才 能 回来 ?
  Tā chū chāi shénme shíhou cái néng huílai

▶돌아올 시간을 알려줄 때　告诉 回来 的 时间
　　　　　　　　　　　　　gàosu huílai de shíjiān

- 금방 돌아올 겁니다.
  他 快要 回来 了。
  Tā kuàiyào huílai le

- 점심 전에는 돌아올 겁니다.
  中午 之 前 他 会 回来 的。
  Zhōngwǔ zhī qián tā huì huílai de

- 글쎄요, 매일 돌아오는 시간이 불규칙합니다.
  说 不 好, 他 每天 说 不 定 什么 时候 回来 。
  Shuō bu hǎo tā měitiān shuō bu dìng shénme shíhou huílai

- 늦어도 내일이면 돌아오실 겁니다.
  最 晚 明天 会 回来 的 。
  Zuì wǎn míngtiān huì huílai de

- 저녁 10시경 이후에는 언제나 계십니다.
  晚上 十 点钟 以后 都 在 。
  Wǎnshang shí diǎnzhōng yǐhòu dōu zài

- 아마 다음 주에나 돌아올 겁니다.
  他 可能 下 周 才 能 回来 。
  Tā kěnéng xià zhōu cái néng huílai

- 방금 전화 왔었는데 조금 늦게 도착한다는군요.
  他 刚 来过 电话, 说 是 晚 一点儿 才 能 回来。
  Tā gāng láiguo diànhuà shuō shì wǎn yìdiǎnr cái néng huílai

▶ 돌아왔는지를 물을 때　询问 是否 已 回来
　　　　　　　　　　　　xúnwèn shìfǒu yǐ huílai

A: 你 好， 张 老师 回来 了 吗？
　　Nǐ hǎo　Zhāng lǎoshī huílai le ma
B: 张 老师 还 没 回来。
　　Zhāng lǎoshī hái méi huílai
A: 是 吗？ 那 等 他 回来 后 麻烦 您 转告 他，我
　　Shì ma　Nà děng tā huílai hòu máfan nín zhuǎngào tā　wǒ
这里 是 中国 银行，他 委托 的 事儿 已经 都
zhèli shì Zhōngguó Yínháng tā wěituō de shìr yǐjīng dōu
办好 了。
bànhǎo le
B: 知道 了。他 回来 的话 我 一定 转告 他。
　　Zhīdào le　Tā huílai dehuà wǒ yīdìng zhuǎngào tā
A: 여보세요. 장 선생님 돌아오셨습니까?
B: 장 선생님은 아직 안 돌아오셨는데요.
A: 그렇습니까? 그럼 돌아오시면 말씀 좀 전해 주시겠습니까? 여기
는 중국은행인데 부탁하신 건 잘 처리하였다고 전해 주십시오.
B: 알겠습니다. 돌아오시면 꼭 전해 드리겠습니다.

- 돌아오긴 하셨는데, 일이 있는지 다시 나가셨어요.
  是 回来 了，可 好像 有 点 事 又 出去 了。
  Shì huílai le　kě hǎoxiàng yǒu diǎn shì yòu chūqu le

- 아직 안 돌아왔습니까?
  他 还 没有 回来 吗？
  Tā hái méiyǒu huílai ma

- 연락도 없고 아직 들어오지도 않았습니다.
  没有 跟 我 联系，也 没有 回来。
  Méiyǒu gēn wǒ liánxì　yě méiyǒu huílai

Ⅲ　메시지를 남길 때　留 口信
　　　　　　　　　　　liú kǒuxìn

▶ 메시지를 남길 수 있나 물어볼 때　问 对方 能否 转告
　　　　　　　　　　　　　　　　　wèn duìfāng néngfǒu zhuǎngào

- 메시지를 남길 수 있을까요?
  可以 留 口信 吗？
  Kěyǐ　liú kǒuxìn ma

- 전화 왔었다고 전해 주십시오.
  请 转告 他，我 来过 电话。
  Qǐng zhuǎngào tā   wǒ láiguo diànhuà

- 미안하지만 제 말씀 좀 적어 주시겠습니까?
  麻烦 你 把 我 说 的 话 记录 一下 好 吗？
  Máfan nǐ bǎ wǒ shuō de huà jìlù yíxià hǎo ma

- 그냥 잘 지내나 궁금해서 전화했다고 전해 주세요.
  请 你 转告 他 一下，我 只 是 想 知道 他 过 得 好 不 好。
  Qǐng nǐ zhuǎngào tā yíxià wǒ zhǐ shì xiǎng zhīdào tā guò de hǎo bu hǎo

▶ 나중에 다시 걸겠다고 할 때   请 转告 再次 打 电话 时
　　　　　　　　　　　　　　　qǐng zhuǎngào zàicì dǎ diànhuà shí

- 반시간 후에 다시 전화하겠다고 전해 주십시오.
  请 转告 他 我 半 个 小时 后 会 再 给 他 打 电话。
  Qǐng zhuǎngào tā wǒ bàn ge xiǎoshí hòu huì zài gěi tā dǎ diànhuà

- 오늘 저녁 8시에 다시 전화 걸겠습니다.
  今天 晚上 八 点 我 会 再 给 他 打 电话。
  Jīntiān wǎnshang bā diǎn wǒ huì zài gěi tā dǎ diànhuà

- 그가 돌아오면 자리를 뜨지 말라고 전해 주십시오.
  他 回来 以后，请 你 转告 他 不要 离开。
  Tā huílai yǐhòu   qǐng nǐ zhuǎngào tā búyào líkāi

▶ 전화 걸어달라고 말할 때   请 转告 要 找 的 人 回 电话 时
　　　　　　　　　　　　　　qǐng zhuǎngào yào zhǎo de rén huí diànhuà shí

- 돌아오면 전화 좀 해 달라고 전해 주십시오.
  转告 他 回来 就 给 我 回 电话。
  Zhuǎngào tā huílai jiù gěi wǒ huí diànhuà

- 돌아오면 건설은행으로 전화하라고 전해 주세요.
  回来 的 话 就 请 你 告诉 他 让 他 打到 建设 银行。
  Huílai dehuà jiù qǐng nǐ gàosu tā ràng tā dǎdào Jiànshè Yínháng

- 늦어도 상관없으니까 꼭 좀 전화해 달라고 전해 주세요.
  请 你 转告 他 晚 一点儿 也 没 关系，可 一定 要 给
  Qǐng nǐ zhuǎngào tā wǎn yìdiǎnr yě méi guānxi kě yídìng yào gěi

5 전화 메시지

我 回 电话。
wǒ huí diànhuà

- 꼭 통화하고 싶다고 좀 전해 주세요.
我 很 想 跟 他 联系，请 你 转告 他。
Wǒ hěn xiǎng gēn tā liánxì qǐng nǐ zhuǎngào tā

- 제 전화번호 좀 적어 주시겠습니까?
可以 记 一下 我 的 电话 号码 吗？
Kěyǐ jì yíxià wǒ de diànhuà hàomǎ ma

▶ 전할 말이 있나 물어볼 때   问 是否 需要 转告
wèn shìfǒu xūyào zhuǎngào

- 무슨 일이라고 전해 드릴까요?
有 什么 事 要 转告 吗？
Yǒu chénme shì yào zhuǎngào ma

- 전화 왔었다고 전해 드릴까요?
需要 跟 他 说 您 来过 电话 吗？
Xūyào gēn tā shuō nín láiguo diànhuà ma

- 기다리시겠습니까? 아니면 메시지를 남기시겠습니까?
您 要 等 他 呢？ 还是 要 留言？
Nín yào děng tā ne Háishi yào liúyán

- 전화번호를 남기시겠습니까?
您 要 留 一下 您 的 号码 吗？
Nín yào liú yíxià nín de hàomǎ ma

▶ 메시지를 전해주겠다고 말할 때   答应 转告 时
dāying zhuǎngào shí

- 그에게 말씀 전해드리겠습니다.
我 会 把 您 的 话 转告 他 的。
Wǒ huì bǎ nín de huà zhuǎngào tā de

- 그가 돌아오면 바로 전화 드리라고 하겠습니다.
他 回来 就 叫 他 马上 给 您 回 电话 吧。
Tā huílai jiù jiào tā mǎshàng gěi nín huí diànhuà ba

- 그가 돌아오면 선생님께서 전화하셨다고 전해 드리겠습니다.
他 一 回来 我 就 告诉 他，老师 来过 电话 了。
Tā yì huílai wǒ jiù gàosu tā lǎoshī láiguo diànhuà le

▶ 메시지를 남기지 않을 때　不需留言时
　　　　　　　　　　　　　bù xū liúyán shí

- 잘 알겠습니다. 나중에 다시 걸겠습니다.
  好的，以后我再给他打电话吧。
  Hǎo de　yǐhòu wǒ zài gěi tā dǎ diànhuà ba

- 괜찮습니다. 제가 다시 걸겠습니다.
  不用了，我会再给他打电话的。
  Búyòng le　wǒ huì zài gěi tā dǎ diànhuà de

Ⅳ 연락 방법을 물을 때　问联系方法时
　　　　　　　　　　　　wèn liánxì fāngfǎ shí

> A: 我该怎么联系他呢？
> 　　Wǒ gāi zěnme liánxì tā ne
> B: 有急事就打他的手机吧。
> 　　Yǒu jí shì jiù dǎ tā de shǒujī ba
> A: 제가 어떻게 연락을 취할 수 있습니까?
> B: 급한 일이시면 핸드폰으로 거십시오.

- 괜찮으시다면 연락할 방법을 알려 주시겠습니까?
  方便的话，请告诉我他的联系方式好吗？
  Fāngbiàn dehuà　qǐng gàosu wǒ tā de liánxì fāngshì hǎo ma

- 지금 그가 어디 있는지 아십니까?
  你知道他现在在哪儿吗？
  Nǐ zhīdào tā xiànzài zài nǎr ma

- 그의 전화번호를 좀 알려 주십시오.
  请你告诉我他的电话号码。
  Qǐng nǐ gàosu wǒ tā de diànhuà hàomǎ

- 그가 휴대폰이 있습니까? 번호가 몇 번이죠?
  他有手机吗？号码是多少？
  Tā yǒu shǒujī ma　Hàomǎ shì duōshao

V 자리를 비울 때 要 出去 时
yào chūqu shí

> A: 我 不 在 时，若 有 我 电话，拜托 你 把 他 的 话
> Wǒ bú zài shí ruò yǒu wǒ diànhuà bàituō nǐ bǎ tā de huà
> 记录 一下 。
> jìlù yíxià
> B: 你 大概 什么 时候 回来？
> Nǐ dàgài shénme shíhou huílai
> A: 有 我 电话 的话，请 你 转告 他，我 一个
> Yǒu wǒ diànhuà dehuà qǐng nǐ zhuǎngào tā wǒ yí ge
> 小时 后 会 回来 的 。
> xiǎoshí hòu huì huílai de
> A: 제가 없는 동안 전화가 오면 메모 좀 부탁해요.
> B: 언제쯤 돌아올 건데요?
> A: 누가 전화하면 1시간 후쯤 돌아올 거라고 말해 주세요.

▶외출할 경우 옆 사람에게 부탁할 때 因 外出 拜托 别人 做
yīn wàichū bàituō biéren zuò
什么 事
shénme shì

- 한참을 기다려도 전화가 오지 않아서 그냥 나갔다고 전해 주세요.
  请 你 转告 他，我 等了 好 长 时间 都 没 来 电话，
  Qǐng nǐ zhuǎngào tā wǒ děngle hǎo cháng shíjiān dōu méi lái diànhuà
  所以 就 出去 了 。
  suǒyǐ jiù chūqu le

- 김미영씨한테서 전화 오거든 내가 연락하겠다고 전해 주세요.
  要是 金 美英 小姐 来 电话 的话，请 你 转告 她，
  Yàoshi Jīn Měiyīng xiǎojiě lái diànhuà dehuà qǐng nǐ zhuǎngào tā
  我 会 跟 她 联系 的 。
  wǒ huì gēn tā liánxì de

- 내일 아침 다시 걸어달라고 좀 해 주세요.
  请 你 转告 他，明天 早上 再给我打 电话。
  Qǐng nǐ zhuǎngào tā míngtiān zǎoshang zài gěi wǒ dǎ diànhuà

- 장 선생님에게서 전화 오거든 반드시 전화번호 좀 적어놓아 주세요.
  张　老师来　电话　的话，请你一定要　记下他的
  Zhāng lǎoshī lái diànhuà dehuà　qǐng nǐ yídìng yào jìxià tā de
  电话　号码。
  diànhuà hàomǎ

- 저를 찾는 전화가 오면 영업부로 좀 돌려주세요.
  要是　有我　电话，就　请你把　电话　转到　营业部。
  Yàoshi yǒu wǒ diànhuà jiù qǐng nǐ bǎ diànhuà zhuǎndào yíngyèbù

▶ 외출에서 돌아와 물어볼 때　外出 回来 询问　电话
　　　　　　　　　　　　　wàichū huílai xúnwèn diànhuà

- 나한테 전화 온 것 있어요?
  有 我 的 电话 吗?
  Yǒu wǒ de diànhuà ma

- 김미영씨에게서 전화 왔었습니까?
  金 美英 小姐 来过 电话 吗?
  Jīn Měiyīng xiǎojiě láiguo diànhuà ma

- 저 찾는 전화 없었습니까?
  有 没有 找 我 的 电话?
  Yǒu méiyǒu zhǎo wǒ de diànhuà

- 장 선생님이 무슨 일로 전화했던가요?
  张　老师是 为 什么 事来 电话 的?
  Zhāng lǎoshī shì wèi shénme shì lái diànhuà de

- 김미영씨가 뭐라고 말하던가요?
  金 美英 小姐 说 什么 了 吗?
  Jīn Měiyīng xiǎojiě shuō shénme le ma

- 언제 다시 저에게 걸겠다고 말하던가요?
  有 没有 说 什么 时候 再 给 我 打?
  Yǒu méiyǒu shuō shénme shíhou zài gěi wǒ dǎ

- 그분 전화번호 적어 놓았습니까?
  有 没有 记 他 的 电话 号码?
  Yǒu méiyǒu jì tā de diànhuà hàomǎ

Ⅵ 자동응답기를 사용할 때 使用 留言 电话
shǐyòng liúyán diànhuà

A: 您好！我是尹哲洙。本人现外出一会儿，
Nín hǎo Wǒ shì Yǐn Zhézhū Běnrén xiàn wàichū yíhuìr
中午回来。请在听到信号声以后留下您的
zhōngwǔ huílai Qǐng zài tīngdào xìnhàoshēng yǐhòu liúxià nín de
姓名和口信。我回来后给您回电。谢谢。
xìngmíng hé kǒuxìn Wǒ huílai hòu gěi nín huí diàn Xièxie

B: 您好，尹律师。我打了好多次电话给您，您
Nín hǎo Yǐn lùshī Wǒ dǎle hǎoduō cì diànhuà gěi nín nín
都不在。不好意思，您能给我回电话吗？
dōu bú zài Bù hǎoyìsi nín néng gěi wǒ huí diànhuà ma
我的电话号码是 5269-1748，我等您的
Wǒ de diànhuà hàomǎ shì wǔ'èrliùjiǔ-yāoqīsìbā wǒ děng nín de
电话。再见。
diànhuà Zàijiàn

A: 안녕하세요. 윤철수입니다. 잠시 외출하였다가 점심 때 돌아올 예정입니다. 신호음을 들으신 후에 성함과 메시지를 남겨 주십시오. 돌아와 바로 전화 드리겠습니다. 감사합니다.

B: 안녕하십니까? 윤 변호사님, 몇 번 전화를 드렸는데 계속 부재중이시네요. 죄송하지만 저에게 전화 좀 해 주시겠습니까? 저의 전화번호는 5269-1748 입니다. 그럼 전화 기다리겠습니다. 안녕히 계십시오.

▶자동응답기에 메시지 남길 때 自动 留言
zìdòng liú yán

- 진하이옌입니다. 제게 전화 좀 해 주시겠습니까?
我是金海燕，请你给我回电话好吗？
Wǒ shì Jīn Hǎiyàn qǐng nǐ gěi wǒ huí diànhuà hǎo ma

- 두 번째 전화드리는 거예요. 전화 기다리고 있을게요.
这是我的第二次电话，我在等你的电话。
Zhè shì wǒ de dì'èr cì diànhuà wǒ zài děng nǐ de diànhuà

9. 전　화

- 장 선생님, 저 김미영입니다. 댁에 안 계신 것 같으니 내일 다시 전화 드리겠습니다. 안녕히 계세요.
张　老师，我是金　美英。看 您不在家，我 明天
Zhāng lǎoshī wǒ shì Jīn Měiyīng Kàn nín bú zài jiā wǒ míngtiān
再 给 您 打 电话 吧。再见。
zài gěi nín dǎ diànhuà ba Zàijiàn

▶기타　其他
　　　　qítā

- 받지 마세요. 자동으로 녹음될 거예요.
不必 接 了，电话 会 自动 留言 的。
Búbì jiē le diànhuà huì zìdòng liú yán de

- 거기 너 있는 것 다 알아. 빨리 전화 받아.
我 知道 你 在，快点儿 接 电话。
Wǒ zhīdào nǐ zài kuàidiǎnr jiē diànhuà

6 공중전화 · 휴대폰

公用 电话 / 手机
gōngyòng diànhuà shǒujī

얼마 전까지만 해도 거리나 공공장소에 설치된 카드공중전화 외에도 일반 상점들 앞에서 돈을 내고 사용하는 개인용 공용전화도 아주 많았다. 그러나 이제 휴대폰이 많이 보급됨에 따라 이들 공중전화도 점차 줄어들고 있는 실정이다. 휴대폰이 처음 나왔을 당시에는 휴대폰을 '大哥大 dàgēdà'라고 많이 일컬었으나 지금은 '手机 shǒujī'라 한다. '大哥大 dàgēdà'라는 명칭은 홍콩 영화배우 홍금보(洪金宝 Hóng Jīnbǎo)가 영화 속에서 휴대폰을 많이 들고 나와 붙여진 이름인데 지금은 거의 사용되지 않고, 다만 구형 핸드폰을 일컬을 때나 쓰인다.

기본대화

A: 喂，你好！
Wèi nǐ hǎo

B: 终于 找到 你 了。你的手机 怎么 总是 打不通 呀。
Zhōngyú zhǎodào nǐ le Nǐ de shǒujī zěnme zǒngshì dǎ bu tōng ya

A: 不好意思，我 刚才 在 地铁 里，里面 没有 信号。①
Bù hǎoyìsi wǒ gāngcái zài dìtiě li lǐmian méiyǒu xìnhào

B: 那我 给你 发 的 信息，你 收到 了吗？
Nà wǒ gěi nǐ fā de xìnxī nǐ shōudào le ma

A: 刚刚 收到 。
Gānggāng shōudào

B: 对不起，我 的 手机 就 要 没 电 了，我们 过 一会儿
Duìbuqǐ wǒ de shǒujī jiù yào méi diàn le wǒmen guò yíhuìr
再 联系 吧 。
zài liánxì ba

A: 好，我 等 你的 电话。
Hǎo wǒ děng nǐ de diànhuà

A: 여보세요.

B: 이제야 겨우 걸렸군. 네 휴대폰은 왜 늘 걸리지가 않니?

---

① 信号 xìnhào : 신호전파, 휴대폰이 '잘 터진다'는 '信号好', '잘 안터진다'는 '信号不好'라고 하며, 휴대폰이 아예 터지지 않을 때는 '没有信号'라고 한다.

9. 전 화

A: 미안, 조금 전 지하철을 타고 있었는데, 신호가 울리지 않았어.
B: 그럼 내가 보낸 문자 메시지는 받았니?
A: 방금 받았어.
B: 미안한데, 지금 내 핸드폰의 배터리가 거의 없거든. 조금 뒤에 다시 연락하자.
A: 그래. 네 전화 기다릴게.

여러 가지 활용

I 공중전화   公用 电话
gōngyòng diànhuà

A: 请问 这附近有 公用 电话 吗?
Qǐngwèn zhè fùjìn yǒu gōngyòng diànhuà ma

B: 路 对面 商店 就 有。
Lù duìmiàn shāngdiàn jiù yǒu

A: 실례지만 이 근처에 공중전화가 있습니까?
B: 길 건너 상점에 있습니다.

- 지금 공중전화 부스에서 거는 거에요.
  我 正在 公用 电话亭 里给你打电话。
  Wǒ zhèngzài gōngyòng diànhuàtíng li gěi nǐ dǎ diànhuà

- 지금 밖에서 걸고 있어요.
  我 正在 外面 给你打电话。
  Wǒ zhèngzài wàimian gěi nǐ dǎ diànhuà

▶ 장거리 전화를 할 때   想 打 长途 电话
xiǎng dǎ chángtú diànhuà

A: 这 个 电话 可以 打国际 长途 吗?
Zhè ge diànhuà kěyǐ dǎ guójì chángtú ma

B: 你要打哪里?
Nǐ yào dǎ nǎli

A: 打到 韩国。
Dǎdào Hánguó

```
B: 可以打。但要先付款。
   Kěyǐ dǎ  Dàn yào xiān fù kuǎn
A: 이 전화로 국제전화할 수 있습니까?
B: 어디로 거실 겁니까?
A: 한국으로 걸려고 하는데요.
B: 걸 수 있습니다. 먼저 선불을 내셔야 해요.
```

- 장거리 전화를 할 수 있습니까?
  可以打长途吗?
  Kěyǐ dǎ chángtú ma

- 미안하지만 이 전화는 장거리 전화를 할 수 없습니다.
  不好意思，这个电话打不了长途。
  Bù hǎoyìsi zhè ge diànhuà dǎ bu liǎo chángtú

- 어디로 거실 거죠?
  你要打哪里?
  Nǐ yào dǎ nǎli

- 북경으로 걸려고 합니다.
  我往北京打电话。
  Wǒ wǎng Běijīng dǎ diànhuà

- 서울로 걸려면 어떻게 해야 하죠?
  给首尔的电话该怎么打?
  Gěi Shǒu'ěr de diànhuà gāi zěnme dǎ

- 중국 국가번호가 몇 번입니까?
  中国国家代码是多少?
  Zhōngguó guójiā dàimǎ shì duōshao

- 북경 지역번호가 몇 번인지 아십니까?
  你知道北京区号是多少吗?
  Nǐ zhīdào Běijīng qūhào shì duōshao ma

▶ **전화카드를 살 때** 买电话卡时
                      mǎi diànhuàkǎ shí

- 여기서 전화카드를 파나요?
  这里卖电话卡吗?
  Zhèli mài diànhuàkǎ ma

- 얼마짜리 카드가 있습니까?
  都有多少钱的卡?
  Dōu yǒu duōshao qián de kǎ

- 국제전화를 걸 수 있는 카드 있습니까?
  有 没有 打 国际 长途 的 电话卡?
  Yǒu méiyǒu dǎ guójì chángtú de diànhuàkǎ

▶ 전화 걸려고 기다릴 때　等候 打 电话
　　　　　　　　　　　　　děnghòu dǎ diànhuà

- 실례지만 얼마나 더 기다려야 합니까?
  不 好意思, 还 要　等 多久?
  Bù hǎoyìsi hái yào děng duō jiǔ

- 1분이면 되는데, 먼저 걸면 안 될까요?
  一 分钟 就 可以 了, 可 不 可以 让 我 先 打?
  Yì fēnzhōng jiù kěyǐ le kě bu kěyǐ ràng wǒ xiān dǎ

- 전화 좀 빨리 끝내 주시겠습니까?
  能 不 能 快点儿 打完 电话?
  Néng bu néng kuàidiǎnr dǎwán diànhuà

- 너무 오래 쓰시는 것 아닙니까?
  你 是 不 是 打 电话 打 得 太 久 了?
  Nǐ shì bu shì dǎ diànhuà dǎ de tài jiǔ le

Ⅱ 휴대폰　手机
　　　　　shǒujī

- 제가 주로 밖에 나와 있으니 핸드폰으로 걸어 주세요.
  我 经常 在 外面, 所以 还是 打 我 的 手机 吧。
  Wǒ jīngcháng zài wàimian suǒyǐ háishi dǎ wǒ de shǒujī ba

- 그가 휴대폰 가지고 나갔습니까?
  他 带 手机 了 吗?
  Tā dài shǒujī le ma

- 휴대폰 전화번호를 알려 주시겠습니까?
  可以 告诉 我 手机 号码 吗?
  Kěyǐ gàosu wǒ shǒujī hàomǎ ma

- 지금 배터리가 얼마 남지 않았어요.
  现在 电池 快 用完 了。①
  Xiànzài diànchí kuài yòngwán le

---

① 快 ~ 了 : 곧 (머지않아) ~ 하려하다.

- 여기에서는 휴대폰이 잘 안 터집니다.
  这里 信号 不 好 。
  Zhèli xìnhào bù hǎo
- 이 곳은 휴대폰 사용이 금지되어 있습니다.
  这 个 地方 禁止 使用 手机 。
  Zhè ge dìfang jìnzhǐ shǐyòng shǒujī
- 휴대폰을 모두 꺼 주십시오.
  请 把 手机 关掉 。
  Qǐng bǎ shǒujī guāndiào
- 휴대폰을 진동으로 해놔야지.
  我 把 手机 调成 震动 。
  Wǒ bǎ shǒujī tiáochéng zhèndòng

7 기타 통화 내용

其他 通话 内容
qítā tōnghuà nèiróng

전화상의 대화는 목소리만으로 이루어지기 때문에 마주보고 대화할 때보다 전달효과가 떨어진다. 만일 통화중에 잘못 알아듣는 경우가 있으면 "对不起, 刚才我没听清楚。请您再说一遍好吗? Duìbuqǐ, gāngcái wǒ méi tīng qīngchu。Qǐng nín zài shuō yí biàn hǎo ma"(죄송합니다. 방금 잘 못 알아들었는데 다시 한번 말씀해 주시겠습니까?)라고 하면 된다.

기본대화

A: 李总, 昨天 给你打了一天的电话, 就是没人接。
　　Lǐ zǒng zuótiān gěi nǐ dǎle yì tiān de diànhuà jiù shì méi rén jiē

B: 真 对不起, 从 昨天 开始 电话 号码 改 了。
　　Zhēn duìbuqǐ cóng zuótiān kāishǐ diànhuà hàomǎ gǎi le

A: 原来 是 这样。
　　Yuánlái shì zhèyàng

B: 这 是 我 的 新 号码, 2723 - 5528。
　　Zhè shì wǒ de xīn hàomǎ èrqī'èrsān-wǔwǔ'èrbā

A: 等等, 我要记一下。
　　Děngděng wǒ yào jì yíxià

A: 이 사장님, 어제 하루 종일 전화했는데 안 받으시더군요.
B: 정말 미안합니다. 어제부터 전화번호가 바뀌었습니다.
A: 그랬군요.
B: 새 전화번호는 2723 - 5528 입니다.
A: 잠깐만요. 적어야겠네요.

여러 가지 활용

I 전화 거는 위치를 물을 때　　询问 打 电话 的 位置
　　　　　　　　　　　　　　　xúnwèn dǎ diànhuà de wèizhì

A: 如果 方便 的话, 你可以 出来 一下 吗?
　　Rúguǒ fāngbiàn dehuà nǐ kěyǐ chūlai yíxià ma

B: 你 现在 在 哪儿 打 电话?
　　Nǐ xiànzài zài nǎr dǎ diànhuà
A: 我 现在 在 学校 门口 的 电话亭 里。
　　Wǒ xiànzài zài xuéxiào ménkǒu de diànhuàtíng li
B: 知道 了。 我 马上 就过去。
　　Zhīdào le　　Wǒ mǎshàng jiù guòqu
A: 괜찮다면 잠깐 나올 수 있어요?
B: 지금 어디서 전화하는 건데요?
A: 학교 문 앞의 공중전화 부스예요.
B: 알았어요. 곧 갈게요.

- 지금 어디서 전화 주시는 거죠?
  你 现在 在 哪儿 给 我 打 电话?
  Nǐ xiànzài zài nǎr gěi wǒ dǎ diànhuà

- 바로 이 건물 지하 커피숍에서요.
  就 在 这 个 大厦 的 地下 咖啡厅。
  Jiù zài zhè ge dàshà de dìxià kāfēitīng

- 지금 걸고 계신 전화의 번호를 알려 주시겠습니까?
  你 可以 告诉 我 你 正在 给我 打 电话 的 电话 号码 吗?
  Nǐ kěyǐ gàosu wǒ nǐ zhèngzài gěi wǒ dǎ diànhuà de diànhuà hàomǎ ma

II 연락처를 교환할 때　交换 联系 方式 时
　　　　　　　　　　　　jiāohuàn liánxì fāngshì shí

- 이 번호로 걸면 바로 당신과 연결됩니까?
  拨 这个 号码 就 可以 找到 你 吗?
  Bō zhège hàomǎ jiù kěyǐ zhǎodào nǐ ma

- 저를 찾으시려면 2723-5528 로 전화하시면 됩니다.
  你 想 找 我 的话 打　2723-5528　就 可以 了。
  Nǐ xiǎng zhǎo wǒ dehuà dǎ èrqī'èrsān-wǔwǔ'èrbā jiù kěyǐ le

- 이 번호는 늘 통화중이니 다른 번호로 걸으십시오.
  这个 号码 老是 占 线, 所以 拨 另 一 个 号码 吧。
  Zhège hàomǎ lǎoshi zhàn xiàn suǒyǐ bō lìng yí ge hàomǎ ba

9. 전　　화

- 5월 1일부터 전화번호가 2725-8042로 바뀝니다.
  从　5月 1号 开始　电话　号码　就 改为　2725-8042。
  Cóng wǔyuè yīhào kāishǐ diànhuà hàomǎ jiù gǎiwéi èrqī'èrwǔ-bālíngsì'èr

- 바뀐 교환번호는 723번입니다.
  新 的 分机 号码 是 723。
  Xīn de fēnjī hàomǎ shì qī'èrsān

- 2723-8888로 걸면 교환원이 나옵니다. 그러면 225호를 바꿔 달라고 하십시오.
  拨　2723　四个 8 的话，就 会 有 一 位 服务台 小姐 接
  Bō èrqī'èrsān sì ge bā dehuà jiù huì yǒu yí wèi fúwùtái xiǎojiě jiē
  电话，你 就 跟 她 说 "我 找　225 号" 就 可以 了。①
  diànhuà nǐ jiù gēn tā shuō wǒ zhǎo èr'èrwǔ hào jiù kěyǐ le

Ⅲ 전화가 잘 안 들릴 때　电话　声音 不 清晰 时
　　　　　　　　　　　　diànhuà shēngyīn bù qīngxī shí

A: 喂！喂！你 能 听到 我 的 声音 吗？
　　Wèi　Wèi　Nǐ néng tīngdào wǒ de shēngyīn ma
B: 声音 很 小，你 大声 一点儿 好 吗？
　　Shēngyīn hěn xiǎo nǐ dàshēng yìdiǎnr hǎo ma
A: 여보세요, 여보세요. 제 목소리가 들립니까?
B: 소리가 아주 작습니다. 좀 크게 말씀해 주세요.

A: 我 刚才 没 听 清楚，您 可以 再 说 一 遍 吗？
　　Wǒ gāngcái méi tīng qīngchu nín kěyǐ zài shuō yí biàn ma
B: 现在 怎么样？能 听 清楚 吗？
　　Xiànzài zěnmeyàng Néng tīng qīngchu ma
A: 방금 잘못 들었는데 다시 한 번 말씀해 주시겠습니까?
B: 지금은 어떻습니까? 잘 들리세요?

---

① 같은 숫자가 중첩되어 있을 때는 三个 sān ge 8(888), 四个 sì ge 8(8888) 등으로 읽기도 한다.

- 잘 안 들립니다. 크게 말씀해 주세요.
  听 不 太 清楚。请 大声 说话。
  Tīng bu tài qīngchu Qǐng dàshēng shuō huà

- 무슨 말인지 하나도 안 들립니다. 천천히 크게 말씀하십시오.
  听 不 清 你 在 说 什么 。 请 慢 一点儿， 大声 说
  Tīng bu qīng nǐ zài shuō shénme   Qǐng màn yìdiǎnr   dàshēng shuō
  话。
  huà

- 죄송하지만 다시 한 번 말씀해 주세요.
  麻烦 您 再 说 一 遍 。
  Máfan nín zài shuō yí biàn

- 소리가 들렸다 안 들렸다 합니다.
  你的 声音 有时 听 得 到，有时 听 不 到。
  Nǐ de shēngyīn yǒushí tīng de dào yǒushí tīng bu dào

- 전화 감이 좋질 않군요.
  通话 效果 不 好 。
  Tōnghuà xiàoguǒ bù hǎo

▶ 혼선되었을 때　电话 串 线 时
　　　　　　　　　diànhuà chuàn xiàn shí

- 다른 사람의 통화 내용도 들립니다.
  连 别人 通话 的 声音 都 能 听到。
  Lián biéren tōnghuà de shēngyīn dōu néng tīngdào

- 잡음이 들리네요.
  听到 杂音 了 。
  Tīngdào záyīn le

- 혼선이 되었군요.
  串 线 了 。
  Chuàn xiàn le

▶ 감이 좋을 때　电话 声音 清晰 时
　　　　　　　　diànhuà shēngyīn qīngxī shí

A: 在 哪儿 打 的 电话?
　　Zài nǎr dǎ de diànhuà

B: 在 首尔, 但 声音 非常 清楚, 就 像 在
　　Zài shǒu'ěr dàn shēngyīn fēicháng qīngchu jiù xiàng zài
　　跟前 打 电话 。
　　gēnqián dǎ diànhuà
A: 어디서 전화하는 거예요?
B: 서울이에요, 그런데 또렷하게 잘 들리네요. 마치 옆에서 하는 것처럼요.

- 국제전화입니까? 아주 잘 들리네요.
  是 国际 长途 电话 吗? 声音 这么 清楚。
  Shì guójì chángtú diànhuà ma　Shēngyīn zhème qīngchu

- 시내전화보다 더 똑똑하게 들리네요.
  比 市内 电话 听 得 还 清楚 。
  Bǐ shìnèi diànhuà tīng de hái qīngchu

▶ 목소리를 착각했을 때　听错 声音 时
　　　　　　　　　　　tīngcuò shēngyīn shí

A: 怎么, 你 没有 听出 我 的 声音 吗?
　　Zěnme nǐ méiyǒu tīngchū wǒ de shēngyīn ma
B: 没有, 你 今天 的 声音 听 起来 不 太 一样 。
　　Méiyǒu nǐ jīntiān de shēngyīn tīng qǐlai bú tài yíyàng
A: 왜 그래, 내 목소리도 못 알아들어요?
B: 네, 오늘은 목소리가 좀 다르게 들리는데요.

- 감기 걸렸니? 목소리를 못 알아들었어. 누군가 했네.
  你 感冒 了? 真 没有 听出 你 的 声音, 以为 是 谁
  Nǐ gǎnmào le　Zhēn méiyǒu tīngchū nǐ de shēngyīn yǐwéi shì shéi
  呢 。
  ne

- 미안해요. 목소리가 샤오화랑 너무 똑같아서 구분을 못했어요.
  对不起, 您 和 小 花 声音 真 像, 我 都 分 不 清 了 。
  Duìbuqǐ　nín hé Xiǎo Huā shēngyīn zhēn xiàng wǒ dōu fēn bu qīng le

8 각종 안내 · 신고 전화   各种 服务 电话
gèzhǒng fúwù diànhuà

19세기 벨(Bell, A. G.)에 의해 발명된 전화는 가히 현대생활을 연 '음(音)의 혁명'이라 할 만하다. 우리 일상생활 속에서의 전화는 단순히 대화뿐만 아니라 각종 불편 해소와 정보를 얻기 위해 문의 또는 안내를 받기도 하고, 긴급한 상황을 당했을 때 신고 · 고발하여 위기를 모면할 수 있는 가장 빠르고 편리한 수단이기도 하다.

기본대화

A: 114 台，为您服务。
   Yāoyāosì tái， wèi nín fúwù

B: 北京 火车站 的 电话 号码 是 多少？
   Běijīng Huǒchēzhàn de diànhuà hàomǎ shì duōshao

A: 您 要 订 票 还是 要 其他 服务？
   Nín yào dìng piào háishi yào qítā fúwù

B: 我 要 订 票。
   Wǒ yào dìng piào

A: 请 稍等。请 记录， 7235-1528。
   Qǐng shāoděng Qǐng jìlù， qī'èrsānwǔ-yāowǔ'èrbā

A: 114 안내입니다.
B: 북경 기차역 전화번호가 몇 번입니까?
A: 표를 예매하실 겁니까? 아니면 다른 서비스를 원하십니까?
B: 표를 예매하려고 합니다.
A: 잠시만 기다려 주십시오. 메모하십시오. 7235-1528 입니다.

여러 가지 활용

I 전화 고장 신고   申报 电话 故障
                  shēnbào diànhuà gùzhàng

您 好！ 112 服务台。 请 您 输入 故障 电话
Nín hǎo Yāoyāo'èr fúwùtái Qǐng nín shūrù gùzhàng diànhuà
号码。(一会儿 之后)
hàomǎ yíhuìr zhīhòu

9. 전　화

> 请 输入 您 的 联系 电话 然后 按 ♯ 键 结束 。 谢谢
> Qǐng shūrù nín de liánxì diànhuà ránhòu àn jǐng jiàn jiéshù　Xièxie
> 您 的 合作 。①
> nín de hézuò
> 안녕하십니까? 112 서비스센터입니다. 고장난 전화의 번호를 입력해 주십시오. (잠시 후)
> 연락할 전화번호를 입력하신 다음 우물 정자를 눌러 주십시오. 이용해 주셔서 감사합니다.

- 전화가 고장입니다.
  电话 出 故障 了 。
  Diànhuà chū gùzhàng le
- 전화가 먹통이에요.
  电话 没有 声音 。
  Diànhuà méiyǒu shēngyīn
- 전화가 계속 끊어집니다.
  电话 总是 掉线 。
  Diànhuà zǒngshì diàoxiàn
- 전화가 연결이 되었다 안되었다 합니다.
  电话 有时 拨 得 通，有时 拨 不 通 。
  Diànhuà yǒushí bō de tōng yǒushí bō bu tōng
- 역시 걸리지 않는군요.
  还是 打 不 通 。
  Háishi dǎ bu tōng
- 수화기를 잘 못 놓은 것 같습니다.
  好像 话筒 没 放好 。
  Hǎoxiàng huàtǒng méi fànghǎo
- 전화기에서 계속 지글거리는 소리가 나요.
  电话 机 总 有 "吱吱" 的 声音 。
  Diànhuà jī zǒng yǒu zhī zhī de shēngyīn

---

① 중국의 전화고장 신고는 112이다. 신고를 하면 이들 안내 메시지가 나온다.

II 114 안내　　114 服务台
yāoyāosì fúwùtái

A: 这里 是 114 服务台。您 想 查 哪儿？
　　Zhèli shì yāoyāosì fúwùtái　Nín xiǎng chá nǎr
B: 请 告诉我 东方 电脑 维修 站 的 电话 号码。
　　Qǐng gàosu wǒ Dōngfāng Diànnǎo Wéixiū Zhàn de diànhuà hàomǎ
A: 很 抱歉，没有 找到 您要 查询 的 单位。
　　Hěn bàoqiàn　méiyǒu zhǎodào nín yào cháxún de dānwèi
A: 114 안내입니다. 어디를 찾으십니까?
B: 동방컴퓨터 A/S센터 좀 알려 주세요.
A: 죄송합니다. 문의하신 기관을 찾지 못했습니다.

III 긴급 전화① 紧急 电话
　　　　　　　　jǐnjí diànhuà

A: 您 好！火警台。
　　Nín hǎo Huǒjǐngtái
B: 中心 广场 前面 一 栋 楼房 着火 了。
　　Zhōngxīn Guǎngchǎng qiánmiàn yí dòng lóufáng zháohuǒ le
A: 소방서입니다.
B: 중심광장 앞 한 아파트에 불이 났습니다.

A: 您 好！警察局。
　　Nín hǎo Jǐngchájú
B: 这里 是 综合 市场，这儿 有 几 个 人 在 打 架。
　　Zhèli shì zōnghé shìchǎng zhèr yǒu jǐ ge rén zài dǎ jià
　 快点儿 来 吧。
　　kuàidiǎnr lái ba
A: 경찰서입니다.
B: 여기는 종합시장인데 사람들이 서로 싸우고 있습니다.
　 빨리 와 주세요.

---

① 경찰을 부를 때는 110번 匪警 fěijǐng, 불이 났을 때는 119 火警 huǒjǐng, 응급환자 발생시에는 120 急救中心 jíjiù zhōngxīn 으로 걸면 된다.

A: 您好！120 为您服务。
　　Nín hǎo　Yāo'èrlíng wèi nín fúwù
　　要 救护车 请 按 1，咨询 请 按 2。①
　　Yào jiùhùchē qǐng àn yī　zīxún qǐng àn　èr
　　（按 1）
　　　àn yī
B: 喂，这里 有 需要 抢救 的 患者，快 叫 救护车。
　　Wèi　zhèli　yǒu xūyào qiǎngjiù de huànzhě kuài jiào jiùhùchē
A: 안녕하세요? 120 구급센터입니다.
　　구급차가 필요하시면 1번을 누르시고, 상담이 필요하시
　　면 2번을 누르세요.
　　(1번을 누른다.)
B: 여보세요. 여기 아주 급한 환자가 있어요. 빨리 구급차를
　　불러 주세요.

Ⅳ 자동 안내 메시지　自动 应答
　　　　　　　　　　　　zìdòng yìngdá

- 걸으신 전화는 없는 번호입니다. 확인해 보신 후 다시 걸어 주십시오.
  您 拨 的 是 空号。请 核对 后 再拨 。
  Nín bō de shì kōnghào Qǐng héduì hòu zài bō

- 지금 걸으신 전화는 통화중이오니 잠시 후에 다시 걸어주십시오.
  您 拨打的 电话　正在　通话 中，请 稍后 再拨 。
  Nín bōdǎ de diànhuà zhèngzài tōnghuà zhōng qǐng shāohòu zài bō

- 이 전화는 사용이 중지되었으므로, 연결할 수 없습니다.
  该　电话　因 故 停 机，无法 接通。②
  Gāi diànhuà yīn gù tíng jī　wúfǎ jiētōng

- 상대방이 통화중입니다. 잠시 후에 다시 걸어 주십시오.
  用户　正　忙，请　稍后　再拨 。
  Yònghù zhèng máng qǐng shāohòu zài bō

---

① 120을 누르면 이와 같은 자동 안내 메시지가 나온다. 구급차가 필요할 경우 1번을 누르면 바로 상담원과 연결되므로 주소를 알려주면 된다. 응급처치 요령이나 기타 자문을 구하려면 2번을 눌러 상담원에게 필요한 것을 물어보면 된다.

② 주로 상대편 전화가 전화요금을 내지 않아 사용이 중지되었을 경우에 나오는 메시지이다.

⑧ 각종 안내 · 신고 전화   425

- 귀하께서는 이 전화번호를 사용하실 수 없습니다.
  您 无权 拨打 这个 电话 号码。①
  Nín wúquán bōdǎ zhège diànhuà hàomǎ
- 지금 걸으신 전화는 잠시 접속이 불가능하오니 잠시 후에 다시 걸어주십시오.
  您 拨打 的 用户 暂时 无法 接通，请 稍后 再 拨。
  Nín bōdǎ de yònghù zànshí wúfǎ jiētōng qǐng shāohòu zài bō
- 죄송합니다. 사용자가 지금 서비스 지역을 벗어나 있습니다. 잠시 후에 다시 걸어 주십시오.
  对不起。您 拨打 的 用户 不 在 服务区。请 稍后 再 拨。
  Duìbuqǐ   Nín bōdǎ de yònghù bú zài fúwùqū   Qǐng shāohòu zài bō
- 잔액이 얼마 남지 않았으니 즉시 채워 넣으시기 바랍니다.
  您 的 余额 已 不 多，请 及时 充值。②
  Nín de yú'é yǐ bù duō qǐng jíshí chōngzhí

▶중국 주요 도시의 지역번호(보다 자세한 내용은 부록을 참조하십시오.)

- 北京 북경 010
  Běijīng
- 上海 상해 021
  Shànghǎi
- 天津 천진 022
  Tiānjīn
- 广州 광주 020
  Guǎngzhōu

- 重庆 중경 023
  Chóngqìng
- 成都 성도 028
  Chéngdū
- 延吉 연길 0433
  Yánjí
- 哈尔滨 하얼빈 0451
  Hā'ěrbīn

① 중국에서는 별도로 장거리전화 사용신청을 해야만 시외전화나 국제전화를 걸 수 있다. 만일 신청이 되어있지 않은 전화번호로 장거리 전화를 걸면 이외 같은 메시지가 나온다.

② 많은 중국인들이 정액카드를 구입하여 휴대폰을 사용한다. 월 기본료가 없어 비교적 저렴하기 때문이다. 50위안이나 100위안짜리 카드를 구입하여 자신의 휴대폰에 입력하는 것인데 이를 '充值'라 한다. 이용가능 금액이 얼마 남지 않게 되면 바로 이와 같은 음성 메시지가 발송된다.

9. 전　화

▶각종 신고 전화

- 匪警（각종 범죄신고）110
  Fěijǐng
- 障碍 台（전화고장 신고）112
  Zhàng'ài tái
- 电话 查号 台（전화번호 안내）
  Diànhuà cháhào tái
  114
- 国际 长途 挂号 台（국제전화국）
  Guójì chángtú guàhào tái
  115
- 报时 台（시간 안내）12117
  Bàoshí tái

- 火警（화재신고）119
  Huǒjǐng
- 急救 中心（구급신고）120
  Jíjiù zhōngxīn
- 天气 预报（일기예보）121
  Tiānqì yùbào
- 交通 事故 报警 台（교통사고 신
  Jiāotōng shìgù bàojǐng tái
  고）122
- 消费者 投诉 热线（소비자 고발센
  Xiāofèizhě tóusù rèxiàn
  터）12315

▶관련 용어

- 전화기　电话机
  　　　　 diànhuàjī
- 수화기　听筒，话筒
  　　　　 tīngtǒng huàtǒng
- 휴대폰　手机，移动 电话
  　　　　 shǒujī yídòng diànhuà
- 호출기　呼机，传呼机
  　　　　 hūjī   chuánhūjī
- 가정용 전화　家用 电话
  　　　　　　 jiāyòng diànhuà
- 사무실 전화　办公室 电话
  　　　　　　 bàngōngshì diànhuà
- 공중전화　公用 电话
  　　　　　 gōngyòng diànhuà
- 무선전화　无线 电话
  　　　　　 wúxiàn diànhuà
- 자동응답전화기　留言 电话
  　　　　　　　　 liúyán diànhuà
- 팩스　传真
  　　　 chuánzhēn
- 전화번호　电话 号码
  　　　　　 diànhuà hàomǎ
- 전화번호부　电话 号码簿
  　　　　　　 diànhuà hàomǎbù
- 전화요금　电话费
  　　　　　 diànhuàfèi
- 전화카드　电话卡
  　　　　　 diànhuàkǎ
- 교환원　接线员，话务员
  　　　　 jiēxiànyuán huàwùyuán

- 교환번호　分机 号码
  　　　　　 fēnjī hàomǎ
- 구내전화　内线 电话
  　　　　　 nèixiàn diànhuà
- 시내전화　市内 电话，市话
  　　　　　 shìnèi diànhuà shìhuà
- 장거리전화　长途 电话
  　　　　　　 chángtú diànhuà
- 국제전화　国际 电话
  　　　　　 guójì diànhuà
- 직통전화　直通 电话
  　　　　　 zhítōng diànhuà
- 안내전화　热线 电话
  　　　　　 rèxiàn diànhuà
- 화상전화　可视 电话
  　　　　　 kěshì diànhuà
- 지명통화　叫人 电话，指名
  　　　　　 jiàorén diànhuà zhǐmíng
  　　　　　 电话
  　　　　　 diànhuà
- DDD 장거리전화　长途 直拨
  　　　　　　　　　 chángtú zhíbō
  　　　　　　　　　 电话
  　　　　　　　　　 diànhuà
- 지역번호　地区 代码，区号
  　　　　　 dìqū dàimǎ   qūhào
- 국가번호　国家 编号，国家 代码
  　　　　　 guójiā biānhào guójiā dàimǎ

⑧ 각종 안내 · 신고 전화

- 수신자부담전화　受话人 付费
　　　　　　　　　shòuhuàrén fùfèi
　　　　　　　　　电话
　　　　　　　　　diànhuà
- 우체국　邮局
　　　　　yóujú
- 우편전신국　邮电局
　　　　　　　yóudiànjú
- 긴급전화　紧急 电话
　　　　　　jǐnjí　diànhuà
- 3인 통화　三方 通话
　　　　　　sānfāng tōnghuà
- 단축다이얼　缩位 拨号
　　　　　　　suōwèi bōhào
- 장난전화　骚扰 电话
　　　　　　sāorǎo diànhuà

- 장난/협박전화추적　追查 恶意
　　　　　　　　　　zhuīchá èyì
　　　　　　　　　　呼叫
　　　　　　　　　　hūjiào
- 통화중　占线， 通话 中
　　　　　zhànxiàn tōnghuà zhōng
- 누르다　拨打，按
　　　　　bōdǎ　　àn
- 전화 걸다　打 电话
　　　　　　dǎ diànhuà
- 전화 받다　接 电话
　　　　　　jiē diànhuà
- 전화를 끊다　挂 电话
　　　　　　　guà diànhuà
- 잘못 걸다　打错
　　　　　　dǎcuò

10 약 속

约 会 YUEHUI

1. 시간 · 장소 — 时间/地点
2. 수락 · 거절 — 承诺/拒绝
3. 변경 · 취소 — 更改/取消
4. 확인 · 만남 — 确认/见面
5. 위약 · 사과 — 失约/道歉

1 시간·장소

时间 / 地点
shíjiān dìdiǎn

미리 약속을 정하는 것을 예약(预约 yùyuē)이라고 한다. 약속을 신청하는 입장에서는 먼저 상대방에게 편한 시간과 장소를 물어 불편하지 않도록 배려하는 것이 좋다. 상대방의 형편을 고려하지 않고 약속을 청하는 쪽의 일방적인 결정이어서는 안 되며, 서로 착오가 일어나지 않도록 정확히 확인할 필요가 있다. 약속을 신청하려 할 때에는 "我想和您约个时间。Wǒ xiǎng hé nín yuē ge shíjiān"(당신과 시간 약속을 하고 싶습니다.) 라고 하거나 "今天晚上，您有时间吗? Jīntiān wǎnshang nín yǒu shíjiān ma"(오늘 저녁에 약속 있습니까?) 라고 물어보면 된다.

기본 내화

A: 你好，我是平安 保险 公司 崔明。
　　Nǐ hǎo　wǒ shì Píng'ān Bǎoxiǎn Gōngsī Cuī Míng
　　您是金永 先生 吗？
　　Nín shì Jīn Yǒng xiānsheng ma

B: 是的。 有 什么 事 吗？
　　Shì de　　Yǒu shénme shì ma

A: 关于 保险 的 事，我 想 和 您 商量 一下。
　　Guānyú bǎoxiǎn de shì　wǒ xiǎng hé nín shāngliang yíxià
　　您 今天 有 时间 吗？
　　Nín jīntiān yǒu shíjiān ma

B: 对不起，今天 不 行。 明天 晚上 可以。
　　Duìbuqǐ　jīntiān bù xíng Míngtiān wǎnshang kěyǐ

A: 好的。那我 明天 晚上 七点 去 拜访您，可以 吗？
　　Hǎo de　Nà wǒ míngtiān wǎnshang qī diǎn qù bàifǎng nín　kěyǐ ma

B: 可以。 没 问题 。
　　Kěyǐ　　Méi wèntí

A: 谢谢 。 那 明天 见 !
　　Xièxie　Nà míngtiān jiàn

A: 안녕하세요? 평안보험회사의 추이밍입니다.
　　신용 선생님이십니까?

B: 그렇습니다, 무슨 일이십니까?

10. 약 속

A: 보험에 관한 일로 선생님과 상의하고 싶습니다.
　　오늘 시간 있으십니까?
B: 미안하지만 오늘은 안되겠는데요. 내일 저녁은 괜찮습니다.
A: 좋습니다. 그럼 내일 오후 7시에 찾아 뵈어도 되겠습니까?
B: 그러세요. 괜찮습니다.
A: 감사합니다. 그럼 내일 뵙겠습니다.

■ 여러 가지 활용

I　약속을 제의할 때　约 人 时
　　　　　　　　　　　yuē rén shí

▶시간이 있나 물어볼 때　询问 对方 有 没有 时间
　　　　　　　　　　　　xúnwèn duìfāng yǒu méiyǒu shíjiān

A: 金 先生，您 现在 有 空儿 吗?①
　　Jīn xiānsheng nín xiànzài yǒu kòngr ma
B: 有 空儿。你 有 事 吗?
　　Yǒu kòngr　　Nǐ yǒu shì ma
A: 김 선생님, 지금 시간 있으세요?
B: 네 있습니다. 무슨 일입니까?

A: 你 明天 晚上 有 什么 安排?
　　Nǐ míngtiān wǎnshang yǒu shénme ānpái
B: 没 什么 特别 安排。
　　Méi shénme tèbié ānpái
A: 내일 저녁 무슨 계획 있어요?
B: 별 계획 없는데요.

• 오늘 오전에 시간 있으세요?
　今天 上午 你 有 时间 吗?
　Jīntiān shàngwǔ nǐ yǒu shíjiān ma
• 지금 시간 있으세요? 한 번 뵙고 싶은데요.
　你 现在 有 没有 时间? 我 想 见 你 一 面。
　Nǐ xiànzài yǒu méiyǒu shíjiān　Wǒ xiǎng jiàn nǐ yí miàn

---

① 空 kòng: 틈, 여가, 공백, 비우다, 비어 있다.

- 언제가 편리하세요?
  您 什么 时候 方便?
  Nín shénme shíhou fāngbiàn
- 우리 시간 내서 얼굴 좀 봅시다.
  咱们 抽空儿 见 一 面 吧。
  Zánmen chōukòngr jiàn yí miàn ba
- 점심 때 약속 있어요?
  中午 你有 约 吗?
  Zhōngwǔ nǐ yǒu yuē ma
- 이번 주말에 시간 좀 내실 수 있으십니까?
  这个 周末 您 能 抽出 时间 吗?
  Zhège zhōumò nín néng chōuchū shíjiān ma
- 여러 가지 일로 상의를 하고 싶은데, 주말에 무슨 계획 있으세요?
  我 有 很 多 事 要 和 你 商量, 周末 你 有 什么 安排?
  Wǒ yǒu hěn duō shì yào hé nǐ shāngliang zhōumò nǐ yǒu shénme ānpái

▶간청할 때　请求 对方 时
　　　　　　　qǐngqiú duìfāng shí

- 단 5분이면 됩니다.
  只要 五 分钟 就可以 了。
  Zhǐyào wǔ fēnzhōng jiù kěyǐ le
- 저에게 시간 좀 내주실 수 있습니까?
  你 能 给我点儿 时间 吗?
  Nǐ néng gěi wǒ diǎnr shíjiān ma
- 시간 많이 안 뺏을 겁니다. 10분이면 돼요.
  我 不会 耽误 你 很 久, 十 分钟 就行。①
  Wǒ bú huì dānwu nǐ hěn jiǔ shí fēnzhōng jiù xíng
- 한 번 만나 뵐 수 있는 기회를 주세요.
  请 你给我一次 见面 的 机会 吧!
  Qǐng nǐ gěi wǒ yí cì jiànmiàn de jīhuì ba
- 거절하지 마시고 꼭 좀 저를 만나 주십시오.
  请 你不要 拒绝, 一定 要 和 我 见 一下 面。
  Qǐng nǐ búyào jùjué yídìng yào hé wǒ jiàn yíxià miàn

---

① 耽误 dānwu: 시간이 걸리다. 지체하다.

10. 약 속

Ⅱ 시간 및 장소를 정할 때　约定 时间 / 地点 时
　　　　　　　　　　　　yuēdìng shíjiān　dìdiǎn shí

A: 今天 中午 有 空儿 吗？一起 吃 饭 吧。
　　Jīntiān zhōngwǔ yǒu kòngr ma　Yìqǐ chī fàn ba
B: 正好 有 空儿。在 哪儿 吃 饭 呢？
　　Zhènghǎo yǒu kòngr　Zài nǎr chī fàn ne
A: 国际 会馆 里面 的 韩 餐厅 怎么样？
　　Guójì huìguǎn lǐmiàn de hán cāntīng zěnmeyàng
B: 那里 是 不 是 太 远 了，找 一 个 近 点儿 的 地方
　　Nàli shì bu shì tài yuǎn le　zhǎo yí ge jìn diǎnr de dìfang
吧。
ba
A: 那么，喜来登 饭店 怎么样？
　　Nàme　Xǐláidēng Fàndiàn zěnmeyàng
B: 好 的。在 二 楼 中 餐厅 见 面 吧。
　　Hǎo de　Zài èr lóu zhōng cāntīng jiàn miàn ba
A: 오늘 점심에 시간 있어요? 같이 식사나 합시다.
B: 마침 시간 있습니다. 어디서 식사할까요?
A: 국제회관내 한국식당 어떻습니까?
B: 거기는 너무 먼 것 같은데 좀 가까운 곳으로 하죠.
A: 그러면 쉐라톤호텔 어떻습니까?
B: 좋습니다. 2층 중국식당에서 만납시다.

▶약속 시간 정하기　决定 约会 时间 时
　　　　　　　　　　juédìng yuēhuì shíjiān shí

A: 几 点 见 面 呢？
　　Jǐ diǎn jiàn miàn ne
B: 都 行，由 您 来 安排 吧。①
　　Dōu xíng　yóu nín lái ānpái ba
A: 몇 시에 만날까요?
B: 전 다 괜찮으니 선생님께서 정하시지요.

① 여기에서 由는 '~에게 맡기다', '~에게 달리다', '~를 따르다'의 의미이다.

① 시간·장소

A: 你看 什么 时候 好 呢?
　　Nǐ kàn shénme shíhou hǎo ne
B: 明天　下午六点 吧。
　　Míngtiān xiàwǔ liù diǎn ba
A: 언제가 좋으십니까?
B: 내일 오후 여섯 시에 만납시다.

A: 上午　十点 可以 吗?
　　Shàngwǔ shí diǎn kěyǐ ma
B: 可以, 那 到 时候 见 吧。
　　Kěyǐ　nà dào shíhou jiàn ba
A: 오전 10시 괜찮으세요?
B: 괜찮습니다. 그때 뵙지요.

- 몇 시가 좋으세요? /몇 시가 적당하세요?
  几 点 好 呢? / 几 点 合适?
  Jǐ diǎn hǎo ne　　Jǐ diǎn héshì

- 오후 다섯 시 반 어떻습니까?
  下午 五 点 半 怎么样?
  Xiàwǔ wǔ diǎn bàn zěnmeyàng

- 3월 10일이 편리하십니까?
  3　月 10 号 那 天 你 方便 吗?
  Sān yuè shí hào nà tiān nǐ fāngbiàn ma

- 점심때 올 수 있어요?
  中午　可以 来 吗?
  Zhōngwǔ kěyǐ lái ma

- 괜찮으시다면 목요일에 찾아뵙고 싶은데요.
  方便　的话, 我 想 星期四 去 拜访 您。
  Fāngbiàn dehuà　wǒ xiǎng xīngqīsì qù bàifǎng nín

- 언제쯤 찾아뵙는 게 편하시겠습니까?
  什么 时候 去 拜访 您 比较 方便 呢?
  Shénme shíhou qù bàifǎng nín bǐjiào fāngbiàn ne

- 그럼 우리 다음 주 월요일에 만나는 것으로 정합시다.
  那 我们 就 说定 下个 星期一 见 吧!
  Nà wǒmen jiù shuōdìng xià ge xīngqīyī jiàn ba

▶약속장소 정하기　决定　约会　地点
　　　　　　　　　　juédìng yuēhuì dìdiǎn

> A: 什么　地方　比较　合适　呢？
>   Shénme dìfang bǐjiào héshì ne
> B: 你　说　呢？①
>   Nǐ shuō ne
> A: 장소는 어디가 좋을까요?
> B: 당신이 말해 봐요.

> A: 在　哪里　见　面？
>   Zài nǎli jiàn miàn
> B: 老　地方　见　吧！②
>   Lǎo dìfang jiàn ba
> A: 어디서 만날까요?
> B: 늘 만나는 장소에서 봅시다.

- 왕푸징에 있는 켄터키치킨 아시죠? 거기 어때요?
  知道　王府井　的 肯德基 吧？ 那儿　怎么样？
  Zhīdào Wángfǔjǐng de Kěndéjī ba　Nàr zěnmeyàng

- 우리 학교 문 앞에 있는 하이비엔 카페 어때요?
  我们　学校　门口　的　海边　咖啡店　怎么样？
  Wǒmen xuéxiào ménkǒu de Hǎibiān Kāfēidiàn zěnmeyàng

- 괜찮으시다면 여기로 와 주시겠습니까?
  如果　可以　的话，您　能　来 我 这里 吗？
  Rúguǒ kěyǐ dehuà nín néng lái wǒ zhèli ma

- 내일 8시 50분에 수상공원 정문 앞에서 만납시다.
  明天　八点　五十 在　水上　公园　正门　见 吧！
  Míngtiān bā diǎn wǔshí zài Shuǐshàng Gōngyuán zhèngmén jiàn ba

---

① 你说呢 nǐ shuō ne: "당신 생각은요?"라는 뜻으로 상대방의 의견을 물어볼 때 자주 쓰이는 표현이다.

② 老地方 lǎo dìfang : 원래의 곳, 늘 가는 곳. 여기서 '老'는 '늙다' 나 '낡다'의 뜻이 아니라 '본래의', '원래의' 의 뜻.

① 시간 · 장소

- 댁으로 찾아가서 말씀드리고 싶은데요.
  我 想 到 贵府 和 您 谈 谈。①
  Wǒ xiǎng dào guì fǔ hé nín tán yi tán

- 저는 아무 데나 상관없습니다.
  我 随便。②
  Wǒ suíbiàn

- 시간과 장소는 선생님께서 정하시면 됩니다.
  时间 、地点 就 由 您 来 定 好 了。
  Shíjiān dìdiǎn jiù yóu nín lái dìng hǎo le

- 장소는 제가 정하도록 하겠습니다.
  地点 就 由 我 来 安排 吧。
  Dìdiǎn jiù yóu wǒ lái ānpái ba

---

① 贵府 guì fǔ: 남의 집을 높여 부르는 말.

② 随便 suíbiàn: 격식, 범위, 수량 등에 제한을 받거나 얽매이지 않고 비교적 자유로울 때 쓰는 표현이다.

② 수락·거절 　　承诺 / 拒绝
　　　　　　　　　　　 chéngnuò　jùjué

약속의 신청을 받아들일 때에는 자신의 스케줄(日程表 rìchéngbiǎo)을 먼저 점검해 보고 가능한 시간을 말해 주어야 한다. 부득이 거절을 할 때에는 상대방의 기분이 상하지 않도록 충분한 이유를 설명해 주거나, 다음 기회로 미루어 두는 정도로 완곡히 거절하는 것도 한 방법이다.

기 본 대 화

A: 金 先生， 您好！ 我今晚 想 见您一面，行吗？
　　Jīn xiānsheng,nín hǎo　　Wǒ jīn wǎn xiǎng jiàn nín yí miàn xíng ma
B: 对不起， 今天 晚上 我 要 值 夜班 。
　　Duìbuqǐ　　jīntiān wǎnshang wǒ yào zhí yèbān
A: 啊， 真 不 巧。那， 这个 星期六 怎么样？
　　A　 zhēn bù qiǎo Nà　 zhège xīngqīliù zěnmeyàng
B: 真 不 好意思 。 星期六 也 有 约会，最近 比较 忙。
　　Zhēn bù hǎoyìsi　　Xīngqīliù yě yǒu yuēhuì zuìjìn bǐjiào máng

A: 김 선생님, 안녕하세요! 오늘 저녁에 만나 뵙고 싶은데, 괜찮으세요?
B: 미안하지만, 오늘 저녁에는 야간근무를 해야 합니다.
A: 아, 공교롭게 되었네요. 그러면 이번 주 토요일은 어떻습니까?
B: 정말 미안합니다. 토요일에도 약속이 있습니다. 요즘 좀 바빠서요.

여러 가지 활용

Ⅰ 약속을 수락할 때　　接受 约会 时
　　　　　　　　　　　 jiēshòu yuēhuì shí
▶흔쾌히 수락할 때　　 爽快 地 答应 时
　　　　　　　　　　　 shuǎngkuai de dāying shí

A: 我 想 明天 去 拜访 您，您 有 时间 吗？
　　Wǒ xiǎng míngtiān qù bàifǎng nín　nín yǒu shíjiān ma

```
B: 我 什么 时候 都 可以。
   Wǒ shénme shíhou dōu  kěyǐ
A: 내일 선생님을 찾아뵙고 싶은데, 시간이 있으십니까?
B: 저는 언제라도 괜찮습니다.
```

- 좋습니다. 언제 만날까요?
  好 吧， 什么 时候 见 面?
  Hǎo ba   shénme shíhou jiàn miàn

- 좋아요. 아무 때라도 시간 날 때 오십시오.
  好，您 什么 时候 有 时间 就 过来 吧。
  Hǎo nín shénme shíhou yǒu shíjiān jiù guòlai ba

- 저녁 7시 이후에는 다 괜찮습니다.
  晚上 七点 以后 都 可以。
  Wǎnshang qī diǎn yǐhòu dōu kěyǐ

- 저는 하루 종일 사무실에 있습니다. 아무 때나 오십시오.
  我 整天 都在 办公室 里，你 随时 都 可以 来。
  Wǒ zhěngtiān dōu zài bàngōngshì li nǐ suíshí dōu kěyǐ lái

- 저희 집에 오신 것을 환영합니다.
  欢迎 你来我家做客。
  Huānyíng nǐ lái wǒ jiā zuò kè

▶ 조건부로 수락할 때   条件性 承诺 时
                        tiáojiànxìng chéngnuò shí

```
A: 星期一 早上 你 可以 来 这里 吗?
   Xīngqīyī zǎoshang nǐ kěyǐ lái zhèli ma
B: 星期一 早上 我 有 事儿， 只能 下午 了。
   Xīngqīyī zǎoshang wǒ yǒu shìr    zhǐnéng xiàwǔ le
A: 월요일 아침에 이곳으로 올 수 있으세요?
B: 월요일 아침에는 일이 있습니다. 오후 밖에 안되겠는데요.
```

- 오늘은 정말 시간이 없는데 다른 날로 하면 안될까요?
  我 今天 真 的 没 时间，改天 行 不 行?
  Wǒ jīntiān zhēn de méi shíjiān gǎitiān xíng bu xíng

- 토요일은 시간이 없고, 일요일은 괜찮습니다.
  星期六 我 没 时间，星期天 还 可以。
  Xīngqīliù wǒ méi shíjiān xīngqītiān hái kěyǐ

10. 약 속

- 내일 오전 9시에 봅시다. 단 30분 정도 밖에 시간이 없습니다.
  明天 上午 九 点钟 吧， 但 只有 半 个 小时 左右
  Míngtiān shàngwǔ jiǔ diǎnzhōng ba dàn zhǐyǒu bàn ge xiǎoshí zuǒyòu
  的 时间 。
  de shíjiān

- 오늘은 회의가 있으니 다른 날로 정합시다.
  今天 要 开会， 我们 另 约 时间 吧。
  Jīntiān yào kāi huì wǒmen lìng yuē shíjiān ba

- 오실 때는 먼저 전화를 좀 해 주십시오.
  你来 的 时候 先 给 我 打 电话 吧。
  Nǐ lái de shíhou xiān gěi wǒ dǎ diànhuà ba

Ⅱ 약속을 거절할 때 拒绝 约会 时
                 jùjué yuēhuì shí

▶시간이 없을 때 没有 时间 时
              méiyǒu shíjiān shí

A: 明 晚 我们 几 个 聚在 一起 看 电影， 你 呢？
   Míng wǎn wǒmen jǐ ge jùzài yìqǐ kàn diànyǐng nǐ ne
B: 真 可惜！ 明 晚 我 没 时间 。
   Zhēn kěxī Míng wǎn wǒ méi shíjiān
A: 내일 저녁 우리 몇몇 친구들이 모여서 영화 볼껀데, 넌?
B: 정말 아깝다! 난 내일 저녁은 시간이 없어.

- 요 며칠은 진짜 정신없이 바쁩니다. 정말 시간이 없군요.
  这 几 天 真 是 忙昏 了 头， 真 的 没有 时间 。①
  Zhè jǐ tiān zhēn shì mánghūn le tóu zhēn de méiyǒu shíjiān

- 정말 죄송합니다. 도저히 시간을 낼 수가 없군요.
  很 抱歉， 我 真 的 抽 不 出 时间 。
  Hěn bàoqiàn wǒ zhēn de chōu bu chū shíjiān

---

① 昏头 hūn tóu: 어지럽다. 정신이 없다. 얼빠지다.

- 월말이면 너무나 바쁩니다. 제 마음대로 할 수가 없군요.
  一 到 月 底 我 就 忙 得 要命。身不由己 呀！①
  Yí dào yuèdǐ wǒ jiù máng de yàomìng Shēnbùyóujǐ ya

▶ 선약이 있을 때 有 约 在 先 时
  yǒu yuē zài xiān shí

> A: 中午 有 约会 吗?
>   Zhōngwǔ yǒu yuēhuì ma
> B: 不 好 意思, 我 有 约会。
>   Bù hǎoyìsi wǒ yǒu yuēhuì
> A: 점심에 약속 있어요?
> B: 미안해요. 약속이 있어요.

- 어떡하지요? 이미 약속이 있는데.
  怎么 办? 我 已经 约了 人。
  Zěnme bàn Wǒ yǐjīng yuēle rén

- 오늘은 안되겠습니다. 오늘 저녁에 약속이 있거든요.
  今天 不 行, 今 晚 我 有 约 了。
  Jīntiān bù xíng jīn wǎn wǒ yǒu yuē le

- 그 날은 이미 다른 사람과 약속이 돼 있습니다.
  那天 已经 约好 别人 了。②
  Nàtiān yǐjīng yuēhǎo biérén le

- 오늘 스케줄이 이미 다 짜여져 있습니다.
  我 今天 的 日程 已经 排满 了。
  Wǒ jīntiān de rìchéng yǐjīng páimǎn le

- 죄송합니다만, 이미 한달 전에 한 약속이라 바꿀 수가 없습니다.
  抱歉, 一 个 月 以前 就 已经 约好 了, 不 能 改变 了。
  Bàoqiàn yí ge yuè yǐqián jiù yǐjīng yuēhǎo le bù néng gǎibiàn le

---

① 身不由己 shēnbùyóujǐ: 몸이 매여있어 자기 마음대로 할 수 없다.
② 여기서 好는 '좋다'는 의미가 아니라 '완료'의 상태를 나타낸다.

③ 변경 · 취소 　　　更改 / 取消
　　　　　　　　　　　　　gēnggǎi　qǔxiāo

약속을 한번 정하면 차질 없이 이행하는 것이 가장 좋겠지만 때로는 부득이한 사정으로 변경이나 취소를 하여야 할 경우가 있다. 이 때에는 즉시 정확하게 전달하여 혼선이 빚어지지 않도록 세심하게 신경을 써야 하며, 상대방이 납득할 수 있도록 상황을 충분히 설명한 뒤에 동의를 구해야 할 것이다.

기 본 대 화

A: 你好，我是小金。
　　Nǐ hǎo，wǒ shì Xiǎo Jīn。
　　我想跟你商量一下今天见面的时间。
　　Wǒ xiǎng gēn nǐ shāngliang yíxià jīntiān jiàn miàn de shíjiān。

B: 怎么啦？有什么变化吗？
　　Zěnme la　Yǒu shénme biànhuà ma

A: 我妻子怀孕了，今天身体有点不舒服。我想
　　Wǒ qīzi huái yùn le，jīntiān shēntǐ yǒudiǎn bù shūfu　Wǒ xiǎng
　　改成明天，行吗？
　　gǎichéng míngtiān, xíng ma？

B: 无所谓。你先照顾你爱人吧。①
　　Wúsuǒwèi。Nǐ xiān zhàogù nǐ àiren ba

A: 好，谢谢。那我明天再跟你联系吧。
　　Hǎo xièxie　Nà wǒ míngtiān zài gēn nǐ liánxì ba

B: 好，希望你爱人身体健康。
　　Hǎo xīwàng nǐ àiren shēntǐ jiànkāng

A: 안녕하세요? 샤오진입니다.
　　오늘 약속 시간을 상의 드리고 싶어서요.

B: 무슨 일인데요? 변동 사항이라도 있나요?

A: 사실은 제 처가 임신을 했는데 오늘 몸이 좀 불편합니다.
　　오늘 약속을 내일로 바꾸었으면 하는데, 괜찮으시겠습니까?

B: 저는 상관없어요. 우선 부인을 돌보세요.

---

① 爱人 àiren: '애인' 이라는 뜻 보다는 '남편' 이나 '아내' 를 지칭하는 경우가 많다.

A: 감사합니다. 그럼 내일 다시 연락드리겠습니다.
B: 그래요. 부인께서 건강하시길 바랍니다.

여러 가지 활용

I 약속을 변경할 때   约会 变更 时
　　　　　　　　　　yuēhuì biàngēng shí

A: 我 要 改变 预约。 把 约定 时间 改为 七 点 吧。
　　Wǒ yào gǎibiàn yùyuē　 Bǎ yuēdìng shíjiān gǎiwéi qī diǎn ba
B: 好, 改好 了。
　　Hǎo gǎihǎo le
A: 예약을 변경하려고 합니다. 약속시간을 7시로 해 주세요.
B: 네, 변경하였습니다.

A: 我们 约 的 时间 可以 改变 吗?
　　Wǒmen yuē de shíjiān kěyǐ gǎibiàn ma
B: 恐怕 不 行。
　　Kǒngpà bù xíng
A: 우리 약속을 변경할 수 있을까요?
B: 아마 안 될겁니다.

▶날짜・시간을 변경할 때   更改 日期 和 时间 时
　　　　　　　　　　　　　gēnggǎi rìqī hé shíjiān shí

A: 今天 的 预约 可以 提前 吗?
　　Jīntiān de yùyuē kěyǐ tíqián ma
B: 可以, 没 问题。
　　Kěyǐ　　méi wèntí
A: 오늘 약속을 좀 앞당길 수 있겠습니까?
B: 그러세요. 문제 없습니다.

A: 抱歉, 可以 把 见 面 时间 推迟 一 天 吗?
　　Bàoqiàn kěyǐ bǎ jiàn miàn shíjiān tuīchí yì tiān ma

B: 当然可以。那 明天 同 一个 时间 可以吧？
　　Dāngrán kěyǐ　　Nà míngtiān tóng yí ge shíjiān kěyǐ ba
A: 죄송합니다. 약속 시간을 하루 늦춰도 되겠습니까?
B: 그럼요. 그럼 내일 같은 시간으로 하면 되겠지요?

- 내일 오후 3시로 변경할 수 있겠습니까?
  可以 改成 明天 下午 三 点 吗？
  Kěyǐ gǎichéng míngtiān xiàwǔ sān diǎn ma

- 너무 늦은 시간인 것 같은데 좀 일찍 만날 수 있을까요?
  那是不是太晚了，能不能再早一点儿？
  Nà shì bu shì tài wǎn le　néng bu néng zài zǎo yìdiǎnr

- 갑자기 급한 일이 생겼는데, 다른 날로 다시 정할 수 있을까요?
  我 突然 有 点儿 急事儿，改天 再 约 好 吗？
  Wǒ tūrán yǒu diǎnr jíshìr gǎitiān zài yuē hǎo ma

- 오늘 약속시간을 조정하면 어떨까요?
  我们 调整 一下 今天 的 见 面 时间，好 不 好？
  Wǒmen tiáozhěng yíxià jīntiān de jiàn miàn shíjiān hǎo bu hǎo

- 모임 날짜를 12월 1일에서 12월 10일로 변경하였습니다.
  聚会 的 日期 从 12 月 1 日 改为 12 月 10 日 了。
  Jùhuì de rìqī cóng shí'èr yuè yī rì gǎiwéi shí'èr yuè shí rì le

▶ 장소를 변경할 때　　改换 地点 时
　　　　　　　　　　 gǎihuàn dìdiǎn shí

A: 听说，那 地方 正在 下 大雪。
　 Tīngshuō nà dìfang zhèngzài xià dàxuě
B: 是 吗？ 那，咱们 换 地点 可 不 可以？
　 Shì ma　Nà　zánmen huàn dìdiǎn kě bu kěyǐ
A: 듣자니, 그곳에 지금 눈이 많이 온다고 합니다.
B: 그래요? 그럼 장소를 바꾸면 어떨까요?

- 사정이 생겨서 약속 장소를 바꿔야만 하겠습니다.
  因为 有点儿事，我们 要 换 见 面 地点。
  Yīnwèi yǒu diǎnr shì　wǒmen yào huàn jiàn miàn dìdiǎn

- 좀 복잡한 일이 생겨서 부득이 무역센터 플라자로 옮겨야겠습니다.
  因为 有 点儿 麻烦 事，所以 只好 改在 贸易 中心
  Yīnwèi yǒu diǎnr máfan shì　suǒyǐ zhǐhǎo gǎizài Màoyì Zhōngxīn

广场。
Guǎngchǎng

- 모임 장소를 하이얏트 호텔에서 쉐라톤 호텔로 바꾸었습니다.
 把 地点 从 凯悦 饭店 改为 喜来登 饭店。
 Bǎ dìdiǎn cóng Kǎiyuè Fàndiàn gǎiwéi Xǐláidēng Fàndiàn

- 그 곳은 찾기가 어려우니, 다른 장소로 바꾸는 게 낫겠어요.
 那个 地方 很 难 找到, 还是 换 个 地方 比较 好。
 Nàge dìfang hěn nán zhǎodào háishi huàn ge dìfang bǐjiào hǎo

Ⅱ 약속을 취소할 때　取消 约会 时
　　　　　　　　　　qǔxiāo yuēhuì shí

A: 真 抱歉, 看来 我 今天 不 能 赴约 了。
　 Zhēn bàoqiàn kànlái wǒ jīntiān bù néng fùyuē le
B: 有 什么 事 吗?
　 Yǒu shénme shì ma
A: 我 要 带 爱人 去 医院 检查 一下。
　 Wǒ yào dài àiren qù yīyuàn jiǎnchá yíxià
B: 不要 担心 这里, 赶快 去 吧。
　 Búyào dānxīn zhèli gǎnkuài qù ba
A: 정말 죄송합니다. 오늘 약속을 지킬 수 없을 것 같습니다.
B: 무슨 일이라도 생겼습니까?
A: 집사람을 병원에 데리고 가봐야 겠습니다.
B: 여기는 신경 쓰지 마시고 어서 가보세요.

A: 我 这儿 出了 点儿 麻烦 事儿, 恐怕 不 能 参加
　 Wǒ zhèr chūle diǎnr máfan shìr kǒngpà bù néng cānjiā
　 会议 了。
　 huìyì le
B: 不要紧, 先 忙 你的。①
　 Bú yàojǐn xiān máng nǐ de
A: 저에게 좀 복잡한 일이 생겨서 회의에 참석하지 못할 것 같습니다.
B: 괜찮습니다. 어서 일 보십시오.

---

① '不要紧 bú yàojǐn' '没事 méishì' '没关系 méi guānxi' 등은 모두 '괜찮아요' '상관없어요.' 라는 뜻으로 북방지역에서는 주로 '没事儿 méishìr'를, 남방지역에서는 주로 '不要紧 bú yàojǐn'을 많이 쓴다.

10. 약 속

A: 我还有点儿事没办完，改天再见吧。
   Wǒ hái yǒu diǎnr shì méi bànwán gǎitiān zài jiàn ba
B: 没关系，尽量快一点儿处理好就出来，我
   Méi guānxi jǐnliàng kuài yìdiǎnr chǔlǐ hǎo jiù chūlai wǒ
   等着你。
   děngzhe nǐ
A: 아직도 일이 안 끝났는데 다음에 만납시다.
B: 괜찮아요. 빨리 끝내고 나오세요. 기다리고 있을게요.

A: 不好意思，我想取消 3 月 1 日的约会。
   Bù hǎoyìsi wǒ xiǎng qǔxiāo sān yuè yī rì de yuēhuì
B: 为什么？好，想取消就取消吧。①
   Wèishénme Hǎo xiǎng qǔxiāo jiù qǔxiāo ba
A: 미안한데, 3월 1일의 약속을 취소하고 싶습니다.
B: 왜요? 좋아요. 취소하고 싶으면 취소하세요.

---

① 想~就~：~하고 싶은 대로 ~하다.

④ 확인 · 만남

确认 / 见面
què rèn jiàn miàn

현대를 살아가는 우리들은 매우 바쁘고 복잡한 삶을 살아가기 때문에 약속을 해놓고도 자칫 잊어버리는 수가 많다. 이를 건망증(健忘症 jiànwàngzhèng)으로만 탓할 것이 아니라 늘 메모하는 습관을 익혀두어야 하며, 중요한 약속을 신청해 놓은 경우라면 하루 전쯤 상대방에게도 전화를 걸어 약속을 확인하는 것이 좋을 것이다.

기본대화

A: 小燕，今天 晚上 的聚会没 忘 吧？
　　Xiǎo Yàn jīntiān wǎnshang de jùhuì méi wàng ba

B: 怎么 可能 忘了 呢！ 是七点 在 北京 大酒店 酒吧，
　　Zěnme kěnéng wàngle ne Shì qī diǎn zài Běijīng Dàjiǔdiàn jiǔbā
　　对吧？
　　duì ba

A: 对 。你没有 变动 吧？
　　Duì Nǐ méiyǒu biàndòng ba

B: 我带一个人去，行不行？
　　Wǒ dài yí ge rén qù xíng bu xíng

A: 谁？是 男朋友 吗？
　　Shéi Shì nánpéngyou ma

B: 也许 。
　　Yěxǔ

A: 可以，那一会儿 见！
　　Kěyǐ nà yíhuìr jiàn

B: 好，不见不散！①
　　Hǎo bú jiàn bú sàn

---

① 不见不散 bú jiàn bú sàn: '만날 때까지 자리를 떠나지 않는다' 는 뜻으로 꼭 만나자는 굳은 약속의 표현이다. 중국 사람들은 이 말을 자주 사용하는데, 신의와 우정을 중시하며, 상대가 늦더라도 끝까지 기다려 주는 넉넉한 마음을 엿볼 수 있다.

10. 약 속

A: 샤오엔, 오늘 저녁 약속 잊지 않았겠지?
B: 잊을 리가 있나. 7시에 베이징호텔 호프 맞지?
A: 맞아. 다른 변동사항 없지?
B: 한 사람 더 데려가도 돼?
A: 누군데? 남자친구니?
B: 아마도.
A: 좋아. 그럼 조금 있다 보자.
B: 그래. 만날 때까지 기다리기야!

여러 가지 활용

I 약속을 확인할 때 确定 约会 时
quèdìng yuēhuì shí

A: 今天 晚上 七点见。别 忘了。
   Jīntiān wǎnshang qī diǎn jiàn   Bié wàng le
B: 不会的。
   Bú huì de
A: 오늘 저녁 7시입니다. 잊지 마세요.
B: 그럴 리가 있나요.

A: 今天 中午 约 的 事儿还记得吗？
   Jīntiān zhōngwǔ yuē de shìr hái jìde ma
B: 哦，我 知道，我会 准时 到 的。
   O wǒ zhīdào wǒ huì zhǔnshí dào de
A: 오늘 점심 약속 잊지 않으셨죠?
B: 네, 알고 있습니다. 시간 맞춰 나가겠습니다.

- 확인 좀 하려고요. 오늘 약속 변동 없으시죠?
  我 想 确认 一下，今天 约 的 事儿 没 什么 变化 吧？
  Wǒ xiǎng quèrèn yíxià jīntiān yuē de shìr méi shénme biànhuà ba
- 오늘 모임 있는 것 알고 계시죠?
  你 知道 今天 有 聚会 吧？
  Nǐ zhīdào jīntiān yǒu jùhuì ba

④ 확인 · 만남

- 이번 주말 등산 가는데 오실 수 있으세요?
  这个 周末 去 爬山, 你 能 来 吗?
  Zhège zhōumò qù pá shān nǐ néng lái ma
- 제가 모시러 갈 테니 호텔 로비에서 기다려 주십시오.
  我 去 接 您, 您 就 在 宾馆 大厅 等 我 吧。
  Wǒ qù jiē nín nín jiù zài bīnguǎn dàtīng děng wǒ ba

▶약속시간을 상기시킬 때　提醒 对方 约定 时间 时
　　　　　　　　　　　　tíxǐng duìfāng yuēdìng shíjiān shí

A: 不要 迟到 啊!
　　Búyào chídào a
B: 你 放 心, 我 会 守 约 的。
　　Nǐ fàng xīn wǒ huì shǒu yuē de
A: 늦지 마세요!
B: 안심하세요. 약속 지킬 테니까요.

A: 不要 失 约!
　　Búyào shī yuē
B: 别 担 心。
　　Bié dān xīn
A: 약속 어기면 안돼요!
B: 걱정 마세요.

- 시간을 순수해 주십시오.
  请 你 遵守 时间。
  Qǐng nǐ zūnshǒu shíjiān
- 제 시간에 도착해야 돼요.
  要 准时 到。
  Yào zhǔnshí dào
- 시간 맞춰 오세요!
  你 可 按时 到 啊!
  Nǐ kě ànshí dào a
- 약속시간 잊으면 안돼요.
  不要 忘了 约定 的 时间 啊。
  Búyào wàngle yuēdìng de shíjiān a

10. 약속

▶ 확인 전화를 받았을 때　接到 提醒 电话 时
　　　　　　　　　　　　jiēdào tíxǐng diànhuà shí

- 반드시 참석하겠습니다.
  我 一定 会 参加 的。
  Wǒ yídìng huì cānjiā de

- 걱정 마세요. 제 시간에 틀림 없이 나가겠습니다.
  你 放 心 好 了，我 一定 准时 到。
  Nǐ fàng xīn hǎo le wǒ yídìng zhǔnshí dào

- 토요일 오후 6시, 맞죠?
  是 星期六 下午 六 点，没 错儿 吧？
  Shì xīngqīliù xiàwǔ liù diǎn méi cuòr ba

- 전화 주셔서 감사합니다. 하마터면 잊을 뻔 했습니다.
  谢谢 你 的 电话。我 差点儿 忘 了。
  Xièxie nǐ de diànhuà Wǒ chà diǎnr wàng le

- 아, 깜박 잊고 있었군요. 알려 주셔서 감사합니다.
  哦，我 一时 忘 了。谢谢 你 提醒 我。
  O wǒ yìshí wàng le Xièxie nǐ tíxǐng wǒ

- 혹시 약간 늦을지도 모르겠습니다.
  说 不准，会 晚 一点儿 吧。
  Shuō bu zhǔn huì wǎn yìdiǎnr ba

- 전화 드리려고 하던 참이었습니다. 사정이 생겨서 나갈 수 없게 되었거든요.
  我 正 想 给 您 打 电话 呢，我 临时 有 点儿 事 不 能 去 了。
  Wǒ zhèng xiǎng gěi nín dǎ diànhuà ne wǒ línshí yǒu diǎnr shì bù néng qù le

Ⅱ 약속 장소에서 기다릴 때　在 约定 地点 等候 时
　　　　　　　　　　　　　zài yuēdìng dìdiǎn děnghòu shí

A: 金 先生 怎么 还 不 来 呀？
　　Jīn xiānsheng zěnme hái bù lái ya
B: 他 说 一定 要 来 的。是不是 路上 堵 车 呀？
　　Tā shuō yídìng yào lái de Shì bu shì lùshang dǔ chē ya
A: 咱们 再 等 一下 吧。要不 给 他 打 个 电话？
　　Zánmen zài děng yíxià ba Yàobù gěi tā dǎ ge diànhuà

④ 확인·만남

B: 啊, 你 看, 他 来 了。是 金 先生 对 吧?
　　A　nǐ kàn　tā lái le　　Shì Jīn xiānsheng duì ba
A: 김 선생님이 왜 아직도 안 오실까요?
B: 꼭 오신다고 하셨는데. 차가 막히는 걸까요?
A: 조금만 더 기다려 봅시다. 아니면 전화를 드려 볼까요?
B: 아, 저기 오십니다. 저 분 김 선생님 맞죠?

▶상대방이 아직 안 나왔을 때　　对方 还 没有 来 时
　　　　　　　　　　　　　duìfāng hái méiyǒu lái shí

A: 等了 半天, 怎么 还 不 来 呀?
　 Děngle bàntiān zěnme hái bù lái ya
B: 谁 知道 啊。他 说 一定 来 的。
　 Shéi zhīdào a　　Tā shuō yídìng lái de
A: 한참이나 기다렸는데 왜 아직 안 올까요?
B: 그러게 말이에요. 꼭 온다고 했는데요.

- 그가 안 올 리가 없어요.
  他 不 会 不 来 的。
  Tā bú huì bù lái de

- 평소에 이렇게 늦는 적이 없었어요.
  平时 从来 没 迟到 过 啊。
  Píngshí cónglái méi chídào guo a

- 평소에 그는 약속을 아주 잘 지켰어요.
  平时 他 很 准时 的。
  Píngshí tā hěn zhǔnshí de

- 그가 안 오면 어떻게 하죠?
  如果 他 不 来 怎么 办?
  Rúguǒ tā bù lái zěnme bàn

- 지금쯤이면 도착할 시간인데.
  这 个 时候 他 应该 到 这儿 了。
  Zhè ge shíhou tā yīnggāi dào zhèr le

- 그에게 무슨 일이 일어난 것 아닐까요?
  他 是 不 是 发生 什么 意外 了?
  Tā shì bu shì fāshēng shénme yìwài le

10 ④ 确认/见面

▶상대방을 좀더 기다릴 때　　延长　等候　时间　时
　　　　　　　　　　　　　yáncháng děnghòu shíjiān shí

A: 不要 等 他 了, 咱们 走 吧。
　　Búyào děng tā le zánmen zǒu ba
B: 别 着急, 还 有 时间, 咱们 再 等 一会儿 吧。
　　Bié zháojí hái yǒu shíjiān zánmen zài děng yíhuìr ba
A: 그 사람 기다릴 것 없어요. 우리끼리 갑시다.
B: 조급해 하지 마세요. 아직 시간 있으니 조금만 더 기다려
　　봐요.

- 10분만 더 기다려 보면 어때요?
  再 等 十 分钟 好 不 好?
  Zài děng shí fēnzhōng hǎo bu hǎo

- 그는 안 올 리가 없으니 우리 좀더 기다려 봅시다.
  他 不 会 不 来 的, 咱们 再 等 一下 吧。
  Tā bú huì bù lái de zánmen zài děng yíxià ba

▶기다리다 화가 났을 때　　等 得 不 耐烦 时
　　　　　　　　　　　　děng de bú nàifán shí

- 어째서 이렇게 사람을 오래 기다리게 하지?
  怎么 让 人 等 这么 久?
  Zěnme ràng rén děng zhème jiǔ

- 기다리다 지쳤어요.
  等 得 都 不 耐烦 了。
  Děng de dōu bú nàifán le

- 더 기다릴 수는 없어요. 시간만 낭비할 뿐이에요.
  不 要 再 等 下去 了, 这 只是 浪费 时间。
  Bú yào zài děng xiaqu le zhè zhǐshì làngfèi shíjiān

- 시간 관념 없는 사람 정말 싫어요.
  我 最 讨厌 没有 时间 观念 的 人。
  Wǒ zuì tǎoyàn méiyǒu shíjiān guānniàn de rén

- 약속을 안 지키는 사람과는 상대하기 싫어요.
  我 不 喜欢 和 没有 信用 的 人 交往。
  Wǒ bù xǐhuan hé méiyǒu xìnyòng de rén jiāowǎng

▶기다리다 전화로 확인해 볼 때 等候 许久不来，打电话确认时
děnghòu xǔjiǔ bù lái，dǎ diànhuà quèrèn shí

A: 喂，小许，你忘了今天的聚会吗？
　　Wèi　Xiǎo Xǔ，nǐ wàngle jīntiān de jùhuì ma
　　现在大家都在餐厅等你呢。
　　Xiànzài dàjiā dōu zài cāntīng děng nǐ ne

B: 真对不起，快要下班时，韩国方面有急电。
　　Zhēn duìbuqǐ，kuàiyào xià bān shí，Hánguó fāngmiàn yǒu jídiàn
　　我可能会晚一点儿，请多包涵。
　　Wǒ kěnéng huì wǎn yìdiǎnr，qǐng duō bāohán

A: 没关系。那什么时候能来？
　　Méi guānxi　Nà shénme shíhou néng lái

B: 大概半个小时后吧。你们先用餐吧。我
　　Dàgài bàn ge xiǎoshí hòu ba　Nǐmen xiān yòng cān ba　Wǒ
　　一会儿就到。
　　yíhuìr　jiù dào

A: 샤오쉬, 오늘 약속 있는 것 잊었어요?
　　지금 모두 식당에서 당신을 기다리고 있어요.

B: 정말 죄송해요. 막 퇴근하려는데 한국에서 급한 전화가 왔어요. 아마 좀 늦을 것 같아요. 양해해 주세요.

A: 괜찮아요. 그럼 언제쯤 올 수 있을 것 같아요?

B: 한 30분쯤 후에요. 먼저 식사들 하고 계세요. 저도 금방 갈게요.

- 언제쯤 도착할 수 있을 것 같습니까?
  大概什么时候会到呢？
  Dàgài shénme shíhou huì dào ne

- 얼마나 더 걸릴 것 같습니까?
  还需要多长时间？
  Hái xūyào duō cháng shíjiān

- 일이 끝나는 대로 바로 가겠습니다.
  办完事，我马上去。
  Bànwán shì，wǒ mǎshàng qù

454 10. 약　속

- 8시 전에는 반드시 도착할 겁니다.
  八点 之前 一定 会 到那里 。
  Bā diǎn zhīqián yídìng huì dào nàli

Ⅲ 약속 장소가 어긋났을 때　走错　约定　地点　时
　　　　　　　　　　　　　　　zǒucuò yuēdìng dìdiǎn shí

- 저는 저기가 정문인 줄 알고 거기서 한참 기다렸어요.
  我 以为 那边 是 正门，在 那儿 等了 很 久。
  Wǒ yǐwéi nàbian shì zhèngmén zài nàr děngle hěn jiǔ

- 여기에 신화서점이 두 군데가 있는 줄 이제야 알았네요.
  我 刚刚 才 知道 这里 有 两 个 新华 书店。
  Wǒ gānggāng cái zhīdào zhèli yǒu liǎng ge Xīnhuá Shūdiàn

- 역에 도착했니? 나는 매표소 앞에 있는데 너는?
  你到 站 了吗？我在 售票处，你呢？
  Nǐ dào zhàn le ma　Wǒ zài shòupiàochù nǐ ne

- 저런, 북경역이 아니고 북경서역이야.
  哎呀，不是 北京 站，而是 北京 西站 。
  Aiya　búshì Běijīng Zhàn érshì Běijīng Xīzhàn

- 거기서 기다려, 내가 금방 갈게.
  你在 那里 等着 我，我 马上 过去 。
  Nǐ zài nàli děngzhe wǒ　wǒ mǎshàng guòqu

Ⅳ 약속 장소를 못 찾을 때　没 找到　约定　地点　时
　　　　　　　　　　　　　　méi zhǎodào yuēdìng dìdiǎn shí

A: 现在 你在 哪里？
　　Xiànzài nǐ zài nǎli
B: 我 也 不 知道，迷路 了。
　　Wǒ yě bù zhīdào mílù le
A: 지금 어디에 계십니까?
B: 저도 모르겠습니다. 길을 잃었네요.

- 거기서 KFC 간판이 안 보입니까?
  你没 看见 那个 肯德基 招牌 吗？
  Nǐ méi kànjiàn nà ge Kěndéjī zhāopái ma

④ 확인·만남

- 지금 어떤 건물이 보이십니까?
  你 现在 看到 的 是 哪个 大楼?
  Nǐ xiànzài kàndào de shì nǎ ge dàlóu

- 분명히 이 근처인데 어째서 찾을 수가 없지?
  肯定 是 这 附近, 怎么 找 不 到 呢?
  Kěndìng shì zhè fùjìn zěnme zhǎo bu dào ne

V 약속 장소에서 만났을 때　在 约会 地点 见 面 时
　　　　　　　　　　　　zài yuēhuì dìdiǎn jiàn miàn shí

> A: 先生! 我 在 这里!
> 　　Xiānsheng Wǒ zài zhèli
> B: 啊, 您 先 到 了。 让 您 久 等 了!
> 　　A nín xiān dào le Ràng nín jiǔ děng le
> A: 선생님, 저 여기 있습니다!
> B: 저런, 먼저 와 계셨군요. 오래 기다리셨죠?

- 오시느라고 수고하셨죠?
  路上 辛苦 了 吧?
  Lùshang xīnkǔ le ba

- 여기 찾는데 힘들지 않으셨습니까?
  这里 是 不 是 很 难 找?
  Zhèli shì bu shì hěn nán zhǎo

- 번거롭게 이렇게 멀리 오시라 해서 죄송합니다.
  真 是 麻烦 你 了, 这么 远 赶到 这儿 来。
  Zhēn shì máfan nǐ le zhème yuǎn gǎndào zhèr lái

- 정말 일찍 나오셨군요.
  您 来 得 真 早 啊。
  Nín lái de zhēn zǎo a

5 위약 · 사과   失约 / 道歉
                        shīyuē dàoqiàn

약속의 준수 여부는 그 사람의 신용(信用 xìnyòng)과 직결된다고 할 수 있다. 번번이 약속을 지키지 못하는 사람은 성실(诚实 chéngshí)하지 못하고 책임감(责任感 zérèngǎn)이 결여 된 것으로 상대방에게 인식되기 쉽다. 그러나 간혹 뜻하지 않게 이행하지 못하는 경우가 발생하기도 하는데, 이러한 때는 구차한 변명(借口 jièkǒu)보다는 진실한 사과로 상대방의 이해를 구하는 것이 더 효과적이다. 사과의 표현으로는 "对不起 duìbuqǐ"(미안합니다) 보다는 "抱歉 bàoqiàn"(죄송합니다) 이 더 정중한 표현이다.

기 본 대 화

A: 金 先生，这么 晚 才 给 你 打 电话，真 不 好
　　Jīn xiānsheng zhème wǎn cái gěi nǐ dǎ diànhuà zhēn bù hǎo
　　意思。
　　yìsi

B: 小 许，昨天 有 什么 事 吗？
　　Xiǎo Xǔ   zuótiān yǒu shénme shì ma
　　我 在 那里 等了 你 一个 多 小时。
　　Wǒ zài nàli děngle nǐ yí ge duō xiǎoshí

A: 真 抱歉。 昨天 爸爸 突然 晕 过去 了，真 是 吓死
　　Zhēn bàoqiàn   Zuótiān bàba tūrán yūn guoqu le   zhēn shì xiàsǐ
　　我 了，都 忘了 给 你 打 电话 了。①
　　wǒ le   dōu wàngle gěi nǐ dǎ diànhuà le

B: 哦，原来 是 这样。没 关系。
　　O yuánlái shì zhèyàng Méi guānxi

A: 谢谢 你 的 谅解。
　　Xièxie nǐ de liàngjiě

B: 希望 伯父 早日 康复。
　　Xīwàng bófù zǎorì kāngfù

---

① 晕 yūn: 정신이 나가다, 의식을 잃다. 晕过去 yūn guoqu: 졸도하다, 까무러치다, 기절하다.

⑤ 위약·사과

A: 김선생님, 이렇게 늦게 전화를 드려 죄송합니다.
B: 샤오쉬. 어제 무슨 일 있었어요?
  저는 거기서 1시간 이상 기다렸어요.
A: 죄송합니다. 어제 아버지께서 갑자기 쓰러지셔서 너무 놀라는 바람에 전화 드리는 것도 잊었습니다.
B: 아, 그랬군요. 괜찮아요.
A: 이해해 주셔서 고맙습니다.
B: 아버님께서 빨리 회복하시기를 바랍니다.

여러 가지 활용

I 사유를 물어볼 때　询问 失 约 原因 时
xúnwèn shī yuē yuányīn shí

A: 你 到底 怎么 回事 ?
   Nǐ dàodǐ zěnme huí shì
B: 我 临时 有 事 , 来 晚 了。
   Wǒ línshí yǒu shì   láiwǎn le
A: 도대체 어떻게 된 일이에요?
B: 갑자기 일이 생기는 바람에 늦었습니다.

- 무슨 일이라도 생겼나요?
  出了 什么 事 吗 ?
  Chūle shénme shì ma
- 어제 저녁 왜 약속을 지키지 않았죠?
  你 昨天 晚上 为什么 没 赴 约 ?
  Nǐ zuótiān wǎnshang wèishénme méi fù yuē
- 너 또 늦게 왔구나. 왜 이렇게 늦었지?
  你 又 来晚 了。 为什么 这么 晚 ?
  Nǐ yòu láiwǎn le　 Wèishénme zhème wǎn
- 너는 왜 맨날 늦게 오는 거니?
  你 怎么 总是 姗姗 来迟 呀 ?①
  Nǐ zěnme zǒngshì shānshān láichí ya

---

① 姗姗来迟 shānshān láichí : 늑장을 부리며 천천히 오다.

10. 약 속

- 내가 여기서 얼마나 오래 기다린 줄 알아요?
你 知道 我 在 这里 等了 多 长 时间 吗?
Nǐ zhīdào wǒ zài zhèli děngle duō cháng shíjiān ma

II 사과와 변명　道歉 和 解释
dàoqiàn hé jiěshì

A: 我 来晚 了, 真 对不起。你 不要 生气。
　　Wǒ láiwǎn le　zhēn duìbuqǐ　　Nǐ búyào shēngqì
B: 我 等了 一个 小时, 怎 能 不 生气 呢?
　　Wǒ děngle yí ge xiǎoshí　zěn néng bù shēngqì ne
A: 늦어서 정말 미안해요. 화내지 말아요.
B: 1시간이나 기다렸는데 어떻게 화를 안내요?

A: 让 您 久 等 了, 真 抱歉。
　　Ràng nín jiǔ děng le　zhēn bàoqiàn
B: 没 关系, 我 也 是 刚 到 的。
　　Méi guānxi　wǒ yě shì gāng dào de
A: 오래 기다리시게 해서 죄송합니다.
B: 괜찮아요. 저도 방금 도착했어요.

▶사과할 때　道歉 时
　　　　　　dàoqiàn shí

- 늦었습니다. 용서해 주십시오.
我 来晚 了, 请 原谅。
Wǒ láiwǎn le　qǐng yuánliàng

- 늦어서 죄송합니다. 식사는 제가 사겠습니다.
抱歉, 来晚 了, 这 顿 我 请 客。
Bàoqiàn láiwǎn le　zhè dùn wǒ qǐng kè

- 다시는 이런 일 없을 겁니다.
不会 有 下 次 了。
Bú huì yǒu xià cì le

- 뭐라 말씀드려야 할지 모르겠습니다.
我 不 知道 该 怎么 说 才 好。
Wǒ bù zhīdào gāi zěnme shuō cái hǎo

▶변명할 때　辩解 时
biànjiě shí

- 너무 바빠서 시간 가는 것도 몰랐습니다.
  太 忙 了，把 时间 都 忘 了。
  Tài máng le　bǎ shíjiān dōu wàng le

- 서두르는 바람에 차를 잘못 탔습니다.
  情急 之 下　上错　车 了。①
  Qíngjí zhī xià shàngcuò chē le

- 눈이 너무 많이 와서 운전도 할 수가 없었어요.
  雪 太 大 了，车 都 开 不 了 了。
  Xuě tài dà le　chē dōu kāi bu liǎo le

- 제가 처음으로 혼자 집을 나서서 길을 모르겠습니다.
  我 第一 次 一 个 人 出门，迷 路 了。
  Wǒ dìyī cì yí ge rén chūmén mí lù le

- 약속시간을 잘못 알고 있었습니다.
  记错　约定　时间 了。
  Jìcuò yuēdìng shíjiān le

- 마침 퇴근 러시아워라 택시를 잡을 수가 없었어요.
  正　赶上　下班 的 高峰期，没 能 拦到 出租车。
  Zhèng gǎnshàng xià bān de gāofēngqī méi néng lándào chūzūchē

- 갑자기 회사에 일이 생겨서 어쩔 수가 없었습니다.
  公司 突然 发生　点儿 事情，真　的 没有　办法。
  Gōngsī tūrán fāshēng diǎnr shìqing zhēn de méiyǒu bànfǎ

▶사과의 말을 들었을 때　听到　别人 解释 时
tīngdào biéren jiěshì shí

- 뭘요. 늦기는요. 딱 맞게 오셨는데요.
  哪里，不算　晚。来得　正好。
  Nǎli　búsuàn wǎn　Lái de zhènghǎo

- 괜찮습니다. 별로 안 기다렸어요.
  不要 客气，我 没　等　多久。
  Búyào kèqi　wǒ méi děng duō jiǔ

---

① 情急 qíngjí: 마음이 초조하다, 조급하다, 발끈하다.

10. 약 속

- 괜찮아요. 차가 많이 막히죠?
  不要紧。 路上 堵 车 了 吧？
  Bú yàojǐn　　Lùshang dǔ chē le ba

- 변명하지 말고 사실대로 말해요.
  不要 解释，实 话 实 说 吧。
  Búyào jiěshì　　shí huà shí shuō ba

- 됐어요. 핑계대지 말아요.
  行 了，别 找 借口 了。①
  Xíng le　 bié zhǎo jièkǒu　le

- 늘 약속을 지키지 않는군요. 너무 무책임합니다.
  你 总 失约，太 没 责任感 了。
  Nǐ zǒng shīyuē　 tài méi zérèngǎn le

▶ 기타　 **其他**
　　　　　　qítā

- 저 시간 잘 지키죠?
  我 很 准时 吧！
  Wǒ hěn zhǔnshí ba

- 늘 그렇듯이 그녀가 가장 먼저 왔어요.
  和 平时 一样，她 来 得 最 早。
  Hé píngshí yíyàng　 tā lái de zuì zǎo

- 서두르면 제 시간에 도착할 겁니다.
  快 点儿，还 来得及 。
  Kuài diǎnr　 hái　láidejí

- 차 한 대를 보내겠습니다.
  我 会 派 一 辆 车 过去 的。
  Wǒ huì pài yí liàng chē guòqu de

- 제가 먼저 가서 기다리고 있겠습니다.
  我 先 到 那里 等 你 吧。
  Wǒ xiān dào　 nàli děng nǐ ba

- 어제 왜 모임에 나타나지 않았어요?
  昨天 你 为什么 没 来 参加 聚会？
  Zuótiān nǐ wèishénme méi lái cānjiā jùhuì

---

① 借口 jièkǒu: 구실, 핑계, 변명.

- 매번 모일 때마다 그가 제일 늦게 오는 바람에 다른 사람들이 모두 그를 기다려야 해요.

  每次聚会都是他来得最晚，害得大家都等他。
  Měi cì jùhuì dōu shì tā lái de zuì wǎn, hài de dàjiā dōu děng tā.

참고 관련 용어 词汇
           cíhuì

- 약속   约会，约定
         yuēhuì yuēdìng
- 예약   预约
         yùyuē
- 선약   预先 约定
         yùxiān yuēdìng
- 확인하다 确认
         quèrèn
- 확정하다 确定
         quèdìng
- 지각하다 迟到
         chídào
- 기다리다 等
         děng
- 변명하다 借口
         jièkǒu

- 스케줄   日程表，时间表
          rìchéngbiǎo shíjiānbiǎo
- 약속 시간 约定 时间
          yuēdìng shíjiān
- 약속 장소 约定 地点
          yuēdìng dìdiǎn
- 약속을 지키다 守约
              shǒu yuē
- 약속을 어기다 失约，爽约
              shī yuē shuǎng yuē
- 약속을 변경하다 改约
               gǎi yuē
- 약속을 취소하다 取消 约会
               qǔxiāo yuēhuì
- 연기하다   延期，拖延
           yánqī tuōyán

11

교 통

交 通   JIAOTONG

1. 버　　스　　　　　　　　　公共汽车
2. 지하철・전철　　　　　　　地铁/城铁
3. 기　　차　　　　　　　　　火车
4. 택　　시　　　　　　　　　出租车
5. 자전거・오토바이　　　　　自行车/摩托车
6. 자가용 승용차　　　　　　私人轿车

1 버 스

公共 汽车
gōnggòng qìchē

북경의 거리에는 다양한 종류의 버스들이 많이 운행되고 있다. 대형버스(大巴 dàbā)는 물론 중형버스(中巴 zhōngbā), 소형버스(小巴 xiǎobā)도 있고, 이층버스(双层公车 shuāngcéng gōngchē)와 차량 두 대가 연결된 이중버스도 있으며, 전기로 가는 전차(电车 diànchē)도 있다. 매일 버스를 타고 등하교나 출퇴근을 하는 사람들은 교통카드(交通卡 jiāotōngkǎ)를 이용하면 훨씬 저렴하고도 번거롭지 않게 대중교통을 이용할 수 있다.

기본대화

A: 去 世界 公园 坐 哪 一 路 公交车?①
   Qù Shìjiè Gōngyuán zuò nǎ yí lù gōngjiāochē

B: 坐 5 路和坐 12 路都可以。②
   Zuò wǔ lù hé zuò shí'èr lù dōu kěyǐ

A: 往 那儿去的车多吗?
   Wǎng nàr qù de chē duō ma

B: 挺 多的,十分钟 左右来一趟。
   Tǐng duō de shí fēnzhōng zuǒyòu lái yí tàng

A: 我已经等了半个多小时了。
   Wǒ yǐjīng děngle bàn ge duō xiǎoshí le

B: 如果堵车的话,车就不能按时到达。
   Rúguǒ dǔ chē dehuà chē jiù bù néng ànshí dàodá

A: 噢,是这样的。
   O shì zhèyàng de

B: 你再等一会儿吧。可能马上会来的。
   Nǐ zài děng yíhuìr ba Kěnéng mǎshàng huì lái de

A: 세계공원 가려면 버스 몇 번을 타야 하죠?

B: 5번을 타셔도 되고, 12번을 타셔도 됩니다.

---

① 버스는 公共汽车 gōnggòng qìchē, 公交车 gōngjiāochē, 또는 公车 gōngchē 라 하기도 하고, BUS를 음역하여 巴士 bāshì 라 하기도 한다.

② 버스의 노선번호를 路 lù라 한다.

11. 교　통

A: 거기 가는 버스가 많습니까?
B: 제법 많아요, 10분 정도마다 한 대씩 옵니다
A: 저는 이미 30여분이나 기다렸는데요.
B: 차가 막히면 제 시간에 못올 수도 있습니다.
A: 아, 그렇군요.
B: 조금만 더 기다리세요. 금방 올겁니다.

여러 가지 활용

I 운행 시간　　运行 时间
　　　　　　　　yùnxíng shíjiān

> A: 到 天津 去 的 车 隔 多少 分钟 来 一 趟?
> 　　Dào Tiānjīn qù de chē gé duōshao fēnzhōng lái yí tàng
> B: 一 个 小时 一 趟。
> 　　Yí ge xiǎoshí yí tàng
> A: 直达 南京 的 车 几 天 后 能够 到达?
> 　　Zhídá Nánjīng de chē jǐ tiān hòu nénggòu dàodá
> B: 大概 两 天 吧。
> 　　Dàgài liǎng tiān ba
> A: 텐진행 버스는 몇 분에 한 대씩 옵니까?
> B: 한 시간에 한 대 있습니다.
> A: 난징 행 직행버스는 며칠만에 도착합니까?
> B: 한 이틀 걸립니다.

- 사람이 다 차면 출발합니다.
  人 坐满 了, 车 才 会 出发。
  Rén zuòmǎn le chē cái huì chūfā
- 거기까지 가는데 얼마나 걸립니까?
  到 那里 需要 多 长 时间?
  Dào nàli xūyào duō cháng shíjiān
- 고속버스도 있습니까?
  有 快车 吗?
  Yǒu kuàichē ma

- 이 대형버스는 어디로 가는 겁니까?
  这 个 大 巴 是 往 哪儿 去 的 ?
  Zhè ge dàba shì wǎng nǎr qù de
- 대형버스가 소형버스보다 넓고 안락해요.
  坐 大巴 比 坐 小巴 宽松 舒适 。
  Zuò dàbā bǐ zuò xiǎobā kuānsōng shūshì

II 요금 票价
pià ojià

▶승차요금을 물을 때   问 票价 时
wèn piàojià shí

A: 去 唐山 要 多少 钱 ?
   Qù Tángshān yào duōshao qián
B: 50 块 钱 。
   Wǔshí kuài qián
A: 탕산행 버스는 얼마입니까?
B: 50위안입니다.

- 왕복 표는 한 장에 얼마입니까?
  往返票 多少 钱 一 张?
  Wǎngfǎnpiào duōshao qián yì zhāng
- 편도 요금은 얼마입니까?
  一 张 单程票 多少 钱?
  Yì zhāng dānchéngpiào duōshao qián

▶표를 살 때 买 票 时
mǎi piào shí

A: 儿童 可以 优惠 吗 ?
   Értóng kěyǐ yōu huì ma
B: 1.1米 以下 的 可以 免 票, 但是 没有 座位, 就 要
   Yī mǐ yī yǐxià de kěyǐ miǎn piào dànshì méiyǒu zuòwèi jiù yào
   和 大人 坐 一 个 座 。
   hé dàren zuò yí ge zuò

11. 교 통

A: 어린이는 할인이 됩니까?
B: 110cm 이하는 무료입니다. 그러나 좌석은 없고 어른과 한 자리에 앉아야 합니다.

- 학생표는 반액입니다.
  学生票　　半价 优惠。
  Xuéshēngpiào bànjià yōuhuì

- 학생증을 보여 주세요.
  请 给 我 看 一下 你 的　学生证。
  Qǐng gěi wǒ kàn yíxià nǐ de xuéshēngzhèng

- 어린이가 따로 앉으려면 어른 요금을 내야 합니다.
  如果 儿童 要 单独 坐 一 个 座, 就 必须 买　成人票。
  Rúguǒ értóng yào dāndú zuò yí ge zuò jiù bìxū mǎi chéngrénpiào

- 군인은 신분증을 제시하면 우대가격을 받습니다.
  军人 可 凭 有效　证件　享受 优惠 待遇。
  Jūnrén kě píng yǒuxiào zhèngjiàn xiǎngshòu yōuhuì dàiyù

Ⅲ　버스 정류장에서　在 车站
　　　　　　　　　　zài chēzhàn

▶승강장 위치를 물을 때　　询问 站台 位置 时
　　　　　　　　　　　　xúnwèn zhàntái wèizhì shí

A: 去 太原 在 哪一 个 站台　上　车？①
　　Qù Tàiyuán zài nǎ yí ge zhàntái shàng chē
B: 1 号 站台 。
　　Yī hào zhàntái
A: 타이위엔 가려면 어느 승강장에서 타야 합니까?
B: 1번 승강장입니다.

---

① 太原 Tàiyuán: 山西 Shānxī(산시성)의 省会 shěnghuì(성도).

- 바로 이 자리에서 기다리시면 됩니다.
  在 这里 等 就 行 了。
  Zài zhèli děng jiù xíng le

▶ 노선을 물을 때　　询问　路线　时
　　　　　　　　　　xúnwèn lùxiàn shí

A: 去 天坛 公园，在 这里 等 车 可以 吗?
　 Qù Tiāntán Gōngyuán zài zhèli děng chē kěyǐ ma
B: 没有 直达 的，你 需要 中途 换 车。
　 Méiyǒu zhídá de nǐ xūyào zhōngtú huàn chē
A: 톈탄 공원을 가려면 여기서 버스를 기다리면 됩니까?
B: 바로 가는 것은 없고, 중간에 갈아타셔야 합니다.

- 북경 시정부로 가는 버스가 있습니까?
  有 没有 去 北京 市政府 的 车?
  Yǒu méiyǒu qù Běijīng shìzhèngfǔ de chē

- 거기 가는 차는 많습니다. 아무거나 타셔도 다 갑니다.
  有 好多 车 到 那里，你 随便 挑 一 辆 就行。
  Yǒu hǎoduō chē dào nàli nǐ suíbiàn tiāo yí liàng jiù xíng

- 바로 한 정류장만 가면 됩니다.
  你 坐 一 站 地 就 可以 了。
  Nǐ zuò yí zhàn dì jiù kěyǐ le

- 북경대학에 가려면 어떤 버스가 가장 빠릅니까?
  到 北京 大学，坐 哪 一 辆 车 最 快?
  Dào Běijīng Dàxué zuò nǎ yí liàng chē zuì kuài

- 길 저쪽으로 가서 타십시오.
  到 马路 那边 坐 车。
  Dào mǎlù nàbian zuò chē

▶ 버스를 오래 기다릴 때　　久 等 公车 时
　　　　　　　　　　　　　jiǔ děng gōngchē shí

- 30분이나 기다렸는데도 차가 오지 않네요.
  我 已经 等了 半 个 小时，汽车 还 没 来。
  Wǒ yǐjīng děngle bàn ge xiǎoshí qìchē hái méi lái

11. 교 통

- 이렇게 오래 기다리다니. 걸어 가도 벌써 도착했겠군요.
  等了 这么 长 时间，要是 步行 也 已经 到 了。
  Děngle zhème cháng shíjiān yàoshi bùxíng yě yǐjīng dào le

- 버스가 시간을 전혀 안 지키는군요.
  公共 汽车一点儿 都 不 准时。
  Gōnggòng qìchē yìdiǎnr dōu bù zhǔnshí

- 어째서 이 버스는 매번 늦는거야?
  怎么 这 路 车 每 次 都 晚点?
  Zěnme zhè lù chē měi cì dōu wǎndiǎn

▶ 차 안에서 물을 때　在 车上 问路 时
　　　　　　　　　　 zài chēshang wènlù shí

A: 这 个 车 到 市政府 吗？
　 Zhè ge chē dào shìzhèngfǔ ma

B: 你 坐错 车 了，到 下 一 站 下 车，倒 10 路 才
　 Nǐ zuòcuò chē le dào xià yí zhàn xià chē dǎo shí lù cái
　 能 到。①
　 néng dào

A: 이 버스 시청 갑니까?

B: 잘못 타셨습니다. 다음 역에서 내려서 10번으로 갈아 타 세요.

- 여기가 어디예요?
  这 是 哪儿 呀？
  Zhè shì nǎr ya

- 북경대학 가려면 몇 정류장이나 남았습니까?
  到 北京 大学 还 有 几 站?
  Dào Běijīng Dàxué hái yǒu jǐ zhàn

- 인민병원 가는데, 내릴 때 좀 알려주시겠습니까?
  我 要 去 人民 医院，到 的 时候 请 告诉 我 一声 好
  Wǒ yào qù Rénmín Yīyuàn dào de shíhou qǐng gàosu wǒ yìshēng hǎo
  吗?
  ma

---

① 倒车의 倒를 3성으로 발음할 때에는 '차를 갈아타다'의 뜻이나, 4성으로 발음하면 '후진하다' '차를 뒤로 몰다'의 뜻이 된다.

① 버 스

- 국가도서관 아직 멀었습니까?
  离 国家 图书馆 还 远 吗?
  Lí Guójiā Túshūguǎn hái yuǎn ma
- 왕징신청 다 왔습니까?
  是 不 是 已经 到 望京 新城 了?①
  Shì bu shì yǐjīng dào Wàngjīng Xīnchéng le

11 ① 公共汽车

---

① 望京新城 Wàngjīng Xīnchéng: 베이징 차오양취(朝阳区 Cháoyáng Qū)에 있는 대형 아파트타운. 북경에서 한국인들이 가장 많이 살고 있는 곳이기도 하다.

2 지하철·전철   地铁 / 城铁
dìtiě   chéngtiě

베이징시에는 地铁 dìtiě(지하철)과 城铁 chéngtiě(도시철도)가 있다. 地铁 dìtiě 는 말 그대로 지하로 운행되는 전철을 말하며, 城铁 chéngtiě 는 지상을 운행하는 전철을 말하는데 轻轨 qīngguǐ(경전철)라고도 하며 지하철과 서로 연계하여 탈 수가 있다. 아직은 모든 호선이 다 완공되지 않아 폭넓게 이용하기에는 다소 불편한 실정이나 모두 완공되면 베이징 시내의 교통상황이 크게 달라질 것이다.

A: 请问，去 西直门 怎么 走？①
   Qǐngwèn qù Xīzhímén zěnme zǒu
B: 你 可以 坐 公共 汽车，也 可以 坐 地铁。
   Nǐ kěyǐ zuò gōnggòng qìchē yě kěyǐ zuò dìtiě
A: 怎么 走 最 便捷？
   Zěnme zǒu zuì biànjié
B: 坐 地铁 又 快 又 方便。
   Zuò dìtiě yòu kuài yòu fāngbiàn
A: 大概 多 长 时间 能 到？
   Dàgài duō cháng shíjiān néng dào
B: 二十 分钟 左右。
   Èrshí fēnzhōng zuǒyòu
A: 地铁 站 离 这儿 远 吗？
   Dìtiě zhàn lí zhèr yuǎn ma
B: 不 远，对面 红绿灯 那儿 就 是。
   Bù yuǎn duìmiàn hónglǜdēng nàr jiù shì
A: 시즈먼에 가려면 어떻게 가야 하죠?
B: 버스를 타도 되고, 지하철을 타도 돼요.
A: 어떻게 가는 것이 제일 빠른가요?
B: 지하철이 빠르고도 편리해요.

---

① 북경에는 西直门 Xīzhímén 과 东直门 Dōngzhímén 이 있는데 두 곳 다 地铁 dìtiě (지하철)과 城铁 chéngtiě(도시전철)이 만나는 교통의 중심지이다.

A: 대략 시간이 얼마나 걸리는데요?
B: 20분 정도예요.
A: 지하철역이 여기에서 먼가요?
B: 멀지 않아요, 맞은편 신호등 바로 거기예요.

여러 가지 활용

I 호선을 물을 때 询问 路线 时
xúnwèn lùxiàn shí

- 북경역을 가려면 몇 호선을 타야 하죠?
  去 北京 站 坐 几 号 线 地铁?
  Qù Běijīng Zhàn zuò jǐ hào xiàn dìtiě

- 내부순환선을 타시면 됩니다.
  你 要 坐 内环 线。
  Nǐ yào zuò nèihuán xiàn

- 왕징까지 직접 가는 지하철은 없고, 도시전철이 거기까지 갑니다.
  没有 直达 望京 的 地铁, 有 城铁 可以 到 那儿。
  Méiyǒu zhídá Wàngjīng de dìtiě yǒu chéngtiě kěyǐ dào nàr

- 1호선을 타도 되고, 4호선을 타도 됩니다.
  你 可以 坐 1 号 线, 也 可以 坐 4 号 线。
  Nǐ kěyǐ zuò yī hào xiàn yě kěyǐ zuò sì hào xiàn

II 갈아탈 때 换乘
huànchéng

A: 我 要 去 宣武门, 在 哪儿 倒 地铁?
　　Wǒ yào qù Xuānwǔmén zài nǎr dǎo dìtiě
B: 在 复兴门。
　　Zài Fùxīngmén
A: 쉬엔우먼을 가려면 어디서 갈아타야 하죠?
B: 푸싱먼 역입니다.

- 도시전철로 갈아타려면 어디서 내려야 하죠?
  我 要是 倒 城铁 的话 在 哪儿 下?
  Wǒ yàoshi dǎo chéngtiě dehuà zài nǎr xià

- 지하철은 편하기는 한데 늘 갈아타는 것이 좀 번거롭더군요.
 坐 地铁 比较 方便，就是 老 得 倒 车，比较 麻烦。
 Zuò dìtiě bǐjiào fāngbiàn jiùshì lǎo děi dǎo chē bǐjiào máfan

Ⅲ 지하철을 기다릴 때   等 地铁 时
děng dìtiě shí

> A：地铁 几 分钟 一 趟？
>   Dìtiě jǐ fēnzhōng yí tàng
> B：五 到 十 分钟。
>   Wǔ dào shí fēnzhōng
> A：지하철은 몇 분마다 있습니까?
> B：5 분에서 10 분 간격입니다.

- 앞차가 방금 떠났습니다.
 前面 一 趟 刚刚 才 走。
 Qiánmiàn yí tàng gānggāng cái zǒu

- 지하철을 탈 때는 질서를 지켜야 합니다.
 乘 地铁 要 有 秩序。
 Chéng dìtiě yào yǒu zhìxù

- 옷이나 물건이 문에 끼이지 않도록 조심하세요.
 小心 你 的 衣物 被 门 夹住。
 Xiǎoxīn nǐ de yīwù bèi mén jiāzhù

- 붐빌 땐 소지품을 잘 관리해 소매치기 당하지 않게 하세요.
 拥挤 的 时候 要 注意 保管好 你 的 财物，以 防 小偷
 Yōngjǐ de shíhou yào zhùyì bǎoguǎnhǎo nǐ de cáiwù yǐ fáng xiǎotōu
 浑水摸鱼。①
 húnshuǐmōyú

- 차를 기다릴 때는 안전선 밖에서 기다려 주세요.
 等 车 的 时候 要 站在 安全线 以外。
 Děng chē de shíhou yào zhànzài ānquánxiàn yǐwài

---

① 浑水摸鱼 húnshuǐmōyú：'물이 흐려진 틈을 타서 고기를 잡는다' 는 뜻으로, '혼란한 틈을 타서 한몫 보는 것' 을 말한다. = 混水摸鱼 hùnshuǐmōyú.

Ⅳ 지하철 안에서　在地铁 上
zài dìtiě shang

- 다음 정거장은 무슨 역입니까?
  下一站是什么站?
  Xià yí zhàn shì shénme zhàn

- 저기에 노약자석이 있습니다.
  那里有老弱病残专座。①
  Nàli yǒu lǎo ruò bìng cán zhuānzuò

- 신문 좀 접어주시겠습니까?
  可以收起你的报纸吗?
  Kěyǐ shōuqǐ nǐ de bàozhǐ ma

- 지금 막 지나온 역이 무슨 역이죠?
  刚过去的那个站是什么站?
  Gāng guòqu de nàge zhàn shì shénme zhàn

- 천안문 광장 쪽으로 나가는 출구가 어디입니까?
  到天安门广场的出口在哪儿?
  Dào Tiān'ānmén Guǎngchǎng de chūkǒu zài nǎr

▶기타　其他
qítā

- 빨리 가자. 안 그러면 막차를 놓칠지도 몰라.
  快点儿走,要不就赶不上末班车了。②
  Kuài diǎnr zǒu yàobù jiù gǎn bu shàng mòbānchē le

- 북경역까지는 세 정거장 남았어요.
  到北京站还有三站。
  Dào Běijīng Zhàn hái yǒu sān zhàn

---

① 老(노인)・弱(허약자)・病(병자)・残(장애인). 专座 zhuānzuò: 전용좌석.
② 要不 yàobù: 그렇지 않으면, ~하든지, ~하거나.

3 기 차

火车
huǒchē

중국에서 기차를 타다 보면 표검사를 참 많이 한다는 느낌이 든다. 플랫폼으로 들어갈 때, 기차에 오를 때, 기차 안에서, 그리고 목적지 역의 출구에서 다시 한 번 표 검사를 받게 된다. 이렇게 표 검사를 엄격히 한다는 것은 상대적으로 무임 승차하려는 사람이 많다는 반증일 수도 있겠다. 특히 목적지역 출구를 나갈 때는 주로 어린이 표를 구입하였는가를 집중적으로 검사하므로 110cm 가 넘는 아이의 경우 반드시 표를 끊는 것이 좋다.

기본대화

A: 这次春节你回家吗？
Zhè cì Chūn Jié nǐ huí jiā ma

B: 当然回了。可是不知道能不能买到火车票。
Dāngrán huí le Kěshì bù zhīdào néng bu néng mǎidào huǒchē piào

A: 你要赶快去买票啊。
Nǐ yào gǎnkuài qù mǎi piào a

B: 可是买票是很难的。
Kěshì mǎi piào shì hěn nán de

A: 那怎么办呢？
Nà zěnme bàn ne

B: 如果买不到，只能找黄牛买票了。①
Rúguǒ mǎi bu dào zhǐ néng zhǎo huángniú mǎi piào le

A: 找黄牛，那可是违法的呀！
Zhǎo huángniú nà kěshì wéifǎ de ya

B: 可我们没有其他的办法了。
Kě wǒmen méiyǒu qítā de bànfǎ le

A: 이번 설에 고향에 가세요?
B: 당연히 가지요. 그런데 기차표를 살 수 있을지 모르겠군요.

---

① 黄牛 huángniú: 원래는 '황소' 라는 뜻이지만, 암표상, 브로커, 거간꾼의 의미도 지니고 있다. 암표상은 票販子 piàofànzi, 倒票的 dǎopiàode 라고도 하며 암표는 黑票 hēipiào 라 하기도 한다.

A: 어서 가서 예매를 하세요.
B: 표를 예매하기가 무척 어려워요.
A: 그럼 어떻게 해야 하는데요?
B: 표를 사지 못하면 암표라도 사는 수밖에요.
A: 암표상을 찾는건 위법이잖아요?
B: 하지만 다른 방법이 없거든요.

여러 가지 활용

I 매표소에서　在 售票处
　　　　　　　zài shòupiàochù

A: 今天　晚上　有 去　上海　的 火车　吗？
　　Jīntiān wǎnshang yǒu qù Shànghǎi de huǒchē ma
B: 今天 的 票 都 卖完 了，只 剩下 无座 的 票 了。
　　Jīntiān de piào dōu màiwán le zhǐ shèngxià wúzuò de piào le
A: 오늘 밤 상하이 가는 기차가 있습니까?
B: 오늘 표는 다 매진되었고, 입석표만 남아 있습니다.

- 충칭 가는 기차 제일 빠른게 몇 시 출발입니까?
  去　重庆　的 火车，最 快 的 几 点 发车？
  Qù Chóngqìng de huǒchē zuì kuài de jǐ diǎn fāchē

- 텐진 가는 마지막 열차는 몇 시에 있습니까?
  去 天津 的 末班 火车 是 几点?
  Qù Tiānjīn de mòbān huǒchē shì jǐ diǎn

- 플랫폼 입장표 하나 주세요.
  请 给 我 一 张 站台票。
  Qǐng gěi wǒ yì zhāng zhàntáipiào

- 키 110～140 의 어린이는 반표를 구입할 수 있습니다.
  身高 1.1米到1.4米 的 儿童 享受 半价票。
  Shēngāo yī mǐ yī dào yī mǐ sì de értóng xiǎngshòu bànjiàpiào

- 20인 이상일 경우는 단체표를 구입할 수 있습니다.
  二十 人 以上 可以 订购 团体票。
  Èrshí rén yǐshàng kěyǐ dìnggòu tuántǐpiào

11. 교통

▶대합실에서 在 候车室
zài hòuchēshì

- 광저우 가는 기차는 몇 번 대합실로 가야 하지요?
  去 广州 的火车，要 去 几 号 候车室？
  Qù Guǎngzhōu de huǒchē yào qù jǐ hào hòuchēshì

- 고급침대칸 손님은 귀빈실에서 기다리시면 됩니다.
  软卧 的 乘客 可以 在 贵宾室 里 等候。
  Ruǎnwò de chéngkè kěyǐ zài guìbīnshì li děnghòu

▶기차표를 환불할 때 退 火车票 时
tuì huǒchēpiào shí

A: 我 要 退 火车票。
   Wǒ yào tuì huǒchēpiào
B: 请 您 去 6 号 退 票 窗 口。
   Qǐng nín qù liù hào tuì piào chuāngkǒu
A: 기차표를 환불하려고 합니다.
B: 6번 환불 창구로 가세요.

- 기차 출발 전에 환불하면 수수료를 제외한 전액을 돌려받을 수 있습니다.
  火车 出发 前 退 票 ，除了 手续费 外，你 可以 拿回
  Huǒchē chūfā qián tuì piào   chúle shǒuxùfèi wài nǐ kěyǐ náhuí
  所有 的 钱 。
  suǒyǒu de qián

- 수수료 20%를 내셔야 합니다.
  要 交 20% 的 手续 费。
  Yào jiāo bǎifēizhī èrshí de shǒuxù fèi

- 기차가 이미 출발한 뒤에는 환불받을 수 없습니다.
  火车 出发 后 就 不 可以 退 票 了。
  Huǒchē chūfā hòu jiù bù kěyǐ tuì piào le

Ⅱ 기차 안에서 在 火车 上
zài huǒchē shang

A: 几 点 可以 到达 洛阳？
   Jǐ diǎn kěyǐ dàodá Luòyáng

B: 比 预定 的 时间 晚了 十 分钟, 所以 要 在 五点
　　Bǐ yùdìng de shíjiān wǎnle shí fenzhōng suǒyǐ yào zài wǔ diǎn
　十分 到达。
　shí fēn dàodá
A: 몇 시에 뤄양에 도착합니까?
B: 예정보다 10 분 늦어져, 5 시 10 분에 도착하게 됩니다.

- 뜨거운 물은 어디에 있습니까?①
　请问　热水 在 哪儿?
　Qǐngwèn rè shuǐ zài　nǎr
- 식당은 몇 호 차에 있습니까?
　餐厅　在 几 号　车厢?
　Cāntīng zài jǐ hào chēxiāng
- 화장실은 열차칸 맨 끝에 있습니다.
　厕所 在　车厢　的 最 尾端。
　Cèsuǒ zài chēxiāng de zuì wěiduān
- 열차가 정지해 있을 때는 화장실 사용을 금합니다.②
　火车　停止 时 禁止　使用　厕所。
　Huǒchē tíngzhǐ shí jìnzhǐ shǐyòng cèsuǒ

▶기차 안에서 표 끊기　　车上　补　票
　　　　　　　　　　　chēshang bǔ piào

- 차표를 끊으실 분은 7 호 차로 오시기 바랍니다.
　要　补 票 的 乘客　请 到　7 号　车厢。
　Yào bǔ piào de chéngkè qǐng dào qī hào chēxiāng
- 어린이표를 구입하지 않은 승객은 지금 구입하십시오.
　没有　买　儿童票　的　乘客　请　马上　补票。
　Méiyǒu mǎi értóngpiào de chéngkè qǐng mǎshàng bǔ piào

---

① 중국 기차의 모든 차량마다 전열 온수기가 설치되어 있다. 국토가 넓어 2~3 일의 장시간 여행이 보편적이고, 여기에 중국인들은 차를 즐겨 마시므로 뜨거운 물은 필수적이기 때문이다.

② 매 역에 도착할 때가 되면 승무원이 화장실을 잠그고 기차가 출발하면 다시 열어놓는다.

▶물건 사기 买 东西
mǎi dōngxi

- 컵라면 있습니까? /도시락 1개 주세요.
  有 方便面 吗? / 请 给 我 一 盒 盒饭。
  Yǒu fāngbiànmiàn ma　　Qǐng gěi wǒ yì hé héfàn

- 꽈즈 1봉지 주세요.
  请 给 我 一 袋 瓜子。①
  Qǐng gěi wǒ yí dài guāzǐ

- 다음 역에 내려서 먹을 것을 좀 사야겠어.
  到 下 一 站 我 去 买 一 些 东西。
  Dào xià yí zhàn wǒ qù mǎi yìxiē dōngxi

Ⅲ 개찰할 때 检 票 时
jiǎn piào shí

- 표를 검사하겠습니다.
  现在 开始 检票。
  Xiànzài kāishǐ jiǎn piào

- 당신 아이도 어린이표 샀습니까?
  你 的 小孩儿 买 儿童票 了 吗?
  Nǐ de xiǎoháir mǎi értóngpiào le ma

- 일행이 모두 몇 명입니까?
  你们 一共 有 几 个 人?
  Nǐmen yígòng yǒu jǐ ge rén

- 어린이표를 구입하지 않으셨으면 여기서 구입하십시오.
  没有 买 票 的 儿童 可以 在 这里 补 票。
  Méiyǒu mǎi piào de értóng kěyǐ zài zhèli bǔ piào

---

① 瓜子 guāzǐ: 해바라기씨, 수박씨, 호박씨 등 먹는 씨앗을 일컫는다.

4 택시

出租车
chūzūchē

중국 본토에서는 택시를 出租车 chūzūchē 라고 가장 많이 일컬으며, 出租汽车 chūzū qìchē 또는 计程车 jìchéngchē 라고도 한다. 또한 택시를 음역한 的士 dīshì 는 홍콩 등지에서 많이 사용하는데, 본토에서도 택시를 잡는다고 말할 때에는 "打的 dǎ dī"라고 한다. 중국에는 택시의 공급이 수요보다 많기 때문에 아파트나 주요 건물 등에서 손님을 기다리는 긴 택시행렬을 볼 수 있고, 따라서 합승이란 거의 없는 상황이다.

기본대화

A: 先生， 您 去 哪儿？
  Xiānsheng nín qù nǎr

B: 北京 大学 。
  Běijīng Dàxué

A: 您 走 哪 条 路？
  Nín zǒu nǎ tiáo lù

B: 走 三环 吧 。
  Zǒu sānhuán ba

A: 那边 正 堵车，您 不如 走 四环 。
  Nàbian zhèng dǔ chē   nín bùrú zǒu sìhuán

B: 你 认为 走 四环 更 近 吗？
  Nǐ rènwéi zǒu sìhuán gèng jìn ma

A: 不 是 更 近，但是 现在 要 比 三环 节省 时间 。①
  Bú shì gèng jìn dànshì xiànzài yào bǐ sānhuán jiéshěng shíjiān

B: 好 的 , 走 四环 吧 。
  Hǎo de zǒu sìhuán ba

A: 손님, 어디로 모실까요?
B: 북경대학이요.
A: 어느 길로 가시겠습니까?
B: 싼환루로 갑시다.

---

① 节省 jiéshěng: 절약하다. 아끼다.

11 交通

> A: 그쪽은 지금 차가 막혀서, 쓰환루로 가는 것보다 못합니다.
> B: 쓰환루가 더 가깝습니까?
> A: 더 가까운건 아니지만 지금 싼환루보다는 시간이 절약됩니다.
> B: 좋아요. 쓰환루로 갑시다.

여러 가지 활용

I **택시를 잡을 때**　打的时
　　　　　　　　　dǎ dī shí

> A: 在 上海 打的 容易 吗？
> 　　Zài Shànghǎi dǎ dī róngyì ma
> B: 在 中国 任何 地方 打的 都 挺 方便 的。
> 　　Zài Zhōngguó rènhé dìfang dǎ dī dōu tǐng fāngbiàn de
> A: 상하이에선 택시잡기가 쉽나요?
> B: 중국에서는 어느 지역이든 택시잡기가 비교적 편해요.

- 이렇게 늦었는데, 택시를 잡을 수 있을까요?
  这么 晚 了，还 能 打到的 吗？
  Zhème wǎn le hái néng dǎdào dī ma
- 여긴 택시가 없어요. 택시를 잡으려면, 큰 길로 나가야 해요.
  这里 没有 出租车，要 打的话，得 去 大 马路 上。
  Zhèli méiyǒu chūzūchē yào dǎ dehuà děi qù dà mǎlù shang
- 택시들이 문 밖에 줄을 서서 기다리고 있어요.
  出租车 在 门 外 排队 等候。
  Chūzūchē zài mén wài pái duì děnghòu
- 차종에 따라 택시 요금이 다릅니다.
  按 车 种 不同，的 费 也 不同。
  Àn chē zhǒng bù tóng dī fèi yě bù tóng

▶**택시를 부를 때**　叫 出租车 时
　　　　　　　　　jiào chūzūchē shí

> A: 你 能 帮 我 叫 一 辆 出租车 过来 吗？
> 　　Nǐ néng bāng wǒ jiào yí liàng chūzūchē guòlai ma
> B: 好的，我 马上 给您 叫 一 辆。
> 　　Hǎo de wǒ mǎshàng gěi nín jiào yí liàng

④ 택시

A: 택시를 한 대 불러 주시겠습니까?
B: 알겠습니다. 바로 보내 드리겠습니다.

A: 喂，您是 张 师傅 吗？①
　　Wèi, nín shì Zhāng shīfu ma
B: 是 的，您 是 哪 位？
　　Shì de　nín shì nǎ wèi
A: 我 是 昨天 坐 您 的 车，从 机场 到 王府井 的。
　　Wǒ shì zuótiān zuò nín de chē cóng jīchǎng dào Wángfǔjǐng de
B: 啊，是 金 先生 吧？
　　A　shì Jīn xiānsheng ba
A: 是 的，我 现在 急着 要 出去，您 马上 来 好 吗？
　　Shì de　wǒ xiànzài jízhe yào chūqu　nín mǎshàng lái hǎo ma
B: 好 的，我 马上 过去。
　　Hǎo de　wǒ mǎshàng guòqu

A: 여보세요 장 기사님입니까?
B: 그렇습니다. 누구십니까?
A: 어제 당신차를 타고 공항에서 왕푸징으로 갔던 사람입니다.
B: 아, 김선생님이시죠?
A: 네, 지금 급하게 외출을 하려는데 와 주시겠습니까?
B: 알겠습니다. 바로 가겠습니다.

Ⅱ 승하자　乘 / 下 车
　　　　　　　chéng　xià chē

▶행선지를 말할 때　告诉 目的地 时
　　　　　　　　　　gàosu mùdìdì shí

A: 请问，你 去 哪儿？
　　Qǐngwèn nǐ qù nǎr

---

① 운전기사는 司机 sījī 이지만, 우리가 흔히 기사님이라 부르듯이 중국에서도 师傅 shīfu 라 높여 부르는 경우가 많다. 师傅 shīfu 는 '스승', '사부'를 지칭하기도 하지만, '기능이나 기술이 매우 숙달된 사람'을 가리키기도 한다.

> B: 去 韩国 大使馆。
>   Qù Hánguó dàshǐguǎn
> A: 어디 가십니까?
> B: 한국 대사관으로 갑시다.

- 이 메모를 보세요, 이 주소로 가려고 해요.
  请 你 看看 这 纸条，我 要 去 这 个 地址。
  Qǐng nǐ kànkan zhè zhǐtiáo wǒ yào qù zhè ge dìzhǐ

- 여기서 제일 가까운 전철역으로 데려다 주세요.
  请 你 把我 送到 离 这里 最近 的 地铁站。
  Qǐng nǐ bǎ wǒ sòngdào lí zhèli zuì jìn de dìtiězhàn

- 공항이요, 시간 없으니 빨리 가 주세요.
  去 机场，我 赶 时间，请 您 快点儿。
  Qù jīchǎng wǒ gǎn shíjiān qǐng nín kuàidiǎnr

▶ 짐을 실을 때　放 行李 时
　　　　　　　　fàng xíngli shí

- 기사님, 자전거를 뒤 트렁크에 실어 주세요.
  师傅，请 把我 的 自行车 放在 后备箱 里。
  Shīfu qǐng bǎ wǒ de zìxíngchē fàngzài hòubèixiāng li

- 이 가방을 뒤 트렁크에 실어 주시겠습니까?
  我 能 把我 的 包 放在 后备箱 里吗？
  Wǒ néng bǎ wǒ de bāo fàngzài hòubèixiāng li ma

- 죄송하지만 뒤 트렁크를 열어 주세요.
  麻烦 你 打开 后备箱。
  Máfan nǐ dǎkāi hòubèixiāng

▶ 짐을 내릴 때　下 车 拿 行李 时
　　　　　　　　xià chē ná xíngli shí

- 제가 가방을 꺼내 드리겠습니다.
  我 来 帮 你 拿 这 个 包。
  Wǒ lái bāng nǐ ná zhè ge bāo

- 짐을 빠뜨리지 마세요.
不要 落下 您 的 行李。①
Búyào làxià nín de xíngli
- 제 짐이 너무 많군요, 고맙습니다.
我 的 行李 太 多 了, 谢谢 您。
Wǒ de xíngli tài duō le xièxie nín

Ⅲ 택시 안에서   在 车上
zài chēshang

▶시간에 쫓길 때 赶 时间 时
gǎn shíjiān shí

A: 到 韩国 大使馆 需要 多 长 时间?
Dào Hánguó dàshǐguǎn xūyào duō cháng shíjiān
B: 现在 是 下 班 高峰期, 起码 需要 一 个 小时。②
Xiànzài shì xià bān gāofēngqī qǐmǎ xūyào yí ge xiǎoshí
A: 주중 한국 대사관까지 얼마나 걸리죠?
B: 지금 퇴근 러시아워시간이라서 적어도 한 시간은 걸릴 것 같습니다.

- 10 분이면 도착합니다.
十 分钟 就 到 了。
Shí fēnzhōng jiù dào le
- 시간이 없는데 좀더 빨리 갈 수 있을까요?
我 赶 时间, 您 能 再 快 一点儿 吗?
Wǒ gǎn shíjiān nín néng zài kuài yìdiǎnr ma

▶요금을 물을 때 询问 车费 时
xúnwèn chēfèi shí

A: 请问 您 到 哪儿?
Qǐngwèn nín dào nǎr

---

① 落: '떨어지다', '내리다'의 뜻일 때는 luò로 발음하지만 '놓아두고 잊어버리다'의 뜻일 때는 là로 발음한다.
② 起码 qǐmǎ: 최저한, 최소한.

B: 我 到 王朝 饭店。
　　Wǒ dào Wángcháo Fàndiàn

A: 好 的。
　　Hǎo de

B: 到 那儿 多少 钱？
　　Dào nàr duōshao qián

A: 计价器 上 会 有 显示。
　　Jìjiàqì shang huì yǒu xiǎnshì

B: 好，开 车 吧！
　　Hǎo kāi chē ba

A: 到 了，28 块 钱 …… 找 你 两 块。
　　Dào le èrshíbā kuài qián Zhǎo nǐ liǎng kuài

B: 不用 找 了。
　　Búyòng zhǎo le

A: 어디로 모실까요?
B: 다이너스티 호텔로 갑시다.
A: 알겠습니다.
B: 거기까지 얼마입니까?
A: 요금계산기에 표시가 될 겁니다.
B: 좋습니다. 갑시다.
A: 다 왔습니다. 28 위안입니다. 거스름돈 2 위안입니다.
B: 거스름 필요 없습니다.

A: 到 机场 大概 需要 多少 钱？
　　Dào jīchǎng dàgài xūyào duōshao qián

B: 大概 100 块。
　　Dàgài yìbǎi kuài

A: 공항까지 대략 얼마나 나옵니까?
B: 100 위안 정도 나옵니다.

• 기사님, 요금계산기를 꺾고 갑시다.
　师傅，请 您 打 表。
　　Shīfu qǐng nín dǎ biǎo

- 고속도로로 가시겠습니까? 고속도로 이용 요금은 손님이 내셔야 합니다.
  你 要 走 高速 公路 吗？ 过 路 费用 需要 你 自己 支付。
  Nǐ yào zǒu gāosù gōnglù ma   Guò lù fèiyòng xūyào nǐ zìjǐ zhīfù

▶ 가는 길을 알려줄 때   指 路 时
                       zhǐ lù shí

- 다음 사거리에서 우회전하세요.
  请 您 在 下 一 个 十字 路口 向 右 转。
  Qǐng nín zài xià yí ge shízì lùkǒu xiàng yòu zhuǎn

- 저 앞 고가도로를 타야 합니다.
  要 上 前面 的 立交桥。
  Yào shàng qiánmian de lìjiāoqiáo

- 난징루로 갑시다.
  我们 走 南京 路 吧。
  Wǒmen zǒu Nánjīng Lù ba

- 저 앞 신호등에서 유턴하세요.
  在 前面 的 红绿灯 处 掉 头。①
  Zài qiánmiàn de hónglǜdēng chù diào tóu

▶ 지름길로 가자고 할 때   要求 走 近 路 时
                         yāoqiú zǒu jìn lù shí

- 내가 지름길을 알려 드릴테니 그리로 갑시다.
  我 告诉 您 一 条 最近 的 路，我们 走 这 条 路 吧。
  Wǒ gàosu nín yì tiáo zuì jìn de lù   wǒmen zǒu zhè tiáo lù ba

- 돌아가지 말고 지름길로 가 주세요.
  您 不要 绕 路，请 走 最近 的 路。
  Nín búyào rào lù   qǐng zǒu zuì jìn de lù

- 이 길로 가면 먼데 왜 여기로 가는 거죠?
  这 条 路 比较 绕 远，您 为什么 要 走 这 条 路 呢？
  Zhè tiáo lù bǐjiào rào yuǎn   nín wèishénme yào zǒu zhè tiáo lù ne

- 이 길이 조금 멀긴 하지만 막히지 않아 시간이 절약됩니다.
  这 条 路 虽然 比较 远，但是 不堵车，比较 省 时间。
  Zhè tiáo lù suīrán bǐjiào yuǎn dànshì bù dǔ chē bǐjiào shěng shíjiān

---

① 掉头 diào tóu: 차의 방향을 바꾸다, 차를 돌리다. =调头 diào tóu.

▶ 잠시 세워 달라고 할 때　要求 途中 停车 时
　　　　　　　　　　　　yāoqiú túzhōng tíngchē shí

- 저 아파트 앞에 잠시 세워 주세요. 한 사람을 태워야 해요.
  在那个 公寓 前 停 一下 车，我 要 接 一个 人。
  Zài nà ge gōngyù qián tíng yíxià chē wǒ yào jiē yí ge rén

- 잠시만 기다려 주세요. 물건을 놓고 왔어요.
  麻烦 您 等 一下，我 忘了 拿一件 东西。
  Máfan nín děng yíxià wǒ wàngle ná yí jiàn dōngxi

- 10분 이내에 돌아올 겁니다.
  我 可以 在 十 分钟 之内 回来。
  Wǒ kěyǐ zài shí fēnzhōng zhīnèi huílai

▶ 목적지에 도착했을 때　到达 目的地 时
　　　　　　　　　　　dàodá mùdìdì shí

A: 先生，　到 了。
　　Xiānsheng dào le
B: 谢谢，请 您 帮 我 拿 一下 后备箱 里 的 东西。
　　Xièxie qǐng nín bāng wǒ ná yíxià hòubèixiāng li de dōngxi
A: 손님, 다 왔습니다.
B: 고맙습니다. 뒤 트렁크의 물건 좀 꺼내 주세요.

- 됐습니다. 이 근처에서 세워 주세요.
  好 了，你 就 在 这个 附近 停车 吧。
  Hǎo le nǐ jiù zài zhè ge fùjìn tíngchē ba

- 여기서 내리겠습니다.
  我 就 在 这里 下 车 吧。
  Wǒ jiù zài zhèli xià chē ba

- 코너를 돌아서 세워 주시면 됩니다.
  请 您 在 拐 弯儿 后 停车 就 可以 了。①
  Qǐng nín zài guǎi wānr hòu tíngchē jiù kěyǐ le

---

① 拐弯儿 guǎi wānr: 굽이를 돌다. 커브를 돌다.

- 아파트 안으로 들어갑시다.
  请 您 开进 公寓 里 吧。
  Qǐng nín kāijìn gōngyù li ba

▶ 요금을 낼 때 付 车费 时
  fù chēfèi shí

- 요금이 어째서 평소보다 많이 나왔죠?
  这 次 车费 为什么 比 平时 多 呢?
  Zhè cì chēfèi wèishénme bǐ píngshí duō ne

- 밤 12시 이후에는 할증 요금입니다.
  晚上 十二 点 以后 要 调 价。
  Wǎnshang shí'èr diǎn yǐhòu yào tiáo jià

▶ 기타 其他
  qítā

- 중국에는 자가용으로 영업을 하는 사람들이 아주 많아요.
  在 中国 用 私人 轿车 拉客 的 人 很 多。①
  Zài Zhōngguó yòng sīrén jiàochē lā kè de rén hěn duō

- 불법영업 택시는 위험하니 절대 타지 마세요.
  黑车 太 危险 了, 千万 不 能 坐。②
  Hēichē tài wēixiǎn le qiānwàn bù néng zuò

- 차에서 내릴 때는 꼭 영수증을 달라고 하세요.
  下 车 时 一定 要 拿 车票。
  Xià chē shí yídìng yào ná chēpiào

---

① 拉客 lā kè: 손님을 끌다. 호객행위를 하다. 손님을 실어 나르다.
② 黑车 hēichē: 영업허가를 받지 않고 불법으로 영업을 하는 차량을 말한다.

⑤ 자전거·오토바이　自行车 / 摩托车
　　　　　　　　　　　　　　　zìxíngchē　mótuōchē

중국의 가장 대중적 교통수단이라면 역시 자전거를 들 수가 있겠다. 서민들이 구입하기에 가장 부담이 없으며, 비좁은 공간에서도 주차가 가능할 뿐 아니라, 때로는 택시 뒤에 실을 수도 있어 매우 편리하다. 비가 오면 어느새 형형색색의 우비를 입고 달리는가 하면, 거친 황사(沙尘暴 shāchénbào) 바람 속에서도 스카프로 얼굴을 가리고 출퇴근하는 행렬은 매우 인상적이다.

기본대화

A: 你坐什么 上下班？
　 Nǐ zuò shénme shàng xià bān
B: 我骑车。①
　 Wǒ qí chē
A: 是吗？还可以 锻炼 身体。
　 Shì ma　Hái kěyǐ duànliàn shēntǐ
B: 是呀，早上 骑车是令人愉快的。
　 Shì ya　zǎoshang qí chē shì lìng rén yúkuài de
A: 무엇을 타고 출퇴근하세요?
B: 자전거를 타고 다녀요.
A: 그렇습니까? 신체도 단련되겠군요.
B: 네, 아침에 자전거를 타면 기분도 유쾌해져요.

여러 가지 활용

Ⅰ 자전거　自行车
　　　　　　 zìxíngchē

- 나는 아직 자전거를 탈 줄 몰라요.
  我还不会骑车。
  Wǒ hái bú huì qí chē

---

① 骑 qí: 말이나 당나귀 또는 자전거처럼 두 다리를 벌려 타는 것을 말한다. 예)骑马 qí mǎ(말을 타다), 骑驴 qí lǘ(나귀를 타다).

⑤ 자전거・오토바이

- 나는 관절이 아파서 자전거를 못타요.
  我 关节 不好 ， 不 能 骑车 。
  Wǒ guānjié bù hǎo bù néng qí chē
- 자전거 자물쇠 채웠니?
  你 锁 自行车 了 吗？
  Nǐ suǒ zìxíngchē le ma
- 내 자전거를 잃어 버렸어.
  我 的 自行车 丢 了 。
  Wǒ de zìxíngchē diū le
- 어라? 여기다 세워 둔 자전거가 어디로 갔지?
  咦 ，我 刚才 停在 这里 的 自行车 哪里 去 了？
  Yí wǒ gāngcái tíngzài zhèli de zìxíngchē nǎli qù le
- 뒤에 타, 내기 데워 줄게.
  你 坐 后面 ，我 带 你 回去 。
  Nǐ zuò hòumiàn wǒ dài nǐ huíqu

▶바람 넣기 打气
　　　　　 dǎ qì

- 자전거 바람이 다 빠졌잖아.
  自行车 没 气 了 。
  Zìxíngchē méi qì le
- 자전거 타이어가 납작해졌어.
  自行车 的 车胎 瘪 了 。①
  Zìxíngchē de chētāi biě le
- 이 근처에 바람넣는 데 없을까?
  这 附近 有 没有 打 气 的？
  Zhè fùjìn yǒu méiyǒu dǎ qì de
- 뒷바퀴 타이어가 자꾸 바람이 빠져요.
  后面 的 轮胎 总是 没 气 。
  Hòumiàn de lúntāi zǒngshì méi qì

---

① 瘪 biě: 납작하다. 오그라들다. 쭈글쭈글하다. 예)瘪鼻子 biěbízi (납작코)，瘪嘴儿 biězuǐr (합죽이).

11. 교　　통

- 바람을 넣으니 자전거가 아주 잘 나가는데.
  打了气，车就走得很快。
  Dǎle qì chē jiù zǒu de hěn kuài。

II 오토바이　摩托车
mótuōchē

> A: 哇，你新买了一辆摩托车。
> 　　Wa nǐ xīn mǎile yí liàng mótuōchē
> B: 是啊，我终于拥有一辆自己的摩托车了。
> 　　Shì a wǒ zhōngyú yōngyǒu yí liàng zìjǐ de mótuōchē le
> A: 太酷了！你能带我吗？①
> 　　Tài kù le Nǐ néng dài wǒ ma
> B: 好啊，你上车吧。
> 　　Hǎo a nǐ shàng chē ba
>
> A: 와, 너 오토바이 새로 샀구나.
> B: 응, 드디어 내 오토바이를 갖게 되었어.
> A: 아주 멋지구나. 나 좀 태워줄래?
> B: 좋아, 타라구.

- 오토바이 탈 때는 헬멧을 꼭 써야 해.
  开摩托车的时候一定要戴头盔。
  Kāi mótuōchē de shíhou yídìng yào dài tóukuī

- 오토바이 뒤에 타는 사람도 헬멧을 쓰지 않으면 안돼.
  坐在后面的人不戴头盔也是不行的。
  Zuòzài hòumiàn de rén bú dài tóukuī yě shì bù xíng de

- 오토바이는 매우 위험해. 조심해야 한다구.
  开摩托车太危险了，一定要小心。
  Kāi mótuōchē tài wēixiǎn le yídìng yào xiǎoxīn

- 너무 세게 달리지 마. 안전이 최고야.
  你不要开得太快了，安全第一。
  Nǐ búyào kāi de tài kuài le ānquán dìyī

---

① 酷 kù: 본래는 '혹독하다', '잔혹하다'는 형용사와 '매우', '몹시'라는 부사의 뜻이 있으나, 최근에는 영어 'cool'의 외래어 표기로 젊은이들 사이에 '쿨하다'의 뜻으로 많이 쓰이고 있다.

- 요즘 많은 젊은이들이 오토바이를 타고 폭주를 하는데 정말 위험합니다.
现在 的许多 年轻人 开摩托 飙车 是很 危险 的。①
Xiànzài de xǔduō niánqīngrén kāi mótuō biāochē shì hěn wēixiǎn de

- 중국에 오토바이가 나날이 많아지는 것 같아요.
我 觉得 在 中国 摩托车 越来越 多。
Wǒ juéde zài Zhōngguó mótuōchē yuèláiyuè duō

- 차가 막힐 때는 택시보다 영업용 오토바이가 더 빨라요.
堵 车 时 坐 摩的 比 打 的 更 快。②
Dǔ chē shí zuò módī bǐ dǎ dī gèng kuài

Ⅲ 인력거 人力车 ③
rénlìchē

A: 我 要 去 综合 市场， 多少 钱 呀？
　 Wǒ yào qù zōnghé shìchǎng duōshao qián ya

B: 就 三 块 钱 。
　 Jiù sān kuài qián

A: 很 近 的，可以 便宜 一点儿 吗？
　 Hěn jìn de　kěyǐ piányi yìdiǎnr ma

B: 都 是 这 个 价钱，不 能 再 便宜 了。
　 Dōu shì zhè ge jiàqián　bù néng zài piányi le

A: 两 块 得了，我 每 次 坐 都 两 块 。
　 Liǎng kuài déle　wǒ měi cì zuò dōu liǎng kuài

B: 行, 行， 上 车 吧 。
　 Xíng xíng shàng chē ba

---

① 飙车 biāochē: 飙 biāo 는 '회오리바람' 또는 '폭풍'의 뜻으로, 飙车 biāochē 는 '폭주', '질주'를 뜻한다.

② 摩的 módī: 摩托车 mótuōchē(오토바이) 와 的士 dīshì(택시)의 합성어로 '영업용 오토바이'를 말한다. 택시보다 요금이 싸고 길이 막혀도 싸게 갈 수 있다는 장점이 있으나 규격에 맞는 헬멧 등이 제대로 갖춰지지 않은 게 많아 다소 위험한 단점이 있다.

③ 人力车 rénlìchē: 중국에는 아직 인력거가 대중교통 수단의 하나로 남아 있는데, 주로 삼륜자전거 뒤에 두 세 사람이 앉을 수 있게 자리를 마련한 것을 말한다.

11. 교　　통

> A : 종합시장에 가려는데 얼마예요?
> B : 3위안 주세요.
> A : 아주 가까운데, 좀 싸게 안돼요?
> B : 다 이 가격이에요. 더 싸게는 안됩니다.
> A : 2위안 해요. 매번 2위안에 가는걸요.
> B : 좋아요 좋아, 타세요.

- 거기는 비교적 가까우니 우리 인력거 타고 가요.
  那儿 比较 近, 我们 坐 人力车 吧。
  Nàr　bǐjiào jìn　wǒmen zuò rénlìchē ba

- 거기는 인력거가 들어가지 못할거야.
  那里 好像 不许 人力车 进入。
  Nàli　hǎoxiàng bù xǔ rénlìchē jìnrù

- 다리가 너무 아파. 우리 삼륜차 타고 가자.
  我 腿 酸 了, 我们 坐 三轮车 吧。
  Wǒ tuǐ suān le　wǒmen zuò sānlúnchē ba

6 자가용 승용차

私人 轿车
sīrén jiàochē

중국의 자동차 가격은 중국의 물가에 비해 무척 비싼 편이다. 중국에서 생산되고 있는 索纳塔 suǒnàtǎ (소나타)의 가격만 비교해 보아도 우리나라의 판매가격보다 훨씬 비싸다. 그럼에도 불구하고 중국의 많은 사람들은 汽车梦 qìchēmèng (마이카 꿈)을 실현하기 위해 열심히 저축을 한다. 고급 주택 단지에는 이미 주차 문제가 심각할 정도로 중국도 마이카 시대에 접어든 것이다.

기본대화

A: 为什么 要 让 我 停 车？
　　Wèishénme yào ràng wǒ tíng chē

B: 您 超 速 了。 请 出示 一下 您 的 驾驶证。
　　Nín chāo sù le　Qǐng chūshì yíxià nín de jiàshǐzhèng

A: 抱歉，我 有 急事，所以 超速 了，请 原谅 一次 吧。
　　Bàoqiàn wǒ yǒu jíshì　suǒyǐ chāosù le　qǐng yuánliàng yícì　ba

B: 不 行，你 违反 了 交通 法规，必须 接受 处罚。
　　Bù xíng nǐ wéifǎn le jiāotōng fǎguī　bìxū jiēshòu chǔfá

A: 왜 저보고 차를 세우라고 하셨습니까?
B: 속도를 위반하셨습니다. 면허증을 보여 주십시오.
A: 죄송합니다. 급한 일이 있어서 과속을 했습니다. 한 번만 봐주십시오.
B: 안됩니다. 교통법규를 위반했으면 반드시 처벌을 받아야 합니다.

여러 가지 활용

I 자동차를 살 때　购买 轿车
　　　　　　　　　　　gòumǎi jiàochē

• 중고차를 사는게 좋을까, 새차를 사는게 좋을까?
　买 旧车 好 还是 买 新车 好 呢？
　Mǎi jiùchē hǎo háishi mǎi xīnchē hǎo ne

- 수동을 살까, 오토매틱을 살까?
  买 手动挡 的 呢, 还是 买 自动挡 的 呢?
  Mǎi shǒudòngdǎng de ne háishi mǎi zìdòngdǎng de ne

Ⅱ 보험에 가입할 때　上 汽车 保险 时
shàng qìchē bǎoxiǎn shí

> A: 我 要 上 汽车 保险。
> 　　Wǒ yào shàng qìchē bǎoxiǎn
> B: 你 需要 上 哪 一 种?
> 　　Nǐ xūyào shàng nǎ yì zhǒng
> A: 我 需要 上 一 份 全面 的 汽车 保险。
> 　　Wǒ xūyào shàng yí fèn quánmiàn de qìchē bǎoxiǎn
> B: 你 要 上 的 保险 需要 在 什么 时候 生 效
> 　　Nǐ yào shàng de bǎoxiǎn xūyào zài shénme shíhou shēng xiào
> 　　呢? ①
> 　　ne
> A: 现在。
> 　　Xiànzài
> A: 자동차 보험에 가입하려고 하는데요.
> B: 어떤 종류를 원하십니까?
> A: 전부 보장되는 보험을 원합니다.
> B: 보험은 언제부터 유효하도록 할까요?
> A: 지금 바로요.

- 보험은 언제부터 유효합니까?
  这 份 保险 (从) 什么 时候 开始 生效?
  Zhè fèn bǎoxiǎn (cóng) shénme shíhou kāishǐ shēngxiào

- 최고 보상액은 얼마나 됩니까?
  最 高 的 赔偿金 是 多少?
  Zuì gāo de péichángjīn shì duōshao

- 차를 도난당했을 때도 보상을 받을 수 있습니까?
  如果 车 丢 了, 也 可以 得到 赔偿 吗?
  Rúguǒ chē diū le yě kěyǐ dédào péicháng ma

---

① 生效 shēng xiào: 发生效力 fāshēng xiàolì, 효력이 발생하다.

Ⅲ 차를 운전할 때　开车时
　　　　　　　　　　kāi chē shí

A: 你是不是太累了？我们可以轮流开车。①
　　Nǐ shì bu shì tài lèi le　Wǒmen kěyǐ lúnliú kāi chē
B: 我有点儿困了。在下一个休息站换你来开
　　Wǒ yǒudiǎnr kùn le　Zài xià yí ge xiūxizhàn huàn nǐ lái kāi
吧。
ba

A: 당신 너무 피곤하지 않아요? 우리 교대로 운전해요.
B: 약간 졸음이 오는데요. 다음 휴게소에서 교대합시다.

▶길을 잘 모를 때　走生路时 ②
　　　　　　　　　　zǒu shēnglù shí

- 어런, 길을 잘못 든 것 같은데.
  哎呀, 我好像走岔了路。③
  Aiya　wǒ hǎoxiàng zǒuchà le　lù

- 우리가 아까 갈림길에서 길을 잘못들어 선것 같아.
  我们可能在刚才那个岔路口走错了路。④
  Wǒmen kěnéng zài gāngcái nà ge chàlùkǒu zǒucuò le　lù

- 길을 잘못 들었나봐. 후진해 나가야겠는걸.
  好像我走错路了，我们需要倒回去。
  Hǎoxiàng wǒ zǒucuò lù le　wǒmen xūyào dào huíqu

- 앞에 사거리에서 어느 방향으로 가야 하지?
  在前面那个十字路口，我们应该向哪个
  Zài qiánmian nà ge shízì lùkǒu　wǒmen yīnggāi xiàng nǎ ge
  方向走？
  fāngxiàng zǒu

- 어느 방향으로 가야 하는지 미리 알려 주세요.
  你提前和我说一下我们要向哪个方向走。
  Nǐ tíqián hé wǒ shuō yíxià wǒmen yào xiàng nǎ ge fāngxiàng zǒu

---

① 轮流 lúnliú: 돌아가면서 하다, 교대로 하다.
② 生路 shēnglù: 여기서 '生 shēng'은 '陌生 mòshēng'(생소하다)의 뜻으로 生路는 '낯선 길'을 뜻한다.
③ 岔 chà: '길이 엇갈리다', '길을 잘못들다' 의 뜻.
④ 岔路口 chàlùkǒu: 갈림길. =岔口儿 chà kǒur, 岔道儿 chà dàor.

11. 교 통

- 교통지도를 좀 봐 주세요.
  你 帮 我 看看 交通 地图 。
  Nǐ bāng wǒ kànkan jiāotōng dìtú

- 우리가 지금 이 지도상에서 어디에 있는 거죠?
  我们 现在 在地图 上 的哪个 位置？
  Wǒmen xiànzài zài dìtú shang de nǎ ge wèizhì

- 우리가 가는 길이 맞는지 지도를 좀 봐 주세요.
  你在地图 上 看 一下 我们 现在 走 的路线 对不对。
  Nǐ zài dìtú shang kàn yíxià wǒmen xiànzài zǒu de lùxiàn duì bu duì

- 내려서 다른 사람에게 어떻게 가야 하는지 물어 봅시다.
  我们 停 下来 问问 别人 该 怎么 走 吧。
  Wǒmen tíng xialai wènwen biérén gāi zěnme zǒu ba

▶ 과속할 때　　超 速 时
　　　　　　　　chāo sù shí

- 너무 빨리 달리는군요.
  车 开 得 太 快 了。
  Chē kāi de tài kuài le

- 조심해요, 앞에 교통경찰이 있을지도 몰라요.
  小心， 前面 也许 有 交警。①
  Xiǎoxīn qiánmian yěxǔ yǒu jiāojǐng

- "10분을 기다릴지언정 1초를 다투지 않는다."
  "宁 等 十 分钟， 不 抢 一 秒钟。"②
  Nìng děng shí fēnzhōng bù qiǎng yì miǎozhōng

- "운전자의 술 한 모금, 가족들의 두 줄기 눈물."
  "司机一滴酒，亲人 两 行 泪。"
  Sījī yì dī jiǔ qīnrén liǎng háng lèi

▶ 빨리 가자고 재촉할 때　催促 加速 时
　　　　　　　　　　　　cuīcù jiāsù shí

- 좀 더 빨리 갈 수 없나요?
  你 能 不 能 开快 一点儿？
  Nǐ néng bu néng kāikuài yìdiǎnr

---

① 交警 jiāojǐng : 交通警察 jiāotōng jǐngchá (교통경찰)의 준말.
② 宁 nìng: 차라리 ~ 하는 것이 낫다. 차라리 ~할지언정. =宁愿 nìngyuàn, 宁肯 nìngkěn. 抢 qiǎng: 앞을 다투다, 급히 서두르다, 빼앗다.

⑥ 자가용 승용차　499

- 전 속력으로 달립시다.
  你 尽量 开到 最快。①
  Nǐ jǐnliàng kāidào zuì kuài
- 너무 천천히 가는 것 아니에요?
  你 是不是 开得太 慢 了?
  Nǐ shì bu shì kāi de tài màn le

▶태워다 줄 때　开车 送 人 时
　　　　　　　　kāi chē sòng rén shí

A: 上　车, 我 开车 送 你 吧。
　　Shàng chē　wǒ kāi chē sòng nǐ ba
B: 谢谢, 辛苦 你 了。
　　Xièxie　xīnkǔ nǐ le
A: 타시죠. 제가 태워 드리겠습니다.
B: 고맙습니다. 수고를 끼치게 되었군요.

- 제가 그곳까지 데려다 줄게요.
  我 把你 送到 那里 吧。
  Wǒ bǎ nǐ sòngdào nàli ba
- 타시죠. 같은 방향인데.
  你 上来 吧, 我们 顺路。②
  Nǐ shànglai ba　wǒmen shùnlù
- 고맙습니다만, 곧 사람이 차를 가지고 마중나오기로 했습니다.
  谢谢, 一会儿 有 人 开车 来 接我。
  Xièxie　yíhuìr　yǒu rén kāi chē lái jiē wǒ

▶탈 공간이 있는지를 물을 때　询问 有 没有 座位 时
　　　　　　　　　　　　　　xúnwèn yǒu méiyǒu zuòwèi shí

A: 车里 还 可以 坐 一个 人 吗?
　　Chēli hái kěyǐ zuò yí ge rén ma
B: 后面　可以 坐 三个 人, 你 上来 吧。
　　Hòumian kěyǐ zuò sān ge rén　nǐ shànglai ba
A: 한 사람 더 탈 수 있습니까?
B: 뒤에 세 사람이 앉을 수 있어요. 타세요.

---

① 尽量 jǐnliàng : 될 수 있는 대로, 최대한, 가능한한.
② 顺路 shùnlù : 가는(오는) 길, 지나는 길.

11. 교　통

- 저도 탈 수 있어요?
  我 也 可以 坐 吗？
  Wǒ yě kěyǐ zuò ma

- 잠깐이면 되니 좀 끼어서 갑시다.
  一会儿 就 到 了，我们 挤 一下 吧。
  Yíhuìr jiù dào le wǒmen jǐ yíxià ba

▶ 출발하려 할 때　　准备 出发 时
　　　　　　　　　zhǔnbèi chūfā shí

- 빨리 타세요!
  赶快 上 车！
  Gǎnkuài shàng chē

- 모두 탔습니까?
  都 上来 了 吗？
  Dōu shànglai le ma

- 자, 출발합니다.
  好，我们 出发。
  Hǎo wǒmen chūfā

Ⅳ　안전 수칙　　安全 规则
　　　　　　　ānquán guīzé

▶ 안전벨트　　安全带
　　　　　　ānquándài

A: 你 系了 安全带 吗？①
　　Nǐ jìle ānquándài ma
B: 当然 了，这 是 最 基本 的。
　　Dāngrán le zhè shì zuì jīběn de
A: 안전벨트 맸어요?
B: 그럼요, 그건 기본이죠.

---

　　① 系：계열(系列 xìliè), 계통(系统 xìtǒng)을 뜻할 때는 xì로 발음하나, 매다·묶다의 뜻으로 사용될 때는 jì로 발음한다.

⑥ 자가용 승용차

- 특히 앞좌석에 앉은 사람은 꼭 안전벨트를 매야 해요.
 尤其是 坐在 前面 的人必须要系安全带。
 Yóuqí shì zuòzài qiánmian de rén bìxū yào jì ānquándài
- 고속도로에서는 반드시 안전벨트를 착용해야 합니다. 이건 의무예요.
 高速 公路 上 一定要系安全带，这是义务。
 Gāosù gōnglù shang yídìng yào jì ānquándài zhè shì yìwù
- 안전벨트 덕분에 지난번 교통사고에서 화를 면했어요.
 上 次 交通 事故 中，由于我系了安全带，所以没有
 Shàng cì jiāotōng shìgù zhōng yóuyú wǒ jìle ānquándài suǒyǐ méiyǒu
 受伤。
 shòushāng

▶ 자동차 문·창문　车门 / 车窗
　　　　　　　　chēmén　chēchuāng

- 문이 잘 안 닫혔어요. 다시 닫아 주세요.
 门 没有 关好，请你再关一下。
 Mén méiyǒu guānhǎo qǐng nǐ zài guān yíxià
- 이봐요! 당신 차 뒷문이 열려 있어요.
 哎！你的车后门开了。
 Ai Nǐ de chē hòumén kāi le
- 문에 기대지 마세요. 위험해요.
 你别靠着车门，很危险的。
 Nǐ bié kàozhe chē mén hěn wēixiǎn de
- 손을 창밖으로 내놓는 것은 정말 위험합니다.
 把手 伸到 窗外 很 危险。
 Bǎ shǒu shēndào chuāngwài hěn wēixiǎn
- 잠시 후면 터널을 지나니 창문을 닫아요.
 等 一下要过 隧道，把 窗户 关上 吧。
 Děng yíxià yào guò suìdào bǎ chuānghu guānshàng ba

▶ 음주 운전　酒后驾车
　　　　　jiǔ hòu jià chē

A: 你喝醉了，不能开车。
　　Nǐ hēzuì le bù néng kāi chē

11. 교 통

> B: 不要紧，我只喝了一点儿。①
> Bú yàojǐn, wǒ zhǐ hēle yìdiǎnr
> A: 당신 취했으니, 운전할 수 없어요.
> B: 괜찮아, 조금 밖에 안 마셨다구.

- 요즘 교통경찰들이 음주운전을 엄격히 단속하고 있어요.
  最近 交警 正在 严厉打击酒后驾车。
  Zuìjìn jiāojǐng zhèngzài yánlì dǎjī jiǔ hòu jià chē

- 술을 마셨을 때는 절대 운전하지 말아요.
  如果你喝了酒 千万 不要开车。
  Rúguǒ nǐ hēle jiǔ qiānwàn búyào kāi chē

▶ 조심 · 주의　　小心 / 注意
　　　　　　　　xiǎoxīn　zhùyì

- 조심해서 운전하세요.
  你 小心 开车 呀。
  Nǐ xiǎoxīn kāi chē ya

- 조심해요. 뒤에 큰차가 따라오고 있어요.
  小心，我们 后面 跟着 一 辆 大车。
  Xiǎoxīn wǒmen hòumiàn gēnzhe yí liàng dà chē

- 오토바이가 갈수록 많아져 더욱 조심해야겠어요.
  摩托车 越来越 多，我们 要 多加 注意。
  Mótuōchē yuèláiyuè duō wǒmen yào duōjiā zhùyì

▶ 차에 이상이 있을 때　　车 出 问题 时
　　　　　　　　　　　　chē chū wèntí shí

- 어, 왜 갑자기 시동이 안 걸리지?
  咦，车 怎么 突然 不 能 发动 了呢？
  Yí chē zěnme tūrán bù néng fādòng le ne

- 요즘 자동차에서 이상한 소리가 나요.
  最近 这 车 老 发出 奇怪 的 声音。
  Zuìjìn zhè chē lǎo fāchū qíguài de shēngyīn

---

① 不要紧 bú yàojǐn: 긴장할 것 없다는 뜻으로 '괜찮다', '문제없다'라고 할 때 많이 씀.

- 휘발유가 새는 것 같아요.
  车 好像 漏油 了。
  Chē hǎoxiàng lòu yóu le
- 갑자기 시동이 꺼졌어요.
  发动机 突然 停 下来 了。
  Fādòngjī tūrán tíng xialai le
- 미등 하나가 나갔어요.
  一个 尾灯 不 亮 了。
  Yí ge wěidēng bú liàng le
- 어떻게 된거야? 차가 펑크가 나다니.
  怎么 回事儿？ 轮胎 爆 了。
  Zěnme huíshìr Lúntāi bào le

V 주차 停车
tíng chē

▶주차장에서 在 停车场
zài tíngchēchǎng

> A: 停车费 每 小时 多少 钱？
>   Tíngchēfèi měi xiǎoshí duōshao qián
> B: 每 小时 三 块。
>   Měi xiǎoshí sān kuài
> A: 주차료가 시간당 얼마입니까?
> B: 1시간에 3위안입니다.

- 여기는 무료 주차장입니다.
  这个 停车场 是 免费 的。
  Zhè ge tíngchēchǎng shì miǎnfèi de
- 이 주차장은 고객전용 주차장입니다.
  这个 停车场 是 顾客 专用 的。
  Zhè ge tíngchēchǎng shì gùkè zhuānyòng de
- 주차장이 꽉 찼어요.
  停车场 已经 满 了。
  Tíngchēchǎng yǐjīng mǎn le
- 저 앞에 주차할 수 있는 공간이 있어요.
  前面 有个 地方 可以 停车。
  Qiánmian yǒu ge dìfang kěyǐ tíng chē

11. 교 통

- 저 차가 나가려나 봐요. 거기다 주차해요.
  好像 那个 车 要 走 了，我们 可以 停在 那里。
  Hǎoxiàng nà ge chē yào zǒu le wǒmen kěyǐ tíngzài nàli

- 100 위안 이상의 구매영수증이 있으면 무료입니다.
  如果 有 100 元 以上 的 购物 小票 就 可以 免费 停
  Rúguǒ yǒu yìbǎi yuán yǐshàng de gòuwù xiǎopiào jiù kěyǐ miǎnfèi tíng
  车。
  chē

- 누가 내 자리에 주차를 했지?
  谁 占 了 我 的 车位？
  Shéi zhàn le wǒ de chēwèi

- 주차장이 비어 있어요.
  停车场 是 空着 的。
  Tíngchēchǎng shì kōngzhe de

- 지하 주차장에 주차하시면 됩니다.
  你 可以 停在 地下 停车场。
  Nǐ kěyǐ tíngzài dìxià tíngchēchǎng

- 차를 앞으로 조금만 빼 주세요.
  麻烦你 向 前 挪 一下 你 的 车。①
  Máfan nǐ xiàng qián nuó yíxià nǐ de chē

- 뒤로, 더, 더. 됐어요, 스톱.
  倒，倒，倒，好 了，停。
  Dào dào dào hǎo le tíng

▶주차 금지 禁止 停车
  jìnzhǐ tíngchē

> A: 我 能 在 这里 停 车 吗？
>   Wǒ néng zài zhèli tíng chē ma
> B: 不 行，这里 禁止 停 车。
>   Bù xíng zhèli jìnzhǐ tíng chē
> A: 여기에 주차할 수 있습니까?
> B: 안 됩니다. 여기는 주차금지입니다.

---

① 挪 nuó: 옮기다. 운반하다. 일반적으로 짧은 거리의 이동을 말함.

- 여기다 주차하시면 안 됩니다.
  你 不 能 在 这里 停 车 。
  Nǐ bù néng zài zhèli tíng chē

- 여기다 주차하면 바로 견인됩니다.
  如果 你 停在 这里， 就 会 马上 被 拖走 。
  Rúguǒ nǐ tíngzài zhèli jiù huì mǎshàng bèi tuōzǒu

- 어? 내 차 어디로 갔지?
  咦！ 我 的 车 哪 去 了？
  Yí Wǒ de chē nǎ qù le

Ⅵ 기타 其他
qítā

▶세차 洗 车
xǐ chē

- 세차를 하고, 엔진오일도 갈아 주세요.
  请 帮 我 洗 车， 再 加 点儿 润滑油 。
  Qǐng bāng wǒ xǐ chē zài jiā diǎnr rùnhuáyóu

- 오늘 비 온대요. 세차하지 말아요.
  今天 有 雨， 你 就 不要 洗 车 了 。
  Jīntiān yǒu yǔ nǐ jiù búyào xǐ chē le

- 하필 막 세차를 하고 나니까 비가 오는군.
  不 巧， 我 刚 洗完 车 就 下 雨 了 。
  Bù qiǎo wǒ gāng xǐwán chē jiù xià yǔ le

▶운전면허증 驾照
jiàzhào

- 운전면허가 있습니까?
  你 有 驾照 吗？
  Nǐ yǒu jiàzhào ma

- 국제운전면허증이 있습니다.
  我 有 国际 驾照 。
  Wǒ yǒu guójì jiàzhào

- 필기시험은 이미 통과했는데 주행에서 떨어졌어요.
  我 已经 通过 了 笔试， 但是 路考 没 过 。
  Wǒ yǐjīng tōngguò le bǐshì dànshì lùkǎo méi guò

- 드디어 운전면허증을 취득했어요.
  我 终于 拿到 了 驾照。
  Wǒ zhōngyú nádào le jiàzhào

▶ 도난 및 훼손　**丢失 / 损坏**
　　　　　　　　　diūshī　sǔnhuài

- 여기에 잠깐 차를 주차해 놓았는데 없어졌어요.
  我 刚才 把 车 停在 这儿 一会儿 就 丢 了。
  Wǒ gāngcái bǎ chē tíngzài zhèr yíhuìr jiù diū le

- 누가 내 차를 부수고 오디오를 훔쳐갔어요.
  谁 撬开 了我的车，偷走 了我的音响？①
  Shéi qiàokāi le wǒ de chē tōuzǒu le wǒ de yīnxiǎng

- 밤 사이 누군가가 내 차를 들이받았어요.
  谁 在 夜里 撞坏 了我的车？②
  Shéi zài yèli zhuànghuài le wǒ de chē

- 누군가가 펑크를 냈어요.
  谁 扎了我的轮胎？③
  Shéi zhāle wǒ de lúntāi

- 차 안에 놓아 둔 노트북이 없어졌어요.
  我 放在 车里 的 笔记本 电脑 不 见 了。
  Wǒ fàngzài chēli de bǐjìběn diànnǎo bú jiàn le

Ⅶ 주유소에서　在 加油站
　　　　　　　　zài jiāyóuzhàn

A: 你要加 多少 钱 的油？
　 Nǐ yào jiā duōshao qián de yóu

B: 我要加 100 元 的。
　 Wǒ yào jiā yìbǎi yuán de

---

① 撬 qiào : 칼이나 송곳 등을 구멍에 넣어 억지로 문을 여는 것을 말함. 예)钥匙丢了,只好撬门进去了。Yàoshi diū le, zhǐhǎo qiào mén jìnqu le (열쇠를 잃어버려서 문을 부수고 들어갔어요.)

② 撞 zhuàng : 세게 부딪히거나 충돌하는 것을 말함. 예) 撞车事故 zhuàng chē shìgù : 자동차 충돌사고.

③ 扎 zhā : 찌르다. 예) 扎手 zhā shǒu (손을 찔리다), 扎耳朵 zhā ěrduo (귀에 거슬리다).

> A: 얼마치 넣어 드릴까요?
> B: 100위안어치 넣어 주세요.

- 가득 채워 주세요.
  给我加满了。
  Gěi wǒ jiāmǎn le
- 20리터만 넣어 주세요.
  给我加20升。
  Gěi wǒ jiā èrshí shēng
- 엔진을 꺼 주십시오.
  麻烦你把车熄火。①
  Máfan nǐ bǎ chē xīhuǒ
- 무연휘발유로 넣어 주세요.
  我要不含铅的汽油。
  Wǒ yào bù hán qiān de qìyóu
- 엔진오일도 좀 넣어주세요.
  润滑油也要加点儿。
  Rùnhuáyóu yě yào jiā diǎnr

참고 관련 용어 词汇
cíhuì

- 지하철　地铁
  　　　　dìtiě
- 도시철도　城铁
  　　　　　chéngtiě
- 경전철　轻轨 铁路
  　　　　qīngguǐ tiělù
- 기차　火车
  　　　huǒchē
- 기차역　火车站
  　　　　huǒchēzhàn
- 지하철역　地铁站
  　　　　　dìtiězhàn
- 버스　公共 汽车, 公交车,
  　　　gōnggòng qìchē gōngjiāochē
  　　　公交, 巴士
  　　　gōngjiāo bāshì
- 택시　出租车, 出租 汽车, 计程车,
  　　　chūzūchē chūzū qìchē jìchéngchē
  　　　的士
  　　　dīshì
- 승용차　轿车
  　　　　jiàochē
- 자가용 승용차　私人 轿车
  　　　　　　　sīrén jiàochē
- 불법영업택시　黑车
  　　　　　　　hēichē
- 자전거　自行车
  　　　　zìxíngchē

① 熄火 xīhuǒ: 불을 끄다. 불이 꺼지다. 시동을 끄다. 熄火器 xīhuǒqì(소화기).

11. 교통

- 오토바이　摩托车
  mótuōchē
- 헬멧　头盔
  tóukuī
- 택시를 잡다　打的
  dǎ dī
- 차를 타다　乘车
  chéng chē
- 차에서 내리다　下车
  xià chē
- 운전하다　开车
  kāi chē
- 자전거 타다　骑车
  qí chē
- 인력거　人力车
  rénlìchē
- 정류장　车站
  chēzhàn
- 매표소　售票处
  shòupiàochù
- 왕복표　往返票
  wǎngfǎnpiào
- 편도표　单程票
  dānchéngpiào
- 입석표　站票
  zhànpiào
- 대합실　候车室
  hòuchēshì
- 대형버스　大巴
  dàbā
- 중형버스　中巴
  zhōngbā
- 소형버스　小巴
  xiǎobā
- 이층버스　双层公车
  shuāngcéng gōngchē
- 전차　电车
  diànchē
- 정기권　月票
  yuèpiào
- 장거리 버스　长途汽车
  chángtú qìchē
- 갈아타다　倒车
  dǎo chē
- 후진하다　倒车
  dào chē
- 뒷트렁크　后备箱
  hòubèixiāng
- 과속　超速
  chāosù
- 교통경찰　交警
  jiāojǐng
- 신호등　红绿灯
  hónglǜdēng
- 안전벨트　安全带
  ānquándài
- 음주운전　酒后驾车
  jiǔ hòu jià chē
- 주차　停车
  tíng chē
- 주차장　停车场
  tíngchēchǎng
- 세차　洗车
  xǐ chē
- 운전면허증　驾照
  jiàzhào
- 주유하다　加油
  jiā yóu
- 주유소　加油站
  jiāyóuzhàn
- 스티커　罚单
  fádān
- 벌금, 과태료　罚款
  fá kuǎn

12

사교와 모임

社交与宴会　SHEJIAO YU YANHUI

1. 초대·회답　　　　　　邀请/答复
2. 방문·접대　　　　　　拜访/接待
3. 각종 모임　　　　　　各种宴会
4. 사교 예절　　　　　　社交礼节
5. 헤어질 때　　　　　　散场

1 초대 · 회답   邀请 / 答复
                        yāoqǐng   dáfù

손님을 초대하는 것을 "请客 qǐng kè"라고 하며, "오늘 저희 집에서 함께 식사하시죠"는 "我请你到我家吃顿饭. Wǒ qǐng nǐ dào wǒ jiā chī dùn fàn"이라고 한다. 请客 qǐng kè 에는 한턱 낸다는 의미도 있어 "한턱 내라" 할 때는 "你请客吧. Nǐ qǐng kè ba ", "오늘 내가 한턱 낼게요"는 "今天我来请客. Jīntiān wǒ lái qǐng kè " 라고 한다. 한편 "招待 zhāodài "라는 말은 주로 "접대하다" 라는 의미로 많이 쓰이며, "招待所 zhāodàisuǒ "는 기관이나 관공서 등의 간이 숙박소를 말한다.

기 본 대 화

A: 星期五 晚上, 我 想 请 你们 上 我家吃饭。①
　　Xīngqīwǔ wǎnshang wǒ xiǎng qǐng nǐmen shàng wǒ jiā chī fàn
B: 有 什么 好 事儿 吗?
　　Yǒu shénme hǎo shìr ma
A: 没 什么, 只是 想 请 你们吃饭。
　　Méi shénme zhǐshì xiǎng qǐng nǐmen chī fàn
B: 那太 荣幸 了。我 一定 去。
　　Nà tài róngxìng le   Wǒ yídìng qù

A: 금요일 저녁에 우리 집으로 식사를 초대하고 싶습니다.
B: 무슨 좋은 일이라도 있어요?
A: 아니요, 그냥 함께 식사나 할까 하구요.
B: 영광입니다. 꼭 가겠습니다.

■ 여러 가지 활용

Ⅰ 초청하기   邀请
                yāoqǐng

• 오늘 저녁 연회에 참석할 수 있으십니까?
  你 能 参加 今天 晚上 的 宴会 吗?
  Nǐ néng cānjiā jīntiān wǎnshang de yànhuì ma

---

① 여기서 顿 dùn은 한 끼, 두 끼 등 식사의 횟수를 말하는 양사(量词 liàngcí)이다. 打了一顿 dǎle yí dùn (한 방 때렸다), 骂了一顿 màle yí dùn (한 차례 꾸짖었다) 등과 같이 질책, 권고, 매도 등의 양사로도 쓰인다.

- 오늘 저녁 저희 집에서 함께 식사하시지요.
  今天 晚上 去我家吃饭好吗？
  Jīntiān wǎnshang qù wǒ jiā chī fàn hǎo ma
- 금요일 저녁 파티에 꼭 오셔야 해요.
  周五 晚上 的宴会你一定要来啊。
  Zhōuwǔ wǎnshang de yànhuì nǐ yídìng yào lái a
- 모레 집들이 하니까 꼭 오세요.
  我 后天 要 开 乔迁宴，你们 一定 要 来。①
  Wǒ hòutiān yào kāi qiáoqiānyàn nǐmen yídìng yào lái
- 당신을 위해 송별회를 열려고 합니다.
  我 想 为你开个 欢送会。
  Wǒ xiǎng wèi nǐ kāi ge huānsònghuì

▶ 청첩장　请帖 ②
　　　　　qǐngtiě

```
刘 庆彬 和 李 向娜 定 于 5 月 1 日 在 山河
Liú Qìngbīn hé Lǐ Xiàngnà dìng yú wǔ yuè yī rì zài Shānhé
酒店 举行 婚礼， 欢迎 届时 光临。
Jiǔdiàn jǔxíng hūnlǐ  huānyíng jiè shí guānglín
리우칭빈씨와 리샹나씨가 5월 1일 싼허호텔에서 결혼식을
올립니다. 참석해 주시기 바랍니다.
```

Ⅱ 참석 여부 통지　答复
　　　　　　　　　dá fù

▶ 초대에 응할 때　答应 邀请 时
　　　　　　　　dāying yāoqǐng shí

- 좋습니다. 가겠습니다.
  好，我 去 。
  Hǎo wǒ qù

---

① 乔迁宴 qiáoqiānyàn 집들이. 乔迁 qiáoqiān 은 더 좋은 곳으로 이사를 가는 것을 말한다.

② 请帖 qǐngtiě 请柬 qǐngjiǎn 은 모두 '초청장' '초대장'의 뜻이며, 결혼청첩장도 이에 포함된다. 빨간색이 吉(길)하다고 여기는 중국인들은 경사의 초대장이나 세뱃돈·축의금을 전할 때 빨간봉투를 많이 사용한다.

- 집사람과 함께 참석하겠습니다.
  我 会 带着 妻子 一起 参加 的。
  Wǒ huì dàizhe qīzi yìqǐ cānjiā de

- 무슨 일이 있더라도 가겠습니다.
  不管 发生 什么 事，我 都 会 去 的。
  Bùguǎn fāshēng shénme shì wǒ dōu huì qù de

- 영광입니다. 그때 뵙겠습니다.
  很 荣幸，到 时 再 见 吧。
  Hěn róngxìng dào shí zài jiàn ba

- 될 수 있는 대로 참석하겠습니다.
  我 尽量 参加 吧。
  Wǒ jǐnliàng cānjiā ba

▶초대에 응하지 못할 때　拒绝 邀请 时
　　　　　　　　　　　　jùjué yāoqǐng shí

- 죄송합니다. 선약이 있습니다.
  对不起，我 有 约会。
  Duìbuqǐ wǒ yǒu yuēhuì

- 하필이면 오늘 저녁에 급한 일이 있어서 못갈 것 같습니다.
  真 不 巧，今 晚 我 正好 有 急事 不 能 去。①
  Zhēn bù qiǎo jīn wǎn wǒ zhènghǎo yǒu jíshì bù néng qù

- 처음 초대해 주셨는데 거절하게 되어 정말 미안합니다.
  初次 邀请 就 要 拒绝，真 不 好意思。
  Chūcì yāoqǐng jiù yào jùjué zhēn bù hǎoyìsi

▶다음 기회로 미룰 때　推到 下次 时
　　　　　　　　　　　　tuīdào xià cì shí

- 오늘은 너무 바빠서요, 다음 기회에 다시 봅시다.
  今天 我 很 忙，下次 有 机会 再 说 吧。
  Jīntiān wǒ hěn máng xià cì yǒu jīhuì zài shuō ba

---

① 巧 qiǎo 는 원래 '기묘하다' 는 뜻으로써, 真巧 zhēn qiǎo 는 '때마침', 혹은 '마침맞게 일이 이루어지다' 는 의미이며, 真不巧 zhēn bù qiǎo 는 '공교롭게도' 또는 '하필이면 일이 어긋나다' 는 뜻으로 사용된다.

12. 사교와 모임

- 이번에는 도저히 못가겠습니다. 다음에 꼭 참석토록 하지요.
  这 次 真 的 没法 去。 下 次 一定 参加， 好 吗？
  Zhè cì zhēn de méifǎ qù   Xià cì yídìng cānjiā   hǎo ma

▶기타 其他
　　　　qítā

- 저는 아직 일이 좀 남아 있으니 먼저들 가시죠. 저는 좀 늦게 가겠습니다.
  我 还 有 点儿 事儿， 你们 先 去 吧， 我 晚 点儿 过去。
  Wǒ hái yǒu diǎnr shìr   nǐmen xiān qù ba   wǒ wǎn diǎnr guòqu

- 저를 기다리지는 마세요. 못 갈지도 모릅니다.
  不要 等 我 了， 也 可能 去 不 了。
  Búyào děng wǒ le   yě kěnéng qù bu liǎo

- 네가 가야만 나도 갈래.
  除非 你 去， 我 才 去。①
  Chúfēi nǐ qù   wǒ cái qù

- 너희들이 안가면 나도 안갈테야.
  你们 不 去 的话， 我 也 不 去。
  Nǐmen bú qù dehuà   wǒ yě bú qù

---

① 除非 chúfēi 는 '반드시 ~하여야 한다', '오직 ~하여야만 한다' 는 뜻으로 대체로 뒤에 才 cái, 不 bù, 否则 fǒuzé, 不然 bùrán 등이 온다.

2 방문·접대

拜访 / 接待
bàifǎng jiēdài

중국 사람들은 초대한 사람이나 초대받은 사람이나 체면치레를 많이 한다. 초대한 사람은 계속 이것 저것 권유를 하며 음식이 먹고 남도록 풍성하게 차려낸다. 또한 초대받은 사람은 너무 게걸스럽게 먹지 않으며 주인이 음식을 더 권할 때에도 일단 사양을 하고 보는 경향이 많다. 이러한 관습은 남방 지역보다는 북방 지역에 아직 더 많이 남아 있다고 한다.

기본대화

A: 您好，是伯母吗？① 我是成勋，是小华的朋友。
　　Nín hǎo, shì bómǔ ma   Wǒ shì Chéng Xūn, shì Xiǎo Huá de péngyou.

B: 成勋，快请进，小华正在等你呢。
　　Chéng Xūn, kuài qǐng jìn, Xiǎo Huá zhèngzài děng nǐ ne.

A: 那就打扰了。
　　Nà jiù dǎrǎo le.

B: 小华，快出来吧。成勋来了。
　　Xiǎo Huá, kuài chūlai ba. Chéng Xūn lái le.

C: 成勋，快来，我正等着你呢。
　　Chéng Xūn, kuài lái, wǒ zhèng děngzhe nǐ ne.

A: 안녕하세요? 이머님이시죠? 저 샤오화 친구 청쉰입니다.
B: 청쉰, 어서 와요. 그렇지 않아도 샤오화가 기다리고 있어요.
A: 예, 그럼 실례하겠습니다.
B: 샤오화, 빨리 나와 보렴. 청쉰이 왔다.
C: 청쉰, 어서 와. 기다리고 있었어.

---

① 伯父 bófù, 伯母 bómǔ 는 큰아버지, 큰어머니의 뜻 외에도, 부모님 연배의 아저씨 아주머니를 높여서 부르는 말로 사용된다. 한편 큰아버지는 大伯 dàbó, 二伯 èrbó, 三伯 sānbó 등으로, 큰어머니는 大妈 dàmā, 二妈 èrmā, 三妈 sānmā 등으로 부른다.

516 12. 사교와 모임

여러 가지 활용

I 방문할 때   拜访 时
　　　　　　 bàifǎng shí
▶ 방문시의 예절   访问 时 的 礼节
　　　　　　　　 fǎngwèn shí de lǐjié

- 식사에 초대해 주셔서 감사합니다.
  谢谢 你 请 我 吃 饭。
  Xièxie nǐ qǐng wǒ chī fàn

- 생일 파티에 초청해 주셔서 아주 기쁩니다.
  请 我 参加 你 的 生日 宴会，我 很 高兴。
  Qǐng wǒ cānjiā nǐ de shēngrì yànhuì wǒ hěn gāoxìng

- 초대를 받아서 정말 영광입니다.
  能 得到 您 的 邀请，真 是 太 荣幸 了。
  Néng dédào nín de yāoqǐng zhēn shì tài róngxìng le

- 제가 너무 일찍 왔나 봐요.
  我 来 得 太 早 了 吧。
  Wǒ lái de tài zǎo le ba

- 죄송합니다. 조금 늦었습니다.
  对不起，我 来晚 了。
  Duìbuqǐ   wǒ láiwǎn le

▶ 선물 전달   赠送 礼物
　　　　　　 zèngsòng lǐwù

> A: 请 收下，不 知道 您 会 不 会 喜欢。
> 　　Qǐng shōuxià bù zhīdào nín huì bu huì xǐhuan
> B: 谢谢，真 的 很 漂亮。
> 　　Xièxie zhēn de hěn piàoliang
> A: 받아 주십시오. 마음에 드실지 모르겠습니다.
> B: 감사합니다. 아주 예쁘네요.

- 이거 받아 주십시오. / 약소하지만 받아 주십시오.
  这 个 请 收下 吧。/ 虽然 不 是 很 贵重，但 请 你
  Zhè ge qǐng shōuxià ba   Suīrán bú shì hěn guìzhòng dàn qǐng nǐ
  收下。
  shōuxià

- 저의 조그만 성의입니다. 거절하지 말아 주세요.
  这 是（我）一点儿 心意， 请 不要 拒绝。
  Zhè shì (wǒ) yìdiǎnr xīnyì qǐng búyào jùjué
- 저희 몇 사람이 함께 준비했습니다. 사양하지 말고 받으십시오.
  这 是 我们 几 个 一起 准备 的， 请 不要 客气， 收下 吧。
  Zhè shì wǒmen jǐ ge yìqǐ zhǔnbèi de qǐng búyào kèqi shōuxià ba

▶ 선물을 받으며　收 礼物
　　　　　　　　 shōu lǐwù

- 고맙습니다. 소중히 간직하겠습니다.
  谢谢， 我 一定 会 珍惜 的。
  Xièxie wǒ yídìng huì zhēnxī de
- 아니, 그냥 오시지, 뭘 이런걸 가지고 오셨어요?
  哎呀， 来 就 可以 了， 还 带 什么 东西 呀？
  Aiya lái jiù kěyǐ le hái dài shénme dōngxi ya
- 그냥 오시라고 몇번이나 말씀드렸잖아요.
  说了 几 遍， 只要 你 人 过来 就 可以 了。
  Shuōle jǐ biàn zhǐyào nǐ rén guòlai jiù kěyǐ le

II　손님을 맞이할 때　迎接 客人
　　　　　　　　　　　yíngjiē kèren

▶ 문 앞에서　在 门口
　　　　　　 zài ménkǒu

- 어서 들어오십시오. 기다리고 있었습니다.
  快 请 进。 正在 等 你 呢。
  Kuài qǐng jìn Zhèngzài děng nǐ ne
- 꼭 오실 줄 알고 있었습니다.
  我 就 知道 你 一定 会 来 的。
  Wǒ jiù zhīdào nǐ yídìng huì lái de
- 거실로 들어 가실까요?
  去 客厅 好 吗？
  Qù kètīng hǎo ma

▶ 거실에서　在 客厅
　　　　　　 zài kètīng

- 앉으세요. /어서 앉으세요.
  请 坐。／ 快 请 坐。
  Qǐng zuò Kuài qǐng zuò

- 편하게 앉으세요.
  随便 坐 。
  Suíbiàn zuò
- 소파에 앉으시죠.
  请 坐在 沙发 上 吧 。
  Qǐng zuòzài shāfā shang ba
- 코트는 저에게 주세요.
  请 给 我 外套 。
  Qǐng gěi wǒ wàitào

Ⅲ 식사를 대접할 때　请 吃 饭 时
　　　　　　　　　qǐng chī fàn shí

▶음식 권하기　招呼 客人
　　　　　　　zhāohu kèren

A: 不要 客气 ，随便 吃 。
　　Búyào kèqi　suíbiàn chī
B: 那 我 就 不 客气 了 。
　　Nà wǒ jiù bú kèqi le
A: 사양하지 마시고 편하게 드세요.
B: 예, 그럼 잘 먹겠습니다.

- 차린 것은 없지만 많이 드세요.
  没 什么 菜 ，请 多 吃 点儿 。
  Méi shénme cài　qǐng duō chī diǎnr
- 식사가 다 준비되었습니다. 모두 편히들 드세요.
  饭 都 准备好 了 ，大家 随便 吃 。
  Fàn dōu zhǔnbèihǎo le，dàjiā suíbiàn chī
- 천천히 드십시오.
  请 慢 用 。
  Qǐng màn yòng
- 이것이 바로 한국 전통요리 불고기입니다. 한 번 드셔 보세요.
  这 就 是 韩国 的 传统菜 —— 烤肉 ，大家 来 尝
  Zhè jiù shì Hánguó de chuántǒngcài　　kǎoròu　dàjiā lái cháng
  一下 。
  yíxià

방문·접대

- 집에서 만든 만두입니다. 맛이 어떤지 드셔 보세요.
  这 是 在 家 做 的 饺子， 尝尝 味道 怎么样。①
  Zhè shì zài jiā zuò de jiǎozi chángchang wèidào zěnmeyàng

- 집사람이 만든 전골입니다. 많이들 드세요.
  这 是 我 太太 做 的 火锅，大家 多 吃 点儿。②
  Zhè shì wǒ tàitai zuò de huǒguō dàjiā duō chī diǎnr

- 이것들은 전형적인 한국 반찬입니다.
  这些 是 典型 的 韩国 小菜。
  Zhèxiē shì diǎnxíng de Hánguó xiǎocài

▶ 음식에 관한 대화　关于 菜 的 话题
　　　　　　　　　guānyú cài de huàtí

A: 泡菜 的 味道 怎么样?
　　Pàocài de wèidào zěnmeyàng
B: 有点儿 辣，还 有点儿 酸，但 很 好吃。
　　Yǒudiǎnr là hái yǒudiǎnr suān dàn hěn hǎochī
A: 김치 맛이 어때요?
B: 조금 맵고 시긴 하지만 아주 맛있네요.

- 아주 맛있습니다. / 정말 맛있습니다.
  很 好吃。 / 真 香。
  Hěn hǎochī　Zhēn xiāng

- 무슨 요리인데 이렇게 맛있습니까?
  这 叫 什么 菜? 这么 好吃 啊!
  Zhè jiào shénme cài Zhème hǎochī a

---

① 우리가 말하는 만두, 즉 만두피에 고기, 야채 등의 소를 넣은 것을 중국 사람들은 다음과 같이 다양하게 일컫는다. 만두 모양이 반달형태로 피가 매우 얇은 것을 饺子 jiǎozi 라 하며, 水饺 shuǐjiǎo(물만두)와 蒸饺 zhēngjiǎo(찐만두) 등이 있다. 만두 모양이 크고 동글며 피가 두꺼운 것은 包子 bāozi 라 하는데 肉包 ròubāo(고기만두)와 蔬菜包 shūcàibāo(야채만두)가 있다. 이 밖에 锅贴 guōtiē 는 프라이팬에 기름을 두르고 구운 군만두를 말하며, 피가 매우 얇고 만두 크기도 아주 작은 물만두는 馄饨 húntun 이라 한다. 한편 중국어의 馒头 mántou 는 소가 없는 찐빵을 말한다.

② 火锅 huǒguō 는 중국 사람들이 즐겨먹는 요리 중의 하나로서 우리나라의 전골, 신선로와 같은 것이라고 볼 수 있다. 먼저 물을 끓인 뒤에 미리 준비해 둔 갖가지 야채와 고기 등 자기가 먹고 싶은 음식을 조금씩 넣어 익혀서 양념장에 찍어 먹는다.

12. 사교와 모임

- 이렇게 맛있는 비결이 무엇입니까?
  这么 好吃 的 秘诀 是 什么？
  Zhème hǎochī de mìjué shì shénme

- 요리 솜씨가 아주 좋으십니다.
  手艺 真 不错。
  Shǒuyì zhēn búcuò

- 제가 정말 먹을 복이 있나 봅니다.
  我 真 有 口福。
  Wǒ zhēn yǒu kǒufú

- 이렇게 훌륭한 요리들은 처음 먹어 봅니다.
  头 一 次 吃到 这么 好吃 的 菜。
  Tóu yí cì chīdào zhème hǎochī de cài

- 어떻게 요리하셨어요? 비린내가 하나도 안 나는군요.
  怎么 做 的？ 一点儿 腥味 都 没有。
  Zěnme zuò de   Yìdiǎnr xīngwèi dōu méiyǒu

- 약간 싱거운 것 같습니다. 소금을 조금 더 넣으면 되겠어요.
  稍微 淡了一点儿，再 放 点儿 盐 就 可以 了。
  Shāowēi dànle yìdiǎnr   zài fàng diǎnr yán jiù kěyǐ le

- 조금 달군요. 애들이 아주 잘 먹을 것 같습니다.
  有点儿 甜。 孩子们 一定 很 喜欢 吃。
  Yǒudiǎnr tián   Háizimen yídìng hěn xǐhuan chī

▶ 배가 부를 때   已经 吃饱 时
　　　　　　　　yǐjīng chībǎo shí

- 이미 배가 부른걸요.
  我 已经 吃饱 了。
  Wǒ yǐjīng chībǎo le

- 됐습니다. 많이 먹었어요.
  好 了，吃得 够 多 了。
  Hǎo le   chī de gòu duō le

- 너무 많이 먹어서 배가 나온걸요.
  吃 得 太 多，肚子 都 胀 了。
  Chī de tài duō   dùzi dōu zhàng le

② 방문·접대 521

Ⅳ 술 대접하기[1]　设 酒 席
shè jiǔxí

▶술을 권할 때　敬 酒 时
jìng jiǔ shí

- 제가 술 한 잔 따르지요.
  我 给 您 倒 一 杯 吧。
  Wǒ gěi nín dào yì bēi ba

- 술 한 잔 받으십시오.
  我 敬 您 一 杯。
  Wǒ jìng nín yì bēi

- 한 번에 다 비우기입니다.
  一 口 干 了 它。
  Yì kǒu gānle tā

- 딱 한 잔만 더합시다.
  最后 再 喝 一 杯 吧。
  Zuìhòu zài hē yì bēi ba

- 오늘은 마음껏 취하십시다.
  今天 就 一醉方休。
  Jīntiān jiù yízuìfāngxiū

- 잔 비우세요, 제가 한 잔 따르겠습니다.
  把 杯子 里 的 酒 干 了，我 给 您 倒 一 杯。
  Bǎ bēizi li do jiǔ gān lo　wǒ gěi nín dùo yì bēi

▶술잔을 받을 때　接 酒 时
jiē jiǔ shí

- 술맛이 아주 좋습니다.
  这 酒 味道 真 不错。
  Zhè jiǔ wèidào zhēn búcuò

---

[1] 우리나라와 중국의 음주문화는 다소 차이가 있다. 우리나라에서는 첨잔을 하지 않고 반드시 잔을 비운 뒤에 따르지만, 중국에서는 상대방의 술잔이 비어 있으면 대접을 잘 못하는 것으로 간주한다. 그러므로 상대의 잔이 비어 있지 않도록 자주 따라 주어야 한다. 또한 우리나라에서는 상하관계가 비교적 엄격하여 어른 앞에서는 고개를 돌리고 마셔야 하지만 중국에서는 그럴 필요가 없으며, 술잔을 돌리지 않고 각자 자신의 잔으로만 마신다.

12. 사교와 모임

- 오늘은 술이 아주 잘 받습니다.
  今天 酒 怎么 这么 甜 啊。①
  Jīntiān jiǔ zěnme zhème tián a
- 조금만 따라 주십시오.
  就 倒 一点儿 吧。
  Jiù dào yìdiǎnr ba
- 죄송합니다. 저는 술을 잘 못합니다.
  对不起，我 不 会 喝 酒。
  Duìbuqǐ wǒ bú huì hē jiǔ

▶ 과음을 말릴 때   劝 不要 再 喝 时
                  quàn búyào zài hē shí

- 이미 취하셨습니다. 그만 하시죠.
  你 已经 喝醉 了，不要 再 喝 了。
  Nǐ yǐjīng hēzuì le búyào zài hē le
- 과음은 해로우니 적당히 하시죠.
  喝多 了 对 身体 不 好，少 喝 点儿 吧。
  Hēduō le duì shēntǐ bù hǎo shǎo hē diǎnr ba
- 술은 그만하시고 음식을 좀 드십시오.
  别 再 喝 了，吃 点儿 东西 吧。
  Bié zài hē le chī diǎnr dōngxi ba

▶ 건배하기   干 杯
            gān bēi

A: 我们 一起 举 杯，干 杯！
   Wǒmen yìqǐ jǔ bēi gān bēi
B: 干 杯！
   gān bēi
A: 우리 다함께 술잔을 들고 건배합시다!
B: 건배!

- 이렇게 기쁜 날 우리 모두 함께 축배를 듭시다!
  这么 高兴 的 日子，我们 一起 举 杯 吧！
  Zhème gāoxìng de rìzi wǒmen yìqǐ jǔ bēi ba

---

① 甜 tián : 원래 '달다'는 뜻이지만 여기서는 기분좋게 마시는 술을 의미한다.

- 선생님의 생신을 축하하며, 건배합시다!
  祝 老师 生日 快乐, 干 杯!
  Zhù lǎoshī shēngrì kuàilè gān bēi
- 우리들의 우정을 위하여 건배!
  为了 我们 的 友谊, 干 杯!
  Wèile wǒmen de yǒuyì gān bēi

V 다과 접대하기   茶点
chádiǎn

▶ 차 권하기   敬 茶
　　　　　　jìng chá

> A: 有 龙井茶 、铁观音 、茉莉 花茶, 你 要 哪个?
>   Yǒu lóngjǐngchá tiěguānyīn mòlì huāchá nǐ yào nǎge
> B: 我 喜欢 淡 一点儿 的。
>   Wǒ xǐhuan dàn yìdiǎnr de
> A: 那 你 喝 龙井茶 吧。
>   Nà nǐ hē lóngjǐngchá ba
> A: 롱징차, 티에관인, 모리화차 등이 있습니다. 어떤 걸로 하시겠어요?
> B: 저는 좀 연한 차가 좋습니다.
> A: 그럼 롱징차로 드시죠.

- 뭘로 드시겠습니까? / 무슨 음료 드시겠어요?
  你 想 喝点儿 什么? / 你 要 喝 什么 饮料?
  Nǐ xiǎng hē diǎnr shénme   Nǐ yào hē shénme yǐnliào
- 항저우에서 가져온 위첸차에요. 드셔 보세요.
  这 是 从 杭州 带回来 的 雨前茶, 您 来 品尝
  Zhè shì cóng Hángzhōu dài huilai de yǔqiánchá nín lái pǐncháng
  一下。①
  yíxià

---

① 청명(清明 qīngmíng, 양력 4월 5일경) 이전에 딴 찻잎으로 만든 롱징차(龙井茶 lóngjǐngchá)를 명전차(明前茶 míngqiánchá)라 하고, 곡우(谷雨 gǔyǔ, 양력 4월 20일경) 이전에 딴 찻잎으로 만든 것을 우전차(雨前茶 yǔqiánchá)라 한다. 명전차와 우전차는 갓 돋아난 여린 찻잎으로 만들었기 때문에 최상품으로 친다.

- 중국의 유명한 우롱차입니다. 맛이 아주 좋아요.
  这 是 中国 有名 的 乌龙茶, 味道 很 不错。
  Zhè shì Zhōngguó yǒumíng de wūlóngchá wèidào hěn búcuò

- 홍차 드시겠어요, 아니면 커피 드시겠어요?
  您 喝 红茶 还是 咖啡?
  Nín hē hóngchá háishi kāfēi

- 커피에 설탕 넣으십니까?
  咖啡 里 放 糖 吗?
  Kāfēi li fàng táng ma

- 뜨거울 때 드십시오.
  趁 热 喝 吧。
  Chèn rè hē ba

▶ 차를 달라고 할 때　点 饮料 时
　　　　　　　　　diǎn yǐnliào shí

- 모리화차를 주시겠습니까?
  给 我 茉莉 花茶 好 吗?
  Gěi wǒ mòli huāchá hǎo ma

- 커피만 주시면 됩니다.
  我 只 要 咖啡。
  Wǒ zhǐ yào kāfēi

- 프림, 설탕 다 넣어 주십시오.
  伴侣 和 白糖 都 放 吧。
  Bànlǚ hé báitáng dōu fàng ba

- 커피에 프림을 좀 넣어 주세요.
  咖啡 里 加 点儿 伴侣。
  Kāfēi li jiā diǎnr bànlǚ

- 아무거나 주십시오.
  随便。
  Suíbiàn

▶ 차를 사양할 때　谢绝 喝 茶 时
　　　　　　　　xièjué hē chá shí

- 됐습니다. 배가 불러서요. 안 마시겠습니다.
  谢谢, 我 吃饱 了, 不 喝 了。
  Xièxie wǒ chībǎo le bù hē le

- 그냥 물이나 한 잔 주십시오.
  就来一杯水吧。
  Jiù lái yì bēi shuǐ ba

▶후식　餐后点心
　　　　cānhòu diǎnxin

- 과일 좀 드세요. / 사과 한 쪽 드세요.
  请 吃 水果 。①/请 吃一块儿 苹果 。
  Qǐng chī shuǐguǒ　　Qǐng chī yí kuàir píngguǒ

- 오늘 사온 포도가 정말 좋네요.
  今天 买 的 葡萄 真 好 。
  Jīntiān mǎi de pútáo zhēn hǎo

---

① 중국 사람들 집에 초대받아 가면 과일을 통째로 칼과 함께 내놓으면서 먹으라고 주는 경우가 있는데 이는 문화의 차이로 이해하면 된다. 예를 들면 중국 사람들은 배(梨 lí)의 경우 나누어 먹지 않는 관습이 있는데 이는 바로 分梨 fēn lí(배를 나누다)와 分离 fēnlí(헤어지다)가 발음이 같기 때문이다.

③ 각종 모임

各种 宴会
gèzhǒng yànhuì

각종 축하 모임에 참석을 할 때는 "恭喜恭喜 gōngxǐ gōngxǐ", "祝贺您 zhùhè nín", "祝福你 zhùfú nǐ" 등으로 인사하면 된다. 생일잔치에 초대받아 갔을 경우에는 "祝你生日快乐! Zhù nǐ shēngrì kuàilè"(생일 축하합니다)가 가장 무난하고, 연세가 많으신 분의 경우에는 "寿比南山 shòu bǐ Nán Shān"(오래오래 사십시오) 등으로 축수를 하면 된다. 결혼식에서는 "恭喜你 gōngxǐ nǐ""恭喜你们俩 gōngxǐ nǐmen liǎ" 등으로 축하하며 미리 준비해간 红包 hóngbāo(축의금)를 전달한다.

A: 老师，祝 您 生日 快乐，这 是 我们 给 您 准备 的 礼物。
　　Lǎoshī zhù nín shēngrì kuàilè zhè shì wǒmen gěi nín zhǔnbèi de lǐwù

B: 谢谢 你们，干吗 还 要 这么 破费？
　　Xièxie nǐmen gànmá hái yào zhème pòfèi

A: 希望 您 能 喜欢，打开 看 一下 吧。
　　Xīwàng nín néng xǐhuan dǎkāi kàn yíxià ba

C: 老师 打开 的 时候，我们 一起 唱 生日 快乐 歌 吧。
　　Lǎoshī dǎkāi de shíhou wǒmen yìqǐ chàng shēngrì kuàilè gē ba

所有人：祝 你 生日 快乐，祝 你 生日 快乐，我们 大家
　　Suǒyǒurén Zhù nǐ shēngrì kuàilè zhù nǐ shēngrì kuàilè wǒmen dàjiā
　　来 祝福，祝 你 生日 快乐。
　　lái zhùfú zhù nǐ shēngrì kuàilè

B: 哇！这么 漂亮 的 画，我 真 是 太 喜欢 了，谢谢 大家。
　　Wa Zhème piàoliang de huà wǒ zhēn shì tài xǐhuan le xièxie dàjiā

A: 선생님, 생신을 축하드립니다. 이거 저희들이 마련한 선물이에요.

B: 모두들 고마워요. 뭐하러 이렇게 돈을 들여 선물을 다 준비했어요?

A: 선생님 맘에 들었으면 좋겠어요. 한 번 열어 보세요.
C: 열어 보시는 동안 우리 다함께 생일축하 노래 불러 드릴게요.
다함께: 생일 축하합니다. 생일 축하합니다. 사랑하는 선생님의 생일 축하합니다.
B: 와! 아주 멋있는 그림이로군요. 정말 너무 맘에 들어요. 고마워요, 여러분.

여러 가지 활용

I 생일 잔치 生日 宴会
　　　　　　shēngrì yànhuì

▶생일 축하하기 祝贺 生日
　　　　　　　　zhùhè shēngrì

- 자기야, 생일 축하해.
  亲爱的, 祝 你 生日 快乐!
  Qīn'àide zhù nǐ shēngrì kuàilè

- 어머니, 생신 축하드려요, 건강하세요.
  妈妈, 祝 您 生日 快乐, 身体 健康!
  Māma zhù nín shēngrì kuàilè shēntǐ jiànkāng

- 아기가 벌써 돌이군요, 아주 똘똘하게 생겼네요.
  宝宝 这么 快 就 一 岁 了, 看 起来 真 聪明。
  Bǎobao zhème kuài jiù yí suì le kàn qilai zhēn cōngmíng

▶회갑·고희 花甲 / 古稀
　　　　　　　huājiǎ　gǔxī

- 건강하시기를 빕니다.
  祝 您 身体 健康!
  Zhù nín shēntǐ jiànkāng

- 생신 축하드리러 왔습니다.
  我 是 来 给 您 祝 寿 的。
  Wǒ shì lái gěi nín zhù shòu de

- 이렇게 자손이 많으시니 복도 많으십니다.
  有 这么 多 的 子孙, 真 有 福气。
  Yǒu zhème duō de zǐsūn zhēn yǒu fúqi

- 오래오래 행복하고 만수무강 하시길 기원합니다.
  祝 您 福 如 东 海、寿 比 南 山!
  Zhù nín fú rú Dōng Hǎi　shòu bǐ Nán Shān
- 백살까지 장수하십시오.
  祝 您 长 命 百 岁!
  Zhù nín chángmìng bǎi suì
- 만사가 형통하고 큰복을 누리시길 바랍니다.
  祝 您 万事 如意, 洪 福 齐 天! ①
  Zhù nín wànshì rúyì　hóng fú qí tiān
- 해마다 오늘같은 날만 있으시기를 바랍니다.
  祝 您 年年 有 今日, 岁岁 有 今朝!
  Zhù nín niánnián yǒu jīnrì　suìsuì yǒu jīnzhāo
- 자식들이 이렇게 훌륭하게 컸으니 기쁘시겠습니다.
  孩子们 都 这么 有 出息, 一定 很 高兴 吧。
  Háizimen dōu zhème yǒu chūxi　yídìng hěn gāoxìng ba
- 예로부터 일흔까지 살기는 드문 일이라고 하였는데 이렇게 건강하시니 복이 많으십니다.
  自 古 人 生 七十 古 来 稀,看 您 这么 健康, 真 是 有 福气 啊。②
  Zì gǔ rénshēng qīshí gǔ lái xī　kàn nín zhème jiànkāng zhēn shì yǒu fúqi a

▶생일선물을 전달할 때　送 生日 礼物 时
　　　　　　　　　　　sòng shēngrì lǐwù shí

- 저의 작은 정성입니다.
  这 是 我 小小 的心意。
  Zhè shì wǒ xiǎoxiǎo de xīnyì
- 마음에 드실지 모르겠네요.
  不 知道 您 喜 不 喜欢。
  Bù zhīdào nín xǐ bu xǐhuan

---

① 洪福齐天 hóng fú qí tiān: 더할 수 없이 크나큰 행복.
② 두보(杜甫 Dù Fǔ) <曲江 qǔjiāng> "人生七十古来稀 rénshēng qīshí gǔ lái xī" (사람이 일흔까지 사는 것은 드문 일이라)고 읊은 데서 70세를 '古稀 gǔxī'라 하였다.

③ 각종 모임

- 뭘 사야 할지 몰라서 상품권을 준비했습니다. 맘에 드는 것으로 사십시오.
  不知道 该 买 什么 好，所以 准备 了 购物券，您就
  Bù zhīdào gāi mǎi shénme hǎo suǒyǐ zhǔnbèi le gòuwùquàn nín jiù
  买 自己 喜欢 的 吧。
  mǎi zìjǐ xǐhuan de ba

- 이건 어르신에 대한 제 마음입니다.
  这 是 我 对 您 老人家 的 一 份 心意。①
  Zhè shì wǒ duì nín lǎorenjia de yí fèn xīnyì

- 특별히 당신을 위해서 준비한 거예요.
  这 是 特地 为 你 准备 的。
  Zhè shì tèdì wèi nǐ zhǔnbèi de

Ⅱ 집들이　乔迁宴
　　　　　　qiáoqiānyàn

> A: 快 请 进，这里 不 好 找 吧？
>   Kuài qǐng jìn zhèli bù hǎo zhǎo ba
> B: 哇！真 漂亮！恭贺 乔迁 之 喜！
>   Wa Zhēn piàoliang Gōnghè qiáoqiān zhī xǐ
> C: 室 内 装饰 真 优雅，是 谁 设计 的 呀？
>   Shì nèi zhuāngshì zhēn yōuyǎ shì shéi shèjì de ya
> A: 都 是 我 设计 的，你们 说 漂亮，我 就 放 心 了。
>   Dōu shì wǒ shèjì de nǐmen shuō piàoliang wǒ jiù fàng xīn le
> A: 어서 들어 오세요. 여기 찾느라 고생하셨지요?
> B: 와! 정말 멋지네요, 이사를 축하드립니다.
> C: 인테리어가 정말 우아하군요. 누가 설계하셨나요?
> A: 다 제가 설계했어요. 멋있다니 다행입니다.

▶집들이 선물　乔迁 礼物
　　　　　　　qiáoqiān lǐwù

- 한국에서는 보통 집들이 선물로 휴지와 세제를 선호합니다.
  韩国人 在 别人 乔迁 时 一般 送 手纸 和 洗涤灵。
  Hánguórén zài biéren qiáoqiān shí yìbān sòng shǒuzhǐ hé xǐdílíng

---

① 노인 분들에게 선물할 때 시계(钟 zhōng)를 선물하는 것은 절대 삼가야 한다. 시계를 선물하는 것을 '送钟 sòng zhōng'이라 하는데 이는 送终 sòng zhōng'(장례를 치르다, 임종을 지키다)과 발음이 일치하기 때문이다.

530 12. 사교와 모임

- 중국에서는 꽃병을 많이 선물해요.
  中国人　一般 送 花瓶。①
  Zhōngguórén yìbān sòng huāpíng

▶ 집에 관한 대화　关于 房子 的 话题
　　　　　　　　guānyú fángzi de huàtí

- 집안을 좀 둘러봐도 될까요?
  看 一下 房子 可以 吗?②
  Kàn yíxià fángzi kěyǐ ma

- 이 아파트는 설계가 아주 독특하네요.
  这 座 楼房 的 设计 很 别致。③
  Zhè zuò lóufáng de shèjì hěn biézhì

- 집이 모두 몇 평방미터입니까?
  这 房子 一共 多少 平米?
  Zhè fángzi yígòng duōshao píngmǐ

- 방이 모두 몇 개입니까?
  有 几 个 房间 ?
  Yǒu jǐ ge fángjiān

- 한 달에 관리비는 얼마나 나옵니까?
  物业费 一个月 多少 钱 ?
  Wùyèfèi yí ge yuè duōshao qián

- 모두 얼마에 구입하셨나요?
  一共 多少 钱 买 的 ?
  Yígòng duōshao qián mǎi de

---

① 중국 친구들을 집들이에 초대해 본 사람이라면 화병 하나쯤은 다 받아보았을 것이다. 중국 사람들이 화병을 즐겨 선물하는 이유는 花瓶 huāpíng 의 瓶 píng 이 和平 hépíng (평화), 平安 píng'ān (평안) 의 平 píng 과 발음이 일치하기 때문에 가정의 평화와 평안을 기원하는 마음에서이다.

② 房子 fángzi 는 '집' '주택' '가옥' 등을 말하며, 房间 fángjiān 은 '방' 을 말한다.

③ 아파트의 이름은 흔히 ~公寓 gōngyù(Apartment), ~花园 huāyuán(Garden), ~别墅 biéshù(Villa), ~城 chéng(City)등으로 지어지는데 이러한 다층 주택을 통털어 楼房 lóufáng 이라고 한다. 반면에 단층주택은 平房 píngfáng 이라고 하는데 현재는 도시 개발 사업으로 인하여 점차 사라져가는 추세이다.

▶집 소개　介绍 房子
　　　　　　　jièshào fángzi

- 여기가 바로 제 방입니다.
  这 就 是 我 的 房间。
  Zhè jiù shì wǒ de fángjiān

- 베란다에서는 강을 볼 수 있어요.
  在 阳台 可以 看见 小河 。
  Zài yángtái kěyǐ kànjiàn xiǎohé

- 여기는 침실이구요. 다 제 아내가 설계했어요.
  这 就 是 卧室 ， 都 是 我 老婆 设计 的 。①
  Zhè jiù shì wòshì　dōu shì wǒ lǎopo shèjì de

Ⅲ 결혼 피로연 ②　婚宴
　　　　　　　　　hūnyàn

> A: 祝贺 你们 , 哇 , 新娘子 真 漂亮 !
>   Zhùhè nǐmen　wa　xīnniángzi zhēn piàoliang
> B: 谢谢 你们 。
>   Xièxie nǐmen
> A: 新郎 , 也 祝贺 你 。 祝 两 位 幸福 !
>   Xīnláng yě zhùhè nǐ　　Zhù liǎng wèi xìngfú
> A: 두분 축하해요. 와, 신부가 너무 아름다워요.
> B: 감사합니다.
> A: 신랑도 축하해요. 두 분 행복하세요.

---

① 老婆 lǎopo: '마누라' '집사람'의 뜻으로 쓰일 때는 경성으로 발음 한다. 老婆婆 lǎopópo, 老婆儿 lǎopór, 老婆子 lǎopózi 는 할머니를 일컫는 말로서 그 차이는, 老婆婆 lǎopópo 는 할머니를 높여 부르는 '할머님'의 뜻이며, 老婆儿 lǎopór 은 할머니를 친근하게 부를 때, 또는 노부부간에 남편이 아내를 부르는 '할멈'의 뜻이니, 老婆子 lǎopozi 는 다소 혐오적인 표현으로 '할망구', '할멈' 등의 의미를 지닌다. 물론 할머니를 일컫는 가장 흔한 표현은 奶奶 nǎinai 이다.

② 중국에서 결혼식은 대개 큰 음식점에서 피로연과 함께 이루어진다. 우리와 같은 결혼전문예식장은 없다.

12. 사교와 모임

▶ 결혼 축하　　祝贺 结 婚
　　　　　　　zhùhè jié hūn

- 두 분 너무나 잘 어울립니다.
你们 俩 真 是 般配， 简直 是 天生 一 对儿 呀！
Nǐmen liǎ zhēn shì bānpèi jiǎnzhí shì tiānshēng yí duìr ya

- 축하합니다.
祝 你俩 白头到老 ， 永结同心 ！
Zhù nǐliǎ báitóudàolǎo yǒngjiétóngxīn

- 아들 딸 많이 낳고 영원히 행복하십시오.
祝 你们 儿孙 满 堂， 永远 幸福！
Zhù nǐmen érsūn mǎn táng yǒngyuǎn xìngfú

- 빨리 귀한 아들 낳으세요.
祝 你们 早 生 贵子！
Zhù nǐmen zǎo shēng guìzǐ

- 결혼축의금입니다.
这 是 红包。①
Zhè shì hóngbāo

- 신랑, 축하술 한 잔 받아요.
新郎官儿，我 敬 你 一 杯 。
Xīnlángguānr wǒ jìng nǐ yì bēi

- 새신랑 새신부 함께 노래 한 곡 불러봐요.
新郎、新娘 一起 唱 首 歌吧 。
Xīnláng xīnniáng yìqǐ chàng shǒu gē ba

▶ 기념촬영　　摄影 留念
　　　　　　shèyǐng liúniàn

- 모두 함께 기념촬영을 하겠습니다.
大家 一起 拍 照 留念 吧 。
Dàjiā yìqǐ pāi zhào liúniàn ba

---

① 红包 hóngbāo 는 설날의 세배돈이나 기타 축의금을 말한다. 이 때에는 대개 돈을 붉은 봉투에 넣어 주는데, 빨간색은 '타오르는 불처럼 번성한다' 는 (红火 hónghuo)라는 의미와 '귀신을 물리친다'(防魔去鬼 fáng mó qù guǐ)는 의미가 있기 때문이다.

- 신부님, 고개를 신랑쪽으로 약간 기울이십시오.
  新娘，把头 稍微 靠近 新郎 一点儿。
  Xīnniáng bǎ tóu shāowēi kàojìn xīnláng yìdiǎnr

▶ 기타　其他
　　　　qítā

> A: 今天 新娘 扔 的 花儿 谁 接到 了？
>   　Jīntiān xīnniáng rēng de huār shéi jiēdào le
> B: 新娘 的 好朋友 金艺花 接到 了。
>   　Xīnniáng de hǎopéngyou Jīn Yìhuā jiēdào le
> A: 오늘 신부가 던진 부케는 누가 받았지요?
> B: 신부의 단짝 친구인 진이화씨가 받았어요.

- 담배 한 대 피우시죠.
  请 抽 根 烟 吧。①
  Qǐng chōu gēn yān ba
- 사탕 드세요.
  请 吃 块儿 喜糖。②
  Qǐng chī kuàir xǐtáng
- 신혼여행은 어디로 가십니까?
  上 哪儿 去 度 蜜月？
  Shàng nǎr qù dù mìyuè
- 두 사람은 어떻게 처음 만났지요?
  你们 俩 是 怎么 认识 的？
  Nǐmen liǎ shì zěnme rènshi de
- 결혼 후에 어디서 사세요?
  结婚 以后 住在 哪儿？
  Jié hūn yǐhòu zhùzài nǎr

---

① 抽烟 chōu yān(담배 피우다)과 喜宴 xǐ yàn(즐거운 잔치)이 발음이 같으므로 즐거운 잔치를 축하하는 의미에서 중국에서는 결혼식 전에 축하객들과 신랑이 함께 담배를 피우는 풍습이 있다.

② 사탕처럼 달콤한 결혼생활이 되기를 기원하는 의미에서 축하객들에게 사탕을 선물한다.

Ⅳ 무도회　舞会 ①
wǔhuì

> A: 请　跟我跳个舞，好吗？
> 　　Qǐng gēn wǒ tiào ge wǔ　hǎo ma
> B: 好 的。
> 　　Hǎo de
> A: 저와 춤추지 않으시겠습니까?
> B: 좋아요.

▶파트너를 부탁할 때　邀请 舞伴 时
　　　　　　　　　　yāoqǐng wǔbàn shí

• 당신과 춤을 추고 싶습니다.
　我 想 和 你 跳舞 。
　Wǒ xiǎng hé nǐ tiàowǔ

• 당신에게 춤을 청해도 되겠습니까?
　可以 请 你 跳 个 舞 吗？
　Kěyǐ qǐng nǐ tiào ge wǔ ma

• 다음 곡은 저와 춤을 추실까요?
　下 一 首 曲，能 跟 我 跳 吗？
　Xià yì shǒu qǔ　néng gēn wǒ tiào ma

▶요청을 받아들일 때　接受 邀请 时
　　　　　　　　　　jiēshòu yāoqǐng shí

• 감사합니다,그럼 한 곡 추죠.
　谢谢，那 就 跳 一 曲 吧 。
　Xièxie　nà jiù tiào yì qǔ ba

• 저도 당신과 함께 춤을 추고 싶었어요.
　我 也 正 想 和 你 跳 舞 呢 。
　Wǒ yě zhèng xiǎng hé nǐ tiào wǔ ne

---

① 중국에서는 사교춤이 보편화되어 있다. TV에서도 댄스교습 프로그램이 있고, 아침 공원에서는 중노년층의 사람들이 모여 사교춤을 추는 광경을 심심치 않게 볼 수 있다.

▶요청을 거절할 때　拒绝 邀请 时
　　　　　　　　　　jùjué yāoqǐng shí

A: 对不起，我 有点儿 累，想 休息 一下。
　　Duìbuqǐ　wǒ yǒudiǎnr lèi　xiǎng xiūxi yíxià
B: 真 遗憾。
　　Zhēn yíhàn
A: 죄송해요, 지금 좀 피곤해서 쉬고 싶어요.
B: 유감입니다.

- 다른 사람을 찾아보시겠습니까?
  请 别人 好 吗？
  Qǐng biéren hǎo ma
- 저는 춤을 잘 못추는데요.
  我 跳 得 不 好。
  Wǒ tiào de bù hǎo
- 정말 죄송해요, 방금 춤을 추고 자리로 돌아온걸요.
  真 抱歉，我 刚 跳完 舞 回到 座位。
  Zhēn bàoqiàn wǒ gāng tiàowán wǔ huídào zuòwèi

▶춤 추면서 대화　跳 舞 中 的 对话
　　　　　　　　tiào wǔ zhōng de duìhuà

- 오래 전부터 당신과 춤을 추고 싶었습니다.
  很 早 就 想 和 你 跳 舞。
  Hěn zǎo jiù xiǎng hé nǐ tiào wǔ
- 춤을 정말 잘 추시는군요.
  你 跳 得 真 好。
  Nǐ tiào de zhēn hǎo
- 발을 밟았군요, 미안합니다.
  踩 了 你 的 脚，真 不 好意思。
  Cǎile nǐ de jiǎo　zhēn bù hǎoyìsi

▶기타　其他
　　　　qítā

- 오늘은 마음껏 춥시다.
  今天 就 跳 个 够 吧。
  Jīntiān jiù tiào ge gòu ba

- 일할 때는 열심히 일하고 놀 때는 신나게 노는거야.
工作 的时候好好儿工作，玩儿的时候就该尽情地
Gōngzuò de shíhou hǎohāor gōngzuò wánr de shíhou jiù gāi jìnqíng de
玩儿。
wánr

4 사교 예절

社交礼节
shèjiāo lǐjié

중국은 공산주의 과정과 문화혁명을 거치면서 전통적인 예의범절이 많이 사라지고, 남녀 노소간에도 평등화가 많이 이루어진 편이다. 따라서 사교 모임에 있어서나 기타 대인관계에 있어서 엄격한 격식이나 예의를 따지기 보다는 친절하고 격의없는 진솔한 대화를 나누기를 좋아한다. 중국에서는 상사와 부하직원, 선생님과 제자, 혹은 아버지와 아들이 맞담배를 피우거나 맞술을 마시는 것이 결례되는 것이 아니라, 오히려 두 사람간의 관계가 돈독함을 나타내는 것이기도 하다.

기본 대화

A: 她是谁?
   Tā shì shéi
B: 你说的是?
   Nǐ shuō de shì
A: 现在 站在 会长 旁边 笑着 的, 穿 黄色 礼服
   Xiànzài zhànzài huìzhǎng pángbiān xiàozhe de chuān huángsè lǐfú
   的人。
   de rén
B: 哦, 她就是 会长 的女儿。
   O tā jiù shì huìzhǎng de nǚ'ér
A: 저 사람은 누구지?
B: 네가 말하는 사람이?
A: 지금 회장님 옆에 서서 웃고 있는 노란색 드레스 입은 사람 말이야.
B: 아, 그녀는 바로 회장님 딸이야.

여러 가지 활용

I 참석 복장   出席 服装
             chūxí fúzhuāng

A: 今天 的晚会要 穿 什么样 的服装?
   Jīntiān de wǎnhuì yào chuān shénmeyàng de fúzhuāng

538　12. 사교와 모임

B: 穿　正装　会 好 一些。
　　Chuān zhèngzhuāng huì hǎo yìxiē
A: 오늘 만찬회에 어떤 옷을 입어야 하지요?
B: 정장을 하는 것이 좋을 것 같군요.

- 나비 넥타이를 매어야 할까요?
  要 戴 蝶形 领结 吗?
  Yào dài diéxíng lǐngjié ma

- 아무 옷이나 입어도 상관없겠죠?
  穿　便装　也 没有 关系 吗?
  Chuān biànzhuāng yě méiyǒu guānxì ma

- 청바지에 운동화도 괜찮을까요?
  可以 穿 牛仔裤 和 运动鞋 吗?
  Kěyǐ chuān niúzǎikù hé yùndòngxié ma

- 반드시 정장을 해야 합니다.
  必须 穿　正装。
  Bìxū chuān zhèngzhuāng

II　레이디 퍼스트　女士 优先
　　　　　　　　　　　nǚshì yōuxiān

- 먼저 들어가시지요.
  你们 先 进去 吧。
  Nǐmen xiān jìnqu ba

- 레이디 퍼스트입니다. 여기 앉으세요.
  女士 优先, 请 坐 这儿。
  Nǚshì yōuxiān qǐng zuò zhèr

III　상대방에 대한 찬사　赞扬 对方 的 话
　　　　　　　　　　　　zànyáng duìfāng de huà

- 오늘 밤 너무 아름다우십니다.
  今晚 你 真 美。
  Jīn wǎn nǐ zhēn měi

- 오늘 아주 딴 사람 같아 보이는군요.
  今天 好像 换了 一个 人。
  Jīntiān hǎoxiàng huànle yí ge rén

- 오늘 모인 사람 중에서 가장 돋보이십니다.
  你在这个聚会的人群中最耀眼。
  Nǐ zài zhè ge jùhuì de rénqún zhōng zuì yàoyǎn

Ⅳ 참석자에 대한 관심　对在场人的关心
duì zàichǎng rén de guānxīn

A:	那边 胖胖 的、戴 眼镜 的 先生 是 谁？ Nàbiān pàngpàng de dài yǎnjìng de xiānsheng shì shéi
B:	是 我 部门 的 科长，给 你 介绍 一下 吗？ Shì wǒ bùmén de kēzhǎng gěi nǐ jièshào yíxià ma
A:	저기 뚱뚱하고 안경 쓴 남자는 누구야?
B:	우리 부서 과장님이셔. 소개시켜 줄까?

- 저기 흰색 드레스를 입은 부인이 누군지 아니?
  你知道那边穿白色礼服的夫人是谁吗？
  Nǐ zhīdào nàbiān chuān báisè lǐfú de fūrén shì shéi ma

- 방금 여기를 지나간 사람이 누구지?
  刚才从这里走过去的人是谁？
  Gāngcái cóng zhèli zǒu guoqu de rén shì shéi

- 저 사람 어디서 본 듯 해요.
  那个人好像在哪儿见过。
  Nà ge rén hǎoxiàng zài nǎr jiànguo

- 저 여자가 바로 이전에 네가 늘 말하던 그 사람이니?
  她就是你以前跟我常提起的那个人吗？
  Tā jiù shì nǐ yǐqián gēn wǒ cháng tíqǐ de nà ge rén ma

- 만난 적은 있지만 말을 해본 적은 없어.
  跟她见过面，可是没有说过话。
  Gēn tā jiànguo miàn kěshì méiyǒu shuōguo huà

- 이리와 봐, 내가 우리 선생님을 소개시켜 줄게.
  你过来，我给你介绍一下我的老师。
  Nǐ guòlai wǒ gěi nǐ jièshào yíxià wǒ de lǎoshī

V 파티의 분위기　宴会 的 气氛
　　　　　　　　　　yànhuì de qìfēn

▶분위기가 좋을 때　气氛 好 时
　　　　　　　　　　qìfēn hǎo shí

- 파티 분위기가 갈수록 무르익는군요.
  宴会 的 气氛 越来越 好 了。
  Yànhuì de qìfēn yuèláiyuè hǎo le

- 오늘 참석한 사람 모두가 아주 즐거워 보입니다.
  今天 来 参加 的 人 看 起来 都 挺 高兴 的。
  Jīntiān lái cānjiā de rén kàn qilai dōu tǐng gāoxìng de

- 파티가 아주 성공적입니다.
  宴会 开 得 很 圆满。
  Yànhuì kāi de hěn yuánmǎn

- 오늘 파티의 분위기는 처음부터 끝까지 아주 좋았어요.
  今天 宴会 的 气氛 始终 都 很 好。
  Jīntiān yànhuì de qìfēn shǐzhōng dōu hěn hǎo

▶분위기가 좋지 않을 때　气氛 不 好 时
　　　　　　　　　　　　qìfēn bù hǎo shí

- 파티 분위기가 나에게는 정말 어색했어.
  晚会 的 气氛，对 我 来 说 很 尴尬。
  Wǎnhuì de qìfēn duì wǒ lái shuō hěn gāngà

- 나는 그런 분위기에는 익숙하지가 않아.
  我 很 难 适应 那 种 气氛。
  Wǒ hěn nán shìyìng nà zhǒng qìfēn

- 그는 언제나 파티의 분위기를 망친다니까.
  他 总是 破坏 晚会 的 气氛。
  Tā zǒngshì pòhuài wǎnhuì de qìfēn

- 파티 분위기가 이상해서 어떻게 해야 좋을지 모르겠군요.
  因为 宴会 的 气氛 有点儿 奇怪，所以 不 知道 该 怎么 办 才 好。
  Yīnwèi yànhuì de qìfēn yǒudiǎnr qíguài suǒyǐ bù zhīdào gāi zěnme bàn cái hǎo

5 헤어질 때

散场
sàn chǎng

"再见。Zàijiàn"은 모든 헤어짐의 마당에서 쓸 수 있는 인사표현이다. 이 밖에 방문했던 손님이 돌아갈 때에는 "慢走。Mànzǒu"(안녕히 가세요, 살펴 가세요)를 많이 사용한다. 남방 지역에서는 "好走。Hǎozǒu"라고 하기도 한다. 주인이 멀리까지 나와 전송하려할 때 방문자의 입장에서 만류할 때는 "请留步。Qǐng liúbù"(나오지 마십시오) 또는 "不用送了。Búyòng sòng le"(나오실 것 없습니다) 등으로 말하면 된다. 또 주인이 손님을 어느 지역까지 배웅한 뒤에 이제 잘 가시라고 인사하고 돌아가려 할 때에는 "我就送到这里吧。Wǒ jiù sòngdào zhèli ba"(그럼 여기까지 배웅해 드리겠습니다)라고 인사하면 된다.

기 본 대 화

A: 已经九点多了，我们该回去了。
　　Yǐjīng jiǔ diǎn duō le　wǒmen gāi huíqu le
B: 现在才九点，你急什么？再待一会儿吧。
　　Xiànzài cái jiǔ diǎn nǐ jí shénme Zài dāi yíhuìr ba
A: 不，该走了，聊着聊着都忘记时间了。
　　Bù　gāi zǒu le　liáozhe liáozhe dōu wàngjì shíjiān le
B: 那好，下次再过来玩儿吧。
　　Nà hǎo　xiàcì zài guòlai wánr ba
A: 今天很开心，再见。
　　Jīntiān hěn kāixīn　zàijiàn

A: 벌써 9시가 넘었네요. 돌아가봐야 겠습니다.
B: 이제 겨우 9시인데 뭐가 급하세요? 조금만 더 있다 가세요.
A: 아뇨, 가봐야죠. 이야기하다 보니 시간 가는 줄도 몰랐군요.
B: 그래요. 그럼 다음에 또 놀러 오세요.
A: 오늘 아주 즐거웠습니다. 안녕히 계세요.

12. 사교와 모임

여러 가지 활용

I 참석자의 인사 예절　出席者 的 礼节
　　　　　　　　　　　chūxízhě de lǐjié

▶초대에 대한 감사　感谢 邀请
　　　　　　　　　gǎnxiè yāoqǐng

- 오늘 저녁 이렇게 후하게 대접해 주셔서 감사합니다.
  感谢 你 今天 晚上 的 盛情 款待。
  Gǎnxiè nǐ jīntiān wǎnshang de shèngqíng kuǎndài

- 정말 잘 먹었습니다.
  真 的 吃饱 了。
  Zhēn de chībǎo le

- 저를 위해 이렇게 산해진미를 차려 주셔서 뭐라 감사드려야 할지 모르겠습니다.
  为 我 准备 这么 多 山珍海味， 真 不 知道 该 怎么 感谢 你。
  Wèi wǒ zhǔnbèi zhème duō shānzhēnhǎiwèi zhēn bù zhīdào gāi zěnme gǎnxiè nǐ

- 오늘 저녁 아주 즐거웠습니다.
  今天 晚上 很 高兴。
  Jīntiān wǎnshang hěn gāoxìng

- 다음에는 제가 한 번 초대하겠습니다.
  下次我再 请 你吃饭。
  Xià cì wǒ zài qǐng nǐ chī fàn

- 다음에 저희 집에 꼭 한 번 놀러 오십시오.
  下次一定要 上 我家来玩儿。
  Xià cì yídìng yào shàng wǒ jiā lái wánr

▶파티에 대한 소감　对 宴会 的 感受
　　　　　　　　　duì yànhuì de gǎnshòu

- 정말 아주 즐거웠습니다.
  真 是玩儿 得 很 开心。
  Zhēn shì wánr de hěn kāixīn

- 정말 잊지 못할 파티였습니다.
  真 是一次 难忘 的宴会。
  Zhēn shì yí cì nánwàng de yànhuì

- 다음에도 이런 모임 있으면 꼭 불러 주십시오.
  下次再有这样的晚会一定要叫我。
  Xià cì zài yǒu zhèyàng de wǎnhuì yídìng yào jiào wǒ

▶ 돌아가겠다고 할 때　离开时
　　　　　　　　　　líkāi shí

- 이만 가봐야겠습니다.
  我该走了。①
  Wǒ gāi zǒu le

- 가보겠습니다.
  我要走了。
  Wǒ yào zǒu le

- 너무 오래 있었습니다.
  待的时间太长了。
  Dāi de shíjiān tài cháng le

- 오늘은 그럼 이만 가보겠습니다.
  今天就先告辞了。
  Jīntiān jiù xiān gàocí le

▶ 중간에 빠져나올 때　失陪时
　　　　　　　　　　shīpéi shí

- 제가 사실은 바쁜 일이 좀 있어서요.
  我有急事，(所以)先告辞了。
  Wǒ yǒu jí shì (suǒyǐ) xiān gàocí le

- 먼저 자리를 떠서 죄송합니다.
  对不起，我先失陪了。
  Duìbuqǐ wǒ xiān shīpéi le

- 나오실 것 없습니다.
  别送了，(你)回去吧。
  Bié sòng le (nǐ) huíqu ba

---

① '我该走了。Wǒ gāi zǒu le'는 마땅히 돌아가야만 할 시간이 되었거나 가봐야 할 일이 있을 때 주로 사용되지만 '我要走了。Wǒ yào zǒu le'에는 반드시 그런 의미는 내포되어 있지 않다.

12. 사교와 모임

- 그냥 계십시오.
  请 您 留步。
  Qǐng nín liúbù

II 초대자의 인사 예절　邀请者 的 礼节
　　　　　　　　　　　yāoqǐngzhě de lǐjié

▶ 방문·참석에 대한 감사　感谢 拜访 / 出 席
　　　　　　　　　　　　gǎnxiè bàifǎng　chū xí

- 바쁘신데도 왕림해 주셔서 정말 고맙습니다.
  那么 忙 还 过来， 真 是 太 感谢 你 了。
  Nàme máng hái guòlai　zhēn shì tài gǎnxiè nǐ le

- 귀한 선물을 이렇게 많이 가져오시다니 정말 황송합니다.
  你们 来 还 带 这么 多　贵重 的 礼物， 真 觉得 不
  Nǐmen lái hái dài zhème duō guìzhòng de lǐwù　zhēn juéde bù
  好意思。
  hǎoyìsi

- 접대가 소홀한 점 많이 양해해 주세요.
  招待 不 周 的 地方，还 请 你 多多 见谅。
  Zhāodài bù zhōu de dìfang　hái qǐng nǐ duōduō jiànliàng

- 오시라고 해놓고 잘 대접을 못한 것 같아 송구스럽습니다.
  也 没 什么 好 招待 的， 就 让 你 过来， 我 挺 过意不去
  Yě méi shénme hǎo zhāodài de　jiù ràng nǐ guòlai　wǒ tǐng guòyìbúqù
  的。
  de

▶ 만류할 때　挽留 时
　　　　　　wǎnliú shí

- 조금 더 놀다 가세요.
  再 多 玩儿 一会儿 吧。
  Zài duō wánr yíhuìr ba

- 좀 더 계세요.
  多 待 一会儿 吧， 跟 你 吃 一 顿 饭 也 不 容易。
  Duō dāi yíhuìr ba　gēn nǐ chī yí dùn fàn yě bù róngyì

- 아직 이른데, 이렇게 일찍 가서 뭐하시려고요?
  现在 还 早， 这么 早 回去 干 什么 呀?
  Xiànzài hái zǎo　zhème zǎo huíqu gàn shénme ya

▶배웅할 때　送客 时
sòngkè shí

A: 我 送 你 到 车站 吧。
　　Wǒ sòng nǐ dào chēzhàn ba
B: 不用 了。这么 冷，您 快 点儿 回去 吧。
　　Búyòng le　Zhème lěng nín kuài diǎnr huíqu ba
A: 好。那我不送你了。 路上 小心！
　　Hǎo Nà wǒ bú sòng nǐ le　Lùshang xiǎoxīn
A: 정류장까지 바래다 드리겠습니다.
B: 괜찮습니다. 날씨도 추운데 어서 들어가십시오.
A: 예, 그럼 안나가겠습니다. 조심해서 가세요.

- 안녕히 가십시오.
  慢 走！/ 走 好！
  Màn zǒu　　Zǒu hǎo

- 문 앞까지 바래다 드리겠습니다.
  我 送 你 到 门口。
  Wǒ sòng nǐ dào ménkǒu

- 부모님께 안부 전해 주세요.
  向　你父母 问 好。
  Xiàng nǐ fùmǔ wèn hǎo

- 시간 있으면 언제라도 놀러오세요.
  有 空儿 常 来 玩儿 吧。
  Yǒu kòngr cháng lái wánr ba

- 근처에 오시면 우리 집에 들르세요.
  来 附近 的话，就 上 我们 家 坐 会儿 吧。
  Lái fùjìn dehuà jiù shàng wǒmen jiā zuò huìr ba

- 밖이 깜깜하니 조심해서 돌아가십시오.
  外边 很 黑，回去 时 小心 点儿。
  Wàibiān hěn hēi huíqu shí xiǎoxīn diǎnr

- 차로 모셔다 드리겠습니다.
  我 用 车 送 你 回去 吧。
  Wǒ yòng chē sòng nǐ huíqu ba

12. 사교와 모임

참고 관련 용어 词汇 cíhuì

- 사교   社交 shèjiāo
- 사교모임   社交 聚会 shèjiāo jùhuì
- 사교장   社交 场所 shèjiāo chǎngsuǒ
- 신년회   新年 晚会 xīnnián wǎnhuì
- 동창회   同学 聚会 tóngxué jùhuì
- 결혼피로연   婚宴 hūnyàn
- 돌잔치   周岁宴 zhōusuìyàn
- 백일잔치   百日宴 bǎirìyàn
- 생일잔치   生日 宴会 shēngrì yànhuì
- 회갑잔치   花甲 宴会 huājiǎ yànhuì
- 칠순   七十 大寿 qīshí dàshòu
- 다과회   茶点会 chádiǎnhuì
- 무도회   舞会 wǔhuì
- 집들이   乔迁宴 qiáoqiānyàn
- 회식   会餐 huìcān
- 파티   宴会 yànhuì
- 초청   邀请 yāoqǐng
- 초대   招待 zhāodài
- 접대   接待 jiēdài
- 초청장   邀请信 yāoqǐngxìn
- 청첩장   请帖，请柬 qǐngtiě qǐngjiǎn
- 방문   访问，拜访 fǎngwèn bàifǎng
- 선물   礼物 lǐwù
- 답례   还礼 huán lǐ
- 축의금   贺礼，红包 hèlǐ hóngbāo
- 기념촬영   摄影 留念 shèyǐng liúniàn
- 요리   菜 cài
- 차   茶 chá
- 간식   点心 diǎnxin
- 후식   餐后点心 cān hòu diǎnxin
- 손님   客人 kèren
- 만류하다   挽留 wǎnliú
- 손님마중   迎接 客人 yíngjiē kèren
- 손님배웅   送 客人 sòng kèren
- 분위기   气氛 qìfēn
- 파트너   舞伴 wǔbàn
- 한턱 내다   请客 qǐng kè
- 인간관계   人际 关系 rénjì guānxì
- 대인관계   对人 关系 duì rén guānxì
- 원만하다   圆满 yuánmǎn
- 사교성이 좋다   社交性 强 shèjiāoxìng qiáng
- 사교성이 없다   社交性 弱 shèjiāoxìng ruò

13

식사와 음주
用餐与饮酒　　　YONG CAN YU YIN JIU

1. 식사 제의　　　　　　　　　提议用餐
2. 자리 예약　　　　　　　　　预订座位
3. 음식 주문　　　　　　　　　点菜
4. 식사할 때　　　　　　　　　用餐
5. 술을 마실 때　　　　　　　　喝酒
6. 계산할 때　　　　　　　　　结账
7. 음식에 관한 화제　　　　　　有关饮食的话题

1 식사 제의 提议 用 餐
tíyì yòng cān

"人是铁，饭是钢。Rén shì tiě fàn shì gāng"이라는 말이 있다. 무쇠(铁 tiě)가 강철(钢 gāng)보다 무른 것에 비유해서 식사의 중요성을 일깨우는 말로서, 바로 우리 나라의 "금강산도 식후경"에 해당된다. "식사하셨습니까?"라고 물을 때는 "你吃饭了吗? Nǐ chī fàn le ma"라고 하면 되고, "식사 같이 합시다."하고 제의할 때에는 "咱们一起吃饭吧。Zánmen yìqǐ chī fàn ba"라고 하면 된다.

기 본 대 화

A: 快 到 中午 了，一起 去 吃饭 怎么样 ?
   Kuài dào zhōngwǔ le yìqǐ qù chī fàn zěnmeyang

B: 好 啊，有 什么 好 地方 吗 ?
   Hǎo a yǒu shénme hǎo dìfang ma

A: 从 这 条 大道 一直 往 前 走，有 家 餐厅，那里 的
   Cóng zhè tiáo dàdào yìzhí wǎng qián zǒu yǒu jiā cāntīng nàli de
   蛋炒饭 味道 不错。
   dànchǎofàn wèidào búcuò

B: 我 也 喜欢 那家 的 炒饭，快 点儿 走 吧 。
   Wǒ yě xǐhuan nà jiā de chǎofàn kuài diǎnr zǒu ba

A: 점심 때가 다 되었는데 함께 식사하러 갈까?
B: 좋아. 어디 좋은 곳 있어?
A: 이 큰길로 쭉 가면 식당 하나가 있는데 계란볶음밥이 맛있더라구.
B: 나도 그 집 볶음밥을 좋아하는데, 어서 가자.

여러 가지 활용

I 식사 제의 提议 吃 饭
           tíyì chī fàn

- 식사시간 다 됐어요, 같이 갑시다.
  快 到 吃饭 时间 了，一起 去 吧 。
  Kuài dào chī fàn shíjiān le yìqǐ qù ba

13. 식사와 음주

- 저녁 약속 있어요? 없으면 나랑 같이 해요.
  晚上　有 安排 吗? 要是 没有 的话 和我 一起 吃 吧。①
  Wǎnshang yǒu ānpái ma Yàoshi méiyǒu dehuà hé wǒ yìqǐ chī ba

- 사람은 먹는게 제일이라구, 안 먹고 어떡하려고 그래?
  民 以 食 为 天 嘛, 不 吃饭 怎么 行 呢? ②
  Mín yǐ shí wéi tiān ma　bù chīfàn zěnme xíng ne

- 금강산도 식후경이에요, 한 끼라도 안 먹으면 배고파서 못살죠.
  人 是 铁, 饭 是 钢, 一 顿 不 吃 饿 得 慌。
  Rén shì tiě　fàn shì gāng　yí dùn bù chī è de huāng

- 오늘은 월급도 탔으니 맛있는 것 좀 먹읍시다.
  今天 发 工资, 去 吃点儿 好吃 的 吧。
  Jīntiān fā gōngzī　qù chī diǎnr hǎochī de ba

- 도시락 먹읍시다.
  吃 盒饭 吧。
  Chī héfàn ba

- 우리 나가서 간단히 먹읍시다.
  我们 出去 简单 吃点儿 吧。
  Wǒmen chūqu jiǎndān chī diǎnr ba

- 우리 먹으면서 이야기합시다.
  我们 边吃边 谈 工作。③
  Wǒmen biān chī biān tán gōngzuò

Ⅱ 한턱낼 때　请客时
qǐng kè shí

A: 今晚 我 请 你 吃饭。
　　Jīn wǎn wǒ qǐng nǐ chīfàn
B: 什么 事 啊?
　　Shénme shì a

---

① 安排 ānpái: '안배하다', '배분하다', '정하다' 뜻의 동사와 '안배', '배치', '조치' 등의 명사로도 쓰임. 여기서는 스케쥴이나 계획을 말함.

② 民以食为天 mín yǐ shí wéi tiān: "백성들은 양식을 하늘처럼 여긴다" 라는 뜻으로 본래는 농업이나 식량의 중요성을 의미하였지만, 현대에 와서는 곧잘 식사의 중요성을 이르는 말로 쓰여지고 있다.

③ 边~边~biān~biān~: ~하면서 (동시에) ~하다.

> A: 我 涨 工资 了，请 你 吃 顿 饭。
>   Wǒ zhǎng gōngzī le qǐng nǐ chī dùn fàn
> A: 오늘 저녁 내가 한 턱 낼게요.
> B: 무슨 일이에요?
> A: 월급이 올랐거든요, 밥 한 끼 사겠습니다.

- 오늘은 내가 살게요.
  今天 我 买 单。
  Jīntiān wǒ mǎi dān

- 오늘은 내가 한 턱 낼게요.
  今天 我 做 东。①
  Jīntiān wǒ zuò dōng

- 점심은 제가 살게요.
  午饭 我 来 请 吧。
  Wǔfàn wǒ lái qǐng ba

- 다음은 내 차례군. 반드시 크게 한 턱 내지.
  下 回 轮到 我 了，一定 请 你们 大 吃 一 顿。
  Xià huí lúndào wǒ le yídìng qǐng nǐmen dà chī yí dùn

Ⅲ 식당을 찾을 때 打听 餐厅 时
                  dǎting cāntīng shí

- 어디 가서 점심을 먹을까?
  到 哪儿 吃 中饭 呢?
  Dào nǎr chī zhōngfàn ne

- 여기에 맛도 좋고 값도 싼 식당 없나요?
  这儿 有 没有 味美价廉 的 餐厅?
  Zhèr yǒu méiyǒu wèiměijiàlián de cāntīng

- 이 근처에 한국 식당은 없습니까?
  这 附近 有 没有 韩国 餐馆?
  Zhè fùjìn yǒu méiyǒu Hánguó cānguǎn

---

① 东 dōng: 주인 또는 주최자를 의미함. 房东 fángdōng: 집주인. 股东 gǔdōng: 주주.

13. 식사와 음주

- 취엔쥐더 오리 고기점이 어디 있습니까?
  全聚德 烤鸭店 在 哪里？①
  Quánjùdé Kǎoyādiàn zài nǎli
- 그 음식점은 집처럼 아늑해서 좋아요.
  那家 餐厅 有 一 种 家的 温馨，我 很 喜欢。
  Nà jiā cāntīng yǒu yì zhǒng jiā de wēnxīn wǒ hěn xǐhuan
- 불고기라면 이 근처에서는 그 집만한 데가 없어요.
  要 说 烧烤，这 附近 没有 比得上 那家 的。②
  Yào shuō shāokǎo zhè fùjìn méiyǒu bǐdeshàng nà jiā de

▶ 배달을 시킬 때　订 餐 时
　　　　　　　　　dìng cān shí

- 좀 빨리 배달해 주세요.
  请 尽快 送 过来。
  Qǐng jǐnkuài sòng guolai
- 음식을 배달해 줍니까?
  你们 有 送 餐 服务 吗？
  Nǐmen yǒu sòng cān fúwù ma
- 위샹러우스와 티에반니우러우를 배달해 주세요.
  我 订 一 盘 鱼香 肉丝 和 一 盘 铁板 牛柳，请 你 送
  Wǒ dìng yì pán yúxiāng ròusī hé yì pán tiěbǎn niúliǔ qǐng nǐ sòng
  过来。③
  guolai

▶ 도시락을 먹을 때　吃 盒饭 时
　　　　　　　　　chī héfàn shí

- 도시락 싸왔어요?
  你 带 盒饭 了 吗？
  Nǐ dài héfàn le ma
- 저는 매일 도시락을 싸가지고 와요.
  我 天天 带 盒饭。
  Wǒ tiāntiān dài héfàn

---

① 全聚德烤鸭 Quánjùdé Kǎoyā: 북경에서 가장 전통있는 오리구이 전문점.
② 比得上 bǐdeshàng: 비할 만하다. 比不上 bǐbushàng: 비교도 안되다. 어림도 없다.
③ 鱼香肉丝 yúxiāng ròusī: 채를 썬 닭고기와 각종 야채를 매콤 달콤하게 볶은 요리.
铁板牛柳 tiěbǎn niúliǔ: 소고기와 양파, 피망 등을 철판에 볶아 담아낸 것으로 우리 나라 사람들의 구미에도 잘 맞는다.

- 도시락은 각자가 준비해요.
  盒饭 自备。
  Héfàn zì bèi

Ⅳ 음식 종류를 정할 때　选择 菜系 时
　　　　　　　　　　　xuǎnzé càixì shí

> A: 吃 西餐 还是 中餐?
> 　　Chī xīcān háishi zhōngcān
> B: 还是 中餐 吧。
> 　　Háishi zhōngcān ba
> A: 서양요리를 드시겠어요? 중국요리를 드시겠어요?
> B: 중국요리로 합시다.

- 점심에는 뭘 먹지?
  中午 吃 什么 呀?
  Zhōngwǔ chī shénme ya

- 해물을 좋아하세요?
  你 喜欢 吃 海鲜 吗?
  Nǐ xǐhuan chī hǎixiān ma

- 김치가 정말 먹고 싶군요.
  真 想 吃 辣白菜 啊！①
  Zhēn xiǎng chī làbáicài a

- 이 고장에서 유명한 음식은 뭐죠?
  这个 地方 有名 的 菜 是 什么?
  Zhège dìfang yǒumíng de cài shì shénme

- 이 식당의 특별요리는 무엇입니까?
  这 家 餐厅 的 特色菜 是 什么?
  Zhè jiā cāntīng de tèsècài shì shénme

- 어떤 요리를 제일 잘합니까?
  什么 菜 最 拿手 ?
  Shénme cài zuì náshǒu

---

① 김치를 泡菜 pàocài 또는 咸菜 xiáncài 라고도 한다.

2 자리 예약

预订 座位
yùdìng zuòwèi

손님을 대접한다든가 또는 인원이 많을 때는 식당을 미리 예약해 두는 것이 좋다. 특히 독립된 공간의 룸(包厢 bāoxiāng)을 이용하려면 더욱 그러하다. 중국 식당의 경우 包厢 bāoxiāng을 이용하려면 얼마 이상의 매상 조건이 붙어 있는 경우도 있으므로 미리 확인을 해둘 필요가 있다.

기본대화

A: 喂，是 夜来香 酒家 吗？
　　Wèi shì Yèláixiāng Jiǔjiā ma

B: 是的，请 讲。
　　Shì de qǐng jiǎng

A: 我 想 预订 晚上 用 餐 的 包间。
　　Wǒ xiǎng yùdìng wǎnshang yòng cān de bāojiān

B: 请问 几 位？
　　Qǐngwèn jǐ wèi

A: 大约 十 人。
　　Dàyuē shí rén

B: 您 估计 什么 时间 能 到？
　　Nín gūjì shénme shíjiān néng dào

A: 晚上 七 点 以前 应该 能 到。
　　Wǎnshang qī diǎn yǐqián yīnggāi néng dào

B: 请 留下 您 的 联系 电话。
　　Qǐng liúxià nín de liánxì diànhuà

A: 我 的 手机号 是 1361-111-2222。
　　Wǒ de shǒujīhào shì yāosānliùyāo-yāoyāoyāo-èr'èr'èr'èr

B: 好 的，晚上 见。
　　Hǎo de wǎnshang jiàn

A: 여보세요. 예라이샹 음식점입니까?
B: 네, 말씀하십시오.
A: 저녁에 룸을 예약할려고 합니다.
B: 몇 분이세요?

[2] 자리 예약

A: 10사람 정도예요.
B: 몇 시쯤 도착할 수 있으세요?
A: 저녁 7시 전에는 도착할 겁니다.
B: 연락처를 남겨 주십시오.
A: 저의 휴대폰 번호는 1361-111-2222 입니다.
B: 네, 알겠습니다. 저녁에 뵙겠습니다.

여러 가지 활용

I 예약할 때   预订时
yùdìng shí

A: 你 快 点儿 打 电话 预订 吧。
　　Nǐ kuài diǎnr dǎ diànhuà yùdìng ba
B: 我 早 就 订好 了。
　　Wǒ zǎo jiù dìnghǎo le
A: 빨리 전화해서 예약하세요.
B: 벌써 예약해 두었어요.

- 오늘 저녁 6시에 4인석을 예약하고 싶은데요.
  想 订 今 晚 六 点 的 四 人 桌。
  Xiǎng dìng jīn wǎn liù diǎn de sì rén zhuō

- 창가 쪽 테이블로 주세요.
  请 给 我 靠 窗户 的 桌子。
  Qǐng gěi wǒ kào chuānghu de zhuōzi

- 바깥 경치를 바라볼 수 있는 자리로 예약해 주세요.
  请 帮 我 预订 能 看见 外景 的 座位。
  Qǐng bāng wǒ yùdìng néng kànjiàn wàijǐng de zuòwèi

- 룸이 있습니까?
  有 包厢 吗?
  Yǒu bāoxiāng ma

- 분위기 있는 방으로 주세요.
  要 一 个 格调 雅致 的 包厢。
  Yào yí ge gédiào yǎzhì de bāoxiāng

13. 식사와 음주

▶예약의 필요　**需要 预订**
　　　　　　　xūyào yùdìng

- 그 집은 항상 손님이 많으니 예약을 해두는 것이 좋아요.
那家 餐厅 总是 人 很 多，所以 最好 预订。
Nà jiā cāntīng zǒngshì rén hěn duō suǒyǐ zuìhǎo yùdìng

- 예약을 하지 않으면 자리가 없을 수도 있어요.
不 预订 的话，也许 会 没有 座位 啊。
Bú yùdìng dehuà yěxǔ huì méiyǒu zuòwèi a

▶예약을 취소·변경할 때　**取消 / 更改 预订 时**
　　　　　　　　　　　qǔxiāo　gēnggǎi yùdìng shí

- 원래 4인석을 예약했는데 지금 6인석으로 바꿀 수 있습니까?
我 原来 订了 四人桌，现在 能 改成 六人的吗?
Wǒ yuánlái dìngle sì rén zhuō xiànzài néng gǎichéng liù rén de ma

- 오늘밤 7시 예약을 취소하고 싶습니다.
我 想 取消 今 晚 七 点 的 预订。
Wǒ xiǎng qǔxiāo jīn wǎn qī diǎn de yùdìng

- 오늘 예약을 내일로 변경하고 싶은데, 괜찮겠습니까?
我 想 把 今天 的 预订 改到 明天，可以 吗?
Wǒ xiǎng bǎ jīntiān de yùdìng gǎidào míngtiān kěyǐ ma

Ⅱ 식당에서　**在 餐馆**
　　　　　　　zài cānguǎn

▶예약을 해놓았을 때　**已经 预订 时**
　　　　　　　　　　yǐjīng yùdìng shí

A: 您 预约 了 吗?
　　Nín yùyuē le ma
B: 昨天 在 电话 里 预约 了。
　　Zuótiān zài diànhuà li yùyuē le
A: 예약하셨습니까?
B: 어제 전화로 예약했습니다.

- 7시 10인석의 룸을 예약했는데요.
我 订了 七 点 十 个 人 的 包厢。
Wǒ dìngle qī diǎn shí ge rén de bāoxiāng

② 자리 예약

▶예약을 안했을 경우 　没 预订 时
　　　　　　　　　　méi yùdìng shí

> A: 欢迎　光临，您 预订 了 吗？
> 　　Huānyíng guānglín nín yùdìng le ma
> B: 没有，有 五 个 人 的 餐桌 吗？
> 　　Méiyǒu yǒu wǔ ge rén de cānzhuō ma
> A: 对不起，现在 已 满 座 了，请 稍等 一会儿 吧。
> 　　Duìbuqǐ　xiànzài yǐ mǎn zuò le　qǐng shāoděng yíhuìr　ba
> A: 어서 오십시오. 예약하셨습니까?
> B: 안했는데요. 5인석 테이블이 있습니까?
> A: 죄송합니다. 지금 자리가 다 찼는데 조금만 기다리십시오.

- 예약을 하지 않았는데 4인 테이블이 있는지 모르겠네요?
  我 没有 预订，不 知 还 有 没有 四 人 餐桌？
  Wǒ méiyǒu yùdìng bù zhī hái yǒu méiyǒu sì rén cānzhuō

- 자리 있어요? 좀 조용한 장소가 필요한데요.
  有 座 吗？ 我们 要 一 个 安静 点儿 的 地方。
  Yǒu zuò ma　Wǒmen yào yí ge ānjìng diǎnr de dìfang

- 여덟 명이니 넓은 방으로 주세요.
  我们 有 八 个 人，请 找 一 间 宽敞 的 房间。①
  Wǒmen yǒu bā ge rén　qǐng zhǎo yì jiān kuānchang de fángjiān

▶자리를 바꾸고 싶을 때 　提出 换 位
　　　　　　　　　　　tíchū huàn wèi

- 자리를 바꿔도 되겠습니까?
  我 可以 换 个 位子 吗？
  Wǒ kěyǐ huàn ge wèizi ma

- 흡연석을 원하는데요.
  我 要 可以 吸 烟 的 地方。
  Wǒ yào kěyǐ xī yān de dìfang

---

① 宽敞 kuānchang: 넓다. 널찍하다. 탁 트이다.

- 화장실 옆자리라 좋지 않은데요.
  座位 挨着 洗手间 不太好。
  Zuòwèi āizhe xǐshǒujiān bú tài hǎo
- 좀더 큰 테이블은 없습니까?
  没有 再大 一点儿 的 餐桌 吗？
  Méiyǒu zài dà yìdiǎnr de cānzhuō ma

▶ 대기할 때　等 座 时
　　　　　　　děng zuò shí

A: 请问 您 几 位？ 　　Qǐngwèn nín jǐ wèi B: 一共 十 个 人。 　　Yígòng shí ge rén A: 不 好意思, 现在 已经 没 位子 了, 稍等 一下 　　Bù hǎoyìsi xiànzài yǐjīng méi wèizi le shāoděng yíxià 　好 吗？ 　hǎo ma A: 일행이 몇 분이십니까? B: 모두 10 사람입니다. A: 죄송하지만 지금은 자리가 없습니다. 잠시만 기다리세요.

- 곧 자리가 날까요?
  一会儿 有 座 吗？
  Yíhuìr yǒu zuò ma
- 얼마나 기다려야 합니까?
  要 等 多 久 啊？
  Yào děng duō jiǔ a
- 여기서 잠시 기다려 주십시오. 자리가 나면 말씀드리겠습니다.
  您 在 这里 等 一会儿, 有 地方 我 会 叫 您 的。
  Nín zài zhèli děng yíhuìr yǒu dìfang wǒ huì jiào nín de

③ 음식 주문　　　　　　　　　　点 菜
　　　　　　　　　　　　　　　　　diǎn cài

중국 식당의 테이블은 대부분이 원탁이며 그 가운데에는 음식을 돌아가게 할 수 있는 원판이 놓여 있다. 둥그런 식탁은 함께 식사하는 사람들이 서로 얼굴을 보며 대화하기에 좋을 뿐 아니라 음식을 돌려 가면서 함께 나누어 먹기에도 편리하다. 그러므로 화기애애한 분위기에서 식사를 할 수 있으며 화제 또한 음식만큼 풍성해진다. 다만 음식을 여러 사람이 함께 나누어 먹는 것인 만큼 公筷 gōngkuài(공용 젓가락)과 公勺 gōngsháo(공용 숟가락)의 사용을 권장하고 있다.

기본대회

A: 您好！您想要点儿什么?
　　Nín hǎo　Nín xiǎng yào diǎnr shénme
B: 李先生，你要吃什么?
　　Lǐ xiānsheng nǐ yào chī shénme
C: 我什么都可以，你随意。
　　Wǒ shénme dōu kěyǐ　nǐ suíyì
B: 那，先来两份牛排。
　　Nà xiān lái liǎng fèn niúpái
A: 好，两份牛排。还来点儿别的吗?
　　Hǎo liǎng fèn niúpái　Hái lái diǎnr biéde ma
B: 来份海鲜煲，香菇油菜和炸馒头。①
　　Lái fèn hǎixiān bāo xiānggū yóucài hé zhá mántou
A: 您还要凉菜吗?
　　Nín hái yào liángcài ma
B: 加一个泡菜和凉拌黄瓜，就要这些吧。②
　　Jiā yí ge pàocài hé liángbàn huángguā jiù yào zhèxiē ba

---

① 海鲜煲 hǎixiān bāo: 뚝배기 같은 데에 각종 해물을 넣고 끓인 요리. 煲 bāo는 토기나 토기로 된 음폭한 그릇을 말함. 香菇油菜 xiānggū yóucài: 표고버섯과 여우차이(청경채)를 함께 볶은 요리. 炸馒头 zhá mántou: 만터우(소가 없는 빵)를 튀긴 것으로 연유에 찍어 먹는다.

② 凉拌黄瓜 liángbàn huángguā: 오이를 새콤달콤하게 무친 것.

560 13. 식사와 음주

A: 好 的 。 您 稍 等 。
　　Hǎo de　 Nín shāoděng
A: 안녕하세요. 무엇을 주문하시겠습니까?
B: 이선생님, 무엇을 드시겠습니까?
C: 저는 다 괜찮습니다. 알아서 하시죠.
B: 그럼 우선 소갈비 2인분 주시구요.
A: 네, 소갈비 2인분이요, 또 다른 음식은요?
B: 하이시엔바오, 샹구여우차이, 그리고 쟈만터우를 주세요.
A: 무침 요리도 필요하십니까?
B: 김치와 오이무침을 추가합시다. 이 정도 하지요.
A: 알겠습니다. 잠시만 기다리세요.

여러 가지 활용

I 메뉴 보기　浏览 菜单
　　　　　　　　　liúlǎn càidān

A: 我 要 点 菜 。
　 Wǒ yào diǎn cài
B: 好 的 , 这 是 我 们 的 菜 单 。
　 Hǎo de　 zhè shì wǒmen de càidān
A: 只 看 菜 单 , 不 太 了 解 什 么 菜 比 较 好 。
　 Zhǐ kàn càidān　bú tài liǎojiě shénme cài bǐjiào hǎo
　 麻 烦 你 介 绍 一 下 你 们 这 里 的 特 色 菜 , 好 吗 ?
　 Máfan nǐ jièshào yíxià nǐmen zhèli de tèsècài hǎo ma
A: 주문 받으세요.
B: 네, 여기 저희 메뉴판입니다.
A: 메뉴판만 보아서는 어느 음식이 좋은지 잘 모르겠군요.
　 미안하지만 이 집의 특별 요리를 소개해 주시겠습니까?

- 메뉴판이 있습니까?
　有 菜 单 吗 ?
　Yǒu càidān ma

- 한글로 된 메뉴판이 있습니까?
　有 用 韩 语 写 的 菜 谱 吗 ?
　Yǒu yòng Hányǔ xiě de càipǔ ma

③ 음식 주문

▶가장 잘하는 요리　　拿手菜
　　　　　　　　　　　náshǒucài

- 이 집의 제일 잘하는 요리는 무엇입니까?
  这 家 店 的 拿手菜 是 什么? ①
  Zhè jiā diàn de náshǒucài shì shénme

- 처음이라 뭐가 맛있는지 잘 모르겠으니 몇 가지 좀 추천해 주시죠.
  第一 次 来, 不 知道 哪些 菜 好吃, 你 帮 我 推荐 几 个 吧。
  Dìyī cì lái bù zhīdào nǎxiē cài hǎochī nǐ bāng wǒ tuījiàn jǐ ge ba

- 이 밖에 또 무엇이 맛있습니까?
  除了 这些, 还 有 什么 好吃 的?
  Chúle zhèxiē hái yǒu shénme hǎochī de

- 이 집에서 가장 유명한 것은 무엇입니까?
  这 家 最 有名 的菜 是 什么 ?
  Zhè jiā zuì yǒumíng de cài shì shénme

▶요리에 대한 문의　　关于 菜 的 提问
　　　　　　　　　　guānyú cài de tíwèn

- 저 요리는 이름이 뭐죠?
  那道 菜 叫 什么 名字 ?
  Nà dào cài jiào shénme míngzi

- 맛은 어떻습니까?
  这 道 菜 味道 怎么样?
  Zhè dào cài wèidào zěnmeyàng

- 이 요리는 어떻게 먹죠?
  这 菜 怎么 个 吃法 啊 ?
  Zhè cài zěnme ge chīfǎ a

- 이것은 어떤 맛입니까?
  这 个 是 什么 风味 的?
  Zhè ge shì shénme fēngwèi de

---

① 拿手 náshǒu: 가장 잘하는, 가장 능숙한. 拿手菜 náshǒucài: 가장 잘하는 요리, 가장 자신있는 요리.

13 ③ 点菜

13. 식사와 음주

- 어떤 요리가 제일 인기가 있죠?
  什么 菜 最 受 欢迎?
  Shénme cài zuì shòu huānyíng

- 이 두 음식은 어떤 차이가 있죠?
  这 两 道 菜 有 什么 区别?
  Zhè liǎng dào cài yǒu shénme qūbié

- 음식 몇 가지 추천할 수 있습니까?
  你 能 推荐 几 个 菜 吗?
  Nǐ néng tuījiàn jǐ ge cài ma

- 어떤 음식이 비교적 담백하죠?
  哪 个 菜 比较 清淡 一点儿? ①
  Nǎ ge cài bǐjiào qīngdàn yìdiǎnr

- 이것은 맵지 않습니까?
  这 个 不 辣 吗?
  Zhè ge bú là ma

- 1인분 양은 어느 정도 입니까?
  一 份 菜 量 是 多少?
  Yí fèn cài liàng shì duōshao

- 이것은 해물류입니까? 고기류입니까?
  这 道 菜 是 海鲜 还是 肉类?
  Zhè dào cài shì hǎixiān háishi ròu lèi

- 세트 요리도 있습니까?
  有 套餐 吗?
  Yǒu tàocān ma

II 일행에게 의사를 물을 때   征询 同伴 的 意见
                          zhēngxún tóngbàn de yìjiàn

A: 张 先生, 您 想 来点儿 什么?
   Zhāng xiānsheng nín xiǎng lái diǎnr shénme
B: 我 要 烤 鳗鱼。你 要 点儿 什么?
   Wǒ yào kǎo mányú Nǐ yào diǎnr shénme

---

① 清淡 qīngdàn: 자극적이지 않으며 담백한 것을 말함.

③ 음식 주문

13 ③ 点菜

A: 我 要 红烧 鱼, 李 先生 呢? ①
　　Wǒ yào hóngshāo yú　Lǐ xiānsheng ne
C: 我 要 西芹 百合。②
　　Wǒ yào xīqín bǎihé
A: 那, 来 点儿 什么 饮料?
　　Nà lái diǎnr shénme yǐnliào
B: 我们 都 喝 绿茶 吧。
　　Wǒmen dōu hē lǜchá ba
A: 장 선생님, 무엇을 드시겠습니까?
B: 저는 장어구이 먹겠습니다. 당신은요?
A: 저는 홍사오위로 하겠어요. 이 선생님은요?
C: 저는 시친바이허를 시키겠습니다.
A: 그럼, 음료수는 무엇으로 할까요?
B: 녹차를 마시도록 하지요.

- 무얼 시키면 좋을까요?
  我们 点 什么 好 啊?
  Wǒmen diǎn shénme hǎo a

- 저는 아무거나 괜찮습니다.
  我 随便。
  Wǒ suíbiàn

- 그럼 저도 같은 것으로 하죠.
  那我 要 跟 你 一样 的。
  Nà wǒ yào gēn nǐ yiyàng de

- 오늘은 다른 것 좀 먹어 봅시다.
  今天 换换 口味。
  Jīntiān huànhuan kǒuwèi

- 저는 개운한 음식을 먹겠어요.
  我 要 爽口 的菜。
  Wǒ yào shuǎngkǒu de cài

---

① 红烧鱼 hóngshāo yú: 생선을 기름, 간장, 설탕 등으로 볶아내는 요리.
② 西芹百合 xīqín bǎihé: 셀러리와 백합의 뿌리를 볶은 요리.

13. 식사와 음주

- 저는 당신의 입맛에 따르겠습니다.
  我 随 您 的 口味 。
  Wǒ suí nín de kǒuwèi

- 전부 다 맛있어 보여 결정하기가 어렵네요.
  看 起来 什么 都 好吃，真 难 决定 啊 。
  Kàn qǐlai shénme dōu hǎochī zhēn nán juédìng a

Ⅲ 주문할 때 点 菜 时
diǎn cài shí

- 종업원, 여기 주문 받으세요.
  服务员，我们 要 点 菜 。
  Fúwùyuán wǒmen yào diǎn cài

- (메뉴를 가리키면서) 이것을 주세요.
  （指着 菜单）来 这 道 菜 吧 。
  zhǐzhe càidān Lái zhè dào cài ba

- 밥을 좀 많이 주시겠어요?
  米饭 多 来 点儿 好 吗 ?
  Mǐfàn duō lái diǎnr hǎo ma

- 디저트로 아이스크림을 주세요.
  餐后 点心 要 冰淇淋 。
  Cānhòu diǎnxin yào bīngqílín

- 비빔냉면 하나요.
  要 一 碗 拌 冷面 。
  Yào yì wǎn bàn lěngmiàn

▶주문시 요구 사항 点 菜 时 的 要 求
diǎn cài shí de yāoqiú

A: 肉 要 烤到 什么 程度 呢 ?
   Ròu yào kǎodào shénme chéngdù ne
B: 把 肉 烤熟 烤透 。①
   Bǎ ròu kǎoshú kǎotòu

---

① 구어(口语 kǒuyǔ)에서는 熟 shú 를 shóu 로 발음하는 경우가 많다.

③ 음식 주문

C: 我要半生半熟的。
　　Wǒ yào bàn shēng bàn shú de
A: 고기를 어느 정도 구울까요?
B: 고기를 완전히 익혀 주세요.
C: 저는 절반만 익혀 주세요.

- 잘 구워 주세요.
  烤得好一点儿。
  Kǎo de hǎo yìdiǎnr
- 고기를 태우지 마세요.
  别把肉烤糊了。
  Bié bǎ ròu kǎohú le
- 살짝 구우면 돼요. 너무 오래 굽지 말구요.
  烤一下就行了，不要烤太久了。
  Kǎo yíxià jiù xíng le　búyào kǎo tài jiǔ le
- 너무 맵지 않게 하세요.
  不要太辣。
  Búyào tài là
- 소금을 너무 많이 넣지 마세요.
  盐不要放得太多。
  Yán búyào fàng de tài duō

▶ 음료수　饮料
　　　　　yǐnliào

A: 请问要什么饮料?
　　Qǐngwèn yào shénme yǐnliào
B: 冰咖啡和冰红茶各来一杯。
　　Bīng kāfēi hé bīng hóngchá gè lái yì bēi
A: 음료수는 무엇으로 하시겠습니까?
B: 냉커피와 냉홍차 한 잔씩 주세요.

- 광천수 한 병 주세요.
  来瓶矿泉水。
  Lái píng kuàngquánshuǐ

13
③ 点菜

▶ 디저트　**点心**
　　　　　diǎnxin

- 디저트는 어떤 걸로 드릴까요?
  点心 来点儿 什么 ?
  Diǎnxin lái diǎnr shénme

- 디저트는 좀 있다가 시킬게요.
  点心 待会儿 再 说 吧。
  Diǎnxin dāihuìr zài shuō ba

- 디저트는 생략하겠습니다.
  点心 就 不 要 了。
  Diǎnxin jiù bú yào le

- 아이스크림과 레몬차를 주세요.
  来 冰淇淋 和 柠檬茶 吧。
  Lái bīngqílín hé níngméngchá ba

▶ 술　**酒**
　　　jiǔ

- 오늘 밤은 우량예로 하면 어때요?
  今天 晚上 喝 五粮液 怎么样?
  Jīntiān wǎnshang hē wǔliángyè zěnmeyàng

- 뭐니뭐니해도 바이주가 최고예요.
  不管 怎么 说，还是 白酒 最 好 啊。
  Bùguǎn zěnme shuō, háishi báijiǔ zuì hǎo a

- 어떤 맥주들이 있지요?
  都 有 什么 啤酒 ?
  Dōu yǒu shénme píjiǔ

- 생맥주도 있습니까?
  有 生啤 吗 ?
  Yǒu shēngpí ma

- 적포도주 1병 부탁해요.
  来 一 瓶 干红 葡萄酒 。①
  Lái yì píng gānhóng pútáojiǔ

---

① 干红 gānhóng: 적포도주. 干白 gānbái: 백포도주.

Ⅳ 음식을 재촉할 때 催促 上 菜
cuīcù shàng cài

> A: 为什么 还不 上 菜？
> Wèishénme hái bú shàng cài
> B: 抱歉，您 稍等，菜 马上 就好。
> Bàoqiàn nín shāoděng cài mǎshàng jiù hǎo
> A: 我 赶 时间，快点儿 好吗？
> Wǒ gǎn shíjiān kuài diǎnr hǎo ma
> A: 음식이 왜 아직도 안 나와요?
> B: 죄송합니다. 잠시만 기다리십시오. 금방 됩니다.
> A: 시간이 없으니 빨리 주세요.

- 왜 이렇게 음식이 늦게 나와요?
  为什么 上 菜 这么 慢？
  Wèishénme shàng cài zhème màn

- 벌써 30 분이 지났는데 왜 안 나와요?
  都 已经 半 小时 了，菜 怎么 还 不 来？
  Dōu yǐjīng bàn xiǎoshí le cài zěnme hái bù lái

- 아직도 얼마나 더 걸릴까요?
  还 需要 多 长 时间 呢？
  Hái xūyào duō cháng shíjiān ne

- 제가 주문한 요리는 다 되었습니까?
  我 要 的 菜 做好 了 吗？
  Wǒ yào de cài zuòhǎo le ma

- 주문한 음식이 언제 됩니까?
  我 点 的 菜 什么 时候 能 好？
  Wǒ diǎn de cài shénme shíhou néng hǎo

Ⅴ 주문한 음식이 다를 때 上错 菜 时
shàngcuò cài shí

> A: 服务员，麻烦 你 过来 一下。①
> Fúwùyuán máfan nǐ guòlai yíxià

---

① 服务员 fúwùyuán: 손님께 서비스를 제공하는 종업원을 말함. 服务 fúwù: 서비스.

13. 식사와 음주

B: 需要 什么?
　　Xūyào shénme
A: 这 道 菜 和 我 点 的 不 一样。
　　Zhè dào cài hé wǒ diǎn de bù yíyàng
B: 真 对不起，您 点 的 是 什么?
　　Zhēn duìbuqǐ　nín diǎn de shì shénme
A: 我 要 的 是 炸 虾。①
　　Wǒ yào de shì zhá xiā
B: 对不起，马上 给 您 换 一下 。
　　Duìbuqǐ　mǎshàng gěi nín huàn yíxià
A: 종업원, 이리 좀 와 보세요.
B: 뭐 필요한 것 있으세요?
A: 음식이 제가 주문한 것과 다른데요.
B: 정말 죄송합니다. 무엇을 주문하셨습니까?
A: 제가 주문한 것은 새우튀김이에요.
B: 죄송합니다. 바로 바꿔 드리겠습니다.

- 이것은 주문 안했는데요.
  我 没有 点 这 个 啊！
  Wǒ méiyǒu diǎn zhè ge a

- 제가 시킨 건 뜨거운 커피가 아니고 냉커피입니다.
  我 要 的 不 是 热 咖啡，是 冰 咖啡。
  Wǒ yào de bú shì rè kāfēi　shì bīng kāfēi

- 이것은 내가 시킨 요리가 아닌데요.
  这 不 是 我 要 的 菜。
  Zhè bú shì wǒ yào de cài

- 잘못 가져온 것 같군요.
  你 上错 了 吧 。
  Nǐ shàngcuò le ba

---

① 炸 zhá는 '튀기다'는 뜻일 때는 2성이나 '폭발하다'는 뜻일 때는 4성으로 발음한다. 예)油炸 yóuzhá(기름에 튀기다), 炸酱面 zhájiàngmiàn(자장면), 爆炸 bàozhà(폭발하다).

③ 음식 주문

Ⅵ 음식에 문제가 있을 때 投诉菜的质量
tóusù cài de zhìliàng

▶ 조리 상태가 나쁠 때 菜做得不好时
cài zuò de bù hǎo shí

- 고기가 덜 구워졌어요. 다시 구워 주세요.
  这肉没烤熟，再烤一下吧。
  Zhè ròu méi kǎoshú zài kǎo yíxià ba

- 고기가 너무 질겨서 씹을 수가 없어요.
  这肉太硬了，嚼不动。
  Zhè ròu tài yìng le jiáo bu dòng

- 생선찌개가 비린내가 나서 못먹겠어요.
  鱼汤有点儿腥，真难吃啊。
  Yútāng yǒudiǎnr xīng zhēn nánchī a

- 감자가 설컹거려요.
  这土豆有点儿夹生。
  Zhè tǔdòu yǒudiǎnr jiāshēng

- 갈비가 너무 탔어요, 바꿔 주세요.
  牛排太糊了，给我换一份。
  Niúpái tài hú le gěi wǒ huàn yí fèn

▶ 이물질이 들어 있을 때 菜里有杂物时
cài li yǒu záwù shí

A: 服务员，过来一下。
　　Fúwùyuán guòlai yíxià

B: 需要点儿什么？
　　Xūyào diǎnr shénme

A: 这菜里面有蟑螂。
　　Zhè cài lǐmian yǒu zhāngláng

B: 对不起，我们马上再重做一份。请稍等。
　　Duìbuqǐ wǒmen mǎshàng zài chóng zuò yí fèn Qǐng shāo děng

13. 식사와 음주

> A: 종업원, 이리 좀 오세요.
> B: 무엇이 필요하십니까?
> A: 이 요리에 바퀴벌레가 들어 있잖아요.
> B: 대단히 죄송합니다. 곧 다시 요리해 드리겠습니다.

- 된장국에 왜 철 수세미 조각이 들어 있어요?
  这 酱汤 里 怎么 有 清洁球 的 碎屑 呢?
  Zhè jiàngtāng li zěnme yǒu qīngjiéqiú de suìxiè ne

- 밥 속에 돌이 있어요. 다른 걸로 바꿔 주세요.
  米饭 里 有 小 石子儿, 给 我 换 一 碗。
  Mǐfàn li yǒu xiǎo shízǐr gěi wǒ huàn yì wǎn

- 이 음식 속에 벌레가 있으니 어떻게 된 일입니까?
  这 菜里 居然 有 虫子, 怎么 回事 啊?
  Zhè càili jūrán yǒu chóngzi zěnme huí shì a

▶ 음식이 상했을 때　菜 变质 时
　　　　　　　　　cài biànzhì shí

- 이 고기 상한 것 같아요, 이상한 냄새가 나요.
  这 肉 好像 坏 了, 有 一 股 怪 味儿。
  Zhè ròu hǎoxiàng huài le yǒu yì gǔ guài wèir

- 오렌지 쥬스가 변했어요.
  橙汁 变 味儿 了。
  Chéngzhī biàn wèir le

- 우유가 날짜가 넘은 것 같아요.
  牛奶 好像 过 期 了。
  Niúnǎi hǎoxiàng guò qī le

- 사과가 썩었군요.
  这 苹果 都 烂 了。
  Zhè píngguǒ dōu làn le

▶기타　其他
　　　　qítā

- 어느 분이 헤이쟈오니우파이를 주문하셨습니까?
  哪位 点 黑椒 牛排 了？①
  Nǎ wèi diǎn hēijiāo niúpái le

- 아, 제가 시킨 겁니다.
  哦，是 我 点 的。
  O　shì wǒ diǎn de

- 생선회는 이쪽이에요.
  生鱼片　是 这儿 要 的。
  Shēngyúpiàn shì　zhèr　yào de

- 천천히 드세요.
  请　慢 用。②
  Qǐng màn yòng

---

①　黑椒牛排 hēijiāo niúpái: 소스에 검은 후추를 듬뿍 뿌려 매콤한 맛이 일품인 스테이크.
②　음식을 내어 놓으며 하는 인사로, 우리말의 "천천히 드십시오," "맛있게 드십시오"에 해당한다.

4 식사할 때

用餐
yòng cān

식사 도중 필요한 것이 있어서 종업원을 부를 때에는 "小姐 xiǎojiě"(아가씨) 또는 "服务员 fúwùyuán"(종업원)이라고 하면 된다. 부탁을 할 때에는 "麻烦你~máfan nǐ"이라든가, "帮我~bāng wǒ"등의 표현을 앞에 사용하면 훨씬 부드러워진다. "麻烦你"는 '귀찮게 해서 미안하다' 는 뜻이고 "帮我"는 '나를 좀 도와서' 라는 뜻이다.

기 본 대 화

A: 我把筷子掉 地上 了，请再拿一 双 好吗？
 Wǒ bǎ kuàizi diào dìshang le qǐng zài ná yì shuāng hǎo ma

B: 哦，知道了，马上 给您 送 过来。
 O zhīdào le mǎshàng gěi nín sòng guòlai

A: 麻烦 你再拿些 餐巾纸 来。
 Máfan nǐ zài ná xiē cānjīnzhǐ lái

B: 好 的，您还 需要 其他 服务 吗？
 Hǎo de nín hái xūyào qítā fúwù ma

A: 能 再 帮 我加一些 茶水 吗？
 Néng zài bāng wǒ jiā yìxiē cháshuǐ ma

B: 当然 可以，您 稍 等。
 Dāngrán kěyǐ nín shāo děng

A: 젓가락을 바닥에 떨어뜨렸어요. 다시 갖다 주시겠어요?
B: 네, 알겠습니다. 곧 갖다 드릴게요.
A: 그리고 냅킨도 좀 갖다 주세요.
B: 네, 더 필요한 것 있으십니까?
A: 찻물도 좀 더 따라 주세요.
B: 알겠습니다. 잠시만 기다리세요.

여러 가지 활용

I 요리 품평 品菜
　　　　　　　pǐn cài

▶맛을 보라고 할 때 　叫 人 品 菜
　　　　　　　　　　jiào rén pǐn cài

> A: 味道 怎么样?
> 　　Wèidào zěnmeyàng
> B: 好 香 啊。
> 　　Hǎo xiāng a
> A: 맛이 어떻습니까?
> B: 아주 좋습니다.

- 맛있어요?
  好吃 吗?
  Hǎochī ma

- 무슨 맛이에요?
  什么 味道 啊?
  Shénme wèidào a

- 자, 맛 좀 봐요. 짜요 안 짜요?
  来, 尝 一下, 咸 不 咸 ?
  Lái cháng yíxià xián bu xián

- 맛이 좀 이상해요, 평소와 다른 것 같아요.
  味道 有点儿怪, 和 平常 不太 一样。
  Wèidào yǒudiǎnr guài hé píngcháng bú tài yíyàng

▶맛이 있다　好吃
　　　　　　　hǎochī

- 먹어보니 참 맛있네요.
  吃 起来 挺 香 的。
  Chī qilai tǐng xiāng de

- 정말이지 너무 맛있어요.
  实在 是 太 好吃 了。
  Shízài shì tài hǎochī le

13. 식사와 음주

- 과연 소문대로입니다.
  果然　名不虚传　啊。
  Guǒrán míngbùxūchuán a
- 이렇게 맛있는 음식은 처음 먹어봐요.
  这么 好吃 的 东西，我 还是 头 一 回 吃 啊。
  Zhème hǎochī de dōngxi wǒ háishi tóu yì huí chī a
- 고기가 참 연하네요. 어떻게 만드신 거예요?
  这 肉 真 嫩， 你 用 什么 方法 做 的 呀？
  Zhè ròu zhēn nèn　nǐ yòng shénme fāngfǎ zuò de ya

▶ 맛이 없다　**不 好吃**
　　　　　　　bù hǎochī

- 맛이 별로예요.
  味道 不 怎么样。
  Wèidào bù zěnmeyàng
- 제 입맛에는 안 맞아요.
  不合 我 的 口味 。
  Bù hé wǒ de kǒuwèi
- 별 맛은 없지만 그런대로 먹을 만해요.
  没 什么 特别 的， 还 凑合 。
  Méi shénme tèbié de　hái còuhe
- 이 음식은 정말 너무 맛이 없어요.
  这 道 菜 真 是 太 难吃 了。
  Zhè dào cài zhēn shì tài nánchī le
- 이 탕에서 비린내가 나는군요.
  这 汤 有 一 股 腥 味儿 。
  Zhè tāng yǒu yì gǔ xīng wèir
- 보기에는 먹음직스러운데 먹어보니 뭐가 좀 부족한 것 같아요.
  看 起来 挺 好 的， 但 吃 起来 好像 少了 点儿 什么。
  Kàn qilai tǐng hǎo de　dàn chī qilai hǎoxiàng shǎole diǎnr shénme

▶ 맛있어 보일 때　**色 鲜 味 美**
　　　　　　　　　sè xiān wèi měi

- 맛있는 음식 냄새가 코를 찌르는데.
  一 股 饭菜 的 香 味儿 扑鼻 而 来 。
  Yì gǔ fàncài de xiāng wèir pū bí ér lái

- 히야~, 굉장히 맛있는 냄새가 나는군요.
  哎呀，这菜闻起来就很香。
  Āiyā zhè cài wén qǐlai jiù hěn xiāng

- 냄새만 맡아도 군침이 도는군요.
  一闻到香味儿就要流口水。
  Yì wéndào xiāng wèir jiùyào liú kǒushuǐ

- 이 냄새는 정말 식욕을 자극하는데.
  这味道真是刺激食欲啊。
  Zhè wèidào zhēn shì cìjī shíyù a

- 그 동과하이미탕이 아주 맛있어 보이는데요.
  那冬瓜海米汤闻着好像很好吃啊。
  Nà dōngguā hǎimǐ tāng wénzhe hǎoxiàng hěn hǎochī a

- 이 요리는 고기와 채소가 어우러져 보기만 해도 식욕이 당기네요.
  这菜荤素搭配，让人一看就有食欲。①
  Zhè cài hūn sù dāpèi ràng rén yí kàn jiù yǒu shíyù

II 여러 가지 맛   各种 味道
gèzhǒng wèidào

▶달다   甜
tián

- 이 탕추위 정말 맛있네요. 새콤달콤한게 그만이에요.
  这糖醋鱼真不错，酸甜的味道都做出来了。
  Zhè tángcùyú zhēn búcuò suāntián de wèidào dōu zuò chulai le

- 떡볶기 먹어 보았니? 난 매콤달콤한게 좋더라.
  你吃过炒年糕吗？我很喜欢那甜辣的味道。
  Nǐ chīguo chǎo niángāo ma Wǒ hěn xǐhuan nà tiánlà de wèidào

- 펑리수의 달콤한 맛이 정말 좋아요.
  凤梨酥甜甜的，味道很好。②
  Fènglísū tiántián de wèidào hěn hǎo

---

① 荤素 hūn sù: 荤 hūn 은 고기, 생선 등의 육류를, 素 sù 는 야채 등의 채소류를 말한다.
② 酥 sū: 밀가루에 기름과 설탕을 섞어 바삭하게 구운 빵.

13. 식사와 음주

- 이 탕추리지가 좀 너무 달군요.
  糖醋 里脊 有点儿 过于 甜 了。①
  Tángcù lǐji yǒudiǎnr guòyú tián le

▶ 쓰다　苦
　　　　kǔ

- 맥주가 좀 씁쌀해요.
  啤酒 后味 有点儿 苦。
  Píjiǔ hòuwèi yǒudiǎnr kǔ

- 이 쿠과차오러우는 너무 쓰군요.
  这 苦瓜 炒 肉 太 苦 了。②
  Zhè kǔguā chǎo ròu tài kǔ le

▶ 시다　酸
　　　　suān

- 김치가 시어 죽겠어요.
  这 泡菜 酸死 了。
  Zhè pàocài suānsǐ le

- 레몬차가 너무 시어요. 설탕 좀 더 넣으세요.
  柠檬茶 太 酸 了，再 放 一点儿 糖。
  Níngméngchá tài suān le zài fàng yìdiǎnr táng

- 오이무침이 너무 시어요.
  拌 黄瓜 太 酸 了。
  Bàn huángguā tài suān le

▶ 맵다　辣
　　　　là

- 앗, 겨자를 먹었나봐. 매워 죽겠어.
  哎呀，我 好像 吃了 芥末 了，辣死 我 了。
  Aiya wǒ hǎoxiàng chīle jièmo le làsǐ wǒ le

---

① 糖醋里脊 tángcù lǐji : 흔히 우리가 말하는 탕수육으로 糖醋 tángcù 는 새콤달콤하게 만드는 요리법 중의 하나이며, 里脊 lǐji 는 안심살을 말한다.

② 苦瓜炒肉 kǔguā chǎo ròu : 쿠과와 돼지고기를 함께 볶은 요리. 쿠과는 매우 쓴 맛이 나는 박의 일종. 여름철 더위를 이기게 해주는 음식이라고 한다.

- 이 라즈지딩은 너무 맵군요.
  这 辣子 鸡丁 太 辣 了。①
  Zhè làzi jīdīng tài là le

▶짜다　咸
　　　　xián

- 아유, 이게 무슨 음식이야? 왜 이렇게 짜?
  哎呀，这 是 什么 菜 呀？怎么 这么 咸？
  Aiya　zhè shì shénme cài ya　Zěnme zhème xián

- 국이 좀 짭짤하네요.
  这 汤 有点儿 咸。
  Zhè tāng yǒudiǎnr xián

▶싱겁다　淡
　　　　　dàn

- 간이 안 맞네요. 좀 싱거워요.
  味儿 没 调好。有点儿 淡。
  Wèir méi tiáohǎo Yǒudiǎnr dàn

- 이 술은 아주 순해요.
  这 酒 味道 很 淡。
  Zhè jiǔ wèidào hěn dàn

▶떫은 맛　涩
　　　　　sè

- 이 감은 좀 떫어요.
  这 柿子 有点儿 涩。
  Zhè shìzi yǒudiǎnr sè

- 감이 떫어서 도저히 못먹겠어요.
  柿子 涩 得 我 都 咽 不 下去。
  Shìzi sè de wǒ dōu yàn bu xiàqù

▶기타　其他
　　　　qítā

- 이 밥은 찰져서 참 맛이 있군요.
  这 米饭 吃着 黏黏 的，我 觉得 挺 好吃。
  Zhè mǐfàn chīzhe niánnián de　wǒ juéde tǐng hǎochī

---

① 辣子鸡丁 làzi jīdīng : 닭고기와 고추 등 야채를 네모썰기하여 볶은 것.

578   13. 식사와 음주

- 고기가 살살 녹는 것이 정말 맛있어요.
  这 肉 吃 起来 口感 嫩滑，实在 不错。
  Zhè ròu chī qilai kǒugǎn nènhuá shízài búcuò

- 해장에는 역시 콩나물국이 최고예요.
  解酒 还是 豆芽 汤 最好。
  Jiě jiǔ háishi dòuyá tāng zuì hǎo

- 오향을 너무 많이 넣어, 냄새가 좀 진하네요.
  五香粉 放 得 太 多 了，有点儿 冲。
  Wǔxiāngfěn fàng de tài duō le yǒudiǎnr chòng

- 이 음식에 샹차이 맛이 너무 강해서 저는 못먹겠어요.
  这 菜里 香菜 味儿 太 重 了，我 吃 不 了。
  Zhè càili xiāngcài wèir tài zhòng le wǒ chī bu liǎo

Ⅲ 필요한 것을 부탁할 때   需要 服务 时
xūyào fúwù shí

- 물수건 두 개만 갖다 주세요.
  麻烦 你 拿 两 条 湿 毛巾。
  Máfan nǐ ná liǎng tiáo shī máojīn

- 냅킨 좀 많이 주세요.
  多 拿 点儿 餐巾纸。①
  Duō ná diǎnr cānjīnzhǐ

- 빈 그릇 하나 더 주세요.
  加 一 个 空 碗。
  Jiā yí ge kōng wǎn

- 갈비를 덜어 먹도록 접시를 몇 개 주세요.
  来 几 个 碟子，好 盛 牛排 吃。②
  Lái jǐ ge diézi hǎo chéng niúpái chī

- 젓가락이 부러졌어요. 한 쌍 다시 주세요.
  卫生筷 折 了，再 给 一 双 吧。
  Wèishēngkuài shé le zài gěi yì shuāng ba

---

① 냅킨을 面巾纸 miànjīnzhǐ 라고도 한다.
② 盛는 '용기에 담다' 라는 뜻으로 쓰일 때는 chéng으로 발음하고, '흥성하다, 번성하다' 등의 뜻으로 쓰일 때는 shèng 으로 발음한다. 예) 盛饭 chéng fàn(밥을 담다), 盛不下 chéng bu xià(다 담지 못하다), 盛大 shèngdà(성대한), 太平盛世 tàipíng shèngshì (태평성세).

▶ 옆사람에게　对 同伴
　　　　　　　　duì tóngbàn

- 미안하지만 소금 좀 건네 주십시오.
  麻烦 您 递 一下 盐 。
  Máfan nín dì yíxià yán

- 샤오장, 거기 식초 좀 줘요.
  小 张，来点儿 你 那边 的 醋 。
  Xiǎo Zhāng lái diǎnr nǐ nàbian de cù

- 너 먼저 후추를 치고 나에게 좀 전해 줘.
  你 先 用 胡椒粉，然后 再 给 我 吧 。
  Nǐ xiān yòng hújiāofěn ránhòu zài gěi wǒ ba

▶ 더 달라고 할 때　要求 再 来 一点儿
　　　　　　　　　yāoqiú zài lái yìdiǎnr

- 반찬을 좀 더 갖다 주세요.
  再 来 一点儿 凉菜 。
  Zài lái yìdiǎnr liángcài

- 갈비탕이 좀 싱거워요. 소금 좀 주세요.
  排骨 汤 有点儿 淡，来 一点儿 盐 。
  Páigǔ tāng yǒudiǎnr dàn lái yìdiǎnr yán

- 냉홍차를 좀 더 따라 주시겠습니까?
  再 给 我 倒 一 杯 冰 红茶 好 吗？
  Zài gěi wǒ dào yì bēi bīng hóngchá hǎo ma

▶ 기타　其他
　　　　qítā

- 그릇 좀 치워 주시겠어요?
  请 收拾 一下 餐具 。
  Qǐng shōushi yíxià cānjù

- 음악이 너무 시끄러워요. 좀 작게 해 주시겠어요?
  音乐 太 吵 了，能 小 点儿 声 吗？
  Yīnyuè tài chǎo le néng xiǎo diǎnr shēng ma

- 아직 다 안 먹었으니 좀 있다 치우세요.
  我们 还 没 吃完 呢，等 一下 再 收拾 吧 。
  Wǒmen hái méi chīwán ne děng yíxià zài shōushi ba

13. 식사와 음주

- 이 접시 이가 빠졌어요. 바꿔 주세요.
 这 碟子 都 有 豁口 了，给 我 换 一下 。
 Zhè diézi dōu yǒu huōkǒu le   gěi wǒ huàn yíxià
- 필요한 것 있으시면 이 벨을 눌러 주십시오.
 有 什么 需要 就 按 这 个 铃 。
 Yǒu shénme xūyào jiù àn zhè ge líng

Ⅳ 식사 중의 에티켓　用 餐 礼节
yòng cān lǐjié

- 음식을 씹을 때는 쩝쩝 소리가 나지 않도록 하세요.
 嚼 东西 的 时候 不要 吧唧 吧唧 地 响 。
 Jiáo dōngxi de shíhou búyào bāji bāji de xiǎng
- 입안에 음식이 든 채로 말을 하지 마세요.
 不要 嘴里 含着 东西 跟 别人 说 话 。①
 Búyào zuǐli hánzhe dōngxi gēn biéren shuō huà
- 어른과 식사를 할 때는 다리를 꼬고 앉지 마세요.
 和 长辈 吃 饭 的 时候 不要 跷着 二郎腿 。②
 Hé zhǎngbèi chī fàn de shíhou búyào qiàozhe èrlángtuǐ
- 식사 중에 머리카락을 긁적이지 마세요.
 吃 饭 的 时候 不要 挠头 。③
 Chī fàn de shíhou búyào náo tóu
- 여성은 립스틱이 컵에 묻지 않도록 조심하세요.
 女性 要 小心 口红 沾在 杯子 上边 。
 Nǚxìng yào xiǎoxīn kǒuhóng zhānzài bēizi shàngbian
- 재채기나 기침을 할 때 사람을 향해 하지 마세요.
 打 喷嚏 或 咳嗽 时 不要 正 对着 别人 。
 Dǎ pēntì huò késou shí búyào zhèng duìzhe biéren

---

① 含 hán: 입에 물다. 머금다. 함유하다. (생각. 느낌)을 품다. 띠다.
② 跷 qiāo: (손가락을) 세우다, (다리를) 들다, 꼬다.
　 二郎腿 èrlángtuǐ: 한쪽 다리위에 다른 한쪽 다리를 포개어 얹은 자세를 말한다.
③ 挠头 náo tóu: 머리를 긁다. 긁적이다. 헝클어뜨리다. 이 밖에 애를 먹이다. 골머리를 앓게하다. 난처하다. 귀찮다의 뜻도 있다.

④ 식사할 때

- 중국 사람들은 식사할 때 '차는 적당히, 술은 가득히' 따라야 한다고 합니다.
  中国人 在 饭桌 上 讲究 " 浅 茶 满 酒 "。①
  Zhōngguórén zài fànzhuō shang jiǎngjiu qiǎn chá mǎn jiǔ

- 손님에게 술이나 차를 따를 때는 두 손으로 해야 해요.
  给 客人 敬 酒 或 敬 茶 的 时候 要 用 双手。
  Gěi kèrén jìng jiǔ huò jìng chá de shíhou yào yòng shuāngshǒu

---

① 浅茶满酒 qiǎn chá mǎn jiǔ: 차나 술을 대접할 때 차는 찻잔의 7부 정도로 채우고, 술은 술잔에 가득 차게 따라야 한다.

5 술을 마실 때

喝 酒
hē jiǔ

중국의 명주(名酒 míngjiǔ) 가운데는 40도 이상의 술이 많으며, 60도까지 나가는 것도 있다. 그리고 중국인들은 점심 때에도 낮술을 즐겨 하기도 한다. 그러나 실제로 거리에서 술에 취해 비틀거리거나 난동을 부리는 사람은 그다지 많지 않다. 이는 음주로 인하여 실수하는 것을 극히 꺼리는 민족성 때문이 아닐까 생각된다. 술을 좋아하고 잘 마시는 사람을 酒鬼 jiǔguǐ 또는 海量 hǎiliàng 이라 부르는데, 酒鬼 jiǔguǐ가 "술귀신"으로 다소 부정적 의미를 지니는 반면, 海量 hǎiliàng은 주로 긍정적 의미로 쓰이는데 "주량이 바다와 같다"는 뜻이니 번역하자면 "술고래" 또는 "말술" 정도 되지 않을까 한다.

기 본 대 화

A: 您要 什么 酒啊?
　　Nín yào shénme jiǔ a
B: 都 有 什么 酒?
　　Dōu yǒu shénme jiǔ
A: 有 白酒 、洋酒 、啤酒 等。①
　　Yǒu báijiǔ　yángjiǔ　píjiǔ děng
B: 就 来 啤酒 吧, 还 有 什么 下酒菜?
　　Jiù lái píjiǔ ba　hái yǒu shénme xiàjiǔcài
A: 这 是 菜单 。 您 看 一下。
　　Zhè shì càidān　　Nín kàn yíxià
B: 就要 花生米 和 爆米花 吧。
　　Jiùyào huāshēngmǐ hé bàomǐhuā ba
A: 好 的, 您 稍 等。
　　Hǎo de　nín shāo děng

A: 어떤 술을 드시겠습니까?
B: 어떤 술들이 있죠?

---

① 白酒 báijiǔ: 흔히 배갈, 고량주라고 일컫는 중국의 유명한 증류주. 茅台酒 máotáijiǔ, 五粮液 wǔliángyè 등이 이에 속한다.

⑤ 술을 마실 때 **583**

A: 바이주, 양주, 맥주 등이 있습니다.
B: 맥주로 주세요. 그리고 안주는 뭐가 있죠?
A: 여기 메뉴입니다. 한 번 보십시오.
B: 땅콩하고 팝콘을 주세요.
A: 네, 잠시만 기다리세요.

여러 가지 활용

I 술자리를 제의할 때   请 喝 酒 时
　　　　　　　　　　qǐng hē jiǔ shí

A: 小 彬 , 今 晚 去 喝 一 杯 怎么样 ?
　　Xiǎo Bīn   jīn wǎn qù hē yì bēi zěnmeyàng
B: 好 啊 ,   正好 我 也 想 喝 酒 。
　　Hǎo a   zhènghǎo wǒ yě xiǎng hē jiǔ
A: 샤오빈, 오늘 저녁 한 잔 어때요?
B: 좋지요. 그러지 않아도 술생각이 나던 참인데.

- 한 잔 하고 갑시다.
  喝 一 杯 再 走 吧 。
  Hē yì bēi zài zǒu ba

- 술은 근육을 풀고 혈액을 돌게 하므로 백약의 으뜸이랍니다.
  酒 能 舒 筋 活 血 , 是 百 药 之 一 。①
  Jiǔ néng shū jīn huó xuè   shì bǎi yào zhī yī

- 술을 조금씩 마시면 건강에 좋아요.
  少 喝 一点儿 酒 对 身体 有 好处 。
  Shǎo hē yìdiǎnr jiǔ duì shēntǐ yǒu hǎochu

- 나흘간의 연휴야, 밤새워 마셔 보자구.
  放 四 天 假 呢 , 去 喝 个 通宵 吧 。②
  Fàng sì tiān jià ne   qù hē ge tōngxiāo ba

---

① 舒筋活血 shū jīn huó xuè : 근육을 이완시켜 주고 혈액의 순환을 좋게 하다.
② 放假 fàng jià: 假 jià 는 '방학', '휴가' 를 가리키며, 放假 fàng jià 는 '방학하다', '휴가로 쉬다' 의 뜻. 通宵 tōngxiāo : 宵 xiāo 는 '밤' 을 가리키며, 通宵 tōngxiāo 는 '밤을 새우다' 는 뜻.

II 술을 시킬 때　点 酒 时
diǎn jiǔ shí

- 음료 메뉴를 좀 볼까요?
  看 一下 酒水单 吧。
  Kàn yíxià jiǔshuǐdān ba

- 저는 콩푸쟈주를 마시고 싶군요.
  我 想 喝 孔 府 家酒。①
  Wǒ xiǎng hē Kǒng Fǔ Jiājiǔ

- 저는 칵테일 한 잔 하겠습니다.
  我 要 一 杯 鸡尾酒。②
  Wǒ yào yì bēi jīwěijiǔ

- 이 청주를 차게 해 주십시오.
  把 这 清酒 帮 我 凉 一下。
  Bǎ zhè qīngjiǔ bāng wǒ liáng yíxià

- 이 술을 데워 주십시오.
  把 这 酒 热 一下。
  Bǎ zhè jiǔ rè yíxià

- 포도주에 얼음을 타 주세요.
  在 葡萄酒 里 加 点儿 冰块儿 吧。
  Zài pútáojiǔ li jiā diǎnr bīngkuàir ba

- 펀주는 도수가 높은가요?
  汾酒 度数 很 高 吗?
  Fénjiǔ dùshù hěn gāo ma

- 시바스 리갈은 독한가요?
  芝华士 很 辣 吗?
  Zhīhuáshì hěn là ma

- 이 맥주를 찬 것으로 바꿔 주세요.
  把 这 啤酒 换成 冰镇 的。
  Bǎ zhè píjiǔ huànchéng bīngzhèn de

---

① 孔府家酒 Kǒng Fǔ Jiājiǔ: 중국에서 소비량 1위의 술이며, 따라서 가짜도 가장 많이 생산된다는 술이다.

② 鸡尾酒 jīwěijiǔ: cocktail, 즉 cock(수탉, 公鸡 gōngjī)과 tail(꼬리, 尾巴 wěiba)을 의역한 것임. 鸡尾酒会 jīwěijiǔhuì: 칵테일 파티.

- 큰 병으로 주세요.
  要 大 瓶 的。
  Yào dà píng de

▶ 술 안주   下酒菜
             xiàjiǔcài

- 어떤 안주들이 있습니까?
  都 有 什么 下酒菜?
  Dōu yǒu shénme xiàjiǔcài

- 이 낙지볶음이 술안주로 끝내 주는군.
  这 炒 墨鱼 做下酒菜再 好 不 过 了。
  Zhè chǎo mòyú zuò xiàjiǔcài zài hǎo bú guò le

- 술안주는 땅콩과 소시지를 주세요.
  下酒菜 就 来 炒 花生米 和 香肠 吧。
  Xiàjiǔcài jiù lái chǎo huāshēngmǐ hé xiāngcháng ba

Ⅲ 술을 권할 때   敬酒时
                 jìng jiǔ shí

A: 再 来 一 杯 吧。
   Zài lái yì bēi ba
B: 哦, 够 了, 我 酒量 不 大。
   O gòu le wǒ jiǔliàng bú dà
A: 한 잔 더 드시지요.
B: 아니, 됐습니다. 저는 주량이 크실 않습니다.

- 조금 더해도 괜찮으시죠?
  再 喝 点儿 也 没 事 吧?
  Zài hē diǎnr yě méi shì ba

- 제가 한 잔 따르지요.
  我 给 你 倒 一 杯。
  Wǒ gěi nǐ dào yì bēi

- 제가 여러분께 술 한 잔 올리겠습니다.
  我 敬 大家 一 杯 酒。
  Wǒ jìng dàjiā yì bēi jiǔ

- 원샷 합시다.
  来，一口干了吧。
  Lái   yì kǒu gānle ba
- 자, 이 맥주잔 다 비워!
  来，把这杯啤酒干了！
  Lái bǎ zhè bēi píjiǔ gān le

▶ 술을 받을 때　接酒时
　　　　　　　　jiē jiǔ shí

> A: 再给您倒一杯吧。
> 　　Zài gěi nín dào yì bēi ba
> B: 不了，不用了。
> 　　Bù le　búyòng le
> A: 今朝一别不知何时再见啊，咱们再最后干
> 　　Jīn zhāo yì bié bù zhī hé shí zài jiàn a　zánmen zài zuìhòu gān
> 　　一杯！
> 　　yì bēi
> B: 好吧。为了我们的情谊干杯！
> 　　Hǎo ba　Wèile wǒmen de qíngyì gān bēi
> A: 한 잔 더해.
> B: 아니, 이젠 됐어.
> A: 이제 헤어지면 언제 다시 만날지도 모르는데, 우리 마지막
> 　　으로 건배하자구!
> B: 좋아, 우리들의 우정을 위하여 건배!

- 그럼 아주 조금만 주세요.
  那就来一点点吧。
  Nà jiù lái yìdiǎndiǎn ba
- 이것이 마지막 잔입니다.
  这是最后一杯了。
  Zhè shì zuìhòu yì bēi le

▶ 사양할 때　拒绝时
　　　　　　jùjué shí

- 저는 전혀 못 마십니다.
  我一点儿都不能喝。
  Wǒ yìdiǎnr dōu bù néng hē

⑤ 술을 마실 때

- 저는 술 냄새만 맡아도 어지럽습니다.
  我 一 闻到 酒味 就 晕。
  Wǒ yì wéndào jiǔwèi jiù yūn

- 이전에 술을 너무 많이 마셔 몸을 망치는 바람에 끊었습니다.
  以前 喝 的 酒 太 多， 伤 身体 了，所以 戒 了。
  Yǐqián hē de jiǔ tài duō shāng shēntǐ le suǒyǐ jiè le

- 더 마시면 술 주정을 부릴 것 같습니다.
  再 喝 就要 耍 酒疯 了。①
  Zài hē jiùyào shuǎ jiǔfēng le

Ⅳ 건배 제의 提议 干 杯
tíyì gān bēi

A: 祝 大家 身体 健康，干 杯！
　　Zhù dàjiā shēntǐ jiànkāng gān bēi
B: 干 杯！
　　Gān bēi
A: 여러분의 건강을 위하여 건배!
B: 건배!

- 내일의 성공을 위하여 건배!
  为了 明天 的 成功，干 杯！
  Wèile míngtiān de chénggōng gān bēi

- 오늘의 승리를 축하하며 건배!
  为了 今天 的 胜利，干 杯！
  Wèile jīntiān de shènglì gān bēi

- 신랑 신부를 축복하며 건배!
  祝福 新郎 新娘，干 杯！
  Zhùfú xīnláng xīnniáng gān bēi

Ⅴ 기호 嗜好
shìhào

A: 你 喜欢 喝 啤酒 吗？
　　Nǐ xǐhuan hē píjiǔ ma

---

① 耍 shuǎ: 놀다, 가지고 놀다, 휘두르다, 드러내 보이다.

B: 当然 喜欢。
　　Dāngrán xǐhuan
A: 너 맥주 좋아하니?
B: 좋아하다마다.

- 저는 생맥주를 좋아합니다.
  我 喜欢 生 啤酒。
  Wǒ xǐhuan shēng píjiǔ

- 미지근한 맥주는 맛이 없어요.
  不 凉 的 啤酒 不 好喝。
  Bù liáng de píjiǔ bù hǎohē

- 겨울에는 따끈한 청주가 최고지요.
  冬天 还是 热乎乎 的 清酒 好。
  Dōngtiān háishi rèhūhū de qīngjiǔ hǎo

- 포도주는 약간 달아야 맛이 좋아요.
  葡萄酒 还是 甜 一点儿 才 好喝。
  Pútáojiǔ háishi tián yìdiǎnr cái hǎohē

- 샤워 후에 시원한 맥주 한 잔 들이키면 신선이 따로 없어요.
  洗澡 后， 来一杯 冰镇 啤酒， 真 是 赛过 神仙 啊。①
  Xǐzǎo hòu lái yì bēi bīngzhèn píjiǔ zhēn shì sàiguò shénxiān a

▶ 기타　其他
　　　　　qítā

- 이 소주는 정말 독하군요.
  这 烧酒 真 辣。②
  Zhè shāojiǔ zhēn là

- 찌엔난춘의 도수는 60도예요, 독주에 속하지요.
  剑南春 的 度数 有 60 度， 属于 烈酒。③
  Jiànnánchūn de dùshù yǒu liùshí dù shǔyú lièjiǔ

---

① 赛 sài: ~에 필적하다, 견주다, ~보다 낫다.
② 辣 là: 원래는 맵다는 뜻이지만 여기서는 독한 술이 목구멍을 넘어갈 때의 강렬한 자극을 가리킨다.
③ 烈酒 lièjiǔ: 도수가 높아 매우 자극적인 술을 말한다.

- 이 포도주는 맛이 아주 진하군요.
  这 葡萄酒 味儿 很 浓。
  Zhè pútáojiǔ wèir hěn nóng

- 바로 이렇듯 나는 듯한 기분이 나를 유혹한다구.
  就是 这 种 轻飘飘 的 感觉，引诱 我 喝 酒。①
  Jiùshì zhè zhǒng qīngpiāopiāo de gǎnjué yǐnyòu wǒ hē jiǔ

Ⅵ 주량 酒量
jiǔliàng

▶ 주량이 세다 酒量 大
jiǔliàng dà

- 주량이 이전보다 크게 늘었군요.
  你 的 酒量 比 以前 大 多 了。
  Nǐ de jiǔliàng bǐ yǐqián dà duō le

- 저도 예전에 비해 잘 마셔요.
  我 也 比 以前 能 喝 了。
  Wǒ yě bǐ yǐqián néng hē le

- 그는 술을 물 마시듯 해요.
  他 喝 酒 就 像 喝 水 似的。
  Tā hē jiǔ jiù xiàng hē shuǐ shìde

- 그는 술을 봤다 하면 손에서 놓질 못해요.
  他 一 看见 酒，就 爱不释手。②
  Tā yí kànjiàn jiǔ jiù àibúshìshǒu

- 맥주는 아무리 마셔도 취하지 않아요.
  啤酒 喝 多少 也 不 醉。
  Píjiǔ hē duōshao yě bú zuì

▶ 주량이 적다 酒量 不 大
jiǔliàng bú dà

- 저는 술이 약합니다.
  我 酒量 小。
  Wǒ jiǔliàng xiǎo

---

① 轻飘飘 qīngpiāopiāo: 가볍다, 경쾌하다, 하늘거리다. 引诱 yǐnyòu: 유인하다. 유혹하다.
② 爱不释手 àibúshìshǒu: 매우 아껴서 손을 떼지 못하다, 잠시도 손에서 놓지 않다.

13. 식사와 음주

- 어쩌다 맥주 한 잔 합니다.
  我 偶尔 喝 一点儿 啤酒。
  Wǒ ǒu'ěr hē yìdiǎnr píjiǔ
- 저는 술을 그다지 좋아하지 않습니다.
  我 不 太 喜欢 喝 酒。
  Wǒ bú tài xǐhuan hē jiǔ
- 저는 맥주 한 잔만 마셔도 취해 버려요.
  我 喝 一 杯 啤酒 就 醉 了。
  Wǒ hē yì bēi píjiǔ jiù zuì le
- 알콜이 들어간 것은 한 방울도 입에 못댑니다.
  只要 是 含 酒精 的 我 都 不 喝。
  Zhǐyào shì hán jiǔjīng de wǒ dōu bù hē

Ⅶ 과음했을 때 喝多时
hēduō shí

A: 小 黄, 你喝醉了。
　　Xiǎo Huáng nǐ hēzuì le
B: 不, 我 一点儿 都 没 醉, 来, 再来一杯。
　　Bù wǒ yìdiǎnr dōu méi zuì lái zài lái yì bēi
A: 샤오황, 너 많이 취했어.
B: 아니, 하나도 안 취했는걸. 자아, 한 잔 더 하자구.

▶과음하다 喝多了
hēduō le

- 너무 과음하는 것 아녜요?
  你 是 不 是 喝 得 太 多 了?
  Nǐ shì bu shì hē de tài duō le
- 술을 많이 마시면 신체에 해로워요.
  酒 喝多了 会 伤 身体 的。
  Jiǔ hēduō le huì shāng shēntǐ de
- 술은 조금 마시면 괜찮지만, 지나치면 몸에 해로워요.
  酒 喝 一点儿 没 什么, 但 过量 对 身体 不 好。
  Jiǔ hē yìdiǎnr méi shénme dàn guòliàng duì shēntǐ bù hǎo
- 밤새 술을 마시다니 정말 미쳤군.
  竟然 喝了 一个 晚上, 真 是 疯 了。
  Jìngrán hēle yí ge wǎnshang zhēn shì fēng le

⑤ 술을 마실 때

- 날마다 이렇게 마시다가는 알콜 중독이 되고 말거야.
  如果 天天 这样 喝 的话， 总 有 一 天 会 酒精 中毒
  Rúguǒ tiāntiān zhèyàng hē dehuà　zǒng yǒu yì tiān huì jiǔjīng zhòngdú
  的 。
  de

▶ 술에 취하다　喝醉 了
　　　　　　　　hēzuì le

- 그는 몹시 취했군요.
  他 醉 得 厉害 。
  Tā zuì de lìhai

- 취했다 해도 정신은 아직 말짱해요.
  就算　醉 了，头脑 还是 很 清醒 。
  Jiùsuàn zuì le　　tóunǎo háishi hěn qīngxǐng

- 그녀는 취하기만 하면 울어요.
  她 一 喝醉 就 哭
  Tā yì hēzuì jiù kū

- 술을 너무 많이 마셔 눈동자가 다 풀어졌어요.
  酒 喝 得 太 多 了，眼珠 都 不 动弹 了 。
  Jiǔ hē de tài duō le　yǎnzhū dōu bú dòngtan le

- 그는 고주망태로 취했어요.
  他 喝 得 醉醺醺 的 。
  Tā hē de zuìxūnxūn de

- 술을 많이 마셔서 걸음이 비틀비틀해요.
  他 喝多 了，走路 都　晃悠悠　的 。
  Tā hēduō le　　zǒulù dōu huàngyōuyōu de

- 그는 술만 취하면 쓸데없는 소리를 늘어 놓아요.
  他 一 喝醉，就 废话连篇 。
  Tā yì hēzuì　jiù fèihuàliánpiān

- 그가 술이 깨면 돌아갑시다.
  等　他酒 醒了 再 回去 吧 。
  Děng tā jiǔ xǐngle zài huíqu ba

- 취해서 걸음도 못걷겠어요.
  我 醉 了，连 路 都 走 不 了 。
  Wǒ zuì le　lián lù dōu zǒu bu liǎo

- 그는 취해서 제정신이 아닙니다.
  他 醉 得 神智 不 清 。
  Tā zuì de shénzhì bù qīng
- 그는 취하면 기분이 아주 좋아져요.
  他 一 喝醉 ，心情 就 特别 好 。
  Tā yì hēzuì xīnqíng jiù tèbié hǎo
- 그가 취했을 때에는 내버려 두는게 상책이에요.
  他 喝醉 的 时候 最好 不要 管 他 。
  Tā hēzuì de shíhou zuìhǎo búyào guǎn tā

▶ 속이 거북하다　反 胃
　　　　　　　　　　fǎn wèi

- 토할 것 같아요.
  我 想 吐 。
  Wǒ xiǎng tù
- 위가 안 좋아요.
  胃 不 太 舒服 啊 。
  Wèi bú tài shūfu a
- 어제 저녁 과음을 해서 밤새 고생했어요.
  昨天 晚上 喝醉 了，折腾 了 一 个 晚上 。①
  Zuótiān wǎnshang hēzuì le zhēteng le yí ge wǎnshang
- 빈속에 과음하다니 너 미쳤구나.
  你 空腹 喝 酒，简直 是 疯 了 。
  Nǐ kōngfù hē jiǔ jiǎnzhí shì fēng le

▶ 기타　其他
　　　　qítā

- 아직도 다리가 후들거려요.
  到 现在 腿 还 直 打 哆嗦 呢 。
  Dào xiànzài tuǐ hái zhí dǎ duōsuo ne
- 속담에 취중진담이란 말이 있지요.
  俗话 说 ，酒 后 吐 真 言 。
  Súhuà shuō jiǔ hòu tǔ zhēn yán

---

① 折腾 zhēteng：뒤척이다, 되풀이하다, 고민하다, 괴로워하다, 고생하다

5 술을 마실 때

- 술을 많이 마시면 그 사람의 본성이 드러납니다.
  酒 喝多了，人的 本性 也 就 出来 了。
  Jiǔ hēduō le　rén de běnxìng yě jiù chūlai le
- 그는 술주정하는 버릇을 좀처럼 고치지 못합니다.
  他 总 是 改不了 酗酒 的 习惯。①
  Tā zǒng shì gǎibuliǎo xùjiǔ de xíguàn
- 음주 운전은 정말 위험해요.
  酒后 驾 车 是 很 危险 的。
  Jiǔ hòu jià chē shì hěn wēixiǎn de

5 喝酒

---

① 酗酒 xùjiǔ: 주정하다, 주책을 부리다.

6 계산할 때   结 账
jié zhàng

음식점 등에서 계산을 하는 것을 "结账 jié zhàng"이라고 하는데, "买单 mǎi dān"이란 말을 자주 쓰기도 한다. 买单 mǎi dān이란 처음 광동지역에서 시작된 말로서, "계산서를 사다"는 뜻이니 즉 금액을 지불하겠다는 뜻이다. 중국에서는 특별히 한 사람이 자신이 사겠다고 하지 않으면 대개는 AA 制 zhì(Dutch pay)이다.

기 본 대 화

A: 服务员 ，买单 。
   Fúwùyuán　mǎidān

B: 好的，请 稍 等 。 一共 390 元 。这是找
   Hǎo de　qǐng shāo děng　　Yígòng sānbǎi jiǔshí yuán　　Zhè shì zhǎo
您的 零钱 。
nín de língqián

A: 不用 了，算是 给 你 的 小费 吧 。
   Búyòng le　　suànshì gěi nǐ de xiǎofèi ba

A: 종업원, 계산합시다.
B: 네, 잠시만요. 모두 390 위안입니다. 여기 잔돈 있습니다.
A: 됐어요. 팁으로 주는 거예요.

■ 여러 가지 활용

I 계산할 때   结 账 时
                 jié zhàng shí

• 어디서 계산하죠?
  在 哪儿 付 钱 ?
  Zài nǎr　fù qián

• 신용카드 됩니까?
  可以 用 信用卡 吗 ?
  Kěyǐ　yòng xìnyòngkǎ ma

⑥ 계산할 때

- 이 금액에 봉사료도 포함되어 있습니까?
  这些 钱 包括 服务费 吗?
  Zhèxiē qián bāokuò fúwùfèi ma
- 계산을 하겠으니 계산서 좀 갖다 주시겠어요?
  我 想 结 账, 给我看 一下 账单 好吗?①
  Wǒ xiǎng jié zhàng gěi wǒ kàn yíxià zhàngdān hǎo ma
- 죄송합니다만, 저희는 선불제입니다.
  对不起, 这里 要 先 付钱。
  Duìbuqǐ zhèli yào xiān fù qián

▶자신이 낼 때　自己 结 账 时
　　　　　　　　zìjǐ jié zhàng shí

- 오늘은 제가 사는 겁니다.
  今天 我 买单 。
  Jīntiān wǒ mǎidān
- 오늘은 제가 낼 차례입니다.
  这 回 该 我 请 的 。
  Zhè huí gāi wǒ qǐng de
- 오늘은 제가 내겠으니 다음에 내십시오.
  今天 我 付, 下次 你 请 我 吧 。
  Jīntiān wǒ fù   xiàcì nǐ qǐng wǒ ba

▶각자 낼 때　各付各的 时
　　　　　　　gè fù gè de shí

- 더치페이로 합시다.
  还是 AA 制 吧 。
  Háishi AA zhì ba
- 제가 얼마 내면 되지요?
  我 应该 出 多少 钱 ?
  Wǒ yīnggāi chū duōshao qián
- 제 몫은 제가 낼게요.
  我 那 份儿 我 自己 来 付 。
  Wǒ nà fènr wǒ zìjǐ lái fù

① 账单 zhàngdān: 계산서, 명세서.

13. 식사와 음주

▶팁을 줄 때　给 小费 时
　　　　　　　gěi xiǎofèi shí

- 이건 팁이에요.
  这 是 给 你 的 小费。
  Zhè shì gěi nǐ de xiǎofèi
- 잔돈은 거스를 필요 없습니다.
  零钱　不用　找 了。
  Língqián búyòng zhǎo le
- 팁은 전체 금액의 15％입니다.
  服务费 是 总　账 的　　15％。
  Fúwùfèi shì zǒng zhàng de bǎifēnzhī shíwǔ

▶계산서를 확인할 때　确认 账单 时
　　　　　　　　　quèrèn zhàngdān shí

- 팁이 포함된 건가요?
  包括　小费 吗？
  Bāokuò xiǎofèi ma
- 잔돈 거슬러 주세요.
  找　我　零钱 。
  Zhǎo wǒ língqián
- 계산이 틀린 것 같은데요.
  好像　算错 了。
  Hǎoxiàng suàncuò le
- 계산서 좀 다시 봅시다.
  我 再 看 一下　账单 。
  Wǒ zài kàn yíxià zhàngdān
- 이건 우리 계산서가 아니네요.
  这 不 是 我 的　账单 。
  Zhè bú shì wǒ de zhàngdān

Ⅱ 고마움을 표할 때　表示 谢意 时
　　　　　　　　biǎoshì xièyì shí

- 정말 잘 먹었습니다.
  吃 得 真 香 。
  Chī de zhēn xiāng

- 아주 배불리 먹었습니다.
  吃得真饱啊。
  Chī de zhēn bǎo a
- 여기 음식이 정말로 맛있습니다.
  你们这里的菜很好吃。
  Nǐmen zhèli de cài hěn hǎochī
- 오늘 너무 많이 쓰셨습니다. 정말 고맙습니다.
  今天让您破费了，非常感谢。
  Jīntiān ràng nín pòfèi le fēicháng gǎnxiè

7 음식에 관한 화제   有关 饮食 的 话题
yǒuguān yǐnshí de huàtí

맛있는 요리를 먹으면서 거기에 풍성한 화제가 더 해진다면 식사의 즐거움이 배가 될 것이다. 중국어에서 "요리(料理 liàolǐ)"란 "음식"의 뜻이 아니라 "처리하다" "정리하다"의 뜻인데, 우리나라와 일본으로부터 "韩国料理 Hánguó liàolǐ", "日本料理 Rìběn liàolǐ"의 단어가 역수입 되어 이제는 고유명사처럼 쓰이기도 한다. 중국 요리는 그 종류와 맛의 다양함으로 인해 세계적인 명성을 얻고 있는데 지역적 특징에 따라 北京菜 Běijīng cài (북경요리), 上海菜 Shǎnghǎi cài (상해요리), 广东菜 Guǎngdōng cài (광동요리), 四川菜 Sìchuān cài (사천요리)를 중국 4대 요리로 손꼽고 있다.

기본대화

A: 这 就 是 你 常 说 的 烤鸭店 吗？
   Zhè jiù shì nǐ cháng shuō de kǎoyādiàn ma
B: 是 的，这 家 的 烤鸭 风味 独特。
   Shì de zhè jiā de kǎoyā fēngwèi dútè
A: 你 是 这里 的 常客 吧。
   Nǐ shì zhèli de chángkè ba
B: 一个 月 来 两三 次，你 尝尝 这 个。
   Yí ge yuè lái liǎngsān cì nǐ chángchang zhè ge
A: 谢谢。哦，真 是 味道 不错。
   Xièxie O zhēn shì wèidào búcuò

A: 여기가 바로 네가 늘 얘기하던 오리구이집이니?
B: 응, 이 집 오리고기는 맛이 독특하여 소문이 자자해.
A: 넌 여기 단골이겠네.
B: 한 달에 두 세번 와. 이거 한 번 먹어봐.
A: 고마워. 아, 정말 맛이 좋은데.

여러 가지 활용

I 음식점에 관해   关于 餐馆
                            guānyú cānguǎn

• 여기 자주 오세요?
  您 经常 来这里 吗？
  Nín jīngcháng lái zhèli ma

7 음식에 관한 화제

- 이 집은 항상 붐벼요.
  这 家 总是 这么 热闹 。
  Zhè jiā zǒngshì zhème rènao
- 이 부근에서 제일 잘 되는 데가 바로 이 집이에요.
  这 附近 最 火 的 就是 这 家 。①
  Zhè fùjìn zuì huǒ de jiù shì zhè jiā
- 이 음식점은 한국 손님이 대부분이에요.
  这 家 餐馆 韩国 客人 居多 。②
  Zhè jiā cānguǎn Hánguó kèrén jūduō
- 이 집의 해물요리는 천하제일이라고 할 수 있어요.
  这 家 的 海鲜 可 称得上 是 天下 第一 呀 。③
  Zhè jiā de hǎixiān kě chēngdeshàng shì tiānxià dìyī ya
- 어떤 때에는 줄을 서있어야 해요.
  有时 还 要 排队 。
  Yǒushí hái yào páiduì
- 반드시 미리 예약을 해야지 그렇지 않으면 아예 자리가 없어요.
  必须 提前 预订 ，否则 根本 没 座 。
  Bìxū tíqián yùdìng fǒuzé gēnběn méi zuò
- 이 집의 한국 요리는 아주 맛있어요.
  这 家 店 的 韩国 料理 很 好吃 。
  Zhè jiā diàn de Hánguó liàolǐ hěn hǎochī
- 여기서는 50위안이치면 잘 먹을 수 있어요.
  在 这里 花 50 块 钱 就 可以 吃好 。
  Zài zhèli huā wǔshí kuài qián jiù kěyǐ chīhǎo
- 이 식당은 이 지역에서 꽤 고급스런 식당이에요.
  这 家 餐厅 在 这 附近 算是 比较 高档 的 。
  Zhè jiā cāntīng zài zhè fùjìn suànshì bǐjiào gāodàng de

---

① 火 huǒ: 일어나는 불길처럼 '왕성하다'는 뜻으로, 여기서는 '장사가 잘되다' '성업중이다'의 뜻.

② 居多 jūduō: 다수를 차지하다.

③ ~得上 deshàng: ~할 수 있다, ~할 만하다. 보어로 쓰여 동작이 성취 또는 실현될 수 있음을 나타낸다. 반대는 ~不上 bushàng.

13. 식사와 음주

- 이 집에 비할 만한 식당이 없어요.
  别的 地方 没 一 家 能 比得上 这里。
  Biéde dìfang méi yì jiā néng bǐdeshàng zhèlǐ

Ⅱ 식성 口味
　　　　kǒuwèi

▶좋아하는 음식　喜欢 吃 的 菜
　　　　　　　　xǐhuan chī de cài

- 저는 좀 매운 것을 좋아해요.
  我 喜欢 辣 一点儿 的。
  Wǒ xǐhuan là yìdiǎnr de

- 저는 단 음식을 좋아해요.
  我 喜欢 甜品。
  Wǒ xǐhuan tiánpǐn

- 저는 싱거운 것을 좋아합니다.
  我 喜欢 淡 一点儿 的 食品。
  Wǒ xǐhuan dàn yìdiǎnr de shípǐn

- 처우떠우푸는 냄새는 고약하지만 먹어보면 아주 맛있어요.
  臭豆腐 闻 起来 很 刺鼻，但是 吃着 很 香。①
  Chòudòufu wén qilai hěn cìbí　 dànshì chīzhe hěn xiāng

▶싫어하는 음식　不 喜欢 吃 的 菜
　　　　　　　　bù xǐhuan chī de cài

- 저는 음식이 짠 것을 싫어해요.
  我 不 喜欢 饭菜 太 咸。
  Wǒ bù xǐhuan fàncài tài xián

- 조미료가 많이 들어간 요리를 싫어해요.
  我 不要 调料 太 重 的 菜。
  Wǒ búyào tiáoliào tài zhòng de cài

- 저는 기름진 음식은 좋아하지 않습니다.
  我 不 喜欢 油腻 的 食品。
  Wǒ bù xǐhuan yóunì de shípǐn

---

① 臭豆腐 chòudòufu: 湖南 Húnán을 비롯한 江南 Jiāngnán 지방의 향토음식으로 두부를 발효시켜 튀긴 음식.

▶음식을 가리다　挑食
　　　　　　　　tiāoshí

- 너는 음식을 많이 가리는 것 같구나.
  你 好像 很 挑食。①
  Nǐ hǎoxiàng hěn tiāoshí
- 그는 편식이 굉장히 심해요.
  他 偏食 偏 得 很 厉害。
  Tā piānshí piān de hěn lìhai
- 그는 음식에 대해서 몹시 신경을 씁니다.
  他 对 饮食 非常 讲究。
  Tā duì yǐnshí fēicháng jiǎngjiu

▶음식을 안 가리다　不 挑食
　　　　　　　　　bù tiāoshí

- 저는 무엇이나 다 잘 먹습니다.
  我 什么 都 爱 吃。
  Wǒ shénme dōu ài chī
- 저는 음식을 별로 가리지 않습니다.
  我 不 怎么 挑食。
  Wǒ bù zěnme tiāoshí
- 저는 음식 방면에 특별히 편식하는 것은 없습니다.
  我 在 饮食 方面 没有 特别 的 偏好。
  Wǒ zài yǐnshí fāngmiàn méiyǒu tèbié de piānhào
- 네가 좋아하는 걸로 시켜, 난 다 괜찮아.
  你 爱 吃 什么 就 点 什么 吧，我 什么 都 可以。
  Nǐ ài chī shénme jiù diǎn shénme ba wǒ shénme dōu kěyǐ

Ⅲ　식욕　食欲
　　　　　shíyù

▶식욕이 좋다　胃口 好
　　　　　　　wèikǒu hǎo

A: 不要 吃 得 太 多 了，这样 下去 会 发 胖 的。
　 Búyào chī de tài duō le zhèyàng xiàqu huì fā pàng de

---

① 挑食 tiāoshí: 음식을 가리다, 편식하다.

13. 식사와 음주

B: 怎么 办 呀，我 还 想 再 吃 点儿 。
　　Zěnme bàn ya　wǒ hái xiǎng zài chī diǎnr
A: 너무 많이 먹지 마. 그러다가 뚱보된다.
B: 어떡하지? 그래도 더 먹고 싶은걸.

- 그는 식사량이 아주 많아요.
  他 的 饭量 非常 大 。
  Tā de fànliàng fēicháng dà
- 너무 먹을 욕심을 부리지 마.
  不要 太 贪吃 了 。
  Búyào tài tānchī le
- 너는 정말 게걸스럽게 잘도 먹는구나.
  你 吃 东西 简直 就 是 狼吞虎咽 。①
  Nǐ chī dōngxi jiǎnzhí jiù shì lángtūnhǔyàn
- 그는 갈비 세 접시를 순식간에 먹어 치웠어요.
  那 三 盘 排骨 不 一会儿 就 让 他 吃完 了 。
  Nà sān pán páigǔ bù yíhuìr jiù ràng tā chīwán le
- 의사가 매일 소식을 하라고 권합니다.
  大夫 嘱咐 我 每 日 要 少 吃 点儿 。
  Dàifu zhǔfù wǒ měi rì yào shǎo chī diǎnr

▶ **식욕이 없다　食欲 不 振**
　　　　　　　　shíyù bú zhèn

- 지금은 아무것도 먹고 싶지 않아요.
  我 现在 什么 都 不 想 吃 。
  Wǒ xiànzài shénme dōu bù xiǎng chī
- 지금은 먹고 싶은 생각이 없어요.
  我 现在 没有 胃口 。
  Wǒ xiànzài méiyǒu wèikǒu
- 너무 더우니까 뭘 먹어도 맛있지가 않아요.
  太 热 了，吃 什么 都 不 香 。
  Tài rè le chī shénme dōu bù xiāng

---

① 狼吞虎咽 lángtūnhǔyàn: 늑대나 호랑이가 먹이를 꿀꺽 삼켜버리다. 즉 게걸스럽게 먹음을 비유하는 말. 狼咽虎吞 lángyànhǔtūn:이라고도 함.

7 음식에 관한 화제 603

- 최근 식욕이 좋질 않아요.
  我 最近 食欲 不 太 好 。
  Wǒ zuìjìn shíyù bú tài hǎo

▶ 배고프다 饥饿
            jī'è

> A: 我 快 饿死 了 。
>   Wǒ kuài èsǐ le
> B: 现在 才 十 点 半 啊 。
>   Xiànzài cái shí diǎn bàn a
> A: 我 从 早上 开始 什么 都 没 吃 呢, 肚子 咕噜
>   Wǒ cóng zǎoshang kāishǐ shénme dōu méi chī ne dùzi gūlū
>   咕噜 直 叫 。
>   gūlū zhí jiào
> B: 那 早 点儿 去 吃 饭 吧 。
>   Nà zǎo diǎnr qù chī fàn ba
> A: 배고파 죽겠어요.
> B: 이제 겨우 열시 반인데요.
> A: 아침부터 아무 것도 안 먹었더니 배에서 쪼르륵 소리가 계속 나요.
> B: 그럼 일찍 가서 식사하세요.

- 배가 너무 고파 침을 수가 없어요.
  实在 太 饿 了 , 真 受不了 。
  Shízài tài è le zhēn shòubuliǎo

- 벌써 배고파요?
  这么 快 就 饿 了 ?
  Zhème kuài jiù è le

- 점심을 안 먹었더니 배고파서 기운이 하나도 없어요.
  我 还 没 吃 中午 饭 , 饿 得 都 没 劲儿 了 。
  Wǒ hái méi chī zhōngwǔ fàn è de dōu méi jìnr le

- 어제 저녁부터 지금까지 아무 것도 안 먹었어요.
  从 昨天 晚上 到 现在 什么 都 没 吃 呢 。
  Cóng zuótiān wǎnshang dào xiànzài shénme dōu méi chī ne

13. 식사와 음주

- 배가 고프니 뭐든 다 맛있네요. 많이 먹어야 겠어요.
  饿了 什么 都 好吃, 我 要 多 吃 点儿。
  Èle shénme dōu hǎochī wǒ yào duō chī diǎnr

- 배가 고프면 무엇이든 다 맛있어요.
  饿了 什么 都 是 香的。①
  Èle shénme dōu shì xiāngde

▶배부르다　吃饱
　　　　　　chībǎo

- 배가 부릅니다.
  我 吃饱 了。
  Wǒ chībǎo le

- 배가 터지도록 먹었어요.
  我 都 吃撑 了。②
  Wǒ dōu chīchēng le

- 진짜 너무 많이 먹었어요.
  我 吃 得 实在 太 多 了。
  Wǒ chī de shízài tài duō le

- 과식하지 마세요. 잘못하면 배탈나기 쉬워요.
  不要 吃 太 多 了, 搞不好 会 闹 肚子 的。
  Búyào chī tài duō le gǎobuhǎo huì nào dùzi de

Ⅳ 식사 습관　吃饭 习惯
　　　　　　　chī fàn xíguàn

A: 中国　人 的 主食 有 什么 ?
　　Zhōngguó rén de zhǔshí yǒu shénme

B: 南方　人 喜欢 吃 米饭, 北方 人 喜欢 吃 面食。③
　　Nánfāng rén xǐhuan chī mǐfàn　běifāng rén xǐhuan chī miànshí

---

① 한국말의 '시장이 반찬이다'와 같은 표현.
② 撑 chēng: 가득 채우다. 잔뜩 틀어넣다. 팽팽하게 당기다.
③ 중국은 长江 Cháng Jiāng(양자강)을 기준으로 그 이북을 北方 běifāng, 이남을 南方 nánfāng 이라 하는데 북부에서는 주로 밀을 재배하므로 饺子 jiǎozi(만두), 面条 miàntiáo(국수) 등을 주식으로 하고, 쌀의 주산지인 남부에서는 米饭 mǐfàn(쌀밥)을 주식으로 하고 있다.

[7] 음식에 관한 화제

[7] 有关饮食的话题

> A: 중국 사람들의 주식은 무엇입니까?
> B: 남부 사람들은 쌀밥을 즐겨 먹고, 북부 사람들은 밀가루 음식을 즐겨 먹습니다.

- 한국 사람들은 단 하루도 김치를 안 먹으면 안됩니다.
  韩国 人一天不吃泡菜都不行。
  Hánguó rén yì tiān bù chī pàocài dōu bù xíng

- 중국인은 볶음요리를 좋아해요.
  中国 人喜欢吃炒菜。
  Zhōngguó rén xǐhuan chī chǎocài

- 제 생각에 중국음식은 대부분 기름진 것 같아요.
  我 认为 中国 菜大部分 好像 都 很 油腻。
  Wǒ rènwéi Zhōngguó cài dà bùfen hǎoxiàng dōu hěn yóunì

- 아침은 빵 한 조각에 우유 한 컵이면 됩니다.
  早上 一杯牛奶、一块儿 面包 就 行 了。
  Zǎoshang yì bēi niúnǎi yí kuàir miànbāo jiù xíng le

- 저는 기름기 많은 음식을 삼가고 있어요.
  我 现在 忌吃油腻的 东西。
  Wǒ xiànzài jì chī yóunì de dōngxi

- 점심은 집에서 싸온 도시락을 즐겨 먹어요.
  我 爱吃家里 做 的 盒饭。
  Wǒ ài chī jiāli zuò de héfàn

- 오이는 껍질을 벗기시 않고 그대로 먹습니다.
  黄瓜 一般不 削 皮直接吃。
  Huángguā yìbān bù xiāo pí zhíjiē chī

▶외식 在 外 就 餐
  zài wài jiù cān

> A: 小李,你一个星期出去吃几次啊?
>   Xiǎo Lǐ nǐ yí ge xīngqī chūqu chī jǐ cì a
> B: 我每个星期去 两三 次。
>   Wǒ měi ge xīngqī qù liǎngsān cì
> A: 常 在 外面 吃,容易 伤 胃口。
>   Cháng zài wàimian chī róngyì shāng wèikǒu

13. 식사와 음주

B: 一个星期才 两三 次，没有 多大关系 的。
　　Yí ge xīngqī cái liǎngsān cì　méiyǒu duō dà guānxì de

A: 不怕一万，就怕万一，你还是 注意一点儿。
　　Bú pà yíwàn　jiù pà wànyī　nǐ háishi zhùyì　yìdiǎnr

A: 샤오리, 일주일에 몇 번이나 외식을 해?
B: 일주일에 두세 번 정도해.
A: 늘 밖에서 먹는 사람은 위가 상하기 쉬워.
B: 일주일에 겨우 두세번인데 뭐 별 상관 있을려구.
A: 만일을 생각해야지, 그래두 조심하라구.

- 일이 바빠서 아침지을 시간이 없기 때문에 밖에서 아침식사를 해요.
  因为 工作 忙， 经常 来不及 做 早饭，所以 我 在
  Yīnwèi gōngzuò máng　jīngcháng láibují zuò zǎofàn　suǒyǐ wǒ zài
  外面 吃 早餐。
  wàimian chī zǎocān

- 나는 아침은 대충 먹어. 콩국 한 그릇과 여우티아오 한 개면 돼.
  我 一般 吃 早饭 不 那么 讲究， 一 碗 豆浆 和 一 根
  Wǒ yìbān chī zǎofàn bú nàme jiǎngjiu　yì wǎn dòujiāng hé yì gēn
  油条 就行 了。①
  yóutiáo jiù xíng le

▶ 다이어트　减 肥
　　　　　　jiǎn féi

- 저는 다이어트 중입니다.
  我 正在 减 肥呢。
  Wǒ zhèngzài jiǎn féi ne

- 저는 벌써 체중이 3 kg이나 줄었어요.
  我 已经 减掉 三 公斤 了。
  Wǒ yǐjīng jiǎndiào sān gōngjīn le

- 운동량이 많아지니, 식욕도 늘어났어요.
  运动量 多了，食欲也就 增加 了。
  Yùndòngliàng duō le　shíyù yě jiù zēngjiā le

---

① 豆浆 dòujiāng: 콩국, 두유. 油条 yóutiáo: 발효시킨 밀가루 반죽을 길쭉한 모양으로 만들어 기름에 튀겨낸 식품.

7 음식에 관한 화제

- 체중이 3 kg이나 늘어서 단 것을 안 먹고 있어요.
  我都胖了三公斤了，所以不吃甜食。
  Wǒ dōu pàngle sān gōngjīn le suǒyǐ bù chī tiánshí

▶ 기타　其他
　　　　qítā

- 한국요리는 이번이 처음입니다.
  这是我第一次吃韩国菜。
  Zhè shì wǒ dìyī cì chī Hánguó cài

- 당신은 미각이 참 예민하군요.
  你的味觉真是灵敏。
  Nǐ de wèijué zhēn shì língmǐn

- 비타민이 풍부한 음식을 많이 드셔야 합니다.
  你应该多吃一些含维生素的食物。
  Nǐ yīnggāi duō chī yìxiē hán wéishēngsù de shíwù

- 여름에는 특히 음식 위생에 주의해야 합니다.
  夏天要特别注意饮食卫生。
  Xiàtiān yào tèbié zhùyì yǐnshí wèishēng

- 식사 다 하셨으면 담배 한 대 피우시겠어요?
  吃完饭了，想抽支烟吗？
  Chīwán fàn le xiǎng chōu zhī yān ma

참고　관련 용어　词汇
　　　　　　　　　cíhuì

- 식당　餐馆，餐厅
　　　　cānguǎn　cāntīng
- 메뉴　菜单，菜谱
　　　　càidān　càipǔ
- 중식　中餐
　　　　zhōngcān
- 한식　韩餐
　　　　háncān
- 양식　西餐
　　　　xīcān
- 뷔페　自助餐
　　　　zìzhùcān
- 패스트푸드　快餐
　　　　　　　kuàicān

- 특별요리　特色菜
　　　　　　tèsècài
- 오리구이　烤鸭
　　　　　　kǎoyā
- 구이　烧烤
　　　　shāokǎo
- 해물　海鲜
　　　　hǎixiān
- 작은 접시　碟子
　　　　　　diézi
- 접시　盘子
　　　　pánzi
- 공기　小碗
　　　　xiǎowǎn

13. 식사와 음주

- 숟가락 小勺 xiǎosháo
- 젓가락 筷子 kuàizi
- 포크 叉子 chāzi
- 육류용 포크 肉叉子 ròu chāzi
- 소채용 포크 小叉子 xiǎo chāzi
- 국자 汤勺 tāngsháo
- 음료수 饮料 yǐnliào
- 커피 咖啡 kāfēi
- 디저트 餐后点心 cānhòu diǎnxin
- 냅킨 餐巾纸 cānjīnzhǐ
- 술자리 酒席 jiǔxí
- 아침식사 早餐，早点 zǎocān zǎodiǎn
- 점심식사 午餐，午饭 wǔcān wǔfàn
- 저녁식사 晚饭，晚餐 wǎnfàn wǎncān
- 도시락 盒饭 héfàn
- 주량 酒量 jiǔliàng
- 포장하다 打包 dǎ bāo
- 식사하다 吃饭 chī fàn

- 대기하다 等待 děngdài
- 추천하다 推荐 tuījiàn
- 계산하다 结账，买单 jié zhàng mǎi dān
- 전화로 예약하다 电话预约 diànhuà yùyuē
- 식당을 예약하다 订座 dìng zuò
- 예약을 취소하다 取消预约 qǔxiāo yùyuē
- 예약을 변경하다 更改预约 gēnggǎi yùyuē
- 음식을 주문하다 点菜 diǎn cài
- 고기를 굽다 烤肉 kǎoròu
- 음식을 가리다 挑食，偏食 tiāoshí piānshí
- 술 酒 jiǔ
- 술에 취하다 喝醉 hēzuì
- 독주 烈酒 lièjiǔ
- 과실주 果酒 guǒjiǔ
- 병맥주 瓶装酒 píngzhuāngjiǔ
- 캔맥주 罐装酒 guànzhuāngjiǔ
- 안주 下酒菜 xiàjiǔcài
- 해장국 解酒汤，醒酒汤 jiějiǔtāng xǐngjiǔtāng

14

이성 교제

异性交往　　　　　　　YIXING JIAOWANG

1. 관　　심　　　　　　　关心
2. 만　　남　　　　　　　相识
3. 데 이 트　　　　　　　约会
4. 사　　랑　　　　　　　相爱
5. 청혼・약혼　　　　　　求婚/订婚
6. 갈　　등　　　　　　　矛盾
7. 이　　별　　　　　　　分手

1 관   심

关心
guānxīn

성인이 된 남녀에게 이성에 대한 관심은 매우 자연스런 일일 것이다. 동서고금을 막론하고 사랑(爱情 àiqíng)은 인류의 영원한 주제가 아닌가. 사랑을 느끼는 데는 어쩌면 언어가 필요 없을지도 모르겠다. 그러나 그 관계를 발전시키고, 또한 거기서 파생되는 여러 가지 문제들을 해결하는 데는 더욱 섬세한 언어적 표현이 필요할 것이라 생각한다.

기본대화

A: 最近 有 什么 心事 吗?
　　Zuìjìn yǒu shénme xīnshì ma
B: 我们 系 的 一个 女生 让 我 动心。
　　Wǒmen xì de yí ge nǚshēng ràng wǒ dòng xīn
A: 那 一起 去 喝 杯 茶, 聊聊 吧。
　　Nà yìqǐ qù hē bēi chá liáoliao ba
B: 我 也 想 啊, 但 不 知道 她 会 怎么 想。
　　Wǒ yě xiǎng a dàn bù zhīdào tā huì zěnme xiǎng

A: 요즘 무슨 고민거리 있니?
B: 우리 과 여학생 한 명에게 자꾸 마음이 끌려.
A: 그럼 같이 차 한잔 하면서 이야기해보지 그래.
B: 나도 그리고 싶지만 그녀가 어떻게 생각할지 몰라서 말야.

여러 가지 활용

I 이성에 대한 관심   对 异性 的 关心
　　　　　　　　　　　duì yìxìng de guānxīn

A: 那个 女生 是 哪 所 大学 的?
　　Nàge nǚshēng shì nǎ suǒ dàxué de
B: 怎么, 对 她 有 意思? ①
　　Zěnme duì tā yǒu yìsi

---

① 有意思 yǒu yìsi 는 주로 '재미있다', '흥미있다' 는 뜻으로 쓰이지만, 여기에서는 '마음에 들다', '관심이 있다' 는 의미이다.

14. 이성 교제

A: 저 여학생은 어느 대학교 학생이지?
B: 왜, 저 여학생 맘에 들어?

- 그 여자 남자친구 있니?
  她 有 男 朋友 吗？
  Tā yǒu nán péngyou ma

- 저 사람 누구 친구야?
  他 是 谁 的 朋友 ？
  Tā shì shéi de péngyou

- 저 여자애 너무 아름다운 걸. 몸매 정말 끝내 주는데.
  那 女孩儿 太 漂亮 了，身材 真 是 没的说 。①
  Nà nǚháir tài piàoliang le shēncái zhēn shì méideshuō

Ⅱ 좋아하는 타입　喜欢 的 类型
　　　　　　　　　xǐhuan de lèixíng

A: 你 喜欢 什么样 的 女孩儿 ？
   Nǐ xǐhuan shénmeyàng de nǚháir
B: 我 喜欢 个子 高 ，身材 苗条 ，又 漂亮 ，而且
   Wǒ xǐhuan gèzi gāo shēncái miáotiao yòu piàoliang érqiě
   还 特别 聪明 的 。
   hái tèbié cōngmíng de
A: 世上 哪有 那么 十全十美 的 人 啊？
   Shìshang nǎ yǒu nàme shíquánshíměi de rén a
A: 넌 어떤 타입의 여자를 좋아하니?
B: 키도 크고, 늘씬하고, 예쁘고, 그리고 아주 똑똑한 여자.
A: 세상에 그렇게 완벽한 사람이 어디 있어?

▶여성　女性
　　　　nǚxìng

- 나는 조용하면서도 지혜로운 여자가 좋아.
  我 喜欢 那 种 文静 、聪明 的 女孩儿 。
  Wǒ xǐhuan nà zhǒng wénjìng cōngmíng de nǚháir

---

① 没的说 méideshuō: (더 이상) 말할 것이 없다.

① 관　심

- 나는 이지적인 여성이 좋아.
  我 喜欢 知书达礼 的 女性 。①
  Wǒ xǐhuan zhīshūdálǐ de nǚxìng
- 나는 외모에는 관심 없어. 중요한 것은 내적인 아름다움이지.
  我 不 在乎 外貌， 重要 的 是 内在美 。
  Wǒ bú zàihu wàimào zhòngyào de shì nèizàiměi
- 그녀가 애교 부리는게 너무 귀여운거 있지.
  她 很 爱 撒娇，我 觉得 很 可爱 。
  Tā hěn ài sājiāo wǒ juéde hěn kě'ài

▶ 남성　男性
　　　　nánxìng

- 나는 예의가 있는 남자가 좋더라.
  我 喜欢 有 礼貌 的 男生 。
  Wǒ xǐhuan yǒu lǐmào de nánshēng
- 난 마음이 바다같이 넓은 남자를 좋아해.
  我 喜欢 心胸 宽阔 的 男生 。②
  Wǒ xǐhuan xīnxiōng kuānkuò de nánshēng
- 나는 신체 건강하고 쾌활한 남자가 좋아.
  我 喜欢 身体 健壮、性格 开朗 的 男人 。
  Wǒ xǐhuan shēntǐ jiànzhuàng xìnggé kāilǎng de nánrén
- 난 유머가 풍부한 남자가 좋아.
  我 喜欢 幽默 的 男人 。
  Wǒ xǐhuan yōumò de nánrén
- 나는 경제능력이 있는 성공한 남성이 좋아.
  我 喜欢 有 一定 经济 基础 的 成功 男士 。
  Wǒ xǐhuan yǒu yídìng jīngjì jīchǔ de chénggōng nánshì
- 나는 성숙하며 중후한 남자가 좋아.
  我 喜欢 成熟 稳重 的 男人 。
  Wǒ xǐhuan chéngshú wěnzhòng de nánrén

① 知书达礼 zhīshūdálǐ：지성과 교양을 겸비함.

② 男生 nánshēng 에는 '남학생' 과 '젊은 남성' 의 두 가지 의미가 있다. 남학생을 지칭할 때의 生 shēng 은 学生 xuésheng(학생)의 의미이지만, 일반적인 남성을 지칭할 때는 先生 xiānsheng(Mister)의 의미이다.

Ⅲ 싫어하는 타입 不 喜欢 的 类型
bù xǐhuan de lèixíng

A: 你 周六 相 亲 了，是 吗？
　　Nǐ zhōuliù xiāng qīn le　shì ma
B: 是 啊，本来 期望 很 大，可是 见了 不 怎么样。
　　Shì a　běnlái qīwàng hěn dà　kěshì jiànle bù zěnmeyàng
A: 我 很 纳闷，详细 说 一下 吧。
　　Wǒ hěn nàmèn　xiángxì shuō yíxià ba
B: 一 句 话，是 我 最 讨厌 的 类型。
　　Yí jù huà　shì wǒ zuì tǎoyàn de lèixíng

A: 너 토요일에 선 봤다며?
B: 그래, 기대했는데 별로였어.
A: 궁금하다. 자세히 말해 봐.
B: 한마디로 내가 제일 싫어하는 타입이야.

▶여성　女性
　　　　nǚxìng

- 그녀는 내가 좋아하는 타입이 아니야.
  她 不 是 我 喜欢 的 那 种 类型。
  Tā bú shì wǒ xǐhuan de nà zhǒng lèixíng

- 술집 여자같은 타입은 딱 질색이야.
  最 烦 像 酒吧 小姐 一样 的 人。①
  Zuì fán xiàng jiǔbā xiǎojiě yíyàng de rén

- 무뚝뚝하고 상냥하지 않은 타입은 싫어.
  我 不 喜欢 死板 不 温柔 的 女人。②
  Wǒ bù xǐhuan sǐbǎn bù wēnróu de nǚrén

- 난 자기 주장이 센 여자는 감당 못해.
  我 无法 忍受 自以为是 的 女人。③
  Wǒ wúfǎ rěnshòu zìyǐwéishì de nǚrén

---

① 酒吧 jiǔbā의 吧 bā는 영어의 bar를 음역한 것이며, 술을 파는 곳이라는 뜻에서 酒 jiǔ를 덧붙인 것이다. 중국 거리를 가다보면 网吧 wǎngbā라 쓰여진 것을 많이 볼 수 있는데, 이것은 internet의 net를 의역한 것으로 곧 '컴퓨터방'을 말한다.

② 일을 행함에 있어 융통성이 없고 경직된 경우에도 '死板 sǐbǎn'이란 말을 사용한다.

③ 自以为是 zìyǐwéishì는 '자기만이 옳다고 주장하는 사람', 또는 '매우 독선적인 사람'을 가리킬 때 사용한다.

▶남성　男性
nánxìng

- 나는 변덕이 죽끓는 듯하는 남자는 싫어.
  我 最 讨厌 朝三暮四 的 男人。①
  Wǒ zuì tǎoyàn zhāosānmùsì de nánrén

- 나는 책임감 없는 남자는 싫어.
  我 不 喜欢 没有 责任心 的 男人。
  Wǒ bù xǐhuan méiyǒu zérènxīn de nánrén

- 비겁한 남자는 밥맛 없어.
  卑鄙 的 男人 让 人 倒 胃口。②
  Bēibǐ de nánrén ràng rén dǎo wèikǒu

- 여자 밝히는 남자를 누가 좋아해.
  花心 的 男人，没 人 喜欢。③
  Huāxīn de nánrén　méi rén xǐhuan

- 나는 겉으로 강한 체 하는 남자는 싫어.
  我 可 不 喜欢 逞强 的 男人。④
  Wǒ kě bù xǐhuan chěngqiáng de nánrén

- 그는 플레이보이야, 연애는 할 수 있지만 결혼은 안돼.
  他 是 个 花花 公子，玩玩儿 可以，但 不 能 结婚。⑤
  Tā shì ge huāhuā gōngzǐ　wánwánr kěyǐ　dàn bù néng jié hūn

---

① 송(宋 Sòng)나라 저공(狙公 Jūgōng)이 자신이 기르는 원숭이들에게 상수리를 아침에 세 개, 저녁에 네 개씩 주겠다고 하자 원숭이들이 화를 내었다. 그러자 저공이 그러면 아침에 네 개, 저녁에 세 개씩 주겠다고 하니 원숭이들이 좋아하였다. 이 고사에서 바로 朝三暮四 zhāosānmùsì 성어가 유래하였는데, 흔히 얕은 꾀로 남을 농락하거나 이랬다 저랬다 변덕스러울 때, 또는 결과가 같음을 모르고 눈앞의 이익만 챙길 때에 사용한다.

② 倒胃口 dǎo wèikǒu:비위에 거슬리다, 비위가 상하다, 구역질나다.

③ 花心 huāxīn:이성에 대한 애정이 한 사람에게 오래 머물지 못하고 사꾸 변함을 이르는 말.

④ 逞强 chěngqiáng:강한 체하다, 과시하다.

⑤ 花花公子 huāhuā gōngzǐ 는 플레이보이, 난봉꾼, 귀공자 등의 뜻으로, 주로 '사생활이 방탕한 남자'에게 쓰인다.

2 만 남

相识
xiāngshí

우리는 특히 남녀간의 만남에는 "缘分 yuánfèn"(연분, 인연)이 있어야 한다고 한다. 결혼을 전제로한 만남이라면 더욱 그렇다. 부부는 하늘이 맺어주는 것이라고 하지 않는가. 그러나 운명적인 만남에도 그 형태는 가지각색이다. 첫눈에 반하여 사랑하는 경우가 있는가 하면, 오랜 시간을 두고 미운정 고운정이 다 들은 후에야 그것이 사랑임을 알게 되는 경우도 있다. 중국에서는 전자의 경우를 "一见钟情 yí jiàn zhōng qíng"이라 하며, 후자의 경우를 "日久生情 rì jiǔ shēng qíng"이라고 한다. ①

기본대화

A: 你有 女朋友 吗？
　Nǐ yǒu nǚpéngyou ma

B: 还 没有，怎么，要 给 我 介绍 一个？
　Hái méiyǒu zěnme yào gěi wǒ jièshào yí ge

A: 你 喜欢 哪 种 类型 的？
　Nǐ xǐhuan nǎ zhǒng lèixíng de

B: 我 喜欢 温柔 漂亮 、善 解人意 的。②
　Wǒ xǐhuan wēnróu piàoliang shàn jiě rén yì de

A: 知道 了，我 去 打听 打听 。③
　Zhīdào le wǒ qù dǎting dǎting

B: 那 就 拜托 了。 事成 之后我 请客。
　Nà jiù bàituō le Shìchéng zhī hòu wǒ qǐngkè

A: 好 的，如果 不 成 怎么办？
　Hǎo de rúguǒ bù chéng zěnmebàn

B: 这 种 事随缘 吧。
　Zhè zhǒng shì suí yuán ba

---

① 钟情 zhōngqíng：여기서 钟은 '쏟다', '기울이다', '한데 모으다' 의 뜻으로, 钟情은 곧 '사랑을 쏟다' '애정을 기울이다'.

② 善解人意 shàn jiě rén yì：여기서 善은 '잘하다', '능숙하다' 의 뜻으로 善解는 곧 '잘 이해하다', '이해를 잘하다' 는 뜻. 人意：사람의 마음.

③ 打听 dǎting：'탐문하다', '수소문하다', '알아보다' 의뜻.

A: 너 여자 친구 있니?
B: 아직 없어. 왜? 한 명 소개시켜 줄래?
A: 어떤 타입을 좋아하는데?
B: 부드럽고, 예쁘고, 그리고 이해심이 많은 여자.
A: 알았어. 내가 알아볼게.
B: 그럼 부탁해. 잘 되면 한턱 낼게.
A: 좋아, 그런데 만약에 잘못되면 어떡하지?
B: 이런 일은 인연이 따라야 하는 거야.

여러 가지 활용

I 이성 친구 소개하기 介绍 异性 朋友
jièshào yìxìng péngyou

▶소개시켜 주려할 때 要 给 别人 介绍 时
yào gěi biéren jièshào shí

• 제가 좋은 사람 한 명 소개시켜 드릴까요?
我 给 你 介绍 一 个 不错 的 人 ，好 吗？
Wǒ gěi nǐ jièshào yí ge búcuò de rén   hǎo ma

• 아주 딱 어울리는 사람이 있는데 만나 보시겠어요?
有 一 个 和 你 很 般配 的 人，要不要 见 一 面 ?
Yǒu yí ge hé nǐ hěn bānpèi de rén   yàobuyào jiàn yí miàn

• 부담 갖지 말고 그냥 한 번 만나 보세요.
不要 紧张，去 见 一 面 ，看看 吧 。
Búyào jǐnzhāng qù jiàn yí miàn   kànkan ba

• 너도 이제 가정을 이뤄야지. 평생 홀아비로 살래?
你 也 该 成 家 了，想 打 一辈子 光棍儿 吗？①
Nǐ yě gāi chéng jiā le   xiǎng dǎ yíbèizi guānggùnr ma

---

① 중국어에서 儿 ér 의 사용은 매우 중요하다. 단지 습관상의 儿化 érhuà 뿐 아니라 때로는 단어의 의미에도 변화가 생기기 때문이다. 光棍 guānggùn 은 '무뢰한', '악당', '부랑자' 등의 의미이지만, 光棍儿 guānggùnr 은 '남자 독신자', '홀아비'를 뜻한다.

14. 이성 교제

▶소개를 부탁할 때　请求 介绍 时
　　　　　　　　　qǐngqiú jièshào shí

- 적당한 사람 골라서 소개 좀 시켜 주세요.
  有 合适 的 人选，给我 介绍 一个。
  Yǒu héshì de rénxuǎn　gěi wǒ jièshào yí ge

- 너만 사귀지 말고, 나도 한 명 소개시켜 줘.
  不要 只 顾 你 自己，给我 也 介绍 一个 吧。
  Búyào zhǐ gù nǐ　zìjǐ　gěi wǒ yě jièshào yí ge ba

Ⅱ 만남의 자리에서　相见 时
　　　　　　　　　xiāngjiàn shí

▶사귀는 사람이 있나 물어볼 때　询问 有 没有 对象
　　　　　　　　　　　　　　　xúnwèn yǒu méiyǒu duìxiàng

- 마음에 둔 사람 있어요?
  有　心上人　吗？
  Yǒu xīnshàngrén ma

- 지금 남자 친구 있어요?
  现在 有 男朋友 吗？
  Xiànzài yǒu nánpéngyou ma

▶사귀는 사람이 없을 때　没有 对象 时
　　　　　　　　　　　méiyǒu duìxiàng shí

- 아직 특별히 사귀는 남자 친구는 없습니다.
  我 还 没有 男朋友。
  Wǒ hái méiyǒu nánpéngyou

- 지금 찾고 있는 중이랍니다.
  现在　正在　找　呢。
  Xiànzài zhèngzài zhǎo ne

▶재회 신청　想 再次 约会
　　　　　　xiǎng zàicì yuēhuì

- 우리 다시 만날 수 있겠지요?
  我们 可以 再见 面 吗？
  Wǒmen kěyǐ zài jiàn miàn ma

- 다음에 연락드릴게요. 전화번호 좀 알려 주시겠어요?
  下 次 再 和 你 联系 , 留 个 电话 号 码 , 好 吗 ?
  Xià cì zài hé nǐ liánxì liú ge diànhuà hàomǎ hǎo ma
- 이메일 주소를 나에게 알려 주시겠어요?
  可以 把 你 的 伊妹儿 地址 告诉 我 吗? ①
  Kěyǐ bǎ nǐ de yīmèir dìzhǐ gàosu wǒ ma
- 전화 기다리고 있을게요.
  我 等 你 的 电话。
  Wǒ děng nǐ de diànhuà
- 오늘 만나서 반가웠어요.
  很 高兴 今天 能够 见到 你 。
  Hěn gāoxìng jīntiān nénggòu jiàndào nǐ

▶ 만남의 결과를 물을 때   询问   相亲   结果
                         xúnwèn xiāngqīn jiéguǒ

A: 昨天 那人 怎么样 ?
   Zuótiān nà rén zěnmeyàng

B: 看 起来 还 可以 , 但 现在 还 不 清楚 。
   Kàn qilai hái kěyǐ dàn xiànzài hái bù qīngchu

A: 어제 그 사람 어땠어?

B: 사람은 괜찮아 보였는데, 아직 잘 모르겠어요.

- 어제 만난 사람, 맘에 들어요?
  昨天 见 的 人 , 你 还 满意 吗 ?
  Zuótiān jiàn de rén nǐ hái mǎnyì ma
- 그녀가 무슨 말을 하던가요?
  她 说 什么 了 吗 ?
  Tā shuō shénme le ma
- 그 쪽에서도 만족하던가요?
  对方 也 满意 吗 ?
  Duìfāng yě mǎnyì ma

---

① 伊妹儿 yīmèir 은 E-mail 을 음역한 것이며, 电邮 diànyóu 는 의역한 것이다.

14. 이성 교제

▶만남의 결과를 보고할 때　告诉　相亲　结果
　　　　　　　　　　　　　gàosu xiāngqīn jiéguǒ

- 그저 그랬어요.
  就 那样。
  Jiù nàyàng

- 아주 괜찮은 것 같아요.
  看 起来 很 不错 。
  Kàn qǐlai hěn búcuò

- 저와는 성격이 안 맞아요.
  跟 我 的 性格 不 般配 。
  Gēn wǒ de xìnggé bù bānpèi

- 좋은 사람을 소개시켜 줘서 고마워요.
  谢谢 你 给 我 介绍 这么 好 的 人 。
  Xièxie nǐ gěi wǒ jièshào zhème hǎo de rén

- 그쪽에서 저를 마음에 안들어 하는 것 같아요.
  对方　好像　不 喜欢 我 。
  Duìfāng hǎoxiàng bù xǐhuan wǒ

▶첫인상　第一　印象
　　　　　　dìyī yìnxiàng

- 첫인상이 별로 였어요.
  第一　印象　不 怎么样 。
  Dìyī yìnxiàng bù zěnmeyàng

- 첫눈에 반했어요. /첫눈에 그에게 반했어요.
  一见 钟情 。 / 我 对 他 一见 钟情 。
  Yíjiànzhōngqíng　Wǒ duì tā yíjiànzhōngqíng

▶이상형　梦中情人
　　　　　mèngzhōngqíngrén

- 그녀야말로 내가 찾던 이상적인 여성이에요.
  她 就 是 我 要 找 的 理想 女性 。
  Tā jiù shì wǒ yào zhǎo de lǐxiǎng nǚxìng

- 드디어 나의 반쪽을 찾았어요.
  终于　找到 我 的 另 一半 了 。
  Zhōngyú zhǎodào wǒ de lìng yíbàn le

② 만 남

- 드디어 나의 백마 탄 왕자님을 만났어요.
  我 终于 遇见 了 我 的 白马 王子 。
  Wǒ zhōngyú yùjiàn le wǒ de báimǎ wángzǐ

- 나는 아직도 나의 이상형을 만나지 못했어요.
  我 还 没有 找到 我 的 梦中情人。
  Wǒ hái méiyǒu zhǎodào wǒ de mèngzhōngqíngrén

- 이상적인 배우자를 찾는다는 것은 정말 쉽지 않아요.
  想 找 个 理想 的 伴侣， 可 真 不 容易 啊 。
  Xiǎng zhǎo ge lǐxiǎng de bànlǚ kě zhēn bù róngyì a

▶ 천생연분 天生 一对
  tiānshēng yí duì

- 짚신도 다 제 짝이 있다구.
  天上 金童 配 玉女，地下 瘸驴 配 破车 。①
  Tiānshang jīntóng pèi yùnǚ dìxià quélǘ pèi pòchē

- 두 사람 정말 천생연분이군요.
  你们 俩 真 是 天生 一对儿 啊 。
  Nǐmen liǎ zhēn shì tiānshēng yíduìr a

- 그 두 사람이야말로 하늘이 맺어준 짝이에요.
  他们 俩 才 是 天作之合 。
  Tāmen liǎ cái shì tiānzuòzhīhé

- 둘이 너무나 잘 어울려요./하늘이 맺어 준 커플이에요.
  真 是 郎才女貌 ！②/是 天造地设 的 一对儿 。
  Zhēn shì lángcáinǚmào Shì tiānzàodìshè de yíduìr

- 인연이 있으면 천리를 떨어져 있어도 만나게 됩니다.
  有 缘 千里来 相会 。
  Yǒu yuán qiānlǐ lái xiānghuì

---

① 원뜻은 "하늘에는 선남선녀가 서로 짝을 이루고, 땅에는 절룩발 나귀와 고물 수레가 짝을 이룬다" 이다.

② "남자는 재능이 있고, 여자는 아름답다" 는 뜻으로 둘이 아주 잘 어울릴 때에 사용한다.

3 데이트

约会
yuēhuì

중국의 젊은이들은 어떤 방식으로 데이트를 할까? 대체로 우리와 다를 바 없다. 만나서 함께 영화를 보러 가기도 하고, 놀이공원에 놀러가기도 하며, 즐겁게 식사를 하기도 한다. "我今天有约会。Wǒ jīntiān yǒu yuēhuì"는 "나는 오늘 약속이 있어요" 라는 뜻이지만 대개의 경우 이성과의 데이트가 있다는 뜻이 된다.

기본대화

A: 我有两张电影票，我们一起去看吧？
　　Wǒ yǒu liǎng zhāng diànyǐngpiào wǒmen yìqǐ qù kàn ba
B: 你是不是想约我啊？
　　Nǐ shì bu shì xiǎng yuē wǒ a
A: 谁说的？你这么丑，我怕你吓倒我。
　　Shéi shuō de　Nǐ zhème chǒu wǒ pà nǐ xiàdǎo wǒ
B: 好吧，我没空儿。你自己去吧。
　　Hǎo ba wǒ méi kòngr Nǐ zìjǐ qù ba
A: 啊？你生气了，不过你生气的样子很好看！
　　A Nǐ shēngqì le búguò nǐ shēngqì de yàngzi hěn hǎokàn
B: 去你的，别理我！
　　Qù nǐ de bié lǐ wǒ
A: 都是开玩笑嘛！我们快点儿走吧！
　　Dōu shì kāi wánxiào ma Wǒmen kuài diǎnr zǒu ba

A: 내게 영화표가 두 장 있는데, 함께 영화 보러 갈래?
B: 너 나랑 데이트하고 싶은 거지?
A: 누가 그렇대? 너같이 못생긴 애하고, 끔찍해라.
B: 좋아, 나 시간 없어. 너 혼자 가서 봐.
A: 어, 화났어? 화내니까 더 예쁜데!
B: 저리 가. 상관하지 말고!
A: 다 농담이야. 빨리 가자.

여러 가지 활용

I 데이트를 신청할 때 邀约
                      yāoyuē

- 시간 있습니까?
  你 有 时间 吗？
  Nǐ yǒu shíjiān ma

- 당신과 약속하고 싶은데요.
  我 想 约 你。
  Wǒ xiǎng yuē nǐ

- 우리 커피 한 잔 합시다.
  我们 喝 杯 咖啡 吧。
  Wǒmen hē bēi kāfēi ba

- 얘기 좀 하고 싶은데요.
  我 想 和 你 聊聊 天儿。
  Wǒ xiǎng hé nǐ liáoliao tiānr

- 제가 남자 친구로 괜찮다고 생각하지 않으세요?
  你 觉得 我 做 你 男朋友 合适 吗？
  Nǐ juéde wǒ zuò nǐ nánpéngyou héshì ma

▶ 약속시간 및 장소 정하기 约定 时间 /地点
                         yuēdìng shíjiān dìdiǎn

- 오늘 저녁 함께 식사할까요?
  今天 晚上 一起 去 吃饭 吧。
  Jīntiān wǎnshang yìqǐ qù chī fàn ba

- 내일 저녁 7시에 영화 보러 갑시다.
  明天 晚上 七点 我们 去 看 电影 吧。
  Míngtiān wǎnshang qī diǎn wǒmen qù kàn diànyǐng ba

- 우리 이번 주말에 베이하이공원에 놀러 갈까요?
  这个 周末 我们 去 北海 公园，怎么样？
  Zhège zhōumò wǒmen qù Běihǎi Gōngyuán zěnmeyàng

- 우리 함께 강변 드라이브나 할까요?
  我们 一起 去 河边 兜风，好不好？
  Wǒmen yìqǐ qù hé biān dōufēng hǎo bu hǎo

异性交往

II 데이트의 기대감　期待 约会
　　　　　　　　　　qīdài yuēhuì

> A: 你 干吗 打扮 得 这么 漂亮？
> 　　Nǐ gànmá dǎban de zhème piàoliang
> B: 今天 跟 周 强 约会。
> 　　Jīntiān gēn Zhōu Qiáng yuēhuì
> A: 和 他 约会 挺 开心 的 嘛！
> 　　Hé tā yuēhuì tǐng kāixīn de ma
> A: 왜 그렇게 예쁘게 화장했어?
> B: 오늘 저우창과 약속이 있거든.
> A: 그 사람과 데이트하는게 아주 즐거운가 보구나!

- 오늘 그와 약속이 있어. 너무 신나는 거 있지.
  今天 和 他 约会，我 真 是 太 兴奋 了。
  Jīntiān hé tā yuēhuì　wǒ zhēn shì tài xīngfèn le

- 오늘 마치 꿈을 꾸는 것만 같아.
  今天 好像 在 做 梦 。
  Jīntiān hǎoxiàng zài zuò mèng

- 가슴이 다 두근거려.
  我 的 心 都 快 跳 出来 了。
  Wǒ de xīn dōu kuài tiào chulai le

III 데이트할 때　谈 恋爱
　　　　　　　　tán liàn'ài

- 우리 오늘 뭐할까요?
  今天 我们 干 什么 好 呢？
  Jīntiān wǒmen gàn shénme hǎo ne

- 뭐 먹고 싶어요? 내가 맛있는 것 사줄게요.
  想 吃 什么 ? 我 给 你 买 好吃 的 。
  Xiǎng chī shénme　Wǒ gěi nǐ mǎi hǎochī de

- 우리 같이 볼링 치러 갈까요?
  我们 去 打 保龄球 怎么样？
  Wǒmen qù dǎ bǎolíngqiú zěnmeyàng

- 오늘 우리가 만난 지 100일째 되는 날이에요.
  今天 是 我们 认识 一百 天 。
  Jīntiān shì wǒmen rènshi yìbǎi tiān

Ⅳ 헤어질 때 分别
　　　　　　fēnbié

- 오늘 데이트 즐거웠어요.
  今天 我 很 开心 。
  Jīntiān wǒ hěn kāixīn

- 오늘 나와 주어서 정말 고마워요.
  谢谢 你 今天 能 来 。
  Xièxie nǐ jīntiān néng lái

- 다음에 또 연락 드릴게요.
  改 天 再 给 你 打 电话 吧 。
  Gǎi tiān zài gěi nǐ dǎ diànhuà ba

▶ 바래다 주기 送回 家
　　　　　　　sònghuí jiā

- 내가 집에 바래다 줄게요.
  我 送 你 回家 吧 。
  Wǒ sòng nǐ huí jiā ba

- 내가 차로 태워다 줄게요.
  我 用 车 送 你 吧 。
  Wǒ yòng chē sòng nǐ ba

- 우리 집에 잠깐 들렀다 갈래요?
  要 不 要 到 我 家 去 坐 一 坐 ?
  Yào bu yào dào wǒ jiā qù zuò yi zuò

Ⅴ 애인에 관한 대화 关于 恋人 的 话题
　　　　　　　　　　guānyú liànrén de huàtí

A: 你和他 交往 多久了 ?
   Nǐ hé tā jiāowǎng duō jiǔ le

B: 我们 恋爱 已经 好 多 年 了 。
   Wǒmen liàn'ài yǐjīng hǎo duō nián le

A: 看 起来 像 老 夫 老 妻 。
   Kàn qilai xiàng lǎo fū lǎo qī

B: 是 吗？ 我们 明年 春天 结婚。
　　Shì ma　　Wǒmen míngnián chūntiān jié hūn
A: 두 사람은 사귄지 얼마나 됐어요?
B: 우리는 연애한 지 이미 오래 됐어요.
A: 마치 부부같아 보여요.
B: 그래요? 내년 봄에 결혼할거예요.

▶질문　提问
　　　　tíwèn

- 너희 둘은 어떻게 알게 되었니?
  你们 是 怎么 认识 的？
  Nǐmen shì zěnme rènshi de

- 그 사람과 잘 되어 가니?
  你 和 他 进展 得 怎么样 了？
  Nǐ hé tā jìnzhǎn de zěnmeyàng le

- 그 사람의 어디가 좋아?
  你 喜欢 他 哪 一点？
  Nǐ xǐhuan tā nǎ yìdiǎn

- 그 사람과 언제부터 사귀기 시작했어?
  你 和 他 是 什么 时候 开始 的？
  Nǐ hé tā shì shénme shíhou kāishǐ de

- 어때? 그 여자 맘에 들어?
  怎么样？ 你 喜欢 她 吗？
  Zěnmeyàng Nǐ xǐhuan tā ma

- 너와 그 사람은 무슨 관계니?
  你 和 他 是 什么 关系？
  Nǐ hé tā shì shénme guānxì

▶대답　回答
　　　　huídá

- 지금까지는 아주 잘 돼 가.
  到 现在 为止 一切 都 顺利。
  Dào xiànzài wéizhǐ yíqiè dōu shùnlì

③ 데이트

- 우리는 그냥 보통의 친구일 뿐이야.
  我们 只是 普通 朋友 而已。
  Wǒmen zhǐshì pǔtōng péngyou éryǐ

- 그녀는 나를 좋아하지 않는 것같아.
  看 起来 她 不 喜欢 我。
  Kàn qilai tā bù xǐhuan wǒ

- 그 사람 나에게 아주 만족하는 것같아.
  他 好像 对我 很 满意。
  Tā hǎoxiàng duì wǒ hěn mǎnyì

- 그녀에게 홀딱 반했어.
  我 被 她 迷住 了。①
  Wǒ bèi tā mízhù le

- 그 사람 정말 괜찮은 것같아.
  我 觉得 他 很 不错。
  Wǒ juéde tā hěn búcuò

- 나와 그의 관계는 매우 특별해요.
  我 和 他 的 关系 很 特别。
  Wǒ hé tā de guānxì hěn tèbié

---

① 迷住 mízhù 는 '홀리다', '미혹하다' 라는 뜻으로, 被 bèi 와 호응하여 '~에 홀리다', '~에 반하다' 라는 뜻이 된다.

4 사 랑   相爱 xiāng'ài

중국 젊은이들의 애정 표현은 상당히 개방적이고 적극적이다. 공공장소나 캠퍼스 안에서도 남의 눈을 의식하지 않고 자유로이 애정 표현을 한다. 때로는 그 정도가 좀 심하여 보기 민망한 경우도 있다. 그래서 중국의 한 대학에서는 면학 분위기를 조성한다는 명목으로 교내에서의 포옹이나 입맞춤 등을 학칙 위반으로 규정하고 금지시킨 적도 있다.

기본대화

A: 你 真 的 很 爱 我 吗？
   Nǐ zhēn de hěn ài wǒ ma

B: 海 可 枯，石 可 烂，我 对 你 的 真心 永远 不 会 改变！
   Hǎi kě kū, shí kě làn, wǒ duì nǐ de zhēnxīn yǒngyuǎn bú huì gǎibiàn

A: 酸 不 酸 呀！①
   Suān bu suān ya

B: 你 不 信，我 可以 对 天 发 誓。
   Nǐ bú xìn, wǒ kěyǐ duì tiān fā shì

A: 知道 了。谢谢。
   Zhīdào le. Xièxie

B: 亲爱 的，我们 永远 在一起，好 吗？
   Qīn'ài de, wǒmen yǒngyuǎn zài yìqǐ, hǎo ma

A: 好，只要 有 你 在 我 的 身边，全 世界 我 都 可以 放弃。
   Hǎo, zhǐyào yǒu nǐ zài wǒ de shēnbiān, quán shìjiè wǒ dōu kěyǐ fàngqì

A: 너 정말로 날 사랑하니?

B: 바닷물이 마르고, 바위가 닳아도, 너에 대한 진심은 영원히 변치 않을 거야.

---

① 우리가 '느끼하다'고 하는 표현을 중국어에서는 '酸 suān' (시다)라고 표현한다.

4 사 랑

14
4 相爱

A: 좀 느끼하지 않니?
B: 못 믿겠다면 하늘에 맹세할 수 있어.
A: 알았어. 고마워.
B: 자기야, 우리 영원히 함께 있을 거지?
A: 그럼. 너만 내 곁에 있다면 이 세상도 포기할 수 있어.

■ 여러 가지 활용

I 사랑의 감정　恋爱 的 感受
　　　　　　　liàn'ài de gǎnshòu

▶사랑을 느꼈을 때　感受 爱情 时
　　　　　　　　gǎnshòu àiqíng shí

- 이런게 바로 사랑이란 걸까?
  难道 这 就 是 爱情 吗? ①
  Nándào zhè jiù shì àiqíng ma

- 이런 느낌은 처음이야.
  这 种 感觉 是 第一 次。
  Zhè zhǒng gǎnjué shì dìyī cì

- 하루만 안 봐도 오랫동안 안 본 것 같아요.
  一日不见, 如隔三秋。②
  Yírìbújiàn　 rúgésānqiū

- 그녀만 생각하면 가슴이 설렙니다.
  一 想到 她 就 很 激动。
  Yì xiǎngdào tā jiù hěn jīdòng

▶사랑에 빠졌을 때　坠入 爱河
　　　　　　　　zhuìrù àihé

- 나는 사랑의 올가미에 걸렸어요.
  我 坠入 情网 了。
  Wǒ zhuìrù qíngwǎng le

---

① 难道 nándào 는 '설마' 라는 뜻으로서 보통 끝에 吗 ma 를 붙여 반문의 형식을 취한다.

② 如隔三秋 rúgésānqiū: 3년이나 떨어져 있는 것 같다. 즉 매우 오랜 시간이 지난 것처럼 느껴질 때 사용하는 표현.

- 당신에게 첫눈에 반해 버렸어요.
  我 一下子 就 被 你 迷住 了。
  Wǒ yíxiàzi jiù bèi nǐ mízhù le
- 그녀의 착한 마음씨에 끌렸어요.
  我 被 她 的 善良 吸引 住 了。
  Wǒ bèi tā de shànliáng xīyǐn zhù le

▶ 행복을 느낄 때　感到 幸福 时
　　　　　　　　gǎndào xìngfú shí

- 자기와 함께 있으면 너무 행복해.
  和 你 在 一起 真 幸福。
  Hé nǐ zài yìqǐ zhēn xìngfú
- 시간을 이대로 멈출 수 있다면 얼마나 좋을까!
  时间 要是 停在 这 一 刻, 那 该 多 好 啊!
  Shíjiān yàoshi tíngzài zhè yí kè nà gāi duō hǎo a
- 이대로 영원히 너와 함께 있고 싶어.
  我 真 希望 像 现在 一样 永远 和 你 在 一起。
  Wǒ zhēn xīwàng xiàng xiànzài yíyàng yǒngyuǎn hé nǐ zài yìqǐ
- 당신이 없다면 얼마나 외로울까.
  没有 你 我 会 多么 寂寞。
  Méiyǒu nǐ wǒ huì duōme jìmò

▶ 그리울 때　想念 时
　　　　　　xiǎngniàn shí

- 당신이 보고 싶어 죽겠어요.
  我 想死 你 啦!
  Wǒ xiǎngsǐ nǐ la
- 당신이 그리워서 미쳐버릴 것 같아요.
  我 想 你 想 得 快要 发 疯 了。
  Wǒ xiǎng nǐ xiǎng de kuàiyào fā fēng le
- 내 머리 속에는 온통 당신의 모습뿐이에요.
  我 的 脑子 里面 全 是 你 的 影子。
  Wǒ de nǎozi lǐmian quán shì nǐ de yǐngzi
- 어제 밤 꿈에 당신을 보았어요.
  昨晚 我 梦见 你 了。
  Zuówǎn wǒ mèngjiàn nǐ le

▶사랑의 고백　爱情 告白
　　　　　　　　àiqíng gàobái

- 나에게는 당신 밖에 없어요.
  我 只 在乎 你 。①
  Wǒ zhǐ zàihu nǐ

- 당신은 영원한 나의 유일한 사랑이에요.
  你 永远 都 是 我 的 唯一 。
  Nǐ yǒngyuǎn dōu shì wǒ de wéiyī

- 내가 제일 사랑하는 사람은 당신이에요.
  我 最 爱 的 人 是 你 。
  Wǒ zuì ài de rén shì nǐ

- 당신을 너무 사랑해요. 당신 없이는 못살아요.
  我 太 爱 你 了 , 我 不 能 没有 你 。
  Wǒ tài ài nǐ le wǒ bù néng méiyǒu nǐ

- 당신은 나의 생명이에요.
  你 是 我 的 生命 。
  Nǐ shì wǒ de shēngmìng

- 아마도 당신을 사랑하고 있는 것 같아요.
  我 好像 爱上 你 了 。
  Wǒ hǎoxiàng àishàng nǐ le

II 사랑의 맹세　爱情 承诺
　　　　　　　　àiqíng chéngnuò

A: 我 爱 你 , 是 真心 的 。
　　Wǒ ài nǐ shì zhēnxīn de
B: 真的 吗 ?
　　Zhēnde ma
A: 真 的 , 我 可以 发誓 。
　　Zhēn de wǒ kěyǐ fāshì
B: 好 了 , 我 知道 了 。
　　Hǎo le wǒ zhīdào le
A: 사랑해, 진심이야.
B: 정말이에요?

---

① 在乎 zàihu 는 '마음에 두다', '염두에 두다', '개의하다' 의 뜻이다.

> A: 정말이야. 맹세할게.
> B: 됐어요. 나도 알아요.

- 한 평생 오로지 당신만을 사랑해요.
  这 一生 我 只 爱 你 一 个 人。
  Zhè yìshēng wǒ zhǐ ài nǐ yí ge rén

- 하늘 땅 끝까지라도 당신과 함께 하겠어요.
  走到 天涯海角，也 要 和 你 在 一起 。
  Zǒudào tiānyáhǎijiǎo yě yào hé nǐ zài yìqǐ

- 내 일생 다하여 당신을 사랑하겠어요.
  我 会 用 我 的 一生 来 爱 你 。
  Wǒ huì yòng wǒ de yìshēng lái ài nǐ

- 그 누구도 우리를 갈라놓을 수 없어요.
  谁 也 不 能 把 我们 分开 。
  Shéi yě bù néng bǎ wǒmen fēnkāi

- 우리들의 사랑은 영원할 거예요.
  我们 的 爱 是 永恒 的 。
  Wǒmen de ài shì yǒnghéng de

- 이 세상 다하도록 당신을 사랑할 것을 맹세합니다.
  我 发誓 我 会 爱 你 到 天荒地老。①
  Wǒ fāshì wǒ huì ài nǐ dào tiānhuāngdìlǎo

Ⅲ. 상대에 대한 찬사　　赞美 对方
　　　　　　　　　　　zànměi duìfāng

▶ 여성에 대한 찬사　　对 女人 的 赞美
　　　　　　　　　　　duì nǚrén de zànměi

- 당신은 정말 자상하군요.
  你 真 体贴 。
  Nǐ zhēn tǐtiē

- 오늘 밤 당신 너무 아름다워요.
  今晚 你 真 是 太 美 了 。
  Jīnwǎn nǐ zhēn shì tài měi le

---

① 天荒地老 tiānhuāngdìlǎo 는 오랜 시간이 흐르거나, 긴긴 세월이 지나는 것을 뜻한다.

④ 사 랑

- 내 일찍이 당신과 같은 미인은 본 적이 없어요.
  我 从来 都 没 见过 像 你 这样 的 美人。
  Wǒ cónglái dōu méi jiànguo xiàng nǐ zhèyàng de měirén

- 당신은 정말 매력이 철철 넘쳐요.
  你 真 是 魅力 无穷。
  Nǐ zhēn shì mèilì wúqióng

- 당신처럼 부드러운 여자는 처음이에요.
  第一 次 见到 像 你 这样 温柔 的 女人。
  Dìyī cì jiàndào xiàng nǐ zhèyàng wēnróu de nǚrén

▶ 남성에 대한 찬사　对 男人 的 称赞
　　　　　　　　　duì nánrén de chēngzàn

- 당신과 함께 있으면 너무 든든해요.
  和 你 在 一起，很 有 安全感。
  Hé nǐ zài yìqǐ hěn yǒu ānquángǎn

- 당신의 넓은 어깨에 기대고 싶어요.
  我 想 靠在 你 宽厚 的 肩膀 上。
  Wǒ xiǎng kàozài nǐ kuānhòu de jiānbǎng shang

- 당신처럼 이렇게 멋있는 남자는 처음이에요.
  头 一 次 见到 像 你 这样 棒 的 男人。
  Tóu yí cì jiàndào xiàng nǐ zhèyàng bàng de nánrén

- 당신은 정말 매력적인 사람이에요.
  你 是 个 很 有 魅力 的 人。
  Nǐ shì ge hěn yǒu mèilì de rén

- 오늘 당신 너무 멋있어요.
  今天 你 真 帅。
  Jīntiān nǐ zhēn shuài

Ⅳ 사랑의 행위　爱情 行为
　　　　　　　àiqíng xíngwéi

▶ 신체 접촉　身体 接触
　　　　　　shēntǐ jiēchù

A: 我们 去 人 少 一点儿 的 地方 吧。
　 Wǒmen qù rén shǎo yìdiǎnr de dìfang ba

B: 干吗? ①
　　Gànmá
A: 我 想 吻 你。
　　Wǒ xiǎng wěn nǐ
A: 우리 사람들이 좀 적은 곳으로 갈까?
B: 왜?
A: 너와 키스하고 싶어.

- 우리 손 잡고 걸어요. /팔짱을 껴봐요.
  我们 牵着 手 走 吧。 / 挽着 胳膊 吧。
  Wǒmen qiānzhe shǒu zǒu ba　　Wǎnzhe gēbo ba

- 내 어깨에 손을 얹어요. /내 어깨에 기대요.
  搂住 我 的 肩膀。/ 靠在 我 肩膀 上。
  Lǒuzhù wǒ de jiānbǎng　Kàozài wǒ jiānbǎng shang

- 내 허리를 껴안아요.
  搂住 我 的 腰。
  Lǒuzhù wǒ de yāo

- 뽀뽀하자. /눈 감아. 내가 뽀뽀해 줄게.
  亲 一下。/ 闭上 眼睛，我 亲 你 一口。
  Qīn yíxià　　Bìshàng yǎnjing　wǒ qīn nǐ yìkǒu

- 나를 안아 줘요. /꼭 껴안아 주세요.
  抱抱 我。/ 抱紧 我。
  Bàobao wǒ　　Bàojǐn wǒ

▶ 섹스　做爱
　　　　zuò'ài

- 우리 섹스할까?
  我们 做爱 吧。
  Wǒmen zuò'ài ba

- 오늘밤 당신과 함께 자고 싶어요.
  今晚 我 想 和 你 住 一起。
  Jīnwǎn wǒ xiǎng hé nǐ zhù yìqǐ

---

　① 干吗 gànmá 는 일상생활에서 대단히 많이 쓰는 표현으로 '뭐해?' '뭐하고 있어?' '왜 그래?' '뭣 때문에?' 등등의 뜻을 지니고 있다.

- 결혼 전에는 절대 안돼요.
  结婚之前，绝对不行。
  Jié hūn zhī qián　juéduì bù xíng

▶ 동거　同居
　　　　tóngjū

- 우리 동거해요.
  我们 同居 吧。
  Wǒmen tóngjū ba

- 우리 별거해요.
  我们 分居 吧。
  Wǒmen fēnjū ba

- 결혼 전에 동거를 해 보는 것도 괜찮다 생각해요.
  结婚之前，试试同居 生活 也 不错。
  Jié hūn zhī qián　shìshi tóngjū shēnghuó yě búcuò

- 부모님이 결혼을 반대하시지만 우리는 여전히 동거하고 있어요.
  父母反对这 桩 婚事，但 我们 还是 同居 了。
  Fùmǔ fǎnduì zhè zhuāng hūnshì　dàn wǒmen háishi tóngjū le

V 기타　其他
　　　　　qítā

- 나 아무래도 상사병에 걸린 것같아.
  我 好像 得了 相思病。
  Wǒ hǎoxiàng déle xiāngsībìng

- 말도 못하고 혼자 짝사랑을 하고 있어요.
  也 不 能 表达，只 能 单相思。
  Yě bù néng biǎodá　zhǐ néng dānxiāngsī

- 그녀는 그를 몰래 사랑한지 오래 되었어요.
  她 暗恋 他 很 久 了。
  Tā ànliàn tā hěn jiǔ le

- 그녀는 유부남을 사랑하고 있어요.
  她 爱上 了有妇之夫。
  Tā àishàng le yǒu fù zhī fū

14. 이성 교제

- 그녀가 유부녀인 줄 알면서도 계속 만나고 있어요.
  知道 她 是 有 丈夫 的 人，但 还是 和 她 来往。
  Zhīdào tā shì yǒu zhàngfu de rén dàn háishi hé tā láiwǎng

- 그는 10살 연상의 여성과 사랑에 빠졌어요.
  他 和 比 自己 大 十 岁 的 女人 相爱 了。
  Tā hé bǐ zìjǐ dà shí suì de nǔrén xiāng'ài le

- 그녀는 아버지같은 사람과 사귀고 있어요.
  她 在 跟 和 她 爸爸 年龄 差不多 的 人 交往。
  Tā zài gēn hé tā bàba niánlíng chàbuduō de rén jiāowǎng

- 저 두 사람은 동성연애자래요.
  他们 俩 是 同性恋。
  Tāmen liǎ shì tóngxìngliàn

- 저 사람은 변태야.
  他 是 个 变态。
  Tā shì ge biàntài

5 청혼 · 약혼

求婚 / 订婚
qiúhūn dìnghūn

爱情到底是什么？Àiqíng dàodǐ shì shénme(사랑이란 무엇일까?) 둘이서 오래도록 함께 있고 싶은 것. 방금 헤어졌는데도 또 보고 싶은 것. 그(녀)가 좋아하는 것을 해주고 싶은 것. 슬픔과 기쁨을 함께 나누고 싶은 것...... 그래서 사랑하는 사람들은 앞으로의 인생을 함께 하기 위해 결혼을 선택한다. 여기서는 결혼 전 단계인 청혼과 약혼에 관한 여러 표현들을 살펴보기로 한다.

기본대화

A: 你喜欢什么样的老公？
　　Nǐ xǐhuan shénmeyàng de lǎogōng

B: 长得帅，有学识，有幽默感，还要永远爱我。
　　Zhǎng de shuài yǒu xuéshí yǒu yōumògǎn hái yào yǒngyuǎn ài wǒ

A: 天哪，这不就是我吗？
　　Tiān na zhè bú jiù shì wǒ ma

B: 别臭美了，你以为你长得很帅吗？
　　Bié chòuměi le nǐ yǐwéi nǐ zhǎng de hěn shuài ma

A: 一般般啦！但是我敢保证我会爱你一万年！
　　Yìbānbān la Dànshì wǒ gǎn bǎozhèng wǒ huì ài nǐ yíwàn nián

B: 你不会又拿我开玩笑吧？
　　Nǐ bú huì yòu ná wǒ kāi wánxiào ba

A: 不会的，这次是我的真情告白。
　　Bú huì de zhè cì shì wǒ de zhēnqíng gàobái
　　亲爱的，嫁给我吧！
　　Qīn'ài de jiàgěi wǒ ba

B: 啊，我终于听到这句话了，好感动啊！
　　A wǒ zhōngyú tīngdào zhè jù huà le hǎo gǎndòng a

A: 넌 어떤 타입의 남편을 원하니?
B: 잘 생기고, 학식도 있고, 유머도 있고, 또 영원히 나를 사랑해야 해.

14. 이성 교제

A: 맙소사, 그건 바로 나잖아?
B: 잘난 체 하지마, 넌 네가 잘생긴 줄 아나보지?
A: 보통이지 뭐. 하지만 영원히 너를 사랑한다고 맹세할 수 있어.
B: 또 농담하는 거 아니겠지?
A: 아니야. 이번은 나의 진정한 고백이라구.
    자기야, 우리 결혼하자.
B: 오, 드디어 이 말을 듣게 되다니, 감격했는걸.

여러 가지 활용

I 청혼 求婚
       qiú hūn

▶청혼할 때 求婚时
              qiú hūn shí

- 나랑 결혼하자.
  跟我结婚吧。
  Gēn wǒ jié hūn ba

- 나의 아내가 되어 줘요.
  做我的妻子吧。
  Zuò wǒ de qīzi ba

- 내게 시집 올래?
  嫁给我吧。①
  Jiàgěi wǒ ba

- 당신과 결혼하고 싶어요.
  我想和你结婚。
  Wǒ xiǎng hé nǐ jié hūn

- 저의 일생의 반려자가 되어 주세요.
  你做我的终生伴侣吧。
  Nǐ zuò we de zhōngshēng bànlǚ ba

---

① 嫁 jià 는 여자가 '시집가다', '출가하다' 라는 뜻으로 '你嫁给我吧。Nǐ jiàgěi wǒ ba'는 나에게 시집와 달라는 뜻이다. 이 말은 남자가 여자에게 청혼할 때에 쓴다.

- 우리 함께 인생의 기쁨과 슬픔을 나눠요!
  我们 一起 分享 人生 的 快乐 和 悲伤 吧！
  Wǒmen yìqǐ fēnxiǎng rénshēng de kuàilè hé bēishāng ba
- 저의 인생은 당신에게 달려 있어요.
  我 的 人生 是 属于 你 的。
  Wǒ de rénshēng shì shǔyú nǐ de
- 이제부터 우리 행복한 둘만의 세계를 만들어요.
  从 现在 起，我们 就 建立 一 个 幸福 的 二人 世界 吧。
  Cóng xiànzài qǐ wǒmen jiù jiànlì yí ge xìngfú de èrrén shìjiè ba
- 당신의 부모님을 만나 뵙고 당신을 달라고 말씀드리겠어요.
  我 要 去 见 你 的 父母，请求 他们 把 你 嫁给 我。
  Wǒ yào qù jiàn nǐ de fùmǔ qǐngqiú tāmen bǎ nǐ jiàgěi wǒ

▶ 청혼을 받아들일 때　接受 求婚 时
　　　　　　　　　　jiēshòu qiú hūn shí

- 당신의 청혼을 받아들이겠어요.
  我 接受 你的 爱。
  Wǒ jiēshòu nǐ de ài
- 이 순간을 얼마나 기다려 왔는지 몰라요.
  不 知道 为了 这 一刻 等了 多久。
  Bù zhīdào wèile zhè yíkè děngle duō jiǔ

▶ 청혼을 거절할 때　拒绝 求婚 时
　　　　　　　　　　jùjué qiúhūn shí

- 저에게 생각할 시간을 좀더 주세요.
  给 我 点儿 时间 想想 吧。
  Gěi wǒ diǎnr shíjiān xiǎngxiang ba
- 전 결혼은 생각 안해 보았는데.
  我 没 想过 结婚。
  Wǒ méi xiǎngguo jié hūn
- 지금은 대답을 할 수가 없어요. 생각 좀 해보구요.
  我 现在 不 能 马上 回答，让 我 再 考虑 一下 吧。
  Wǒ xiànzài bù néng mǎshàng huídá ràng wǒ zài kǎolù yíxià ba

14. 이성 교제

Ⅱ 약혼 订婚
dìng hūn

▶ 약혼 제의　提出 订婚
　　　　　　tíchū dìng hūn

- 우리 약혼해요.
  我们 订婚吧。
  Wǒmen dìng hūn ba
- 이 반지는 약혼의 증표입니다.
  这 戒指 是 定情物。①
  Zhè jièzhi shì dìngqíngwù

▶ 파혼　解除 婚约
　　　　jiěchú hūnyuē

- 우리 파혼해요.
  我们 取消 婚约 吧。
  Wǒmen qǔxiāo hūnyuē ba
- 우리 약혼은 없었던 것으로 해요.
  就 当 我们 没有 订 婚。
  Jiù dāng wǒmen méiyǒu dìng hūn
- 죄송해요. 당신과 결혼할 수 없어요.
  抱歉，我 不 能 和 你 结 婚 。
  Bàoqiàn wǒ bù néng hé nǐ jié hūn

▶ 약혼자　订婚者
　　　　　dìnghūnzhě

- 그 사람은 저의 약혼자예요.
  他 是 我 的 未婚夫 。
  Tā shì wǒ de wèihūnfū
- 제 약혼녀는 지금 한국에 있어요.
  我 的 未婚妻 现在 在 韩国 。
  Wǒ de wèihūnqī xiànzài zài Hánguó
- 전 이미 약혼자가 있어요.
  我 已经 有 对象 了。②
  Wǒ yǐjīng yǒu duìxiàng le

---

① 定情物 dìngqíngwù：남녀가 결혼을 약속하며 서로 주고받는 물건.
② 对象 duìxiàng：여기서는 '애인' '결혼 상대자'를 의미한다.

6 갈 등

矛盾
máodùn

사랑(爱情 àiqíng)과 미움(憎恨 zēnghèn)은 종이의 양면과 같다고 한다. 사랑하기 때문에 미움의 감정도 생길 수 있다는 것이다. 그래서 사랑의 반대말은 미움이 아니라 무관심(漠不关心 mò bù guānxīn)이라고 하지 않는가. 두 사람 사이에 갈등이 생기는 것을 흔히 矛盾 máodùn 이라고 한다.

기본대화

A: 你最近 好像 变 了。
　　Nǐ zuìjìn hǎoxiàng biàn le

B: 什么?
　　Shénme

A: 以前 你　常常　给 我 打 电话，动不动 就 说 爱
　　Yǐqián nǐ chángcháng gěi wǒ dǎ diànhuà dòngbudòng jiù shuō ài
　　我, 可 现在 不 是 了。①
　　wǒ kě xiànzài bú shì le

B: 最近 有点儿 忙, 你 不要 生气 了。
　　Zuìjìn yǒudiǎnr máng nǐ búyào shēngqì le

A: 당신 요즘 변한 것 같아요.

B: 뭐라고?

A: 예전에는 전화도 자주 하고 사랑한다 말도 자주 하더니 요새는 안 그러잖아요.

B: 요즘 일이 바빠서 그래. 화내지 마.

여러 가지 활용

I 오해 误会
　　　　　wùhuì

A: 你 怎么 了, 生气 了?
　　Nǐ zěnme le shēngqì le

---

① 动不动 dòngbudòng: 걸핏하면, 툭하면. 대개 就와 함께 연용된다.

B：只不过是同事，干吗对她那么亲切？
　　Zhǐ búguò shì tóngshì gànmá duì tā nàme qīnqiè

A：我只是打招呼而已。难道你吃醋了吗？①
　　Wǒ zhǐshì dǎ zhāohu éryǐ　Nándào nǐ chī cù le ma

B：你说呢。我能不生气吗？②
　　Nǐ shuō ne　Wǒ néng bù shēngqì ma

A：왜 그래? 화났어?

B：직장 동료라면서 뭣땜에 그녀와 그렇게 다정해?

A：그냥 인사한 것 뿐인데, 설마 질투하는 건 아니겠지?

B：말해 보라구, 내가 지금 화 안나게 생겼어?

▶해명할 때　解释时
　　　　　　 jiěshì shí

- 오해하지 마. 그 애는 내 여동생이야.
  你不要误会，她是我妹妹。
  Nǐ búyào wùhuì　tā shì wǒ mèimei

- 그 사람은 내 오빠야. 너 내가 다른 남자 있는 줄 알았니?
  他是我哥哥，你是不是以为我有别的男朋友了？
  Tā shì wǒ gēge　nǐ shì bu shì yǐwéi wǒ yǒu biéde nánpéngyou le

- 맹세할게. 그 애와는 정말 그냥 보통의 친구 사이라니까.
  我可以发誓，我跟他真的只是普通朋友而已。
  Wǒ kěyǐ fāshì　wǒ gēn tā zhēnde zhǐ shì pǔtōng péngyou éryǐ

- 정말이야. 딱 한 번 식사 한 끼 했을 뿐이야.
  真的，只是吃过一顿饭而已。
  Zhēnde　zhǐshì chīguo yí dùn fàn éryǐ

- 그냥 예전에 좀 알고 지냈던 것 뿐이야.
  只不过以前认识而已。
  Zhǐ búguò yǐqián rènshi éryǐ

---

① 吃醋 chī cù：'식초를 먹는다'라는 뜻이 아니라 '질투하다', '시기하다'라는 뜻으로 사용된다.

② 你说呢 nǐ shuō ne：는 "당신 생각은?"이라는 뜻으로 여기서는 "당신이라면 질투 안하겠는가"라는 뜻이 된다.

6 갈 등

- 하하, 너무 웃긴다. 우리 아빠를 보고 남자 친구인줄 알았다고?
  哈哈，太 好笑 了，竟然 把 我 爸爸 当成 我 的 男 朋友？①
  Haha tài hǎoxiào le jìngrán bǎ wǒ bàba dāngchéng wǒ de nán péngyou

▶ 오해가 풀어졌을 때　解除 误会 时
　　　　　　　　　　jiěchú wùhuì shí

- 오해였다면 미안해. 정말 화가 났었어.
  如果 是 误会，对不起。可 我 真 的 生气 了。
  Rúguǒ shì wùhuì duìbuqǐ Kě wǒ zhēn de shēngqì le

- 그랬었구나. 내가 널 오해했었네.
  原来 如此，是 我 误会 你 了。②
  Yuánlái rúcǐ shì wǒ wùhuì nǐ le

- 내가 괜히 당신을 탓했었군. 사과할게.
  是 我 错怪 你 了，我 向 你 道歉。
  Shì wǒ cuòguài nǐ le wǒ xiàng nǐ dàoqiàn

▶ 질투　嫉妒
　　　　jídù

A: 你 的 嫉妒心 怎么 那么 强 ?
　　Nǐ de jídùxīn zěnme nàme qiáng
B: 你 现在 才 知道 啊？所以 你 最好 不要 让 我 生气 。
　　Nǐ xiànzài cái zhīdào a Suǒyǐ nǐ zuìhǎo búyào ràng wǒ shēngqì
A: 너는 왜 그렇게 질투심이 강하니?
B: 그거 이제 알았어? 그러니까 나 화나게 하지 마.

- 하여튼 여자들은 질투를 잘한다니까.
  反正 女人 就是 爱 嫉妒 。
  Fǎnzhèng nǚrén jiù shì ài jídù

---

① 竟然 jìngrán은 '뜻밖의, 상상밖의' 등으로 의외의 사실들을 말할 때 쓰인다.
② 原来如此 yuánlái rúcǐ는 "알고보니 그렇구나"라는 뜻으로 사정의 전모를 명확히 파악하였을 때에 주로 사용한다.

14 异性交往

- 질투하지 마. 그 애는 단지 초등학교 동창일 뿐이야.
  不要 嫉妒，她 只 是 我 小学 同学 罢了。①
  Búyào jídù tā zhǐ shì wǒ xiǎoxué tóngxué bàle
- 왜 이렇게 물고 늘어져? 내가 몇 번 얘기했어? 그냥 친구의 여동생이라는데.
  你 怎么 没完 没了, 我 说过 多少 次 了, 只是 朋友
  Nǐ zěnme méiwán méiliǎo wǒ shuōguo duōshao cì le zhǐ shì péngyou
  的 妹妹 而已。②
  de mèimei éryǐ

Ⅱ 변심　变心
biàn xīn

A: 你 是 不 是 有了 别的 男人 ?
　　Nǐ shì bu shì yǒule biéde nánrén
B: 对不起, 我 终于 找到 一 个 真心 爱我 的 人,
　　Duìbuqǐ wǒ zhōngyú zhǎodào yí ge zhēnxīn ài wǒ de rén
我 不能 放弃 他。
wǒ bùnéng fàngqì tā
A: 你 怎么 会 这样 呢?
　　Nǐ zěnme huì zhèyàng ne
A: 나 말고 또 다른 남자 생긴 것 아니니?
B: 미안해. 드디어 나를 진짜 사랑해 주는 사람을 만났어. 그를 놓칠 수 없어.
A: 네가 어떻게 이럴 수 있어?

▶상대의 마음이 변했을 때　对方 变 心 时
　　　　　　　　　　　　　duìfāng biàn xīn shí

- 당신 변했어. / 그가 변심했어요.
  你 变 了。 / 他 变 心 了。
  Nǐ biàn le　　Tā biàn xīn le

---

① '罢了 bàle'와 '而已 éryǐ'는 모두 '~일 뿐' 이라는 뜻이다. 앞에 '只是 zhǐshì'가 오면 '다만 ~일 뿐이다', '只不过是 zhǐbúguò shì'가 오면 '다만 ~에 지나지 않는다' 라는 뜻.

② 没完没了 méiwán méiliǎo: '해도해도 끝이 없다'.

- 당신 옛날과 비교해 보면 정말 전혀 딴사람같아.
  你 跟 以前 相比 真 是 判若两人 啊。①
  Nǐ gēn yǐqián xiāngbǐ zhēn shì pànruòliǎngrén a

- 당신은 이미 예전의 열정이 전혀 없어요.
  你 现在 已经 完全 没有 以前 的 热情 了。
  Nǐ xiànzài yǐjīng wánquán méiyǒu yǐqián de rèqíng le

- 그는 옛날처럼 나를 사랑하는 것같지 않아.
  他 好像 没 以前 那么 爱 我 了。
  Tā hǎoxiàng méi yǐqián nàme ài wǒ le

- 그녀는 나에게 매우 쌀쌀해.
  她 对 我 特别 冷淡。
  Tā duì wǒ tèbié lěngdàn

▶ 내 마음이 변했을 때　自己 变 心 时
　　　　　　　　　　　　zìjǐ biàn xīn shí

- 당신이 싫어졌어요.
  我 不 喜欢 你 了。
  Wǒ bù xǐhuan nǐ le

- 당신이 미워지기 시작했어요.
  我 开始 讨厌 你 了。
  Wǒ kāishǐ tǎoyàn nǐ le

- 이제는 당신을 사랑하지 않아요.
  我 已经 不 爱 你 了。
  Wǒ yǐjīng bú ài nǐ le

- 더 이상 당신을 만나고 싶지 않아요.
  我 不 想 再 见到 你 了。
  Wǒ bù xiǎng zài jiàndào nǐ le

▶ 제삼자가 생겼을 때　爱上 第三者 时
　　　　　　　　　　　àishàng dìsānzhě shí

- 다른 여자가 생긴 것 아니에요?
  是 不 是 有 别的 女人 了?
  Shì bu shì yǒu biéde nǚrén le

---

① 判若两人 pànruòliǎngrén: 사람의 언행이 완전히 달라 전혀 다른 사람같을 때 쓰는 성어이다.

14. 이성 교제

- 그녀와 옛정이 다시 살아난 것 아니에요?
  你 是 不 是 跟 她 旧情 复发 了？
  Nǐ shì bu shì gēn tā jiùqíng fùfā le
- 다른 사람을 사랑하게 되었어요.
  我 爱上 别人 了。
  Wǒ àishàng biérén le

III 권태기　厌倦
　　　　　　　　yànjuàn

A: 恋爱 的 时间 长 了，现在 什么 感觉 都 没有
　　Liàn'ài de shíjiān cháng le　xiànzài shénme gǎnjué dōu méiyǒu
　　了。
　　le
B: 但是 他 还是 很 关心 你 啊。
　　Dànshì tā háishi hěn guānxīn nǐ a
A: 那 倒 也 是，但 有时候 觉得 那样 也 挺 烦 的。
　　Nà dào yě shì dàn yǒushíhou juéde nàyàng yě tǐng fán de
A: 연애를 오래 하다보니 이젠 어떤 느낌도 없어.
B: 그래도 그 사람은 너에게 아주 잘해 주잖아.
A: 그건 그래. 하지만 때로는 그것도 귀찮게 느껴지거든.

- 이제 이런 생활이 지긋지긋해요.
  我 已经 厌倦 这 种　生活 了。
  Wǒ yǐjīng yànjuàn zhè zhǒng shēnghuó le
- 당신은 이제 나에게 아무 매력도 없어.
  你 对 我 来 说 已经 没有 吸引力 了。
  Nǐ duì wǒ lái shuō yǐjīng méiyǒu xīyǐnlì le
- 나는 이제 당신을 봐도 아무런 느낌도 없어.
  我 现在 看到 你 也 没有 什么 感觉 了。
  Wǒ xiànzài kàndào nǐ yě méiyǒu shénme gǎnjué le
- 당신 행동 하나하나가 미워 죽겠어요.
  你 的 一举一动 真 让 我 讨厌 。[1]
  Nǐ de yìjǔyídòng zhēn ràng wǒ tǎoyàn

---

[1] 讨厌 tǎoyàn: 여기서는 진정으로 밉다는 뜻으로 쓰였지만 때로는 정말로 미워서가 아니라 '자기 미워' 라는 애교스런 표현으로 쓰이기도 한다.

- 당신한테 더 이상 흥미 없어요.
  我 对 你 已经 没有 兴趣 了。
  Wǒ duì nǐ yǐjīng méiyǒu xìngqù le

- 지금 당신에 대한 내 느낌은 '안봐야 속이 편하다'는 거예요.
  我 现在 对你的 感觉 是"眼 不 见 心 不 烦"。
  Wǒ xiànzài duì nǐ de gǎnjué shì yǎn bú jiàn xīn bù fán

- 싫으면 사실대로 얘기해요.
  不 喜欢 就 直 说 吧。
  Bù xǐhuan jiù zhí shuō ba

IV 성격 차이 性格 差异
xìnggé chāyì

> A: 你 这 个 人 怎么 这么 奇怪 呀!
>   Nǐ zhè ge rén zěnme zhème qíguài ya
> B: 我 怎么 了?
>   Wǒ zěnme le
> A: 竟然 为了 这么 点儿 事情 就大发脾气?
>   Jìngrán wèile zhème diǎnr shìqing jiù dà fā píqi
> B: 你 现在 才 知道 吗?
>   Nǐ xiànzài cái zhīdào ma
> A: 당신이란 사람 참 별나기도 하군요.
> B: 내가 뭘 어째서?
> A: 그까짓 것 가지고 뭘 그렇게 노발대발 해요?
> B: 그걸 이제야 알았어?

- 그는 나와 안맞아.
  他 不 适合 我。
  Tā bú shìhé wǒ

- 우리는 성격이 너무 안맞아.
  我们 俩 性格 差 得 太 远 了。
  Wǒmen liǎ xìnggé chà de tài yuǎn le

- 그와는 대화가 통하질 않아.
  我 觉得 很 难 和 他 沟通。
  Wǒ juéde hěn nán hé tā gōutōng

14. 이성 교제

- 그는 언제나 자기만 옳다고 해.
  他 太 自以为是 了。
  Tā tài zìyǐwéishì le

- 그 사람 갈수록 성질을 부려.
  他 的 脾气 越来越 大 了。①
  Tā de píqi yuèláiyuè dà le

- 그녀는 변덕이 심한 여자야.
  她 是 个 善变 的 女人。②
  Tā shì ge shànbiàn de nǚrén

- 그녀는 너무 지조가 없어.
  她 是 个 水性 杨花 的 女人。③
  Tā shì ge shuǐxìng yánghuā de nǚrén

V 기타 其他
qítā

- 당신에게 정말 실망했어요.
  我 对 你 很 失望。
  Wǒ duì nǐ hěn shīwàng

- 당신한테 속았어요. 당신이 한 말은 모두 거짓말이야.
  你 骗了 我。 你 说 的 全 是 谎言。
  Nǐ piànle wǒ   Nǐ shuō de quán shì huǎngyán

- 당신은 내가 상상했던 그런 사람이 아니에요.
  你 根本 不 是 我 想象 的 那 种 人。
  Nǐ gēnběn bú shì wǒ xiǎngxiàng de nà zhǒng rén

- 삼각 관계는 사람을 정말 괴롭게 해요.
  三角恋 太 让 人 苦恼 了。
  Sānjiǎoliàn tài ràng rén kǔnǎo le

---

① 越来越~ yuèláiyuè~ : '갈수록 ~하다'. 예) 越来越好 yuèláiyuè hǎo (갈수록 좋아진다). 越来越大 yuèláiyuè dà (갈수록 커진다).

② 여기에서의 善 shàn 은 '잘하다' 라는 뜻. 예) 善忘 shànwàng (잘 잊어버리다), 善动 shàndòng (잠시도 가만히 있지를 못하고 움직이다).

③ 水性杨花 shuǐxìng yánghuā : "물은 아무대로나 흘러가고 버드나무는 바람부는 대로 흔들린다" 는 뜻으로 여자가 지조가 없이 행동하는 것을 말한다.

6 갈 등

- 요즘 그가 자꾸 나를 피해.
  最近 他 总是 躲着 我。
  Zuìjìn tā zǒngshì duǒzhe wǒ

- 그는 나를 진지하게 생각 안하는 것같아.
  他 对 我 好像 不 是 认真 的。
  Tā duì wǒ hǎoxiàng bú shì rènzhēn de

- 그는 금세 뜨거웠다 차거웠다 그래. 갈피를 못잡겠어.
  他 对 我 总是 忽冷忽热 的, 让 人 捉摸 不 透。
  Tā duì wǒ zǒngshì hūlěnghūrè de ràng rén zhuōmō bu tòu

- 우리들의 관계를 지속시켜 나간다는게 더 이상 의미가 없어요.
  我们 的 关系 再 维持 下去 也 没有 多大 意思 了。
  Wǒmen de guānxì zài wéichí xiaqu yě méiyǒu duōdà yìsi le

- 여자 마음은 종잡을 수가 없어.
  女人 的 心 总是 让 人 摸不透。
  Nǚrén de xīn zǒngshì ràng rén mō bu tòu

- 그 두 사람 틀림없이 문제가 있어.
  他俩 一定 有 问题。
  Tāliǎ yídìng yǒu wèntí

6 矛盾

7 이별　分手 fēn shǒu

중국어에 "이별하다" "헤어지다" "떠나가다"를 뜻하는 단어로는 离别 líbié, 别离 biélí, 离开 líkāi 등 여러 가지가 있지만, 남녀간의 이별에 있어서는 "서로 갈라지다"는 의미의 "分手 fēn shǒu"가 가장 많이 쓰인다. 중국은 예로부터 인연을 매우 중히 여기는 전통이 있었는데 지금은 달라져서 남녀가 서로 만나고 헤어지는 일이 그다지 심각하지 않아 보인다.

기본대화

A: 我们 分手 吧。
　　Wǒmen fēn shǒu ba
B: 好 吧, 好聚好散。①
　　Hǎo ba　hǎojùhǎosàn
A: 让 我们 只 记住 美好 的 回忆 吧。
　　Ràng wǒmen zhǐ jìzhù měihǎo de huíyì ba
B: 希望 你 能 找到 好 对象。
　　Xīwàng nǐ néng zhǎodào hǎo duìxiàng
A: 우리 헤어져요.
B: 그래. 좋게 헤어지자구.
A: 우리 서로 좋은 추억만을 간직해요.
B: 좋은 사람 만나길 바랄게.

여러 가지 활용

Ⅰ 이별 제의　提出 分 手
　　　　　　　tíchū fēn shǒu

• 우리 깨끗하게 헤어집시다.
　我们 干脆 分 手 吧。②
　Wǒmen gāncuì fēn shǒu ba

---

① 好聚好散 hǎojùhǎosàn : "좋게 만나고 좋게 헤어지자"는 뜻.
② 干脆 gāncuì : 어떤 일을 '시원하게', '깨끗하게' 처리하는 것을 말한다.

- 우리 각자 자기의 길을 가도록 해요.
  咱们 各走各的路吧。
  Zánmen gè zǒu gè de lù ba
- 다시는 나를 괴롭히지 말아요.
  不要 再 折磨 我 了 。①
  Búyào zài zhémó wǒ le
- 우리는 이미 어떤 관계도 아니에요.
  我们 已经 完全 没有 关系 了。
  Wǒmen yǐjing wánquán méiyǒu guānxì le
- 다시는 당신을 만나고 싶지 않아요.
  我 再也不 想 见到 你 了。
  Wǒ zài yě bù xiǎng jiàndào nǐ le
- 더 이상 당신을 사랑하지 않아요. 나를 잊어버리러요.
  我 已经 不再 爱 你 了。 忘了 我 吧。
  Wǒ yǐjīng bú zài ài nǐ le   Wàngle wǒ ba

▶헤어지는데 동의할 때   同意 分 手 时
                       tóngyì fēn shǒu shí

- 좋아요. 나도 더 이상 이렇게 당신과 살아가고 싶지 않아요.
  好, 我 也 不 想 继续 和你 这样 下去 了。
  Hǎo wǒ yě bù xiǎng jìxù hé nǐ zhèyàng xiàqu le
- 그래요. 이 참에 아주 헤어지자구요.
  也 好， 趁 现在 我们 就 分 手 吧 。
  Yě hǎo chèn xiànzài wǒmen jiù fēn shǒu ba
- 갈테면 가라구요. 누가 붙잡을까봐요?
  你 想 走就走 吧，谁 会 求 你 不成 ?
  Nǐ xiǎng zǒu jiù zǒu ba shéi huì qiú nǐ bùchéng
- 나도 이젠 지쳤어요. 헤어져요.
  我 也 累 了, 分 手 吧。
  Wǒ yě lèi le fēn shǒu ba
- 바로 내가 하고 싶었던 말이에요.
  这 也 是 我 想 说 的 。
  Zhè yě shì wǒ xiǎng shuō de

---

① 折磨 zhémó : '못살게 굴다' , '구박하다' , '학대하다' 는 의미이다.

▶헤어지기를 원치 않을 때 不愿分手时
bú yuàn fēn shǒu shí

- 당신과 헤어질 수 없어요.
我不能离开你。
Wǒ bù néng líkāi nǐ

- 지금도 난 여전히 당신을 사랑해요.
现在我依然爱着你。
Xiànzài wǒ yīrán àizhe nǐ

- 당신과 함께 있고 싶어요.
我要跟你在一起。
Wǒ yào gēn nǐ zài yìqǐ

- 우리 다시 새로 시작해 봐요.
让我们重新开始吧。
Ràng wǒmen chóngxīn kāishǐ ba

- 당신이 없으면 내가 무슨 의미로 살아 가겠어요?
没有你，我活着还有什么意思？
Méiyǒu nǐ wǒ huóhe hái yǒu shénme yìsi

- 정말이지 당신과 헤어지고 싶지 않아요.
我真的不想和你分手。
Wǒ zhēn de bù xiǎng hé nǐ fēn shǒu

- 우리 좀 냉정히 잘 생각해 본 뒤에 다시 얘기해요.
我们都各自冷静一下，好好儿想想，以后再说吧。
Wǒmen dōu gèzì lěngjìng yíxià hǎohāor xiǎngxiang yǐhòu zàishuō ba

▶일방적으로 차였을 때 被甩时
bèi shuǎi shí

- 나한테 싫증이 났나봐.
他抛弃我了。
Tā pāoqì wǒ le

- 그가 나를 차버렸어. / 그에게 차였어.
他把我甩了。/ 我被他给甩了。
Tā bǎ wǒ shuǎi le   Wǒ bèi tā gěi shuǎi le

II 실연 失恋
shīliàn

A: 最近，你 怎么 总是 无精打采 的 啊？
   Zuìjìn nǐ zěnme zǒngshì wújīngdǎcǎi de a
B: 我 失恋 了。她 说 要 跟 我 分手。
   Wǒ shīliàn le   Tā shuō yào gēn wǒ fēn shǒu
A: 怎么 了？你们俩 不 是 挺 好 的 吗？
   Zěnme le   Nǐmen liǎ bú shì tǐng hǎo de ma
B: 可能 是 找到 了 比 我 更 好 的 人 吧。
   Kěnéng shì zhǎodào le bǐ wǒ gèng hǎo de rén ba
A: 요즘 왜 그렇게 풀이죽어 있니?
B: 실연 당했어. 그녀가 헤어지자고 하더라.
A: 왜? 너희 둘은 사이가 아주 좋았잖아?
B: 아마 나보다 더 좋은 사람이 생겼나봐.

- 그는 실연당하고 나서 완전히 폐인이 돼 버렸어.
  他 自从 失恋 以后，就 成了 废人。
  Tā zìcóng shīliàn yǐhòu jiù chéngle fèirén

- 아직도 실연의 충격을 이겨내지 못하고 있어요.
  现在 还 承受 不了 失恋 的 打击。
  Xiànzài hái chéngshòu bu liǎo shīliàn de dǎjī

- 첫사랑을 잊지 못해 아직도 혼자랍니다.
  因为 忘 不了 初恋，所以 现在 还是 孤身 一 人。
  Yīnwèi wàng bu liǎo chūliàn suǒyǐ xiànzài háishi gūshēn yì rén

- 그는 그녀를 잊기 위해 매일같이 술을 마신답니다.
  他 为了 忘掉 她，天天 喝 酒。
  Tā wèile wàngdiào tā tiāntiān hē jiǔ

▶실연한 사람을 위로 할 때   安慰 失恋 的 人
                            ānwèi shīliàn de rén

- 틀림없이 그 사람보다 더 좋은 사람 만나게 될 거예요.
  你 一定 能 找到 比 他 更 好 的 人。
  Nǐ yídìng néng zhǎodào bǐ tā gèng hǎo de rén

- 시간이 지나면 괜찮아질 거예요.
  过 一 段 时间 就 没事 了。
  Guò yí duàn shíjiān jiù méishì le

14. 이성 교제

- 사람은 함께 있지 않으면 마음도 저절로 멀어지게 돼요.
  人 不 在 一起 , 心 也 会 跟着 疏远 的 。
  Rén bú zài yìqǐ xīn yě huì gēnzhe shūyuǎn de

- 더 이상 그 사람을 생각하지 마세요.
  别 再 想 他 了 。
  Bié zài xiǎng tā le

- 사람이 한 나무에 매달려서 죽을 수는 없잖아.
  人 不 能 吊死 在 一 棵 树 上 。[①]
  Rén bù néng diàosǐ zài yì kē shù shang

▶기타 其他
        qítā

- 우리 헤어져도 계속 친구하기로 해요.
  我们 分 手 以后 还是 朋友 。
  Wǒmen fēn shǒu yǐhòu háishi péngyou

- 나는 그와 벌써 헤어졌어.
  我 跟 他 早 就 拜拜 了 。[②]
  Wǒ gēn tā zǎo jiù bàibài le

- 나와 그는 아무 관계도 아니야.
  我 跟 他 什么 关系 都 没有 了 。
  Wǒ gēn tā shénme guānxì dōu méiyǒu le

참고 관련 용어 词汇
              cíhuì

- 남자친구   男朋友
           nánpéngyou
- 여자친구   女朋友
           nǚpéngyou
- 데이트   约会
           yuēhuì
- 사랑   爱情
           àiqíng
- 첫사랑   初恋
           chūliàn

- 풋사랑   早恋
           zǎoliàn
- 짝사랑   单恋
           dānliàn
- 동성연애   同性恋
           tóngxìngliàn
- 삼각관계   三角 关系
           sānjiǎo guānxì
- 약혼자   未婚夫
           wèihūnfū

① 이 말은 어떤 사람이 한 가지 일에 목매달고 있을 때 주로 만류하기 위해 쓴다.
② 拜拜 bàibài : 영어의 bye bye! 를 한자로 표기한 것.

이 별

약혼녀	未婚妻	wèihūnqī
연인	恋人	liànrén
애인	爱人	àiren
결혼상대	对象	duìxiàng
청혼	求婚	qiú hūn
약혼	订婚	dìng hūn
결혼	结婚	jié hūn
파혼	解除婚约	jiěchú hūnyuē
헤어지다	分手	fēn shǒu
사귀다	交往	jiāowǎng
사랑하다	爱	ài
섹스하다	做爱	zuò'ài
뽀뽀하다	亲嘴	qīn zuǐ
키스하다	接吻	jiē wěn
포옹하다	拥抱	yōngbào
손을 맞잡다	手拉手	shǒu lā shǒu
팔짱을 끼다	挽着胳膊	wǎnzhe gēbo
동거하다	同居	tóngjū
다투다	吵架	chǎo jià
반하다	迷住	mízhù
첫눈에 반하다	一见钟情	yí jiàn zhōngqíng
소개하다	介绍	jièshào
연애하다	谈恋爱	tán liàn'ài
중매하다	做媒	zuò méi
맞선을 보다	相亲	xiāng qīn
절교하다	绝交	juéjiāo
그리워하다	想念	xiǎngniàn
서로 사랑하다	相爱	xiāng'ài
유혹하다	勾引	gōuyǐn
사모하다	爱慕	àimù
바람맞다	受骗	shòu piàn
실연하다	失恋	shīliàn
인연	缘分	yuánfèn
천생연분	天生一对	tiānshēng yí duì
상사병	相思病	xiāngsībìng
색골	色鬼	sèguǐ
변태	变态	biàntài
성희롱	性搔扰	xìngsāorǎo
성폭력	性暴力	xìngbàolì
성감	性感	xìnggǎn
강간	强奸	qiángjiān
질투	嫉妒	jídù

15

쇼 핑
购　物　　　　　　　　　　　　GOU WU

1 쇼핑 제의 및 정보　　　购物提议及信息
2 각종 매장에서　　　　　在各种专卖店
3 가격 흥정　　　　　　　讨价还价
4 대금 지불　　　　　　　付款
5 포장·배달　　　　　　　包装/送货
6 교환·반품　　　　　　　换货/退货
7 쇼핑 화제　　　　　　　购物话题

1 쇼핑 제의 및 정보　购物 提议 及 信息
gòuwù　tíyì　jí　xìnxī

중국에서는 백화점을 百货商店 bǎihuò shāngdiàn 이나 百货大楼 bǎihuò dàlóu 라고 하는데 실제로는 商场 shāngchǎng, ~商城 shāngchéng, ~购物中心 gòuwù zhōngxīn 또는 ~大厦 dàshà 등으로 많이 일컫는다. 베이징의 비교적 유명한 쇼핑센터로는 燕莎商城 Yànshā Shāngchéng, 蓝岛商场 Lándǎo Shāngchǎng 등을 들 수 있으며, 家乐福 Jiālèfú (Carrefour), 普尔斯马特 Pǔ'ěrsīmǎtè (Price Mart), 京客隆 Jīngkèlóng 등의 대형할인매장도 있다.

기본 대화

A: 麻烦 您 一下, 我 听说 这 附近 有 家电 促销 活动。①
　　Máfan nín yíxià　wǒ tīngshuō zhè fùjìn yǒu jiādiàn cùxiāo huódòng

B: 不 好意思, 这里 没有 促销 的。好像 中心
　　Bù hǎoyìsi zhèli méiyǒu cùxiāo de　Hǎoxiàng zhōngxīn
　　广场 有 大甩卖 的, 我 也 不 清楚。②
　　guǎngchǎng yǒu dàshuǎimài de　wǒ yě bù qīngchu

A: 哦, 是 吗?
　　O　shì ma

B: 但 你 要 当心 点儿, 听说 那里 有 很多 假冒
　　Dàn nǐ yào dāngxīn diǎnr　tīngshuō nàli yǒu hěnduō jiǎmào
　　产品。③
　　chǎnpǐn

A: 我 会 注意 的, 谢谢。
　　Wǒ huì zhùyì de　xièxie

A: 실례합니다. 이 근처에 가전제품 판촉 행사가 있다고 들었는데요.

---

① 促销活动 cùxiāo huódòng: 판촉활동을 말하는데 대체로 힐인, 혹은 증정 등의 행사를 벌인다.
② 大甩卖 dàshuǎimài: 대할인 판매, 대처분.
③ 当心 dāngxīn: 조심하다, 주의하다. =小心 xiǎoxīn. 假冒 jiǎmào: 가장하다, 사칭하다. ~인 체하다.

B: 죄송하지만 여기는 판촉세일을 하지 않습니다. 중심광장에서 대할인 판매가 있는 것같긴 한데 저도 잘 모릅니다.
A: 아, 그렇습니까?
B: 하지만 조심하셔야 합니다. 거기에는 가짜 상품이 많다고 하더군요.
A: 주의하겠습니다. 감사합니다.

여러 가지 활용

I 쇼핑 제의　购物 提议
　　　　　　　gòuwù　tíyì

A: 咱们 去 逛 街 好不好？①
　　Zánmen qù guàng jiē hǎo bu hǎo
B: 北京 最 繁华 的 商业街 在 哪儿？
　　Běijīng zuì fánhuá de shāngyèjiē zài nǎr
A: 王府井 和 西单。 坐 地铁 就 能 到。
　　Wángfǔjǐng hé Xīdān　Zuò dìtiě jiù néng dào
A: 우리 쇼핑이나 하러 갈까요?
B: 베이징에서 가장 번화한 거리가 어디죠?
A: 왕푸징과 시단이에요. 지하철 타면 갈 수 있어요.

• 심심한데 우리 쇼핑이나 하러 갑시다.
　反正　也 无聊， 我们 去 逛 一下 吧。②
　Fǎnzhèng yě wúliáo　wǒmen qù guàng yíxià ba

• 듣자니 이번 주에 옌사백화점에서 경품행사가 있다는데, 우리 한 번 가봅시다.
　听说 这 个 星期 燕莎 商城 有 抽 奖 活动，
　Tīngshuō zhè ge xīngqī Yànshā Shāngchéng yǒu chōu jiǎng huódòng
　我们 去 看 一下 吧。③
　wǒmen qù kàn yíxià ba

---

　　① 逛街 guàng jiē: 거리를 거닐다, 거리를 구경하다. 단순한 거리구경을 뜻하기도 하지만 일반적으로 쇼핑을 의미하는 경우가 많다.
　　② 逛 guàng: 한가하게 돌아다니다. 특별한 볼일 없이 돌아다니는 것을 말함.
　　③ 抽奖 chōu jiǎng: 추첨을 통하여 경품을 증정하는 것을 말한다. 抽:뽑다, 빼다, 꺼내다.

1 쇼핑 제의 및 정보

- 야시장이 아주 재미있다던데, 주말에 한 번 가봅시다.
  听说 夜市 很 有意思。周末 我们 去 瞧瞧 吧。①
  Tīngshuō yèshì hěn yǒuyìsi Zhōumò wǒmen qù qiáoqiao ba
- 나와 함께 쇼핑하러 가지 않을래요?
  你 要 不 要 跟 我 一起 去 逛 街?
  Nǐ yào bu yào gēn wǒ yìqǐ qù guàng jiē

II 쇼핑 정보 교환　交换　购 物 信息
　　　　　　　　　jiāohuàn gòu wù xìnxī

A: 最近 有 举办 促销 活动 的 商场 吗?
　　Zuìjìn yǒu jǔbàn cùxiāo huódòng de shāngchǎng ma
B: 听说 友谊 商场 今天 开业 十 周年, 所以 大
　　Tīngshuō Yǒuyì Shāngchǎng jīntiān kāiyè shí zhōunián suǒyǐ dà
　　减 价。
　　jiǎn jià

A: 요즘 판촉행사를 하고 있는 백화점이 있습니까?
B: 여우이 백화점이 오늘 개업 10주년인데 할인을 많이 한다는군요.

▶ 판촉행사에 관한 정보　关于 促销 活动 的 信息
　　　　　　　　　　　guānyú cùxiāo huódòng de xìnxī

- 언제까지 할인을 하죠?
  打折 到 什么 时候? ②
  Dǎ zhé dào shénme shíhou
- 판촉기간이 언제까지입니까?
  促销期 有 多 长 ?
  Cùxiāoqī yǒu duō cháng
- 이번 주에 재고정리 대할인을 하나요?
  本 周 要 进行 清理 存货 大 减 价 吗?
  Běn zhōu yào jìnxíng qīnglǐ cúnhuò dà jiǎn jià ma

---

① 瞧 qiáo: 보다, 구경하다.
② 打折 dǎ zhé: 할인하다. 10% 할인하다는 '打 9 折', 20% 할인하다는 '打 8 折'이다. 흔히 중국에서는 '8.8折'(12% 할인)를 많이 하는데 이는 '8'이라는 숫자를 좋아하기 때문이다.

15. 쇼 핑

- 경품 행사가 있습니까?
  有没有抽奖活动？
  Yǒu méiyǒu chōu jiǎng huódòng

- 증정행사가 언제까지 계속되죠?
  "买一赠一"活动持续多少天？①
  Mǎi yī zèng yī huódòng chíxù duōshao tiān

- 어느 백화점이 세일하고 있죠?
  有哪家百货商店在打折？
  Yǒu nǎ jiā bǎihuò shāngdiàn zài dǎ zhé

- 혹시 어디서 판촉행사가 있는지 아십니까?
  您知道哪儿有促销活动吗？
  Nín zhīdào nǎr yǒu cùxiāo huódòng ma

Ⅲ 매장을 찾을 때　寻找商店时
xúnzhǎo shāngdiàn shí

A: 我想去看一下数码相机，去哪儿最好？
　　Wǒ xiǎng qù kàn yíxià shùmǎ xiàngjī qù nǎr zuì hǎo
B: 好像哪家商店都卖。
　　Hǎoxiàng nǎ jiā shāngdiàn dōu mài
A: 不过我想去专卖店。
　　Búguò wǒ xiǎng qù zhuānmàidiàn
B: 如果是那样的话，您得打车去中关村。②
　　Rúguǒ shì nàyàng dehuà nín děi dǎ chē qù Zhōngguāncūn
A: 디지털 카메라를 좀 보고 싶은데 어디가 제일 좋죠?
B: 아마 백화점마다 다 팔거예요.
A: 하지만 저는 전문매장에 가보고 싶은데요.
B: 그러시다면 택시를 타고 중관촌으로 가셔야 합니다.

---

① 중국 상점 등에서 "买一赠一 mǎi yī zèng yī"라는 문구를 흔히 볼 수 있는데 이는 "하나를 구입하면 하나를 덤으로 준다"는 뜻이다.

② 中关村 Zhōngguāncūn: 베이징 하이디엔취(海淀区 Hǎidiàn Qū)에 위치한 과학기술단지. 중국의 '실리콘밸리'라 불리는 곳으로 컴퓨터 및 각종 소프트웨어를 생산·판매하는 업체들이 밀집해 있다.

1 쇼핑 제의 및 정보

- 이 근처에 슈퍼가 있나요?
  这 附近 有 没有 超市？①
  Zhè fùjìn yǒu méiyǒu chāoshì

- 상하이에서 가장 큰 백화점이 어디입니까?
  上海 最大的百货 商店 在哪儿？
  Shànghǎi zuì dà de bǎihuò shāngdiàn zài nǎr

- 어디에 가야 중고책들을 살 수 있을까요?
  去 哪儿 可以 买到 旧 书？
  Qù nǎr kěyǐ mǎidào jiù shū

- 디지털 TV를 한 대 사고 싶은데, 어디 가면 수입품을 살 수 있을까요?
  我 想 买 一台 数码 电视，去 哪儿 能 买到 进口 的？
  Wǒ xiǎng mǎi yì tái shùmǎ diànshì qù nǎr néng mǎidào jìnkǒu de

▶ 판매코너를 찾을 때   找 销售区
                   zhǎo xiāoshòuqū

A: 请问， 几楼是卖儿童 服装 的？
   Qǐngwèn jǐ lóu shì mài értóng fúzhuāng de

B: 在三楼。您下了电梯 往 右 拐 就到了。②
   Zài sān lóu Nín xiàle diàntī wǎng yòu guǎi jiù dào le

A: 말씀 좀 묻겠습니다. 몇 층에서 어린이 옷을 팝니까?

B: 3층입니다. 에스컬레이터에서 내려서 오른쪽으로 가시면 됩니다.

- 전기용품은 몇 층에 있습니까?
  电器 产品 在几楼？
  Diànqì chǎnpǐn zài jǐ lóu

- 어디에서 장난감을 팔아요?
  哪儿 有 卖 玩具 的？
  Nǎr yǒu mài wánjù de

---

① 超市 chāoshì: 超级市场 chāojí shìchǎng, 즉 Super Market.

② 에스컬레이터는 원래 '自动扶梯 zìdòng fútī' '滚梯 gǔntī'이나 거의 쓰이지 않고, 엘리베이터와 구별없이 그냥 '电梯 diàntī'라고 한다.

- 문구류를 사려 하는데 몇 층에서 팝니까?
  我 想 买 文具，几 楼 有 卖 的？
  Wǒ xiǎng mǎi wénjù　jǐ lóu yǒu mài de

- 어디에서 담배를 살 수 있습니까?
  在 哪儿 可以 买到 烟？
  Zài nǎr　kěyǐ　mǎidào yān

▶ 편의시설을 찾을 때　找　方便　设施
　　　　　　　　　　　zhǎo fāngbiàn shèshī

- 엘리베이터는 각 층마다 모두 섭니까?
  电梯 在 每 层 都 停 吗？
  Diàntī zài měi céng dōu tíng ma

- 스낵코너는 몇 층에 있습니까?
  小吃部 在 几 楼？①
  Xiǎochībù zài jǐ lóu

- 이 백화점에 휴게실이 있습니까?
  这个 百货　商店　有 休息室 吗？
  Zhège bǎihuò shāngdiàn yǒu xiūxishì ma

- 물건 담을 바구니가 어디에 있습니까?
  哪儿 有 购物 用 的 筐？
  Nǎr　yǒu gòu wù yòng de kuāng

- 카터가 어디에 있습니까?
  手推车 在 什么 地方？
  Shǒutuīchē zài shénme dìfang

Ⅳ 영업시간　营业 时间
　　　　　　yíngyè shíjiān

> A: 你们 营业 到 几 点？
>   Nǐmen yíngyè dào　jǐ diǎn
>
> B: 营业 时间 是 从　早晨　九 点 到 下午 五点。
>   Yíngyè shíjiān shì cóng zǎochen jiǔ diǎn dào xiàwǔ wǔ diǎn

---

① '小吃 xiǎochī'와 비슷한 말로는 '点心 diǎnxin'이 있으며, 모두 양이 적은 간단한 음식을 말한다.

1 쇼핑 제의 및 정보

A: 몇 시까지 영업해요?
B: 영업시간은 아침 9시부터 오후 5시까지입니다.

A: 你们 几 点 开 门？
　　Nǐmen jǐ diǎn kāi mén
B: 我们 二十四 小时 营业。
　　Wǒmen èrshísì xiǎoshí yíngyè
A: 몇 시에 문 닫아요?
B: 저희는 24시간 영업합니다.

- 저희 상점은 10시에 문을 닫습니다.
  我们 商店 是十点 关 门。
  Wǒmen shāngdiàn shì shí diǎn guān mén
- 저 상점은 휴일에는 문 안 열어요.
  那家 商店 节假日 不 开 门。
  Nà jiā shāngdiàn jiéjiàrì bù kāi mén
- 그 상점은 지금 영업하지 않고 있어요.
  那家 商店 现在 停 业 了。
  Nà jiā shāngdiàn xiànzài tíng yè le

▶ 기타　其他
　　　　　qítā

- 상품권을 사용할 수 있습니까?
  可以 使用 代金券 吗？
  Kěyǐ shǐyòng dàijīnquàn ma
- 품질이 제일 좋은 데가 어디인지 아십니까?
  你 知道 质量 最好 的是 哪一 家 吗？
  Nǐ zhīdào zhìliàng zuì hǎo de shì nǎ yì jiā ma
- 그 백화점은 직원들 서비스가 너무 불친절해요.
  那家 百货店 职员 的 服务 态度 不 好。
  Nà jiā bǎihuòdiàn zhíyuán de fúwù tàidu bù hǎo
- 물건이 제일 많은 데는 아마 까르푸일거예요.
  品种 最多 的 可能 是 家乐福 吧。
  Pǐnzhǒng zuì duō de kěnéng shì Jiālèfú ba

15. 쇼 핑

- 거긴 교통편이 너무 나빠요.
  那儿 的 交通 很 不 好。
  Nàr de jiāotōng hěn bù hǎo

- 거긴 주차하기가 너무 불편해요.
  那儿 停 车 很 不 方便 。①
  Nàr tíng chē hěn bù fāngbiàn

---

① 停车 tíng chē: 주차하다. 주차장은 停车场 tíngchēchǎng 이라고 한다.

② 각종 매장에서   在 各种 专卖店
zài gèzhǒng zhuānmàidiàn

중국에서 쇼핑을 할 때에는 가짜상품(假冒商品 jiǎmào shāngpǐn)에 특히 주의를 기울여야 한다. 중국 정부도 이미 대대적으로 가짜상품과의 전쟁을 벌인 바 있지만 그 기세는 아직도 수그러들지 않고 있다. 특히 주류(酒类 jiǔlèi), 담배(香烟 xiāngyān)와 외국 유명브랜드 상품의 경우는 더욱 그러하다. 그러므로 속지 않고 사려면 일단 믿을만한 대형매장에서 제 값을 주고 사는 것이 안전하다.

기본대화

A: 欢迎 光临 , 您要买什么?
  Huānyíng guānglín nín yào mǎi shénme
B: 我 想 买 一 台 显示器。
  Wǒ xiǎng mǎi yì tái xiǎnshìqì
A: 您 要 什么 型号 的?
  Nín yào shénme xínghào de
B: 我 要 买 17 寸 的 液晶 显示器。
  Wǒ yào mǎi shíqī cùn de yèjīng xiǎnshìqì
A: 您看这一款怎么样?这是最新上市的型号。①
  Nín kàn zhè yì kuǎn zěnmeyàng Zhè shì zuì xīn shàng shì de xínghào
B: 好的 , 多少 钱 ?
  Hǎode duōshao qián
A: 最低价格 5,500   元 。
  Zuì dī jiàgé wǔqiān wǔbǎi yuán
B: 好吧,我就买这一台了。
  Hǎo ba wǒ jiù mǎi zhè yì tái le
A: 어서 오세요. 뭘 사시려고 하세요?
B: 모니터 한 대 사려고 합니다.

---

① 上市 shàng shì: 출시되다, 출하되다, 주식이 증권거래소에 상장되다.

15. 쇼 핑

A: 어떤 모델을 원하세요?
B: 17 인치 액정 모니터를 사려고 해요.
A: 이런 것은 어때요? 이건 최근에 나온 모델이에요.
B: 좋군요, 얼마에요?
A: 최저가로 5,500 위안입니다.
B: 좋아요. 이걸로 사지요.

여러 가지 활용

I 의류 코너에서 在 服装店
zài fúzhuāngdiàn

A: 我 想 要 颜色 淡 一点儿 的 连衣裙。
Wǒ xiǎng yào yánsè dàn yìdiǎnr de liányīqún
B: 要 什么 料子 的?
Yào shénme liàozi de
A: 我 想 要 能 吸 汗 的, 穿 起来 凉快 的。
Wǒ xiǎng yào néng xī hàn de chuān qilai liángkuai de
B: 那 这 套 怎么样? 是 丝绸 的。
Nà zhè tào zěnmeyàng Shì sīchóu de
A: 这 个 样式 没有 别的 颜色 吗?
Zhè ge yàngshì méiyǒu biéde yánsè ma
B: 只 剩 这 一 件 了。 喜欢 可以 试 一下。 试衣间
Zhǐ shèng zhè yí jiàn le Xǐhuan kěyǐ shì yíxià Shìyījiān
在 那边。
zài nàbian

A: 좀 연한색의 원피스 하나 사려 하는데요.
B: 어떤 소재를 원하세요?
A: 땀도 잘 흡수하고, 입어서 시원했으면 좋겠어요.
B: 그럼 이거 어때요? 실크예요.
A: 이런 디자인으로 다른 색은 없나요?
B: 딱 이 한 벌 남았습니다. 맘에 드시면 입어 보세요. 탈의실은 저쪽입니다.

(1) 옷의 특성　服装 特点
　　　　　　　fúzhuāng tèdiǎn

A: 这 衣服 用 熨 吗？
　　Zhè yīfu yòng yùn ma
B: 这 个 布料 是 免烫 的。
　　Zhè ge bùliào shì miǎntàng de
A: 이 옷 다려 입어야 하나요?
B: 이 옷감은 다림질이 필요없습니다.

▶옷의 특성을 물을 때　询问 衣服 的 特点
　　　　　　　　　　 xúnwèn yīfu de tèdiǎn

- 이것은 어떤 옷감인가요?
  这 是 什么 布料 的？
  Zhè shì shénme bùliào de

- 물에 줄어 들지는 않나요?
  会 不 会 缩 水 啊？
  Huì bu huì suō shuǐ a

- 이 뜨개질옷 한 번 빨면 늘어지는거 아니에요?
  这 手织品 不会 一 洗 就 变大 了 吧？
  Zhè shǒuzhīpǐn bú huì yì xǐ jiù biàndà le ba

- 세탁기에 빨아도 될까요?
  可以 机洗 吗？
  Kěyǐ jīxǐ ma

- 울스웨터는 꼭 드라이클리닝을 해야 하나요?
  羊绒衫　必须 干洗 吗？
  Yángróngshān bìxū gānxǐ ma

- 쉽게 때가 타나요?
  容易 脏 吗？
  Róngyì zāng ma

▶옷의 특성을 설명할 때　说明 衣服 的 特点
　　　　　　　　　　　 shuōmíng yīfu de tèdiǎn

- 이 오리털 잠바는 겨울에 방한기능이 탁월합니다.
  这 羽绒服 冬天 防寒 性能 特别 好。
  Zhè yǔróngfú dōngtiān fánghán xìngnéng tèbié hǎo

- 이 옷은 비에 잘 젖지 않습니다.
  这 衣服 不会 轻易 被 雨 淋湿。
  Zhè yīfu bú huì qīngyì bèi yǔ línshī

- 바느질이 아주 꼼꼼하게 되었어요.
  针 织 得 非常 精密。
  Zhēn zhī de fēicháng jīngmì

- 이것은 면과 나일론의 혼방입니다.
  这个 是 棉 和 尼龙 混合 的。
  Zhège shì mián hé nílóng hùnhé de

- 마제품은 바람이 잘 통하지만 너무 잘 구겨져요.
  麻制 的 虽然 通风 好，但 特别 爱 出 褶儿。
  Mázhì de suīrán tōngfēng hǎo dàn tèbié ài chū zhěr

(2) 색상과 디자인　颜色 与 款式 ①
　　　　　　　　　yánsè yǔ kuǎnshì

> A: 灰色 穿 上去 是 不 是 显得 有点儿 老？②
>   Huīsè chuān shangqu shì bu shì xiǎnde yǒudiǎnr lǎo
> B: 那 你 试试 这 红色 的 吧，穿 起来 特 显 年轻。
>   Nà nǐ shìshi zhè hóngsè de ba chuān qilai tè xiǎn niánqīng
> A: 회색을 입으니까 좀 늙어 보이지 않아요?
> B: 그럼 이 빨간 것을 입어 보세요. 아주 젊어 보이실거예요.

▶ 색상　颜色
　　　　yánsè

- 색상이 너무 밝은 것 같아요.
  颜色 好像 太 亮 了。
  Yánsè hǎoxiàng tài liàng le

- 색이 좀 어두워요.
  这 颜色 有点儿 暗。
  Zhè yánsè yǒudiǎnr àn

---

① '款式 kuǎnshì'와 '样式 yàngshì'는 형태의 디자인을 말하며 '图案 tú'àn'은 무늬의 디자인을 뜻한다.

② '显老 xiǎn lǎo'는 '늙어 보이다' 이고, '显年轻 xiǎn niánqīng'은 '젊어 보이다' 의 뜻.

- 이것보다 좀 옅은 색 없어요?
  没有 比 这 个 更 淡 一点儿 的 颜色 吗?
  Méiyǒu bǐ zhè ge gèng dàn yìdiǎnr de yánsè ma

- 색이 너무 튀는 것 아니에요?
  这 颜色 是 不 是 太 艳 了? ①
  Zhè yánsè shì bu shì tài yàn le

- 초록색이 굉장히 활력있게 보이네요.
  这 种 绿色 使 你 更 有 活力。
  Zhè zhǒng lǜsè shǐ nǐ gèng yǒu huólì

- 검은색을 입으니까 아주 날씬해 보여요.
  你 穿 黑色 看 起来 很 瘦。
  Nǐ chuān hēisè kàn qilai hěn shòu

- 내게 어떤 색이 잘 어울리겠어요?
  你 觉得 我 适合 穿 什么 颜色 的?
  Nǐ juéde wǒ shìhé chuān shénme yánsè de

▶디자인 款式
        kuǎnshì

A: 这里 有 没有 直筒 牛仔裤? ②
   Zhèli yǒu méiyǒu zhítǒng niúzǎikù
B: 有, 进来 看 一下, 都 是 今年 流行 的。
   Yǒu, jìnlai kàn yíxià, dōu shì jīnnián liúxíng de
A: 여기 힙합 청바지 있어요?
B: 네, 들어와서 보세요. 모두 올해 유행하는 것늘이에요.

- 이런 디자인으로 빨간색 있나요?
  这 种 图案 的 有 红色 的 吗?
  Zhè zhǒng tú'àn de yǒu hóngsè de ma

- 소매 없는 윗도리는 없나요?
  没有 不 带 袖 的 上衣 吗?
  Méiyǒu bú dài xiù de shàngyī ma

---

① 艳 yàn: 색이 매우 선명하고 고와서 화려한 느낌을 주는 것을 말한다.
② 直筒 zhítǒng: 일자형 바지. 牛仔裤 niúzǎikù: 청바지. 카우보이(牛仔)들이 즐겨 입었기 때문에 붙여진 이름.

15. 쇼 핑

- 이 옷 속에 받쳐입을 탑탱크 있나요?
  有 没有 可以 配 这 件 衣服 的 背心？①
  Yǒu méiyǒu kěyǐ pèi zhè jiàn yīfu de bèixīn

- 최신 유행하는 9부 골반 청바지입니다.
  这 是 最新 流行 的 九 分 低 腰 牛仔裤。
  Zhè shì zuì xīn liúxíng de jiǔ fēn dī yāo niúzǎikù

- 손님이 찾으시는 모델은 이미 유행이 지난 겁니다.
  您 找 的 款式 已经 过时 了。
  Nín zhǎo de kuǎnshì yǐjīng guòshí le

- 이건 어때요? 무늬가 아주 고상하죠.
  这 个 怎么样？图案 非常 淡雅。
  Zhè ge zěnmeyàng Tú'àn fēicháng dànyǎ

- 유행하는 디자인이에요. 입으면 아주 세련돼 보여요.
  这 个 款式 很 时髦 的， 穿 起来 很 洋气。
  Zhè ge kuǎnshì hěn shímáo de chuān qilai hěn yángqì

- 요새는 이 디자인이 아주 잘 팔리고 있어요.
  最近 这 种 款式 卖 得 特别 快。
  Zuìjìn zhè zhǒng kuǎnshì mài de tèbié kuài

- 이 디자인은 너무 촌스러워요.
  这 种 款式 太 土气 了。
  Zhè zhǒng kuǎnshì tài tǔqì le

(3) 사이즈 大小 ②
         dàxiǎo

A: 您 喜欢 可以 试 一下。 您 穿 多 大 号？
   Nín xǐhuan kěyǐ shì yíxià   Nín chuān duō dà hào
B: 有 中号 吗？ 我 想 试 一下。
   Yǒu zhōnghào ma Wǒ xiǎng shì yíxià
   肩膀 这儿 很 合适，不过 腰 附近 松了 一点儿。
   Jiānbǎng zhèr hěn héshì bùguò yāo fùjìn sōngle yìdiǎnr

---

① 背心 bèixīn: 조끼, 소매가 없는 속에 받쳐 입는 옷.
② 중국 옷의 사이즈는 小 xiǎo(S), 中 zhōng(M), 大 dà(L), 加大 jiādà(XL) 등으로 나뉘어져 있다.

A: 那个 可以 给 您 改小 一点儿。别的 地方 好像
Nà ge kěyǐ gěi nín gǎixiǎo yìdiǎnr Biéde dìfang hǎoxiàng
都 很 合适。
dōu hěn héshì
A: 맘에 드시면 한 번 입어 보세요. 몇 사이즈 입으시죠?
B: M 사이즈 있어요? 한 번 입어 볼게요.
어깨는 맞는데 허리가 좀 크네요.
A: 거기는 줄여 드리겠습니다. 다른 데는 다 잘 맞는 것 같아요.

- 이것보다 더 작은 것 없어요?
  没有 比 这 更 小 的 吗?
  Méiyǒu bǐ zhè gèng xiǎo de ma
- 한 치수 작은 것 있어요?
  还 有 小 一 号 的 吗?
  Hái yǒu xiǎo yí hào de ma
- 이 색으로 좀 큰 것 있어요?
  这 种 颜色 有 没有 大 一点儿 的?
  Zhè zhǒng yánsè yǒu méiyǒu dà yìdiǎnr de
- 이런 디자인으로 특대 사이즈 있어요?
  这 种 款式 的 还 有 加大号 吗?
  Zhè zhǒng kuǎnshì de hái yǒu jiādàhào ma

▶ 바지 길이 조절 调整 裤子 的 长短
tiáozhěng kùzi de chángduǎn

A: 裤子的 长短 不合适, 我们 可以 负责 缝 边儿。
Kùzi de chángduǎn bù héshì wǒmen kěyǐ fùzé féng biānr
B: 那好, 就要 这 条吧。改 边儿 需要 几 天?
Nà hǎo jiù yào zhè tiáo ba Gǎi biānr xūyào jǐ tiān
A: 稍 等 一会儿 就好 了。给 您 量 一下 尺寸 吧。
Shāo děng yíhuìr jiù hǎo le Gěi nín liáng yíxià chǐcùn ba
A: 바지 기장이 맞지 않으면, 저희가 단을 조절해 드립니다.
B: 그럼, 이걸로 주세요. 바지 단을 수선하는 데는 며칠이나 걸립니까?
A: 잠깐이면 됩니다. 제가 치수를 재어 보겠습니다.

15. 쇼핑

- 너무 짧게 줄였어요, 다시 밖으로 좀 낼 수 있을까요?
  改 得 有点儿 短 了, 能 不 能 再 往 外 放 一点儿?
  Gǎi de yǒudiǎnr duǎn le　néng bu néng zài wǎng wài fàng yìdiǎnr

▶입어보기　　试穿
　　　　　　　shìchuān

A: 怎么样? 穿上 舒服吗?
　　Zěnmeyàng Chuānshàng shūfu ma
B: 有点儿 短。
　　Yǒudiǎnr duǎn
A: 那再 试试 大 一 号 的。
　　Nà zài shìshi dà yí hào de
A: 어떠세요? 입어보니 편하십니까?
B: 조금 짧아요.
A: 그럼 한 사이즈 큰 걸로 입어 보시죠.

- 앞 품이 너무 큰 것 같아요.
  前面　好像 太 松 了。①
  Qiánmiàn hǎoxiàng tài sōng le

- 입으니까 예쁘기는 한데 품이 좀 커요.
  这 件 穿着 挺 漂亮 的, 就 是 肥了点儿。
  Zhè jiàn chuānzhe tǐng piàoliang de　jiù shì féile diǎnr

- 상의가 너무 끼어서 불편하네요.
  这 件 上衣 太 紧 了, 不 得 劲。②
  Zhè jiàn shàngyī tài jǐn le　bù déjìn

- 저런, 힙 부분이 좀 끼는 것 같아요.
  哎呀, 臀部 好像 太 紧了一点儿。
  Aiya　túnbù hǎoxiàng tài jǐnle yìdiǎnr

- 입으니까 가슴이 끼어서 불편해요.
  穿上　胸部 有点儿 紧, 不 舒服。
  Chuānshàng xiōngbù yǒudiǎnr jǐn　bù shūfu

---

① 입어서 옷이 클 경우는 '大了 dàle', '松了 sōngle', '肥了 féile' 등으로 표현하고, 옷이 작을 경우는 '小了 xiǎole', '紧了 jǐnle', '瘦了 shòule' 등으로 말하면 된다.
② 不得劲 bù déjìn: 구어에서는 bùděijìnr로 많이 발음한다.

- 어울리기는 한데 좀 긴 것 같아요.
  合适 倒是 合适，就是 长了 点儿。
  Héshì dàoshì héshì   jiù shì chángle diǎnr

- 입어보니 좀 짧은 것 같아요.
  试穿 一下，感觉 短了 点儿。
  Shìchuān yíxià   gǎnjué duǎnle diǎnr

- 약간 뚱뚱하신 편이니까 오히려 꼭 맞는 옷을 입으셔야 해요.
  就 因为 有点儿 胖，所以 更 要 穿 紧身 的 衣服。
  Jiù yīnwèi yǒudiǎnr pàng   suǒyǐ gèng yào chuān jǐnshēn de   yīfu

(4) 코디 搭配
         dāpèi

> A: 觉得 合适 吗？
>   Juéde héshì ma
> B: 真 的 很 好看，和 您 的 整体 风格 很 般配。
>   Zhēn de hěn hǎokàn hé nín de zhěngtǐ fēnggé hěn bānpèi
> A: 잘 어울려요?
> B: 정말 너무 예뻐요. 손님의 전체 분위기와 잘 맞아요.

- 좀 안 어울리지 않아요?
  是 不 是 有点儿 别扭？
  Shì bu shì yǒudiǎnr biéniu

- 이 상의에는 이 바지가 잘 어울립니다.
  这 件 上衣 很 配 这 条 裤子。
  Zhè jiàn shàngyī hěn pèi zhè tiáo kùzi

- 여기에 체크무늬 넥타이를 하시면 더 멋있겠어요.
  如果 再 配 一 条 小格 的 领带 会 更 神气 的。
  Rúguǒ zài pèi yì tiáo xiǎogé de lǐngdài huì gèng shénqì de

- 이 갈색 상의에는 아이보리 스커트가 잘 어울리겠네요.
  这 件 棕色 的 上衣 可以 配 一 条 米色 的 裙子。
  Zhè jiàn zōngsè de shàngyī kěyǐ pèi yì tiáo mǐsè de qúnzi

- 이 색상의 셔츠는 이 양복에는 안 어울리네요.
  这 颜色 的 衬衫 不 适合 这 件 西服。
  Zhè yánsè de chènshān bú shìhé zhè jiàn xīfú

II 신발 코너에서 在 鞋店
zài xiédiàn

A: 能 看 一下 那 双 皮鞋 吗？
　　Néng kàn yíxià nà shuāng píxié ma
B: 好 的。 您 是 说 那 双 棕色 的 吗？
　　Hǎo de　Nín shì shuō nà shuāng zōngsè de ma
A: 是 的, 就 是 那 双, 看 起来 很 好。
　　Shì de　jiù shì nà shuāng kàn qǐlai hěn hǎo
B: 您 穿 多 大 号 的 鞋？
　　Nín chuān duō dà hào de xié
A: 我 穿 38 码 的。①
　　Wǒ chuān sānshíbā mǎ de

A: 저 구두 좀 보여 주시겠어요?
B: 예, 저 갈색 말씀이십니까?
A: 네, 바로 그거요. 좋아보이는군요.
B: 몇 호를 신으시죠?
A: 38 마를 신어요.

▶ 종류　种类
　　　　zhǒnglèi

A: 这里 有 没有 增高鞋?
　　Zhèli yǒu méiyǒu zēnggāoxié
B: 在 那 个 角落。
　　Zài nà ge jiǎoluò
A: 여기 키높이 구두 있어요?
B: 저쪽 코너에 있습니다.

• 샌들은 어떤 종류들이 있어요?
　凉鞋 都 有 什么样 的？
　Liángxié dōu yǒu shénmeyàng de

---

① 중국에서는 신발의 치수로 '码 mǎ'를 많이 쓰는데, 대략 38 码 mǎ 의 경우 240mm 정도가 된다.

2 각종 매장에서   677

- 끈 안 매는 신발 있어요?
  有 不系带儿的鞋吗？
  Yǒu bú jì dàir de xié ma

- 굽이 좀 낮은 슬리퍼를 주세요.
  请 给我 跟儿 低 一点儿 的 拖鞋。
  Qǐng gěi wǒ gēnr dī yìdiǎnr de tuōxié

- 이 상점에는 각양각색의 구두가 다 있어요.
  这 家 店 有 各式各样 的 皮鞋。
  Zhè jiā diàn yǒu gèshìgèyàng de píxié

- 디자인을 골라 보세요. 올해 새로 나온 디자인이 몇 종류 있으니까요.
  你 选 一 款 吧，今年 最新 款式 有 这 几 种。
  Nǐ xuǎn yì kuǎn ba jīnnián zuì xīn kuǎnshì yǒu zhè jǐ zhǒng

▶재질   鞋料
         xiéliào

- 이 구두는 쇠가죽이에요? 양가죽이에요?
  这 鞋 是 牛皮 的 还是 羊皮 的？
  Zhè xié shì niúpí de háishi yángpí de

- 이것 진짜 가죽이에요?
  这 是 真皮 的 吗？
  Zhè shì zhēnpí de ma

- 부드러운 양가죽으로 만든 여성 구두 있습니까?
  有 软羊皮 的 女鞋 吗？
  Yǒu ruǎnyángpí de nǚxié ma

- 이것은 인조피혁입니다.
  这 是 人造革。
  Zhè shì rénzàogé

- 좀 가벼운 신발 있습니까?
  有 稍微 轻点儿 的 鞋 吗？
  Yǒu shāowēi qīng diǎnr de xié ma

- 통기가 잘 되는 것은 어떤 거예요?
  透气 好 的 是 哪一 种 呀？
  Tòuqì hǎo de shì nǎ yì zhǒng ya

15. 쇼 핑

▶사이즈　尺寸
　　　　　chǐcùn

> A: 你要多大号的？
> 　　Nǐ yào duō dà hào de
> B: 260　毫米的。
> 　　Èrbǎi liùshí háomǐ de
> A: 어떤 치수를 찾으세요?
> B: 260mm 짜리요.

- 편하십니까?
  得劲儿吗？①
  Déjìnr　ma

- 맞아요, 안 맞아요?
  合不合适？
  Hé bu héshì

- 좋아요, 꼭 맞아요.
  好，正 合适。
  Hǎo zhèng héshì

- 조금 헐거워요.
  有点儿 肥。
  Yǒudiǎnr féi

- 뒤가 좀 끼네요.
  后跟儿有点儿 紧。
  Hòugēnr yǒudiǎnr jǐn

- 예쁘긴 한데 조금 작네요.
  很 好看，就是小了点儿。
  Hěn hǎokàn　　jiù shì xiǎole diǎnr

- 한 치수 작은 것으로 주세요.
  给我拿再小一号的鞋。
  Gěi wǒ ná zài xiǎo yí hào de xié

- 이 힐은 너무 높아서 좀 불편해요.
  这 跟儿实在太高了，有点儿不舒服。
  Zhè gēnr shízài tài gāo le　yǒudiǎnr bù shūfu

---

① 得劲儿 déjìnr: 편안하다, 기분이 좋다.

▶ 기타   其他
         qítā

- 구두주걱 좀 주세요.
  给 我 鞋拔子 吧。
  Gěi wǒ xiébázi ba

- 구두 좀 닦아 주시겠어요?
  请 给我 擦鞋 好吗?
  Qǐng gěi wǒ cā xié hǎo ma

Ⅲ 가전제품 코너에서   在 家电   商场
                    zài jiādiàn shāngchǎng

A: 这 是 今年 新款 的 洗衣机 吧?
   Zhè shì jīnnián xīnkuǎn de xǐyījī ba
B: 对，今年 最新 生产 的。
   Duì jīnnián zuì xīn shēngchǎn de
A: 이것은 올해 새로 나온 세탁기인가봐요.
B: 맞습니다. 올해 최신 제품입니다.

A: 这个 冰箱 的保修期是 几 年?
   Zhège bīngxiāng de bǎoxiūqī shì jǐ nián
B: 三 年，而且 在 一 年 内 产品 出问题的话，也
   Sān nián érqiě zài yī nián nèi chǎnpin chū wèntí dehuà yě
   包换。
   bāohuàn
A: 이 냉장고의 품질보증 기간은 몇 년입니까?
B: 보증기간은 3년입니다. 1년 안에 제품이 고장날 경우에
   는 교환해 드립니다.

A: 它 比 一般 的 电暖气 好 在 哪儿 呢?
   Tā bǐ yìbān de diànnuǎnqì hǎo zài nǎr ne
B: 这 电暖气 是 节能型 的。
   Zhè diànnuǎnqì shì jiénéngxíng de
A: 이게 일반 전기히터보다 좋은 점이 무엇이죠?
B: 이 전기히터는 절전형입니다.

A: 这 个 跟 普通 的 冰箱 有 什么 区别？
Zhè ge gēn pǔtōng de bīngxiāng yǒu shénme qūbié

B: 由于 冷冻室 是 抽屉型 的，所以 保管 方便，
Yóuyú lěngdòngshì shì chōutìxíng de suǒyǐ bǎoguǎn fāngbiàn
温度 变化 也 小 。
wēndù biànhuà yě xiǎo

A: 이 냉장고는 일반 냉장고와 어떤 차이가 있습니까?

B: 냉동실이 서랍식으로 되어 있어 보관이 편리하고 온도 변화가 적습니다.

- 이 전기 압력밥솥 좀 볼 수 있을까요?
  能 看 一下 这 个 电高压锅 吗？
  Néng kàn yíxià zhè ge diàngāoyāguō ma

- 이 선풍기에 타이머기능이 있습니까?
  这 台 电风扇 有 定时 功能 吗？
  Zhè tái diànfēngshàn yǒu dìngshí gōngnéng ma

- 아프터 서비스 기간은 몇 년이죠?
  售后 服务是 几 年？
  Shòuhòu fúwù shì jǐ nián

- 기능이 많을수록 고장이 잘 나는 것은 아닐까요?
  不会是 功能 越多， 出 故障 的 几率 越大 吧？
  Bú huì shì gōngnéng yuè duō chū gùzhàng de jīlǜ yuè dà ba

Ⅳ 식품 코너에서 在食品店
　　　　　　　　zài shípǐn diàn

▶생선 코너에서 在鱼类店
　　　　　　　　zài yúlèi diàn

A: 这 叫 什么 鱼？
Zhè jiào shénme yú

B: 这 是 鲷鱼， 那 是 三文鱼， 都 是 刚 打来 的，
Zhè shì diāoyú nà shì sānwényú dōu shì gāng dǎlái de
特别 新鲜 。
tèbié xīnxiān

A: 可以 做 汤 吗？
Kěyǐ zuò tāng ma

B：当然，也可以 生着 吃，也可以 烤着 吃，味道
　　Dāngrán yě kěyǐ shēngzhe chī yě kěyǐ kǎozhe chī wèidào
　　很 不错。
　　hěn búcuò
A：이게 무슨 생선이에요?
B：이건 도미이고, 저건 연어입니다. 모두 금방 잡아서 아주
　　싱싱해요.
A：찌개 끓여도 돼요?
B：물론이죠. 날로 드셔도 되고, 구워 드셔도 돼요. 정말 맛
　　이 좋습니다.

- 갈치 한 마리 주세요. 비늘 제거하고 몇 토막으로 잘라 주세요.
  我 要 一 条 带鱼，把 鱼鳞 清理 一下，再 切成 几 块儿，
  Wǒ yào yì tiáo dàiyú bǎ yúlín qīnglǐ yíxià zài qiēchéng jǐ kuàir
  好 吗?
  hǎo ma

- 내장은 다 빼 주세요. 생선 머리는 필요하고, 꼬리는 필요 없어요.
  内脏 都 挖 出来 吧。 要 鱼头，尾巴 不要 了。
  Nèizàng dōu wā chulai ba Yào yútóu wěiba bú yào le

- 비린내가 심하게 나는데 상한 것 아닌가요?
  腥 味儿 这么 大，是 不 是 坏 了?
  Xīng wèir zhème dà shì bu shì huài le

▶정육 고니에서　在 肉 店
　　　　　　　　zài ròu diàn

A：来 一斤 牛肉 吧。
　　Lái yì jīn niúròu ba
B：您 要 哪 个 部位?
　　Nín yào nǎ ge bùwèi
A：要 做 排骨汤，就 来 点儿 牛排 吧。
　　Yào zuò páigǔtāng jiù lái diǎnr niúpái ba
　　这 肉 的 颜色 有点儿 黑，是 不 是 坏 的 呀?
　　Zhè ròu de yánsè yǒudiǎnr hēi shì bu shì huài de ya
B：这 是 今天 早上 刚 拿 的，绝对 没 问题。
　　Zhè shì jīntiān zǎoshang gāng ná de juéduì méi wèntí

A: 쇠고기 한 근 주세요.
B: 어느 부위로 드릴까요?
A: 갈비탕 끓일거니까 갈비로 주세요. 이 고기 색이 좀 검은데 상한 것 아니에요?
B: 오늘 아침 바로 가져온 거예요. 절대 문제 없습니다.

A: 有 羊肉片儿 吗?
   Yǒu yángròupiànr ma
B: 您 是 在 找 涮 火锅 的 吧? ①
   Nín shì zài zhǎo shuàn huǒguō de ba
A: 양고기 얇게 썬 것 있습니까?
B: 훠궈용 찾으시는 거죠?

- 순 살코기로만 주세요.
  只 要 纯 瘦肉 。
  Zhǐ yào chún shòuròu

- 비계는 다 빼 주세요.
  肥肉 全 不 要 。
  Féiròu quán bú yào

- 소꼬리 있습니까?
  有 牛尾 吗 ?
  Yǒu niúwěi ma

- 고기를 좀 갈아 주세요.
  把 这 肉 搅 一下 吧 。
  Bǎ zhè ròu jiǎo yíxià ba

- 삼겹살은 한 근에 얼마입니까?
  五花肉 多少 钱 一 斤 ?
  Wǔhuāròu duōshao qián yì jīn

---

① 火锅 huǒguō: 중국식 모듬전골. 냄비에 육수를 끓인 뒤 얇게 썬 쇠고기나 양고기, 각종 야채 등을 넣어 데친 후 양념장을 찍어 먹는 요리.

▶과일 코너에서　在 水果 店
　　　　　　　　　 zài shuǐguǒ diàn

A: 不 知道 这 西瓜 有 没有 熟。
　　Bù zhīdào zhè xīguā yǒu méiyǒu shú
B: 别 担心 。 这 是 砂糖 西瓜 。
　　Bié dānxīn　　Zhè shì shātáng xīguā
A: 这 西瓜 太 大 了， 能 给 我 来 一 半 吗？
　　Zhè xīguā tài dà le　néng gěi wǒ lái yí bàn ma
A: 이 수박 잘 익었나 모르겠네요.
B: 걱정 마세요. 설탕수박입니다.
A: 수박이 너무 큰데 절반만 살 수 있어요?

A: 这 菠萝 是 进口 的 吗？
　　Zhè bōluó shì jìnkǒu de ma
B: 是 国产 的 。 从 南方 进来 的 。
　　Shì guóchǎn de　　Cóng nánfāng jìnlai de
A: 给 我 削 一 个 吧 。 ①
　　Gěi wǒ xiāo yí ge ba
A: 이 파인애플 수입품인가요?
B: 국산이에요. 남쪽에서 올라온 겁니다.
A: 하나 깎아 주세요.

• 맛 좀 볼 수 있어요?
可以 尝 一下 它 的 味道 吗？
Kěyǐ cháng yíxià tā de wèidào ma

• 후지 사과 있어요?
有 富士 苹果 吗？
Yǒu fùshì píngguǒ ma

• 원산지 표시가 되어 있지 않군요.
这 个　上面　没 写　原产地　是 哪儿 。
Zhè ge shàngmian méi xiě yuánchǎndì shì nǎr

――――――

① 파인애플은 껍질을 깎기가 어려워 상인들이 특수칼로 깎아서 봉지에 넣어주기도 한다.

- 사과가 어째 별로 싱싱하지가 않네요.
  这 苹果 怎么 不大 新鲜 呢。
  Zhè píngguǒ zěnme búdà xīnxiān ne
- 이 딸기는 농약을 치지 않은 겁니다.
  这 草莓 是 没 打 药 的。
  Zhè cǎoméi shì méi dǎ yào de
- 이 포도 시지 않아요?
  这 葡萄 不 酸 吗?
  Zhè pútáo bù suān ma
- 감이 벌써 나왔네. 지금은 아직 떫겠죠?
  柿子 这么 快 就 下来 了。 现在 还 涩 吧?
  Shìzi zhème kuài jiù xiàlai le   Xiànzài hái sè ba
- 참외는 이제 끝물이에요.
  这 香瓜 过 几 天 就 没 了。
  Zhè xiāngguā guò jǐ tiān jiù méi le

▶기타 其他
       qítā

A: 这 面包 是 什么 时候 做 的?
   Zhè miànbāo shì shénme shíhou zuò de
B: 是 刚 烤 出来 的。
   Shì gāng kǎo chulai de
A: 이 빵 언제 만든 거예요?
B: 금방 구워낸 겁니다.

- 맛이 어때요?
  口感 怎么样?
  Kǒugǎn zěnmeyàng
- 이 김치는 너무 매워요. 안 매운 것 없어요?
  这 泡菜 太 辣 了。 没有 不 辣 的 吗?
  Zhè pàocài tài là le   Méiyǒu bú là de ma
- 오늘 아침 금방 만든 겁니다.
  是 今天 早上 刚 做 的。
  Shì jīntiān zǎoshàng gāng zuò de

- 유효기간이 며칠입니까?
  保质期是几天？
  Bǎozhìqī shì jǐ tiān

- 유효기간이 써 있지 않네요.
  没写保质期。
  Méi xiě bǎozhìqī

V 화장품 가게에서　在化妆品店
zài huàzhuāngpǐn diàn

A: 我想选一支口红。
　　Wǒ xiǎng xuǎn yì zhī kǒuhóng
B: 你喜欢什么颜色？
　　Nǐ xǐhuan shénme yánsè
A: 我喜欢红色系列，多拿几个看看吧。
　　Wǒ xǐhuan hóngsè xìliè duō ná jǐ ge kànkan ba
B: 看你的肤色很白，这种亮色的怎么样？
　　Kàn nǐ de fūsè hěn bái zhè zhǒng liàngsè de zěnmeyàng
A: 我可以在手背上试一下吗？
　　Wǒ kěyǐ zài shǒubèi shang shì yíxià ma

A: 립스틱 하나 고르고 싶은데요.
B: 어떤 색을 좋아하세요?
A: 빨간색 계열을 좋아해요. 몇 개 좀 보여 주세요.
B: 피부가 희니까 이런 밝은 색은 어떠세요?
A: 손등에 발라봐도 될까요?

A: 我的皮肤适合哪种护肤品？
　　Wǒ de pífū shìhé nǎ zhǒng hùfūpǐn
B: 你的皮肤较干，选一种油性大的吧。
　　Nǐ de pífū jiào gān xuǎn yì zhǒng yóuxìng dà de ba
A: 可以涂一下吗？
　　Kěyǐ tú yíxià ma
B: 可以。它的滋润效果特好。
　　Kěyǐ Tā de zīrùn xiàoguǒ tè hǎo
A: 제 피부에 어떤 기초 화장품이 맞을까요?
B: 피부가 건조한 편이니 유분이 많은 것으로 하시죠.

15. 쇼 핑

A: 발라봐도 될까요?
B: 네, 보습효과가 특히 뛰어나답니다.

A: 有 防晒霜 吗? 给 我 防 紫外线 效果 好 的。
　　Yǒu fángshàishuāng ma Gěi wǒ fáng zǐwàixiàn xiàoguǒ hǎo de
B: 这 就 是。 很多 人 使用 后 都 说 好。
　　Zhè jiù shì　　Hěnduō rén shǐyòng hòu dōu shuō hǎo
A: 썬크림 있어요? 자외선 차단 효과가 좋은 것으로 주세요.
B: 이건데요, 많은 분들이 써 보시고 좋다고 합니다.

A: 给 一 个 祛斑 效果 好 的 产品 吧。
　　Gěi yí ge qū bān xiàoguǒ hǎo de chǎnpǐn ba
B: 这 是 已 在 临床 实验 上 验证 了 的 产品。
　　Zhè shì yǐ zài línchuáng shíyàn shang yànzhèng le de chǎnpǐn
A: 기미 제거 효과가 좋은 제품을 주세요.
B: 이것은 이미 임상실험에서 검증된 제품이랍니다.

A: 这 个 保湿 滋润霜 怎么 使用?
　　Zhè ge bǎoshī zīrùnshuāng zěnme shǐyòng
B: 感觉 干燥 的 时候, 再 擦 一下 就 可以 了。
　　Gǎnjué gānzào de shíhou　zài cā yíxià jiù kěyǐ le
A: 이 엣센스는 어떻게 사용하는 건가요?
B: 건조함이 느껴질 때마다 덧발라 주시면 돼요.

A: 这儿 有 没有 敏感性 皮肤 使用 的 护肤品?
　　Zhèr yǒu méiyǒu mǐngǎnxìng pífū shǐyòng de hùfūpǐn
B: 您 试 一下 这 个。 即使 是 过敏性 皮肤 也 可以
　　Nín shì yíxià zhè ge　　Jíshǐ shì guòmǐnxìng pífū yě kěyǐ
　　放心 使用。
　　fàngxīn shǐyòng
A: 여기 민감성 피부에 사용하는 기초화장품이 있나요?
B: 이걸 한번 써 보세요. 알레르기성 피부도 안심하고 사용할 수 있어요.

- 상쾌한 향수 있나요?
  有 清爽 的 香水 吗?
  Yǒu qīngshuǎng de xiāngshuǐ ma

- 향이 너무 자극적이지 않아요?
  香 味儿 是 不 是 太 刺激 了?
  Xiāng wèir shì bu shì tài cìjī le

- 좀 은은한 것으로 바꿔주세요.
  换 一 种 淡雅 的 吧 。
  Huàn yì zhǒng dànyǎ de ba

▶ 색상 颜色
         yánsè

- 이건 좀 연하네요.
  这 个 有点儿 淡 。
  Zhè ge yǒudiǎnr dàn

- 너무 튀는거 아녜요?
  是 不 是 太 艳 了?
  Shì bu shì tài yàn le

- 이거 어때요? 좀 짙은 빨간색인데요.
  这 个 怎么样 ? 这 是 比较 深 一点 的 红色 。
  Zhè ge zěnmeyàng Zhè shì bǐjiào shēn yìdiǎn de hóngsè

- 그럼 좀 어두운 색으로 고르시죠.
  那 就 选 暗 一点儿 的 。
  Nà jiù xuǎn àn yìdiǎnr de

- 색이 잘 지워지지 않는 립스틱은 다 좀 건조해요.
  防 脱色系列 的 口红 都 比较 干 。
  Fáng tuō sè xìliè de kǒuhóng dōu bǐjiào gān

▶ 기타 其他
        qítā

- 건성피부에요.
  是 干 性 皮肤 。
  Shì gān xìng pífū

- 피부가 지성이에요.
  皮肤 是 脂肪性 的 。
  Pífū shì zhīfángxìng de

15. 쇼핑

- 제 피부가 좀 검어요. 미백제품 좀 보여 주세요.
  我的皮肤有点儿黑，来一个美白产品吧。
  Wǒ de pífū yǒudiǎnr hēi　lái yí ge měibái chǎnpǐn ba
- 이것은 향이 좀 너무 진하네요.
  这个香味儿有点儿太浓了。
  Zhè ge xiāng wèir yǒudiǎnr tài nóng le
- 좀 몇 개 골라 추천해 주시죠.
  帮我选一选，推荐一下吧。
  Bāng wǒ xuǎn yi xuǎn　tuījiàn yíxià ba
- 이 립스틱과 어울릴 만한 메니큐어 있을까요?
  有没有和这个口红搭配的指甲油？
  Yǒu méiyǒu hé zhè ge kǒuhóng dāpèi de zhījiayóu

Ⅵ 꽃가게　在鲜花店
zài xiānhuā diàn

A: 欢迎光临，您想要买什么花？
　　Huānyíng guānglín　nín xiǎng yào mǎi shénme huā
B: 我想买朵玫瑰，是要送人的。
　　Wǒ xiǎng mǎi duǒ méigui　shì yào sòng rén de
A: 送给什么人？
　　Sònggěi shénme rén
B: 今天是我女朋友的 25 岁生日，我想
　　Jīntiān shì wǒ nǚpéngyou de èrshíwǔ suì shēngrì　wǒ xiǎng
　 送给她 25 朵红玫瑰。
　　sònggěi tā èrshíwǔ duǒ hóng méigui
A: 어서 오세요. 어떤 꽃을 찾으세요?
B: 장미꽃을 사려 하는데요. 선물할 거예요.
A: 누구에게 선물하실 건가요?
B: 오늘 제 여자 친구의 25 번째 생일이거든요. 그녀에게 장미꽃 25 송이를 선물해 주려고 해요.

A: 这叫什么花？
　　Zhè jiào shénme huā
B: 叫"勿忘我"。
　　Jiào wùwàngwǒ

A: 这 花 有 什么 含义 吗？
　　Zhè huā yǒu shénme hányì ma
B: 它 是 " 不要 忘记 我 " 的 意思 。
　　Tā shì　búyào wàngjì wǒ　　de yìsi
A: 이게 무슨 꽃이에요?
B: 물망초라고 해요.
A: 이 꽃에는 무슨 꽃말이 있나요?
B: "나를 잊지 마세요" 라는 뜻이랍니다.

A: 我 要 去 看 病人 , 送 什么 花 合适？
　　Wǒ yào qù kàn bìngrén　sòng shénme huā héshì
B: 那 就 选 一 束 红色 康乃馨 吧 。
　　Nà jiù xuǎn yí shù hóngsè kāngnǎixīn ba
A: 문병 가는데 어떤 꽃이 좋을까요?
B: 그럼 빨간 카네이션 한 다발로 하세요.

A: 这 一 朵 玫瑰花 是 什么 含义？
　　Zhè yì duǒ méiguihuā shì shénme hányì
B: 它 表示 " 一心一意 "。
　　Tā biǎoshì　　yìxīnyíyì
A: 장미꽃 한 송이는 어떤 뜻이 담겨 있죠?
B: "한마음 한뜻" 임을 나타내 줍니다.

- 꽃만 있으면 너무 난조롭시 않아요? 잎사귀도 좀 넣으세요.
  只 有 花 , 是 不 是 太 单调 了 ？ 再 插 一点 叶子 吧 。
  Zhǐ yǒu huā　shì bu shì tài dāndiào le　Zài chā yìdiǎn yèzi ba
- 안개꽃을 좀 넣어 주세요.
  加 点儿 满天星 吧 。
  Jiā diǎnr mǎntiānxīng ba
- 꽃만 있으니까 약간 단조롭게 보이네요. 장식을 좀 해야 하지 않을까요?
  只 有 花 略 显 单调 , 要 不 要 来 些 点缀 ？ [1]
  Zhǐ yǒu huā luè xiǎn dāndiào　yào bu yào lái xiē diǎnzhuì

---

① 点缀 diǎnzhuì: 꾸미다, 장식하다, 아름답게 하다.

Ⅶ 보석상에서　在宝石店
zài bǎoshí diàn

A: 明天　是　我　和　妻子　结婚　十　周年　纪念日　。送
　　Míngtiān shì wǒ hé qīzi jiéhūn shí zhōunián jìniànrì　Sòng
　　她 什么　最 好　呢？
　　tā shénme zuì hǎo ne

B: 结婚　十　周年　纪念日，一般　都　送　钻石　首饰。
　　Jiéhūn shí zhōunián jìniànrì yībān dōu sòng zuànshí shǒushì

A: 那 给 我 看看　钻石　项链　和 戒指。
　　Nà gěi wǒ kànkan zuànshí xiàngliàn hé jièzhi

A: 내일이 저와 아내의 결혼 10주년 기념일인데, 아내에게 무엇을 선물하면 제일 좋을까요?

B: 결혼 10주년에는 일반적으로 다이아몬드 악세사리를 선물한답니다.

A: 그럼 다이아몬드 목걸이와 반지를 보여 주세요.

A: 这　手镯　怎么样？很 适合 你 戴。
　　Zhè shǒuzhuó zěnmeyàng Hěn shìhé nǐ dài

B: 嵌着　什么　宝石　呢？
　　Qiànzhe shénme bǎoshí ne

A: 是　红宝石。
　　Shì hóngbǎoshí

A: 이 팔찌 어때요? 손님에게 잘 어울려요.

B: 박혀 있는게 무슨 보석이죠?

A: 루비입니다.

A: 蝴蝶型　白金　耳环　怎么样？
　　Húdiéxíng báijīn ěrhuán zěnmeyàng

B: 我 觉得　星型　的 耳环　更　好看。
　　Wǒ juéde xīngxíng de ěrhuán gèng hǎokàn

A: 이 리본 모양의 화이트골드 귀걸이 어때요?

B: 내 생각에는 별 모양의 귀걸이가 더 예쁜 것 같아요.

A: 我 想 买 结婚 戒指 。 这 戒指 是 纯金 的 吗 ?
　　Wǒ xiǎng mǎi jiéhūn jièzhi　　Zhè jièzhi shì chúnjīn de ma
B: 不 , 这 个 是 18 K 的 。 纯金 的 容易 变形 。
　　Bù　zhè ge shì　shíbā K de　　Chúnjīn de róngyì biànxíng
A: 결혼 반지를 사려고 하는데, 이 반지는 순금인가요?
B: 아니에요. 18K 에요. 순금은 변형되기 쉽거든요.

A: 如果 我 爱人 不 喜欢 , 可以 换 吗 ?
　　Rúguǒ wǒ àiren bù xǐhuan　　kěyǐ huàn ma
B: 一 周 之 内 可以 。 但 一定 要 带 收据 。
　　Yì zhōu zhī nèi kěyǐ　　Dàn yídìng yào dài shōujù
A: 아내가 혹시 마음에 안 들어 하면 다시 바꿀 수 있나요?
B: 일주일 내에 가능합니다. 영수증을 꼭 지참하셔야 해요.

A: 这 个 珍珠 是 仿造品 吗 ?
　　Zhè ge zhēnzhū shì fǎngzàopǐn ma
B: 我们 店 绝不 卖 假 的 。 假 一 罚 十 。
　　Wǒmen diàn juébù mài jiǎ de　　Jiǎ yī fá shí
A: 이 진주 모조품 아니에요?
B: 저희는 절대 가짜는 팔지 않습니다. 가짜일 경우 10 배로 배상해 드립니다.

- 이거 진짜예요? 모조품이에요?
　是 真品 还是 仿造品 ?
　Shì zhēnpǐn háishi fǎngzàopǐn
- 거울 여기 있습니다. 보세요.
　这里 有 镜子 , 您 看 一下 。
　Zhèli yǒu jìngzi　nín kàn yíxià
- 이 제품은 모조품입니다.
　这 是 仿制品 。
　Zhè shì fǎngzhìpǐn
- 이 브로치는 18K 도금제품입니다.
　这 胸针 是 18 K 镀金 的 。
　Zhè xiōngzhēn shì　shíbā K dùjīn de

3 가격 흥정

讨价还价
tǎojiàhuánjià

흔히 물건값을 깎으려할 때 상인들은 품질을 내세워 "싼게 비지떡"이라는 표현을 자주한다. 중국에서는 이러한 표현으로 주로 "一分钱, 一分货. Yì fēn qián, yì fēn huò"라는 말을 쓴다. 즉 1원짜리 물건은 1원어치의 가치밖에 없다는 뜻이다. 그러나 같은 시장에서도 외국인임을 알면 값을 좀더 높여 부르는 경우가 있으므로 어느 정도의 할인 시도는 해봄직하다. 특히나 관광지의 경우라면 더욱 그러하다.

기본대화

A: 15,000 元, 太贵了。能不能便宜一点儿?
　　Yíwàn wǔqiān yuán tài guì le　Néng bu néng piányi yìdiǎnr

B: 那 13,500 元吧, 少一分也不卖。
　　Nà yíwàn sānqiān wǔbǎi yuán ba　shǎo yì fēn yě bú mài

A: 再便宜一点儿吧。 12,000 元好不好?
　　Zài piányi yìdiǎnr ba　Yíwàn liǎngqiān yuán hǎo bu hǎo

B: 那个价连本儿都不够。不能再便宜了。①
　　Nà ge jià lián běnr dōu bú gòu　Bù néng zài piányi le

A: 薄利多销呀, 我会再给您介绍几个顾客过来。②
　　Bólìduōxiāo ya wǒ huì zài gěi nín jièshào jǐ ge gùkè guòlai

B: 您可真会说话。 12,000 元我卖给您了。
　　Nín kě zhēn huì shuōhuà　Yíwàn liǎngqiān yuán wǒ màigěi nín le

A: 那您帮我包起来吧。
　　Nà nín bāng wǒ bāo qilai ba

B: 好的。
　　Hǎo de

A: 15,000 위안은 너무 비싸요. 좀 싸게 해 주면 안 돼요?

B: 13,500 위안에 드릴게요. 더 싸게는 안 팝니다.

A: 조금만 더 싸게 해 주세요. 12,000 위안 어때요?

B: 그 가격은 본전도 안 나와요. 더 싸게는 안 돼요.

---

① 本儿 běnr: 본전, 원금.

② 薄利多销 bólìduōxiāo: 박리다매. 销는 팔다, 판매하다의 뜻.

A: 박리다매잖아요, 제가 손님을 많이 소개시켜 드릴게요.
B: 말씀을 참 잘하시네요. 12,000 위안에 드리죠.
A: 그럼 포장해 주세요.
B: 그러죠.

여러 가지 활용

I 가격을 물을 때　问 价钱
wèn jiàqián

A: 一斤 多少 钱? ①
　 Yì jīn duōshao qián
B: 两 块 一斤。
　 Liǎng kuài yì jīn
A: 这 大葱 怎么 卖?
　 Zhè dàcōng zěnme mài
B: 一捆儿 两 块。
　 Yì kǔnr liǎng kuài
A: 这 黄瓜 多少 钱 一斤?
　 Zhè huángguā duōshao qián yì jīn
B: 一块 二 一斤。
　 Yí kuài èr yì jīn
A: 多 买 可以 便宜 点儿 吗?
　 Duō mǎi kěyǐ piányi diǎnr ma
B: 你 要 多少?
　 Nǐ yào duōshao
A: 我 买 五 根, 多少 钱?
　 Wǒ mǎi wǔ gēn duōshao qián
B: 不管 买 几 根, 都 是 按 标价 卖。
　 Bùguǎn mǎi jǐ gēn dōu shì àn biāojià mài
A: 한 근에 얼마예요?
B: 한 근에 2 위안이에요.

① 중국에서 斤 jīn은 500 g을 말하며, 육류, 채소 등 모든 상품에 동일하게 적용된다. 1公斤 gōngjīn은 1kg이며, 즉 2斤이다.

15. 쇼 핑

> A: 이 대파 어떻게 팔아요?
> B: 한 묶음에 2위안이에요.
> A: 이 오이 한 근에 얼마에요?
> B: 1근에 1위안 20전이에요.
> A: 많이 사면 좀 싸게 해줄 수 있어요?
> B: 얼마나 사실 건데요?
> A: 5개 사려고 하는데, 얼마지요?
> B: 몇 개를 사든 정가대로 팝니다.

- 모두 얼마예요?
  一共 多少 钱？ / 总共 多少 钱？
  Yígòng duōshao qián　　Zǒnggòng duōshao qián

- 최저가가 얼마예요?
  最低价 多少 钱？
  Zuì dī jià duōshao qián

- 정찰가격은 얼마예요?
  标价 是 多少 钱？
  Biāojià shì duōshao qián

- 30% 할인하면 얼마예요?
  打完 七折 多少 钱？
  Dǎwán qī zhé duōshao qián

II 가격 흥정하기　　讨价还价
　　　　　　　　　　tǎojiàhuánjià

> A: 这 手表 我实在喜欢，但 价格太高了。
> 　　Zhè shǒubiǎo wǒ shízài xǐhuan　dàn jiàgé tài gāo le
> 　　这 种 样式 的，还有再便宜的吗？
> 　　Zhè zhǒng yàngshì de　hái yǒu zài piányi de ma
> B: 这 个 质量 很好，一分钱一分货。
> 　　Zhè ge zhìliàng hěn hǎo　yì fēn qián yì fēn huò
> A: 如果 能 便宜 一些 就 更 好了。
> 　　Rúguǒ néng piányi yìxiē jiù gèng hǎo le
> B: 没有 比这 便宜 的。
> 　　Méiyǒu bǐ zhè piányi de

A: 喜欢 是 喜欢，就 是 价格 贵了 点儿。
　　Xǐhuan shì xǐhuan jiù shì jiàgé guìle diǎnr
B: 你想 出多少 钱？
　　Nǐ xiǎng chū duōshao qián
A: 이 손목시계가 아주 맘에 드는데 값이 너무 비싸요.
　　이런 모델로 좀더 싼 것 있습니까?
B: 이건 품질이 아주 좋은 거예요. 싼게 비지떡이라구요.
A: 조금 싸기만 하다면 더 좋겠는데.
B: 이것보다 더 싼 것은 없습니다.
A: 맘에 들긴 하는데 가격이 좀 비싸군요.
B: 얼마면 사실 수 있어요?

▶값이 너무 비쌀 때　价钱 很 贵 时
　　　　　　　　　jiàqián hěn guì shí

- 아주 맘에 들긴 하는데, 너무 비싸요.
  我 是 很 喜欢，不过 太 贵 了。
  Wǒ shì hěn xǐhuan búguò tài guì le

- 가격이 좀 비싼 것 같아요.
  我 觉得 价格 有点儿 贵。
  Wǒ juéde jiàgé yǒudiǎnr guì

- 부르는 가격이 좀 터무니 없이 높아요.
  喊价 高 得 有点儿 不 像话。
  Hǎnjià gāo de yǒudiǎnr bú xiànghuà

▶돈이 모자랄 때　钱 不 够 时
　　　　　　　　　qián bú gòu shí

- 수중에 지금 이것 밖에 돈이 없어요.
  我 手里 只有 这么 多 钱 了。
  Wǒ shǒuli zhǐyǒu zhème duō qián le

- 지금 그걸 살 만큼의 돈이 없네요.
  现在 没有 那么 多 钱 买 那个。
  Xiànzài méiyǒu nàme duō qián mǎi nà ge

- 지금은 그걸 살 형편이 안 되네요.
  现在 我 买不起 那 个。①
  Xiànzài wǒ mǎibuqǐ nà ge

▶ 할인을 요구할 때　要求 打 折 时
　　　　　　　　　yāoqiú dǎ zhé shí

A: 这 件 衣服 领子 上 沾 油 了。
　Zhè jiàn yīfu lǐngzi shang zhān yóu le
B: 现在 只 有 这 一 件，不 好意思。
　Xiànzài zhǐ yǒu zhè yí jiàn bù hǎoyìsi
A: 那么，干洗费 也 要 扣 点儿 吧。
　Nàme gānxǐfèi yě yào kòu diǎnr ba
A: 이 옷 깃에 기름때가 묻었네요.
B: 지금 이 물건 하나밖에 없는데요, 죄송합니다.
A: 그럼 세탁비라도 좀 빼 주셔야죠.

A: 这 娃娃 真 可爱，但 弄脏 了。
　Zhè wáwa zhēn kě'ài dàn nòngzāng le
B: 谁 都 碰 它，所以 才 会 那样 的。
　Shéi dōu pèng tā suǒyǐ cái huì nàyàng de
A: 那 你 给 我 便宜 一点儿 就 行 了。
　Nà nǐ gěi wǒ piányi yìdiǎnr jiù xíng le
A: 이 인형 정말 예쁜데 때가 묻었어요.
B: 사람들마다 만져 보아서 그렇게 된 거예요.
A: 그럼 저한테 좀 싸게 파시면 되겠네요.

- 할인이 안 됩니까?
  不 能 打 折 吗？
  Bù néng dǎ zhé ma

- 얼마나 싸게 해 주실 수 있어요?
  你 能 便宜 多少？
  Nǐ néng piányi duōshao

---

① 买不起 mǎibuqǐ: 돈이 없거나 또는 너무 비싸서 살 수 없다는 뜻이다.

③ 가격 흥정

- 조금만 더 싸게 해 주세요. /조금만 더 싸게 해줄 수 없어요?
  再 便宜 一点儿 吧。／不 能 再 便宜 一点儿 吗？
  Zài piányi yìdiǎnr ba　　Bù néng zài piányi yìdiǎnr ma

- 그럼 얼마면 안 밑지는데요?
  那 什么 价格 你 不 赔本儿？ ①
  Nà shénme jiàgé nǐ bù péiběnr

- 현금으로 지불할 경우 할인이 됩니까?
  如果 付 现金 的话，可以 打 折 吗？
  Rúguǒ fù xiànjīn dehuà　kěyǐ dǎ zhé ma

- 많이 사면 좀 싸게 됩니까?
  如果 多 买，能 便宜 一点儿 吗？
  Rúguǒ duō mǎi　néng piányi yìdiǎnr ma

- 10% 할인해 주면 사겠어요.
  如果 打 九 折，我 就 买。
  Rúguǒ dǎ jiǔ zhé　wǒ jiù mǎi

- 영수증 필요 없으니까 조금만 더 싸게 해 주세요.
  我 不 需要 发票，就 再 便宜 一点儿 吧。 ②
  Wǒ bù xūyào fāpiào　jiù zài piányi yìdiǎnr ba

▶상인의 설명　　商人 的 解释
　　　　　　　　shāngrén de jiěshì

- 요즘 가격이 많이 올랐어요.
  最近 价钱 涨了 很 多。 ③
  Zuìjìn jiàqián zhǎngle hěn duō

- 이 가격에 드리면 제가 밑집니다.
  这 个 价格 给 你，我 就 亏本儿 了。
  Zhè ge jiàgé gěi nǐ　wǒ jiù kuī běnr le

---

① 本 běn: 본전. 赔本 péiběn과 亏本 kuīběn은 모두 '밑지다', '본전도 안 된다'는 뜻.

② '发票 fāpiào'는 국가가 발행하는 영수증 전표로서 세금 정산의 근거가 된다. '收据 shōujù'도 '영수증'의 뜻이나 이는 주로 개인이 '돈을 받았다'는 증서일 뿐이다. 그러므로 일부 매장에서는 '发票 fāpiào'를 발행하지 않는 조건으로 값을 깎아주기도 하는데, 이는 바로 세금과 관련이 있기 때문이다.

③ '涨价 zhǎng jià'는 '가격이 오르다'는 뜻이며, '降价 jiàng jià'는 '가격이 내리다'는 뜻인데 언뜻 듣기에 발음이 비슷하므로 주의해야 한다.

15. 쇼 핑

- 손해 보고 팔 수는 없잖아요. 50 위안만 더 주세요.
  我 不 能 赔着 卖 呀。再 添 50 元 吧。
  Wǒ bù néng péizhe mài ya　Zài tiān wǔshí yuán ba

- 조금만 더 쓰시겠어요? 160 위안은 너무 적어요.
  你 能 再 加点儿 钱 吗？　160 元 太 少 了。
  Nǐ néng zài jiā diǎnr qián ma　Yìbǎi liùshí yuán tài shǎo le

- 이 가격은 매우 합리적입니다.
  这 个 价钱 很 合理。
  Zhè ge jiàqián hěn　hélǐ

- 가격을 너무 심하게 깎으시는군요.
  你 压 价 也 太 狠 了。①
  Nǐ yā jià yě tài hěn le

- 저희는 명품만 취급합니다. 물건이 틀려요.
  我们 只 卖 名牌。 东西 不 一样 啊。
  Wǒmen zhǐ mài míngpái　Dōngxi bù yíyàng a

- 그럼 더 돌아보세요. 어디 가도 이 가격에는 못삽니다.
  那 您 再 转 一 圈 吧。 上 哪儿，这 个 价钱 都 是
  Nà nín zài zhuàn yì quān ba　Shàng nǎr　zhè ge jiàqián dōu shì
  买不了 的。
  mǎibùliǎo de

- 그 가격이면 거저 가져가는 거나 다름 없어요.
  那 个 价钱 跟 白 要 没 什么 两 样。②
  Nà ge jiàqián gēn bái yào méi shénme liǎng yàng

▶ **상인의 할인 거절 拒绝 打 折**
　　　　　　　　　　jùjué dǎ zhé

- 저희는 원래부터 할인을 하지 않습니다. 품질로 승부하지요.
  我们 是 从来 不 打折 的，靠 质量 取胜。
  Wǒmen shì cónglái bù dǎ zhé de　kào zhìliàng qǔshèng

- 단골들이 한꺼번에 100 개씩 사도 한 푼도 안 깎아 드립니다.
  回头客 一下子 买 100 个，也 是 一 分 不 减。
  Huítóukè yíxiàzi mǎi yìbǎi ge　yě shì yì fēn bù jiǎn

---

① 狠 hěn: 모질다, 잔인하다, 매섭다, 사정 없다.
② 여기서 白 bái는 '거저', '공짜' 의 의미이다.

- 한푼도 깎아 드리지 못합니다.
  一元都不能便宜。
  Yì yuán dōu bù néng piányi

Ⅲ 가격의 타협　妥协 价钱
　　　　　　　tuǒxié jiàqián

> A: 好了，既然你喜欢，给你打八折怎么样？
>   Hǎo le jìrán nǐ xǐhuan gěi nǐ dǎ bā zhé zěnmeyàng
> B: 好，痛快，我要了。
>   Hǎo tòngkuài wǒ yào le
> A: 좋아요, 마음에 드신다니 20% 할인해 드리면 되겠어요?
> B: 네, 시원시원하시네요. 사셨어요.

- 우리 서로 10 위안씩 양보합시다, 120 위안에 드릴게요.
  我们一人让 10 块，120 给你吧。
  Wǒmen yì rén ràng shí kuài yìbǎi'èr gěi nǐ ba

- 싸게는 할 수 없고, 대신 하나 더 드리겠습니다.
  不能便宜了，再送您一个吧。
  Bù néng piányi le zài sòng nín yí ge ba

- 10 개 이상 사시면 10% 할인해 드립니다.
  买 10 个以上，就打九折。
  Mǎi shí ge yǐshàng jiù dǎ jiǔ zhé

- 1,000 위안이면 정말 거저 드리는 셈예요.
  1,000 块简直就跟白给的没什么两样了。
  Yìqiān kuài jiǎnzhí jiù gēn bái gěi de méi shénme liǎng yàng le

Ⅳ 기타　其他
　　　　　qítā

- 싫으면 그만 두세요.
  既然你不愿意，那就算了。
  Jìrán nǐ bú yuànyì nà jiù suàn le

- 이 피아노 5 개월 할부 되나요?
  这架钢琴能不能五个月分期付款呢？
  Zhè jià gāngqín néng bu néng wǔ ge yuè fēnqī fùkuǎn ne

15. 쇼핑

- 나에게 바가지 씌우려고 해요?
  是不是 想 宰我啊？ ①
  Shì bu shì xiǎng zǎi wǒ a

- 그렇게 인색하면 손님 다 달아나요.
  你那么小气，会把老顾客都给赶走的。②
  Nǐ nàme xiǎoqi huì bǎ lǎo gùkè dōu gěi gǎnzǒu de

- 이 집은 너무 치사해, 앞으로 다신 안 올거야.
  这家真是太小气了，我以后再也不来了。
  Zhè jiā zhēn shì tài xiǎoqi le wǒ yǐhòu zài yě bù lái le

- 값싼 물건이라고 해서 품질이 다 떨어지는 건 아닙니다.
  不是所有便宜的东西质量都差。
  Bú shì suǒyǒu piányi de dōngxi zhìliàng dōu chà

---

① 宰 zǎi : '주관(주재)하다', '(가축을) 잡다', '도살하다' 는 뜻이 있으며, 구어에서 '바가지를 씌우다', '덤터기를 씌우다' 의 뜻으로도 많이 쓰인다.

② '小气 xiǎoqi'는 '인색하다', '쩨쩨하다' 는 뜻이며, 그 반대말은 '大方 dàfang'(시원시원하다, 통이 크다)이다.

4 대금 지불

付款
fù kuǎn

중국에서 대금을 지불할 때 아직은 현금으로 해야 하는 경우가 대부분인데 이때에 매우 흥미로운 현상은 현금을 주고 받을 때 서로가 위조지폐(假币 jiǎbì)에 각별히 주의한다는 점이다. 상인들은 저마다 숙련된 감별법으로 지폐의 진위 여부를 확인한다. 즉 불빛에 비춰 보거나 요철 부분을 만져 보거나 지폐를 탁탁 쳐보는 등의 방법을 사용하며, 백화점 같은 곳에는 아예 계산대마다 위조지폐 감별기(验钞机 yànchāojī)가 설치되어 있다.

기본대화

A: 一共 多少 钱？
　　Yígòng duōshao qián

B: 530　　　　元 整 。
　　Wǔbǎi sānshí yuán zhěng

A: 这里 可以 用 卡 吗？
　　Zhèli kěyǐ yòng kǎ ma

B: 可以，但 用 卡 的话，您 要 到 对面 的 窗口 去
　　Kěyǐ　 dàn yòng kǎ dehuà　 nín yào dào duìmiàn de chuāngkǒu qù
　 刷 卡 。
　　shuā kǎ

A: 噢，是 吗？ 那 我 还是 用 现金 吧，给 你 600 元 。
　　O　 shì ma　 Nà wǒ háishi yòng xiànjīn ba gěi nǐ liùbǎi yuán

B: 好的， 找 您 70 元 。
　　Hǎode　 zhǎo nín qīshí yuán

A: 麻烦 您 再 给 我 一 个 包装袋 。
　　Máfan nín zài gěi wǒ yí ge bāozhuāngdài

B: 好 的 。 欢迎 您 下 次 再 来 。
　　Hǎo de　　Huānyíng nín xià cì zài lái

A: 모두 얼마예요?

B: 530 위안입니다.

A: 여기 카드 사용할 수 있어요?

B: 네, 그런데 카드를 사용하려면 맞은편 창구로 가셔서 결제해야 해요.

A: 아 그래요? 그럼 그냥 현금으로 하지요. 600위안이에요.
B: 네, 감사합니다. 잔돈 70위안입니다.
A: 미안하지만 봉투 하나 더 주세요.
B: 그러죠. 다음에 또 오십시오.

여러 가지 활용

I 물건값을 계산할 때　结 账 时
　　　　　　　　　　　jié zhàng shí

- 계산해 주세요. 다 합해서 얼마예요?
 算 一下， 总共　多少　钱 ?
 Suàn yíxià　zǒnggòng duōshao qián

- 이거 계산해 주시겠어요?
 请　算 一下 这 个 好 吗?
 Qǐng suàn yíxià zhè ge hǎo ma

▶계산이 틀렸을 때　计算 错误 时
　　　　　　　　　　jìsuàn cuòwù shí

A: 我 觉得 好像 是 算多 了。
　 Wǒ juéde hǎoxiàng shì suànduō le
B: 是 吗? 请 稍 等 一会儿。我 确认 一下。
　 Shì ma　Qǐng shāo děng yíhuìr　 Wǒ quèrèn yíxià
A: 这 是 收据，这些 是 你 给 我 找 的 钱 。
　 Zhè shì shōujù　 zhèxiē shì nǐ gěi wǒ zhǎo de qián
B: 对不起，是 我 算错 了。
　 Duìbuqǐ　 shì wǒ suàncuò le
A: 没 关系 。
　 Méi guānxi
A: 계산이 많이 나온 것 같아요.
B: 그래요? 잠시만요. 확인해 볼게요.
A: 이것은 영수증이구요. 이것들이 저에게 주신 돈입니다.
B: 죄송합니다. 제가 잘못 계산했습니다.
A: 괜찮아요.

④ 대금 지불 **703**

- 계산이 잘못된 것 같아요.
  好像　算错　了。
  Hǎoxiàng suàncuò le
- 다시 계산해 보세요.
  请　再　算　一下 。
  Qǐng zài suàn yíxià

▶ 계산대의 위치를 물을 때① 　询问　收银台　位置　时
　　　　　　　　　　　　　xúnwèn shōuyíntái wèizhì shí

- 계산대가 어디죠?
  请问　收银台　在　哪儿 ?
  Qǐngwèn shōuyíntái zài nǎr
- 계산대가 어디에 있습니까?
  收银台　在　什么　地方 ?
  Shōuyíntái zài shénme dìfang
- 실례합니다만 어디서 계산하죠?
  请问　在　哪儿　付　款 ?
  Qǐngwèn zài nǎr fù kuǎn
- 아동복 코너 옆에 있습니다.
  就　在　童装区　的　旁边 。
  Jiù zài tóngzhuāngqū de pángbiān

Ⅱ 지급 방법　支付　方法
　　　　　　　zhīfù fāngfǎ

A: 这里　能　用　信用卡　吗 ?
　　Zhèli néng yòng xìnyòngkǎ ma
B: 当然　可以 。你　都　有　什么　卡 ?
　　Dāngrán kěyǐ　Nǐ dōu yǒu shénme kǎ

---

① 중국의 백화점에서는 물건을 산 코너에서 계산을 하지 않고, 코너에서 써준 票 piào(전표)를 가지고 收银台 shōuyíntái(계산대)로 가서 지불을 한다. 계산대에서 결제를 한 뒤에 전표에 도장을 찍고 전자영수증을 주면 다시 코너로 가서 제출하고 물건을 받으면 된다. 전자영수증은 교환이나 A/S 때에 꼭 필요하므로 반드시 잘 보관해 두어야 한다.

15. 쇼핑

```
A: 用 长城卡，行 吗？①
   Yòng chángchéngkǎ xíng ma
A: 신용카드를 이용할 수 있습니까?
B: 물론입니다. 어떤 카드를 가지고 계시죠?
A: 중국은행 카드 되지요?
```

- 현금이 없는데 신용카드도 됩니까?
  我 没 带 现金，可以 用 信用卡 吗？
  Wǒ méi dài xiànjīn   kěyǐ yòng xìnyòngkǎ ma

- 수표도 됩니까?
  用 支票 行 吗？
  Yòng zhīpiào xíng ma

- 달러도 됩니까?
  可以 用 美元 吗？
  Kěyǐ yòng měiyuán ma

- 한국 돈도 받나요?
  也 收 韩币 吗？
  Yě shōu hánbì ma

- 현금이나 카드 어느 것으로 지불하셔도 됩니다.
  你 可以 选择 现金 和 信用卡 任 一 种 形式 付 款。
  Nǐ kěyǐ xuǎnzé xiànjīn hé xìnyòngkǎ rèn yì zhǒng xíngshì fù kuǎn

Ⅲ 거스름 돈 找 零钱
              zhǎo língqián

```
A: 不好意思，没有 零钱 了。100 元 的 可以 吗？
   Bù hǎoyìsi méiyǒu língqián le  Yìbǎi yuán de kěyǐ ma
B: 可以，没 问题，找 您 钱 。
   Kěyǐ   méi wèntí   zhǎo nín qián
```

---

① '长城卡 chángchéngkǎ'는 中国银行 Zhōngguó Yínháng (중국은행)에서 발행하는 카드를 말한다. 이 밖에도 工商银行 Gōngshāng Yínháng (공상은행)에서 발행하는 '牡丹卡 mǔdānkǎ', 交通银行 Jiāotōng Yínháng (교통은행)에서 발행하는 '太平洋卡 tàipíngyángkǎ', 建设银行 Jiànshè Yínháng (건설은행)에서 발행하는 '龙卡 lóngkǎ', 农业银行 Nóngyè Yínháng (농업은행)에서 발행하는 '金穗卡 jīnsuìkǎ'등이 있다.

④ 대금 지불

A: 小姐, 好像 你 找 的 钱 不 够。
　　Xiǎojiě　hǎoxiàng nǐ zhǎo de qián bú gòu
B: 是吗? 哦, 少 给了你 10 块 。 真 抱歉 。
　　Shì ma　 O　shǎo gěile nǐ shí kuài　 Zhēn bàoqiàn
A: 미안하지만 잔돈이 없네요. 100 위안짜리 될까요?
B: 괜찮습니다. 거스름 돈입니다.
A: 아가씨, 거스름 돈이 모자란 것 같아요.
B: 그래요? 아, 10 위안을 덜 드렸네요. 죄송합니다.

▶거스름돈이 잘못 되었을 때　　找错　钱　时
　　　　　　　　　　　　　　　zhǎocuò qián shí

• 이 돈 잘못 거슬러쥬 것 아니에요?
　您 看 这 钱 是 不 是　找错　了?
　Nín kàn zhè qián shì bu shì zhǎocuò le

• 정말 죄송합니다. 50 위안을 더 받았네요.
　真　对不起, 多 收了　50　 元 。
　Zhēn duìbuqǐ　 duō shōule wǔshí yuán

• 아마도 5 위안을 더 드린 것 같아요.
　我　好像　多 给了 五 元 。
　Wǒ hǎoxiàng duō gěile wǔ yuán

• 아까 거스름돈 받는 것을 깜빡 잊었어요.
　刚才　忘了 拿 零钱 了 。
　Gāngcái wàngle ná língqián le

5 포장·배달　　包装 / 送货
　　　　　　　　　　　　bāozhuāng　sòng huò

중국에서도 포장이나 배달 서비스가 거의 선진국 수준으로 발달되어있다. 물론 지역이나 상품에 따라 다소 차이가 있어서 북경지역에서는 4환선 또는 5환선 이내 지역을 무료배달해 주는 경우가 많다.

기 본 대 화

A: 请问， 能 送 货 到 家 吗？
　　Qǐngwèn néng sòng huò dào jiā ma
B: 可以，但 需要 付 钱 。 市 内 收 20 元 。
　　Kěyǐ　dàn xūyào fù qián　Shì nèi shōu èrshí yuán
A: 那 请 你们 把 这 衣柜 送到 我 家 好 吗？
　　Nà qǐng nǐmen bǎ zhè yīguì sòngdào wǒ jiā hǎo ma
B: 明天　上午　家里　有人 吗？
　　Míngtiān shàngwǔ jiāli yǒu rén ma
A: 十 点 以前 有 人，来 之前 打 电话 确认 一下 吧 。
　　Shí diǎn yǐqián yǒu rén　lái zhīqián dǎ diànhuà quèrèn yíxià ba

A: 실례합니다. 집까지 배달이 됩니까?
B: 네, 그런데 비용을 지불하셔야 합니다. 시내는 20위안을 받습니다.
A: 그럼 이 옷장을 집까지 배달해 주시겠습니까?
B: 내일 오전에 집에 사람이 있습니까?
A: 10시 이전에는 사람이 있습니다. 오시기 전에 전화로 확인해 주세요.

여러 가지 활용

I 포장　　包装
　　　　　bāozhuāng

A: 我 买 这 件 礼物， 能 免费 包装 吗？
　　Wǒ mǎi zhè jiàn lǐwù néng miǎnfèi bāozhuāng ma

5 포장・배달

15 5 包装/送货

B: 买 包装纸， 免费 包装。
　　Mǎi bāozhuāngzhǐ miǎnfèi bāozhuāng
A: 给 我 一个 绿色 的 纸袋。 这 是 要 送 人 的，请
　　Gěi wǒ yí ge lǜsè de zhǐdài　Zhè shì yào sòng rén de　qǐng
　　包 得 好看 一点儿。
　　bāo de hǎokàn yìdiǎnr
A: 이 선물 사면 무료로 포장해 주나요?
B: 포장지를 사시면 무료로 포장해 드립니다.
A: 초록색 포장지 한 장 주세요. 선물할 거니까 예쁘게 포장해 주세요.

▶포장비　　包装费
　　　　　　bāozhuāngfèi

• 포장비는 얼마예요?
　包装费 是 多少 钱?
　Bāozhuāngfèi shì duōshao qián

• 여기 포장하는 데 돈 받아요?
　这里 包装 收费 吗?
　Zhèli bāozhuāng shōu fèi ma

• 포장은 무료입니다.
　包装 免费。/ 免费 包装。
　Bāozhuāng miǎnfèi　Miǎnfèi bāozhuāng

• 포장비는 받지 않습니다.
　我们 不 收 包装费。
　Wǒmen bù shōu bāozhuāngfèi

• 포장비는 별도로 계산합니다.
　包装费 另算。
　Bāozhuāngfèi lìng suàn

▶포장 방법　　包装　方式
　　　　　　　bāozhuāng fāngshì

• 붉은색 종이로 포장해 주시겠습니까?
　请 用 红色 的 纸 包上 好 吗?
　Qǐng yòng hóngsè de zhǐ bāoshàng hǎo ma

- 겉에는 노란색 포장 끈을 사용해 주세요.
  外面 用 黄色 的 包装带。
  Wàimiàn yòng huángsè de bāozhuāngdài

- 붉은색과 노란색 끈으로 묶어 주세요.
  用 红黄 两 种 带子 扎 起来。
  Yòng hónghuáng liǎng zhǒng dàizi zhā qilai

- 포장 위에 리본을 매어 주세요.
  我 要 在 包装 上面 系 一 个 蝴蝶结。
  Wǒ yào zài bāozhuāng shàngmian jì yí ge húdiéjié

- 안에 든 물건이 깨지지 않게 해 주세요.
  请 不要 让 里面的 东西 摔坏 了。
  Qǐng búyào ràng lǐmian de dōngxi shuāihuài le

- 포장 겉면에 "생일을 축하합니다" 라고 써 주세요.
  包装 外面 写上 " 生日 快乐 "。
  Bāozhuāng wàimian xiěshàng shēngrì kuàilè

- 이 책도 함께 포장해 주세요.
  把 这些 书 包在 一起 吧。
  Bǎ zhèxiē shū bāozài yìqǐ ba

Ⅱ 배달 送货
sòng huò

A: 今天 可以 送到 吗？
　 Jīntiān kěyǐ sòngdào ma

B: 今天 可能 有点儿 困难。
　 Jīntiān kěnéng yǒudiǎnr kùnnan

A: 请 尽量 快 一点。
　 Qǐng jǐnliàng kuài yìdiǎn

A: 오늘안에 배달이 됩니까?
B: 오늘은 조금 어려울 것 같은데요.
A: 될 수 있는 대로 빨리해 주세요.

▶배달비　送货费
　　　　　sònghuòfèi

- 배달비는 얼마예요?
  送货费是多少？
  Sònghuòfèi shì duōshao

- 배달은 따로 돈을 내야 하나요?
  送货还要另算费用吗？
  Sòng huò hái yào lìng suàn fèiyòng ma

- 배달은 무료입니다.
  送货是免费的。
  Sòng huò shì miǎnfèi de

- 시내는 무료로 배달됩니다.
  市内免费送货。
  Shìnèi miǎnfèi sòng huò

- 컴퓨터 사시면 서비스로 해 드립니다.
  这是买这台电脑的附加服务。
  Zhè shì mǎi zhè tái diànnǎo de fùjiā fúwù

- 집까지 배달해 드립니다. 따로 비용을 받지는 않아요.
  送货上门，不另收费。
  Sòng huò shàng mén　bú lìng shōu fèi

▶배달 시간 및 장소　送货时间 / 地点
　　　　　　　　　sòng huò shíjiān　dìdiǎn

- 5시까지 배달됩니까?
  五点可以送到吗？
  Wǔ diǎn kěyǐ sòngdào ma

- 하루 안에 배달됩니까?
  一天内能送到？
  Yì tiān nèi néng sòngdào

- 이 주소로 배달해 주세요.
  请按这个地址送。
  Qǐng àn zhè ge dìzhǐ sòng

- 여기 제 주소입니다. 내일까지 배달 부탁해요.
  这是我的地址，请在明天之前送到。
  Zhè shì wǒ de dìzhǐ　qǐng zài míngtiān zhīqián sòngdào

▶ 기타 其他
　　　　　qítā

- 여기서 배달도 해 주나요?
  这里 管 送 货 吗？①
  Zhèli guǎn sòng huò ma

- 전화만 하시면 언제라도 댁까지 배달됩니다.
  只要 打 一 个 电话，就 可以 随时 送 货 上 门。
  Zhǐyào dǎ yí ge diànhuà jiù kěyǐ suíshí sòng huò shàng mén

- 이 가격에는 배달비와 설치비가 포함되어 있습니다.
  那 价钱 还 包括 送货费 和 安装费。
  Nà jiàqián hái bāokuò sònghuòfèi hé ānzhuāngfèi

Ⅲ 배달이 잘못 되었을 때　　送 货 出 错 时
　　　　　　　　　　　　　sòng huò chū cuò shí

A: 送错 了吧？我 要 的是 微波炉。
　 Sòngcuò le ba　 Wǒ yào de shì wēibōlú
B: 是吗？我们 确认 一下，赶紧 给你 调换。
　 Shì ma　 Wǒmen quèrèn yíxià　 gǎnjǐn gěi nǐ diàohuàn
A: 잘못 배달된 거 아니에요? 제가 시킨 것은 전자렌지인데요.
B: 그렇습니까? 저희가 확인해보고 즉시 바꿔드리겠습니다.

- 이건 제가 시킨 것이 아닌데요.
  这 不是 我 订 的。
  Zhè bú shì wǒ dìng de

- 제가 오전에 갖다 달라고 했는데 이제야 왔으니 이미 소용 없어요.
  我 订 的 是 上午 送来，现在 才 送来 已经 没有
  Wǒ dìng de shì shàngwǔ sònglái xiànzài cái sònglái yǐjīng méiyǒu
  用 了。
  yòng le

---

① 管 guǎn: 담당하다, 책임지다.

6 교환·반품   换货 / 退货
huànhuò tuìhuò

물건을 살 때에는 성능이나 외관 등에 이상이 없나를 잘 살펴보고 결정해야 할 것이다. 이미 산 물건을 다시 교환이나 반품하자면 그에 소요되는 시간과 비용, 노력이 들기 때문이다. 또한 간혹 교환이나 반품을 거절 당할 수도 있으므로 더욱 신중해야 한다. 특히 중국에서는 교환이나 반품을 할 때에는 반드시 영수증(收据 shōujù 또는 发票 fāpiào)을 제시하여야 하므로 잘 보관해 두어야 한다.

기본대화

A: 打扰 一下, 我 想 换 一下 这 件 夹克。
   Dǎrǎo yíxià wǒ xiǎng huàn yíxià zhè jiàn jiākè

B: 有 什么 问题 吗?
   Yǒu shénme wèntí ma

A: 这 是 要 送给 朋友 的。试了 一下儿,有点儿 小。
   Zhè shì yào sònggěi péngyou de Shìle yíxiàr yǒudiǎnr xiǎo
有 没有 稍微 再大一点儿 的?
Yǒu méiyǒu shāowēi zài dà yìdiǎnr de

B: 好的,那您再挑 一下吧。
   Hǎode nà nín zài tiāo yíxià ba

A: 실례합니다. 이 자켓을 교환하고 싶은데요.
B: 무슨 문제라도 있습니까?
A: 이건 친구에게 선물해 줄 건데요, 입어보니 조금 작더라구요. 좀더 큰 것 없을까요?
B: 그러세요. 다시 골라 보세요.

여러 가지 활용

Ⅰ 교환·반품을 약속할 때   换货 / 退货 的 承诺
huànhuò tuìhuò de chéngnuò

- 만일 작으면 큰 걸로 바꿀 수 있죠?
  如果 小了 的话,可以 换成 大 的 吗?
  Rúguǒ xiǎole dehuà kěyǐ huànchéng dà de ma

- 만일 물건에 이상이 있으면 바꿀 수 있어요?
  假如 有 毛病，可以 换 吗？
  Jiǎrú yǒu máobìng kěyǐ huàn ma
- 마음에 안들어 하면 다시 다른 것으로 바꿔도 돼요?
  他 不 喜欢，再 来 换 别的，可以 吗？
  Tā bù xǐhuan zài lái huàn biéde kěyǐ ma
- 한 달 이내에 효과가 없으면 반품하셔도 됩니다.
  在 一 个 月 之 内 没有 效果 的话，可以 退。
  Zài yí ge yuè zhī nèi méiyǒu xiàoguǒ dehuà kěyǐ tuì
- 저희 상품에 만족하지 않으시면 1주일 이내에 교환하시면 됩니다.
  对 我们 的 产品 不 满意 的话，在 一 周 之 内 来 换 都 可以。
  Duì wǒmen de chǎnpǐn bù mǎnyì dehuà zài yì zhōu zhī nèi lái huàn dōu kěyǐ
- 색상이 맘에 안 드시면 와서 교환하세요.
  颜色 不 喜欢 的话，来 换 吧。
  Yánsè bù xǐhuan dehuà lái huàn ba

Ⅱ 교환·반품을 원할 때　　想　换货 / 退货 时
　　　　　　　　　　　　xiǎng huànhuò tuìhuò shí

▶교환·반품을 요구할 때　要求　换货 / 退货
　　　　　　　　　　　　yāoqiú huànhuò tuìhuò

- 이거 교환 됩니까?
  这 个 可以 换 吗？
  Zhè ge kěyǐ huàn ma
- 반품할 수 있을까요?
  我 能 退 吗？
  Wǒ néng tuì ma
- 이것을 다른 걸로 바꾸고 싶은데요.
  我 想 用 这 个 换 别的。
  Wǒ xiǎng yòng zhè ge huàn biéde

▶교환·반품의 사유　换 货 / 退 货 的 理由
　　　　　　　　　　huàn huò tuì huò de lǐyóu

A: 这 是 我 昨天 买 的 裤子，不 太 合适，来 换 一下。
　　Zhè shì wǒ zuótiān mǎi de kùzi bú tài héshì lái huàn yíxià

6 교환·반품

B: 是 哪儿 不 合适？ 大 还是 小 ?
　　Shì nǎr bù héshì　Dà háishi xiǎo
A: 不 , 是 颜色 不 合适 , 家人 不 喜欢 。
　　Bù　shì yánsè bù héshì　jiārén bù xǐhuan
A: 이거 어제 산 바지인데 잘 안 맞아서 바꾸러 왔어요.
B: 어디가 안 맞는데요? 커요, 작아요?
A: 아녜요. 색이 별로예요. 집사람이 안 좋아해요.

- 이 식탁 다리에 흠이 있어요.
  这 饭桌腿　上　有 裂缝 。
  Zhè fànzhuōtuǐ shang yǒu lièfèng

- 여기에 구멍이 나 있어요.
  这儿 有 个 洞 。
  Zhèr yǒu ge dòng

- 바지에 무슨 더러운게 묻어 있어요.
  裤子　上面　有 什么　脏 东西 。
  Kùzi shàngmian yǒu shénme zāng dōngxi

- 상의 지퍼가 말을 잘 안들어요.
  上衣 的 拉链 不太 好使 。
  Shàngyī de lāliàn bútài hǎoshǐ

- 색이 너무 심하게 바랬어요.
  颜色 掉 得 很 厉害 。
  Yánsè diào de hěn lìhai

- 갑자기 단추 두 개가 떨어졌어요.
  竟然 掉了 两 个 扣子 。
  Jìngrán diàole liǎng ge kòuzi

- 저는 설명서대로 세탁을 했는데 이렇게 많이 줄어 들었어요.
  我 是 按　说明书　洗 的 , 不过 还是 缩了 这么 多 。
  Wǒ shì àn shuōmíngshū xǐ de　búguò háishi suōle zhème duō

- 어제 산 것이 너무 어두운 것 같아서요. 좀 밝은 것으로 바꿀 수 있을까요?
  昨天 买 的 好像 有点儿 太 暗 了 , 能 不 能 换 一
  Zuótiān mǎi de hǎoxiàng yǒudiǎnr tài àn le　néng bu néng huàn yí
  个 鲜艳 一点儿 的 ?
  ge xiānyàn yìdiǎnr de

Ⅲ 교환·반품에 동의할 때　同意 换货 / 退货 时
　　　　　　　　　　　　　　tóngyì huànhuò　tuìhuò shí

- 그럼 어떤 색으로 하시게요? 골라 보세요.
  那 您 要　什么　颜色？　来 挑　一下 吧。
  Nà nín yào shénme yánsè　 Lái tiāo yíxià ba

- 그 물건이 지금 없는데 다른 것으로 고르세요.
  那　种　货　现在　没有　了，挑 别的 吧。
  Nà zhǒng huò xiànzài méiyǒu le　tiāo biéde ba

- 반품하시겠어요, 교환하시겠어요? 제가 다시 다른 것 보여 드릴게요.
  是 退 还是 换 ？ 我 再 给 你 拿 另 一 件 吧。
  Shì tuì háishi huàn　 Wǒ zài gěi nǐ ná lìng yí jiàn ba

- 맘에 안 드시면 환불해 드릴게요.
  您 不 喜欢 的话，给 您 退 款 吧。
  Nín bù xǐhuan dehuà　gěi nín tuì kuǎn ba

Ⅳ 교환·반품을 거절할 때　拒绝 换货 / 退货 时
　　　　　　　　　　　　　　jùjué huànhuò　tuìhuò shí

A: 上周　买 的 这 件　上衣 我 只 洗过 yí cì，现在
　　Shàngzhōu mǎi de zhè jiàn shàngyī wǒ zhǐ xǐguo yí cì　xiànzài
　　变 得 这么 小 了。我 想　退 货 或者 跟 别的
　　biàn de zhème xiǎo le　 Wǒ xiǎng tuì huò huòzhě gēn biéde
　　换 一下。
　　huàn yíxià

B: 真　是 对不起，这 是 减 价 销售 的 产品，所以 不
　　Zhēn shì duìbuqǐ　 zhè shì jiǎn jià xiāoshòu de chǎnpǐn suǒyǐ bù
　　能 退 也 不 能　换。
　　néng tuì yě bù néng huàn

A: 지난 주에 산 이 상의를 딱 한 번 빨았는데 이렇게 줄어들었어요. 반품하거나 다른 것과 바꿨으면 좋겠어요.

B: 죄송하지만 이건 할인했던 상품이군요. 따라서 반품이나 교환이 안됩니다.

- 이미 뜯어 보셨기 때문에 반품은 곤란합니다.
  已经 打开 了，所以 很 难 退 。
  Yǐjīng dǎkāi le　suǒyǐ hěn nán tuì

- 이미 사용을 하셨기 때문에 반품을 해드릴 수 없습니다.
  您已经 使用 过 了，所以 不 能 退。
  Nín yǐjīng shǐyòng guo le suǒyǐ bù néng tuì

- 영수증이 없으면 교환할 수 없습니다.
  没有 发票 就 不 能 换 了。
  Méiyǒu fāpiào jiù bù néng huàn le

- 지난번 물건 살 때는 바꿔주겠다고 했잖아요?
  上 次 我 买 的 时候，你 不 是 说 包换 吗？
  Shàng cì wǒ mǎi de shíhou nǐ bú shì shuō bāohuàn ma

- 물건에 하자가 있는데 왜 안 바꿔주는 거예요?
  这 本身 有 毛病，为什么 不 给 我 换 呢？
  Zhè běnshēn yǒu máobìng wèishénme bù gěi wǒ huàn ne

7 쇼핑 화제

购物 话题
gòuwù huàtí

쇼핑에 관한 이야기는 어디에서나 심심치 않게 등장하는 대화 내용이다. 백문이 불여일견(百闻不如一见)이라 하지만 쇼핑담은 언제나 밝고 흥미로운 대화 소재이며, 특히 정보를 나누는데 있어 매우 긴요하다. 요즘 인터넷과 TV 홈쇼핑이 날로 발전하고 있지만 쇼핑에 관한 한 개인간의 대화와 정보교환의 필요성은 여전한 듯하다.

기본대화

A: 哇，这件连衣裙好漂亮啊。在哪儿买的？
  Wa zhè jiàn liányīqún hǎo piàoliang a Zài nǎr mǎi de
B: 在吉利大厦买的。
  Zài Jílì Dàshà mǎi de
A: 看起来质量很好，挺贵的吧？
  Kàn qǐlai zhìliàng hěn hǎo tǐng guì de ba
B: 不是，只花了 100 元。现在打折打得特别厉害。
  Bú shì zhǐ huāle yìbǎi yuán Xiànzài dǎ zhé dǎ de tèbié lìhai
A: 那更便宜了。我也要去一趟。
  Nà gèng piányi le Wǒ yě yào qù yí tàng
B: 赶快吧。都在抢购呢。①
  Gǎnkuài ba Dōu zài qiǎnggòu ne

A: 와, 이 원피스 너무 예쁘다. 어디서 산 거예요?
B: 지리따싸에서 샀어요.
A: 품질이 좋아 보이는데요. 꽤 비싸겠죠?
B: 아뇨, 단돈 100 위안에 산걸요. 지금 할인을 굉장히 많이 하고 있어요.
A: 그럼 더 싸겠군요. 저도 한 번 가봐야겠어요.
B: 빨리 가세요, 서로 앞 다퉈 사더라구요.

---

① 抢购 qiǎnggòu: 앞을 다투어 사다. 마구 사들이다. 매점매석하다.

여러 가지 활용

I 쇼핑 화제　购物 话题
　　　　　　　　　gòuwù huàtí

▶가격에 대한 이야기　谈论 价格
　　　　　　　　　　tánlùn jiàgé

- 그들이 얼마 달라고 하던가요?
  他们 要 多少 钱?
  Tāmen yào duōshao qián

- 이거 얼마인지 맞춰봐요.
  你猜这个 多少 钱?
  Nǐ cāi zhè ge duōshao qián

- 부르는 값이 너무 비쌌어요.
  他们 要价也太高 了。
  Tāmen yào jià yě tài gāo le

- 속았군요?
  你被骗 了!
  Nǐ bèi piàn le

- 이게 어디 그 만한 가치가 있어요?
  这 哪值那么 多 钱 啊?
  Zhè nǎ zhí nàme duō qián a

- 당신은 참 알뜰하군요.
  你 真 会 过 日子。①
  Nǐ zhēn huì guò rìzi

▶품질에 대한 평가　评价 质量
　　　　　　　　　　píngjià zhìliàng

- 물건이 가치가 있네요.
  物 有 所 值。
  Wù yǒu suǒ zhí

- 역시 명품이 좋아요.
  还是 名牌 好啊。
  Háishi míngpái hǎo a

---

① 会过日子 huì guò rìzi: 살림을 잘하다, 알뜰하다.

- 싸구려는 역시 안 된다니까요.
  便宜 的 就 是 不 行 。
  Piányi de jiù shì bù xíng
- 정말 싼게 비지떡이에요.
  真 是 便宜 没 好 货 啊 。
  Zhēn shì piányi méi hǎo huò a
- 비싸다고 반드시 좋은 것은 아니죠.
  贵 的 不 一定 都 好 。
  Guì de bù yídìng dōu hǎo

▶ 쇼핑 계획　购物 计划
　　　　　　　gòuwù jìhuà

- 물건 사기 전에 품질을 꼼꼼히 살펴봐야 해요.
  在 买 东西 之前 要 好好儿 看 一下 质量 。
  Zài mǎi dōngxi zhīqián yào hǎohāor kàn yíxià zhìliàng
- 자세히 살펴보지도 않고 사는 것은 어리석은 짓이에요.
  不 好好儿 看 就 买 ，那 就 太 傻 了 。
  Bù hǎohāor kàn jiù mǎi　nà jiù tài shǎ le
- 잘 살펴보고 사면 후회를 하지 않아요.
  看好 再 买 ，省得 后悔 。
  Kànhǎo zài mǎi　shěngde hòuhuǐ
- 충동구매를 하지 않으려면 쇼핑계획을 잘 세워서 해야 해요.
  不 想 冲动 购买 ，就 得 要 好好儿 订 一下 购物 计划 。
  Bù xiǎng chōngdòng gòumǎi　jiù děi yào hǎohāor dìng yíxià gòuwù jìhuà
- 카드로 마구 쇼핑하다가는 월말에 쪼들리게 될거예요.
  乱 用 卡 购物 的话 ，月 末 手头 会 很 紧 的 。
  Luàn yòng kǎ gòuwù dehuà　yuè mò shǒutóu huì hěn jǐn de

▶ 최근의 쇼핑 경향　最近 购物 趋势
　　　　　　　　　zuìjìn gòuwù qūshì

- 요즘 젊은 사람들은 무턱대고 명품만 좋아하는 경향이 있어요.
  最近 年轻人 中 出现 盲目 追求 名牌 的 现象 。
  Zuìjìn niánqīngrén zhōng chūxiàn mángmù zhuīqiú míngpái de xiànxiàng

7 쇼핑 화제

- 시간이 없는 사람들은 인터넷 쇼핑을 많이 이용해요.
  没 时间 的 人 大多 采用 网络 购物。
  Méi shíjiān de rén dàduō cǎiyòng wǎngluò gòuwù
- TV 홈쇼핑을 통해서 몇 번 사봤는데 괜찮더군요.
  通过 电视 购物 买过 几 次, 效果 不错。
  Tōngguò diànshì gòuwù mǎiguo jǐ cì xiàoguǒ búcuò

참고 관련 용어 词汇
cíhuì

▶ 매장   销售场
       xiāoshòuchǎng

- 백화점   百货 商店, 百货 大楼,
          bǎihuò shāngdiàn bǎihuò dàlóu
          商场,   商城
          shāngchǎng shāngchéng
- 쇼핑센터 购物 中心
          gòuwù zhōngxīn
- 슈퍼   超市
          chāoshì
- 창고형 대형매장 仓库型 大型
                 cāngkùxíng dàxíng
                 销售店
                 xiāoshòudiàn
- 지하상가 地下 商场
          dìxià shāngchǎng
- 중고품 상점 旧货 商店
             jiùhuò shāngdiàn
- 판매가격 销售 价格
          xiāoshòu jiàgé
- 대폭 할인 大甩卖
           dàshuǎimài
- 최저가격 最低价格
          zuì dī jiàgé
- 출고가격 出厂价格
          chū chǎng jiàgé
- 우대가격 优惠价格
          yōuhuì jiàgé
- 할인판매 打折 销售
          dǎ zhé xiāoshòu
- 고정가격 固定价格
          gùdìng jiàgé
- 가격표   价格表
          jiàgébiǎo
- 상품권   商品券
          shāngpǐnquàn

- 증정권   赠品券
          zèngpǐnquàn
- 비매품   非卖品
          fēimàipǐn
- 영업중   正在 营业
          zhèngzài yíngyè
- 영업시간 营业 时间
          yíngyè shíjiān
- 영업정지 停业
          tíng yè
- 쇼핑하다 购物, 逛街
          gòuwù guàngjiē
- 아이쇼핑하다 闲逛
              xiánguàng
- 싸다   便宜
         piányi
- 비싸다   贵
         guì
- 값을 깎다 砍价, 讲价
          kǎn jià jiǎng jià
- 모조상품 赝品
          yànpǐn
- 가짜상품 冒牌货
          màopáihuò
- 명품   名牌货
         míngpáihuò
- 포장지   包装纸
          bāozhuāngzhǐ
- 포장하다 包装
          bāozhuāng
- 배달하다 送
          sòng
- 교환하다 换
          huàn

15. 쇼핑

- 반품하다　退货 tuì huò
- 환불하다　退钱 tuì qián

▶ 의류 코너　服装区 fúzhuāngqū

- 숙녀복　淑女装 shūnǚzhuāng
- 남성복　男装 nánzhuāng
- 아동복　童装 tóngzhuāng
- 남성정장　男士礼服 nánshì lǐfú
- 셔츠　衬衫 chènshān
- 넥타이　领带 lǐngdài
- 바지　裤子 kùzi
- 오리털 파카　羽绒服 yǔróngfú
- 조끼　背心, 坎肩 bèixīn, kǎnjiān
- 반바지　短裤 duǎnkù
- 티셔츠　T恤 T xù
- 비옷　雨衣 yǔyī
- 속치마　衬裙 chènqún
- 손수건　手帕 shǒupà
- 스카프　围巾 wéijīn
- 양말　袜子 wàzi
- 작업복　工作服 gōngzuòfú
- 장갑　手套 shǒutào
- 윈드재킷　风衣 fēngyī
- 스커트　裙子 qúnzi
- 주름치마　褶裙 zhěqún
- 잠옷　睡衣 shuìyī
- 내의　内衣 nèiyī
- 브래지어　胸罩 xiōngzhào
- 팬티스타킹　连裤袜 liánkùwà
- 고탄력 판탈롱 스타킹　超弹 中筒袜 chāotán zhōngtǒngwà

▶ 신발 코너　鞋区 xiéqū

- 구두　皮鞋 píxié
- 하이힐　高跟鞋 gāogēnxié
- 장화　雨鞋 yǔxié
- 부츠　靴子 xuēzi
- 샌들　凉鞋 liángxié
- 슬리퍼　拖鞋 tuōxié
- 키높이 구두　增高鞋 zēnggāoxié
- 운동화　运动鞋 yùndòngxié
- 등산화　登山鞋 dēngshānxié
- 레저화　休闲鞋 xiūxiánxié
- 쇠가죽　牛皮 niúpí
- 악어가죽　鳄鱼皮 èyúpí

7 购物话题

▶ 어류 코너　水产区 shuǐchǎnqū

- 갈치　带鱼 dàiyú
- 연어　三文鱼 sānwényú
- 오징어　鱿鱼 yóuyú
- 조기　黄花鱼 huánghuāyú
- 조개　贝 bèi
- 새우　虾 xiā
- 게　螃蟹 pángxiè
- 고등어　青鱼 qīngyú
- 참치　金枪鱼 jīnqiāngyú
- 명태　明太鱼 míngtàiyú
- 장어　鳗鱼 mányú
- 미꾸라지　泥鳅 níqiū
- 붕어　鲫鱼 jìyú
- 잉어　鲤鱼 lǐyú

▶ 육류 코너　肉类区 ròulèiqū

- 돼지고기　猪肉 zhūròu
- 쇠고기　牛肉 niúròu
- 닭고기　鸡肉 jīròu
- 양고기　羊肉 yángròu
- 오리고기　鸭肉 yāròu
- 갈비　排骨 páigǔ
- 삼겹살　五花肉 wǔhuāròu
- 스테이크　牛排 niúpái
- 등심　里脊 lǐji
- 살코기　瘦肉 shòuròu
- 닭 날개　鸡翅 jīchì
- 닭 다리　鸡腿 jītuǐ

▶ 식료품 코너　食品区 shípǐnqū

- 간장　酱油 jiàngyóu
- 된장　大酱 dàjiàng
- 고추장　辣椒酱 làjiāojiàng
- 샐러드유　色拉油 sèlāyóu
- 콩기름　豆油 dòuyóu
- 참기름　香油 xiāngyóu
- 토마토 케찹　番茄酱 fānqiéjiàng
- 식초　醋 cù
- 버터　奶油，黄油 nǎiyóu, huángyóu
- 치즈　奶酪 nǎilào
- 마요네즈　沙拉酱 shālājiàng
- 소금　盐 yán
- 설탕　砂糖 shātáng
- 겨자　芥末 jièmò
- 잼　果酱 guǒjiàng
- 화학조미료　味精 wèijīng

15. 쇼　핑

- 냉동식품　冷冻食品 lěngdòng shípǐn
- 빵　面包 miànbāo
- 라면　方便面 fāngbiànmiàn
- 꿀　蜂蜜 fēngmì
- 햄　火腿 huǒtuǐ

▶ 과일 코너　水果区 shuǐguǒqū

- 사과　苹果 píngguǒ
- 배　梨 lí
- 복숭아　桃 táo
- 딸기　草莓 cǎoméi
- 포도　葡萄 pútáo
- 수박　西瓜 xīguā

▶ 야채 코너　蔬菜区 shūcàiqū

- 배추　白菜 báicài
- 무　萝卜 luóbo
- 시금치　菠菜 bōcài
- 상추　生菜 shēngcài
- 토마토　西红柿 xīhóngshì
- 감자　土豆 tǔdòu
- 오이　黄瓜 huángguā

▶ 가전 용품　家电用品区 jiādiànyòngpǐnqū

- TV　电视 diànshì
- 냉장고　冰箱 bīngxiāng
- 에어컨　空调 kōngtiáo

- 소시지　香肠 xiāngcháng
- 초콜릿　巧克力 qiǎokèlì
- 쥬스　果汁 guǒzhī
- 두부　豆腐 dòufu
- 우유　牛奶 niúnǎi

- 참외　香瓜 xiāngguā
- 바나나　香蕉 xiāngjiāo
- 감　柿子 shìzi
- 귤　橘子 júzi
- 파인애플　菠萝 bōluó
- 오렌지　橙子 chéngzi

- 호박　南瓜 nánguā
- 당근　胡萝卜 húluóbo
- 파　葱 cōng
- 양파　洋葱 yángcōng
- 마늘　蒜 suàn
- 생강　生姜 shēngjiāng

- 세탁기　洗衣机 xǐyījī
- 선풍기　电风扇 diànfēngshàn
- 전자레인지　微波炉 wēibōlú

7 쇼핑 화제

- 컴퓨터 　电脑 diànnǎo
- 오디오 　音响 yīnxiǎng
- ▶가구 　家具区 jiājùqū
- 장롱 　衣柜 yīguì
- 책장 　书柜 shūguì
- 책상 　书桌 shūzhuō
- 의자 　椅子 yǐzi
- 식탁 　餐桌，饭桌 cānzhuō fànzhuō
- ▶보석 코너 　首饰店 shoushìdiàn
- 악세사리 　首饰 shǒushì
- 목걸이 　项链 xiàngliàn
- 귀걸이 　耳环 ěrhuán
- ▶꽃집 　花店 huādiàn
- 장미 　玫瑰 méigui
- 카네이션 　康乃馨 kāngnǎixīn
- 국화 　菊花 júhuā
- 튤립 　郁金香 yùjīnxiāng
- 수선화 　水仙花 shuǐxiānhuā
- 백합 　百合花 bǎihéhuā
- ▶화장품 코너 　化妆品店 huàzhuāngpǐndiàn
- 로션 　护肤液 hùfūyè
- 크림 　护肤霜 hùfūshuāng
- 립스틱 　口红 kǒuhóng

- 라디오 　收音机 shōuyīnjī
- 휴대용 카세트 　随身听 suíshēntīng
- 침대 　床 chuáng
- 매트 　床垫 chuángdiàn
- 소파 　沙发 shāfā
- 화장대 　化妆台 huàzhuāngtái
- 씽크대 　水槽 shuǐcáo
- 반지 　戒指 jièzhi
- 팔찌 　手镯 shǒuzhuó
- 브로치 　胸针 xiōngzhēn
- 안개꽃 　满天星 mǎntiānxīng
- 화환 　花圈 huāquān
- 꽃다발 　花束 huāshù
- 화분 　花盆 huāpén
- 꽃병 　花瓶 huāpíng
- 물주기 　浇水 jiāo shuǐ
- 마스카라 　睫毛膏 jiémáogāo
- 화운데이션 　干粉 gānfěn
- 선크림 　防晒霜 fángshàishuāng

15. 쇼 핑

- 아이새도우 眼影 *yǎnyǐng*
- 아이크림 眼霜 *yǎnshuāng*
- 아이브로팬슬 眉笔 *méibǐ*
- 클린싱 크림 洗面奶 *xǐmiànnǎi*

▶ 선물 코너 礼品店 *lǐpǐndiàn*

- 인형 娃娃 *wáwa*
- 라이터 打火机 *dǎhuǒjī*
- 지갑 钱包 *qiánbāo*
- 액자 相框 *xiàngkuàng*
- 면도기 刮胡刀, 剃须刀 *guāhúdāo tìxūdāo*
- 시계 手表 *shǒubiǎo*
- 머리핀 发卡 *fàqiǎ*
- 넥타이핀 领带夹 *lǐngdàijiā*

▶ 문구류 文具店 *wénjùdiàn*

- 연필 铅笔 *qiānbǐ*
- 크레파스 蜡笔 *làbǐ*
- 색연필 彩笔 *cǎibǐ*
- 지우개 橡皮 *xiàngpí*
- 자 尺 *chǐ*
- 스케치북 素描本, 美术本 *sùmiáoběn měishùběn*
- 필통 笔盒 *bǐhé*
- 책가방 书包 *shūbāo*
- 만년필 钢笔 *gāngbǐ*
- 파일 文件夹 *wénjiànjiā*
- 수정테이프 涂改带 *túgǎidài*
- 수정액 涂改液 *túgǎiyè*

▶ 주방 용품 厨房 用具 *chúfáng yòngjù*

- 국자 汤勺 *tāngsháo*
- 포크 叉子 *chāzi*
- 칼 刀 *dāo*
- 믹서기 搅拌机 *jiǎobànjī*
- 보온병 保温瓶 *bǎowēnpíng*
- 철수세미 铁刷子 *tiěshuāzi*
- 주방세제 餐具 洗涤剂 *cānjù xǐdíjì*
- 프라이팬 不粘锅 *bùzhānguō*
- 접시 碟子 *diézi*
- 도마 菜板 *càibǎn*
- 젓가락 筷子 *kuàizi*
- 수저 饭勺 *fànsháo*
- 컵 杯子 *bēizi*
- 종이컵 纸杯 *zhǐbēi*

16

학교 생활

学校生活　　　　　　　XUEXIAO SHENGHUO

1. 입학·전학·편입　　　　入学/转学/插班
2. 수업·과제　　　　　　上课/作业
3. 시험·성적　　　　　　考试/成绩
4. 학교·전공 선택　　　选择学校/专业
5. 수강신청·학점　　　　选课/学分
6. 학비·장학금　　　　　学费/奖学金
7. 도서관에서　　　　　　在图书馆
8. 기숙사에서　　　　　　在宿舍

1 입학 · 전학 · 편입   入学 / 转 学 / 插班
   rùxué   zhuǎn xué   chā bān

중국의 학교에 들어가고자 할 경우에는 대부분 많은 赞助费 zànzhùfèi(찬조금)을 내야 하는데 액수는 지역과 학교에 따라 차이가 많다. 중국어가 능숙하지 않은 외국 유학생들을 위해서 일부 小学 xiǎoxué(초등학교), 中学 zhōngxué(중고등학교)에서는 国际班 guójìbān(국제반)을 운영하고 있다. 처음 중국에 유학 온 학생들은 여기에서 먼저 중국어의 기초를 다진 후에 본 학년의 반으로 배치되는데, 이를 插班 chā bān(차반)이라고 한다.

기 본 대 화

A: 您好，我是来 商量 我儿子的 转 学 问题，他
   Nín hǎo wǒ shì lái shāngliang wǒ érzi de zhuǎn xué wèntí tā
   现在 是 中学 三 年级。
   xiànzài shì zhōngxué sān niánjí

B: 他会说汉语吗？①
   Tā huì shuō Hànyǔ ma

A: 在 韩国 学了 一点儿 。
   Zài Hánguó xuéle yìdiǎnr

B: 那就没 什么 问题了，我很 欢迎 您的孩子加入
   Nà jiù méi shénme wèntí le wǒ hěn huānyíng nín de háizi jiārù
   我们 的 学校 。
   wǒmen de xuéxiào

A: 赞助费 和学费 是 多少 ？
   Zànzhùfèi hé xuéfèi shì duōshao

---

① 중국 사람들은 자기네 언어를 말할 때 中国语 Zhōngguóyǔ 또는 中国话 Zhōngguóhuà 라고 하지 아니하고, 汉语 Hànyǔ 또는 普通话 Pǔtōnghuà 라고 한다. 엄밀히 말하자면 중국 소수민족들의 언어도 광의의 중국어에 속하므로, 그 중에서도 중국인의 대부분을 차지하는 한족(汉族 Hànzú)이 쓰는 언어라 해서 汉语 Hànyǔ 라고 하는 것이다. 또한 중국에는 같은 汉语 Hànyǔ 일지라도 지역마다 방언이 심하므로 '표준중국어' 라는 뜻에서 '普通话 pǔtōnghuà' 라고 한다.

728　16. 학교 생활

B: 赞助费 是 一万 元 , 学费 和 其他 中国 学生 一样 。
　　Zànzhùfèi shì yíwàn yuán xuéfèi hé qítā Zhōngguó xuésheng yíyàng

A: 안녕하세요. 아들의 전학문제를 상담하러 왔는데요, 지금 중학교 3학년입니다.

B: 아이가 중국어를 할 수 있습니까?

A: 한국에서 조금 배웠습니다.

B: 그러면 별 문제 없겠군요. 자제분이 우리 학교에 들어오게 된 것을 환영합니다.

A: 찬조금과 학비가 어떻게 됩니까?

B: 찬조금은 1만위안이며, 학비는 다른 중국학생들과 같습니다.

여러 가지 활용

Ⅰ 입학　入学
　　　　　rùxué

▶입학시험　入学 考试
　　　　　　rùxué kǎoshì

A: 要 想 进 中国 大学 , 汉语 要 达到 几 级 ?
　　Yào xiǎng jìn Zhōngguó dàxué Hànyǔ yào dádào jǐ jí

B: 至少 也 要 达到 HSK 六级 。 ①
　　Zhìshǎo yě yào dádào HSK liù jí

A: 중국 대학에 들어가려면 중국어는 몇 급이 되어야 하지요?

B: 적어도 HSK 6급은 되어야 합니다.

• 그는 두 학교에 모두 합격했어요.
　他 被 两 个 学校 同时 录取 了 。 ②
　Tā bèi liǎng ge xuéxiào tóngshí lùqǔ le

---

① HSK 란 汉语水平考试 Hànyǔ Shuǐpíng Kǎoshì(한어수평고시)의 각 단어 첫 병음(拼音 pīnyīn)을 따서 만든 명칭이다.

② 录取 lùqǔ: 뽑다, 합격시키다, 채용하다. 앞에 被 bèi 가 오면 '뽑히다', '합격하다' , '채용되다' 의 뜻이 됨.

1 입학 · 전학 · 편입

- 그는 입학시험에 통과하지 못했어요.
  他 入学 考试 没有 通过。
  Tā rùxué kǎoshì méiyǒu tōngguò

- 그는 대학입학시험에 떨어졌어요.
  他 高考 落 榜 了。①
  Tā gāokǎo luò bǎng le

- 입학시험에는 중국어, 중국역사, 그리고 영어 등의 과목이 있습니다.
  入学 考试 里 有 汉语、 中国 历史, 还 有 英语 等
  Rùxué kǎoshì li yǒu Hànyǔ Zhōngguó lìshǐ hái yǒu Yīngyǔ děng
  科目。
  kēmù

- 이공계통에 가려면 수학시험도 치러야 합니다.
  上 理工科, 还 要 参加 数学 考试。
  Shàng lǐgōngkē hái yào cānjiā shùxué kǎoshì

▶아이가 중국어를 잘 못할 때 孩子 不会 说 汉语 时
　　　　　　　　　　　　　háizi bú huì shuō Hànyǔ shí

- 아이가 말은 좀 할줄 아는데 한자를 전혀 쓸줄 모릅니다.
  孩子 能 说 一点, 就 是 不会 写 汉字。
  Háizi néng shuō yìdiǎn jiù shì bú huì xiě Hànzì

- 아이가 중국문화에 그다지 익숙치 않아서 좀 걱정입니다.
  孩子 对 中国 的 文化 不 大 熟悉, 所以 我 有点 担心。
  Háizi duì Zhōngguó de wénhuà bú dà shúxi suǒyǐ wǒ yǒudiǎn dānxīn

- 아이가 자기가 하고 싶은 말을 중국어로 표현할 수 있을지 걱정이 됩니다.
  我 担心 孩子 能 不 能 把 自己 的 想法 用 中文
  Wǒ dānxīn háizi néng bu néng bǎ zìjǐ de xiǎngfǎ yòng Zhōngwén
  表达 出来。
  biǎodá chulai

- 아주 활발해 보이는군요. 아마 여기 환경에도 빨리 적응할 것 같습니다.
  他 看 起来 是 一 个 很 活泼 的 孩子, 会 很 快 适应
  Tā kàn qilai shì yí ge hěn huópō de háizi huì hěn kuài shìyìng

---

① 落榜 luò bǎng: (시험에) 떨어지다, 불합격하다. =落第.

16. 학교 생활

这里 的 环境 的 。
zhèli de huánjìng de

- 너무 걱정 안하셔도 됩니다. 집에서 늘 중국어로 아이와 대화하시면 자연히 될 겁니다.

  不用 太 担心 ，你们 在 家里 常 用 中文 和他
  Búyòng tài dānxīn nǐmen zài jiāli cháng yòng Zhōngwén hé tā
  交流 ，自然 而 然 就 学会 了 。
  jiāoliú zìrán ér rán jiù xuéhuì le

II 전학 转 学
zhuǎn xué

> A: 想 和您 谈一谈 我 儿子 的 转 学 问题 。
> Xiǎng hé nín tán yi tán wǒ érzi de zhuǎn xué wèntí
>
> B: 他 现在 是 几 年级 ?
> Tā xiànzài shì jǐ niánjí
>
> A: 在 韩国 上到 三 年级 第一 学期 。
> Zài Hánguó shàngdào sān niánjí dìyī xuéqī
>
> A: 아들의 전학문제를 상담하고 싶습니다.
> B: 아이가 지금 몇학년입니까?
> A: 한국에서 3학년 1학기까지 다녔습니다.

- 몇 학년에서 공부하고 싶은가요?

  你 想 念 几 年级 ? ①
  Nǐ xiǎng niàn jǐ niánjí

- 어느 학교로 전학을 갑니까?

  转到 哪个 学校 ?
  Zhuǎndào nǎ ge xuéxiào

- 호적이 이 지역이 아니면 전학비를 내셔야 합니다.

  户口 不在 这个 地区 的话 ，就 要 交 转学费 。
  Hùkǒu bú zài zhè ge dìqū dehuà jiù yào jiāo zhuǎnxuéfèi

---

① 여기서 念 niàn은 '생각하다' '그리워하다'의 뜻이 아니라 读 dú와 같은 '공부하다'의 뜻이다. 예를 들면 '대학에 다니다'는 上大学 shàng dàxué 读大学 dú dàxué 또는 念大学 niàn dàxué 라고 한다.

- 외국인의 경우에는 또한 찬조금을 내셔야 합니다.
  如果 是 外国 人，还 要 交 赞助费 。①
  Rúguǒ shì wàiguó rén hái yào jiāo zànzhùfèi
- 다시 전학을 갈 경우에는 찬조금은 환불해 드립니다.
  再 转 学 的 时候，赞助费 可以 退还 。
  Zài zhuǎn xué de shíhou zànzhùfèi kěyǐ tuìhuán
- 이미 납입한 찬조금은 환불해 드리지 않습니다.
  已经 交 的 赞助费 是 不 会 退 的 。
  Yǐjīng jiāo de zànzhùfèi shì bú huì tuì de
- 전학 문제는 교장선생님과 직접 상담하세요.
  转 学 问题 就 跟 校长 谈 一 谈 吧 。
  Zhuǎn xué wèntí jiù gēn xiàozhǎng tán yi tán ba

III 편입 插班
   chā bān

- 몇 학년에 다닐 수 있을까요?
  能 上 几 年级 ？
  Néng shàng jǐ niánjí
- 한국에서 이미 대학을 졸업했는데 중국대학에 편입할 수 있을까요?
  我 在 韩国 已经 大学 毕业 了，能 到 中国 大学 插
  Wǒ zài Hánguó yǐjīng dàxué biyè le néng dào Zhōngguó dàxué chā
  班 吗 ？
  bān ma
- 한국에서 대학 3학년을 다 마치지 않았는데, 중국에서 같은 과에 다닐 수 있습니까?
  我 在 韩国 大学 三 年级 没有 念完，在 中国 能
  Wǒ zài Hánguó dàxué sān niánjí méiyǒu niànwán zài Zhōngguó néng
  上 同样 的 专业 吗 ？
  shàng tóngyàng de zhuānyè ma

---

① 중국학교에 아이를 입학 또는 전학시킬 경우 赞助费 zànzhùfèi(찬조금)은 보통 소학교 xiǎoxué의 경우 6년치를 일시불로 요구하는 경우가 많은데, 언제 귀국할지 불확실한 경우 1년 혹은 2,3년 단위로 분할 납부하도록 하는 것이 좋다. 대개는 학업을 다 마치지 못하고 귀국이나 전학을 할 경우 환불해 주도록 되어 있으나 그러지 않는 경우도 있으므로 미리 환불보장을 받아둘 필요도 있으며, 납입영수증은 반드시 보관해 두도록 한다.

16. 학교 생활

- 한국에서 한의학을 전공했는데 북경중의대학에 편입이 됩니까?
  在 韩国 的 专业 是 韩医学， 能 到 北京 中医药
  Zài Hánguó de zhuānyè shì Hányīxué néng dào Běijīng Zhōngyīyào
  大学 插 班 吗？
  Dàxué chā bān ma

- 전공이 전혀 다르면 편입할 수 없습니까?
  如果 是 完全 不同 的 专业， 就 不 能 插 班 吗？
  Rúguǒ shì wánquán bùtóng de zhuānyè jiù bù néng chā bān ma

Ⅳ 증명서 발급　开　证明
kāi zhèngmíng

- 전학증명서를 떼러 왔습니다.
  我 是 来 办 转学证 的。
  Wǒ shì lái bàn zhuǎnxuézhèng de

- 재학증명서가 필요합니다.
  我 需要 在读 证明书。
  Wǒ xūyào zàidú zhèngmíngshū

2 수업 · 과제

上课 / 作业
shàng kè zuòyè

수업하는 것을 上课 shàng kè 라고 하는데, 선생님이 강의하는 것을 讲课 jiǎng kè, 학생이 수업을 듣는 것을 听课 tīng kè 라고 한다. 수업시간에 선생님이 들어오시면 班长 bānzhǎng 의 "起立! Qǐlì" (일어서!) 구호에 따라 학생은 모두 일어나 "老师好! Lǎoshī hǎo" (선생님 안녕하세요?)라고 인사를 한다. 선생님이 출석을 부를 때나 수업 중 학생을 호명할 때 학생은 "到! Dào" (예!)라고 대답한다.

기 본 대 화

A: 李平 同学, 请 说 一下 鲁迅 是 什么 人。
   Lǐ Píng tóngxué qǐng shuō yíxià Lǔ Xùn shì shénme rén

B: 鲁迅 是 中国 现代 文学 的 先驱 者, 他 的 代表
   Lǔ Xùn shì Zhōngguó xiàndài wénxué de xiānqū zhě tā de dàibiǎo
   作 有《阿 Q 正传》、《呐喊》等。
   zuò yǒu Ā Q Zhèngzhuàn Nàhǎn děng

A: 说 得 很 对, 还 有 谁 能 再 补充 一下?
   Shuō de hěn duì hái yǒu shéi néng zài bǔchōng yíxià

A: 리핑 학생, 루쉰이 어떤 사람인지 말해 보세요.
B: 루쉰은 중국 현대문학의 선구자이며, 대표작으로는 "아큐정전", "눌함" 등이 있습니다.
A: 맞아요. 또 누가 보충해 볼까요?

여러 가지 활용

I 출석 出席
          chūxí

A: 现在 开始 点 名。金 海燕。
   Xiànzài kāishǐ diǎn míng Jīn Hǎiyàn
B: 到。
   Dào

```
A: 安 莲花 。
   Ān Liánhuā
C: 安 莲花 今天 没有 来 。
   Ān Liánhuā jīntiān méiyǒu lái
A: 지금부터 출석을 체크하겠습니다. 진하이옌.
B: 예.
A: 안롄화.
C: 안롄화는 오늘 안 왔는데요.
```

- 오늘 우리 반 출석률은 100%예요.
  今天 我们 班 出勤率 是 百分之百 。
  Jīntiān wǒmen bān chūqínlǜ shì bǎifēnzhī bǎi

▶ 대리 출석　替 别人 答 到
　　　　　　　tì biérén dá dào

- 출석 체크할 때 선생님이 내 이름 부르면 대신 대답 좀 해줘.
  检查 出勤 情况 时 , 如果 老师 喊到 我 的 名字 , 你
  Jiǎnchá chūqín qíngkuàng shí rúguǒ lǎoshī hǎndào wǒ de míngzi nǐ
  帮 我 答 声 " 到 " 。
  bāng wǒ dá shēng dào

▶ 결석　缺课
　　　　quē kè

- 선생님이 너 한 번만 더 결석하면 유급이래.
  老师 说 你 要是 再 缺课 的话 就 要 留级 了 。
  Lǎoshī shuō nǐ yàoshi zài quē kè dehuà jiù yào liú jí le

- 오늘 수업 땡땡이 치자.
  今天 旷课 了 吧 。
  Jīntiān kuàng kè le ba

- 그는 어제 두 과목을 빼먹었어요.
  昨天 他 有 两 节 课 没 上 。
  Zuótiān tā yǒu liǎng jié kè méi shàng

- 출석은 총 성적의 20%를 차지합니다.
  考勤 占 总 成绩 的　　20% 。
  Kǎoqín zhàn zǒng chéngjì de bǎifēnzhī èrshí

II 수업하기 上 课
shàng kè

▶시간표 课程表
kèchéngbiǎo

- 이것은 영어과 시간표입니다.
  这 是 英语系 的 课程表。
  Zhè shì Yīngyǔxì de kèchéngbiǎo

- 제 4 교시가 무슨 수업이지?
  第四 节 是 什么 课?
  Dìsì jié shì shénme kè

- 매일 수업시간은 아침 8시입니다.
  每 天 上 课 时间 是 早上 八 点。
  Měi tiān shàng kè shíjiān shì zǎoshang bā diǎn

▶질문하기 提 问
tí wèn

- 질문 있으면 하세요.
  有 什么 问题 就 说 吧。
  Yǒu shénme wèntí jiù shuō ba

- 선생님, 질문 있어요.
  老师, 我 有 一 个 问题。
  Lǎoshī wǒ yǒu yí ge wèntí

▶수업 규율 课堂 纪律
kètáng jìlǜ

- 저 뒤에 떠들고 있는 학생, 조용히 하세요.
  后面 闹 的 同学 请 安静。
  Hòumiàn nào de tóngxué qǐng ānjìng

- 지금 누가 계속 이야기 하고 있나요?
  现在 谁 还 在 说 话?
  Xiànzài shéi hái zài shuō huà

- 수업할 때 잠자면 안됩니다.
  上 课 的 时候 不 能 睡觉。
  Shàng kè de shíhou bù néng shuìjiào

16. 학교 생활

- 수업할 때 옆사람과 말하지 마세요.
  上 课时不要 跟 别人 说 话。
  Shàng kè shí búyào gēn biéren shuō huà

▶ 필기   笔记
         bǐjì

> A: 我 上周 没 上 课，可以借你的笔记吗？
>   Wǒ shàngzhōu méi shàng kè   kěyǐ jiè nǐ de bǐjì ma
> B: 当然 可以。给你吧。
>   Dāngrán kěyǐ   Gěi nǐ ba
> A: 抄完 了 马上 还给 你。
>   Chāowán le mǎshàng huángěi nǐ
> A: 지난 주 수업을 못 들었는데, 필기한 것 좀 빌려줄 수 있니?
> B: 물론이지. 여기 있어.
> A: 베끼고 나서 바로 돌려 줄게.

- 내가 필기한 것을 베끼도록 해.
  你 抄 我 的 笔记 吧。
  Nǐ chāo wǒ de bǐjì ba

- 그녀는 선생님의 강의 내용 하나하나를 전부 노트에 기록합니다.
  她把老师 讲 的 内容 一句一句 全部 写在 笔记本 上。
  Tā bǎ lǎoshī jiǎng de nèiróng yí jù yí jù quánbù xiězài bǐjìběn shang

- 아직 선생님 강의를 잘 못알아 듣기 때문에, 매번 녹음을 해서 다시 여러번 듣습니다.
  现在 还 听 不 懂 老师 讲 课，每次 都 录 下来，再
  Xiànzài hái tīng bu dǒng lǎoshī jiǎng kè měi cì dōu lù xialai zài
  听 几 遍 。
  tīng jǐ biàn

▶ 기타   其他
         qítā

- 50 쪽을 펴세요.
  请 翻到 50 页。
  Qǐng fāndào wǔshí yè

- 30쪽 위에서 다섯째 줄을 보세요.
  请 看 30 页 的 正数 第五 行 。①
  Qǐng kàn sānshí yè de zhèngshǔ dìwǔ háng

- 밑에서 두 번째 줄을 보세요.
  请 看 倒数 第二 行 。②
  Qǐng kàn dàoshǔ dì'èr háng

- 오늘은 계속해서 중국의 경제에 관해 강의하겠습니다.
  我们 今天 接着 讲 中国 的 经济 。
  Wǒmen jīntiān jiēzhe jiǎng Zhōngguó de jīngjì

- 선생님의 강의내용을 이해할 수 있을지 모르겠어.
  不 知道 能 不 能 听 明白 老师 讲 的 内容 。
  Bù zhīdào néng bu néng tīng míngbai lǎoshī jiǎng de nèiróng

- 수업을 하루 빠졌더니 아무것도 모르겠어요.
  旷 课一天 , 什么 都不 知道 了 。
  Kuàng kè yì tiān shénme dōu bù zhīdào le

Ⅲ 수업 평가   上 课 评价
                shàng kè píngjià

- 이 수업은 너무 어려워서 재미가 없어.
  这 课 太 难 , 没 意思 。
  Zhè kè tài nán méi yìsi

- 이 교수님 수업은 너무 딱딱해.
  李 教授 的课 讲 得太死板 了 。③
  Lǐ jiàoshòu de kè jiǎng de tài sǐbǎn le

- 강의 수준이 형편없어.
  讲 课一点儿 水准 都 没有 。
  Jiǎng kè yìdiǎnr shuǐzhǔn dōu méiyǒu

---

① 正数 zhèngshǔ: 바로 세다. 여기서는 위에서부터 차례로 세는 것을 말함. zhèngshù 로 읽으면 수학용어 '정수'의 뜻.

② 倒数 dàoshǔ: 거꾸로 세다. 여기서는 밑에서부터 세는 것을 말함.

③ 死板 sǐbǎn 이란 생동적이지 못하거나 생기가 없다는 뜻으로 인물묘사에 쓰이기도 하지만, 일처리에 있어서 융통성이 없거나 틀에 박힌듯 경직된 경우를 말하기도 한다.

16. 학교 생활

- 고대어법 수업은 단조롭고 딱딱해서 너무 지루해.
  古代 语法课 既 单调 又 死板, 觉得 很 无聊。
  Gǔdài yǔfǎkè jì dāndiào yòu sǐbǎn juéde hěn wúliáo

- 맹교수님은 학생들 사이에 인기가 대단합니다.
  孟 教授 在 学生 中间 很 有 人气。
  Mèng jiàoshòu zài xuésheng zhōngjiān hěn yǒu rénqì

- 왕교수님은 환경공학 분야에서 손꼽히는 교수님입니다.
  王 教授 在 环境 科学 方面 是 数一数二的。①
  Wáng jiàoshòu zài huánjìng kēxué fāngmiàn shì shǔ yī shǔ èr de

- 마교수님은 학점은 매우 짜지만, 수업은 아주 열정적이십니다.
  马 教授 给分 很 吝啬, 可 讲 课 特别 热情。
  Mǎ jiàoshòu gěi fēn hěn lìnsè kě jiǎng kè tèbié rèqíng

- 새로 오신 교수님은 실력은 있는데 경험이 부족하셔.
  新来的 教授 是 有 实力, 但 缺乏 经验。
  Xīnlái de jiàoshòu shì yǒu shílì dàn quēfá jīngyàn

- 교수의 실력과 강의수준은 별개의 문제이지.
  教授 的实力 和 讲 课 水准 不 是 一 回事。
  Jiàoshòu de shílì hé jiǎng kè shuǐzhǔn bú shì yì huí shì

Ⅳ 과제 作业
zuòyè

> A: 这 次 作业 的 主题 是 " 环保 与 地球 "。②
> Zhè cì zuòyè de zhǔtí shì huánbǎo yǔ dìqiú
> B: 要求 什么 时候 完成? 要 写 多少 字?
> Yāoqiú shénme shíhou wánchéng Yào xiě duōshao zì
> A: 到 本 月 底 以前 完成, 不 能 少于 5,000 字。③
> Dào běn yuè dǐ yǐqián wánchéng bù néng shǎoyú wǔqiān zì
> A: 이번 과제의 주제는 "환경보호와 지구"입니다.
> B: 언제까지 완성해야 합니까? 몇 자 정도 써야 해요?
> A: 이달 말까지 완성하고 5,000자 이상이어야 합니다.

---

① 数一数二 shǔ yī shǔ èr: 첫 번째나 두 번째로 손꼽히다, 으뜸가다.
② 环境保护 huánjìng bǎohù 를 줄여 环保 huánbǎo 라 한다.
③ 여기에서 于 yú 의 의미는 '~보다'라는 비교를 나타낸다. 즉 不能少于~ 는 '~보다 적어서는 안 된다' 는 뜻이다.

▶과제를 내줄 때　布置作业时
bùzhì zuòyè shí

- 반드시 기일에 맞춰 과제를 완성해야 합니다.
  一定要按时完成作业。
  Yídìng yào ànshí wánchéng zuòyè

- 논문을 쓸 때는 반드시 주를 달아야 합니다.
  写论文一定要注出处。
  Xiě lùnwén yídìng yào zhù chūchù

- 중간고사 성적은 평소의 성적으로 결정합니다.
  期中考试成绩是依平时成绩而定的。①
  Qīzhōng kǎoshì chéngjì shì yī píngshí chéngjì ér dìng de

- 이번 리포트는 중간고사 성적에 포함됩니다.
  本次报告算期中考试的成绩。
  Běn cì bàogào suàn qīzhōng kǎoshì de chéngjì

- 도서관에 가서 참고자료들을 찾아 보세요.
  去图书馆查查参考资料吧。
  Qù túshūguǎn cháchá cānkǎo zīliào ba

▶리포트 작성　写报告
xiě bàogào

- 논문 잘 써가니? 나는 이제 겨우 쓰기 시작했어.
  你的论文进展如何？我现在才开始写。
  Nǐ de lùnwén jìnzhǎn rúhé　Wǒ xiànzài cái kāishǐ xiě

- 논문은 잘 써가?
  你的论文写得怎么样了？
  Nǐ de lùnwén xiě de zěnmeyàng le

- 너 논문 다 썼니?
  你的论文写完了吗？
  Nǐ de lùnwén xiěwán le ma

- 나는 아직 제목조차 생각하지 못했어.
  我连题目都没想好呢。
  Wǒ lián tímù dōu méi xiǎnghǎo ne

---

① 지역에 따라서는 期中考试 qīzhōng kǎoshì 를 段考 duànkǎo 라 하기도 한다.

16. 학교 생활

- 논문을 제 때에 제출하려면 아직도 일주일은 밤을 새야 돼.
  要 按时 交 论文，还 要 熬 一 个 星期 的 夜。①
  Yào ànshí jiāo lùnwén hái yào áo yí ge xīngqī de yè

- 1주일의 시간을 더 준다면 더 잘 쓸 수 있겠는데.
  如果 再 给 我 一 个 星期 的 时间，我 会 写 得 更 好。
  Rúguǒ zài gěi wǒ yí ge xīngqī de shíjiān wǒ huì xiě de gèng hǎo

- 제출 날짜를 며칠 연기할 수 있을까요? 실험결과가 1주일은 기다려야 나오거든요.
  提交 日期 可以 延长 几 天 吗？ 实验 结果 要 等 一 个 星期 才 出来。
  Tíjiāo rìqī kěyǐ yáncháng jǐ tiān ma Shíyàn jiéguǒ yào děng yí ge xīngqī cái chūlai

- 내 논문 좀 수정해 줄래?
  你 帮 我 修改 论文 好 不 好？
  Nǐ bāng wǒ xiūgǎi lùnwén hǎo bu hǎo

▶ 과제 평가　　评价 作业
　　　　　　　 píngjià zuòyè

- 아주 열심히 노력한 흔적이 보이는군요.
  看 得 出来，你 很 用 心。
  Kàn de chūlái nǐ hěn yòng xīn

- 논문의 내용은 광범한데 심도가 부족합니다.
  你 的 论文 内容 很 广，但 深度 不 够。
  Nǐ de lùnwén nèiróng hěn guǎng dàn shēndù bú gòu

- 리포트가 너무 형편 없어요.
  你 的 报告 太 没有 水平 了。
  Nǐ de bàogào tài méiyǒu shuǐpíng le

- 이것도 리포트라고 할 수 있습니까?
  这 也 算 报告 吗？
  Zhè yě suàn bàogào ma

- 그냥 여러 자료 중에서 베껴 쓴 사람들이 많아요.
  从 各 种 资料 中 抄袭 拼凑 的 人 也 很 多。
  Cóng gè zhǒng zīliào zhōng chāoxí pīncòu de rén yě hěn duō

---

① 熬夜 áo yè 는 '밤을 새우다'，'철야하다' 라는 뜻으로, '밤새워 공부하다—熬夜学习 áo yè xuéxí'，'철야로 일하다—熬夜工作 áo yè gōngzuò'라고 한다.

2 수업·과제

- 리포트 제출하지 않은 학생은 중간고사 성적은 영점입니다.
  没有 交 报告 的 同学，期中 考试 的 成绩 是 零 分。
  Méiyǒu jiāo bàogào de tóngxué qīzhōng kǎoshì de chéngjì shì líng fēn

- 두 사람 과제물이 아주 똑같은데 어떻게 된거지?
  你们 两 个 作业 是 一模 一样 的，这 是 怎么 回 事儿?
  Nǐmen liǎng ge zuòyè shì yìmú yíyàng de zhè shì zěnme huí shìr

▶ 기타　其他
　　　　qítā

- 티엔 교수님은 과제를 많이 내주시니?
  田 教授 留 的 作业 多 吗？
  Tián jiàoshòu liú de zuòyè duō ma

- 지난 번 제출한 과제물 지금 돌려 주겠어요.
  把 上 次 交 的 作业，现在 发给 大家。
  Bǎ shàng cì jiāo de zuòyè xiànzài fāgěi dàjiā

- 자꾸 다른 사람 것 베끼면 언젠가는 들통나게 돼.
  如果 你 经常 抄 别人 的，早晚 会 被 人 发现。
  Rúguǒ nǐ jīngcháng chāo biérén de zǎowǎn huì bèi rén fāxiàn

- 논문도 다 썼으니 여행이나 갈까? 기분전환도 할겸.
  论文 也 写完 了，我们 去 旅行 怎么样 ？ 顺便
  Lùnwén yě xiěwán le wǒmen qù lǚxíng zěnmeyàng Shùnbiàn
  散散 心 。①
  sànsan xīn

---

① 顺便 shùnbiàn: '~하는 김에' 라는 뜻. 이와 유사한 단어로는 顺路 shùnlù '~ 가는(오는) 길에' 가 있다.

3 시험 · 성적

考试 / 成绩
kǎoshì chéngjì

중국에서도 요즘은 초등학교(小学 xiǎoxué) 어린이들에게 성적의 부담을 줄이기 위하여 점수제를 지양하고 종합평가를 선호한다. 예를 들어 우리의 '수우미양가'와 같은 평가방식으로 优 yōu(우수), 良 liáng(양호), 及格 jígé(합격), 不及格 bù jígé(낙제) 등이 있다. 대개 优 yōu는 90점 이상, 良 liáng은 80점 이상, 及格 jígé는 60점 이상, 그리고 不及格 bù jígé(낙제) 60점 이하를 말한다.

기본대화

A: 考试 考 得 怎么样?
   Kǎoshì kǎo de zěnmeyàng

B: 没 想到 试题 那么 难。
   Méi xiǎngdào shìtí nàme nán

   为了 考好, 好 几 天 都 没 睡好 觉, 天天 复习。
   Wèile kǎohǎo hǎo jǐ tiān dōu méi shuìhǎo jiào tiāntiān fùxí

A: 不管 怎么样, 考试 已经 结束 了。①
   Bùguǎn zěnmeyàng kǎoshì yǐjīng jiéshù le

B: 我们 应该 放松 一下。
   Wǒmen yīnggāi fàngsōng yíxià

A: 시험친 거 어때?

B: 시험 문제가 그렇게 어려울 줄 생각 못했어.
   시험 잘 보려고 며칠을 잠도 못자고 날마다 복습했는데.

A: 어쨌거나 시험은 이미 끝났어.

B: 우리도 좀 쉬어야겠지.

---

① 不管 bùguǎn : '상관하지 않는다', '간섭하지 않는다'의 뜻. 문장의 앞에 놓였을 때에는 '~을 막론하고', '~에 상관 없이', '~거나 말거나'로 해석하면 된다.

여러 가지 활용

I **시험 준비　考试 之前**
　　　　　　　　kǎoshì zhīqián

▶ **시험 기간 · 과목　考试 期间 / 科目**
　　　　　　　　　　kǎoshì qījiān　kēmù

- 언제부터 시험이지? / 곧 기말고사가 있어요.
  什么 时候 开始 考试? / 快 到 期末 考试 了。
  Shénme shíhou kāishǐ kǎoshì　　Kuài dào qīmò kǎoshì le

- 다음 달에 모의고사가 있어요.
  下 个 月 要 进行 模拟 考试。
  Xià ge yuè yào jìnxíng mónǐ kǎoshì

- 내일은 물리를 시험봐요.
  明天 考 物理。
  Míngtiān kǎo wùlǐ

- 내일은 중국어 재시험을 보아야 해요.
  明天 要 补考 汉语。①
  Míngtiān yào bǔkǎo Hànyǔ

▶ **시험공부　考试 复习**
　　　　　　kǎoshì fùxí

- 이번 시험 공부 좀 했니?
  这 次 考试 复习 得 怎么样?
  Zhè cì kǎoshì fùxí de zěnmeyàng

- 공부 다 했니?
  都 复习好 了 吗?
  Dōu fùxíhǎo le ma

- 시험 자신 있니?
  你 有 把握 吗? ②/ 有 信心 吗?
  Nǐ yǒu bǎwò ma　　Yǒu xìnxīn ma

---

① 补考 bǔkǎo: 추가시험, 재시험.

② 把握 bǎwò: 여기서는 (성공에 대한) 확신, 믿음, 자신, 가망 등의 명사로 쓰임. 파악하다, 이해하다, 포착하다, 잡다 등의 동사의 뜻도 있다.

16. 학교 생활

- 맹목적으로 암기만 하면 시험을 잘 볼 수 없어요.
  死记硬背 是不会考好的。①
  Sǐjì yìngbèi shì bú huì kǎohǎo de

- 최선을 다했으니, 이제는 운에 맡길 수밖에요.
  我已经尽力了，就看运气了。
  Wǒ yǐjīng jìn lì le jiù kàn yùnqi le

- 최선을 다했으니, 하늘에 맡겨야지요.
  我尽力了，听天由命吧。
  Wǒ jìn lì le tīng tiān yóu mìng ba

- HSK 시험을 위해서 이제부터는 열심히 하려고 해요.
  为了 HSK 考试，今后要好好儿学习。
  Wèile HSK kǎoshì jīnhòu yào hǎohāor xuéxí

- 토플에서 높은 점수를 얻으려면 각고의 노력을 해야 해요.
  要想托福考高分，一定要刻苦学习。
  Yào xiǎng tuōfú kǎo gāo fēn yídìng yào kèkǔ xuéxí

- 너는 평소에 공부를 착실히 했으니 틀림없이 시험 잘 볼거야.
  你平时学习那么认真，一定能考好的。
  Nǐ píngshí xuéxí nàme rènzhēn yídìng néng kǎohǎo de

- 이미 복습을 다했지만, 그래도 걱정이 돼요.
  我已经复习好了，但还是有点儿担心。
  Wǒ yǐjīng fùxíhǎo le dàn háishi yǒudiǎnr dānxīn

- 시험 볼 때는 먼저 간단한 문제를 풀고 나중에 어려운 문제를 풀어야 해요.
  考试时先做简单的题，再做难题。
  Kǎoshì shí xiān zuò jiǎndān de tí zài zuò nán tí

▶출제　出题
　　　　chū tí

- 시험범위는 교과서 제 1 단원부터 제 10 단원까지 입니다.
  考试范围是从课本的第一 单元到第十单元。
  Kǎoshì fànwéi shì cóng kèběn de dìyī dānyuán dào dìshí dānyuán

- 이번 시험은 전부 논술형입니다.
  这次考试都是论述题。
  Zhè cì kǎoshì dōu shì lùnshùtí

---

① 死记硬背 sǐjì yìngbèi: 이해를 하지 않은 채 무턱대고 외우기만 하다.

- 이번 시험은 빈칸 메우기, 단답형, 그리고 OX 형이 있습니다.
  这 次 考试 有 填空题 、简答题，还 有 判断题 。
  Zhè cì kǎoshì yǒu tiánkòngtí jiǎndátí hái yǒu pànduàntí
- 이번 시험은 단선형과 다선형이 모두 있습니다.
  这 次 考试 单选题 和 多选题 都 有 。①
  Zhè cì kǎoshì dānxuǎntí hé duōxuǎntí dōu yǒu

▶기타　其他
　　　　qítā

- 이번 기말고사는 총성적에 50%가 반영됩니다.
  这 次 期末 考试 成绩 占 总 成绩 的 50％。
  Zhè cì qīmò kǎoshì chéngjì zhàn zǒng chéngjì de bǎifēnzhī wǔshí
- 선택과목의 성적은 우수, 양호, 중간, 그리고 미달로 나뉘어집니다.
  考查课 的 成绩 分 优 、 良 、 中 和 差 。
  Kǎochákè de chéngjì fēn yōu liáng zhōng hé chà
- 내일 시험감독 선생님은 티엔 교수님이래요.
  听说 明天 的 监考 老师 是 田 教授。
  Tīngshuō míngtiān de jiānkǎo lǎoshī shì Tián jiàoshòu
- 이교수님은 시험 전에 문제의 포인트를 알려 주십니다.
  李 教授 考试 之前 提示 了 复习 的 重点 。
  Lǐ jiàoshòu kǎoshì zhīqián tíshì le fùxí de zhòngdiǎn
- 이 문제는 틀림없이 시험에 나올거야.
  这 个 题 肯定 会 出 。
  Zhè ge tí kěndìng huì chū

II　시험시간에　考试 时
　　　　　　　 kǎoshì shí

▶주의 사항　注意 事项
　　　　　　 zhùyì shìxiàng

- 책들은 전부 가방 안에 넣으세요.
  把 书 全部 放到 书包 里 。
  Bǎ shū quánbù fàngdào shūbāo li

---

①　单选题 dānxuǎntí 는 보기에서 정답을 하나만 고르는 문제이며, 多选题 duōxuǎntí 는 정답을 있는대로 다 고르는 문제 형식이다.

16. 학교 생활

- 컨닝은 금지입니다. 발각되면 바로 시험자격이 취소됩니다.
  禁止 作 弊 ，被 发现 的话 就 要 取消 考试 资格 。
  Jìnzhǐ zuò bì bèi fāxiàn dehuà jiù yào qǔxiāo kǎoshì zīgé

- 답안지에 수험번호와 이름 적는 것 잊지 마세요.
  不要 忘了 在 答题纸 上 写 考号 和 姓名。
  Búyào wàngle zài dátízhǐ shang xiě kǎohào hé xìngmíng

- 시험시작 전에 눈을 감고 마음을 안정시키세요.
  考试 开始 之前 ，先 闭上 眼睛 稳定 情绪 。
  Kǎoshì kāishǐ zhīqián   xiān bìshàng yǎnjing wěndìng qíngxù

- 시간 됐습니다. 답안지를 제출하세요.
  时间 到了，请 交 答卷 。
  Shíjiān dào le   qǐng jiāo dájuàn

- 시험지 제출 전에 이름을 썼나 다시 한 번 확인하세요.
  交 试卷 之前 再 确认 一下 有 没有 写 姓名。
  Jiāo shìjuàn zhīqián zài quèrèn yíxià yǒu méiyǒu xiě xìngmíng

▶질문 提 问
         tí wèn

- 선생님, 7번 문제가 잘 안 보입니다.
  老师 ，第七 题 的 问题 看 不 清楚 。
  Lǎoshī   dìqī tí de wèntí kàn bu qīngchu

- 선생님, 2번 문제 정답이 없는 것 같습니다.
  老师 ，第二 题 好像 没有 正确 答案 。
  Lǎoshī   dì'èr tí hǎoxiàng méiyǒu zhèngquè dá'àn

- 아직 몇 분 남았습니까?
  还 有 几 分钟?
  Hái yǒu jǐ fēnzhōng

- 답안지가 찢어졌는데 다시 한 장 주시겠습니까?
  答卷 被 撕掉 了，能 再给 一 张 吗?
  Dájuàn bèi sīdiào le   néng zài gěi yì zhāng ma

- 다 썼으면 나가도 됩니까?
  写完 了，可以 出去 吗?
  Xiěwán le   kěyǐ chūqu ma

- 지우개 좀 빌려도 될까요?
  能 借一下 橡皮 吗?
  Néng jiè yíxià xiàngpí ma

Ⅲ 시험 결과　考试 结果
kǎoshì jiéguǒ

▶결과를 물을 때　询问 结果
xúnwèn jiéguǒ

- 시험 잘 봤니?
  考 得 好 吗?
  Kǎo de hǎo ma

- 시험결과가 어때? / 몇 점이나 받겠어?
  考试 结果 怎么样 ? / 能 考 多少 分?
  Kǎoshì jiéguǒ zěnmeyàng　　Néng kǎo duōshao fēn

- 1번 문제 정답이 뭐였니?
  第一题 的 答案 是 什么 ?
  Dìyī tí de dá'àn shì shénme

▶만족스러울 때　满意 时
mǎnyì shí

- 100점을 받았어. 너무 기뻐.
  得了 100 分 , 太 高兴 了 。
  Déle yìbǎi fēn tài gāoxìng le

- 내 생각이 들어 맞았어.
  我 想 的 没 错 。
  Wǒ xiǎng de méi cuò

- 그는 노력했기 때문에 성공한거야.
  他 努力 了 , 所以 才 会 成功 。
  Ta nǔlì le suǒyǐ cái huì chénggōng

- 와, 3번 문제 그냥 찍었는데 맞았네.
  哇 , 第三题 蒙对 了 。
  Wa dìsān tí mēngduì le

- 그는 그날 배운 것은 그날 복습했기 때문에 만점을 받았어.
  因为 他 当天 学 的 当天 复习 , 所以 才 得了 满分 。
  Yīnwèi tā dàngtiān xué de dàngtiān fùxí suǒyǐ cái déle mǎnfēn

▶불만스러울 때　不 满意 时
bù mǎnyì shí

- 이번 시험은 잘 보지를 못했어.
  这 次 考试 考 得 不 理想 。
  Zhè cì kǎoshì kǎo de bù lǐxiǎng

- 시험을 이렇게 못 볼 줄 몰랐어.
  没 想到 考 得 这么 差。
  Méi xiǎngdào kǎo de zhème chà
- 시험문제를 잘못 봤어.
  看错 题 了。
  Kàncuò tí le
- 시험문제가 생각보다 훨씬 어렵게 나왔어.
  考试题 出 得 比 想象 的 还 要 难。
  Kǎoshìtí chū de bǐ xiǎngxiàng de hái yào nán
- 이번 시험은 내가 너무 소홀했어.
  这 次 考试 我 太 疏忽 了。
  Zhè cì kǎoshì wǒ tài shūhu le
- 에이, 찍은 문제마다 다 틀렸잖아.
  哎呀， 瞎蒙 的 题 全 错 了。
  Aiya xiāmēng de tí quán cuò le

Ⅳ 성적 成绩
chéngjì

> A: 这个 学期 的 成绩 怎么样？
> Zhège xuéqī de chéngjì zěnmeyàng
> B: 比 想象 的 差多 了。
> Bǐ xiǎngxiàng de chàduō le
> A: 得了 多少 分 啊？
> Déle duōshao fēn a
> B: 都 是 80 分 以上，但是 没有 排在 前 五 名。
> Dōu shì bāshí fēn yǐshàng dànshì méiyǒu páizài qián wǔ míng
> A: 이번 학기 성적이 어때?
> B: 예상보다 훨씬 못해.
> A: 몇 점이나 받았는데?
> B: 모두 80점 이상이긴 한데 5등 안에 들지는 못했어.

▶성적이 좋을 때　成绩 好 时
chéngjì hǎo shí

- 그녀는 학교에서 성적이 제일 좋아요.
  她 在 学校 里 成绩 最 好。
  Tā zài xuéxiào li chéngjì zuì hǎo

- 그는 중국어 성적이 특히 좋아요.
  他 的 汉语 成绩 特别 好 。
  Tā de Hànyǔ chéngjì tèbié hǎo

- 전과목 모두 우수하여 우수상을 받았습니다.
  全部 科目 都 很 优秀 , 所以 拿了 优秀奖。
  Quánbù kēmù dōu hěn yōuxiù suǒyǐ nále yōuxiùjiǎng

- 대학 다니는 동안 매번 장학금을 받았어요.
  他 上 大学 期间 , 回回 都 拿 奖学金。
  Tā shàng dàxué qījiān huíhuí dōu ná jiǎngxuéjīn

- 그는 영어성적에 큰 진보가 있습니다.
  他 的 英语 成绩 有 很 大 的 进步 。
  Tā de Yīngyǔ chéngjì yǒu hěn dà de jìnbù

- 그는 전교 수석으로 합격했고 전교 수석으로 졸업했습니다.
  他 以 全校 第一 的 成绩 被 录取 , 又 以 全校 第一
  Tā yǐ quánxiào dìyī de chéngjì bèi lùqǔ yòu yǐ quánxiào dìyī
  的 成绩 毕业 了 。
  de chéngjì bìyè le

▶성적이 나쁠 때   成绩 不 好 时
chéngjì bù hǎo shí

- 1 학점이 모자라 유급되었어요.
  因为 差 一 学分 , 只好 留级 。
  Yīnwèi chà yì xuéfēn zhǐhǎo liú jí

- 그는 가까스로 합격했어요.
  他 勉强 合格 了 。
  Tā miǎnqiǎng hégé le

- 졸업할 때 그는 우리 반에서 성적이 꼴찌였어요.
  毕业 时 , 他 在 我们 班 成绩 最 差 。
  Bìyè shí tā zài wǒmen bān chéngjì zuì chà

- 그는 성적이 안 좋아 퇴학당했습니다.
  他 的 成绩 不 好 , 所以 退 学 了 。
  Tā de chéngjì bù hǎo suǒyǐ tuì xué le

- 전체 과목이 다 낙제입니다.
  全部 科目 都 不 及格 。
  Quánbù kēmù dōu bù jígé

▶기타　其他
　　　　qítā

- 학생들 번호는 성적순대로 입니다.
  学生 的 学号 是 按 成绩 安排 的。
  Xuésheng de xuéhào shì àn chéngjì ānpái de

- 그는 공부밖에 몰라.
  他 就 知道 学习。
  Tā jiù zhīdào xuéxí

- 그는 중국에 유학가기 위해서 열심히 중국어를 배워요.
  他 为了 去 中国 留学，很 努力 地 学 中文。
  Tā wèile qù Zhōngguó liú xué hěn nǔlì de xué Zhōngwén

- 시간만 있으면 저는 공부를 해요.
  只要 有 时间，我 就 学习。
  Zhǐyào yǒu shíjiān wǒ jiù xuéxí

- 날마다 복습과 예습을 잘하기란 쉽지 않은 일이죠.
  每 天 都 好好儿 复习 和 预习，不 是 简单 的 事。
  Měi tiān dōu hǎohāor fùxí hé yùxí bú shì jiǎndān de shì

- 그는 공부를 게을리 하더니 떨어졌어요.
  他 在 学习 上 很 懒惰，所以 落 榜 了。
  Tā zài xuéxí shang hěn lǎnduò suǒyǐ luò bǎng le

4 학교·전공 선택

选择 学校 / 专业
xuǎnzé xuéxiào zhuānyè

중국의 고등학생들은 우리의 수능시험에 해당하는 高考 gāokǎo 를 전국적으로 일제히 치른 후에 성적에 맞추어 자신이 갈 수 있는 대학 및 학과를 선택한다. 성적이 우수한 학생들은 당연히 대도시의 명문대학(名牌大学 míngpái dàxué) 으로 진학하기를 희망한다. 한편 일찌감치 취업을 준비하려는 학생들은 初中 chūzhōng(중학교) 졸업 후 中专 zhōngzhuān (실업계 고등학교)으로 진학하거나, 高中 gāozhōng (고등학교) 졸업 후 大专 dàzhuān (전문대학)으로 진학한다.

기본대화

A: 快要 高考 了, 你 想 报 哪 所 大学, 学 什么
　 Kuàiyào gāokǎo le nǐ xiǎng bào nǎ suǒ dàxué xué shénme
　 专业? ①
　 zhuānyè
B: 我 想 报 北京 大学 中文系, 你 呢?
　 Wǒ xiǎng bào Běijīng Dàxué Zhōngwénxì nǐ ne
A: 我 想 报 清华 大学 的 物理系。
　 Wǒ xiǎng bào Qīnghuá Dàxué de wùlǐxì
B: 我们 加倍 努力, 争取 考上 自己 理想 的 大学。
　 Wǒmen jiābèi nǔlì zhēngqǔ kǎoshàng zìjǐ lǐxiǎng de dàxué

A: 이제 곧 대학입시야. 너는 어느 대학에 지원해서 무엇을 전공할 생각이니?
B: 나는 북경대학 중문학과를 지원하려고 해. 너는?
A: 나는 청화대학 물리학과에 지원하고 싶어.
B: 우리 더욱 열심히 해서 꼭 원하는 대학에 가도록 하자.

---

① 高考 gāokǎo 는 중국 고3 학생들이 치르는 대학입학시험으로서 대개 6월초에 전국에서 동시에 치러진다.
　 여기서 报 bào 는 报名 bàomíng 의 뜻, 즉 '~에 신청하다, 등록하다, 지원하다' 의 뜻이다.

16. 학교 생활

여러 가지 활용

I 전공 선택　选择　专业
　　　　　　　　xuǎnzé zhuānyè

- 저는 이공계통을 공부하고 싶어요.
  我 想 学 理科。
  Wǒ xiǎng xué lǐkē

- 나는 법률을 공부해서 장래에 훌륭한 법관이 되고 싶어.
  我 要 学 法律， 将来 当 一 名 优秀 的 法官。
  Wǒ yào xué fǎlǜ　jiānglái dāng yì míng yōuxiù de fǎguān

- 저는 기업가가 되고 싶어서 경제학을 선택했어요.
  我 想 当 企业家，所以 选择 了 经济学。
  Wǒ xiǎng dāng qǐyèjiā　suǒyǐ xuǎnzé le jīngjìxué

- 저는 교사가 되기 위해 사범대를 지원했습니다.
  我 想 当 老师，才 进 师范 大学 的。
  Wǒ xiǎng dāng lǎoshī　cái jìn Shīfàn Dàxué de

- 저는 의학을 공부해서 불치병을 연구하고 싶어요.
  我 要 学 医学，研究 不治 之 症。
  Wǒ yào xué yīxué　yánjiū búzhì zhī zhèng

- 저는 컴퓨터 전문가가 되고 싶습니다.
  我 想 当 电脑 专家。
  Wǒ xiǎng dāng diànnǎo zhuānjiā

- 저는 중국어를 전공해서 장래에 통역사가 되고 싶어요.
  我 要 好好儿 学 中文， 将来 当 个 翻译家。
  Wǒ yào hǎohāor xué Zhōngwén jiānglái dāng ge fānyìjiā

II 대학 선택　选择　大学
　　　　　　　　xuǎnzé dàxué

- 너는 어느 대학에 지원할거니?
  你 准备 报 哪 所 大学？
  Nǐ zhǔnbèi bào nǎ suǒ dàxué

- 나는 취직률이 높은 학교를 선택하고 싶어.
  我 想 选择 就业率 高 的 学校。
  Wǒ xiǎng xuǎnzé jiùyèlǜ gāo de xuéxiào

④ 학교・전공 선택

- 나는 일류대학을 선택하지 않고 일류 전공을 선택했어.
  我 没有 选择 一流 大学 ，但 我 选择 了一流 专业 。
  Wǒ méiyǒu xuǎnzé yīliú dàxué dàn wǒ xuǎnzé le yīliú zhuānyè
- 가장 중요한 것은 자기에 맞는 학과를 선택하는 것이죠.
  最 重要 的是 选 一 门 适合 自己 的 学科 。
  Zuì zhòngyào de shì xuǎn yì mén shìhé zìjǐ de xuékē

Ⅲ 전공　专业
　　　　zhuānyè

> A: 你 上 哪个 系？
>   Nǐ shàng nǎ ge xì
> B: 我 上 国际 政治系 。
>   Wǒ shàng guójì zhèngzhìxì
> A: 那么 以后 的 理想 是 什么？
>   Nàme yǐhòu de lǐxiǎng shì shénme
> B: 当 一 名 外交官 。
>   Dāng yì míng wàijiāoguān
> A: 무슨 학과에 다니고 있어요?
> B: 국제정치학과에 다니고 있습니다.
> A: 그럼 앞으로 꿈은 무엇입니까?
> B: 외교관이 되는 겁니다.

- 어떤 학과에 접수했이?
  你 报了 什么 系？
  Nǐ bàole shénme xì
- 전공은 네가 스스로 택한거니?
  专业 是你 自己 选 的 吗？
  Zhuānyè shì nǐ zìjǐ xuǎn de ma
- 너의 전공에 만족하니?
  对 你 的 专业 满意 吗？
  Duì nǐ de zhuānyè mǎnyì ma

16. 학교 생활

- 어떤 과가 네 적성에 맞을 것 같니?
  你觉得哪个系适合你的个性？
  Nǐ juéde nǎ ge xì shìhé nǐ de gèxìng
- 그 전공은 전망이 아주 밝아요.
  那个 专业 前途 无量。
  Nà ge zhuānyè qiántú wúliàng

⑤ 수강신청 · 학점

选 课 / 学 分
xuǎn kè xuéfēn

수강신청은 必修课 bìxiūkè(필수과목)와 选修课 xuǎnxiūkè(선택과목)을 구분하여 신청한다. 必修课 bìxiūkè 는 전공관련과목으로서 평가가 점수로 환산되어 학점에 반영이 된다. 选修课 xuǎnxiūkè 는 주로 교양과목 등에 해당되며 성적이 학점에 포함되지 않는 경우도 있다.

기본대화

A: 你 想 这 学期 选修 "古代 汉语" 吗?
　　Nǐ xiǎng zhè xuéqī xuǎnxiū　Gǔdài Hànyǔ　ma
B: 不, 我 想 这 学期 换 别的。
　　Bù　wǒ xiǎng zhè xuéqī huàn biéde
A: 你 想 选 什么 课?
　　Nǐ xiǎng xuǎn shénme kè
B: 这 学期 我 想 学 " 中国　现代　文学 "。
　　Zhè xuéqī wǒ xiǎng xué　Zhōngguó Xiàndài Wénxué
A: 이번 학기에 "고대한어" 신청할거니?
B: 아니, 이번 학기에는 다른 걸로 바꾸려고.
A: 무슨 과목을 선택할건데?
B: 이번 학기에는 "중국현대문학"을 배우고 싶어.

여러 가지 활용

I 수강신청　**申请 听课**
　　　　　　shēnqǐng tīng kè

- 이번 학기에 몇 과목 신청할 생각이니?
  你 打算 这 学期　申请 几 门 课?
  Nǐ dǎsuàn zhè xuéqī shēnqǐng jǐ mén kè

II 학점　**学分**
　　　　xuéfēn

- 그는 3년만에 졸업에 필요한 학점을 다 취득했어요.
  她 只 读了 三 年, 就 修满 了 所有 学分。
  Tā zhǐ dúle sān nián　jiù xiūmǎn le suǒyǒu xuéfēn

16. 학교 생활

- 졸업을 하려면 3학점을 더 취득해야 합니다.
  想　毕业还要再修三学分。
  Xiǎng bìyè hái yào zài xiū sān xuéfēn
- 매 학기마다 9학점 이상을 취득해야 합니다.
  每 学期 都 要 修 九 学分 以上 。
  Měi xuéqī dōu yào xiū jiǔ xuéfēn yǐshàng
- 한 학기에 최고 26학점을 신청할 수 있습니다.
  每 学期 最 多 能 修 二十六 学分 。
  Měi xuéqī zuì duō néng xiū èrshíliù xuéfēn
- 그는 졸업시험에서 한 과목이 낙제를 해 졸업을 할 수가 없어요.
  他 毕业 考试 有 一 门 不 及格，所以 不 能 毕业。
  Tā bìyè kǎoshì yǒu yì mén bù jígé suǒyǐ bù néng bìyè

6 학비 · 장학금

学费 / 奖学金
xuéfèi   jiǎngxuéjīn

얼마 전까지만 해도 중국 대학생이나 대학원생(研究生 yánjiūshēng) 중에는 성적이 우수하여 국가에서 학비 및 생활비를 보조받는 公费学生 gōngfèi xuésheng(국비학생)과 자신이 모든 학비를 부담하면서 다니는 自费学生 zìfèi xuésheng(자비학생)의 구분이 있었다. 그러나 지금은 국비학생제도는 거의 사라지고 모두가 자비학생을 모집한다. 한편 가정형편이 어려운 학생들을 위해 은행에서는 助学贷款 zhùxué dàikuǎn(학자금 대출)을 해주고 있다.

기 본 대 화

A: 你这学期的学费是多少?
  Nǐ zhè xuéqī de xuéfèi shì duōshao

B: 我这学期的学费是5,000元,另外还有教材费
  Wǒ zhè xuéqī de xuéfèi shì wǔqiān yuán lìngwài hái yǒu jiàocáifèi
  1,000元,一共6,000元。
  yìqiān yuán yígòng liùqiān yuán

A: 这些钱你是怎么凑齐的? 向家人要还是自己
  Zhèxiē qián nǐ shì zěnme còuqí de Xiàng jiārén yào háishi zìjǐ
  打工挣的?
  dǎ gōng zhèng de

B: 我的父母给了我3,000元,剩下的3,000元
  Wǒ de fùmǔ gěile wǒ sānqiān yuán shèngxià de sānqiān yuán
  是我自己打工挣的。
  shì wǒ zìjǐ dǎ gōng zhèng de

A: 你觉得打工很辛苦吗?
  Nǐ juéde dǎ gōng hěn xīnkǔ ma

B: 是辛苦了点儿,可我还能从中学到很多
  Shì xīnkǔ le diǎnr kě wǒ hái néng cóng zhōng xuédào hěnduō
  东西。
  dōngxi

A: 你真的很棒!我很佩服你。
  Nǐ zhēn de hěn bàng Wǒ hěn pèifú nǐ

16. 학교 생활

A: 너 이번 학기 학비가 얼마니?
B: 저의 이번 학기 학비는 5,000 위안이고, 그 밖에 교재비가 1,000 위안, 모두 6,000 위안이에요.
A: 그 돈을 어떻게 마련했어? 식구에게 달라고 하니, 아니면 스스로 아르바이트를 해서 버니?
B: 부모님께서 3,000 위안을 주시고, 나머지 3,000 위안은 제가 아르바이트해서 벌었어요.
A: 아르바이트하기가 힘들지 않니?
B: 힘들긴 하지만 그 속에서 많은 것을 배울 수가 있어요.
A: 너 정말 대단하구나. 존경스러운데.

여러 가지 활용

I 학비   学费
xuéfèi

- 이 대학의 1년 학비는 얼마입니까?
  这 所 大学 一 年 的 学费 是 多少?
  Zhè suǒ dàxué yì nián de xuéfèi shì duōshao

- 학비는 매년 인상됩니다.
  学费 每 年 都 涨。
  Xuéfèi měi nián dōu zhǎng

- 졸업시까지 학비는 인상되지 않습니다.
  直 到 毕业，学费 都 不 会 涨。
  Zhí dào bìyè   xuéfèi dōu bú huì zhǎng

- 그는 숙부의 도움으로 학비를 다 납부했습니다.
  她 靠 叔叔 才 把 学费 交齐。①
  Tā kào shūshu cái bǎ xuéfèi jiāoqí

- 저에게는 학비 납부하는 일이 참 어렵습니다.
  对 我 来 说 交 学费 是 很 困难 的 事。
  Duì wǒ lái shuō jiāo xuéfèi shì hěn kùnnan de shì

---

① 靠 kào: 의지하다, 의존하다, 기대다.

- 유학생의 학비는 한 학기에 1,200달러입니다.
  留学生 的 学费 是 一 学期 1,200 美元。
  Liúxuéshēng de xuéfèi shì yì xuéqī yìqiān èrbǎi měiyuán

- 석사과정은 3년이며 학기당 1,500달러입니다.
  硕士 课程（是）三 年，每 学期 1,500 美元。
  Shuòshì kèchéng (shì) sān nián měi xuéqī yìqiān wǔbǎi měiyuán

▶ 찬조금　　赞助费
　　　　　　zànzhùfèi

- 찬조금은 1년에 2만 5천위안입니다.
  赞助费 是 一 年 25,000 元。
  Zànzhùfèi shì yì nián liǎngwàn wǔqiān yuán

- 1년 뒤에 전학을 갈 경우 나머지 찬조금은 반환해 줍니까?
  如果 一 年 后 我 转 学 的话，以后 的 赞助费 你 能
  Rúguǒ yì nián hòu wǒ zhuǎn xué dehuà yǐhòu de zànzhùfèi nǐ néng
  给 我 退 吗？
  gěi wǒ tuì ma

- 전학을 가도 반환은 안 됩니다. 이건 학교의 규정입니다.
  转 学 也 不 能 退，这 是 学校 的 规定。
  Zhuǎn xué yě bù néng tuì zhè shì xuéxiào de guīdìng

- 찬조금은 입학시에 일시불로 다 내나요?
  赞助费 是 一次性 交齐 吗？
  Zànzhùfèi shì yícìxìng jiāoqí ma

II 장학금　　奖学金
　　　　　　　jiǎngxuéjīn

A: 听说 你 要 去 留学，是 真 的 吗？
　　Tīngshuō nǐ yào qù liúxué shì zhēn de ma
B: 是 啊，我 收到 了 美国 华盛顿 大学 的 入学
　　Shì a wǒ shōudào le Měiguó Huáshèngdùn Dàxué de rùxué
　　通知书。
　　tōngzhīshū
A: 听说 那儿 的 学费 很 贵，你 打算 怎么 交？
　　Tīngshuō nàr de xuéfèi hěn guì nǐ dǎsuàn zěnme jiāo

> B: 幸亏 拿到 了 奖学金。①
> 　　Xìngkuī nádào le jiǎngxuéjīn
> A: 유학 간다는게 정말이야?
> B: 응, 미국 워싱턴 대학의 입학통지서를 받았어.
> A: 거기 학비는 아주 비싸다던데 어떻게 납입하려고?
> B: 다행히 장학금을 받게 되었어.

- 장학금 신청했니?
  申请　奖学金 了 吗？
  Shēnqǐng jiǎngxuéjīn le ma
- 장학금을 어떻게 신청합니까?
  怎么　申请　奖学金？
  Zěnme shēnqǐng jiǎngxuéjīn
- 장학금을 신청하는데 어떤 조건이 있나요?
  申请　奖学金 需要 什么　条件 ？
  Shēnqǐng jiǎngxuéjīn xūyào shénme tiáojiàn
- 장학금 신청은 언제까지 마감입니까?
  奖学金　申请 截止 到 什么 时候？②
  Jiǎngxuéjīn shēnqǐng jiézhǐ dào shénme shíhou
- 오늘 장학금 신청서를 제출했어요.
  今天 交了 奖学金　申请书。
  Jīntiān jiāole jiǎngxuéjīn shēnqǐngshū

Ⅲ 아르바이트　打 工
　　　　　　　　　dǎ gōng

- 어떤 일을 찾는데요?
  你 要 找　什么样 的 工作？
  Nǐ yào zhǎo shénmeyàng de gōngzuò
- 저는 아르바이트하면서 공부하고 있습니다.
  我 是 一边 打 工 一边 读 书 的 。
  Wǒ shì yìbiān dǎ gōng yìbiān dú shū de

---

① 幸亏 xìngkuī, 幸好 xìnghǎo : '다행히', '요행히', '운좋게'.
② 截止 jiézhǐ : 마감하다, 일단락 짓다.

6 학비·장학금

- 그는 학비를 벌기 위해 가정교사를 하고 있습니다.
  为了 挣 学费，他 不得不 做 家教。
  Wèile zhèng xuéfèi tā bùdébù zuò jiājiào

- 용돈을 벌기 위해서는 아르바이트를 해야 해요.
  为了 挣 零用钱，他 必须 打工。
  Wèile zhèng língyòngqián tā bìxū dǎ gōng

- 여름방학과 겨울방학에는 저는 다 아르바이트를 합니다.
  暑假 和 寒假 我 都 去 打 工。
  Shǔjià hé hánjià wǒ dōu qù dǎ gōng

- 학교 게시판에서 일거리를 찾았어.
  我 是 在 学校 的 宣传栏 上 找到 工作 的。
  Wǒ shì zài xuéxiào de xuānchuánlán shang zhǎodào gōngzuò de

- 나는 고등학생의 수학 가정교사로 돈을 법니다.
  我 靠 当 高中生 的 数学 家教 来 挣 钱。
  Wǒ kào dāng gāozhōngshēng de shùxué jiājiào lái zhèng qián

- 아르바이트로 하루에 얼마 벌어요?
  打 工 一 天 挣 多少？
  Dǎ gōng yì tiān zhèng duōshao

7 도서관에서

在图书馆
zài túshūguǎn

도서관에 들어갈 때는 存包处 cúnbāochù(가방보관소)에 소지품을 보관하고 들어가야 하는데 분실의 위험이 있으므로 귀중품이나 신분증은 특히 조심해야 한다. 요즘은 중국의 도서관도 전산화가 잘 되어 있어 컴퓨터로 소장도서를 검색할 수 있으며, 굳이 도서관까지 가지 않아도 전자도서관을 이용하여 논문자료 등을 열람할 수 있다.

기본대화

A: 我 想 借 书，怎么 借 啊？
　　Wǒ xiǎng jiè shū　zěnme jiè a

B: 在 目录卡 上　找 一下 书号，填 表 就 可以 了。也
　　Zài mùlùkǎ shang zhǎo yíxià shūhào　tián biǎo jiù kěyǐ le　　Yě
　　可以 用 电脑 查。
　　kěyǐ yòng diànnǎo chá

A: 电脑　在 哪儿？
　　Diànnǎo zài　nǎr

B: 在 一 层 大厅。
　　Zài yī céng dàtīng

A: 책을 빌리고 싶은데 어떻게 빌리죠?
B: 목록 카드에서 책번호를 찾아 표를 써오면 됩니다. 컴퓨터로 검색할 수도 있습니다.
A: 컴퓨터는 어디에 있습니까?
B: 1층 로비에 있습니다.

여러 가지 활용

I 대출할 때　借 书
　　　　　　　jiè shū

A: 一次 能 借 几 本 书？
　　Yí cì néng jiè jǐ běn shū

B: 可以 借 三 本，两 周 内 归还。
　　Kěyǐ jiè sān běn　liǎng zhōu nèi guīhuán

> A: 한 번에 몇 권까지 빌릴 수 있습니까?
> B: 세 권 빌릴 수 있습니다. 2주 안에 반납해야 합니다.

- 이 책 세 권을 빌리고 싶습니다.
  我 想 借 这 三 本 书。
  Wǒ xiǎng jiè zhè sān běn shū
- 대출증을 보여 주세요.
  给 我 看 一下 借书证。
  Gěi wǒ kàn yíxià jièshūzhèng
- 그 책은 이미 대출되었습니다.
  那 本 书 已经 借走 了。
  Nà běn shū yǐjīng jièzǒu le
- 자전은 외부로 대출되지 않습니다.
  字典 是 不 外借 的。
  Zìdiǎn shì bú wàijiè de
- 참고서적류는 열람실에서만 이용 가능합니다.
  工具书 只 能 在 阅览室 使用。①
  Gōngjùshū zhǐ néng zài yuèlǎnshì shǐyòng
- 한 번에 세 권 이상은 대출되지 않습니다.
  一次不 能 借 三 本 以上。
  Yí cì bù néng jiè sān běn yǐshàng
- 대출기간은 며칠입니까?
  借 书 期限 是 几 天?
  Jiè shū qīxiàn shì jǐ tiān
- 연장 대출이 가능합니까?
  可以 续借 吗?
  Kěyǐ xùjiè ma
- 기일을 연체하면 하루에 2마오씩 연체료가 붙습니다.
  拖延 日期 的话，一 天 要 罚 两 毛 钱。
  Tuōyán rìqī dehuà yì tiān yào fá liǎng máo qián

---

① 工具书阅览室 gōngjùshū yuèlǎnshì: 사전, 색인, 연표, 연감류 등을 모아놓은 열람실로서 대개 외부대출은 되지 않고 그 안에서만 열람이 가능하다.

- 장기 연체자는 이후 책을 빌릴 수 없습니다.
 长期　逾期不　还　者，以后就不　能　借书了。①
 Chángqī yúqī bù huán zhě yǐhòu jiù bù néng jiè shū le

▶열람실　　阅览室
　　　　　　yuèlǎnshì

- 열람실에는 가방을 가지고 들어갈 수 없습니다.
 阅览室 不　能　带　书包 进去。
 Yuèlǎnshì bù néng dài shūbāo jìnqu

- 열람실에서는 휴대폰을 사용할 수 없습니다.
 在 阅览室 不　能　使用　手机。
 Zài yuèlǎnshì bù néng shǐyòng shǒujī

- 열람실에서는 조용히 해 주십시오.
 在 阅览室 要 保持 安静。
 Zài yuèlǎnshì yào bǎochí ānjìng

▶보관소·보관함　　存包处 / 保管箱
　　　　　　　　　cúnbāochù bǎoguǎnxiāng

- 가방은 보관하십시오. 보관소는 1층 입구에 있습니다.
 请　存 一下 书包，存包处 在 一 楼 门口。
 Qǐng cún yíxià shūbāo cúnbāochù zài yī lóu ménkǒu

- 귀중품은 보관함에 보관하지 마십시오.
 贵重 物品 不要 存在 保管箱。
 Guìzhòng wùpǐn búyào cúnzài bǎoguǎnxiāng

Ⅱ　자료 찾기　　找 资料
　　　　　　　　zhǎo zīliào

| A: 可以 直接 进 书库 吗？
　　Kěyǐ zhíjiē jìn shūkù ma
B: 拿出 借书证，登记 后 就 可以 进去 了。
　　Náchū jièshūzhèng dēngjì hòu jiù kěyǐ jìnqu le
A: 직접 서고에 들어갈 수 있습니까?
B: 대출증을 가지고 등기를 한 후 들어갈 수 있습니다. |
|---|

① 逾期 yúqī: 기한을 넘기다, 기일을 초과하다.

7 在图书馆

- 목록 카드를 찾아 보세요.
  查一下目录卡。
  Chá yíxià mùlùkǎ

- 색인 목록이 어디에 있습니까?
  索引目录在哪儿?
  Suǒyǐn mùlù zài nǎr

- 여행지에 관한 자료를 어떻게 찾습니까?
  我怎么找关于旅游景点的资料?
  Wǒ zěnme zhǎo guānyú lǚyóu jǐngdiǎn de zīliào

▶ 마이크로필름실   缩微 胶卷室
                  suōwēi jiāojuǎnshì

A: 可以看善本吗? ①
   Kěyǐ kàn shànběn ma
B: 对不起, 只能用胶卷看。
   Duìbuqǐ zhǐ néng yòng jiāojuǎn kàn
A: 고서 귀중본을 열람할 수 있습니까?
B: 죄송하지만, 마이크로 필림으로만 보실 수 있습니다.

- 죄송하지만, 필름을 끼우는 것 좀 도와 주시겠습니까?
  麻烦您, 帮我安一下胶卷, 好吗?
  Máfan nín bāng wǒ ān yíxià jiāojuǎn hǎo ma

- 마이크로필름 복사는 장당 1위안입니다.
  复印缩微胶卷一张一元。
  Fùyìn suōwēi jiāojuǎn yì zhāng yì yuán

▶ 자료 복사   复印 资料
              fùyìn zīliào

- 복사기를 사용할 수 있습니까?
  我可以使用复印机吗?
  Wǒ kěyǐ shǐyòng fùyìnjī ma

- 복사실에 가면 복사를 할 수 있습니다.
  到复印室就可以复印了。
  Dào fùyìnshì jiù kěyǐ fùyìn le

---

① 善本 shànběn: 학술적 · 예술적 가치가 높은 고대 서적.

▶도서 대출증　　借书证
　　　　　　　　jièshūzhèng

A: 我 想 办 借书证。
　　Wǒ xiǎng bàn jièshūzhèng
B: 请 给 我 你 的 身份证 或 学生证。在 这 个
　　Qǐng gěi wǒ nǐ de shēnfènzhèng huò xuéshēngzhèng Zài zhè ge
　　申请书 上 登记。
　　shēnqǐngshū shang dēngjì
A: 도서 대출증을 만들고 싶은데요.
B: 신분증이나 학생증을 주세요. 이 신청서에 기록하시구요.

- 도서 대출증을 만들려면 어떻게 해야 합니까?
  可以 告诉 我 怎么样 才 能 办 借书证 吗？
  Kěyǐ gàosu wǒ zěnmeyàng cái néng bàn jièshūzhèng ma

- 대출증을 분실했는데 어떻게 해야 합니까?
  我 丢了 借书证，该 怎么 办？
  Wǒ diūle jièshūzhèng gāi zěnme bàn

- 새학기마다 대출증에 확인을 받아야 합니다.
  每 到 新 学期，都 要 注册 借书证。
  Měi dào xīn xuéqī dōu yào zhùcè jièshūzhèng

- 대출증은 타인에게 빌려줄 수 없습니다.
  借书证 不 能 给 别人 用。
  Jièshūzhèng bù néng gěi biérén yòng

▶기타　其他
　　　　qítā

- 일요일은 휴관합니다.
  星期日 图书馆 闭 馆。
  Xīngqīrì túshūguǎn bì guǎn

- 그 학교 도서관은 밤새도록 불이 환히 켜져 있어요.
  那 所 学校 的 图书馆 整 个 晚上 都 灯光
  Nà suǒ xuéxiào de túshūguǎn zhěng ge wǎnshang dōu dēngguāng
  明亮。
  míngliàng

8 기숙사에서

在宿舍
zài sùshè

중국 대부분의 대학에서는 전 대학생이 다함께 기숙사 생활을 한다. 이는 타지방에서 온 학생뿐 아니라 집이 가까운 학생일지라도 마찬가지이다. 이는 대학의 면학 분위기를 조성하고 단체생활을 통해 장차 사회에서의 적응능력을 함양시키기 위함이다. 기숙사는 남녀 기숙사가 따로 있으며 대개 4~6명이 한방을 쓰고, 세면실, 화장실 등 기타 시설은 공동 사용한다.

기본대화

A: 这 所 学校 有 宿舍 吗?
　　Zhè suǒ xuéxiào yǒu sùshè ma

B: 有 专门 为 留学生 准备 的 宿舍。
　　Yǒu zhuānmén wèi liúxuéshēng zhǔnbèi de sùshè

A: 一 天 多少 钱?
　　Yì tiān duōshao qián

B: 单间 是 14 美元， 双人间 是 7 美元。
　　Dānjiān shì shísì měiyuán shuāngrénjiān shì qī měiyuán

A: 现在 可以 马上 入住 吗?
　　Xiànzài kěyǐ mǎshàng rùzhù ma

B: 现在 已经 满 了， 先 给 你 登记 一下 吧。
　　Xiànzài yǐjīng mǎn le xiān gěi nǐ dēngjì yíxià ba

A: 이 학교는 기숙사가 있습니까?
B: 유학생 전용의 기숙사가 준비되어 있습니다.
A: 하루에 얼마입니까?
B: 1인실은 14달러, 2인실은 7달러입니다.
A: 지금 바로 입주할 수 있습니까?
B: 지금은 이미 다 찼으니, 우선 등록해 드리겠습니다.

여러 가지 활용

I 기숙사에 대한 정보 宿舍 信息
　　　　　　　　　　　sùshè xìnxī

- 유학생 기숙사가 있습니까?
  有 留学生 宿舍 吗?
  Yǒu liúxuéshēng sùshè ma

- 한 달 숙박비가 얼마입니까?
  一 个 月 的 住宿费 是 多少?
  Yí ge yuè de zhùsùfèi shì duōshao

- 기숙사는 조용합니까?
  宿舍 安静 吗?
  Sùshè ānjìng ma

- 여학생 기숙사가 있습니까?
  有 女生 宿舍 吗?
  Yǒu nǚshēng sùshè ma

▶**편의시설** 便利 设施
　　　　　　biànlì shèshī

- 기숙사 안에 학생식당이 있습니까?
  宿舍区 有 学生 食堂 吗?
  Sùshèqū yǒu xuéshēng shítáng ma

- 기숙사 안에서 히터를 사용할 수 있습니까?
  宿舍 里 可以 用 电暖器 吗?
  Sùshè li kěyǐ yòng diànnuǎnqì ma

- 기숙사 안에서 자기가 요리를 할 수 있습니까?
  宿舍 里 可以 自己 做 饭 吗?
  Sùshè li kěyǐ zìjǐ zuò fàn ma

▶**개방 시간** 开放 时间
　　　　　　kāifàng shíjiān

A: 宿舍门 二十四 小时 都 开着 吗?
　 Sùshèmén èrshísì xiǎoshí dōu kāizhe ma

B: 不 是, 晚上 十一点 关 门.
　 Bú shì wǎnshang shíyī diǎn guān mén

> A: 기숙사 문은 24 시간 개방되어 있습니까?
> B: 아니요. 밤 11 시에 문을 닫습니다.

- 방학 기간에도 기숙사에 머물 수 있습니까?
  放假 期间 可以 留在 宿舍 吗?
  Fàngjià qījiān kěyǐ liúzài sùshè ma
- 외부인 출입을 허용합니까?
  允许 外人 出入 吗?
  Yǔnxǔ wàirén chūrù ma

II 입주 신청　入住 申请
　　　　　　　　rùzhù shēnqǐng

- 1인실을 원힙니까? 아니면 2인실을 원힙니까?
  你 要 单人间 还是 双人间?
  Nǐ yào dānrénjiān háishi shuāngrénjiān
- 저는 중국학생과 함께 지내고 싶습니다.
  我 很 想 跟 中国 学生 住在 一起。
  Wǒ hěn xiǎng gēn Zhōngguó xuésheng zhùzài yìqǐ
- 제일 꼭대기층은 원치 않습니다.
  不 要 顶 层。
  Bú yào dǐng céng
- 조용한 룸메이트를 원합니다.
  我 喜欢 安静 的 同屋。
  Wǒ xǐhuan ānjìng de tóngwū
- 중국어 공부를 위해서 한국 유학생과 함께 살고 싶지 않습니다.
  为了 学好 中文, 不 想 和 韩国 留学生 住在 一起。
  Wèile xuéhǎo Zhōngwén bù xiǎng hé Hánguó liúxuéshēng zhùzài yìqǐ

III 룸메이트　同屋
　　　　　　tóngwū

> A: 我 来 介绍 一下 我 的 同屋, 他 叫 杰克。
> 　　Wǒ lái jièshào yíxià wǒ de tóngwū　 tā jiào Jiékè
> B: 你 好, 杰克。 我 住在 隔壁, 叫 金 正值。
> 　　Nǐ hǎo　Jiékè　　Wǒ zhùzài gébì　 jiào Jīn Zhèngzhí

16. 학교 생활

> C: 你好，见到你很高兴，我是从美国来的。
> Nǐ hǎo jiàndào nǐ hěn gāoxìng wǒ shì cóng Měiguó lái de
> B: 我也很高兴。我是韩国人，历史系二年级。
> Wǒ yě hěn gāoxìng   Wǒ shì Hánguórén   lìshǐxì   èr niánjí
> A: 내 룸메이트를 소개할게. 제이크야.
> B: 안녕? 제이크. 나는 옆방에 살고 있어. 김정식이라고 해.
> C: 안녕? 만나서 반가워. 나는 미국에서 왔어.
> B: 나도 반가워. 나는 한국 사람이고, 역사과 2학년이야.

- 제 룸메이트는 일본학생이에요.
  我的室友是日本学生。
  Wǒ de shìyǒu shì Rìběn xuésheng

- 저는 룸메이트와 같이 사는 게 불편해서 1인실로 옮기려고 해요.
  我和室友一起住不方便，所以我想搬到单
  Wǒ hé shìyǒu yìqǐ zhù bù fāngbiàn suǒyǐ wǒ xiǎng bāndào dān
  人间。
  rénjiān

- 룸메이트가 늘 친구들을 데리고 와서 공부에 방해가 돼요.
  我的同屋常常带朋友过来，妨碍我学习。
  Wǒ de tóngwū chángcháng dài péngyou guòlai   fáng'ài wǒ xuéxí

- 밤 늦게까지 TV를 보고 있어 잠을 못 자겠어요.
  很晚还看电视，让人睡不着觉。
  Hěn wǎn hái kàn diànshì   ràng rén shuì bu zháo jiào

- 나는 룸메이트와 사이가 좋아요.
  我和同屋关系很好。
  Wǒ hé tóngwū guānxì hěn hǎo

- 룸메이트와 더는 같이 못 있겠습니다. 방을 바꿔 주세요.
  我不能再和同屋住在一起了，我要换房。
  Wǒ bù néng zài hé tóngwū zhùzài yìqǐ le   wǒ yào huàn fáng

▶ 기타　其他
　　　　　qítā

- 기숙사는 만족합니까?
  对宿舍满意吗？
  Duì sùshè mǎnyì ma

- 기숙사 생활이 어때요?
  宿舍 生活 怎么样?
  Sùshè shēnghuó zěnmeyàng
- 기숙사에서 우리는 중국어로만 이야기해요.
  在 宿舍 里,我们 只 用 汉语 交流。
  Zài sùshè li wǒmen zhǐ yòng Hànyǔ jiāoliú
- 외국 유학생들에게 아주 우호적인 것 같아요.
  好像 对 外国 留学生 很 友好。
  Hǎoxiàng duì wàiguó liúxuéshēng hěn yǒuhǎo
- 친구가 방문할 때는 먼저 1층에서 등록을 해야 합니다.
  有 朋友 来访,必须 先 在 一 层 登记。
  Yǒu péngyou láifǎng bìxū xiān zài yī céng dēngjì
- 기숙사에시는 주말마다 파티가 있습니다.
  在 宿舍,每 个 周末 都 有 派对。①
  Zài sùshè měi ge zhōumò dōu yǒu pàiduì
- 저는 무술 동아리에서 훈련을 받고 있습니다.
  我 在 武术班 接受 训练。
  Wǒ zài wǔshùbān jiēshòu xùnliàn
- 저는 대학시절 대학신문사 기자로 활동했습니다.
  我 上 大学 时,是 大学 新闻社 记者。
  Wǒ shàng dàxué shí shì dàxué xīnwénshè jìzhě
- 나는 서클활동을 하지 않았던 것이 가장 후회스러워.
  我 最 后悔 的 是 没有 参加 社团 活动。
  Wǒ zuì hòuhuǐ de shì méiyǒu cānjiā shètuán huódòng

참고 관련 용어 词汇
               cíhuì

- 교육   教育
         jiàoyù
- 학교   学校
         xuéxiào
- 교사   教师
         jiàoshī
- 교수   教授
         jiàoshòu
- 학생   学生
         xuésheng
- 유치원 幼儿园
         yòu'éryuán

① 派对 pàiduì 는 party 를 그대로 음역한 것이며, 중국어의 宴会 yànhuì, 晚会 wǎnhuì 에 해당한다.

16. 학교 생활

- 초등학교 小学 xiǎoxué
- 중학교 初中 chūzhōng
- 고등학교 高中 gāozhōng
- 대학교 大学 dàxué
- 전문대학 大专 dàzhuān
- 대학/학원 学院 xuéyuàn
- 전문학교 专业学校 zhuānyè xuéxiào
- 입시반 补习班 bǔxíbān
- 선생님 老师 lǎoshī
- 학사 学士 xuéshì
- 석사 硕士 shuòshì
- 박사 博士 bóshì
- 학위 学位 xuéwèi
- 교실 教室 jiàoshì
- 수업 上课 shàng kè
- 강의 讲课 jiǎng kè
- 교장/총장 校长 xiàozhǎng
- 입학 入学 rùxué
- 졸업 毕业 bì yè
- 유급 留级 liú jí
- 퇴학 退学 tuì xué
- 휴학 休学 xiū xué
- 휴강 停课 tíng kè

- 진학 升学 shēng xué
- 유학 留学 liú xué
- 방학 放假 fàng jià
- 여름방학 暑假 shǔjià
- 겨울방학 寒假 hánjià
- 합격 及格 jígé
- 낙제 不及格 bù jígé
- 성적표 成绩表 chéngjìbiǎo
- 담임선생님 班主任 bānzhǔrèn
- 전공 专业 zhuānyè
- 숙제 作业 zuòyè
- 논문 论文 lùnwén
- 시험 考试 kǎoshì
- 중간고사 期中考试 qīzhōng kǎoshì
- 기말고사 期末考试 qīmò kǎoshì
- 입학시험 入学考试 rùxué kǎoshì
- 졸업시험 毕业考试 bìyè kǎoshì
- 필기시험 笔试 bǐshì
- 구술시험 口试 kǒushì
- 면접 面试 miànshì
- 커닝하다 作弊 zuò bì
- 점수 分数 fēnshù
- 점수를 매기다 打分 dǎ fēn

⑧ 기숙사에서

- 1등 　第一 名
  　　　　dìyī míng
- 꼴등 　倒数 第一 名
  　　　　dàoshǔ dìyī míng
- 입학식 　入学 典礼
  　　　　　rùxué diǎnlǐ
- 졸업식 　毕业 典礼
  　　　　　bìyè diǎnlǐ
- 편입 　插 班
  　　　　chā bān
- 학점 　学分
  　　　　xuéfēn
- 수업시간표 　课程表
  　　　　　　kèchéngbiǎo
- 1교시 　第一 节 课
  　　　　dìyī jié kè
- 기숙사 　宿舍
  　　　　sùshè
- 도서관 　图书馆
  　　　　túshūguǎn
- 문구점 　文具店
  　　　　wénjùdiàn

- 서점 　书店
  　　　　shūdiàn
- 복사실 　复印室
  　　　　　fùyìnshì
- 강당 　礼堂
  　　　　lǐtáng
- 수강 　听 课
  　　　　tīng kè
- 필수과목 　必修课
  　　　　　bìxiūkè
- 선택과목 　选修课
  　　　　　xuǎnxiūkè
- 이과 　理科
  　　　　lǐkē
- 문과 　文科
  　　　　wénkē
- 학비 　学费
  　　　　xuéfèi
- 장학금 　奖学金
  　　　　jiǎngxuéjīn
- 우등생 　三好 学生
  　　　　　sānhǎo xuéshēng

17

공공장소에서
在公共场所　ZAI GONGGONG CHANGSUO

1. 관공서에서　　　　　　　　在公共事务机构
2. 은행에서　　　　　　　　　在银行
3. 우체국에서　　　　　　　　在邮局
4. 약국에서　　　　　　　　　在药店
5. 서점에서　　　　　　　　　在书店
6. 미용실에서　　　　　　　　在美容美发店
7. 세탁소에서　　　　　　　　在洗衣店
8. 의류점에서　　　　　　　　在服装店
9. 부동산중개소에서　　　　　在房地产中介公司
10. 패스트푸드점에서　　　　　在快餐店

1 관공서에서   在 公共 事务 机构
                        zài gōnggòng shìwù jīgòu

외국인이 중국에 장기적으로 머무를 경우에는 签证 qiānzhèng(비자)나 居留证 jūliúzhèng(거류증)의 발급 및 연장, 또는 외국인등록 등으로 관공서를 방문해야 하는 경우가 종종 있다. 이러한 사항들을 소홀히 했다가는 자칫 불법체류나 위법행위 등이 되어 벌금을 물어야 함은 물론 매우 복잡한 문제가 발생할 수도 있으므로 세심한 주의를 기울여야 한다.

기본대화

A: 你 有 什么 事 吗?
    Nǐ yǒu shénme shì ma

B: 我 是 韩国 留学生。我 想 问 一下 有关 外国人 注册 的 事。
    Wǒ shì Hánguó liúxuéshēng Wǒ xiǎng wèn yíxià yǒuguān wàiguórén zhùcè de shì

A: 可以 看 一下 你的 护照 吗?
    Kěyǐ kàn yíxià nǐ de hùzhào ma

B: 可以, 给 您。
    Kěyǐ gěi nín

A: 现在 你 住 在 哪儿?
    Xiànzài nǐ zhù zài nǎr

B: 我 住 在 朝阳 区 望京 那边儿。①
    Wǒ zhù zài Cháoyáng Qū Wàngjīng nàblanr

A: 这 是 外国人 申请 登记表, 请你 填 一下。
    Zhè shì wàiguórén shēnqǐng dēngjìbiǎo qǐng nǐ tián yíxià

B: 好 的。
    Hǎo de

A: 무슨 일이십니까?

B: 저는 한국 유학생입니다. 외국인 등록에 관한 것을 묻고 싶어서요.

---

① 朝阳区 Cháoyáng Qū(차오양취)는 북경의 동북쪽에 위치한 구로서, 三里屯 Sānlǐtún(싼리툰)에는 우리나라 대사관을 비롯한 각국의 대사관이 있으며, 望京 Wàngjīng(왕징) 지역은 코리아타운이 형성되어 있을 만큼 많은 한국인이 거주하고 있다.

17. 공공장소에서

A: 여권을 보여 주시겠습니까?
B: 네, 여기 있습니다.
A: 지금 어디에 살고 있습니까?
B: 차오양취 왕징에 살고 있습니다.
A: 여기 외국인 등록 신고서인데, 기입해 주세요.
B: 알겠습니다.

여러 가지 활용

Ⅰ 담당 부서를 찾을 때   找 负责 部门 时
　　　　　　　　　　　zhǎo fùzé bùmén shí

- 외국인 취업증을 만들려고 합니다.
  我 想 办 外国人 就业证。
  Wǒ xiǎng bàn wàiguórén jiùyèzhèng

- 재입국 비자를 받으려고 하는데요.
  我 要 办理 再 入境 签证。①
  Wǒ yào bànlǐ zài rùjìng qiānzhèng

- 취업 비자를 연기하려고 합니다.
  我 想 延期 就业 签证。②
  Wǒ xiǎng yǎnqī jiùyè qiānzhèng

- 건강 진단서를 떼려고 하는데요.
  我 想 开一 张 健康 证明。
  Wǒ xiǎng kāi yì zhāng jiànkāng zhèngmíng

Ⅱ 담당자를 찾을 때   找 负责人 时
　　　　　　　　　　zhǎo fùzérén shí

- 어느 분이 이 일을 담당하십니까?
  是 哪 位 负责 这 件 事?
  Shì nǎ wèi fùzé zhè jiàn shì

---

① X비자(학생비자)를 소지한 학생이, 방학 등을 이용하여 잠시 한국에 귀국할 경우, 2주 전에 리턴비자 신청서를 작성하여 公安局 gōng'ānjú(공안국)에 가서 리턴비자를 발급 받아야 다시 중국에 돌아올 수가 있다. 리턴비자를 받지 않고 출국하면 다시 입국할 때에 X비자를 새로이 받아야 한다.

② Z-签证 qiānzhèng: 취업비자를 말하며, 유효기간 중에는 횟수에 관계 없이 자유로이 입출국을 할 수 있다.

- 3번 창구로 가십시오.
  请 您 到 3 号 窗口 去。
  Qǐng nín dào sān hào chuāngkǒu qù

- 그 분은 지금 안 계시는데요, 외출하셨습니다.
  他 现在 不 在, 出去 了。
  Tā xiànzài bú zài chūqu le

- 저는 잠시 그의 일을 대신하고 있을 뿐입니다.
  我 只 是 暂时 替 他 的 班 而已。
  Wǒ zhǐ shì zànshí tì tā de bān éryǐ

- 내일 오전에 다시 한 번 오십시오.
  请 明天 上午 再来 一 趟 吧。
  Qǐng míngtiān shàngwǔ zài lái yí tàng ba

Ⅲ 서식기입 填 表
　　　　　tián biǎo

> A: 这 个 就 是 您 说 的 表格。
> 　　Zhè ge jiù shì nín shuō de biǎogé
> B: 谢谢, 我 回家 整理 后 明天 再 送 过来。
> 　　Xièxie wǒ huíjiā zhěnglǐ hòu míngtiān zài sòng guolai
> A: 이것이 말씀하신 서식입니다.
> B: 감사합니다. 집에 돌아가 정리한 후에 내일 다시 가져오겠습니다.

- 먼저 신청서를 제출해 주십시오.
  请 先 提交 申请书。
  Qǐng xiān tíjiāo shēnqǐngshū

- 글씨를 깨끗하고 반듯하게 써 주십시오.
  请 把 字 写 得 干净、整齐 一点。
  Qǐng bǎ zì xiě de gānjìng zhěngqí yìdiǎn

- 어디에 서명합니까?
  请问 在 哪儿 签 名?
  Qǐngwèn zài nǎr qiān míng

- 잘못 기재 했습니다. 서식 1장만 더 주세요.
  我 写错 了, 再 给 我 一 张 表。
  Wǒ xiěcuò le zài gěi wǒ yì zhāng biǎo

2 은행에서

在 银行
zài yínháng

요즘은 직접 은행까지 가지 않아도 电话银行 diànhuà yínháng(폰뱅킹)이나 网上银行 wǎngshàng yínháng(인터넷뱅킹)을 통하여 查询余额 cháxún yú'é(예금조회)나 转账 zhuǎn zhàng(이체) 등의 업무를 할 수 있다. 또한 곳곳마다 24시간 자동출금기가 설치되어 있어 언제라도 편리하게 取款 qǔ kuǎn(출금)을 할 수 있다. 자동출금기(自动提款机 zìdòng tíkuǎnjī)가 설치되어 있는 곳에는 监视器 jiānshìqì(감시카메라)는 물론 각종 防盗设备 fángdào shèbèi(보안시설)도 되어 있다.

기본대화

A: 请 进, 有 什么 事 吗?
　 Qǐng jìn　yǒu shénme shì ma

B: 我 想 办 一 张 银行卡。
　 Wǒ xiǎng bàn yì zhāng yínhángkǎ

A: 您 是 外国 人 吗?
　 Nín shì wàiguó rén ma

B: 是 的, 我 是 韩国 人。
　 Shì de　wǒ shì Hánguó rén

A: 请 出示 您 的 护照。
　 Qǐng chūshì nín de hùzhào

B: 给 你。
　 Gěi nǐ

A: 어서 오십시오. 무슨 용건이신지요?
B: 은행카드를 하나 만들고 싶습니다.
A: 외국인이십니까?
B: 그렇습니다. 한국인입니다.
A: 여권을 보여 주십시오.
B: 여기 있습니다.

여러 가지 활용

I 환전   兑换
       duìhuàn

- 오늘은 환율이 어떻습니까?
  今天 的 汇率 怎么样?
  Jīntiān de huìlǜ zěnmeyàng

- 오늘 1달러는 6.84 위안에 환전합니다. 어제보다 0.1 위안이 올랐어요.
  今天 1 美元 兑换 6.84 元 人民币, 比 昨天 高了 0.1 元。
  Jīntiān yì měiyuán duìhuàn liù diǎn bāsì yuán rénmínbì bǐ zuótiān gāole líng diǎn yī yuán

- 1달러는 런민삐 얼마로 바꿀 수 있나요?
  1 美元 能 兑换 多少 人民币?
  Yì měiyuán néng duìhuàn duōshao rénmínbì

- 1위안으로 한화 130 원을 바꿀 수 있습니다.
  1 元 人民币 能 兑换 130 韩币。
  Yì yuán rénmínbì néng duìhuàn yìbǎi sānshí hánbì

- 이 한화를 런민삐로 바꿔 주시겠어요?
  请 把 这些 韩币 换成 人民币, 好 吗?
  Qǐng bǎ zhèxiē hánbì huànchéng rénmínbì hǎo ma

- 환전 수수료는 얼마입니까?
  兑换 手续费 是 多少 ?
  Duìhuàn shǒuxùfèi shì duōshao

▶위조 지폐 假币
         jiǎbì

A: 先生, 这 100 美元 是 假币。
   Xiānsheng zhè yìbǎi měiyuán shì jiǎbì
B: 是 吗? 不会 吧。
   Shì ma   Bú huì ba

17. 공공장소에서

A: 刚才 验钞机 验 出来 是 假 的。你 从 哪儿
　　Gāngcái yànchāojī yàn chulai shì jiǎ de   Nǐ cóng nǎr
　　兑换 的 美元？
　　duìhuàn de měiyuán

B: 我 昨天 在 黑市 上 兑换 的。
　　Wǒ zuótiān zài hēishì shang duìhuàn de

A: 在 那儿 兑换 很 危险 的，假币 很 多。
　　Zài nàr duìhuàn hěn wēixiǎn de   jiǎbì hěn duō

A: 손님, 이 100 달러 짜리가 위조지폐입니다.
B: 네? 그럴 리가요.
A: 방금 위조지폐 감별기에서 가짜로 판독되었습니다. 이 달러 어디서 환전하신거죠?
B: 어제 암시장에서 환전한건데요.
A: 그런 곳에서 환전하시면 위험합니다. 위폐가 아주 많아요.

- 이것은 위조지폐입니다. 육안으로도 식별할 수 있어요.
  这 是 假币，用 肉眼 都 能 识别 出来。
  Zhè shì jiǎbì   yòng ròuyǎn dōu néng shíbié chulai

- 진폐는 우측 하단에 점자표시가 있어 만져보면 됩니다.
  真钱 右下角 有 盲点，可以 摸 出来。
  Zhēnqián yòuxiàjiǎo yǒu mángdiǎn kěyǐ mō chulai

- 햇빛에 비춰 보면 위조방지 숨은 그림이 나타납니다.
  对着 阳光，你 可以 看到 防伪 水印 图案。
  Duìzhe yángguāng nǐ kěyǐ kàndào fángwěi shuǐyìn tú'àn

- 화폐진위의 판별은 가운데에 위조방지선이 있나없나를 보면 돼요.
  辨别 钱币 的 真伪 可以 看 中间 是否 有 一 条
  Biànbié qiánbì de zhēnwěi kěyǐ kàn zhōngjiān shìfǒu yǒu yì tiáo
  防伪线。
  fángwěixiàn

▶여행자 수표　旅行 支票
　　　　　　　lǚxíng zhīpiào

A: 在 这里 可以 兑换 旅行 支票 吗？
　　Zài zhèli kěyǐ duìhuàn lǚxíng zhīpiào ma

B：我们 银行 没有 兑换 旅行 支票 的 业务。
　　Wǒmen yínháng méiyǒu duìhuàn lǚxíng zhīpiào de yèwù
A：那 我 到 哪儿 可以 兑换 呢？
　　Nà wǒ dào nǎr kěyǐ duìhuàn ne
B：旅行 支票 只 能 到 中国 银行 兑换。
　　Lǚxíng zhīpiào zhǐ néng dào Zhōngguó Yínháng duìhuàn
A：여기에서 여행자 수표를 환전할 수 있습니까?
B：저희 은행에서는 여행자 수표 환전업무는 하지 않습니다.
A：그럼 어디 가서 바꿔야 하지요?
B：여행자 수표는 중국은행에서만 환전하실 수 있습니다.

- 여행자 수표에 서명해 주십시오.
　您 就 在 旅行 支票 上 签 个 名 吧。
　Nín jiù zài lǚxíng zhīpiào shang qiān ge míng ba

- 본인이십니까? 수표의 두 사인이 일치하지 않는데요.
　是 您 本人 吗? 您 支票 上 的 两 个 签名 不 一样
　Shì nín běnrén ma　Nín zhīpiào shang de liǎng ge qiānmíng bù yíyàng
　啊。
　a

- 여행자수표는 반드시 본인이 와서 바꿔야 합니다.
　旅行 支票 必须 得 本人 来 换。
　Lǚxíng zhīpiào bìxū děi běnrén lái huàn

▶ 잔돈을 바꿀 때　　换 零钱 时
　　　　　　　　　　huàn língqián shí

A：能 破开 100 元 吗？
　　Néng pòkāi yìbǎi yuán ma
B：您 要 多少 的？
　　Nín yào duōshao de
A：要 两 张 10 块 的，十 张 5 块 的，剩下
　　Yào liǎng zhāng shí kuài de　shí zhāng wǔ kuài de　shèngxià
　的 就 换成 硬币 吧。
　de jiù huànchéng yìngbì ba
A：100 위안짜리를 깰 수 있습니까?
B：얼마 짜리로 드릴까요?

> A: 10위안짜리 2장과 5위안짜리 10장, 그리고 나머지는 동전으로 바꿔 주세요.

- 잔돈이 필요합니다.
  我 需要 零钱。
  Wǒ xūyào língqián
- 잔돈을 좀 바꿔 주시겠습니까?
  能 不 能 给我 换 一下 零钱?
  Néng bu néng gěi wǒ huàn yíxià língqián

II 입출금 存 / 取 款
   cún   qǔ kuǎn

> A: 我 是 来 存 款 的。
>   Wǒ shì lái cún kuǎn de
> B: 您 在 银行 开户 了 吗?
>   Nín zài yínháng kāihù le ma
> A: 没有。我 想 办 一 个。
>   Méiyǒu Wǒ xiǎng bàn yí ge
> B: 您 想 存 多少?
>   Nín xiǎng cún duōshao
> A: 存 一万。
>   Cún yíwàn
> A: 예금하러 왔는데요.
> B: 은행에 계좌를 개설하셨습니까?
> A: 없습니다. 하나 개설하려구요.
> B: 얼마 예금하실 겁니까?
> A: 1만위안입니다.

- 정기예금계좌를 개설하고 싶습니다.
  我 想 开 一个 定期 账户。
  Wǒ xiǎng kāi yí ge dìngqī zhànghù
- 1만위안을 인출하고 싶습니다.
  我 想 取 一万 块 钱。
  Wǒ xiǎng qǔ yíwàn kuài qián

- 정기예금의 이율은 얼마입니까?
  定期 存款 的 利息 是 多少?
  Dìngqī cúnkuǎn de lìxī shì duōshao
- 나는 매월 이 은행에 1만위안씩 예금합니다.
  我 每 个 月 在 这 个 银行 存 一万 块 钱。
  Wǒ měi ge yuè zài zhè ge yínháng cún yíwàn kuài qián
- 출금시에는 반드시 통장을 지참해야 합니다.
  当 您 取 款 时，一定 要 出示 存折。
  Dāng nín qǔ kuǎn shí yídìng yào chūshì cúnzhé

Ⅲ 대출 贷款
  dài kuǎn

- 대출을 받고 싶습니다.
  我 想 贷 款。
  Wǒ xiǎng dài kuǎn
- 담보가 없으면 대출이 불가능합니다.
  如果 没有 担保，贷 款 是 不 可能 的。
  Rúguǒ méiyǒu dānbǎo dài kuǎn shì bù kěnéng de
- 집을 담보로 하여 50만위안을 대출받고 싶습니다.
  我 把 房子 作为 抵押，贷 款 50 万。
  Wǒ bǎ fángzi zuòwéi dǐyā dài kuǎn wǔshí wàn
- 저의 보증인이 돼주실 수 있으세요?
  你 能 当 我的 担保人 吗?
  Nǐ néng dāng wǒ de dānbǎorén ma
- 대출의 연이율은 얼마입니까?
  贷 款 的 年 利息 是 多少?
  Dài kuǎn de nián lìxī shì duōshao

Ⅳ 은행 카드 银行卡
  yínhángkǎ

A: 你 可 不 可以 借 我 1,000 块 钱?
   Nǐ kě bu kěyǐ jiè wǒ yìqiān kuài qián
B: 可以，但是 我们 相隔 这么 远，我 怎么 给 你 呢?
   Kěyǐ dànshì wǒmen xiānggé zhème yuǎn wǒ zěnme gěi nǐ ne

17. 공공장소에서

A: 你 存到 我 卡里，我 告诉 你 我 的 账户，你 给 我
　　Nǐ cúndào wǒ kǎli　wǒ gàosu nǐ wǒ de zhànghù nǐ gěi wǒ
　　打 过来 就 行 了。
　　dǎ guolai jiù xíng le

B: 好 吧。 我 今天 上午 就 去 存 钱，你 下午 就
　　Hǎo ba　Wǒ jīntiān shàngwǔ jiù qù cún qián　nǐ xiàwǔ jiù
　　可以 取 了。
　　kěyǐ qǔ le

A: 너 나한테 1 천위안 빌려줄 수 있니?

B: 있어. 하지만 이렇게 멀리 떨어져 있는데 어떻게 전해 주지?

A: 내 카드로 넣어줘. 계좌를 알려줄게 이체시키면 되지.

B: 알았어. 내가 오늘 오전에 넣을 테니까 너는 오후에 찾으면 되겠구나.

- 자동입출금기를 이용하면 24 시간 언제라도 출금할 수 있어요.
  用 自动 提款机 您 可以 二十四 小时 随时 取 款。
  Yòng zìdòng tíkuǎnjī nín kěyǐ èrshísì xiǎoshí suíshí qǔ kuǎn

- 은행카드 출금은 하루에 5 천위안을 넘을 수 없어요.
  用 银行卡 取 款 一 天 不 能 超过 5,000 元。[1]
  Yòng yínhángkǎ qǔ kuǎn yì tiān bù néng chāoguò wǔqiān yuán

- 대형쇼핑센터에서는 은행카드로 지불할 수 있어요.
  在 大型 商场 可以 用 银行卡 付 账。
  Zài dàxíng shāngchǎng kěyǐ yòng yínhángkǎ fù zhàng

- 만일 은행카드를 분실하면 바로 카드를 만든 은행에 분실신고를 해야 합니다.
  如果 您 的 银行卡 丢失 的话， 请 马上 到 您 办理 卡
  Rúguǒ nín de yínhángkǎ diūshī dehuà qǐng mǎshàng dào nín bànlǐ kǎ
  的 银行 挂失。
  de yínháng guàshī

---

① 은행카드로 1 회 출금할 수 있는 한도는 2,000 위안이며, 1 일 최고한도는 5,000 위안으로 제한되어 있다.

③ 우체국에서

在 邮局
zài yóujú

우체국은 邮局 yóujú 또는 邮政局 yóuzhèngjú 라고 한다. 인터넷이 급속도로 발달한 현대에서는 이메일(电子邮件 diànzǐ yóujiàn)이 보편화되어 편지를 부치러 우체국에 가는 일이 매우 드물게 되었다. 하지만 해외에 나와 있다 보면 소포(包裹 bāoguǒ)나 각종 서류 등을 전달하기 위해 여전히 우체국을 이용해야 하는 경우가 많은데, 이 때 급히 보내야 할 서류나 물품은 국제 특급우편인 EMS①를 이용하면 편리하다. EMS 를 이용할 경우 중국 내의 우편물은 1~2 일, 중국—한국간의 우편물은 4~5 일 정도의 기간이 소요된다.

기 본 대 화

A: 我 想 寄 挂号信 。
　　Wǒ xiǎng jì guàhàoxìn.
B: 好的 , 您 先 填 一下 这 张 表 吧 。
　　Hǎode nín xiān tián yíxià zhè zhāng biǎo ba.
　　就 在 这儿 写上 寄信人 的 姓名 和 地址 , 还 有
　　Jiù zài zhèr xiěshàng jìxìnrén de xìngmíng hé dìzhǐ hái yǒu
　　收信人 的 姓名 和 地址 就 可以 了 。
　　shōuxìnrén de xìngmíng hé dìzhǐ jiù kěyǐ le.
A: 我 填好 了 , 给 你 。 需要 付 多少 钱 ?
　　Wǒ tiánhǎo le gěi nǐ. Xūyào fù duōshao qián?
B: 10 克 20 元 。
　　Shí kè èrshí yuán.
A: 등기우편을 부치고 싶은데요.
B: 네, 먼저 이 표를 기입해 주십시오. 여기에 발신인의 성함과 주소, 그리고 수취인의 성함과 주소를 쓰시면 됩니다.
A: 다 적었습니다, 여기 있어요. 얼마를 내야 하지요?
B: 10 그램 20 위안입니다.

---

① EMS: Express Mail Service. 중국어의 정식 명칭은 全球邮政特快专递 quánqiú yóuzhèng tèkuài zhuāndì 이며 줄여서 快递 kuàidì 라고도 한다.

여러 가지 활용

I 편지를 부칠 때　寄信时
　　　　　　　　　jì xìn shí

- 말씀 좀 묻겠는데 이 근처에 우체국이 어디 있습니까?
  请问　这附近哪儿有邮局？
  Qǐngwèn zhè fùjìn　nǎr　yǒu yóujú

- 이 편지를 한국에 부치고 싶은데요.
  我想把这封信寄到韩国。
  Wǒ xiǎng bǎ zhè fēng xìn jìdào Hánguó

- 우편번호를 모르는데 좀 알려 주시겠습니까?
  我不知道　邮政　编码，你能告诉我吗？
  Wǒ bù zhīdào yóuzhèng biānmǎ, nǐ néng gàosu wǒ ma

- 엽서 10장 주세요.
  我要十张　明信片。
  Wǒ yào shí zhāng míngxìnpiàn

▶등기우편　挂号信
　　　　　　guàhàoxìn

- 어디에서 등기를 부치지요?
  在哪儿寄挂号信？
  Zài nǎr　jì guàhàoxìn

- 이 편지를 등기로 부치려고 해요.
  这封信要挂号。
  Zhè fēng xìn yào guàhào

- 이 카운터에서 등기우편을 취급합니까?
  这个服务台可以办理挂号信吗？
  Zhè ge fúwùtái　kěyǐ　bànlǐ guàhàoxìn ma

▶특급우편　特快　专递
　　　　　　tèkuài zhuāndì

- 특급우편으로 부치려고 합니다.
  我要寄特快专递。
  Wǒ yào jì tèkuài zhuāndì

③ 우체국에서

- 이 편지를 특급우편으로 미국에 보내려면 며칠이 걸립니까?
  这 封 信 用 快递 寄到 美国 需要 几 天 ?
  Zhè fēng xìn yòng kuàidì jìdào Měiguó xūyào jǐ tiān

- 이 편지는 한국에 보내려 하는데 특급우편은 얼마입니까?
  我 想 把 这 封 信 寄到 韩国 , 特快 的话 需要 多少
  Wǒ xiǎng bǎ zhè fēng xìn jìdào Hánguó   tèkuài dehuà xūyào duōshao
  钱 ?
  qián

II 소포를 부칠 때   寄 包裹 时
              jì bāoguǒ shí

> A: 我 想 把 这个 寄到 韩国 。
>   Wǒ xiǎng bǎ zhè ge jì dào Hánguó
> B: 里面 装 的 是 什么 东西 ?
>   Lǐmian zhuāng de shì shénme dōngxi
> A: 是 书 。 这个 包裹 的 邮费 是 多少?
>   Shì shū Zhège bāoguǒ de yóufèi shì duōshao
> B: 先 称 一下 重量 。
>   Xiān chēng yíxià zhòngliàng
> A: 이것을 한국에 부치려고 합니다.
> B: 안에 든 것이 무엇입니까?
> A: 책입니다. 이 소포의 요금은 얼마입니까?
> B: 먼저 중량을 재 봅시다.

- 안에 든 것은 인쇄물입니다.
  里面 是 印刷品 。
  Lǐmian shì yìnshuāpǐn

- 이 소포를 오늘 부치면 언제 그곳에 도착할까요?
  这 个 包裹 今天 寄 的话 , 什么 时候 能 到 那儿 ?
  Zhè ge bāoguǒ jīntiān jì dehuà shénme shíhou néng dào nàr

- 이 소포가 얼마나 나가는지 달아 봅시다.
  请 称 一下 这个 包裹 有 多 重 。
  Qǐng chēng yíxià zhège bāoguǒ yǒu duō zhòng

- 이 소포에 보험을 들겠습니까?
  这 个 包裹 要 保险 吗 ?
  Zhè ge bāoguǒ yào bǎoxiǎn ma

▶포장할 때 包装 时
bāozhuāng shí

- 여기에 포장센터가 있습니까?
  这儿 有 包装 中心 吗?
  Zhèr yǒu bāozhuāng zhōngxīn ma

- 이 소포의 포장은 불합격입니다. 죄송하지만 다시 해 주십시오.
  这 个 包裹 包装 不合格，麻烦 你 重新 包 一下。
  Zhè ge bāoguǒ bāozhuāng bù hégé máfan nǐ chóngxīn bāo yíxià

- 깨지기 쉬운 물건이라면 "취급주의"라고 써 주십시오.
  如果 是 容易 碎 的 东西，请 写上 " 小心 轻放 "。
  Rúguǒ shì róngyì suì de dōngxi qǐng xiěshàng xiǎoxīn qīngfàng

▶소포를 수취할 때 取 包裹 时
qǔ bāoguǒ shí

A: 我 是 来 取 包裹 的。
   Wǒ shì lái qǔ bāoguǒ de
B: 你 填好 单子 了 吗?
   Nǐ tiánhǎo dānzi le ma
A: 已经 填好 了。
   Yǐjīng tiánhǎo le
B: 是 你 本人 的 吗? 给 我 看 一下 你 的 身份证。
   Shì nǐ běnrén de ma Gěi wǒ kàn yíxià nǐ de shēnfènzhèng
A: 是，给 你。
   Shì gěi nǐ
B: 请 稍 等。这 是 你 的 东西，请 收好。
   Qǐng shāo děng Zhè shì nǐ de dōngxi qǐng shōuhǎo
A: 소포를 수취하러 왔습니다.
B: 표를 다 기입하셨습니까?
A: 다 기입했습니다.
B: 본인이십니까? 신분증을 보여 주세요.
A: 네, 여기요.
B: 잠시만요. 물건 여기 있습니다. 받으세요.

- 소포를 찾으러 왔는데요.
  我 要 取 包裹 。
  Wǒ yào qǔ bāoguǒ
- 본인이 아닐 경우 수취인과 대리인의 신분증 모두 지참해야 합니다.
  不 是 本人 的话， 原 收件人 和 代理人 的 身份证
  Bú shì běnrén dehuà yuán shōujiànrén hé dàilǐrén de shēnfènzhèng
  都 要 带 。
  dōu yào dài

Ⅲ 우표를 살 때 买 邮票 时
mǎi yóupiào shí

- 우표는 어디에서 삽니까?
  邮票 在哪儿 买 ?
  Yóupiào zài nǎr mǎi
- 이 편지에는 얼마짜리 우표를 붙여야 합니까?
  这 封 信 需要 贴 多少 钱 的 邮票?
  Zhè fēng xìn xūyào tiē duōshao qián de yóupiào
- 5위안짜리 우표를 1장 주세요.
  我 要 一 枚 五 元 的 邮票 。
  Wǒ yào yì méi wǔ yuán de yóupiào
- 2008년 북경올림픽 기념우표가 있습니까?
  有 2008 年 北京 奥运 的 纪念 邮票 吗 ?
  Yǒu èrlínglíngbā nián Běijīng Àoyùn de jìniàn yóupiào ma

Ⅳ 전보 电报
diànbào

- 한 자에 얼마입니까?
  一 个 字 要 多少 钱 ?
  Yí ge zì yào duōshao qián
- 전보는 어디서 칩니까?
  在 哪儿 可以 发 电报 ?
  Zài nǎr kěyǐ fā diànbào
- 축전을 보내고 싶은데요.
  我 想 发 贺电 。
  Wǒ xiǎng fā hèdiàn

17. 공공장소에서

V 우편환　邮政 汇款
yóuzhèng huìkuǎn

- 우편환으로 한다면 얼마까지 송금할 수 있습니까?
  如果 用 邮政 汇款 的话，可以 邮 多少 钱？
  Rúguǒ yòng yóuzhèng huìkuǎn dehuà　kěyǐ yóu duōshao qián

- 한국에 우편환으로 5만 위안을 송금하고 싶습니다.
  我 想 往 韩国 汇 五万 元。
  Wǒ xiǎng wǎng Hánguó huì wǔwàn yuán

- 우편환 증서를 가져 오셨습니까?
  你 拿 汇票 了 吗？
  Nǐ ná huìpiào le ma

VI 기타　其他
qítā

- 오늘 제 편지 없습니까?
  今天 没有 我 的 信 吗？
  Jīntiān méiyǒu wǒ de xìn ma

- 소포가 아직 안 왔나요?
  包裹 还 没有 到 吗？
  Bāoguǒ hái méiyǒu dào ma

- 네 편지가 아직도 안 왔어.
  你 的 信 还 没有 来。
  Nǐ de xìn hái méiyǒu lái

- 오늘 아침 발신 불명의 편지를 받았어요.
  今天 早上 我 收到 了 一 封 来路 不 明 的 信。
  Jīntiān zǎoshang wǒ shōudào le yì fēng láilù bù míng de xìn

- 수취인은 이사갔습니다. 반송시켜 주세요.
  收件人 搬走 了，再 退 回去 吧。
  Shōujiànrén bānzǒu le　zài tuì huiqu ba

4 약국에서

在 药店
zài yàodiàn

중국의 대형 약국들에서는 西药 xīyào(양약), 中药 zhōngyào(한약), 中草药 zhōngcǎoyào(한약재)를 함께 취급하는 경우가 많다. 中药 zhōngyào 는 中成药 zhōngchéngyào 라고도 하며 한약을 양약처럼 제품화한 것을 말한다. 중약제조 회사로는 北京同仁堂 Běijīng Tóngréntáng 이 가장 유명한데 300 년 역사의 오랜 전통을 자랑한다.

기본대화

A: 欢迎 光临, 您 需要 什么?
　　Huānyíng guānglín nín xūyào shénme
B: 有 没有 助 消化 的 药?
　　Yǒu méiyǒu zhù xiāohuà de yào
A: 有 什么 症状?
　　Yǒu shénme zhèngzhuàng
B: 饭 后 胃 有点儿 不 舒服。
　　Fàn hòu wèi yǒudiǎnr bù shūfu
A: 这 是 疗效 好 的 消化药, 吃 两 粒 就 可以 了。
　　Zhè shì liáoxiào hǎo de xiāohuàyào chī liǎng lì jiù kěyǐ le
A: 어서 오십시오. 무엇을 드릴까요?
B: 소화제 있습니까?
A: 어떤 증상이 있으세요?
B: 식후에 속이 좀 불편합니다.
A: 이건 효과가 좋은 소화제입니다. 두 알만 드시면 됩니다.

여러 가지 활용

Ⅰ 약을 살 때　买 药
　　　　　　　mǎi yào
• 수면제 몇 알 주십시오.
　给 我 几 片 安眠药。
　Gěi wǒ jǐ piàn ānmiányào

17. 공공장소에서

- 부작용이 없을까요?
  会不会有副作用?
  Huì bu huì yǒu fù zuòyòng

- 위장병 특효약이 없을까요?
  没有治胃病的特效药吗?
  Méiyǒu zhì wèibìng de tèxiàoyào ma

- 머리가 아픈데 진통제 있나요?
  我头疼, 有没有止痛片?
  Wǒ tóu téng yǒu méiyǒu zhǐtòngpiàn

- 파스 주세요.
  麻烦你拿一下贴膏。
  Máfan nǐ ná yíxià tiēgāo

- 변비약이 필요한데요.
  我需要治便秘的药。
  Wǒ xūyào zhì biànmì de yào

- 부작용이 없는 감기약을 주세요.
  请您帮我拿没有副作用的感冒药。
  Qǐng nín bāng wǒ ná méiyǒu fùzuòyòng de gǎnmàoyào

- 지난번 약을 전부 먹었습니다. 다시 또 지어 주세요.
  上次那药已经都吃完了。麻烦您再给我抓一
  Shàng cì nà yào yǐjīng dōu chīwán le Máfan nín zài gěi wǒ zhuā yí
  副药吧。①
  fù yào ba

▶ 약품설명　药品说明
　　　　　　　yàopǐn shuōmíng

- 이 약이 통증을 경감시켜 줄 겁니다.
  这个药可以减轻您的痛苦。
  Zhè ge yào kěyǐ jiǎnqīng nín de tòngkǔ

- 이것은 진통제입니다.
  这个就是止痛片。
  Zhè ge jiù shì zhǐtòngpiàn

---

① 抓药 zhuā yào: 약을 짓다. 抓는 '잡다', '쥐다'의 뜻으로 탕약을 지을 때 손으로 집어서 양을 헤아리는 것을 말한다.

4 약국에서

4 在药店

- 아마도 과로한 탓인 것 같습니다. 비타민을 좀 드시면 좋아질 겁니다.
  可能 是 疲劳 过度 的 关系 吧。吃 一点 维生素 就 可以 了。
  Kěnéng shì píláo guòdù de guānxi ba   Chī yìdiǎn wéishēngsù jiù kěyǐ le

- 이 약은 효과가 아주 빠릅니다.
  这 药 见效 很 快。
  Zhè yào jiànxiào hěn kuài

- 이 약은 감기에 효능이 있습니다.
  这 药 对治 感冒 很 有效。
  Zhè yào duì zhì gǎnmào hěn yǒuxiào

- 취침시에 한 포 드시면 푹 주무실 수 있습니다.
  睡觉 之前 服用 一 包，就 可以 睡 个 好 觉 了。
  Shuìjiào zhīqián fúyòng yì bāo   jiù kěyǐ shuì ge hǎo jiào le

II 처방전 药方
yàofāng

A: 我 要 这些 药。
   Wǒ yào zhèxiē yào
B: 好 的，这 是 您 自己 要 服用 的 吗？
   Hǎo de   zhè shì nín zìjǐ yào fúyòng de ma
A: 不 是，这 是 我 老公 的 药。①
   Bù shì   zhè shì wǒ lǎogōng de yào
B: 一 天 三 次，饭 后 服用。
   Yì tiān sān cì   fàn hòu fúyòng

A: 이 약들을 주세요.
B: 알겠습니다. 본인이 드실 약입니까?
A: 아닙니다. 제 남편의 약이에요.
B: 하루 세 번, 식사 후에 드십시오.

- 이 약들을 지어 주십시오.
  请 帮 我 抓 一下 这些 药。
  Qǐng bāng wǒ zhuā yíxià zhèxiē yào

---

① 老公 lǎogōng: 남편. = 丈夫 zhàngfu.

17. 공공장소에서

- 처방전이 없으신가요?
  没有 开 药方 吗？
  Méiyǒu kāi yàofāng ma

- 이 처방전대로 약 좀 지어 주세요.
  请 按 这 个 药方 给 我 抓 药 吧。
  Qǐng àn zhè ge yàofāng gěi wǒ zhuā yào ba

- 이 약은 처방전이 없으면 살 수 없습니다.
  这 药 没有 处方 的话，不 能 买。
  Zhè yào méiyǒu chǔfāng dehuà bù néng mǎi

Ⅲ 용법 用法
　　　　　yòngfǎ

A: 请 您 告诉 我 该 怎么 吃。
　　Qǐng nín gàosu wǒ gāi zěnme chī
B: 六 个 小时 服用 一 次。
　　Liù ge xiǎoshí fúyòng yí cì
A: 一 次 吃 几 粒？
　　Yí cì chī jǐ lì
B: 三 粒 就 够 了。
　　Sān lì jiù gòu le
A: 어떻게 먹어야 하는지 가르쳐 주세요.
B: 6시간마다 드시면 됩니다.
A: 한 번에 몇 알씩 먹을까요?
B: 세 알이면 충분합니다.

- 하루에 몇 번 복용해야 합니까?
  一 天 吃 几 次？
  Yì tiān chī jǐ cì

- 하루 세 번 식후 30분 후에 드시면 됩니다.
  每 天 三 次，饭 后 三十 分钟 服用 就 可以。
  Měi tiān sān cì fàn hòu sānshí fēnzhōng fúyòng jiù kěyǐ

- 시간에 맞춰 약을 복용하는 것이 가장 중요합니다.
  按时 吃 药 是 最 重要 的。
  Ànshí chī yào shì zuì zhòngyào de

- 식후와 취침 전에 드세요.
  请 在 饭 后 和 睡觉 之前 服用。
  Qǐng zài fàn hòu hé shuìjiào zhīqián fúyòng

- 열이 높을 때에만 해열제를 드세요.
  发 高烧 时 才 可以 服用 退烧药。
  Fā gāoshāo shí cái kěyǐ fúyòng tuìshāoyào

- 만일 통증이 심하면 진통제를 드세요.
  如果 疼 得 厉害，就 服用 止痛药。
  Rúguǒ téng de lìhai jiù fúyòng zhǐtòngyào

- 복용 방법은 설명서에 다 써 있습니다.
  服用 方法 在 说明书 上 已经 都 写 了。
  Fúyòng fāngfǎ zài shuōmíngshū shang yǐjing dōu xiě le

- 이 약은 아침 저녁 두 번, 매번 1알씩 4일간 드시면 됩니다.
  这 药 早晚 服用 两 次，每 次 一 颗，服用 四 天 就 够 了。
  Zhè yào zǎowǎn fúyòng liǎng cì měi cì yì kē fúyòng sì tiān jiù gòu le

- 이 감기약은 기침이 날 때만 드십시오, 하루에 30ml 를 넘으면 안됩니다.
  这 个 感冒药 只 需 在 咳嗽 时 服用，注意 一 天 不 能 超过 30 毫升。
  Zhè ge gǎnmàoyào zhǐ xū zài késou shí fúyòng zhùyì yì tiān bù néng chāoguò sānshí háoshēng

- 이 외용약은 하루에 적어도 두 번은 바꿔줘야 합니다.
  这 种 外敷药，一 天 起码 要 换 两 次。
  Zhè zhǒng wàifūyào yì tiān qǐmǎ yào huàn liǎng cì

5 서점에서

在书店
zài shūdiàn

중국에서 가장 큰 서점으로는 新华书店 Xīnhuá Shūdiàn 이 있다. 新华书店 은 전국 체인망이 잘 갖추어져 있어 중국의 어느 도시를 가더라도 곳곳에서 볼 수 있다. 이 밖에 베이징에는 海淀区 Hǎidiàn Qū(하이띠엔취) 대학가에 대형서점들이 밀집해 있는 图书城 túshūchéng(book city)이 있으며, 璃琉厂 Liúlíchǎng 에는 고서적을 취급하는 곳이 많아 외국인들이 즐겨 찾기도 한다.

기본대화

A: 请问 这里 有《哈利·波特》系列 吗?
　　Qǐngwèn zhèli yǒu　Hālì　Bōtè　xìliè ma

B: 你 都 要 吗?
　　Nǐ dōu yào ma

A: 我 只 要《哈利·波特 与 密室》这 本 书。
　　Wǒ zhǐ yào　Hālì　Bōtè yǔ mìshì　zhè běn shū

B: 对不起, 这 本 书 已经 脱销 了。
　　Duìbuqǐ　zhè běn shū yǐjing tuōxiāo le

A: 那 什么 时候 可以 买到 呢?
　　Nà shénme shíhou kěyǐ mǎidào ne

B: 明天 新书 就 可以 到 货。
　　Míngtiān xīnshū jiù kěyǐ dào huò

A: 〈해리 포터〉 시리즈 있습니까?
B: 다 필요하십니까?
A: 〈해리포터와 비밀의 방〉만 필요해요.
B: 죄송합니다. 그 책은 이미 다 팔렸어요.
A: 그럼 언제 살 수 있지요?
B: 내일 새 책이 들어올 겁니다.

여러 가지 활용

I 책을 찾을 때　找 书 时
　　　　　　　　　zhǎo shū shí

- 이번 달 호〈루이리〉있습니까?
  有 这个 月 的《瑞丽》吗？①
  Yǒu zhège yuè de　Ruìlì　ma

- 금주의〈뉴욕 타임스〉를 찾고 있습니다.
  我 在 找 本 周 的《纽约 时报》。
  Wǒ zài zhǎo běn zhōu de　Niǔyuē Shíbào

- 그 책이 언제쯤 들어 옵니까?
  那 本 书 什么 时候 进？
  Nà běn shū shénme shíhou jìn

- 찾는 책의 이름을 말씀해 주십시오.
  请 您 说 一下 您 想要 的 书 的 名字。
  Qǐng nín shuō yíxià nín xiǎngyào de shū de míngzi

II 베스트셀러　　畅销书
　　　　　　　　　chàngxiāoshū

A: 目前 哪一 本 书 是 最 畅销 的？
　　Mùqián nǎ yì běn shū shì zuì chàngxiāo de
B: 是 米兰·昆德拉 的《生命 不能 承受 之 轻》,
　　Shì Mǐlán Kūndélā de Shēngmìng bùnéng Chéngshòu zhī Qīng
　　它 连续 三 周 排在 第一。
　　tā liánxù sān zhōu páizài dìyī
A: 요즘 무슨 책이 가장 잘 팔리죠?
B: 밀란 쿤데라의 <참을 수 없는 존재의 가벼움>이 3주 연속 1위에요.

- 이 책 잘 팔리는가요?
  这 本 书 畅销 吗？
  Zhè běn shū chàngxiāo ma

---

① 《瑞丽》Ruìlì: 패션, 화장, 다이어트 등을 다루는 중국의 젊은 세대를 위한 월간 종합 정보지.

17. 공공장소에서

- 진용의 무협소설은 굉장히 잘 팔리고 있어요.
  金 庸 的 武侠 小说 特别 畅销 。
  Jīn Yōng de wǔxiá xiǎoshuō tèbié chàngxiāo

- 이 책은 벌써 두달 연속 베스트셀러 순위에 올라 있어요.
  这 本 书 已经 连续 两 个 月 荣 登 畅销书
  Zhè běn shū yǐjīng liánxù liǎng ge yuè róng dēng chàngxiāoshū
  排行榜 的 榜首 了 。
  páihángbǎng de bǎngshǒu le

Ⅲ 절판·품절 绝版 / 缺 货
        juébǎn　quē huò

- 그 책은 이미 절판됐습니다.
  那 本 书 已经 绝版 了 。
  Nà běn shū yǐjīng juébǎn le

- 그 월간지는 이미 품절되었는데요.
  那 个 月刊 已经 没有 货 了 。
  Nà ge yuèkān yǐjīng méiyǒu huò le

- 그 사전의 초판은 이미 다 팔렸습니다.
  那 本 词典 的 初版 已经 卖完 了 。
  Nà běn cídiǎn de chūbǎn yǐjīng màiwán le

- 그 잡지는 5월호로 정간됐어요.
  那 本 杂志 从 五 月份 就 已经 停 刊 了 。
  Nà běn zázhì cóng wǔ yuèfèn jiù yǐjīng tíng kān le

Ⅳ 책의 위치　书 的 位置
       shū de wèizhì

A: 请问　有关 托福 的 书 在 哪儿 ?
  Qǐngwèn yǒuguān tuōfú de shū zài　nǎr
B: 就　放在 那 个 外语 系列 的 书架 上 。
  Jiù fàngzài nà ge wàiyǔ xìliè de shūjià shang
A: 토플에 관한 책은 어디에 있습니까?
B: 저쪽 외국어 코너에 진열되어 있습니다.

- 실내 디자인 관련 책을 못 찾겠어요.
  我 找不到 室内设计 方面 的 书。
  Wǒ zhǎobudào shìnèi shèjì fāngmiàn de shū
- 컴퓨터 과학 관련 책은 어디에 있습니까?
  请问　有关　电脑 科技 的 书 在 哪边？
  Qǐngwèn yǒuguān diànnǎo kējì de shū zài nǎbiān
- 정기 간행물은 3번 통로 좌측에 있습니다.
  定期 刊物 就 在　3　号　通道　的 左侧。
  Dìngqī kānwù jiù zài sān hào tōngdào de zuǒcè
- 아동용 도서는 정문 입구 오른쪽에 있습니다.
  儿童书 就 在　正门　入口 的 右侧。
  Értóngshū jiù zài zhèngmén rùkǒu de yòucè

6 미용실에서

在 美容 美发 店
zài měiróng měifà diàn

중국에서 오래 산 사람들도 쉽게 이용하기 어려운 곳이 바로 헤어숍이 아닐까 하는데 이는 아마도 두 나라간의 유행과 감각에 대한 차이 때문인 것 같다. 그러나 중국 미용실에 선뜻 들어가지 못하는 더 큰 이유는 헤어숍에서 자신이 원하는 스타일을 충분히 설명하기가 어려워서일지도 모른다. 아래에서는 미용실에서 기본적으로 사용하는 표현들에 관해 알아 보았다.

기본 대화

A: 欢迎 光临。
　　Huānyíng guānglín
B: 我 来 剪 头发。
　　Wǒ lái jiǎn tóufa
A: 请 到 这边 来。 您要 剪 什么样 的?
　　Qǐng dào zhèbian lái　　Nín yào jiǎn shénmeyàng de
B: 前面 的头发 留着, 只 剪 后面 就 可以 了。
　　Qiánmian de tóufa liúzhe zhǐ jiǎn hòumian jiù kěyǐ le
A: 어서 오십시오.
B: 머리를 자르러 왔는데요.
A: 이쪽으로 오세요. 어떻게 자르시겠어요?
B: 앞머리는 자연스럽게 놔두고 뒷머리만 커트해 주시면 돼요.

여러 가지 활용

I 커트　剪 头发
　　　　 jiǎn tóufa

• 머리를 자르고 싶습니다.
　我 想 剪 头发。
　Wǒ xiǎng jiǎn tóufa

• 어떤 헤어스타일로 할까요?
　您要 什么样 的 发型?
　Nín yào shénmeyàng de fàxíng

▶길이　　**长短**
　　　　chángduǎn

> A: 怎么样？还要剪吗？
> 　　Zěnmeyàng Hái yào jiǎn ma
> B: 不用了，这样就可以了。
> 　　Búyòng le　zhèyàng jiù kěyǐ le
> A: 어떻습니까? 더 자를까요?
> B: 아니요, 이 정도면 됐습니다.

- 좀 짧게 커트해 주세요.
  请剪短一点。
  Qǐng jiǎnduǎn yìdiǎn
- 너무 짧게 자르지 마세요.
  别剪得太短了。
  Bié jiǎn de tài duǎn le
- 삭발을 하려고 해요.
  我要剃光头。①
  Wǒ yào tì guāngtóu
- 어깨까지 내려오게 잘라 주세요.
  能披到肩上就可以了。
  Néng pīdào jiānshang jiù kěyǐ le
- 스포츠형으로 잘라 주세요.
  就剪个平头吧。
  Jiù jiǎn ge píngtóu ba
- 이 정도 길이로 잘라 주세요.
  按这个长度剪吧。
  Àn zhè ge chángdù jiǎn ba
- 뒤의 잔머리들을 깎아 주세요.
  把后边的一些碎头发给剃了吧。
  Bǎ hòubian de yìxiē suì tóufa gěi tìle ba

---

① 剃 tì는 '깎다'라는 뜻, 剃须刀 tìxūdāo(면도기). 光 guāng 에는 '밝다', '빛나다'의 뜻 외에도 '벌거벗다', '드러내다', '벗겨지다'는 뜻이 있다. 예) 光头 guāngtóu(대머리), 光脚 guāng jiǎo(맨발), 光屁股 guāng pìgu(맨궁둥이).

- 귀가 잘 드러나도록 좀 짧게 잘라 주세요.
  给我 剪短 一点儿，让 耳朵 露出来就 行 了。
  Gěi wǒ jiǎnduǎn yìdiǎnr ràng ěrduo lòu chulai jiù xíng le

- 양쪽을 좀 더 짧게 잘라 주세요.
  两 侧再 剪短 一点儿。
  Liǎng cè zài jiǎnduǎn yìdiǎnr

- 머리 전체를 똑바르게 잘라 주세요.
  把头发剪齐了吧。
  Bǎ tóufa jiǎnqí le ba

- 뒤와 양 옆은 짧게 하고 앞머리는 길게 해 주세요.
  后面 跟 两边儿 的 头发 剪 得 短 一点儿， 前面 就
  Hòumian gēn liǎngbiānr de tóufa jiǎn de duǎn yìdiǎnr qiánmian jiù
  少 剪 一点儿 吧。
  shǎo jiǎn yìdiǎnr ba

▶ 가르마 分 印
       fēn yìn

- 가르마를 어디에 타지요? / 왼쪽으로 타 주세요.
  你 的 头发 从 哪儿 开始 分？ / 往 左 分 吧。
  Nǐ de tóufa cóng nǎr kāishǐ fēn   Wǎng zuǒ fēn ba

- 가운데에 가르마를 타 주세요.
  中 分 吧。
  Zhōng fēn ba

- 왼쪽 가르마를 타서 머리를 한쪽으로 빗어 주세요.
  往 左边 分，把 头发 梳到 一边。
  Wǎng zuǒbiān fēn bǎ tóufa shūdào yìbiān

II 퍼머 烫 发
         tàng fà

▶ 퍼머 종류 烫 发 类型
           tàng fà lèixíng

A: 欢迎 光临，您 要 烫 发 吗？
   Huānyíng guānglín nín yào tàng fà ma
B: 对，我 想 烫 头发。
   Duì wǒ xiǎng tàng tóufa

⑥ 미용실에서

A: 您 想 要 什么样 的 发型？
　　Nín xiǎng yào shénmeyàng de fàxíng
B: 我 要 大 波浪 。
　　Wǒ yào dà bōlàng
A: 好 的 。 先 洗 头 , 再 烫 吧 。
　　Hǎo de　　Xiān xǐ tóu　zài tàng ba

A: 어서 오세요. 퍼머를 하시겠어요?
B: 네, 퍼머를 하려고 하는데요.
A: 어떤 헤어스타일을 원하세요?
B: 굵은 웨이브로 하려구요.
A: 알겠습니다. 먼저 머리를 감고 퍼머를 하시죠.

- 너무 곱슬거리지 않게 해 주세요.
  别 卷 得 太 紧 了 。
  Bié juǎn de tài jǐn le

- 스트레이트 퍼머를 하려구요.
  我 想 拉 直 。
  Wǒ xiǎng lā zhí

- 좀 자연스럽게 말아 주세요.
  麻烦 您 卷 得 松 一点儿 。
  Máfan nín juǎn de sōng yìdiǎnr

- 너무 굵거나 가늘게 말고, 자연스럽게 해 주세요.
  不要 太 松 , 也 不要 太 紧 , 自然 一点儿 就 可以 了 。
  Búyào tài sōng yě búyào tài jǐn　zìrán yìdiǎnr jiù kěyǐ le

- 커트를 한 뒤에 안으로 말아 주세요.
  剪齐 后 , 再 往 里 卷 一点儿 就 可以 了 。
  Jiǎnqí hòu　zài wǎng li juǎn yìdiǎnr jiù kěyǐ le

Ⅲ 염색 · 코팅　染 发 / 焗 油
　　　　　　　　rǎn fà　jú yóu

- 염색을 하려고 해요.
  我 想 染 发 。
  Wǒ xiǎng rǎn fà

- 새치가 너무 많아요, 블론즈색으로 염색해 주세요.
  白头发 太 多 了 , 请 给 我 染 铜色 的 吧 。
  Báitóufa tài duō le　qǐng gěi wǒ rǎn tóngsè de ba

17. 공공장소에서

- 지금 젊은 사람들에게 유행하는 갈색으로 염색해 주세요.
  我 想 染 现在 最 受 年轻人 欢迎 的 棕色 。
  Wǒ xiǎng rǎn xiànzài zuì shòu niánqīngrén huānyíng de zōngsè

- 머릿결이 별로 안 좋으니 정기적으로 코팅을 하세요.
  你 的 发质 不 太 好 , 应该 定期 焗油 。
  Nǐ de fàzhì bú tài hǎo yīnggāi dìngqī jú yóu

- 코팅을 했더니 머릿결이 윤이 나요.
  我 焗 油 之后 头发 变亮 了 。
  Wǒ jú yóu zhīhòu tóufa biànliàng le

Ⅳ 헤어스타일 发型
fàxíng

- 어떤 헤어스타일을 원하세요?
  您 想 要 什么样 的 发型 ?
  Nín xiǎng yào shénmeyàng de fàxíng

- 지금의 머리 모양이 제 얼굴형에 어울리나요?
  我 现在 的 发型 适合 我 的 脸型 吗 ?
  Wǒ xiànzài de fàxíng shìhé wǒ de liǎnxíng ma

- 어떤 헤어스타일이 저한테 가장 어울릴 것 같습니까?
  你 觉得 什么样 的 发型 最 适合 我 ?
  Nǐ juéde shénmeyàng de fàxíng zuì shìhé wǒ

- 여름엔 짧은 머리가 시원해 보여요.
  夏天 短 头发 看 起来 很 凉快 。
  Xiàtiān duǎn tóufa kàn qǐlai hěn liángkuai

- 역시 긴 머리가 아름다워요.
  还是 长 头发 好看 。
  Háishi cháng tóufa hǎokàn

- 나에게는 단발 머리가 어울리지 않아요.
  我 不 适合 剪 学生头 。
  Wǒ bú shìhé jiǎn xuéshēngtóu

▶헤어스타일을 바꾸고 싶을 때　想 换 发型 时
　　　　　　　　　　　　　　xiǎng huàn fàxíng shí

- 헤어스타일을 바꾸고 싶은데요.
  我 想 换 一个 发型 。
  Wǒ xiǎng huàn yí ge fàxíng

6 미용실에서

- 지금 유행하는 헤어스타일로 해 주세요.
  就要 现在 流行 的 发型 。
  Jiù yào xiànzài liúxíng de fàxíng

- (미용잡지를 보면서) 이런 스타일로 해 주세요.
  (看着 美发 杂志) 就要 这 种 发型 。
  Kànzhe měifà zázhì　　Jiù yào zhè zhǒng fàxíng

- 이 모델의 헤어스타일로 잘라 주세요.
  按 这 个 模特 的 发型 剪 吧 。
  Àn zhè ge mótè de fàxíng jiǎn ba

▶원래의 모양대로　按 原来 发型
　　　　　　　　　àn yuánlái fàxíng

- 원래 머리 모양대로 살라 주세요.
  就 按 原来 的 发型 剪 吧 。
  Jiù àn yuánlái de fàxíng jiǎn ba

- 원래의 머리 모양에서 조금만 짧게 다듬어 주세요.
  按照 原来 的 发型 稍微 修短 一点儿 。
  Ànzhào yuánlái de fàxíng shāowēi xiūduǎn yìdiǎnr

Ⅴ　기타 서비스　其他 服务
　　　　　　　　qítā fúwù

▶면도　刮 胡子
　　　　guā húzi

- 면도를 해 주세요. /면도는 하지 마세요.
  我 要 刮 胡子 。/ 不用 刮 胡子 。
  Wǒ yào guā húzi　　Búyòng guā húzi

- 콧수염은 남겨 놓으세요.
  小 胡子 就 留着 吧 。
  Xiǎo húzi jiù liúzhe ba

- 구렛나루를 면도해 주세요.
  帮 我 刮 一下 这些 络腮 胡子 。
  Bāng wǒ guā yíxià zhèxiē luòsāi húzi

- 목 뒤에도 면도를 해 주세요.
  脖子 后面 也 要 刮 一下 。
  Bózi hòumian yě yào guā yíxià

▶샴푸하기 洗发
　　　　　　xǐ fà

- 머리 좀 감겨 주세요.
  请 帮 我 洗 一 下 头 。
  Qǐng bāng wǒ xǐ yíxià tóu

- 머리를 감은 후 다시 손질을 해 주세요.
  先 洗 头，再 帮 我 剪 一 下 。
  Xiān xǐ tóu zài bāng wǒ jiǎn yíxià

- 어느 샴푸를 쓰시겠습니까?
  你 要 用 哪 种 洗 发 水 ?
  Nǐ yào yòng nǎ zhǒng xǐfàshuǐ

- 팬틴을 쓰겠습니다.
  用 潘 婷 。
  Yòng Pāntíng

▶손톱 손질 修 指 甲
　　　　　　xiū zhījia

- 손톱 손질 좀 해 주시겠어요?
  请 帮 我 修 一 下 指 甲 可 以 吗 ?
  Qǐng bāng wǒ xiū yíxià zhījia kěyǐ ma

- 매니큐어를 칠해 주세요.
  我 要 涂 指 甲 油 。
  Wǒ yào tú zhījiayóu

- 아세톤으로 매니큐어를 지워 주세요.
  用 洗 甲 水 把 我 的 指 甲 油 洗 掉 吧 。
  Yòng xǐjiǎshuǐ bǎ wǒ de zhījiayóu xǐdiào ba

▶기타 其他
　　　　qítā

- 에센스를 바르지 마세요.
  请 不 要 抹 发 油 了 。
  Qǐng búyào mǒ fàyóu le

- 이 샴푸는 탈모를 방지합니다.
这 个 洗发水 可以 防止 脱发 。
Zhè ge xǐfàshuǐ kěyǐ fángzhǐ tuōfà

- 머리숱이 많은 편이군요.
您 的 头发 真 厚 啊 。
Nín de tóufa zhēn hòu a

- 머릿결이 뻣뻣하군요.
您 的 头发 很 硬 。
Nín de tóufa hěn yìng

7 세탁소에서　　　在 洗衣店
　　　　　　　　　　　　　zài　xǐyīdiàn

거리를 지나다 보면 "干洗 gānxǐ"라고 써 있는 것을 볼 수 있는데 이는 "드라이 클리닝"을 말한다. 丝绸品 sīchóupǐn(실크 제품)이나 羽绒服 yǔróngfú(다운 제품) 또는 집에서 세탁하기 어려운 毛毯 máotǎn(카페트) 등은 반드시 전문세탁소에 맡겨야 품질을 오래 유지할 수 있다. 그러나 일부 영세점의 경우는 기술상의 문제가 있을 수 있으므로 값비싸거나 아끼는 의류라면 대형 세탁소에 맡기는 것이 안전하다.

기본대화

A: 麻烦 你 把 这些 洗 一下。
　　Máfan nǐ bǎ zhèxiē xǐ yíxià

B: 好 的，两 件 衬衫，一 条 裤子，还 有 一 件 外套，
　　Hǎo de liǎng jiàn chènshān yì tiáo kùzi hái yǒu yí jiàn wàitào
　　总共 就 这些 吧？
　　zǒnggòng jiù zhèxiē ba

A: 是的。你看这外套 上 有咖啡污渍，能 洗掉 吗？
　　Shì de Nǐ kàn zhè wàitào shang yǒu kāfēi wūzì néng xǐdiào ma

B: 当然 可以。您 下 周二 来 取 吧，这 是 收据。
　　Dāngrán kěyǐ Nín xià zhōu'èr lái qǔ ba zhè shì shōujù

A: 이것들을 세탁해 주세요.
B: 알겠습니다. 셔츠 두 벌, 바지 한 벌, 코트 한 벌, 이게 전부 다죠?
A: 네, 그리고 이 코트에 커피 얼룩이 있는데 뺄 수 있나요?
B: 물론입니다. 다음 주 화요일에 오셔서 찾으세요, 이건 영수증입니다.

여러 가지 활용

I　세탁　洗衣
　　　　　xǐ yī

- 이 옷을 세탁소에 맡겨 주세요.
　请 把 这 件 衣服 送到 洗衣店。
　Qǐng bǎ zhè jiàn yīfu sòngdào xǐyīdiàn

7 세탁소에서

- 이 코트를 세탁하려고 해요.
  我 想 洗 这 件 外套。
  Wǒ xiǎng xǐ zhè jiàn wàitào

- 이 옷을 드라이클리닝 해 주세요.
  请 把 这 件 衣服 干洗 一下。
  Qǐng bǎ zhè jiàn yīfu gānxǐ yíxià

- 이 기름때는 아무리 빨아도 지워지지 않아요.
  这 个 油渍 怎么 洗 也 洗 不 掉。
  Zhè ge yóuzì zěnme xǐ yě xǐ bu diào

- 가죽자켓은 세탁이 일반자켓보다 5배나 비쌉니다.
  洗 皮夹克 比 洗 一般 的 夹克 贵 五 倍。
  Xǐ píjiākè bǐ xǐ yìbān de jiākè guì wǔ bèi

- 이 옷 드라이클리닝 하면 색이 바랠까요?
  这 件 衣服 干洗 后 会 褪 色 吗?
  Zhè jiàn yīfu gānxǐ hòu huì tuì shǎi ma

II 수선　修剪
　　　　　xiūjiǎn

A: 欢迎 光临。
　　Huānyíng guānglín
B: 我 想 把 这 条 裙子 裁短。
　　Wǒ xiǎng bǎ zhè tiáo qúnzi cáiduǎn
A: 您 要 裁 多少?
　　Nín yào cái duōshao
B: 两 厘米 左右。
　　Liǎng límǐ zuǒyòu
A: 好 的, 您 下午 来 取 吧。
　　Hǎo de nín xiàwǔ lái qǔ ba
A: 어서 오세요.
B: 이 스커트를 줄이고 싶어요.
A: 어느 정도 줄일까요?
B: 2센티미터 정도요.
A: 알겠습니다. 오후에 찾으러 오세요.

17. 공공장소에서

- 이 코트를 수선해 주세요.
  请 帮 我 改 一下 这 件 外套。
  Qǐng bāng wǒ gǎi yíxià zhè jiàn wàitào

- 이 바지를 꿰매 주세요.
  请 把 这 条 裤子 缝 一下。
  Qǐng bǎ zhè tiáo kùzi féng yíxià

- 상의 단추가 떨어졌는데 달아 주세요.
  上衣 的 扣子 掉 了, 帮 我 缝 一下 吧。
  Shàngyī de kòuzi diào le bāng wǒ féng yíxià ba

- 이 예복 허리가 너무 커요. 좀 줄여 주셨으면 해요.
  这 件 礼服 的 腰 太 肥 了, 帮 我 改小 一点儿。
  Zhè jiàn lǐfú de yāo tài féi le bāng wǒ gǎixiǎo yìdiǎnr

- 바지가 다 닳았어요. 보기 좋게 손질 좀 해 주세요.
  这 条 裤子 都 磨破 了, 请 你 补 得 好看 一点儿。
  Zhè tiáo kùzi dōu mópò le qǐng nǐ bǔ de hǎokàn yìdiǎnr

- 이 옷이 너무 커요. 좀 작게 고쳐 주시겠습니까?
  这 件 衣服 太 大 了, 帮 我 改小 点儿, 好 吗?
  Zhè jiàn yīfu tài dà le bāng wǒ gǎixiǎo diǎnr hǎo ma

Ⅲ 다림질 熨
yùn

- 이 셔츠를 다려 주세요.
  请 把 这 件 衬衫 熨 一下。
  Qǐng bǎ zhè jiàn chènshān yùn yíxià

- 이 옷은 실크예요. 눋지 않게 해주세요.
  这 件 衣服 是 真丝 的, 不要 把 它 熨坏 了。
  Zhè jiàn yīfu shì zhēnsī de búyào bǎ tā yùnhuài le

- 주름이 두 개 잡히지 않게 해주세요.
  不要 熨出 两 条 裤线。
  Búyào yùnchū liǎng tiáo kùxiàn

8 의류점에서   在 服装店
zài fúzhuāngdiàn

패션쇼는 服装秀 fúzhuāngxiù 라고 하며, 패션디자이너는 服装设计师 fúzhāng shèjìshī 라고 한다. 일반 의류 맞춤점의 경우에는 대개 裁缝店 cáifengdiàn 이라고 부르며, 재단사는 裁缝 cáifeng 이라고 한다. 요즈음은 기성복이 잘 만들어져 나오므로 대부분의 사람들은 사 입으면 되지만, 체형이 비표준인 사람이나 婚纱 hūnshā(웨딩드레스) 등 특수 의상의 경우에는 여전히 맞춤옷이 필요하다.

기본대화

A: 欢迎 光临。您 是 来 做 衣服 的 吗?
   Huānyíng guānglín Nín shì lái zuò yīfu de ma
B: 是 的。
   Shì de
A: 您 想 要 什么 样子 的?
   Nín xiǎng yào shénme yàngzi de
B: 普通 的 西服, 但 我 要 不 出 皱 的 布料。
   Pǔtōng de xīfú dàn wǒ yào bù chū zhòu de bùliào
A: 请 到 这边 来, 请 您 看 一下 这 几种 样品 和
   Qǐng dào zhèbian lái qǐng nín kàn yíxià zhè jǐzhǒng yàngpǐn hé
   款式。
   kuǎnshì

A: 어서 오십시오. 옷을 맞추러 오셨습니까?
B: 네.
A: 어떤 스타일로 하시려구요?
B: 보통 신사복입니다. 주름이 잘 지지 않는 옷감으로요.
A: 이쪽으로 오셔서 몇 가지 견본과 디자인을 보세요.

여러 가지 활용

I   치수 재기   量 尺寸
               liáng chǐcùn

A: 量 尺寸 的 时候 要 不 要 脱 衣服?
   Liáng chǐcùn de shíhou yào bu yào tuō yīfu

> B: 不用，伸开 双臂 就可以了。
> Búyòng shēnkāi shuāngbì jiù kěyǐ le
> A: 这样？
> Zhèyàng
> B: 好，伸直。好了。
> Hǎo shēnzhí Hǎo le
> A: 치수를 재려면 옷을 벗어야 합니까?
> B: 아니요, 두 팔만 벌리시면 됩니다.
> A: 이렇게요?
> B: 네. 쭉 펴시구요, 좋습니다.

- 바지를 좀더 길게 할까요?
  裤子 要 不要 再 长 一点？
  Kùzi yào bu yào zài cháng yìdiǎn
- 가슴은 너무 끼지 않게 해 주세요.
  胸部 不要 太 紧。
  Xiōngbù búyào tài jǐn
- 히프는 좀 넉넉하게 해 주세요.
  臀部 要 宽松 一点。
  Túnbù yào kuānsōng yìdiǎn
- 소매는 이 정도 길면 되겠습니까?
  袖子 这么 长，行 吗？
  Xiùzi zhème cháng xíng ma
- 스커트는 무릎까지 오게 하면 되겠습니까?
  这 裙子 到 膝盖 那儿，行 不 行？
  Zhè qúnzi dào xīgài nàr xíng bu xíng
- 허리는 약간 끼는 듯해야 보기 좋아요.
  腰部 要 稍微 收 一 收 才 好看。
  Yāobù yào shāowēi shōu yi shōu cái hǎokàn

▶ 체형　体形
　　　　 tǐxíng

- 배가 많이 나와서 일반 기성복은 맞질 않아요.
  我 有 将军肚，普通 尺寸 的 衣服 我 穿 不 了。
  Wǒ yǒu jiāngjūndù pǔtōng chǐcùn de yīfu wǒ chuān bu liǎo

- 목이 짧은 편이니 칼라는 필요 없습니다.
  我 脖子 比较 短，所以 不 想 要 领子。
  Wǒ bózi bǐjiào duǎn suǒyǐ bù xiǎng yào lǐngzi
- 뚱뚱해져서 예전 옷을 하나도 입을 수가 없어요.
  我 现在 胖 了，以前 的 衣服 都 穿 不 了 了。
  Wǒ xiànzài pàng le yǐqián de yīfu dōu chuān bu liǎo le
- 날씬해 보이는 옷으로 디자인해 드릴게요.
  我 帮 你 设计 一 款 显瘦 的 衣服。①
  Wǒ bāng nǐ shèjì yì kuǎn xiǎnshòu de yīfu

Ⅱ 디자인 设计
shèjì

A: 我 想 订做 一 件 旗袍。②
　　Wǒ xiǎng dìngzuò yí jiàn qípáo
B: 您 想 要 什么样 的？
　　Nín xiǎng yào shénmeyàng de
A: 我 能 先 看看 样本 吗？
　　Wǒ néng xiān kànkan yàngběn ma
B: 当然 了，您 看看，挑 一 个 吧。
　　Dāngrán le nín kànkan tiāo yí ge ba
A: 치파오를 맞추려고 해요.
B: 어떤 모양으로 하시겠습니까?
A: 먼저 견본을 볼 수 있을까요?
B: 물론입니다. 보시고 하나 골라 보세요.

- 어떤 모양의 옷깃으로 하시겠습니까?
  你 要 什么样 的 领子？
  Nǐ yào shénmeyàng de lǐngzi
- 단추로 할까요, 지퍼로 할까요?
  你 要 扣子 还是 要 拉链？
  Nǐ yào kòuzi háishi yào lāliàn

---

① 显 xiǎn : '~해 보이다', 显胖 xiǎnpàng : '뚱뚱해 보인다', 显年轻 xiǎn niánqīng : '젊어 보인다', 显老 xiǎnlǎo : '늙어 보인다'.
② 旗袍 qípáo : 중국 여성의 전통 복장. 원피스 모양으로 옷깃이 높고 빳빳하며, 치마의 옆이 터져 있다.

17. 공공장소에서

- 베이지색으로 해 주세요.
  我要米黄色。
  Wǒ yào mǐhuángsè
- 좀 단정한 디자인으로 해 주세요.
  我要端庄一点的款式。
  Wǒ yào duānzhuāng yìdiǎn de kuǎnshì
- 저는 레이스가 있는 화려한 옷을 좋아해요.
  我喜欢这种有蕾丝的华丽衣服。
  Wǒ xǐhuan zhè zhǒng yǒu lěisī de huálì yīfu

Ⅲ 입어보기　试穿
　　　　　　 shìchuān

- 제 생각엔 소매가 좀 긴 것 같아요.
  我觉得袖子有点儿长。
  Wǒ juéde xiùzi yǒudiǎnr cháng
- 바지가 약간 짧은 것 같군요.
  裤子有点儿短。
  Kùzi yǒudiǎnr duǎn
- 맞춤옷과 기성복이 정말로 이렇게 차이가 크게 나는군요.
  订做的和现成的竟然相差这么大呀。
  Dìngzuò de hé xiànchéng de jìngrán xiāngchà zhème dà ya
- 히프가 너무 끼지 않아요?
  臀部太紧了吧？
  Túnbù tài jǐn le ba
- 칼라가 너무 많이 파인 것 아니에요?
  是不是领子挖得太大了？
  Shì bu shì lǐngzi wā de tài dà le
- 가슴과 허리 품은 아주 잘 맞는군요.
  胸围和腰围都很合适。
  Xiōngwéi hé yāowéi dōu hěn héshì
- 어깨와 가슴은 괜찮은데 허리 품이 좀 헐렁한 것 같군요.
  肩和胸围都没事儿，腰围好像大了点儿。
  Jiān hé xiōngwéi dōu méi shìr yāowéi hǎoxiàng dàle diǎnr
- 색깔이 저에게 너무 화려한 것 같지 않아요?
  你不觉得这个颜色对我来说太鲜艳了吗？
  Nǐ bù juéde zhè ge yánsè duì wǒ lái shuō tài xiānyàn le ma

9 부동산중개소에서 在房地产中介公司
zài fángdìchǎn zhōngjiè gōngsī

이제는 중국에서 외국인도 자신의 아파트를 소유할 수 있지만, 아직은 대부분의 외국인들은 임대를 선호하고 있다. 그 이유는 여러 가지를 들 수 있는데, 첫째는 외국인 대부분이 한시적으로 주재하기 때문이며, 둘째는 중국의 부동산이 과연 지속적으로 가격이 상승할 것인가하는 투자적인 측면을 예측하기 어렵기 때문이다. 그러나 집을 살 경우 은행에서 주택금액의 70~80%까지 贷款 dài kuǎn(대출)이 가능하므로 중국에서 장기적으로 거주하는 경우 매입이 증가하는 추세이다.

기본대화

A: 喂，是 金刚 房地产 公司 吗？
　　Wèi shì Jīngāng Fángdìchǎn Gōngsī ma

B: 是的。
　　Shì de

A: 我 在 周刊 上 看到 了 你们 的 广告。 两 居室,
　　Wǒ zài zhōukān shang kàndào le nǐmen de guǎnggào Liǎng jūshì
　　3,000 元 的。
　　sānqiān yuán de

B: 啊，不好意思，那个 房子 已经 租出去 了。
　　A bù hǎoyìsi nà ge fángzi yǐjīng zū chuqu le

A: 哎呀，真是 的，没 赶上 趟 。 还有 没有 条件
　　Aiya zhēnshi de méi gǎnshàng tàng Hái yǒu méiyǒu tiáojiàn
　　好一点 的？
　　hǎo yìdiǎn de

B: 当然 了。 麻烦 您 到 这边 来，我们 一起 去 看
　　Dāngrán le Máfan nín dào zhèbian lái wǒmen yìqǐ qù kàn
　　一下 那 套 房子 吧 。
　　yíxià nà tào fángzi ba

A: 好的, 我下午 过去。
　　Hǎo de wǒ xiàwǔ guòqu

17. 공공장소에서

A: 여보세요. 금강부동산회사입니까?
B: 그렇습니다.
A: 주간지에서 광고를 보았거든요, 방 둘에 3천위안짜리 말이에요.
B: 아, 죄송하지만 그 집은 벌써 나갔습니다.
A: 저런, 아쉽게 됐군요. 한 발 늦었네요. 조건이 좋은 것이 또 있습니까?
B: 물론입니다. 번거로우시겠지만 이쪽으로 나오셔서 같이 방을 보러 가시죠.
A: 좋습니다. 오후에 들르겠습니다.

여러 가지 활용

I 집을 구할 때   找 房子 时
　　　　　　　　　zhǎo fángzi shí

- 요새 집이 많이 나옵니까?
  现在 房子 多 吗？
  Xiànzài fángzi duō ma

- 안녕하세요. 집을 얻고 싶은데요.
  你好, 我 想 租 一 套 房子。
  Nǐ hǎo wǒ xiǎng zū yí tào fángzi

- 이 근처에 세 놓는 집이 있습니까?
  这 附近 有 出租 房子 的 吗？
  Zhè fùjìn yǒu chūzū fángzi de ma

- 현재 나온 집이 몇 개 됩니다.
  现在 有 几 套 房子。
  Xiànzài yǒu jǐ tào fángzi

▶**주택의 유형   房子 的 类型**
　　　　　　　　fángzi de lèixíng

- 어떤 집을 원하십니까?
  您 想 要 什么样 的 房子？
  Nín xiǎng yào shénmeyàng de fángzi

- 새로 지은 아파트를 원해요.
  我 要 新盖 的 楼房 。
  Wǒ yào xīngài de lóufáng
- 품격 높은 유럽 스타일 별장이 있습니까?
  这里 有 没有 高档 的 欧美 样式 的 别墅？ ①
  Zhèli yǒu méiyǒu gāodàng de ŌuMěi yàngshì de biéshù
- 5층 이하의 집을 찾고 싶습니다.
  我 想 找 五 层 以下 的 。
  Wǒ xiǎng zhǎo wǔ céng yǐxià de
- 주상복합아파트를 찾고 있습니다.
  我 想 找 商 住 两 用 的 楼房。
  Wǒ xiǎng zhǎo shāng zhù liǎng yòng de lóufáng
- 방을 임으려고 합니다.
  我 想 租 一 间 房子 。
  Wǒ xiǎng zū yì jiān fángzi
- 저는 치안이 좋은 아파트에 살고 싶어요.
  我 想 住在 治安 好 的 公寓。
  Wǒ xiǎng zhùzài zhì'ān hǎo de gōngyù

▶주택의 크기　房子 的 大小
　　　　　　　　fángzi de dàxiǎo

- 방 3칸에 거실 1개짜리를 찾으려고 하는데요.
  我 想 找 三室一厅 的 。
  Wǒ xiǎng zhǎo sān shì yì tīng de
- 적어도 100평방미터 이상은 되어야 합니다.
  最 少 也 要 100 平米 以上 。 ②
  Zuì shǎo yě yào yìbǎi píngmǐ yǐshàng
- 화장실이 2개 있는 3칸짜리 집을 찾고 싶습니다.
  我 想 找 有 两 个 卫生间 的 三 居室的 房子 。
  Wǒ xiǎng zhǎo yǒu liǎng ge wèishēngjiān de sān jūshì de fángzi

---

① 别墅 biéshù: 별장이나 빌라와 같은 것으로 대개 2, 3층으로 된 고급 저택을 말한다.

② 平米 píngmǐ: 平方米 píngfāngmǐ 라고도 한다. 1平米는 1m×1m 의 넓이를 말한다.

- 방 하나짜리가 있습니까?
  有 一 居室 的 吗?
  Yǒu yì jūshì de ma

▶ 주택의 위치　房子 的 方位
　　　　　　　　fángzi de fāngwèi

- 남향이나 동남향 집으로 보여 주시겠어요?
  给 我 看 一下 朝 南 或 朝 东南 方向 的 房子，好
  Gěi wǒ kàn yíxià cháo nán huò cháo dōngnán fāngxiàng de fángzi hǎo
  吗?
  ma

- 이 집은 북향이군요. 햇볕이 들어옵니까?
  这 套 房子 是 朝 北 的。 有 阳光 吗?
  Zhè tào fángzi shì cháo běi de　Yǒu yángguāng ma

- 건물은 튼튼해 보이는데 위치가 별로군요.
  这 座 楼 看 起来 很 结实， 但 位置 不 怎么样。
  Zhè zuò lóu kàn qǐlai hěn jiēshi　dàn wèizhì bù zěnmeyàng

- 이 집은 볕이 잘 드는가요?
  这 个 房子 是 向阳 的 吗?
  Zhè ge fángzi shì xiàngyáng de ma

▶ 주변 환경　周围　环境
　　　　　　zhōuwéi huánjìng

- 조용한 동네를 원합니다.
  我 希望 住在 安静 一点 的 地方。
  Wǒ xīwàng zhùzài ānjìng yìdiǎn de dìfang

- 한국 사람이 적은 곳에서 살고 싶습니다.
  我 想 住在 韩国人 少 的 地方。
  Wǒ xiǎng zhùzài Hánguórén shǎo de dìfang

- 환경이 좋고 또 매우 조용한 집을 원합니다.
  我 想 要 环境 好 一点 的， 而且 要 特别 安静 的
  Wǒ xiǎng yào huánjìng hǎo yìdiǎn de　érqiě yào tèbié ānjìng de
  房子。
  fángzi

⑨ 부동산중개소에서

- 근처에는 상점도 많고, 저 편에는 공원도 있습니다.
  这 附近 有 很多 商店，那边 还 有 公园。
  Zhè fùjìn yǒu hěnduō shāngdiàn nàbian hái yǒu gōngyuán

- 인민대 근처는 집값이 조금 비쌉니다.
  人大 附近 的 房子 有点 贵 。①
  Réndà fùjìn de fángzi yǒudiǎn guì

- 근처에 전철역이 있습니까?
  附近 有 地铁站 吗 ?
  Fùjìn yǒu dìtiězhàn ma

- 교통이 편리한가요?
  交通 方便 吗 ?
  Jiāotōng fāngbiàn ma

▶주택 시설　房子 的 设备
　　　　　　fángzi de shèbèi

- 차고가 있습니까?
  有 车库 吗 ?
  Yǒu chēkù ma

- 주거자용 전용 주차장이 있습니까?
  有 没有 住户 专用 停车场?
  Yǒu méiyǒu zhùhù zhuānyòng tíngchēchǎng

- 엘리베이터는 없습니까?
  没有 电梯 吗 ?
  Méiyǒu diàntī ma

- 마루바닥이면 제일 좋겠습니다.
  最好 是 木地板 。
  Zuìhǎo shì mùdìbǎn

- 주방용품과 냉난방 시설은 어떻습니까?
  厨房 用品 以及 冷暖 设备 怎么样?
  Chúfáng yòngpǐn yǐjí lěngnuǎn shèbèi zěnmeyàng

- 가진 가구가 다 비치되어 있는 집을 찾습니다.
  我 想 找 家电、家具 比较 全 的 房子 。
  Wǒ xiǎng zhǎo jiādiàn jiājù bǐjiào quán de fángzi

---

① 人大 Réndà: 人民大学 Rénmín Dàxué 의 약칭.

17. 공공장소에서

- 화장실에는 욕조와 샤워기가 반드시 있어야 해요.
  洗手间 一定 要 有 浴缸 和 喷头 。
  Xǐshǒujiān yídìng yào yǒu yùgāng hé pēntóu

- 페인트 칠을 새로 해 주세요.
  把 墙 再 重新 粉刷 一 遍 。
  Bǎ qiáng zài chóngxīn fěnshuā yí biàn

- 제가 잠금장치를 새로 바꾸어도 될까요?
  我 自己 能 换 锁 吗？
  Wǒ zìjǐ néng huàn suǒ ma

▶ 주택 임대료 　房租
　　　　　　　　fángzū

- 집세는 어느 정도인가요?
  房费 是 多少？
  Fángfèi shì duōshao

- 대체로 3천위안에서 4천위안 정도 합니다.
  大概 3,000 元 到 4,000 元 。
  Dàgài sānqiān yuán dào sìqiān yuán

- 임대료가 2천위안 정도 되는 집을 찾습니다.
  我 想 找 2,000 元 左右 房租 的 房子 。
  Wǒ xiǎng zhǎo liǎngqiān yuán zuǒyòu fángzū de fángzi

- 임대료는 석달에 한 번 지불합니다.
  房租 是 三 个 月 一 付 。
  Fángzū shì sān ge yuè yí fù

- 집세에 모든 비용이 포함되어 있습니까?
  房租 包括 了 所有 费用 吗？
  Fángzū bāokuò le suǒyǒu fèiyòng ma

- 보증금은 한달치의 월세를 맡기는 겁니다.
  押金 是 押 一 个 月 的 房租 。①
  Yājīn shì yā yí ge yuè de fángzū

---

① 집을 빌릴 때에는 押金 yājīn은 될 수 있으면 적은 금액으로 계약하는 것이 좋다. 계약만료 전 다시 이사를 가야 하는 경우 押金 yājīn을 돌려받을 수 없고, 계약이 만료되었다 하더라도 집주인이 기물파손, 구조변경 등 여러 가지 이유를 들어 押金 yājīn을 돌려주지 않는 경우도 종종 있기 때문이다.

▶입주 시기　入住 日期
　　　　　　　rùzhù　rìqī

- 언제 입주할 수 있을까요?
  什么　时候　可以　住？
  Shénme shíhou　kěyǐ　zhù

- 다음 주에 바로 입주할 수 있는 집이 있을까요?
  有 没有 下 个 星期　马上　可以 入住 的 房子？
  Yǒu méiyǒu xià ge xīngqī mǎshàng　kěyǐ　rùzhù de fángzi

- 계약만 체결하면 바로 입주할 수 있습니다.
  只要　签完　合同 就　可以　搬 进去 了。
  Zhǐyào qiānwán hétong jiù　kěyǐ　bān jìnqu　le

Ⅱ 집을 볼 때　看 房子 时
　　　　　　　kàn fángzi shí

- 아주 좋아 보이네요, 언제 지었습니까?
  看 起来 很 不错， 什么 时候 建 的？
  Kàn qǐlai hěn búcuò　　shénme shíhou jiàn de

- 이것 말고 두세 집을 더 보여 주십시오.
  除了 这 个，再 给 我 看　两三　家 吧。
  Chúle zhè ge　　zài gěi wǒ kàn liǎngsān jiā ba

- 마음에 드시면 얼른 결정하시죠.
  如果 你 喜欢 的话，请　尽快　做出　决定。
  Rúguǒ nǐ xǐhuan dehuà　qǐng jǐnkuài zuòchū juédìng

- 안방이 조금 어두운 것 같아요.
  我 觉得 主卧 有点儿 暗。
  Wǒ juéde zhǔwò yǒudiǎnr àn

- 화장실이 너무 작은 것 같습니다.
  这 个　卫生间　太 小 了。
  Zhè ge wèishēngjiān tài xiǎo le

- 창문이 이중창이 아니군요.
  窗户　不 是　双　层 的。
  Chuānghu bú shì shuāng céng de

- 주방이 너무 좁아서 냉장고가 안 들어 가겠어요.
  厨房　太 窄 了，放 不 下　冰箱。
  Chúfáng tài zhǎi le　fàng bu xià bīngxiāng

17. 공공장소에서

- 전기 온수기입니까, 가스 온수기입니까?
  这 是 电 热水器 还是 煤气 热水器 ?
  Zhè shì diàn rèshuǐqì háishi méiqì rèshuǐqì

- 앞동 건물이 햇볕을 가리지 않습니까?
  前面 那 栋 楼 会 不 会 遮 了 阳光?
  Qiánmian nà dòng lóu huì bu huì zhēle yángguāng

- 거실에서 바깥의 아름다운 풍경을 볼 수 있어요.
  在 客厅 可以 看到 外面 很 美 的 风景。
  Zài kètīng kěyǐ kàndào wàimian hěn měi de fēngjǐng

- 앞동 때문에 시야가 가려지는군요.
  前面 的 楼房 挡住 了 我 的 视线 。
  Qiánmian de lóufáng dǎngzhù le wǒ de shìxiàn

Ⅲ 계약서 작성　签 合同
qiān hétong

- 계약서에 서명해 주세요.
  请 在 合同书 上 签 名。
  Qǐng zài hétongshū shang qiān míng

- 계약서에 서명하시기 전에 다시 한 번 상세히 살펴 보세요.
  在 合同 上 签 名 之前, 请 您 再 详细 地 看 一
  Zài hétong shang qiān míng zhīqián qǐng nín zài xiángxì de kàn yí
  遍。
  biàn

- 계약만료 후 재계약할 수 있습니까?
  合同 到期 后 可以 续 约 吗 ?
  Hétong dàoqī hòu kěyǐ xù yuē ma

- 집세는 어떻게 지급해야 합니까?
  怎么 付 房租 ?
  Zěnme fù fángzū

- 매월 초하루에 주시면 됩니다.
  每 月 的 一 号 付 就 可以 了 。
  Měi yuè de yī hào fù jiù kěyǐ le

- 제 구좌번호를 알려 드릴테니 매월 25 일 제 구좌로 넣어 주시면 됩니다.
  我 告诉 你 我 的 账号, 每 月 25 号 把 钱 打到 我
  Wǒ gàosu nǐ wǒ de zhànghào měi yuè èrshíwǔ hào bǎ qián dǎdào wǒ

的 账户 就 行 了。
de zhànghù jiù xíng le

▶계약서 내용　合同　内容
　　　　　　　hétong nèiróng

- 계약기간은 2007년 9월 1일부터 2008년 8월 31일까지의 1년으로 한다.
  合同期 是 从　　2007　　年 9　月 1　日 至　　2008　　年
  Hétongqī shì cóng èrlínglíngqī nián jiǔ yuè yī rì zhì èrlínglíngbā nián
  8 月　31　日，也 就 是 一 年 。
  bā yuè sānshíyī rì　yě jiù shì yì nián

- 지불방식은 1달치 월세를 보증금으로 받고, 반년치 집세를 선불로 지급한다.
  付款　方式 是 半年　一 付，押 一 个 月 的 租金 。
  Fùkuǎn fāngshì shì bànnián yí fù　yā yí ge yuè de zūjīn

- 계약기간이 만료되면 물건에 하자가 없는 한 집주인은 보증금을 반드시 돌려 주어야 한다.
  合同 期满， 物品 没有 损失 的　情况　下，业主 应
  Hétong qīmǎn　wùpǐn méiyǒu sǔnshī de qíngkuàng xià　yèzhǔ yīng
  退还 押金 。①
  tuìhuán yājīn

- 계약기간 전에 어떤 이유로 방을 빼려 할 때에는 반드시 한 달 전에 집주인에게 서면 통보해야 한다.
  合同期 未 满， 因为 某　种　原因 要 退 房 时，必须
  Hétongqī wèi mǎn　yīnwèi mǒu zhǒng yuányīn yào tuì fáng shí　bìxū
  提前 一 个 月 书面　通知 业主 。
  tíqián yí ge yuè shūmiàn tōngzhī yèzhǔ

Ⅳ 중개 수수료　中介　服务费
　　　　　　　zhōngjiè fúwùfèi

A: 中介费 是 多少 ？
　 Zhōngjièfèi shì duōshao
B: 相当　 于 一 个 月 的 租金 。
　 Xiāngdāng yú yí ge yuè de zūjīn

---

① 임대인 즉 집주인에 대한 명칭은 지역에 따라 业主 yèzhǔ, 房主 fángzhǔ, 房东 fángdōng 등으로 부른다.

17. 공공장소에서

> A: 중개 수수료는 얼마입니까?
> B: 한달치 집세에 해당하는 금액입니다.

- 일반주택의 중개 수수료는 손님이 지불합니다.
  民宅　中介费　是　由　租户　付。
  Mínzhái zhōngjièfèi shì yóu zūhù fù

- 중개 수수료는 집주인이 지불합니다.
  中介　服务费 由 业主来 交。
  Zhōngjiè fúwùfèi yóu yèzhǔ lái jiāo

- 중개 수수료는 집주인과 세입자가 반반씩 부담합니다.
  中介　服务费是 业主 和 租房人 一 人 一 半儿。
  Zhōngjiè fúwùfèi shì yèzhǔ hé zūfángrén yì rén yí bànr

- 중개 수수료는 1개월 임대료에 상당합니다.
  中介　服务费　相当　于一个月 的 房租。
  Zhōngjiè fúwùfèi xiāngdāng yú yí ge yuè de fángzū

10 패스트푸드짐에서　　在 快餐店
zài kuàicāndiàn

중국에서 맥도날드(麦当劳 Màidāngláo)나 KFC(肯德基 Kěndéjī), 피자헛(必胜客 Bìshèngkè) 등의 패스트푸드점은 매우 성업중인데, 특히 휴일같은 때의 식사시간에는 한참을 서서 기다려야만 겨우 자리를 차지할 수가 있을 정도이다. 친구나 연인끼리 오는 젊은이들은 물론이고, 하나뿐인 小皇帝 xiǎo huángdì (작은 황제) ①를 데리고 나와 가족이 단란한 한때를 보내는 경우가 많기 때문이다.

기본대화

A: 欢迎 光临, 请问 来点 什么?
　　Huānyíng guānglín qǐngwèn lái diǎn shénme
B: 来一个 汉堡 和 中 杯可乐。
　　Lái yí ge hànbǎo hé zhōng bēi kělè
A: 好 的。您 在 这儿 吃 还是 带走?
　　Hǎo de Nín zài zhèr chī háishi dàizǒu
B: 我 要 带走, 麻烦 您 帮 我 包 一下。
　　Wǒ yào dàizǒu máfan nín bāng wǒ bāo yíxià
A: 好 的, 谢谢。
　　Hǎo de xièxie
A: 어서 오십시오. 무엇을 드릴까요?
B: 햄버거 하나와 중간 크기 콜라 한 잔 주세요.
A: 알겠습니다. 여기서 드시겠습니까, 가지고 가시겠습니까?
B: 가지고 가겠으니 포장해 주세요.
A: 네, 이용해 주셔서 감사합니다.

---

① 小皇帝 xiǎo huángdì : 1가구 1자녀 낳기 정책을 실시하고 있는 중국에서 하나뿐인 자녀를 귀히 여겨 이르는 말.

여러 가지 활용

I **음식선택** 点 快餐
　　　　　　diǎn kuàicān

- 우리 피자헛에 가서 피자 먹을까?
  咱们 去 必胜客 吃 比萨 怎么样?
  Zánmen qù Bìshèngkè chī bǐsà zěnmeyàng

- 우리 맥도날드에 가서 패밀리세트 먹어요.
  我们 去 麦当劳 吃 全家 套餐 吧。
  Wǒmen qù Màidāngláo chī quánjiā tàocān ba

- 켄터키치킨에 가서 라오베이징 지러우쥐엔 먹을까?
  我们 去 肯德基 吃 老 北京 鸡肉卷，好 吗? ①
  Wǒmen qù Kěndéjī chī lǎo Běijīng jīròujuǎn hǎo ma

- 나는 빅맥과 프렌치프라이 먹을래.
  我 要 巨无霸 和 薯条。
  Wǒ yào jùwúbà hé shǔtiáo

- 팝콘 치킨과 오리지날 치킨 다 맛있어요.
  鸡米花 和 原味鸡 都 很 好吃。
  Jīmǐhuā hé yuánwèijī dōu hěn hǎochī

- 어린이 세트메뉴에는 햄버거, 콜라, 프렌치프라이와 장난감 사은품이 있어요.
  儿童 套餐 有 汉堡、可乐、薯条，还 有 玩具 赠品。
  Értóng tàocān yǒu hànbǎo kělè shǔtiáo hái yǒu wánjù zèngpǐn

- 콜라에 얼음을 넣지 마세요.
  可乐 不要 加 冰块儿。
  Kělè búyào jiā bīngkuàir

II **포장** 打 包
　　　　　dǎ bāo

- 햄버거 세 개요, 다 포장해 주세요.
  要 三 个 汉堡，都 帮 我 装 起来。
  Yào sān ge hànbǎo dōu bāng wǒ zhuāng qǐlai

---

① 老北京鸡肉卷 lǎo Běijīng jīròujuǎn: KFC에서 토착화를 위하여 신개발한 상품으로 중국전통음식인 북경오리구이를 본떠서 만든 트위스터 제품이다.

- 남은 것은 싸가려고 해요.
  剩下 的我要打包。
  Shèngxià de wǒ yào dǎ bāo
- 다 못드신 것은 싸가지고 가셔도 됩니다.
  没 吃完 的您可以 带走 。
  Méi chīwán de nín kěyǐ dàizǒu
- 세트메뉴도 포장되나요?
  套餐 也 可以 打 包 吗？
  Tàocān yě kěyǐ dǎ bāo ma

참고 관련 용어 词汇
cíhuì

- 파출소　派出所
  pàichūsuǒ
- 담당부서　负责 部门
  fùzé bùmén
- 담당자　负责人
  fùzérén
- 은행　银行
  yínháng
- 현금　现金
  xiànjīn
- 예금　储蓄
  chǔxù
- 대출　贷款
  dài kuǎn
- 폰뱅킹　电话 银行
  diànhuà yínháng
- 인터넷뱅킹　网上 银行
  wǎngshàng yínháng
- 예금조회　查询 余额
  cháxún yú'é
- 계좌　账户
  zhànghù
- 이체　转账
  zhuǎn zhàng
- 입금　存款
  cún kuǎn
- 출금　取款
  qǔ kuǎn
- 감시 카메라　监视器
  jiānshìqì

- 자동출금기　自动 提款机
  zìdòng tíkuǎnjī
- 은행카드　银行卡
  yínhángkǎ
- 카드를 긁다　刷卡
  shuā kǎ
- 환전　兑换
  duìhuàn
- 환율　汇率
  huìlǜ
- 위조지폐　假币
  jiǎbì
- 위조지폐 감별기　验钞机
  yànchāojī
- 여행자 수표　旅行 支票
  lǚxíng zhīpiào
- 분실 신고　挂失
  guàshī
- 우체국　邮局
  yóujú
- 가슴 둘레　胸围
  xiōngwéi
- 웨이스트　腰围
  yāowéi
- 목 둘레　颈围
  jǐngwéi
- 어깨너비　肩宽
  jiānkuān
- 등 너비　背宽
  bèikuān

17. 공공장소에서

- 히프　臀部 túnbù
- 키　身高，身长 shēngāo shēncháng
- 옷을 맞추다　定做 衣服 dìngzuò yīfu
- 약국　药店 yàodiàn
- 수면제　安眠药 ānmiányào
- 처방　处方 chǔfāng
- 부작용　副作用 fùzuòyòng
- 비타민　维生素，维他命 wéishēngsù wéitāmìng
- 해열제　退烧药 tuìshāoyào
- 처방전　药方 yàofāng
- 감기약　感冒药 gǎnmàoyào
- 기침약　止咳药 zhǐkéyào
- 소화제　消化药 xiāohuàyào
- 진통제　止痛片 zhǐtòngpiàn
- 연고　软膏 ruǎngāo
- 캡슐　胶囊 jiāonáng
- 시럽　糖浆 tángjiāng
- 과립　颗粒 kēlì
- 서점　书店 shūdiàn
- 시집　诗集 shījí
- 소설　小说 xiǎoshuō
- 무협소설　武侠 小说 wǔxiá xiǎoshuō
- 산문　散文 sǎnwén
- 잡지　杂志 zázhì
- 절판　绝版 juébǎn
- 품절　缺 货 quē huò
- 베스트셀러　畅销书 chàngxiāoshū
- 베스트셀러 순위　畅销榜 chàngxiāobǎng
- 우표　邮票 yóupiào
- 전보　电报 diànbào
- 우편함　邮箱 yóuxiāng
- 우편물　邮件 yóujiàn
- 소포　包裹 bāoguǒ
- 우편환　邮政 汇款 yóuzhèng huìkuǎn
- 우편환 증서　汇票 huìpiào
- 편지를 부치다　寄 信 jì xìn
- 이발소　理发店 lǐfàdiàn
- 미용실　美容院 měiróngyuàn
- 면도　刮 胡子 guā húzi
- 세발　洗 发 xǐ fà
- 머리 모양　发型，头型 fàxíng tóuxíng
- 커트　剪 头发 jiǎn tóufa
- 퍼머(하다)　烫 发 tàng fà
- 염색(하다)　染 发 rǎn fà
- 코팅　焗 油 jú yóu
- 굵은 웨이브　大 波浪 dà bōlàng

10 패스트푸드점에서

- 스트레이트 直板烫 zhíbǎntàng
- 셋팅퍼머 陶瓷烫 táocítàng
- 매직퍼머 离子烫 lízǐtàng
- 빗 梳子 shūzi
- 거울 镜子 jìngzi
- 헤어드라이어 吹风机 chuīfēngjī
- 단발 머리 学生头 xuéshēngtóu
- 샴푸 洗发水 xǐfàshuǐ
- 세탁소 洗衣店 xǐyīdiàn
- 드라이 干洗 gānxǐ
- 기름 얼룩 油渍 yóuzì
- 옷깃 领子 lǐngzi
- 이브닝 드레스 晚装 wǎnzhuāng
- 벽 壁 bì
- 지붕 屋顶 wūdǐng
- 담 围墙 wéiqiáng
- 현관 正门 zhèngmén
- 대문 大门 dàmén

- 인터폰 对讲机 duìjiǎngjī
- 집을 구하다 找 房子 zhǎo fángzi
- 거실 客厅 kètīng
- 계약서 合同 hétong
- 계약하다 签 合同 qiān hétong
- 월세 月 租金 yuè zūjīn
- 보증금 押金 yājīn
- 서명하다 签 名 qiān míng
- 패스트푸드점 快餐店 kuàicāndiàn
- 햄버거 汉堡 hànbǎo
- 프렌치 프라이 薯条 shǔtiáo
- 치즈버거 芝士 汉堡 zhīshì hànbǎo
- 패밀리세트 全家 套餐 quánjiā tàocān
- 어린이 세트 메뉴 儿童 套餐 értóng tàocān
- 피자 比萨 bǐsà
- 스파게티 意大利面 Yìdàlìmiàn
- 아이스크림콘 卷筒 冰淇淋 juǎntǒng bīngqílín

18

병원 I : 진료 절차

医院 I　看病程序　YIYUAN I KANBING CHENGXU

① 예약 · 접수　　　　　　　　预约/挂号
② 진찰받기　　　　　　　　　　　看病
③ 진료 · 수술　　　　　　　　治疗/手术
④ 입원 · 퇴원　　　　　　　　住院/出院
⑤ 약 타기 · 용법　　　　　　　取药/用法
⑥ 문　　병　　　　　　　　　看望病人
⑦ 응급구조　　　　　　　　　　　急救

1 예약 · 접수   预约 / 挂号
                     yùyuē   guàhào

병원에서 진찰을 받으려면 먼저 "挂号 guàhào"(접수)를 하여야 한다. "挂号处 guàhàochù"라고 써진 창구에서 자기가 받고 싶은 진료과목 즉 내과, 외과(内科 nèikē, 外科 wàikē)등을 말하면 된다. 특정 의사에게 진료받기를 원할 경우에는 접수할 때 미리 말해야 한다. "挂号处 guàhàochù"에서는 "病历本 bìnglìběn"(진료수첩)을 팔기도 하는데, 중국에서는 의사가 진료한 내용과 처방을 이 "病历本 bìnglìběn"에 기록해 준다. 이 수첩은 개인이 보관하는 것으로 자신에 대한 모든 병력이 기록되어 있기 때문에 다른 병원에 가서 진료를 받더라도 아주 유용하게 사용할 수 있다.

기본대화

A: 可以 预约 今天 下午 李 医生 的 门诊 吗?
   Kěyǐ yùyuē jīntiān xiàwǔ Lǐ yīshēng de ménzhěn ma
B: 今天 下午 很 忙, 但 五 点 左右 可能 会 有 空, 这
   Jīntiān xiàwǔ hěn máng dàn wǔ diǎn zuǒyòu kěnéng huì yǒu kòng zhè
   个 时间 可以 吗?
   ge shíjiān kěyǐ ma
A: 可以。
   Kěyǐ
B: 能 告诉 我 你的 姓名 和 联系 电话 吗?
   Néng gàosu wǒ nǐ de xìngmíng hé liánxì diànhuà ma

A: 오늘 오후에 이 박사님의 진찰을 받을 수 있습니까?
B: 오늘 오후는 좀 바쁘십니다. 하지만 5시 경에 시간이 있으실 텐데, 그 때 괜찮으신지요?
A: 괜찮습니다.
B: 성함과 전화번호를 알려 주시겠습니까?

여러 가지 활용

I 예약 预约
         yùyuē

• 종합건강진단을 받아보려 하는데요.
  我 想 做 全身 健康 检查。
  Wǒ xiǎng zuò quánshēn jiànkāng jiǎnchá

18. 병원 I : 진료 절차

- 정기검사 날짜가 다 되었는데 언제쯤 가면 됩니까?
  已经 到了 定期 检查 的 日子，什么 时候 可以 去？
  Yǐjīng dàole dìngqī jiǎnchá de rìzi shénme shíhou kěyǐ qù

- 의사선생님이 언제쯤 돌아오십니까?
  医生 什么 时候 回来？
  Yīshēng shénme shíhou huílai

- 오늘 오후에 진료가 가능합니까?
  今天 下午 可以 看 门诊 吗？①
  Jīntiān xiàwǔ kěyǐ kàn ménzhěn ma

- 이 주임님 진료시간이 몇 시인지 좀 알려 주십시오.
  请 告诉我 李 主任 出诊 时间 是 几 点 。②
  Qǐng gàosu wǒ Lǐ zhǔrèn chūzhěn shíjiān shì jǐ diǎn

II 접수　挂 号
　　　　　guà hào

▶접수 창구에서　在 挂号处
　　　　　　　　zài guàhàochù

> A: 在 哪儿 挂 号？
> 　　Zài nǎr guà hào
> B: 请 到 那边 挂号处 。
> 　　Qǐng dào nàbian guàhàochù
> A: 어디에서 접수를 합니까?
> B: 저쪽 접수창구로 가세요.

- 주임의사 진료를 받고 싶은데요.
  我 想 挂 主任 医师 的 号 。
  Wǒ xiǎng guà zhǔrèn yīshī de hào

- 오늘 주임의사 선생님은 오후 근무이십니다.
  今天 主任 医师 是 下午 班 。
  Jīntiān zhǔrèn yīshī shì xiàwǔ bān

---

① 门诊 ménzhěn: 외래진찰, 외래진료. 门诊部 ménzhěnbù, 门诊室 ménzhěnshì: 외래진찰실.

② 主任 zhǔrèn: 한 부서의 책임자를 말하며, 여기서는 내과, 외과 등 각 진료과의 과장(과장)을 말한다.

① 예약·접수

- 주임의사 진료접수비는 10위안입니다.
  主任 医师 的 门诊 挂号费 是 十 元 。
  Zhǔrèn yīshī de ménzhěn guàhàofèi shì shí yuán

- 진료수첩 있습니까?
  有 病历本 吗 ?
  Yǒu bìnglìběn ma

- 진료는 몇시부터 시작합니까?
  几 点 开始 门诊 ?
  Jǐ diǎn kāishǐ ménzhěn

- 접수가 마감되었습니다.
  挂 号 已经 结束 了 。
  Guà hào yǐjīng jiéshù le

- 이미 진료시간이 지났습니다.
  已经 过了 门诊 时间 。
  Yǐjīng guòle ménzhěn shíjiān

- 오후 접수는 1시부터 시작합니다.
  下午 从 一 点 开始 挂 号 。
  Xiàwǔ cóng yī diǎn kāishǐ guà hào

▶ 왕진할 때　　上 门 治疗 时
　　　　　　　shàng mén zhìliáo shí

- 의사선생님 왕진을 부탁하고 싶습니다.
  我 想 请 医生 上 门 诊疗 。
  Wǒ xiǎng qǐng yīshēng shàng mén zhěnliáo

- 의사선생님이 와주실 수 있습니까?
  医生 可以 过来 吗 ?
  Yīshēng kěyǐ guòlai ma

- 왕진 비용은 얼마입니까?
  上 门 诊疗费 是 多少 ?
  Shàng mén zhěnliáofèi shì duōshao

2 진찰받기

看病
kàn bìng

진찰을 받기 위해서는 먼저 "门诊室 ménzhěnshì"(진찰실)에 가서 "病历本 bìnglìběn"(진료수첩)을 제출하고 순서를 기다린다. SARS 발병 이후 중국에서는 모든 내방객의 체온을 체크하여 열이 있는 환자는 별도의 발열환자 진료소(发热门诊室 fārè ménzhěnshì)로 보낸다. 이는 일반환자들이 병원에서 장시간 대기하거나 진료를 받다가 SARS에 전염되는 것을 방지하기 위해서이다.

기본대화

A: 哪儿 不 舒服？
　 Nǎr　 bù shūfu

B: 发 烧，嗓子 疼，而且 总 咳嗽。
　 Fā shāo sǎngzi téng érqiě zǒng késou

A: 是 什么 时候 开始 的？
　 Shì shénme shíhou kāishǐ de

B: 快 一个 星期 了。
　 Kuài yí ge xīngqī le

A: 张大 嘴。 咽喉 肿 了。
　 Zhāngdà zuǐ　 Yānhóu zhǒng le
　 是 流行性 感冒，先 给 你 打 一 针 退烧药，再 开
　 Shì liúxíngxìng gǎnmào　 xiān gěi nǐ dǎ yì zhēn tuìshāoyào zài kāi
　 点儿 药。
　 diǎnr yào

A: 어디가 불편하세요?
B: 열이 나고, 목도 아프고, 또 계속 기침을 해요.
A: 언제부터 그래요?
B: 한 일주일 되었어요.
A: 입을 크게 벌려 보세요. 목이 부었네요. 유행성 감기에요.
　 먼저 해열주사 놓아드리고 약을 처방해 줄게요.

여러 가지 활용

I 대기실에서　在 候诊室
　　　　　　　zài hòuzhěnshì

> A: 李明，李明在吗？
> 　　Lǐ Míng Lǐ Míng zài ma
> B: 在，我就是。
> 　　Zài wǒ jiù shì
> A: 请到这边来。
> 　　Qǐng dào zhèbian lái
> A: 리밍, 리밍씨 있어요?
> B: 예, 접니다.
> A: 이쪽으로 오세요.

- 내시사가 많습니까?
  候诊的人多吗？
  Hòuzhěn de rén duō ma

- 오전에 진료가 가능합니까?
  上午可以看门诊吗？
  Shàngwǔ kěyǐ kàn ménzhěn ma

- 환자가 통증이 심한데 좀 빨리 안되겠습니까?
  现在患者疼得很厉害，能快点儿吗？
  Xiànzài huànzhě téng de hěn lìhai néng kuài diǎnr ma

II 증상을 물을 때　询问 症状 时
　　　　　　　　　xúnwèn zhèngzhuàng shí

- 어디가 불편하세요? /어떻게 불편하세요?
  哪儿不舒服？／怎么不舒服？
  Nǎr bù shūfu　Zěnme bù shūfu

- 어떤 증상이 있습니까?
  有什么症状？
  Yǒu shénme zhèngzhuàng

- 언제부터 열이 났지요?
  什么时候开始发烧的？
  Shénme shíhou kāishǐ fā shāo de

- 처음에 어떤 증세가 있었지요?
  最初是什么症状？
  Zuìchū shì shénme zhèngzhuàng

- 식욕은 어때요?
  食欲 怎么样？
  Shíyù zěnmeyàng

- 저한테 상세하게 알려 주세요, 어디가 아프세요?
  请 你 详细 地 告诉我 ，是 哪儿 疼 ?
  Qǐng nǐ xiángxì de gàosu wǒ shì nǎr téng

▶ 병력을 물을 때   询问 病史 时
　　　　　　　　　xúnwèn bìngshǐ shí

- 또 다른 질병이 있습니까?
  还 有 别的 疾病 吗 ?
  Hái yǒu biéde jíbìng ma

- 수술했던 경험이 있습니까?
  以前 做过 手术 吗 ?
  Yǐqián zuòguo shǒushù ma

- 과거에도 이런 병을 앓은 적이 있습니까?
  以前 也 得过 这 种 病 吗 ?
  Yǐqián yě déguo zhè zhǒng bìng ma

- 이전에 크게 병을 앓았던 적 있나요?
  以前 有 没有 得过 重 病 ?
  Yǐqián yǒu méiyǒu déguo zhòng bìng

- 상시 복용하는 약이 있습니까?
  有 常用 的 药 吗 ?
  Yǒu chángyòng de yào ma

▶ 증세를 설명할 때   说明 症状 时
　　　　　　　　　　shuōmíng zhèngzhuàng shí

- 잠잘 때 식은 땀을 흘립니다.
  睡 觉 时 会 发 虚汗 。
  Shuì jiào shí huì fā xūhàn

- 오한이 심해요.
  总 觉得 特别 冷 。
  Zǒng juéde tèbié lěng

- 쉽게 피로합니다.
  很 容易 疲劳。
  Hěn róngyì píláo

- 머리가 좀 어지러워요.
  头 有点儿 晕。
  Tóu yǒudiǎnr yūn

- 다리에 힘이 없고 곧 쓰러질 것 같아요.
  两 脚 发软， 好像 快要 晕倒 了。
  Liǎng jiǎo fāruǎn hǎoxiàng kuàiyào yūndǎo le

▶ 통증을 설명할 때　说明 疼痛 症状 时
　　　　　　　　　shuōmíng téngtòng zhèngzhuàng shí

- 아파서 죽겠어요./찌르는 듯 아파요.
  疼死 了。/ 刺痛。
  Téngsǐ le　　Cìtòng

- 닿기만 하면 아파요.
  一 碰 就 疼。
  Yí pèng jiù téng

- 상처 부위가 부어서 너무 아파요.
  伤口 肿 了，疼 得 要命。
  Shāngkǒu zhǒng le　téng de yàomìng

- 배가 바늘로 찌르는 것처럼 아파요.
  肚子 像 针刺 般 疼痛。
  Dùzi xiàng zhēncì bān téngtòng

- 밤이 되면 통증이 더 심해져요.
  到了 晚上，会 疼 得 更 厉害。
  Dàole wǎnshang huì téng de gèng lìhai

- 참을 수가 없을 정도로 아파요.
  疼 得 无法 忍受 。
  Téng de wúfǎ rěnshòu

- 먼저 좀 안 아프게 해 주세요.
  先 帮 我 减轻 一下 疼痛 吧。
  Xiān bāng wǒ jiǎnqīng yíxià téngtòng ba

Ⅲ 진찰할 때　检查 时
jiǎnchá shí

▶ 일반적인 진찰　一般 的 检查
yìbān de jiǎnchá

- 먼저 체온을 잽시다.
先　量　一下 体温 。
Xiān liáng yíxià tǐwēn

- 체온계를 겨드랑이에 넣으세요.
请　把 温度计 夹在 胳肢窝 里 。①
Qǐng bǎ wēndùjì jiāzài gāzhiwō li

- 주먹을 꼭 쥐세요.
握紧 拳头 。
Wòjǐn quántóu

- 입을 벌리고 혀를 내밀어 보세요.
张开　嘴，舌头 伸 出来 。
Zhāngkāi zuǐ　shétou shēn chulai

- 무릎을 구부려 보세요.
弯　一下 腿 。
Wān yíxià tuǐ

- 닿으면 아픕니까? /많이 아픈가요?
碰　的话，疼 吗？/ 疼 得 厉害 吗？
Pèng dehuà　téng ma　　Téng de lìhai ma

▶ X-RAY 검사　Ｘ光　检查
X guāng jiǎnchá

- 먼저 X-ray를 찍어 봅시다.
先　照 一下　Ｘ光　片 。
Xiān zhào yíxià X guāng piān

- 웃옷을 벗으세요.
请　脱掉　上衣 。
Qǐng tuōdiào shàngyī

---

① 胳肢窝 gāzhiwō : '夹肢窝 gāzhiwō'라고도 한다.

- 속옷은 그대로 입으셔도 됩니다.
  内衣 就 这样 穿着 吧。
  Nèiyī jiù zhèyàng chuānzhe ba
- 크게 숨을 들이 쉬어요.
  请 深呼吸。
  Qǐng shēnhūxī
- 좋아요, 천천히 숨을 내쉬세요.
  好，请 慢慢儿 吐气。
  Hǎo qǐng mànmānr tǔqì
- 숨을 멈추세요.
  请 屏住 呼吸。
  Qǐng bǐngzhù hūxī

▶ 기타　其他
　　　　qítā

- 가슴을 검사해 봅시다. 상의를 올려 보세요.
  要 检查 胸部，请 把 上衣 卷 上去。
  Yào jiǎnchá xiōngbù qǐng bǎ shàngyī juǎn shangqu
- 혈액검사를 해야 합니다.
  要 验 血 。①
  Yào yàn xiě
- 소변검사를 해야 합니다. 소변을 이 실험용지에 묻혀 오세요.
  要 验 尿 , 请 把 尿 沾到 这 试纸 上。
  Yào yàn niào qǐng bǎ niào zhāndào zhè shìzhǐ shang

Ⅳ 환자의 질문　患者 的 询问
　　　　　　　huànzhě de xúnwèn

A: 病情 严重 吗？
　　Bìngqíng yánzhòng ma
B: 还 没到 令 人 担心 的 程度，现在 只 是 初期。
　　Hái méidào lìng rén dānxīn de chéngdù xiànzài zhǐ shì chūqī

---

① 验 yàn: 검사하다, 시험하다. '检验 jiǎnyàn'이라고도 한다. 예) 验大便 yàn dà biàn , 检验大便 jiǎnyàn dàbiàn (대변검사).

> A: 那么 药物 治疗 也 可以 吗？
> Nàme yàowù zhìliáo yě kěyǐ ma
>
> B: 是的， 静养 一个月 左右， 同时 服药 就 可以 根治 了。
> Shì de jìngyǎng yí ge yuè zuǒyòu tóngshí fú yào jiù kěyǐ gēnzhì le
>
> A: 병세가 심합니까?
> B: 아직 걱정할 정도는 아닙니다. 지금은 단지 초기단계예요.
> A: 그럼 약물치료로도 가능합니까?
> B: 그렇습니다. 1개월 정도 요양을 하면서 약을 드시면 완치할 수 있습니다.

- 알고 싶습니다. 어디에 문제가 있는지.
  我 想 知道， 是 哪儿 有 毛病。
  Wǒ xiǎng zhīdào shì nǎr yǒu máobìng

- 초음파 검사결과가 어떻습니까?
  B 超 的 结果 怎么样？
  B chāo de jiéguǒ zěnmeyàng

- 수술해야 합니까?
  要 动 手术 吗？
  Yào dòng shǒushù ma

- 입원해야 합니까?
  要 住 院 吗？
  Yào zhù yuàn ma

- 병세가 더 악화될까요?
  病情 会 恶化 吗？
  Bìngqíng huì èhuà ma

- 완치가 될 수 있을까요?
  能 根治 吗？
  Néng gēnzhì ma

- 회복될 가능성이 있습니까?
  有 恢复 的 可能 吗？
  Yǒu huīfù de kěnéng ma

- 치료기간이 오래 걸립니까?
  治疗 时间 长 吗？
  Zhìliáo shíjiān cháng ma

- 음식에 있어 뭘 주의해야 하나요?
  饮食 上 要 注意 什么？
  Yǐnshí shang yào zhùyì shénme

- 식이요법이 효과가 있을까요?
  饮食疗法会有 效果 吗？
  Yǐnshí liáofǎ huì yǒu xiàoguǒ ma

- 아픈 이유가 뭔가요?
  痛 的 原因 是 什么？
  Tòng de yuányīn shì shénme

- 완치까지는 얼마나 걸릴까요?
  根治 需要 多长 时间？
  Gēnzhì xūyào duōcháng shíjiān

- 어떻게 요양을 해야 합니까?
  需要 怎样 静养？
  Xūyào zěnyàng jìngyǎng

- 다음 검사 날짜는 언제인가요?
  下 次 检查 日期是 什么 时候？
  Xià cì jiǎnchá rìqī shì shénme shíhou

- 매일 와서 치료를 받아야 합니까?
  我 每 天 都 要 来 治疗 吗？
  Wǒ měi tiān dōu yào lái zhìliáo ma

- 후유증은 없겠지요?
  不 会 有 后遗症 吧？
  Bú huì yǒu hòuyízhèng ba

- 수술한 자리가 가끔 아파요. 원인이 뭐죠?
  手术 的 地方 有时 会 疼，是 什么 原因？
  Shǒushù de dìfang yǒushí huì téng shì shénme yuányīn

- 언제 실을 뽑아요?
  什么 时候 拆 线？
  Shénme shíhou chāi xiàn

V 의사의 답변   医生 的 回答
                yīshēng de huídá

- 아직은 초기단계입니다. 걱정하실 필요 없어요.
  还 是 初期，所以 不用 担心。
  Hái shì chūqī suǒyǐ búyòng dān xīn

18. 병원Ⅰ: 진료 절차

- 우선 주사를 좀 맞으시고 약을 드시면 좋아지실 겁니다.
  先 打 几 针, 再 吃 点儿 药 就 会 好 起来 的。
  Xiān dǎ jǐ zhēn zài chī diǎnr yào jiù huì hǎo qǐlai de
- 너무 무리하지 마시고 좀 쉬셔야 합니다.
  不要 太 逞强, 多 休息 一会儿。①
  Búyào tài chěngqiáng duō xiūxi yíhuìr
- 여기보다 의료시설이 좋은 병원에 가셔서 검사해 보세요.
  请 到 医疗 设备 比 这里 好 的 医院 去 检查 一下 吧。
  Qǐng dào yīliáo shèbèi bǐ zhèlǐ hǎo de yīyuàn qù jiǎnchá yíxià ba
- 이런 증세는 금방 사라질 수 있습니다.
  这 种 症状 马上 就会 消失 了。
  Zhè zhǒng zhèngzhuàng mǎshàng jiù huì xiāoshī le
- 소변검사 결과가 나왔는데, 양성반응입니다.
  尿检 结果 出来 了。 阳性 反应。
  Niàojiǎn jiéguǒ chūlai le Yángxìng fǎnyìng
- 위궤양 증상이 있습니다.
  有 胃溃疡 的 症状。
  Yǒu wèikuìyáng de zhèngzhuàng
- 혈당을 조절해야 합니다.
  需要 控制 血糖 含量。
  Xūyào kòngzhì xuètáng hánliàng
- 염증이 생각했던 것보다 심각합니다.
  炎症 比 想象 的要 厉害。
  Yánzhèng bǐ xiǎngxiàng de yào lìhai

▶주의 및 권고　注意 及 劝告
　　　　　　　　zhùyì jí quàngào

- 과다한 음주와 폭음 폭식은 병세를 악화시킬 수 있습니다.
  过量 饮酒 和 暴饮 暴食 会 使 病情 恶化。
  Guòliàng yǐnjiǔ hé bàoyǐn bàoshí huì shǐ bìngqíng èhuà
- 매일 운동을 좀 많이 하십시오.
  每 天 多 做 点儿 运动。
  Měi tiān duō zuò diǎnr yùndòng

---

① 逞强 chěngqiáng: 강한 척하다, 억지를 부리다, 과시하다.

- 충분한 수면을 취해야 합니다.
  需要 充足 的 睡眠。
  Xūyào chōngzú de shuìmián

- 단 음식을 적게 드십시오.
  少 吃 甜食 。
  Shǎo chī tiánshí

- 될 수 있는 대로 물을 많이 드십시오.
  尽量 多 喝 水 。
  Jǐnliàng duō hē shuǐ

- 담배를 좀 줄이십시오.
  要 少 吸 烟 。
  Yào shǎo xī yān

- 자극성이 강한 음식은 피하도록 하십시오..
  要 避免 刺激性 强 的 食物 。
  Yào bìmiǎn cìjīxìng qiáng de shíwù

- 신선한 야채와 과일을 많이 드십시오.
  多 吃 点儿 新鲜 的 蔬菜 和 水果。
  Duō chī diǎnr xīnxiān de shūcài hé shuǐguǒ

- 가벼운 운동을 좀 하십시오.
  做 一些 轻便 的 运动。
  Zuò yìxiē qīngbiàn de yùndòng

- 한 이삼일 죽만 드세요.
  这 两三 天 只 吃 稀饭 吧 。
  Zhè liǎngsān tiān zhǐ chī xīfàn ba

- 생선은 많이 드셔도 됩니다.
  鱼 可以 多 吃 点儿 。
  Yú kěyǐ duō chī diǎnr

- 병이 생긴 후에야 건강의 소중함을 깨닫게 되지요.
  得了 病 之后 ，才 能 体会 到 健康 的 重要性。
  Déle bìng zhīhòu   cái néng tǐhuì dào jiànkāng de zhòngyàoxìng

- 명심하십시오. 건강이 재산입니다.
  要 记住 ，身体 是 革命 的 本钱 。①
  Yào jìzhù   shēntǐ shì gémìng de běnqián

---

① 직역하면 "신체는 혁명의 밑천이다." 라는 뜻으로, 중국 사람들이 건강의 소중함을 말할 때 자주 쓰는 표현이다.

3 진료 · 수술   治疗 / 手术
zhìliáo shǒushù

의사선생님을 부를 때는 "大夫 dàifu", "医生 yīshēng", 간호사를 부를 때는 "护士小姐 hùshi xiǎojiě"라 하면 된다. 우리는 흔히 "仁术 rénshù"(인술)을 펼치는 의사들을 존경하고, 환자를 극진히 돌보는 간호사들을 "白衣天使 báiyī tiānshǐ" (백의의 천사)라 부르기도 한다. SARS와의 투쟁(抗击非典 kàngjī fēidiǎn) 때에는 생명의 위험을 무릅쓰고 의료 최일선에서 최선을 다한 의사와 간호사를 "白衣战士 báiyī zhànshì"(백의의 전사)라고 칭하기도 하였다.

기본대화

A: 护士, 手术 结束 了吗? 怎么样?
　　Hùshi shǒushù jiéshù le ma   Zěnmeyàng
B: 手术 很 成功, 放心 吧。
　　Shǒushù hěn chénggōng fàngxīn ba
A: 谢谢。您 辛苦 了。
　　Xièxie Nín xīnkǔ le
B: 刚刚 从 手术室 出来, 现在 在 病房, 一会儿 就
　　Gānggāng cóng shǒushùshì chūlai xiànzài zài bìngfáng yíhuìr jiù
　　能 醒 过来 了。
　　néng xǐng guolai le

A: 간호사, 수술이 끝났습니까? 어떻게 됐습니까?
B: 수술은 아주 성공입니다. 안심하세요.
A: 고맙습니다. 수고하셨습니다.
B: 금방 수술실에서 나와 지금 병실에 있습니다. 잠시 후면 깨어 날 것입니다.

여러 가지 활용

I 치료를 위한 상담　　商谈 治疗 方案
　　　　　　　　　　　　shāngtán zhìliáo fāng'àn

A: 哪儿 有 问题?
　　Nǎr yǒu wèntí

B: 盲肠 有 炎症。①
Mángcháng yǒu yánzhèng
A: 现在 还 不 是 很 疼。
Xiànzài hái bú shì hěn téng
B: 但 还是 做 手术 的 好。②
Dàn háishi zuò shǒushù de hǎo
A: 有 可能 是 别的 病 吗?
Yǒu kěnéng shì biéde bìng ma
B: 不 太 可能。 选 个 日子, 准备 动 手术 吧。
Bú tài kěnéng Xuǎn ge rìzi zhǔnbèi dòng shǒushù ba

A: 어디가 문제입니까?
B: 맹장에 염증이 있습니다.
A: 아직은 그다지 아프지 않은데요.
B: 그러나 수술하시는 것이 좋겠습니다.
A: 다른 병일 가능성이 있습니까?
B: 거의 없습니다. 날짜를 잡고 수술 할 준비를 합시다.

- 어디가 안 좋은지 발견이 되었습니까?
  查到 哪儿 有 毛病 了吗?
  Chádào nǎr yǒu máobìng le ma

- 술은 마셔도 상관 없겠습니까?
  喝 酒 没 关系 吗?
  Hō jiǔ mói guānxi ma

- 너무 쉽게 피로합니다. 좋은 치료방법이 없을까요?
  很 容易 疲劳。 有 没有 好的 治疗 方法?
  Hěn róngyì píláo Yǒu méiyǒu hǎo de zhìliáo fāngfǎ

- 식사가 규칙적이지 못해 늘 걱정입니다.
  吃饭 没有 规律, 所以 很 担心。
  Chī fàn méiyǒu guīlù suǒyǐ hěn dān xīn

- 해열주사를 놓아 드리겠습니다.
  给 您 打 一 支 退烧针 吧。
  Gěi nín dǎ yì zhī tuìshāozhēn ba

---

① 맹장염을 阑尾炎 lánwěiyán 이라고도 한다.
② 수술하는 것을 动手术 dòng shǒushù 혹은 开刀 kāi dāo 라고도 한다.

18. 병원 I : 진료 절차

- 감기 때문이 아니라, 너무 담배를 많이 피우기 때문인 것 같습니다.
  不是 感冒 引起 的， 好像 是 吸 烟 过度 引起 的。
  Bú shì gǎnmào yǐnqǐ de hǎoxiàng shì xī yān guòdù yǐnqǐ de

- 기관지가 나쁜 사람들은 조그만 자극에도 기관지염이 생길 수 있습니다.
  气管 不 好 的 人， 小小 的 刺激 也 会 引起 气管炎。
  Qìguǎn bù hǎo de rén xiǎoxiǎo de cìjī yě huì yǐnqǐ qìguǎnyán

- 내시경으로 검사를 해 봅시다.
  用 内窥镜 检查 一下 吧。
  Yòng nèikuījìng jiǎnchá yíxià ba

II 주사 打 针
   dǎ zhēn

- B형 간염 예방주사를 맞으러 왔습니다.
  我 来 打 乙肝 疫苗。
  Wǒ lái dǎ yǐgān yìmiáo

- 팔에 주사합니다. 소매를 걷어 올리세요.
  要 在 胳膊 上 打，把 袖子 卷 上去。
  Yào zài gēbo shang dǎ   bǎ xiùzi juǎn shangqu

- 됐습니다. 2분간 꾹 누르시면 됩니다.
  好 了，摁 两 分钟 就 可以 了。
  Hǎo le èn liǎng fēnzhōng jiù kěyǐ le

- 침대에 엎드리세요. 주사 놓습니다.
  请 趴在 床上， 要 打 针 了。
  Qǐng pāzài chuángshang yào dǎ zhēn le

▶링거 주사 输 液 ①
         shū yè

- 팔을 뻗으세요.
  请 伸出 胳膊。
  Qǐng shēnchū gēbo

---

① 링거 주사 맞는 것을 打吊针 dǎ diàozhēn 이라고도 한다.

- 방울이 너무 빨리 떨어지는 것 아닌가요?
  是不是点滴滴得太快了？
  Shì bu shì diǎndī dī de tài kuài le

- 다 맞았습니다. 링거 바늘을 빼 주시겠어요?
  打完了。麻烦你把针拔出来，好吗？
  Dǎwán le　Máfan nǐ bǎ zhēn bá chulai　hǎo ma

- 공기방울이 들어 있습니다. 공기를 빼 주세요.
  进了空气，把空气挤出去吧。
  Jìnle kōngqì　bǎ kōngqì jǐ chuqu ba

Ⅲ 진료·수술 결과　治疗／手术 结果
　　　　　　　　　　　zhìliáo　shǒushù jiéguǒ

- 수술은 순조로왔습니다. 1개월 정도면 완전히 회복될 겁니다.
  手术很顺利，一个月左右就会完全康复了。
  Shǒushù hěn shùnlì　yí ge yuè zuǒyòu jiù huì wánquán kāngfù le

- 1주일이나 열흘 정도면 퇴원할 수 있습니다.
  再过一个星期或十天就可以出院了。
  Zài guò yí ge xīngqī huò shí tiān jiù kěyǐ chū yuàn le

- 2-3일 후에 그에게 죽과 같은 유동성 음식을 들게 하세요.
  两三天后给他吃点儿稀的东西。
  Liǎngsān tiān hòu gěi tā chī diǎnr xī de dōngxi

- 3일 후부터는 부드러운 음식을 드실 수 있습니다.
  三天以后就可以吃软一点儿的食物了。
  Sān tiān yǐhòu jiù kěyǐ chī ruǎn yìdiǎnr de shíwù le

18. 병원 I : 진료 절차

4 입원 · 퇴원　　住院 / 出院
　　　　　　　　　　　zhù yuàn　chū yuàn

병원에 입원하는 것을 "住院 zhù yuàn", 퇴원하는 것을 "出院 chū yuàn"이라고 한다. 입원을 하는 것은 환자나 가족에게 큰 불편과 비용을 초래하는 일이지만, 보다 안정적인 환경에서 적절한 치료를 받기 위하여는 감수해야 하는 일이다. 환자를 간호하는 것을 전문적인 용어로는 "看护 kānhù"라고 하며 구어에서는 '돌보다' 의 뜻을 가진 "照顾 zhàogù"를 많이 쓰기도 한다.

기본대화

A: 您需要住院，请办一下住院手续。
　　Nín xūyào zhù yuàn qǐng bàn yíxià zhù yuàn shǒuxù
B: 什么? 住院?
　　Shénme Zhù yuàn
A: 是的，需要住院观察几天。
　　Shì de　xūyào zhù yuàn guānchá jǐ tiān
B: 要住几天?
　　Yào zhù jǐ tiān
A: 至少要住一个星期。
　　Zhìshǎo yào zhù yí ge xīngqī

A: 입원하셔야 합니다. 입원수속을 하십시오.
B: 예? 입원을요?
A: 그렇습니다. 입원을 하셔서 며칠 지켜봐야 하겠습니다.
B: 며칠이나 입원해야 합니까?
A: 적어도 일주일은 입원해야 합니다.

여러 가지 활용

I 입원　住院
　　　　　zhù yuàn

▶ 입원을 권할 때　劝住院时
　　　　　　　　　quàn zhù yuàn shí

• 병세가 심각하니 입원해서 치료하는 것이 좋겠습니다.
　病情很严重，最好住院治疗。
　Bìngqíng hěn yánzhòng zuìhǎo zhù yuàn zhìliáo

4 입원·퇴원 853

- 열이 너무 높으니 지금 당장 입원을 해야겠습니다.
  正在 发高烧，需要马上 住院。
  Zhèngzài fā gāoshāo xūyào mǎshàng zhù yuàn

▶병실　病房
　　　bìngfáng

- 1인실로 주십시오.
  要 单 人 病房。
  Yào dān rén bìngfáng

- 6인실 있습니까?
  有 六 人 病房 吗？
  Yǒu liù rén bìngfáng ma

- 병실에 화장실이 있습니까?
  病房 里 有 洗手间 吗？
  Bìngfáng li yǒu xǐshǒujiān ma

Ⅱ 퇴원　出 院
　　　　chū yuàn

- 이제 퇴원하셔도 되겠습니다.
  现在 可以 出 院 了。
  Xiànzài kěyǐ chū yuàn le

- 오늘 중으로 퇴원수속을 하십시오.
  请 在 今天 办 一下 出 院 手续。
  Qǐng zài jīntiān bàn yíxià chū yuàn shǒuxù

- 하지만 며칠은 매일 와서 치료를 해야 합니다.
  可是 这 几 天 还 要 天天 来 治疗。
  Kěshì zhè jǐ tiān hái yào tiāntiān lái zhìliáo

- 의료보험이 있습니까?
  有 医疗 保险 吗？
  Yǒu yīliáo bǎoxiǎn ma

- 치료 명세서를 발급해 주십시오.
  请 开 一 张 医疗单。
  Qǐng kāi yì zhāng yīliáodān

- 그동안 잘 보살펴 주셔서 고맙습니다.
  谢谢 您 这 几 天 的 照顾。
  Xièxie nín zhè jǐ tiān de zhàogù

- 리우 의사 선생님 은혜는 잊지 않겠습니다.
  我 不 会 忘记 刘 医生 的 大恩大德。
  Wǒ bú huì wàngjì Liú yīshēng de dà'ēn dàdé

18
4 住院/出院

5 약 타기 · 용법   取药 / 用法
                                                                     qǔ yào   yòngfǎ

일반 병원에서는 의사가 처방전(药方 yàofāng)을 지어주면 그것을 가지고 "划价 huà jià"(계산)라 쓰여진 곳에 가서 치료비와 약값을 지불한 다음 "取药 qǔ yào"(약 타는 곳)이라 써있는 곳에 가서 약을 받으면 된다. 대부분의 병원은 "中药 zhōngyào"(중의약)과 "西药 xīyào"(양약)을 취급하는 곳이 구분되어 있다.

기본대화

A: 给你开一张药方, 先服用三天。
   Gěi nǐ kāi yì zhāng yàofāng xiān fúyòng sān tiān
   拿着这个药方, 先付钱, 再上取药处取药。
   Názhe zhè ge yàofāng xiān fù qián   zài shàng qǔyàochù qǔ yào

B: 我得出差, 能拿十天的药吗?
   Wǒ děi chū chāi   néng ná shí tiān de yào ma

A: 처방전을 써 드리겠습니다. 우선 3일간 복용하십시오.
   이 처방전을 가지고 정산을 한 후에 약 타는 곳에서 약을 받으세요.

B: 제가 출장을 가야 하는데 10일치를 받아갈 수 있습니까?

여러 가지 활용

I 처방전   药方
                 yàofāng

- 이 처방전대로 약을 드시면 됩니다.
   按这个处方吃药就可以了。
   Àn zhè ge chǔfāng chī yào jiù kěyǐ le

- 처방전을 드릴테니 약국에 가셔서 구입하십시오.
   我给你开个药方, 上药店去买吧。
   Wǒ gěi nǐ kāi ge yàofāng shàng yàodiàn qù mǎi ba

Ⅱ 약의 용법　用法
yòngfǎ

- 공복시나 식사 1시간 전에 드십시오.
  请 在 空腹 时 或 饭 前 一 小时 服用 。
  Qǐng zài kōngfù shí huò fàn qián yì xiǎoshí fúyòng

- 아침 저녁으로 1포씩 드시면 됩니다.
  早 晚 各 吃 一 包 ，就 可以 了 。
  Zǎo wǎn gè chī yì bāo　 jiù kěyǐ le

- 천천히 씹어서 드십시오.
  慢慢 地 嚼着 吃 。
  Mànmàn de jiáozhe chī

- 목이 아플 때 이 약을 드시면 됩니다.
  嗓了 疼 的 时候，吸 一 口 药 就 好 了 。
  Sǎngzi téng de shíhou　 xī yì kǒu yào jiù hǎo le

- 가려운 곳에 발라 주십시오. / 아픈 곳에 붙여 주십시오.
  哪儿 痒 就 擦 哪儿 。 /　 请 贴在 疼痛 处 。
  Nǎr yǎng jiù cā nǎr　　　 Qǐng tiēzài téngtòng chù

- 많이 문질러 주십시오.
  多 揉 一下 。
  Duō róu yíxià

Ⅲ 약의 부작용　不良 反应
　　　　　　　　bùliáng fǎnyìng

- 부작용이 생기면 즉각 복용을 중지하십시오.
  有 副作用 的话， 请 马上 停止 服用 。
  Yǒu fùzuòyòng dehuà　 qǐng mǎshàng tíngzhǐ fúyòng

- 구토 증세가 있으면 바로 병원으로 오십시오.
  有 呕吐 症状， 请 马上 来 医院 。
  Yǒu ǒutù zhèngzhuàng qǐng mǎshàng lái yīyuàn

- 어지러운 현상이 있으면 용량을 조금 줄이면 됩니다.
  有 头昏 现象， 减少 用量 就 可以 了 。
  Yǒu tóuhūn xiànxiàng jiǎnshǎo yòngliàng jiù kěyǐ le

- 지난 번 약은 먹으면 속이 많이 메스꺼웠습니다.
  上 次的药，一 吃 就 觉得 恶心 。
  Shàng cì de yào　 yì chī jiù juéde ěxin

18. 병원 I : 진료 절차

- 졸리지 않는 약으로 지어 주십시오.
  请 给我开一些不犯困的药。
  Qǐng gěi wǒ kāi yìxiē bú fànkùn de yào

- 저는 페니실린에 알러지가 있습니다.
  我 对 青霉素 过敏 。①
  Wǒ duì qīngméisù guòmǐn

---

① 페니실린을 음역하여 盘尼西林 pánníxīlín, 配尼西林 pèiníxīlín 또는 西林 xīlín 이라고도 한다.

⑥ 문 병

看望 病人
kànwàng bìngrén

병문안을 갔을 때는 환자의 상태를 살펴 너무 긴 시간 있지 않는 것이 좋다. 그리고 환자에게 용기와 희망을 줄 수 있는 말과 함께, 그를 간호하는 사람에게도 위로와 감사의 말을 잊지 않는다. 환자에게는 "祝你早日康复。Zhù nǐ zǎorì kāngfù"(빨리 완쾌하시기를 바랍니다.), "请多保重身体。Qǐng duō bǎozhòng shēntǐ"(부디 몸조심하세요.) 등의 말이 적합하다.

기본대화

A: 现在 你 觉得 怎么样 ?
　　Xiànzài nǐ juéde zěnmeyàng

B: 好了 很多 ，谢谢 你 来 看 我 。
　　Hǎole hěnduō xièxie nǐ lái kàn wǒ

A: 医院 是 怎么 说 的 ?
　　Yīyuàn shì zěnme shuō de

B: 医生 说 不 是 重 病 ，只 不过 是 感冒 引起 的
　　Yīshēng shuō bú shì zhòng bìng zhǐ búguò shì gǎnmào yǐnqǐ de
　　肺炎 而已 。 休息 两三 天 就 好 了 。
　　fèiyán éryǐ Xiūxi liǎngsān tiān jiù hǎo le

A: 지금 좀 어때요?
B: 많이 좋아졌어요. 와 주셔서 고마워요.
A: 병원에서는 뭐라고 이야기해요?
B: 의사가 말하기를 큰 병은 아니고, 감기로 인한 폐렴일 뿐이래요. 2, 3일 쉬면 괜찮아진대요.

여러 가지 활용

I 입원 소식　住 院 消息
　　　　　　　zhù yuàn xiāoxi

A: 听说 崔 博士 昨天 住 院 了 。
　　Tīngshuō Cuī bóshì zuótiān zhù yuàn le

18. 병원Ⅰ : 진료 절차

> B: 为什么 突然 住 院 了? 是 哪家 医院?
>   Wèishénme tūrán zhù yuàn le   Shì nǎ jiā yīyuàn
> A: 최박사님께서 어제 입원하셨다는군요.
> B: 왜 갑자기 입원하신거죠? 어느 병원이래요?

- 그가 병석에 누운지 벌써 한 달이나 되었대요.
  听说 他 躺在 病床 上 已经有一个月了。
  Tīngshuō tā tǎngzài bìngchuáng shang yǐjīng yǒu yí ge yuè le

- 사고가 난 후 경찰이 그를 병원으로 옮겼습니다.
  事故 发生 后, 警察 把他 送到 了医院。
  Shìgù fāshēng hòu jǐngchá bǎ tā sòngdào le yīyuàn

- 오늘 저녁에 문병갑시다.
  今天 晚上 去 看看 吧。
  Jīntiān wǎnshang qù kànkan ba

Ⅱ 병원 안내 창구에서　在 医院 咨询处
　　　　　　　　　　　zài yīyuàn zīxúnchù

- 문병을 왔는데 지금 만나볼 수 있습니까?
  我 是 来 看 病人 的, 现在 可以 看 吗?
  Wǒ shì lái kàn bìngrén de xiànzài kěyǐ kàn ma

- 505 호 병실이 어디입니까?
  505 号 病房 在哪儿?
  Wǔlíngwǔ hào bìngfáng zài nǎr

- 외과수술 환자는 몇 층에 입원했습니까?
  外科 手术 患者 住在 几 楼?
  Wàikē shǒushù huànzhě zhùzài jǐ lóu

- 리밍씨가 몇 호 병실에 입원해 있나요?
  李 明 住在 几 号 病房?
  Lǐ Míng zhùzài jǐ hào bìngfáng

- 면회시간이 몇 시죠? /아무 때나 면회가 됩니까?
  探视 时间 是 几 点 ? / 可以 随时 探视 吗?
  Tànshì shíjiān shì jǐ diǎn   Kěyǐ suíshí tànshì ma

- 꽃바구니를 병실에 가져가도 됩니까?
  把 花篮 拿到 病房 可以 吗?
  Bǎ huālán nádào bìngfáng kěyǐ ma

- 그 환자의 병이 매우 위중하여 면회를 할 수 없습니다.
  那个 患者 的 病 很 严重，所以 您 不 能 探视。
  Nà ge huànzhě de bìng hěn yánzhòng suǒyǐ nín bù néng tànshì

Ⅲ 환자의 상태　患者 的 情况
　　　　　　　　huànzhě de qíngkuàng

A: 他 很 快 能 好 吗？
　　Tā hěn kuài néng hǎo ma
B: 很 快 能 好。
　　Hěn kuài néng hǎo
A: 회복이 되겠습니까?
B: 금방 회복됩니다.

- 몸 상태가 어떻습니까?
  身体 状况 怎么样?
  Shēntǐ zhuàngkuàng zěnmeyàng
- 언제쯤 퇴원할 수 있습니까?
  什么 时候 可以 出 院？
  Shénme shíhou kěyǐ chū yuàn

▶호전　好转
　　　　hǎozhuǎn

- 2, 3일 후면 일어나서 걸어다닐 수 있습니다.
  过 两三 天 就 可以 起来 到处 走 了。
  Guò liǎngsān tiān jiù kěyǐ qǐlai dàochù zǒu le
- 예전보다 많이 좋아졌어요.
  比 以前 好了 很多。
  Bǐ yǐqián hǎole hěnduō
- 아주 건강해 보이십니다.
  看 起来 很 健康。
  Kàn qilai hěn jiànkāng
- 환자의 상태는 나날이 좋아지고 있습니다.
  患者 的 状态 越来越 好 了。
  Huànzhě de zhuàngtài yuèláiyuè hǎo le

18. 병원 Ⅰ : 진료 절차

- 머지않아 퇴원할 수 있을 겁니다.
  用不了 多久 就 可以 出 院 了。
  Yòngbuliǎo duōjiǔ jiù kěyǐ chū yuàn le

▶악화　恶化
　　　　èhuà

- 그는 지금 병세가 위급합니다.
  他 现在 病情 危急。
  Tā xiànzài bìngqíng wēijí

- 오늘 아침 그의 병세가 또 악화되었습니다.
  今天 早上 他 的 病情 又 恶化 了。
  Jīntiān zǎoshang tā de bìngqíng yòu èhuà le

- 그가 오늘 다시 쓰러졌습니다.
  他 今天 又 晕倒 了。
  Tā jīntiān yòu yūndǎo le

- 그는 오늘 밤을 넘기지 못할 것 같습니다.
  他 可能 过 不 了 今 晚。
  Tā kěnéng guò bu liǎo jīn wǎn

- 그는 회복될 가능성이 거의 없습니다.
  他 几乎 没有 康复 的 可能 了。
  Tā jīhū méiyǒu kāngfù de kěnéng le

- 그는 식물인간이나 다를 바 없습니다.
  他 跟 植物人 没有 区别。
  Tā gēn zhíwùrén méiyǒu qūbié

▶기타　其他
　　　　qítā

- 그의 병세에 아무런 변화가 없습니다.
  他 的 病情 没有 什么 变化。
  Tā de bìngqíng méiyǒu shénme biànhuà

- 맥박이 약하기는 하나 아직 뛰고 있습니다.
  虽然 他 的 脉搏 很弱，但是 还 在 跳。
  Suīrán tā de màibó hěn ruò dànshì hái zài tiào

- 그 환자는 아직 실낱같은 희망이 있습니다.
  那 个 患者 现在 还 有 一线 希望。
  Nà ge huànzhě xiànzài hái yǒu yíxiàn xīwàng

IV 위로의 말　慰问
wèiwèn

▶환자에게　针对 患者
zhēnduì huànzhě

I 입원 소식　住 院 消息
zhù yuàn xiāoxi

A: 今天 心情 怎么样?
　　Jīntiān xīnqíng zěnmeyàng

B: 好多 了。
　　Hǎoduō le

A: 오늘 기분이 좀 어때요?

B: 많이 좋아졌어요.

- 빨리 완쾌하시기를 바랍니다.
  祝 你 早日 康复。
  Zhù nǐ zǎorì kāngfù

- 부디 몸조심하세요.
  请 多 保重。
  Qǐng duō bǎozhòng

- 병세가 좀 호전되었나요?
  病情 有 好转 吗?
  Bìngqíng yǒu hǎozhuǎn ma

- 너무 무리하지 마세요.
  不要 太 勉强 了。
  Búyào tài miǎnqiǎng le

- 정말이지 하마터면 큰일날 뻔 했어요.
  真是, 差 点儿 出 大事。
  Zhēnshi chà diǎnr chū dàshì

- 어쩌다 중상을 입었죠? 정말 가슴 아픕니다.
  怎么 会 负 重 伤? 真 让 人 心疼 啊。
  Zěnme huì fù zhòng shāng Zhēn ràng rén xīnténg a

18. 병원 I : 진료 절차

▶환자의 가족에게　安慰 患者 家属
ānwèi huànzhě jiāshǔ

- 틀림없이 금방 좋아질 겁니다.
  一定 会 很 快 好 起来 的。
  Yídìng huì hěn kuài hǎo qǐlái de

- 환자를 위해서라도 꿋꿋하십시오.
  为了 病人 也 要 坚持 下去。
  Wèile bìngrén yě yào jiānchí xiàqu

- 사고 소식을 듣고는 정말 마음 아팠습니다.
  听到 事故 消息 真 是 很 悲痛。
  Tīngdào shìgù xiāoxi zhēn shì hěn bēitòng

- 수고가 결코 헛되지는 않을 겁니다.
  你的 辛苦 不 会 白 费 的。①
  Nǐ de xīnkǔ bú huì bái fèi de

- 이렇게 간호를 해 주시니 그는 금방 회복될 겁니다.
  您 这样 看护，他 一定 会 早日 康复 的。②
  Nín zhèyàng kānhù tā yídìng huì zǎorì kāngfù de

- 마음 굳게 먹으세요. 하늘이 당신들을 도울 것입니다.
  一定 要 坚强 一点儿，老天 会 保佑 你们 的。③
  Yídìng yào jiānqiáng yìdiǎr lǎotiān huì bǎoyòu nǐmen de

---

① 白 bái 에는 헛되다, 헛수고하다 라는 뜻이 있다. 예) 白忙 bái máng(쓸데없이 바쁘다), 白跑 bái pǎo(허탕치다, 헛걸음하다), 白死 bái sǐ(헛되이 죽다).

② 看护 kānhù: 간호하다. 보살피다. 看이 '지켜보다' '파수하다' '감시하다'의 뜻일 때는 1성으로 발음한다.

③ 坚强 jiānqiáng: (의지가) 강하다. 굳세다.

7 응급구조 急救
jíjiù

환자가 발생하여 긴급구조를 요하는 상황이 발생하였을 때는 120에 전화를 하면 된다. 120에서는 전화를 받으면 바로 구급차(救护车 jiùhùchē)를 보내어 구조활동을 벌이게 된다. 일반 병원의 응급실은 "急诊室 jízhěnshì" 또는 "急救中心 jíjiù zhōngxīn"이라고 하며, 위독한 상황에서 시각을 다투며 구조하는 일을 "抢救 qiǎngjiù"라고 한다.

기본대화

A: 妈妈 突然 晕倒 了，快 送 医院 吧！
　　Māma tūrán yūndǎo le　kuài sòng yīyuàn ba
B: 怎么 回事儿？我 给 120 打 电话 吧。
　　Zěnme huí shìr　Wǒ gěi yāo'èrlíng dǎ diànhuà ba
A: 엄마가 갑자기 쓰러졌어요. 빨리 병원으로 모셔가야 해요!
B: 어떻게 된거야? 내가 120에 전화를 걸을게.

여러 가지 활용

I 구급차를 부를때　叫 救护车 时
　　　　　　　　　　　jiào jiùhùchē shí

- 구급차를 불러 주세요.
  请 叫 救护车。
  Qǐng jiào jiùhùchē

- 빨리 120에 전화 걸어요.
  快 打 120。
  Kuài dǎ yāo'èrlíng

- 빨리 의사를 불러 주세요.
  快 叫 医生。
  Kuài jiào yīshēng

- 사람이 갑자기 쓰러졌어요. 빨리 병원에 연락해 주세요.
  人 突然 晕倒 了，请 马上 联系 医院。
  Rén tūrán yūndǎo le　qǐng mǎshàng liánxì yīyuàn

18. 병원 I : 진료 절차

- 고열로 몸이 아주 뜨거워요. 빨리 병원으로 데려가야 해요.
  因为 发 高烧, 身体 很 烫, 需要 马上 送 医院。
  Yīnwèi fā gāoshāo shēntǐ hěn tàng xūyào mǎshàng sòng yīyuàn

II 응급실에서　在 急救室
　　　　　　　zài jíjiùshì

- 간호사, 여기 위급한 환자에요. 빨리 구조해 주세요!
  护士, 这 是 急救 患者, 快 点儿 抢救!
  Hùshi zhè shì jíjiù huànzhě kuài diǎnr qiǎngjiù

- 교통사고로 부상을 당했습니다.
  是 交通 事故, 被 撞伤 了。
  Shì jiāotōng shìgù bèi zhuàngshāng le

- 환자가 피를 많이 흘렸습니다. 빨리 처치해 주세요.
  患者 失血过多, 请 您 快 点儿 救救 他。
  Huànzhě shī xiě guò duō qǐng nín kuài diǎnr jiùjiu tā

- 아이가 약을 잘못 먹었습니다.
  小孩儿 吃错 药 了。
  Xiǎoháir chīcuò yào le

- 오른쪽 배가 아프다고 합니다. 혹시 맹장염이 아닐까요?
  他 说 肚子 右边 疼, 会不会 是 盲肠炎?
  Tā shuō dùzi yòubiān téng huì bu huì shì mángchángyán

- 환자가 금방 숨을 거둘 것 같습니다.
  患者 奄奄 一息 了。①
  Huànzhě yǎnyǎn yì xī le

- 높은 데서 떨어진 후 의식을 잃었습니다.
  从 高处 摔 下来 失去 了 知觉。
  Cóng gāochù shuāi xialai shīqù le zhījué

---

① 奄奄一息 yǎnyǎn yì xī : 숨이 곧 끊어지려 하다. 奄奄은 깔딱깔딱하다, 간들간들하다 라는 뜻.

| 참고 | 관련 용어 词汇
cíhuì

- 예약　预约
　　　　yùyuē
- 접수　挂号
　　　　guà hào
- 진찰실　门诊室
　　　　ménzhěnshì
- 진료대기실　候诊室
　　　　　　hòuzhěnshì
- 의료보험　医疗保险
　　　　　yīliáo bǎoxiǎn
- 보험카드　保险卡
　　　　　bǎoxiǎnkǎ
- 병세　病情, 病势
　　　bìngqíng bìngshì
- 위독하다　危笃
　　　　　wēidǔ
- 호전되다　好转
　　　　　hǎozhuǎn
- 악화되다　恶化
　　　　　èhuà
- 완치하다　根治
　　　　　gēnzhì
- 낫다, 회복하다　恢复, 康复
　　　　　　　huīfù kāngfù
- 진찰하다　看病
　　　　　kàn bìng
- 문병　探视
　　　tànshì
- 치료하다　治疗
　　　　　zhìliáo
- 진단하다　诊断
　　　　　zhěnduàn
- 약　药
　　yào
- 시럽　糖浆
　　　tángjiāng
- 과립　颗粒
　　　kēlì
- 캡슐　胶囊
　　　jiāonáng
- 좌약　栓剂
　　　shuānjì

- 취약　取药
　　　qǔ yào
- 용법　用法
　　　yòngfǎ
- 부작용　不良反应, 副作用
　　　　bùliáng fǎnyìng fùzuòyòng
- 알러지　过敏
　　　　guòmǐn
- 처방하다　开药
　　　　　kāi yào
- 처방전　药方
　　　　yàofāng
- 수술　手术
　　　shǒushù
- 수술하다　动手术, 做手术,
　　　　　dòng shǒushù zuò shǒushù
　　　　　开刀
　　　　　kāi dāo
- 입원　住院
　　　zhù yuàn
- 퇴원　出院
　　　chū yuàn
- 병실　病房
　　　bìngfáng
- 응급상황　紧急情况
　　　　　jǐnjí qíngkuàng
- 응급구조　抢救, 急救
　　　　　qiǎngjiù jíjiù
- 병력　病历
　　　bìnglì
- 진료수첩, 병력수첩　病历本
　　　　　　　　　bìnglìběn
- 종합건강진단　全身　健康
　　　　　　　quánshēn jiànkāng
　　　　　　　检查
　　　　　　　jiǎnchá
- 증상　症状
　　　zhèngzhuàng
- 아프다　痛, 疼
　　　　tòng téng
- 가렵다　痒
　　　　yǎng

18. 병원 I : 진료 절차

- 열이 나다　发烧, 发热　fā shāo fā rè
- 열이 내리다　退烧, 退热　tuì shāo tuì rè
- 땀을 흘리다　发汗　fā hàn
- 식은땀을 흘리다　发虚汗　fā xūhàn
- 피로하다　疲劳, 累　píláo lèi
- 어지럽다　头晕　tóu yūn
- 나른하다　发软　fāruǎn
- 기운이 없다　乏力　fálì
- 쑤시다　刺痛　cìtòng
- 붓다　肿　zhǒng
- 구역질나다　恶心　ěxin
- 토하다　呕吐　ǒutù
- 피를 토하다　吐血　tù xiě
- 쓰러지다　晕倒　yūndǎo
- 발작하다　发作　fāzuò
- 식물인간　植物人　zhíwùrén
- 뇌사　脑死　nǎosǐ
- 부종　浮肿　fúzhǒng
- 염증　炎症　yánzhèng
- 진통제　镇痛剂　zhèntòngjì
- 돌보다, 간호하다　照顾, 看护　zhàogù kānhù
- 체온계　体温表, 温度计　tǐwēnbiǎo wēndùjì
- 체온을 재다　量体温　liáng tǐwēn
- 혈당　血糖　xuětáng
- x-ray 검사　X 光 检查　X guāng jiǎnchá
- 초음파 검사　B 超　B chāo
- 혈액검사　验血　yàn xiě
- 소변검사　验尿, 验 小便　yàn niào yàn xiǎobiàn
- 대변검사　验 大便　yàn dàbiàn
- 내시경　内窥镜, 内视镜　nèikuījìng nèishìjìng
- 양성·음성반응　阳性 / 阴性 反应　yángxìng yīnxìng fǎnyìng
- 주사하다　打 针　dǎ zhēn
- 예방주사　预防针　yùfángzhēn
- 링거주사 맞다　输液, 打 吊针　shū yè dǎ diàozhēn
- 누르다　摁　èn
- 문지르다　揉　róu
- 구급차　救护车　jiùhùchē

19

병원 Ⅱ : 전문의 진료

医院 Ⅱ　科室分类　　YIYUAN Ⅱ KESHI FENLEI

①	내　　과	内科
②	외　　과	外科
③	신경외과	神经外科
④	소 아 과	儿科
⑤	산부인과	妇产科
⑥	이비인후과	耳鼻喉科
⑦	안　　과	眼科
⑧	치　　과	牙科
⑨	정 신 과	精神科
⑩	비뇨기과	泌尿科
⑪	피 부 과	皮肤科
⑫	중　　의	中医

1 내 과

内科
nèikē

2003년 초 중국에서는 한바탕 SARS(非典 fēidiǎn)와의 전쟁을 치러야 했다. 이 SARS의 주요 증상은 열이 나고(发烧 fā shāo), 마른 기침을 하며(干咳 gānké), 설사(腹泻 fùxiè)를 하는 것 등이었다. 그러므로 많은 사람들이 처음 감기(感冒 gǎnmào)나 폐렴(肺炎 fèiyán)으로 잘못 알고 있다가 치료시기를 놓치고 많은 사람에게 전염시키는 결과를 초래하였다. 지금은 병원에서도 따로 발열진찰실(发热门诊室 fārè ménzhěnshì)을 설치하여 일반환자들이 병원에서 전염되는 것을 방지하고 있다.

기 본 대 화

A: 请 坐 这儿, 哪儿 不 舒服?
　　Qǐng zuò zhèr　nǎr bù shūfu

B: 浑身 都 觉得 被 扎 似的 疼。
　　Húnshēn dōu juéde bèi zhā shìde téng

A: 食欲 怎么样?
　　Shíyù zěnmeyàng

B: 什么 也 不 想 吃。
　　Shénme yě bù xiǎng chī

A: 是 吗? 咳嗽 吗?
　　Shì ma　Késou ma

B: 咳 得 厉害, 头 也 疼。①
　　Ké de lìhai　tóu yě téng

A: 拉 肚子 吗?
　　Lā dùzi ma

B: 不 拉 肚子。
　　Bù lā dùzi

A: 是 感冒, 先 检查 一下。
　　Shì gǎnmào xiān jiǎnchá yíxià

A: 여기 앉으세요. 어디가 불편하십니까?
B: 온 몸이 다 쑤시는 듯 아픕니다.

---

① 厉害 lìhai: 대단하다, 사납다, 지독하다. = 利害 lìhai.

19. 병원Ⅱ: 전문의 진료

A: 식욕은 어떻습니까?
B: 아무것도 먹고 싶지 않아요.
A: 그래요? 기침은요?
B: 기침도 심하고, 머리도 아파요.
A: 설사도 하십니까?
B: 설사는 하지 않습니다.
A: 감기입니다. 먼저 진찰을 해봅시다.

여러 가지 활용

Ⅰ 감기 感冒
　　　　gǎnmào

▶열이 나다 发 烧
　　　　　　fā shāo

- 미열이 조금 있습니다.
  有点 发 烧 。
  Yǒudiǎn fā shāo

- 열이 많이 나고 머리도 띵합니다.
  发 高 烧, 头 很 疼 。
  Fā gāo shāo tóu hěn téng

- 열이 높고 토할 것 같습니다.
  发 高 烧, 还 想 吐 。
  Fā gāo shāo hái xiǎng tù

- 오한이 납니다.
  觉得 特别 冷 。
  Juéde tèbié lěng

▶기침, 재채기, 콧물이 나다 咳嗽, 打 喷嚏, 流 鼻涕
　　　　　　　　　　　　　késou dǎ pēntì liú bítì

- 기침이 심하고 가슴이 아픕니다.
  咳 得 厉害, 胸 疼 。
  Ké de lìhai xiōng téng

- 늘 기침이 멈추질 않아요.
  总是 咳个不停。
  Zǒngshì ké ge bù tíng
- 늘상 재채기를 합니다.
  常常 打喷嚏。
  Chángcháng dǎ pēntì
- 콧물이 줄줄 흐릅니다.
  总是 流鼻涕。
  Zǒngshì liú bítì
- 맑은 콧물이 나옵니다.
  流清鼻涕。
  Liú qīng bítì
- 코가 막혀서 숨 쉬기가 어렵습니다.
  鼻子堵了,所以呼吸不畅。
  Bízi dǔ le suǒyǐ hūxī bú chàng
- 목구멍에 가래가 있습니다.
  喉咙里有痰。
  Hóulóng li yǒu tán
- 기침하다가 토할 것 같습니다.
  咳嗽时还想吐。
  Késou shí hái xiǎng tù

▶ 목이 아프다   嗓子疼
             sǎngzi téng

- 목이 붓고 아픕니다.
  咽喉肿了,很疼。
  Yānhóu zhǒng le hěn téng
- 편도선에 염증이 있습니다.
  扁桃体发炎了。
  Biǎntáotǐ fāyán le
- 편도선이 부어서 말도 할 수 없습니다.
  扁桃体肿了,话都说不出来。
  Biǎntáotǐ zhǒng le huà dōu shuō bu chūlái

19. 병원Ⅱ: 전문의 진료

▶ 머리가 아프다　头 痛
　　　　　　　　　tóu tòng

- 좀 어지럽습니다.
  有点儿 晕。①
  Yǒudiǎnr yūn

- 머리가 깨질 것 같습니다.
  头　好像　要　爆炸　了。
  Tóu hǎoxiàng yào bàozhà le

- 머리가 바늘로 쑤시는 것처럼 아픕니다.
  头　好像　针　扎　一样　疼。
  Tóu hǎoxiàng zhēn zhā yíyàng téng

- 편두통이 심합니다.
  偏头痛　痛　得　厉害。
  Piāntóutòng tòng de lìhai

- 뒷머리가 당기고 아픕니다.
  后脑　绷紧　了　就会　疼。②
  Hòunǎo bēngjǐn le jiù huì téng

▶ 몸살이 났을 때　乏力
　　　　　　　　　fálì

- 온 몸이 나른하고 힘이 없습니다.
  全身　发软，没有　力气。
  Quánshēn fāruǎn méiyǒu lìqi

- 입이 바싹바싹 마르며 오한이 납니다.
  口 干 舌 燥，浑身　发 冷。
  Kǒu gān shé zào húnshēn fā lěng

▶ 기타　其他
　　　　　qítā

- 유행성 감기에 걸린 것 같아요.
  好像　得了　流感。③
  Hǎoxiàng déle liúgǎn

---

① 晕 yūn: 어지럽다, 현기증이 나다. 晕车 yùnchē(차멀미하다), 晕船 yùnchuán(배멀미하다) 일 때는 4 성으로 발음한다.

② 绷紧 bēngjǐn: 팽팽하게 당기다, 조이다.

③ 流行性感冒 liúxíngxìng gǎnmào(유행성감기)를 줄여 흔히 流感 liúgǎn 이라고 한다.

① 내　과

- 비염이 걸렸습니다.
  得了 鼻炎 。
  Déle　bíyán

- 또 조류독감이 발생했으니 모두 주의하세요.
  又　发生　禽流感 了，我们　都　要　注意 。
  Yòu fāshēng qínliúgǎn le　wǒmen dōu yào zhùyì

Ⅱ 배가 아플 때　腹 痛 时
　　　　　　　　　　fù tòng shí

> A: 昨天　晚上，肚子 开始 疼 起来 。
> 　　Zuótiān wǎnshang dùzi kāishǐ téng qilai
> B: 怎么 个 疼法 ?
> 　　Zěnme ge téngfǎ
> A: 右腹 疼。
> 　　Yòufù téng
> B: 按 这里 疼 吗 ?
> 　　Àn zhèli téng ma
> A: 哎呀 , 就 这儿 疼 。
> 　　Aiya　jiù zhèr téng
> A: 어제 저녁부터 배가 아프기 시작했어요.
> B: 어떻게 아픕니까?
> A: 오른쪽 배가 아파요.
> B: 여기 누르면 아픕니까?
> A: 아야, 바로 거기가 아파요.

- 아랫배가 아픕니다.
  下腹 痛。
  Xiàfù　tòng

- 가끔 배가 바늘로 찌르듯이 아픕니다.
  偶尔 肚子 会 像　针 扎 一样 疼 。
  Ǒu'ěr　dùzi huì xiàng zhēn zhā yíyàng téng

- 배가 더부룩 합니다.
  肚子 胀。
  Dùzi　zhàng

▶위가 아프다　胃 痛
　　　　　　　　　wèi tòng

- 공복시에 위가 매우 쓰립니다.
  空腹 时，胃 会 酸痛。
  Kōngfù shí　wèi huì suāntòng
- 위가 한 번씩 뒤틀립니다.
  胃 疼 得 像 是 被 翻 过来 了。
  Wèi téng de xiàng shì bèi fān guolai le
- 위가 더부룩하고 메스껍습니다.
  胃 胀，恶心。
  Wèi zhàng ěxin
- 아마도 위가 안좋아 음식물을 받아들이지 못하는 것 같습니다.
  可能 是 胃 不 好，什么 食物 也 消化 不 了。
  Kěnéng shì wèi bù hǎo　shénme shíwù yě xiāohuà bu liǎo

▶소화 불량　消化 不 良
　　　　　　　xiāohuà bù liáng

- 설사를 합니다. /변이 아주 묽습니다.
  拉 肚子。/ 拉 稀。
  Lā dùzi　　Lā xī
- 설사를 줄줄 합니다.
  泻 得 厉害。
  Xiè de lìhai
- 먹기만 하면 토합니다.
  一 吃 就 吐。
  Yì chī jiù tù
- 우유만 마시면 바로 설사를 합니다.
  喝 牛奶 就 会 拉 肚子。
  Hē niúnǎi jiù huì lā dùzi
- 아마도 식중독인 것 같습니다.
  好像 是 食物 中毒。
  Hǎoxiàng shì shíwù zhòngdú

- 설사가 심해서 하루에도 몇 번씩 화장실을 들락거립니다.
  腹泻得厉害，所以一天去好几趟洗手间。①
  Fùxiè de lìhai suǒyǐ yì tiān qù hǎo jǐ tàng xǐshǒujiān

▶ 변비 **便秘**
         biànmì

- 변비가 심합니다.
  便秘很严重。
  Biànmì hěn yánzhòng

- 대변이 아주 딱딱합니다.
  大便很干燥。
  Dàbiàn hěn gānzào

- 대변 속에 피가 섞여 나옵니다.
  大便带血。
  Dàbiàn dài xiě

- 변비약을 먹어도 효과가 없습니다.
  吃通便药也没有效果。
  Chī tōngbiànyào yě méiyǒu xiàoguǒ

Ⅲ 가슴이 아플 때 **胸疼时**
                xiōng téng shí

- 조금만 뛰어도 숨이 찹니다.
  一跑就上不来气。
  Yì pǎo jiù shàng bu lái qì

- 조금만 걸어도 가쁜 숨을 내쉽니다.
  走一会儿就喘得厉害。
  Zǒu yíhuìr jiù chuǎn de lìhai

- 무슨 원인으로 숨쉬기가 곤란한지 모르겠습니다.
  不知是什么原因胸闷，呼吸困难。②
  Bù zhī shì shónme yuányīn xiōng mèn   hūxī kùnnan

---

① 趟 tàng: 왕래하는 횟수를 나타냄. 차례, 번.
② 闷 mèn: 답답하다. 우울하다. mēn은 기압의 영향이나 공기가 통하지 않아 답답한 것을 이른다.

19. 병원Ⅱ: 전문의 진료

- 어찌된 일인지, 기운이 없고 가슴이 답답합니다.
  不知 怎么 回事儿， 没有 劲儿， 胸 闷。
  Bù zhī zěnme huí shìr méiyǒu jìnr xiōng mèn

- 식사 후에 가슴이 자주 아픕니다.
  饭 后， 胸部 经常 会 很 疼。
  Fàn hòu xiōngbù jīngcháng huì hěn téng

- 담배와 술을 끊고, 격렬한 운동도 삼가야 합니다.
  要 戒掉 烟 和 酒， 还 要 避免 激烈 的 运动。①
  Yào jièdiào yān hé jiǔ hái yào bìmiǎn jīliè de yùndòng

- 충분히 영양을 섭취하고 신선한 공기를 쐬어야 합니다.
  要 充分 补充 营养， 多 呼吸 清新 的 空气。
  Yào chōngfèn bǔchōng yíngyǎng duō hūxī qīngxīn de kōngqì

Ⅳ 성인병　　成人病
chéngrénbìng

A: 脑后 发紧， 真 难受。
　　Nǎohòu fā jǐn zhēn nánshòu

B: 量 一下 血压， 180-140。 血压 太 高 了。
　　Liáng yíxià xuèyā yìbǎibā yìbǎisì Xuèyā tài gāo le

A: 体检 结果 出来 了 吗？
　　Tǐjiǎn jiéguǒ chūlai le ma

B: 出来 了。 肝功能 正常， 但 胆固醇 和 血糖
　　Chūlai le Gāngōngnéng zhèngcháng dàn dǎngùchún hé xuètáng
　 有点 高。
　　yǒudiǎn gāo

A: 뒷머리가 당겨 참기 힘듭니다.
B: 혈압을 재봅시다. 180-140. 혈압이 너무 높군요.
A: 신체검사 결과 나왔습니까?
B: 네, 간기능은 정상이고, 콜레스테롤과 혈당이 조금 높습니다.

---

① 戒 jiè: 끊다. 삼가다. 경계하다.

- 당뇨병 환자는 적당히 조깅을 하셔야 해요.
  糖尿病 病人 应该 适当 跑跑步。
  Tángniàobìng bìngrén yīnggāi shìdàng pǎopao bù

- 당뇨병 자체는 별로 위험하지 않지만 합병증이 무섭습니다.
  糖尿病 本身 不 危险，就 怕 发生 合并症。
  Tángniàobìng běnshēn bù wēixiǎn jiù pà fāshēng hébìngzhèng

- 될 수 있는 대로 육류를 적게 드시고 야채를 많이 드십시오.
  尽量 少 吃 肉类，多 吃 点儿 蔬菜。
  Jǐnliàng shǎo chī ròulèi duō chī diǎnr shūcài

- 정신적 스트레스를 줄이고 충분한 수면을 취하십시오.
  要 减少 精神 压力，要 有 充分 的 睡眠。
  Yào jiǎnshǎo jīngshén yālì yào yǒu chōngfèn de shuìmián

- 적당한 운동과 술 담배를 끊고, 좋은 생활습관을 기르세요.
  适当 运动，戒 烟 戒 酒， 养成 良好 的 生活
  Shìdàng yùndòng jiè yān jiè jiǔ yǎngchéng liánghǎo de shēnghuó
  习惯 。
  xíguàn

- 소금과 지방이 많이 든 음식을 피하세요.
  应 少 吃 含 盐 高、脂肪 过 高 的 食物。
  Yīng shǎo chī hán yán gāo zhīfáng guò gāo de shíwù

2 외과

外科
wàikē

외과에는 일반외과(普通外科 pǔtōng wàikē) 외에도 세분하여 흉곽외과(心胸外科 xīnxiōng wàikē)·신경외과(神经外科 shénjīng wàikē)·정형외과(骨外科 gǔ wàikē)·성형외과(整形美容外科 zhěngxíng měiróng wàikē)·척추외과(脊柱外科 jǐzhù wàikē)·혈관외과(血管外科 xuèguǎn wàikē) 등으로 세분되어 있다. 우리가 정형외과라 함은 중국에서는 骨外科 gǔ wàikē 에 속하며, 중국에서의 整形外科 zhěngxíng wàikē 라 함은 우리나라의 성형외과를 말하므로 혼동하지 말아야 한다.

기 본 대 화

A: 哪儿不舒服？
　　Nǎr bù shūfu

B: 脚 有点儿不舒服。
　　Jiǎo yǒudiǎnr bù shūfu

A: 怎么 弄 的？让 我看 一下。
　　Zěnme nòng de　Ràng wǒ kàn yíxià

B: 我 昨天 在 楼梯 上 摔了一 跤，脚 扭伤 了。
　　Wǒ zuótiān zài lóutī shang shuāile yì jiāo jiǎo niǔshāng le
　　今天 好像 更 严重 了。
　　Jīntiān hǎoxiàng gèng yánzhòng le

A: 啊，我看上面 都已经肿 了，很 疼 吗？
　　A　wǒ kàn shàngmian dōu yǐjīng zhǒng le　hěn téng ma

B: 很 疼，我 都 不 敢 走 路 了。
　　Hěn téng wǒ dōu bù gǎn zǒu lù le

A: 我 给 你 开 一些 贴 的 药 吧。
　　Wǒ gěi nǐ kāi yìxiē tiē de yào ba

B: 谢谢 您。
　　Xièxie nín

A: 어디가 편찮으십니까?
B: 다리가 좀 불편해요.

A: 어떻게 된 겁니까? 어디 봅시다.
B: 어제 계단에서 넘어져 다리를 삐었어요. 오늘은 더 악화된 것 같아요.
A: 아, 겉으로도 이미 부었군요. 많이 아픕니까?
B: 많이 아파요. 걷지도 못하겠어요.
A: 붙이는 약을 처방해 드릴게요.
B: 고맙습니다.

여러 가지 활용

1 관절통·근육통   关节 / 肌肉 痛
　　　　　　　　　guānjié　jīròu tòng

- 요즘 어깨가 불편해요.
  最近 肩膀　不 舒服。
  Zuìjìn jiānbǎng bù shūfu

- 다리가 저려 서 있지를 못합니다.
  因为 腿麻，站 不起来。①
  Yīnwèi tuǐ má　zhàn bu qǐlái

- 근육이 매우 아픕니다.
  肌肉 很 痛。
  Jīròu hěn tòng

- 팔을 뻗지를 못합니다.
  手臂 无法 伸展。
  Shǒubì wúfǎ　shēnzhǎn

- 손 마디가 저립니다.
  指关节　发麻。
  Zhǐguānjié fāmá

- 무릎 관절이 아픕니다.
  膝关节 疼。
  Xīguānjié téng

---

① 麻 má: 麻木 mámù, 마비되다, 저리다.

19. 병원 II : 진문의 신료

- 신경통이 또 도졌어요.
  风湿病　又　犯了。
  Fēngshībìng yòu fàn le

II 골절·탈구　**骨折 / 脱臼**
　　　　　　　gǔzhé　tuō jiù

- 스키를 타다 넘어져 왼쪽 다리가 부러졌습니다.
  滑 雪 时 摔了一 跤，把 左腿　摔断 了。
  Huá xuě shí shuāile yì jiāo bǎ zuǒtuǐ shuāiduàn le

- 발을 헛디뎌 삐끗했어요.
  因 踏空 把 脚 扭伤 了。
  Yīn tàkōng bǎ jiǎo niǔshāng le

- 깁스를 언제까지 해야 하나요?
  石膏 要 打到 什么 时候？
  Shígāo yào dǎdào shénme shíhou

- 어제 넘어질 때에 팔이 탈골되었어요.
  昨天　摔倒　时，胳膊 脱臼 了。
  Zuótiān shuāidǎo shí　gēbo tuō jiù le

III 타박상　**碰伤**
　　　　　　pèngshāng

- 야구공에 팔을 맞았는데 파랗게 멍이 들었어요.
  胳膊 被 棒球 打了，所以 发青。
  Gēbo bèi bàngqiú dǎ le　suǒyǐ fāqīng

- 그는 온 몸이 멍투성이에요.
  他 浑身 青 一块儿 紫 一块儿 的。
  Tā húnshēn qīng yíkuàir zǐ yíkuàir de

IV 창상　**划伤**
　　　　　huáshāng

- 과도에 손을 베었어요.
  被 水果刀 拉了 手 。
  Bèi shuǐguǒdāo lále shǒu

- 깨진 유리에 손을 베었는데 계속 피가 납니다.
  被 碎 玻璃片 划了 手，一直 出 血。
  Bèi suì bōlípiàn huále shǒu yìzhí chū xiě

- 못에 손을 찔렸어요.
  手被钉子扎伤了。
  Shǒu bèi dīngzi zhāshāng le

- 면도하다 부주의로 얼굴을 베었어요.
  刮胡子时，不小心把脸刮破了。
  Guā húzi shí bù xiǎoxīn bǎ liǎn guāpò le

- 고양이가 얼굴을 할퀴었어요.
  猫把我的脸抓破了。
  Māo bǎ wǒ de liǎn zhuāpò le

- 다친 자리에 염증이 생겼어요.
  受伤的地方发炎了。
  Shòu shāng de dìfang fāyán le

③ 신경외과

神经 外科
shénjīng wàikē

외과 중에서도 특히 신경계통을 진료하는 곳을 神经外科 shénjīng wàikē 라 하며, 주로 뇌신경계통(脑神经系统 nǎo shénjīng xìtǒng)과 척추신경계통(脊椎神经系统 jǐzhuī shénjīng xìtǒng)의 질병을 치료한다. 입식생활을 하는 현대인들이 많이 걸리는 병중의 하나가 허리디스크(추간판돌출, 腰椎间盘突出 yāozhuījiānpán tūchū)일 것이다. 예전에는 입원을 요하는 큰 수술이었지만 요즘은 내시경수술(内窥镜手术 nèikuījìng shǒushù) 등으로 간단히 시술할 수도 있다.

기본대화

A: 伤了 脑部, 要 马上 动 手术。
　　Shāngle nǎobù　yào mǎshàng dòng shǒushù

B: 严重 吗? 一定要动 手术 吗?
　　Yánzhòng ma　Yídìng yào dòng shǒushù ma

A: 不 尽快 动 手术 很 危险。
　　Bù jǐnkuài dòng shǒushù hěn wēixiǎn

B: 是吗? 这样 的手术 很 难 吗?
　　Shì ma　Zhèyàng de shǒushù hěn nán ma

A: 是, 有些 难度, 不过 您 放心。我们 这里 的 医疗
　　Shì　yǒuxiē nándù　búguò nín fàngxīn Wǒmen zhèlǐ de yīliáo
水平 是国内 最好的。
shuǐpíng shì guónèi zuì hǎo de

B: 总之,我只相信 您,一定要让 他活过来,好吗?
　　Zǒngzhī wǒ zhǐ xiāngxìn nín　yídìng yào ràng tā huó guòlai hǎo ma

A: 我会尽力的。不要太担心。
　　Wǒ huì jìnlì de　Búyào tài dānxīn

A: 뇌를 다쳤습니다. 바로 수술을 해야 합니다.
B: 위중합니까? 꼭 수술을 해야만 합니까?
A: 빨리 수술하지 않으면 아주 위험합니다.
B: 그래요? 수술이 어려운가요?

A: 네, 좀 어렵습니다. 그러나 안심하세요. 우리의 의료수준은
   국내 최고입니다.
B: 어쨌든 선생님만 믿습니다. 꼭 그를 살려 주십시오.
A: 최선을 다해 보겠습니다. 너무 걱정하지 마십시오.

여러 가지 활용

I 뇌신경 계통　脑　神经　系统
　　　　　　　nǎo shénjīng xìtǒng

- 두통의 원인은 여러가지가 있습니다.
  头痛　的 原因　有　很多　种。
  Tóu tòng de yuányīn yǒu hěnduō zhǒng

- 만성적 두통에 시달리고 있습니다.
  被　慢性　头痛　困扰。
  Bèi mànxìng tóu tòng kùnrǎo

- 과도한 스트레스는 두통을 유발합니다.
  过度 的 压力 会 引起 头痛。
  Guòdù de yālì huì yǐnqǐ tóu tòng

- 중풍은 우리나라에서 가장 중요한 사망원인의 하나입니다.
  中风　在 我们 国家 是 最 主要 的 死亡 原因 之一。①
  Zhòngfēng zài wǒmen guójiā shì zuì zhǔyào de sǐwáng yuányīn zhī yī

- 중풍으로 쓰러진 뒤에는 심한 후유증이 남게 됩니다.
  因　中风　晕倒　以后，也　会　产生　严重　的
  Yīn zhòngfēng yūndǎo yǐhòu yě huì chǎnshēng yánzhòng de
  后遗症。
  hòuyízhèng

- 두통이 계속 되면 뇌종양일 수 있습니다.
  头痛　再 继续 的话，有 可能 是 脑瘤。②
  Tóu tòng zài jìxù dehuà yǒu kěnéng shì nǎoliú

- 뇌종양은 수술 후에도 정기검진을 받으셔야 합니다.
  脑瘤 做了 手术 也 要 定期 检查。
  Nǎoliú zuòle shǒushù yě yào dìngqī jiǎnchá

---

① 中风 zhòngfēng: 중풍. 卒中 cùzhòng (졸중)이라고도 한다.
② 瘤 liú: 혹. 종양. 脑瘤 nǎoliú (뇌종양). 毒瘤 dúliú (악성종양).

19. 병원 Ⅱ : 전문의 진료

- 두통에 구토현상까지 있다면 뇌출혈일 수 있습니다.
  头痛，还呕吐，可能是脑出血。
  Tóu tòng hái ǒutù kěnéng shì nǎochūxiě

- 우선 초음파로 뇌를 검사해야겠습니다.
  首先用B超检查一下脑部。①
  Shǒuxiān yòng B chāo jiǎnchá yíxià nǎobù

Ⅱ 척추신경계통 脊椎 神经 系统
jǐzhuī shénjīng xìtǒng

A: 这是 X 光 检查 结果。你 的 脊椎 有点 问题。
　　Zhè shì X guāng jiǎnchá jiéguǒ Nǐ de jǐzhuī yǒudiǎn wèntí
B: 那 怎么办 ?
　　Nà zěnmebàn
A: 现在 可以 用 简单 的 手术 来 治疗。
　　Xiànzài kěyǐ yòng jiǎndān de shǒushù lái zhìliáo
B: 手术 会不会有 危险 ?
　　Shǒushù huì bu huì yǒu wēixiǎn
A: 成功率 是 85%。
　　Chénggōnglǜ shì bǎifēnzhī bāshíwǔ

A: X-ray 진찰결과가 나왔는데, 척추에 약간의 문제가 있습니다.
B: 그럼 어떻게 해야 하나요?
A: 요즘은 간단한 수술로 치료될 수 있습니다.
B: 수술이 위험하지 않을까요?
A: 성공률은 85%입니다.

- 바른 자세로 앉지 않으면 척추디스크에 걸릴 수 있어요.
  坐 得 不 正，会 得 椎间盘 突出。
  Zuò de bú zhèng huì dé zhuījiānpán tūchū

- 목을 삐끗해서 고개를 돌리지 못합니다.
  脖子 扭 了，所以 无法 回头。
  Bózi niǔ le suǒyǐ wúfǎ huítóu

---

① 병원에 가면 초음파 검사를 받는 경우가 있는데, 중국에서는 이를 B超라고 한다.
B型超声诊断 B xíng chāoshēng zhěnduàn (B형초음파 검사)의 약칭이다.

- 늘 허리가 아픕니다.
  经常 会 感到 腰 疼 。
  Jīngcháng huì gǎndào yāo téng

- 운동을 하다 허리를 삐끗했어요.
  运动 时 扭了 腰 。
  Yùndòng shí niǔle yāo

4 소아과

儿科
érkē

아기가 아파서 울고 보챌 때는 몹시 당황하고 걱정하게 된다. 특히 외국에서 어린 아이를 키울 때에는 여간 불편하지가 않다. 큰 병이 아닌 잔병치레라면 집주변의 깨끗한 병원을 골라 단골로 다니는 것이 좋다. 보다 정밀한 검진을 받아야 하는 경우라면 대도시에는 보통 소아전문병원인 儿童医院 értóng yīyuàn 이 있으므로 그곳을 이용하면 된다.

기본대화

A: 不知道是什么原因，宝宝 整个 晚上 都在哭。①
 Bù zhīdào shì shénme yuányīn bǎobao zhěngge wǎnshang dōu zài kū

B: 最近，宝宝 生过 病吗？
 Zuìjìn bǎobao shēngguo bìng ma

A: 上个星期得了感冒，去过医院。
 Shàng ge xīngqī déle gǎnmào qùguo yīyuàn

B: 仔细 检查 一下，到底 是 哪儿 有 问题。
 Zǐxì jiǎnchá yíxià dàodǐ shì nǎr yǒu wèntí

A: 아기가 밤새 울어 댑니다. 무슨 이유인지 모르겠어요.
B: 최근에 아기가 병이 난 적이 있었습니까?
A: 지난 주 감기에 걸려서 병원에 다녔었습니다.
B: 자세히 진찰해 봅시다. 어디에 문제가 있는지.

여러 가지 활용

I 예방주사 预防针
 yùfángzhēn

A: 要 注射 乙肝 疫苗。②
 Yào zhùshè yǐgān yìmiáo

---

① 宝宝 bǎobao: 보배, 귀염둥이, 베이비. = 宝贝 bǎobèi.
② 甲肝 jiǎgān은 A형 간염, 乙肝 yǐgān은 B형 간염을 말한다. 疫苗 yìmiáo: 백신(vaccine), 왁친(vakzin). 예방접종.

```
B: 打 左 胳膊, 把 袖子 挽 起来。
   Dǎ zuǒ gēbo bǎ xiùzi wǎn qǐlai
A: B형 간염 예방주사를 맞히러 왔습니다.
B: 왼쪽 어깨에 맞습니다. 옷을 걷어 올려 주세요.
```

- 예방주사를 맞히려면 질병예방센터에 가면 됩니다.
  要 打 预防针, 就 到 防疫站 去 打。①
  Yào dǎ yùfángzhēn jiù dào fángyìzhàn qù dǎ

- 정기적으로 아이들에게 예방주사를 맞혀야 합니다.
  要 定期 给 小孩儿 打 预防针。
  Yào dìngqī gěi xiǎoháir dǎ yùfángzhēn

- 감기에 걸렸을 때는 예방주사를 맞으면 안됩니다.
  感冒 时 不 能 打 预防针。
  Gǎnmào shí bù néng dǎ yùfángzhēn

- 오늘 예방주사를 맞았으니 목욕을 시키지 마십시오.
  今天 打了 预防针, 所以 不 能 洗 澡。
  Jīntiān dǎle yùfángzhēn suǒyǐ bù néng xǐ zǎo

- 예방주사 카드는 잘 보관하여야 합니다.
  疫苗 注射卡 要 妥善 保管。
  Yìmiáo zhùshèkǎ yào tuǒshàn bǎoguǎn

II 배탈 腹泻
   fùxiè

- 아기가 먹지를 않고 보채기만 합니다.
  宝宝 不 吃 东西, 总 闹。
  Bǎobao bù chī dōngxi zǒng nào

- 위로 토하고 아래로 설사합니다.
  上 吐 下 泻。
  Shàng tǔ xià xiè

- 물만 먹어도 바로 토합니다.
  喝 水 也 会 马上 吐。
  Hē shuǐ yě huì mǎshàng tù

---

① 防疫站 fángyìzhàn: 방역소, 질병예방센터. 疫 yì(역)은 전염병을 의미한다.

19. 병원 II : 전문의 진료

- 따뜻한 물을 자주 마셔야 합니다.
  要 多 喝 热 水 。
  Yào duō hē rè shuǐ
- 아이스크림 등 찬 음식을 먹이지 마십시오.
  不要 让 他 吃 冰淇淋 一类 凉 的 东西 。
  Búyào ràng tā chī bīngqílín yílèi liáng de dōngxi

III 경기　抽 风
　　　　chōu fēng

- 고열일 때 경기를 하는 수가 있으므로 주의해야 합니다.
  发 高烧 会 引起 抽 风，所以 一定 要 注意 。
  Fā gāoshāo huì yǐnqǐ chōu fēng suǒyǐ yídìng yào zhùyì
- 아기가 경기를 할 경우에는 기도가 막히지 않도록 해야 합니다.
  孩子 抽 风 时，一定 要 让 气管 通畅。
  Háizi chōu fēng shí　yídìng yào ràng qìguǎn tōngchàng

IV 기타　其他
　　　　qítā

- 고열이 계속되고 몸에 붉은 반점이 생겼습니다.
  持续 发 高烧，同时　身上　出现　红色 斑点。
  Chíxù fā gāoshāo tóngshí shēnshang chūxiàn hóngsè bāndiǎn
- 땀띠가 나서 계속 긁으려고 합니다.
  长　痱子，所以 总 想 挠 。
  Zhǎng fèizi　suǒyǐ zǒng xiǎng náo
- 아이가 너무 비만해서 걱정입니다.
  孩子 太 胖 了，所以 很 担 心 。
  Háizi tài pàng le　suǒyǐ hěn dān xīn
- 아이의 목과 가슴이 작은 반점 투성이에요.
  孩子 的 脖子 和 胸 部 全 都 是 小 斑点 。
  Háizi de bózi hé xiōng bù quán dōu shì xiǎo bāndiǎn
- 아직도 유치가 나오지를 않았어요.
  还 没 有 长出 乳牙 。
  Hái méiyǒu zhǎngchū rǔyá

⑤ 산부인과

妇产科
fùchǎnkē

결혼을 한 여성이라면 임신(怀孕 huái yùn)과 분만(分娩 fēnmiǎn) 등으로 산부인과를 자주 다녀야할 뿐 아니라 출산 후에도 자궁암(子宫癌 zǐgōng'ái), 유방암(乳腺癌 rǔxiàn'ái) 검사 등 정기적인 진찰을 받아야 한다. 중국에서는 한 자녀 낳기 가족계획(计划生育 jìhuà shēngyù)을 적극 장려하고 있기 때문에 임신을 하게 되면 단 한번 뿐인 아이의 출산을 위하여 온 가족이 세심한 배려를 하게 된다. 또한 출산 후에는 우리와 같이 산후조리를 하게 되는데 이를 坐月子 zuò yuèzi 라 한다.

기본대화

A: 恭喜 您, 怀 孕 了, 已经 三 个 月 了。
　 Gōngxǐ nín huái yùn le yǐjīng sān ge yuè le

B: 真 的 怀 孕 了 吗?
　 Zhēn de huái yùn le ma

A: 真 的, 目前 情况 良好。
　 Zhēn de mùqián qíngkuàng liánghǎo

B: 是 吗? 预产期 是 什么 时间?
　 Shì ma Yùchǎnqī shì shénme shíjiān

A: 预产期 是 十 月 中旬 前后。
　 Yùchǎnqī shì shí yuè zhōngxún qiánhòu

B: 我 现在 需要 注意 些 什么 呢?
　 Wǒ xiànzài xūyào zhùyì xiē shénme ne

A: 您 应该 补点儿 铁, 还 要 注意 休息, 每 个 月 都 要
　 Nín yīnggāi bǔ diǎnr tiě hái yào zhùyì xiūxi měi ge yuè dōu yào
　 定期 检查。
　 dìngqī jiǎnchá

B: 我 知道 了。谢谢 您。
　 Wǒ zhīdào le Xièxie nín

A: 축하합니다. 임신이에요, 이미 3 개월입니다.
B: 정말 임신입니까?
A: 정말입니다. 현재 양호한 상태입니다.
B: 그래요? 그럼 출산예정일은 언제이지요?

19. 병원 Ⅱ : 전문의 신료

A : 출산예정일은 10월 중순 경입니다.
B : 제가 현재 무엇을 주의해야 하지요?
A : 철분을 보충하고 휴식을 취해야 합니다. 매월 정기검사를 하시구요.
B : 알겠습니다. 감사합니다.

여러 가지 활용

I 임신　怀 孕
　　　　huái yùn

- 월경이 없어서 임신 여부를 알려고 왔습니다.
没 来 例假，所以 来 检查 一下 是 不 是 怀 孕 了。①
Méi lái lìjià　suǒyǐ lái jiǎnchá yíxià shì bu shì huái yùn le

- 입덧이 너무 심합니다.
妊娠　反应 很 厉害。
Rènshēn fǎnyìng hěn lìhai

- 임신 6개월인데도 입덧이 가라앉질 않습니다.
已经 怀 孕 六个 月，但是 妊娠 反应 还是 很 强烈。
Yǐjīng huái yùn liù ge yuè　dànshì rènshēn fǎnyìng háishi hěn qiángliè

- 아무 것도 먹지를 못하는데 주사라도 맞아야 할까요?
什么　也 吃不下，是否 要 打 一 针？
Shénme yě chī bu xià　shìfǒu yào dǎ yì zhēn

- 다리가 부어서 아픕니다./임신부종이 심합니다.
腿 浮肿，很 疼。/ 妊娠　水肿 厉害。
Tuǐ fúzhǒng　hěn téng　Rènshēn shuǐzhǒng lìhai

- 임신기간에는 절대 약을 함부로 드시면 안됩니다.
怀 孕 期间，千万 不 能 乱 吃 药。
Huái yùn qījiān　qiānwàn bù néng luàn chī yào

---

① 월경은 月经 yuèjīng 이나 흔히 직접적인 표현을 피하여 '例假 lìjià'라고 한다. 또 '好朋友来了。Hǎo péngyou lái le'(좋은 친구가 오다)라는 은유적인 표현을 쓰기도 한다.

- 감기약도 태아에게는 해로울 수 있으니 감기 걸리지 않도록 조심하십시오.
  感冒药 对胎儿也可能有害，所以注意不要感冒。
  Gǎnmàoyào duì tāi'ér yě kěnéng yǒu hài suǒyǐ zhùyì búyào gǎnmào

- 유산이 될 가능성이 있으니 절대 안정하십시오.
  可能会流产，所以一定要静养。
  Kěnéng huì liúchǎn suǒyǐ yídìng yào jìngyǎng

- 아이를 갖고 싶은데 임신이 안됩니다.
  我想怀孕，但总是怀不上。
  Wǒ xiǎng huái yùn dàn zǒngshì huái bu shàng

- 임신을 하기만 하면 얼마 안 가서 또 유산이 됩니다.
  怀孕了，不用多长时间又会流产。
  Huái yùn le búyòng duō cháng shíjiān yòu huì liúchǎn

- 불임수술을 하고 싶습니다.
  我想做结扎手术。
  Wǒ xiǎng zuò jiézā shǒushù

- 결혼 10년째인데 아직도 아기가 없습니다. 시험관아기라도 갖고 싶습니다.
  已经结婚十年了，但还没有小孩儿。我想试管受孕。
  Yǐjīng jié hūn shí nián le dàn hái méiyǒu xiǎoháir Wǒ xiǎng shì guǎn shòu yùn

- 피임약을 너무 장기복용하면 몸에 해롭습니다.
  长期服用避孕药对身体不好。
  Chángqī fúyòng bìyùnyào duì shēntǐ bù hǎo

II 출산　生孩子
shēng háizi

A: 恭喜你，夫人生了一位千金。①
　　Gōngxǐ nǐ　fūren shēngle yí wèi qiānjīn
B: 是吗？谢谢您。
　　Shì ma　Xièxie nín

---

① 千金 qiānjīn: 따님, 영애. 즉 남의 딸을 높여 부르는 말. =令爱 lìng'ài.

19. 병원 Ⅱ : 전문의 진료

A: 我 妻子 和 宝宝 都 平安 无事 吧？
　　Wǒ qīzi hé bǎobao dōu píng'ān wúshì ba
A: 是 的，一会儿 就 可以 见 她们 了。
　　Shì de yíhuìr jiù kěyǐ jiàn tāmen le
A: 축하합니다. 부인께서 따님을 순산하셨습니다.
B: 그래요? 감사합니다.
　　아내와 아이 모두 무사합니까?
A: 네. 잠시 후면 만나보실 수 있습니다.

- 아내에게 진통제를 놓아줘야 할까요?
  要 不 要 给 我 太太 打 麻药？
  Yào bu yào gěi wǒ tàitai dǎ máyào

- 자연분만은 산모의 회복에 좋습니다.
  自然 分娩 有利于 产妇 的 恢复。
  Zìrán fēnmiǎn yǒulìyú chǎnfù de huīfù

- 자연분만이 어렵겠습니다. 절개 수술을 해야겠습니다.
  很 难 自然 分娩，要 剖腹产。
  Hěn nán zìrán fēnmiǎn yào pōufùchǎn

- 태아가 너무 커서 난산이 될 것 같습니다.
  胎儿 太 大，可能 会 难产。
  Tāi'ér tài dà kěnéng huì nánchǎn

- 산모가 출혈을 많이 해서 조금 위태롭습니다.
  产妇 因 流血 过 多，有点儿 危险。
  Chǎnfù yīn liú xiě guò duō yǒudiǎnr wēixiǎn

- 출산 후에는 산후조리를 잘해야 합니다.
  产 后要 好好儿 坐 月子。
  Chǎn hòu yào hǎohāor zuò yuèzi

- 아기는 신생아실에 있습니다.
  宝宝 在 育婴室。
  Bǎobao zài yùyīngshì

- 아기는 지금 인큐베이터 안에 있습니다.
  宝宝 现在 在 保育箱 里边。
  Bǎobao xiànzài zài bǎoyùxiāng lǐbian

III. 월경/질염　月经 / 阴道炎
　　　　　　　yuèjīng　yīndàoyán

- 지난 달에 월경이 없었습니다.
  上　个 月 没有 来 例假。
  Shàng ge yuè méiyǒu lái lìjià

- 월경기간이 아닌데도 하혈을 합니다.
  不 是 月经 的 时候 也 出 血。
  Bú shì yuèjīng de shíhou yě chū xiě

- 월경이 일주일 늦었습니다.
  例假 晚了 一 个 星期。
  Lìjià wǎnle yí ge xīngqī

- 월경통이 아주 심합니다. /아랫배가 아픕니다.
  痛经，疼 得 很 厉害。/ 下腹 痛。
  Tòngjīng téng de hěn lìhai　　Xiàfù tòng

- 거기가 너무나 가려워요. /질염입니다.
  那儿 痒 得 无法 忍受。/ 是 阴道炎。
  Nàr yǎng de wúfǎ rěnshòu　Shì yīndàoyán

- 깨끗한 물로 자주 씻어야 합니다.
  要 经常 用 干净 的 水 洗 一下。
  Yào jīngcháng yòng gānjìng de shuǐ xǐ yíxià

- 적어도 1년에 한번은 자궁암 검사를 받아야 합니다.
  至少 一 年 做 一 次 子宫癌 检查。
  Zhìshǎo yì nián zuò yí cì zǐgōng'ái jiǎnchá

6 이비인후과

耳鼻喉科
ěrbíhóukē

이비인후과는 耳朵 ěrduo(귀), 鼻子 bízi(코), 그리고 咽喉 yānhóu(목구멍) 등의 진료를 맡아보는 곳이다. 줄여서 耳鼻科 ěrbíkē 라고도 한다. 감기를 심하게 앓고 난 후에 中耳炎 zhōng'ěryán(중이염)이 생길 수도 있고, 늘 콧물이 코에 고여있을 경우는 鼻窦炎 bídòuyán(축농증)이 생길 수도 있으므로 감기를 앓은 후에 귀나 코에 이상이 있으면 이비인후과를 찾아가 보는 것이 좋다.

기본대화

A: 我 的 耳朵 不 舒服。
　　Wǒ de ěrduo bù shūfu
B: 耳朵 有 什么 问题 吗？
　　Ěrduo yǒu shénme wèntí ma
A: 耳朵 嗡嗡 响，听 不 到 声音。①
　　Ěrduo wēngwēng xiǎng tīng bu dào shēngyīn
B: 从 什么 时候 开始 的？
　　Cóng shénme shíhou kāishǐ de
A: 大概 有 两 个 星期 了。
　　Dàgài yǒu liǎng ge xīngqī le
B: 耳朵 里 进过 水 吗？
　　Ěrduo li jìnguo shuǐ ma
A: 上 次 游泳 时 进过 水。
　　Shàng cì yóuyǒng shí jìnguo shuǐ
B: 先 检查 一下 吧。
　　Xiān jiǎnchá yíxià ba
A: 제 귀가 아파요.
B: 귀에 어떤 이상이 있나요?
A: 귀에서 웅웅 소리가 나고 소리를 듣지 못합니다.
B: 언제부터 이런거죠?

---

① 嗡嗡 wēngwēng : 우리말의 '웅웅' '앵앵' '붕붕' 에 해당하는 의성어.

⑥ 이비인후과

A: 대략 2주 되었어요.
B: 귀에 물이 들어간 적 있습니까?
A: 지난번 수영할 때 물이 들어갔었어요.
B: 먼저 진찰을 해 봅시다.

여러 가지 활용

Ⅰ 귀　耳朵
　　　ěrduo

- 소리가 잘 안들립니다.
 听 不 清 声音。
 Tīng bu qīng shēngyīn

- 귓가를 누르면 아픕니다.
 按 耳边儿 就 疼 。
 Àn ěrbiānr jiù téng

- 코를 풀 때 귀도 아픕니다.
 擤 鼻涕 时 耳朵 也 会 疼 。
 Xǐng bítì shí ěrduo yě huì téng

- 뾰족한 것으로 귀를 후비지 마십시오.
 不要 用 尖 的 东西 掏 耳朵 。
 Búyào yòng jiān de dōngxi tāo ěrduo

- 귀 속에 뭐가 들어간 것 같아요.
 耳朵 里面 好像 进了 什么 东西 。
 Ěrduo lǐmian hǎoxiàng jìnle shénme dōngxi

- 어렸을 때 중이염을 앓은 적이 있습니다.
 小 时候 得过 中耳炎。
 Xiǎo shíhou déguo zhōng'ěryán

Ⅱ 목　喉咙
　　　hóulóng

- 기침이 심하고 목이 아픕니다.
 咳 得 厉害 ，而且 喉咙 疼 。 ①
 Ké de lìhai érqiě hóulóng téng

---

① 목구멍을 뜻하는 단어로는 喉咙 hóulóng, 嗓子 sǎngzi, 咽喉 yānhóu 등이 있다.

19. 병원 II : 전문의 진료

- 목의 가시를 뽑지 못하겠습니다.
  喉咙里的刺取不出来。
  Hóulóng li de cì qǔ bu chūlái
- 목이 부어서 물도 마시지 못합니다.
  喉咙肿了，连水都喝不下去。
  Hóulóng zhǒng le lián shuǐ dōu hē bu xiàqù
- 가래 속에 피가 섞여 나옵니다.
  痰里有血。
  Tánli yǒu xiě
- 감기로 목이 잠겼습니다.
  因为感冒嗓子哑了。
  Yīnwèi gǎnmào sǎngzi yǎ le
- 늘 마른 기침을 합니다.
  总是干咳。①
  Zǒngshì gānké

III 코 鼻子
bízi

- 코가 막혀서 숨쉬기가 어렵습니다.
  因为鼻塞，呼吸不畅。
  Yīnwèi bísè hūxī bú chàng
- 코가 간지럽고 재채기를 자주 합니다.
  鼻子痒，常常打喷嚏。
  Bízi yǎng chángcháng dǎ pēntì
- 콧물이 쉴새없이 흐릅니다.
  鼻涕不停地流。
  Bítì bù tíng de liú
- 가끔 코피가 납니다.
  偶尔会流鼻血。
  Ǒu'ěr huì liú bíxiě
- 코를 후비지 마십시오.
  不要抠鼻子。
  Búyào kōu bízi

---

① 가래가 나오지 않는 기침을 干咳 gānké 라고 한다.

- 축농증 때문에 냄새를 맡지 못합니다.
 他 有 鼻窦炎 所以 闻 不 到 味儿。
 Tā yǒu bídòuyán suǒyǐ wén bu dào wèir

- 환절기가 되면 알레르기성 비염이 더 심해집니다.
 换 季 的 时候， 过敏性 鼻炎 会 更 严重。
 Huàn jì de shíhou guòmǐnxìng bíyán huì gèng yánzhòng

7 안과 眼科 yǎnkē

눈(眼睛 yǎnjīng)이 나쁘면 안경(眼镜 yǎnjìng)을 써야 한다. 眼睛 yǎnjīng과 眼镜 yǎnjìng은 拼音 pīnyīn이 같으므로 성조를 정확하게 발음해야 그 뜻을 바르게 전달할 수 있다. 예전에는 눈이 나쁘면 꼭 안경이나 콘텍트렌즈(隐形眼镜 yǐnxíng yǎnjìng)를 사용해야 했지만 요즘은 라식수술(LASIK, 激光视力矫正 jīguāng shìlì jiǎozhèng)로 간단하게 시력을 회복할 수 있게 되었다.

기본대화

A: 请 把下巴 放在 这儿, 眼睛 睁大 点儿。
　　Qǐng bǎ xiàba fàngzài zhèr　yǎnjing zhēngdà diǎnr
　　右眼 的 血管 两 处 裂开 了。
　　Yòuyǎn de xuèguǎn liǎng chù lièkāi le
B: 整 天 盯着 电脑 屏幕, 是不是 用 眼 过度?
　　Zhěng tiān dīngzhe diànnǎo píngmù shì bu shì yòng yǎn guòdù
A: 也许 是。 一个 小时 之后, 要 休息 十 分钟。
　　Yěxǔ shì　Yí ge xiǎoshí zhīhòu　yào xiūxi shí fēnzhōng

A: 아래턱을 여기에 대고 눈을 크게 떠 보세요. 오른쪽 눈의 혈관이 두군데 파열되었습니다.
B: 하루 종일 컴퓨터 모니터를 쳐다보고 있는데, 눈을 무리하게 사용한 걸까요?
A: 그럴 수도 있습니다. 한 시간이 지나면 10분씩 휴식을 취하셔야 합니다.

여러 가지 활용

I 눈병　眼病
　　　　yǎnbìng

- 눈을 감을 때 아픕니다.
  闭眼时会疼。
  Bì yǎn shí huì téng

- 눈이 충혈되었어요.
  眼睛 充 血。
  Yǎnjing chōng xiě

- 마치 모래가 있는 듯 뻑뻑합니다.
  好像 进了沙子似的磨眼。
  Hǎoxiàng jìnle shāzi shìde mó yǎn

- 계속 눈물이 납니다. 눈물샘에 이상이 있는 것 아닐까요?
  总是 在流泪。是不是泪腺有问题?
  Zǒngshì zài liúlèi Shì bu shì lèixiàn yǒu wèntí

- 눈 속에 뭐가 생겼습니다.
  眼睛 里 长了 东西。
  Yǎnjing li zhǎngle dōngxi

- 눈에 염증이 생겼는지 계속 눈곱이 낍니다.
  是不是 眼睛 有 炎症， 总是 有 眼屎。
  Shì bu shì yǎnjing yǒu yánzhèng zǒngshì yǒu yǎnshǐ

- 안개가 낀 것처럼 뿌옇게 보입니다.
  好像 隔着雾似的，很模糊。①
  Hǎoxiàng gézhe wù shìde hěn móhu

- 책을 보면 5분도 안되어 눈이 피로합니다.
  看书 不到五分钟，就感觉眼睛很疲劳。
  Kàn shū bú dào wǔ fēnzhōng jiù gǎnjué yǎnjing hěn píláo

- 눈동자 위에 핏발이 섰습니다.
  眼球 上面 有血丝了。
  Yǎnqiú shàngmian yǒu xiěsī le

- 눈 속에 뭐가 들어간 것 같은데 빠지지가 않습니다.
  眼睛里好像 进了什么 东西，怎么也弄不出来。
  Yǎnjing li hǎoxiàng jìnle shénme dōngxi zěnme yě nòng bu chūlái

- 백내장입니다. 수술을 하셔야 해요.
  是白内障，需要动手术。
  Shì báinèizhàng xūyào dòng shǒushù

---

① 隔 gé: 사이를 두다. 칸막이를 하다. 떨어지다. 떨어지게 하다. 模糊 móhu: 분명치 않다. 흐릿하다. 모호하다.

- 유행성 결막염입니다. 자주 손을 씻고 수건을 따로 쓰세요.
  是 流行性 结膜炎，要 勤 洗 手，最好 毛巾 单独 用。①
  Shì liúxíngxìng jiémóyán yào qín xǐ shǒu zuìhǎo máojīn dāndú yòng

Ⅱ 시력 교정　视力　矫正
shìlì jiǎozhèng

- 저는 시력이 아주 나빠요.
  我 的 视力 很 不 好。
  Wǒ de shìlì hěn bù hǎo

- 시력이 지난 번보다 감퇴 되었습니다.
  视力 好像 比 上 次 衰退 了。
  Shìlì hǎoxiàng bǐ shàng cì shuāituì le

- 안경 도수가 너무 높습니다.
  眼镜 度数 太 高 了。
  Yǎnjìng dùshù tài gāo le

- 콘택트렌즈로 바꾸고 싶습니다.
  想　换成　隐形 眼镜 。
  Xiǎng huànchéng yǐnxíng yǎnjìng

- 라식수술로 원시, 근시 및 난시를 교정할 수 있습니다.
  LASIC 手术 可以　矫正　远视 、近视 和 散光。
  LASIC shǒushù kěyǐ jiǎozhèng yuǎnshì jìnshì hé sǎnguāng

- 근시는 레이저수술로 치료할 수 있습니다.
  近视 可以 用　激光　手术　治疗 。
  Jìnshì kěyǐ yòng jīguāng shǒushù zhìliáo

- 렌즈를 끼고 잠을 자면 각막에 해롭습니다.
  戴着　隐形 眼镜　睡觉 对 眼角膜 有 害 。
  Dàizhe yǐnxíng yǎnjìng shuìjiào duì yǎnjiǎomó yǒu hài

- 아마도 나이탓인지 뭐가 잘 보이지를 않습니다.
  可能 是 年龄 的 关系 , 什么 都 看 不 清楚 。
  Kěnéng shì niánlíng de guānxì shénme dōu kàn bu qīngchu

---

① 勤 qín: 자주~하다. 부지런하다.

- 내 눈도 이젠 침침해졌어요.
 我的眼睛都老花了。①
 Wǒ de yǎnjing dōu lǎohuā le
- 시력은 한 번 나빠지면 다시 회복되기 어려우니 조심하셔야 합니다.
 视力下降了，很难再恢复，所以一定要注意。
 Shìlì xiàjiàng le hěn nán zài huīfù suǒyǐ yídìng yào zhùyì

---

① 花 huā 에는 '눈이 흐리다', '침침하다'는 뜻도 있다.

8 치 과　　　　　　　　　　　牙科
yákē

치아는 牙齿 yáchǐ, 충치는 蛀牙 zhùyá라고 한다. 예로부터 건강한 치아는 오복의 하나라고 하였는데, 이는 올바른 관리를 통해서만 지켜나갈 수 있다. 우선 자신에게 맞는 치약(牙膏 yágāo)과 칫솔(牙刷 yáshuā)을 선택하여 식후에는 반드시 양치질(刷牙 shuā yá)하고, 정기적으로 스켈링(洗牙 xǐ yá)을 하여 잇몸(牙龈 yáyín)질환을 예방하도록 한다.

기 본 대 화

A: 大夫，我的槽牙被虫蛀了，最近很疼。
　　Dàifu wǒ de cáoyá bèi chóng zhù le   zuìjìn hěn téng

B: 请把嘴张开，让我看一下。
　　Qǐng bǎ zuǐ zhāngkāi ràng wǒ kàn yíxià

A: 好的，你一定要帮我治一治。
　　Hǎo de   nǐ yídìng yào bāng wǒ zhì yi zhì

B: 把嘴张大一点儿。这颗牙都蛀空了。
　　Bǎ zuǐ zhāngdà yìdiǎnr   Zhè kē yá dōu zhùkōng le
　　先做一下神经治疗。
　　Xiān zuò yíxià shénjīng zhìliáo

A: 麻烦您轻一点儿，很疼。
　　Máfan nín qīng yìdiǎnr   hěn téng

B: 您忍一下，过一会儿就不会疼了。
　　Nín rěn yíxià   guò yíhuìr jiù bú huì téng le

A: 那就拜托您了。
　　Nà jiù bàituō nín le

B: 您放心，很快就会好的。
　　Nín fàng xīn hěn kuài jiù huì hǎo de

A: 의사 선생님, 제 어금니가 썩었는데 요즘 매우 아파요.
B: 입을 벌려 보세요. 어디 봅시다.
A: 네, 잘 좀 치료해 주세요.
B: 입을 더 크게 벌리세요. 이 치아가 다 썩었군요. 먼저 신경치료를 합시다.

A: 살살 해 주세요. 너무 아파요.
B: 참으세요. 조금 있으면 아프지 않을 겁니다.
A: 그럼 부탁드릴게요.
B: 안심하세요. 금세 좋아질 거에요.

여러 가지 활용

I 충치 蛀牙
　　　　zhùyá

- 충치가 2개 있어요.
  有 两 颗 蛀牙。
  Yǒu liǎng kē zhùyá

- 이가 썩었으므로 빨리 치료해야 합니다.
  牙 被 蛀坏 了，需 尽快 治疗。
  Yá bèi zhùhuài le   xū jǐnkuài zhìliáo

- 치아에 구멍이 났어요, 때워야해요.
  你 的 牙 有 个 洞 ，应该 补一下。
  Nǐ de yá yǒu ge dòng yīnggāi bǔ yíxià

- 충치를 때운게 떨어져 나갔어요.
  蛀牙 里 补 的 片儿 掉 了。
  Zhùyá li bǔ de piànr diào le

- 제일 안쪽의 어금니에 충치가 있어요.
  最 里面 的 臼齿 有 蛀牙。
  Zuì lǐmian de jiùchǐ yǒu zhùyá

- 신경치료를 한 후 덮어씌워야 합니다.
  做完 神经 治疗 以后，要 上 牙套。
  Zuòwán shénjīng zhìliáo yǐhòu yào shàng yátào

- 충치를 방지하기 위해서는 단 음식을 삼가야 합니다.
  为了 防止 蛀牙，不要 吃 甜食 。
  Wèile fángzhǐ zhùyá búyào chī tiánshí

II 치통 牙痛
　　　　yá tòng

- 찬 것을 먹으면 이가 시려요.
  一 吃 凉 的，牙 就 酸 。
  Yì chī liáng de yá jiù suān

- 사랑니가 나서 몹시 아픕니다.
  长了 智齿，痛 得 要命。
  Zhǎngle zhìchǐ　tòng de yàomìng
- 이가 너무 아파서 아무것도 씹을 수가 없어요.
  牙很 疼，什么 也 嚼 不 了。
  Yá hěn téng shénme yě jiáo bu liǎo

Ⅲ 이를 뽑을 때　拔牙时
　　　　　　　　bá yá shí

- 왼쪽 어금니가 흔들립니다.
  左边 臼齿 松 了。
  Zuǒbiān jiùchǐ sōng le
- "아——"하고 입을 크게 벌리세요.
  张 嘴，啊——
  Zhāng zuǐ　a
- 아이의 이가 흔들립니다. 빼 주세요.
  孩子 的 牙齿 松 了，麻烦 您 拔 一下 。
  Háizi de yáchǐ sōng le　máfan nín bá yíxià

Ⅳ 잇몸이 아플 때　牙龈 肿痛 时
　　　　　　　　yáyín zhǒngtòng shí

- 잇몸이 아픕니다.
  牙龈 疼 。
  Yáyín téng
- 양치할 때 잇몸에서 피가 납니다.
  刷 牙 时，牙龈 会 出 血 。①
  Shuā yá shí　yáyín huì chū xiě
- 잇몸이 부어서 아무것도 못먹겠어요.
  牙龈 肿 了，什么 都 吃不了 。
  Yáyín zhǒng le　shénme dōu chī bu liǎo
- 치석을 제거해야 합니다. 스켈링을 하세요.
  要 除去 牙垢，洗 牙 吧 。
  Yào chúqù yágòu　xǐ yá ba

---

① '양치질하다'는 표현에는 刷牙 shuā yá 와 漱口 shù kǒu 가 있는데, '刷牙 shuā yá'는 칫솔로 이를 닦는 것을 말하고, '漱口 shù kǒu'는 물이나 약제로 입안을 가셔내는 것을 말한다.

- 구취가 납니다.
  有 口臭。
  Yǒu kǒuchòu

- 입안에 염증이 있습니다.
  口腔 里有 炎症。
  Kǒuqiāng li yǒu yánzhèng

V 기타 其他
qítā

> A: 牙刷 用 什么样 的 好 呢？
> Yáshuā yòng shénmeyàng de hǎo ne
> B: 一般 用 毛 又 长 又 硬 的 最好 了。
> Yìbān yòng máo yòu cháng yòu yìng de zuì hǎo le
> A: 칫솔은 어떤 것을 사용하는게 좋을까요?
> B: 일반적으로 칫솔모가 길고 딱딱한 것이 제일 좋습니다.

- 의치를 하셔야 합니다.
  得 镶 牙。
  Děi xiāng yá

- 치열이 고르지 않아 교정을 하고 싶습니다.
  牙齿 不 整齐，我 想 矫正。
  Yáchǐ bù zhěngqí wǒ xiǎng jiǎozhèng

- 앞니가 너무 튀어나왔는데 교정이 가능합니까?
  门牙 太 突出 了，可以 整 一下 吗？ ①
  Ményá tài tūchū le kěyǐ zhěng yíxià ma

- 치아가 너무 누런데 하얗게 할 수 있을까요?
  我 的 牙齿 太 黄 了，能 不 能 做 美白？
  Wǒ de yáchǐ tài huáng le néng bu néng zuò měibái

- 아이가 넘어져 앞니가 조금 떨어져 나갔는데 어떡하죠?
  孩子 的 门牙 摔掉 了一点儿，怎么办？
  Háizi de ményá shuāidiào le yìdiǎnr zěnmebàn

- 무딪혀서 이가 흔들리는데 치료할 수 있을까요?
  我 的 牙 被 碰 得 松动 了，有 办法 治 吗？
  Wǒ de yá bèi pèng de sōngdòng le yǒu bànfǎ zhì ma

---

① 整 zhěng: 정돈하다, 정리하다, 잘못을 바로잡다.

9 정신과

精神科
jīngshénkē

모든 병은 마음에서 온다는 말도 있듯이, 특히 현대인들에게는 스트레스(压力 yālì)가 세균(细菌 xìjūn)이나 바이러스(病毒 bìngdú) 보다도 더 무서운 질병을 일으킨다고 한다. 그러므로 지나친 스트레스를 피하고 정신적 안정을 취하는 것이 건강을 지키는 첫걸음이다. 또한 정신과는 정신병(神经病 shénjīngbìng)을 앓는 사람들만이 가는 곳이 아니라 복잡한 현대사회에서 생기는 여러 가지 갈등과 고민을 전문의와 상담하러 간다는 생각으로 임하면 좋을 것이다.

기본대화

A: 最近 不知 为什么 很 敏感, 经常 生气。
　　Zuìjìn bù zhī wèishénme hěn mǐngǎn　jīngcháng shēngqì

B: 业务 上 的 压力 很 大 吗?
　　Yèwù shang de yālì hěn dà ma

A: 是 啊, 因为 竞争 很 厉害。
　　Shì a　yīnwèi jìngzhēng hěn lìhai

B: 您 要 放 轻松 点儿, 保持 平和 的 心态。
　　Nín yào fàng qīngsōng diǎnr　bǎochí pínghé de xīntài

A: 晚上 也 睡 不 着, 怎 能 不 疲劳 呢?
　　Wǎnshang yě shuì bu zháo　zěn néng bù píláo ne

B: 先 吃 点儿 药 试试 吧。
　　Xiān chī diǎnr yào shìshi ba

A: 요즘 왜 그런지 신경이 날카로워져서 자주 화를 냅니다.
B: 업무상 스트레스를 많이 받으십니까?
A: 그렇습니다. 경쟁이 너무 심해서요.
B: 조금 느긋하게 하시고 마음의 평화를 유지하십시오.
A: 게다가 밤에도 잠을 못자니 피곤할 수 밖에요.
B: 우선 약을 좀 드셔 보시죠.

여러 가지 활용

I 불면증　失眠症
　　　　　　shīmiánzhèng

- 밤에 잠을 잘 못잡니다.
  晚上　经常　睡不着。
  Wǎnshang jīngcháng shuì bu zháo

- 요 며칠 계속 불면이에요.
  这几天我总是失眠。
  Zhè jǐ tiān wǒ zǒngshì shīmián

- 매일 밤 악몽에 놀라 깹니다.
  每天　晚上　都被噩梦惊醒。
  Měi tiān wǎnshang dōu bèi èmèng jīngxǐng

- 늘 수면제를 먹으면 몸에 좋지 않습니다.
  常　吃　安眠药　对身体不好。
  Cháng chī ānmiányào duì shēntǐ bù hǎo

- 주무시기 전에 따뜻한 우유나 포도주 한 잔 드셔 보세요.
  睡觉之前，喝一杯热牛奶或一杯葡萄酒吧。
  Shuìjiào zhīqián hē yì bēi rè niúnǎi huò yì bēi pútáojiǔ ba

- 잠자기 전 가벼운 운동을 하는 것도 아주 좋습니다.
  睡觉之前，做一些轻便的运动也不错。
  Shuìjiào zhīqián zuò yìxiē qīngbiàn de yùndòng yě búcuò

II 비관　悲观
　　　　　bēiguān

- 전혀 살고 싶은 생각이 조금도 없어요.
  一点儿都不想活了。
  Yìdiǎnr dōu bù xiǎng huó le

- 정말이지 뛰어내려서 자살하고 싶어요.
  我简直想要跳楼自杀。①
  Wǒ jiǎnzhí xiǎng yào tiào lóu zìshā

---

① 跳楼 tiào lóu: 빌딩에서 뛰어내리다.

- 현재는 만사가 다 재미없게 느껴집니다.
  现在 我 觉得 一切 都 没 意思。
  Xiànzài wǒ juéde yíqiè dōu méi yìsi

- 모든 것이 공허해요. 남편 자식 모두 떠나고 저 혼자 남은 느낌입니다.
  一切 都 很 空虚，好像 丈夫 孩子 都 离开 我 了，只 剩下 我 一个 人。①
  Yíqiè dōu hěn kōngxū hǎoxiàng zhàngfu háizi dōu líkāi wǒ le zhǐ shèngxià wǒ yí ge rén

- 인생이 한바탕 꿈처럼 느껴집니다.
  觉得 人生 如 梦。
  Juéde rénshēng rú mèng

- 실의에 빠져 아무 것도 하고 싶지 않습니다.
  百无 聊赖 的，什么 都 不 想 做。②
  Bǎiwú liáolài de shénme dōu bù xiǎng zuò

- 사람들을 만나는게 두렵습니다.
  害怕 见到 别人。
  Hàipà jiàndào biérén

Ⅲ 신경과민 神经 过敏
           shénjīng guòmǐn

- 감정의 변화가 아주 큽니다.
  情绪 变化 很 大。
  Qíngxù biànhuà hěn dà

- 늘 불안 초조 합니다.
  总是 很 焦急 不安。
  Zǒngshì hěn jiāojí bù'ān

- 별것 아닌 일에도 매우 민감합니다.
  对 无关 紧要 的 事情 也 很 敏感。
  Duì wúguān jǐnyào de shìqing yě hěn mǐngǎn

---

① 남편은 사회일로 바쁘고 자식들은 다 커서 엄마의 도움을 필요로 하지 않을 때 주부들이 '빈둥지 증후군' 증상을 보인다고 한다. 중국에서도 '空巢家庭 kōngcháo jiātíng'(빈둥지 가정)이라는 말이 자주 쓰이는데 이는 가속되는 노령화 사회에서 자식들은 모두 대도회지로 나가고 노인들만 쓸쓸히 남은 가정을 말한다.

② 百无聊赖 bǎiwú liáolài: 마음을 의탁할 만한 일이 없음. 극도로 실의에 빠짐.

⑨ 정신과

- 자잘한 일들은 마음에 담아두지 마십시오.
  芝麻 绿豆 大 的 小 事，不要 放在 心 上。①
  Zhīma lǜdòu dà de xiǎo shì búyào fàngzài xīn shang
- 정신이상자가 될까 두렵습니다.
  真 担 心 会 变成 神经病。
  Zhēn dān xīn huì biànchéng shénjīngbìng
- 사소한 일에도 크게 화를 냅니다.
  对 小 事 也 会 大 发 脾气。
  Duì xiǎo shì yě huì dà fā píqi
- 그날 이후로 겁쟁이가 되어 버렸습니다.
  从 那 天 以后 就 变成 了 胆小鬼。②
  Cóng nà tiān yǐhòu jiù biànchéng le dǎnxiǎoguǐ
- 때로 공포증에 시달립니다.
  有时 会 被 恐惧症 所 困扰。
  Yǒushí huì bèi kǒngjùzhèng suǒ kùnrǎo
- 별 이유없이 자주 우울해집니다. 우울증이 아닐까요?
  常常 会 莫名其妙 地 忧郁，是 不 是 得了
  Chángcháng huì mòmíngqímiào de yōuyù shì bu shì déle
  忧郁症？③
  yōuyùzhèng
- 너무 깊이 생각하지 마세요. 생각할수록 더 괴로워요.
  别 想 太 多，不然 会 越来越 难过。
  Bié xiǎng tài duō bùrán huì yuèláiyuè nánguò

---

　① 芝麻绿豆 zhīma lǜdòu: 원뜻은 참깨와 녹두이나 둘이 합하여 '사소한 것', '자질구레한 것'을 뜻한다.
　② 종종 鬼 guǐ 를 써서 사람을 비하하거나 비난하기도 한다. 예) 色鬼 sèguǐ(색정꾼), 酒鬼 jiǔguǐ(술귀신), 赌鬼 dǔguǐ(노름꾼).
　③ 莫名其妙 mòmíngqímiào: '까닭모를', '이유를 알 수 없는' 등의 뜻을 가진 성어.

10 비뇨기과

泌尿科
mìniàokē

비뇨기과에서는 신장(肾脏 shènzàng)・방광(膀胱 pángguāng) 및 요도(尿道 niàodào) 등의 비뇨기관과 전립선(前列腺 qiánlièxiàn) 고환(睾丸 gāowán) 음경(阴茎 yīnjīng) 등의 남성 생식기(生殖器 shēngzhíqì)에 생기는 질환을 진료한다. 병은 소문을 내야 빨리 낫는다는 말이 있다. 병을 부끄러이 여겨 숨김으로써 치료의 때를 놓쳐 악화되는 것을 방지하기 위한 말이다. 몸에 이상증후가 발견되면 지체없이 진료를 받아 병이 크게 번지는 것을 막도록 한다.

기본대화

A: 小便 里 有 血，有时 血 凝成 块儿，与 小便 一起 排 出来 。
Xiǎobiàn li yǒu xiě yǒushí xiě níngchéng kuàir yǔ xiǎobiàn yìqǐ pái chulai

B: 身体 其他 部位 有 没有 异常 现象？
Shēntǐ qítā bùwèi yǒu méiyǒu yìcháng xiànxiàng

A: 小便 时 下腹 也 疼 。
Xiǎobiàn shí xiàfù yě téng

B: 尿道 有 没有 感觉 疼痛？
Niàodào yǒu méiyǒu gǎnjué téngtòng

A: 有 。
Yǒu

B: 先 检查 一下 小便，在 这 杯 里 装 点儿 尿 拿 过来 吧 。
Xiān jiǎnchá yíxià xiǎobiàn zài zhè bēi li zhuāng diǎnr niào ná guolai ba

A: 要 多少 ？
Yào duōshao

B: 一点儿 就 可以 了 。
Yìdiǎnr jiù kěyǐ le

A: 소변에 피가 있어요. 어떤 때에는 덩어리로 되어 소변과 섞여서 나와요.

B: 신체 다른 부위는 이상이 없습니까?
A: 소변 볼 때 아랫배도 아픕니다.
B: 요도에 통증을 느낍니까?
A: 예.
B: 먼저 소변검사를 해봅시다. 이 컵 안에 소변을 담아 오세요.
A: 얼마만큼요?
B: 조금이면 됩니다.

여러 가지 활용

I 소변　小便
　　　　xiǎobiàn

- 소변 보기가 힘들고 다 누어도 시원하질 않습니다.
  小便 不利, 尿完 了也 觉得 不 舒服。
  Xiǎobiàn bú lì niàowán le yě juéde bù shūfu
- 소변 볼 때에 좀 아픕니다.
  小便 时会 有点儿 疼。
  Xiǎobiàn shí huì yǒudiǎnr téng
- 소변 색이 아주 노랗습니다.
  尿 的颜色 很 黄。
  Niào de yánsè hěn huáng
- 소변이 자주 마렵습니다.
  尿频。
  Niàopín

▶전립선　前列腺
　　　　qiánlièxiàn

A: 慢性 前列腺炎 能 治好 吗？
　 Mànxìng qiánlièxiànyán néng zhìhǎo ma
B: 不是 治不 好, 而是 不易 根治。
　 Búshì zhì bu hǎo érshì búyì gēnzhì
A: 만성전립선염이 치료가 잘 됩니까?
B: 치료가 어려운건 아니지만 완치는 쉽지 않습니다.

19. 병원 Ⅱ : 전문의 진료

- 오랫동안 낫지 않는 전립선염이 전립선암을 유발하는 것은 아닙니까?
  久治不愈 的 前列腺炎 会 导致 前列腺癌 吗？
  Jiǔzhì búyù de qiánlièxiànyán huì dǎozhì qiánlièxiàn'ái ma

- 원래 시원하게 잘 나오던 소변이 요새 들어 어려워지기 시작했어요.
  原来 十分 畅通 的 小便，现在 开始 变得 困难
  Yuánlái shífēn chàngtōng de xiǎobiàn xiànzài kāishǐ biànde kùnnan
  起来。
  qilai

- 한참을 기다려야 가까스로 소변을 봅니다.
  使了 半天 劲儿，好不容易 才 尿 出来。①
  Shǐle bàntiān jìnr hǎo bu róngyì cái niào chulai

- 전립선비대증인 것 같습니다.
  好像 是 前列腺 增生。先 吃点儿 药 吧。
  Hǎoxiàng shì qiánlièxiàn zēngshēng Xiān chī diǎnr yào ba

Ⅱ 생식기　　生殖器
　　　　　　shēngzhíqì

> A: 问 句 不 该 问 的, 最近 有 没有 出去 风流 啊？②
> 　　Wèn jù bù gāi wèn de zuìjìn yǒu méiyǒu chūqu fēngliú a
> B: 结婚 前 有 那么 一两 回，但 结婚 后 可 没有。
> 　　Jiéhūn qián yǒu nàme yìliǎng huí dàn jiéhūn hòu kě méiyǒu
> A: 말씀드리기 좀 거북스럽지만 여쭤보겠습니다. 요즘에 외도한 적이 있습니까?
> B: 결혼 전에는 한두 번 있었지만 결혼 후에는 없습니다.

- 성병이 아닌가 하여 몹시 걱정이 됩니다.
  很 担心 会 得 性病。
  Hěn dān xīn huì dé xìngbìng

---

① 好不容易 hǎo bu róngyì : 겨우, 가까스로, 아주 힘들게.
② 难听 nántīng : 듣기 싫다, 귀에 거슬리다, 듣기 거북하다.

- 혹시 임질에 걸린 것은 아닐까요?
  会不会是得了淋病?
  Huì bu huì shì déle lìnbìng
- 최근 소변이 잦지는 않습니까?
  您最近是不是有些尿频?
  Nín zuìjìn shì bu shì yǒuxiē niàopín
- 소변을 본 후에도 더부룩한 느낌이 있습니까?
  您是不是小便过后有腹胀的感觉?
  Nín shì bu shì xiǎobiàn guòhòu yǒu fùzhàng de gǎnjué
- 에이즈는 도대체 어떤 증상이 있는거죠?
  艾滋病到底是什么症状?
  Àizībìng dàodǐ shì shénme zhèngzhuàng

11 피부과

皮肤科
pífūkē

가장 완치되기 어려운 병 중의 하나가 바로 피부병이 아닐까 한다. 연고(乳膏 rǔgāo, 软膏 ruǎngāo)를 바르면 말끔해졌다가도 조금 지나면 다시 재발(复发 fùfā)하기를 되풀이하면서 고질병(痼疾 gùjí, 顽症 wánzhèng)이 되기도 한다. 그것은 겉으로는 환부가 말끔해졌지만 피부 깊숙이 진균(真菌 zhēnjūn)과 같은 세균이 아직 살아있기 때문이다. 그러므로 다 나은 것 같더라도 약 1주일 정도 계속해서 연고를 발라주어 세균을 박멸해야만 완치를 기대할 수 있다.

기본대화

A: 我 儿子 得了 湿疹，搞 不 清楚 为什么 得了 这 种
　　Wǒ érzi déle shīzhěn gǎo bu qīngchu wèishénme déle zhè zhǒng
病。
bìng

B: 湿疹 病因 复杂，是 内外 多种 因素 互相 作用
　　Shīzhěn bìngyīn fùzá shì nèiwài duō zhǒng yīnsù hùxiāng zuòyòng
的 结果。
de jiéguǒ

A: 他 浑身 痒死 了，总是 到处 抓。
　　Tā húnshēn yǎngsǐ le zǒngshì dàochù zhuā

B: 别 担 心。急性 湿疹 的话，容易 治愈。
　　Bié dān xīn Jíxìng shīzhěn dehuà róngyì zhìyù

A: 우리 아이가 습진이 생겼는데, 왜 이런 병이 생긴건지 모르겠어요.

B: 습진의 발병 원인은 다양합니다. 안팎으로 여러 원인이 상호 작용하는 결과지요.

A: 전신이 가려워 죽으려고 해요. 계속 여기저기 긁어댑니다.

B: 걱정마세요. 급성습진이라면 쉽게 치료가 됩니다.

여러 가지 활용

I 피부와 관련된 증상　有关 皮肤病的　症状
　　　　　　　　　　　　yǒuguān pífūbìng de zhèngzhuàng

- 등이 간지러워요.
  背 上 痒 。
  Bèi shang yǎng

- 피부가 매우 거칠어요.
  皮肤 很 粗糙 。
  Pífū hěn cūcāo

- 등에 부스럼이 많이 났습니다.
  背上 长了 很多 疙瘩 。 ①
  Bèi shang zhǎngle hěnduō gēda

- 날이 추우면 손이 피부가 까칠하게 일어나요.
  天气 一 冷 的话， 手 就 起 干皮 。
  Tiānqì yì lěng dehuà shǒu jiù qǐ gānpí

- 제 얼굴에 뭐가 났어요.
  我 的 脸上 长了 什么 东西 。
  Wǒ de liǎnshang zhǎngle shénme dōngxi

- 저는 꽃가루 알레르기가 있어요.
  我 对 花粉 过敏 。
  Wǒ duì huāfěn guòmǐn

- 연고를 상처 부위에 발라주세요.
  把 软膏 涂在 患处 。
  Bǎ ruǎngāo túzài huànchù

II 화상을 입었을 때　烧伤 ②
　　　　　　　　　　　shāoshāng

- 끓는 물에 손을 데었어요.
  被 热水 烫了 手 。
  Bèi rè shuǐ tàngle shǒu

---

① 疙瘩 gēda: 종기, 부스럼 덩어리. 疙疙瘩瘩 gēgedādā, 疙里疙瘩 gēligēdā: 거칠다. 꺼끌하다. 울퉁불퉁하다.

② 烫伤 tàngshāng 이라고도 한다.

19. 병원Ⅱ : 전문의 진료

- 해수욕 갔다가 타서 물집이 생겼어요.
  去海水浴，晒得都起了水泡。
  Qù hǎishuǐyù　shài de dōu qǐle shuǐpào

- 그는 다리미에 손을 데었어요.
  他的手被熨斗烫伤了。
  Tā de shǒu bèi yùndǒu tàngshāng le

- 데인 곳에 모두 물집이 생겼어요.
  烧伤了，都起了泡。
  Shāoshāng le　dōu qǐle pào

- 물집을 터뜨리지 마세요.
  不要弄破水泡。
  Búyào nòngpò shuǐpào

12 중 의   中医
                   zhōngyī

중의학(中医学 zhōngyīxué)은 오랜 역사를 지닌 전통의학으로서 특히 침구(针灸 zhēnjiǔ)의 탁월한 효험은 아직도 의학계의 신비로 남아 있다. 또한 중의약(中草药 zhōngcǎoyào)은 약효가 서서히 나타나는 반면 부작용(副作用 fùzuòyòng)이 거의 없어 몸을 보양하는 데는 물론 치료에도 매우 도움이 된다. 그래서 요즘은 중의(中医 zhōngyī)와 양의(西医 xīyī)의 우월성을 논하기보다는 두 의학계의 장점을 살려 치료를 하는 추세이다.

기본대화

A: 乏力，没有食欲。
　　Fálì　　méiyǒu shíyù
B: 我把一下脉，脉象很弱。①
　　Wǒ bǎ yíxià mài　màixiàng hěn ruò
A: 总是听医生说，我气虚。
　　Zǒngshì tīng yīshēng shuō wǒ qìxū
B: 我给你开个药方，你回去按方服药。
　　Wǒ gěi nǐ kāi ge yàofāng nǐ huíqu àn fāng fú yào
A: 기운이 하나도 없고 식욕도 없습니다.
B: 진맥을 해봅시다. 맥이 많이 약하군요.
A: 의사로부터 기가 허하다는 말을 자주 듣습니다.
B: 처방을 지어 드릴테니 돌아가 처방대로 달여 드십시오.

여러 가지 활용

I 침·뜸   针灸
         zhēnjiǔ

A: 我腰很疼，坐不了很长时间。
　　Wǒ yāo hěn téng　zuò bu liǎo hěn cháng shíjiān

---

① 把脉 bǎ mài : 맥박을 짚다, 진맥하다. 脉象 màixiàng : 맥박의 상태.

19. 병원Ⅱ : 전문의 진료

B: 我 给 你 扎 个 针 吧。 几 天 后 就 会 没 事 的。
　　Wǒ gěi nǐ zhā ge zhēn ba　 Jǐ tiān hòu jiù huì méi shì de
A: 허리가 몹시 아파서 오래 앉아있질 못합니다.
B: 침을 놔 드릴게요. 며칠 후면 괜찮아질 겁니다.

- 침의 효과가 정말 좋습니다.
  针灸 的 效果 真 好。
  Zhēnjiǔ de xiàoguǒ zhēn hǎo
- 어혈이 많아서 그렇습니다.
  淤血 太 多, 所以 就 这样 了。
  Yūxiě tài duō　 suǒyǐ jiù zhèyàng le
- 나쁜 피를 뽑아내면 훨씬 좋아질 겁니다.
  把 淤血 抽 出来, 感觉 就 会 好多 了。
  Bǎ yūxiě chōu chulai　 gǎnjué jiù huì hǎoduō le

Ⅱ 중의약　中药
　　　　　　zhōngyào

- 중의약은 효과가 서서히 나타납니다.
  中药　　 见效 比较 慢。
  Zhōngyào jiànxiào bǐjiào màn
- 중의약은 부작용이 없습니다.
  中草药　　 没有 副作用。
  Zhōngcǎoyào méiyǒu fùzuòyòng
- 만일 번거로우시면 저희가 대신 달여드릴 수 있습니다.
  如果 您 不太 方便, 我们 可以 帮 您 熬药。
  Rúguǒ nín bú tài fāngbiàn wǒmen kěyǐ bāng nín áo yào

Ⅲ 기타　其他
　　　　qítā

- 진맥을 해 봅시다.
  让 我 给 你 把把 脉。
  Ràng wǒ gěi nǐ bǎba mài
- 혀를 좀 내밀어 보십시오.
  你 把 舌头 伸 出来。
  Nǐ bǎ shétou shēn chulai

- 몸안에 화기가 많습니다.
  你 肝火 太 旺。①
  Nǐ gānhuǒ tài wàng
- 늘 허리가 아픈데 부항 좀 떠 주실래요?
  我 经常 腰疼，能 给 我 拔 罐 吗？
  Wǒ jīngcháng yāo téng néng gěi wǒ bá guàn ma
- 류머티스 같은 병은 정기적으로 안마를 하면 효과가 좋아요.
  风湿类 的 病 ，定期 按摩 见效 很 快 。
  Fēngshīlèi de bìng dìngqī ànmó jiànxiào hěn kuài
- 몸을 보충해 줘야겠습니다.
  你 需要 补 一下 身体 。
  Nǐ xūyào bǔ yíxià shēntǐ

참고 관련 용어 词汇
cíhuì

- 병원　医院
  yīyuàn
- 의사　医师，医生，大夫
  yīshī　yīshēng dàifu
- 간호사　护士
  hùshi
- 환자　患者，病人
  huànzhě bìngrén
- 질병　疾病
  jíbìng
- 상처　伤口
  shāngkǒu
- 상처를 입다　受伤
  shòu shāng
- 암　癌症
  áizhèng
- 백혈병　白血病
  báixiěbìng
- 가슴　胸
  xiōng
- 간　肝
  gān
- 가래　痰
  tán

- 겨드랑이　胳肢窝
  gāzhiwō
- 귀　耳朵
  ěrduo
- 근육　肌肉
  jīròu
- 눈　眼睛
  yǎnjing
- 눈꺼풀　眼皮
  yǎnpí
- 눈물　眼泪
  yǎnlèi
- 다리　腿
  tuǐ
- 대변　大便
  dàbiàn
- 두뇌　头脑
  tóunǎo
- 등　背
  bèi
- 머리　头
  tóu
- 목　喉咙，嗓子，咽喉
  hóulóng sǎngzi yānhóu

① 肝火 gānhuǒ: 간의 화기, 화, 분통, 부아.

19. 병원 II : 전문의 진료

- 몸　身体 shēntǐ
- 무릎　膝盖 xīgài
- 발　脚 jiǎo
- 배　肚子 dùzi
- 식욕　食欲 shíyù
- 식이요법　饮食疗法 yǐnshí liáofǎ
- 사스(SARS)　非典，非典型 肺炎 fēidiǎn fēidiǎnxíng fèiyán
- 전염병　传染病 chuánrǎnbìng
- 전염병발생상황　疫情 yìqíng
- 감염　感染 gǎnrǎn
- 격리　隔离 gélí
- 격리치료　隔离 治疗 gélí zhìliáo
- 마스크　口罩 kǒuzhào
- 내과　内科 nèikē
- 감기　感冒 gǎn mào
- 유행성 감기　流感 liúgǎn
- B형간염　乙肝 yǐgān
- 위장병　胃病 wèibìng
- 위암　胃癌 wèi'ái
- 위경련　胃痉挛 wèijìngluán
- 위궤양　胃溃疡 wèikuìyáng
- 소화불량　消化 不 良 xiāohuà bù liáng
- 폐렴　肺炎 fèiyán
- 설사　拉 肚子 lā dùzi
- 변비　便秘 biànmì
- 기침을 하다　咳嗽 késou
- 마른 기침　干咳 gānké
- 외과　外科 wàikē
- 골절　骨折 gǔzhé
- 탈구　脱臼 tuōjiù
- 화상　烧伤，烫伤 shāoshāng tàngshāng
- 타박상　碰伤 pèngshāng
- 창상　划伤，创伤 huáshāng chuāngshāng
- 허리디스크　腰椎间盘 yāozhuījiānpán
- 뇌출혈　脑出血 nǎochūxiě
- 뇌진탕　脑震荡 nǎozhèndàng
- 신경통　风湿病 fēngshībìng
- 간질　癫痫 diānxián
- 안과　眼科 yǎnkē
- 안경　眼镜 yǎnjìng
- 안경 도수　眼镜 度数 yǎnjìng dùshù
- 콘텍트렌즈　隐形 眼镜 yǐnxíng yǎnjìng
- 라식수술(LASIK)　激光 视力 矫正 jīguāng shìlì jiǎozhèng
- 원시　远视 yuǎnshì
- 근시　近视 jìnshì
- 난시　散光 sǎnguāng
- 각막　角膜 jiǎomó

- 각막염　角膜炎 jiǎomóyán
- 눈곱　眼屎 yǎnshǐ
- 색맹　色盲 sèmáng
- 이비인후과　耳鼻喉科，耳鼻科 ěrbíhóukē　ěrbíkē
- 비염　鼻炎 bíyán
- 중이염　中耳炎 zhōng'ěryán
- 콧물　鼻涕 bítì
- 축농증　鼻窦炎 bídòuyán
- 알레르기성 비염　过敏性 鼻炎 guòmǐnxìng bíyán
- 치과　牙科 yákē
- 구강과　口腔科 kǒuqiāngkē
- 구취　口臭 kǒuchòu
- 충치　蛀牙 zhùyá
- 스켈링　洗 牙 xǐ yá
- 잇몸　牙龈 yáyín
- 유치　乳牙 rǔyá
- 앞니　门牙 ményá
- 송곳니　犬齿，虎牙 quǎnchǐ hǔyá
- 어금니　磨牙，槽牙，臼齿 móyá cáoyá jiùchǐ
- 사랑니　智齿 zhìchǐ
- 의치　假牙，义齿，镶牙 jiǎyá yìchǐ xiāngyá
- 치아교정　整牙 zhěng yá
- 이를 뽑다　拔牙 bá yá
- 잇몸이 아프다　牙龈 痛 yáyín tòng

- 산부인과　妇科，妇产科 fùkē fùchǎnkē
- 월경　例假，月经 lìjià yuèjīng
- 임신　怀 孕，妊娠 huái yùn rènshēn
- 출산예정일　预产期 yùchǎnqī
- 자궁　子宫 zǐgōng
- 자궁암　子宫癌 zǐgōng'ái
- 유방　乳房 rǔfáng
- 유산　流 产 liú chǎn
- 조산　早产 zǎochǎn
- 불임수술　绝育 手术 juéyù shǒushù
- 시험관아기　试管 婴儿 shìguǎn yīng'ér
- 피임　避 孕 bì yùn
- 임산부　孕妇 yùnfù
- 입덧　妊娠 反应 rènshēn fǎnyìng
- 임신부종　妊娠 水肿 rènshēn chuǐzhǒng
- 불임증　不孕症 búyùnzhèng
- 유선염　乳腺炎 rǔxiànyán
- 제왕절개수술　剖腹产，剖宫产 pōufùchǎn pōugōngchǎn
- 소아과　儿科 érkē
- 인큐베이터　保育器，早产儿　保育箱 bǎoyùqì zǎochǎn'ér bǎnyùxiāng
- 경기　抽 风 chōu fēng
- 비뇨기과　泌尿科 mìniàokē
- 조루증　早泄 zǎoxiè

19. 병원 Ⅱ : 전문의 진료

- 전립선비대   前列腺 增生, qiánlièxiàn zēngshēng
             前列腺 肥大 qiánlièxiàn féidà
- 전립선암   前列腺癌 qiánlièxiàn'ái
- 신장   肾脏 shènzàng
- 방광   膀胱 pángguāng
- 요도   尿道 niàodào
- 고환   睾丸 gāowán
- 음경   阴茎 yīnjīng
- 생식기   生殖器 shēngzhíqì
- 성병   性病 xìngbìng
- 매독   梅毒 méidú
- 임질   淋病 lìnbìng
- 에이즈   艾滋病 àizībìng
- 정신과   精神科 jīngshénkē
- 스트레스   压力 yālì
- 불면증   失眠症 shīmiánzhèng
- 수면제   安眠药 ānmiányào
- 신경과민   神经 过敏 shénjīng guòmǐn
- 피부과   皮肤科 pífūkē
- 피부병   皮肤病 pífūbìng
- 습진   湿疹 shīzhěn
- 피부염   皮炎 píyán
- 부스럼   疙瘩 gēda
- 기미   黑斑 hēibān
- 주근깨   雀斑 quèbān
- 무좀   脚癣, 脚气 jiǎoxuǎn jiǎoqì
- 체선   体癣 tǐxuǎn
- 손무좀   手癣 shǒuxuǎn
- 어루러기   花斑癣 huābānxuǎn
- 연고   乳膏, 软膏 rǔgāo ruǎngāo
- 재발   复发 fùfā
- 고질병   痼疾 gùjí
- 진균   真菌 zhēnjūn
- 중의   中医 zhōngyī
- 침·뜸   针灸 zhēnjiǔ
- 중약   中药, 中草药 zhōngyào zhōngcǎoyào
- 중약(완제품)   中成药 zhōngchéngyào
- 약을 짓다   抓药 zhuā yào
- 약을 달이다   熬药 áo yào
- 어혈   淤血 yūxiě

20

취업 및 근무

就业与工作　　　　　JIUYE YU GONGZUO

① 구　　직　　　　　　　　　　　求职
② 출퇴근　　　　　　　　　　　上下班
③ 사　　무　　　　　　　　　　办公
④ 회　　의　　　　　　　　　　开会
⑤ 사무기기 사용　　　　　　　使用办公设备
⑥ 임금・복지　　　　　　　　　工资/福利
⑦ 인사 이동　　　　　　　　　人事调动

1 구 직

求职
qiúzhí

졸업을 앞둔 대학생이라면 누구나 좋은 직장에 취업을 하고 싶은 소망이 있을 것이다. 하지만 경쟁이 치열한 사회에서 다른 경쟁자들을 물리치고 취업에 성공하기란 그리 쉬운 일이 아니다. 그러므로 구직 서류를 준비하는데 있어서도 하나하나 정성을 들여서 준비해야 한다. 구직 서류에는 대개 이력서(简历 jiǎnlì), 자기소개서(自我介绍 zìwǒ jièshào), 추천서(推荐书 tuījiànshū), 성적증명서(成绩单 chéngjìdān), 그리고 각종 자격증 사본(证书复印件 zhèngshū fùyìnjiàn)등이 포함된다.

기본대화

A: 你好，这里是国际贸易人事部。
Nǐ hǎo, zhèlǐ shì guójì màoyì rénshìbù.

B: 我在报纸上看到了贵公司的招聘广告，不知道现在还招不招人？
Wǒ zài bàozhǐ shang kàndào le guì gōngsī de zhāopìn guǎnggào, bù zhīdào xiànzài hái zhāo bu zhāo rén?

A: 你要应聘什么职位？
Nǐ yào yìngpìn shénme zhíwèi?

B: 我想应聘经理。①
Wǒ xiǎng yìngpìn jīnglǐ.

A: 那请您先把个人简历及其他相关资料寄来一份，好吗？
Nà qǐng nín xiān bǎ gèrén jiǎnlì jí qítā xiāngguān zīliào jìlái yí fèn, hǎo ma?

B: 好的，谢谢。
Hǎo de, xièxie.

---

① 중국에서 经理 jīnglǐ 라는 직책은 한 기업이나 부서의 책임자를 말한다. 이를 세분하여 한 부서의 책임자는 部门经理 bùmén jīnglǐ 라고 하며, 사장은 总经理 zǒngjīnglǐ, 부사장은 副总经理 fù zǒngjīnglǐ 라 하기도 한다.

926 20. 취업 및 근무

A: 안녕하세요, 국제무역 인사부입니다.
B: 신문에서 귀사의 초빙광고를 보았는데, 아직도 모집하고 있습니까?
A: 어떤 직위에 지원하려 하십니까?
B: 관리책임자에 지원하려 합니다.
A: 그러면 우선 이력서와 기타 관련자료 1 부씩을 보내주시겠습니까?
B: 네 알겠습니다. 감사합니다.

여러 가지 활용

I 일자리 찾기　找 工作
　　　　　　　zhǎo gōngzuò

- 저는 지금 여기저기 일자리를 찾아다니고 있어요.
  我 正在 到处 找 工作 呢。
  Wǒ zhèngzài dàochù zhǎo gōngzuò ne

- 자신의 마음에 드는 일을 찾기가 정말 힘드네요.
  找 一个 自己 喜欢 的 工作 真 难 呀。
  Zhǎo yí ge zìjǐ xǐhuan de gōngzuò zhēn nán ya

- 지저분하고 힘든 일은 안하고 싶어요.
  不 想 干 又 脏 又 累 的 活儿。
  Bù xiǎng gàn yòu zāng yòu lèi de huór

▶취직 부탁　请求 介绍 工作
　　　　　　qǐngqiú jièshào gōngzuò

- 곧 졸업하는데 제게 일자리 좀 소개해 주시겠습니까?
  我 快 毕业 了, 您 能 给 我 介绍 一份 工作 吗?
  Wǒ kuài bìyè le nín néng gěi wǒ jièshào yí fèn gōngzuò ma

- 적당한 일자리 있으면 저에게 좀 소개시켜 주세요.
  如果 有 合适 的 工作, 请 介绍 给 我。
  Rúguǒ yǒu héshì de gōngzuò qǐng jièshào gěi wǒ

- 좋은 직장 있으면 꼭 좀 저에게 소개해 주십시오.
  如果 有 好 的 工作, 请 记着 给 我 介绍 一个。①
  Rúguǒ yǒu hǎo de gōngzuò qǐng jìzhe gěi wǒ jièshào yí ge

① 请记着~qǐng jìzhe:기억하셨다가 ~ 해주세요, 잊지마시고 ~해주세요.

▶인맥을 통한 구직　凭 关系 求职 ①
píng guānxì qiúzhí

- 그는 연줄을 통해 그 회사에 들어갔어요.
  他 通过 关系 进了 那家 公司 。 ②
  Tā tōngguò guānxì jìnle nà jiā gōngsī

- 그의 부모가 고급 간부라서 뒷문으로 들어갔어요.
  他 的 父母 是 高干, 所以 他 走 后门儿 进来 的 。 ③
  Tā de fùmǔ shì gāogàn suǒyǐ tā zǒu hòuménr jìnlai de

- 그는 인맥을 통해서 취직했어요.
  他 走 关系 找到 的 工作。
  Tā zǒu guānxì zhǎodào de gōngzuò

- 그가 취직할 수 있었던 것은 부친이 그 회사에 아는 사람이 있었기 때문이야.
  他 能 找到 工作 是 因为 他 爸爸 在 那个 公司 有
  Tā néng zhǎodào gōngzuò shì yīnwèi tā bàba zài nà ge gōngsī yǒu
  认识 的 人 。
  rènshi de rén

Ⅱ 면접 시험　面试
miànshì

▶면접 시험 준비　准备 面试
zhǔnbèi miànshì

- 면접시험에서는 인상이 아주 중요해요.
  在 面试 的 时候, 印象 是 非常 重要 的 。
  Zài miànshì de shíhou yìnxiàng shì fēicháng zhòngyào de

- 면접할 때는 자기 PR 을 잘 하세요.
  面试 时 要 注意 扬长 避短 。 ④
  Miànshì shí yào zhùyì yángcháng bìduǎn

---

① 关系 guānxì: 중국어에서 关系 guānxì라 함은 사람 사이의 관계, 특히 '인맥', '연줄' 을 가리키는 경우가 많다.

② 家 jiā: 여기서는 量词 liàngcí(양사:사물의 수량을 나타내는 단위)로 쓰임.

③ 走后门儿 zǒu hòuménr: 우리말에도 "뒷문으로 들어가다" 는 말이 있듯이 중국어에도 비정상적인 수법으로 들어가는 경우를 이렇게 말한다.

④ 扬长避短 yángcháng bìduǎn: "장점은 드러내고 단점은 가린다".

- 면접할 때는 잘 어울리는 정장을 입고 가세요.
  面试 时，你的 穿着 要 得体。①
  Miànshì shí nǐ de chuānzhuó yào détǐ
- 화장은 너무 진하게 하지 말고 적당히 하세요.
  打扮 要 不媚不俗，恰当 适宜。②
  Dǎban yào búmèi bùsú qiàdàng shìyí
- 긴장할 것 없어, 자신감을 가지고 면접을 보라구.
  不要 紧张，满怀 信心 地 去 面试。
  Búyào jǐnzhāng mǎnhuái xìnxīn de qù miànshì

▶지원 동기　求职 动机
　　　　　　qiúzhí dòngjī

A: 你 为什么 选择 我们 公司？
　 Nǐ wèishénme xuǎnzé wǒmen gōngsī
B: 因为 我 认为 你们 公司 前途 可观。
　 Yīnwèi wǒ rènwéi nǐmen gōngsī qiántú kěguān
A: 왜 우리 회사를 선택했습니까?
B: 귀사가 전망이 밝다고 생각했기 때문입니다.

A: 你 为什么 不在 以前的 公司 干 了？
　 Nǐ wèishénme bú zài yǐqián de gōngsī gàn le
B: 我 想 做 更 有 创造性 的 工作。
　 Wǒ xiǎng zuò gèng yǒu chuàngzàoxìng de gōngzuò
A: 왜 이전의 회사를 그만 두었습니까?
B: 좀더 창의적인 일을 하고 싶었습니다.

A: 你 为什么 会 对 这家 公司 感 兴趣？
　 Nǐ wèishénme huì duì zhèjiā gōngsī gǎn xìngqù

---

① 得体 détǐ: (언어나 행동 등이)자신의 신분에 잘 어울리는 것을 말함.
② 不媚不俗 búmèi bùsú: 요염하거나 천박하지 않다.

①구 직

B: 因为 我 很 喜欢 电脑 行业 。①
　　Yīnwèi wǒ hěn xǐhuan diànnǎo hángyè
A: 어떻게 해서 우리 회사에 관심을 갖게 되었습니까?
B: 컴퓨터 분야를 매우 좋아하기 때문입니다.

A: 你 觉得 你 能 胜任 这 份 工作 吗? ②
　　Nǐ juéde nǐ néng shèngrèn zhè fèn gōngzuò ma
B: 我 有 这 个 自信，我 相信 我 能 。
　　Wǒ yǒu zhè ge zìxìn　wǒ xiāngxìn wǒ néng
A: 이 일을 잘 해낼 수 있다고 생각합니까?
B: 자신 있습니다. 잘 할 수 있다고 생각합니다.

▶개인 신상　个人 情况
　　　　　　　gèrén qíngkuàng

A: 你 的 籍贯 是 哪里 ?
　　Nǐ de jíguàn shì nǎli
B: 我 的 籍贯 是 吉林 省 延吉 市 。
　　Wǒ de jíguàn shì Jílín Shěng Yánjí Shì
A: 본적이 어디입니까?
B: 저의 본적은 지린성 옌지시입니다.

A: 以前 得过 大 病 吗 ?
　　Yǐqián déguo dà bìng ma
B: 没有，我 都 很少 感冒 。
　　Méiyǒu wǒ dōu hěnshǎo gǎnmào
A: 이전에 큰 병에 걸린 적이 있습니까?
B: 없습니다. 저는 감기도 잘 걸리지 않습니다.

---

① 行业 hángyè:직업 또는 업종을 가리키는 말. 어떤 업종에 정통한 사람을 内行 nèiháng 이라 하며, 반대로 그 방면에 문외한인 사람을 가리켜 外行 wàiháng 이라 한다.
② 胜任 shèngrèn:맡은 소임을 잘 해내다. 능히 감당해내다.

A: 你 在 家里 排行 第几？①
　　Nǐ zài jiāli páiháng dì jǐ
B: 我 是 老大，还 有 一 个 弟弟。
　　Wǒ shì lǎodà hái yǒu yí ge dìdi
A: 형제 중에 몇 번째 입니까?
B: 첫째입니다. 남동생이 하나 있습니다.

▶능력 검증　资格 认证
　　　　　　　　zīgé rènzhèng

A: 你 有 哪 一　方面　的 资格 证书？
　　Nǐ yǒu nǎ yì fāngmiàn de zīgé zhèngshū
B: 我 有 会计 证书。
　　Wǒ yǒu kuàijì zhèngshū
A: 어떤 자격증을 가지고 있습니까?
B: 회계사 자격증을 가지고 있습니다.

A: 你 可以 用 英语 表达 自己 的 意思 吗？
　　Nǐ kěyǐ yòng Yīngyǔ biǎodá zìjǐ de yìsi ma
B: 可以，一般 的　生活　用语 没有 问题。
　　Kěyǐ yìbān de shēnghuó yòngyǔ méiyǒu wèntí
A: 영어로 자신의 의사를 표현할 수 있습니까?
B: 네, 일상생활 영어는 문제 없습니다.

A: 你 的 电脑　水平　达到 几 级？
　　Nǐ de diànnǎo shuǐpíng dádào jǐ jí
B: 我 已经 达到 了 二级。
　　Wǒ yǐjīng dádào le èr jí
A: 컴퓨터수준은 몇 급입니까?
B: 2급 수준입니다.

---

① 排行 páiháng: 형제자매의 항렬을 말한다.

A: 你 一 分钟 能 打 多少 字？
　　Nǐ yì fēnzhōng néng dǎ duōshao zì
B: 每 分钟 80 个 字 左右。
　　Měi fēnzhōng bāshí ge zì zuǒyòu
A: 1분에 몇 자나 타이핑하지요？
B: 1분에 80자 정도 칩니다.

A: 你 有 秘书 的 资格 证书 吗？
　　Nǐ yǒu mìshū de zīgé zhèngshū ma
B: 有，我 已经 获得 了 秘书 高级 证书。
　　Yǒu wǒ yǐjīng huòdé le mìshū gāojí zhèngshū
A: 비서 자격증이 있습니까？
B: 네, 비서 고급자격증을 가시고 있습니다.

▶인간 관계　人际 关系
　　　　　　rénjì guānxì

A: 你 最 尊敬 的 人 是 谁？
　　Nǐ zuì zūnjìng de rén shì shéi
B: 我 的 小学 老师，他 是 一 个 对 我 启发 很 大 的
　　Wǒ de xiǎoxué lǎoshī tā shì yí ge duì wǒ qǐfā hěn dà de
人。
rén
A: 가장 존경하는 사람은 누굽니까？
B: 초등학교 선생님입니다. 많은 것을 일깨워 주신 분입니다.

A: 在 生活 中 你 与 别人 相处 得 好 吗？
　　Zài shēnghuó zhōng nǐ yǔ biéren xiāngchǔ de hǎo ma
B: 很 好，我 很 喜欢 交 朋友。
　　Hěn hǎo wǒ hěn xǐhuan jiāo péngyou
A: 평소 다른 사람들과 사이좋게 지냅니까？
B: 사이좋게 지냅니다. 저는 사람 사귀기를 무척 좋아합니다.

A: 在 工作 中，你 与 同事 之间 发生 过 争执 吗？①
　　Zài gōngzuò zhōng nǐ yǔ tóngshì zhījiān fāshēng guo zhēngzhí ma?

B: 几乎 没有，即使 发生 了 矛盾 也 是 可以 化解 的。
　　Jīhū méiyǒu jíshǐ fāshēng le máodùn yě shì kěyǐ huàjiě de

A: 일하면서 동료간에 다툼이 있었던 적은 없었습니까?

B: 거의 없습니다. 설사 갈등이 생긴다 해도 화해할 줄 압니다.

A: 你 认为 在 人际 关系 中 最 重要 的 是 什么？
　　Nǐ rènwéi zài rénjì guānxì zhōng zuì zhòngyào de shì shénme

B: 我 认为 最 重要 的 是 理解 与 尊重。
　　Wǒ rènwéi zuì zhòngyào de shì lǐjiě yǔ zūnzhòng

A: 인간 관계에 있어서 무엇이 가장 중요하다고 생각합니까?

B: 이해와 존중이 가장 중요하다고 생각합니다.

A: 你 身边 的 人 都 是 怎样 评价 你 的？
　　Nǐ shēnbiān de rén dōu shì zěnyàng píngjià nǐ de

B: 他们 说 我 是 最 有 人缘 的 一 个 人，因为 我 身边 经常 围着 一 大 堆 朋友。②
　　Tāmen shuō wǒ shì zuì yǒu rényuán de yí ge rén yīnwèi wǒ shēnbiān jīngcháng wéizhe yí dà duī péngyou

A: 주변의 사람들이 당신을 어떻게 평가합니까?

B: 사교성이 아주 좋다고 합니다. 왜냐하면 제 주변에 늘 친구들이 둘러싸여 있거든요.

▶인생관·직업관　　人生观 / 职业观
　　　　　　　　　rénshēngguān zhíyèguān

A: 你 有 人生 的 座右铭 吗？
　　Nǐ yǒu rénshēng de zuòyòumíng ma

---

① 争执 zhēngzhí：논쟁, 고집, 의견충돌.
② 人缘 rényuán：대인 관계에서 사교성, 붙임성, 인기 등이 좋은 것을 말함.

B: 有, 我的 座右铭 是 " 天 道 酬 勤 "。
　　Yǒu　wǒ de zuòyòumíng shì　tiān dào chóu qín
A: 인생의 좌우명이 있습니까?
B: 네, 저의 좌우명은 "하늘은 스스로 돕는 자를 돕는다"
　 입니다.

A: 你的 理想 是 什么?
　 Nǐ de lǐxiǎng shì shénme
B: 我的 理想 是 成为 一个 优秀 的 企业家。
　 Wǒ de lǐxiǎng shì chéngwéi yí ge yōuxiù de qǐyèjiā
A: 당신의 꿈은 무엇입니까?
B: 저의 꿈은 훌륭한 기업가가 되는 것입니다.

A: 你 觉得 求职 的 时候 最 重要 的 是 什么?
　 Nǐ juéde qiúzhí de shíhou zuì zhòngyào de shì shénme
B: 我 觉得 要 按照 自己 的 兴趣 来 选择 工作,
　 Wǒ juéde yào ànzhào zìjǐ de xìngqù lái xuǎnzé gōngzuò
这样 就不会 后悔。
zhèyàng jiù bú huì hòuhuǐ
A: 직업을 구할 때 가장 중요한 것은 무엇이라고 생각합니까?
B: 자신의 적성에 맞는 직업을 선택해야 후회가 없다고 생각
　 합니다.

A: 你的 人生观 是 什么?
　 Nǐ de rénshēngguān shì shénme
B: 我的 人生观 是 " 富贵 不能 淫, 贫贱 不能
　 Wǒ de rénshēngguān shì　 fùguì bù néng yín　pínjiàn bù néng
移, 威武 不能 屈 "。
yí　wēiwǔ bù néng qū
A: 당신의 인생관은 무엇입니까?
B: 저의 인생관은 '부귀에 탐닉하지 않고, 기난에 번절히지
　 않으며, 권세에 굴복하지 않는다' 입니다.

A: 你 做 人 的 原则 是 什么？①
　　Nǐ zuò rén de yuánzé shì shénme
B: 我 认为 最 重要 的 是 为人 正直、 忠诚。
　　Wǒ rènwéi zuì zhòngyào de shì wéirén zhèngzhí zhōngchéng
A: 사람으로서 지켜야 할 원칙은 무엇입니까?
B: 가장 중요한 것은 정직과 성실이라 생각합니다.

▶취미·특기　爱好／特长
　　　　　　　　àihào　techáng

A: 你 有 什么 爱好？
　　Nǐ yǒu shénme àihào
B: 我 的 嗜好 是 读书。
　　Wǒ de shìhào shì dú shū
A: 那 你 一个 月 读 几 本 书？
　　Nà nǐ yí ge yuè dú jǐ běn shū
B: 大概 五六 本 吧。
　　Dàgài wǔliù běn ba
A: 最近 读 的 书 当中，你 感受 最 深 的 是 哪本 书？
　　Zuìjìn dú de shū dāngzhōng nǐ gǎnshòu zuì shēn de shì nǎ běn shū
B:《邓 小平 传》，他 的 智慧 给 我 很 多 启发。
　　Dèng Xiǎopíng Zhuàn tā de zhìhuì gěi wǒ hěn duō qǐfā
A: 취미가 무엇입니까?
B: 저의 취미는 독서입니다.
A: 그럼 한 달에 몇 권 정도 읽습니까?
B: 5, 6권 정도입니다.
A: 최근에 읽은 책 중에서 가장 감명 깊은 책은 무엇입니까?
B: 〈등소평 전기〉입니다. 그의 지혜는 저에게 많은 것을 깨우쳐 주었습니다.

---

① 做人 zuò rén: (올바른) 사람이 되다, 사람 구실을 하다, 처세하다. 사람 됨됨이.

① 구 직

A: 你有什么特长?
　　Nǐ yǒu shénme tècháng
B: 写作, 我曾经在报纸上发表过几篇文章。
　　Xiězuò wǒ céngjīng zài bàozhǐ shang fābiǎo guo jǐ piān wénzhāng
A: 특기가 무엇입니까?
B: 글쓰기입니다. 일찍이 신문에 몇 편의 글을 발표한 적이 있습니다.

A: 你最擅长什么?
　　Nǐ zuì shàncháng shénme
B: 我比较擅长唱歌。
　　Wǒ bǐjiào shàncháng chàng gē
A: 가장 잘하는 것이 무엇이죠?
B: 노래를 비교적 잘 부릅니다.

A: 你喜欢运动吗?
　　Nǐ xǐhuan yùndòng ma
B: 喜欢, 我的篮球打得特别棒。
　　Xǐhuan wǒ de lánqiú dǎ de tèbié bàng
A: 운동을 좋아합니까?
B: 좋아합니다. 농구를 특히 잘합니다.

▶학창시절　　学生时期
　　　　　　　xuéshēng shíqī

A: 你在大学的成绩怎么样?
　　Nǐ zài dàxué de chéngjì zěnmeyàng
B: 还不错, 我每年都能拿到学校的奖学金。
　　Hái búcuò wǒ měinián dōu néng nádào xuéxiào de jiǎngxuéjīn
A: 대학에서의 성적은 어떠했습니까?
B: 좋은 편입니다. 매년 학교에서 주는 장학금을 받았습니다.

A: 你在大学时期有没有打过工？
　　Nǐ zài dàxué shíqī yǒu méiyǒu dǎguo gōng
B: 有，我曾经做过家教。
　　Yǒu wǒ céngjīng zuòguo jiājiào
A: 대학시절에 아르바이트를 했습니까?
B: 네, 가정교사를 했습니다.

A: 你最喜欢哪门课？①
　　Nǐ zuì xǐhuan nǎ mén kè
B: 我最喜欢数学课。
　　Wǒ zuì xǐhuan shùxuékè
A: 가장 좋아하는 과목은 무엇입니까?
B: 수학을 가장 좋아합니다.

A: 你的毕业论文是关于什么的？
　　Nǐ de bìyè lùnwén shì guānyú shénme de
B: 我的毕业论文是关于保护生态环境的。
　　Wǒ de bìyè lùnwén shì guānyú bǎohù shēngtài huánjìng de
A: 졸업 논문은 무엇에 관한 것이었습니까?
B: 저의 졸업 논문은 생태계 보호에 관한 것입니다.

A: 大学时期，你参加过社团吗？
　　Dàxué shíqī nǐ cānjiā guo shètuán ma
B: 我一直参加摄影社团。
　　Wǒ yìzhí cānjiā shèyǐng shètuán
A: 대학시절 동아리 활동에 참여한 적이 있습니까?
B: 줄곧 사진 동아리에서 활동했습니다.

▶급여·복리　　工资 / 福利
　　　　　　　　gōngzī　fúlì

A: 你期望年薪是多少？
　　Nǐ qīwàng niánxīn shì duōshao

---

① 门 mén: 학문·기술 등의 과목을 나타내는 양사.

B: 最低三万美元。
　　Zuì dī sān wàn měiyuán
A: 희망하는 연봉은 얼마입니까?
B: 최하 3만 달러입니다.

A: 试用期 工资 是 多少?
　　Shìyòngqī gōngzī shì duōshao
B: 试用期 每个月 3,000 元, 转 正 以后 每个
　　Shìyòngqī měi ge yuè sānqiān yuán zhuǎn zhèng yǐhòu měi ge
　　月　　3,500　　元 。①
　　yuè sānqiān wǔbǎi yuán
A: 실습기간의 급여는 얼마나 됩니까?
B: 실습기간은 3,000위안이고, 정식 직원이 되면 3,500위안
　　입니다.

A: 一 年 奖金 是 多少?
　　Yì nián jiǎngjīn shì duōshao
B: 需要 根据 工作 的 业绩 来 定 。
　　Xūyào gēnjù gōngzuò de yèjì lái dìng
A: 연간 보너스는 얼마나 됩니까?
B: 업무실적에 따라서 지급됩니다.

A: 除了 工资 以外 还 有 别的 补贴 吗 ?
　　Chúle gōngzī yǐwài hái yǒu biéde bǔtiē ma
B: 公司 会 提供 一定 的 话补 和 餐补 。②
　　Gōngsī huì tígōng yídìng de huàbǔ hé cānbǔ
A: 급여 외에 또 특별한 보조금이 있습니까?
B: 일정액의 전화 요금과 식비를 지급합니다.

① 转正 zhuǎn zhèng: 정식 직원으로 전환하다.
② 话补 huàbǔ: 电话费补贴 diànhuàfèi bǔtiē(전화비 보조금). 餐补 cānbǔ: 用餐补贴 yòngcān bǔtiē(식비 보조금).

20. 취업 및 근무

A: 员工 都 有 哪些 福利？
　　Yuángōng dōu yǒu nǎxiē　fúlì
B: 公司 会 提供 三 险 。①
　　Gōngsī huì tígōng sān xiǎn
A: 사원 복지에는 어떤 것이 있습니까?
B: 회사에서 의료, 양로, 실직보험에 들어줍니다.

A: 公司 可以 提供 医疗 保险 吗？
　　Gōngsī　kěyǐ　tígōng yīliáo bǎoxiǎn ma
B: 可以， 能 报销 医疗 费用 的　50％。②
　　Kěyǐ　néng bàoxiāo yīliáo fèiyòng de bǎifēnzhī wǔshí
A: 의료보험혜택이 있습니까?
B: 네, 의료비의 50％가 보조됩니다.

A: 我们 公司 得　常常　加 夜班, 你 能 行 吗？
　　Wǒmen gōngsī děi chángcháng jiā yèbān　nǐ néng xíng ma
B: 没有 问题 。
　　Méiyǒu wèntí
A: 우리 회사는 자주 야근을 하는데 괜찮습니까?
B: 문제 없습니다.

A: 女 职员 升 职的 机会 和 男 职员 一样 多吗？③
　　Nǚ zhíyuán shēng zhí de　jīhuì　hé nán zhíyuán yíyàng duō ma
B: 一样 ， 这 要 根据 个人 的 能力 来 决定 。
　　Yíyàng　zhè yào gēnjù gèrén de nénglì lái juédìng
A: 여직원의 승진기회는 남직원과 같습니까?
B: 같습니다. 개인의 능력에 따라 결정됩니다.

---

① 三险 sān xiǎn : 医疗保险 yīliáo bǎoxiǎn (의료보험), 养老保险 yǎnglǎo bǎoxiǎn (양로보험), 失业保险 shīyè bǎoxiǎn (실직보험)을 말함.

② 报销 bàoxiāo : 발생한 비용을 청구하여 정산을 받는 것을 말함.

③ 升职 shēng zhí : 승진하다, 진급하다.

III. 면접 시험 결과 面试 结果
miànshì jiéguǒ

A: 小胡，面试怎么样？
　　Xiǎo Hú miànshì zěnmeyàng

B: 哎呀，别提了，紧张得让我喘不过气儿来。①
　　Aiya biétí le, jǐnzhāng de ràng wǒ chuǎn bu guò qìr lai

A: 什么时候通知结果？
　　Shénme shíhou tōngzhī jiéguǒ

B: 不知道，他们说如果被录用，公司下星期会发通知。
　　Bù zhīdào, tāmen shuō rúguǒ bèi lùyòng, gōngsī xià xīngqī huì fā tōngzhī

A: 샤오후, 면접은 어땠어?
B: 아유, 말도 마. 긴장해서 숨도 제대로 쉬지 못했어.
A: 결과는 언제 통지해 준대?
B: 모르겠어. 합격이 되면 다음 주에 회사에서 통지해 주겠대.

- 면접시험 결과는 언제쯤 통지해 줍니까?
  面试的结果什么时候通知？
  Miànshì de jiéguǒ shénme shíhou tōngzhī

- 전화로 면접결과를 확인할 수 있습니까?
  可以用电话确认一下面试结果吗？
  Kěyǐ yòng diànhuà quèrèn yíxià miànshì jiéguǒ ma

- 면접 결과는 3일 후에 회사의 홈페이지에 발표합니다.
  面试结果三天之后在我们公司的网站上公布。
  Miànshì jiéguǒ sān tiān zhīhòu zài wǒmen gōngsī de wǎngzhàn shang gōngbù

---

① 别提了 biétí le : '언급하지 마라', '말도 꺼내지 마라' 의 뜻으로 흔히 어기를 강조함.

20. 취업 및 근무

▶ 합격　　录取
　　　　　lùqǔ

> A: 考试 的 最终 结果 怎么样？
> 　　Kǎoshì de zuìzhōng jiéguǒ zěnmeyàng
> B: 还 好，过 关 了，谢谢 你 的 关心 。①
> 　　Hái hǎo　guò guān le　xièxie nǐ de guānxīn
> A: 시험 최종 결과는 어땠어?
> B: 다행히 합격했어. 마음 써줘서 고마워.

- 숱한 난관을 극복하고 결국 해냈구나.
  过 五 关 斩 六 将，你 终于 胜利 了 。②
  Guò wǔ guān zhǎn liù jiàng nǐ zhōngyú shènglì le

- 드디어 취직을 했어요!
  终于　找到　工作　了！
  Zhōngyú zhǎodào gōngzuò le

- 취직을 축하하며, 건배!
  祝贺 你　找到　工作，干 杯！
  Zhùhè nǐ zhǎodào gōngzuò gān bēi

- 순조롭게 취직이 된 것을 정말 축하해.
  衷心　地祝贺 你 顺利　找到　工作 。
  Zhōngxīn de zhùhè nǐ shùnlì zhǎodào gōngzuò

▶ 불합격　　被 拒
　　　　　　bèi jù

- 아마도 불합격인가 봐. 아직 소식이 없어.
  好像　我 没有 被 录用，到 现在 还 没有 消息 。
  Hǎoxiàng wǒ méiyǒu bèi lùyòng　dào xiànzài hái méiyǒu xiāoxi

- 경쟁이 너무 치열했어. 이번에도 떨어졌어.
  竞争　真 激烈 啊，这 次 我 又 被 刷 下来 了 。③
  Jìngzhēng zhēn jīliè a　zhè cì wǒ yòu bèi shuā xialai le

---

① 过关 guò guān:관문을 통과하다, 고비를 넘다.

② 过五关斩六将 guò wǔ guān zhǎn liù jiàng: "다섯 관문을 넘고 여섯 장수를 베다"라는 뜻으로 곧 숱한 난관을 극복해 냄을 일컫는 성어(成语 chéngyǔ).

③ 刷下来 shuā xialai:여기서 刷 shuā 는 시험이나 경선 등에서 '떨어지다' 는 뜻.

① 구　직

- 한 번 실패했다고 낙심하지는 마. 기회는 또 있으니까.
  不要 因为 一 次 的 失败 就 灰心 丧气，以后 还 有
  Búyào yīnwèi yí cì de shībài jiù huīxīn sàngqì yǐhòu hái yǒu
  机会。①
  jīhuì

- 회사가 요구하는 영어 수준에 미달이어서 떨어졌어요.
  我 没 达到 公司 要求 的 英语 标准，所以 没有 被
  Wǒ méi dádào gōngsī yāoqiú de Yīngyǔ biāozhǔn suǒyǐ méiyǒu bèi
  录用。
  lùyòng

---

① 灰心丧气 huīxīn sàngqì : 상심하다. 낙심하다. 의기소침하다.

2 출퇴근

上下班
shàng xià bān

아침 저녁으로 출퇴근 시간이면 중국의 거리에는 활기찬 자전거의 행렬을 볼 수 있다. 출근길에 자녀를 학교나 유치원으로 데려다 주기 위해 뒷자리에 어린이를 싣고 가는 사람, 한 손으로 사오빙(烧饼 shāobing)을 먹으며 부지런히 달려가는 사람, 부부나 친구끼리 사이좋게 나란히 달리며 대화를 나누는 사람 등 정겨운 모습도 많다. 그러나 가속되는 현대화로 인해 이제는 점점 오토바이(摩托车 mótuōchē)도 많아지고, 전철·버스 등 교통수단을 이용하거나 자가용(私人轿车 sīrén jiàochē) 출퇴근도 갈수록 늘어나는 상황이다.

기본대화

A: 今天 怎么 没 看见 金 经理？他 上 班 了 吗？
　　Jīntiān zěnme méi kànjiàn Jīn jīnglǐ　Tā shàng bān le ma

B: 他 来 了，但是 有 事 出去 了。
　　Tā lái le　dànshì yǒu shì chūqu le

A: 是 吗？他 回来 了，让 他 到 我 办公室 来 一下。
　　Shì ma　Tā huílai le　ràng tā dào wǒ bàngōngshì lái yíxià

B: 好 的。
　　Hǎo de

A: 오늘 김 경리가 안 보이네요. 출근했습니까?
B: 출근은 했는데 일이 있어서 나갔습니다.
A: 그래요? 돌아오면 내 사무실로 좀 들어오라고 해요.
B: 알겠습니다.

여러 가지 활용

I 출근　上 班
　　　　shàng bān

▶교통 수단　交通 工具
　　　　　　jiāotōng gōngjù

A: 你 平时 怎么 上 班？
　　Nǐ píngshí zěnme shàng bān

B: 我 一般 开车 上 班。
　　Wǒ yìbān kāi chē shàng bān
A: 평상시 어떻게 출근하세요?
B: 보통 제가 운전해서 출근합니다.

- 회사가 집에서 가까워 늘 걸어서 출근하고 있습니다.
  公司 离 家 很 近，所以 我 一直 都 是 走着 上 班。
  Gōngsī lí jiā hěn jìn　suǒyǐ wǒ yìzhí dōu shì zǒuzhe shàng bān
- 회사의 통근 버스를 타고 다닙니다.
  坐 公司 的 班车 上 班。①
  Zuò gōngsī de bānchē shàng bān
- 버스로 출근하는데 차가 막힐 때면 정말 골머리 아파요.
  坐 公共 汽车 上 班，但是 堵 车 的 时候 还 真 让
  Zuò gōnggòng qìchē shàng bān　dànshì dǔ chē de shíhou hái zhēn ràng
  人 头疼。
  rén tóuténg

▶출근 시간　上 班 时间
　　　　　　　shàng bān shíjiān

A: 你去 上 班 需要 多 长 时间？
　　Nǐ qù shàng bān xūyào duō cháng shíjiān
B: 大约 一 个 小时 吧。
　　Dùyuē yí ge xiǎoshí ba
A: 출근하는 데 얼마니 시간이 길립니까?
B: 대략 1시간 정도 걸립니다.

- 아침에 몇 시에 집을 나섭니까?
  早上 大约 几 点 从 家里 出来？
  Zǎoshang dàyuē jǐ diǎn cóng jiāli chūlai
- 저는 매일 아주 일찍 출근해요.
  我 每 天 上 班 都 很 早。
  Wǒ měi tiān shàng bān dōu hěn zǎo

---

① 班车 bānchē: 통근버스, 셔틀버스 등 정기적으로 운행하는 차량.

20. 취업 및 근무

- 출근시간이 고정되어 있지 않아요.
  没有 固定 的 上 班 时间。
  Méiyǒu gùdìng de shàng bān shíjiān

▶ 출근 소요 시간　去　上　班　所需　时间
　　　　　　　　　qù shàng bān suǒxū shíjiān

- 집에서 회사까지 얼마나 멀어요?
  你家离公司有多远?
  Nǐ jiā lí gōngsī yǒu duō yuǎn

- 자동차로 5 분밖에 안 걸립니다.
  开 车 五 分钟 就 到 了。
  Kāi chē wǔ fēnzhōng jiù dào le

- 회사가 바로 앞이에요. 잠깐이면 도착합니다.
  公司 就 在 前面，一会儿就 能 到。
  Gōngsī jiù zài qiánmian yíhuìr jiù néng dào

- 외곽으로 이사한 후로는 출근시간이 두 배로 늘었어요.
  自从 搬到 郊区 以后， 上 班得花 原来 两 倍 的
  Zìcóng bāndào jiāoqū yǐhòu shàng bān děi huā yuánlái liǎng bèi de
  时间。①
  shíjiān

Ⅱ　퇴근　下 班
　　　　　 xià bān

| A: 小　张　，工作　都　完成　了吗?
| Xiǎo Zhāng gōngzuò dōu wánchéng le ma
| B: 还　差 一点儿， 等　做完　了我再走。
| Hái chà yìdiǎnr děng zuòwán le wǒ zài zǒu
| A: 已经 过 下 班 时间 了， 明天　再 接着 做 吧。
| Yǐjīng guò xià bān shíjiān le míngtiān zài jiēzhe zuò ba
| A: 샤오장, 일 다 끝났습니까?
| B: 아직 조금 남았습니다. 다 끝내고 가겠습니다.
| A: 이미 퇴근시간도 넘었는데, 내일 다시 합시다.

---

① 花 huā:여기서는 '소비하다', '소모하다' 라는 뜻의 동사로 쓰임.

A: 你一般几点下班？
　　Nǐ yìbān jǐ diǎn xià bān
B: 不忙的时候我六点下班。
　　Bù máng de shíhou wǒ liù diǎn xià bān
A: 보통 몇 시에 퇴근합니까?
B: 바쁘지 않으면 6시에 퇴근합니다.

- 자, 책상을 정리하고 퇴근합시다.
  好，收拾一下桌子，下班吧。
  Hǎo, shōushi yíxià zhuōzi, xià bān ba
- 왜 아직도 퇴근 안했어요?
  怎么还没下班呢？
  Zěnme hái méi xià bān ne
- 아직 일이 끝나지 않아서 못가겠네요.
  现在还没做完呢，还不能走。
  Xiànzài hái méi zuòwán ne, hái bù néng zǒu

Ⅲ　지각·조퇴　迟到 / 早退
　　　　　　　　chídào zǎotuì

A: 对不起，我迟到了。
　　Duìbuqǐ, wǒ chídào le
B: 怎么回事？
　　Zěnme huí shì
A: 睡过头了，所以没赶上班车。
　　Shuì guòtóu le, suǒyǐ méi gǎnshàng bānchē
B: 下回注意点儿。
　　Xià huí zhùyì diǎnr
A: 죄송합니다. 늦었습니다.
B: 어떻게 된거에요?
A: 늦잠을 자서 통근버스를 놓쳤습니다.
B: 앞으로는 주의하세요.

▶지각　迟到
　　　　chídào

- 왜 늦었어요?
  为什么　迟到？
  Wèishénme chídào

- 지각한 이유를 분명하게 말해보세요.
  请 你 清楚 地　说明　一下 迟到 的 原因。
  Qǐng nǐ qīngchu de shuōmíng yíxià chídào de yuányīn

- 다시는 늦지 않겠습니다.
  我 再 也 不 会 迟到 了。
  Wǒ zài yě bú huì chídào le

- 길이 막혀서 늦었습니다.
  路上　塞车，所以 迟到 了。①
  Lùshang sāi chē　suǒyǐ chídào le

- 그는 지각을 밥먹듯 한답니다.
  他 迟到 是　家常　便饭。
  Tā chídào shì jiācháng biànfàn

- 그도 지각할 때가 있군요.
  他 也 会 迟到 啊。
  Tā yě huì chídào a

- 이번 한 번은 봐주지만 다음엔 절대 지각하지 마세요.
  这 次 迟到 了 就　原谅　你 一 次，下 次 绝对 不 能 再
  Zhè cì chídào le jiù yuánliàng nǐ yí cì　xià cì juéduì bù néng zài
  犯 。
  fàn

- 매일 그 몇 사람이 지각해요.
  天天　都 是 那 几 个 人 迟到 。
  Tiāntiān dōu shì nà jǐ ge rén chídào

- 본사에 들려야 하므로 좀 늦게 출근하겠습니다.
  我 要 去 一　趟　总公司，所以 可能 会 晚 点儿 上 班。
  Wǒ yào qù yí tàng zǒnggōngsī suǒyǐ kěnéng huì wǎn diǎnr shàng bān

---

①　塞는 '多音字 duōyīnzì'로서 '막다'의 뜻으로 쓰일 때는 sāi 혹은 sè로 발음 되며, '변경' '요새'의 뜻으로 쓰일 때는 sài로 발음된다. 예) 塞车 sāi chē(교통체증), 堵塞 dǔsè(막히다), 要塞 yàosài(요새).

▶ 조퇴   早退
     zǎotuì

- 몸이 불편해서 조퇴하겠습니다.
  我 不 舒服 ，先 下 班 了 。
  Wǒ bù shūfu xiān xià bān le

- 어디 안 좋은 것 같은데, 불편하면 일찍 퇴근하도록 해요.
  我 看 你 不 对劲儿 ，要是 不 舒服 的话 ，你 就 先 下 班
  Wǒ kàn nǐ bú duìjìnr yàoshi bù shūfu dehuà nǐ jiù xiān xià bān
  吧 。
  ba

- 일이 있어서 3시간 일찍 조퇴하고 싶습니다.
  我 有 事 ，想 提前 三 个 小时 下 班 。
  Wǒ yǒu shì xiǎng tíqián sān ge xiǎoshí xià bān

IV 결근   旷工
            kuàng gōng

A: 我 得了 重感冒 ，今天 不 能 上 班 了 ，非常
   Wǒ déle zhònggǎnmào jīntiān bù néng shàng bān le fēicháng
   抱歉 。
   bàoqiàn
B: 没 事儿 ，你 好好儿 休息 。
   Méi shìr nǐ hǎohāor xiūxi
A: 谢谢 ，我 会 尽早 上 班 的 。
   Xièxie wǒ huì jǐnzǎo shàng bān de
A: 감기가 심해서 오늘 출근하지 못하겠습니다. 죄송합니다.
B: 괜찮으니 푹 쉬도록 해요.
A: 감사합니다. 되도록 빨리 출근하겠습니다.

- 그는 사전에 말도 없이 멋대로 결근을 했어요.
  他 没有 提前 跟 公司 请 假 就 擅自 不 来 。
  Tā méiyǒu tíqián gēn gōngsī qǐng jià jiù shànzì bù lái

- 어제 일은 특수상황이라 봐주지만 다음에는 예외 없을 줄 아세요.
  昨天 就 按 特殊 情况 处理 ，但是 记住 下 不 为 例 。
  Zuótiān jiù àn tèshū qíngkuàng chǔlǐ dànshì jìzhù xià bù wéi lì

948 20. 취업 및 근무

- 그가 무단결근을 했다니, 이건 심각한 규율위반입니다.
  他没请假就旷工了，这是严重违反纪律
  Tā méi qǐng jià jiù kuàng gōng le, zhè shì yánzhòng wéifǎn jìlù
  的。
  de
- 샤오진이 3일이나 결근하네요. 무슨 일 있는 것 아닐까요?
  小金已经旷工三天了，会不会出了什么事？
  Xiǎo Jīn yǐjīng kuàng gōng sān tiān le, huì bu huì chūle shénme shì

V 휴가 休假
xiū jià

- 출산휴가는 며칠을 줍니까?
  产假给几天？
  Chǎnjià gěi jǐ tiān
- 우리 회사는 병가를 최대 며칠이나 받을 수 있습니까?
  在我们公司病假最多给几天？
  Zài wǒmen gōngsī bìngjià zuì duō gěi jǐ tiān
- 당신은 언제부터 휴가입니까?
  你从什么时候开始休假？
  Nǐ cóng shénme shíhou kāishǐ xiū jià
- 개인 사정으로 이틀간 휴가를 내고 싶습니다.
  有点儿私事所以我想请两天假。
  Yǒudiǎnr sīshì suǒyǐ wǒ xiǎng qǐng liǎng tiān jià
- 다음 주에 이틀간 연휴를 갖게 됩니다.
  下周我可以连休两天。
  Xiàzhōu wǒ kěyǐ lián xiū liǎng tiān
- 회사가 요즘 일이 바빠서 전 직원 모두 휴가를 갈 수 없습니다.
  公司近来业务繁忙，所以全部职员都不能休
  Gōngsī jìnlái yèwù fánmáng suǒyǐ quánbù zhíyuán dōu bù néng xiū
  假。
  jià
- 휴가기간에도 당연히 월급이 지급됩니다.
  休假期间当然也有工资啦。
  Xiū jià qījiān dāngrán yě yǒu gōngzī la

Ⅵ 근무 시간　工作 时间
gōngzuò shíjiān

> A: 工作 时间 是 几 点 到 几 点？
> Gōngzuò shíjiān shì jǐ diǎn dào jǐ diǎn
> B: 周一 至 周五 从 早上 八 点 到 下午 五 点，
> Zhōuyī zhì zhōuwǔ cóng zǎoshang bā diǎn dào xiàwǔ wǔ diǎn
> 周六、周日 休息。
> zhōuliù zhōurì xiūxi
> A: 근무 시간은 몇 시부터 몇 시까지입니까?
> B: 월요일부터 금요일까지 아침 8시부터 오후 5시까지 근무하고, 토·일요일은 쉽니다.

- 하루에 몇 시간 일합니까?
  一 天 上 几 个 小时 班？
  Yì tiān shàng jǐ ge xiǎoshí bān

- 저희 회사는 주 5일 근무입니다.
  我们 公司 是 一 周 上 五 天 班。
  Wǒmen gōngsī shì yì zhōu shàng wǔ tiān bān

- 저희는 격주로 토요일에는 쉽니다.
  我们 隔 一 周 的 周六 休息。
  Wǒmen gé yì zhōu de zhōuliù xiūxi

- 하루 평균 8시간 근무합니다.
  一 天 平均 工作 八 个 小时。
  Yì tiān píngjūn gōngzuò bā ge xiǎoshí

▶연장 근무　加 班
jiā bān

- 주문이 많을 때는 연장근무를 해야 합니다.
  订单 多 的 时候 要 加 班。
  Dìngdān duō de shíhou yào jiā bān

- 다하지 못한 것은 연장 근무를 해서라도 끝내야 합니다.
  没 做完 的 事 得 加 班 完成。
  Méi zuòwán de shì děi jiā bān wánchéng

- 이 일은 반드시 예정기일 내에 끝내야 하므로 모두가 연장 근무를 해야 합니다.
  这 项 工作 一定 要 在 规定 期限 内 完成 ，所以
  Zhè xiàng gōngzuò yídìng yào zài guīdìng qīxiàn nèi wánchéng suǒyǐ
  大家 都 要 加 班 。
  dàjiā dōu yào jiā bān

- 일이 바쁠 때는 거의 매일 2~3시간 연장 근무를 합니다.
  业务 比较 忙 的 时候 ，差不多 每 天 要 加 两 到 三
  Yèwù bǐjiào máng de shíhou chàbuduō měi tiān yào jiā liǎng dào sān
  个 小时 左右 的 班 。
  ge xiǎoshí zuǒyòu de bān

- 연장 근무를 하면 연장 근무 수당이 따로 있습니다.
  加 班 的话 另 有 加班费 。
  Jiā bān dehuà lìng yǒu jiābānfèi

▶ 야간 근무   夜班
              yèbān

- 늘 야간근무를 합니까?
  常 上 夜班 吗 ？
  Cháng shàng yèbān ma

- 저희는 하루 8시간 단위로 3교대를 합니다.
  我们 一 天 上 八 个 小时 ，倒 三 次 班 。①
  Wǒmen yì tiān shàng bā ge xiǎoshí dǎo sān cì bān

---

① 倒班 dǎo bān： (작업을) 교대하다, 교대 근무를 하다.

③ 사 무　　办公
bàngōng

办公 bàngōng 이란 "업무를 보다", "근무하다", "집무하다" 등의 뜻이며, 사무실을 办公室 bàngōngshì 라고 한다. 이밖에 ○○사무소라고 할 때는 ○○办公处 bàngōngchù 라고 하며, 사무실이 모여 있는 건물은 办公楼 bàngōnglóu 또는 写字楼 xiězìlóu 라고 한다.

기본대화

A: 金小姐, 我让你做的资料怎么样了?
　　Jīn xiǎojiě wǒ ràng nǐ zuò de zīliào zěnmeyàng le
B: 啊, 你说的是关于电脑配件的资料吧?
　　A nǐ shuō de shì guānyú diànnǎo pèijiàn de zīliào ba
A: 是啊!
　　Shì a
B: 不好意思, 我还没有做完。中午之前给你行吗?
　　Bù hǎoyìsi wǒ hái méiyǒu zuòwán Zhōngwǔ zhīqián gěi nǐ xíng ma
A: 那个是很急的, 你最好快一点儿。
　　Nà ge shì hěn jí de nǐ zuìhǎo kuài yìdiǎnr

A: 미스 김, 부탁한 자료 어떻게 됐나요?
B: 아, 그 컴퓨터 부품에 관한 자료 말인가요?
A: 그래요.
B: 죄송해요, 아직 다 못했어요. 오전 중에 해 드리면 될까요?
A: 급한 거니까 빨리 좀 부탁해요.

여러 가지 활용

I 업무 분담　**分担 业务**
　　　　　　　fēndān yèwù

▶일을 부탁할 때　**交代 工作**
　　　　　　　　 jiāodài gōngzuò

• 샤오왕, 나 대신 이 일 좀 해 줘요.
　小王, 替我做一下这件事。
　Xiǎo Wáng tì wǒ zuò yíxià zhè jiàn shì

20. 취업 및 근무

- 이 자료 좀 타이핑해 줘요.
  你 帮 我 打 一下 这 个 资料 吧。
  Nǐ bāng wǒ dǎ yíxià zhè ge zīliào ba

- 나 좀 도와줘야 할 일이 있는데.
  我 有 事 请 你 帮 忙。
  Wǒ yǒu shì qǐng nǐ bāng máng

- 샤오리, 이 서식을 판매부 첸 경리에게 갖다 줘요.
  小 李, 麻烦 你 把 这 张 表 送给 销售部 的 钱
  Xiǎo Lǐ máfan nǐ bǎ zhè zhāng biǎo sònggěi xiāoshòubù de Qián
  经理。
  jīnglǐ

▶ 일을 재촉할 때　催促 做 事
　　　　　　　　　cuīcù zuò shì

- 어제 부탁한 보고서 다 됐습니까?
  昨天 让 你 写 的 报告 弄好 了吗? ①
  Zuótiān ràng nǐ xiě de bàogào nònghǎo le ma

- 언제쯤 끝낼 수 있어요?
  什么 时候 能 完成?
  Shénme shíhou néng wánchéng

- 이 일을 서둘러 끝내도록 하세요.
  这 件 事 你 赶紧 做完。②
  Zhè jiàn shì nǐ gǎnjǐn zuòwán

- 이 일은 반드시 최종기일 안에 완성해야 해요.
  这 件 事 一定 要 赶在 最后 期限 之前 完成。
  Zhè jiàn shì yídìng yào gǎnzài zuìhòu qīxiàn zhīqián wánchéng

- 늦어도 토요일까지는 그 자료를 다 준비해야 합니다.
  最 晚 也 要 在 星期六 之前 准备好 那 份 材料。
  Zuì wǎn yě yào zài xīngqīliù zhīqián zhǔnbèihǎo nà fèn cáiliào

- 급한 일부터 처리하세요.
  先 做 比较 急 的 事。
  Xiān zuò bǐjiào jí de shì

---

① 弄 nòng 은 '일을 하다' 라는 뜻으로 구어체에서 많이 사용된다.
② 赶紧 gǎnjǐn: '서둘러', '어서', '빨리'. = 赶快 gǎnkuài.

▶일의 진척을 물을 때   询问 工作 进程
xúnwèn gōngzuò jìnchéng

- 그 공사는 어떻게 되어 가고 있어요?
  那 项 工程 进展 得 怎么样 了?
  Nà xiàng gōngchéng jìnzhǎn de zěnmeyàng le

- 어느 정도까지 일이 진척되었죠?
  工作 进展 到 什么 程度 了?
  Gōngzuò jìnzhǎn dào shénme chéngdù le

- 될 수 있는 대로 빨리 끝내겠습니다.
  尽量 早日 完成。
  Jǐnliàng zǎorì wánchéng

- 거의 완공되어 가고 있습니다.
  快要 完 工 了。
  Kuàiyào wán gōng le

- 그 안건은 이미 처리했습니다.
  那个 案件 已经 处理完 了。
  Nà ge ànjiàn yǐjīng chǔlǐwán le

- 지금 전력 투구해서 그 일을 하고 있습니다.
  我们 正在 全力 以 赴 做 那 件 事。①
  Wǒmen zhèngzài quánlì yǐ fù zuò nà jiàn shì

▶일이 바쁠 때   工作 繁忙
gōngzuò fánmáng

- 연말 대매출이 시작되어 정신 없이 바쁩니다.
  年 末 大 促销 一 开始, 我 就 忙 得 不 可 开 交。②
  Nián mò dà cùxiāo yì kāishǐ wǒ jiù máng de bù kě kāi jiāo

- 너무 바빠 다른 걸 할 틈이 없어요.
  太 忙 了, 没 时间 做 别的。
  Tài máng le méi shíjiān zuò biéde

- 일이 너무 많아 밥 먹을 틈조차 없어요.
  事情 太 多 了, 连 吃饭 的 时间 都 没有。③
  Shìqing tài duō le lián chīfàn de shíjiān dōu méiyǒu

---

① 全力以赴 quánlì yǐ fù:전력을 다해 달리다. 최선을 다하다.
② 开交 kāi jiāo:해결하다, 끝을 맺다, 관계를 끊다.
③ 连 lián~ 都 dōu~:~ 까지도(조차도, 마저도) ~하다. = 连 lián~ 也 yě~.

20. 취업 및 근무

- 해야 할 일이 산더미 같아요.
  要 做 的 事情 一 大 堆。
  Yào zuò de shìqing yí dà duī

- 숨 돌릴 겨를도 없이 바빠요.
  忙 得 连 气 都 喘 不过来。
  Máng de lián qì dōu chuǎn bu guòlái

- 무슨 일을 먼저 해야 좋을지 모르겠군요.
  不 知道 该 先 做 什么 好。
  Bù zhīdào gāi xiān zuò shénme hǎo

▶ 근무 중 휴식을 취할 때   工作 空隙 的 休息
                                    gōngzuò kòngxì de xiūxi

- 한숨 돌리고 나서 다시 합시다.
  先 歇 一会儿 再 干 吧。
  Xiān xiē yíhuìr zài gàn ba

- 한숨 돌렸으니 다시 일을 시작합시다.
  已经 休息 一会儿 了，开始 工作 吧。
  Yǐjīng xiūxi yíhuìr le kāishǐ gōngzuò ba

- 점심 먹고 다시 합시다.
  吃完 午饭 再 做 吧。
  Chīwán wǔfàn zài zuò ba

▶ 일을 끝낸 후에   完成 工作 后
                  wánchéng gōngzuò hòu

- 결과가 어떻습니까? 마음에 드십니까?
  结果 怎么样？满意 吗？
  Jiéguǒ zěnmeyàng Mǎnyì ma

- 일이 예상했던 것보다는 쉬웠어요.
  事情 没有 想象 的 复杂。
  Shìqing méiyǒu xiǎngxiàng de fùzá

- 모두가 노력한 덕분에 예상 외로 빨리 끝났어요.
  多亏 大家 的 努力，事情 完成 得出乎意料地快。
  Duōkuī dàjiā de nǔlì shìqing wánchéng de chū hū yìliào de kuài

- 드디어 일이 다 끝났으니 좀 쉴 수 있겠군요.
  工作 终于 完成 了，可以 放松 一下 了。
  Gōngzuò zhōngyú wánchéng le kěyǐ fàngsōng yíxià le

Ⅱ 서류 작업　做 文档
zuò wéndàng

A: 这 是 谁 做 的 报告?
　　Zhè shì shéi zuò de bàogào
B: 是 我 做 的，怎么 了?
　　Shì wǒ zuò de　zěnme le
A: 报告 里 缺少 下 半 年 销售 的 预测 分析，你
　　Bàogào li quēshǎo xià bàn nián xiāoshòu de yùcè fēnxī nǐ
　　拿去 再 补上 吧。
　　náqù zài bǔshàng ba

A: 누가 이 보고서를 작성했습니까?
B: 제가 했는데요, 왜 그러십니까?
A: 보고서에 하반기 판매 예측 분석이 빠졌어요. 가져가서 다시 해와요.

- 이 자료는 한 페이지가 빠져 있군요.
  这 份 材料 缺 一 页。
  Zhè fèn cáiliào quē yí yè

- 몇 군데 틀린 글자가 있어요. 가져가서 다시 고치세요.
  有 一些 地方 有 错字，你 拿 回去 再 修改 一下。
  Yǒu yìxiē dìfang yǒu cuòzì　nǐ ná huíqu zài xiūgǎi yíxià

- 문장이 장황한데 좀 간결하게 할 수 없어요?
  文章 有些 冗长，能否 简练 一些 呢? ①
  Wénzhāng yǒuxiē rǒngcháng néngfǒu jiǎnliàn yìxiē ne

- 서류를 작성할 때는 세밀히 신경을 쓰도록 해요.
  请 你 在 准备 资料 时 多 花 点儿 心思。
  Qǐng nǐ zài zhǔnbèi zīliào shí duō huā diǎnr xīnsi

- 서류는 반드시 정확하고 틀림이 없어야 합니다.
  资料 一定 要 准确 无误。
  Zīliào yídìng yào zhǔnquè wúwù

---

① 冗长 rǒngcháng: (문장이나 말이) 쓸데 없이 길다, 장황하다.

20. 취업 및 근무

▶자료 관리　资料 管理
zīliào guǎnlǐ

> A: 小 毛， 有关　上　次　董事会　的 资料 存在 哪儿 了？
> 　　Xiǎo Máo　yǒuguān shàng cì dǒngshìhuì de zīliào cúnzài nǎr le
>
> B: 啊，那个，我 存在 "会议" 的 D 项 里 了。
> 　　A　nà ge　wǒ cúnzài　huìyì　de D xiàng li le
>
> A: 샤오마오, 지난 번 이사회에 관한 자료는 어디에 보관해 두었지?
>
> B: 아, 그거요, "회의" 의 "D" 항에 넣어 두었어요.

- 누가 문서 관리를 책임지고 있죠?
  由 谁 负责 管理 文件 ?
  Yóu shéi fùzé guǎnlǐ wénjiàn

- 그 자료들을 분류해서 정리해 두었습니까?
  那些 资料 分类 整理好 了 吗 ?
  Nàxiē zīliào fēnlèi zhěnglǐhǎo le ma

- 영업보고서는 어디 두었죠?
  营业 报告 存在 哪儿 了 ?
  Yíngyè bàogào cúnzài nǎr le

- 이 자료를 서류철에 철해 놓으세요.
  这 份 资料 夹在 夹子 里 吧 。 ①
  Zhè fèn zīliào jiāzài jiāzi li ba

- 기밀서류는 금고에 보관하세요.
  请 把 机密 文件 放在 保险柜 里 保存 。 ②
  Qǐng bǎ jīmì wénjiàn fàngzài bǎoxiǎnguì li bǎocún

---

① 夹 jiā: 끼우다, 철하다, 집다. 夹子 jiāzi: 집게, 끼우개, 클립.
② 机密 jīmì: 기밀, 극비.

III. 보고·결재 报告 / 签 名 盖 章
bàogào qiān míng gài zhāng

A: 早上 好！李总，我可以进来吗？①
   Zǎoshang hǎo Lǐ zǒng wǒ kěyǐ jìnlai ma
B: 可以，进来吧。
   Kěyǐ   jìnlai ba
A: 这是您昨天要的报告。
   Zhè shì nín zuótiān yào de bàogào
B: 好，坐吧，我看一下。
   Hǎo zuò ba wǒ kàn yíxià
A: 안녕하세요 사장님, 들어가도 괜찮습니까?
B: 괜찮아요. 들어와요.
A: 어제 말씀하신 보고서입니다.
B: 자, 앉아요. 한번 봅시다.

- 저에게 정리하라고 하신 분석보고서입니다.
  这是您让我整理的分析报告。
  Zhè shì nín ràng wǒ zhěnglǐ de fēnxī bàogào

- 좀 급한 문건인데 먼저 보고해도 되겠습니까?
  这份文件比较急，我能先汇报一下吗？
  Zhè fèn wénjiàn bǐjiào jí wǒ néng xiān huìbào yíxià ma

- 이 보고서에 아직 부족한 점이 좀 있어요.
  这份报告还有一些不足的地方。
  Zhè fèn bàogào hái yǒu yìxiē bù zú de dìfang

- 여기에 인장을 찍어 주십시오.
  请您盖一下章。
  Qǐng nín gài yíxià zhāng

---

① 总 zǒng은 总经理 zǒngjīnglǐ의 약칭. 중국어에는 우리의 '~님'과 같은 존칭이 필요치 않으므로 호칭할 때는 李总 Lǐ zǒng(이사장님), 金总 Jīn zǒng(김사장님), 王总 Wáng zǒng(왕사장님) 등으로 부르면 된다.

4 회의

开会
kāi huì

"회의를 하다"는 "开会 kāi huì"라고 하며, "회의를 끝내다"는 "散会 sàn huì"라고 한다. "사장님은 지금 회의중이십니다."는 "总经理正在开会。Zǒngjīnglǐ zhèngzài kāi huì", "회의에 참석하러 가셨다"는 "他去上海参加会议了。Tā qù Shànghǎi cānjiā huìyì le"라고 하면 된다. 주주총회는 "股东大会 gǔdōng dàhuì" 또는 "股东年会 gǔdōng niánhuì"라고 하며, 이사회는 "董事会 dǒngshìhuì"라고 한다.

기본대화

A: 小李，关于 营销 分析 会议，你 听到 什么 消息
　　Xiǎo Lǐ　guānyú yíngxiāo fēnxī huìyì　nǐ tīngdào shénme xiāoxi
　　没有？
　　méiyǒu

B: 好像 是下 周五 下午 三 点开。
　　Hǎoxiàng shì xià zhōuwǔ xiàwǔ sān diǎn kāi

A: 这次会议是谁 主持？
　　Zhè cì huìyì shì shéi zhǔchí

B: 听说 由 总裁 亲自 主持。①
　　Tīngshuō yóu zǒngcái qīnzì zhǔchí

A: 是吗？那样 的话，得好好儿 准备 一下 才 行 啊。
　　Shì ma Nàyàng dehuà　děi hǎohāor zhǔnbèi yíxià cái xíng a

B: 所以 大家也都在 忙 这事。
　　Suǒyǐ dàjiā yě dōu zài máng zhè shì

A: 샤오리, 영업분석 회의에 관해서 무슨 소식 들었어요?
B: 네, 다음 주 금요일 오후 3시에 하는 것 같습니다.
A: 이번 회의는 누가 주재합니까?
B: 회장님께서 직접 주재하신대요.
A: 그래요? 그렇다면 철저히 준비해야겠는걸.
B: 그래서 모두가 이 일로 바쁘답니다.

---

① 总裁 zǒngcái : 총재, 총수, 회장, CEO(Chief Executive Officer).

여러 가지 활용

I 회의 준비 准备 会议
　　　　　　　zhǔnbèi huìyì

- 어서 준비해 줘요, 좀 있다 회의실에서 회의를 할 거에요.
  马上　准备 一下，待 会儿 在 会议室 开会。
  Mǎshàng zhǔnbèi yíxià dāi huìr zài huìyìshì kāi huì

- 지금 준비하고 있습니다.
  正　准备着　呢。
  Zhèng zhǔnbèizhe ne

- 회의실이 좀 비좁은 것 같은데요.
  好像　会议室 有点儿 窄。
  Hǎoxiàng huìyìshì yǒudiǎnr zhǎi

- 이 정도 의자로는 부족하겠어요.
  这么 点儿 椅子 恐怕 不 够 吧。
  Zhème diǎnr yǐzi kǒngpà bú gòu ba

- 샤오리, 이따가 차를 좀 부탁해요.
  小 李，一会儿 你 帮忙 倒茶 行 吗？①
  Xiǎo Lǐ yíhuìr nǐ bāngmáng dào chá xíng ma

▶ **회의 시간 开会 时间**
　　　　　　kāi huì shíjiān

- 회의는 몇 시에 시작됩니까?
  会议 什么 时候 开始？
  Huìyì shénme shíhou kāishǐ

- 회의는 몇 시에 끝나죠?
  会议 什么 时候 结束？
  Huìyì shénme shíhou jiéshù

- 회의 시간이 얼마나 걸릴까요?
  会议 需要 多 长 时间？
  Huìyì xūyào duō cháng shíjiān

---

①　倒는 '多音字 duōyīnzì'로서 '倒茶 dào chá, 倒水 dào shuǐ'와 같이 '붓다', '따르다', '쏟다' 등의 의미로 쓰일 때는 4성으로 발음하고, '倒闭 dǎobì, 倒车 dǎo chē'와 같이 '넘어지다', '바꾸다' 등의 의미로 쓰일 때는 3성으로 발음한다.

20. 취업 및 근무

- 내일 아침 10시 2층 회의실에서 열립니다.
  明天 十点在二楼会议室开会。
  Míngtiān shí diǎn zài èr lóu huìyìshì kāi huì
- 아마 오전 내내 계속될 겁니다.
  这个会议大概需要一上午的时间。
  Zhè ge huìyì dàgài xūyào yí shàngwǔ de shíjiān
- 회의를 30분 더 연장해야겠습니다.
  会议还要延长半个小时。
  Huìyì hái yào yáncháng bàn ge xiǎoshí

▶ 기타　其他
　　　　　qítā

- 회의는 어디서 개최됩니까?
  会议在哪儿召开?
  Huìyì zài nǎr zhàokāi
- 회의 진행자는 누구입니까?
  会议的主持人是谁?
  Huìyì de zhǔchírén shì shéi
- 누가 회의를 진행합니까?
  谁主持会议?
  Shéi zhǔchí huìyì
- 오늘 회의의 의제는 무엇입니까?
  今天会议的议题是什么?
  Jīntiān huìyì de yìtí shì shénme
- 이번 회의에서 토론할 문제는 무엇이지요?
  这次会议讨论的问题是什么?
  Zhè cì huìyì tǎolùn de wèntí shì shénme
- 또 회의야! 괴로워 죽겠네.
  又开会呀! 快要烦死人了。
  Yòu kāi huì ya　Kuàiyào fánsǐ rén le
- 이번 회의의 일정표를 한 부 주시겠어요?
  请给一份这次会议的议程表。
  Qǐng gěi yí fèn zhè cì huìyì de yìchéngbiǎo

- 샤오리, 오늘 회의의 기록을 좀 맡아줘요.
  小李，我想请你当今天会议的记录。
  Xiǎo Lǐ　wǒ xiǎng qǐng nǐ dāng jīntiān huìyì de　jìlù

II 회의 진행　举行 会议
　　　　　　　　jǔxíng huìyì

▶ 개회　开 会
　　　　kāi huì

- 이제 회의를 시작하겠습니다.
  现在 开始 开会。
  Xiànzài kāishǐ kāi huì

- 지금 관련자료를 나누어 드리겠습니다.
  现在 发 一下 有关 资料。
  Xiànzài fā　yíxià yǒuguān zīliào

- 우선 오늘 회의가 성공적으로 진행되기를 기원합니다.
  首先　预祝 今天 的 会议 圆满　成功。
  Shǒuxiān yùzhù jīntiān de　huìyì yuánmǎn chénggōng

▶ 회의 주제　议题
　　　　　　　yìtí

- 본론으로 들어갑시다.
  开始 谈 正事。
  Kāishǐ tán zhèngshì

- 오늘 회의의 주제는 "영업목표 달성방안" 입니다.
  今天 会议 的 主题 是 " 如何 实现 营业 目标 "。
  Jīntiān huìyì de zhǔtí shì　rúhé shíxiàn yíngyè mùbiāo

- 먼저 상반기 업적부진 원인에 대해 토론하겠습니다.
  先 讨论 上 半 年 业绩 不佳 的 原因 。
  Xiān tǎolùn shàng bàn nián　yèjì　bù jiā de yuányīn

▶ 질문　提 问
　　　　tí wèn

- 질문을 해도 되겠습니까?
  可以 提 个 问题 吗 ?
  Kěyǐ　tí ge wèntí ma

20. 취업 및 근무

- 또 다른 질문은 없습니까?
  还 有 别的 问题 吗？
  Hái yǒu biéde wèntí ma
- 또 발언할 사람 없습니까?
  还 有 没有 人 要 发言？
  Hái yǒu méiyǒu rén yào fā yán

▶자신의 견해를 말할 때　发表 自己 的 意见
　　　　　　　　　　　　fābiǎo zìjǐ de yìjiàn

- 한 가지 제안을 하겠습니다.
  我 有 一 个 提议。
  Wǒ yǒu yí ge tíyì
- 저도 몇 마디 하겠습니다.
  我 也 要 说 几 句。
  Wǒ yě yào shuō jǐ jù
- 그 문제에 관해 저는 이렇게 생각합니다.
  关于 那 个 问题，我 是 这么 想 的。
  Guānyú nà ge wèntí wǒ shì zhème xiǎng de
- 제 생각은 여러분들과는 다릅니다.
  我 的 想法 跟 大家 不 一样。
  Wǒ de xiǎngfǎ gēn dàjiā bù yíyàng
- 이 의제에 관해 저의 개인적인생각을 말씀드릴까 합니다.
  关于 这 个 议题，我 想 说 一下我 个人 的 看法。
  Guānyú zhè ge yìtí wǒ xiǎng shuō yíxià wǒ gèrén de kànfǎ

▶의견을 물을 때　寻求 意见
　　　　　　　　　xúnqiú yìjiàn

- 당신은 어떻게 생각합니까?
  您 是 怎么 想 的？
  Nín shì zěnme xiǎng de
- 이 프로젝트에 추가할 사항은 없습니까?
  对 这 个 计划还 有 补充 的 吗？
  Duì zhè ge jìhuà hái yǒu bǔchōng de ma
- 이 건의에 대해 다른 의견은 없습니까?
  对 这 个 建议 有 没有 不 同 的 意见？
  Duì zhè ge jiànyì yǒu méiyǒu bù tóng de yìjiàn

- 모두 좋은 의견을 많이 내 주십시오.
  请 大家 多 提 宝贵 意见 。
  Qǐng dàjiā duō tí bǎoguì yìjiàn

▶ 찬성　赞同
　　　　zàntóng

- 당신 의견에 동의합니다.
  我 同意 您 的 意见 。
  Wǒ tóngyì nín de yìjiàn

- 저 역시 그 일에 전적으로 찬성합니다.
  我 也 双 手 赞成 那 件 事 。
  Wǒ yě shuāng shǒu zànchéng nà jiàn shì

- 저는 이 제안에 찬성합니다.
  我 赞成 这 个 提议 。
  Wǒ zànchéng zhè ge tíyì

▶ 반대　反对
　　　　fǎnduì

- 그 계획에 반대합니다.
  我 反对 那 个 计划 。
  Wǒ fǎnduì nà ge jìhuà

- 당신 말에 동의하지 않습니다.
  我 不 同意 您 的 说法 。
  Wǒ bù tóngyì nín de shuōfǎ

- 저는 당신 의견을 지지할 수 없습니다.
  我 不 能 支持 您 的 意见 。
  Wǒ bù néng zhīchí nín de yìjiàn

▶ 표결　表决
　　　　biǎojué

- 이 안건은 투표로 결정합시다.
  这 个 提案 就 投 票 决定 吧 。
  Zhè ge tí'àn jiù tóu piào juédìng ba

- 찬성하는 분은 손을 들어 주세요.
  赞成 的，请 举 手 。
  Zànchéng de qǐng jǔ shǒu

- 그 제안은 20 대 5로 통과되었습니다.
  那个 提案 以 二十 比 五 通过。
  Nà ge tí'àn yǐ èrshí bǐ wǔ tōngguò
- 이 제안은 대다수의 찬성을 얻었으므로 통과되었습니다.
  这 个 提案 得到 了 大多数 人 的 赞成，所以 通过 了。
  Zhè ge tí'àn dédào le dàduōshù rén de zànchéng suǒyǐ tōngguò le

▶ 기타　其他
　　　　　qítā

- 그것은 의제에서 벗어난 내용이군요.
  那不 符合 议题 的 内容 。
  Nà bù fúhé yìtí de nèiróng
- 의장, 회의가 난장판이군요. 잠시 휴회합시다.
  主席，会议 太 乱 了，暂时 休 会 吧 。
  Zhǔxí huìyì tài luàn le zànshí xiū huì ba
- 어물쩍하지 말고 제 질문에 충실하게 대답하세요.
  不要 磨蹭，老实 回答 我 的 问题 。①
  Búyào móceng lǎoshi huídá wǒ de wèntí

Ⅲ　회의 종료　结束 会议
　　　　　　　 jiéshù huìyì

- 오늘 회의는 이것으로 마치겠습니다.
  今天 的 会议 就 到 此 结束 。
  Jīntiān de huìyì jiù dào cǐ jiéshù
- 회의가 끝난 후 점심식사가 있겠습니다.
  会议 结束 后 提供 午餐 。
  Huìyì jiéshù hòu tígōng wǔcān
- 오늘 회의는 여기서 마치겠습니다. 폐회합니다.
  今天 的 会议 就 到 这儿，散 会 。
  Jīntiān de huìyì jiù dào zhèr sàn huì
- 회의를 마쳐야 하니 이 문제는 다음에 다시 토론합시다.
  会议 该 结束 了，关于 这 个 问题，下次 再 讨论 吧 。
  Huìyì gāi jiéshù le guānyú zhè ge wèntí xià cì zài tǎolùn ba

---

① 磨蹭 móceng: 비비다, 꾸물거리다, 느릿느릿하다, 물고 늘어지다.

- 나머지는 다음 회의에서 다시 해결합시다.
  剩下 的下次开会再解决吧。
  Shèngxià de xià cì kāi huì zài jiějué ba

▶회의 결과　会议 结果
　　　　　　　huìyì jiéguǒ

- 회의는 성공적으로 개최되었어요.
  会议开得很 成功。
  Huìyì kāi de hěn chénggōng

- 이번 회의에서 많은 성과를 거두었어요.
  这次会议取得了 丰硕 的 成果。
  Zhè cì huìyì qǔdé le fēngshuò de chéngguǒ

- 이번 회의는 소득 없이 끝났어요.
  这次会议一点儿 收获 都 没有。
  Zhè cì huìyì yìdiǎnr shōuhuò dōu méiyǒu

- 안건이 하나도 통과되지 못했나요?
  一个提案都 没有 通过 吗？
  Yí ge tí'àn dōu méiyǒu tōngguò ma

- 이사회에서 그 제안을 부결시켰어요.
  董事会 否决了那个提案。
  Dǒngshìhuì fǒujué le nà ge tí'àn

- 노사 협상이 결렬되었어요.
  劳资 协商 破裂了。
  Láozī xiéshāng pòliè le

5 사무기기 사용

使用 办公 设备
shǐyòng bàngōng shèbèi

办公室自动化 bàngōngshì zìdònghuà(사무자동화)가 잘 이루어져 있는 사무실에는 이제 算盘 suànpan(주판) 대신 计算器 jìsuànqì(계산기)가, 밑에 받치고 쓰는 파란 复写纸 fùxiězhǐ(복사지) 대신 复印机 fùyìnjī(복사기)가, 그리고 打字机 dǎzìjī(타자기) 대신 电脑 diànnǎo(컴퓨터)가 자리잡게 되었다. 또한 서류 등을 보내기 위해 일부러 우체국에 갈 필요 없이 传真机 chuánzhēnjī(팩스)로 바로 주고 받을 뿐만 아니라, 보고나 결재 또는 회의까지도 인터넷상에서 처리하는 网上办公 wǎngshang bàngōng(온라인 사무)시대가 열린 것이다.

기 본 대 화

A: 把 这 份 资料 复印 一下 吧 。
   Bǎ zhè fèn zīliào fùyìn yíxià ba
B: 复印 全部 还是 一部分 ?
   Fùyìn quánbù háishi yí bùfen
A: 全部, 麻烦 你 两 面 复印, 好 吗 ?
   Quánbù máfan nǐ liǎng miàn fùyìn hǎo ma
B: 好 的 。
   Hǎo de
A: 이 자료 좀 복사해 주세요.
B: 전부 다 복사해요? 아니면 일부만 해요?
A: 전부 다요. 미안하지만 양면 복사해 주세요.
B: 알겠습니다.

여러 가지 활용

I 복사기   复印机
              fùyìnjī

▶복사기를 사용할 때   使用 复印机
                         shǐyòng fùyìnjī

- 이 복사기를 써도 될까요?
  可以 用 一下 这 台 复印机 吗 ?
  Kěyǐ yòng yíxià zhè tái fùyìnjī ma

⑤ 사무기기 사용

- 양면 복사를 할 수 있습니까?
  可以 两 面 复印 吗？
  Kěyǐ liǎng miàn fùyìn ma

- 컬러 복사도 할 수 있습니까?
  也 可以 彩印 吗？①
  Yě kěyǐ cǎiyìn ma

- 한 장 복사하는데 얼마죠?
  复印 一 张 多少 钱？
  Fùyìn yì zhāng duōshao qián

- 용지를 어떻게 넣어야 되죠?
  纸 应该 怎么 放？
  Zhǐ yīnggāi zěnme fàng

- 개인적인 자료는 복사를 금합니다.
  禁止 复印 私人 资料。
  Jìnzhǐ fùyìn sīrén zīliào

- 복사기를 사용한 후에는 원래대로 해 놓으세요.
  用完 复印机 后，请 按 原状 放好。
  Yòngwán fùyìnjī hòu qǐng àn yuánzhuàng fànghǎo

▶ 복사 부탁　委托 复印
　　　　　　wěituō fùyìn

A: 复印 一下 这 份 资料 吧。
　　Fùyìn yíxià zhè fèn zīliào ba
B: 复印 几 份？
　　Fùyìn jǐ fèn
A: 复印 两 份。
　　Fùyìn liǎng fèn
A: 이 자료 좀 복사해 주세요.
B: 몇 부를 복사할까요?
A: 두 부를 복사해 주세요.

---

① 彩印 cǎiyìn: 彩色复印 cǎisè fùyìn 의 약칭.

968 20. 취업 및 근무

- 이 페이지를 80%로 축소해 주세요.
  这 页 请 缩 小 到　　80%。
  Zhè yè qǐng suōxiǎo dào   bǎifēnzhī bāshí

- 이 컷을 2배로 확대해 주세요.
  把 这 插图 放大　两 倍 吧。
  Bǎ zhè chātú fàngdà liǎng bèi ba

▶**복사기 고장　复印机 的 故障**
　　　　　　　　fùyìnjī　de gùzhàng

- 복사기에 종이가 걸렸어요.
  复印机 卡 纸 了。
  Fùyìnjī　qiǎ zhǐ le

- 복사기에 걸린 용지를 어떻게 빼내지요?
  怎样　才 能 把 卡住 的 纸 拿 出来 呢?
  Zěnyàng cái néng bǎ qiǎzhù de zhǐ ná chulai ne

- 종이 두 장이 한꺼번에 들어갔어요.
  两　张 纸 一下子 都 进去 了。
  Liǎng zhāng zhǐ yíxiàzi dōu jìnqu le

- 가운데에 흰 줄무늬가 생겨요.
  中间　有 空白　条纹　。
  Zhōngjiān yǒu kòngbái tiáowén

- 복사가 잘못된 게 몇 장 있어요.
  有 几 张　没 复印 好 。
  Yǒu jǐ zhāng méi fùyìn hǎo

- 복사가 너무 흐려 읽을 수가 없군요.
  复印 得 太 模糊 , 都 看 不 清楚 了 。
  Fùyìn de tài móhu　dōu kàn bu qīngchu le

- 이 복사기 또 고장이야!
  这 台 复印机 又 出　毛病 了!①
  Zhè tái fùyìnjī yòu chū máobìng le

---

① 毛病 máobìng: 사람에게 쓸 때는 결점, 흠, 또는 나쁜 버릇이나 습관을 가리키며, 사물에 사용할 때는 '고장이 나다' 의 뜻으로 사용된다.

II 컴퓨터　电脑
diànnǎo

A: 你 在 做 什么？
　　Nǐ zài zuò shénme
B: 正在 输入客户的资料 呢。
　　Zhèngzài shūrù kèhù de zīliào ne
A: 挺 忙 的 嘛！
　　Tǐng máng de ma
B: 是 啊，不过 以后 处理 事务 就 会 方便多 了。
　　Shì a búguò yǐhòu chǔlǐ shìwù jiù huì fāngbiànduō le
A: 무얼 하고 있어?
B: 고객의 자료를 입력하고 있는 중이야.
A: 무척 바쁘겠네.
B: 응, 하지만 이후에는 사무처리가 간편해지겠지.

▶ 문서 찾기　找　文件
　　　　　　zhǎo wénjiàn

- 컴퓨터에서 월간 판매보고서 좀 찾아 주세요.
  在 电脑 里 找找 月 销售 报告 吧。
  Zài diànnǎo li zhǎozhao yuè xiāoshòu bàogào ba
- 문서 이름이 뭐죠?
  文件 名称 是 什么？
  Wénjiàn míngchēng shì shénme
- 어느 폴더에 보관해 두셨죠?
  存在 哪个 文件夹 里 的？
  Cúnzài nǎ ge wénjiànjiā li de

▶ 데이터 손실　丢失 资料
　　　　　　　diūshī zīliào

- 데이터가 다 없어졌어요.
  资料 都 不 见 了。
  Zīliào dōu bú jiàn le
- 방금 컴퓨터가 이상하더니 자료가 모두 없어졌어요.
  刚才 电脑 出 问题，资料 全 丢 了。
  Gāngcái diànnǎo chū wèntí zīliào quán diū le

- 내가 이동디스크에도 저장해 두라고 했잖아요?
  我 不 是 让 你 把 资料 存在 U 盘 了 吗？
  Wǒ bú shì ràng nǐ bǎ zīliào cúnzài U pán le ma

- 이 디스켓이 뭔가 잘못됐어요.
  这 个 软盘 好像 有 问题。
  Zhè ge ruǎnpán hǎoxiàng yǒu wèntí

▶ 기타　其他
　　　　qítā

- 이 데이터를 입력해 주세요.
  请 录入 一下 这 份 资料。
  Qǐng lùrù yíxià zhè fèn zīliào

- 인터넷에 어떻게 접속하죠?
  怎么 连接 网络？
  Zěnme liánjiē wǎngluò

- 컴퓨터가 바이러스에 걸렸어요.
  电脑 染上 了 病毒。
  Diànnǎo rǎnshàng le bìngdú

- 이메일을 보낼 수 있습니까?
  可以 发 E-mail 吗？
  Kěyǐ fā E-mail ma

Ⅲ 팩스　传真
　　　　chuánzhēn

▶ 팩스 번호　传真 号码
　　　　　　chuánzhēn hàomǎ

- 팩스 번호를 알려 주시겠어요?
  能 告诉 我 您 的 传真 号码 吗？
  Néng gàosu wǒ nín de chuánzhēn hàomǎ ma

- 명함에 팩스 번호가 있습니다.
  名片 上 有 传真号。
  Míngpiàn shang yǒu chuánzhēnhào

- 팩스 번호와 전화 번호가 같습니다.
  传真 号码 和 电话 号码 是 一样 的。
  Chuánzhēn hàomǎ hé diànhuà hàomǎ shì yíyàng de

⑤ 사무기기 사용

- 이쪽 팩스 번호는 알고 계십니까?
  知道 这边 的 传真 号码 吗？
  Zhīdào zhèbian de chuánzhēn hàomǎ ma

▶팩스의 송수신　收　发　传真
　　　　　　　　shōu fā chuánzhēn

- 내일 아침의 주문서를 팩스로 보내 주세요.
  明天 早上 的 订单 用 传真 发给我。
  Míngtiān zǎoshang de dìngdān yòng chuánzhēn fāgěi wǒ

- 주소를 팩스로 보내 주시겠어요?
  把地址 用 传真 发过来 好 吗？
  Bǎ dìzhǐ yòng chuánzhēn fā guolai hǎo ma

- 지금 막 팩스를 보내려던 참이에요.
  我 正 想 给您发 传真 呢。
  Wǒ zhèng xiǎng gěi nín fā chuánzhēn ne

▶송수신 확인　确认　收　发
　　　　　　　quèrèn shōu fā

A: 发 传真 了吗？
　　Fā chuánzhēn le ma
B: 是，已经 发 了。
　　Shì yǐjīng fā le
A: 팩스 보내셨습니까?
B: 네, 이미 보냈습니다.

- 그 자료 팩스로 보냈는데 받으셨습니까?
  那份资料是 用 传真 发的，收到 了吗？
  Nà fèn zīliào shì yòng chuánzhēn fā de shōudào le ma

- 아직 도착하지 않아 전화로 문의드립니다.
  现在 还没到，所以打 电话 问问。
  Xiànzài hái méi dào suǒyǐ dǎ diànhuà wènwen

- 샤오잉, 본사에서 팩스왔나 확인하세요.
  小 英，请你查一下 从 总部来的 传真。
  Xiǎo Yīng qǐng nǐ chá yíxià cóng zǒngbù lái de chuánzhēn

20. 취업 및 근무

▶송수신이 잘못되었을 때　收　发　错误　时
　　　　　　　　　　　　shōu　fā　cuòwù　shí

> A: 我 看了 您发 的　传真，　好像　缺　两　页。
> 　　Wǒ kànle nín fā de chuánzhēn hǎoxiàng quē liǎng yè
> B: 是 吗？　请问　缺少　哪　两　页 呢？
> 　　Shì ma　　Qǐngwèn quēshǎo nǎ liǎng yè ne
> A: 第 4 页 和 第 5 页。
> 　　Dìsì　yè hé dìwǔ yè
> B: 知道 了，我　马上　再 发 一 次。
> 　　Zhīdào le　wǒ mǎshàng zài fā yí cì
> A: 보내신 팩스를 받았는데 두 페이지가 빠진 것 같군요.
> B: 그렇습니까? 몇 페이지가 빠졌지요?
> A: 4 페이지와 5 페이지입니다.
> B: 알겠습니다. 바로 다시 보내 드리죠.

• 받긴 받았는데 잘 보이질 않는군요.
　收　是　收到　了，但是　看 不　清楚。
　Shōu shì shōudào le　　dànshì kàn bu qīngchu
• 제가 받은 팩스에 문제가 있는데 다시 보내 주시겠습니까?
　我　收到　的　传真　有 问题，你 再 发 一 次 可以 吗？
　Wǒ shōudào de chuánzhēn yǒu wèntí　nǐ zài fā yí cì kěyǐ ma
• 흐려서 잘 안보이니 선명하게 복사해서 다시 보내주세요.
　太　模糊 看 不　清楚。您 复印　清楚　一点 再　发 给　我。
　Tài móhu kàn bu qīngchu Nín fùyìn qīngchu yìdiǎn zài fāgěi wǒ
• 팩스가 일부분밖에 도착하지 않았어요.
　只　收到　了　传真　的 一　部分。
　Zhǐ shōudào le chuánzhēn de yí bùfen
• 몇 페이지가 모자랍니까?
　少　几 页？
　Shǎo jǐ yè

⑥ 임금·복지   工资 / 福利
                     gōngzī   fúlì

급여를 나타내는 말로는 工资 gōngzī 외에도 薪水 xīnshui, 薪金 xīnjīn, 薪酬 xīnchóu 등 여러 가지가 있다. 최근 중국은 小康社会 xiǎokāng shèhuì 를 지향하고 있는데, 小康 xiǎokāng 이란 생활수준이 중류인 中产阶级 zhōngchǎn jiējí(중산층)을 말한다. 또한 중국에도 고도의 경제성장으로 높은 급여를 받는 젊은 전문직 종사자들이 많은데 이들을 雅皮士 yǎpíshì(YUPPIE, 여피족) 라고 부르기도 하며, 안정된 소득의 독신자들을 가리켜 单身贵族 dānshēn guìzú 라 하기도 한다.

기본대화

A: 你 做 什么 工作？
    Nǐ zuò shénme gōngzuò

B: 我 现在 从事 IT 行业。
    Wǒ xiànzài cóngshì IT hángyè

A: 喜欢 这 份 工作 吗？
    Xǐhuan zhè fèn gōngzuò ma

B: 当然 了，这 份 工作 很 适合 我。
    Dāngrán le zhè fèn gōngzuò hěn shìhé wǒ

A: 工资 也 高 吧？
    Gōngzī yě gāo ba

B: 还 可以，可能 比别的 工作 工资 高 一点儿。
    Hái kěyǐ kěnéng bǐ biéde gōngzuò gōngzī gāo yìdiǎnr

A: 무슨 일을 하고 계십니까?
B: 지금 IT 분야에서 일하고 있습니다.
A: 일이 마음에 드십니까?
B: 물론이죠. 제게 잘 맞는 직업입니다.
A: 월급두 많으시겠군요?
B: 그런대로요, 다른 직업보다는 조금 높을 겁니다.

여러 가지 활용

I 급여 工资
gōngzī

> A: 能 告诉我你一个月 挣 多少 钱 吗？
> Néng gàosu wǒ nǐ yí ge yuè zhèng duōshao qián ma
> B: 对不起，保密。 难道 你 不 知道 问 别人 工资 是
> Duìbuqǐ bǎomì Nándào nǐ bù zhīdào wèn biéren gōngzī shì
> 很 忌讳 的 吗？
> hěn jìhuì de ma
> A: 한 달 월급이 얼마인지 알려줄 수 있어?
> B: 미안하지만 비밀이야. 설마 남의 월급을 묻는게 실례란걸 모르지는 않겠지?

- 한 달 수입이 얼마나 됩니까?
  你 一 个 月 的 收入 是 多少？
  Nǐ yí ge yuè de shōurù shì duōshao

- 매월 실제 수입은 얼마입니까?
  每 月 实际 收入 是 多少？
  Měi yuè shíjì shōurù shì duōshao

- 월급 이외에 연장 근무 수당이 있습니다.
  除了 工资 以外 还 有 加班费 。
  Chúle gōngzī yǐwài hái yǒu jiābānfèi

- 파트타임직이므로 근무시간에 따라 월급이 나옵니다.
  因为 我 是 计时工， 所以 按 工作 时间 发 工资 。
  Yīnwèi wǒ shì jìshígōng suǒyǐ àn gōngzuò shíjiān fā gōngzī

▶ 연봉 年薪
niánxīn

- 연봉이 얼마나 됩니까?
  年薪 是 多少？
  Niánxīn shì duōshao

- 최근 연봉제도를 실시하는 회사가 늘고 있습니다.
  最近 实行 年薪制 的 公司 越来越 多 了 。
  Zuìjìn shíxíng niánxīnzhì de gōngsī yuèláiyuè duō le

- 연봉제는 노사 양측에 모두 좋은 점이 있어요.
  年薪制 对 公司 和 职员 双方 都 有 好处。
  Niánxīnzhì duì gōngsī hé zhíyuán shuāngfāng dōu yǒu hǎochu

- 그 사람의 연봉은 5 만위안입니다.
  他 的 年薪 是 五 万元。
  Tā de niánxīn shì wǔ wànyuán

▶ 보너스 奖金
              jiǎngjīn

- 1년에 보너스는 몇 번 받습니까?
  一 年 能 拿 几 次 奖金 ?
  Yì nián néng ná jǐ cì jiǎngjīn

- 오늘 연말 보너스를 받았습니다.
  今天 拿到 了 年终奖。
  Jīntiān nádào le niánzhōngjiǎng

- 저희 회사는 보통 연 2회 보너스를 지급합니다.
  我们 公司 一般 一 年 发 两 次 奖金 。
  Wǒmen gōngsī yìbān yì nián fā liǎng cì jiǎngjīn

- 근무성적이 좋은 사람에게는 특별 수당이 나옵니다.
  工作 表现 好 的 人 还 有 奖金 。
  Gōngzuò biǎoxiàn hǎo de rén hái yǒu jiǎngjīn

▶ 급여에 만족할 때 对 工资 满意
                   duì gōngzī mǎnyì

- 현재의 급여에 만족하십니까?
  你 对 现在 的 工资 满意 吗 ?
  Nǐ duì xiànzài de gōngzī mǎnyì ma

- 그런대로 만족합니다. / 그런대로 괜찮다고 생각합니다.
  还 算 满意 吧 。 / 我 觉得 还 可以 。
  Hái suàn mǎnyì ba   Wǒ juéde hái kěyǐ

- 제 월급은 일반 사람 보다는 높은 편입니다.
  我 的 工资 比 一般 人 高 。
  Wǒ de gōngzī bǐ yìbān rén gāo

20. 취업 및 근무

- 기본급은 그리 많지 않지만 시간외 근무수당과 보너스가 많습니다.
  基本 工资 不 算 多， 但是 加班费 和 奖金 很 多。
  Jīběn gōngzī bú suàn duō　dànshì jiābānfèi hé jiǎngjīn hěn duō
- 급여는 매년 물가변동에 따라 조정됩니다.
  工资 随着 每 年 的 物价 波动 而 调整。
  Gōngzī suízhe měi nián de wùjià bōdòng ér tiáozhěng

▶급여가 불만일 때　对 工资 不 满意
　　　　　　　　　　duì gōngzī bù mǎnyì

- 사실 저는 지금의 급여에 매우 불만입니다.
  其实 我 对 现在 的 工资 很 不 满意。
  Qíshí wǒ duì xiànzài de gōngzī hěn bù mǎnyì
- 제 급여는 쥐꼬리만해요.
  我 的 工资 少 得 可怜。①
  Wǒ de gōngzī shǎo de kělián
- 그럭저럭 생활이나 할 정도에요.
  马马虎虎 还 可以 维持 生活 吧。
  Mǎmahūhū hái kěyǐ wéichí shēnghuó ba
- 타사에 비해 낮은 편입니다.
  比 其他 公司 低。
  Bǐ qítā gōngsī dī
- 회사가 월급 날짜를 자주 어깁니다.
  公司 经常 不 按时 发 工资。
  Gōngsī jīngcháng bú ànshí fā gōngzī

▶급여 인상을 요구할 때　要求 加 薪
　　　　　　　　　　　　yāoqiú jiā xīn

- 월급을 올려 달라고 했지만 거절당했어요.
  我 提了 涨 工资 的 事， 被 拒绝 了。
  Wǒ tíle zhǎng gōngzī de shì bèi jùjué le

---

① 可怜 kělián:원래는 '불쌍하다', '가련하다' 의 뜻이나, 수량이나 질을 말할 때에는 '초라하다', '보잘 것 없다', '극히 적다' 등의 뜻을 내포한다.

- 내년 1월부터 월급이 인상됩니다.
  从　　明年　一　月份　开始　涨　工资　。
  Cóng míngnián yī yuèfèn kāishǐ zhǎng gōngzī

- 이렇게 적은 월급으로는 살아갈 수 없습니다.
  这么　少　的　工资　维持　不　了　生活
  Zhème shǎo de gōngzī wéichí bu liǎo shēnghuó

- 물가는 올랐는데, 임금은 여전히 변화가 없군요.
  物价　涨　了，但　工资　仍然　没有　变化。
  Wùjià zhǎng le dàn gōngzī réngrán méiyǒu biànhuà

II 복리제도   福利
　　　　　　　　fúlì

- 당신 직장은 의료비 보조가 됩니까?
  你　单位　能　报销　医疗费　吗？
  Nǐ dānwèi néng bàoxiāo yīliáofèi ma

- 당신 직장은 주택을 분배해 줍니까?
  你们　公司　分房　吗？
  Nǐmen gōngsī fēn fáng ma

- 새로운 직장을 찾았는데 식사와 숙소를 제공해 줍니다.
  我　找到　一　份　新　工作，包吃　包住　。①
  Wǒ zhǎodào yí fèn xīn gōngzuò bāochī bāozhù

- 우리 회사는 연말에 일용품이 지급돼요.
  我们　公司　每　到　年底　就　发　一些　日用品　。
  Wǒmen gōngsī měi dào niándǐ jiù fā yìxiē rìyòngpǐn

- 설이나 명절 때면 회사에서 선물이 나와요.
  逢　年　过节，公司　都　会　发　一些　礼品　。②
  Féng nián guò jié gōngsī dōu huì fā yìxiē lǐpǐn

- 노동절에는 대부분 회사가 휴무를 하고 명절보너스를 지급합니다.
  劳动节，许多　公司　都　给　员工　放　假，还发过节费。
  Láodòngjié xǔduō gōngsī dōu gěi yuángōng fàng jià hái fā guòjié fèi

---

① 여기서 包 bāo 는 '책임지다'의 뜻.
② 逢年过节 féng nián guò jié : 설과 명절 때마다.

7 인사 이동

人事 调动
rénshì diàodòng

직장에 다니는 사람들에게는 인사 문제가 매우 주요한 관심사일 수밖에 없다. 그러므로 경쟁사회(竞争社会 jìngzhēng shèhuì)에서 남보다 앞서가기 위해서는 더 많은 노력을 기울여야만 한다. 인사의 발령에는 업무의 실적(业绩 yèjì)도 중요하지만, 직장 내에서의 대인관계(人际关系 rénjì guānxì) 또한 무시할 수 없는 평가 요인이다.

기본대화

A: 我 昨天 收到 总公司 通知 了, 让 我 回 首尔 工作。
　　Wǒ zuótiān shōudào zǒnggōngsī tōngzhī le ràng wǒ huí Shǒu'ěr gōngzuò.

B: 是 吗? 你 在 这儿 干 得 很 好, 公司 为什么 让 你 回去 呀?
　　Shì ma? Nǐ zài zhèr gàn de hěn hǎo, gōngsī wèishénme ràng nǐ huíqu ya?

A: 三 年 工作 的 合同 已经 到 期 了。
　　Sān nián gōngzuò de hétong yǐjīng dào qī le.

B: 那 以后 还 有 没有 机会 再 来 这儿 工作?
　　Nà yǐhòu hái yǒu méiyǒu jīhuì zài lái zhèr gōngzuò?

A: 说不定, 但 我 希望 还 有 这样 的 机会。
　　Shuōbudìng dàn wǒ xīwàng hái yǒu zhèyàng de jīhuì.

A: 어제 본사의 통지를 받았는데, 서울로 돌아와 근무하랍니다.
B: 그래요? 여기서 잘 일하고 있는데 왜 돌아오라는 거죠?
A: 3년 근무 계약기간이 벌써 만료되었거든요.
B: 그럼 앞으로 또다시 여기에 와서 일할 기회가 있나요?
A: 글쎄요. 하지만 그런 기회가 또 있었으면 좋겠군요.

여러 가지 활용

I 승진　升职
　　　　　shēng zhí

A: 你 觉得 谁 升 职 的 可能性 比较 大?
　　Nǐ juéde shéi shēng zhí de kěnéngxìng bǐjiào dà?

B: 看 前期 的 业绩 很 可能 是 李 明，但 也 说 不 准。
　　Kàn qiánqī de yèjì hěn kěnéng shì Lǐ Míng dàn yě shuō bu zhǔn

A: 당신은 누가 승진할 가능성이 크다고 생각합니까?
B: 이전 실적으로 보면 리밍씨이긴 한데 어떻게 알겠어요.

- 그는 부장에서 국장으로 승진했어요.
  他 从 主任 升 为 局长 了。
  Tā cóng zhǔrèn shēng wéi júzhǎng le

- 그는 일약 과장으로 발탁되었어요.
  他 一下子 被 提拔 为 科长 了。
  Tā yíxiàzi bèi tíbá wéi kēzhǎng le

- 그는 너무 빨리 승진하는 것 같아요.
  他 升 职 升 得 太 快 了。
  Tā shēng zhí shēng de tài kuài le

- 그는 승진도 하고 월급도 많아졌어요.
  他 不但 升了 职，而且 工资 也 涨 了。
  Tā búdàn shēngle zhí érqiě gōngzī yě zhǎng le

- 이번 인사발령에서 승진하시기 바랍니다.
  希望 这 次 调动 您 能 升职。
  Xīwàng zhè cì diàodòng nín néng shēng zhí

- 그는 이례직으로 승진을 해서 사람들 시선이 곱실 않아요.
  他 意外 地 升 职，所以 大家 都 用 异样 的 眼光 看 他。
  Tā yìwài de shēngle zhí suǒyǐ dàjiā dōu yòng yìyàng de yǎnguāng kàn tā

- 결국 중요한 것은 역시 연줄이군요.
  结果，重要 的 还是 关系。
  Jiéguǒ zhòngyào de háishi guānxì

- 당신 회사에서는 인사고과를 어떻게 합니까?
  在 你们 公司 怎样 考评 职员？
  Zài nǐmen gōngsī zěnyàng kǎopíng zhíyuán

II 전근　调离
　　　　diàolí

- 나는 내년에 해외 지사로 전근될 것 같아요.
  明年　我　可能　调到　海外　的　分公司　去　工作。
  Míngnián wǒ kěnéng diàodào hǎiwài de fēngōngsī qù gōngzuò

- 내가 베이징으로 전근되리라고는 꿈에도 생각을 못했어요.
  我　做　梦　也　没　想到　会　调到　北京　去　工作。
  Wǒ zuò mèng yě méi xiǎngdào huì diàodào Běijīng qù gōngzuò

- 저는 해외 근무를 신청하고 싶습니다.
  我　想　申请　去海外　工作。
  Wǒ xiǎng shēnqǐng qù hǎiwài gōngzuò

- 저는 지방의 지점에 가서 근무하라는 통지를 받았습니다.
  我　接到　了　到地方　分店　去　工作　的　通知。
  Wǒ jiēdào le dào dìfang fēndiàn qù gōngzuò de tōngzhī

- 저는 될 수 있는 대로 집과 가까운 곳으로 전근가고 싶습니다.
  我　想，尽量　调到　离家近　的地方。
  Wǒ xiǎng jǐnliàng diàodào lí jiā jìn de dìfang

- 저는 단신으로 부임할까 합니다.
  我　想　一个人　去　任职。
  Wǒ xiǎng yí ge rén qù rènzhí

- 이역에서의 생활은 당신에게 좋은 경험이 될거예요.
  异乡　生活　将　会　成为　你的　一次　美好　经历。
  Yìxiāng shēnghuó jiāng huì chéngwéi nǐ de yí cì měihǎo jīnglì

III 출장　出差
　　　　chū chāi

A: 一个月出差几次？①
　　Yí ge yuè chū chāi jǐ cì
B: 可能　是　两三　回吧。
　　Kěnéng shì liǎngsān huí ba

---

① 出差 chū chāi 의 差는 多音字 duōyīnzì 로서 여러 형태로 발음이 되므로 주의해야 한다. 예) ①chā: 差别 chābié(차이), 差距 chājù(격차) ②chà: 差不多 chàbuduō(비슷하다), 差点儿 chàdiǎnr(조금 다르다) ③chāi: 出差 chū chāi(출장가다), 差遣 chāiqiǎn(파견하다) ④cī: 参差 cēncī(들쭉날쭉하다).

[7] 인사 이동

> A: 한 달에 몇 번 정도 출장을 갑니까?
> B: 2~3회 정도입니다.

- 자주 출장을 가십니까?
  常常　　出差　吗?
  Chángcháng chū chāi ma

- 이번 출장은 며칠간입니까?
  这次出差几天?
  Zhè cì chū chāi jǐ tiān

- 이번엔 어디로 출장을 갑니까?
  这次到哪儿去出差?
  Zhè cì dào nǎr qù chū chāi

- 내달에 중국으로 출장을 갑니다.
  下个月出差去中国。
  Xià ge yuè chū chāi qù Zhōngguó

Ⅳ 좌천　降职
jiàng zhí

- 그가 일을 잘못했으니 좌천이 안되면 오히려 이상한거지.
  他 工作 做 得 一塌糊涂, 不 降 职 才 怪 呢。①
  Tā gōngzuò zuò de yìtāhútú bú jiàng zhí cái guài ne

- 그에 대한 비난이 많았기 때문에 그는 이번에 좌천되었어.
  由于对他的批评意见很多, 所以他被降职了。
  Yóuyú duì tā de pīpíng yìjiàn hěn duō suǒyǐ tā bèi jiàng zhí le

- 이번에 그가 좌천된 것은 당연한 이치야.
  这次降他的职是理所当然的。
  Zhè cì jiàng tā de zhí shì lǐ suǒ dāng rán de

- 매번 경쟁 회사에 선두를 빼앗기다니 연구개발부장을 그만 둬요.
  每 次 都 让 对手 抢了 先机, 你 这个 研发 部长 就
  Měi cì dōu ràng duìshǒu qiǎngle xiānjī nǐ zhège yánfā bùzhǎng jiù
  别 做 了。
  bié zuò le

---

① 一塌糊涂 yìtāhútú: 엉망진창이 되다, 뒤죽박죽이 되다.

20. 취업 및 근무

- 이번에 좌천되었지만 이를 악물고 좋은 성과를 낼 작정입니다.
  这 次 我 降 职 了，但是 我 还 想 咬紧 牙关 干出
  Zhè cì wǒ jiàng zhí le dànshì wǒ hái xiǎng yǎojǐn yáguān gànchū
  点儿 名堂。①
  diǎnr míngtang

V 해고 解雇
           jiěgù

- 해고당했어요.
  我 被 炒 鱿鱼 了。②
  Wǒ bèi chǎo yóuyú le

- 그는 자주 결근을 해서 해고되었어요.
  他 因 经常 旷 工 被 解雇 了。
  Tā yīn jīngcháng kuàng gōng bèi jiěgù le

- 요즘 많은 공장의 노동자들이 실직당했어요.
  现在 很 多 工厂 的 工人 都 下 岗 了。③
  Xiànzài hěn duō gōngchǎng de gōngrén dōu xià gǎng le

- 그는 회사 기밀을 경쟁회사에 유출하였으므로 해고당했어요.
  他 将 公司 机密 泄露 给 了 竞争 对手，所以 被 开 了。
  Tā jiāng gōngsī jīmì xièlòu gěi le jìngzhēng duìshǒu suǒyǐ bèi kāi le

- 그렇게 상사에게 대들었으니 너를 해고 안하고 누구를 하겠어?
  你 这样 当面 顶撞 上司，不 免 你的 职 免
  Nǐ zhèyàng dāngmiàn dǐngzhuàng shàngsi bù miǎn nǐ de zhí miǎn
  谁 的？④
  shéi de

---

① 名堂 míngtang: 여기서는 '성과', '결과'란 뜻이다. 현대중국어에는 소위 풍수(风水 fēngshuǐ)에서 말하는 명당의 개념이 전혀 없음에 유의할 것.

② 炒鱿鱼 chǎo yóuyú: 원뜻은 '오징어를 굽는다'이나, '해고하다'는 뜻의 은어이기도 하다.

③ 下岗 xià gǎng: 직책 또는 일자리에서 내려 온다는 뜻으로 곧 실직을 의미함. 90년대 중국 국영기업들의 구조조정으로 수많은 실업자가 발생하였는데, 이 때 생긴 신조어이다.

④ 顶撞 dǐngzhuàng: 주로 윗사람에게 말대꾸하거나 따지고 드는 것을 말함.

- 내가 이번에 회사에 막대한 손실을 끼쳤으니 파면을 피할 수는 없을거야.
  我 这 次 给 公司 造成 了巨大 的 损失， 免 职 是 在
  Wǒ zhè cì gěi gōngsī zàochéng le jùdà de sǔnshī miǎn zhí shì zài
  所 难免 的 了。
  suǒ nánmiǎn de le

- 그는 업무상 수뢰 혐의로 회사에서 쫓겨났어요.
  由于 他 利用 工作 之 便 受贿， 所以 被 公司 开除 了。①
  Yóuyú tā lìyòng gōngzuò zhī biàn shòuhuì suǒyǐ bèi gōngsī kāichú le

Ⅵ 사직 · 퇴직 辞职 / 退休
cí zhí tuì xiū

▶사직 辞职
　　　cí zhí

| A: 干 得 好好儿的， 你 为什么 辞 职？ |
| Gàn de hǎohāor de nǐ wèishénme cí zhí |
| B: 因为 下 个 月 我 要 移 民 加拿大。 |
| Yīnwèi xià ge yuè wǒ yào yí mín Jiānádà |
| A: 잘 근무하시더니 왜 사직하셨어요? |
| B: 다음 날 캐나다로 이민을 가시든요. |

- 그가 사직서를 제출했어요.
  他 提交 了 辞职信 。
  Tā tíjiāo le cízhíxìn

- 사직한 이유가 무엇입니까?
  辞 职 的 理由 是 什么 ？
  Cí zhí de lǐyóu shì shénme

- 벌써부터 그만두려고 하였습니다.
  我 早 就 不 想 干 了 。
  Wǒ zǎo jiù bù xiǎng gàn le

---

① 开除 kāichú: 제거하다, 추방하다, 박탈하다, 해고하다.

- 여기서는 자기발전의 여지가 거의 없어요.
  因为 在 这儿 几乎 没有 自我 发展 的 空间。
  Yīnwèi zài zhèr jīhū méiyǒu zìwǒ fāzhǎn de kōngjiān
- 이 일이 제게는 맞지 않는 것 같아요.
  我 觉得 这 份 工作 不 适合 我。
  Wǒ juéde zhè fèn gōngzuò bú shìhé wǒ
- 지금 하는 일에 조금도 흥미가 없어서요.
  对 现在 做 的 事情，我 一点儿 兴趣 都 没有。
  Duì xiànzài zuò de shìqing wǒ yìdiǎnr xìngqù dōu méiyǒu

▶ 퇴직 退休
          tuì xiū

- 언제 퇴직하십니까?
  什么 时候 退休？
  Shénme shíhou tuì xiū
- 퇴직 후엔 무엇을 하실 겁니까?
  退休 后 想 做点儿 什么？
  Tuì xiū hòu xiǎng zuò diǎnr shénme
- 그는 매년 아주 많은 연금을 받습니다.
  他 每 年 都 拿 很 多 退休金。
  Tā měi nián dōu ná hěn duō tuìxiūjīn
- 이 직장에서 꼬박 40년을 일했으니 떠나기 정말 섭섭하군요.
  我 在 这 个 单位 工作 了 整整 四十 年，还 真
  Wǒ zài zhè ge dānwèi gōngzuò le zhěngzhěng sìshí nián hái zhēn
  舍不得 离开。
  shěbude líkāi

参考 관련 용어 **词汇**
                  cíhuì

- 취업 就业
         jiù yè
- 근무 工作
         gōngzuò
- 구직 求职
         qiúzhí
- 이력서 简历
          jiǎnlì
- 자기 소개서 自我 介绍
               zìwǒ jièshào
- 추천서 推荐信
          tuījiànxìn
- 성적 증명서 成绩单
               chéngjìdān
- 자격증 证书
          zhèngshū

7 인사 이동

- 초빙　招聘 zhāopìn
- 모집　招人 zhāo rén
- 면접 시험　面试 miànshì
- 직업관　职业观 zhíyèguān
- 인생관　人生观 rénshēngguān
- 취미　爱好 àihào
- 특기　特长 tècháng
- 수습 기간　试用期 shìyòngqī
- 직종　工种 gōngzhǒng
- 직업　职业 zhíyè
- CEO　首席 执行官, 执行总裁 shǒuxí zhíxíngguān zhíxíng zǒngcái
- 직업분야　行业 hángyè
- 전문가　内行 nèiháng
- 비전문가　外行 wàiháng
- 엔지니어　工程师 gōngchéngshī
- 자영업자　个体户 gètǐhù
- 총무부　总务部 zǒngwùbù
- 영업부　营业部 yíngyèbù
- 기획부　企划部 qǐhuàbù
- 광고부　广告部 guǎnggàobù
- 인사부　人事部 rénshìbù
- 출근　上班 shàng bān
- 퇴근　下班 xià bān
- 통근 버스　班车 bānchē
- 지각　迟到 chídào
- 조퇴　早退 zǎotuì
- 결근　旷工 kuàng gōng
- 휴가　休假 xiū jià
- 출산 휴가　产假 chǎnjià
- 병가　病假 bìngjià
- 휴가를 내다　请假 qǐng jià
- 연장 근무　加班 jiā bān
- 야간 근무　夜班 yèbān
- 사무보다　办公 bàngōng
- 사무실　办公室 bàngōngshì
- 사무소　办公处, 办事处 bàngōngchù bànshìchù
- 오피스텔　办公楼, 写字楼 bàngōnglóu xiězìlóu
- 서류　文档 wéndàng
- 파일, 자료　资料 zīliào
- 급여　工资, 薪水 gōngzī xīnshui
- 월급　月薪 yuèxīn
- 연봉　年薪 niánxīn
- 복리　福利 fúlì
- 보조금　补助 bǔzhù
- 전화 요금 보조　话补 huàbǔ

20. 취업 및 근무

- 식대 보조 餐补 cānbǔ
- 의료보험 医疗 保险 yīliáo bǎoxiǎn
- 양로보험 养老 保险 yǎnglǎo bǎoxiǎn
- 실직보험 失业 保险 shīyè bǎoxiǎn
- 직원 职员， 员工 zhíyuán yuángōng
- 사장 总经理 zǒngjīnglǐ
- 매니저 经理 jīnglǐ
- 주주 股东 gǔdōng
- 이사장 董事长 dǒngshìzhǎng
- 이사 董事 dǒngshì
- 직위 职位 zhíwèi
- 직무 职务 zhíwù
- 부장 部长 bùzhǎng
- 상사 上司， 上级 shàngsi shàngjí
- 부하 下级 xiàjí
- 비서 秘书 mìshū
- 파트타임 计时工 jìshígōng

- 발령 调动 diàodòng
- 승진 升 职 shēng zhí
- 회의 会议 huìyì
- 회의하다 开 会 kāi huì
- 폐회하다 散 会 sàn huì
- 회의 주제 议题 yìtí
- 표결 表 决 biǎo jué
- 투표 投 票 tóu piào
- 주주총회 股东 大会， 股东 年会 gǔdōng dàhuì gǔdōng niánhuì
- 이사회 董事会 dǒngshìhuì
- 찬성하다 同意 tóngyì
- 반대하다 反对 fǎnduì
- 사무 자동화 办公 自动化 bàngōng zìdònghuà
- 복사기 复印机 fùyìnjī
- 복사 용지 复印纸 fùyìnzhǐ

21

컴퓨터와 인터넷

电脑与网络　　　　DIANNAO YU WANGLUO

1. 컴퓨터 및 주변기기　　电脑及配件
2. 문　　서　　　　　　　电子文档
3. 이 메 일　　　　　　　电子邮件
4. 채팅·게임　　　　　　聊天/游戏
5. 검색·다운로드　　　　搜索/下载
6. 고장·수리　　　　　　故障/维修

1 컴퓨터 및 주변기기

电脑及配件
diànnǎo jí pèijiàn

중국의 유명 컴퓨터 제조업체로는 중국의 IBM 으로 일컬어지는 联想电脑 Liánxiǎng diànnǎo 와 北京大学 Běijīng Dàxué 에서 출연한 方正电脑 Fāngzhèng diànnǎo, 清华大学 Qīnghuá Dàxué 에서 출연한 同方电脑 Tóngfāng diànnǎo 가 있다. 그 외 중국에서 컴퓨터 및 주변기기를 생산하는 외국기업들로는 IBM, 惠普 Huìpǔ(HP), 佳能 Jiānéng(Canon), 三星 Sānxīng(삼성), 索尼 Suǒní(Sony) 등이 있다.

기본대화

A: 哇，你买新电脑了？什么牌子的？
　　Wa　nǐ mǎi xīn diànnǎo le　Shénme páizi de
B: 联想的。
　　Liánxiǎng de
A: 是英特尔奔腾 Ⅳ 处理器的吗？①
　　Shì Yīngtè'ěr bēnténg sì chǔlǐqì de ma
B: 是的，能看 DVD。
　　Shì de　néng kàn DVD
A: 硬盘容量有多大？
　　Yìngpán róngliàng yǒu duō dà
B: 有 C, D, E, F 盘，一共 160 个 G。
　　Yǒu C D E F pán yígòng yìbǎi liùshí ge G

A: 와, 너 컴퓨터 새로 샀구나. 어느 브랜드니?
B: 렌샹컴퓨터.
A: 이거 인텔 펜티엄 Ⅳ야?
B: 응, DVD 도 볼 수 있어.
A: 디스크 용량이 얼마나 돼?
B: C, D, E, F 드라이브를 합쳐 모두 160 기가야.

---

① 英特尔 Yīngtè'ěr 은 intel, 奔腾 bēnténg 은 pentium 을 음역한 것.

여러 가지 활용

I 컴퓨터 본체 　主机
　　　　　　　　zhǔjī

▶하드 디스크　　硬盘
　　　　　　　　yìngpán

- C 디스크 용량이 부족하군요.
  C 盘 容量 不够。
  C pán róngliàng bú gòu

- C 디스크가 손상된 것 같습니다.
  C 盘 好像 坏 了。
  C pán hǎoxiàng huài le

- 내 컴퓨터는 하드 용량이 너무 작아.
  我 的 电脑 磁盘 容量 太 小 了。
  Wǒ de diànnǎo cípán róngliàng tài xiǎo le

▶CD · DVD 플레이어　　光驱
　　　　　　　　　　　　guāngqū

- 이 컴퓨터로 DVD도 볼 수 있니?
  这 台 电脑 能 放 DVD 吗?
  Zhè tái diànnǎo néng fàng DVD ma

- 아니, VCD만 볼 수 있어.
  不 能 , 只 能 放 VCD。
  Bù néng zhǐ néng fàng VCD

- 플레이어 안에 CD를 좀 넣어봐.
  请 帮 我 把 CD 放在 光驱 里。
  Qǐng bāng wǒ bǎ CD fàngzài guāngqū li

- CD를 좀 꺼내 줄래요?
  把 CD 拿 出来 好 吗?
  Bǎ CD ná chulai hǎo ma

① 컴퓨터 및 주변기기

▶운영 체계　操作 系统
　　　　　　　cāozuò xìtǒng

> A: 你 电脑 的 操作 系统 是 什么？
> 　　Nǐ diànnǎo de cāozuò xìtǒng shì shénme
> B: 是 Windows2000 的。
> 　　Shì Windows liǎngqiān de
> A: 당신 컴퓨터 운영체계는 무엇이에요?
> B: 윈도우 2000 이에요.

- 이번에 윈도우 XP를 새로 깔았어요.
  我 这 次　重新　安装 了 Windows XP。
  Wǒ zhè cì chóngxīn ānzhuāng le　Windows XP

- 윈도우 XP는 어떤 새로운 기능이 있죠?
  Windows XP 有 哪些 新 功能？
  Windows XP　yǒu nǎxiē xīn gōngnéng

- XP를 사용하면 인터넷하기가 훨씬 편리해요.
  用 XP 上　网 更　方便。
  Yòng XP shàng wǎng gèng fāngbiàn

- 아직도 윈도우 98을 쓰고 있어요?
  你 还是 用 Win 98 吗？
  Nǐ háishi yòng　Win 98　ma

▶노트북　笔记本 电脑 ①
　　　　　　bǐjìběn diànnǎo

- 가장 최신형 노트북 컴퓨터를 보여 주세요.
  我 想　看看 最新 款 的 笔记本 电脑。
  Wǒ xiǎng kànkan zuì xīn kuǎn de　bǐjìběn diànnǎo

- 이 노트북은 초경량 초박형이에요.
  这 台 笔记本 电脑 是　超轻　超薄 的。
  Zhè tái bǐjìběn diànnǎo shì chāoqīng chāobáo de

---

　① 노트북을 의역하여 笔记本电脑 bǐjìběn diànnǎo 라고도 하고, 휴대용 컴퓨터란 뜻에서 手提电脑 shǒutí diànnǎo 라고도 한다.

II. 모니터　显示器
xiǎnshìqì

- 이 모니터는 17 인치인가요?
  这个显示器是 17 寸的吗？
  Zhè ge xiǎnshìqì shì shíqī cùn de ma

- 요즘은 액정모니터를 많이 선호해요.
  现在很多人都喜欢液晶显示器。
  Xiànzài hěn duō rén dōu xǐhuan yèjīng xiǎnshìqì

- 모니터 화면이 선명치 않아요.
  显示器屏幕不太清楚。
  Xiǎnshìqì píngmù bú tài qīngchu

- 밝기를 좀 조절해야겠어요.
  亮度要调整。
  Liàngdù yào tiáozhěng

- 모니터를 좀더 큰 걸로 바꿔야겠어요.
  显示器要换大一点的。
  Xiǎnshìqì yào huàn dà yìdiǎn de

- 아직도 이런 구식 모니터를 쓰고 있어요?
  你现在还用这种过时的显示器呀？①
  Nǐ xiànzài hái yòng zhè zhǒng guòshí de xiǎnshìqì ya

III. 자판　键盘
jiànpán

- 가끔 글자가 잘 안 쳐져요.
  有时候打不出字来。
  Yǒu shíhou dǎ bu chū zì lai

- 자판에 이물질이 들어가면 안돼요.
  键盘里边不能掉进东西。
  Jiànpán lǐbian bù néng diàojìn dōngxi

- 한 번 쳤는데도 두세 개씩 나와요.
  我按了一个，却出来了两三个。
  Wǒ ànle yí ge　què chūlai le liǎngsān ge

---

① 过时 guòshí：구식의, 유행이 지난.

① 컴퓨터 및 주변기기 993

① 电脑及配件

- 이 자판에는 기능이 아주 많아요.
  这个键盘有很多功能。
  Zhè ge jiànpán yǒu hěn duō gōngnéng

Ⅳ 마우스 鼠标 ①
  shǔbiāo

- 마우스가 말을 잘 안들어요.
  鼠标不好使了。
  Shǔbiāo bù hǎoshǐ le

- 마우스를 잘 닦아봐요.
  擦一擦鼠标。
  Cā yi cā shǔbiāo

- 광마우스가 아주 편리해요.
  光电鼠标很方便。
  Guāngdiàn shǔbiāo hěn fāngbiàn

- 무선 마우스도 있어요.
  还有无线鼠标。
  Hái yǒu wúxiàn shǔbiāo

- 마우스 왼쪽을 두 번 클릭하면 돼요.
  双击左键就可以了。②
  Shuāngjī zuǒjiàn jiù kěyǐ le

- 마우스 오른쪽을 한 번 클릭하면 보일거에요.
  单击右键就会看到。
  Dānjī yòujiàn jiù huì kàndào

Ⅴ 프린터 打印机
  dǎyìnjī

- 프린트 속도가 아주 빠르네요.
  打印速度很快。
  Dǎyìn sùdù hěn kuài

---

① 鼠标 shǔbiāo 는 mouse 를 의역한 것이다.
② 마우스를 누르는 것을 点击 diǎnjī 라고 하며, 한번 누르기는 单击 dānjī, 두 번 누르기는 双击 shuāngjī 라고 한다.

21. 컴퓨터와 인터넷

- 우선 한 장만 프린트해 보세요.
  先 打一 张 试一下。
  Xiān dǎ yì zhāng shì yíxià

- 가로로 인쇄하기를 해보세요.
  试一下 横向 打印。
  Shì yíxià héngxiàng dǎyìn

- 레이저 프린터가 가장 선명하게 인쇄됩니다.
  激光 打印机的 效果 是最好的。
  Jīguāng dǎyìnjī de xiàoguǒ shì zuì hǎo de

- 잉크젯 프린터는 싸긴 하지만 잉크값이 너무 비싸요.
  喷墨 打印机虽然 便宜，但是 墨盒 很 贵。
  Pēnmò dǎyìnjī suīrán piányi dànshì mòhé hěn guì

Ⅵ 스캐너　扫描仪
　　　　　sǎomiáoyí

- 이 사진 좀 스캔해 주세요.
  帮 我 扫一下这 张 照片儿 吧。①
  Bāng wǒ sǎo yíxià zhè zhāng zhàopiānr ba

- 스캔한 후에 전송해 주세요.
  扫描 后 发给 我 吧。
  Sǎomiáo hòu fāgěi wǒ ba

- 스캔한 것은 다 저장해야 해요.
  扫描 后 都 要 存 盘。
  Sǎomiáo hòu dōu yào cún pán

- 스캐너로 복사도 할 수 있어요?
  用 扫描仪 可以 复印 吗？
  Yòng sǎomiáoyí kěyǐ fùyìn ma

---

① '사진' 의 뜻을 나타내는 단어로는 照片儿 zhàopiānr 이외에 相片儿 xiàngpiānr 이 있다.

Ⅶ 디지털 카메라　数码 相机
shùmǎ xiàngjī

A: 你好！能 看 清楚 我 吗？
　　Nǐ hǎo　Néng kàn qīngchu wǒ ma
B: 看 得 很 清楚, 你 呢？
　　Kàn de hěn qīngchu nǐ ne
A: 我 也 能 看清 你。
　　Wǒ yě néng kànqīng nǐ
B: 太 好 了！以后 我们 能 经常 见面 了。
　　Tài hǎo le　Yǐhòu wǒmen néng jīngcháng jiànmiàn le
A: 안녕? 나 잘 보이니?
B: 아주 선명히 보이는데, 너는?
A: 나도 네가 잘 보여.
B: 너무 좋다, 앞으로는 자주 볼 수 있겠구나.

- 이제는 디지털 카메라가 보편화되어 값이 많이 싸졌어요.
  现在 数码 相机 很 普及 了, 价钱 也 降 了。
  Xiànzài shùmǎ xiàngjī hěn pǔjí le jiàqián yě jiàng le

- 이제는 사진도 모두 컴퓨터에 저장하면 되니까 앨범이 필요 없어요.
  现在 照片儿 都 可以 存在 电脑 里, 不用 相册 了。
  Xiànzài zhàopiānr dōu kěyǐ cúnzài diànnǎo li bùyòng xiàngcè le

- 디지털 카메라는 보통 900 만 픽셀이면, 효과가 꽤 좋아요.
  数码 相机 一般 是 900 万 像素, 效果 还是 很 不错 的。
  Shùmǎ xiàngjī yìbān shì jiǔbǎi wàn xiàngsù xiàoguǒ háishi hěn búcuò de

2 문서

电子 文档
diànzǐ wéndàng

MS-word 나 아래한글 최신 버전에서는 한글과 중국어를 동시에 입력할 수 있으며, 중국어의 简体字 jiǎntǐzì 와 繁体字 fántǐzì 도 자유롭게 변환할 수 있다. 또한 한자의 위아래에 拼音 pīnyīn 이나 注音符号 zhùyīn fúhào 를 병기할 수 있는 기능도 있어 매우 유용하다. 중국어 입력 방식에는 여러 가지가 있으나 일반 사용자들은 주로 拼音으로 타이핑을 하는 输入法 shūrùfǎ 를 많이 사용한다.

기본대화

A: 你会打 中文 吗?
   Nǐ huì dǎ Zhōngwén ma

B: 会, 比 想象 的要 简单。
   Huì bǐ xiǎngxiàng de yào jiǎndān

A: 你会 什么 输入法?
   Nǐ huì shénme shūrùfǎ

B: 我只会 智能 ABC, 因为 你 只要 会 汉语 拼音 就 能
   Wǒ zhǐ huì zhìnéng ABC yīnwèi nǐ zhǐyào huì Hànyǔ pīnyīn jiù néng
   打出来。
   dǎ chulai

A: 对, 它比较 适合 初学 中文 的人。
   Duì tā bǐjiào shìhé chūxué Zhōngwén de rén

B: 不过, 有时 没有 我要 找 的汉字, 有办法吗?
   Búguò yǒushí méiyǒu wǒ yào zhǎo de Hànzì yǒu bànfǎ ma

A: 你可以 用 全拼 输入法, 那里 收 的汉字 很多。
   Nǐ kěyǐ yòng quánpīn shūrùfǎ nàli shōu de Hànzì hěn duō

B: 谢谢, 今天 跟你学了不少。
   Xièxie jīntiān gēn nǐ xuéle bù shǎo

A: 중국어 타자 칠 줄 아세요?
B: 네, 생각보다 간단하더군요.
A: 어떤 입력방법을 할 줄 아세요?
B: 저는 「즈넝 ABC」만 할 줄 알아요, 왜냐하면 그건 중국어 병음만 알면 칠 수 있으니까요.

A: 맞아요. 처음 중국어를 배우는 사람들에게 저합하지요.
B: 그런데 어떤 때는 찾는 한자가 없던데, 방법이 있나요?
A: 취엔핀 입력법을 사용하면 돼요, 거기엔 내장된 한자가 아주 많아요.
B: 고마워요. 오늘 많은걸 배웠어요.

여러 가지 활용

I 문서 작성하기   制作 文档
　　　　　　　　　zhìzuò wéndàng

A: 你能 告诉我 用 哪 种 输入法 打字 更 快 吗?
　　Nǐ néng gàosu wǒ yòng nǎ zhǒng shūrùfǎ dǎ zì gèng kuài ma
B: 我 认为 用 五笔打字 更 快。 ①
　　Wǒ rènwéi yòng wǔbǐ dǎ zì gèng kuài
A: 어떤 입력법을 사용해야 타이핑을 제일 빨리 할 수 있는지 알려 주시겠어요?
B: 제 생각에는 우비가 가장 빠르더라구요.

• 표를 작성해야 하는데 어떻게 하는지를 잘 모르겠어.
　现在 我 要 做 表格, 不 知道 怎么 做。
　Xiànzài wǒ yào zuò biǎogé bù zhīdào zěnme zuò

• 엑셀로 표를 작성하면 상당히 편리해, 나는 늘 그걸로 보고서를 작성해.
　用 Excel 制 表 相当 方便, 我 常 用 它 做 工作
　Yòng Excel zhì biǎo xiāngdāng fāngbiàn wǒ cháng yòng tā zuò gōngzuò
　报表。
　bàobiǎo

---

① 중국어를 타이핑하는 방법에는 拼音 pīnyīn 을 이용하는 방법과 약호를 이용하는 방법이 있다. 拼音을 이용하는 것 중 가장 보편적인 것은 智能 ABC 输入法이며, 이것은 초심자도 쉽게 이용할 수 있는 장점이 있다. 五笔字型输入法 wǔbǐ zìxíng shūrùfǎ 는 약호를 외워 타이핑하는 것으로 속도가 매우 빠른 장점이 있어 주로 타이핑을 전문적으로 하는 사람들이 많이 이용한다.

- 여기에는 관련된 그림을 넣으세요.
  在这里插入一个 相关 的图片。
  Zài zhèli chārù yí ge xiāngguān de túpiàn
- 글씨 크기를 좀 작게 해봐요.
  把字号 缩小 一点儿。
  Bǎ zìhào suōxiǎo yìdiǎnr
- 프린트하기 전에 미리 보기를 해봐요.
  打印 之前 先 预览一下。
  Dǎyìn zhīqián xiān yùlǎn yíxià
- 복사한 것을 여기다 붙여요.
  把复制 的 东西 贴在这儿。
  Bǎ fùzhì de dōngxi tiēzài zhèr
- 글자를 만들어 넣는 기능이 따로 있어요.
  还 有 造字 功能。
  Hái yǒu zào zì gōngnéng
- 이 정도 행간격이면 적당합니까?
  你觉得这样 的行间距 合适吗？
  Nǐ juéde zhèyàng de hángjiānjù héshì ma
- 위 아래 여백을 좀더 띄어봐요.
  再 加一些页眉、页脚吧。①
  Zài jiā yìxiē yèméi yèjiǎo ba
- 가로배열로 할래요, 세로배열로 할래요?
  你需要 横 排版 还是 竖排版？②
  Nǐ xūyào héng pái bǎn háishi shù pái bǎn
- 보기좋게 하려면 표제를 좀더 두드러지게 해봐요.
  为了 更 好看一些，你 应该 把标题再突出 一点。
  Wèile gèng hǎokàn yìxiē nǐ yīnggāi bǎ biāotí zài tūchū yìdiǎn
- A4 용지에 프린트할 거예요, B5 에 할 거예요?
  你要 用 A4 纸打印还是 B5 纸打印？
  Nǐ yào yòng A4 zhǐ dǎyìn háishi B5 zhǐ dǎyìn

---

① 页眉 yèméi : 위 여백.
② 横排版 héng pái bǎn : 가로 배열 편집, 가로 배열 조판.

② 문 서

- 한글워드에서도 중국어 문서를 작성할 수 있나요?
  在 韩文 界面 上 能 制作 中文 文档 吗？
  Zài Hánwén jièmiàn shang néng zhìzuò Zhōngwén wéndàng ma
- 번체자, 간체자는 물론 병음까지도 달 수가 있어요.
  除了 繁体 和 简体 的 以外，还 有 带 拼音 的。
  Chúle fántǐ hé jiǎntǐ de yǐwài hái yǒu dài pīnyīn de

Ⅱ 저장하기 存盘
             cúnpán

> A: 我的"管理表"文件丢了, 你能帮我再拷贝一
>   Wǒ de guǎnlǐbiǎo wénjiàn diū le nǐ néng bāng wǒ zài kǎobèi yí
>   份吗？①
>   fèn ma
> B: 好的，不过这次你要注意了。
>   Hǎo de búguò zhè cì nǐ yào zhùyì le
> A: 不会再丢了。我给它加上密码。
>   Bú huì zài diū le Wǒ gěi tā jiāshàng mìmǎ
> A: <관리표> 문서를 잃어버렸어요. 다시 하나 복사 해 줄래요?
> B: 그러죠, 하지만 앞으로는 주의해요.
> A: 이젠 안 잃어버릴 겁니다. 암호를 입력할거예요.

- 이 문장은 오리기를 해서 따로 보관해요.
  把 这 个 文件 剪切 下来 另 存 一 个 地方。
  Bǎ zhè ge wénjiàn jiǎnqiē xialai lìng cún yí ge dìfang
- 앗, 문서 작성한 게 다 날아가 버렸어!
  哎呀，我 录入 的 文件 丢 了！
  Aiya wǒ lùrù de wénjiàn diū le
- 그러니까 내가 수시로 저장하라고 말했잖아.
  所以 我 告诉 你 随时 都 要 存盘。
  Suǒyǐ wǒ gàosu nǐ suíshí dōu yào cúnpán

---

① 拷贝 kǎobèi : 복사. 복사하다. copy의 음역.

21. 컴퓨터와 인터넷

- 프린트하기 전에 다시 검사를 해 보는게 좋아요.
  打印 之前，你 最好 再 检查 一下。
  Dǎyìn zhīqián nǐ zuìhǎo zài jiǎnchá yíxià
- 중요한 문서는 플로피 디스켓에 반드시 저장해 두세요.
  重要 的 文件 要 放在 Ａ 盘。
  Zhòngyào de wénjiàn yào fàngzài Ａ pán
- 플로피 디스켓은 쉽게 망가지니 반드시 백업시켜 놓으세요.
  软盘 很 容易 坏，所以 一定 要 备份。①
  Ruǎnpán hěn róngyì huài suǒyǐ yídìng yào bèifèn
- 문서가 너무 커서 저장할 수가 없어요.
  文件 太大，存不了。
  Wénjiàn tài dà cún bu liǎo

---

① 备份 bèifèn: 백업(backup). (숫자 · 머릿수)를 채우다.

③ 이 메 일

电子 邮件
dìanzǐ yóujiàn

이제 E-mail은 우리의 일상생활에서 빼놓을 수 없는 필수요소가 되었다. 많은 사람들이 하루의 일과를 E-mail 확인으로 시작하기도 한다. 더 이상 손으로 편지지(信纸 xìnzhǐ)에 글을 쓰고 우편봉투(信封 xìnfēng)에 담아 우표(邮票 yóupiào)를 붙여서 우체국(邮局 yóujú)에 가서 부치는 수고를 하지 않아도 된다. 며칠씩 기다릴 필요도 없이 보내는 순간 바로 상대방의 E-mail box로 들어가게 되고, 동시에 수많은 사람에게 보낼 수도 있다.

기본대화

A: 你要跟我联系的话，就发 E-mail 吧。
　　Nǐ yào gēn wǒ liánxì dehuà jiù fā E-mail ba
B: 你能告诉我你的 E-mail 地址吗？
　　Nǐ néng gàosu wǒ nǐ de E-mail dìzhǐ ma
A: cxyin@sohu.com.
B: 名片上有我的 E-mail 地址。
　　Míngpiàn shang yǒu wǒ de E-mail dìzhǐ
A: 你通常什么时间上网？
　　Nǐ tōngcháng shénme shíjiān shàng wǎng
B: 一般晚上吧，你呢？
　　Yìbān wǎnshang ba nǐ ne
A: 我也是。到时候我给你发邮件，你可一定要回呀！
　　Wǒ yě shì Dào shíhou wǒ gěi nǐ fā yóujiàn nǐ kě yídìng yào huí ya
B: 一定会的。
　　Yídìng huì de
A: 연락할 일 있으면 제게 메일을 보내세요.
B: 메일 주소를 알려 주시겠어요?
A: cxyin@sohu.com 이에요.
B: 제 메일 주소는 명함에 있어요.

21. 컴퓨터와 인터넷

A: 대체로 어느 시간에 인터넷을 하세요?
B: 주로 저녁이에요, 당신은요?
A: 저도요, 그때 가서 메일을 보낼테니 꼭 답장 해줘야 해요.
B: 꼭 할게요.

여러 가지 활용

I 메일 주고 받기 · 收 发 邮件
shōu fā yóujiàn

▶가입·로그인 注册 / 登录
zhùcè dēnglù

- 중국 사이트에 들어가서 회원으로 가입하면 메일을 개설할 수 있어요.
  你 进入 一个 中文 网站，注册 之后 就 可以 获得 一个
  Nǐ jìnrù yí ge Zhōngwén wǎngzhàn zhùcè zhīhòu jiù kěyǐ huòdé yí ge
  邮箱。
  yóuxiāng

- 이 사이트의 회원이 되면 바로 무료 이메일 계정을 받을 수 있어요.
  成为 这个 网站 的会员，你就可以 得到 一个 免费
  Chéngwéi zhè ge wǎngzhàn de huìyuán nǐ jiù kěyǐ dédào yí ge miǎnfèi
  邮箱。
  yóuxiāng

- 아이디가 자꾸 중복이 되네요.
  用户名 总是 和别人 重复 。
  Yònghùmíng zǒngshì hé biérén chóngfù

- 아이디와 비밀번호가 맨날 헷갈려요.
  我 的 用户名 和密码老记混 。
  Wǒ de yònghùmíng hé mìmǎ lǎo jìhùn

- 아이참, 비밀번호를 잊어버렸어.
  哎呀，我 忘记 密码 了 。
  Aiya wǒ wàngjì mìmǎ le

③ 이 메 일

▶메일 보내기　发送 邮件
　　　　　　　　fāsòng yóujiàn

- 내가 메일 보낸 거 받아 보았니?
  你 收到 我发给你的 邮件 了吗？①
  Nǐ shōudào wǒ fāgěi nǐ de yóujiàn le ma

- 메일을 보냈는데 왜 아직 연락이 없지?
  我 已经 发 出去 了，怎么 还 没 回信？
  Wǒ yǐjīng fā chuqu le　zěnme hái méi huíxìn

- 메일은 여러 사람에게 동시에 보낼 수도 있어요.
  邮件 也 可以 同时 发给 多个人。
  Yóujiàn yě kěyǐ tóngshí fāgěi duō ge rén

- 메이쮀엔이 오늘 생일을 맞았으니 생일축하 카드메일을 보내야지.
  美 娟 今天 过 生日，我发个 生日 贺卡给她吧。
  Měi Juān jīntiān guò shēngrì　wǒ fā ge shēngrì hèkǎ gěi tā ba

- 메일박스가 꽉 차서 내가 보낸 편지가 안들어 가더라. 빨리 정리해.
  你的 邮箱 满 了，我的 信发 不进去，你 快 清理一下吧。
  Nǐ de yóuxiāng mǎn le　wǒ de xìn fā bu jìnqù　nǐ kuài qīnglǐ yíxià ba

- 네 메일 주소를 잘못 적었나봐, 되돌아 왔어.
  我 把你的 地址 写错 了，信被 退 回来 了。
  Wǒ bǎ nǐ de dìzhǐ xiěcuò le　xìn bèi tuì huílai le

▶메일 받기　收 邮件
　　　　　　shōu yóujiàn

- 그의 생일축하 메일을 받고 얼마나 기뻤는지 몰라요.
  我 收到 他 寄给我的 生日 贺卡，高兴极 了。
  Wǒ shōudào tā jìgěi wǒ de shēngrì hèkǎ　gāoxìngjí le

---

① 우체국에 가서 편지를 부치는 것은 '寄 jì'라고 하며, 인터넷상에서 메일을 보내는 것은 '发 fā'라고 한다.

21. 컴퓨터와 인터넷

- 낯선 메일은 함부로 열어보지 말아요.
  陌生人 来的 邮件 不要 轻易 看。
  Mòshēngrén lái de yóujiàn búyào qīngyì kàn

- 미안해. 요새 너무 바빠서 들어가 보질 못했어.
  对不起，最近我太 忙 了，所以 没 进去 看 。
  Duìbuqǐ zuìjìn wǒ tài máng le suǒyǐ méi jìnqu kàn

- 메일을 받긴 했는데 뭐라 회신을 해야 할지 모르겠어.
  已经 收到 他的 邮件 了，但 不 知道 怎么 回 。
  Yǐjīng shōudào tā de yóujiàn le dàn bù zhīdào zěnme huí

- 이 사람 왜 자꾸 메일을 보내고 그래. 주소를 차단시켜 버릴까?
  这 个 人 老 给 我 发 邮件，我 要 不 要 拒收 呢？
  Zhè ge rén lǎo gěi wǒ fā yóujiàn wǒ yào bu yào jùshōu ne

▶파일 첨부　附件
　　　　　　　fùjiàn

- 이 파일을 첨부해 보내드리겠습니다.
  这 文件 我 用 附件 发给 你。
  Zhè wénjiàn wǒ yòng fùjiàn fāgěi nǐ

- 메일은 받아보았는데 파일을 열어볼 수가 없군요.
  我 收到 了，但 我 打不开 附件 。
  Wǒ shōudào le dàn wǒ dǎ bu kāi fùjiàn

- 파일을 열어볼 때 바이러스 검사를 꼭 하세요.
  你 打开 附件 时，一定 要 检查 一下 有 没有 病毒 。
  Nǐ dǎkāi fùjiàn shí yídìng yào jiǎnchá yíxià yǒu méiyǒu bìngdú

- 한 번에 세 개의 파일만 첨부할 수 있습니다.
  一 次 只 能 附 三 个 文件 。
  Yí cì zhǐ néng fù sān ge wénjiàn

Ⅱ 스팸 메일　垃圾 邮件
　　　　　　　lājī yóujiàn

A: 最近 黄色 信息 越来越 多，我 怕 影响 孩子 。
   Zuìjìn huángsè xìnxī yuèláiyuè duō wǒ pà yǐngxiǎng háizi

B: 那 你 就 用 拒收 功能 拒收 吧 。
   Nà nǐ jiù yòng jùshōu gōngnéng jùshōu ba

③ 이메일

A: 我已经 用 了，可还是 不断 地 收到。
　　Wǒ yǐjīng yòng le　　kě háishi búduàn de shōudào
A: 요즘 음란광고가 갈수록 많아져서 애들에게 영향이 갈까 걱정이에요.
B: 그럼 수신거부기능으로 차단하세요.
A: 이미 사용하고 있어요, 하지만 그래도 끊이질 않아요.

- 광고 메일이 너무 많아서 귀찮아 죽겠어요.
  广告　邮件 太多了，很麻烦。
  Guǎnggào yóujiàn tài duō le　hěn máfan
- 스팸 메일은 '수신거부' 기능으로 차단할 수 있습니다.
  垃圾 邮件 用 拒收 功能 可以 拒收。
  Lājī yóujiàn yòng jùshōu gōngnéng kěyǐ jùshōu
- 스팸 메일은 따로 스팸 메일 박스로 들어가게 되어 있어요.
  现在 垃圾 邮件 都 放到 垃圾箱里 了。
  Xiànzài lājī yóujiàn dōu fàngdào lājīxiāng li le
- 스팸 메일이 하루에 20여 통이나 들어와요.
  每 天 垃圾 邮件 都 有 二十 多 封 。
  Měi tiān lājī yóujiàn dōu yǒu èrshí duō fēng
- 음란 퇴폐 광고물이 너무 많아요.
  黄色　信息太多了。
  Huángsè xìnxī tài duō le
- 스팸 메일은 열어볼 것도 없어요.
  垃圾 邮件 不必 打开。
  Lājī yóujiàn búbì dǎkāi
- 스팸 메일은 바로바로 삭제해 버려요.
  你 收到 垃圾 邮件 就 马上 删掉。①
  Nǐ shōudào lājī yóujiàn jiù mǎshàng shāndiào

---

① 掉 diào가 동사 뒤에 보어로 쓰여 '~ 해버리다'의 뜻이 된다. 예) 忘掉 wàngdiào(잊어버리다), 吃掉 chīdiào(먹어치우다).

▶기타　其他
　　　　qítā

- 누가 내 메일박스에 들어왔었군.
  有人进过我的邮箱。
  Yǒu rén jìnguo wǒ de yóuxiāng

- 비밀번호를 바꿔야겠어.
  我要改密码。
  Wǒ yào gǎi mìmǎ

- 아이디를 새로 바꿨어요.
  我已经改用户名了。
  Wǒ yǐjīng gǎi yònghùmíng le

- 어느 사이트의 무료 메일박스 용량이 제일 크지?
  哪个网站的免费电子邮箱容量最大？
  Nǎ ge wǎngzhàn de miǎnfèi diànzǐ yóuxiāng róngliàng zuì dà

4 채팅 · 게임

聊天 / 游戏
liáo tiān   yóuxì

요즘은 하루 종일 컴퓨터 앞에 앉아 인터넷을 하고 있는 사람들이 많다. 이런 사람들을 '网虫 wǎngchóng'이라 한다. 이들 중에는 채팅에 빠진 사람도 있고, 인터넷 게임에 중독된 사람도 있다. 적당히 채팅이나 게임을 함으로써 과다한 공부나 업무에서 오는 스트레스를 풀 수도 있을 것이다. 그러나 지나치게 빠져들면 여러 부작용이 생기게 되므로 시간을 정해놓고 하는 것이 좋다.

기본대화

A: 你看起来很累的样子，昨天没睡好啊？
　　Nǐ kàn qilai hěn lèi de yàngzi zuótiān méi shuì hǎo a

B: 是啊，昨夜玩儿游戏 玩到 很 晚。
　　Shì a zuóyè wánr yóuxì wándào hěn wǎn

A: 我也很晚才睡。
　　Wǒ yě hěn wǎn cái shuì

B: 那你在做什么？
　　Nà nǐ zài zuò shénme

A: 我和网友聊天。
　　Wǒ hé wǎngyǒu liáo tiān

B: 你这个网虫是不是天天熬通宵呀？
　　Nǐ zhè ge wǎngchóng shì bu shì tiāntiān áo tōngxiāo ya

A: 当然了，你这个游戏迷不也是吗？
　　Dāngrán le nǐ zhè ge yóuxì mí bù yě shì ma

B: 今天我们一起玩儿吧。
　　Jīntiān wǒmen yìqǐ wánr ba

A: 好的。
　　Hǎo de

A: 피곤해 보이는데, 어젯밤 잠 못잤니?
B: 응, 어제 늦게까지 게임을 했거든.
A: 나도 아주 늦게 잤는데.
B: 넌 뭘 했는데?

21. 컴퓨터와 인터넷

A : 컴친구랑 채팅했지.
B : 너 이 컴충이 날마다 밤새우는 거 아냐?
A : 당연하지, 너 게임광도 그러지 않니?
B : 오늘 우리 같이 놀까?
A : 좋아.

여러 가지 활용

I 채팅 聊天
liáo tiān

A : 你知道 网络 都有 什么 聊天 方式 吗?
　　Nǐ zhīdào wǎngluò dōu yǒu shénme liáo tiān fāngshì ma
B : 有 QQ、语音 聊天室 、BBS、网易 泡泡 以及 网络
　　Yǒu QQ　yǔyīn liáotiānshì　BBS　wǎngyì pàopao yǐjí wǎngluò
　　游戏 等等。
　　yóuxì děngděng
A : 网络 游戏 中 也可以 聊 天 吗?
　　Wǎngluò yóuxì zhōng yě kěyǐ liáo tiān ma
B : 当然，因为 玩家们 都是 互动 的。
　　Dāngrán yīnwèi wánjiāmen dōu shì hùdòng de
A : 太有意思了。
　　Tài yǒuyìsi le
A : 너 인터넷에 어떤 채팅 방법들이 있는지 아니?
B : QQ, 음성채팅실, BBS, 왕이파오파오, 그리고 인터넷게임 등이 있지.
A : 인터넷 게임에서도 채팅을 할 수가 있니?
B : 당연하지, 게이머들끼리 다 서로 통하거든.
A : 굉장히 재미있겠다.

• 요즘 그 애는 채팅에 푹 빠져 있어.
　最近他 迷上 了聊天。
　Zuìjìn tā míshàng le liáo tiān

- 내 컴친구가 다음 주에 날 보러 오겠대.
  我的 网友 下星期要来看我。
  Wǒ de wǎngyǒu xià xīngqī yào lái kàn wǒ

- 우리 오늘 대화방에서 만날까?
  我们 今天在 聊天室 见 面 好吗？
  Wǒmen jīntiān zài liáotiānshì jiàn miàn hǎo ma

▶인터넷 용어　网络　用语
　　　　　　　wǎngluò yòngyǔ

- GG : 哥哥（오빠/형）
  　　　Gēge
- JJ : 姐姐（언니/누나）
  　　　Jiějie
- DD : 弟弟（남동생）
  　　　Dìdi
- MM : 妹妹（여동생）
  　　　Mèimei
- 竹叶 : 主页（홈페이지）
  Zhúyè　Zhǔyè
- 大虾 : 大侠，高手（고수, 베테랑）
  Dàxiā　Dàxiá　gāoshǒu
- 卖给 你 : Mail 给你（메일 보낼게）
  Màigěi nǐ　Mail gěi nǐ
- 886 : 拜拜 了。（바이바이！）
  　　　Bàibài le
- 4a4a : 是啊 是啊。（그래그래.）
  　　　　Shì a　shì a
- 286 : 286 컴퓨터(반응이 느린 사람)
- 456 : 是我 啦。（나야.）
  　　　Shì wǒ la
- 095 : 你 找 我？（나 찾았니?）
  　　　Nǐ zhǎo wǒ
- 520 : 我 爱 你。（사랑해.）
  　　　Wǒ ài nǐ
- 5376 : 我 生 气 了。（나 화났어.）
  　　　　Wǒ shēng qì le

21. 컴퓨터와 인터넷

- 08376 : 你别 生 气 了。(화 내지 마.)
  Nǐ bié shēng qì le
- 7456 : 气死我了。(성질나 죽겠네.)
  Qìsǐ wǒ le
- 078 : 你去吧。(너 가.)
  Nǐ qù ba
- 246 : 饿死了。(배고파 죽겠어.)
  Èsǐ le
- 918 : 加油 吧。(힘내.)
  Jiāyóu ba
- 995 : 救救我。(살려줘.)
  Jiùjiu wǒ
- 1799 : 一起 走走 。(함께 가자.)
  Yìqǐ zǒuzou
- 7758 : 亲亲 我吧。(뽀뽀해 줘.)
  Qīnqin wǒ ba
- 5366 : 我 想 聊聊 。(이야기하고 싶어.)
  Wǒ xiǎng liáoliao
- 25184 : 爱我一辈子。(한평생 나를 사랑해 줘.)
  Ài wǒ yíbèizi
- 220225 : 爱爱你，爱爱我。(널 사랑해, 날 사랑해 줘.)
  Àiai nǐ àiai wǒ
- 1314920 : 一生 一世就爱你。(죽는 날까지 널 사랑해.)
  Yìshēng yíshì jiù ài nǐ
- 3030335 : 想 你想你， 想想 我。(너만을 생각해, 날 생각해 줘.)
  Xiǎng nǐ xiǎng nǐ xiǎngxiang wǒ
- 70345 : 请 你 相信 我。(날 믿어줘.)
  Qǐng nǐ xiāngxìn wǒ
- 53719 : 我 深情 依旧 。(내 사랑은 깊고도 변함 없어.)
  Wǒ shēnqíng yījiù
- 5871 : 我 不 介意 。(난 상관 안해.)
  Wǒ bú jièyì
- 306 : 想 你了。(보고 싶었어.)
  Xiǎng nǐ le
- 55646 : 我 无聊 死了。(심심해 죽겠어.)
  Wǒ wúliáo sǐ le

- 2010000: 爱你一万年。(영원히 널 사랑해.)
  Ài nǐ yíwàn nián
- 77543: 猜猜我是谁。(내가 누군지 맞혀봐.)
  Cāicai wǒ shì shéi
- 04551: 你是我唯一。(나에겐 너밖에 없어.)
  Nǐ shì wǒ wéiyī
- 3166: 再见！(사요나라!)
  Zàijiàn

▶인터넷 친구 사귀기　　网上　交友
　　　　　　　　　　　wǎngshang jiāoyǒu

A: 最近我在 网上 交了一个女朋友。这 周末
　 Zuìjìn wǒ zài wǎngshang jiāole yí ge nǚ péngyou Zhè zhōumò
　 我们就要见面了。
　 wǒmen jiù yào jiànmiàn le
B: 网上　交友　双方都看不见。
　 Wǎngshang jiāoyǒu shuāngfāng dōu kàn bu jiàn
　 你就不怕遇到恐龙吗?
　 Nǐ jiù bú pà yùdào kǒnglóng ma
A: 那是以前了，现在都是视频语音聊天，我早就
　 Nà shì yǐqián le xiànzài dōu shì shìpín yǔyīn liáo tiān wǒ zǎo jiù
　 见过她了。
　 jiànguo tā le
B: 是吗? 她长得怎么样?
　 Shì ma Tā zhǎng de zěnmeyàng
A: 胜过 杨 贵妃。
　 Shèngguò Yáng guìfēi

A: 최근 인터넷에서 한 여자 친구를 알게 됐어. 이번 주말에 우리 만나기로 했어.
B: 인터넷에서 친구를 사귀는 것은 양쪽이 다 화면 뒤에 숨어서 하는 것이지.
　너는 공룡을 만날까 두렵지도 않니?
A: 그건 옛날 이야기지. 지금은 다 화상음성 채팅이잖아. 나는 벌써 그녀를 보았는걸.

21. 컴퓨터와 인터넷

B: 그래? 그녀가 어떻게 생겼든?
A: 양귀비보다 미인이야.

II 온라인 게임　网络 游戏
　　　　　　　　wǎngluò yóuxì

- 온라인 게임 좋아하세요?
  你 喜欢 网络 游戏 吗?
  Nǐ xǐhuan wǎngluò yóuxì ma

- 그럼요. 주로 무슨 게임하세요?
  当然 了, 你 喜欢 哪 种 游戏?
  Dāngrán le　nǐ xǐhuan nǎ zhǒng yóuxì

- 저는 "디아블로" 게임을 좋아해요.
  我 喜欢 " 暗黑 破坏神 "。
  Wǒ xǐhuan　Ànhēi Pòhuàishén

- "바람의 나라" 해 보셨어요?
  你 玩过 " 风 之 国 " 游戏 吗?
  Nǐ wánguo　Fēng Zhī Guó　yóuxì ma

- 우리 "스타워즈" 게임 한 번 같이 해볼까?
  我们 一起玩儿 " 星球 大战 " 怎么样 ?
  Wǒmen yìqǐ wánr Xīngqiú Dàzhàn zěnmeyàng

- 온라인 게임에 한 번 중독되면 헤어나기 어려워.
  一 迷上 网络 游戏就很难再 戒掉 了。①
  Yì míshàng wǎngluò yóuxì jiù hěn nán zài jièdiào le

III 해커 침입 방지　防止 黑客
　　　　　　　　　fángzhǐ hēikè

A: 哎呀, 前 两 天 我的 QQ 被 盗 了!
　　Aiya　qián liǎng tiān wǒ de　QQ bèi dào le
B: 怎么 回事儿?
　　Zěnme huí shìr

---

① 一~就~ yī~jiù~ 는 '~하기만 하면 ~한다' 라는 뜻이다. 예) 我一看就明白.
Wǒ yí kàn jiù míngbai. '보기만하면 바로 안다'.

A: 我 用 密码保护 找回 密码以后，没 过 一 天 又 被
　　Wǒ yòng mìmǎ bǎohù zhǎohuí mìmǎ yǐhòu　méi guò yì tiān yòu bèi
　　盗了。
　　dào le
B: 看来 黑客对你进行 了木马攻击，已经修改了你的
　　Kànlái hēikè duì nǐ　jìnxíng le　mùmǎ gōngjī　yǐjīng xiūgǎi le nǐ de
　　注册表。
　　zhùcèbiǎo
A: 那我该 怎么办 呀？
　　Nà wǒ gāi zěnmebàn ya
B: 你最好去这个 网站，下载一个保护 软件，这样
　　Nǐ zuìhǎo qù zhè ge wǎngzhàn xiàzǎi yí ge bǎohù ruǎnjiàn zhèyàng
　　就 能 防止再次被 盗了。
　　jiù néng fángzhǐ zài cì bèi dào le
A: 太 好 了，我 现在 就回去试一试。
　　Tài hǎo le　wǒ xiànzài jiù huíqu shì yi shì
A: 에이, 이틀 전에 내 QQ를 도둑 맞았어.
B: 어떻게 된거야?
A: 비밀번호 보호를 이용해시 비밀번호를 찾았는데 하루도
　　지나지 않아서 또 도둑을 맞았어.
B: 보아 하니 해커가 너에게 트로이카 공격을 해서 이미 너의
　　가입정보를 변경한 것 같은데.
A: 그럼 어떻게 해야 하지?
B: 여기 사이트에 가서 보호장치를 다운로드 받으면 다시 도
　　둑맞는 것을 방지할 수 있어.
A: 잘 됐다. 지금 바로 돌아가서 시도해 봐야지.

5 검색・다운로드

搜索 / 下载
sōusuǒ xiàzǎi

현대는 know-how 의 시대가 아니라 know-where 의 시대라고 한다. 즉 예전에는 정보를 누가 가지고 있느냐가 중요한 문제였지만, 이제는 누가 먼저 정확하고 빠르게 정보를 찾아내느냐가 성패를 가름짓는 열쇠가 된 것이다. 인터넷에서 검색하는 것을 搜索 sōusuǒ 라고 하며, 필요한 프로그램을 다운로드 받는 것을 下载 xiàzǎi, 그리고 프로그램을 자신의 컴퓨터에 설치하는 것을 安装 ānzhuāng 이라고 한다.

기본대화

A: 今天 有 什么 重大 新闻 吗？①
   Jīntiān yǒu shénme zhòngdà xīnwén ma

B: 今天 我 很 忙，还 没 来得及 看，咱们 搜 一下 吧。②
   Jīntiān wǒ hěn máng hái méi láidejí kàn, zánmen sōu yíxià ba

A: 今天 东京 有 强烈 地震。
   Jīntiān Dōngjīng yǒu qiángliè dìzhèn

B: 目前 在 北京 掀起 了 一股 学习 英语 的 热潮。③
   Mùqián zài Běijīng xiānqǐ le yì gǔ xuéxí Yīngyǔ de rècháo

A: 有 没有 关于 韩国 的 新闻？
   Yǒu méiyǒu guānyú Hánguó de xīnwén

B: 等 一下，我 找 一 找。
   Děng yíxià, wǒ zhǎo yi zhǎo

A: 目前 韩国 的 出生率 在 世界 上 最低。
   Mùqián Hánguó de chūshēnglǜ zài shìjiè shang zuì dī

---

① 新闻 xīnwén 은 '뉴스' 라는 뜻이며, '신문' 을 뜻하는 단어는 报纸 bàozhǐ 이다.

② 来得及 láidejí 는 '~할 시간이 있다' 는 뜻이며, '~할 시간이 없다' 는 표현은 来不及 láibují 이다.

③ 掀起 xiānqǐ: 들어올리다, 불러일으키다.

⑤ 검색・다운로드

A: 오늘 어떤 중요한 뉴스들이 있지?
B: 나도 오늘 바빠서 뉴스 볼 시간이 없었는데, 우리 한 번 검색해보자.
A: 오늘 동경에서 큰 지진이 있었군.
B: 요즘 북경에서는 영어학습 열기가 한창이래.
A: 한국에 관한 뉴스는 없어?
B: 잠깐만 기다려 봐. 찾아볼게.
A: 요즘 한국의 출생률이 세계 최저래.

여러 가지 활용

I 검색 搜索
       sōusuǒ

> A: 行星、恒星 和 彗星 的 差别 是 什么？
>   Xíngxīng héngxīng hé huìxīng de chābié shì shénme
> B: 你 到 雅虎 网站 查一下百科 全书 吧。
>   Nǐ dào Yǎhǔ wǎngzhàn chá yíxià bǎikē quánshū ba
> A: 행성과 항성, 혜성의 차이가 뭐지?
> B: 야후에 가서 백과사전을 찾아봐.

- 오늘 검색률이 가장 높은 것은 "올림픽" 이에요.
  今天 点击率最高 的是"奥运会"。①
  Jīntiān diǎnjīlǜ zuì gāo de shì Àoyùnhuì

- 인터넷에 들어가서 검색해 보면 바로 알 수 있어.
  你 上 网 搜一下，马上 就会 知道。
  Nǐ shàng wǎng sōu yíxià mǎshàng jiù huì zhīdào

- 서울에 관한 정보를 알려면 먼저 서울특별시 홈페이지에 들어가 보면 돼요.
  你 想 了解 有关 首尔 的 情况，可以 先 访问 首尔
  Nǐ xiǎng liǎojiě yǒuguān Shǒu'ěr de qíngkuàng kěyǐ xiān fǎngwèn Shǒu'ěr
  市 的 主页。
  Shì de zhǔyè

---

① 点击率 diǎnjīlǜ : 点击는 click(클릭), 点击率는 클릭의 빈도수를 말한다.

21. 컴퓨터와 인터넷

- 주중 한국대사관 홈페이지에 가면 비자 수속에 관한 설명이 있어요.
  在 韩国 驻华 大使馆 主页 上 有 有关 签证 手续 的 说明。
  Zài Hánguó zhùhuá dàshǐguǎn zhǔyè shang yǒu yǒuguān qiānzhèng shǒuxù de shuōmíng

- 인터넷은 지식과 정보의 바다야. 정보를 빠르게 얻는 사람만이 앞서갈 수 있어.
  网络 是一个 知识 和 信息 的 海洋，谁 能 率先 得到 信息，谁 就 能 抢在 别人 前面。①
  Wǎngluò shì yí ge zhīshi hé xìnxī de hǎiyáng shéi néng shuàixiān dédào xìnxī shéi jiù néng qiǎngzài biéren qiánmian

II 다운로드 下载
xiàzǎi

- 너 노래 다운로드 받을 줄 아니?
  你会下载歌曲吗？
  Nǐ huì xiàzǎi gēqǔ ma

- 다운로드 속도가 너무 느려.
  下载 速度 太 慢 了。
  Xiàzǎi sùdù tài màn le

- 그건 마이크로소프트사 홈페이지에 들어가서 무료로 다운로드 받으면 돼.
  进入 微软 公司 主页 可以 免费 下载。②
  Jìnrù Wēiruǎn Gōngsī zhǔyè kěyǐ miǎnfèi xiàzǎi

- 다운로드 받을 때는 반드시 바이러스 검사를 해야 돼.
  下载 时 一定 要 检查 病毒。
  Xiàzǎi shí yídìng yào jiǎnchá bìngdú

---

① 率先 shuàixiān：솔선하다. 앞장서다. 抢 qiǎng：빼앗다. 약탈하다.
② 微软公司 Wēiruǎn Gōngsī：Microsoft 사. 微 wēi 는 micro 를, 软 ruǎn 은 soft 를 뜻한다.

5 검색 · 다운로드

- 회원에 가입해야만 다운로드 받을 수 있어.
  成为 这个 网站 的 会员 才 能 下载。
  Chéngwéi zhè ge wǎngzhàn de huìyuán cái néng xiàzǎi

- 다운로드를 받긴 했는데 내 컴퓨터에서는 열리지가 않아.
  下载完 了，但 我 的 电脑 打不开。
  Xiàzǎiwán le dàn wǒ de diànnǎo dǎ bu kāi

- 바이러스 백신은 정기적으로 업그레이드를 해야 해요.
  杀毒 软件 要 定期 升 级。①
  Shā dú ruǎnjiàn yào dìngqī shēng jí

- 이 프로그램 어디서 다운로드 받았어?
  你 这 软件 从 哪儿 下 的？
  Nǐ zhè ruǎnjiàn cóng nǎr xià de

---

① 杀毒 shā dú : 바이러스를 죽이다.
　 升级 shēng jí : 업그레이드, 승급하다, 승격하다.

6 고장 · 수리

故障 / 维修
gùzhàng wéixiū

컴퓨터가 고장이 났을 때는 먼저 스스로 검사해 볼 수 있는 방법들을 실행해 본 뒤에 그래도 되지 않으면 해당 维修站 wéixiūzhàn(A/S 센터)에 연락을 취하면 된다. 유명회사의 제품일 경우 3년까지 무료 서비스가 가능하다. 또한 사전 예방조치로 정기적으로 病毒 bìngdú(바이러스)를 체크해 보고 만일 감염되었을 경우는 杀毒软件 shā dú ruǎnjiàn(백신)으로 치료를 한다.

기 본 대 화

A: 我们家的电脑总是自动关机，怎么回事儿？
　　Wǒmen jiā de diànnǎo zǒngshì zìdòng guānjī zěnme huí shìr
B: 什么时候买的？
　　Shénme shíhou mǎi de
A: 才买了三个月。
　　Cái mǎile sān ge yuè
B: 哦，还在保修期内，我们去修理一下吧。
　　O hái zài bǎoxiūqī nèi wǒmen qù xiūlǐ yíxià ba

A: 우리 집 컴퓨터가 자꾸 꺼지는데 왜 그러죠?
B: 언제 구입하셨습니까?
A: 이제 석 달 밖에 안 되었어요.
B: 네, 지금 무료 애프터서비스 기간이니 저희들이 가서 수리해 드리겠습니다.

여러 가지 활용

I 컴퓨터가 고장났을 때　电脑 出现 故障 时
　　　　　　　　　　　　diànnǎo chūxiàn gùzhàng shí

▶작동이 안 될 때　无法 启动 时
　　　　　　　　　wúfǎ qǐdòng shí

- 컴퓨터가 다운됐어요.
  死机了。
  Sǐ jī le

- 컴퓨터가 반응이 없어요.
  电脑 没有 反应。
  Diànnǎo méiyǒu fǎnyìng

- 우리 시스템이 마비가 되었어요.
  我们 系统 瘫痪 了。①
  Wǒmen xìtǒng tānhuàn le

- 컴퓨터를 켜도 화면에 아무 것도 보이지가 않아요.
  电脑 开了之后，黑 屏 了。
  Diànnǎo kāile zhīhòu hēi píng le

- 마우스를 클릭해도 아무런 반응이 없어요.
  点击 鼠标，没有 反应。
  Diǎnjī shǔbiāo méiyǒu fǎnyìng

- 인터넷에 접속이 안돼요.
  无法 连接 网络。
  Wúfǎ liánjiē wǎngluò

▶속도가 너무 느릴 때　速度太 慢 时
　　　　　　　　　　　sùdù tài màn shí

- 무슨 일이죠? 컴퓨터 속도가 갑자기 느려졌어요.
  不 知道 怎么 回事，电脑 速度突然慢了。
  Bù zhīdào zěnme huí shì diànnǎo sùdù tūrán mànle

---

① 瘫痪 tānhuàn : 마비되다, 반신불수되다.

21. 컴퓨터와 인터넷

- ADSL 인터넷 접속 속도가 아주 느려요.
  ADSL 拨号 上 网 的速度很慢。
  ADSL bō hào shàng wǎng de sùdù hěn màn
- 갑자기 속도가 왜 이렇게 느려졌지? 바이러스 걸렸나?
  怎么 速度 突然 这么 慢, 是 不 是 染上 病毒 了？
  Zěnme sùdù tūrán zhème màn shì bu shì rǎnshàng bìngdú le

▶ 모니터가 고장 났을 때　显示器 出现 故障 时
　　　　　　　　　　　　xiǎnshìqì chūxiàn gùzhàng shí

- 모니터 화면이 계속 깜박거려요.
  显示器 老 闪 。
  Xiǎnshìqì lǎo shǎn
- 모니터 화면에 줄이 생겼어요.
  屏幕 上 出现 条纹 。①
  Píngmù shang chūxiàn tiáowén

▶ 바이러스에 감염되었을 때　染上 病毒 时
　　　　　　　　　　　　rǎnshàng bìngdú shí

- 내 컴퓨터가 바이러스에 걸렸어요.
  我 的 电脑 中 病毒 了 。
  Wǒ de diànnǎo zhòng bìngdú le
- 아무래도 컴퓨터가 바이러스에 감염된 것 같아요.
  电脑 好像 染上 病毒 了 。
  Diànnǎo hǎoxiàng rǎnshàng bìngdú le
- 바이러스에 감염되면 속도가 느려질 수 있어요.
  染上 病毒 的话, 速度 就 会 慢 了 。
  Rǎnshàng bìngdú dehuà sùdù jiù huì màn le
- 어떤 바이러스는 컴퓨터에 치명적인 손상을 주기도 합니다.
  有 的 病毒 能 给 电脑 造成 严重 损坏 。
  Yǒu de bìngdú néng gěi diànnǎo zàochéng yánzhòng sǔnhuài

---

① 条纹 tiáowén: 줄무늬.

▶ 기타　其他
　　　　　qítā

- 컴퓨터에 이상한 메시지가 자꾸 나와요.
  电脑 总是 出现 很 奇怪 的 提示。
  Diànnǎo zǒngshì chūxiàn hěn qíguài de tíshì

- 컴퓨터에서 이상한 소리가 날 때가 있어요.
  有时 电脑 会 发出 奇怪 的 声音。
  Yǒushí diànnǎo huì fāchū qíguài de shēngyīn

Ⅱ 수리하기　维修
　　　　　　wéixiū

- 전원이 잘 연결되어 있는지 먼저 확인해 보세요.
  你 先 确认 一下 电源 有 没有 插好。
  Nǐ xiān quèrèn yíxià diànyuán yǒu méiyǒu chāhǎo

- 먼저 바이러스 백신으로 치료를 해 보세요.
  你 先 给 电脑 杀 一下 毒。
  Nǐ xiān gěi diànnǎo shā yíxià dú

- 방문 수리를 할 경우에는 비용을 받습니다.
  上 门 维修 要 收 费。
  Shàng mén wéixiū yào shōu fèi

- 저희 A/S 센터로 컴퓨터를 가져오십시오.
  把 你 的 电脑 拿到 维修站。
  Bǎ nǐ de diànnǎo nádào wéixiūzhàn

- 프로그램을 지우고 다시 깔아 보십시오.
  删除 原 有 软件，重新 安装 一下。
  Shānchú yuán yǒu ruǎnjiàn chóngxīn ānzhuāng yíxià

- 컴퓨터에 이상이 있는 것이 아니라, 인터넷 속도가 느린 것일 수도 있습니다.
  也许 不 是 电脑 的 问题，而 是 网络 速度 太 慢。
  Yěxǔ bú shì diànnǎo de wèntí ér shì wǎngluò sùdù tài màn

- 하드가 고장입니다. 바꾸셔야 해요.
  是 硬盘 出 问题 了，要 换 一下。
  Shì yìngpán chū wèntí le yào huàn yíxià

21. 컴퓨터와 인터넷

- 차라리 새로 컴퓨터를 사는 것이 낫겠군요.
  干脆 买 台 新 电脑 算 了。①
  Gāncuì mǎi tái xīn diànnǎo suàn le

- 손상된 문서들을 복구할 수 있을까요?
  损坏 的 文件 还 能 恢复 吗？
  Sǔnhuài de wénjiàn hái néng huīfù ma

- 하드가 치명적으로 손상되었어요.
  硬盘 已经 遭到 严重 破坏。②
  Yìngpán yǐjīng zāodào yánzhòng pòhuài

- 컴퓨터 안에 중요한 문서들이 있는데 반드시 수리해 주셔야 해요.
  电脑 里面 有 重要 的 文件，一定 要 把 它 修好。
  Diànnǎo lǐmian yǒu zhòngyào de wénjiàn yídìng yào bǎ tā xiūhǎo

▶ 백신으로 치료하기　杀 毒
　　　　　　　　　　shā dú

- 바이러스 백신으로 치료해 보세요.
  用 杀毒 软件 试一试 吧。
  Yòng shā dú ruǎnjiàn shì yi shì ba

- 백신을 사용하면 대부분 바이러스는 다 치료가 가능해요.
  一般 用 杀毒 软件 都 能 把 病毒 杀掉。
  Yìbān yòng shā dú ruǎnjiàn dōu néng bǎ bìngdú shādiào

- 정기적으로 바이러스 검사를 해보는 것이 좋아요.
  最好 定期 检查 病毒。
  Zuìhǎo dìngqī jiǎnchá bìngdú

◇◇◇◇◇◇◇◇◇◇◇◇◇◇◇◇◇◇◇◇◇◇◇◇◇◇◇◇◇

|참고| 관련 용어　词汇
　　　　　　　　　 cíhuì

- 컴퓨터　电脑
　　　　　diànnǎo
- 노트북　笔记本 电脑，手提 电脑
　　　　　bǐjìběn diànnǎo   shǒutí diànnǎo
- 무선 마우스　无线 鼠标
　　　　　　　 wúxiàn shǔbiāo
- 프린터　打印机
　　　　　dǎyìnjī

---

① 干脆 gāncuì：명쾌하다. 시원스럽다.
② 遭 zāo：(불행이나 불리한 일을) 만나다. 당하다. 부닥치다. 입다.

- 레이저 프린터　激光 打印机
  jīguāng dǎyìnjī
- 잉크젯 프린터　喷墨 打印机
  pēnmò dǎyìnjī
- 스캐너　扫描仪
  sǎomiáoyí
- 디지털 카메라　数码 相机
  shùmǎ xiàngjī
- 디지털 비디오 카메라　数码 摄像机
  shùmǎ shèxiàngjī
- 화상 전화　可视 电话
  kěshì diànhuà
- 인터넷　网络，因特网
  wǎngluò yīntèwǎng
- 인터넷하다　上 网
  shàng wǎng
- 온라인　在线
  zàixiàn
- 인터넷 쇼핑　网上 购物
  wǎngshàng gòuwù
- 이메일　电子 邮件
  diànzǐ yóujiàn
- 아이디　用户名
  yònghùmíng
- 비밀번호　密码
  mìmǎ
- 메일 박스　邮箱
  yóuxiāng
- 첨부 파일　附件
  fùjiàn
- 스팸 메일　垃圾 邮件
  lājī yóujiàn
- 받은 편지 보관함　收件箱
  shōujiànxiāng
- 임시 보관함　草稿
  cǎogǎo
- 보낸 편지 보관함　发件箱
  fājiànxiāng
- 주소록　地址簿
  dìzhǐbù
- 회람(전달)　转发
  zhuǎnfā

- 답장　回复
  huífù
- 삭제　删除
  shānchú
- 휴지통　回收站
  huíshōuzhàn
- 비우기　清空
  qīngkōng
- 수신 거부　拒收
  jùshōu
- 채팅　聊 天
  liáo tiān
- 온라인 게임　网络 游戏
  wǎngluò yóuxì
- PC방　网吧
  wǎngbā
- 검색　搜索
  sōusuǒ
- 다운로드　下载
  xiàzǎi
- 바이러스　病毒
  bìngdú
- 바이러스 백신　杀毒 软件
  shā dú ruǎnjiàn
- 업그레이드하다　升级
  shēng jí
- (프로그램을) 깔다　安装
  ānzhuāng
- 마이크로소프트사　微软 公司
  Wēiruǎn Gōngsī
- 복사하기　复制
  fùzhì
- 붙이기　粘贴
  zhāntiē
- 되살리기　恢复
  huīfù
- 오리기　剪切
  jiǎnqiē
- 찾기　查找
  cházhǎo
- 바꾸기　替换
  tìhuàn

1024 21. 컴퓨터와 인터넷

- 저장하기　存盘　cún pán
- 프린트　打印　dǎyìn
- 즐겨찾기　收藏夹　shōucángjiā
- 미리보기　预览　yùlǎn
- 입력　输入　shūrù
- 도구　工具　gōngjù
- 제어판　控制 面板　kòngzhì miànbǎn
- 게임 컨트롤러　游戏 控制器　yóuxì kòngzhìqì
- 관리 도구　管理 工具　guǎnlǐ gōngjù
- 국가 및 언어 옵션　区域 和 语言　qūyù hé yǔyán 选项 xuǎnxiàng
- 글꼴　字体　zìtǐ
- 날짜 및 시간　日期 和 时间　rìqī hé shíjiān
- 내게 필요한 옵션　辅助 功能　fǔzhù gōngnéng 选项 xuǎnxiàng
- 네트워크 연결　网络 连接　wǎngluò liánjiē
- 디스플레이　显示　xiǎnshì
- 사용자 계정　用户 账户　yònghù zhànghù

- 사운드 및 오디오 장치　声音 和　shēngyīn hé 音频 设备 yīnpín shèbèi
- 새 하드웨어 추가　添加 硬件　tiānjiā yìngjiàn
- 시스템　系统　xìtǒng
- 예약된 작업　任务 计划　rènwù jìhuà
- 음성　语音　yǔyīn
- 인터넷 옵션　Internet 选项　Internet xuǎnxiàng
- 작업 표시줄 및 시작 메뉴　任务栏 和　rènwùlán hé 开始 菜单　kāishǐ càidān
- 전원 옵션　电源 选项　diànyuán xuǎnxiàng
- 폴더 옵션　文件夹 选项　wénjiànjiā xuǎnxiàng
- 프로그램 추가/제거　添加 或　tiānjiā huò 删除 程序 shānchú chéngxù
- 새로 고침　刷新　shuāxīn
- 바탕 화면　桌面　zhuōmiàn
- 배경 화면　背景　bèijǐng
- 해상도　分辨率　fēnbiànlǜ

22

비즈니스
商 务　　　　　SHANGWU

1. 바이어 영접　　　　　　　　　迎接客户
2. 회사 소개 및 참관　　　　介绍与参观公司
3. 상담 및 계약　　　　　　　　洽谈与合同
4. 주문·결제·클레임　　　　订购/付款/索赔
5. 바이어 접대　　　　　　　　　接待客户

① 바이어 영접 **1027**

① 바이어 영접 　　　　　迎接 客户
yíngjiē kèhù

우리나라는 현재 날이 갈수록 중국과의 교역량이 늘어나고 있는 추세이다. 그만큼 양국간 사업가들의 왕래도 빈번할 수밖에 없다. 사업을 하는 입장에서는 통역자를 따로 세운다 해도 기본적인 대화나 업무상의 중요한 용어 등은 반드시 숙지해 두는 것이 좋다. 본 장에서는 중국과의 무역에 있어 꼭 필요한 회화들을 소개해 볼까 한다.

기 본 대 화

A: 请问，您是张 庆彬 先生 吗？
　　Qǐngwèn nín shì Zhāng Qìngbīn xiānsheng ma
B: 是，我是 张 庆彬 。
　　Shì wǒ shì Zhāng Qìngbīn
A: 您好！我是 东方 电脑 公司 的 康 洪 。
　　Nín hǎo Wǒ shì Dōngfāng Diànnǎo Gōngsī de Kāng Hóng
　欢迎 您来 韩国 。
　　Huānyíng nín lái Hánguó
B: 您好！很 高兴 见到 您 。
　　Nín hǎo Hěn gāoxìng jiàndào nín
A: 我 也 是 。
　　Wǒ yě shì
A: 말씀 좀 묻겠는데, 장칭빈씨이십니까?
B: 네, 제가 장칭빈입니다.
A: 안녕하십니까, 저는 동방 컴퓨터의 캉훙입니다.
　한국에 오신 것을 환영합니다.
B: 안녕하세요. 만나 뵙게 되어 반갑습니다.
A: 저도 반갑습니다.

여러 가지 활용

Ⅰ 공항 영접　　机场 迎接
　　　　　　　jīchǎng yíngjiē

- 서울에 오신 것을 환영합니다.
　欢迎 您来 首尔。
　Huānyíng nín lái Shǒu'ěr

22. 비즈니스

- 처음 뵙겠습니다. 앞으로 잘 부탁합니다.
  初 次 见面，以后 请 多多 关照。①
  Chū cì jiànmiàn yǐhòu qǐng duōduō guānzhào

- 직접 마중 나와 주시다니 정말 고맙습니다.
  您 亲自 来 接，真 是 太 感谢 了。
  Nín qīnzì lái jiē zhēn shì tài gǎnxiè le

- 수고스럽게 직접 나오시다니 정말 영광입니다.
  劳 您 大 驾，亲自 出来 迎接，真 是 荣幸 啊。
  Láo nín dà jià qīnzì chūlai yíngjiē zhēn shì róngxìng a

- 사장님으로부터 선생님에 대한 말씀 많이 들었습니다.
  从 我们 总经理 那儿 听了 很 多 关于 您 的 事情。
  Cóng wǒmen zǒngjīnglǐ nàr tīngle hěn duō guānyú nín de shìqing

- 앞으로 잘 모르는 것들을 많이 가르쳐 주십시오.
  以后 有 什么 不 懂 的 地方，还 请 您 多 指教。
  Yǐhòu yǒu shénme bù dǒng de dìfang hái qǐng nín duō zhǐjiào

▶여정에 대한 안부　问候　旅途
　　　　　　　　　wènhòu lǔtú

> A: 在 飞机 上 用 餐 了 吗？
> 　　Zài fēijī shang yòng cān le ma
> B: 是，在 飞机 上 吃了 点儿。
> 　　Shì zài fēijī shang chīle diǎnr
> A: 기내에서 식사는 하셨습니까?
> B: 네, 기내에서 간단히 했습니다.

- 여행이 즐거우셨는지요?
  旅途 愉快 吗？
  Lǔtú yúkuài ma

- 오시느라 힘드셨죠?
  旅途 劳累 吗？
  Lǔtú láolèi ma

---

① 사람을 만났을 때에 흔히 쓰는 말로서 "잘 부탁합니다"라는 표현을 중국에서는 "请多多关照。Qǐng duōduō guānzhào"라고 한다. 이와 비슷한 표현으로 자주 쓰이는 "请多多指教。Qǐng duōduō zhǐjiào(많은 지도 바랍니다)"가 있다.

① 바이어 영접

① 迎接客户

- 아주 즐거운 여행이었습니다.
  是 一 次 非常 愉快 的 旅行 。
  Shì yí cì fēicháng yúkuài de lǚxíng

- 제 시간에 도착해서 피곤하지 않습니다.
  正点 到达 ，不 觉得 疲劳 。
  Zhèngdiǎn dàodá bù juéde píláo

- 시간이 별로 길지 않았는데도 조금 피곤하군요.
  虽然 时间 不 是 很 长 ，但是 还是 有点儿 累 。
  Suīrán shíjiān bú shì hěn cháng dànshì háishi yǒudiǎnr lèi

- 시차 적응이 되셨습니까?
  时差 还 倒 得 过来 吗 ？
  Shíchā hái dǎo de guòlái ma

▶ 짐을 운반할 때 拿 行李
  ná xíngli

A: 我 来 拿 行李 。
   Wǒ lái ná xíngli
B: 没 关系 ，我 自己 拿 吧 。
   Méi guānxi wǒ zìjǐ ná ba
A: 제가 짐을 들어 드리겠습니다.
B: 괜찮습니다. 제가 들겠습니다.

- 짐은 이게 다입니까?
  行李 就 这些 吗 ？
  Xíngli jiù zhèxiē ma

- 이 밖에 또 다른 짐은 없습니까?
  除了 这些 ，没有 其他 行李 吗 ？
  Chúle zhèxiē méiyǒu qítā xíngli ma

- 포터를 부를까요?
  需要 叫 行李员 吗 ？
  Xūyào jiào xíngliyuán ma

- 사양 마시고 저에게 주세요.
  不用 客气 ，请 给 我 吧 。
  Búyòng kèqi qǐng gěi wǒ ba

22. 비즈니스

- 카터를 이용하면 됩니다.
  用 手推车 就 行 了。
  Yòng shǒutuīchē jiù xíng le

▶ 차로 마중 나왔을 때 开 车 来 接 时
  kāi chē lái jiē shí

- 밖에 차가 있습니다. 이쪽으로 오시지요.
  车子 在 外面, 这边 请。
  Chēzi zài wàimian zhèbian qǐng

- 호텔까지 차로 모시겠습니다.
  我 开 车 送 您 到 酒店。
  Wǒ kāi chē sòng nín dào jiǔdiàn

- 여기서 잠시 기다려 주십시오. 차를 가지고 오겠습니다.
  请 在 这里 等 一会儿, 我 去 把 车 开 过来。
  Qǐng zài zhèli děng yíhuìr wǒ qù bǎ chē kāi guolai

- 회사에서 차를 가지고 왔는데, 지금 주차장에서 대기하고 있습니다.
  我 从 公司 开了 一 辆 车 过来, 现在 在 停车场
  Wǒ cóng gōngsī kāile yí liàng chē guòlai xiànzài zài tíngchēchǎng
  等着 我们。
  děngzhe wǒmen

- 짐은 트렁크에 넣읍시다.
  行李 放在 后备箱 里 吧。
  Xíngli fàngzài hòubèixiāng li ba

▶ 차 안에서의 대화 车上 交谈
  chēshang jiāotán

- 한국에는 처음 오시는 겁니까?
  是 第一 次 来 韩国 吗?
  Shì dìyī cì lái Hánguó ma

- 이 1주일의 시간은 제가 스케줄을 마련해 놓겠습니다.
  这 一 个 星期 的 时间, 由 我 来 安排 您 的 行程。
  Zhè yí ge xīngqī de shíjiān yóu wǒ lái ānpái nín de xíngchéng

- 여기서 며칠이나 머무실 예정이십니까?
  准备 在 这儿 待 几 天?
  Zhǔnbèi zài zhèr dāi jǐ tiān

迎接客户

- 제가 중국에 체류하는 동안 잘 좀 부탁드립니다.
  我在中国的这段时间就麻烦您了。
  Wǒ zài Zhōngguó de zhè duàn shíjiān jiù máfan nín le

- 앞으로 많은 일들을 가르쳐 주셔야겠습니다.
  以后很多事情还要请教您呢。
  Yǐhòu hěn duō shìqing hái yào qǐngjiào nín ne

- 이번 출장은 관광도 하려고 하는데 저를 안내해 주시겠습니까?
  这次出差还想顺便转转，请您给我介绍介绍好吗？
  Zhè cì chū chāi hái xiǎng shùnbiàn zhuànzhuan qǐng nín gěi wǒ jièshào jièshào hǎo ma

II 호텔에서　在酒店
zài jiǔdiàn

▶호텔 도착　到达酒店
dàodá jiǔdiàn

- 장 사장님, 다 왔습니다.
  张总，已经到了。
  Zhāng zǒng yǐjīng dào le

- 여기가 이 선생께서 묵으실 관광호텔입니다.
  这里就是李先生要住的观光酒店。
  Zhèlǐ jiù shì Lǐ xiānsheng yào zhù de Guānguāng Jiǔdiàn

- 마음에 드시면 좋겠습니다.
  希望您满意。
  Xīwàng nín mǎnyì

- 아늑한 분위기가 참 좋습니다.
  这温馨的气氛真不错。
  Zhè wēnxīn de qìfēn zhēn búcuò

▶호텔 로비에서　在酒店大厅
zài jiǔdiàn dàtīng

- 로비에서 커피 한잔 하시면서 잠시 쉬시지요.
  请在大厅喝杯咖啡，休息一会儿吧。
  Qǐng zài dàtīng hē bēi kāfēi xiūxi yíhuìr ba

22. 비즈니스

- 제가 프런트에 가서 수속을 해 드리겠습니다.
  我 帮 您 到 前台 办理 手续。
  Wǒ bāng nín dào qiántái bànlǐ shǒuxù
- 저희가 선생님을 위해 작성한 스케줄입니다. 살펴 보십시오.
  这 是 我 为 您 安排 的 行程，请 您 过 目。①
  Zhè shì wǒ wèi nín ānpái de xíngchéng qǐng nín guò mù
- 만일 이 스케줄에 의견이 있으시면 말씀해 주십시오.
  如果 对 此 行程 有 什么 意见，请 您 提 出来。
  Rúguǒ duì cǐ xíngchéng yǒu shénme yìjiàn qǐng nín tí chulai
- 제가 모시고 주변을 좀 안내해 드릴까요?
  想 不 想 让 我 带 您 四处 看看？②
  Xiǎng bu xiǎng ràng wǒ dài nín sìchù kànkan

▶ 호텔에서 헤어질 때　**在 酒店 分别 时**
　　　　　　　　　　　zài jiǔdiàn fēnbié shí

- 무슨 일이 있으면 저에게 연락 주십시오.
  有 什么 事，请 和 我 联系。
  Yǒu shénme shì qǐng hé wǒ liánxì
- 그럼 이만 가보겠습니다. 안녕히 주무십시오.
  那 我 回去 了，祝 您 晚安。
  Nà wǒ huíqu le zhù nín wǎn'ān
- 오늘 피곤하실텐데 편히 쉬십시오. 내일 뵙겠습니다.
  您 今天 一定 很 累，好好儿 休息 吧。明天 见。
  Nín jīntiān yídìng hěn lèi hǎohāor xiūxi ba Míngtiān jiàn
- 언제쯤 모시러 오면 될까요?
  我 应该 什么 时候 来 接 您 呢？
  Wǒ yīnggāi shénme shíhou lái jiē nín ne
- 내일 오전 9시에 모시러 오겠습니다.
  明天 早上 九 点 我 来 接 您。
  Míngtiān zǎoshang jiǔ diǎn wǒ lái jiē nín

---

① 过目 guò mù：훑어 보다, 한번 보다.
② 四处 sìchù：여기 저기, 이곳 저곳, 도처, 사방.

② 회사 소개 및 참관　　介绍与参观公司
　　　　　　　　　　　　　jièshào yǔ cānguān gōngsī

바이어(买主 mǎizhǔ)에게 회사를 소개하고 참관시키는 주요 목적은 회사의 면모를 직접 살펴보고 그로 하여금 신뢰와 비전을 갖게 하는데 있을 것이다. 외형적인 규모도 중요하겠지만 그보다는 내실이 있는 견실한 기업임과 동시에 장래성 있는 기업임을 최대한 보여 주어야 한다. 바이어로 하여금 제품에 대한 확신을 갖게 하는 것이 합작 및 거래의 성사 여부를 결정짓는 가장 중요한 관건이라 할 수 있다.

기 본 대 화

A: 贵 公司 有 分公司 吗？
　　Guì gōngsī yǒu fēngōngsī ma
B: 当然，我们 在 全球 有 二十 多 家 分公司。
　　Dāngrán wǒmen zài quánqiú yǒu èrshí duō jiā fēngōngsī
A: 啊，是 吗？ 能 看 一下 分公司 的 分布 情况 吗？
　　A　shì ma　Néng kàn yíxià fēngōngsī de fēnbù qíngkuàng ma
B: 可以，这 就 是 分公司 的 分布 图。
　　Kěyǐ　zhè jiù shì fēngōngsī de fēnbù tú
A: 啊，您的 公司 也 进入 了 中国 市场。
　　A　nín de gōngsī yě jìnrù le Zhōngguó shìchǎng

A: 귀사는 지사를 가지고 있습니까?
B: 물론입니다. 전 세계 20여개의 지사가 있습니다.
A: 아, 그렇습니까? 지사의 분포상황을 볼 수 있겠습니까?
B: 네, 이것이 지사의 분포도입니다.
A: 아, 귀사는 중국 시장에도 진출해 있군요.

여러 가지 활용

I　회사 소개　　公司 简介
　　　　　　　　gōngsī jiǎnjiè
　▶회사 연혁　　公司 沿革
　　　　　　　　gōngsī yángé

• 저희 회사는 1990년에 창립되었습니다.
　本 公司 成立 于 1990 年。
　Běn gōngsī chénglì yú yījiǔjiǔlíng nián

22. 비즈니스

- 저희 회사는 20년 전에 창립되었습니다.
  本 公司 创立 于 二十 年 前 。
  Běn gōngsī chuànglì yú èrshí nián qián
- 저희는 지금 커가는 회사입니다. 겨우 5년 정도의 역사를 가지고 있습니다.
  我们 是 新兴 的 公司 ，只 有 大约 五 年 的 历史 。
  Wǒmen shì xīnxīng de gōngsī zhǐ yǒu dàyuē wǔ nián de lìshǐ
- 5년 전 두 기업이 합쳐져 지금의 기업이 되었습니다.
  五 年 前 两 家 公司 合并 成 现在 这 家 公司 。
  Wǔ nián qián liǎng jiā gōngsī hébìng chéng xiànzài zhè jiā gōngsī
- 초기에는 의료기기를 설계하고 생산했습니다.
  起初 ，我们 设计 并 制造 医疗 器材 。
  Qǐchū wǒmen shèjì bìng zhìzào yīliáo qìcái

▶ **회사의 규모　公司 规模**
　　　　　　　gōngsī guīmó

- 직원이 몇 명이나 됩니까?
  你们 有 多少 员工 ？
  Nǐmen yǒu duōshao yuángōng
- 근로자가 2만명이나 되는 대기업입니다.
  我们 是 拥有 两万 名 职工 的 大 企业 。
  Wǒmen shì yōngyǒu liǎngwàn míng zhígōng de dà qǐyè
- 지사를 포함해서 3천명이 넘는 직원이 있습니다.
  包括 分公司 在内 ，我们 有 超过 三千 名 的 员工 。
  Bāokuò fēngōngsī zàinèi wǒmen yǒu chāoguò sānqiān míng de yuángōng
- 저희 회사는 3개의 자회사를 가지고 있습니다.
  我们 公司 拥有 三 个 子公司 。
  Wǒmen gōngsī yōngyǒu sān ge zǐgōngsī
- 제1공장의 부지는 대충 1만 평방미터에 달합니다.
  第一 工厂 占 地 面积 有 一万 平方米 左右 。
  Dìyī gōngchǎng zhàn dì miànjī yǒu yíwàn píngfāngmǐ zuǒyòu
- 한국에 2개의 지사가 있고, 중국 톈진에도 지사가 하나 있습니다.
  在 韩国 有 两 个 分公司 ，在 天津 还 有 一个 。
  Zài Hánguó yǒu liǎng ge fēngōngsī zài Tiānjīn hái yǒu yí ge

② 회사 소개 및 참관

- 지금은 세계에서 손꼽히는 자동차 메이커로 성장했습니다.
现在 已经 成长 为 世界 上 数 一 数 二 的 汽车
Xiànzài yǐjīng chéngzhǎng wéi shìjiè shang shǔ yī shǔ èr de qìchē
制造 商。①
zhìzào shāng

- 저희 제품은 현재 반도체 시장에서 55%를 점유하고 있습니다.
我们 的 产品 现在 占 半导体 市场 的
Wǒmen de chǎnpǐn xiànzài zhàn bàndǎotǐ shìchǎng de
55%。
bǎifēnzhī wǔshíwǔ

▶재정 财政
　　　　cáizhèng

- 회사의 재정상태는 어떻습니까?
你们 公司 的 财政 状况 如何?
Nǐmen gōngsī de cáizhèng zhuàngkuàng rúhé

- 차관은 없습니까?
有 没有 贷 款 ?
Yǒu méiyǒu dài kuǎn

- 자본 조달은 어떻게 하고 있습니까?
你们 是 怎样 筹措 资金 的 ? ②
Nǐmen shì zěnyàng chóucuò zījīn de

- 주식은 거래소에 상장되어 있습니까?
股票 在 交易所 上 市 了 吗 ? ③
Gǔpiào zài jiāoyìsuǒ shàng shì le ma

- 무차관이 저희 회사 재무의 목표입니다.
无 贷 款 是 我们 公司 财务 的 目标。
Wú dài kuǎn shì wǒmen gōngsī cáiwù de mùbiāo

---

① 数一数二 shǔ yī shǔ èr: 으뜸가다, 손꼽히다.
② 筹措 chóucuò: 마련하다, 조달하다.
③ 股票 gǔpiào: 증권, 주식. 股票交易所 gǔpiào jiāoyìsuǒ: 증권거래소. 股市 gǔshì: 주식시장.

22. 비즈니스

▶투자 상황　投资　情况
　　　　　　tóu zī　qíngkuàng

- 해외투자 상황은 어떠합니까?
  海外 投资　情况　如何?
  Hǎiwài tóu zī qíngkuàng rúhé

- 능력 이상의 무리한 확장은 될 수 있는대로 삼가고 있어요.
  尽量　减少　超出　能力 的 无理 扩张。
  Jǐnliàng jiǎnshǎo chāochū nénglì de wúlǐ kuòzhāng

- 이익금의 대부분은 연구 개발에 재투자하고 있습니다.
  大 部分 收入 再 投资 到 了 研发 领域。
  Dà bùfen shōurù zài tóuzī dào le yánfā lǐngyù

- 경쟁이 치열한 업종이라 연구개발에 많은 투자를 하고 있습니다.
  因为 是　竞争　非常 激烈 的 行业，所以 在 研究 开发
  Yīnwèi shì jìngzhēng fēicháng jīliè de hángyè　suǒyǐ zài yánjiū kāifā
  上　投资 较 大。
  shang　tóuzī jiào dà

- 해외투자는 현지법인과 의논한 후에 결정하게 됩니다.
  海外 投资 要 与 当地 的法人 商议 后 才 能　决定。
  Hǎiwài tóu zī yào yǔ dāngdì de fǎrén shāngyì hòu cái néng juédìng

- 정식으로 중국시장에 진출하게 되면, 리우 선생의 많은 지도편달을 부탁드립니다.
  正式　进入　中国　市场 时，就 麻烦 刘　先生　多多
  Zhèngshì　jìnrù Zhōngguó shìchǎng shí　jiù máfan Liú xiānsheng duōduō
  关照　了。
  guānzhào le

II 경영 상태　营业　情况
　　　　　　　yíngyè qíngkuàng

▶경영 범위　经营　范围
　　　　　　jīngyíng fànwéi

- 어느 분야에 종사하시는 겁니까?
  你们 从事　什么　行业?①
  Nǐmen cóngshì shénme hángyè

---

① 行业 hángyè：직업, 생업.

② 회사 소개 및 참관

- 주로 무엇을 생산하십니까?
  你们 主要 生产 什么？
  Nǐmen zhǔyào shēngchǎn shénme
- 어떤 방면의 상품을 수입하십니까?
  你们 进口 哪 方面 的 产品？
  Nǐmen jìnkǒu nǎ fāngmiàn de chǎnpǐn
- 어느 방면의 상품들을 취급하십니까?
  你们 做 哪 方面 产品 的 买卖？
  Nǐmen zuò nǎ fāngmiàn chǎnpǐn de mǎimai
- 주로 헬스 기계를 취급합니다.
  我们 主要 经销 健身 器材。①
  Wǒmen zhǔyào jīngxiāo jiànshēn qìcái
- 저희는 여러 종류의 사무자동화 설비를 제공하고 있습니다.
  我们 提供 多 种 不同 的 办公室 自动化 设备。
  Wǒmen tígōng duō zhǒng bùtóng de bàngōngshì zìdònghuà shèbèi
- 저희는 주로 수출입 업무를 하고 있습니다.
  我们 公司 的 主要 业务 是 进出口。②
  Wǒmen gōngsī de zhǔyào yèwù shì jìnchūkǒu
- 컴퓨터 프로그램을 개발 중에 있습니다.
  我们 正在 开发 电脑 软件。
  Wǒmen zhèngzài kāifā diànnǎo ruǎnjiàn

▶취급 상품　　生产 商品
　　　　　　　shēngchǎn shāngpǐn

A: 你们 公司 的 主要 产品 是 什么？
   Nǐmen gōngsī de zhǔyào chǎnpǐn shì shénme
B: 各种 厨房 用品。
   Gèzhǒng chúfáng yòngpǐn
A: 有 展示 全部 产品 的 展示厅 吗？
   Yǒu zhǎnshì quánbù chǎnpǐn de zhǎnshìtīng ma
B: 当然，我 带 您 过去。
   Dāngrán wǒ dài nín guòqu

---

① 经销 jīngxiāo：위탁 판매하다, 대리 판매하다. 经销商 jīngxiāoshāng：대리점.
② 进口 jìnkǒu 는 수입, 出口 chūkǒu 는 수출을 뜻한다. 输入 shūrù 와 输出 shūchū 도 수입과 수출의 의미를 가지고 있으나 그보다는 '입력하다', '출력하다' 는 뜻으로 많이 쓰이고 있다.

22 ② 介绍与参观公司

22. 비즈니스

> A: 귀사의 주요 생산품은 무엇입니까?
> B: 각종 주방용품입니다.
> A: 모든 상품을 전시해 놓은 전시관이 있습니까?
> B: 물론입니다. 제가 모시고 가겠습니다.

- 저희는 가구만 전문으로 하고 있습니다.
  我们 专门 做 家具 生意。
  Wǒmen zhuānmén zuò jiājù shēngyi

- 원재료는 수입하고 있습니다.
  原材料 是 进口 的。
  Yuáncáiliào shì jìnkǒu de

- 저희 회사는 통신기기도 생산하고 있습니다.
  我们 公司 也 生产 通信 设备。
  Wǒmen gōngsī yě shēngchǎn tōngxìn shèbèi

- 개발시에 환경 문제도 고려하였습니다.
  开发 时 也 考虑 到 了 环保 问题。
  Kāifā shí yě kǎolǜ dào le huánbǎo wèntí

- 직접 시험해 보시겠습니까?
  您 亲自 试验 一下 吗？①
  Nín qīnzì shìyàn yíxià ma

- 저희는 새로운 품종을 계속 개발하고 있습니다.
  我们 将 继续 开发 新 品种。
  Wǒmen jiāng jìxù kāifā xīn pǐnzhǒng

- 이 상품은 신형 기기로서 많은 새로운 기능을 추가했습니다.
  这 个 产品 是 一 种 新型 机器，它 增加 了 不 少 新
  Zhè ge chǎnpǐn shì yì zhǒng xīnxíng jīqì tā zēngjiā le bù shǎo xīn
  功能。
  gōngnéng

▶시장　市场
　　　　shìchǎng

- 귀사의 최대 시장은 어디입니까?
  你们 最大 的 市场 在 哪儿？
  Nǐmen zuì dà de shìchǎng zài nǎr

---

① 亲自 qīnzì: 친히, 손수, 몸소.

2 회사 소개 및 참관

- 중국이 귀사의 가장 큰 판매시장입니까?
  中国 是你们最大的 销售 市场 吗？
  Zhōngguó shì nǐmen zuì dà de xiāoshòu shìchǎng ma

- 저희의 판매 지역은 싱가폴과 말레이지아를 포함합니다.
  我们 的 销售 区域 包括 新加坡 和 马来西亚。
  Wǒmen de xiāoshòu qūyù bāokuò Xīnjiāpō hé Mǎláixīyà

- 동남아 지역으로의 수출량이 점진적으로 증가하고 있습니다.
  我们 对 东南亚 地区 的 出口 正在 逐步 增加。①
  Wǒmen duì DōngnánYà dìqū de chūkǒu zhèngzài zhúbù zēngjiā

- 저희는 30 여개 국가와 교역을 하고 있습니다.
  我们 跟 三十 多 个 国家 都 有 贸易 往来。
  Wǒmen gēn sānshí duō ge guójiā dōu yǒu màoyì wǎnglái

▶ 판매 시스템 销售 系统
  xiāoshòu xìtǒng

- 귀사의 판매망에 대해 이야기해 주실 수 있습니까?
  能 不 能 跟我谈一下你们的 销售网络？
  Néng bu néng gēn wǒ tán yíxià nǐmen de xiāoshòuwǎngluò

- 귀사의 주요 판매 경로는 어디입니까?
  你们 的 主要 销售 渠道是什么？②
  Nǐmen de zhǔyào xiāoshòu qúdào shì shénme

- 귀사의 판매 직원은 얼마나 됩니까?
  你们 的 销售 人员 有 多少？
  Nǐmen de xiāoshòu rényuán yǒu duōshao

- 저희는 모두 55 개의 판매 대리점이 있습니다.
  我们 总共 有 五十五家 销售 代理商。
  Wǒmen zǒnggòng yǒu wǔshíwǔ jiā xiāoshòu dàilǐshāng

- 대부분 주요 도시에는 모두 판매센터가 있습니다.
  几乎 在 各 大 主要 城市 ，我们 都 有 销售 中心。
  Jīhū zài gè dà zhǔyào chéngshì wǒmen dōu yǒu xiāoshòu zhōngxīn

---

① 逐步 zhúbù: 점차적으로, 점진적으로. 逐渐 zhújiàn이 자연스러운 변화를 의미하는데 반해 逐步 zhúbù는 한 걸음씩 나아가는 단계적인 변화를 말한다.

② 渠道 qúdào: 원래는 '수로'의 뜻이나 방법, 경로, 루트의 의미로 많이 쓰임.

22. 비즈니스

▶매출액·시장 점유율　销售额 / 市场　占有率
　　　　　　　　　　　　xiāoshòu'é　shìchǎng zhànyǒulǜ

> A: 你们 的 市场 占有率 是 多少？
> 　　Nǐmen de shìchǎng zhànyǒulǜ shì duōshao
> B: 大约 是 15 个 百分点。①
> 　　Dàyuē shì shíwǔ ge bǎifēndiǎn
> A: 귀사의 시장점유율은 얼마나 됩니까?
> B: 15% 정도 됩니다.

- 저희의 작년 총 매출액은 한화 6억 5천만원입니다.
  我们 去年 的 总 销售额 是 6.5亿 韩币。
  Wǒmen qùnián de zǒng xiāoshòu'é shì liùdiǎnwǔ yì hánbì

- 최근 매출액은 어떠합니까?
  最近 销售额 如何 呢？
  Zuìjìn xiāoshòu'é rúhé ne

- 수출도 호조를 보여 10억 달러를 돌파했습니다.
  出口 也 非常 顺利，突破 了 10亿 美元。
  Chūkǒu yě fēicháng shùnlì　tūpò le shíyì měiyuán

- 저희는 35%의 시장 점유율을 가지고 있습니다.
  我们 有 35 个 百分点 的 市场 占有率。
  Wǒmen yǒu sānshíwǔ ge bǎifēndiǎn de shìchǎng zhànyǒulǜ

- 소형차의 경우 30%의 시장을 점유하고 있습니다.
  我们 的 小型车 大约 占 30% 的 市场。
  Wǒmen de xiǎoxíngchē dàyuē zhàn bǎifēnzhī sānshí de shìchǎng

- 저희가 생산하는 제품이 국내 시장의 70%를 점유하고 있습니다.
  我们 生产 的 产品 占领 国内 市场 的 70%。
  Wǒmen shēngchǎn de chǎnpǐn zhànlǐng guónèi shìchǎng de bǎifēnzhī qīshí

- 판매 1위의 비결은 무엇입니까?
  你们 销量 第一 的 要诀 是 什么？②
  Nǐmen xiāoliàng dìyī de yàojué shì shénme

---

① 15 퍼센트를 '百分之十五 bǎifēnzhī shíwǔ'라고도 읽음.
② 要诀 yàojué: 비결, 요결.

② 회사 소개 및 참관 **1041**

▶매체 홍보　媒体　宣传
méitǐ xuānchuán

- 계속해서 신문과 잡지에 광고를 게재하고 있습니다.
  我们　不断　地在　报纸　与　杂志　上　刊登　广告。
  Wǒmen búduàn de zài bàozhǐ yǔ zázhì shang kāndēng guǎnggào

- 저희는 1년에 한 차례씩 증정행사를 하고 있습니다.
  我们　一　年　做一次　派送　活动　。①
  Wǒmen yì nián zuò yí cì pàisòng huódòng

- 현재 중앙 TV 간판 프로그램의 협찬회사입니다.
  我们　公司　现在　是　央视　一　档　王牌　节目 的　赞助
  Wǒmen gōngsī xiànzài shì Yāngshì yí dàng wángpái jiémù de zànzhù
  商。②
  shāng

- TV 광고는 매우 효과가 좋은 광고수단이지요.
  电视　广告　是 很　有效　的　宣传　手段。
  Diànshì guǎnggào shì hěn yǒuxiào de xuānchuán shǒuduàn

- 매년 광고비를 얼마나 지출합니까?
  你们　每　年　花　多少　广告费？③
  Nǐmen měi nián huā duōshao guǎnggàofèi

- 저희는 총 매출액의 5%를 광고비로 지출하고 있습니다.
  我们　拿出　总　销售额　的　　5％　　来 支付 广告费。
  Wǒmen náchū zǒng xiāoshòu'é do bǎifēnzhī wǔ lái zhīfù guǎnggàofèi

Ⅲ 공장 참관　参观　工厂
cānguān gōngchǎng

▶참관 안내　带领　参观
dàilǐng cānguān

- 지금 제가 공장으로 모시고 가겠습니다.
  现在　我 带 您 到 我们 的　工厂　去。
  Xiànzài wǒ dài nín dào wǒmen de gōngchǎng qù

---

① 派送 pàisòng: 무료로 상품이나 샘플을 나누어 주는 증정행사를 말함.

② 央视 Yāngshì: 중국의 국영방송인 中央电视台 Zhōngyāng Diànshìtái 의 약칭.
王牌节目 wángpái jiémù: 간판 프로그램.

③ 花 huā: 여기서는 '쓰다', '소모하다' 의 뜻.

- 제가 공장을 안내해 드리겠습니다.
  让 我 带 您 看看 我们 的 工厂。
  Ràng wǒ dài nín kànkan wǒmen de gōngchǎng
- 저 사람들은 지금 제품의 품질을 검사하고 있습니다.
  他们 正在 检查 产品 质量。
  Tāmen zhèngzài jiǎnchá chǎnpǐn zhìliàng
- 여기는 부품을 조립하는 곳입니다.
  这边 是 进行 装配 的。
  Zhèbian shì jìnxíng zhuāngpèi de
- 완제품은 저기에서 수송되어 나갑니다.
  成品 从 那里 输送 出来。
  Chéngpǐn cóng nàli shūsòng chulai
- 모든 부품은 설치하기 전에 검사를 합니다.
  每 一 个 部件 在 安装 前，我们 都 做过 检查。
  Měi yí ge bùjiàn zài ānzhuāng qián wǒmen dōu zuòguo jiǎnchá

▶생산량　产量
　　　　　chǎnliàng

- 생산량은 얼마나 됩니까?
  你们 的 产量 如何？
  Nǐmen de chǎnliàng rúhé
- 이 공장의 생산량은 1주일에 3천대입니다.
  这 工厂 的 产量 是 一星期 3,000 台。
  Zhè gōngchǎng de chǎnliàng shì yì xīngqī sānqiān tái
- 연간 생산량은 얼마입니까?
  你们 的 年 产量 是 多少？
  Nǐmen de nián chǎnliàng shì duōshao
- 이 공장에서 매월 약 2만대가 생산됩니다.
  在 这 个 工厂，我们 每 月 生产 约 两万 台。
  Zài zhè ge gōngchǎng wǒmen měi yuè shēngchǎn yuē liǎngwàn tái

▶품질 관리　质量 管理
　　　　　　zhìliàng guǎnlǐ

- 품질관리 시스템은 어떻게 운영되고 있습니까?
  你们 的 质量 管理 系统 是 如何 运作 的？
  Nǐmen de zhìliàng guǎnlǐ xìtǒng shì rúhé yùnzuò de

- 저희는 품질관리를 자랑으로 여깁니다.
  我们 颇 以 我们 的 质量 管理 为荣 。①
  Wǒmen pō yǐ wǒmen de zhìliàng guǎnlǐ wéiróng

- 저희의 반품률은 2% 이하입니다.
  我们 的 退货率 低于 2 %。
  Wǒmen de tuìhuòlǜ dīyú bǎifēnzhī èr

- 저희는 줄곧 품질개선에 유의하고 있습니다.
  我们 一直 很 注意 改进 质量 。
  Wǒmen yìzhí hěn zhùyì gǎijìn zhìliàng

- 저희 회사는 품질관리와 안전관리에 만전을 기하고 있습니다.
  我们 公司 注重 质量 监督 和 安全 防护 。
  Wǒmen gōngsī zhùzhòng zhìliàng jiāndū hé ānquán fánghù

- 제품에 대해 철저한 검사와 테스트를 하고 있습니다.
  对 产品 进行 彻底 的 试验 和 检查 。
  Duì chǎnpǐn jìnxíng chèdǐ de shìyàn hé jiǎnchá

- 불합격 제품 비율은 제로입니다.
  不 合格 产品 比率 为 零 。
  Bù hégé chǎnpǐn bǐlǜ wéi líng

- 이제까지 품질에 문제가 있어 클레임을 당한 적은 없었습니다.
  到 目前 为止 , 没有 出现 因 产品 质量 问题 而
  Dào mùqián wéizhǐ méiyǒu chūxiàn yīn chǎnpǐn zhìliàng wèntí ér
  要求 索赔 的 现象 。
  yāoqiú suǒpéi de xiànxiàng

▶기술 개발　　**技术 开发**
　　　　　　　　jìshù kāifā

- 귀사의 연구개발부서는 얼마나 큽니까?
  你们 公司 的 研发 部门 有 多 大 ?
  Nǐmen gōngsī de yánfā bùmén yǒu duō dà

- 어떤 신제품을 연구하고 있습니까?
  你们 在 研制 什么 新 产品 吗 ?
  Nǐmen zài yánzhì shénme xīn chǎnpǐn ma

---

① 颇 pō: 자못, 퍽, 꽤. 以~为荣 yǐ~wéiróng: ~를 자랑으로 여기다, ~를 영광으로 생각하다.

- 저희는 5개의 실험실이 있습니다.
  我们 有 五 个 实验室。
  Wǒmen yǒu wǔ ge shíyànshì
- 20명의 엔지니어가 있습니다.
  我们 有 二十 名 工程师。
  Wǒmen yǒu èrshí míng gōngchéngshī
- 저희는 국내 여러 연구기관과 공동 합작하여 신제품을 개발하고 있습니다.
  我们 与 国内 许多 研究 机构 共同 合作 来 开发 新 产品。
  Wǒmen yǔ guónèi xǔduō yánjiū jīgòu gòngtóng hézuò lái kāifā xīn chǎnpǐn
- 신제품 개발 연구기금은 얼마입니까?
  你们 开发 新 产品 的 研究 基金 是 多少?
  Nǐmen kāifā xīn chǎnpǐn de yánjiū jījīn shì duōshao
- 저희는 매년 1백만 달러가 넘는 자금을 연구개발비로 쓰고 있습니다.
  我们 每 年 花费 超过 100 万 美元 的 资金 在 研究 开发 上。
  Wǒmen měi nián huāfèi chāoguò yìbǎi wàn měiyuán de zījīn zài yánjiū kāifā shang
- 총 매출액의 2%를 연구개발비로 쓰고 있습니다.
  总 销售额 的 2% 花费 在 研究 开发 上。
  Zǒng xiāoshòu'é de bǎifēnzhī èr huāfèi zài yánjiū kāifā shang
- 저희는 여기에서 새로운 모델의 엔진을 개발 중에 있습니다.
  我们 这里 正在 开发 新型 的 引擎。①
  Wǒmen zhèli zhèngzài kāifā xīnxíng de yǐnqíng

▶생산라인 환경   车间 环境
              chējiān huánjìng

A: 为什么 你们 公司 车间 里 还 有 音乐 呢?
   Wèishénme nǐmen gōngsī chējiān li hái yǒu yīnyuè ne
B: 因为 音乐 会 使 工作 人员 的 心情 平静,
   Yīnwèi yīnyuè huì shǐ gōngzuò rényuán de xīnqíng píngjìng
   从而 降低 操作 失误率。
   cóng'ér jiàngdī cāozuò shīwùlǜ

---

① 引擎 yǐnqíng: engine(엔진)의 음역. =发动机 fādòngjī.

[2] 회사 소개 및 참관

A: 这 真 是 一个 好 主意。①
　Zhè zhēn shì yí ge hǎo zhǔyi
A: 귀사는 왜 생산라인에 음악을 틀어놓고 있죠?
B: 음악은 근로자의 마음을 안정시켜 불량률을 낮추기 때문입니다.
A: 정말 좋은 생각입니다.

- 생산라인을 둘러볼 수 있을까요?
  能 参观 一下 车间 吗?
  Néng cānguān yíxià chējiān ma
- 안전모를 착용해 주십시오.
  请 戴好 安全帽。
  Qǐng dàihǎo ānquánmào
- 생산라인 환경이 사무실과 같군요.
  车间 环境 跟 办公室 一样 啊。
  Chējiān huánjìng gēn bàngōngshì yíyàng a
- 모든 생산라인은 거의가 다 자동입니다.
  整条 生产线 几乎 都 是 自动 的。
  Zhěngtiáo shēngchǎnxiàn jīhū dōu shì zìdòng de

▶설비투자　设备 投资
　　　　　　shèbèi tóuzī

- 저희 회사의 설비는 국내외적으로 최첨단 시설입니다.
  我们 公司 配备 有 国内外 最 先进 的 设备。
  Wǒmen gōngsī pèibèi yǒu guónèiwài zuì xiānjìn de shèbèi
- 설비에 거액의 자금이 투자되었습니다.
  我们 在 设备 上 投入 了 巨额 资金。
  Wǒmen zài shèbèi shang tóurù le jù'é zījīn
- 설비가 비록 비싸기는 하지만 장기적으로 보면 그래도 이익입니다.
  设备 虽然 贵，但 从 长远 来看 还是 有利 的。
  Shèbèi suīrán guì dàn cóng chángyuǎn láikàn háishi yǒulì de

---

① 好主意 hǎo zhǔyi: good idea. 좋은 생각.

22. 비즈니스

- 저희는 줄곧 생산효율을 높이는 데 유의하고 있습니다.
  我们 一直 想 要 提高 生产 效率。
  Wǒmen yìzhí xiǎng yào tígāo shēngchǎn xiàolǜ
- 현재 저희의 설비는 세계적으로 가장 선진적인 생산라인입니다.
  我们 现在 配备 的 是 世界 上 最 先进 的 生产线。
  Wǒmen xiànzài pèibèi de shì shìjiè shang zuì xiānjìn de shēngchǎnxiàn

▶ 참관시 질문이 있나를 물어볼 때　　询问　参观者　有无　问题
　　　　　　　　　　　　　　　　　xúnwèn cānguānzhě yǒuwú wèntí

- 자유롭게 질문을 해 주십시오.
  请 随便 提问。①
  Qǐng suíbiàn tíwèn
- 알고 싶은게 있으시면 자유롭게 말씀하십시오.
  如果 您 想 了解 什么，请 您 随便 问。
  Rúguǒ nín xiǎng liǎojiě shénme qǐng nín suíbiàn wèn
- 뭐 물어보실 것 있으십니까?
  您 有 什么 想 问 的 吗？
  Nín yǒu shénme xiǎng wèn de ma

▶ 대답을 할 수 없을 때　　无法 回答 时
　　　　　　　　　　　　wúfǎ huídá shí

- 죄송하지만 그 방면에 대해서는 잘 알지 못합니다.
  很 抱歉，我 对 那 方面 不 太 熟悉。
  Hěn bàoqiàn wǒ duì nà fāngmiàn bú tài shúxī
- 그 방면에 대해 잘 알고 있는 기술자를 불러 답변해 드리겠습니다.
  我 叫 熟悉 那 方面 的 技术 人员 来 给 您 解答。
  Wǒ jiào shúxī nà fāngmiàn de jìshù rényuán lái gěi nín jiědá
- 죄송하지만 그것은 기밀이라서 대답할 수가 없습니다.
  很 抱歉，那 是 机密，我 无法 回答。
  Hěn bàoqiàn nà shì jīmì wǒ wúfǎ huídá

---

① 随便 suíbiàn：(범위, 수량 등에) 제한을 두지 않다. 마음대로, 자유롭게.

2 회사 소개 및 참관

- 생산부 책임자를 불러 오겠습니다. 그는 이 방면의 전문가입니다.
  我 给 您 把　生产部　经理　叫 过来，他 是 这　方面　的
  Wǒ gěi nín bǎ shēngchǎnbù jīnglǐ jiào guolai tā shì zhè fāngmiàn de
  行家。①
  hángjia

▶ 참관 후의 소감　　参观 后 的 感想
　　　　　　　　　　cānguān hòu de gǎnxiǎng

- 저희 회사에 대한 인상이 어떻습니까?
  您 对 我们 公司 印象 如何？
  Nín duì wǒmen gōngsī yìnxiàng rúhé

- 저희 회사를 둘러보시니 어떻습니까?
  您 对 我们 公司 有 什么 看法？
  Nín duì wǒmen gōngsī yǒu shénme kànfǎ

- 회사의 경영규모가 정말로 크군요.
  你们 公司 的 经营 规模 实在 是 大。
  Nǐmen gōngsī de jīngyíng guīmó shízài shì dà

- 귀사의 생산효율이 매우 높습니다.
  你们 公司 的 生产 效率 很 高。
  Nǐmen gōngsī de shēngchǎn xiàolǜ hěn gāo

- 귀사의 단결력과 협동심이 매우 강하군요.
  你们 公司 的 团队 凝聚力 和 协作 精神 很 强 啊！
  Nǐmen gōngsī de tuánduì níngjùlì hé xiézuò jīngshén hěn qiáng a

- 귀사의 기업문화는 제게 매우 깊은 인상을 남겼습니다.
  你们 公司 的 企业 文化 给我 留下 了 很 深 的 印象。
  Nǐmen gōngsī de qǐyè wénhuà gěi wǒ liúxià le hěn shēn de yìnxiàng

---

① 行家 hángjia:전문가, 숙련가. =内行 nèiháng. 반대로 문외한, 비전문가는 外行 wàiháng 이라 한다.

3 상담 및 계약

洽谈与合同
qiàtán yǔ hétong

흔히 말하기를 중국 사람들과 협상을 할 때에는 너무 서두르지 말라고 한다. 우리나라 사람들이 너무 서두르기 때문에 자칫 협상에서 손해를 보는 경우가 많기 때문이다. 중국인들은 매우 실리를 중시하므로 이해득실을 꼼꼼히 따져서 거래를 한다. 상거래에 있어 선불(先付 xiānfù)제와 보증금(押金 yājīn)제가 주를 이루는 반면 할부금(分期付款 fēnqī fù kuǎn)제도는 잘 활성화되지 않는 것만 보아도 그렇다. 중국 진출만이 능사가 아니라 반드시 성공적인 진출이어야 한다.

기본대화

A: 您 专程 来访, 请 允许 我 再 次 向 您 表示
　　Nín zhuānchéng láifǎng qǐng yǔnxǔ wǒ zài cì xiàng nín biǎoshì
　　感谢。
　　gǎnxiè

B: 您太客气了, 我可是 慕名 而来。 听说 贵公司
　　Nín tài kèqi le wǒ kě shì mùmíng ér lái Tīngshuō guì gōngsī
　　是 用 最 低 的 成本 生产 出 最 好 的 产品。
　　shì yòng zuì dī de chéngběn shēngchǎn chū zuì hǎo de chǎnpǐn

A: 谢谢您的夸奖。毫不夸张地说, 在这个领域
　　Xièxie nín de kuājiǎng Háo bù kuāzhāng de shuō zài zhè ge lǐngyù
　　里 没有 一家 公司 能 比得上 我们。①
　　li méiyǒu yì jiā gōngsī néng bǐdeshàng wǒmen

B: 所以我们非常有兴趣和贵公司合作。
　　Suǒyǐ wǒmen fēicháng yǒu xìngqù hé guì gōngsī hézuò

A: 我们也对进入中国市场很感兴趣, 以后还
　　Wǒmen yě duì jìnrù Zhōngguó shìchǎng hěn gǎn xìngqù yǐhòu hái
　　请 多多 指教。
　　qǐng duōduō zhǐjiào

---

① 毫不夸张地说 háo bù kuāzhāng de shuō: 조금도 과장없이 말해서, 추호의 과장없이. 比得上 bǐdeshàng: 견줄 만하다, 비교가 될 만하다. 比不上 bǐbushàng: 비교도 되지 않는다, 비교할 수 없다.

③ 상담 및 계약 **1049**

22 ③ 洽谈与合同

A: 이렇게 일부러 방문해 주셔서 다시 한 번 감사드립니다.
B: 천만의 말씀을요. 저야 명성을 듣고 찾아온 것이지요. 귀사가 가장 낮은 원가로 최고의 제품을 생산하고 있다고 들었습니다.
A: 그렇게 말씀해 주시니 고맙습니다. 사실 이 분야에서 저희를 따를 회사는 없습니다.
B: 그래서 저희는 귀사와의 기술 제휴에 관심이 많습니다.
A: 저희도 중국 시장 진출에 관심이 많습니다. 앞으로 잘 부탁드립니다.

여러 가지 활용

Ⅰ 상담　洽谈
　　　　qiàtán

▶동의·찬성　同意 / 赞成
　　　　　　tóngyì　zànchéng

- 그 점에 대해서는 저도 동감입니다.
  我 对于 那 一 点 也 有 同感。
  Wǒ duìyú nà yì diǎn yě yǒu tónggǎn

- 아주 좋은 방법입니다.
  那 是 个 好 办法。
  Nà shì ge hǎo bànfǎ

- 원칙적으로 동의합니다.
  我 原则 上 同意。
  Wǒ yuánzé shang tóngyì

- 제가 생각한 것과 똑같군요.
  跟 我 想 的 一模一样。
  Gēn wǒ xiǎng de yìmú yíyàng

- 그 점에 대해서는 어떤 이의도 없습니다.
  对于 那 一 点，我 没有 任何 异议。
  Duìyú nà yì diǎn　wǒ méiyǒu rènhé yìyì

- 그 제안에 절대적으로 찬성합니다.
  我 绝对 赞同 那 个 提案。
  Wǒ juéduì zàntóng nà ge tí'àn

- 그 결정에 따르겠습니다.
  我 服从 那 个 决定。
  Wǒ fúcóng nà ge juédìng
- 당신 제안을 받아들이겠습니다.
  我 同意 受理 您 的 提案。
  Wǒ tóngyì shòulǐ nín de tí'àn
- 지당하신 말씀이라고 생각합니다.
  我 认为 您 说 得 非常 妥当。
  Wǒ rènwéi nín shuō de fēicháng tuǒdang

▶ 부분적 찬성　部分　赞成
　　　　　　　　bùfen zànchéng

- 당신이 말하는 것도 일리는 있습니다.
  您 说 的 也 有 道理。
  Nín shuō de yě yǒu dàolǐ
- 당신 의견도 틀리지는 않습니다.
  您 的 意见 也 没有 错。
  Nín de yìjiàn yě méiyǒu cuò
- 물론 그렇게도 생각할 수 있지요.
  当然 也 可以 那么 想。
  Dāngrán yě kěyǐ nàme xiǎng
- 그렇게 말하는 것도 옳긴 합니다.
  那么 说 也 对。
  Nàme shuō yě duì

▶ 반대·거절　反对 / 拒绝
　　　　　　　fǎnduì　jùjué

- 죄송하지만 당신 의견에는 동의할 수 없군요.
  对不起，对于 您 的 意见 我 不 同意。
  Duìbuqǐ　duìyú nín de yìjiàn wǒ bù tóngyì
- 그 제안에는 반대합니다.
  反对 这 个 提案。
  Fǎnduì zhè ge tí'àn
- 그런 제안은 수락할 수 없습니다.
  不 能 接受 那 种 提案。
  Bù néng jiēshòu nà zhǒng tí'àn

③ 상담 및 계약 1051

- 그 제의를 받아들일 수 없을 것 같습니다.
  恐怕 我 不 能 接受 您 的 提议。
  Kǒngpà wǒ bù néng jiēshòu nín de tíyì
- 그 요구는 도가 지나칩니다.
  那 个 要求 太 过分 了。
  Nà ge yāoqiú tài guòfèn le
- 그런 주장에 대해서는 지지할 수 없습니다.
  对于 那 种 主张，我 是 不 会 支持 的。
  Duìyú nà zhǒng zhǔzhāng wǒ shì bú huì zhīchí de
- 그 점에 대해서는 저는 다른 의견을 가지고 있습니다.
  对于 那 一 点，我 持 不同 意见。
  Duìyú nà yì diǎn wǒ chí bùtóng yìjiàn
- 대단히 유감스럽지만, 이 거래에는 응할 수가 없습니다.
  非常 遗憾，我们 不 能 答应 这 种 交易。
  Fēicháng yíhàn wǒmen bù néng dāying zhè zhǒng jiāoyì
- 그것은 우리 회사 경영방침에 어긋나는 일입니다.
  那 是 不 符合 我们 公司 经营 方针 的。
  Nà shì bù fúhé wǒmen gōngsī jīngyíng fāngzhēn de

▶확실한 답변을 할 수 없을 때　无法 明确 答复 时
　　　　　　　　　　　　　　　wúfǎ míngquè dáfù shí

- 대답하기 전에 좀 더 생각할 여유를 주시겠습니까?
  在 回答 之前，请 允许 我 再 考虑 一下 好 吗?
  Zài huídá zhīqián qǐng yǔnxǔ wǒ zài kǎolù yíxià hǎo ma
- 그 제안은 대단히 중요하므로 좀더 숙고해 보겠습니다.
  那 个 提案 非常 重要，让 我 再 考虑 考虑 吧。
  Nà ge tí'àn fēicháng zhòngyào ràng wǒ zài kǎolù kǎolù ba
- 그 문제는 신중히 토의한 후에 결과를 말씀드리겠습니다.
  那 个 问题 我们 慎重 讨论 后 再 告诉 你 结果 吧。
  Nà ge wèntí wǒmen shènzhòng tǎolùn hòu zài gàosu nǐ jiéguǒ ba
- 현 단계로선 아직 확실히 답변을 드릴 수가 없습니다.
  现 阶段 我 还 无法 给 您 一 个 明确 的 答复。
  Xiàn jiēduàn wǒ hái wúfǎ gěi nín yí ge míngquè de dáfù
- 의견 차이가 너무 크군요.
  意见 分歧 太 大。
  Yìjiàn fēnqí tài dà

- 문제는 서로간의 의견차를 최대한 좁히는 것입니다.
  主要 是 尽量 减小 相互 间 的 意见分歧。
  Zhǔyào shì jǐnliàng jiǎnxiǎo xiānghù jiān de yìjiàn fēnqí
- 동료와 상의할 시간이 필요합니다.
  我 需要 时间 和 同事 商量 一下。
  Wǒ xūyào shíjiān hé tóngshì shāngliang yíxià
- 그 점에 대해서는 저는 결정권이 없습니다.
  对于 那 一 点，我 无 权 决定。
  Duìyú nà yì diǎn wǒ wú quán juédìng
- 당신의 요구사항은 상급 담당자에게 전달하겠습니다.
  我 会 把 您 的 要求 转达 给 上级 主管。
  Wǒ huì bǎ nín de yāoqiú zhuǎndá gěi shàngjí zhǔguǎn

▶ 상대의 뜻을 잘 이해못할 때　不 明白 对方 的 意思 时
　　　　　　　　　　　　　　　bù míngbai duìfāng de yìsi shí

- 개의치 마시고 의도하시는 바를 확실히 말씀해 주세요.
  请 不要 客气，您 就 开 门 见 山 吧。①
  Qǐng búyào kèqi nín jiù kāi mén jiàn shān ba
- 죄송하지만 말씀하시는 뜻을 잘 이해하지 못하겠습니다.
  很 抱歉，我 不 太 懂 您 的 意思。
  Hěn bàoqiàn wǒ bú tài dǒng nín de yìsi
- 죄송하지만 제가 말씀을 제대로 이해했는지 모르겠습니다.
  对不起，我 不 确定 我 是否 明白 了您 的 意思。
  Duìbuqǐ wǒ bú quèdìng wǒ shìfǒu míngbai le nín de yìsi
- 좀더 자세히 설명해 주시겠습니까?
  能 不 能 再 详细 地 说明 一下？
  Néng bu néng zài xiángxì de shuōmíng yíxià
- 좀더 명확히 말씀해 주십시오.
  请 说 得 再 清楚 一点，好 吗？
  Qǐng shuō de zài qīngchu yìdiǎn hǎo ma
- 그 방안에 대해서 좀 더 상세히 예를 들어 설명해 주세요.
  那个 方案 您 再 举例 说明 一下 吧。
  Nà ge fāng'àn nín zài jǔlì shuōmíng yíxià ba

---

① 开门见山 kāi mén jiàn shān: 문을 열고 산을 보다. 말이나 문장이 단도 직입적이다.

③ 상담 및 계약

▶이해했음을 알릴 때　表示 理解 时
　　　　　　　　　　biǎoshì lǐjiě shí

- 당신의 생각을 이해합니다.
  我 理解 您 的 想法 。
  Wǒ lǐjiě nín de xiǎngfǎ
- 당신의 심정은 충분히 알고도 남습니다.
  我们 非常 体谅 您 的 心情 。
  Wǒmen fēicháng tǐliàng nín de xīnqíng
- 저희가 당신의 입장을 모르는 바는 아닙니다.
  我们 不 是 不 知道 您 的 立场 。
  Wǒmen bú shì bù zhīdào nín de lìchǎng
- 당신이 말씀한 뜻은 알겠습니다.
  我 知道 你 所 说 的 意思 。
  Wǒ zhīdào nǐ suǒ shuō de yìsi
- 당신이 염려하는 바를 이해합니다.
  我 也 可以 理解 您 的 担心 。
  Wǒ yě kěyǐ lǐjiě nín de dānxīn

▶상대의 의견을 물을 때　寻求 对方 的 意见
　　　　　　　　　　　xúnqiú duìfāng de yìjiàn

- 이것에 동의하십니까?
  这 个 您 同意 吗 ?
  Zhè ge nín tóngyì ma
- 이견 없으십니까?
  您 有 没有 异议 ?
  Nín yǒu méiyǒu yìyì
- 이 선생님, 당신 의견은 어떻습니까?
  李 先生，您 意 下 如何 ?
  Lǐ xiānsheng nín yì xià rúhé
- 어떤 좋은 의견 있으십니까?
  您 有 什么 好 的 建议 吗 ?
  Nín yǒu shénme hǎo de jiànyì ma
- 김 선생님, 이 제의를 어떻게 생각하십니까?
  金 先生，这 个 提议 您 认为 怎么样 ?
  Jīn xiānsheng zhè ge tíyì nín rènwéi zěnmeyàng

22. 비즈니스

- 이 문제에 대한 의견을 듣고 싶습니다.
  我 想 听听 您 对 这 个 问题 的 意见。
  Wǒ xiǎng tīngting nín duì zhè ge wèntí de yìjiàn

- 이 제의에 대해서 어떤 견해를 가지고 계십니까?
  对于 这 个 提议，您 有 什么 看法？
  Duìyú zhè ge tíyì nín yǒu shénme kànfǎ

▶ 의견 표명　发表 意见
　　　　　　　fābiǎo yìjiàn

- 저의 견해를 좀 말씀드리겠습니다.
  我 想 说说 我 的 看法。
  Wǒ xiǎng shuōshuo wǒ de kànfǎ

- 이렇게 하는 것이 가장 좋다고 건의드립니다.
  我 建议 你 最好 这样 做。
  Wǒ jiànyì nǐ zuìhǎo zhèyàng zuò

Ⅱ 협상중의 문제　协商 中 的 一些 问题
　　　　　　　　xiéshāng zhōng de yìxiē wèntí

▶ 상호 협력을 강조　强调 互相 合作
　　　　　　　　　qiángdiào hùxiāng hézuò

- 저희를 신임해 주셨으면 합니다.
  我们 希望 您 能 信任 我们。
  Wǒmen xīwàng nín néng xìnrèn wǒmen

- 최선을 다해 요구를 만족시켜 드리겠습니다.
  我们 会 尽量 满足 您 的 要求。
  Wǒmen huì jǐnliàng mǎnzú nín de yāoqiú

- 귀하의 협조가 필요합니다.
  我们 需要 您 的 合作。
  Wǒmen xūyào nín de hézuò

▶ 연구 검토가 필요할 때　需要 再 研讨 时
　　　　　　　　　　　　xūyào zài yántǎo shí

- 좀더 연구 검토해 볼 필요가 있습니다.
  我们 需要 再进 一 步 研讨。
  Wǒmen xūyào zài jìn yí bù yántǎo

③ 상담 및 계약 1055

- 일부 항목은 좀더 연구해 봐야겠습니다.
  有些 项目 需要 再 研究 研究 。
  Yǒuxiē xiàngmù xūyào zài yánjiū yánjiū
- 세부사항은 아직 재토론이 필요합니다.
  有些 细节 还 需要 再 讨论 。
  Yǒuxiē xìjié hái xūyào zài tǎolùn

▶불만족스러울 때　　表示 不 满意 时
　　　　　　　　　　biǎoshì bù mǎnyì shí

- 지불조건이 아주 만족스럽지는 않습니다.
  我们 并 不 完全 满意 付 款 的 条件。
  Wǒmen bìng bù wánquán mǎnyì fù kuǎn de tiáojiàn
- 지불조건이 너무 지나칩니다.
  你们 的 付 款 条件 太 苛刻 了 。
  Nǐmen de fù kuǎn tiáojiàn tài kēkè le
- 홍보비에 관해서는 좀더 협상해야 합니다.
  关于 宣传费，我们 还 得 继续 协商 。
  Guānyú xuānchuánfèi wǒmen hái děi jìxù xiéshāng
- 저희측 변호사가·지불조건에 대해 의문을 제기했습니다.
  我们 的 律师 对 付 款 条件 有点 疑问 。
  Wǒmen de lùshī duì fù kuǎn tiáojiàn yǒudiǎn yíwèn

▶협의 달성　　达成 协议
　　　　　　　dáchéng xiéyì

- 쌍방간에 협의를 이루었습니다.
  我们 双方 达成 了 一致 。
  Wǒmen shuāngfāng dáchéng le yízhì
- 모든 기본 항목에 우리는 이미 동의했습니다.
  所有 的 条款 我们 已经 同意 。
  Suǒyǒu de tiáokuǎn wǒmen yǐjīng tóngyì

Ⅲ 제품 및 사후 서비스　产品 及 售 后 服务
　　　　　　　　　　　chǎnpǐn jí shòu hòu fúwù

▶제품 소개　　产品 介绍
　　　　　　　chǎnpǐn jièshào

- 우선 제품 소개부터 합시다.
  先 介绍 产品 吧 。
  Xiān jièshào chǎnpǐn ba

22. 비즈니스

- 여러분께 저희 회사 신제품을 소개해 드리겠습니다.
  我 给 大家 介绍 一下 我们 公司 的 新 产品。
  Wǒ gěi dàjiā jièshào yíxià wǒmen gōngsī de xīn chǎnpǐn

- 이것은 저희가 새로 개발한 신제품입니다.
  这 是 我们 新 开发 的 产品。
  Zhè shì wǒmen xīn kāifā de chǎnpǐn

- 이 신약은 현재 아직 실험단계에 있습니다.
  这 种 新药 目前 还 在 试验 阶段。
  Zhè zhǒng xīnyào mùqián hái zài shìyàn jiēduàn

- 이 제품은 언제 출시되었습니까?
  这 项 产品 什么 时候 上 市 的?
  Zhè xiàng chǎnpǐn shénme shíhou shàng shì de

- 저희 신형차는 다음 달에 출시됩니다.
  我们 的 新型 车 将 在 下个 月 上 市。
  Wǒmen de xīnxíng chē jiāng zài xià ge yuè shàng shì

- 직접 시험해 봐도 됩니까?
  可以 直接 试验 吗?
  Kěyǐ zhíjiē shìyàn ma

- 요즘에는 이런 제품이 비교적 잘 팔립니다.
  最近 这 种 产品 卖 得 比较 好。
  Zuìjìn zhè zhǒng chǎnpǐn mài de bǐjiào hǎo

▶ 샘플 및 설명서　样品 及 说明书
　　　　　　　　　yàngpǐn jí shuōmíngshū

- 이것이 저희 모든 제품의 최신 카탈로그입니다.
  这 是 我们 全部 产品 的 最新 目录。
  Zhè shì wǒmen quánbù chǎnpǐn de zuì xīn mùlù

- 이 카탈로그에 대부분의 제품이 열거되어 있습니다.
  这 份 目录 列 有 我们 大 部分 产品。
  Zhè fèn mùlù liè yǒu wǒmen dà bùfen chǎnpǐn

- 이 제품의 사용방법을 직접 보여 주시겠습니까?
  可以 演示 一下 这 个 产品 的 使用 方法 吗?
  Kěyǐ yǎnshì yíxià zhè ge chǎnpǐn de shǐyòng fāngfǎ ma

- 제품 설명서를 보십시오.
  请 看 一下 产品 说明书。
  Qǐng kàn yíxià chǎnpǐn shuōmíngshū

③ 상담 및 계약

- 샘플과 제품 설명서를 함께 드리겠습니다.
  把 样品 和 产品 说明书 一起 给 您 吧。
  Bǎ yàngpǐn hé chǎnpǐn shuōmíngshū yìqǐ gěi nín ba

- 신제품의 샘플이 있습니까?
  有 没有 你们 新产品 的 样品?
  Yǒu méiyǒu nǐmen xīn chǎnpǐn de yàngpǐn

- 저희가 나중에 샘플을 부쳐드리겠습니다.
  我们 以后 再 寄 个 样品 给 您。
  Wǒmen yǐhòu zài jì ge yàngpǐn gěi nín

- 죄송하지만 샘플은 드릴 수가 없습니다. 기술상의 기밀이라서요.
  很 抱歉, 这 个 样品 不 能 给 您, 因为 这 关系 到
  Hěn bàoqiàn zhè ge yàngpǐn bù néng gěi nín yīnwèi zhè guānxì dào
  我们 的 技术 机密。
  wǒmen de jìshù jīmì

▶ 고품질 저가격   物美 价廉
                  wùměi jiàlián

- 귀사 제품은 경쟁사 제품보다 어디가 우수합니까?
  你们 的 产品 比 竞争 对手 的 产品 强 在 哪儿? ①
  Nǐmen de chǎnpǐn bǐ jìngzhēng duìshǒu de chǎnpǐn qiáng zài nǎr

- 저희 제품은 경쟁사보다 우수하면서도 같은 가격에 판매하고 있습니다.
  我们 的 产品 不但 优 于 竞争 对手, 而且 还 以
  Wǒmen de chǎnpǐn búdàn yōu yú jìngzhēng duìshǒu érqiě hái yǐ
  同样 的 价格 销售。
  tóngyàng de jiàgé xiāoshòu

- 동종 제품 중에서 가장 앞선 것입니다.
  在 同类 产品 中, 这 是 最 先进 的。
  Zài tónglèi chǎnpǐn zhōng zhè shì zuì xiānjìn de

- 이 제품의 가장 큰 특징은 고품질 저가격이라는 것입니다.
  这 个 产品 的 最大 特点 是 高 品质、低 价格。
  Zhè ge chǎnpǐn de zuì dà tèdiǎn shì gāo pǐnzhì dī jiàgé

---

① 对手 duìshǒu: 맞수, 라이벌, 경쟁 상대.

22. 비즈니스

- 이 제품은 모든 방면에서 최고급입니다.
  这 个 产品 在 所有 方面 都 是 最 高档 的。①
  Zhè ge chǎnpǐn zài suǒyǒu fāngmiàn dōu shì zuì gāodàng de

▶첨단 기술　**高 新 技 术**②
　　　　　　gāo xīn jìshù

- 이 제품은 귀하가 필요로 하는 모든 특징을 다 갖추고 있습니다.
  这 个 产品 具备 了 您 所 需要 的 所有 特征。
  Zhè ge chǎnpǐn jùbèi le nín suǒ xūyào de suǒyǒu tèzhēng

- 현재 중국에는 이러한 제품의 수요가 점차 늘고 있습니다.
  现在 中国 对 这 种 产品 的 需求 越来越 大 了。
  Xiànzài Zhōngguó duì zhè zhǒng chǎnpǐn de xūqiú yuèláiyuè dà le

- 이 제품은 우리 회사의 최신 과학기술로 만들어진 제품입니다.
  这 个 产品 是 我们 最新 的 科技 产品。
  Zhè ge chǎnpǐn shì wǒmen zuì xīn de kējì chǎnpǐn

- 이것은 첨단 기술로 생산한 것입니다.
  这 是 用 高新 技术 生产 的。
  Zhè shì yòng gāo xīn jìshù shēngchǎn de

▶에너지 절약　**节 能**
　　　　　　jiénéng

- 이 신모델의 차는 연료가 적게 듭니다.
  我们 这 款 新车 很 省 燃料。
  Wǒmen zhè kuǎn xīn chē hěn shěng ránliào

- 이 설계는 에너지를 절약하도록 만들어진 것입니다.
  这 种 设计 是 为了 节省 能源。
  Zhè zhǒng shèjì shì wèile jiéshěng néngyuán

- 이 기기를 사용하면 10%의 연료비를 절감할 수 있습니다.
  使用 这 种 机器，您 可以 节省 10% 的 燃料费。
  Shǐyòng zhè zhǒng jīqì nín kěyǐ jiéshěng bǎifēnzhī shí de ránliàofèi

---

① 高档 gāodàng: 고급, 中档 zhōngdàng: 중급, 低档 dīdàng: 저급.
② 高新技术 gāo xīn jìshù: 고도로 발달된 선진적인 기술.

③ 상담 및 계약

③ 洽谈与合同

▶사용 간편　操作 简便
　　　　　　　cāozuò jiǎnbiàn

- 저희가 채택한 사용방식은 전혀 새로운 것입니다.
  我们 所 采用 的 操作 系统 是 全 新 的。
  Wǒmen suǒ cǎiyòng de cāozuò xìtǒng shì quán xīn de

- 이 기기의 장점 중 하나는 조작이 간편하다는 것입니다.
  这 种 机器 的 优点 之 一 是 操作 简单。
  Zhè zhǒng jīqì de yōudiǎn zhī yī shì cāozuò jiǎndān

- 이 제품은 조작하기가 다른 제품보다 쉽습니다.
  这 个 产品 操作 起来 比 其他 产品 容易。
  Zhè ge chǎnpǐn cāozuò qǐlai bǐ qítā chǎnpǐn róngyì

- 이것은 기존의 제품보다 훨씬 작고 얇아서 휴대가 간편합니다.
  这 个 产品 比 原来 的 更 小 更 薄，方便 携带。
  Zhè ge chǎnpǐn bǐ yuánlái de gèng xiǎo gèng báo fāngbiàn xiédài

▶애프터 서비스에 관하여　关于 售 后 服务
　　　　　　　　　　　　 guānyú shòu hòu fúwù

A: 这 个 产品 的 售 后 服务 是 怎样 进行 的？
　 Zhè ge chǎnpǐn de shòu hòu fúwù shì zěnyàng jìnxíng de
B: 我们 提供 一 个 月 包 退，三 个 月 包 换，一 年
　 Wǒmen tígōng yí ge yuè bāo tuì　sān gè yuè bāo huàn yì nián
　 包 修 的 "三 包" 服务。
　 bāo xiū de sān bāo fúwù
A: 이 제품에 대한 애프터 서비스는 어떻게 하고 있습니까?
B: 1개월 반품 보증, 3개월 교환 보증, 1년 수리 보증의 "3대 보증" 서비스를 제공합니다.

- 애프터 서비스에 관한 문제를 물어보고 싶습니다.
  我们 想 问 一下 关于 售 后 服务 的 问题。
  Wǒmen xiǎng wèn yíxià guānyú shòu hòu fúwù de wèntí

- 사람을 파견해서 정확한 기기 사용법을 설명해 드릴 것입니다.
  我们 会 派 人 去 说明 怎样 正确 操作 机器。
  Wǒmen huì pài rén qù shuōmíng zěnyàng zhèngquè cāozuò jīqì

- 저희 제품일 경우 어느 서비스센터에서든지 수리해 드립니다.
  只要 是 我们 的 产品，您 在 我们 任何 一 家 维修
  Zhǐyào shì wǒmen de chǎnpǐn nín zài wǒmen rènhé yì jiā wéixiū
  服务 中心 都 可以 维修 。
  fúwù zhōngxīn dōu kěyǐ wéixiū

- 무슨 문제가 있더라도 신속하게 해결해 드립니다.
  无论 有 什么 问题，我们 都 会 马上 为 您 解决 。
  Wúlùn yǒu shénme wèntí wǒmen dōu huì mǎshàng wèi nín jiějué

- 3개월에 1번씩 정기점검을 해 드립니다.
  我们 会 为 您 提供 三 个 月 一 次 的 保养 检查 。
  Wǒmen huì wèi nín tígōng sān ge yuè yí cì de bǎoyǎng jiǎnchá

▶ 보증 기간　保修期
　　　　　　　bǎoxiūqī

A: 这 部 机器 的 售 后 服务 是 怎么样 的？
　　Zhè bù jīqì de shòu hòu fúwù shì zěnmeyàng de
B: 保修期 是 两 年，在 保修期 内 所有 的 维修 都
　　Bǎoxiūqī shì liǎng nián zài bǎoxiūqī nèi suǒyǒu de wéixiū dōu
　是 免 费 的 。
　　shì miǎn fèi de
A: 이 기기의 애프터 서비스는 어떠합니까?
B: 보증수리 기간은 2년이고, 보증기간 내의 모든 수리는 무료입니다.

- 보증수리기간 연장이 가능합니까?
  有 可能 延长 保修期 吗？
  Yǒu kěnéng yáncháng bǎoxiūqī ma

- 6개월 동안 완벽한 보증수리를 제공해 드립니다.
  我们 提供 六 个 月 的 保修 。
  Wǒmen tígōng liù ge yuè de bǎoxiū

- 이 제품의 보증수리 기간은 2년입니다.
  这 个 产品 的 保修期 是 两 年 。
  Zhè ge chǎnpǐn de bǎoxiūqī shì liǎng nián

- 이 제품은 3년간 보증수리를 약속해 드립니다.
  这 个 产品 我们 承诺 保修 三 年 。
  Zhè ge chǎnpǐn wǒmen chéngnuò bǎoxiū sān nián

③ 상담 및 계약 1061

▶수리비용　维修　费用
　　　　　　wéixiū fèiyòng

- 저희가 무료로 정기검사를 해 드립니다.
　我们　会　免　费 提供　定期 的　保养　检查 。
　Wǒmen huì miǎn fèi tígōng dìngqī de bǎoyǎng jiǎnchá

- 보증기간 동안 모든 수리는 무료입니다.
　保修　期间 ，所有　维修　都 是　免　费 的 。
　Bǎoxiū qījiān suǒyǒu wéixiū dōu shì miǎn fèi de

- 만일 기계를 정확하게 사용하지 않았으면, 수리비를 받을 수도 있습니다.
　如果 是　您　使用　机器 的　方法　不当 ，我们　也许 要　收
　Rúguǒ shì nín shǐyòng jīqì de fāngfǎ búdàng   wǒmen yěxǔ yào shōu
　维修费 。
　wéixiūfèi

- 보증기간 후에는 어떻게 합니까?
　保修期 后　怎么样　呢 ?
　Bǎoxiūqī hòu zěnmeyàng ne

- 보증기간 후의 애프터 서비스는 유상입니다.
　保修期 后 的　售　后 服务 是　收　费 的 。
　Bǎoxiūqī hòu de shòu hòu fúwù shì shōu fèi de

- 모든 수리는 원가대로 받습니다.
　所有　的 修理 都　按照　成本　收　费 。
　Suǒyǒu de xiūlǐ dōu ànzhào chéngběn shōu fèi

- 저희는 단지 부품비만 받습니다.
　我们　只　收　配件 的　费用 。
　Wǒmen zhǐ shōu pèijiàn de fèiyòng

Ⅳ　가격 협상　协商　价格
　　　　　　　xiéshāng jiàgé

▶가격을 물을 때　　询问　价钱 时
　　　　　　　xúnwèn jiàqián shí

A: 价格 是　多少 ?
　 Jiàgé shì duōshao

B: 1,500 元 一个。
　　Yìqiān wǔbǎi yuán yí ge
A: 가격은 얼마입니까?
B: 개당 1,500 위안입니다.

- 카탈로그와 가격표를 보여 주십시오.
  请 给 我 看 一下 目录 和 价目表。
  Qǐng gěi wǒ kàn yíxià mùlù hé jiàmùbiǎo

- 가격은 수량에 따라 정해집니다.
  价格 要 根据 数量 来 定。
  Jiàgé yào gēnjù shùliàng lái dìng

- 값은 주문량에 따라 조정될 수 있습니다.
  价格 可以 根据 订量 调整。
  Jiàgé kěyǐ gēnjù dìngliàng tiáozhěng

- 대당 1,500 위안의 가격으로 드리겠습니다.
  我们 可以 以 每台 1,500 元 的 价格 卖给 你们。①
  Wǒmen kěyǐ yǐ měi tái yìqiān wǔbǎi yuán de jiàgé màigěi nǐmen

- 현금으로 지불하면 어느 정도 혜택이 있습니까?
  如果 付 现金 可以 优惠 多少?
  Rúguǒ fù xiànjīn kěyǐ yōuhuì duōshao

▶우대 가격　　优惠价
　　　　　　　yōuhuìjià

A: 那个 价 太 贵 了, 能 不 能 优惠 一点儿? ②
　　Nà ge jià tài guì le néng bu néng yōuhuì yìdiǎnr
B: 对不起, 不 能 再 优惠 了。
　　Duìbuqǐ bù néng zài yōuhuì le
A: 그 가격은 너무 비쌉니다. 좀 우대해 주실 수 없습니까?
B: 죄송합니다만, 더 이상은 해 드릴 수 없습니다.

---

① 以 yǐ: ~으로, ~으로서.
② 优惠 yōuhuì: 우대, 혜택. 상거래에 있어 많은 경우에 '할인'을 의미한다.

③ 상담 및 계약

- 값을 조금만 더 싸게 해 주시겠습니까?
  价格 可以 再 便宜 点儿 吗 ?
  Jiàgé kěyǐ zài piányi diǎnr ma
- 개당 1,400 위안이면 어떻습니까?
  1,400 元 一 个 怎么样 ?
  Yìqiān sìbǎi yuán yí ge zěnmeyàng
- 이게 귀사의 최저 가격입니까?
  这 是 您 的 底价 吗 ?
  Zhè shì nín de dǐjià ma
- 만일 주문을 두 배로 하면 가격은 어떻게 계산합니까?
  如果 我们 加倍 订货, 价钱 怎么 算 ?
  Rúguǒ wǒmen jiā bèi dìng huò jiàqián zěnme suàn
- 만일 1천대 이상 주문을 하면 가격을 더 낮출 수 있습니까?
  如果 我们 订货 超过 1,000 台, 你们 能 降 多少?
  Rúguǒ wǒmen dìnghuò chāoguò yìqiān tái nǐmen néng jiàng duōshao
- 10만 달러 이상 주문을 하면 얼만큼 할인을 해 주시겠습니까?
  订货 超过 10万 美元 的话, 你们 提供 什么样 的
  Dìnghuò chāoguò shíwàn měiyuán dehuà nǐmen tígōng shénmeyàng de
  折扣 ?
  zhékòu
- 독일 회사가 우리에게 제시한 가격은 당신들보다 10% 낮습니다.
  有 一 家 德国 厂商 给 我们 出 的 价 比 你们 低了
  Yǒu yì jiā Déguó chǎngshāng gěi wǒmen chu de jià bǐ nǐmen dīle
  10 %。
  bǎifēnzhī shí

▶할인 수락 承诺 优惠
           chéngnuò yōuhuì

- 대량 구매를 하시면 할인해 드리겠습니다.
  如果 是 大宗 购买 的话, 可以 优惠 。
  Rúguǒ shì dàzōng gòumǎi dehuà kěyǐ yōuhuì
- 대량 주문을 하신다면 할인이 가능할 겁니다.
  如果 您 大宗 订购, 也许 可以 打 折 。
  Rúguǒ nín dàzōng dìnggòu yěxǔ kěyǐ dǎ zhé

22. 비즈니스

- 만일 1백대를 주문하시면 3%의 특별할인을 해 드릴 생각입니다.
  如果 您 订 100 台 的话， 我们 打算 给 您 3%
  Rúguǒ nín dìng yìbǎi tái dehuà wǒmen dǎsuàn gěi nín bǎifēnzhī sān
  的 特别 折扣 。
  de tèbié zhékòu

▶할인 거절　谢绝 还价
　　　　　　xièjué huánjià

- 가격에 대해서는 더 이상 협상할 여지가 없습니다.
  价格 方面， 没有 再 商量 的 余地 了。
  Jiàgé fāngmiàn méiyǒu zài shāngliang de yúdì le

- 이것이 최저 가격입니다.
  这 是 最低 价 了。
  Zhè shì zuì dī jià le

- 이미 원가로 파는 겁니다.
  已经 是 按 成本价 卖 了。
  Yǐjīng shì àn chéngběnjià mài le

- 저희 제품은 타사 제품보다 쌉니다.
  我们 的 产品 比 其他 公司 的 产品 便宜 。
  Wǒmen de chǎnpǐn bǐ qítā gōngsī de chǎnpǐn piányi

- 저희의 가격은 다른 회사들보다 훨씬 낮습니다.
  我们 的 价格 应该 比 其他 公司 低多 了。
  Wǒmen de jiàgé yīnggāi bǐ qítā gōngsī dīduō le

- 원재료가 올랐기 때문에 그 가격에는 팔 수가 없습니다.
  原料 涨 价 了，因此 我们 不 能 再 以 那个 价钱 卖 了。
  Yuánliào zhǎng jià le yīncǐ wǒmen bù néng zài yǐ nà ge jiàqián mài le

▶지불 조건　付 款 方式
　　　　　　fù kuǎn fāngshì

A: 怎么 付 款 ？
　 Zěnme fù kuǎn

B: 先 付 20% 的 订金， 剩余 的 在 六 个 月
　 Xiān fù bǎifēnzhī èrshí de dìngjīn shèngyú de zài liù ge yuè
　 之内 分期 付 款 就 可以 了。
　 zhīnèi fēnqī fù kuǎn jiù kěyǐ le

③ 상담 및 계약

A: 어떻게 지불 합니까?
B: 우선 20%의 계약금을 내시고, 나머지는 6개월 내에 분할 납부해 주십시오.

- 물품 대금은 언제 지불합니까?
  什么 时候 支付 贷款?
  Shénme shíhou zhīfù dàikuǎn

- 처음 주문하시는 제품은 선불해 주셨으면 합니다.
  我们 希望 第一 次 订 的 货 能 先 付 款。
  Wǒmen xīwàng dìyī cì dìng de huò néng xiān fù kuǎn

- 총 대금의 30%를 먼저 받았으면 합니다.
  我们 希望 先 收到 总 款数 的 30%。
  Wǒmen xīwàng xiān shōudào zǒng kuǎnshù de bǎifēnzhī sānshí

- 물건을 받은 날로부터 3개월 이내에 완불해 주십시오.
  请 在 收到 货物 之日 起 三 个 月 内 付清。
  Qǐng zài shōudào huòwù zhīrì qǐ sān ge yuè nèi fùqīng

- 이 지불방식에 의견이 있으십니까?
  您 对 这 种 付 款 方式 有 意见 吗?
  Nín duì zhè zhǒng fù kuǎn fāngshì yǒu yìjiàn ma

V 계약   合同
    hétong

▶계약서 초안   合同 草案
              hétong cǎo'àn

- 먼저 계약서 초안을 작성해 봅시다.
  我们 先 拟 一 份 合同 草案 吧。①
  Wǒmen xiān nǐ yí fèn hétong cǎo'àn ba

- 저희가 준비한 계약서 초안을 검토해 보시겠습니까?
  你们 来 商议 一下 我们 准备 的 合同 草案 好 吗?
  Nǐmen lái shāngyì yíxià wǒmen zhǔnbèi de hétong cǎo'àn hǎo ma

- 표준계약서를 근거로 초안을 작성하겠습니다.
  我们 会 根据 标准 合同 准备 一 份 草案。
  Wǒmen huì gēnjù biāozhǔn hétong zhǔnbèi yí fèn cǎo'àn

---

① 拟 nǐ: 여기서는 '입안하다'의 뜻.

22. 비즈니스

- 초안을 완성한 후에 다시 세세한 문제를 해결합시다.
  草案 完成 后，我们 再 解决 其他 小 问题。
  Cǎo'àn wánchéng hòu, wǒmen zài jiějué qítā xiǎo wèntí

▶ 검토 및 수정　　审查 及 修改
　　　　　　　　　shěnchá jí xiūgǎi

- 이 초안을 좀 더 검토할 수 있는 시간을 주시겠습니까?
  可以 给点儿 时间 再 审查 一下 这个 草稿 吗？
  Kěyǐ gěi diǎnr shíjiān zài shěnchá yíxià zhè ge cǎogǎo ma

- 계약 연장에 관한 조항을 삽입하고 싶습니다.
  我 想 加上 延长 合同 期限 的 有关 条款。
  Wǒ xiǎng jiāshàng yáncháng hétong qīxiàn de yǒuguān tiáokuǎn

- 계약해제에 관한 조건을 추가하고 싶습니다.
  我 想 增加 解除 合同 的 有关 条款。
  Wǒ xiǎng zēngjiā jiěchú hétong de yǒuguān tiáokuǎn

- 이 조항을 다시 한 번 검토해 주셨으면 합니다.
  请 再 审查 一下 这 项 条款。
  Qǐng zài shěnchá yíxià zhè xiàng tiáokuǎn

- 만일 어느 한쪽이 이 계약을 해제하고자 할 때는 어떻게 하죠?
  如果 有 一 方 要 解除 这 个 合约，该 怎么 办？
  Rúguǒ yǒu yì fāng yào jiěchú zhè ge héyuē gāi zěnme bàn

- 클레임 부분은 다시 수정해야 할 것 같습니다.
  我 想 在 索赔 这 个 地方 再 改 一 改。
  Wǒ xiǎng zài suǒpéi zhè ge dìfang zài gǎi yi gǎi

▶ 회답　　答复
　　　　　dáfù

- 언제 회답을 주시겠습니까?
  什么 时候 可以 给 答复？
  Shénme shíhou kěyǐ gěi dáfù

- 이 제안에 대해 가능한 빨리 회답을 주시겠습니까?
  对 此 提案，请 尽快 答复 好 吗？
  Duì cǐ tí'àn, qǐng jǐnkuài dáfù hǎo ma

- 저희가 제안한 의견을 받아 주신다면 저희는 바로 수락할 것입니다.
  如果 你们 接受 我们 提出 的 意见，我们 会 马上
  Rúguǒ nǐmen jiēshòu wǒmen tíchū de yìjiàn wǒmen huì mǎshàng

答应。
dāying

▶계약 체결　签 合同
　　　　　　qiān hétong

A: 我们 很 高兴 能 在 双 方 满意 的 情况 下
　 Wǒmen hěn gāoxìng néng zài shuāng fāng mǎnyì de qíngkuàng xià
　 签订 这 个 合同。
　 qiāndìng zhè ge hétong
B: 我 也 是，希望 我们 以后 合作 顺利。
　 Wǒ yě shì xīwàng wǒmen yǐhòu hézuò shùnlì
A: 从 现在 开始 我们 要 同心 协力，荣辱 与 共。
　 Cóng xiànzài kāishǐ wǒmen yào tóngxīn xiélì róngrǔ yǔ gòng
B: 对，我们 双 方 一定 要 齐心 协力，争取 共
　 Duì wǒmen shuāng fāng yídìng yào qíxīn xiélì zhēngqǔ gòng
　 创 辉煌 的 成绩。
　 chuàng huīhuáng de chéngjì
A: 서로 만족스러운 조건으로 계약을 하게 되어 기쁩니다.
B: 저도 그렇습니다. 앞으로 합작이 순조롭게 진행되기를 바랍니다.
A: 이제부터 한 마음으로 협력하여 영욕을 함께 해야 하겠지요.
B: 맞습니다. 우리 서로 힘을 합해 최대의 성과를 거두도록 합시다.

• 이제 서명만 남았군요.
　现在 只 剩 签 字 了。
　Xiànzài zhǐ shèng qiān zì le
• 귀사와 거래를 하게 되어 반갑습니다.
　能 与 贵 公司 打 交道 真 是 很 高兴。
　Néng yǔ guì gōngsī dǎ jiāodao zhēn shì hěn gāoxìng
• 저희는 계약조건에 전적으로 만족합니다.
　我们 对 合约 条件 完全 满意。
　Wǒmen duì héyuē tiáojiàn wánquán mǎnyì

22. 비즈니스

- 계약이 성공적으로 성립되어 매우 만족합니다.
  合同 圆满 签订，我 很 满意。
  Hétong yuánmǎn qiāndìng wǒ hěn mǎnyì

- 협조와 배려에 감사드립니다.
  非常 感谢 您 的 协助 和 关照。
  Fēicháng gǎnxiè nín de xiézhù hé guānzhào

- 성공적인 합작을 위하여 건배합시다.
  为了 我们 合作 的 圆满 成功，干 杯！
  Wèile wǒmen hézuò de yuánmǎn chénggōng gān bēi

▶ 계약을 미룰 때　推迟 签 约
　　　　　　　　　tuīchí qiān yuē

- 다음에 기회가 있으면 다시 함께 일해봅시다.
  下 次 有 机会 我们 再 合作。
  Xià cì yǒu jīhuì wǒmen zài hézuò

- 먼저 동업자와 상의한 뒤에 다시 연락드리겠습니다.
  我 先 和 我 的 合作 伙伴 商量 一下再联系。
  Wǒ xiān hé wǒ de hézuò huǒbàn shāngliang yíxià zài liánxì

- 요즘 경제가 불경기라서 계약을 하반기로 미뤄야겠습니다.
  最近 经济 不 景气，合同 推迟 到 下 半年 再 签。
  Zuìjìn jīngjì bù jǐngqì hétong tuīchí dào xià bànnián zài qiān

- 죄송합니다. 저희의 조건과는 맞지 않는군요.
  对不起，和 我们 的 条件 不 相符。
  Duìbuqǐ hé wǒmen de tiáojiàn bù xiāngfú

- 정말 유감입니다. 우리 의견이 일치되지 않는군요.
  真 遗憾，好像 我们 没有 达成 共识。①
  Zhēn yíhàn hǎoxiàng wǒmen méiyǒu dáchéng gòngshí

---

① 共识 gòngshí: 공통의 인식, 인식의 일치.

④ 주문·결제·클레임 订购 / 付款 / 索赔
dìnggòu　fùkuǎn　suǒpéi

중국 속담에 "先小人, 后君子. Xiān xiǎorén, hòu jūnzǐ"란 말이 있다. "먼저 소인배 노릇을 하고, 나중에 군자 노릇을 하겠다" 란 뜻이다. 이 말은 계약이나 합의를 할 때 먼저 세세한 부분까지 꼬치꼬치 따져서 자신의 몫을 챙기고, 그 다음에는 약속된 사항들을 충실히 이행하겠다는 것이다. 좋은게 좋다는 식의 애매한 구두 언약은 아무 소용이 없다. 꼭 필요한 사항이라면 반드시 문서로 남겨 놓아야 훗날 발생할지도 모를 분쟁을 예방할 수 있다.

기본대화

A: 这里 是 韩国 电子, 我们 想 订购 贵 公司 的 产品。
　　Zhèli shì Hánguó Diànzǐ wǒmen xiǎng dìnggòu guì gōngsī de chǎnpǐn

B: 是 哪 个 产品? 请 说 一下 产品 的 编号。
　　Shì nǎ ge chǎnpǐn Qǐng shuō yíxià chǎnpǐn de biānhào

A: 　SH102030。
　　SH yāolíng'èrlíngsānlíng

B: 您 要 订 多少? 现在 库存 只 有 4,000 个。
　　Nín yào dìng duōshao Xiànzài kùcún zhǐ yǒu sìqiān ge

A: 我们 要 5,000 个, 那 先 寄给 我们 4,000 吧。
　　Wǒmen yào wǔqiān ge nà xiān jìgěi wǒmen sìqiān ba

B: 好 的, 我 会 马上 寄给 你们。
　　Hǎo de wǒ huì mǎshàng jìgěi nǐmen

A: 여기는 한국전자입니다. 귀사의 제품을 주문하려고 합니다.
B: 어떤 제품입니까? 제품번호를 말씀해 주십시오.
A: SH102030 입니다.
B: 얼마나 주문하실 겁니까? 현 재고는 4,000 개 밖에 없습니다.
A: 5,000 개입니다. 그럼 먼저 4,000 개를 보내 주십시오.
B: 알겠습니다. 바로 부쳐 드리겠습니다.

여러 가지 활용

Ⅰ 주문　　订购
　　　　　dìnggòu

▶재고량　库存
　　　　　kùcún

- 그 품목은 지금 재고가 없습니다.
  那个 品种 现在 没有 库存。
  Nà ge pǐnzhǒng xiànzài méiyǒu kùcún

- 먼저 재고를 확인해 보겠습니다.
  我 先 确认 一下 库存。
  Wǒ xiān quèrèn yíxià kùcún

- 그 모델은 지금은 생산하지 않습니다.
  那个 型号 现在 不 生产 了。①
  Nà ge xínghào xiànzài bù shēngchǎn le

- 며칠만 시간을 주시면 필요하신 수량을 전부 생산할 수 있습니다.
  给 我们 几 天 时间，您 要 的 数量 就 会 全 都
  Gěi wǒmen jǐ tiān shíjiān nín yào de shùliàng jiù huì quán dōu
  生产 出来 的。
  shēngchǎn chulai de

▶인도 시기　交 货 时间
　　　　　　　jiāo huò shíjiān

A: 这里 是 三元 有限 公司， 请问 昨天 订 的
　 Zhèli shì Sānyuán Yǒuxiàn Gōngsī　qǐngwèn zuótiān dìng de
　 产品 什么 时候 可以 到?
　 chǎnpǐn shénme shíhou kěyǐ dào

B: 现在 正在 装 船，一 周 后 就 可以 到。
　 Xiànzài zhèngzài zhuāng chuán yì zhōu hòu jiù kěyǐ dào

A: 삼원회사입니다. 어제 주문한 물품 언제 받아볼 수 있을까요?

B: 현재 선적 중입니다. 1주일 후에 도착할 겁니다.

---

① 제품이 더 이상 생산되지 않을 때 '淘汰 táotài'라는 말을 쓰기도 한다. '淘汰 táotài'는 '도태되다' 라는 뜻으로 이미 구식이 되어 생산되지 않는다는 뜻이다. 예)那个 产品已经淘汰了。Nà ge chǎnpǐn yǐjīng táotài le.

④ 주문·결제·클레임 1071

- 주문 후 물품을 받을 때까지는 보통 얼마나 걸립니까?
  订购 后， 通常 需要多 长 时间 能 收到 货？
  Dìnggòu hòu　tōngcháng xūyào duō cháng shíjiān néng shōudào huò
- 저희는 주문전화를 받는 즉시 물품을 발송합니다.
  我们 一 接到 订购 电话 就 马上 发 货。
  Wǒmen yì jiēdào dìnggòu diànhuà jiù mǎshàng fā huò
- 몹시 급하니 항공편으로 보내 주십시오.
  因为 很 急， 请 空运 给 我们 吧。
  Yīnwèi hěn jí　qǐng kōngyùn gěi wǒmen ba
- 3일 후에는 항구에 도착할 겁니다.
  三 日 内 就 可以 到达 港口。
  Sān rì nèi jiù kěyǐ dàodá gǎngkǒu

▶주문 변경　更改　预订
　　　　　　　gēnggǎi yùdìng

A: 我 想 更改 预订。
　　Wǒ xiǎng gēnggǎi yùdìng
B: 您 打算 怎么 更改 呢？
　　Nín dǎsuàn zěnme gēnggǎi ne
A: 把 No.5 改为 No.2。
　　Bǎ No.5 gǎiwéi No.2
B: 不 好意思， 太 晚 了，已经 发 货 了。
　　Bù hǎoyìsi　tài wǎn le　yǐjīng fā huò le
A: 주문을 변경하고 싶습니다.
B: 어떻게 변경하실 겁니까?
A: No.5를 No.2로 바꾸려고 합니다.
B: 죄송하지만 너무 늦었네요. 이미 발송했습니다.

- 어떻게 바꾸실 겁니까?
  您 要 怎样 更改 ？
  Nín yào zěnyàng gēnggǎi
- 2호 주문서상에서 AF—01의 수량을 추가하려고 합니다.
  我们 想 增加 2号 订单 上 AF—01 的 数量。
  Wǒmen xiǎng zēngjiā èr hào dìngdān shang AF-língyāo de shùliàng

22
④ 订购／付款／索赔

22. 비즈니스

- 제가 알아보고 최선을 다해 해결하겠습니다.
  我 会 了解 并且 尽力 去 解决。
  Wǒ huì liǎojiě bìngqiě jìnlì qù jiějué

Ⅱ 결제 付 款
　　　　fù kuǎn

▶신용장 개설　开具　信用证
　　　　　　　kāijù xìnyòngzhèng

- 반드시 신용장을 개설해 주십시오.
  您 必须 开 信用证。
  Nín bìxū kāi xìnyòngzhèng
- 신용장 개설이 늦어져서 죄송합니다.
  我们 很 抱歉 晚开 了 信用证。
  Wǒmen hěn bàoqiàn wǎnkāi le xìnyòngzhèng
- 방금 주문하신 물품에 대한 신용장을 개설해 주시겠습니까?
  请 您给 刚才 订 的 货 开 信用证，好 吗?
  Qǐng nín gěi gāngcái dìng de huò kāi xìnyòngzhèng hǎo ma
- 내주 말까지 신용장을 우편으로 보내 주십시오.
  下 周末 之前 将　信用证　邮寄 过来。
  Xià zhōumò zhīqián jiāng xìnyòngzhèng yóujì guolai
- 신용장 개설이 늦어지고 있는 이유가 무엇입니까?
  拖延 开 信用证 的 理由 是 什么?
  Tuōyán kāi xìnyòngzhèng de lǐyóu shì shénme

▶결제 청구　要求 付 款
　　　　　yāoqiú fù kuǎn

- 첫회 지불금으로 20%를 요구합니다.
  我们 要求　20%　的 头款。
  Wǒmen yāoqiú bǎifēnzhī èrshí de tóukuǎn
- 주문시에 대금의 10%를 선납해 주셔야 합니다.
  我们 要求 订 货 时 先 交　10%　的 款额。
  Wǒmen yāoqiú dìng huò shí xiān jiāo bǎifēnzhī shí de kuǎn'é
- 7일 안으로 지불해 주십시오.
  请 在 七 天 内 付 款。
  Qǐng zài qī tiān nèi fù kuǎn

④ 주문·결제·클레임

- 10개월로 나누어 지불해 주시면 됩니다.
  您可以分十个月来分期付款。
  Nín kěyǐ fēn shí ge yuè lái fēn qī fù kuǎn
- 5월 5일까지 전신환을 보내 주십시오.
  请在 5 月 5 日之前电汇。
  Qǐng zài wǔ yuè wǔ rì zhīqián diànhuì
- 저희가 월말에 결산서를 보내 드릴테니 다음달 말까지 지불해 주십시오.
  我们会在每个月底寄账单，所以请在下月月底之前付款。
  Wǒmen huì zài měi ge yuèdǐ jì zhàngdān suǒyǐ qǐng zài xià yuè yuèdǐ zhīqián fù kuǎn

▶결제 지연　拖延付款
　　　　　　　tuōyán fù kuǎn

- 지급 기한이 벌써 2주일이나 지났습니다.
  支付期限已过了两个星期了。
  Zhīfù qīxiàn yǐ guòle liǎng ge xīngqī le
- 언제쯤 대금을 받을 수 있겠습니까?
  我们何时可以收款？
  Wǒmen hé shí kěyǐ shōu kuǎn
- 곧 지급하겠습니다. 이달 말까지는 결제하겠습니다.
  马上支付，在这个月末之前结算。
  Mǎshàng zhīfù zài zhè ge yuèmò zhīqián jiésuàn
- 지불시기를 좀 늦춰 주실 수 있겠습니까?
  可否请您宽限我们付款时间？
  Kěfǒu qǐng nín kuānxiàn wǒmen fù kuǎn shíjiān
- 3주 후에 지불해도 되겠습니까?
  我们可以延后三个星期再付款吗？
  Wǒmen kěyǐ yán hòu sān ge xīngqī zài fù kuǎn ma

Ⅲ 클레임　索赔
　　　　　　　suǒpéi

▶물품의 도착 지연　货物 延期 到达
　　　　　　　　　huòwù yánqī dàodá

> A: 这里 是　中央　商社，我们 一个 月 前 订 的
> 　　Zhèli shì Zhōngyāng Shāngshè wǒmen yí ge yuè qián dìng de
> 　　货 还 没 到，所以 才 打 电话 确认 一下。
> 　　huò hái méi dào　suǒyǐ cái dǎ diànhuà quèrèn yíxià
> B: 真　对不起，确认 后　马上　给您 回 电话。
> 　　Zhēn duìbuqǐ　quèrèn hòu mǎshàng gěi nín huí diànhuà
> A: 중앙상사입니다. 한달 전에 주문한 물품이 아직도 도착하지 않아 전화했습니다.
> B: 정말 죄송합니다. 확인 후 바로 전화 드리겠습니다.

- 귀사가 보낸 물품이 아직 도착하지 않았습니다.
  你们 运 的 货 还 没 到。
  Nǐmen yùn de huò hái méi dào

- 9월 10일 전에 물품을 받을 수 없다면 주문을 취소하겠습니다.
  如果 9 月 10 日 前 无法 拿到 的话，我们 就 取消 订 货。
  Rúguǒ jiǔ yuè shí rì qián wúfǎ nádào dehuà wǒmen jiù qǔxiāo dìng huò

- 물품 발송 지연으로 입은 손실은 마땅히 귀사가 책임져야 한다고 생각합니다.
  我们 认为 贵 公司 应该 负担 因 延期 运送 所 造成 的 损失。
  Wǒmen rènwéi guì gōngsī yīnggāi fùdān yīn yánqī yùnsòng suǒ zàochéng de sǔnshī

- 출항일자를 확인해 주시겠습니까?
  请 确认 一下 开 船 的 日期。
  Qǐng quèrèn yíxià kāi chuán de rìqī

▶물품 지연에 대한 설명 　对 拖延 送 货 的 解释
　　　　　　　　　　　　　duì tuōyán sòng huò de jiěshì

- 그 물품들은 7월 1일에 이미 발송했습니다.
  那 批 货 在 7 月 1 日 已 经 发 了 。
  Nà pī huò zài qī yuè yī rì yǐjīng fā le

- 화물은 9월 10일 보냈으니 이삼일 후면 받으실 겁니다.
  货 物 是 9 月 10 号 发 的 ，您 应 该 两三 天 后 能
  Huòwù shì jiǔ yuè shí hào fā de　nín yīnggāi liǎngsān tiān hòu néng
  收到 。
  shōudào

- 물품 발송이 세관에서 걸렸습니다.
  出 货 在 海关 受 阻 。
  Chū huò zài hǎiguān shòu zǔ

- 물품 발송이 항구의 노동자파업 때문에 지연되었습니다.
  出 货 因 港口 罢 工 耽搁 了 。
  Chū huò yīn gǎngkǒu bà gōng dānge le

- 이번 지연은 정말 죄송하게 됐습니다.
  这 次 的 耽搁 ， 我们 很 抱歉 。
  Zhè cì de dānge　wǒmen hěn bàoqiàn

- 조사를 해서 빠른 시일내에 전화 드리겠습니다.
  我们 会 马上 调 查 ，并 尽 快 给 您 回话 。
  Wǒmen huì mǎshàng diàochá　bìng jǐnkuài gěi nín huíhuà

- 컨테이너 문제로 5월 5일에 발송할 예정입니다.
  由于 集装箱 的 问题， 初步 定在 5 月 5 号 发货。
  Yóuyú jízhuāngxiāng de wèntí　chūbù dìngzài wǔ yuè wǔ hào fā huò

▶물품 파손　　货物 破损
　　　　　　　huòwù pòsǔn

A: 订购 的 产品 在 到达 时 已经 破损 了 。
　 Dìnggòu de chǎnpǐn zài dàodá shí yǐjīng pòsǔn le
B: 真 对不起 ，大概 有 多少 破损 了 ?
　 Zhēn duìbuqǐ　dàgài yǒu duōshao pòsǔn le
A: 差不多 有 一 半 。
　 Chàbuduō yǒu yí bàn

B: 那 请 把 破损 的 产品 退 回来，好 吗？
　　Nà qǐng bǎ pòsǔn de chǎnpǐn tuì huilai hǎo ma

A: 그 주문품은 도착했을 때 이미 파손되어 있었습니다.
B: 정말 죄송합니다. 대략 얼마나 파손되었습니까?
A: 거의 절반 정도입니다.
B: 그럼 그 파손품들을 반송해 주시겠습니까?

- 물이 들어가서 일부는 사용 불가능합니다.
  因为 进水，有 一些 无法 使用 了。
  Yīnwèi jìn shuǐ yǒu yìxiē wúfǎ shǐyòng le

- 맛이 변한 것도 있고, 파손된 것도 있습니다.
  有 变 味儿的，还 有 损坏 的。
  Yǒu biàn wèir de hái yǒu sǔnhuài de

- 화물들이 운송 중에 파손되었습니다.
  货物 在 运送 途 中 破损 了。
  Huòwù zài yùnsòng tú zhōng pòsǔn le

- 운송했을 때 10% 가량의 화물이 파손되어 있었습니다.
  运送 途中，大约 已经 有 10% 的 货物 受损
  Yùnsòng túzhōng dàyuē yǐjīng yǒu bǎifēnzhī shí de huòwù shòusǔn
  了。
  le

- 일부 화물은 심각하게 파손되었습니다.
  有些 货物 严重 受损。
  Yǒuxiē huòwù yánzhòng shòusǔn

- 대표를 보내서 파손 정도를 검사하도록 하겠습니다.
  我们 会派个 代表 去 检查 产品 受损 的 程度。
  Wǒmen huì pài ge dàibiǎo qù jiǎnchá chǎnpǐn shòusǔn de chéngdù

- 파손품들을 어떻게 처리해야 할까요?
  我们 该 如何 处理 破损 产品？
  Wǒmen gāi rúhé chǔlǐ pòsǔn chǎnpǐn

- 파손품들을 저희에게 보내 주시겠습니까?
  您 能 将 破损 产品 退还 给 我们 吗？
  Nín néng jiāng pòsǔn chǎnpǐn tuìhuán gěi wǒmen ma

▶ 품질 불량　　**质量 问题**
　　　　　　　zhìliàng wèntí

- 제품에 결함이 많습니다.
  产品 有 很 多 缺陷 。
  Chǎnpǐn yǒu hěn duō quēxiàn
- 제품에 하자가 있음을 발견했습니다.
  我们 发现 货品 有 瑕疵 。
  Wǒmen fāxiàn huòpǐn yǒu xiácī
- 약 5% 정도가 불합격품입니다.
  约 5 % 是 不 合格 产品 。
  Yuē bǎifēnzhī wǔ shì bù hégé chǎnpǐn
- 이 물품들은 표준에 미치지 못합니다.
  这些 货品 没有 达到 标准。
  Zhèxiē huòpǐn méiyǒu dádào biāozhǔn
- 보내온 물건들이 원래의 샘플보다 못합니다.
  送来 的 货 比 样品 差 。
  Sònglái de huò bǐ yàngpǐn chà
- 이중 포장을 요구했는데, 도착한 것들은 한 겹이더군요.
  我们 要求 双 层 包装， 收到 的 却 是 单 层 的 。
  Wǒmen yāoqiú shuāng céng bāozhuāng shōudào de què shì dān céng de
- 제품의 품질불량으로 입은 손해를 배상해 주십시오.
  请 赔偿 我们 因 产品 质量 低劣 所 蒙受 的 损失 。
  Qǐng péicháng wǒmen yīn chǎnpǐn zhìliàng dīliè suǒ méngshòu de sǔnshī

▶ 수량 부족　　**数量 不 够**
　　　　　　　shùliàng bú gòu

- 몇 개가 부족합니까?
  你们 缺了 多少 ?
  Nǐmen quēle duōshao

22. 비즈니스

- 주문량보다 100 개가 부족합니다.
  比 订货量 少了 100 个。
  Bǐ dìnghuòliàng shǎole yìbǎi ge

- 저희가 체크하다가 물품이 부족한 것을 발견했습니다.
  我们 查收 时 发现 货物 不 够 数。
  Wǒmen cháshōu shí fāxiàn huòwù bú gòu shù

- 영수증에는 15 개로 적혀 있는데 우리가 받은 것은 14 개 뿐입니다.
  发票 上 写 的 是 15 个，但 我们 只 收到 14 个。
  Fāpiào shang xiě de shì shíwǔ ge dàn wǒmen zhǐ shōudào shísì ge

▶ 주문품 착오　　送错　订购　产品
　　　　　　　　songcuò dìnggòu chǎnpǐn

A: 我们 收到 的 产品 与 订 的 产品 不 一样。
　 Wǒmen shōudào de chǎnpǐn yǔ dìng de chǎnpǐn bù yíyàng
B: 真 对不起，是 我们 工作 上 的 失误，发了 别
　 Zhēn duìbuqǐ shì wǒmen gōngzuò shang de shīwù fāle bié
　 的 产品。马上 给您 更换。
　 de chǎnpǐn Mǎshàng gěi nín gēnghuàn
A: 저희가 받은 제품이 주문품과 다릅니다.
B: 정말 죄송합니다. 실수로 다른 제품을 보냈습니다. 곧 주문하신 제품으로 바꿔 드리겠습니다.

- 우리가 받은 것은 우리가 주문했던 물품이 아닙니다.
  我们 收到 的 不是 我们 所 订购 的 货品。
  Wǒmen shōudào de bú shì wǒmen suǒ dìnggòu de huòpǐn

- 우리가 주문한 것은 특대 사이즈인데, 받은 것은 대 사이즈예요.
  我们 订 的 是 加大 号 的，收到 的 却 是 大 号 的。
  Wǒmen dìng de shì jiādà hào de shōudào de què shì dà hào de

- 죄송합니다. 정확한 제품을 바로 보내 드리겠습니다.
  很 抱歉，我们 会 立刻 送去 核对 无误 的 产品。
  Hěn bàoqiàn wǒmen huì lìkè sòngqù héduì wúwù de chǎnpǐn

▶ 클레임 협상　索赔 协商
　　　　　　　suǒpéi xiéshāng

- 보험회사에 배상문제를 제기하려고 합니다.
  我们 将 向 保险 公司 提出 赔偿 要求。
  Wǒmen jiāng xiàng bǎoxiǎn gōngsī tíchū péicháng yāoqiú

- 변호사를 초빙하여 이 일을 중재하려고 합니다.
  我们 想 请 律师 来 仲裁 这事儿。
  Wǒmen xiǎng qǐng lǜshī lái zhòngcái zhè shìr

- 저희는 거기에 대해 어떠한 책임도 없습니다.
  我们 对于那 方面 没有 任何 责任。
  Wǒmen duìyú nà fāngmiàn méiyǒu rènhé zérèn

- 문제는 배상액이 얼마인가에 달렸습니다.
  问题 在于 赔偿 金额 是 多少。
  Wèntí zàiyú péicháng jīn'é shì duōshao

- 귀사의 손실에 대해 배상하겠습니다.
  我们 会 赔偿 贵公司 的 损失。
  Wǒmen huì péicháng guì gōngsī de sǔnshī

- 이번의 물품에 대해서 50% 할인을 해 드리겠습니다.
  对于 这 批 货品，我们 会 给 您 打五折。
  Duìyú zhè pī huòpǐn　wǒmen huì gěi nín dǎ wǔ zhé

- 배상청구를 받아들일 수 없습니다.
  不 能 接受 您 的 索赔 要求。
  Bù néng jiēshòu nín de suǒpéi yāoqiú

5 바이어 접대

接待客户
jiēdài kèhù

무역이나 영업에 종사하는 많은 사람들은 "접대"(接待 jiēdài)에 많은 시간과 노력과 돈을 투자하게 마련이다. 공식적인 업무 밖에서 이루어지는 인간적인 유대관계가 때로는 사업에 큰 영향을 미칠 수 있기 때문이다. 중국인들은 전통적으로 인연(缘分 yuánfèn)을 매우 소중히 여기며, 한번 친구(朋友 péngyou)가 되면 쉽게 그 의(义 yì)를 버리지 않는 민족적 특성을 지니고 있다. 중국측 파트너와 신의를 바탕으로 하는 동반자 관계를 마련하는 것은 거대한 중국시장 쟁탈전에서 천군만마(千军万马 qiān jūn wàn mǎ)를 얻은 것이나 다름없다 할 것이다.

기본대화

A: 坚苦 的 谈判 终于 成功 结束 了。
　　Jiānkǔ de tánpàn zhōngyú chénggōng jiéshù le

B: 多亏 了 刘 总 的 支持，您 辛苦 了。
　　Duōkuī le Liú zǒng de zhīchí nín xīnkǔ le

A: 哪儿 的 话，多亏 金 总 的 交涉 手段 高明 才
　　Nǎr de huà duōkuī Jīn zǒng de jiāoshè shǒuduàn gāomíng cái
　　能 取得 这样 的 结果。
　　néng qǔdé zhèyàng de jiéguǒ

B: 您 明天 有 什么 安排 吗？
　　Nín míngtiān yǒu shénme ānpái ma

A: 目前 还 没有 安排。
　　Mùqián hái méiyǒu ānpái

B: 陪 您 在 首尔 转转，您 看 怎么样？
　　Péi nín zài Shǒu'ěr zhuànzhuan nín kàn zěnmeyàng

A: 好 啊，那 就 麻烦 你 了。
　　Hǎo a nà jiù máfan nǐ le

B: 别 客气。那 我 明天 早上 来 接 您。
　　Bié kèqi Nà wǒ míngtiān zǎoshang lái jiē nín

A: 힘들었던 상담이 드디어 성공적으로 끝났군요.
B: 모두가 리우 사장님 덕분이지요. 수고하셨습니다.

⑤ 바이어 접대

A: 천만의 말씀입니다. 김 사장의 뛰어난 교섭 수완이 있었기에 얻을 수 있었던 결과지요.
B: 내일 무슨 계획 있으십니까?
A: 현재로서는 아무 계획도 없습니다.
B: 제가 모시고 서울을 관광시켜드리면 어떻겠습니까?
A: 좋습니다. 부탁드리겠습니다.
B: 그럼 제가 내일 모시러 오겠습니다.

여러 가지 활용

I 식사 대접   请客
qǐng kè

- 우선 식사부터 할까요?
  先 吃饭 怎么样?
  Xiān chīfàn zěnmeyàng

- 식사는 제가 대접하겠습니다.
  这 顿 饭 我 请 。
  Zhè dùn fàn wǒ qǐng

- 양식보다는 한국 전통요리를 드시는게 나을 듯 합니다.
  吃 西餐 的话 不如 尝 一下 韩国 的 传统 料理 吧 。
  Chī xīcān dehuà bùrú cháng yíxià Hánguó de chuántǒng liàolǐ ba

- 아침 식사는 전복죽으로 하시죠.
  早餐 就 吃 鲍鱼粥 吧 。
  Zǎocān jiù chī bàoyúzhōu ba

- 점심은 삼계탕을 드셔 보세요. 건강식품입니다.
  午餐 尝 一下 参鸡汤 吧 , 这 是 健康 食品 。
  Wǔcān cháng yíxià shēnjītāng ba   zhè shì jiànkāng shípǐn

- 저녁은 불고기 드시는게 어떻습니까?
  晚上 吃 烤 牛肉 怎么样?
  Wǎnshang chī kǎo niúròu zěnmeyàng

22. 비즈니스

II 관광 안내　观光 向导
guānguāng xiàngdǎo

A: 今天 我 陪 你 去 景福宫，那 是 朝鲜 时代 的 宫殿。
Jīntiān wǒ péi nǐ qù Jǐngfúgōng nà shì Cháoxiǎn shídài de gōngdiàn

B: 在 首尔 还 保留 着 以前 的 宫殿 吗？
Zài Shǒu'ěr hái bǎoliú zhe yǐqián de gōngdiàn ma

A: 当然 了，除了 景福宫 以外 还 有 昌德宫、德寿宫 等。
Dāngrán le chúle Jǐngfúgōng yǐwài hái yǒu Chāngdégōng Déshòugōng děng

B: 是 吗？真 想 马上 去 看看。
Shì ma Zhēn xiǎng mǎshàng qù kànkan

A: 虽然 没有 紫禁城 那么 大，但是 您 可以 欣赏 到 韩国 古代 艺术 的 精致美。
Suīrán méiyǒu Zǐjìnchéng nàme dà dànshì nín kěyǐ xīnshǎng dào Hánguó gǔdài yìshù de jīngzhìměi

A: 오늘은 경복궁으로 모시고 가겠습니다. 조선시대의 궁전이지요.

B: 서울에도 옛 궁전이 남아 있습니까?

A: 그럼요, 경복궁 외에도 창덕궁, 덕수궁 등이 있습니다.

B: 그렇습니까? 어서 보고 싶군요.

A: 비록 자금성처럼 크지는 않지만, 한국 고대 예술의 섬세한 아름다움을 감상하실 수 있습니다.

- 어디 가고 싶은 곳이 있으면 말씀하십시오.
  想 去 什么 地方 告诉 我 吧。
  Xiǎng qù shénme dìfang gàosu wǒ ba

- 남대문 시장을 둘러보고 싶습니다.
  我 想 逛 一下 南大门 市场。
  Wǒ xiǎng guàng yíxià Nándàmén shìchǎng

- 도자기로 유명한 이천은 여기에서 멉니까?
  以 陶瓷 闻名 的 利川 离 这儿 远 吗？
  Yǐ táocí wénmíng de Lìchuān lí zhèr yuǎn ma

5 바이어 접대

- 골동품으로 알려진 인사동은 어디 있습니까?
  以 古董 闻名 的 仁寺洞 在 哪儿？
  Yǐ gǔdǒng wénmíng de Rénsìdòng zài nǎr

- 먼저 일기예보를 보고 나서 제주도 관광을 결정합시다.
  先 看 一下 天气 预报， 再 决定 是否 去 济州岛
  Xiān kàn yíxià tiānqì yùbào zài juédìng shìfǒu qù Jìzhōudǎo
  观光 吧。
  guānguāng ba

- 선물할 만한 특산품에는 어떤 것이 있습니까?
  可以 送 礼 的 土特产 有 哪些？
  Kěyǐ sòng lǐ de tǔtèchǎn yǒu nǎxiē

- 어디서 특산품을 팝니까?
  哪里 卖 土特产？
  Nǎli mài tǔtèchǎn

▶ 관광하면서 在 观光 的 时候
              zài guānguāng de shíhou

- 한국에 대해서 많이 알고 계시는군요.
  您 对 韩国 知道 得 很 多。
  Nín duì Hánguó zhīdào de hěn duō

- 이웃나라에 서로 관심을 갖는 것은 당연하죠.
  邻国 互相 关心 是 应该 的。
  Línguó hùxiāng guānxīn shì yīnggāi de

- 불편하신 점은 없습니까?
  有 没有 不 便 的 地方？
  Yǒu méiyǒu bú biàn de dìfang

- 저쪽에 표지판이 있습니다.
  那里 有 标志。
  Nàli yǒu biāozhì

- 저 코너 왼쪽으로 돌아가면 있을 겁니다.
  好像 是在那个 拐角 左 转 吧。
  Hǎoxiàng shì zài nà ge guǎijiǎo zuǒ zhuǎn ba

- 제가 길을 안내해 드리겠습니다.
  我 给 您 带 路 吧。
  Wǒ gěi nín dài lù ba

22 5 接待客户

참고 관련 용어 词汇 cíhuì

- 수출　出口，输出　chū kǒu　shūchū
- 수입　进口，输入　jìn kǒu　shūrù
- 바이어　买主，买方　mǎizhǔ　mǎifāng
- 판매자　卖主，卖方　màizhǔ　màifāng
- 본사　总公司　zǒnggōngsī
- 지사　分公司　fēngōngsī
- 지점　分店　fēndiàn
- 설비　设备　shèbèi
- 연혁　沿革　yángé
- 규모　规模　guīmó
- 매출액　销售额　xiāoshòu'é
- 시장　市场　shìchǎng
- 재정　财政　cáizhèng
- 품질관리　质量管理　zhìliàng guǎnlǐ
- 생산라인　车间　chējiān
- 설비투자　设备投资　shèbèi tóuzī
- 상담　洽谈　qiàtán
- 견본　样品　yàngpǐn
- 설명서　说明书　shuōmíngshū
- 계약　合同　hétong
- 계약을 체결하다　签合同　qiān hétong
- 계약번호　合同号　hétonghào
- 계약서　合同书　hétongshū
- 가격　价格　jiàgé
- 신용장　信用证　xìnyòngzhèng
- 수입신용장　进口信用证　jìnkǒu xìnyòngzhèng
- 재고　库存　kùcún
- 사후 서비스　售后服务　shòuhòu fúwù
- 보증기간　保修期　bǎoxiūqī
- 투자하다　投资　tóu zī
- 지불하다　付款　fù kuǎn
- 교역하다　交易　jiāoyì
- 경기　景气　jǐngqì
- 불경기　不景气　bù jǐngqì
- 기술　技术　jìshù
- 첨단기술　尖端技术，高新技术　jiānduān jìshù　gāo xīn jìshù
- 노하우　专有技术　zhuānyǒu jìshù
- 대리점　代理店，代理商，经销商　dàilǐdiàn　dàilǐshāng　jīngxiāoshāng
- 면세　免税　miǎn shuì
- 무역　贸易　màoyì
- 중개무역　中介贸易　zhōngjiè màoyì
- 생산　生产　shēngchǎn
- 생산량　产量　chǎnliàng

⑤ 바이어 접대

외상거래	赊账, 记账	shē zhàng, jì zhàng
적자	亏损	kuīsǔn
외화	外汇	wàihuì
통화긴축	通货紧缩	tōnghuò jǐnsuō
통화팽창	通货膨胀	tōnghuò péngzhàng
특허	专利	zhuānlì
합자기업	合资企业	hézī qǐyè
중한합자기업	中韩合资企业	ZhōngHán hézī qǐyè
한국독자기업	韩国独资企业	Hánguó dúzī qǐyè
다국적기업	跨国公司	kuàguó gōngsī
환율	汇率, 兑换율	huìlǜ, duìhuànlǜ
견적	报盘	bàopán
견적의뢰	询盘	xúnpán
주문서	订单	dìngdān
주문하다	订购	dìnggòu
오퍼를 내다	报价	bào jià
단가	单价	dānjià
원가	成本	chéngběn
운송비	运费	yùnfèi
운임선불	先付运费	xiān fù yùnfèi
할인	折扣	zhékòu
관세	关税	guānshuì
납세	交税	jiāo shuì
밀수하다	走私	zǒusī
세관	海关	hǎiguān
물품 인도가격	交货费	jiāohuòfèi
본선인도가격	船上交货价	chuánshang jiāochuòjià
항만	港口	gǎngkǒu
항구	口岸	kǒu'àn
부두	码头	mǎtou
선적항	装货口岸, 装船口岸	zhuāng huò kǒu'àn, zhuāng chuán kǒu'àn
선적하다	装船	zhuāng chuán
선하증권	提单	tídān
콘테이너	集装箱	jízhuāngxiāng
항공운송	航空运输	hángkōng yùnshū
해운	海运	hǎiyùn
지급은행	付款银行	fù kuǎn yínháng
지불기일	付款日期	fù kuǎn rìqī
지불방식	付款方式	fù kuǎn fāngshì
지불조건	付款条件	fù kuǎn tiáojiàn
보험	保险	bǎoxiǎn
클레임	索赔	suǒpéi

23

출입국
出入境　　　　　　　　CHURUJING

① 비자 신청　　　　　　　申请签证
② 항공권 예약　　　　　　订机票
③ 탑승 수속　　　　　　　登机手续
④ 항공기 탑승　　　　　　登机
⑤ 환　　승　　　　　　　转机
⑥ 출입국・세관 수속　　　出入境/海关手续
⑦ 환영홀에서　　　　　　在迎客厅

1 비자 신청

申请 签证
shēnqǐng qiānzhèng

중국 비자의 종류는 모두 8가지로서 D, Z, X, F, L, G, C, J비자가 있다. 만일 여행, 친지방문이나 기타 개인적인 일로 잠시 입국하는 경우라면 L비자를 받는 것이 가장 간편하다. 유학, 연수, 실습을 목적으로 6개월 이상 체류할 경우라면 X비자를 받아야 하며, 파견근무를 나오거나 중국에서 사업을 해야 하는 경우라면 Z비자를 받아야 한다. 이밖에 F비자는 사찰, 강연 및 6개월 이내의 연수나 실습을 위해 방문하는 경우에 발급되며, J비자는 중국에 취재하러 오는 외국기자에게, 그리고 D비자는 중국에 정착하고자 하는 외국인에게 발급되는 비자이다.

기 본 대 화

A: 我要申请出国签证。
　　Wǒ yào shēnqǐng chū guó qiānzhèng

B: 出国的目的是什么？
　　Chū guó de mùdì shì shénme

A: 出差。
　　Chū chāi

B: 待多长时间？
　　Dāi duō cháng shíjiān

A: 大概一个月。
　　Dàgài yí ge yuè

B: 你是第一次办吗？
　　Nǐ shì dìyī cì bàn ma

A: 对。
　　Duì

B: 你先填一下申请表，再交两张二寸
　　Nǐ xiān tián yíxià shēnqǐngbiǎo zài jiāo liǎng zhāng liǎng cùn
　　照片就可以了。①
　　zhàopiàn jiù kěyǐ le

---

① 사진의 크기를 말할 때 一寸照片 yí cùn zhàopiàn, 二寸照片 liǎng cùn zhàopiàn 등으로 말한다. 一寸은 우리나라의 '증명사진' 크기, 二寸은 '반명함판' 크기와 비슷하다. 一寸 yícùn은 3.33cm.

A: 출국 비자를 신청하려고 합니다.
B: 출국 목적이 무엇입니까?
A: 출장입니다.
B: 얼마나 계실 예정입니까?
A: 약 한달 정도입니다.
B: 처음이십니까?
A: 네, 그렇습니다.
B: 먼저 신청서를 작성하시고 반명함판사진 2장을 제출하시면 됩니다.

여러 가지 활용

I 비자 신청　申请　签证
　　　　　　shēnqǐng qiānzhèng

- 중국 비자를 신청하려고 합니다.
  我 要 申请 去 中国 的 签证。
  Wǒ yào shēnqǐng qù Zhōngguó de qiānzhèng

- 비자 신청은 이번이 처음입니다.
  这 是 第一 次 申请 签证。
  Zhè shì dìyī cì shēnqǐng qiānzhèng

- 비자 수속비는 얼마입니까?
  签证 的 手续费 是 多少?
  Qiānzhèng de shǒuxùfèi shì duōshao

- 여권을 가지고 중국 대사관 영사과에 가서 신청하면 됩니다.
  拿 护照 去 中国 大使馆 领事科 办理 申请 手续 就
  Ná hùzhào qù Zhōngguó dàshǐguǎn lǐngshìkē bànlǐ shēnqǐng shǒuxù jiù
  可以 了。
  kěyǐ le

II 비자의 종류　签证 的 种类
　　　　　　　qiānzhèng de zhǒnglèi

▶관광 비자　旅游　签证
　　　　　　lǚyóu qiānzhèng

- 중국에 여행을 가려면 L비자를 받아야 합니다.
  去 中国 旅游 的话，要 拿 L 签证。
  Qù Zhōngguó lǚyóu dehuà yào ná L qiānzhèng

① 비자 신청

- 처음 중국을 여행할 때에는 대개 한 달짜리 비자가 발급됩니다.
  第一次去 中国 旅行时，只给办一个月的 签证。
  Dìyī cì qù Zhōngguó lǚxíng shí zhǐ gěi bàn yí ge yuè de qiānzhèng

- 두 번째부터는 석 달짜리 비자를 받을 수 있습니다.
  第二次开始可以拿三个月的 签证。
  Dì'èr cì kāishǐ kěyǐ ná sān ge yuè de qiānzhèng

- 필요한 경우 중국내에서 직접 연장할 수 있습니다.
  必要的话，可以直接在 中国 延期 签证。
  Bìyào dehuà kěyǐ zhíjiē zài Zhōngguó yánqī qiānzhèng

- 비자가 나오는 데는 4~5일이 소요됩니다.
  签证 出来需要四五天。
  Qiānzhèng chūlai xūyào sìwǔ tiān

- 돈을 더 내시면 하루만에 받급받을 수 있습니니.
  多 交 钱 的话，可以在一天之内出来。
  Duō jiāo qián dehuà kěyǐ zài yì tiān zhīnèi chūlai

▶ 학생 비자　　学生　签证
　　　　　　　xuéshēng qiānzhèng

- 유학을 갈 때에는 X 비자를 받아야 합니다.
  留学的时候，要拿 X 签证。
  Liú xué de shíhou yào ná X qiānzhèng

- 학생 비자를 받으려면 입학허가서가 필요합니다.
  要拿 X 签证，需要入学通知书。
  Yào ná X qiānzhèng xūyào rù xué tōngzhīshū

- 학생 비자로는 귀국해서 두 날 이상 체류할 수 없습니다.
  拿 学生 签证，回国探亲不能 超过 两个月。
  Ná xuéshēng qiānzhèng huí guó tàn qīn bù néng chāoguò liǎng ge yuè

- 한국에 들어갈 때는 먼저 재입국 비자를 받아야 합니다.
  回 韩国 时，要 先 拿再入境 签证。①
  Huí Hánguó shí yào xiān ná zài rù jìng qiānzhèng

申请签证

---

① 학생 비자로 잠시 귀국할 때에는 미리 재입국 비자를 받아야 한다. 그렇지 않으면 다시 학생 비자를 받아야 하는 번거로움이 발생하게 된다.

23. 출입국

▶취업 비자　　商务　　签证
　　　　　　　shāngwù qiānzhèng

- 따라 가는 가족들도 모두 Z비자를 받을 수 있습니다.
  随从　的家属也可以拿到 Z 签证。
  Suícóng de jiāshǔ yě kěyǐ nádào Z qiānzhèng
- 취업 비자는 6개월, 1년 짜리도 있습니다.
  商务　签证 有六个月的，也有一年的。
  Shāngwù qiānzhèng yǒu liù ge yuè de　yě yǒu yì nián de
- Z비자는 입국 횟수에 제한이 없습니다.
  Z 签证 不限制入境次数。
  Z qiānzhèng bú xiànzhì rù jìng cìshù

② 항공권 예약

订机票
dìng jīpiào

한중 노선에는 한국의 대한항공(大韩航空 Dàhán Hángkōng)과 아시아나항공(韩亚航空 Hányà Hángkōng), 그리고 중국의 中国国际航空(중국국제항공 Zhōngguó Guójì Hángkōng), 东方航空(동방항공 Dōngfāng Hángkōng), 南方航空(남방항공 Nánfāng Hángkōng) 등의 여러 항공사들이 취항을 하고 있다. 같은 도시를 취항하더라도 항공사나 여행사마다 요금이 조금씩 다르므로 사전에 비교해 보면 훨씬 저렴하게 구입할 수 있다.

기본대화

A: 您好！ 中国 国际 航空。
   Nín hǎo Zhōngguó Guójì Hángkōng

B: 我 想 订 5 月 1 号 去 首尔 的 飞机票，有 吗？
   Wǒ xiǎng dìng wǔ yuè yī hào qù Shǒu'ěr de fēijīpiào yǒu ma

A: 有 一 趟 早上 八 点 出发 九 点 四十 分 到 仁川
   Yǒu yí tàng zǎoshang bā diǎn chūfā jiǔ diǎn sìshí fēn dào Rénchuān
   的 航班。
   de hángbān

B: 太 好 了。我 要 往返 的。
   Tài hǎo le Wǒ yào wǎngfǎn de

A: 告诉 我 您的 英文 名字。
   Gàosu wǒ nín de Yīngwén míngzi

B: 我 叫 张 勇，ZHANGYONG。
   Wǒ jiào Zhāng Yǒng ZHANGYONG

A: 好 的。已经 订好 了，出发 前 三 天 之内 来 取 吧。
   Hǎo de Yǐjīng dìnghǎo le chūfā qián sān tiān zhīnèi lái qǔ ba

B: 谢谢，我 今天 就 去 吧。
   Xièxie wǒ jīntiān jiù qù ba

A: 안녕하십니까! 중국 국제항공입니다.
B: 5월 1일 서울행 비행기를 예약하려 하는데, 있습니까?
A: 오전 8시에 출발하여 9시 40분에 인천 도착하는 항공편이 있습니다.
B: 좋습니다. 왕복으로 해 주세요.

1094 23. 출입국

A: 영문 성함을 말씀해 주십시오.
B: 장용, ZHANGYONG 입니다.
A: 네, 예약되었습니다. 출발 3일 전까지 찾아가도록 하십시오.
B: 감사합니다. 오늘 찾으러 가겠습니다.

여러 가지 활용

I 예약 문의   预订 咨询
             yùdìng zīxún

▶항공권 예약   订 票
              dìng piào

A: 大韩 航空 预订部 。 您 需要 什么 帮助 吗?
   Dàhán Hángkōng yùdìngbù Nín xūyào shénme bāngzhù ma
B: 后天 我 想 搭机 飞往 济州岛 。
   Hòutiān wǒ xiǎng dā jī fēiwǎng Jìzhōudǎo
A: 我们 的 KE 856 次 航班 在 十一 点 五十
   Wǒmen de KE bāwǔliù cì hángbān zài shíyī diǎn wǔshí
   起飞, 十五 点 二十 到达 。
   qǐfēi shíwǔ diǎn èrshí dàodá
B: 太 好 了, 帮 我 订 这 班 飞机 吧 。
   Tài hǎo le bāng wǒ dìng zhè bān fēijī ba
A: 您 要 经济舱 还是 头等舱? ①
   Nín yào jīngjìcāng háishi tóuděngcāng
B: 经济舱 。
   Jīngjìcāng
A: 要 往返 的还是 单程 的?
   Yào wǎngfǎn de háishi dānchéng de
B: 往返 的 。
   Wǎngfǎn de

---

① 舱 cāng 은 비행기나 선박의 내부, 객실, 선창을 뜻함. 비행기 좌석의 First Class 는 头等舱 tóuděngcāng, Business Class 는 公务舱 gōngwùcāng, 그리고 Economy Class 는 经济舱 jīngjìcāng 이라고 한다.

② 항공권 예약

A: 好 的，请 留下 您 的 姓名 和 电话 号码 。
　　Hǎo de　qǐng liúxià nín de xìngmíng hé diànhuà hàomǎ
A: 대한항공 예약부입니다. 무엇을 도와 드릴까요?
B: 모레 제주도 가는 비행기를 타려고 하는데요.
A: 저희 KE856 항공편이 11시 50분 출발해서 15시 20분에 도착합니다.
B: 좋습니다. 그 비행기 표로 해 주세요.
A: 이코노미 클래스입니까, 퍼스트 클래스입니까?
B: 이코노미 클래스요.
A: 왕복이십니까? 편도이십니까?
B: 왕복입니다.
A: 알겠습니다. 성함과 전화번호를 말씀해 주세요.

- 예약을 취소하는 사람이 있으면 저에게 연락해 주시겠습니까?
  要是 有人 退 票 的话，你 就 和 我 联系 好 吗 ?
  Yàoshi yǒu rén tuì piào dehuà　nǐ jiù hé wǒ liánxì hǎo ma
- 출발은 내일로 하고 돌아오는 날짜는 오픈해 주십시오.
  明天　出发，回来 的 日期 要 开放 的 。
  Míngtiān chūfā　huílai de　rìqī yào kāifàng de

▶ 항공 요금　　票价
　　　　　　　piàojià

- 두 살 미만의 아기는 티켓을 사야 하나요?
  未 满 两 岁 的 婴儿 用 买 票 吗 ?
  Wèi mǎn liǎng suì de yīng'ér yòng mǎi piào ma
- 만 6세 이하의 아이는 요금이 어떻게 됩니까?
  未 满 六 周岁 的 孩子，票价 怎么 算 ?
  Wèi mǎn liù zhōusuì de háizi　piàojià zěnme suàn
- 만 12세 이상의 어린이는 어른 요금을 받습니다.
  十二 周岁 以上 的 小朋友 要 买 成人票。
  Shí'èr zhōusuì yǐshàng de xiǎopéngyǒu yào mǎi chéngrénpiào
- 학생증을 제출하면 할인을 받을 수 있습니다.
  出示　学生证　可以 优惠 。
  Chūshì xuéshēngzhèng kěyǐ yōuhuì

23. 출입국

- 방학기간 중 학생은 특별할인이 됩니다.
  放假 期间， 学生 可以 享有 特别 优惠 。
  Fàngjià qījiān xuésheng kěyǐ xiǎngyǒu tèbié yōuhuì

▶ 운항 횟수 및 시간   航班 次数 及 时间
                    hángbān cìshù jí shíjiān

- 무슨 요일에 출발합니까?
  星期几 出发 ?
  Xīngqījǐ chūfā

- 인천에서 천진까지는 얼마나 걸립니까?
  从 仁川 到 天津 需要 多 长 时间 ?
  Cóng Rénchuān dào Tiānjīn xūyào duō cháng shíjiān

- 북경—부산 간 직항 노선이 있습니까?
  有 直接 从 北京 到 釜山 的 飞机 吗 ?
  Yǒu zhíjiē cóng Běijīng dào Fǔshān de fēijī ma

- 인천—북경 노선이 매일 있습니까?
  仁川 到 北京 的 飞机 每 天 都 有 吗 ?
  Rénchuān dào Běijīng de fēijī měi tiān dōu yǒu ma

- 인천—계림 노선은 1주일에 몇 번 운항합니까?
  仁川 到 桂林 的 飞机 一个 星期 有 几 班 ?
  Rénchuān dào Guìlín de fēijī yí ge xīngqī yǒu jǐ bān

- 월요일과 금요일 한 차례씩, 두 번 있습니다.
  两 班 , 星期一 和 星期五 各 有 一 班 。
  Liǎng bān xīngqīyī hé xīngqīwǔ gè yǒu yì bān

II 확인·변경·취소   确认 / 修改 / 取消
                  quèrèn xiūgǎi qǔxiāo

▶ 예약 확인   确认 预订
            quèrèn yùdìng

A: 您 好 ！ 东方 航空， 请问 有 什么 需要 吗 ?
   Nín hǎo Dōngfāng Hángkōng qǐngwèn yǒu shénme xūyào ma

B: 我 要 确认 一下 4 月 15 日 去 上海 的 航班
   Wǒ yào quèrèn yíxià sì yuè shíwǔ rì qù Shànghǎi de hángbān
   预订 。
   yùdìng

② 订机票

A: 请问 您贵姓?
　　Qǐngwèn nín guì xìng

B: 我 叫 马 小和 。
　　Wǒ jiào Mǎ Xiǎohé

A: 请 稍 等 …… 已经 预订 好 了。
　　Qǐng shāo děng …… Yǐjīng yùdìng hǎo le

A: 안녕하십니까! 동방항공입니다. 무엇을 도와 드릴까요?
B: 4월 15일 상하이로 가는 항공편 예약이 되었는지 확인하려고 합니다.
A: 성함이 어떻게 되십니까?
B: 마샤오허입니다.
A: 잠시만 기다리십시오. 네, 예약되어 있습니다.

- 예약을 다시 확인하려고 합니다.
　我 想 再 确认 一下 预订 。
　Wǒ xiǎng zài quèrèn yíxià yùdìng

- 오늘 기상이 안 좋은데 비행기는 예정대로 출발합니까?
　今天 天气 不 好, 飞机 能 按时 起飞 吗 ?
　Jīntiān tiānqì bù hǎo fēijī néng ànshí qǐfēi ma

- 국내선은 다시 확인하실 필요가 없습니다.
　国内 航班 是 不 需要 再次 确认 的 。
　Guónèi hángbān shì bù xūyào zàicì quèrèn de

▶ 예약 변경　修改 预订
　　　　　　xiūgǎi yùdìng

A: 我 想 更改 预订 的 航班 日期 。
　　Wǒ xiǎng gēnggǎi yùdìng de hángbān rìqī

B: 您 预订 的 是 哪个 航班?
　　Nín yùdìng de shì nǎ ge hángbān

A: 3月 10号 的 KL 303 航班。
　　Sānyuè shí hào de KL sānlíngsān hángbān

B: 您 要 改成 几号 的 ?
　　Nín yào gǎichéng jǐ hào de

A: 提前 一 天 。 3月 9 号 的 。
　　Tíqián yì tiān　Sānyuè jiǔ hào de
B: 请 稍 等 。 已经 改好 了 。
　　Qǐng shāo děng　Yǐjīng gǎihǎo le
A: 예약한 항공편의 날짜를 바꾸고 싶습니다.
B: 어느 항공편을 예약하셨습니까?
A: 3월 10일 KL303 항공편입니다.
B: 몇 일자로 변경하시겠습니까?
A: 하루 앞당기고 싶습니다. 3월 9일로요.
B: 잠시만 기다려 주세요. 변경되었습니다.

- 예약한 항공편의 날짜를 하루 늦추려고 합니다.
  我 想 把 预订 的 航班 推迟 一 天 。
  Wǒ xiǎng bǎ yùdìng de hángbān tuīchí yì tiān
- 날짜를 오픈시켜 주십시오.
  日期 要 开放 的 。
  Rìqī yào kāifàng de
- 목적지가 본래는 북경인데 천진으로 바꿀 수 있습니까?
  目的地 本来 是 北京 ， 现在 改成 天津 行 吗 ?
  Mùdìdì běnlái shì Běijīng xiànzài gǎichéng Tiānjīn xíng ma
- 가장 빠른 항공편으로 바꾸었으면 합니다.
  我 想 改成 最快 的 航班 。
  Wǒ xiǎng gǎichéng zuì kuài de hángbān

▶예약 취소　取消 预订
　　　　　　qǔxiāo yùdìng

- 예약을 취소할 수 있습니까?
  可以 取消 预订 吗 ?
  Kěyǐ qǔxiāo yùdìng ma
- 표를 환불할 수 있습니까?
  可以 退 票 吗 ? ①
  Kěyǐ tuì piào ma

---

① 여기서 退 tuì 는 이미 산 물건을 '무르다', '환불하다' 는 뜻.

② 항공권 예약

- 사정이 생겨서 갈 수가 없게 되었습니다. 미안하지만 취소해 주십시오.
  有点儿事情不能去，麻烦你取消预订好吗？
  Yǒu diǎnr shìqing bù néng qù, máfan nǐ qǔxiāo yùdìng hǎo ma

- 예약을 취소하시려면, 3일 전에 미리 알려 주십시오.
  如果取消预订的话，请提前三天告诉我们。
  Rúguǒ qǔxiāo yùdìng dehuà, qǐng tíqián sān tiān gàosu wǒmen

- 당일 환불하시면 환불수수료를 내셔야 합니다.
  当天退票的话，要支付退票手续费。
  Dàngtiān tuì piào dehuà, yào zhīfù tuì piào shǒuxùfèi

② 订机票

③ 탑승 수속

登机手续
dēng jī shǒuxù

출국할 때 공항에 도착하면 먼저 해당 항공사의 데스크를 찾아 탑승수속(登机手续 dēng jī shǒuxù)을 하고 짐들을 부친다. 그리고 공항에 비치된 출국카드(出境登记卡 chū jìng dēngjìkǎ)와 함께 건강신고서(健康申报表 jiànkāng shēnbàobiǎo)를 작성하여 출국심사(出境检查 chū jìng jiǎnchá)를 받은 후 위생검사(检疫 jiǎnyì), 세관검사(海关检查 hǎiguān jiǎnchá), 보안검사(安全检查 ānquán jiǎnchá)를 차례로 통과하면 해당 탑승게이트(登机口 dēngjīkǒu)로 가서 탑승을 기다린다.

기본대화

A: 这里办去 仁川 的登机手续吗？
　　Zhèli bàn qù Rénchuān de dēngjī shǒuxù ma

B: 是的，给我看一下您的护照和机票。
　　Shì de　gěi wǒ kàn yíxià nín de hùzhào hé jīpiào

A: 给您。
　　Gěi nín

B: 您要托运行李吗？如果需要，请把行李放在这上面。
　　Nín yào tuōyùn xíngli ma　　Rúguǒ xūyào　qǐng bǎ xíngli fàngzài zhè shàngmian

A: 行李很多，全部都能托运过去吗？
　　Xíngli hěn duō　quánbù dōu néng tuōyùn guoqu ma

B: 如果超过 20 公斤，就需要另付一些 超重费。
　　Rúguǒ chāoguò èrshí gōngjīn jiù xūyào lìng fù yìxiē chāozhòngfèi

A: 好的。这样的话，我可以把其中的一个行李箱随身带着。①
　　Hǎo de　Zhèyàng dehuà　wǒ kěyǐ bǎ qízhōng de yí ge xínglixiāng suíshēn dàizhe

B: 请问 您要哪个位置的座位？
　　Qǐngwèn nín yào nǎ ge wèizhì de zuòwèi

---

① 随身 suíshēn 은 '몸에 지니다', '휴대하다' 의 뜻.

③ 탑승 수속

A: 我要靠窗的座位。
　　Wǒ yào kào chuāng de zuòwèi
A: 여기에서 인천행 탑승수속을 합니까?
B: 그렇습니다. 여권과 비행기표를 보여 주십시오.
A: 여기 있습니다.
B: 짐을 부치시겠습니까? 부치실 거면 짐을 여기에 올려 놓으세요.
A: 짐이 많은데, 전부 다 부칠 수 있을까요?
B: 20kg이 넘으면 따로 초과중량요금을 내셔야 합니다.
A: 알겠어요. 그렇다면 그 중 가방 하나는 들고 가지요.
B: 어떤 위치의 좌석을 원하십니까?
A: 창문 쪽 좌석으로 주세요.

여러 가지 활용

I 탑승 수속　登机手续
　　　　　　　dēng jī shǒuxù

▶탑승수속에 관한 문의　咨询 登机手续
　　　　　　　　　　　zīxún dēng jī shǒuxù

• 탑승수속은 언제부터 시작합니까?
  登机手续从什么时候开始办?
  Dēng jī shǒuxù cóng shénmo shíhou kāishǐ bàn

• 탑승시간 2시간 전부터 수속을 시작합니다.
  登机前两个小时开始办手续。
  Dēng jī qián liǎng ge xiǎoshí kāishǐ bàn shǒuxù

• 탑승시간 30분 전에 탑승수속을 마감합니다.
  登机前半个小时停止办理登机手续。
  Dēng jī qián bàn ge xiǎoshí tíngzhǐ bànlǐ dēng jī shǒuxù

• 출발시간이 얼마나 남았습니까?
  离出发还有多长时间?
  Lí chūfā hái yǒu duō cháng shíjiān

▶좌석 선택   挑选 座位
　　　　　　 tiāoxuǎn zuòwèi

- 앞좌석으로 주십시오.
  我 要 前面 的 座位。
  Wǒ yào qiánmian de zuòwèi

- 비상탈출구에서 가까운 쪽으로 주십시오.
  我 要 离 紧急 出口 近 的 座位。
  Wǒ yào lí jǐnjí chūkǒu jìn de zuòwèi

- 우리가 같이 앉을 수 있도록 해 주세요.
  请 安排 我们 坐在 一起。
  Qǐng ānpái wǒmen zuòzài yìqǐ

▶짐 부치기   行李 托运
　　　　　　 xíngli tuōyùn

- 짐이 몇 개입니까?
  你 有 几 件 行李?
  Nǐ yǒu jǐ jiàn xíngli

- 이것들을 전부 부치실 겁니까?
  这些 全部 都要 托运 吗?
  Zhèxiē quánbù dōu yào tuōyùn ma

- 짐이 있는데, 두 개는 부치고 한 개는 휴대할 겁니다.
  我 有 行李, 两 件 托运 的, 一 件 随身 携带 的。
  Wǒ yǒu xíngli liǎng jiàn tuōyùn de yí jiàn suíshēn xiédài de

- 물품표는 티켓 뒷면에 붙여 드립니다.
  我 把 托运单 贴在 飞机票 的 背面。①
  Wǒ bǎ tuōyùndān tiēzài fēijīpiào de bèimiàn

─초과 중량 요금   超重费
　　　　　　　　　 chāozhòngfèi

- 20kg이 넘으면 초과요금을 내야 합니다.
  超过 20 公斤 要 付 超重费。
  Chāoguò èrshí gōngjīn yào fù chāozhòngfèi

---

① 여기서 单 dān은 '쪽지', '명세서'의 뜻. 예) 单子 dānzi, 清单 qīngdān(명세서, 목록), 菜单 càidān(메뉴, 메뉴판).

③ 탑승 수속

- 가방 하나의 무게가 30kg를 초과할 수 없습니다.
  一个包的重量不能超过30公斤。
  Yí ge bāo de zhòngliàng bù néng chāoguò sānshí gōngjīn

—휴대 물품   随身携带物品
         suíshēn xiédài wùpǐn

- 기내에는 손가방 하나만 가지고 들어갈 수 있습니다.
  只能拿一个手提包登机。
  Zhǐ néng ná yí ge shǒutíbāo dēng jī

- 이 가방은 기내에 가지고 들어갈 수 없습니다.
  这个包不能拿到飞机上。
  Zhè ge bāo bù néng nádào fēijī shang

▶탑승구   登机口
         dēngjīkǒu

- 몇번 탑승구에서 탑승합니까?
  在几号登机口登机?
  Zài jǐ hào dēngjīkǒu dēng jī

- OZ318 비행기를 타려면 몇번 탑승구로 가야 합니까?
  OZ 318 航班应该到几号登机口?
  OZ sānyāobā hángbān yīnggāi dào jǐ hào dēngjīkǒu

- 5번 탑승구가 어느 쪽입니까?
  5号登机口在哪儿?
  Wǔ hào dēngjīkǒu zài nǎr

- 10번 탑승구는 어디로 가야 하지요?
  10号登机口怎么走?
  Shí hào dēngjīkǒu zěnme zǒu

Ⅱ 보안 검색   安全检查
            ānquán jiǎnchá

- 이쪽으로 오셔서 팔을 벌려 주십시오.
  这边请,请伸开胳膊。
  Zhèbian qǐng qǐng shēnkāi gēbo

- 열쇠와 시계는 여기에 놓아 주십시오.
  请把钥匙和表放在这里。
  Qǐng bǎ yàoshi hé biǎo fàngzài zhèli

23. 출입국

- 가방 속에 금지품목이 들어 있습니까?
  包里 有 违禁 物品 吗？
  Bāoli yǒu wéijìn wùpǐn ma

- 스위스칼을 가지고 기내에 오를 수 없습니다.
  不 能 带 瑞士刀 登 机。
  Bù néng dài Ruìshìdāo dēng jī

- 가방은 X-RAY 검사대 위에 놓아 주십시오.
  请 把 包 放在　X 光　检查台 上。
  Qǐng bǎ bāo fàngzài X guāng jiǎnchátái shang

- 이 봉투를 열어 주시겠습니까?
  你 可以 打开 这 个 袋子 吗？
  Nǐ kěyǐ dǎkāi zhè ge dàizi ma

Ⅲ 안내소에서① 在 问讯处
　　　　　　　　zài wènxùnchù

▶이착륙시간 문의　　询问 起落 时间
　　　　　　　　　　xúnwèn qǐluò shíjiān

- 비행기는 정시에 이륙합니까?
  飞机 正点 起飞 吗？
  Fēijī zhèngdiǎn qǐfēi ma

- 광저우에 도착하는 시간은 몇시입니까?
  到达 广州 的 时间 是 几 点？
  Dàodá Guǎngzhōu de shíjiān shì jǐ diǎn

- 선전(심천)에 제 시간에 도착할 수 있습니까?
  能 准点 到达 深圳 吗？
  Néng zhǔndiǎn dàodá Shēnzhèn ma

- 비행기는 정시에 출발합니다.
  飞机 准时 起飞。
  Fēijī zhǔnshí qǐfēi

- 비행기는 예정보다 30분 늦게 출발합니다.
  飞机 比 预定 时间 推迟 半 个 小时 起飞。
  Fēijī bǐ yùdìng shíjiān tuīchí bàn ge xiǎoshí qǐfēi

---

① 안내소는 问讯处 wènxùnchù, 咨询处 zīxúnchù, 问讯台 wènxùntái, 咨询台 zīxúntái 등으로 일컫는다.

▶비행기를 놓쳤을 때　错过 飞机 时
　　　　　　　　　　　cuòguò fēijī shí

- 차가 막히는 바람에 북경행 아시아나항공 OZ331을 놓쳤습니다.
因为 堵 车, 所以 错过 了 去 北京 的 韩亚 航空 OZ
Yīnwèi dǔ chē　suǒyǐ cuòguò le　qù Běijīng de Hányà Hángkōng OZ
331　航班。
sānsānyāo hángbān

- 북경행 항공편이 오늘 또 있습니까?
去 北京 的 航班 今天 还 有 吗?
Qù Běijīng de hángbān jīntiān hái yǒu ma

- 직항이 아니라도 괜찮습니다. 홍콩에 갈 수만 있다면 어떤 항공편이라도 됩니다.
不 是 直达 的 也 可以。 只要 能 去 香港, 什么
Bú shì zhídá de yě kěyǐ　　Zhǐyào néng qù Xiānggǎng shénme
航班 都 行。
hángbān dōu xíng

▶탑승 안내방송　提示 登机 的 广播
　　　　　　　　tíshì dēngjī de guǎngbō

十 点 三十 分 乘 KL 353 航班 的 旅客, 请
Shí diǎn sānshí fēn chéng KL sānwǔsān hángbān de lǚkè　qǐng
抓紧 时间 准备 登机。
zhuājǐn shíjiān zhǔnbèi dēngjī
10시 30분 출발 예정인 KL353 항공편 손님께서는 지금 빨리 탑승하시기 바랍니다.

▶이륙 지연 안내방송　推迟 起飞 的 广播
　　　　　　　　　　tuīchí qǐfēi de guǎngbō

海南 航空 HU 7181 航班, 由于 目的地 海口
Hǎinán Hángkōng HU qīyāobāyāo hángbān yóuyú mùdìdì Hǎikǒu
天气 原因, 已经 推迟 起飞 时间。
tiānqì yuányīn yǐjīng tuīchí qǐfēi shíjiān
해남항공 HU7181 편이 목적지인 하이커우의 기상악화로 인하여 출발이 지연되고 있습니다.

4 항공기 탑승

登机
dēng jī

스튜어디스는 空中小姐 kōngzhōng xiǎojiě 라 하는데 약해서 空姐 kōngjiě 또는 小姐 xiǎojiě 라 부르면 된다. 여행 중 불편한 사항이나 도움을 요청할 일이 있으면 이들에게 부탁하면 친절하게 해결해 준다. 기내에서는 음료수나 식사제공과 함께 슬리퍼, 담요 등도 준비되어 있을 뿐만 아니라, 긴 시간 어린이가 지루해 하지 않도록 각종 장난감 등도 준비되어 있으므로 필요할 경우 요청하면 된다.

기본대화

A: 请问 我的座位在哪儿?
　 Qǐngwèn wǒ de zuòwèi zài nǎr

B: 请给我看一下您的登机牌。
　 Qǐng gěi wǒ kàn yíxià nín de dēngjīpái

A: 我的座位是 32 A。
　 Wǒ de zuòwèi shì sānshí'èr A

B: 就是那边靠窗的座位。
　 Jiù shì nàbian kào chuāng de zuòwèi

　 您沿着这排座位一直走到第四个座位就到了。
　 Nín yánzhe zhè pái zuòwèi yìzhí zǒudào dìsì ge zuòwèi jiù dào le

A: 谢谢你。
　 Xièxie nǐ

B: 不客气。我帮您拿行李。
　 Bú kèqi　 Wǒ bāng nín ná xíngli

A: 제 좌석이 어디죠?
B: 탑승권을 보여 주시겠습니까?
A: 제 자리는 32A 인데요.
B: 바로 저기 창문쪽 좌석입니다.
　 이 좌석 줄을 따라 가셔서 4번째 좌석입니다.
A: 고맙습니다.
B: 뭘요. 제가 짐을 들어드리겠습니다.

여러 가지 활용

I 좌석을 찾을 때　找　座位
　　　　　　　　　zhǎo zuòwèi

- 제가 좌석을 찾아드리겠습니다.
  我 帮 你 找 座位 吧。
  Wǒ bāng nǐ zhǎo zuòwèi ba

- 15번 A석이 어디죠?
  15 号 A 座 在 哪儿？
  Shíwǔ hào A zuò zài nǎr

- 저기 통로쪽 좌석입니다.
  就 是 那 个 靠 通 道 的 座位。
  Jiù shì nà ge kào tōngdàn de zuòwèi

- 손님 좌석은 저 분 옆입니다.
  您 的 座位 在 那 位　先生　 的 旁边。
  Nín de zuòwèi zài nà wèi xiānsheng de pángbiān

▶ 좌석을 확인할 때　 确认　座位 时
　　　　　　　　　 quèrèn zuòwèi shí

- 실례지만 좌석 번호가 어떻게 되십니까?
  请问，你 的 座位号 是 多少？
  Qǐngwèn nǐ de zuòwèihào shì duōshao

- 실례지만 여기는 제 자리입니다. 당신 좌석을 확인해 주시겠습니까?
  不 好意思，这 是 我 的 座位。请 你 确认 一下 你 的
  Bù hǎoyìsi zhè shì wǔ de zuòwèi Qǐng nǐ quèrèn yíxià nǐ de
  座位 好 吗？
  zuòwèi hǎo ma

- 죄송합니다만 제 자리에 앉으신 것 같군요.
  不 好意思，您　好像　 坐了我 的 座位 。
  Bù hǎoyìsi nín hǎoxiàng zuòle wǒ de zuòwèi

▶ 좌석을 바꿀 때　 换　座位 时
　　　　　　　　 huàn zuòwèi shí

- 저와 자리를 바꾸시겠습니까?
  我 可以 和 你 换 个 座 吗？
  Wǒ kěyǐ hé nǐ huàn ge zuò ma

- 친구와 같은 자리에 앉고 싶은데요. 바꿔 주시겠습니까?
  我 想 跟 我 的 朋友 一起 坐， 咱们 换 一下 好 吗?
  Wǒ xiǎng gēn wǒ de péngyou yìqǐ zuò zánmen huàn yíxià hǎo ma
- 빈 좌석에 옮겨 앉아도 됩니까?
  我 可以 坐 空 座 吗?
  Wǒ kěyǐ zuò kòng zuò ma
- 창문쪽 좌석으로 바꿀 수 있습니까?
  我 能 换 靠 窗 的 座位 吗?
  Wǒ néng huàn kào chuāng de zuòwèi ma
- 좀 앞좌석으로 바꿀 수 있을까요?
  我 能 不 能 换 靠前 一点 的 座位?
  Wǒ néng bu néng huàn kàoqián yìdiǎn de zuòwèi

▶ 기타   其他
           qítā

- 의자를 뒤로 젖혀도 되겠습니까?
  把 椅子 往 后 退 点儿 可以 吗?
  Bǎ yǐzi wǎng hòu tuì diǎnr kěyǐ ma
- 죄송합니다. 좀 비켜 주세요.
  对不起， 请 让 一下。
  Duìbuqǐ qǐng ràng yíxià
- 이 안전벨트는 고장난 것 같아요.
  这 个 安全带 好像 坏 了。
  Zhè ge ānquándài hǎoxiàng huài le
- 화장실이 어디입니까?
  卫生间   在 哪儿?
  Wèishēngjiān zài nǎr

Ⅱ 기내 서비스   机 内 服务
                  jī nèi fúwù

▶ 신문 · 잡지   报纸 / 杂志
                bàozhǐ zázhì

A: 请问 有 没有 韩国 杂志?
   Qǐngwèn yǒu méiyǒu Hánguó zázhì

④ 항공기 탑승

B: 对不起，我们只有中国报纸。您看《信报》吗？
　　Duìbuqǐ　wǒmen zhǐ yǒu Zhōngguó bàozhǐ Nín kàn　Xìnbào　ma
A: 那也可以，给我一份吧。
　　Nà yě kěyǐ　gěi wǒ yí fèn ba

A: 한국 잡지가 있습니까?
B: 죄송합니다만 저희는 중국신문 밖에 없습니다. 《신보》를 보시겠습니까?
A: 그러지요. 한 부 주십시오.

- 북경 관광지도가 있습니까?
  有 没有 北京 的旅游 地图？
  Yǒu méiyǒu Běijīng de lǚyóu dìtú

- 중국어 신문은 어떤 것이 있습니까?
  有 什么 中文 报纸？
  Yǒu shénme Zhōngwén bàozhǐ

▶ 음료수　饮料
　　　　　yǐnliào

A: 您要喝点儿什么？这儿有咖啡、茶、可乐、
　　Nín yào hē diǎnr shénme　Zhèr yǒu kāfēi　chá　kělè
橙汁 和汽水。
chéngzhī hé qìshuǐ
B: 我要咖啡。
　　Wǒ yào kāfēi
A: 음료수 드시겠습니까? 커피, 차, 콜라, 오렌지주스, 사이다가 있습니다.
B: 커피 주세요.

▶ 식사　用餐
　　　　yòngcān

A: 您要米饭还是面条？
　　Nín yào mǐfàn háishi miàntiáo
B: 我吃米饭。
　　Wǒ chī mǐfàn

A: 밥을 드시겠습니까? 국수를 드시겠습니까?
B: 밥을 먹겠습니다.

▶기타 其他
qítā

A: 可以 给 我 条 毛毯 吗?
　　Kěyǐ gěi wǒ tiáo máotǎn ma
B: 好 的, 我 马上 去 给 您 拿。
　　Hǎo de wǒ mǎshàng qù gěi nín ná
A: 담요를 주시겠어요?
B: 네, 곧 갖다 드리겠습니다.

• 짐을 선반에 올리고 싶은데요.
我 想 把 行李 放在 行李架 里面。
Wǒ xiǎng bǎ xíngli fàngzài xínglijià lǐmian

• 영화를 볼 수 있습니까?
我 可以 看 电影 吗?
Wǒ kěyǐ kàn diànyǐng ma

• 짐을 좌석 밑에 놓아도 됩니까?
把 行李 放在 座位 底下 可以 吗?
Bǎ xíngli fàngzài zuòwèi dǐxia kěyǐ ma

• 실수로 물을 바지에 엎질렀어요. 수건 좀 주시겠습니까?
不 小心 把 水 洒在 裤子 上 了。 帮 我 拿 条 毛巾
Bù xiǎoxīn bǎ shuǐ sǎzài kùzi shang le Bāng wǒ ná tiáo máojīn
好 吗?
hǎo ma

• 필요하신 게 있으시면 호출버튼을 누르십시오.
有 什么 需要 请 按 铃。
Yǒu shénme xūyào qǐng àn líng

• 베개가 있습니까?
有 枕头 吗?
Yǒu zhěntou ma

Ⅲ 기내 방송　机内 广播
jī nèi guǎngbō

各位　乘客　你们　好！　感谢　你们　乘坐　南方
Gè wèi chéngkè nǐmen hǎo　Gǎnxiè nǐmen chéngzuò Nánfāng
航空。　本 次　CZ 3195　航班　十一 点　准时
Hángkōng Běn cì　CZ sānyāojiǔwǔ hángbān shíyī diǎn zhǔnshí
起飞。请　大家　坐在　自己 的　座位　上　系好　安全带。
qǐfēi Qǐng dàjiā zuòzài zìjǐ de zuòwèi shang jìhǎo ānquándài
希望　大家 旅途　愉快　。　谢谢　大家 。
Xīwàng dàjiā lǚtú yúkuài　Xièxie dàjiā
손님 여러분 안녕하십니까? 저희 남방항공을 이용해 주셔서
감사합니다. CZ3195 편 항공기는 11시 정각에 이륙하겠습니다. 손님 여러분께서는 좌석에 앉아 안전벨트를 착용해 주십시오. 즐거운 여행이 되시길 바랍니다. 감사합니다.

▶이륙할 때　起飞 时
　　　　　　 qǐfēi shí

- 지금 곧 이륙하겠습니다.
现在　马上　就 要　起飞 了 。
Xiànzài mǎshàng jiù yào qǐfēi le

- 안전벨트를 착용해 주십시오.
请　系好　安全带 。①
Qǐng jìhǎo ānquándài

- 의자의 등받침을 앞으로 당겨 주십시오.
请　将　座椅　靠背　调直 。
Qǐng jiāng zuǒyǐ kàobèi tiáozhí

- 기내에서는 금연입니다.
机内 禁止 吸烟 。
Jī nèi jìnzhǐ xīyān

- 비행중에는 휴대폰을 꺼주시기 바랍니다.
在 飞机 飞行 期间，请 大家 关闭 手机 。
Zài fēijī fēixíng qījiān qǐng dàjiā guānbì shǒujī

---

① 系는 '연결되다', '관련되다'의 뜻일 때는 xì로 발음하고, '매다.' '묶다.' '조르다'의 뜻일 때는 jì로 발음한다. 예) 中文系 Zhōngwénxì(중문학과), 系统 xìtǒng(계통), 系紧 jìjǐn(꽉 조여매다).

23. 출입국

- 비상탈출구를 확인해 주십시오.
  请 确认 一下 紧急 出口 。
  Qǐng quèrèn yíxià jǐnjí chūkǒu
- 목적지인 서울의 현재 기온은 섭씨 25 도입니다.
  目的地 首尔 的 气温 现在 是 25 摄氏度 。
  Mùdìdì Shǒu'ěr de qìwēn xiànzài shì èrshíwǔ shèshìdù
- 지금 12,000 피트 상공을 시속 600 마일로 비행하고 있습니다.
  我们 现在 在 12,000 英尺 的 高空，以 每 小时
  Wǒmen xiànzài zài yíwàn liǎngqiān yīngchǐ de gāo kōng yǐ měi xiǎoshí
  600 英里 的 速度 飞行 。①
  liùbǎi yīnglǐ de sùdù fēixíng

▶착륙할 때 降落 时
           jiàngluò shí

- 5 분 후에 목적지인 인천 국제공항에 착륙하겠습니다.
  五 分钟 后，我们 将 在 仁川 国际 机场 降落。
  Wǔ fēnzhōng hòu wǒmen jiāng zài Rénchuān Guójì Jīchǎng jiàngluò
- 안전벨트를 확인해 주시고 비행기가 완전히 정지할 때까지 풀지 마십시오.
  请 确认 系好 安全带，在 飞机 停稳 之前，请 不要
  Qǐng quèrèn jìhǎo ānquándài zài fēijī tíngwěn zhīqián qǐng búyào
  打开。
  dǎkāi
- 의자 등받이를 바로 세워주시고, 탁자를 정리해 주십시오.
  请 将 您 的 座椅 靠背 调直，收起 您 的 桌板 。
  Qǐng jiāng nín de zuòyǐ kàobèi tiáozhí shōuqǐ nín de zhuōbǎn
- 비행기가 무사히 착륙하였습니다. 아직 여러분 자리에서 일어나지 말아 주십시오.
  飞机 安全 着陆 了，但是 请 大家 坐在 自己 的 座位
  Fēijī ānquán zhuólù le dànshì qǐng dàjiā zuòzài zìjǐ de zuòwèi
  上，先 不要 离开 。
  shang xiān búyào líkāi
- 내리실 때에는 본인의 물건을 잘 챙겨 가십시오.
  下 飞机 时 请 携带 好 您 的 随身 物品 。
  Xià fēijī shí qǐng xiédài hǎo nín de suíshēn wùpǐn

---

① 미터(m)：米 mǐ 또는 公尺 gōngchǐ, 킬로미터는 公里 gōnglǐ, 피트는 英尺 yīngchǐ, 마일은 英里 yīnglǐ.

Ⅳ 몸이 불편할 때　身体 不适 时
shēntǐ bú shì shí

- 괴로워요. 토할 것 같습니다.
  我 很 难受，想 吐。
  Wǒ hěn nánshòu xiǎng tù

- 비닐 봉지를 주시겠습니까?
  请 给我 一个 塑料袋 好 吗？
  Qǐng gěi wǒ yí ge sùliàodài hǎo ma

- 몸이 좀 안 좋아요.
  我 身体 有点儿 不 舒服。
  Wǒ shēntǐ yǒudiǎnr bù shūfu

- 저는 비행기 멀미를 해요.
  我 晕机。
  Wǒ yùnjī

- 머리가 아프고 정신이 혼미합니다.
  我 头 痛，觉得 昏昏沉沉 的。
  Wǒ tóu tòng juéde hūnhūnchénchén de

- 약을 먹었는데 여전하군요.
  吃了 药，可 还是 不 舒服。
  Chīle yào kě háishi bù shūfu

- 신경써줘서 고마워요, 이제 많이 좋아졌어요.
  谢谢 你 的 关心，我 已经 好多 了。
  Xièxie nǐ de guānxīn wǒ yǐjīng hǎoduō lo

Ⅴ 기내 쇼핑　机内 购 物
jī nèi gòu wù

- 기내에서 면세품을 판매하고 있습니까?
  飞机 上 卖 免税品 吗？
  Fēijī shang mài miǎnshuìpǐn ma

- 샤넬 No. 5 향수 있습니까?
  有 没有 夏奈尔 五 号 香水？
  Yǒu méiyǒu Xiànài'ěr wǔ hào xiāngshuǐ

- 위스키를 살 수 있습니까?
  可以 买 威士忌 吗？
  Kěyǐ mǎi Wēishìjì ma
- 술은 몇 병까지 살 수 있습니까?
  最 多 可以 买 几 瓶 酒？
  Zuì duō kěyǐ mǎi jǐ píng jiǔ
- 담배는 몇 갑까지 살 수 있을까요?
  最 多 能 买 几 盒 烟？
  Zuì duō néng mǎi jǐ hé yān

Ⅵ 서식 기입 填 表
  　　　　　　tián biǎo

▶입국카드 작성 填写 入境卡
  　　　　　　　tiánxiě rùjìngkǎ

- 이것은 입국카드입니다. 비행기 안에서 작성해 두시면 시간이 절약됩니다.
  这 是 入境卡，在 飞机 上 填 的话 可以 节省 时间。
  Zhè shì rùjìngkǎ, zài fēijī shang tián dehuà kěyǐ jiéshěng shíjiān
- 출입국 신고서를 배부해 드리겠습니다.
  给 大家 分 一下 出 入 境 登记卡。
  Gěi dàjiā fēn yíxià chū rù jìng dēngjìkǎ
- 잘못 썼습니다. 한 장 더 주시겠습니까?
  我 写错 了，能 再 给 我 一 张 吗？
  Wǒ xiěcuò le néng zài gěi wǒ yì zhāng ma
- 어떻게 작성하죠? 좀 도와 주시겠어요?
  这 个 怎么 填 啊？ 您 能 帮帮 我 吗？
  Zhè ge zěnme tián a Nín néng bāngbang wǒ ma
- 안경이 없어서 그러는데 좀 도와주시겠어요?
  我 没 戴 眼镜，能 帮帮 我 吗？
  Wǒ méi dài yǎnjìng néng bāngbang wǒ ma

▶세관 신고서 작성 填写 海关 申报表
  　　　　　　　　 tiánxiě hǎiguān shēnbàobiǎo

- 이것은 세관 신고서입니다.
  这 是 海关 申报表。
  Zhè shì hǎiguān shēnbàobiǎo

④ 항공기 탑승

- 신고할게 없으시면 안 적으셔도 됩니다.
  没有 可 申报 物品 的话，就 不用 写 了。
  Méiyǒu kě shēnbào wùpǐn dehuà jiù búyòng xiě le

- 소지하신 현금이 1만 달러를 초과하면 신고를 하셔야 합니다.
  如果 随身 携带 的 现金 超过 一万 美元，需要 申报。
  Rúguǒ suíshēn xiédài de xiànjīn chāoguò yíwàn měiyuán xūyào shēnbào

Ⅶ 비행상황　飞行　情况
fēixíng qíngkuàng

- 지금 어느 상공을 날고 있죠?
  现在 在 哪儿 的 上空 飞行?
  Xiànzài zài nǎr de shàngkōng fēixíng

- 모두 몇 시간 비행합니까?
  总共 飞行 多 长 时间?
  Zǒnggòng fēixíng duō cháng shíjiān

- 현재 우리가 어느 높이의 상공에 있습니까?
  现在 我们 的 飞行 高度 是 多少?
  Xiànzài wǒmen de fēixíng gāodù shì duōshao

- 지금 비행기가 흔들리는데 괜찮습니까?
  现在 飞机 摇晃，没 问题 吧?
  Xiànzài fēijī yáohuàng méi wèntí ba

- 기상관계로 비행기가 많이 흔들리는군요.
  由于 天气 关系，飞机 颠簸 得 很 厉害。
  Yóuyú tiānqì guānxì fēijī diānbǒ de hěn lìhai

- 비행기가 기류를 만나 전후좌우로 요동하는군요.
  飞机 遇到 气流，前后 左右 晃动。
  Fēijī yùdào qìliú qiánhòu zuǒyòu huàngdòng

- 서울에서 북경까지 얼마나 걸립니까?
  从 首尔 到 北京 需要 多 长 时间?
  Cóng Shǒu'ěr dào Běijīng xūyào duō cháng shíjiān

- 지금부터 얼마 후면 인천공항에 도착할까요?
  现在 还要 多 长 时间 才能 到达 仁川 机场?
  Xiànzài hái yào duō cháng shíjiān cáinéng dàodá Rénchuān Jīchǎng

5 환승   转机
zhuǎn jī

비행기로 여행을 하다 보면 환승을 해야 하는 경우도 있는데, 이 때 장시간을 기다릴 경우 공항의 각종 편의시설을 이용하게 된다. 모든 공항에는 休息室 xiūxishì(휴게실), 电子游戏厅 diànzǐ yóuxìtīng(전자오락실), 免税店 miǎnshuìdiàn(면세점) 등을 운영하고 있을 뿐 아니라 淋浴室 línyùshì(샤워실), 按摩室 ànmóshì(안마실), 祈祷室 qídǎoshì(기도실) 등도 마련해 놓고 있으므로 긴 시간을 효과적으로 이용할 수 있다. 또한 转机宾馆 zhuǎnjī bīnguǎn(환승호텔)에서는 시간당으로 요금을 계산하여 투숙할 수도 있으므로 더욱 편리하다.

기본대화

A: 我得转乘法国航空 AF 119 航班。
   Wǒ děi zhuǎnchéng Fǎguó Hángkōng AF yāoyāojiǔ hángbān

B: 请给我看一下飞机票。
   Qǐng gěi wǒ kàn yíxià fēijīpiào

A: 好的，在这儿。
   Hǎo de zài zhèr

B: 这是转机的登机牌。①
   Zhè shì zhuǎn jī de dēngjīpái

A: 我托运的行李怎么办？
   Wǒ tuōyùn de xíngli zěnmebàn

B: 不要担心。会自动转过去的。
   Búyào dānxīn Huì zìdòng zhuǎn guoqu de

A: 转机的登机口在哪儿？
   Zhuǎn jī de dēngjīkǒu zài nǎr

B: 沿着那"中转"的指示标志一直走就可以了。
   Yánzhe nà zhōngzhuǎn de zhǐshì biāozhì yìzhí zǒu jiù kěyǐ le

A: 에어프랑스 AF119 편으로 갈아 타려는데요.

B: 항공권을 보여 주시겠습니까?

---

① 转机 zhuǎn jī 는 비행기를 갈아타는 것을 뜻하며 换机 huàn jī 라고도 한다. 또한 转机 zhuǎn jī 에는 상황의 변화를 뜻하는 '전기'의 뜻도 있다.

A: 네, 여기 있습니다.
B: 이것이 갈아타실 비행기의 탑승권입니다.
A: 제가 부친 짐은 어떻게 됩니까?
B: 염려하실 필요 없습니다. 자동적으로 옮겨질 겁니다.
A: 환승 게이트는 어디 있습니까?
B: 저기 "환승"이라고 표시되어 있는 화살표를 따라 가시면 됩니다.

여러 가지 활용

Ⅰ **환승에 관한 문의**　转机咨询
　　　　　　　　　　　zhuǎn jī zīxún

- 홍콩행으로 환승하려면 어떤 항공편을 타야 하지요?
我要 转机 去 香港，请问 我要 转乘 哪趟 航班?
Wǒ yào zhuǎn jī qù Xiānggǎng qǐngwèn wǒ yào zhuǎnchéng nǎ tàng hángbān?

- 좌석 번호는 동일합니까?
座位号 是 一样 的 吗?
Zuòwèihào shì yíyàng de ma

- 먼저 짐 안전검사를 받으신 후에 윗층으로 올라가셔서 탑승을 준비하십시오.
您 先 办理 行李 物品 安全 检查，然后 上 楼 准备 登机。
Nín xiān bànlǐ xíngli wùpǐn ānquán jiǎnchá ránhòu shàng lóu zhǔnbèi dēng jī.

- 탑승권이 없으시면 저쪽 환승 카운터에서 탑승권을 바꾸십시오.
没有 登机牌，请 在 那边 转机 柜台 更换 一下。
Méiyǒu dēngjīpái qǐng zài nàbian zhuǎn jī guìtái gēnghuàn yíxià

- 출발 40분 전에 환승 항공편의 탑승구에서 대기하십시오.
请 您 在 出发 前 四十 分钟 到 转乘 航班 的 登机口 等候。
Qǐng nín zài chūfā qián sìshí fēnzhōng dào zhuǎnchéng hángbān de dēngjīkǒu děnghòu.

▶환승 안내 방송　转 机 指 南 广 播
　　　　　　　　　zhuǎn jī zhǐnán guǎngbō

> 各 位 旅 客 请 注 意， 飞 往 广 州 的 上 海
> Gè wèi lǚkè qǐng zhùyì fēiwǎng Guǎngzhōu de Shànghǎi
> 航空　FM　308　航班 十五 分钟 后 降落，请
> Hángkōng FM sānlíngbā hángbān shíwǔ fēnzhōng hòu jiàngluò qǐng
> 转乘　 的 旅客 在 2 号 登机口 等候。
> zhuǎnchéng de lǚkè zài èr hào dēngjīkǒu děnghòu
> 승객 여러분, 상하이항공 광저우행 FM308 항공기가 15 분 후
> 에 착륙하겠습니다. 환승하실 손님께서는 2 번 탑승구에서
> 기다려 주십시오.

Ⅱ 환승을 기다릴 때　等 待 转 机 时
　　　　　　　　　děngdài zhuǎn jī shí
- 우리 전자오락실 가서 게임하자.
  咱们 去 电子 游戏厅 玩儿 一会儿 吧。
  Zánmen qù diànzǐ yóuxìtīng wánr yíhuìr ba
- 환승객용 휴게실은 어디 있습니까?
  转 机 旅客 休息室 在 哪儿 ?
  Zhuǎn jī lǚkè xiūxishì zài nǎr
- 저 면세점의 물건들은 아주 저렴해요.
  那 个 免税店 的 商品 很 便宜 的。
  Nà ge miǎnshuìdiàn de shāngpǐn hěn piányi de
- 장시간 대기 손님은 면세점에서 쇼핑을 하실 수 있습니다.
  长 时间 等候 的 乘客 可以 在 免税店 购物。
  Cháng shíjiān děnghòu de chéngkè kěyǐ zài miǎnshuìdiàn gòu wù
- 환승 승객을 위해 어떤 서비스가 마련되어 있죠?
  请问 为 转 机 乘客 准备 了 哪些 服务 ?
  Qǐngwèn wèi zhuǎn jī chéngkè zhǔnbèi le nǎxiē fúwù
- 환승 승객을 위해 마련된 호텔이 있습니까?
  有 没有 为 转 机 乘客 准备 的 宾馆 ?
  Yǒu méiyǒu wèi zhuǎn jī chéngkè zhǔnbèi de bīnguǎn
- 환승 손님께서는 안마실과 샤워실, 오락실을 이용하실 수 있습니다.
  转 机 旅客 可以 使用 按摩室、淋浴室 和 娱乐室。
  Zhuǎn jī lǚkè kěyǐ shǐyòng ànmóshì línyùshì hé yúlèshì

6 출입국 · 세관 수속 出入境 / 海关 手续
chū rù jìng hǎiguān shǒuxù

출국을 할 때와 입국을 할 때는 반드시 出入境登记卡 chū rù jìng dēngjìkǎ(출입국 등록카드)를 사전에 작성하였다가 출입국시 제시해야 한다. 또한 신고 대상의 물품을 소지했을 경우에는 海关申报卡 hǎiguān shēnbàokǎ(세관신고서)를 제출해야 하며, 경우에 따라서는 健康申报表 jiànkāng shēnbàobiǎo(건강신고서)를 제시해야 한다.

기본대화

A: 我们 是一家人。
   Wǒmen shì yì jiā rén

B: 请 出示 护照 和入境卡 。
   Qǐng chūshì hùzhào hé rùjìngkǎ

A: 好，给您 。
   Hǎo gěi nín

B: 您来这里的目的是什么 ?
   Nín lái zhèli de mùdì shì shénme

A: 我是来旅游的 。
   Wǒ shì lái lǚyóu de

B: 您打算待多久 ?
   Nín dǎsuàn dāi duō jiǔ

A: 两个月左右 。
   Liǎng ge yuè zuǒyòu

B: 好的，祝您旅途愉快 。
   Hǎode zhù nín lǚtú yúkuài

A: 우리 일행은 가족입니다.
B: 여권과 입국카드를 보여 주십시오.
A: 네, 여기 있습니다.
B: 이곳에 오신 목적은 무엇입니까?

1120 23. 출입국

A : 관광차 왔습니다.
B : 얼마 동안 머무실 예정입니까?
A : 두 달 전후입니다.
B : 좋습니다. 즐거운 여행 되십시오.

여러 가지 활용

I 출입국 심사   边防 检查 ①
               biānfáng jiǎnchá

- 여권을 보여 주십시오.
  请 让 我 看 一下 您 的 护照。
  Qǐng ràng wǒ kàn yíxià nín de hùzhào
- 입국카드를 보여 주십시오.
  请 出示 入境卡。
  Qǐng chūshì rùjìngkǎ
- 저의 여권과 입국카드입니다.
  这 是 我 的 护照 和 入境卡。
  Zhè shì wǒ de hùzhào hé rùjìngkǎ
- 처음 중국을 방문합니다.
  第一 次 访问 中国。
  Dìyī cì fǎngwèn Zhōngguó

▶위생검역   卫生 检疫
           wèishēng jiǎnyì

- 건강신고서를 보여 주십시오.
  请 出示 健康 申报卡。
  Qǐng chūshì jiànkāng shēnbàokǎ
- 예방접종 카드가 있습니까?
  您 有 预防 接种卡 吗?
  Nín yǒu yùfáng jiēzhòngkǎ ma

---

① 출국심사와 입국심사를 가리켜 边防检查 biānfáng jiǎnchá라 한다. 边防 biānfáng 이란 '국경수비'의 뜻.

- 해열제를 복용하셨습니까?
  您是否服用了退烧药?
  Nín shìfǒu fúyòng le tuìshāoyào
- 체온이 38도입니다. 잠시 의무실에 가서 검사를 받으십시오.
  您的体温有 38 度，麻烦您到医务室检查一下。
  Nín de tǐwēn yǒu sānshíbā dù máfan nín dào yīwùshì jiǎnchá yíxià
- 열이 있는 승객은 반드시 위생검역 카드를 기입하여야 합니다.
  发烧的旅客必须填写一张卫生检疫卡。
  Fā shāo de lǚkè bìxū tiánxiě yì zhāng wèishēng jiǎnyìkǎ
- 당신과 타인의 건강을 위해서 사실대로 기입하여 주십시오.
  为了您和他人的健康，请如实填报。
  Wèile nín hé tārén de jiànkāng qǐng rúshí tiánbào
- 사실을 은폐하거나 거짓 보고하면 관련법률에 따라 처벌받게 됩니다.
  如有隐瞒或虚假填报，将依据有关法律予以追究。①
  Rú yǒu yǐnmán huò xūjiǎ tiánbào jiāng yījù yǒuguān fǎlǜ yǔyǐ zhuījiū

▶방문 목적　访问目的
　　　　　　fǎngwèn mùdì

- 입국의 목적은 무엇입니까?
  入境的目的是什么?
  Rù jìng de mùdì shì shénme
- 친척 방문입니다.
  来看看亲戚。
  Lái kànkan qīnqi
- 국제환경회의에 참석하러 왔습니다.
  我是来参加国际环保会议的。
  Wǒ shì lái cānjiā guójì huánbǎo huìyì de
- 비즈니스 상담차 왔습니다.
  我是来商务洽谈的。
  Wǒ shì lái shāngwù qiàtán de

---

① 追究 zhuījiū: 추궁하다. 규명하다.

- 북경의 지점으로 배치되어 가족 3명이 모두 함께 왔습니다.
  我 被 调到 北京 的 分店 工作，所以 一 家 三 口 一起 来 了。
  Wǒ bèi diàodào Běijīng de fēndiàn gōngzuò suǒyǐ yì jiā sān kǒu yìqǐ lái le

▶ 체류 기간　　停留 期间
　　　　　　　tíngliú qījiān

- 북경에서 얼마 동안 머무르실 예정입니까?
  在 北京 停留 多 长 时间 ?
  Zài Běijīng tíngliú duō cháng shíjiān

- 당일날 바로 돌아갑니까?
  当天 就 回去 吗 ?
  Dàngtiān jiù huíqu ma

- 오후 비행기로 서울로 돌아갑니다.
  我 坐 下午 的 飞机 返回 首尔 。
  Wǒ zuò xiàwǔ de fēijī fǎnhuí Shǒu'ěr

- 상황에 따라 10일 아니면 12일이 될 겁니다.
  看 情况 ，可能 要 十 天 或者 十二 天 。
  Kàn qíngkuàng kěnéng yào shí tiān huòzhě shí'èr tiān

Ⅱ 수하물 수취　　提取 行李
　　　　　　　　tíqǔ xíngli

A: 请问，在 哪儿 拿 行李 ?
　　Qǐngwèn zài nǎr ná xíngli
B: 那边 12 号 行李 领取台 。
　　Nàbian shí'èr hào xíngli lǐngqǔtái
A: 실례합니다만, 어디서 수하물을 찾습니까?
B: 저쪽 12호 수하물 수취대입니다.

- 바로 여기 수하물 회전판에서 기다리시면 됩니다.
  就 在 这边 行李 转盘 等 就 行 了 。
  Jiù zài zhèbian xíngli zhuànpán děng jiù xíng le

- 카트가 어디 있죠?
  行李 推车 在 哪儿 ?
  Xíngli tuīchē zài nǎr

- 저게 바로 우리 가방이에요. 얼른 꺼내요.
  那 是 我们 的 包， 赶快 把 它 拿 下来。
  Nà shì wǒmen de bāo gǎnkuài bǎ tā ná xialai

- 이제 빨간색 작은 가방 하나만 나오면 되지요?
  现在 再 等 一 件 红色 的 小 行李箱 就 可以 了 吧？
  Xiànzài zài děng yí jiàn hóngsè de xiǎo xínglixiāng jiù kěyǐ le ba

▶ 수하물을 잃었을 때   丢失 行李
                     diūshī xíngli

A: 怎么 我 的 行李 还 不 出来 呀？
   Zěnme wǒ de xíngli hái bù chūlai ya
B: 能 让 我 看看 您 的 行李票 吗？
   Néng ràng wǒ kànkan nín de xínglipiào ma
A: 可以，是 从 上海 来 的 MU 5179 次 航班。
   Kěyǐ shì cóng Shànghǎi lái de MU wǔyāoqījiǔ cì hángbān
B: 好像 那 架 飞机 上 的 所有 行李 都 已经 清理
   Hǎoxiàng nà jià fēijī shang de suǒyǒu xíngli dōu yǐjīng qīnglǐ
   完 了。
   wán le
A: 那么 我 现在 应该 怎么办？
   Nàme wǒ xiànzài yīnggāi zěnmebàn
B: 你 去 行李 遗失 柜台 申报 一下 吧。
   Nǐ qù xíngli yíshī guìtái shēnbào yíxià ba
A: 제 짐이 왜 안 나오는서죠?
B: 수하물표를 볼 수 있을까요?
A: 네, 상하이에서 온 MU5179 항공편이에요.
B: 그 비행기의 수하물은 이미 다 나간 것 같은데요.
A: 그러면 제가 지금 어떻게 해야 하죠?
B: 분실 수하물 센터에 가셔서 신고를 하십시오.

- 수하물표를 가지고 있습니까?
  您 有 行李单 吗？
  Nín yǒu xínglidān ma

- 제 짐을 찾을 수가 없군요.
  找不着 我 的 行李。
  Zhǎobuzháo wǒ de xíngli

- 아마도 짐을 잃어버린 것 같습니다.
  恐怕 我的 行李 丢 了。
  Kǒngpà wǒ de xíngli diū le
- 해당 항공사를 찾아서 신고하십시오.
  你 去 找 该 航空 公司 挂失 吧。
  Nǐ qù zhǎo gāi hángkōng gōngsī guàshī ba

> A: 看看 这些 样品，然后 告诉 我 你 的 行李 的 颜色
>   Kànkan zhèxiē yàngpǐn ránhòu gàosu wǒ nǐ de xíngli de yánsè
>   和 式样。
>   hé shìyàng
> B: 式样 是 这 一 款 ，颜色 是 棕色 的。
>   Shìyàng shì zhè yì kuǎn yánsè shì zōngsè de
> A: 好 的，我们 一 发现 这 个 行李箱，就 会 马上
>   Hǎo de wǒmen yì fāxiàn zhè ge xínglixiāng jiù huì mǎshàng
>   跟 你 联系 的。
>   gēn nǐ liánxì de
> A: 여기 견본을 보시고 수하물 색깔과 모양을 말씀해 주세요.
> B: 모양은 이런 것이고 색은 갈색이에요.
> A: 알겠습니다. 가방을 발견하면 바로 연락드리겠습니다.

- 제 짐은 비밀번호가 있는 검정색 트렁크입니다.
  我 的 行李 是 黑色 的 密码箱。
  Wǒ de xíngli shì hēisè de mìmǎxiāng
- 트렁크에는 저의 이름과 연락처가 붙어 있습니다.
  行李箱 上面 有 我 的 名字 和 联系 电话。
  Xínglixiāng shàngmian yǒu wǒ de míngzi hé liánxì diànhuà

III 세관 검사 海关 检查
hǎiguān jiǎnchá

> A: 有 要 特别 申报 的 吗？
>   Yǒu yào tèbié shēnbào de ma
> B: 没有 什么 可 申报 的。
>   Méiyǒu shénme kě shēnbào de
> A: 麻烦 您 打开 这 个 包。
>   Máfan nín dǎkāi zhè ge bāo

6 출입국·세관 수속

B: 可以。
　　Kěyǐ
A: 这个小瓶子里装的是什么？
　　Zhè ge xiǎo píngzi li zhuāng de shì shénme
B: 是药，我的胃不好，所以必须随身带着。
　　Shì yào wǒ de wèi bù hǎo suǒyǐ bìxū suíshēn dàizhe
A: 好，可以了。
　　Hǎo kěyǐ le

A: 특별히 신고하실 것이 있습니까?
B: 신고할 만한 게 없습니다.
A: 죄송하지만 이 가방 좀 열어 주십시오.
B: 그러지요.
A: 이 작은 병에 들어 있는 것은 무엇인가요?
B: 약입니다. 위장이 좋지 않아 꼭 가지고 다녀야 합니다.
A: 네, 됐습니다.

- 어디서 검사를 합니까?
  在哪里检查？
  Zài nǎli jiǎnchá

- 신고할 물건은 없습니까?
  有没有要申报的物品？
  Yǒu méiyǒu yào shēnbào de wùpǐn

- 다이아몬드 목걸이가 있는데 신고해야 합니까?
  有一条钻石项链，要申报吗？
  Yǒu yì tiáo zuànshí xiàngliàn yào shēnbào ma

- 이것은 한국의 특산물인데 친구에게 줄 기념품입니다.
  这些是韩国的特产，是给朋友的纪念品。
  Zhèxiē shì Hánguó de tèchǎn shì gěi péngyou de jìniànpǐn

- 이것은 한국에서 사용하던 디지털 카메라와 노트북입니다.
  这是在韩国使用的数码相机和手提电脑。
  Zhè shì zài Hánguó shǐyòng do shùmǎ xiàngjī hè shǒutí diànnǎo

- 세관 신고서를 가지고 계십니까?
  您有海关申报单吗？
  Nín yǒu hǎiguān shēnbàodān ma

6 出入境/海关手续

1126 23. 출입국

- 이 보석은 세금을 내야 합니다.
  这 个 宝 石 要 交 税 。
  Zhè ge bǎoshí yào jiāo shuì
- 양주는 두 병까지는 면세입니다.
  洋 酒 两 瓶 以 下 免 税 。
  Yángjiǔ liǎng píng yǐxià miǎn shuì

⑦ 환영홀에서 　　　　　在 迎客厅
　　　　　　　　　　　　　zài yíngkètīng

처음 여행하는 지역이라면 공항의 입국장 환영홀에 있는 问讯处 wènxùnchù(안내소)나 旅游咨询台 lǚyóu zīxúntái(여행안내소) 등에서 차량, 숙박 등 여러 가지 필요한 정보를 얻으면 된다. 공항에서 바로 휴대폰을 대여할 수도 있으며, 한국과 중국은 자국의 핸드폰을 상대국에서도 사용할 수 있는 서비스도 시행하고 있으므로 출국 전 미리 신청을 해두면 매우 편리하다.

기 본 대 화

A: 去 国际大酒店，坐 什么 车 好？
　　Qù Guójì Dàjiǔdiàn zuò shénme chē hǎo

B: 您 可以 坐 机场 大巴，也 可以 打的 。
　　Nín kěyǐ zuò jīchǎng dàbā yě kěyǐ dǎdī

A: 机场 大巴的 站 在 哪儿？
　　Jīchǎng dàbā de zhàn zài nǎr

B: 就 在 这 个 楼 的 前面，您 坐 5 号 大巴 就 行 。
　　Jiù zài zhè ge lóu de qiánmiàn nín zuò wǔ hào dàbā jiù xíng

A: 국제호텔에 가려는데 무슨 차를 타면 될까요?
B: 공항버스를 타셔도 되고 택시를 타셔도 됩니다.
A: 공항버스 정류장은 어디 있습니까?
B: 바로 이 건물 앞에 있습니다. 5번 버스를 타면 됩니다.

여러 가지 활용

I　공항 영접　　机场　迎接
　　　　　　　　jīchǎng yíngjiē

A: 请问，您是七星集团的 朴 总 吗？
　　Qǐngwèn nín shì Qīxīng Jítuán de Piáo zǒng ma
B: 是 。 您 是 哪 位 呢？
　　Shì　　Nín shì nǎ wèi ne

23. 출입국

> A: 我 是 中国 新华 集团 的 李 信, 欢迎 您 来
> Wǒ shì Zhōngguó Xīnhuá Jítuán de Lǐ Xìn huānyíng nín lái
> 中国。
> Zhōngguó
> B: 啊, 您 好! 谢谢 您 来 接 我。
> A nín hǎo Xièxie nín lái jiē wǒ
> A: 칠성그룹 박사장님이십니까?
> B: 그렇습니다. 당신은 누구시죠?
> A: 저는 중국 신화그룹의 리신입니다. 중국에 오신 것을 환영합니다.
> B: 아, 안녕하십니까? 마중나와 주셔서 감사합니다.

- 한국에 온 것을 환영합니다.
  欢迎 你 到 韩国 来。
  Huānyíng nǐ dào Hánguó lái
- 김부장 대신 제가 모시러 나왔습니다.
  我 代 金 部长 来 接 您。
  Wǒ dài Jīn bùzhǎng lái jiē nín
- 비행기가 연착했어요. 너무 오래 기다리셨죠?
  飞机 误点 了, 您 等 很 长 时间 了 吧? ①
  Fēijī wùdiǎn le nín děng hěn cháng shíjiān le ba
- 많이 기다리셨죠? 짐이 너무 늦게 나왔어요.
  您 等 半天 了 吧? 行李 出来 得 很 晚。
  Nín děng bàntiān le ba Xíngli chūlai de hěn wǎn

II 환전 兑换
      duìhuàn

- 한국돈 10만원을 런민삐로 바꾸면 얼마입니까?
  10 万 韩币 换 人民币 的话 是 多少?
  Shí wàn hánbì huàn rénmínbì dehuà shì duōshao
- 이 100만원을 런민삐로 바꿔 주세요.
  请 把 这 100 万 韩币 换成 人民币。
  Qǐng bǎ zhè yìbǎi wàn hánbì huànchéng rénmínbì

---

① 误点 wùdiǎn: 시간을 어기다. 연착하다.

[7] 환영홀에서

- 이것을 잔돈으로 바꿔 주십시오.
  请 把 这些 换成 零钱。
  Qǐng bǎ zhèxiē huànchéng língqián

- 잔돈으로 좀 주십시오.
  给 我 一些 零钱 吧。
  Gěi wǒ yìxiē língqián ba

- 지금 달러의 환율은 어떻습니까?
  现在 美元 的 汇率 怎么样?
  Xiànzài měiyuán de huìlǜ zěnmeyàng

Ⅲ 안내소에서 在 问讯处
　　　　　　　zài wènxùnchù

- 택시는 어디서 탑니까?
  在 哪儿 打的?
  Zài nǎr dǎdī

- 시내로 들어가는 버스는 있습니까?
  有 去 市 内 的 公交车 吗? ①
  Yǒu qù shì nèi de gōngjiāochē ma

- 시내까지 가는 요금은 얼마입니까?
  去 市 内 的 车费 是 多少 ?
  Qù shì nèi de chēfèi shì duōshao

- 교통이 편리한 호텔을 소개해 주시겠습니까?
  给 我 介绍 一家 交通 方便 的 酒店 , 好 吗?
  Gěi wǒ jièshào yì jiā jiāotōng fāngbiàn de jiǔdiàn hǎo ma

- 비교적 저렴한 호텔을 원하는데요.
  我 想 要 比较 便宜 的 酒店 。
  Wǒ xiǎng yào bǐjiào piányi de jiǔdiàn

- 5성급 호텔에 묵고 싶은데 어느 호텔이 좋을까요?
  我 想 住 五星级 酒店 , 哪 一家 比较 好 ?
  Wǒ xiǎng zhù wǔxīngjí jiǔdiàn nǎ yì jiā bǐjiào hǎo

---

① 버스는 公车 gōngchē, 公交车 gōngjiāochē 또는 公共汽车 gōnggòng qìchē 라고 한다.

IV. 공항에서 시내로　从 机场 进 城
　　　　　　　　　　cóng jīchǎng jìn chéng

▶짐을 운반할 때　　搬 行李 时
　　　　　　　　　bān xíngli shí

A: 这些 行李 需要 搬 吗？
　　Zhèxiē xíngli xūyào bān ma

B: 谢谢 你，我 自己 拿 吧。
　　Xièxie nǐ　wǒ zìjǐ　ná ba

A: 이 짐을 운반해 드릴까요?

B: 고맙지만 제가 들고 가겠습니다.

• 이 짐을 주차장까지 운반해 주시겠어요?
　把 这些 行李 搬到　停车场　好 吗？
　Bǎ zhèxiē xíngli bāndào tíngchēchǎng hǎo ma

▶거리 풍경에 대한 느낌　沿途 感受
　　　　　　　　　　　yántú gǎnshòu

A: 先生，　您 第一 次 来 这儿 吗？
　　Xiānsheng nín dìyī cì lái zhèr ma

B: 对，这 是 我 第一 次 来　中国　旅游。
　　Duì　zhè shì wǒ dìyī cì lái Zhōngguó lǚyóu

A: 您 对　中国　的 第一　印象　如何？
　　Nín duì Zhōngguó de dìyī yìnxiàng rúhé

B: 比 我　想象　的 更 大 更 美。
　　Bǐ wǒ xiǎngxiàng de gèng dà gèng měi

A: 손님께서는 처음 여기 오셨습니까?

B: 네, 이번이 첫 번째 중국여행입니다.

A: 중국에 대한 첫인상이 어떻습니까?

B: 생각했던 것보다 훨씬 크고 아름답습니다.

⑦ 환영홀에서

⑦ 在迎客厅

- 훌륭합니다! 정말 예상밖이로군요.
  太棒了！真是出人意料啊！①
  Tài bàng le Zhēn shì chū rén yì liào a

- 베이징도 이렇게 차가 막히는 줄 몰랐습니다.
  没想到北京也这么堵车。
  Méi xiǎngdào Běijīng yě zhème dǔ chē

- 이곳은 역사문화의 고도라지요, 과연 느낌이 다르군요.
  这里是历史文化古都，怪不得这么有韵味。②
  Zhèli shì lìshǐ wénhuà gǔdū guàibude zhème yǒu yùnwèi

- 이 도시는 제가 예전에 왔을 때와 너무나 다르군요. 금석지감입니다.
  这座城市跟我以前来的时候相比大不相同了。真是今非昔比啊！③
  Zhè zuò chéngshì gēn wǒ yǐqián lái de shíhou xiāngbǐ dà bù xiāngtóng le   Zhēn shì jīnfēixībǐ a

- 무척 번화해 보이는군요. 앞으로도 더욱 발전하겠죠?
  这里看起来很繁华，发展前景应该不错。
  Zhèli kàn qilai hěn fánhuá fāzhǎn qiánjǐng yīnggāi búcuò

- 제가 10년전 처음 왔을 때는 여기가 황량한 벌판이었어요.
  十年前我第一次来的时候，这地方还是一片荒地。
  Shí nián qián wǒ dìyī cì lái de shíhou zhè dìfang háishi yí piàn huāngdì

참고 관련 용어 词汇
                    cíhuì

- 여권 护照
        hùzhào
- 비자 签证
        qiānzhèng
- 비행기표 机票
            jīpiào
- 항공편 航班
          hángbān

---

① 出人意料 chū rén yì liào: '예상을 빗나가다', '전혀 뜻밖이다'.
② 怪不得 guàibude: 과연, 어쩐지, 그러기에.
③ 今非昔比 jīnfēixībǐ: 지금은 옛날에 비할 바가 아니다. 변화가 매우 많음을 일컬음.

23. 출입국

- 퍼스트 클래스   头等舱 tóuděngcāng
- 비즈니스 클래스   公务舱 gōngwùcāng
- 이코노미 클래스   经济舱 jīngjìcāng
- 왕복   往返 wǎngfǎn
- 편도   单程 dānchéng
- 공항이용료   机场 建设费 jīchǎng jiànshèfèi
- 탑승   登机 dēng jī
- 탑승수속   登机 手续 dēng jī shǒuxù
- 탑승권   登机牌 dēngjīpái
- 출입국 카드   出入境 登记卡 chū rù jìng dēngjìkǎ
- 건강 신고서   健康 申报表 jiànkāng shēnbàobiǎo
- 출국 심사   出境 检查 chū jìng jiǎnchá
- 입국 심사   入境 检查 rù jìng jiǎnchá
- 출입국 심사   边防 检查 biānfáng jiǎnchá
- 수하물   行李 xíngli
- 수하물 회전판   行李 转盘 xíngli zhuànpán
- 위생 검사   检疫 jiǎnyì
- 세관 검사   海关 检查 hǎiguān jiǎnchá
- 보안 검사   安全 检查 ānquán jiǎnchá
- 탑승구   登机口 dēngjīkǒu
- 환승   转机 zhuǎn jī
- 이륙하다   起飞 qǐfēi
- 착륙하다   降落, 着陆 jiàngluò zhuólù
- 기내 서비스   机内 服务 jī nèi fúwù
- 기내 쇼핑   机内 购物 jī nèi gòu wù
- 안전벨트   安全带 ānquándài
- 항공회사   航空 公司 hángkōng gōngsī
- 비행기   飞机 fēijī
- 공항   机场 jīchǎng
- 활주로   跑道 pǎodào
- 조종사   飞行员, 领航员 fēixíngyuán lǐnghángyuán
- 스튜어드   乘务员 chéngwùyuán
- 스튜어디스   空中 小姐, 女 乘务员 kōngzhōng xiǎojiě, nǚ chéngwùyuán
- 낙하산   降落伞 jiàngluòsǎn
- 비상구   安全 出口 ānquán chūkǒu
- 트랩   舷梯 xiántī
- 승객   乘客 chéngkè

24

여 행
旅 游　　　　　　　　　　LÜ YOU

1. 여행 정보　　　　　　　　旅游信息
2. 기차 여행　　　　　　　　乘火车旅行
3. 유람선 여행　　　　　　　乘船旅行
4. 관광지에서　　　　　　　在旅游景点
5. 기념사진・기념품　　　　留影/纪念品
6. 단체여행　　　　　　　　团体旅游
7. 분실신고　　　　　　　　挫失

1 여행 정보   旅游 信息
                         lǚyóu xìnxī

많은 사람들이 중국을 찾고 있다. 넓은 땅 곳곳에 펼쳐져 있는 수려한 풍광과 문화유물, 독특한 소수민족의 민속과 풍습, 그리고 하루가 다르게 도약하고 있는 중국인들의 눈부신 발전상을 찾아서 세계 도처의 관광객들이 몰려오고 있다. 특히 서양인들에게 있어서 동양 세계의 중심인 중국의 문화탐방열은 대단하고, 우리 한국인에게도 가장 가까운 이웃 나라로 관광 및 무역교류가 날로 활발하다. 본 장에서는 중국내 여행을 중심으로 관광에 필요한 사항들을 알아보도록 한다.

기본대화

A: 我 想 去 中国 旅行, 去 哪儿 好 呢 ?
   Wǒ xiǎng qù Zhōngguó lǚxíng qù nǎr hǎo ne
B: 如果 想 看 中国 的 名胜 古迹, 去 北京 或
   Rúguǒ xiǎng kàn Zhōngguó de míngshèng gǔjì qù Běijīng huò
   西安 最 好 了。①
   Xī'ān zuì hǎo le
A: 听说, 桂林、杭州、 苏州 等 地 也 不错。
   Tīngshuō Guìlín Hángzhōu Sūzhōu děng dì yě búcuò
B: 那些 地方 是 有名 的 风景区 。②
   Nàxiē dìfang shì yǒumíng de fēngjǐngqū
A: 上海 怎么样 ?
   Shànghǎi zěnmeyàng
B: 上海 是 国际化 大 都市, 值得 一 看 。③
   Shànghǎi shì guójìhuà dà dūshì zhídé yí kàn

---

① 중국 西安 Xī'ān은 옛 秦 Qín 나라 • 唐 Táng 나라의 수도로서 兵马俑 Bīngmǎyǒng, 大雁塔 Dàyàntǎ 등의 유적이 남아있고, 北京 Běijīng은 元 Yuán 나라 이후 明 Míng, 清 Qīng 시대의 수도로서 紫禁城 Zǐjìnchéng, 万里长城 Wànlǐ Chángchéng 등의 유적, 유물이 많다.

② 风景区 fēngjǐngqū: 풍치지구, 풍광이 빼어난 구역. 중국에서는 경치가 빼어난 곳을 风景区 라고 하는 관광특구로 지정하여 관광산업을 육성하고 있다.

③ 值得 zhídé: '~할 만한 가치가 있다'.

24 旅游

A: 중국여행을 가고 싶은데 어디로 가면 좋을까요?
B: 중국의 명승고적을 보려면 베이징이나 시안으로 가는게 가장 좋아요.
A: 꾸이린이나 항저우, 쑤저우 등도 좋다던데요.
B: 그 지방들은 유명한 관광지랍니다.
A: 상하이는 어때요?
B: 상하이는 국제화 도시로서 한 번 볼만 하지요.

여러 가지 활용

I 여행지 정보　旅游 景点 的 信息
lǚyóu jǐngdiǎn de xìnxī

▶정보를 물을 때　询问 信息 时
xúnwèn xìnxī shí

- 이번에 상하이에 가고 싶은데, 거기에는 뭐가 있나요?
  这 次 想 去 上海, 那儿 都 有 什么 ?
  Zhè cì xiǎng qù Shànghǎi nàr dōu yǒu shénme

- 이번에 항저우로 출장을 가게 되었는데, 거기는 어디가 가볼만 합니까?
  这 次 要 出 差 去 杭州, 那儿 有 什么 好玩儿 的 地方?
  Zhè cì yào chū chāi qù Hángzhōu nàr yǒu shénme hǎowánr de dìfang

- 베이징에서 빼놓을 수 없는 관광지는 어디입니까?
  在 北京 不可 不看 的 旅游 景点 是 什么 ?
  Zài Běijīng bù kě bú kàn de lǚyóu jǐngdiǎn shì shénme

▶여행지를 추천할 때　推荐 旅游 景点 时
tuījiàn lǚyóu jǐngdiǎn shí

- 베이징에 가면 만리장성에 꼭 가 보세요.
  到了 北京 一定 要 去 看看 万里 长城。
  Dàole Běijīng yídìng yào qù kànkan Wànlǐ Chángchéng

- 시안에 가거든 병마용을 꼭 관람해 보십시오.
  去 西安 一定 要 看看 兵马俑。
  Qù Xī'ān yídìng yào kànkan Bīngmǎyǒng

- 자금성 이외에 명 13릉도 가 볼만 해요.
  除了故宫，明十三陵也值得看一看。①
  Chúle Gùgōng Míng Shísān Líng yě zhíde kàn yi kàn
- 백두산에 가셔서 천지를 안 보신다면 후회하실 겁니다.
  去长白山，不看天池会后悔的。
  Qù Chángbái Shān bú kàn Tiān Chí huì hòuhuǐ de

▶여행 소감　旅游所感
　　　　　　lǚyóu suǒ gǎn

> A: 这次去北京旅行，觉得怎么样?
>   Zhè cì qù Běijīng lǚxíng juéde zěnmeyàng
> B: 太好了。值得一去的地方真是太多了。
>   Tài hǎo le Zhíde yí qù de dìfang zhēn shì tài duō le
> A: 给你印象最深的是哪儿?
>   Gěi nǐ yìnxiàng zuì shēn de shì nǎr
> B: 万里长城给我的印象最深。
>   Wànlǐ Chángchéng gěi wǒ de yìnxiàng zuì shēn
> A: 이번에 베이징 여행 다녀오신 소감이 어떻습니까?
> B: 너무 좋더군요. 가 볼 만한 곳이 정말 많았습니다.
> A: 가장 인상에 남는 곳은 어디입니까?
> B: 만리장성이 가장 인상 깊습니다.

- 쑤저우는 과연 소문대로 정말 아름답더군요.
  苏州果然名不虚传，真的很美。②
  Sūzhōu guǒrán míngbùxūchuán zhēn de hěn měi
- 하늘에는 천당이 있고, 땅에는 쑤항이 있다잖아요.
  上有天堂，下有苏杭嘛! ③
  Shàng yǒu tiāntáng xià yǒu Sū Háng ma

---

① 故宫 Gùgōng(고궁)은 바로 '紫禁城 Zǐjìnchéng' (자금성)을 말한다.
② 名不虚传 míngbùxūchuán: "명실상부하다" 라는 뜻의 성어.
③ 上有天堂, 下有苏杭 shàng yǒu tiāntáng, xià yǒu Sū Háng: 예로부터 쑤저우와 항저우의 아름다운 산수를 예찬하는 말이다.

24. 여행

- 꾸이린의 산수는 천하제일이다!
  桂林 山水 甲 天下 。①
  Guìlín shānshuǐ jiǎ tiānxià

- 산수가 아름답고 공기도 너무 맑더군요.
  山清 水秀 ，空气 也 很 新鲜 。②
  Shānqīng shuǐxiù　kōngqì yě hěn xīnxiān

Ⅱ 관광 안내소에서　在 旅游 咨询台 ③
　　　　　　　　　zài lǚyóu zīxúntái

A: 您 好 ，有 什么 需要 帮忙 的 吗 ?
　　Nín hǎo　yǒu shénme xūyào bāngmáng de ma

B: 我 想 游览 一下 北京 市 。
　　Wǒ xiǎng yóulǎn yíxià Běijīng Shì

A: 您 要 几 天 的 行程?
　　Nín yào jǐ tiān de xíngchéng

B: 我 只 有 今天 一 天 的 时间 。
　　Wǒ zhǐ yǒu jīntiān yì tiān de shíjiān

A: 一 天 的 行程 有 万里 长城 、 故宫 、颐和 园 。
　　Yì tiān de xíngchéng yǒu Wànlǐ Chángchéng Gùgōng Yíhé Yuán

B: 需要 多少 钱 ?
　　Xūyào duōshao qián

A: 300 元 一 位 。
　　Sānbǎi yuán yí wèi

A: 안녕하세요? 무엇을 도와 드릴까요?
B: 베이징 시내 관광을 하고 싶은데요.
A: 며칠 코스를 원하십니까?
B: 오늘 하루 밖에 시간이 없습니다.

---

① 예로부터 꾸이린의 산수를 예찬하는 말.
② 山清水秀 shānqīng shuǐxiù: 산 좋고 물 맑다. 산수의 풍경이 아름다움을 나타내는 성어.
③ 각 여행지의 공항이나 기차역 등에는 旅游咨询台 lǚyóu zīxúntái 또는 旅游咨询处 lǚyóu zīxúnchù 가 있어 이 곳에서 관광, 숙박 등을 포함한 여러 사항들을 물어보고 도움을 받을 수가 있다. 각종 여행지의 안내서나 호텔 등 숙박업체의 팜플릿이 배치되어 있고 통역이나 관광가이드 소개, 또는 차량 대여 등을 알선해 주기도 한다.

① 여행 정보 1139

B: 비 ㅎ
A: 1 인당 3(선 만리장성, 자금성, 이화원이 있습니다.

▶관광 지도를 구입할 때　购买旅游地图时
　　　　　　　　　　gòumǎi lǚyóu dìtú shí

- 베이징 관광지도가 있습니까?
  有 北京 旅游 地图 吗 ?
  Yǒu Běijīng lǚyóu dìtú ma

- 관광지도 하나 주세요.
  来 一 本 旅游 地图 。
  Lái yì běn lǚyóu dìtú

- 도로 표시가 자세히 되어 있는 지도가 있습니까?
  有 没有 详细 的 交通 地图 ?
  Yǒu méiyǒu xiángxì de jiāotōng dìtú

▶관광명소를 물을 때　询问 旅游 景点 时
　　　　　　　　　　xúnwèn lǚyóu jǐngdiǎn shí

- 쇼핑할 만한 곳들을 소개시켜 주시겠습니까?
  推荐 一下 购 物 的 好 地方 , 好 吗 ?
  Tuījiàn yíxià gòu wù de hǎo dìfang hǎo ma

- 베이징의 옛거리를 보고 싶은데요.
  我 想 逛 一下 北京 的 胡同 。 ①
  Wǒ xiǎng guàng yíxià Běijīng de hútòng

- 쓰허위엔과 후통을 보려면 어떻게 가야 합니까?
  要 看 四合院 和 胡同, 怎么 走 ? ②
  Yào kàn sìhéyuàn hé hútòng zěnme zǒu

---

① 胡同 hútòng: 골목, 작은 거리. 흔히 베이징의 옛 모습이 남아있는 거리를 말한다.
② 四合院 sìhéyuàn: 북경의 전통 가옥 양식. 마당(院子 yuànzi)을 중심으로 네 건물이 둘러서 있는 주거 형태이다.

▶숙박시설을 물을 때　　询问 住宿 时
　　　　　　　　　　　xúnwèn zhùsù shí

- 베이징의 5성급 호텔들을 소개해 줄 수 있습니까?
  能 介绍 一下 北京 的 五星级酒店 吗？
  Néng jièshào yíxià Běijīng de wǔxīngjí jiǔdiàn ma

- 좀 저렴한 호텔을 소개해 주시오.
  给 我 介绍 一下 稍微 便宜 点儿 的 酒店 吧。
  Gěi wǒ jièshào yíxià shāowēi piányi diǎnr de jiǔdiàn ba

- 여관이 있습니까?
  有 小 旅店 吗？
  Yǒu xiǎo lǚdiàn ma

② 기차 여행

乘 火车 旅行
chéng huǒchē lǚxíng

중국에서는 기차 여행이 여러 모로 편리하다. 무엇보다 출발 및 도착시간이 정확한 것이 가장 큰 장점이다. 대도시 간의 열차는 밤에 출발하여 이른 아침에 목적지에 닿을 수 있도록 시간이 조정되어 있으므로 더욱 편리하다. 열차의 등급에는 软卧 ruǎnwò(푹신한 침대칸), 硬卧 yìngwò(딱딱한 침대칸), 软座 ruǎnzuò(푹신한 의자칸), 硬座 yìngzuò(딱딱한 의자칸) 등이 있는데, 软卧 ruǎnwò의 경우 4인이 들어갈 수 있는 객실로 되어 있어서 가족이나 일행끼리 함께 묵을 수 있어 더욱 안성맞춤이다.

기본 대화

A: 这次 想 坐 火车 去 上海。
　　Zhè cì xiǎng zuò huǒchē qù Shànghǎi
B: 路上 需要 很 长 时间, 不累吗?
　　Lùshang xūyào hěn cháng shíjiān bú lèi ma
A: 坐 晚上 的车, 第二天 早晨 到, 也许 会 更 好。
　　Zuò wǎnshang de chē dì'èr tiān zǎochen dào yěxǔ huì gèng hǎo
B: 那还行。
　　Nà hái xíng
A: 이번에는 기차를 타고 상하이를 갈까해요.
B: 장시간 타야 하는데 힘들지 않겠어요?
A: 밤 기차를 타면 다음날 아침에 도착하니 더 나은 것 같아요.
B: 하긴 그것도 괜찮겠군요.

여러 가지 활용

I 표를 살 때　买 票 时
　　　　　　　　　mǎi piào shí

A: 有 27 号 早晨 去 深圳 的特快列车吗? ①
　　Yǒu èrshíqī hào zǎochen qù Shēnzhèn de tèkuài lièchē ma

---

① 열차의 빠르기에 따라 动车组 dòngchēzǔ, 特快 tèkuài, 直快 zhíkuài, 普快 pǔkuài 등이 있다.

B: 有 上午 十点 的。
　　Yǒu shàngwǔ shí diǎn de

A: 有 没有 更 早一点儿 的？
　　Yǒu méiyǒu gèng zǎo yìdiǎnr de

B: 已经 卖完 了。
　　Yǐjīng màiwán le

A: 没办法，来 两 张 十点 的 吧。
　　Méi bànfǎ lái liǎng zhāng shí diǎn de ba

A: 27일 아침 선전(심천)행 특급열차 있습니까?
B: 오전 10시에 출발하는 것이 있습니다.
A: 그보다 더 빠른 것은 없습니까?
B: 이미 다 매진되었습니다.
A: 할 수 없군요. 10시 기차로 2장 주십시오.

▶출발 시간 　出发 时间
　　　　　　 chūfā shíjiān

• 텐진 가는 기차 가장 빠른 게 몇시입니까?
　去 天津 的 火车 最 早 的 是 几 点 ?
　Qù Tiānjīn de huǒchē zuì zǎo de shì jǐ diǎn

• 난징 가는 기차가 몇시에 있습니까?
　去 南京 的 火车 都 有 几 点 的？
　Qù Nánjīng de huǒchē dōu yǒu jǐ diǎn de

▶소요 시간 　所 用 时间
　　　　　　 suǒ yòng shíjiān

• 정저우까지 몇 시간 걸립니까?
　去 郑州 需要 几个 小时 ?
　Qù Zhèngzhōu xūyào jǐ ge xiǎoshí

• 좀더 빠른 기차는 없습니까?
　有 没有 更 快 的 车 ?
　Yǒu méiyǒu gèng kuài de chē

• 특급열차로 가면 몇 시간 걸립니까?
　坐 特快 需要 几个 小时 ?
　Zuò tèkuài xūyào jǐ ge xiǎoshí

▶좌석의 등급　座位 的 等级
　　　　　　　zuòwèi de děngjí

- 롼워(푹신한 침대칸)는 얼마입니까?
  软卧 是 多少 钱？
  Ruǎnwò shì duōshao qián

- 잉워(딱딱한 침대칸) 로주십시오.
  来 硬卧 吧。
  Lái yìngwò ba

- 제일 윗칸 침대로 주세요.
  给 上铺 吧。①
  Gěi shàngpù ba

- 롼쮜(푹신한 좌석)로 주세요.
  要 软座。
  Yào ruǎnzuò

- 잉쭤(딱딱한 좌석)는 다 매진되었습니다.
  硬座 已经 卖完 了。
  Yìngzuò yǐjīng màiwán le

- 지금 입석표만 남아 있습니다.
  现在 只 剩 站票。
  Xiànzài zhǐ shèng zhànpiào

▶기차 요금　火车 票价
　　　　　huǒchē piàojià

- 어린이 표는 반액입니다.
  儿童票 是 半价。
  Értóngpiào shì bàn jià

- 110cm 이하의 어린이는 표를 살 필요가 없습니다.
  1.1米 以下 的 儿童 不用 买 票。
  Yī mǐ yī yǐxià de értóng búyòng mǎi piào

---

① 软卧 ruǎnwò 는 침대가 上铺 shàngpù(윗층)과 下铺 xiàpù(아래층)으로 배열되어 있고, 硬卧 yìngwò 는 上铺 shàngpù(윗층), 中铺 zhōngpù(중간층), 下铺 xiàpù(아래층)으로 배열되어 있다. 제일 윗칸인 上铺 shàngpù 가 제일 싼데, 그 이유는 오르내리기 불편하고 안정감이 떨어지기 때문이다.

24. 여행

- 140cm 이하의 어린이는 반액을 받습니다.
  1.4米 以下 的 儿童 半 价。
  Yī mǐ sì yǐxià de értóng bàn jià
- 140cm 이상이면 어른표를 사야 합니다.
  1.4米 以上 的 要 买 全票。
  Yī mǐ sì yǐshàng de yào mǎi quánpiào

Ⅱ 기차 내에서　在 火车　上
　　　　　　　　zài huǒchē shang

▶좌석을 찾을 때　找　座位 时
　　　　　　　zhǎo zuòwèi shí

- 실례지만 차표를 보여 주시겠습니까?
  麻烦 您 看 一下 车票，好 吗?
  Máfan nín kàn yíxià chēpiào hǎo ma
- 창문쪽이 아니고 통로쪽입니다.
  不 是 靠 窗 的，是 过 道 边 的。
  Bú shì kào chuāng de shì guòdào biān de

▶승무원과의 대화　与　乘务员　说话
　　　　　　　　yǔ chéngwùyuán shuōhuà

A: 我　早上　六　点　到　站，麻烦 你 叫 一下 好 吗?
　　Wǒ zǎoshang liù diǎn dào zhàn　máfan nǐ jiào yíxià hǎo ma
B: 您 放 心，这 是 我们 的 职责。
　　Nín fàng xīn zhè shì wǒmen de zhízé
A: 아침 6시 도착인데 깨워주실 수 있습니까?
B: 염려 마십시오. 그건 저희들의 일인데요.

- 옆좌석 사람들이 너무 시끄러워요.
  旁边　的人太 吵 了。
  Pángbiān de rén tài chǎo le
- 좀 조용한 자리로 바꾸고 싶습니다.
  我　想　换 个 安静 一点 的 座位 。
  Wǒ xiǎng huàn ge ānjìng yìdiǎn de zuòwèi

- 식당이 몇 호 차에 있습니까?
 餐厅 在 几号 车厢?
 Cāntīng zài jǐ hào chēxiāng
- 고급침대칸으로 바꿀 수 있습니까?
 能 换成 软卧 吗?
 Néng huànchéng ruǎnwò ma
- 휴대폰 배터리가 다 되었는데 충전할 수 있습니까?
 手机 没 电 了, 可以 充 电 吗?
 Shǒujī méi diàn le kěyǐ chōng diàn ma

▶옆자리 사람과의 대화 与 旁边 的人 说话
yǔ pángbiān de rén shuōhuà

A: 您 到 哪儿 下 车?
 Nín dào nǎr xià chē
B: 我 到 桂林。
 Wǒ dào Guìlín
A: 比 我 下 得 早。 我 去 南宁。
 Bǐ wǒ xià de zǎo Wǒ qù Nánníng
A: 어디에서 내리십니까?
B: 저는 꾸이린까지 갑니다.
A: 저보다 일찍 내리시는군요. 저는 난닝까지 갑니다.

A: 您 是 哪儿 的 人?
 Nín shì nǎr de rén
B: 我 是 河北人。 您 呢?
 Wǒ shì Héběi rén Nín ne
A: 我 是 韩国 人。 从 首尔 来 的。
 Wǒ shì Hánguó rén Cóng Shǒu'ěr lái de
A: 어느 지방 사람이십니까?
B: 저는 허베이 사람입니다. 당신은요?
A: 저는 한국 사람입니다. 서울에서 왔어요.

24. 여행

A: 去 南宁 做 什么？
　　Qù Nánníng zuò shénme
B: 我 去 那儿 出差。
　　Wǒ qù nàr chūchāi
A: 난닝에는 무슨 일로 가십니까?
B: 저는 그리로 출장을 갑니다.

A: 第一 次 去 桂林 吗？
　　Dìyī cì qù Guìlín ma
B: 是 的，去 旅游。 从 照片儿 上 看 桂林 很 美。
　　Shì de qù lǚyóu Cóng zhàopiānr shang kàn Guìlín hěn měi
A: 꾸이린은 처음 가시는 겁니까?
B: 예, 여행 가는 거예요. 사진 보면 꾸이린이 아주 멋있더군요.

A: 您 尝尝 这 个 吧。 这 叫 紫菜 包饭。
　　Nín chángchang zhè ge ba Zhè jiào zǐcài bāofàn
B: 谢谢，这 是 您 做 的 吗？ 真 好吃。
　　Xièxie zhè shì nín zuò de ma Zhēn hǎochī
A: 이것 좀 드셔 보세요. 이것은 김밥이라고 합니다.
B: 감사합니다. 손수 만드신 겁니까? 아주 맛있습니다.

A: 我 下 一 站 就 下 车 了。
　　Wǒ xià yí zhàn jiù xià chē le
B: 再见。希望 您 旅途 愉快。
　　Zàijiàn Xīwàng nín lǚtú yúkuài
A: 认识 你 很 高兴。 再见。
　　Rènshi nǐ hěn gāoxìng Zàijiàn
A: 저는 이제 다음 역에서 내립니다.
B: 안녕히 가십시오. 여행 즐거우시길 바랍니다.
A: 만나서 반가웠습니다. 안녕히 가세요.

③ 유람선 여행

乘 船 旅行
chéng chuán lǚxíng

중국의 관광 명소 중에는 유람선을 타야 하는 코스가 있다. 长江三峡 Cháng Jiāng Sān Xiá(양자강 삼협)이나 桂林漓江 Guìlín Lí Jiāng(계림 이강) 등이 바로 그러하다. 유람선을 타고 내려가며 주변의 산수를 감상하는 코스로서, 깎아지른 듯한 험준한 절벽이 장관인 三峡 Sān Xiá를 남성적 아름다움이라 한다면, 수를 놓은 듯한 기기묘묘한 봉우리 사이를 누비는 漓江 Lí Jiāng을 여성적 아름다움이라 한다.

기본대화

A: 桂林最 好玩 的 地方 是 哪儿？
　　Guìlín zuì hǎowán de dìfang shì　nǎr

B: 桂林旅游 的 精髓 是 漓 江。①
　　Guìlín lǚyóu de jīngsuǐ shì Lí Jiāng

A: 是 吗？ 那儿 有 游船 吗？
　　Shì ma　　Nàr　yǒu yóuchuán ma

B: 当然，那儿 有 很 多 游船。
　　Dāngrán　nàr　yǒu hěn duō yóuchuán

A: 我们 从 这儿出发，要 坐 几个 小时 的 船？
　　Wǒmen cóng zhèr chūfā　yào zuò jǐ ge xiǎoshí de chuán

B: 五个 小时 左右， 早上 九 点 出发，下午 三 点
　　Wǔ ge xiǎoshí zuǒyòu zǎoshang jiǔ diǎn　chūfā　xiàwǔ sān diǎn
　　到达。
　　dàodá

A: 你 怎么 知道 得 这么 清楚 ？
　　Nǐ zěnme zhīdào de zhème qīngchu

B: 我 曾经 在那儿 住过 。
　　Wǒ céngjīng zài　nàr　zhùguo

A: 계림 여행에서 제일 좋은 곳은 어디에요?
B: 계림 여행의 진수는 이강이에요.
A: 그래요? 거기에 유람선이 있나요?
B: 물론이죠. 거기엔 유람선이 무척 많아요.

---

① 精髓 jīngsuǐ: 정수, 진수, 정화.

24. 여행

A: 우리 여기서 출발하면 몇 시간이나 배를 타나요?
B: 다섯 시간 정도예요, 아침 9시에 출발하면 오후 3시에 도착이에요.
A: 어떻게 그렇게 잘 아세요?
B: 이전에 거기서 살았었거든요.

■ 여러 가지 활용

Ⅰ 배편 문의　询问 乘 船 信息
　　　　　　　xúnwèn chéng chuán xìnxī

- 배편은 자주 있습니까?
  班船　常　有 吗? ①
  Bānchuán cháng yǒu ma

- 그 섬으로 가는 배편이 있습니까?
  有 去 那 个 岛 的 班船 吗?
  Yǒu qù nà ge dǎo de bānchuán ma

- 유람선 선착장이 어디입니까?
  游船 码头 在 哪儿?
  Yóuchuán mǎtou zài nǎr

- 표값에 보험도 포함되어 있습니까?
  票价 里 包括 保险 吗?
  Piàojià li bāokuò bǎoxiǎn ma

- 쾌속선도 있습니까?
  有 快艇 吗?
  Yǒu kuàitǐng ma

Ⅱ 유람선에서　在 游船　上
　　　　　　zài yóuchuán shang

- 갑판에 올라가면 풍경을 더 잘 볼 수 있습니다.
  上　甲板 可以 更 好地 欣赏 风景。
  Shàng jiǎbǎn kěyǐ gèng hǎo de xīnshǎng fēngjǐng

- 배를 타고 장강삼협을 바라보면 정말 장관이에요.
  坐 船 看 长 江 三 峡 觉得 真 是 很 壮观。
  Zuò chuán kàn Cháng Jiāng Sān Xiá juéde zhēn shì hěn zhuàngguān

---

① 班船 bānchuán: 정기선, 정기적으로 운항하는 배.

③ 유람선 여행

- 강물이 맑아서 바닥의 돌맹이까지 선명히 보이네요.
  清澈 见 底，连 石子儿 都 能 看 得 一 清 二 楚。
  Qīngchè jiàn dǐ lián shí zǐr dōu néng kàn de yì qīng èr chǔ

- 물에 비치는 그림자가 정말 한 폭의 그림같이 아름다워요.
  倒映 在 水 里 的 影子 美 得 像 一 幅 图画。①
  Dàoyìng zài shuǐ li de yǐngzi měi de xiàng yì fú túhuà

- 난간에 기대지 마세요, 위험합니다!
  别 靠在 栏杆 上，太 危险 了！
  Bié kàozài lángān shang tài wēixiǎn le

- 배가 흔들리니 난간을 꼭 잡으세요.
  船 来回 摇摆，你 一定 要 扶好 栏杆。
  Chuán láihuí yáobǎi nǐ yídìng yào fúhǎo lángān

- 파란 하늘, 흰 구름, 초록 물결, 정말 가슴이 탁 트이네요!
  蓝 天、白 云、绿 水，让 人 心旷神怡。
  Lán tiān bái yún lǜ shuǐ ràng rén xīnkuàngshényí

- 보세요, 저 바위가 꼭 사람같아요!
  看，那 岩石 简直 太 逼真 了，好像 一 个 人。
  Kàn nà yánshí jiǎnzhí tài bīzhēn le hǎoxiàng yí ge rén

- 정말이네요, 여기는 기암괴석이 아주 많군요!
  真 的，这里 有 很 多 奇 岩 怪 石。
  Zhēn de zhèli yǒu hěn duō qí yán guài shí

Ⅲ 기타 其他
qítā

- 수심이 얕아 배가 흔들리지 않으니 걱정할 필요 없습니다.
  水 很 浅，船 开 得 很 稳，你 不要 担心。
  Shuǐ hěn qiǎn chuán kāi de hěn wěn nǐ búyào dānxīn

- 출발 전 미리 멀미약을 드십시오.
  出发 之前 先 吃 点儿 晕船药 吧。
  Chūfā zhīqián xiān chī diǎnr yùnchuányào ba

- 여행 중에서 유람선 여행이 가장 낭만적이더라구요.
  我 觉得 坐 船 旅行 是 最 浪漫 的 了。
  Wǒ juéde zuò chuán lǚxíng shì zuì làngmàn de le

---

① 倒映 dàoyìng: 비치다, 투영되다. 倒影 dàoyǐng: 물에 비친 그림자.

4 관광지에서

在旅游景点
zài lǚyóu jǐngdiǎn

어느 지방을 여행할 때에는 사전에 그곳에 관한 지식이나 정보를 알아두는 것이 좋다. 예를 들면 그 지방의 역사적 사실이라든지 유적과 유물의 상황을 미리 알고 둘러보면 더욱 알찬 여행이 될 것이다. 또한 그 지방에서 생산되는 특산품이나 토속요리가 무엇인지도 미리 알아 놓았다가 나중에 기념으로 구입하거나 시식을 해보는 것도 여행의 맛을 더해줄 것이다.

기본대화

A: 门票 多少 钱？
　　Ménpiào duōshao qián

B: 成人 50 元，儿童 30 元。
　　Chéngrén wǔshí yuán　értóng sānshí yuán

A: 来 两 张 成人票，一 张 儿童票。
　　Lái liǎng zhāng chéngrénpiào　yì zhāng értóngpiào

B: 我们 现在 有 优惠 活动，您 买 两 张 成人票，
　　Wǒmen xiànzài yǒu yōuhuì huódòng　nín mǎi liǎng zhāng chéngrénpiào
　　赠 您 一 张 儿童票。
　　zèng nín yì zhāng értóngpiào

A: 那 太 好 了，我 可以 节省 30 块 钱。
　　Nà tài hǎo le　wǒ kěyǐ jiéshěng sānshí kuài qián

B: 是 的，您 只 需要 给 我 一百 就 行 了。
　　Shì de　nín zhǐ xūyào gěi wǒ yìbǎi jiù xíng le

A: 好 的，给 您 钱。
　　Hǎo de　gěi nín qián

B: 三 张 票，您 拿好 了。
　　Sān zhāng piào　nín náhǎo le

A: 입장표가 얼마예요?
B: 어른은 50위안이고, 어린이는 30위안입니다.
A: 어른표 두 장, 어린이표 한 장 주세요.
B: 저희가 지금 우대행사를 하는데 어른표 두 장을 사시면 어린이표 1장을 드립니다.

4 관광지에서 1151

24 4 在旅游景点

A: 그것 잘됐군요. 30위안을 절약하네요.
B: 네, 100위안만 주시면 됩니다.
A: 좋습니다. 여기요.
B: 표 세 장입니다. 잘 받으세요.

여러 가지 활용

I 매표소에서　在 售票处
　　　　　　　zài shòupiàochù

- 청룡열차 타는 데 얼마예요?
  坐 过山车 多少 钱? ①
  Zuò guòshānchē duōshao qián

- 10명 이상은 할인이 됩니까?
  十 人 以上 可以 优惠 吗?
  Shí rén yǐshàng kěyǐ yōuhuì ma

- 와, 줄 선 사람이 이렇게 많네요. 보아하니 오래 기다려야겠어요.
  哇, 排队 的 人 这么 多 啊, 看来 要 等 好长 时间
  Wa　pái duì de rén zhème duō a　kànlái yào děng hǎocháng shíjiān
  了。
  le

▶검표소에서　在 检票口
　　　　　　　zài jiǎnpiàokǒu

- 입장권을 보여 주세요.
  请 出示 门票。
  Qǐng chūshì ménpiào

- 120cm 이하의 어린이는 탑승할 수 없습니다.
  1.2 米 以下 的 儿童 禁止 乘坐。
  Yī mǐ èr yǐxià de értóng jìnzhǐ chéngzuò

- 어린이는 반드시 보호자가 동반해야 합니다.
  儿童 一定 要 有 监护人 陪同。
  Értóng yídìng yào yǒu jiānhùrén péitóng

---

① 过山车 guòshānchē: 산을 넘는 열차, 즉 청룡열차 놀이기구.

24. 여행

- 노인과 어린이는 입장 금지입니다.
  老人 和 儿童 禁止 入 内。
  Lǎorén hé értóng jìnzhǐ rù nèi
- 심장병이 있는 사람은 입장하지 않는게 좋습니다.
  心脏 病人 最好 不要 进入。
  Xīnzàng bìngrén zuìhǎo búyào jìnrù

Ⅱ 신기한 것을 보았을 때　看到 新奇 的 东西 时
　　　　　　　　　　　　kàndào xīnqí de dōngxi shí

- 저기 있는 탑이 무슨 탑이지요?
  那边 那个 塔 叫 什么 塔?
  Nàbian nà ge tǎ jiào shénme tǎ
- 이 바위에 관한 전설이 있습니까?
  有 没有 关于 这 个 岩石 的 传说?
  Yǒu méiyǒu guānyú zhè ge yánshí de chuánshuō
- 이 건물은 언제 지은 겁니까?
  这 建筑 是 什么 时候 建造 的?
  Zhè jiànzhù shì shénme shíhou jiànzào de

Ⅲ 멋진 경관을 보았을 때　看到 美丽 的 景色 时
　　　　　　　　　　　　kàndào měilì de jǐngsè shí

- 이렇게 아름다운 풍경은 처음 봅니다.
  我 头 一 次 看见 这么 美丽 的 风景。
  Wǒ tóu yí cì kànjiàn zhème měilì de fēngjǐng
- 향산의 단풍은 정말 아름답습니다.
  香 山 的 枫叶 真 的 很 美。①
  Xiāng Shān de fēngyè zhēn de hěn měi
- 별천지에 온 것 같은 기분입니다.
  仿佛 来到 了 世外 桃源。②
  Fǎngfú láidào le shì wài Táoyuán

---

① 베이징의 香山 Xiāng Shān은 가을 단풍으로 유명하다.
② 东晋 Dōng Jìn (동진) 시대 陶渊明 Táo Yuānmíng (도연명) 의 <桃花源记 Táohuāyuán Jì> (도화원기)에 나오는 이상향 武陵桃源 Wǔ Líng Táoyuán (무릉도원)을 말한다.

④ 관광지에서

- 한 폭의 아름다운 산수화 속에 들어온 것 같네요.
  仿佛 置身 于一 幅美丽 的 山水画 中。
  Fǎngfú zhìshēn yú yì fú měilì de shānshuǐhuà zhōng

- 백두산 천지에 올라보니 가슴이 뭉클해 집니다.
  爬到 长白 山 天 池，心 都 快要 跳 出来 了。
  Pádào Chángbái Shān Tiān Chí xīn dōu kuàiyào tiào chulai le

- 야! 정말 감동적이군요!
  呀！真 让 人 感动 啊！
  Ya Zhēn ràng rén gǎndòng a

- 태산의 장관은 정말 소문대로군요.
  泰山 的 壮观 真 是 名 不 虚 传 啊。
  Tài Shān de zhuàngguān zhēn shì míng bù xū chuán a

- 세계 각지를 다녀봤지만 이렇게 멋진 경치는 처음입니다!
  我 去过世界 很 多 地方，但 这么 迷人 的 景色 还是 头
  Wǒ qùguo shìjiè hěn duō dìfang dàn zhème mírén de jǐngsè háishi tóu
  一 次 见 。
  yí cì jiàn

- 일사천리로 내리는 폭포가 비할데 없이 장관입니다!
  这 瀑布 一 泻 千 里，无比 壮观！
  Zhè pùbù yí xiè qiān lǐ wúbǐ zhuàngguān

- 저 풍경을 배경으로 사진을 한 장 찍고 싶어요.
  我 想 以那 风景 为 背景，拍一 张 照片儿。
  Wǒ xiǎng yǐ nà fēngjǐng wéi bèijǐng pāi yì zhāng zhàopiānr

5 기념사진 · 기념품   留 影 / 纪念品
liú yǐng jìniànpǐn

흔히 여행하고 남는 것은 사진밖에 없다고 한다. 훗날 사진들을 보면서 추억에 잠기기도 하고 잊었던 사건들을 바로 어제 일처럼 기억해내기도 한다. 아름다운 풍경이나 기념이 될만한 유적 앞에서 찍은 잘 나온 사진 한 장 크게 확대해서 걸어놓아도 좋을 것이다. 사진을 찍을 때 우리 나라 사람들이 "김치~"하고 찍는 것처럼 중국 사람들은 "茄子 qiézi"(가지)하며 찍는다.

기본대화

A: 我们 在 这儿 拍 张 照 吧。
　　Wǒmen zài zhèr pāi zhāng zhào ba
B: 那样 也 好， 找 人 给 我们 照 相 吧。
　　Nàyàng yě hǎo zhǎo rén gěi wǒmen zhào xiàng ba
A: 麻烦 您 帮 我们 照 张 相 好 吗？
　　Máfan nín bāng wǒmen zhào zhāng xiàng hǎo ma
C: 好， 来， 照 了。 一， 二， 三。
　　Hǎo lái zhào le Yī èr sān
A: 우리 여기서 기념사진 찍어요.
B: 그게 좋겠군요. 다른 사람에게 찍어달라고 합시다.
A: 실례합니다만, 사진 좀 찍어 주시겠습니까?
C: 그러지요. 자 찍습니다. 하나 둘 셋.

여러 가지 활용

I 사진을 찍을 때   拍照 时
　　　　　　　　　　pāizhào shí

• 모두 빨리 모여요. 단체사진을 찍겠습니다.
  大家 快 过来。 来 照 集体照 了。①
  Dàjiā kuài guòlai Lái zhào jítǐzhào le

---

① 集体照 jítǐzhào: 단체사진.

기념사진·기념품 1155

- 죄송하지만 잠깐만 비켜 주시겠습니까?
  麻烦您 让 一下 好 吗？
  Máfan nín ràng yíxià hǎo ma

- 자, 모두 치즈~ 하고 웃어봐요.
  来，大家 一起 说 "茄子"，笑 一 笑 。
  Lái dàjiā yìqǐ shuō qiézi xiào yi xiào

- 앗, 눈을 감은 것 같아요.
  啊， 好像 眨 眼睛 了 。
  A hǎoxiàng zhǎ yǎnjing le

- 다시 한 장 찍어 주세요.
  再 给 照 一 张 吧 。
  Zài gěi zhào yì zhāng ba

▶사진을 찍어달라고 부탁할 때　请 人 拍照 时
　　　　　　　　　　　　　qǐng rén pāizhào shí

- 실례지만 사진 좀 찍어 주시겠습니까?
  麻烦 您 给 我 照 张 相，好 吗 ？
  Máfan nín gěi wǒ zhào zhāng xiàng hǎo ma

- 여기를 눌러 주시면 됩니다.
  摁 一下 这里 就 可以 了 。
  Èn yíxià zhèli jiù kěyǐ le

▶사진을 찍어줄 때　给 别人　照相　时
　　　　　　　　gěi biéren zhàoxiàng shí

- 자 여기를 보세요.
  来，看 这里 。
  Lái kàn zhèli

- 두 분 같이 서세요. 제가 찍어드릴게요.
  你们 两 位 一起 照 吧 。 我 给 你们 拍 。
  Nǐmen liǎng wèi yìqǐ zhào ba Wǒ gěi nǐmen pāi

- 저는 사진을 잘 찍을 줄 모르는데요.
  我 不 大 会 照 相 。
  Wǒ bú dà huì zhào xiàng

- 필름이 몇 장 안 남았어요.
  胶卷 没 剩 多少 张 了 。
  Jiāojuǎn méi shèng duōshao zhāng le

24
⑤ 留影／纪念品

24. 여행

▶즉석사진을 찍을 때　照 快照 时
　　　　　　　　　　　zhào kuàizhào shí

> A: 我们 在那里 照 一 张 快照 吧。
> 　　Wǒmen zài nàli zhào yì zhāng kuàizhào ba
> B: 照 出来 的 效果 会 好 吗?
> 　　Zhào chulai de xiàoguǒ huì hǎo ma
> A: 那儿 摆 的 相片 都 挺 好 的。
> 　　Nàr bǎi de xiàngpiàn dōu tǐng hǎo de
> A: 우리 저기서 즉석사진 한 장 찍어요.
> B: 사진이 잘 나올까요?
> A: 저기 진열해 놓은 사진들은 꽤 잘나왔는데요.

- 얼마나 기다려야 찾을 수 있지요?
  等 多 长 时间 可以 取?
  Děng duō cháng shíjiān kěyǐ qǔ
- 15분이면 됩니다.
  十五 分钟 就 够 了。
  Shíwǔ fēnzhōng jiù gòu le
- 사진을 찍고 올라가셨다가 내려오실 때 찾으시면 됩니다.
  先 照完 相 再 上去, 下来 的 时候 就 可以 取 了。
  Xiān zhàowán xiàng zài shàngqu xiàlai de shíhou jiù kěyǐ qǔ le
- 이 즉석사진은 그런대로 괜찮군요.
  这 张 快照 还 可以。
  Zhè zhāng kuàizhào hái kěyǐ

II 기념품점에서　在 纪念品 店
　　　　　　　　zài jìniànpǐn diàn

> A: 既然 来 旅游, 就 买 个 纪念品 吧。
> 　　Jìrán lái lǚyóu jiù mǎi ge jìniànpǐn ba
> B: 买 什么 好 呢?
> 　　Mǎi shénme hǎo ne

[5] 기념사진·기념품

A: 杭州 的 绿茶、绸缎，还 有 珍珠 产品 都 很 有名。
   Hángzhōu de lǜchá chóuduàn hái yǒu zhēnzhū chǎnpǐn dōu hěn yǒumíng
B: 买 绿茶 吧，回去 还 可以 送 人。
   Mǎi lǜchá ba huíqu hái kěyǐ sòng rén
A: 여행을 왔으니 기념품을 좀 삽시다.
B: 뭘 사면 좋을까요?
A: 항저우는 녹차와 비단, 그리고 진주 제품이 다 유명해요.
B: 녹차를 사죠. 돌아가 선물로 줄 수도 있으니.

▶토산품을 찾을 때　找 土特产
　　　　　　　　　　zhǎo tǔtèchǎn

• 이 지역 토산품을 좀 보여주시겠습니까?
  看 一下 这里 的 土特产 好 吗？
  Kàn yíxià zhèli de tǔtèchǎn hǎo ma
• 이 지역에서 가장 유명한 토산품은 무엇입니까?
  在 这 个 地区 最 有名 的 土特产 是 什么？
  Zài zhè ge dìqū zuì yǒumíng de tǔtèchǎn shì shénme
• 항저우는 녹차의 고장입니다.
  杭州 是 绿茶 之 乡。
  Hángzhōu shì lǜchá zhī xiāng
• 이곳의 진주는 아주 유명합니다.
  这里 的 珍珠 很 有名。
  Zhèli de zhēnzhū hěn yǒumíng
• 취푸의 인장은 좋기도 하고 값도 싸다던데요.
  听说 曲阜的 印章 又 好 又 便宜。①
  Tīngshuō Qūfù de yìnzhāng yòu hǎo yòu piányi

▶토산품을 살 때　买 土特产 时
　　　　　　　　　mǎi tǔtèchǎn shí

• 품질이 좋긴 한데 가격이 너무 비싸군요.
  质量 是 好，就 是 价钱 太 贵 了。
  Zhìliàng shì hǎo jiù shì jiàqián tài guì le

---

① 曲阜 Qūfù(취푸)는 孔子 Kǒngzǐ(공자)의 사당이 있는 곳으로 갖가지 인장들을 저렴한 가격에 구입할 수가 있다.

24. 여행

- 관광지라서 가격이 다 비싸네요.
  因为 是 旅游 胜地，所以 价钱 都 很 贵。
  Yīnwèi shì lǚyóu shèngdì suǒyǐ jiàqián dōu hěn guì

- 싸고도 품질 좋기로 명성이 자자합니다.
  物美 价廉，很 有 名气 的。①
  Wùměi jiàlián　hěn yǒu míngqi de

- 이곳에는 가짜도 많으니 속지 않도록 조심해야 해요.
  这里 假 的 也 很 多，小心 别 上 当 了。②
  Zhèli jiǎ de yě hěn duō　xiǎoxīn bié shàng dàng le

- 이 물건 해외로 가져갈 수 있나요?
  这 个 东西 能 带出 境 吗？
  Zhè ge dōngxi néng dàichū jìng ma

- 입출국시에 얼마까지 가져갈 수 있죠?
  进出境 时 最 多 能 带 多少 ？
  Jìnchūjìng shí zuì duō néng dài duōshao

---

① 物美价廉 wùměi jiàlián: '물건도 좋고 가격도 저렴하다'는 뜻의 성어. 거리의 간판이나 광고 문구에서도 자주 볼 수 있다.

② 上当 shàng dàng: 꾀에 넘어가다, 속임수에 빠지다.

6 단체여행

团体 旅游
tuántǐ lǚyóu

젊은이들에게는 배낭여행, 무전여행 등 스스로 계획하여 여행을 하는 것이 비록 고생은 되더라도 훨씬 의미가 있을 수 있다. 그러나 언어가 전혀 통하지 않거나 이것저것 신경쓰지 않고 편하게 여행하고 싶을 때에는 여행사의 패키지 상품을 이용하는 것이 좋을 것이다. 여행가이드는 导游 dǎoyóu 라고 하며, 팁은 小费 xiǎofèi 라고 한다.

기본대화

A: 语言 不 通, 团体 旅游 会 不 会 好 一些?
　　Yǔyán bù tōng tuántǐ lǚyóu huì bu huì hǎo yìxiē

B: 说 得 对。 再说 你 对 那儿 的 地理 环境 也 不 太 熟悉。
　　Shuō de duì　　Zàishuō nǐ duì nàr de dìlǐ huánjìng yě bú tài shúxī

A: 不过, 听说 团体 旅游 总是 要 你 买 很 多 东西。
　　Búguò　　tīngshuō tuántǐ lǚyóu zǒngshì yào nǐ mǎi hěn duō dōngxi

B: 反正 也 要 购 物 嘛。 就 当 旅游 行程 的 一 部分 吧。①
　　Fǎnzhèng yě yào gòu wù ma　　Jiù dāng lǚyóu xíngchéng de yí bùfen ba

A: 언어도 안 통하니 단체여행이 낫지 않을까요?
B: 맞아요. 게다가 그곳 지리환경도 잘 모르잖아요.
A: 그런데 패키지 여행은 쇼핑을 많이 시킨다던데요.
B: 어차피 쇼핑도 필요하니 여행코스의 일부로 생각하면 되죠 뭐.

---

① 反正 fǎnzhèng: 어차피, 어쨌든, 아무튼.

24. 여행

여러 가지 활용

I. 여행지 및 코스　旅游 地点 及 线路
lǚyóu dìdiǎn jí xiànlù

> A: 想　去　昆明　旅游，有 哪 几　种？
>   Xiǎng qù Kūnmíng lǚyóu yǒu nǎ jǐ zhǒng
> B: 有　五 日　游 的，也 有　七　日　游 的。
>   Yǒu wǔ rì yóu de yě yǒu qī rì yóu de
> A: 旅游　行程　怎么 安排 的？
>   Lǚyóu xíngchéng zěnme ānpái de
> B: 这里　有　行程表。　参考　一下 吧。
>   Zhèli yǒu xíngchéngbiǎo Cānkǎo yíxià ba
> A: 쿤밍을 여행할까 하는데 어떤 것들이 있습니까?
> B: 5일 코스도 있고, 7일 코스도 있습니다.
> A: 관광일정은 어떻게 되죠?
> B: 여기 일정표가 있습니다. 참고해 보세요.

▶여행일정 및 가격표　路线 及 价格表
lùxiàn jí jiàgébiǎo

• 베이징—하이난 왕복항공 이용, 5일 핵심여행, 1인당 1,880위안.
  北京　双　飞　海南　五 日　精华游　每　人　　1,880
  Běijīng shuāng fēi Hǎinán wǔ rì jīnghuáyóu měi rén yìqiān bābǎi bāshí
  元。①
  yuán

• 베이징—황산, 첸다오후, 항저우, 상하이 왕복침대열차 이용, 7일 여행, 1인당 1,680위안.
  北京 至　黄　山、千岛　湖、杭州、上海、　双　卧 七
  Běijīng zhì Huáng Shān Qiāndǎo Hú Hángzhōu Shànghǎi shuāng wò qī
  日 游 每 人　　1,680　　元 。
  rì yóu měi rén yìqiān liùbǎi bāshí yuán

---

① 精华 jīnghuá: 정수, 정화의 뜻. 즉 精华游 jīnghuáyóu 란 중요한 곳들만 골라서 하는 여행을 말한다.

▶일정 설명　　行程　说明
　　　　　　　xíngchéng shuōmíng

- 도착하는 첫날은 자유시간입니다.
  到达 的 第一 天 是 自由 活动 时间。
  Dàodá de dìyī tiān shì zìyóu huódòng shíjiān
- 첫날은 기차에서 잠을 잡니다.
  第一 天 在 火车 上 睡觉。
  Dìyī tiān zài huǒchē shang shuìjiào
- 베이징—시안—꾸이린 코스가 있습니다.
  有 北京 — 西安 — 桂林 的 路线。
  Yǒu Běijīng Xī'ān Guìlín de lùxiàn

Ⅱ 이행 기이드　导游
　　　　　　　dǎoyóu

- 가이드가 단체를 인솔해서 같이 갑니다.
  导游 带 团 一起 走。
  Dǎoyóu dài tuán yìqǐ zǒu
- 불편하신 점 있으시면 가이드에게 말씀하시면 됩니다.
  有 什么 不 方便 的，跟 导游 说 就 可以 了。
  Yǒu shénme bù fāngbiàn de gēn dǎoyóu shuō jiù kěyǐ le
- 비행기에서 내리시면 현지의 가이드가 마중나올 겁니다.
  下 飞机 后 当地 的 导游 会 来 接 的。
  Xià fēijī hòu dāngdì de dǎoyóu huì lái jiē de

▶팁　小费
　　　xiǎofèi

- 가이드 팁은 손님께서 재량으로 주시면 됩니다.
  导游 的 小费，由 您 来 决定。
  Dǎoyóu de xiǎofèi yóu nín lái juédìng
- 대개 가이드 팁은 팀에서 함께 모아서 줍니다.
  一般 导游 的 小费 是 由 团 里的 人 一起 凑 的。
  Yìbān dǎoyóu de xiǎofèi shì yóu tuán li de rén yìqǐ còu de

Ⅲ 추가비용　附加 费用
fùjiā fèiyòng

- 일체의 추가비용은 전혀 없습니다.
  一切 附加 费用 都 没有 。
  Yíqiè　fùjiā　fèiyòng dōu méiyǒu

- 민속공연 관람은 별도로 비용을 내셔야 합니다.
  看 民俗 表演 是 要 另 交 费 的 。
  Kàn mínsú biǎoyǎn shì yào lìng jiāo fèi de

- 고급침대열차를 이용하시려면 500 위안을 추가해야 합니다.
  坐 软卧 的话 ， 要 加 500 元 。
  Zuò ruǎnwò dehuà　yào jiā　wǔbǎi yuán

7 분실신고

挂失
guàshī

해외에 나갔을 경우에는 특히 여권(护照 hùzhào)을 분실하지 않도록 각별히 신경을 써야 한다. 특히 중국에서는 한국인들의 여권분실 사례가 빈발하고 있으므로 더욱 주의를 요한다. 만일 분실했을 경우에는 바로 중국의 公安局 gōng'ānjú(공안국)에 여권분실신고를 한 다음 이를 근거로 한국 영사관(领事馆 lǐngshìguǎn)에서 여권이나 여행증명서를 재발급 받은 뒤에, 다시 공안국에서 비자를 받아야만 출국을 할 수가 있다.

기본대화

A: 出 什么 事儿 了？
   Chū shénme shìr le

B: 我 的 旅行包 丢 了。
   Wǒ de lǚxíngbāo diū le

A: 什么 时候？ 在 哪儿 丢 的？
   Shénme shíhou Zài nǎr diū de

B: 昨天 在 火车站 到 市内 的 出租车 上 丢 的。
   Zuótiān zài huǒchēzhàn dào shì nèi de chūzūchē shang diū de

A: 您 还 记得 出租车 车牌号 吗？
   Nín hái jìde chūzūchē chēpáihào ma

B: 我 第一次 来 这儿，所以 什么 都 想 不 起来 了。
   Wǒ dìyī cì lái zhèr suǒyǐ shénme dōu xiǎng bu qǐlái le

A: 包 里面 有 什么 东西 吗？
   Bāo lǐmian yǒu shénme dōngxi ma

B: 有些 贵重 物品。
   Yǒuxiē guìzhòng wùpǐn

A: 请 您 在 这儿 登记 一下，写下 您 的 联系 方式。
   Qǐng nín zài zhèr dēngjì yíxià xiěxià nín de liánxì fāngshì
   找到 的话会 马上 跟 您 联系 的。
   Zhǎodào dehuà huì mǎshàng gēn nín liánxì de

A: 무슨 일이십니까?

B: 제 여행 가방을 잃어버렸습니다.

24. 여행

A: 언제, 어디서 분실했습니까?
B: 어제 기차역에서 시내로 들어오는 택시에 놓고 내렸습니다.
A: 택시번호를 기억하고 계십니까?
B: 저는 이곳에 처음이라 아무 것도 기억을 못하겠습니다.
A: 가방에는 어떤 물건이 들었습니까?
B: 약간의 귀중품이 있습니다.
A: 알겠습니다. 이 분실신고서에 연락처를 기입해 주십시오.
   찾는 즉시 연락 드리겠습니다.

여러 가지 활용

I 소지품 분실 丢失 随身 物品
  diūshī suíshēn wùpǐn

▶ 분실 丢失
       diūshī

- 지갑을 택시 안에 두고 내렸습니다.
  我 把 钱包 落在 出租车 上 了。
  Wǒ bǎ qiánbāo làzài chūzūchē shang le

- 저 의자에 놔 두었던 가방이 없어졌습니다.
  放在 那 张 椅子 上 的 包 不 见 了。
  Fàngzài nà zhāng yǐzi shang de bāo bú jiàn le

- 버스 안에 서류가방을 두고 내렸습니다.
  公文包 放在 公交车 上 忘 拿 了。
  Gōngwénbāo fàngzài gōngjiāochē shang wàng ná le

- 여권을 어디에 놓았는지 기억이 나지 않습니다.
  我 想 不起 护照 丢在 哪儿 了。
  Wǒ xiǎng bu qǐ hùzhào diūzài nǎr le

- 여권을 분실하여 한국 영사관에 가서 분실 신고를 하려고 합니다.
  我 丢了 护照, 想 去 韩国 领事馆 挂 失。[1]
  Wǒ diūle hùzhào xiǎng qù Hánguó lǐngshìguǎn guà shī

---

[1] 挂失 guà shī: 카드나 증서 등을 분실한 후에 원발행기관에 분실 신고하는 것을 말함.

[7] 분실신고

- 여기에서 가장 가까운 파출소는 어디 있습니까?
  离 这里 最 近 的 派出所 在 哪儿？
  Lí zhèli zuì jìn de pàichūsuǒ zài nǎr

▶ 분실 신고　挂 失
　　　　　　　guà shī

- 분실물 보관소는 어디 있습니까?
  失物 保管处 在 哪儿？
  Shīwù bǎoguǎnchù zài nǎr

- 분실물을 수령하는 곳은 어디 있습니까?
  丢失 物品 招领处 在 哪儿？
  Diūshī wùpǐn zhāolǐngchù zài nǎr

- 여권을 재발급 받으려면 어떻게 하면 됩니까?
  再 办 护照 的话，该 怎么 做？
  Zài bàn hùzhào dehuà gāi zěnme zuò

- 죄송합니다만, 최대한 빨리 찾아 주시겠습니까?
  麻烦 你们 尽快 帮 我 找，好 吗？
  Máfan nǐmen jǐnkuài bāng wǒ zhǎo hǎo ma

▶ 분실물　丢失 物品
　　　　　diūshī wùpǐn

A: 钱包 里有 什么 东西？
   Qiánbāo li yǒu shénme dōngxi
B: 护照、钱、还 有 支票。
   Hùzhào qián hái yǒu zhīpiào
A: 지갑에는 어떤 것들이 있습니까?
B: 여권, 돈, 그리고 수표가 있습니다.

- 가방 안에는 중요한 서류가 들어 있습니다.
  包 里面 有 重要 的 文件。
  Bāo lǐmian yǒu zhòngyào de wénjiàn

- 그 가방 안에 이선생한테 줄 선물이 있는데 어떡하죠?
  那个 包 里有 送给 李 先生 的 礼物，怎么办 啊？
  Nà ge bāo li yǒu sònggěi Lǐ xiānsheng de lǐwù zěnmebàn a

24. 여행

▶ 분실물을 찾은 경우　找到 丢失 物品 时
　　　　　　　　　　zhǎodào diūshī wùpǐn shí

> A: 我 接到 通知 说， 找到 我 的 包 了， 是 吗？
> 　　Wǒ jiēdào tōngzhī shuō zhǎodào wǒ de bāo le　shì ma
> B: 是 的， 在 地铁站 找到 的。 查看 一下 包 里面
> 　　Shì de　　zài dìtiězhàn zhǎodào de　　Chákàn yíxià bāo lǐmian
> 的 东西。
> de dōngxi
> A: 噢， 都 在， 太 感谢 你们 了。
> 　　O　dōu zài　tài gǎnxiè nǐmen le
> A: 제 가방을 찾으셨다는 연락을 받았는데요, 맞습니까?
> B: 네, 지하철역에서 찾았습니다. 가방안의 내용물을 확인하
> 십시오.
> A: 오, 다 있습니다. 정말 감사합니다.

- 가방을 찾아 가려고 왔습니다.
  我 是 来 拿 包 的。
  Wǒ shì lái ná bāo de

Ⅱ 강도·도둑을 만났을 때　遇到 强盗 或 小偷 时
　　　　　　　　　　　yùdào qiángdào huò xiǎotōu shí

▶ 강도의 위협　强盗 的 威胁
　　　　　　qiángdào de wēixié

- 움직이지 마! /손들엇!
  不要 动! / 举起 手 来!
  Búyào dòng　　Jǔqǐ shǒu lai

- 소리지르지 마! /엎드려!
  不要 喊! / 趴下!
  Búyào hǎn　　Pāxià

▶ 도움을 청할 때　求助 时
　　　　　　　qiúzhù shí

- 도와 주세요!
  帮帮 我!
  Bāngbang wǒ

⑦ 분실신고

⑦ 挂失

- 사람 살려요!
  救 命 啊!
  Jiù mìng a

- 도둑 잡아라! / 저 놈 빨리 잡아요!
  抓 小偷! / 快 抓住 他!
  Zhuā xiǎotōu　　Kuài zhuāzhù tā

- 경찰을 빨리 불러 주세요!
  快 叫 警察!
  Kuài jiào jǐngchá

- 부근에 가장 가까운 파출소에 데려다 주시겠습니까?
  带 我 去 最近 的 派出所 好 吗?
  Dài wǒ qù zuì jìn de pàichūsuǒ hǎo ma

▶도난 신고　报 警
　　　　　　bào jǐng

- 신고를 하러 왔습니다.
  我 是 来 报 案 的。
  Wǒ shì lái bào àn de

- 지하철에서 소매치기에게 지갑을 도둑맞았습니다.
  在 地铁站 小偷 把我的 钱包 偷走 了。
  Zài dìtiězhàn xiǎotōu bǎ wǒ de qiánbāo tōuzǒu le

- 눈깜짝할 사이에 지갑을 도둑맞았습니다.
  一眨眼 的 工夫 钱包 就 被人 偷走 了。
  Yìzhǎyǎn de gōngfu qiánbāo jiù bèi rén tōuzǒu le

- 정류장에서 서류봉투를 날치기 당했습니다.
  文件包 在 停车场 被 抢 了。
  Wénjiànbāo zài tíngchēchǎng bèi qiǎng le

- 한 시간 전 역 매표창구 앞에서 잃었습니다.
  一个 小时 之前 在 售票处 前面 丢 的。
  Yí ge xiǎoshí zhīqián zài shòupiàochù qiánmiàn diū de

- 외출한 사이에 객실에 놔둔 돈을 몽땅 도둑맞았습니다.
  外出 的 时候, 放在 客房 里 的 钱 全 被偷 了。
  Wàichū de shíhou fàngzài kèfáng li de qián quán bèi tōu le

24. 여행

- 방안은 엉망으로 되어 있고 귀중한 물건도 좀 없어졌습니다.
  房间 乱 得 很, 还 有 一些 贵重 物品 也 被 偷 了。
  Fángjiān luàn de hěn, hái yǒu yìxiē guìzhòng wùpǐn yě bèi tōu le

▶ 곤경에 처했을 때　处于 困境 时
　　　　　　　　　　chǔyú kùnjìng shí

- 한국말 할 줄 아는 사람은 없습니까?
  有 没有 人 会 说 韩语?
  Yǒu méiyǒu rén huì shuō Hányǔ

- 말도 통하지 않고 짐도 잃어버려 어찌하면 좋을지 모르겠습니다.
  我 语言 不 通, 行李 又 丢 了, 我 都 不 知道 该
  Wǒ yǔyán bù tōng, xíngli yòu diū le, wǒ dōu bù zhīdào gāi
  怎么办 了。
  zěnmebàn le

- 한국 대사관에 급히 연락하세요.
  赶快 与 韩国 大使馆 联系 吧。
  Gǎnkuài yǔ Hánguó dàshǐguǎn liánxì ba

참고 관련 용어　词汇
　　　　　　　　　cíhuì

- 여행　旅游
　　　　lǚyóu
- 기념관　纪念馆
　　　　　jìniànguǎn
- 미술관　美术馆
　　　　　měishùguǎn
- 전람관　展览馆
　　　　　zhǎnlǎnguǎn
- 동물원　动物园
　　　　　dòngwùyuán
- 식물원　植物园
　　　　　zhíwùyuán
- 관광지도　旅游 地图
　　　　　　lǚyóu dìtú
- 여행사　旅行社
　　　　　lǚxíngshè

- 유적지　遗址
　　　　　yízhǐ
- 공원　公园
　　　　gōngyuán
- 궁전　宫殿
　　　　gōngdiàn
- 명승고적　名胜 古迹
　　　　　　míngshèng gǔjì
- 박람회　博览会
　　　　　bólǎnhuì
- 온천　温泉
　　　　wēnquán
- 화랑　画廊
　　　　huàláng
- 유람선　游船
　　　　　yóuchuán

- 여객선　客船
  kèchuán
- 쾌속선　快艇
  kuàitǐng
- 승선권　船票
  chuánpiào
- 항구　港口
  gǎngkǒu
- 부두　码头
  mǎtou
- 승무원　乘务员
  chéngwùyuán
- 조타실　驾驶舱
  jiàshǐcāng
- 노　桨
  jiǎng
- 해안　海岸
  hǎi'àn
- 탑　塔
  tǎ
- 폭포　瀑布
  pùbù
- 화산　火山
  huǒshān
- 빙하　冰河
  bīnghé
- 평원　平原
  píngyuán
- 초원　草原
  cǎoyuán
- 산　山
  shān
- 강　江 / 河
  jiāng　hé
- 협곡　峡谷
  xiágǔ
- 산언덕　山坡
  shānpō
- 풍차　风车
  fēngchē
- 잔디　小草
  xiǎocǎo

- 동굴　洞
  dòng
- 호수　湖
  hú
- 숲　树林
  shùlín
- 고원　高原
  gāoyuán
- 전망대　展望台
  zhǎnwàngtái
- 광장　广场
  guǎngchǎng
- 사막　沙漠
  shāmò
- 카메라　照相机
  zhàoxiàngjī
- 무비 카메라　摄像机
  shèxiàngjī
- 디지털 카메라　数码相机
  shùmǎ xiàngjī
- 필름　胶卷
  jiāojuǎn
- 기념사진　留影
  liú yǐng
- 반신 사진　半身照
  bànshēnzhào
- 사진첩　相册
  xiàngcè
- 매표소　售票处
  shòupiàochù
- 무료 입장권　免费券
  miǎnfèiquàn
- 어른 표　成人票
  chéngrénpiào
- 어린이 표　儿童票
  értóngpiào
- 단체여행　团体旅游
  tuántǐ lǚyóu
- 가이드　导游
  dǎoyóu
- 팁　小费
  xiǎofèi

25

호텔 이용

宾馆住宿　　　　　　　BINGUAN ZHUSU

1. 호텔 예약　　　　　　预订房间
2. 체크 인　　　　　　　入住登记
3. 부대시설　　　　　　　服务设施
4. 호텔 서비스　　　　　　饭店服务
5. 불편 신고　　　　　　　　投诉
6. 체크아웃　　　　　　　　退房
7. 프린드 네스크　　　　　　前台

1 호텔 예약

预订 房间
yùdìng fángjiān

호텔에 대한 중국어의 표현으로는 酒店 jiǔdiàn, 饭店 fàndiàn, 宾馆 bīnguǎn 등이 있는데, 예전에는 조금씩 의미가 달랐지만 지금은 동일하게 쓰이고 있다. 예를 들면, 쉐라톤 호텔(Sheraton Hotel)은 喜来登饭店 Xǐláidēng Fàndiàn, 하얏트 호텔(Hyatt Hotel)은 凯悦酒店 Kǎiyuè Jiǔdiàn, 힐튼 호텔(Hilton Hotel)은 希尔顿大酒店 Xī'ěrdùn Dàjiǔdiàn, 센트럴 가든 호텔(Central Garden Hotel)은 中苑宾馆 Zhōngyuàn Bīnguǎn 으로 표기하고 있다. 이 밖에 리조트(Resort)는 度假村 dùjiàcūn 이라고 하며, 규모가 작은 모텔(Motel)급은 汽车旅馆 qìchē lǚguǎn 이라고 한다.

기 본 대 화

A: 你好！观光 酒店 前台。
   Nǐ hǎo Guānguāng Jiǔdiàn qiántái

B: 你好！我 想 订 房间。①
   Nǐ hǎo Wǒ xiǎng dìng fángjiān

A: 您 打算 住 几 天 ?
   Nín dǎsuàn zhù jǐ tiān

B: 两 天 。
   Liǎng tiān

A: 您 要 单人间 还是 双人间 ? ②
   Nín yào dānrénjiān háishi shuāngrénjiān

---

① 표현에는 预订 yùdìng, 预约 yùyuē 등이 있지만, 일상 생활에서는 그냥 订 dìng 이라고 많이 한다.

② 호텔의 객실 등급은 单人间 dānrénjiān(single room), 双人间 shuāngrénjiān(twin room), (double room), 行政间 xíngzhèngjiān(executive room), 豪华套间 háohuá tàojiān(luxury suite), 高级套房 gāojí tàofáng(suite deluxe), 皇室套房 huángshì tàofáng(imperial suite), 总统套房 zǒngtǒng tàofáng(presidential suite) 등으로 나눌 수 있다. 그러나 호텔에 따라서는 double room 을 双人间 shuāngrénjiān, twin room 을 标准间 biāozhǔnjiān 이라고도 하므로 예약시에 확인을 해보는 것이 좋다.

25. 호텔 이용

B: 我 想 订 一个 双人间。 一天 多少 钱?
　　Wǒ xiǎng dìng yí ge shuāngrénjiān Yì tiān duōshao qián
A: 1,000 元。
　　Yìqiān yuán
B: 那 就 订 它 吧。
　　Nà jiù dìng tā ba
A: 안녕하세요. 관광호텔 프런트입니다.
B: 안녕하세요. 룸을 예약하고 싶습니다.
A: 며칠 묵으실 예정입니까?
B: 이틀입니다.
A: 싱글룸을 원하세요? 아니면 트윈룸을 원하세요?
B: 트윈룸으로 예약하고 싶습니다. 하루에 얼마입니까?
A: 1,000 위안입니다.
B: 그럼 그것으로 예약하겠습니다.

여러 가지 활용

I 숙박 기간   住宿 期间
　　　　　　　zhùsù qījiān

- 닷새 묵을 예정입니다.
  打算 住 五 天。
  Dǎsuàn zhù wǔ tiān

- 9월 12일부터 14일까지 싱글룸을 예약하고 싶습니다.
  我 想 订 9月 12 号 到 14 号 的 单人间。
  Wǒ xiǎng dìng jiǔyuè shí'èr hào dào shísì hào de dānrénjiān

- 7월 12일부터 2일간 묵을 스탠다드룸을 예약하고 싶은데요.
  我 想 订 7月 12 号 的 标准间 住 两 天。
  Wǒ xiǎng dìng qīyuè shí'èr hào de biāozhǔnjiān zhù liǎng tiān

- 글피 오전에 체크아웃할 겁니다.
  大后天 早上 退 房。
  Dàhòutiān zǎoshang tuì fáng

① 호텔예약

II. 숙박 요금　住宿费
zhùsùfèi

> A: 单人间 的 房价 是 多少 ?
>   Dānrénjiān de fángjià shì duōshao
> B: 一 天 200 元 ，税 和 服务费 另 算。
>   Yì tiān liǎngbǎi yuán　shuì hé fúwùfèi lìng suàn
> A: 싱글룸의 방값은 얼마입니까?
> B: 하루에 200 위안이며 세금과 봉사료는 별도 계산입니다.

- 하루 묵는 데 얼마입니까?
  住 一 天 多少 钱 ?
  Zhù yì tiān duōshao qián

- 더 싼 방은 없습니까?
  有 没有 更 便宜 的 房间 ?
  Yǒu méiyǒu gèng piányi de fángjiān

- 500위안 이하의 방은 없습니까?
  没有 500 元 以下 的 房间 吗 ?
  Méiyǒu wǔbǎi yuán yǐxià de fángjiān ma

- 아침식사는 제공됩니까?
  提供 早餐 吗 ?
  Tígōng zǎocān ma

- 아침식사는 별도로 계산됩니다.
  早餐 另 算 。
  Zǎocān lìng suàn

- 아침식사 포함입니다.
  包括 早餐 。
  Bāokuò zǎocān

III. 원하는 방을 말할 때　对 房间 提出 要求 时
duì fángjiān tíchū yāoqiú shí

- 욕실이 있는 싱글룸을 예약할 수 있을까요?
  可以 订 一 个 有 浴室 的 单人间 吗 ?
  Kěyǐ dìng yí ge yǒu yùshì de dānrénjiān ma

- 조용한 방을 원합니다.
  想 要 安静 一点 的 房间 。
  Xiǎng yào ānjìng yìdiǎn de fángjiān

- 전망이 좋은 방에 묵고 싶은데요.
  我 想 住 观景房。
  Wǒ xiǎng zhù guānjǐngfáng
- 호텔에 수영장이 있습니까?
  酒店 里 有 游泳池 吗？
  Jiǔdiàn li yǒu yóuyǒngchí ma
- 아이가 있으니 침대를 하나 더 놓아 주시겠습니까?
  我们 带着 孩子，麻烦 你 再 加 一 张 床 好 吗？
  Wǒmen dàizhe háizi máfan nǐ zài jiā yì zhāng chuáng hǎo ma

Ⅳ 방이 없을 때　没有 房间 时
　　　　　　　　méiyǒu fángjiān shí

- 죄송합니다, 오늘은 방이 다 찼습니다.
  对不起，今天 住满 了。
  Duìbuqǐ jīntiān zhùmǎn le
- 죄송합니다, 오늘 방은 이미 예약이 끝났습니다.
  对不起，今天 房间 已经 预订完 了。
  Duìbuqǐ jīntiān fángjiān yǐjīng yùdìngwán le
- 오늘 밤엔 빈방이 없습니다.
  今天 晚上 没有 空 房
  Jīntiān wǎnshang méiyǒu kòng fáng
- 예약 취소가 있을 경우, 손님께 배정해 드리겠습니다.
  如果 有 人 取消 预订 的话，再 给 您 安排 吧。
  Rúguǒ yǒu rén qǔxiāo yùdìng dehuà zài gěi nín ānpái ba

Ⅴ 예약 변경·취소　更改 / 取消 预约
　　　　　　　　gēnggǎi　qǔxiāo yùyuē

▶ 변경　更改
　　　　gēnggǎi

- 스탠다드룸을 예약했는데 스위트룸으로 바꿀 수 있습니까?
  原 订 的 标准间 可以 换成 套房 吗？
  Yuán dìng de biāozhǔnjiān kěyǐ huànchéng tàofáng ma

▶ 취소   取消
　　　　qǔxiāo

- 9월 13일자 리우옌 명의로 예약된 방을 취소하고 싶습니다.
  我 想 取消 9月 13 日 以 刘 燕 的 名义 订下 的
  Wǒ xiǎng qǔxiāo jiǔyuè shísān rì yǐ Liú Yàn de míngyì dìngxià de
  房间。
  fángjiān

- 제가 좀 늦게 도착할 수도 있으니 절대로 예약을 취소하지 마십시오.
  我 可能 晚 一点儿 到， 请 帮 我 保留。
  Wǒ kěnéng wǎn yìdiǎnr dào qǐng bāng wǒ bǎoliú

- 예약을 취소하려면 48시간 전에 통보해야 합니다.
  要 取消 预约， 一定 要 提前 四十八 小时 通知 。
  Yào qǔxiāo yùyuē yídìng yào tíqián sìshíbā xiǎoshí tōngzhī

2 체크 인

入住登记
rùzhù dēngjì

Check-in을 중국어로는 住宿登记 zhùsù dēngjì 또는 入住登记 rùzhù dēngjì 라고 한다. 이때 외국인의 경우는 반드시 여권(护照 hùzhào)을 제시하여야 하며, 내국인의 경우 남녀가 한 방에 투숙하려면 반드시 결혼증(结婚证 jiéhūnzhèng)을 제시해야 한다. 또한 중국 호텔의 경우에는 미리 押金 yājīn(보증금)을 내야 하는 경우가 대부분이라는 것도 알아두어야 한다.

A: 欢迎光临!
　　Huānyíng guānglín

B: 你好,我以黄竹风的名义订了一个房间。
　　Nǐ hǎo wǒ yǐ Huáng Zhúfēng de míngyì dìngle yí ge fángjiān

A: 请稍等。您订的是住三天的双人间,对吧?
　　Qǐng shāo děng Nín dìng de shì zhù sān tiān de shuāngrénjiān duì ba

B: 是的。
　　Shì de

A: 请填完这张表后,签上您的名字好吗?
　　Qǐng tiánwán zhè zhāng biǎo hòu qiānshàng nín de míngzi hǎo ma

B: 好。我们要住的房间是几号?
　　Hǎo Wǒmen yào zhù de fángjiān shì jǐ hào

A: 是 705 号房间。两位好好儿休息吧。
　　Shì qīlíngwǔ hào fángjiān Liǎng wèi hǎohāor xiūxi ba

B: 谢谢。
　　Xièxie

A: 어서 오십시오.
B: 안녕하세요. 황주펑이라는 이름으로 방 하나를 예약했는데요.
A: 잠시만요. 3일간 트윈룸 예약하셨네요, 맞으시죠?
B: 그렇습니다.

② 체크 인 1179

```
A: 이 카드를 기입하신 후 서명해 주십시오.
B: 그러죠. 우리가 묵을 방은 몇 호실이죠?
A: 705 호실입니다. 두 분 편히 쉬십시오.
B: 고맙습니다.
```

여러 가지 활용

I 예약을 한 경우　已经 订 房 时
　　　　　　　　　yǐjīng dìng fáng shí

• 저는 궈샤오윈이라고 합니다. 서울에서 예약했습니다.
我 叫 郭 小云，在 首尔 订 的。
Wǒ jiào Guō Xiǎoyún zài Shǒu'ěr dìng de

• 두 세 시간 전에 공항에서 예약했는데요.
两三 个 小时 之前 在 机场 订 的。
Liǎngsān ge xiǎoshí zhīqián zài jīchǎng dìng de

• 욕실 달린 싱글룸을 3일간 예약했습니다.
订了 带 浴室 的 单人间，住 三 天 的。
Dìngle dài yùshì de dānrénjiān zhù sān tiān de

• 방은 몇 층에 있습니까?
房间 在 几 楼？
Fángjiān zài jǐ lóu

▶예약을 확인할 때　确认 预订 时
　　　　　　　　　　quèrèn yùdìng shí

• 예약을 확인하고 싶습니다.
我 想 确认 一下 预订。
Wǒ xiǎng quèrèn yíxià yùdìng

• 이 카드에 성함과 국적, 여권번호를 기입해 주십시오.
请 在 这 张 表 上 填 一下 姓名、国籍、护照
Qǐng zài zhè zhāng biǎo shang tián yíxià xìngmíng guójí hùzhào
号码。①
hàomǎ

---

① 이미 만들어진 표나 카드의 빈칸에 기입할 때는 写 xiě 란 동사보다 填 tián 또는 填写 tiánxiě 를 더 많이 사용한다.

25. 호텔 이용

- 왕타오 명의로 예약했습니다.
  以 王 涛 的 名义 订 的 。①
  Yǐ Wáng Tāo de míngyì dìng de

- 여행사에서 예약해 준 것입니다.
  旅行社 给 我 订 的 。
  Lǚxíngshè gěi wǒ dìng de

Ⅱ 예약을 안했을 때   没有 预订 时
méiyǒu yùdìng shí

A: 欢迎 光临！您 订 房间 了 吗 ?
　　Huānyíng guānglín Nín dìng fángjiān le ma
B: 没有。今天 晚上 还有 空房 吗 ?
　　Méiyǒu Jīntiān wǎnshang hái yǒu kòngfáng ma
A: 您 几 位 ?
　　Nín jǐ wèi
B: 两 位 ，我们 想 住 外景 好的 标准间 。
　　Liǎng wèi wǒmen xiǎng zhù wàijǐng hǎo de biāozhǔnjiān
A: 住 一天 吗 ?
　　Zhù yì tiān ma
B: 不 , 住 两 天 。
　　Bù zhù liǎng tiān
A: 有一天 500 元 的 ，也有一天 700 元 的 ，
　　Yǒu yì tiān wǔbǎi yuán de yě yǒu yì tiān qībǎi yuán de
　　您 住 哪 间 ?
　　nín zhù nǎ jiān
B: 500 元 的 吧 。
　　Wǔbǎi yuán de ba
A: 어서 오십시오. 예약하셨습니까?
B: 아뇨, 오늘 밤 빈방 있습니까?

---

① 以 yǐ: (신분·자격·도구 등) ~(으)로, ~(으)로써. 名义 míngyì: 이름, 명의, 명칭.

② 체크 인

A: 몇 분이세요?
B: 두 사람입니다. 전망이 좋은 트윈룸을 원합니다.
A: 하룻밤 묵으시겠습니까?
B: 아뇨, 이틀 묵을 겁니다.
A: 하루에 500 위안짜리와 700 위안짜리가 있는데, 어느 방에 묵으시겠어요?
B: 하루에 500 위안짜리를 부탁합니다.

▶빈방을 찾을 때 找 房 时
　　　　　　　　zhǎo fáng shí

- 저 한 사람 묵을건데 빈방 있습니까?
  我 一 个 人 住, 有 空房 吗?
  Wǒ yí ge rén zhù yǒu kòngfáng ma

- 언제쯤 방이 날까요?
  什么 时候 会 有 空房?
  Shénme shíhou huì yǒu kòngfáng

- 지금은 5.1절 성수기라 방 구하기가 어렵습니다.
  现在 是 五一 旺季, 房间 很 紧张。①
  Xiànzài shì Wǔyī wàngjì fángjiān hěn jǐnzhāng

- 그냥 잠만 잘 수 있는 방이면 됩니다.
  只要 能 睡 的 房间 就 行。
  Zhǐyào néng shuì de fángjiān jiù xíng

- 트윈룸이 없으면 싱글룸이라도 괜찮습니다.
  没有 标准间 的话, 单人间 也 可以。
  Méiyǒu biāozhǔnjiān dehuà dānrénjiān yě kěyǐ

- 대기자 명단에 올려 주세요.
  请 在 预约表 上 登记 一下。
  Qǐng zài yùyuēbiǎo shang dēngjì yíxià

---

① 성수기는 旺季 wàngjì, 비수기는 淡季 dànjì 라 함. 紧张 jǐnzhāng: 여기서는 '긴장하다'의 뜻이 아니라, (시간, 물자 등이) '부족하다' '여유가 없다'의 뜻.

III 방을 정할 때　选定　房间　时
　　　　　　　　　xuǎndìng fángjiān shí

> A: 您 需要 什么样 的 房间？
> 　　Nín xūyào shénmeyàng de fángjiān
> B: 我 要 观景房。①
> 　　Wǒ yào guānjǐngfáng
> A: 海景房 可以 吗？
> 　　Hǎijǐngfáng kěyǐ ma
> A: 어떤 방을 원하십니까?
> B: 전망이 좋은 방을 부탁합니다.
> A: 바다가 바라다 보이는 방 괜찮으시겠습니까?

- 방을 볼 수 있습니까?
  可以 看 一下 房间 吗？
  Kěyǐ kàn yíxià fángjiān ma

- 엘리베이터와 붙어 있지는 않겠지요?
  不会 是 跟 电梯 挨着 的 吧？
  Bú huì shì gēn diàntī āizhe de ba

- 조용한 방으로 주세요.
  我 要 安静 的 房间。
  Wǒ yào ānjìng de fángjiān

- 가능하면 고층에 있는 방을 주시겠습니까?
  如果 可以 的话， 请 安排 高 一点 的 楼层 好 吗？
  Rúguǒ kěyǐ dehuà qǐng ānpái gāo yìdiǎn de lóucéng hǎo ma

IV 방을 바꿀 때　换　房间　时
　　　　　　　　　huàn fángjiān shí

- 엘리베이터와 멀리 떨어진 방으로 바꿔 주세요.
  请 换 一个 远离 电梯 的 房间。
  Qǐng huàn yí ge yuǎnlí diàntī de fángjiān

---

① 观景房 guānjǐngfáng: 전망이 바라보이는 방. 海景房 hǎijǐngfáng: 바다가 바라보이는 방. 山景房 shānjǐngfáng: 산이 바라보이는 방.

② 체크 인

- 소음이 심합니다. 좀 조용한 방으로 바꿔 주세요.
 噪音 很 大，请 给 我 换 一 个 安静 的 房间。
 Zàoyīn hěn dà　qǐng gěi wǒ huàn yí ge ānjìng de fángjiān
- 곰팡이 냄새가 납니다. 방을 바꾸고 싶어요.
 房间 里有一股发霉的味道，我 想 换 房。①
 Fángjiān li yǒu yì gǔ fā méi de wèidào wǒ xiǎng huàn fáng
- 밤에 옆방에서 너무 떠들어서 잠을 못잤어요.
 晚上 隔壁 房间 吵 得 我 睡 不 好 觉 。②
 Wǎnshang gébì fángjiān chǎo de wǒ shuì bu hǎo jiào

---

① 发霉 fā méi：곰팡이 쓸다, 곰팡이가 피다.
② 隔壁 gébì：이웃, 옆집, 옆방.

3 부대시설

服务设施
fúwù shèshī

호텔의 부대시설에는 **餐饮设施** cānyǐn shèshī(식당 시설), **休闲设施** xiūxián shèshī(레저시설), **商务设施** shāngwù shèshī(비즈니스 시설) 등을 들 수 있다. 식당 시설에는 식사를 할 수 있는 **西餐厅** xīcāntīng(양식당), **中餐厅** zhōngcāntīng(중식당) 등의 식당과 음료와 주류를 즐길 수 있는 **咖啡屋** kāfēiwū(커피숍), **酒吧** jiǔbā(바) 등이 있고, 위락시설로는 **游泳池** yóuyǒngchí(수영장), **健身房** jiànshēnfáng(헬스클럽), **按摩中心** ànmó zhōngxīn(마사지센터), **美容美发室** měiróng měifàshì(미용실), **娱乐场** yúlèchǎng(오락장) 등이 있어 여가와 휴식을 즐길 수 있으며, 비즈니스 시설로는 각종 사무기기를 이용할 수 있는 **商务中心** shāngwù zhōngxīn과 **会议室** huìyìshì(회의실) 등이 있다.

기본대화

A: 这 饭店 有 什么 娱乐 设施?
　　Zhè fàndiàn yǒu shénme yúlè shèshī

B: 有 健身 中心、室内 游泳馆, 还有 网球 场 和
　　Yǒu jiànshēn zhōngxīn shìnèi yóuyǒngguǎn hái yǒu wǎngqiú chǎng hé
　　高尔夫 练习场。
　　gāo'ěrfū liànxíchǎng

A: 健身 中心 在 几 楼?
　　Jiànshēn zhōngxīn zài jǐ lóu

B: 在 二 楼。 对 住宿 客人 是 免费 开放 的。
　　Zài èr lóu Duì zhùsù kèrén shì miǎnfèi kāifàng de

A: 이 호텔에는 어떤 위락시설들이 있죠?
B: 헬스클럽과 실내 수영장, 그리고 테니스장과 골프 연습장이 있습니다.
A: 헬스클럽은 몇 층에 있나요?
B: 2층에 있습니다. 투숙하시는 손님께는 무료 개방합니다.

③ 부대시설 1185

여러 가지 활용

I. 비즈니스 센터　商务　中心
　　　　　　　　　shāngwù zhōngxīn

▶회의실　会议室
　　　　　huìyìshì

- 화상회의 시설을 갖추고 있나요?
  有 可视 会议 设备 吗？
  Yǒu kěshì huìyì shèbèi ma

- 저희 호텔은 300명을 수용할 수 있는 회의실을 갖추고 있습니다.
  我们 饭店 有 可 容纳 三百 人 的 会议室。①
  Wǒmen fàndiàn yǒu kě róngnà sānbǎi rén de huìyìshì

- 30석 규모의 회의실은 소규모 회의, 세미나, 또는 가정파티에 적합합니다.
  可 容纳 三十 人 的 会议室 适合 小型 会议、研讨会 或
  Kě róngnà sānshí rén de huìyìshì shìhé xiǎoxíng huìyì yántǎohuì huò
  家庭 派对。②
  jiātíng pàiduì

▶사무기기 이용　利用　办公　设备
　　　　　　　　　lìyòng bàngōng shèbèi

- 인터넷을 이용하시려면 비즈니스센터로 가시면 됩니다.
  你 要 上 网 的话，去 商务 中心 就 可以 了。
  Nǐ yào shàng wǎng dehuà qù shāngwù zhōngxīn jiù kěyǐ le

- 컴퓨터 사용 비용은 시간당 계산됩니다.
  上网 费用 按 小时 计算。
  Shàngwǎng fèiyòng àn xiǎoshí jìsuàn

---

① 容纳 róngnà：수용하다. 포용하다. 받아들이다.
② 研讨会 yántǎohuì：세미나. 研讨 yántǎo：연구 토론하다.

25. 호텔 이용

- 인터넷 사용은 무료입니다.
  上网 是 免费 的。
  Shàngwǎng shì miǎnfèi de

- 여기서 팩스를 받을 수 있습니까?
  在 这里 可以 接收 传真 吗？
  Zài zhèli kěyǐ jiēshōu chuánzhēn ma

- 이것을 팩스로 보내주실 수 있습니까?
  这 个 可以 发 传真 吗？
  Zhè ge kěyǐ fā chuánzhēn ma

- 이 인터넷 페이지를 프린트해 주세요.
  帮 我 把 这 网页 打印一 张 好 吗？
  Bāng wǒ bǎ zhè wǎngyè dǎyìn yì zhāng hǎo ma

▶ 우편 서비스　　邮寄 服务
　　　　　　　　yóujì fúwù

A: 我 想 把 这 封 信 用 快件 寄到 韩国 。
　　Wǒ xiǎng bǎ zhè fēng xìn yòng kuàijiàn jìdào Hánguó

B: 好 的。 您把 地址 写好 了 吗？
　　Hǎo de　Nín bǎ dìzhǐ xiěhǎo le ma

A: 啊，差点儿 忘 了，我 没 写 邮编 。 谢谢 。①
　　A　chà diǎnr wàng le　wǒ méi xiě yóubiān　Xièxie

B: 不 客气 。
　　Bú kèqi

A: 이 편지를 한국에 속달로 부치고 싶은데요.

B: 네, 알겠습니다. 주소를 다 쓰셨습니까?

A: 앗, 하마터면 잊을뻔 했네요. 우편번호를 쓰지 않았군요.
고맙습니다.

B: 뭘요.

---

① 差点儿 chà diǎnr: 자칫하면, 하마터면, 거의.

③ 부대시설

- 이 짐을 한국으로 부치고 싶습니다.
  我 想 把 这 个 东西 寄到 韩国。
  Wǒ xiǎng bǎ zhè ge dōngxi jìdào Hánguó

II 헬스 센터　健身　中心 ①
　　　　　　　jiànshēn zhōngxīn

▶ 헬스 클럽　健身房
　　　　　　jiànshēnfáng

- 우리 헬스클럽에 가서 운동할까요?
  咱们 去 健身房 锻炼 身体 好 不 好? ②
  Zánmen qù jiànshēnfáng duànliàn shēntǐ hǎo bu hǎo

- 헬스클럽은 본 호텔 손님께는 무료로 개방합니다.
  健身房 对 本 酒店 客人 免费 开放。
  Jiànshēnfáng duì běn jiǔdiàn kèrén miǎnfèi kāifàng

- 운동을 하니 정말 상쾌하군요.
  运动 运动, 真 爽。
  Yùndòng yùndòng zhēn shuǎng

▶ 사우나　桑拿
　　　　　sāngná

- 우리 피곤한데 사우나 하러 갑시다.
  我们 都 很 累 了, 去 桑拿 吧。
  Wǒmen dōu hěn lèi le qù sāngná ba

- 이 호텔은 사우나 시설이 끝내줘요.
  这 宾馆 的 桑拿 设备 真 不错。
  Zhè bīnguǎn de sāngná shèbèi zhēn búcuò

- 사우나를 하고 나니 온몸이 개운하군요.
  洗完 桑拿, 感觉 很 舒服。
  Xǐwán sāngná gǎnjué hěn shūfu

---

① 健身中心 jiànshēn zhōngxīn: 이라고도 한다.
② 锻炼 duànliàn: 단련하다. '(건강을 위해서) 운동하다'라고 할 때는 '锻炼身体 duànliàn shēntǐ'라는 표현을 많이 쓴다.

③ 服务设施

25. 호텔 이용

▶수영장　游泳池
　　　　　yóuyǒngchí

• 수영을 하고 싶은데 수영복을 빌릴 수 있을까요?
　我 想 游泳，能 借 泳衣 吗?
　Wǒ xiǎng yóuyǒng néng jiè yǒngyī ma

• 수영장 물이 깨끗합니까?
　游泳池 的 水 干净 吗?
　Yóuyǒngchí de shuǐ gānjìng ma

▶안마센터　按摩 中心
　　　　　ànmó zhōngxīn

• 오늘 많이 걸어서 피곤한데 우리 안마 받으러 갑시다.
　今天 走累了，我们 去 按摩 吧。
　Jīntiān zǒulèi le　wǒmen qù ànmó ba

• 발안마를 받으면 피곤이 싹 풀릴 거에요.
　按按 脚，一定 会 很 舒服。
　Àn'an jiǎo　yídìng huì hěn shūfu

Ⅲ　기타　其他
　　　　qítā

• 호텔 안에 미용실이 있습니까?
　酒店 里 有 美容 美发店 吗?
　Jiǔdiàn li yǒu měiróng měifàdiàn ma

• 아침 식사 시간은 몇시부터 몇시까지 입니까?
　早餐 时间 是 几 点 到 几 点?
　Zǎocān shíjiān shì jǐ diǎn dào jǐ diǎn

• 커피숍은 언제부터 영업합니까?
　咖啡屋 什么 时候 开始 营业?
　Kāfēiwū shénme shíhou kāishǐ yíngyè

• 재즈 바는 몇 층에 있습니까?
　爵士 酒吧 在 几 楼? ①
　Juéshì jiǔbā zài jǐ lóu

---

① 爵士 juéshì 는 jazz를 음역한 것이며, 酒吧 jiǔbā 역시 吧 bā는 bar의 음역이다.

③ 부대시설 1189

- 가라오케 1 시간에 얼마예요?
  卡拉 OK 一 个 小时 多少 钱 ?
  Kǎlā-OK yí ge xiǎoshí duōshao qián

- 나이트 클럽은 몇 시까지입니까?
  夜总会 营业 到 几 点 ? ①
  Yèzǒnghuì yíngyè dào jǐ diǎn

- 저에게 우대권이 3장 있는데 같이 가요.
  我 有 三 张 优惠券，一起 去 吧 。
  Wǒ yǒu sān zhāng yōuhuìquàn yìqǐ qù ba

- VIP 카드가 있으면 15% 할인이 됩니다.
  有 贵宾卡 能 打 八五 折 。
  Yǒu guìbīnkǎ néng dǎ bāwǔ zhé

---

① 夜总会 yèzǒnghuì：night club 의 의역.

④ 호텔 서비스

饭店 服务
fàndiàn fúwù

서비스는 服务 fúwù 라고 하며, 서비스를 담당하는 직원들을 服务员 fúwùyuán 이라고 한다. 서비스산업의 꽃이라 일컬어지는 호텔산업은 고객의 만족을 최우선으로 생각하며, 고객을 위하여 최상의 서비스를 제공한다. 만족스런 서비스를 받은 손님은 그에 대한 보답으로 팁을 주는데 이를 小费 xiǎofèi 라고 한다. 서비스업계에서 흔히 "고객을 왕으로 모십니다"라는 모토를 내걸기도 하는데 중국에서도 "顾客是上帝. Gùkè shì shàngdì"라고 한다.

기본대화

A: 喂, 您好! 这里是客房服务中心。
　　Wèi, nín hǎo   Zhèli shì kèfáng fúwù zhōngxīn

B: 503 号房间, 想订早餐。
　　Wǔlíngsān hào fángjiān xiǎng dìng zǎocān

A: 请问, 您要什么?
　　Qǐngwèn nín yào shénme

B: 橙汁、咖啡、培根、鸡蛋, 还有烤面包。
　　Chéngzhī kāfēi péigēn jīdàn hái yǒu kǎo miànbāo

A: 鸡蛋怎么做?
　　Jīdàn zěnme zuò

B: 煎一下吧。
　　Jiān yíxià ba

A: 别的还需要吗?
　　Biéde hái xūyào ma

B: 可以了。
　　Kěyǐ le

A: 谢谢。
　　Xièxie

A: 안녕하세요, 룸서비스 센터입니다.
B: 503 호실인데, 아침식사를 주문하고 싶습니다.
A: 무엇으로 하시겠습니까?
B: 오렌지쥬스, 커피, 베이컨, 계란, 그리고 토스트입니다.

④ 호텔 서비스 1191

A: 계란은 어떻게 해 드릴까요?
B: 프라이로 해 주세요.
A: 다른 것 또 필요하십니까?
B: 네, 됐습니다.
A: 감사합니다.

여러 가지 활용

1 짐 서비스　行李 服务
xíngli fúwù

A: 我 的 行李 在 车 的　后备箱　里 ， 能 派 一 个 人 去
　 Wǒ de xíngli zài chē de hòubèixiāng li　néng pài yí ge rén qù
　 拿 过来 吗 ？
　 ná guolai ma
B: 好，我 马上 派 人 去 。
　 Hǎo wǒ mǎshàng pài rén qù
C: 这 是 您 的 行李 ， 还 有 车 钥匙 。
　 Zhè shì nín de xíngli　hái yǒu chē yàoshi
A: 谢谢 。
　 Xièxie
C: 行李 我 拿 吧 。　请 到 这边 。
　 Xíngli wǒ ná ba　Qǐng dào zhèbian
　 这　就 是　您 的　房间，　909　号 。 行李　放在
　 Zhè jiù shì nín de fángjiān jiǔlíngjiǔ hào　Xíngli fàngzài
　 哪儿？
　 nǎr
A: 放在　那个 柜子 上　吧 。 谢谢，这 是 小费 。
　 Fàngzài nà ge guìzi shang ba　Xièxie zhè shì xiǎofèi
C: 谢谢，那 您 休息 吧 。
　 Xièxie　nà nín xiūxi ba
A: 짐이 자동차 트렁크 안에 있습니다. 사람을 보내 가져오게
　 할 수 있을까요?
B: 예, 곧 사람을 보내겠습니다.
C: 이것은 손님의 짐이고, 이것은 자동차 열쇠입니다.

25. 호텔 이용

A: 고마워요.
C: 짐은 제가 들겠습니다. 이쪽으로 오십시오.
여기가 909 호실, 손님의 방입니다. 짐을 어디에 놓을까요?
A: 저 테이블 위에 놓으세요. 고마워요. 이건 팁이에요.
C: 감사합니다. 그럼 편안히 쉬십시오.

- 짐을 방까지 가져다 주시겠습니까?
  能 帮 我 把 行李 拿到 房间 吗？
  Néng bāng wǒ bǎ xíngli nádào fángjiān ma
- 이 트렁크를 1층 로비까지 운반해 주세요.
  请 把 这 个 旅行箱 拿到 一 楼 大厅。
  Qǐng bǎ zhè ge lǚxíngxiāng nádào yī lóu dàtīng
- 미안하지만 포터 좀 불러줄 수 있을까요?
  麻烦 您， 能 叫 一下 行李员 吗？
  Máfan nín néng jiào yíxià xíngliyuán ma

▶ 입실할 때　进 房间 时
　　　　　　　jìn fángjiān shí

- 예약하신 방으로 안내하겠습니다.
  我 带 您 到 预订 的 房间 吧。
  Wǒ dài nín dào yùdìng de fángjiān ba
- 이것이 원하신 방입니다. 마음에 드십니까?
  这 是 您 要 的 房间，喜欢 吗？
  Zhè shì nín yào de fángjiān xǐhuan ma
- 무슨 필요한 일이 있으시면 불러 주십시오.
  有 什 么 需要， 叫 我 一 声。
  Yǒu shénme xūyào jiào wǒ yì shēng
- 무슨 필요한 일이 있으시면 말씀해 주십시오.
  您 有 什 么 需要， 尽管 说。
  Nín yǒu shénme xūyào jǐnguǎn shuō

▶ 퇴실할 때　退 房 时
　　　　　　　tuì fáng shí

A: 哪 位？
　　Nǎ wèi

4 호텔 서비스 1193

饭店服务

B: 我 是 行李员, 说 您 这里 有 行李。
　　Wǒ shì xínglǐyuán　shuō nín zhèli yǒu xíngli
A: 请 进, 你 拿 那 两 个 大 包 就 可以 了。 剩下
　　Qǐng jìn　nǐ ná nà liǎng ge dà bāo jiù kěyǐ le　　Shèngxià
　　的 我 来 拿。
　　de wǒ lái ná
B: 是 这 两 个 吗?
　　Shì zhè liǎng ge ma
A: 是 的。你 先 下 去, 我 一会儿 下 去 结 账。
　　Shì de　　Nǐ xiān xiàqu　wǒ yíhuìr　xiàqu jié zhàng
B: 我 知道 了。
　　Wǒ zhīdào le

A: 누구세요?
B: 포터입니다. 짐이 있으시다고 들었습니다.
A: 들어오세요. 저 큰 가방 두 개를 좀 들어 주시면 됩니다.
　　나머지는 내가 가지고 갈 거니까요.
B: 이 두 개 말입니까?
A: 그래요. 먼저 내려 가세요. 나도 곧 내려가서 계산할게요.
B: 알겠습니다.

II 세탁 서비스　洗 衣 服务
　　　　　　　　xǐ yī fúwù

- 세탁할 옷이 몇 개 있는데요.
  有 几 件 衣服 要 洗。
  Yǒu jǐ jiàn yīfu yào xǐ

- 언제 찾을 수 있을까요?
  什么 时候 可以 取?
  Shénme shíhou kěyǐ qǔ

- 내일 아침 8시까지 이 바지와 셔츠를 드라이클리닝할 수 있을까요?
  明天　早上　八 点 之前, 能 把 这 裤子 和 衬衫
  Míngtiān zǎoshang bā diǎn zhīqián　néng bǎ zhè kùzi hé chènshān
  干洗 一下 吗?
  gānxǐ yíxià ma

- 이 바지를 다림질해 주세요.
  把 这 条 裤子 熨 一下 吧。
  Bǎ zhè tiáo kùzi yùn yíxià ba

25. 호텔 이용

Ⅲ 보관 서비스 　保管 服务
bǎoguǎn fúwù

> A: 请 把 这个 护照 保管 到 退 房 为止。
> 　　Qǐng bǎ zhè ge hùzhào bǎoguǎn dào tuì fáng wéizhǐ
> B: 好 的，请 放在 这个 信封 里 封 一下 吧。
> 　　Hǎo de　qǐng fàngzài zhè ge xìnfēng li fēng yíxià ba
> A: 이 여권을 체크아웃할 때까지 보관해 주십시오.
> B: 그럼, 이 봉투에 넣고 봉해 주십시오.

• 귀중품을 맡아주실 수 있습니까?
　可以 保管 贵重 物品 吗？
　Kěyǐ　bǎoguǎn guìzhòng wùpǐn ma

• 죄송하지만 이것을 맡아주실 수 있습니까?
　麻烦 您，能 把 这个 保管 一下 吗？
　Máfan nín　néng bǎ zhè ge bǎoguǎn yíxià ma

• 보관함을 사용하고 싶은데요.
　我 想 用 保险箱。
　Wǒ xiǎng yòng bǎoxiǎnxiāng

• 이 보관함 열쇠를 잘 간직하셔야 합니다.
　这 把 保险箱 的 钥匙 你 一定 要 收好。①
　Zhè bǎ bǎoxiǎnxiāng de yàoshi nǐ yídìng yào shōuhǎo

• 보관함의 물건을 찾으러 왔습니다.
　我 来 拿 箱 里 的 东西。
　Wǒ lái ná xiāng li de dōngxi

Ⅳ 전화 서비스 　电话 服务
diànhuà fúwù

▶장거리전화를 걸 때　打 长途 电话
　　　　　　　　　　dǎ chángtú diànhuà

> A: 你 好，这里 是 总台，有 什么 需要 吗？
> 　　Nǐ hǎo　zhèli shì zǒngtái　yǒu shénme xūyào ma

---

① 把 bǎ: 여기서는 钥匙 yàoshi 의 양사 (量词 liàngcí)로 쓰임.

④ 호텔 서비스

B: 想 用 对方 付费 的 方式 往 首尔 打电话。
　　Xiǎng yòng duìfāng fù fèi de fāngshì wǎng Shǒu'ěr dǎ diànhuà
A: 请 告诉 我 对方 的 姓名 和 电话 号码。
　　Qǐng gàosu wǒ duìfāng de xìngmíng hé diànhuà hàomǎ
B: 首尔 的 2266-2729, 金 先生。
　　Shǒu'ěr de èr'èrliùliù-èrqī'èrjiǔ Jīn xiānsheng

A: 안녕하세요, 교환실입니다. 무엇을 도와드릴까요?
B: 콜랙트콜로 서울에 전화 걸고 싶은데요.
A: 상대방의 전화번호와 성함을 알려 주십시오.
B: 서울의 2266-2729, 김선생님입니다.

- 한국으로 전화를 걸고 싶은데요.
  我 想 往 韩国 打 电话。
  Wǒ xiǎng wǎng Hánguó dǎ diànhuà

- 바로 연결할 수 있습니까?
  能 马上 接通 吗?
  Néng mǎshàng jiētōng ma

▶통화 방법　　通话 方式
　　　　　　　tōnghuà fāngshì

- 상대방 지명통화로 연결해 주세요.
  请 给 我 拨 一下 叫人 电话 。①
  Qǐng gěi wǒ bō yíxià jiàorén diànhuà

- 콜렉트콜로 연결해 주세요.
  请 给 我 拨 一下 对方 付费 电话 。
  Qǐng gěi wǒ bō yíxià duìfāng fù fèi diànhuà

- 지불은 상대편에서 하도록 해 주세요.
  电话费 让 对方 付 吧 。
  Diànhuàfèi ràng duìfāng fù ba

- 이 전화 IP 카드를 쓸 수 있습니까?
  这 电话 能 用 IP 卡 吗?
  Zhè diànhuà néng yòng IP kǎ ma

---

① 叫人电话 jiàorén diànhuà: 상대방 지명통화. 국제전화를 할 때 자신이 지명한 사람과 통화가 되었을 때에만 요금을 지불하는 제도. = 指名电话 zhǐmíng diànhuà.

25. 호텔 이용

▶통화 요금　话费
　　　　　　huàfèi

- 언제 전화를 하면 가장 저렴합니까?
  什么　时候 打　电话　最 便宜 ?
  Shénme shíhou dǎ diànhuà zuì piányi

- 지금 전화하면 1분당 얼마입니까?
  现在　打 电话，一　分钟　多少　钱 ?
  Xiànzài dǎ diànhuà yì fēnzhōng duōshao qián

- 조금 전의 통화요금이 얼마지요?
  请问　刚才　的 话费 是 多少 ?
  Qǐngwèn gāngcái de huàfèi shì duōshao

- 방금 뉴욕에 건 통화요금을 알려 주십시오.
  请　查 一下　刚刚　往 纽约 打 电话 的 费用 。
  Qǐng chá yíxià gānggāng wǎng Niǔyuē dǎ diànhuà de fèiyòng

- 몇시부터 할인요금이 적용됩니까?
  从　几 点 开始 是 优惠价 ?
  Cóng jǐ diǎn kāishǐ shì yōuhuìjià

▶연결을 기다릴 때　等待　转接　时
　　　　　　　　　dǔngdài zhuǎnjiē shí

- 전화를 끊고 기다려 주세요.
  请　放下　电话　等 吧 。
  Qǐng fàngxià diànhuà děng ba

- 곧 연결시켜 드리겠습니다.
  马上　给 您 转接
  Mǎshàng gěi nín zhuǎnjiē

- 지금 연결 중입니다. 잠시만 기다려 주십시오.
  现在　正在　转接，稍　等 一会儿 吧 。
  Xiànzài zhèngzài zhuǎnjiē shāo děng yíhuìr ba

▶연결되었을 때　已经 接通　时
　　　　　　　yǐjīng jiētōng shí

- 연결되었습니다. 말씀하세요.
  接通 了，请 说话 。
  Jiētōng le qǐng shuōhuà

④ 호텔 서비스 1197

- 상대방과 연결되었습니다. 말씀하세요.
  对方 接 电话 了, 请 讲。
  Duìfāng jiē diànhuà le qǐng jiǎng

▶ 통화중에 전화가 끊어졌을 때 通 话 中断 时
  tōng huà zhōngduàn shí

- 서울과 통화중에 갑자기 전화가 끊어졌습니다.
  我 在 跟 首尔 通 话 时, 电话 突然 断 了。
  Wǒ zài gēn Shǒu'ěr tōng huà shí diànhuà tūrán duàn le

- 전화가 끊어졌습니다. 다시 연결해 주세요.
  电话 断 了, 再 接 一下 吧。
  Diànhuà duàn le zài jiē yíxià ba

- 잠시만요, 지금 부탁하신 번호를 발신하고 있습니다.
  稍 等, 正在 拨 您 所 要 的 电话 号码。
  Shāo děng zhèngzài bō nín suǒ yào de diànhuà hàomǎ

- 전화가 고장난 것 같군요. 연결할 때마다 끊어집니다.
  电话 好像 坏 了, 每 次 连接 都 会 断。
  Diànhuà hǎoxiàng huài le měi cì liánjiē dōu huì duàn

▶ 기타 其他
  qítā

A: 请 转 一下 505 房间。
　　Qǐng zhuǎn yíxià wǔlíngwǔ fángjiān
B: 您 直接 按 505 就 可以 了。
　　Nín zhíjiē àn wǔlíngwǔ jiù kěyǐ le
A: 505 호실을 바꿔 주세요.
B: 직접 505를 누르시면 됩니다.

- IP 카드로 전화하고 싶은데요.
  我 想 用 IP 卡 打 电话。
  Wǒ xiǎng yòng IP kǎ dǎ diànhuà

- 이 전화로 미국에 직통전화를 할 수 있습니까?
  这 部 电话 能 直拨 美国 吗?
  Zhè bù diànhuà néng zhíbō Měiguó ma

25
④ 饭店服务

1198 25. 호텔 이용

- 급하니 빨리 좀 부탁합니다.
  我 很 着急, 请 快 一点儿, 好 吗?
  Wǒ hěn zháojí qǐng kuài yìdiǎnr hǎo ma
- 방금 신청한 국제전화를 취소하려고 합니다.
  我 想 取消 刚才 申请 的 国际 长途。
  Wǒ xiǎng qǔxiāo gāngcái shēnqǐng de guójì chángtú

V 모닝콜 서비스 叫醒 服务
jiàoxǐng fúwù

> A: 这 是 1302 房间。你 能 明天 早上 五
> Zhè shì yāosānlíng'èr fángjiān Nǐ néng míngtiān zǎoshang wǔ
> 点 半 叫醒 我 吗?
> diǎn bàn jiàoxǐng wǒ ma
> B: 好 的, 知道 了, 祝 您 晚安!
> Hǎo de zhīdào le zhù nín wǎn'ān
> A: 1302 호실인데요. 내일 아침 5시 반에 깨워 주시겠습니까?
> B: 예, 알겠습니다. 안녕히 주무십시오.

- 내일 아침 6시에 깨워 주시겠습니까?
  明天 早上 六 点 叫醒 我, 好 吗?
  Míngtiān zǎoshang liù diǎn jiàoxǐng wǒ hǎo ma
- 제가 잠이 좀 깊으니 전화를 받을 때까지 계속해 주세요.
  我 睡 觉 很 死, 你 一定 要 到 我 接 电话 为止。
  Wǒ shuì jiào hěn sǐ nǐ yídìng yào dào wǒ jiē diànhuà wéizhǐ
- 안녕하세요? 모닝콜 서비스입니다. 일어나셨습니까?
  早上 好! 叫醒 服务。 您 起来 了 吗?
  Zǎoshang hǎo Jiàoxǐng fúwù Nín qǐlai le ma

VI 식사 배달 서비스 送 餐 服务
sòng cān fúwù

- 지금 아침 식사를 주문할 수 있습니까?
  现在 还 可以 订 早餐 吗?
  Xiànzài hái kěyǐ dìng zǎocān ma
- 여기는 702호실인데 아침식사를 갖다 주시겠습니까?
  这里 是 702 号 房间, 可以 送 早餐 上来 吗?
  Zhèli shì qīlíng'èr hào fángjiān kěyǐ sòng zǎocān shànglai ma

④ 호텔 서비스 **1199**

- 8시에 룸에서 아침식사를 하겠습니다.
  八 点 我 要 在 房间 里 吃 早餐。
  Bā diǎn wǒ yào zài fángjiān li chī zǎocān

Ⅶ 기타 서비스　其他 服务
　　　　　　　　qítā fúwù

▶ 룸 카드　房卡
　　　　　fángkǎ

- 룸 카드를 방에 둔 채 문을 잠갔습니다. 문을 좀 열어 주세요.
  我 把 房卡 落在 房间 里 了，请 帮 我 开 一下 门。①
  Wǒ bǎ fángkǎ làzài fángjiān li le   qǐng bāng wǒ kāi yíxià mén

- 문이 안에서 잠겼는데 어떻게 하지요?
  门 从 里面 反锁 了，怎么 办？
  Mén cóng lǐmian fǎnsuǒ le   zěnme bàn

- 방 열쇠를 잃어버렸어요.
  房间 钥匙 弄丢 了。
  Fángjiān yàoshi nòngdiū le

- (외출할 때) 여기 802호 룸 카드입니다.
  (出去时) 这 是   802   的 房卡。
  chūqu shí Zhè shì bālíng'èr de fángkǎ

- (돌아왔을 때) 1712호실 열쇠 주세요.
  (回来时) 请 给 我   1712   房间 的 钥匙。
  huílai shí Qǐng gěi wǒ yāoqīyāo'èr fángjiān de yàoshi

▶ 기타　其他
　　　　qítā

- 이 호텔의 주소를 알려 주세요.
  请 告诉 我 这 家 酒店 的 地址。
  Qǐng gàosu wǒ zhè jiā jiǔdiàn de dìzhǐ

- 이 호텔 명함 한 장 주세요.
  请 给 我 一 张 这 家 酒店 的 名片。
  Qǐng gěi wǒ yì zhāng zhè jiā jiǔdiàn de míngpiàn

---

① 落 là: 빠뜨리다, 놓아두고 잊어버리다, 잊고 가져오지 않다. 이 때는 luò 가 아닌 là 로 발음한다.

1200 25. 호텔 이용

- 이 지방을 소개하는 지도가 있습니까?
  有 介绍 这个 地方 的 地图 吗？
  Yǒu jièshào zhè ge dìfang de dìtú ma

- 방을 청소해 주세요.
  请 把 房间 打扫 一下 。
  Qǐng bǎ fángjiān dǎsǎo yíxià

- 방해하지 마십시오.
  请 勿 打扰 。①
  Qǐng wù dǎrǎo

---

① 조용히 쉬고 싶을 때, 또는 타인들로부터 방해를 받고 싶지 않을 때 객실 문 앞에 "请勿打扰"라고 써진 팻말을 걸어 놓으면 된다.

5 불편 신고

投诉
tóusù

호텔은 서비스 산업의 꽃(服务产业的奇葩 fúwù chǎnyè de qípā)이라고도 할 만큼 고객의 만족을 최우선(顾客至上 gùkè zhìshàng)으로 하고 있다. 그러나 많은 사람을 접대하는 일이기에 모든 고객의 요구를 다 만족시키기란 매우 어려운 일이다. 그러므로 어쩔 수 없이 고객들이 불만족한 상황이 발생되기도 하는데 이때에는 불편신고 제도를 통하여 문제를 해결할 수 있다.

기본대화

A: 您 好！ 客房部，您 有 什么 事 吗？
   Nín hǎo　Kèfángbù　nín yǒu shénme shì ma
B: 洗澡 时 没有 热水 。
   Xǐzǎo shí méiyǒu rèshuǐ
A: 真 对不起，我们 马上 派人 修 。 请 告诉 我 您 的
   Zhēn duìbuqǐ　wǒmen mǎshàng pài rén xiū　Qǐng gàosu wǒ nín de
   房间号。
   fángjiānhào
B: 902。
   Jiǔlíng'èr

A: 안녕하세요, 객실부입니다. 무엇을 도와드릴까요?
B: 샤워할 때 더운 물이 나오지 않습니다.
A: 죄송합니다. 바로 수리해 드리겠습니다. 객실번호를 알려 주세요.
B: 902호실입니다.

여러 가지 활용

I　객실 설비　客房 设备
                  kèfáng shèbèi

▶온도 조절　调节 温度
              tiáojié wēndù

• 방이 너무 덥습니다.
  房间 太 热 了。
  Fángjiān tài rè le

25. 호텔 이용

- 방 온도를 어떻게 조절합니까?
  怎样 调节 房间 的 温度?
  Zěnyàng tiáojié fángjiān de wēndù

- 이 방은 난방이 잘 안되는군요. 얼어 죽겠어요.
  这 间 房 的 暖气 不 热, 我 都 快 冻死 了。
  Zhè jiān fáng de nuǎnqì bú rè wǒ dōu kuài dòngsǐ le

▶ 화장실　　卫生间
　　　　　　wèishēngjiān

- 화장실이 너무 더럽습니다.
  洗手间 太 脏。
  Xǐshǒujiān tài zāng

- 욕실의 배수관에 문제가 있는 것 같아요. 물이 빠지지 않습니다.
  浴室的 排水管 好像 有 点儿 问题, 水 下 不 去。
  Yùshì de páishuǐguǎn hǎoxiàng yǒu diǎnr wèntí shuǐ xià bu qù

- 욕실에 수건이 없군요.
  浴室 里 没有 浴巾。
  Yùshì li méiyǒu yùjīn

- 변기가 막혔어요.
  马桶 堵 了。
  Mǎtǒng dǔ le

- 비누(칫솔, 치약)가 없습니다.
  没有 香皂 (牙刷, 牙膏)。
  Méiyǒu xiāngzào yáshuā yágāo

- 문 손잡이가 고장나서 문이 잠기지 않아요.
  把手 坏 了, 锁 不 了 门。
  Bǎshou huài le suǒ bu liǎo mén

II 도난·분실　失窃
　　　　　　　shī qiè

- 누가 제 여행가방을 가지고 갔는지 모르겠군요.
  不 知道 谁 把 我 的 旅行包 拿走 了。
  Bù zhīdào shéi bǎ wǒ de lǚxíngbāo názǒu le

- 외출중에 제 방에 도둑이 들었습니다.
  外出 时, 我的 房间 被盗 了。
  Wàichū shí wǒ de fángjiān bèi dào le

⑤ 불편 신고

Ⅲ 불편사항　不便 事项
　　　　　　　búbiàn shìxiàng

- TV가 켜지지 않아요.
  电视 打不开。
  Diànshì dǎ bu kāi

- 창문이 잘 열리지 않아요.
  窗户 很难打开。
  Chuānghu hěn nán dǎkāi

- 베개가 하나 부족해요.
  少 一个 枕头。
  Shǎo yí ge zhěntou

- 뜨거운 물을 가져다 줄 수 있습니까?
  能 送 热水 吗？
  Néng sòng rè shuǐ ma

- 냉장고 냉동장치가 고장나 있어요.
  冰箱 的 冷冻 装置 坏 了。
  Bīngxiāng de lěngdòng zhuāngzhì huài le

- 침대가 너무 딱딱하고 삐걱 소리가 나요.
  床 太硬，老咯吱咯吱响。
  Chuáng tài yìng lǎo gēzhī gēzhī xiǎng

- 호텔의 실제 상황이 인터넷에서 소개된 것과 너무나 다릅니다.
  饭店 的 实际 情况 和 网上 介绍 的 大相径庭。①
  Fàndiàn de shíjì qíngkuàng hé wǎngshàng jièshào de dàxiāngjìngtíng

- 당신들의 서비스가 형편없군요.
  你们 的 服务 质量 太 差 了。
  Nǐmen de fúwù zhìliàng tài chà le

- 5성급 호텔의 기준에 전혀 맞지 않는군요.
  根本 不 符合 五星级 饭店 的 标准。
  Gēnběn bù fúhé wǔxīngjí fàndiàn de biāozhǔn

---

① 大相径庭 dàxiāngjìngtíng：아주 큰 차이가 나다. 매우 동떨어지다.

6 체크아웃

退 房
tuì fáng

체크아웃을 할 때에는 먼저 프런트에 가서 수속을 밟아야 하는데, 이 때에는 객실내의 비품에 대한 체크도 하게 된다. 만일 객실 내의 비품이 손상되었거나 분실된 경우에는 배상(赔偿 péicháng)을 하여야 한다. 체크아웃은 대개 정오 12시를 기준으로 하게 되어 있으므로, 시간을 넘길 경우에는 사전에 협의를 하는 것이 좋다.

기본대화

A: 我要退房，请结一下账。
   Wǒ yào tuì fáng qǐng jié yíxià zhàng

B: 请说一下姓名和房间号。
   Qǐng shuō yíxià xìngmíng hé fángjiānhào

A: 507号房间，蔡勇飞。
   Wǔlíngqī hào fángjiān Cài Yǒngfēi

B: 请稍等。这是结算单，包括税和服务费一共2,000元。
   Qǐng shāo děng Zhè shì jiésuàndān bāokuò shuì hé fúwù fèi yígòng liǎngqiān yuán

A: 付款用旅行支票可以吗？
   Fù kuǎn yòng lǚxíng zhīpiào kěyǐ ma

B: 当然可以，住宿期间有没有不满意的地方？
   Dāngrán kěyǐ zhùsù qījiān yǒu méiyǒu bù mǎnyì de dìfang

A: 没有，我非常满意。
   Méiyǒu wǒ fēicháng mǎnyì

B: 随时欢迎您再来。非常感谢您的光临。
   Suíshí huānyíng nín zài lái Fēicháng gǎnxiè nín de guānglín

A: 谢谢，这次真麻烦你们了。
   Xièxie zhè cì zhēn máfan nǐmen le

A: 체크아웃하려는데 계산해 주세요.
B: 성함과 객실번호를 말씀해 주십시오.
A: 507 호실의 차이용페이 입니다.
B: 잠시만 기다려 주십시오. 여기 계산서입니다. 세금과 봉사료를 포함해서 전부 2,000 위안입니다.

6 체크아웃

A: 여행자수표로 지불할 수 있습니까?
B: 물론입니다. 투숙하시는 동안 불편한 점은 없으셨습니까?
A: 없었습니다. 아주 만족스러웠어요.
B: 언제라도 또 오십시오. 찾아주셔서 감사드립니다.
A: 고맙습니다. 여러 가지로 신세 많았습니다.

I 체크아웃 할 때　退房时
　　　　　　　　　 tuì fáng shí

▶객실 비품 확인　清点 物品
　　　　　　　　 qīngdiǎn wùpǐn

A: 对不起, 我 昨天 把 保温瓶 摔坏 了。
　　Duìbuqǐ wǒ zuótiān bǎ bǎowēnpíng shuāihuài le
B: 是 吗? 真 不 好意思, 摔坏 东西 要 赔偿 的。
　　Shì ma Zhēn bù hǎoyìsi shuāihuài dōngxi yào péicháng de
A: 미안합니다만 어젯밤 보온병을 깨뜨렸습니다.
B: 그렇습니까? 죄송하지만 깨뜨리신 물건은 배상하셔야 합니다.

• 냉장고의 맥주 2캔과 사이다 1병을 드셨지요?
　您 喝了 冰箱 里的 两 罐 啤酒 和 一 瓶 雪碧, 是
　Nín hēle bīngxiāng li de liǎng guàn píjiǔ hé yì píng xuěbì shì
　吧?
　ba

• 냉장고 안의 음료는 건드리지도 않았습니다.
　冰箱 里的 饮料 碰 都 没 碰过。
　Bīngxiāng li de yǐnliào pèng dōu méi pèngguo

▶결제　结 账
　　　　jié zhàng

• 체크아웃 하겠습니다. 전부 얼마인지 계산해 주세요.
　我 想 退房 。 请 结算 一下 一共 多少 钱 。
　Wǒ xiǎng tuì fáng Qǐng jiésuàn yíxià yígòng duōshao qián

• 30분 후에 체크아웃하겠으니 계산을 해 주십시오.
　我 半个 小时 以后 要 退房, 请 准备 结算。
　Wǒ bàn ge xiǎoshí yǐhòu yào tuì fáng qǐng zhǔnbèi jiésuàn

25. 호텔 이용

- 계산서 좀 주시겠어요?
  能 给 我 结算单 吗？
  Néng gěi wǒ jiésuàndān ma

▶ 계산이 틀릴 때　结算 错误 时
　　　　　　　　　jiésuàn cuòwù shí

- 이것은 무슨 요금입니까?
  这 是 什么 费用 ？
  Zhè shì shénme fèiyòng

- 저는 룸서비스를 주문한 일이 없는데요.
  我 没有 叫过 客房 服务。
  Wǒ méiyǒu jiàoguo kèfáng fúwù

- 이것은 505호실의 계산서군요. 저는 503호실입니다.
  这 是 505 的结算单，我 的 房间 是 503。
  Zhè shì wǔlíngwǔ de jiésuàndān wǒ de fángjiān shì wǔlíngsān

- 저는 국제전화를 걸지 않았는데 청구서에는 기재되어 있군요. 어떻게 된거죠?
  我 没有 打过 国际 长途，结算单 上 却 记 了。 怎么
  Wǒ méiyǒu dǎguo guójì chángtú jiésuàndān shang què jì le　Zěnme
  回事 ？
  huí shì

▶ 지불할 때　付 款 时
　　　　　　fù kuǎn shí

- 신용카드로 지불할 수 있습니까?
  能 用 信用卡 付 款 吗 ？
  Néng yòng xìnyòngkǎ fù kuǎn ma

- 수표로 지불해도 됩니까?
  用 支票 付 款 可以 吗 ？
  Yòng zhīpiào fù kuǎn kěyǐ ma

- 카드로 긁어도 됩니까?
  刷 卡 可以 吗 ？
  Shuā kǎ kěyǐ ma

- 1205 호실인데요, 청구서는 준비됐습니까?
  1205 号 房间 的 账单 准备好 了 吗？
  Yāo'èrlíngwǔ hào fángjiān de zhàngdān zhǔnbèihǎo le ma
- 영수증 입니다.
  给 您 发票。
  Gěi nín fāpiào

Ⅱ 체크아웃 연장　推迟 退 房
tuīchí tuì fáng

> A: 打扰 一下。麻烦 您 一 件 事儿。
> 　　Dǎrǎo yíxià　　Máfan nín yí jiàn shìr
> B: 什么 事？我 会 尽力 帮助 您 的。
> 　　Shénme shì　　Wǒ huì jìn lì bāngzhù nín de
> A: 我 订 的 飞机 晚上 七点 才 起飞，所以 想 把
> 　　Wǒ dìng de fēijī wǎnshang qī diǎn cái qǐfēi suǒyǐ xiǎng bǎ
> 退 房 时间 推迟 三 个 小时。
> tuì fáng shíjiān tuīchí sān ge xiǎoshí
> B: 真 不 巧，今天 房间 很 紧，只 能 延长 一
> 　　Zhēn bù qiǎo　jīntiān fángjiān hěn jǐn　zhǐ néng yáncháng yí
> 个 小时。
> ge xiǎoshí
> A: 好 的，太 感谢 您 了。
> 　　Hǎo de　tài gǎnxiè nín le
> A: 실례합니다. 한 가지 부탁드릴 일이 있어서요.
> B: 무슨 일입니까? 가능한 도와드리겠습니다.
> A: 예약한 비행기가 오후 7시에 출발합니다. 그래서 체크아웃 시간을 3시간 연장할까 해서요.
> B: 공교롭게도 오늘 방이 여유가 없어서 한 시간만 연장이 가능합니다.
> A: 괜찮습니다. 정말 감사합니다.

- 1시간만 더 연장해 줄 수 있겠습니까?
  你 能 给 我 再 推迟 一 个 小时 吗？
  Nǐ néng gěi wǒ zài tuīchí yí ge xiǎoshí ma

25. 호텔 이용

- 일정이 변경되어 오후 5시에 체크아웃을 하고 싶습니다.
  我的日程安排临时改变了，所以我想到五点再退房。
  Wǒ de rìchéng ānpái línshí gǎibiàn le suǒyǐ wǒ xiǎng dào wǔ diǎn zài tuì fáng

- 이 방은 이미 다른 손님이 예약했기 때문에 연장이 불가능합니다.
  因为这个房间已经有人预订了，所以不能推迟。
  Yīnwèi zhè ge fángjiān yǐjīng yǒu rén yùdìng le suǒyǐ bù néng tuīchí

- 주말이라 연장은 곤란하고, 짐은 보관해 드릴 수 있습니다.
  周六不能推迟，只能帮您保管行李。
  Zhōuliù bù néng tuīchí zhǐ néng bāng nín bǎoguǎn xíngli

Ⅲ 호텔을 떠나며　离开宾馆时
　　　　　　　　　　líkāi bīnguǎn shí

A: 谢谢光临我们饭店。再见！ 　　Xièxie guānglín wǒmen fàndiàn　Zàijiàn B: 在这儿的几天，住得很满意。再见！ 　　Zài zhèr de jǐ tiān　zhù de hěn mǎnyì　Zàijiàn A: 谢谢。欢迎下次再来。 　　Xièxie　Huānyíng xià cì zài lái A: 저희 호텔을 이용해 주셔서 감사합니다. 안녕히 가세요. B: 이곳에서 며칠 머무는 동안 매우 만족했어요. 안녕히 계세요. A: 감사합니다. 다음에 또 오세요.

- 사람을 보내 짐을 가져오게 할까요?
  需要派人去拿行李吗？
  Xūyào pài rén qù ná xíngli ma

- 짐은 저기 있습니다. 저 커다란 슈트케이스를 들어주시면 됩니다.
  行李在那里，拿那个大的衣箱就可以了。
  Xíngli zài nàli　ná nà ge dà de yīxiāng jiù kěyǐ le

6 체크아웃 **1209**

- 방에다 물건을 두고 나왔군요.
  我 把 东西 落在 房间 里 了。
  Wǒ bǎ dōngxi làzài fángjiān li le

- 객실카드는 열쇠구멍에 꽂아 두었어요.
  房卡 插在 钥匙孔 里 了。
  Fángkǎ chāzài yàoshikǒng li le

25

6 退房

7 프런트 데스크   前台
                         qiántái

프런트를 前台 qiántái, 前厅 qiántīng 또는 总服务台 zǒngfúwùtái 라고 한다. 前台 qiántái 는 호텔의 大堂 dàtáng(또는 大厅 dàtīng, 로비)에 위치하여 있으며, 주로 办理入住/退房业务 bànlǐ rùzhù/tuìfáng yèwù(체크인/체크아웃 업무), 结账业务 jié zhàng yèwù(결제 업무), 贵重物品存放业务 guìzhòng wùpǐn cúnfàng yèwù(귀중품 보관 업무), 外币兑换业务 wàibì duìhuàn yèwù(외환 업무) 등을 담당한다. 그 밖에 호텔 이용에 관한 안내와 여행 등에 관한 자문 등 호텔을 이용하는 손님들에 대한 전반적인 서비스를 제공하기도 한다.

A: 您好！这里是前台，有什么事吗？
　　Nín hǎo Zhèli shì qiántái yǒu shénme shì ma
B: 能帮我查一下从上海来的金仁先生是
　　Néng bāng wǒ chá yíxià cóng Shànghǎi lái de Jīn Rén xiānsheng shì
　　住在你们酒店吗？
　　zhùzài nǐmen jiǔdiàn ma
A: 请稍等，我查一下。
　　Qǐng shāo děng wǒ chá yíxià
　　对，他住在209号房间，现在不在，您有
　　Duì tā zhùzài èrlíngjiǔ hào fángjiān xiànzài bú zài nín yǒu
　　什么话要转告吗？
　　shénme huà yào zhuǎngào ma
B: 如果金仁先生回来，请转告他，李明来
　　Rúguǒ Jīn Rén xiānsheng huílai qǐng zhuǎngào tā Lǐ Míng lái
　　找过。
　　zhǎoguo
A: 好的，我一定转告他。
　　Hǎo de wǒ yídìng zhuǎngào tā

A: 안녕하십니까! 프런트입니다. 무엇을 도와드릴까요?
B: 상하이에서 온 진런씨가 이 호텔에 투숙하고 있는지 확인해 주시겠습니까?

⑦ 프런트 데스크

A: 잠깐만 기다려 주십시오. 확인해 보겠습니다.
네, 209 호실에 묵고 계시는데 지금은 외출중이시군요. 전할 말씀이라도 있으신지요?
B: 진런씨가 돌아오면 리밍이 찾아 왔었다고 전해 주십시오.
A: 알겠습니다. 꼭 전해 드리겠습니다.

여러 가지 활용

I 프런트 데스크 前台
　　　　　　　　qiántái

▶전화·방문객 확인　查询　来电　来访
　　　　　　　　　cháxún láidiàn láifǎng

- 제게 전화가 없었습니까? /제게 온 메시지가 있습니까?
  有 没有 我 的 电话? /有 给 我 的 留言 吗?
  Yǒu méiyǒu wǒ de diànhuà Yǒu gěi wǒ de liúyán ma

- 제가 외출해 있는 동안 저를 찾은 사람이 있습니까?
  我 外出 期间 有 人 找过 我 吗?
  Wǒ wàichū qījiān yǒu rén zhǎoguo wǒ ma

- 리밍이란 사람이 찾아왔었습니까?
  有 个 叫 李 明 的 来过 吗?
  Yǒu ge jiào Lǐ Míng de láiguo ma

▶투숙객 확인　确认　住宿　客人
　　　　　　　quèrèn zhùsù kèrén

- 투숙객 중에 진런씨라는 분이 있습니까?
  住宿 客人 当中, 有 一 位 叫 金 仁 的 先生 吗?
  Zhùsù kèrén dāngzhōng yǒu yí wèi jiào Jīn Rén de xiānsheng ma

- 이 전화를 진런씨의 방에 연결해 주시겠습니까?
  把 这 个 电话 转到 金 仁 先生 的 房间, 可以 吗?
  Bǎ zhè ge diànhuà zhuǎndào Jīn Rén xiānsheng de fángjiān kěyǐ ma

- 예약은 되어 있는데 사람은 아직 도착하지 않았습니다.
  已经 预订 了, 但是 人 还 没有 到 。
  Yǐjīng yùdìng le　dànshì rén hái méiyǒu dào

25. 호텔 이용

▶ 객실이 다 찼을 때   酒店 客满 时
jiǔdiàn kèmǎn shí

- 조금 더 기다려 보면 빈 방이 나올 수도 있을까요?
  我 再 等等, 看 能 否 找到 空余 的 房间。
  Wǒ zài děngdeng kàn néng fǒu zhǎodào kòngyú de fángjiān

- 다른 호텔을 좀 연결해 주실 수 있겠습니까? 여관이라도 상관 없습니다.
  你 能 帮 我 联系 其他 酒店 吗? 旅馆 也 没 关系。
  Nǐ néng bāng wǒ liánxì qítā jiǔdiàn ma Lǚguǎn yě méi guānxi

- 그 호텔도 시설이 괜찮아요. 저희가 연결해 드릴 수 있습니다.
  那家 酒店 条件 也 很 好。 我们 可以 帮 你 联系。
  Nà jiā jiǔdiàn tiáojiàn yě hěn hǎo Wǒmen kěyǐ bāng nǐ liánxì

II   투숙 기간 변경   变更 住宿 时间
biàngēng zhùsù shíjiān

- 출발을 하루 앞당기고 싶은데요.
  我 想 提前 一 天 离开。
  Wǒ xiǎng tíqián yì tiān líkāi

- 하룻밤 더 묵고 싶은데요. /이틀 더 머무르고 싶은데요.
  我 想 多 住 一 天。 /我 想 多 待 两 天。
  Wǒ xiǎng duō zhù yì tiān Wǒ xiǎng duō dāi liǎng tiān

- 급한 일이 있어 일찍 떠나려 합니다.
  因为 有 急事, 所以 我 想 早点儿 离开。
  Yīnwèi yǒu jí shì suǒyǐ wǒ xiǎng zǎo diǎnr líkāi

III   사람을 찾을 때   在 酒店 找 人 时
zài jiǔdiàn zhǎo rén shí

A: 有 什么 可以 帮助 您 的 吗?
    Yǒu shénme kěyǐ bāngzhù nín de ma

B: 我 想 找 503 号 房间 的 金 先生。
    Wǒ xiǎng zhǎo wǔlíngsān hào fángjiān de Jīn xiānsheng

A: 您 贵 姓?
    Nín guì xìng

[7] 프런트 데스크 **1213**

B: 我是李华，请 转告 他我 正在 大厅 等 他。
　　Wǒ shì Lǐ Huá　qǐng zhuǎngào tā wǒ zhèngzài dàtīng děng tā
A: 무엇을 도와드릴까요?
B: 503호실의 김선생님을 찾는데요.
A: 성함이 어떻게 되시죠?
B: 리화라고 합니다. 로비에서 기다린다고 전해 주십시오.

- 어제 한국에서 온 김선생님이 여기에 투숙하고 계십니까?
  昨天 有位 从 韩国 来的 金 先生 住在 这儿 吗?
  Zuótiān yǒu wèi cóng Hánguó lái de Jīn xiānsheng zhùzài zhèr ma

- 말씀 좀 묻겠는데, 조금 전 한국 단체여행객이 도착해 여기에 묵고 있나요?
  请问， 刚才 有支 韩国 团队 来这儿住了吗?
  Qǐngwèn gāngcái yǒu zhī Hánguó tuánduì lái zhèr zhùle ma

- 선생님, 어떤 손님께서 로비에서 기다리고 계십니다.
  先生， 有位客人在大厅 等 您。
  Xiānsheng yǒu wèi kèrén zài dàtīng děng nín

- 누가 저를 찾아오면 로비에서 기다리라고 해 주세요.
  要是 谁 来 找 我 的话， 请他在大厅 等一会儿。
  Yàoshi shéi lái zhǎo wǒ dehuà　qǐng tā zài dàtīng děng　yíhuìr

◇◇◇◇◇◇◇◇◇◇◇◇◇◇◇◇◇◇◇◇◇◇◇◇◇◇◇◇◇◇◇◇◇◇◇◇◇

참고 관련 용어　词汇
　　　　　　　　　 cíhuì

- 호텔　酒店，饭店，宾馆
　　　 jiǔdiàn fàndiàn bīnguǎn
- 모텔　旅馆，旅店
　　　 lǚguǎn lǚdiàn
- 프런트　前台，前厅，
　　　　 qiántái qiántīng
　　　　 总服务台
　　　　 zǒngfúwùtái
- 로비　大堂，大厅
　　　 dàtáng dàtīng
- 객실　客房
　　　 kèfáng
- 싱글룸　　　单人间
  single room　dānrénjiān

- 더블룸　　　双人间
  double room　shuāngrénjiān
- 트윈룸　　　标准间
  twin room　　biāozhǔnjiān
- 이그제큐티브 룸　行政间
  executive room　xíngzhèngjiān
- 럭셔리 수트　豪华 套间
  luxury suite　háohuá tàojiān
- 임페리얼 수트　皇室 套房
  imperial suite　huángshì tàofáng
- 프레지덴션 수트　总统 套房
  presidential suite　zǒngtǒng tàofáng
- 디럭스 수트　高级 套房
  deluxe suite　gāojí tàofáng

25. 호텔 이용

- 전망이 좋은 방　观景房 guānjǐngfáng
- 예약하다　订，预订 dìng　yùdìng
- 변경　更改 gēnggǎi
- 취소　取消 qǔxiāo
- 체크인　入住 登记 rùzhù dēngjì
- 체크아웃　退 房 登记 tuì fáng dēngjì
- 결제　结 账 jié zhàng
- 숙박요금　住宿费 zhùsùfèi
- 식당 시설　餐饮 设施 cānyǐn shèshī
- 위락 시설　休闲 设施 xiūxián shèshī
- 양식당　西餐厅 xīcāntīng
- 중식당　中餐厅 zhōngcāntīng
- 커피숍　咖啡屋 kāfēiwū
- 바　酒吧 jiǔbā
- 수영장　游泳池 yóuyǒngchí
- 헬스클럽　健身房 jiànshēnfáng
- 마사지센터　按摩 中心 ànmó zhōngxīn
- 비즈니스 센터　商务 中心 shāngwù zhōngxīn
- 회의센터　会议 中心 huìyì zhōngxīn
- 세탁 서비스　洗 衣 服务 xǐ yī fúwù
- 보관 서비스　保管 服务 bǎoguǎn fúwù
- 보관함　保险箱 bǎoxiǎnxiāng
- 모닝콜 서비스　叫醒 服务 jiàoxǐng fúwù
- 환전　兑换 duìhuàn
- 식사배달 서비스　送 餐 服务 sòng cān fúwù
- 룸 카드　房卡 fángkǎ
- 불편 신고　投诉 tóusù

26

취미와 스포츠
爱好与运动
AIHAO YU YUNDONG

1. 여가생활　　　　　　业余生活
2. 각종 취미　　　　　　各种爱好
3. 각종 스포츠　　　　　各种运动
4. 경기 관전　　　　　　观看比赛

1 여가생활

业余 生活
yèyú shēnghuó

중국도 이제 생활수준이 향상되었을 뿐 아니라, 주 5 일 근무제에 따른 주말연휴(双休日 shuāngxiūrì)와 노동절(劳动节 Láodòng Jié), 국경절(国庆节 Guóqìng Jié)의 연휴가 있기 때문에 여행, 문화생활 등 삶의 질을 높이는데 관심이 높아졌다. 노동절이나 국경절 연휴도 본래는 1~3 일간이지만 앞뒤의 주말연휴를 합쳐 긴 휴가를 갖는 것도 장거리 여행을 권장하기 위한 당국의 배려라고 한다.

기본대화

A: 周末 怎么 过?
   Zhōumò zěnme guò

B: 一般 在 家 里 待着。
   Yìbān zài jiā li dāizhe

A: 不 出 门 吗?
   Bù chū mén ma

B: 除非 有事, 一般 很少 出 门。
   Chúfēi yǒu shì yìbān hěnshǎo chū mén

A: 那 你 在 家 里 干 什么 呢?
   Nà nǐ zài jiā li gàn shénme ne

B: 我 喜欢 一 个 人 在 家 里 看看 书, 听听 音乐。
   Wǒ xǐhuan yí ge rén zài jiā li kànkan shū tīngting yīnyuè

A: 주말은 어떻게 보내세요?
B: 주로 집에 있어요.
A: 외출은 안하세요?
B: 일이 있는 경우를 제외하고는 거의 외출을 안해요.
A: 그럼 집에서 무엇을 하세요?
B: 저는 혼자 집에서 책을 보거나 음악을 듣기를 좋아해요.

26. 취미와 스포츠

爱好与运动

여러 가지 활용

I 여가 활동　休闲 活动
xiūxián huódòng

- 주말 연휴에는 무엇을 하세요?
  双休日　都 做 些　什么?①
  Shuāngxiūrì dōu zuò xiē shénme

- 이번 주말에 마작을 할까요?
  这 个 周末 来 搓 麻将 吧?②
  Zhè ge zhōumò lái cuō májiàng ba

- 바둑 한 판 둡시다.
  下　盘 围棋 吧。
  Xià pán wéiqí ba

- 따분한데 오목이라도 둡시다.
  挺　无聊 的，下 一 盘 五子棋 吧。
  Tǐng wúliáo de　xià yì pán wǔzǐqí ba

- 장기는 머리를 쓰는 게임이에요.
  象棋 是 一　种　动 脑筋 的 游戏。
  Xiàngqí shì yì zhǒng dòng nǎojīn de yóuxì

- 때로 당구장에 가서 기분을 풉니다.
  有时 去 台球厅，放松 一下 心情。
  Yǒushí qù táiqiútīng fàngsōng yíxià xīnqíng

- 우리 놀이동산에 가서 기분전환이나 할까?
  咱们　去　游乐场　散散　心，好 不 好?
  Zánmen qù yóulèchǎng sànsan xīn　hǎo bu hǎo

- 퇴근 후에는 주로 아이와 함께 놉니다.
  下班 以后 我 一般 陪 孩子 玩儿。
  Xiàbān yǐhòu wǒ yìbān péi háizi wánr

---

① 双休日 shuāngxiūrì: 중국은 주 5일제 근무로서 토요일과 일요일 이틀을 쉬므로 주말연휴를 가리켜 双休日 shuāngxiūrì라고 한다.

② 麻将 májiàng: 마장, 마작. 중국의 전통 놀이의 일종. 搓 cuō는 비비거나 문지르는 동작을 말한다.

① 여가생활

II 여가 활동 계획　活动 计划
huódòng jìhuà

A: 这 个 周末 有 什么 特别 安排 吗？
　　Zhè ge zhōumò yǒu shénme tèbié ānpái ma
B: 和 朋友 去 看 电影，你 呢？
　　Hé péngyou qù kàn diànyǐng nǐ ne
A: 我 和 太太 去 旅行。
　　Wǒ hé tàitai qù lǚxíng
B: 是 吗？ 很 棒 的 计划，祝 你们 旅途 愉快。
　　Shì ma　Hěn bàng de jìhuà　zhù nǐmen lǚtú yúkuài
A: 이번 주말에 특별한 계획 있어요?
B: 친구와 영화 보러 가기로 했어요. 당신은요?
A: 나는 아내와 여행을 가기로 했어요.
B: 그래요? 멋진 계획이군요. 즐거운 여행 되세요.

- 저는 정원을 가꿀 생각이에요.
  我 想 收拾 一下 院子。
  Wǒ xiǎng shōushi yíxià yuànzi
- 친구와 바둑을 둘까 합니다.
  我 想 和 朋友 下棋。
  Wǒ xiǎng hé péngyou xià qí
- 별 계획이 없습니다.
  没 什么 安排。
  Méi shénme ānpái

III 취미에 관해서　关于 爱好
guānyú àihào

A: 你 的 爱好 是 什么?
　　Nǐ de àihào shì shénme
B: 收集 纪念 邮票。
　　Shōují jìniàn yóupiào
A: 外国 的 也 收集 吗？
　　Wàiguó de yě shōují ma
B: 是的，我 收集 了 几 张 特别 珍贵 的。
　　Shìde　wǒ shōují le jǐ zhāng tèbié zhēnguì de

26 业余生活

26. 취미와 스포츠

> A: 네 취미는 무엇이니?
> B: 기념우표 수집하는거야.
> A: 외국 것도 수집하니?
> B: 응, 아주 진귀한 것도 몇 장 있어.

- 어떤 취미가 있어요?
 有 什么 爱好？
 Yǒu shénme àihào

- 저는 골프에 흥미가 있어요.
 我 对 高尔夫 有 兴趣。
 Wǒ duì gāo'ěrfū yǒu xìngqù

- 저의 유일한 취미는 독서예요.
 我 唯一 的 爱好 是 读书。
 Wǒ wéiyī de àihào shì dú shū

- 독서 외에는 다른 취미가 없어요.
 除了 读书，没有 别的 爱好。
 Chúle dú shū méiyǒu biéde àihào

- 한 달에 서너번 정도 등산을 해요.
 一 个 月 去 爬 三四 回 山 。
 Yí ge yuè qù pá sānsì huí shān

- 자주 교외의 저수지로 나가 낚시도 하면서 기분전환을 해요.
 常常 去 郊区 的 池塘 钓 鱼 散心 。 ①
 Chángcháng qù jiāoqū de chítáng diào yú sàn xīn

- 제 취미는 다양합니다.
 我 的 兴趣 很 广泛。
 Wǒ de xìngqù hěn guǎngfàn

- 저는 별 특별한 취미가 없어요.
 我 没有 什么 特别 的 爱好。
 Wǒ méiyǒu shénme tèbié de àihào

---

① 散心 sàn xīn: 기분을 풀다, 기분을 전환하다.

2 각종 취미

各种 爱好
gèzhǒng àihào

취미는 爱好 àihào 라고 하며, 특기는 特长 tècháng 이라고 한다. 이 때 好는 3성이 아닌 4성으로 발음해야 하며, 长 역시 zhǎng 이 아니라 cháng 으로 발음되는 것에 주의하여야 한다. 사람들은 저마다 자신의 취향이나 관심에 따라 자신에게 맞는 취미생활을 하고 있으며, 어떤 이들은 이에 만족하지 않고 아마추어 (业余 yèyú) 의 수준을 넘어 프로 (专业 zhuānyè) 의 수준으로 발전시키기도 한다.

여러 가지 활용

I 여행 旅行
lǚxíng

A: 哎，你回来了？这次你去哪儿旅行了？
　　Ai　nǐ huílai le　Zhè cì nǐ qù nǎr lǚxíng le
B: 我去了长白山，昨天晚上才回来的。
　　Wǒ qùle Chángbái Shān zuótiān wǎnshang cái huílai de
A: 真的呀，那里风景怎么样？
　　Zhēn de ya　nàli fēngjǐng zěnmeyàng
B: 真是太雄伟了，给我的印象特别深。
　　Zhēn shì tài xióngwěi le　gěi wǒ de yìnxiàng tèbié shēn
A: 你去天池了没有？
　　Nǐ qù Tiān Chí le méiyǒu
B: 去了，那里云雾缭绕，简直是人间仙境。①
　　Qù le　nàli yúnwù liáorào　jiǎnzhí shì rénjiān xiānjìng
A: 听你这么说，我也想去了。
　　Tīng nǐ zhème shuō　wǒ yě xiǎng qù le

A: 어? 너 돌아왔구나, 이번엔 어디로 여행을 갔었니?
B: 백두산에 갔었어, 어젯밤에 돌아왔지.
A: 그래? 거기 경치가 어떻든?
B: 진짜 장관이더라. 정말 인상 깊었어.

---

① 简直 jiǎnzhí: 정말로, 실로, 그야말로. 人间 rénjiān: 속세, 세상. 仙境 xiānjìng: 경치가 아주 아름다운 곳.

A: 천지도 보았니?
B: 응, 보았어. 구름 안개에 감싸여 있었는데 정말이지 세속의 선경이더라.
A: 네 말을 들으니 나도 가고 싶어지는 걸.

▶여행의 형태　旅行 方式
　　　　　　　　lǚxíng fāngshì

- 유람선 여행을 한 일이 있습니까?
  坐 船 旅行 过 吗？
  Zuò chuán lǚxíng guo ma

- 전 자전거 여행이 참 재미있어요.
  我 觉得 骑 自行车 旅行 很 有意思。
  Wǒ juéde qí zìxíngchē lǚxíng hěn yǒuyìsi

- 저는 명승고적을 둘러보는 것을 좋아해요.
  我 喜欢 参观 名胜 古迹。
  Wǒ xǐhuan cānguān míngshèng gǔjì

- 해외여행은 시야를 넓힐 수 있지요.
  海外 旅行 可以 开阔 视野。
  Hǎiwài lǚxíng kěyǐ kāikuò shìyě

- 우리 이번 여름방학에 배낭여행 가자.
  我们 这 个 暑假 背 包 去 旅行 吧。
  Wǒmen zhè ge shǔjià bēi bāo qù lǚxíng ba

- 패키지여행의 장점은 예약 등 번거로운 일을 할 필요가 없다는 것이죠.
  团体 旅行 的 优点 是 少了 预约 等 麻烦 的 事。
  Tuántǐ lǚxíng de yōudiǎn shì shǎole yùyuē děng máfan de shì

▶여행의 경험　旅行 经验
　　　　　　　　lǚxíng jīngyàn

A: 你 去 海外 旅行 过 吗？
　　Nǐ qù hǎiwài lǚxíng guo ma
B: 两 次，先 去了 泰国，然后 又 去了 韩国。
　　Liǎng cì xiān qùle Tàiguó ránhòu yòu qùle Hánguó

A: 해외여행을 한 적이 있습니까?
B: 두 차례 갔있어요. 한 번은 태국, 또 한 번은 한국에 갔었죠.

- 5년 전 친구와 파리에 간 적이 있어요.
  五 年 前 和 朋友 一起 去过 巴黎。
  Wǔ nián qián hé péngyou yìqǐ qùguo Bālí
- 해외여행은 한 번밖에 못했습니다.
  只 去 海外 旅行 过 一 次。
  Zhǐ qù hǎiwài lǚxíng guo yí cì
- 한 달 동안 유럽을 한 바퀴 돌았어요.
  一 个 月 内 在 欧洲 转了 一 圈儿。
  Yí ge yuè nèi zài Ōuzhōu zhuànle yì quānr
- 저 혼자서 실크로드를 갔었는데 비록 고생은 했지만 많은 걸 얻었어요.
  我 一 个 人 去了 丝绸 之 路, 虽然 很 辛苦, 但是 收获
  Wǒ yí ge rén qùle Sīchóu Zhī Lù suīrán hěn xīnkǔ dànshì shōuhuò
  颇 多。
  pō duō

▶여행 소감　旅行 感受
　　　　　　lǚxíng gǎnshòu

A: 听说, 这 个 假期 你 去 欧洲 旅游 了?
　　Tīngshuō zhè ge jiàqī nǐ qù Ōuzhōu lǚyóu le
B: 是 的。我 去了 巴黎、柏林、维也纳、伦敦 和 罗马。
　　Shì de Wǒ qùle Bālí Bólín Wéiyěnà Lúndūn hé Luómǎ
A: 你 觉得 哪 个 城市 给 你 的 印象 最 深刻?
　　Nǐ juéde nǎ ge chéngshì gěi nǐ de yìnxiàng zuì shēnkè
B: 我 觉得 罗马 最 漂亮。
　　Wǒ juéde Luómǎ zuì piàoliang
A: 是 吗? 我 听过 有 句 话 叫 "罗马 是 世界 旅行 的
　　Shì ma Wǒ tīngguo yǒu jù huà jiào Luómǎ shì shìjiè lǚxíng de
　　终点"。
　　zhōngdiǎn

B: 对啊，所以 罗马 一定 要 最后 看，要是 先 看
　　Duì a　　suǒyǐ Luómǎ yídìng yào zuìhòu kàn　yàoshi xiān kàn
　　罗马，其他 地方 就 觉得 没有 意思 了。
　　Luómǎ　qítā dìfang jiù juéde méiyǒu yìsi　le

A: 이번 휴가에 유럽 여행을 갔었다면서요?
B: 네. 파리, 베를린, 비엔나, 런던, 로마를 갔었어요.
A: 어느 도시가 가장 인상 깊어요?
B: 로마가 가장 멋있더군요.
A: 그래요? "세계 여행의 종착역은 로마"라는 말을 들은 적이 있는데.
B: 맞아요. 그래서 로마는 반드시 맨 나중에 봐야 해요, 먼저 로마를 구경하면 다른 도시는 재미 없거든요.

- 이번 여행은 어떠했습니까?
  这 次 旅行 怎么样?
  Zhè cì lǚxíng zěnmeyàng

- 저로 하여금 중국을 새롭게 인식케 했습니다.
  使 我 重新 认识 了 中国。
  Shǐ wǒ chóngxīn rènshi le Zhōngguó

- 언어의 장벽을 절실히 느꼈습니다.
  深深 体会 到 了 语言 不 通 带来 的 障碍。
  Shēnshēn tǐhuì dào le yǔyán bù tōng dàilái de zhàng'ài

- 언어가 통하지 않아 애를 좀 많이 먹었습니다.
  因为 语言 不通, 所以 费了 很 多 心思。
  Yīnwèi yǔyán bù tōng suǒyǐ fèile hěn duō xīnsi

- 시차를 극복하지 못해서 컨디션이 좋질 않았습니다.
  因为 不 能 克服 时差, 所以 感到 身体 不 适。
  Yīnwèi bù néng kèfú shíchā suǒyǐ gǎndào shēntǐ bú shì

- 중국 사람들과 친구처럼 함께 지냈으므로 매우 의미있는 여행이었습니다.
  与 中国人 像 朋友 一样 相处, 所以 是 一 次 很
  Yǔ Zhōngguórén xiàng péngyou yíyàng xiāngchǔ suǒyǐ shì yí cì hěn
  有 意义 的 旅行。
  yǒu yìyì de lǚxíng

② 각종 취미 **1225**

▶여행에 대한 소망　旅行　愿望
　　　　　　　　　　lǚxíng yuànwàng

- 이번 여름휴가를 어디서 보낼 예정이십니까?
  这 个 暑假 准备 在 哪儿 过 ? ①
  Zhè ge shǔjià zhǔnbèi zài nǎr guò

- 저는 세계일주를 하고 싶어요.
  我 想 环游 世界。
  Wǒ xiǎng huányóu shìjiè

- 지중해를 한 번 유람하고 싶어요.
  很 想 去 一 次 地中 海。
  Hěn xiǎng qù yí cì Dìzhōng Hǎi

- 저는 남태평양의 여러 섬에 가보고 싶어요.
  我 想 到 南 太平洋 的 几 个 岛 去 看看。
  Wǒ xiǎng dào Nán Tàipíngyáng de jǐ ge dǎo qù kànkan

- 저는 이집트의 피라미드에 관심이 많습니다.
  我 对 埃及 的 金字 塔 很 有 兴趣。
  Wǒ duì Āijí de Jīnzì Tǎ hěn yǒu xìngqù

- 저는 국내의 명승고적을 유람하고 싶어요.
  我 想 去 游览 国内 的 名胜 古迹。
  Wǒ xiǎng qù yóulǎn guónèi de míngshèng gǔjì

- 가능하다면 저는 북극 여행을 하고 싶군요.
  可以 的话, 我 想 去 北极 旅行。
  Kěyǐ dehuà wǒ xiǎng qù Běijí lǚxíng

▶여행 시간　旅行 时间
　　　　　　lǚxíng shíjiān

- 그곳에 얼마나 있었습니까?
  在 那里 待 了 多 长 时间 ?
  Zài nàli dāile duō cháng shíjiān

- 이번 여행은 당일로 돌아올 수 있어요.
  这 次 旅行 当天 就 能 回来。
  Zhè cì lǚxíng dàngtiān jiù néng huílai

---

① 准备 zhǔnbèi : 준비하다, 계획하다. ~하려고 마음먹다. 过 guò : 지내다, 보내다.

26 ② 各种爱好

1226 26. 취미와 스포츠

- 하룻밤만 묵을 거예요.
  只留一个 晚上。
  Zhǐ liú yí ge wǎnshang

- 이번 여행은 오래 걸리지는 않을 겁니다.
  这次旅行不会花太多时间。
  Zhè cì lǚxíng bú huì huā tài duō shíjiān

- 친구와 4일간 한국 여행을 하기로 결정했습니다.
  我和朋友决定花四天的时间去韩国旅行。
  Wǒ hé péngyou juédìng huā sì tiān de shíjiān qù Hánguó lǚxíng

▶ 피크닉   郊游
           jiāoyóu

A: 这个星期日决定去郊游。小红，一起去吧。
   Zhè ge xīngqīrì juédìng qù jiāoyóu Xiǎo Hóng yìqǐ qù ba

B: 好啊。这主意是谁出的？
   Hǎo a Zhè zhǔyi shì shéi chū de

A: 是科长的主意。
   Shì kēzhǎng de zhǔyi

B: 那我们科的人都会去吧。
   Nà wǒmen kē de rén dōu huì qù ba

A: 当然了，还租了一辆客车呢。
   Dāngrán le hái zūle yí liàng kèchē ne

A: 이번 일요일에 야외로 놀러 가기로 했어요. 샤오홍, 함께 가요.
B: 좋지요. 누가 이 제안을 하신 거에요?
A: 과장님의 제안이에요.
B: 그럼 우리 과 사람들 모두 가겠네요.
A: 물론이죠. 버스 한 대까지 세 넀어요.

- 오늘 우리 식구끼리 근교 숲으로 피크닉을 갑시다.
  今天我们一家人去附近森林里郊游吧。
  Jīntiān wǒmen yì jiā rén qù fùjìn sēnlín li jiāoyóu ba

- 오길 잘했어요. 공기가 정말 신선하군요.
  真 没有 白来, 空气 真 新鲜。①
  Zhēn méiyǒu bái lái, kōngqì zhēn xīnxiān

- 저도 몇 년 묵은 스트레스가 말끔히 해소되는 것 같아요.
  我 也 觉得 几 年 来 的 压力 好像 完全 消除 了。
  Wǒ yě juéde jǐ nián lái de yālì hǎoxiàng wánquán xiāochú le

- 쓰레기는 함부로 버리지 말고 모두 여기에 모읍시다.
  垃圾 不要 随便 扔, 都 放在 这里 吧。
  Lājī búyào suíbiàn rēng dōu fàngzài zhèli ba

- 우리 먼저 출발할게요, 바짝 뒤따라 오세요.
  我们 先 去 吧, 你们 紧 跟 后面 啊。
  Wǒmen xiān qù ba nǐmen jǐn gēn hòumian a

II 독서 读书
dúshū

▶독서 취향   读书 嗜好
           dúshū shìhào

- 어떤 장르의 책을 좋아합니까?
  你 喜欢 什么 类型 的 书?
  Nǐ xǐhuan shénme lèixíng de shū

- 무슨 책이든 다 읽기 좋아해요.
  我 什么 书 都 喜欢 看。
  Wǒ shénme shū dōu xǐhuan kàn

- 철학 관련 책을 자주 봅니다.
  常 看 哲学 方面 的 书。
  Cháng kàn zhéxué fāngmiàn de shū

- 그는 무협소설에만 흥미가 많아요.
  他 只 对 武侠 小说 感 兴趣。
  Tā zhǐ duì wǔxiá xiǎoshuō gǎn xìngqù

---

① 白 bái:여기는 '하얗다' 의 뜻이 아닌 '헛되이' 라는 부사이다. 즉 '白来 bái lái' 는 헛걸음하다, 허탕치다의 뜻.

26. 취미와 스포츠

▶독서량　阅读 量
　　　　　yuèdú liàng

A: 你一个月大概读几本书？
　　Nǐ yí ge yuè dàgài dú jǐ běn shū
B: 我每个月读五六本。
　　Wǒ měi ge yuè dú wǔliù běn
A: 한 달에 몇 권 정도 책을 읽습니까?
B: 매달 5, 6권 읽습니다.

- 그는 책벌레예요.
  他是书呆子。
  Tā shì shūdāizi
- 책을 읽을 틈이 없어요.
  我没时间看书。
  Wǒ méi shíjiān kàn shū
- 그 작가의 책은 안 읽은 게 거의 없어요.
  那位作家的书几乎没有没读过的。
  Nà wèi zuòjiā de shū jīhū méiyǒu méi dúguo de
- 그는 하루종일 늦게까지 책을 봐요, 무슨 책이든 다 보죠.
  他一天到晚都在看书，并且什么书都看。
  Tā yì tiān dào wǎn dōu zài kàn shū bìngqiě shénme shū dōu kàn

▶책에 관한 화제　关于 书 的话题
　　　　　　　　guānyú shū de huàtí

- 최근 베스트셀러는 어떤 책이지요?
  最近最畅销的是什么书？①
  Zuìjìn zuì chàngxiāo de shì shénme shū
- 그 책은 젊은이들이 꼭 한 번은 읽어야 합니다.
  那本书，年轻人一定要读一遍。
  Nà běn shū niánqīngrén yídìng yào dú yí biàn
- 그 책은 정독할 가치가 있습니다.
  那本书值得精读。
  Nà běn shū zhídé jīng dú

---

① 畅销 chàngxiāo: 잘 팔리다, 많이 팔리다. 最畅销的书 zuì chàngxiāo de shū: 베스트셀러.

- 재미있는 책은 밤을 새워서라도 다 읽어요.
  有趣的书，我即使熬夜也会把它读完。①
  Yǒuqù de shū, wǒ jíshǐ áo yè yě huì bǎ tā dúwán
- 그 소설은 한 때 대단한 인기를 누렸어요.
  那本小说在一段时期很受欢迎。
  Nà běn xiǎoshuō zài yí duàn shíqī hěn shòu huānyíng
- 그 책은 너무 재미있어서 읽자마자 단숨에 모두 읽어버렸어요.
  那本书很有意思，我拿起来一口气就读完了。
  Nà běn shū hěn yǒuyìsi, wǒ ná qilai yìkǒuqì jiù dúwán le
- 그 책은 대충 훑어 보았어요.
  那本书我粗粗地看过一次。
  Nà běn shū wǒ cūcū de kànguo yí cì
- 그 책은 아주 실망스러웠어요.
  那本书让我很失望。
  Nà běn shū ràng wǒ hěn shīwàng
- 그 책은 한푼의 가치도 없어요.
  那本书一文不值。②
  Nà běn shū yìwénbùzhí
- 그 책은 정말 따분한 책이에요.
  那是一本很无聊的书。
  Nà shì yì běn hěn wúliáo de shū
- 그 책은 정말 재미가 없어요.
  那本书读起来很乏味。③
  Nà běn shū dú qilai hěn fáwèi

▶ 기타   其他
         qítā

- 그 책 다 읽었어요?
  那本书都读完了吗?
  Nà běn shū dōu dúwán le ma

---

① 熬夜 áo yè: 밤을 새우다, 철야하다. 이 밖에 '开夜车 kāi yèchē'라는 표현도 있다.
② 一文不值 yìwénbùzhí: 한 푼의 가치도 없다.
③ 乏味 fáwèi: 재미 없다, 무미건조하다.

26. 취미와 스포츠

- 그 책 다 읽었으면 돌려 주세요.
  那 本 书 看完 了 就 还给 我 吧。
  Nà běn shū kànwán le jiù huángěi wǒ ba

- 어두운 방에서 독서하면 눈에 해로워요.
  在 昏暗 的 房间 里读书，对 眼睛 不 好。
  Zài hūn'àn de fángjiān li dú shū duì yǎnjing bù hǎo

▶신문　报纸
　　　　bàozhǐ

A: 订了 什么 报纸？
　 Dìngle shénme bàozhǐ
B: 我们 家 订 的 是《北京 青年 报》。
　 Wǒmen jiā dìng de shì Běijīng Qīngnián Bào
A: 무슨 신문을 구독하십니까?
B: 저희 집은 북경청년신문을 구독하고 있어요.

- 저희 집은 신문을 보지 않습니다.
  我们 家不看 报纸。
  Wǒmen jiā bú kàn bàozhǐ

- 그 신문은 발행부수가 아주 많습니다.
  那 报纸 的 发行量 很 大。
  Nà bàozhǐ de fāxíngliàng hěn dà

- 머리기사와 기사 제목만 봅니다.
  只 看 报纸 头 条 和 新闻 标题。①
  Zhǐ kàn bàozhǐ tóu tiáo hé xīnwén biāotí

- 우선 1면을 훑어본 후 다른 내용을 봅니다.
  先 看 第一 版，再 看 其他 内容。
  Xiān kàn dìyī bǎn zài kàn qítā nèiróng

- 저는 신문의 연예 오락면을 즐겨 봅니다.
  我 一般 喜欢 看 报纸 的 娱乐版。
  Wǒ yìbān xǐhuan kàn bàozhǐ de yúlèbǎn

---

① 头条 tóu tiáo: 머리기사, 헤드라인. 新闻 xīnwén: 뉴스, 새소식.

- 신문을 받아들면 주로 스포츠면부터 봅니다.
  我 拿到 报纸，一般 都 会 先 看 体育版。
  Wǒ nádào bàozhǐ yìbān dōu huì xiān kàn tǐyùbǎn
- 연예 오락면의 각종 스캔들은 독자들의 관심을 많이 끌어요.
  娱乐版 的 各 种 绯闻 吸引 了 读者 的 关注 。
  Yúlèbǎn de gè zhǒng fēiwén xīyǐn le dúzhě de guānzhù
- 그 뉴스는 전국을 뒤흔들었어요.
  那 条 新闻 在 全国 引起 了 轰动。
  Nà tiáo xīnwén zài quánguó yǐnqǐ le hōngdòng
- 그 사건이 오늘 아침 신문에 실렸더군요.
  那 事件 登在 晨报 上 了。
  Nà shìjiàn dēngzài chénbào shang le

▶잡지   杂志
   zázhì

A: 你 喜欢 看 哪 方面 的 杂志？
   Nǐ xǐhuan kàn nǎ fāngmiàn de zázhì
B: 你 怎么 突然 问 这 个？嗯······我 对 黄色 杂志
   Nǐ zěnme tūrán wèn zhè ge   Ng   Wǒ duì huángsè zázhì
   最 感 兴趣 。
   zuì gǎn xìngqù
A: 你 别 开 玩笑，我 只 想 了解 你 的 读书 爱好。
   Nǐ bié kāi wánxiào wǒ zhǐ xiǎng liǎojiě nǐ de dúshū àihào
A: 넌 어떤 종류의 잡지를 즐겨 보니?
B: 갑자기 왜 물어? 음... 난 외설잡지에 관심이 많아.
A: 농담하지 말고, 그냥 너의 독서 취향을 알고 싶어서 그래.

- 정기 구독하고 있는 잡지가 있어요?
  有 定期 阅读 的 杂志 吗？
  Yǒu dìngqī yuèdú de zázhì ma
- 요즘 어떤 잡지의 판매량이 많지요?
  最近 什么 杂志 的 销量 较 高？
  Zuìjìn shénme zázhì de xiāoliàng jiào gāo
- 어떤 잡지가 흥미있는 기사가 제일 많아요?
  什么 杂志 有趣 的 信息 最 多？
  Shénme zázhì yǒuqù de xìnxī zuì duō

26. 취미와 스포츠

- 전문지 보다는 종합잡지가 더 읽을 만해요.
  与 专题性 杂志 相 比，综合性 杂志 更 值得读。
  Yǔ zhuāntíxìng zázhì xiāng bǐ zōnghéxìng zázhì gèng zhídé dú

Ⅲ 영화 **电影**
  diànyǐng

> A: 你最喜欢好莱坞的哪位明星?
>   Nǐ zuì xǐhuan Hǎoláiwū de nǎ wèi míngxīng
> B: 我很崇拜汤姆·克鲁斯。
>   Wǒ hěn chóngbài Tāngmǔ Kèlǔsī
> A: 你为什么崇拜他呢?
>   Nǐ wèishénme chóngbài tā ne
> B: 我觉得他不但人长得帅而且演技也很棒!
>   Wǒ juéde tā búdàn rén zhǎng de shuài érqiě yǎnjì yě hěn bàng
> A: 是啊，所以他曾几次获得了奥斯卡最佳男演员奖。
>   Shì a suǒyǐ tā céng jǐ cì huòdéle Àosīkǎ zuì jiā nán
>   yǎnyuánjiǎng
> A: 넌 할리우드의 어느 스타를 가장 좋아하니?
> B: 난 탐 크루즈를 무척 좋아해.
> A: 왜 좋아하는데?
> B: 잘 생겼을 뿐만 아니라 연기도 잘하잖아.
> A: 맞아. 그러니까 오스카 남우주연상도 몇 번이나 받았지.

- 영화 자주 보러 가세요?
  你 常常 去 看 电影 吗？
  Nǐ chángcháng qù kàn diànyǐng ma
- 한 달에 한 번 정도 갑니다.
  我 差不多 一 个 月 去 一 次 。
  Wǒ chàbuduō yí ge yuè qù yí cì
- 그는 심심하면 영화를 봅니다.
  他 闲着 就 看 电影 。
  Tā xiánzhe jiù kàn diànyǐng

▶취향 **嗜好**
  shìhào

- 무술영화와 공상과학영화를 즐겨 봅니다.
  我 爱 看 武打片 和 科幻片 。
  Wǒ ài kàn wǔdǎpiān hé kēhuànpiān

② 각종 취미

- 나는 공포영화는 보기 싫어요, 장면들이 너무 잔인하거든요.
我 不 喜欢 看 恐怖 电影，因为 我 觉得 那些 场面 太 残忍 了。
Wǒ bù xǐhuan kàn kǒngbù diànyǐng yīnwèi wǒ juéde nàxiē chǎngmiàn tài cánrěn le

- 나는 감동적인 영화를 좋아해요.
我 喜欢 看 那 种 感人 的 影片儿。
Wǒ xǐhuan kàn nà zhǒng gǎnrén de yǐngpiānr

- 홍콩 대만 영화 좋아해요? 아니면 본토영화를 좋아해요?
喜欢 港台 的 还是 内地 的？
Xǐhuan gǎngtái de háishi nèidì de

- 자주 아이들을 데리고 가서 애니매이션 영화를 봅니다.
常常 带着 孩子们 去 看 动画片儿。
Chángcháng dàizhe háizimen qù kàn dònghuàpiānr

▶영화 배우·감독　影星 / 导演
　　　　　　　　　yǐngxīng dǎoyǎn

A: 我们 去 看 电影 吧。
　　Wǒmen qù kàn diànyǐng ba
B: 我 对 电影 不太 感 兴趣，你 自己 去 吧。
　　Wǒ duì diànyǐng bú tài gǎn xìngqù nǐ zìjǐ qù ba
A: 一个人 去 多 没 意思 啊，我们 一起 去 看 吧。
　　Yí ge rén qù duō méi yìsi a wǒmen yìqǐ qù kàn ba
B: 现在 有 什么 值得 看 的 吗？
　　Xiànzài yǒu shénme zhídé kàn de ma
A: 有 一部 张艺谋 导演 的 大作。
　　Yǒu yí bù ZhāngYìmóu dǎoyǎn de dàzuò
B: 那 好 吧。我 陪 你 一起 去 吧。
　　Nà hǎo ba Wǒ péi nǐ yìqǐ qù ba
A: 우리 영화보러 가자.
B: 난 영화에 별로 흥미가 없는데, 너 혼자 가서 봐.
A: 혼자 가면 무슨 재미야. 나랑 같이 가자.
B: 요즘 뭐가 볼 만한데?
A: 장이모우 감독의 대작이 하나 있어.
B: 그렇다면 좋아, 같이 가주지.

26. 취미와 스포츠

- 영화배우 중 누구를 가장 좋아해요?
  影星 当中，你 最 喜欢 的 是 谁？
  Yǐngxīng dāngzhōng nǐ zuì xǐhuan de shì shéi

- 난 줄리아 로버츠가 제일 좋아. 예쁘고 섹시하잖아요.
  我 最 喜欢 朱丽娅·罗伯茨，她 又 漂亮 又 性感。
  Wǒ zuì xǐhuan Zhūlìyà Luóbócí tā yòu piàoliang yòu xìnggǎn

- 그 영화는 누가 주연을 했었죠?
  那 部 电影 是 谁 主演 的？
  Nà bù diànyǐng shì shéi zhǔyǎn de

▶ 영화평　　观后感
　　　　　　guānhòugǎn

- 영화의 마지막 장면은 정말 감동적이었어요.
  电影 最后 的 场面 真 是 很 让 人 感动。
  Diànyǐng zuìhòu de chǎngmiàn zhēn shì hěn ràng rén gǎndòng

- 이 영화 어느 대목이 가장 감동적이었나요?
  这 部 电影，你 觉得 哪 个 情节 最 令 你 感动?
  Zhè bù diànyǐng nǐ juéde nǎ ge qíngjié zuì lìng nǐ gǎndòng

- 주인공의 개성적이며 박력있는 연기는 사람을 감탄케 하는군요.
  主人公 极 富 个性 和 魄力 的 演技，很 让 人 感叹。
  Zhǔréngōng jí fù gèxìng hé pòlì de yǎnjì hěn ràng rén gǎntàn

- 이것은 학생들이 꼭 봐야 할 영화입니다.
  这 是 一 部 学生 必须 要 看 的 电影。
  Zhè shì yí bù xuésheng bìxū yào kàn de diànyǐng

- 이 영화는 매우 교육적이에요, 애들이 볼 만하지요.
  这 部 电影 很 有 教育 意义，很 值得 孩子们 看。
  Zhè bù diànyǐng hěn yǒu jiàoyù yìyì hěn zhídé háizimen kàn

Ⅳ　음악　　音乐
　　　　　　yīnyuè

▶ 취향　　嗜好
　　　　　shìhào

A: 最近，中国 的 一些 年轻人 酷爱 韩国 的 流行
　 Zuìjìn Zhōngguó de yìxiē niánqīngrén kù'ài Hánguó de liúxíng
歌曲。
gēqǔ

B: 这 就 是 所谓 的 "韩流" 吧。
   Zhè jiù shì suǒwèi de hánliú ba

A: 我 很 喜欢 安在旭， 上 次 他 在 中国 开
   Wǒ hěn xǐhuan ĀnZàixù shàng cì tā zài Zhōngguó kāi
   演唱会 我 也 去 看 了。
   yǎnchànghuì wǒ yě qù kàn le

B: 是 吗？ 好像 还 有 宝儿 、安七铉 等 都 来过
   Shì ma Hǎoxiàng hái yǒu Bǎo'ér ĀnQīxuàn děng dōu láiguo
   了 吧？ ①
   le ba

A: 对 啊， 我 看 娱乐 新闻 报道， 许多 中国
   Duì a wǒ kàn yúlè xīnwén bàodào xǔduō Zhōngguó
   年轻人 都 疯狂 地喜欢 他们。
   niánqīngrén dōu fēngkuáng de xǐhuan tāmen

A: 최근 중국의 일부 젊은이들은 한국의 대중가요를 무척 좋아해요.
B: 그게 바로 소위 한류라는 것이지요.
A: 나는 안재욱을 좋아해요, 지난번 중국에서 콘서트를 할 때에 저도 갔었어요.
B: 그래요? 아마 보아, 강타 등도 모두 왔었죠?
A: 네, 연예뉴스를 보면 많은 중국 젊은이들이 열광적으로 좋아하더라구요.

- 어떤 리듬의 음악을 좋아하세요?
  你 喜欢 什么 节奏 的 音乐？
  Nǐ xǐhuan shénme jiézòu de yīnyuè

- 나는 록음악을 좋아해요.
  我 很 喜欢 摇滚 风格 的 歌曲。 ②
  Wǒ hěn xǐhuan yáogǔn fēnggé de gēqǔ

- 클래식 음악을 들으면 마음이 편안해져요.
  听 古典 音乐，心 里 会 很 舒服。
  Tīng gǔdiǎn yīnyuè xīn li huì hěn shūfu

---

① 중국에서 강타는 安七铉의 이름으로 널리 알려져 있다.
② 摇滚 yáogǔn: rock & roll.

26. 취미와 스포츠

- 저는 광적인 시끄러운 노래는 질색이에요.
  我 讨厌 那 种 疯狂 吵闹 的 歌曲。①
  Wǒ tǎoyàn nà zhǒng fēngkuáng chǎonào de gēqǔ
- 전 음악 없이는 못살아요.
  没有 音乐，我 就 活 不 了。
  Méiyǒu yīnyuè wǒ jiù huó bu liǎo

▶가수　　歌星
　　　　　gēxīng

- 좋아하는 가수가 있어요?
  你 有 喜欢 的 歌星 吗？
  Nǐ yǒu xǐhuan de gēxīng ma
- 저는 마이클 잭슨을 좋아해요.
  我 喜欢 迈克·杰克逊。
  Wǒ xǐhuan Màikè　Jiékèxùn
- 그 가수는 아주 인기가 많아요.
  那个 歌星 很 有 名气。
  Nà ge gēxīng hěn yǒu míngqi
- 저 가수는 팬이 아주 많아요.
  那位 歌星 的 歌迷 很 多。
  Nà wèi gēxīng de gēmí hěn duō
- 이 그룹의 의상과 춤은 매우 독특하군요.
  这 一 组 的 服装 和 舞蹈 很 独特。
  Zhè yì zǔ de fúzhuāng hé wǔdǎo hěn dútè

▶악기　　乐器
　　　　　yuèqì

- 어떤 악기를 다룰 줄 아세요?
  你 会 什么 乐器？
  Nǐ huì shénme yuèqì
- 기타를 조금 칠 줄 알아요.
  我 会 弹 一点儿 吉他。
  Wǒ huì tán yìdiǎnr jítā

---

① 疯狂 fēngkuáng：광적이다, 미친 듯하다. 吵闹 chǎonào：소란을 피우다, 시끄럽다, 떠들다, 말다툼하다.

② 각종 취미

② 各种爱好

- 이틀에 한 번씩 바이올린을 배워요.
  每隔一天去学小提琴。
  Měi gé yì tiān qù xué xiǎotíqín

- 플룻을 불기 시작한 지 몇 년 되었어요?
  你吹长笛已经有几年了?
  Nǐ chuī chángdí yǐjīng yǒu jǐ nián le

- 몇 살부터 피아노를 배웠어요?
  从几岁开始学弹钢琴的?
  Cóng jǐ suì kāishǐ xué tán gāngqín de

- 이 곡 기타로 칠 수 있어요?
  这首曲子可以用吉他弹吗?
  Zhè shǒu qǔzi kěyǐ yòng jítā tán ma

▶ 노래   唱歌
        chàng gē

- 그러면 제가 먼저 한 곡 부르겠습니다.
  那我先来唱一首吧。
  Nà wǒ xiān lái chàng yì shǒu ba

- 저는 노래를 잘 못해요, 이해해 주세요.
  我唱得不好,请大家见谅。
  Wǒ chàng de bù hǎo qǐng dàjiā jiànliàng

- 당신 18번은 어떤 노래예요?
  你拿手的是什么歌? ①
  Nǐ náshǒu de shì shénme gē

- 언제까지 부를 작정이에요?
  你要唱到什么时候?
  Nǐ yào chàngdào shénme shíhou

- 오늘은 목이 쉴 때까지 불러 봅시다.
  今天要唱到嗓子变哑为止。
  Jīntiān yào chàngdào sǎngzi biàn yǎ wéizhǐ

- 자, 모두 같이 노래 한 곡 부릅시다.
  来,大家一起唱一首歌。
  Lái dàjiā yìqǐ chàng yì shǒu gē

---

① 拿手 náshǒu : 가장 잘하는, 가장 자신있는.

26. 취미와 스포츠

- 마지막으로 "친구"를 함께 부르며 오늘 모임을 끝냅시다.
  最后，一起 唱《朋友》来 结束 这 次 聚会 吧。
  Zuìhòu yìqǐ chàng Péngyou lái jiéshù zhè cì jùhuì ba

▶ 노래를 잘 못부를 때 不 太 会 唱 歌 时
                      bú tài huì chàng gē shí

- 저는 음치에요.
  我 是 乐盲。
  Wǒ shì yuèmáng

- 그의 노래는 박자가 맞지 않아요.
  他 唱 的 歌 拍子 不 对。
  Tā chàng de gē pāizi bú duì

- 그녀의 노래는 음정이 맞지 않아요.
  她 唱 的 调儿 不 准。
  Tā chàng de diàor bù zhǔn

- 저는 음정이 맞질 않아서 사람들 앞에서 감히 노래를 못해요.
  我 五音 不 全，所以 不 敢 在 众人 面前 唱 歌。
  Wǒ wǔyīn bù quán suǒyǐ bù gǎn zài zhòngrén miànqián chàng gē

- 혼자 있을 땐 그래도 좀 하는데 사람들 앞에서는 노래가 안 나와요.
  只有 自己 一个 人 的 时候 还 能 唱 几 句，在 别人
  Zhǐyǒu zìjǐ yí ge rén de shíhou hái néng chàng jǐ jù zài biéren
  面前 就 唱 不 出来。
  miànqián jiù chàng bu chūlái

- 합창은 괜찮은데 독창은 자신이 없어요.
  合唱 还 可以，独唱 就 没有 信心 了。
  Héchàng hái kěyǐ dúchàng jiù méiyǒu xìnxīn le

- 비록 음정은 못맞추지만 노래하는 건 좋아해요.
  虽然 我 唱 歌 跑 调儿，但是 我 还是 很 喜欢 唱。
  Suīrán wǒ chàng gē pǎo diàor dànshì wǒ háishi hěn xǐhuan chàng

Ⅴ 등산 登 山
        dēng shān

A: 你 喜欢 爬 山 吗？
   Nǐ xǐhuan pá shān ma

B: 为了 健康， 常常 去 附近 的 山 上 锻炼。
   Wèile jiànkāng chángcháng qù fùjìn de shān shang duànliàn

② 각종 취미

A: 등산을 좋아하십니까?
B: 건강을 위해 자주 가까운 산에 올라 단련을 합니다.

- 암벽 등반은 어떤 장비들이 필요하죠?
  攀岩 需要 什么 装备？
  Pānyán xūyào shénme zhuāngbèi

- 안전한 코스를 택합시다.
  选 一 条 安全 的 路线。
  Xuǎn yì tiáo ānquán de lùxiàn

- 목이 타는군요. 물 한 모금 마시고 올라갑시다.
  真 渴，喝口 水再 上去 吧。
  Zhēn kě hē kǒu shuǐ zài shàngqu ba

- 오늘은 등산하기 좋은 날씨네요.
  今天 是 爬 山 的 好 天气。
  Jīntiān shì pá shān de hǎo tiānqì

- 드디어 산 정상에 다 왔어요!
  我们 终于 到达 山顶 了！
  Wǒmen zhōngyú dàodá shāndǐng le

- 우리는 가까스로 정상까지 올랐어요.
  我们 好不容易 爬到 了 顶点。
  Wǒmen hǎo bu róngyì pádào le dǐngdiǎn

- 산을 정복했을 때의 기분은 말로 표현할 수가 없어요.
  征服 整 座 山 的 心情 是 无法 用 语言 来 表达 的。
  Zhēngfú zhěng zuò shān de xīnqíng shì wúfǎ yòng yǔyán lái biǎodá de

- 뚱뚱한 사람은 가파른 산을 오르는 것을 피해야 해요.
  身体 胖 的 人要 避免 走 陡坡。①
  Shēntǐ pàng de rén yào bìmiǎn zǒu dǒupō

Ⅵ 낚시 钓 鱼
　　　　diào yú

A: 你 常 去 钓 鱼 吗？
　　Nǐ cháng qù diào yú ma

---

① 陡坡 dǒupō：가파른 언덕, 험한 비탈.

B: 差不多 每个 周末 都去河边 钓鱼。
　　Chàbuduō měi ge zhōumò dōu qù hé biān diào yú
A: 用 什么 鱼饵？①
　　Yòng shénme yú'ěr
B: 我每次都用 蚯蚓。
　　Wǒ měi cì dōu yòng qiūyǐn
A: 낚시하러 자주 갑니까?
B: 네, 거의 매주 강가에 가서 낚시를 합니다.
A: 어떤 미끼를 쓰세요?
B: 매번 지렁이를 씁니다.

- 저는 바다낚시를 좋아합니다.
  我 喜欢 在 海边 钓鱼。
  Wǒ xǐhuan zài hǎibiān diào yú
- 주로 낚시하러 어디로 갑니까?
  一般 上 哪儿去 钓鱼？
  Yìbān shàng nǎr qù diào yú
- 낚시대 참 좋네요, 어디서 구입하셨어요?
  钓竿 真 不错，在 哪儿买的？
  Diàogān zhēn búcuò zài nǎr mǎi de
- 낚시 도구 있으세요?
  有 渔具 吗？②
  Yǒu yújù ma
- 미끼는 낚시가게에서 삽니다.
  鱼饵 是 在渔具店 买 的。
  Yú'ěr shì zài yújùdiàn mǎi de
- 연휴 때는 밤낚시도 갑니다.
  休 长假 的 时候， 晚上 也去 钓鱼。
  Xiū chángjià de shíhou wǎnshang yě qù diào yú
- 그는 낚시의 명수입니다.
  他是 钓鱼老手。
  Tā shì diào yú lǎo shǒu

---

① 饵 ěr: 낚시밥, 미끼. = 钓饵 diào'ěr.
② 渔具 yújù: 낚시도구. = 钓具 diàojù.

2 각종 취미

- 요즘에는 낚시를 하면 할수록 재미있더군요.
  最近 对 钓鱼 越来越 感 兴趣 了。
  Zuìjìn duì diào yú yuèláiyuè gǎn xìngqù le

▶낚시터에서　　在　垂钓园
　　　　　　　　zài chuídiàoyuán

- 이 곳에서는 어떤 종류의 물고기가 잡힙니까?
  在 这儿 钓 的 是 什么样 的 鱼?
  Zài zhèr diào de shì shénmeyàng de yú

- 이 곳은 고기가 잘 잡힙니다.
  这儿 的 鱼 很 容易 钓。
  Zhèr de yú hěn róngyì diào

- 얼마나 잡으셨어요?
  你 钓 几 条 了?
  Nǐ diào jǐ tiáo le

- 겨우 잉어 두 마리와 메기 한 마리 잡았어요.
  才 钓了 两 条 鲤鱼 和 一 条 鲇鱼。
  Cái diàole liǎng tiáo lǐyú hé yì tiáo niányú

- 오늘은 어째서 입질조차 안하는 걸까요?
  今天 为什么 鱼漂儿 动 也 不 动?
  Jīntiān wèishénme yúpiāor dòng yě bú dòng

Ⅶ 미술　美术
　　　　měishù

A: 你 那么 喜欢 画 画儿, 那 你 最 欣赏 哪 位 画家
　　Nǐ nàme xǐhuan huà huàr　nà nǐ zuì xīnshǎng nǎ wèi huàjiā
　　的 作品 呢? ①
　　de zuòpǐn ne

B: 我 很 喜欢 徐 悲鸿 的 作品。
　　Wǒ hěn xǐhuan Xú Bēihóng de zuòpǐn

A: 为什么 呢? 他 的 作品 哪里 吸引 你? ②
　　Wèishénme ne　Tā de zuòpǐn nǎli xīyǐn nǐ

---

① 画画儿 huà huàr:앞의 画 huà는 동사 '그리다' 이고, 뒤의 画 huà는 명사 '그림'이다.

② 吸引 xīyǐn:잡아당기다, 끌다.

26

2 各种爱好

26. 취미와 스포츠

B: 他 非常 擅长 画 马，他 笔 下 的 马 惟妙
　　Tā fēicháng shàncháng huà mǎ　tā bǐ xià de mǎ wéimiào
惟肖。①
wéixiào
A: 당신은 그렇게 그림 그리기를 좋아하는데, 어느 화가를 제일 좋아하세요?
B: 쉬뻬이홍의 작품을 좋아해요.
A: 왜요? 그의 작품 어디가 좋으세요?
B: 그는 말을 대단히 잘 그리죠, 그의 붓끝에서의 말은 생동감이 넘쳐요.

▶관심과 취향　　兴趣 与 嗜好
　　　　　　　　xìngqù yǔ shìhào

• 그는 그림을 아주 잘 그려요.
　他 画 画儿 画 得 很 好。
　Tā huà huàr huà de hěn hǎo

• 그는 처음에는 취미삼아 그림을 그리기 시작했어요.
　他 开始 是 因 兴趣 才 学 画 画儿 的。
　Tā kāishǐ shì yīn xìngqù cái xué huà huàr de

• 저는 유화를 즐겨 그립니다.
　我 爱 画 油画。
　Wǒ ài huà yóuhuà

• 그는 물감으로 꽃을 그렸어요.
　他 用 水彩 画了 花儿。
　Tā yòng shuǐcǎi huàle huār

• 저는 자주 미술관에 가서 전람회를 감상해요.
　我 常 去 美术馆 欣赏 画展。
　Wǒ cháng qù měishùguǎn xīnshǎng huàzhǎn

---

① 惟妙惟肖 wéimiào wéixiào : 묘사를 실감나게 매우 잘하는 것을 말함.

[2] 각종 취미

- 당신은 동양화를 좋아합니까? 아니면 서양화를 좋아합니까?
  你 喜欢 国画 还是 西洋画？①
  Nǐ xǐhuan guóhuà háishi xīyánghuà

- 미술 전람회에 출품하신 적이 있습니까?
  你 在 美术 展览会 上 展过 作品 吗？
  Nǐ zài měishù zhǎnlǎnhuì shang zhǎnguo zuòpǐn ma

- 미술작품을 감상하기 위해 화랑에 자주 갑니다.
  为了 欣赏 美术 作品，我 常常 去 画廊。
  Wèile xīnshǎng měishù zuòpǐn wǒ chángcháng qù huàláng

- 정물화보다는 초상화를 더 좋아합니다.
  与 静物画 相比，更 喜欢 肖像画。
  Yǔ jìngwùhuà xiāngbǐ gèng xǐhuan xiàoxiànghuà

- 이 초상은 누굽니까?
  这 是 谁 的 肖像？
  Zhè shì shéi de xiàoxiàng

- 소묘는 그림 그리기의 기본이에요.
  素描 是 画 画儿 的 基础。
  Sùmiáo shì huà huàr de jīchǔ

▶작품 감상   欣赏 作品
            xīnshǎng zuòpǐn

- 이 그림은 누구의 작품이죠?
  这 幅 画 是 谁 的 作品？
  Zhè fú huà shì shéi de zuòpǐn

- 정말 훌륭한 작품이군요.
  真 是一 幅 完美 的 作品。
  Zhēn shì yì fú wánměi de zuòpǐn

- 이 그림은 매우 생동적이군요.
  这 幅 画 很 生动。
  Zhè fú huà hěn shēngdòng

- 이 추상화는 무엇을 그린 것인지 도저히 모르겠네요.
  我 很 难 猜出 这 幅 抽象画 到底 画 的 是 什么。
  Wǒ hěn nán cāichū zhè fú chōuxiànghuà dàodǐ huà de shì shénme

---

① 우리가 흔히 말하는 동양화를 중국에서는 国画라고 한다.

26. 취미와 스포츠

- 이 그림은 진짜와 너무 같아서 일반인은 진위를 구별 못하겠어요.
  这 幅 画 太 逼真 了， 一般 人 都 分 不 出 真假 。 ①
  Zhè fú huà tài bīzhēn le yìbān rén dōu fēn bu chū zhēnjiǎ

- 피카소 보다는 고흐의 그림이 보다 사실적이에요.
  和 毕卡索 相比， 凡·高 的 画 比较 现实 。 ②
  Hé Bìkǎsuǒ xiāngbǐ Fán Gāo de huà bǐjiào xiànshí

Ⅷ 수집　收集
shōují

A: 你 在 收集 什么 ?
　　Nǐ zài shōují shénme
B: 我 在 收集 以前 的 货币 。
　　Wǒ zài shōují yǐqián de huòbì
A: 收集 了 多少?
　　Shōují le duōshao
B: 五十 种 左右 。
　　Wǔshí zhǒng zuǒyòu
A: 무엇을 수집하고 있습니까?
B: 옛날 화폐를 수집하고 있어요.
A: 얼마나 모았는데요?
B: 50종 가량돼요.

- 그는 우표수집광이에요.
  他 是 邮票 收集狂 。
  Tā shì yóupiào shōujíkuáng

- 학생 때부터 각종 나비표본를 수집하기 시작했어요.
  从 上 学 时， 我 就 开始 收集 各 种 各 样 的 蝴蝶
  Cóng shàng xué shí wǒ jiù kāishǐ shōují gè zhǒng gè yàng de húdié
  标本 。
  biāoběn

---

　① 逼真 bīzhēn：꼭 진짜같다, 매우 흡사하다. ＝逼肖 bīxiào.
　② 毕卡索 Bìkǎsuǒ：피카소(Pablo Ruizy Picasso)毕加索 Bìjiāsuǒ라 하기도 함. 凡·高 Fán Gāo：고흐(Vincent van Gogh). 梵高 Fàn Gāo라 하기도 함.

② 각종 취미 1245

- 저는 전화카드를 10년 이상 모으고 있습니다.
  我 收集 电话 磁卡 已经 十 多 年 了。
  Wǒ shōují diànhuà cíkǎ yǐjīng shí duō nián le
- 골동품 수집은 돈이 많이 드는 취미랍니다.
  收集 古董 可是 一 种 花费 很 大 的 爱好。
  Shōují gǔdǒng kě shì yì zhǒng huāfèi hěn dà de àihào
- 그는 많은 돈을 고서적 사모으는 데 쓰고 있어요.
  他 把 许多 钱 都 用在 了 收集 古书 上。
  Tā bǎ xǔduō qián dōu yòngzài le shōují gǔshū shang

Ⅸ 텔레비전 시청　看 电视
kàn diànshì

A: 看了 昨天 晚上 的《幸运 五十二》了 吗?
　　Kànle zuótiān wǎnshang de Xìngyùn Wǔshí'èr le ma
B: 因为 加班, 所以 没 看着, 周日 重播 吧?
　　Yīnwèi jiā bān　suǒyǐ méi kànzháo zhōurì chóngbō ba
A: 어젯밤 "행운 52" 프로그램을 봤어요?
B: 야근을 하는 바람에 보지 못했어요. 일요일에 재방송하겠지요?

▶채널·프로그램　频道 / 节目
píndào　jiémù

- 요즘 TV에서 무슨 프로그램이 방영되고 있죠?
  最近 电视 上 播 什么 节目?
  Zuìjìn diànshì shang bō shénme jiémù
- 이 프로그램은 몇시에 방영되죠?
  这 个 节目 几 点 播放?
  Zhè ge jiémù jǐ diǎn bōfàng
- 오늘 저녁 북경 3TV에서 무슨 프로그램이 있지?
  今天 晚上 北京 三 台 放 什么 节目?
  Jīntiān wǎnshang Běijīng Sān Tái fàng shénme jiémù
- 어떤 TV 프로그램을 좋아합니까?
  你 喜欢 看 哪个 电视 节目?
  Nǐ xǐhuan kàn nǎ ge diànshì jiémù

26. 취미와 스포츠

- 매일 중앙 1TV의 뉴스를 시청합니다.
  我 天天 看 中央 一 台 的 新闻。
  Wǒ tiāntiān kàn Zhōngyāng Yī Tái de xīnwén

- 중국에서 CCTV는 모두 몇 개의 채널이 있습니까?
  CCTV 共 有 几 个 台？①
  CCTV gòng yǒu jǐ ge tái

- 요즘 뉴스의 주요 초점은 북경올림픽입니다.
  最近 新闻 的 焦点 是 北京 奥运。
  Zuìjìn xīnwén de jiāodiǎn shì Běijīng Àoyùn

- 〈동방시공〉도 놓칠 수 없는 좋은 프로그램이에요.
  《东方 时空》也 是 不 能 错过 的 节目。
  Dōngfāng Shíkōng yě shì bù néng cuòguò de jiémù

- 저는 연속극 채널의 고정팬입니다.
  我 是 电视剧 频道 的 忠实 观众。
  Wǒ shì diànshìjù píndào de zhōngshí guānzhòng

- 여성들은 역시 멜로 드라마를 좋아하지요.
  女性 还是 比较 喜欢 情感 连续剧。
  Nǚxìng háishi bǐjiào xǐhuan qínggǎn liánxùjù

- 한국 연속극 〈가을동화〉는 굉장한 인기가 있어요.
  那部 韩国 电视剧《蓝色 生死 恋》很 有 名气。
  Nà bù Hánguó diànshìjù Lánsè Shēngsǐ Liàn hěn yǒu míngqi

▶ 생방송 · 재방송   直播 / 重播
              zhíbō   chóngbō

- 지금 한중 친선축구경기의 생방송을 기다리는 중이에요.
  我 正在 等 中 韩 足球 友谊赛 的 现场 直播。
  Wǒ zhèngzài děng Zhōng Hán zúqiú yǒuyìsài de xiànchǎng zhíbō

---

① 중국의 中央电视台 Zhōngyāng Diànshìtái(중앙방송, CCTV)는 모두 12개의 채널이 있다. 1TV는 综合 zōnghé(종합), 2TV는 经济 jīngjì(경제), 3TV는 综艺 zōngyì(예술), 4TV는 国际 guójì(국제), 5TV는 体育 tǐyù(스포츠), 6TV는 电影 diànyǐng(영화), 7TV는 军事 jūnshì 农业 nóngyè(군사 농업), 8TV는 电视剧 diànshìjù(TV 드라마), 9TV는 英语 Yīngyǔ(영어), 10TV는 科教 kējiào(과학 교육), 11TV는 戏曲 xìqǔ(경극), 12TV는 社会与法 shèhuì yǔ fǎ(사회와 법)채널이다.

② 각종 취미

- 생방송은 보지 못하고 재방송을 봤습니다.
  直播 我 没 看，但 我 看过 重播。
  Zhíbō wǒ méi kàn dàn wǒ kànguo chóngbō
- 〈해외극장〉은 몇 시에 재방송합니까?
  《海外 剧场》几 点 重播？
  Hǎiwài Jùchǎng jǐ diǎn chóngbō

▶시청 시간　收看　时间
　　　　　　 shōukàn shíjiān

- 매일 3시간 가량 봅니다.
  每 天 看 三 个 小时 左右。
  Měi tiān kàn sān ge xiǎoshí zuǒyòu
- 휴일은 거의 TV를 봅니다.
  双休日 大部分 都 在 看 电视。
  Shuāngxiūrì dà bùfen dōu zài kàn diànshì
- 아침 일어나면서부터 TV를 보기 시작해요.
  我 早上 一起来 就 开始 看 电视。
  Wǒ zǎoshang yì qǐlai jiù kāishǐ kàn diànshì

▶시청 중의 대화　收看　中　的 对话
　　　　　　　　　shōukàn zhōng de duìhuà

- 리모콘은 어디 있지?
  遥控器 在 哪儿？
  Yáokòngqì zài nǎr
- 텔레비전 소리 좀 크게 해봐요.
  把 电视 声音 调大 一点儿。
  Bǎ diànshì shēngyīn tiáodà yìdiǎnr
- 이 프로그램은 정말 재미 없어, 다른 채널로 바꾸자.
  这 个 节目 真 没意思，换 别的 台 吧。
  Zhè ge jiémù zhēn méiyìsi huàn biéde tái ba
- 다음 프로그램은 무엇이죠?
  下 个 节目 是 什么？
  Xià ge jiémù shì shénme
- 화면이 흐리군요.
  画面 很 模糊。
  Huàmiàn hěn móhu

- 지금 이 프로그램을 녹화하고 있는 중이에요.
  我 正在 录这个节目呢。
  Wǒ zhèngzài lù zhè ge jiémù ne

- 텔레비전을 끄세요.
  关 电视 吧。
  Guān diànshì ba

X 애완동물 기르기　　养　宠物
　　　　　　　　　　　yǎng chǒngwù

- 그는 매일 개를 데리고 산책을 합니다.
  他 每 天 带着 狗 散 步。
  Tā měi tiān dàizhe gǒu sàn bù

- 이 사냥개는 순종입니까, 잡종입니까?
  这 猎狗 是 纯种 还是 杂种?
  Zhè liègǒu shì chúnzhǒng háishi zázhǒng

- 이 개는 무슨 종입니까?
  这 是 什么 种类 的 狗?
  Zhè shì shénme zhǒnglèi de gǒu

- 이 치와와는 보기에는 작지만 아주 영리해요.
  这 只 吉娃娃狗, 别 看 它 长 得 小, 很 聪明 的。
  Zhè zhī jíwáwágǒu bié kàn tā zhǎng de xiǎo hěn cōngmíng de

- 이 앵무새 말할 수 있어요?
  这 鹦鹉 会 说 话 吗?
  Zhè yīngwǔ huì shuō huà ma

- 그 앵무새는 그녀의 유일한 친구예요.
  那 只 鹦鹉 是 她 唯一 的 朋友。
  Nà zhī yīngwǔ shì tā wéiyī de péngyou

- 수컷이에요? 암컷이에요?
  是 公 的 还是 母 的?
  Shì gōng de háishi mǔ de

- 넌 암수를 가려낼 수 있니?
  你 能 分出 雌雄 吗?
  Nǐ néng fēnchū cíxióng ma

② 각종 취미

- 이 고양이는 대소변을 가릴 줄 아나요?
  这 只 猫 不 会 随地 大小便 吧？
  Zhè zhī māo bú huì suídì dàxiǎobiàn ba

- 저는 어떤 애완동물이든지 다 기르기 싫어해요.
  不管 什么 宠物，我 都 不 喜欢 养。
  Bùguǎn shénme chǒngwù wǒ dōu bù xǐhuan yǎng

26. 취미와 스포츠

③ 각종 스포츠 — 各种 运动
gèzhǒng yùndòng

중국인들에게 인기있는 스포츠 종목으로는 단연 축구(足球 zúqiú)를 들 수 있을 것이다. 중국에도 프로 축구팀이 있어 그들의 승패는 늘 사람들의 화제거리가 되곤 한다. 탁구(乒乓球 pīngpāngqiú) 또한 중국인들의 사랑을 받고 있는 인기 종목이며 세계 정상의 실력을 고수함으로서 중국인들의 자부심을 지켜주고 있다. 그러나 우리나라에서 매우 인기가 있는 야구(棒球 bàngqiú)는 중국에서는 전혀 사람들 관심 밖에 있는 것도 특기할 만하다.

기 본 대 화

A: 你 喜欢 什么 运动?
Nǐ xǐhuan shénme yùndòng

B: 无论 什么 种类 的 运动, 我 都 喜欢。
Wúlùn shénme zhǒnglèi de yùndòng wǒ dōu xǐhuan

A: 那你各 项 运动 都 很 厉害 吧。
Nà nǐ gè xiàng yùndòng dōu hěn lìhai ba

B: 也 不 是, 虽然 我 喜欢 运动, 但是 更 喜欢 观看
Yě bú shì suīrán wǒ xǐhuan yùndòng dànshì gèng xǐhuan guānkàn
比赛。
bǐsài

A: 어떤 스포츠를 좋아하세요?
B: 스포츠라면 뭐든지 다 좋아해요.
A: 그럼 아무 운동이나 다 잘하겠네요.
B: 그렇진 않아요. 운동을 좋아하긴 하지만 관전하는 것을 더 좋아해요.

여러 가지 활용

I 축구 足球
zúqiú

A: 昨天 你看 韩 中 友谊足球 比赛 了吗?
Zuótiān nǐ kàn Hán Zhōng yǒuyì zúqiú bǐsài le ma

B: 看了，打成一平了。
　　Kàn le dǎchéng yī píng le

A: 太可惜了，韩国队下半场结束前五分钟
　　Tài kěxī le Hánguó duì xià bànchǎng jiéshù qián wǔ fēnzhōng
　　的那个点球应该能进去的。
　　de nà ge diǎnqiú yīnggāi néng jìnqu de

B: 可不是嘛，不过两队都踢得很精彩。
　　Kěbúshì ma búguò liǎng duì dōu tī de hěn jīngcǎi

A: 어제 저녁 한중 친선축구경기 보았니?
B: 보았어. 1 : 1로 비겼어.
A: 너무 아까워. 후반 종료 5분 전 패널티킥을 꼭 넣었어야 했는데.
B: 그리게 말이야. 하지만 양팀 모두 열심히 잘 싸웠어.

▶경기 관전　看比赛
　　　　　　　kàn bǐsài

• 지금 전반전이야, 후반전이야?
　现在是上半场还是下半场?
　Xiànzài shì shàng bànchǎng háishi xià bànchǎng

• 양팀 아직 득점이 없어요.
　两队现在都没有得分。
　Liǎng duì xiànzài dōu méiyǒu dé fēn

• 톈진 타이다 팀의 조직력이 뛰어나군요.
　天津泰达队组织能力还不错。
　Tiānjīn Tàidáduì zǔzhī nénglì hái búcuò

• 우리 팀이 상대방의 수비를 뚫지 못하고 있어요.
　现在我队无法突破对方的防守。
　Xiànzài wǒ duì wúfǎ tūpò duìfāng de fángshǒu

• 저 선수 패스 기술이 아주 훌륭하군요.
　那个队员的传球技术太棒了。
　Nà ge duìyuán de chuán qiú jìshù tài bàng le

• 방금 전의 헤딩슛 정말 멋있었어.
　刚才　的头球真漂亮!
　Gāngcái de tóu qiú zhēn piàoliang

26. 취미와 스포츠

- 저 골키퍼는 수비를 잘 하는군요.
  那个 守门员 防守 很 棒。
  Nà ge shǒuményuán fángshǒu hěn bàng

- 저 선수는 수비와 공격 모두가 일류에요.
  那个 球员 防守 和 进攻 都 是 一流 的。
  Nà ge qiúyuán fángshǒu hé jìngōng dōu shì yīliú de

- 한국팀의 공격수가 아주 뛰어나군요.
  韩国队 的 前锋 很 出色。
  Hánguóduì de qiánfēng hěn chūsè

- 코너킥은 득점과 연결되기 쉬우니 방어를 잘해야 됩니다.
  角球 很 容易 得 分，一定 要 注意 防守。
  Jiǎoqiú hěn róngyì dé fēn yídìng yào zhùyì fángshǒu

- 방금 몇번 선수가 골키퍼를 제치고 골을 넣었죠?
  刚才 是 几 号 球员 闪过 守门员，射 门 进球 的?
  Gāngcái shì jǐ hào qiúyuán shǎnguò shǒuményuán shè mén jìn qiú de

- 두 팀 모두 혈전을 벌이며 연장전까지 왔습니다.
  双 方 拼死 苦 战，已经 打到 了 加时赛。
  Shuāng fāng pīnsǐ kǔ zhàn yǐjīng dǎdào le jiāshísài

- 휴식 시간에 응원단들이 멋진 장내 공연으로 우리 선수들을 격려하고 있습니다.
  中场 休息 时，拉拉队 在 场地 内 的 精彩 表演
  Zhōngchǎng xiūxi shí lālāduì zài chǎngdì nèi de jīngcǎi biǎoyǎn
  鼓舞 了 我 方 队员。①
  gǔwǔ le wǒ fāng duìyuán

- 3 : 2로 경기가 끝났습니다. 정말로 치열한 한 판 승부였어요.
  球赛 以 三 比 二 结束 了，真 是 一 场 很 激烈 的 比赛。
  Qiúsài yǐ sān bǐ èr jiéshù le zhēn shì yì chǎng hěn jīliè de bǐsài

▶슛·골인 射 门 / 进球
　　　　　 shè mén　jìn qiú

- 정말 멋진 슛이었어요.
  这 个 射 门 真 是 太 棒 了。
  Zhè ge shè mén zhēn shì tài bàng le

---

① 我方 wǒ fāng: 우리팀. 对方 duìfāng: 상대팀.

③ 각종 스포츠 **1253**

- 슛이 좀 높았습니다.
  射 门 有点儿 高 了。
  Shè mén yǒudiǎnr gāo le

- 아깝습니다. 골대를 맞고 튀어 나왔어요.
  真 可惜，球 被 门框 反弹 回来 了。
  Zhēn kěxī qiú bèi ménkuàng fǎntán huílai le

- 11번 선수 멋진 중거리슛으로 한 골을 넣었습니다.
  11 号 球员 用 一 次 很 棒 的 远射 进了一 球。
  Shíyī hào qiúyuán yòng yí cì hěn bàng de yuǎnshè jìnle yì qiú

- 앗, 저 볼이 들어가다니, 정말 예상치 못한 일입니다.
  啊，那个 球 竟然 进 了，真 是出乎我 的 意料 啊。
  A nà ge qiú jìngrán jìn le zhēn shì chūhū wǒ de yìliào a

- 어이없이 자살골로 지다니 정말로 아쉽군요.
  竟然 因 乌龙球 输掉 了，真 是太 可惜 了。
  Jìngrán yīn wūlóngqiú shūdiào le zhēn shì tài kěxī le

▶반칙 · 경고 犯 规 / 警告
　　　　　　　fàn guī　jǐnggào

- 저 선수의 태클 동작은 반칙입니다.
  那个 队员 的 防守 动作 是 犯规 的。
  Nà ge duìyuán de fángshǒu dòngzuò shì fàn guī de

- 베컴이 상대 선수에 의해 넘어졌어요, 땅에 엎어져 한참 만에야 겨우 일어났습니다.
  贝克汉姆 被 对方 撞倒 了，趴在 地上 好 长 时间
  Bèikèhànmǔ bèi duìfāng zhuàngdǎo le pāzài dìshang hǎo cháng shíjiān
  才 起来。①
  cái qǐlai

- 7번 선수의 부상이 심하군요. 의무요원들에 의해 들것에 실려 나가고 있습니다.
  7 号 队员 伤 得很 重，被 救护 人员 用 担架 抬出
  Qī hào duìyuán shāng de hěn zhòng bèi jiùhù rényuán yòng dānjià táichū
  场 外。
  chǎng wài

---

① 撞 zhuàng : 세게 부딪히거나 충돌하는 것을 말함. 撞车 zhuàng chē : 차에 부딪히다. 차에 치이다.

26. 취미와 스포츠

- 심판이 10번 선수에게 옐로카드를 들어 경고를 주는군요.
  裁判 给 10 号 队员 亮了 一次 黄牌，以示 警告。
  Cáipàn gěi shí hào duìyuán liàngle yí cì huángpái yǐ shì jǐnggào

- 5번 선수가 태클 반칙으로 심판에게 레드카드를 받고 퇴장당했습니다.
  5 号 队员 由于 铲 人 犯 规 被 裁判 用 红牌 罚下 场 了。
  Wǔ hào duìyuán yóuyú chǎn rén fàn guī bèi cáipàn yòng hóngpái fáxià chǎng le

- 모두가 골인으로 알고 환호할 때 심판이 오프사이드를 선언했어요. 정말 아깝군요.
  大家 正 为 进球而 欢呼 的 时候，裁判员 却 判 这 个 球 越 位，真 可惜。
  Dàjiā zhèng wèi jìn qiú ér huānhū de shíhou cáipànyuán què pàn zhè ge qiú yuè wèi, zhēn kěxī

▶월드컵　世界杯
　　　　　 shìjièbēi

- 붉은 악마의 열렬한 응원이 있었기에 한국팀이 4강에 진출할 수 있었습니다.
  有了 "红魔" 的 衷心 支持，韩国队 才 杀进 了四 强。①
  Yǒule hóngmó de zhōngxīn zhīchí Hánguóduì cái shājìn le sì qiáng

- 중국팀은 44년의 각고의 노력 끝에 월드컵 본선에 진출했어요.
  中国队　经过 四十四 年 的 奋力 拼搏，终于 踢进 了 世界杯。②
  Zhōngguóduì jīngguò sìshísì nián de fènlì pīnbó zhōngyú tījìn le shìjièbēi

---

① 杀进 shājìn: 여기서 杀 shā 는 '죽이다' 의 뜻이 아닌 '싸우다' 의 뜻. 杀进 shājìn은 곧 '싸워 이겨서 진입하다' 의 뜻.

② 奋力拼搏 fènlì pīnbó: 분발하여 필사적으로 싸우다. 목숨을 걸고 쟁취하다.

③ 각종 스포츠 **1255**

- 히딩크는 한국에서 제일가는 영웅이 되었습니다.
  希丁克 是 韩国 当 之无愧 的 英雄。①
  Xīdīngkè shì Hánguó dāng zhī wúkuì de yīngxióng

- 주최국은 경기에서 이점이 있지요.
  东道主 在 比赛 中 是 很 占 优势 的。②
  Dōngdàozhǔ zài bǐsài zhōng shì hěn zhàn yōushì de

- 호나우두가 거짓 모션으로 상대방 수비를 따돌렸군요, 정말 멋있습니다.
  罗纳尔多 一 个 顺势 假 动作 骗过 了 对方 的 防守,
  Luónà'ěrduō yí ge shùnshì jiǎ dòngzuò piànguò le duìfāng de fángshǒu
  真 是 精彩 啊。
  zhēn shì jīngcǎi a

- 응원단의 함성은 경기장의 매 선수들에게 큰 격려가 됩니다.
  拉拉队 的 齐 声 欢呼 大大 鼓舞 了 场 上 的 每 一
  Lālāduì de qí shēng huānhū dàdà gǔwǔ le chǎng shang de měi yí
  位 球员。③
  wèi qiúyuán

II 탁구 乒乓球
　　　　pīngpāngqiú

- 탁구는 중국에서 인기가 좋은 스포츠 종목입니다.
  乒乓球 在 中国 是 最受 欢迎 的 运动 项目。
  Pīngpāngqiú zài Zhōngguó shì zuì shòu huānyíng de yùndòng xiàngmù

- 탁구에는 어떠한 규칙들이 있습니까?
  乒乓球 都 有 什么 规则？
  Pīngpāngqiú dōu yǒu shénme guīzé

- 저는 아침 운동으로 탁구를 합니다.
  我 把 打 乒乓球 当做 晨 练。
  Wǒ bǎ dǎ pīngpāngqiú dàngzuò chén liàn

- 저는 라켓도 제대로 잡지 못해요.
  我 连 球拍 都 拿不好。
  Wǒ lián qiúpāi dōu ná bu hǎo

---

① 当之无愧 dāng zhī wúkuì: 부끄럽지 않다, 손색이 없다.
② 东道主 dōngdàozhǔ: 주최국, 초청국. = 东道国 dōngdàoguó.
③ 拉拉队 lālāduì: 응원단. 拉拉队姑娘 lālāduì gūniang: 치어걸.

26. 취미와 스포츠

- 그가 공을 높이 치면 저는 받아내지를 못해요.
  他一发高抛球，我就接不住。
  Tā yì fā gāopāoqiú wǒ jiù jiē bu zhù
- 우리 한 번 단식으로 쳐봅시다.
  我们单打独斗吧。
  Wǒmen dān dǎ dú dòu ba
- 이번에는 누가 서브할 차례입니까?
  这回谁发球?
  Zhè huí shéi fā qiú
- 단식으로 할까요? 아니면 복식으로 할까요?
  单打还是双打?
  Dāndǎ háishi shuāngdǎ
- 지금 양팀의 득점 상황이 어떻게 되지요?
  现在两队的得分情况怎么样?
  Xiànzài liǎng duì de défēn qíngkuàng zěnmeyàng
- 경기 시간이 다 돼가니 제 가슴이 조마조마 해지는군요.
  比赛时间快到了，我的心都悬了起来。①
  Bǐsài shíjiān kuài dào le wǒ de xīn dōu xuánle qilai
- 그녀는 서브를 받아낼 때 여전히 문제가 있어요.
  她的接发球还是有问题。
  Tā de jiē fā qiú háishi yǒu wèntí
- 저 공을 보세요, 매우 빠르게 회전하는군요.
  你看那个球，发得非常转。
  Nǐ kàn nà ge qiú fā de fēicháng zhuàn
- 이번 세계탁구선수권대회에서 한국팀에 커트볼 명수가 나타났습니다.
  这次世锦赛上韩国队出现了一位削球高手。②
  Zhè cì shìjǐnsài shang Hánguóduì chūxiàn le yí wèi xiāoqiú gāoshǒu

---

① 悬 xuán: 높은 곳에 달리다, 걸리다. 여기서는 가슴 졸이다, 조바심을 내다의 뜻.
② 世锦赛 shìjǐnsài: 世界锦标赛 shìjiè jǐnbiāosài(세계선수권대회). 削球 xiāoqiú: 커트볼. 깎아친 공.

- 탁구경기에서는 담력이 큰 사람이 이기죠.
  在 乒乓球 赛场 上 是 狭路 相逢， 勇者 胜。①
  Zài pīngpāngqiú sàichǎng shang shì xiálù xiāngféng yǒngzhě shèng

Ⅲ 야구 棒球
  bàngqiú

- 지금 몇회가 진행중이죠?
  现在 进行 了 几 局？
  Xiànzài jìnxíng le jǐ jú

- 막 4 회가 시작되었어요.
  第四局 刚 开始。
  Dìsì jú gāng kāishǐ

- 만루입니다.
  满 垒 了。
  Mǎn lěi le

- 아마도 투수를 바꿀 것 같아요.
  好像 要 换 投手 了。
  Hǎoxiàng yào huàn tóushǒu le

- 또 삼진아웃 이네요.
  又 是 三 振 出 局。
  Yòu shì sān zhèn chū jú

- 이미 1, 2 루에 주자가 나가 있어요.
  现在 已经 形成 一 二 垒 有 人。
  Xiànzài yǐjīng xíngchéng yī èr lěi yǒu rén

- 매우 위험했어요, 하마터면 데드볼이 될 뻔했네요.
  非常 危险，差 一点儿 形成 了 触身球。
  Fēicháng wēixiǎn chà yìdiǎnr xíngchéng le chùshēnqiú

- 그는 주루 속도가 매우 빠르군요.
  他 跑 垒 的 速度 非常 快。
  Tā pǎo lěi de sùdù fēicháng kuài

---

① 狭路相逢 xiálù xiāngféng: 좁은 길에서 만나다. 즉 '狭路相逢，勇者胜' 이란 "막다른 상황에서는 용감한 자가 이긴다" 는 뜻.

- 결국 역전승을 했습니다.
  最终 还是 反败为 胜 了。
  Zuìzhōng háishi fǎn bài wéi shèng le

- 이봐! 홈런 한 방 날려!
  喂，打一个 全垒打！
  Wèi dǎ yí ge quánlěidǎ

- 또 도루에 성공했어요.
  盗 垒 又 成功 了。
  Dào lěi yòu chénggōng le

- 그가 장외 만루홈런을 쳤어요.
  他击出了一支 场 外 的 全垒打 。
  Tā jīchū le yì zhī chǎng wài de quánlěidǎ

- 저 투수는 제구력이 아주 좋아요.
  那位 投手 控 球能力很好 。
  Nà wèi tóushǒu kòng qiú nénglì hěn hǎo

- 저 선수 제구력을 잃어버린 것 아니예요?
  这位 选手 是不是失去 控 球能力了？
  Zhè wèi xuǎnshǒu shì bu shì shīqù kòng qiú nénglì le

- 왕밍즈선수가 이미 연속으로 두 차례 고의사구를 던졌어요.
  王 明治 选手 已经 连续 投出 两 个 四坏球 保送 了。
  Wáng Míngzhì xuǎnshǒu yǐjīng liánxù tóuchū liǎng ge sìhuàiqiú bǎosòng le

- 이제 자이언트 4번타자 리홍의 타격이에요.
  现在 由巨人四 棒 李 洪 击 球 。
  Xiànzài yóu jùrén sì bàng Lǐ Hóng jī qiú

- 빨리 도루를 해, 빨리 뛰어!
  你 赶快 盗 垒，快 跑 啊！
  Nǐ gǎnkuài dào lěi kuài pǎo a

- 천치앙선수가 볼에 맞았습니다.
  陈 强 选手 被球 打中 了。
  Chén Qiáng xuǎnshǒu bèi qiú dǎzhòng le

- 투수를 바꾸는군요.
  更换 投手。
  Gēnghuàn tóushǒu

Ⅳ 골프　高尔夫
gāo'ěrfū

> A: 您 周末 一般 做 什么？
> Nín zhōumò yìbān zuò shénme
> B: 我 常常 打高尔夫。
> Wǒ chángcháng dǎ gāo'ěrfū
> A: 是 吗？在 碧绿 的 草地 上 可以 呼吸 新鲜 的
> Shì ma Zài bìlǜ de cǎodì shang kěyǐ hūxī xīnxiān de
> 空气，真 是 太 好 了。
> kōngqì zhēn shì tài hǎo le
> B: 改天 我们 一起 打 吧。
> Gǎitiān wǒmen yìqǐ dǎ ba
> A: 주말이면 주로 무엇을 하십니까?
> B: 저는 늘 골프를 칩니다.
> A: 그렇습니까? 푸른 잔디 위에서 신선한 공기를 마실 수 있으니 정말 좋겠네요.
> B: 언제 한 번 같이 치십시다.

- 골프 치기를 좋아하세요?
  喜欢 打 高尔夫球 吗？
  Xǐhuan dǎ gāo'ěrfūqiú ma

- 언제부터 골프를 시작했습니까?
  什么 时候 开始 打 高尔夫 的？
  Shénme shíhou kāishǐ dǎ gāo'ěrfū de

- 어느 골프 클럽에 가입하셨습니까?
  加入 了 哪 个 高尔夫 俱乐部？①
  Jiārù le nǎ ge gāo'ěrfū jùlèbù

- 쉬는 날에는 골프를 칩니다.
  休息 的 时候 我 去 打 高尔夫。
  Xiūxi de shíhou wǒ qù dǎ gāo'ěrfū

- 저는 지금 핸디 16입니다.
  现在 我 的 差点 是 16。
  Xiànzài wǒ de chādiǎn shì shíliù

---

① 俱乐部 jùlèbù: 클럽(club)을 음역한 것임.

26. 취미와 스포츠

- 이 골프장은 그린이 참 좋군요.
  这 球场 的 果岭 真 的 不错。①
  Zhè qiúchǎng de guǒlǐng zhēn de búcuò

- 오랜만에 필드에 나오니 기분이 아주 상쾌합니다.
  好久 没 来 球场 了，现在 一 来 心情 就 很 爽。
  Hǎojiǔ méi lái qiúchǎng le xiànzài yì lái xīnqíng jiù hěn shuǎng

- 다음 홀의 거리는 200야드예요.
  下 一 个 洞 的 距离 是 200 码。
  Xià yí ge dòng de jùlí shì èrbǎi mǎ

- 멋진 샷이었어요!
  好 漂亮 的 挥杆 啊！
  Hǎo piàoliang de huī gān a

- 저런! 볼을 또 벙커에 빠뜨렸군요.
  哎呀！又 把 球 打进 沙坑 里 了。
  Aiya Yòu bǎ qiú dǎjìn shākēng li le

- 어찌된 일인지 공이 계속 OB가 나는군요.
  球 怎么 总 出 界 啊。②
  Qiú zěnme zǒng chū jiè a

V 수영・다이빙 游泳 / 跳水
　　　　　　　 yóu yǒng tiào shuǐ

A: 你 会 游 泳 吗？
   Nǐ huì yóu yǒng ma
B: 我 只 会 自由泳，你 呢？
   Wǒ zhǐ huì zìyóuyǒng nǐ ne
A: 我 会 蛙泳、蝶泳。
   Wǒ huì wāyǒng diéyǒng
B: 那 你 掉进 水 里 应该 没 事儿 吧。
   Nà nǐ diàojìn shuǐ li yīnggāi méi shìr ba
A: 너 수영할 줄 아니?
B: 나는 자유영만 조금 할 줄 알아. 너는?

---

① 果岭 guǒlǐng: green을 음역한 것임.
② 总 zǒng: 늘, 줄곧, 매번. =老 lǎo.

> A: 나는 평영, 접영 다 할 줄 알아.
> B: 그럼 넌 물에 빠져도 걱정 없겠구나.

- 수영을 참 잘하는군요.
  你 游 得 真 棒。
  Nǐ yóu de zhēn bàng
- 저는 배영, 평영 모두 좋아합니다.
  我 仰泳、 蛙泳 都 喜欢。
  Wǒ yǎngyǒng wāyǒng dōu xǐhuan
- 몇 미터 정도 헤엄칠 수 있어요?
  能 游 多少 米?
  Néng yóu duōshao mǐ
- 개구리 헤엄이라면 저를 따를 사람이 없을 겁니다.
  蛙泳 没人 能 赶得上 我。
  Wāyǒng méi rén néng gǎndeshàng wǒ
- 귀에 물이 들어갔어요.
  耳朵 进 水 了。
  Ěrduo jìn shuǐ le
- 이 수영복 내가 입으면 너무 야하겠지?
  这 件 泳衣 我 穿 太 亮 了 吧?
  Zhè jiàn yǒngyī wǒ chuān tài liàng le ba
- 이 비키니 수영복은 너무 노출이 심하군.
  穿 这 件 比基尼 泳衣 显得 太 暴露 了。
  Chuān zhè jiàn bǐjīní yǒngyī xiǎnde tài bàolù le
- 경기를 할 때는 입수 속도가 빨라야 해요.
  比赛 的 时候 入 水 速度 要 快。
  Bǐsài de shíhou rù shuǐ sùdù yào kuài
- 물에 들어가기 전에 먼저 준비운동을 하는 것은 수영의 기본철칙이에요.
  入 水 之前 先 做 一些 准备 活动 是 游泳 的 基本 原则。
  Rù shuǐ zhīqián xiān zuò yìxiē zhǔnbèi huódòng shì yóuyǒng de jīběn yuánzé

1262 26. 취미와 스포츠

▶다이빙   跳 水
         tiào shuǐ

- 이 다이빙 동작은 정말 멋있군요.
  这 个 跳 水 动作 真 漂亮。
  Zhè ge tiào shuǐ dòngzuò zhēn piàoliang

- 나는 겁이 많아서 다이빙을 못해요.
  我 胆子 小 , 不 敢 跳 。
  Wǒ dǎnzi xiǎo bù gǎn tiào

- 중국 다이빙팀의 실력은 세계적으로 알아주는 수준이에요.
  中国   跳水队 在 世界 上 的 实力 不 可 低估 。①
  Zhōngguó tiàoshuǐduì zài shìjiè shang de shílì bù kě dīgū

Ⅵ 태권도   跆拳道
            táiquándào

A: 跆拳道 是 韩国 的 传统 武术 。
   Táiquándào shì Hánguó de chuántǒng wǔshù
   现在 全球 各 个 地方 都 有 学 跆拳道 的 。
   Xiànzài quánqiú gè ge dìfang dōu yǒu xué táiquándào de
B: 脚踢 很 棒, 我 也 想 学 。
   Jiǎotī hěn bàng wǒ yě xiǎng xué
A: 태권도는 대한민국의 전통무술이에요.
   이제는 세계 곳곳에서 태권도를 배우고 있어요.
B: 발차기가 아주 멋지더군요. 저도 꼭 배우고 싶어요.

- 저는 태권도 5단이에요.
  我 是 跆拳道 五 段 。
  Wǒ shì táiquándào wǔ duàn

- 우리 아이는 지금 빨간 띠예요.
  我 家 孩子 现在 是 红带 。
  Wǒ jiā háizi xiànzài shì hóngdài

- 선수를 보호하기 위해 헬멧과 보호대를 착용합니다.
  为了 保护 选手 自己 , 要 戴 安全帽, 穿 防护衣 。
  Wèile bǎohù xuǎnshǒu zìjǐ yào dài ānquánmào chuān fánghùyī

---

① 低估 dīgū: 얕잡아보다, 과소평가하다.

③ 각종 스포츠 **1263**

- 그런 날렵한 동작은 다른 무술에서는 보기 힘듭니다.
  如此 敏捷 的 动作，在 其他 格斗术 上 也 是 罕见 的。①
  Rúcǐ mǐnjié de dòngzuò zài qítā gédòushù shang yě shì hǎnjiàn de
- 1980년 태권도가 정식 국제경기로 선정되었습니다.
  1980 年，跆拳道 被 正式 选定 为 国际 竞赛
  Yījiǔbālíng nián táiquándào bèi zhèngshì xuǎndìng wéi guójì jìngsài
  项目。
  xiàngmù

Ⅶ 무술　武术
　　　　　wǔshù

A: 你 能 告诉 我 到 哪里 能够 学到 武术 吗？
　 Nǐ néng gàosu wǒ dào nǎli nénggòu xuédào wǔshù ma
B: 武术 学校 和 武术馆 都 行。
　 Wǔshù xuéxiào hé wǔshùguǎn dōu xíng
A: 那 怎么 练 呢？
　 Nà zěnme liàn ne
B: 首先 应该 练好 基本功，只有 基础 打 扎实 了 才
　 Shǒuxiān yīnggāi liànhǎo jīběngōng zhǐyǒu jīchǔ dǎ zhāshi le cái
　 能 练好 别的。
　 néng liànhǎo biéde
A: 那 学 什么 比较 好 呢？
　 Nà xué shénme bǐjiào hǎo ne
B: 那 就 看 你 自己 的 兴趣 和 爱好 了。比如 刀、
　 Nà jiù kàn nǐ zìjǐ de xìngqù hé àihào le Bǐrú dāo
　 枪、剑、戟，你 可以 挑着 学。②
　 qiāng jiàn jǐ nǐ kěyǐ tiāozhe xué
A: 飞 檐 走 壁 的 功夫 是 真 的 吗？
　 Fēi yán zǒu bì de gōngfu shì zhēn de ma

---

① 罕 hǎn: 드물다. 예) 罕见 hǎnjiàn: 보기 드물다. 罕有 hanyou: 드물게 있다, 희귀하다.

② 刀 dāo(도): 주로 베는 데 사용하는 칼로 한쪽에만 날이 서 있으며, 칼끝이 약간 휘어져 올라감. 枪 qiāng(창): 긴 나무막대 끝에 뾰족한 창살을 물림. 剑 jiàn(검): 주로 찌르는 데 사용하는 칼로 양쪽에 모두 날이 서 있음. 戟 jǐ(극): 끝이 좌우로 가닥진 창. 미늘창.

B: 那 只 不过 是 电视 上 的 表演 罢了，在 现实
Nà zhǐ búguò shì diànshì shang de biǎoyǎn bàle zài xiànshí
中 是 不 可能 的，要不 人人 都 成 飞侠
zhōng shì bù kěnéng de yàobù rénrén dōu chéng fēixiá
了。①
le

A: 어디가야 무술을 배울 수 있는지 알려줄 수 있어요?
B: 무술학교와 무술관 다 됩니다.
A: 어떻게 연마를 해요?
B: 먼저 기본기를 잘 배워야 해요. 기초가 잘 돼야 다른 것도 잘 배울 수 있어요.
A: 뭘 배우는 것이 좋을까요?
B: 그거야 당신의 관심과 취미에 달렸죠. 도, 창, 검, 극, 골라서 배우면 돼요.
A: 지붕 위나 담을 넘나드는 묘기가 진짜인가요?
B: 그건 TV 속의 연기일 뿐이에요. 현실에선 불가능하지요. 안 그럼 누구나 날아다니는 협객이 되게요.

- 중국무술의 역사는 유구합니다.
  中国 武术 的 发展 历史 源远 流长。
  Zhōngguó wǔshù de fāzhǎn lìshǐ yuányuǎn liúcháng

- 그의 권법은 매우 박진감이 넘쳐요.
  他 这 套 拳 打 得 有 鼻子 有 眼儿 的。②
  Tā zhè tào quán dǎ de yǒu bízi yǒu yǎnr de

- 태극권을 할 줄 아세요?
  你 会 打 太极拳 吗？
  Nǐ huì dǎ tàijíquán ma

- 그는 모든 무예에 모두 정통해요.
  他 十八 般 武艺 样样 精通。③
  Tā shíbā bān wǔyì yàngyàng jīngtōng

---

① 飞侠 fēixiá: 동작이 날렵하여 마치 날아다니는 듯한 협객. 小飞侠 xiǎo fēixiá: 피터팬.

② 有鼻子有眼儿 yǒu bízi yǒu yǎnr: 이목구비가 또렷하다는 뜻으로서, 행동이나 표현이 매우 정확하고 박진감이 넘칠 때에도 이러한 표현을 쓴다.

③ 十八般武艺 shíbā bān wǔyì: 십팔반무예, 여러 가지 기능이나 재주.

- 이 검술은 그가 아주 멋있게 해요.
  这 套 剑术 他 玩儿 得 很 漂亮。
  Zhè tào jiànshù tā wánr de hěn piàoliang

Ⅷ 스키·스케이트   滑 雪 / 滑 冰
             huá xuě   huá bīng

> A: 你会滑雪吗?
>   Nǐ huì huá xuě ma
> B: 我 滑过 一次，很 好玩儿。
>   Wǒ huáguo yí cì hěn hǎowánr
> A: 冬天 我 常常 去 滑雪场。
>   Dōngtiān wǒ chángcháng qù huáxuěchǎng
> B: 是吗？那你可以 教 我 吗？
>   Shì ma Nà nǐ kěyǐ jiāo wǒ ma
> A: 스키를 탈 줄 아세요?
> B: 한 번 타보았는데 정말 재미있더군요.
> A: 저는 겨울이면 거의 스키장에서 살다시피 해요.
> B: 그래요? 그럼 저 좀 가르쳐 줄래요?

- 바야흐로 스키의 계절이에요. 스키 타러 갑시다.
  现在 是 滑 雪 的 季节，我们 去 滑 雪 吧。
  Xiànzài shì huá xuě de jìjié wǒmen qù huá xuě ba
- 나는 멈추기만 하면 넘어져. 어떻게 멈추는지 좀 가르쳐 줘.
  我 一 停 就会 摔倒，你 教教 我 怎么 停 吧。
  Wǒ yì tíng jiù huì shuāidǎo nǐ jiāojiao wǒ zěnme tíng ba
- 많이 넘어져봐야 더 잘 탈 수 있다구.
  多 摔 几次，滑 得会 更 好 的。
  Duō shuāi jǐ cì huá de huì gèng hǎo de
- 뒤로 벌렁 넘어져 너무 아파 눈물이 나올 것 같아요.
  摔了 个 仰八叉，疼 得 我 直 想 掉 眼泪。[①]
  Shuāile ge yǎngbāchā téng de wǒ zhí xiǎng diào yǎnlèi

---

① 仰八叉 yǎngbāchā: 뒤로 벌렁 넘어지다. 나자빠지다. 큰대자로 넘어지다.

- 언제쯤 나도 빙상에서 자유자재로 탈 수 있을까?
  什么 时候 我 也 能 在 冰 上 来去 自如？①
  Shénme shíhou wǒ yě néng zài bīng shang lái qù zìrú

Ⅸ 볼링　保龄球
　　　　　bǎolíngqiú

> A: 你打的 平均分 是 多少？
> 　　Nǐ dǎ de píngjūnfēn shì duōshao
> B: 现在 是 160，已经 打了 十 年 了。
> 　　Xiànzài shì yìbǎiliù yǐjīng dǎle shí nián le
> A: 打 保龄球 对 健康 很 有 好处 吧？
> 　　Dǎ bǎolíngqiú duì jiànkāng hěn yǒu hǎochu ba
> B: 是 的，打完 一 场，浑身 都 会 出 汗，心情 也
> 　　Shì de dǎwán yì chǎng húnshēn dōu huì chū hàn xīnqíng yě
> 特别 好。
> tèbié hǎo
> A: 에버리지가 얼마나 됩니까?
> B: 현재는 160 이에요. 이미 10 년이나 쳤는걸요.
> A: 볼링을 하면 건강에도 도움이 많이 되겠죠?
> B: 네, 게임이 끝나면 온 몸이 땀에 젖고 기분도 산뜻해져요.

- 스트라이크를 할 때의 그 기분은 정말 통쾌해요.
  打了 个 全中，心 中 非常 痛快。②
  Dǎle ge quánzhòng xīn zhōng fēicháng tòngkuài
- 에이, 공이 옆으로 빠져나가 버렸어요.
  哎呀，球 掉进 旁边 的 沟槽 里去了。③
  Aiya qiú diàojìn pángbiān de gōucáo li qu le
- 오늘은 공이 정말 안맞는군요.
  今天 这 个 球 老 打 不 中。
  Jīntiān zhè ge qiú lǎo dǎ bu zhòng

---

① 自如 zìrú：자유자재로, 마음대로.
② 全中 quánzhòng：모두 맞히다. 스트라이크. 이때 中은 4 성으로 발음한다.
③ 沟槽 gōucáo：홈, 고랑.

③ 각종 스포츠 1267

- 공을 던질 때 좀더 세게 해봐요.
  你 投 球 的 时候 , 再 用力 一点儿 。
  Nǐ tóu qiú de shíhou zài yònglì yìdiǎnr

- 공이 너무 무겁네요, 체중에 맞춰 적당한 공을 선택해야 해요.
  你 拿 的 球 太 重 了 , 应该 根据 你 的 体重 选择 适合
  Nǐ ná de qiú tài zhòng le yīnggāi gēnjù nǐ de tǐzhòng xuǎnzé shìhé
  你 用 的 球 。
  nǐ yòng de qiú

X 테니스 · 배드민턴 　网球 / 羽毛球
　　　　　　　　　wǎngqiú　yǔmáoqiú

```
A: 在 公园 里 打 羽毛球 的 人 真 多 呀 !
   Zài gōngyuán li dǎ yǔmáoqiú de rén zhēn duō ya
B: 对 , 羽毛球 在 中国 最 受 老百姓 的 欢迎 。
   Duì yǔmáoqiú zài Zhōngguó zuì shòu lǎobǎixìng de huānyíng
A: 我们 也 从 明天 开始 打球 怎么样 ?
   Wǒmen yě cóng míngtiān kāishǐ dǎ qiú zěnmeyàng
B: 好 啊 , 我们 马上 去 买 一 副 球拍 。
   Hǎo a wǒmen mǎshàng qù mǎi yí fù qiúpāi

A: 공원에 배드민턴 치는 사람들이 아주 많군요!
B: 그래요, 배드민턴은 중국인들에게 가장 인기가 많죠.
A: 우리도 내일부터 치기로 해요.
B: 좋아요, 당장 라켓을 사러 갑시다.
```

- 테니스 잘 치세요?
  你 网球 打得 好 吗 ?
  Nǐ wǎngqiú dǎ de hǎo ma

- 우리 테니스로 몸 좀 풉시다.
  我们 打 网球 活动 活动 吧 。
  Wǒmen dǎ wǎngqiú huódòng huódòng ba

- 서브는 제비뽑기로 정합시다.
  咱们 抽 签 来 决定 谁 先 发球 吧 。 ①
  Zánmen chōu qiān lái juédìng shei xiān fā qiú ba

---

① 抽签 chōu qiān: 추첨하다. 제비를 뽑다. 抽 chōu 는 '뽑다' 는 뜻. 예) 抽奖 chōu jiǎng: 경품을 추첨하다. 抽血 chōu xiě: 피를 뽑다.

1268 26. 취미와 스포츠

- 서브는 누구 차례지요?
  该 谁 发 球 了？
  Gāi shéi fā qiú le

- 서브가 정말 훌륭했어요.
  发 球 发 得 太 棒 了。
  Fā qiú fā de tài bàng le

- 아직 기법을 잘 몰라 라켓을 제대로 사용 못해요.
  我 不 懂 打球的技巧，所以 不 太 会 使 球拍。
  Wǒ bù dǒng dǎ qiú de jìqiǎo suǒyǐ bú tài huì shǐ qiúpāi

4 경기 관전　　观看 比赛
guānkàn bǐsài

경기를 관전하면서 우리 팀을 응원할 때는 보통 加油! Jiā yóu 라고 한다. 加油 jiā yóu 란 자동차 등에 "기름을 넣다" 라는 뜻도 되며, 경기장에서는 "힘내라" "이겨라" 등의 의미가 된다. 때로 축구경기를 지켜볼 때 자국 팀이 부진을 면치 못할 때에는 화가 나서 감독(教练 jiàoliàn)을 향해 "下课! Xià kè"라고 야유를 보내기도 하는데, "수업을 끝내다" 라는 뜻이니 곧 "감독 물러나라!" 는 말이다.

기본 대화

A: 你 昨天 看了 日本 和　中国　的 女 篮 比赛 吗?
　　Nǐ zuótiān kànle Rìběn hé Zhōngguó de nǚ lán bǐsài ma
B: 看 了, 气死 我 了。
　　Kàn le　qìsǐ wǒ le
A: 可不是 嘛! 裁判 怎么 能 那么 判 呢?
　　Kěbúshì ma　Cáipàn zěnme néng nàme pàn ne
B: 明明　不　公平　嘛，原本　赢了 的 比赛 竟然 输 了。
　　Míngmíng bù gōngpíng ma　yuánběn yíngle de bǐsài jìngrán shū le

A: 어제 일본과 중국의 여자 농구 경기 보았니?
B: 보았어, 화가 나서 죽을 뻔 했어.
A: 누가 아니래. 심판이 어쩜 그렇게 판정을 할 수가 있지?
B: 너무나 불공평했어. 다 이긴 경기를 어이없이 지고 말았잖아.

여러 가지 활용

Ⅰ 경기 관람하기　看 比赛
　　　　　　　　　kàn bǐsài

▶준계방송 시청　收看　现场　直播
　　　　　　　　shōukàn xiànchǎng zhíbō

A: 你 知道 今天 有 韩　中　足球赛 的　现场　直播 吗?
　　Nǐ zhīdào jīntiān yǒu Hán Zhōng zúqiúsài de xiànchǎng zhíbō ma

26. 취미와 스포츠

B: 当然 了，我 是 从来 都 不 会 错过 观看 这
　　Dāngrán le　wǒ shì cónglái dōu bú huì cuòguò guānkàn zhè
　　种　比赛 的。
　　zhǒng bǐsài de
A: 오늘 한중 축구 중계방송 있는 것 알아?
B: 물론이지, 그런 시합은 절대로 놓칠 수 없지.

- 우리 같이 경기 보면서 우리 팀 응원할까?
  我们　一起　观看　比赛，支持 我们 的 队 吧。
  Wǒmen yìqǐ guānkàn bǐsài　zhīchí wǒmen de duì ba

- 오늘 프로축구경기 무슨 채널에서 중계방송하지?
  今天 的 职业 足球 比赛 在 哪 个 频道 进行　现场　直播
  Jīntiān de zhíyè zúqiú bǐsài zài nǎ ge píndào jìnxíng xiànchǎng zhíbō
  啊?
  a

- 탁구대회 중계방송이 몇 시에 시작되죠?
  乒乓球　比赛 的　现场　直播 几 点 开始 啊?
  Pīngpāngqiú bǐsài de xiànchǎng zhíbō jǐ diǎn kāishǐ a

▶ 경기장에서의 관람　在　现场　观看
　　　　　　　　　 zài xiànchǎng guānkàn

A: 今天 我们 去　现场　看 棒球 比赛 好 吗?
　 Jīntiān wǒmen qù xiànchǎng kàn bàngqiú bǐsài hǎo ma
B: 今天 太 热 了，在 家 里 看　现场　直播 吧，
　 Jīntiān tài rè le　zài jiā li kàn xiànchǎng zhíbō ba
　 怎么样?
　 zěnmeyàng
A: 去　现场　看 和 在 家 里 看 电视 是 不 同 的。
　 Qù xiànchǎng kàn hé zài jiā li kàn diànshì shì bù tóng de
B: 怎么 不 同 呢?
　 Zěnme bù tóng ne
A: 在　现场　看 很 有 气氛。可以　大声　为 我们
　 Zài xiànchǎng kàn hěn yǒu qìfēn　　Kěyǐ dàshēng wèi wǒmen
　 的 队 加油、喝彩。①
　 de duì jiā yóu　hè cǎi

---

① 喝彩 hè cǎi: 갈채하다. 환호하다. 喝를 1성으로 발음하면 물이나 차 등을 '마시다'는 뜻이지만, 4성으로 발음하면 '소리치다'는 뜻이 된다.

④ 경기 관전

B: 那 倒 也是 。 难怪 大家 都 抢着 买 票 。
　　Nà dào yěshì　　Nánguài dàjiā dōu qiǎngzhe mǎi piào
A: 오늘 우리 야구장에 가서 야구 시합 볼까?
B: 날씨도 더운데 그냥 집에서 중계방송 보는게 어때?
A: 현장에서 보는 것과 텔레비전으로 보는 것은 다르다구.
B: 뭐가 다른데?
A: 현장에서는 분위기라는게 있잖아. 큰소리로 우리팀을 응원도 하고 환호도 하고.
B: 하긴, 그러니까 다들 표를 사느라 난리겠지.

▶응원　支持
　　　　zhīchí

- 너는 어느 팀을 응원하니?
  你 支持 哪 个 队 ?
  Nǐ zhīchí nǎ ge duì

- 나는 브라질팀을 응원해.
  我 支持 巴西队 。
  Wǒ zhīchí Bāxīduì

- 이번엔 꼭 우리 팀이 이겼으면 좋겠어.
  我 希望 这 次 比赛 我们 队 能 赢 。
  Wǒ xīwàng zhè cì bǐsài wǒmen duì néng yíng

- 이겨라! 이겨라!
  加 油 ! 加 油 !
  Jiā yóu　Jiā yóu

- 한 골 넣어라!
  进 球 , 进 球 !
  Jìn qiú　jìn qiú

Ⅱ 예상・진행・결과　预测 / 进行 / 结果
　　　　　　　　　　yùcè　jìnxíng　jiéguǒ

▶경기 예상　预测 比赛 结果
　　　　　　yùcè bǐsài jiéguǒ

- 어느 팀이 이길 것 같습니까?
  你 觉得 哪 个 队 会 赢 ?
  Nǐ juéde nǎ ge duì huì yíng

26. 취미와 스포츠

- 구기 경기는 끝나기 전에는 누가 이길지 몰라요.
  球赛 不 到 最后，不 知道 谁 会 赢 。
  Qiúsài bú dào zuìhòu   bù zhīdào shéi huì yíng

- 어느 팀이 이기는가 우리 내기를 합시다.
  我们 来打赌，看 哪个 队 会 赢 。
  Wǒmen lái dǎ dǔ   kàn nǎ ge duì huì yíng

- 내일이 결승전인데, 브라질과 아르헨티나 어느 팀이 이길까?
  明天 有 决赛，巴西 和 阿根廷 哪个 队 会 赢 呢？
  Míngtiān yǒu juésài   Bāxī hé Āgēntíng nǎ ge duì huì yíng ne

▶경기 진행 상황　比赛 进行 　情况
　　　　　　　　　bǐsài jìnxíng qíngkuàng

- 지금 몇 대 몇이죠?
  现在 几比几？
  Xiànzài jǐ bǐ jǐ

- 점수가 어떻게 됐어요?
  比分 是 多少？
  Bǐfēn shì duōshao

- 지금 어느 팀이 앞서고 있죠?
  现在 哪个 队 领先 ？①
  Xiànzài nǎ ge duì lǐngxiān

- 우리 팀이 5대 3으로 앞서고 있어요.
  我们队 五比三 领先 了 。
  Wǒmenduì wǔ bǐ sān lǐngxiān le

- 이 시합은 무승부가 될 것 같군요.
  这 比赛 可能 打平 。
  Zhè bǐsài kěnéng dǎpíng

- 역전의 기회는 아직도 충분해요.
  反 败 为 胜 的机会 还 很 多 。
  Fǎn bài wéi shèng de jīhuì hái hěn duō

---

① 领先 lǐngxiān: 앞서다. 리드하다. 선두에 서다.

4 경기 관전

④ 观看比赛

▶경기 결과　比赛 结果
　　　　　　bǐsài jiéguǒ

- 누가 이겼지?
  谁 赢 了?
  Shéi yíng le

- 그 경기의 결과는 어떻게 됐죠?
  那次 比赛 的 结果 怎么样?
  Nà cì bǐsài de jiéguǒ zěnmeyàng

- 우리 팀이 역전승을 했어.
  我们队 反败为 胜 了。
  Wǒmenduì fǎn bài wéi shèng le

- 아깝게도 우리 팀이 2:3으로 역전패했어.
  真 可惜，我们队 以 2:3 落败 了。
  Zhēn kěxī wǒmenduì yǐ èr bǐ sān luò bài le

- 졌어. 정말 실망이야.
  输了，我 很 失望。
  Shū le wǒ hěn shīwàng

- 무승부야. 맥이 빠지는군.
  平 了，真 没劲。
  Píng le zhēn méijìn

- 그건 처음부터 이미 승패가 정해진 경기였어요.
  那一开始 就是 一个 胜负 已 定 的 比赛。
  Nà yì kāishǐ jiù shì yí ge shèngfù yǐ dìng de bǐsài

- 그녀는 예선경기에서 탈락했어요.
  她 在 预选赛 上 就 落选 了。
  Tā zài yùxuǎnsài shang jiù luòxuǎn le

- 그는 수영경기 도중 스스로 기권했어요.
  他 在 游泳 比赛 中 自动 弃权 了。
  Tā zài yóuyǒng bǐsài zhōng zìdòng qìquán le

- 그는 다리 부상으로 실력을 발휘 못해 결선에 떨어졌어요.
  他 腿 受伤 了，所以 影响 了 发挥，没进 决赛。
  Tā tuǐ shòushāng le suǒyǐ yǐngxiǎng le fāhuī méi jìn juésài

26. 취미와 스포츠

- 싸우다 보면 이길 수도 있고 질 수도 있지, 너무 경기결과에 집착하지 마.
  胜败 乃 兵家 常事，不要 太 计较 比赛 的 结果。①
  Shèngbài nǎi bīngjiā chángshì búyào tài jìjiào bǐsài de jiéguǒ
- 운동선수라면 페어플레이어 정신이 있어야 해요.
  作为 一 个 运动员，要 有 公平 公正 之 心。
  Zuòwéi yí ge yùndòngyuán yào yǒu gōngpíng gōngzhèng zhī xīn
- 경기 전 도핑테스트를 해서 금지약물 복용 여부를 검사합니다.
  在 比赛 以前 要 例行 检查，看 有 没有 服用 违禁
  Zài bǐsài yǐqián yào lìxíng jiǎnchá kàn yǒu méiyǒu fúyòng wéijìn
  药品。
  yàopǐn
- 노장이 출전하니 경기가 단번에 전기를 맞는군요.
  真 是 老 将 出 马 一个 顶 俩 呀，比赛 马上 就 有
  Zhēn shì lǎo jiàng chū mǎ yí ge dǐng liǎ ya bǐsài mǎshàng jiù yǒu
  了 转机 。②
  le zhuǎnjī

참고 관련 용어 词汇
                    cíhuì

- 취미   爱好   · 오목   五子棋
         àihào   wǔzǐqí
- 여가   休闲   · 영화   电影
         xiūxián   diànyǐng
- 휴가   休假   · 우표 수집 集邮
         xiū jià   jí yóu
- 마작   麻将   · 음악감상 欣赏 音乐
         májiàng   xīnshǎng yīnyuè
- 바둑   围棋   · 에어로빅 健美操
         wéiqí   jiànměicāo
- 바둑을 두다 下棋   · 원예   园艺
              xià qí   yuányì

---

① 胜败乃兵家常事 shèngbài nǎi bīngjiā chángshì : "승패는 병가지상사" 즉, 승패는 싸움에서 늘 있는 일이라는 뜻. 计较 jìjiào: 사소한 일을 가지고 지나치게 따짐. = 斤斤计较 jīnjīn jìjiào.

② 老将出马一个顶俩 lǎo jiàng chū mǎ yí ge dǐng liǎ : 노장이 출전하여 1인 2역을 해내다. 즉 베테랑 선수가 제 역할을 톡톡히 해낸다는 뜻.

④ 경기 관전

- 조각　雕刻 diāokè
- 조소　塑像 sùxiàng
- 추상화　抽象画 chōuxiànghuà
- 포커　扑克 pūkè
- 여행　旅行 lǚxíng
- 해외여행　海外旅行 hǎiwài lǚxíng
- 들놀이　野游，郊游 yěyóu, jiāoyóu
- 명승고적　名胜古迹 míngshèng gǔjī
- 무전여행　自助旅行 zìzhù lǚxíng
- 배낭여행　背包旅行 bēi bāo lǚxíng
- 실크로드　丝绸之路 sīchóu zhī lù
- 독서　读书 dú shū
- 무협소설　武侠小说 wǔxiá xiǎoshuō
- 역사소설　历史小说 lìshǐ xiǎoshuō
- 추리소설　推理小说 tuīlǐ xiǎoshuō
- 책벌레　书呆子 shūdāizi
- 베스트셀러　最畅销的书 zuì chàngxiāo de shū
- 산문　散文 sǎnwén
- 시집　诗集 shījí
- 신문　报纸 bàozhǐ
- 헤드라인　头条 tóu tiáo
- 무협영화　武打片儿 wǔdǎpiānr
- 1면 머리기사　头条新闻 tóutiáo xīnwén

- 잡지　杂志 zázhì
- 영화광　影迷 yǐngmí
- 코미디영화　搞笑片儿 gǎoxiàopiānr
- 공상과학영화　科幻片儿 kēhuànpiānr
- 공포영화　恐怖片儿 kǒngbùpiānr
- 애니매이션 영화　动画片儿 dònghuàpiānr
- 영화배우　影星 yǐngxīng
- 감독　导演 dǎoyǎn
- 영화제　电影节 diànyǐngjié
- 대중가요　流行歌曲 liúxíng gēqǔ
- 콘서트　演唱会 yǎnchànghuì
- 록음악　摇滚歌曲 yáogǔn gēqǔ
- 민요　民谣 mínyáo
- 클래식 음악　古典音乐 gǔdiǎn yīnyuè
- 가수　歌星 gēxīng
- 음악팬　歌迷 gēmí
- 악기　乐器 yuèqì
- 기타　吉他 jítā
- 하모니카　口琴 kǒuqín
- 피아노　钢琴 gāngqín
- 바순　竖笛 shùdí
- 바이올린　小提琴 xiǎotíqín
- 비올라　中提琴 zhōngtíqín

26 ④ 观看比赛

26. 취미와 스포츠

- 아코디언　手风琴 shǒufēngqín
- 오르간　风琴 fēngqín
- 전자오르간　电子琴 diànzǐqín
- 첼로　大提琴 dàtíqín
- 탬버린　铃鼓 línggǔ
- 트럼펫　小号 xiǎohào
- 플루트　长笛 chángdí
- 피리　笛子 dízi
- 경음악　轻音乐 qīngyīnyuè
- 동요　童谣 tóngyáo
- 오케스트라　管弦乐队 guǎnxián yuèduì
- 재즈　爵士 juéshì
- 노래방　卡啦OK厅 kǎlā-OK tīng
- 음치　音盲, 五音不全 yīnmáng wǔyīn bù quán
- 박자　拍子 pāizi
- 음정　调儿 diàor
- 독창　独唱 dúchàng
- 합창　合唱 héchàng
- 등산　登山, 爬山 dēng shān pá shān
- 침낭　睡袋 shuìdài
- 암벽등반　攀岩 pān yán
- 산정상　山顶 shāndǐng
- 낚시　钓鱼 diào yú
- 미끼　鱼饵 yú'ěr
- 지렁이　蚯蚓 qiūyǐn
- 낚시 도구　渔具 yújù
- 낚시대　钓竿 diàogān
- 올림픽　奥运会 Àoyùnhuì
- 아시안게임　亚运会 Yàyùnhuì
- 장애자운동회　残运会 cányùnhuì
- 우승　冠军 guànjūn
- 준우승　亚军 yàjūn
- 무승부　平手, 平局 píngshǒu píngjú
- 스코어　比分 bǐfēn
- 축구　足球 zúqiú
- 전반전　上半场 shàngbànchǎng
- 후반전　下半场 xiàbànchǎng
- 패스　传球 chuán qiú
- 헤딩슛　顶球, 头球 dǐng qiú tóu qiú
- 골키퍼　守门员, 门将 shǒuményuán ménjiàng
- 공격수　前锋 qiánfēng
- 수비수　后卫 hòuwèi
- 코너킥　角球 jiǎoqiú
- 패널티킥　点球 diǎnqiú
- 연장전　加时赛 jiāshísài
- 슛　射门 shè mén

4 경기 관전

• 골인	进球	jìn qiú
• 골대	球门框	qiúménkuàng
• 자살골	乌龙球	wūlóngqiú
• 반칙	犯规	fàn guī
• 경고	警告	jǐnggào
• 심판	裁判	cáipàn
• 오프사이드	越位	yuè wèi
• 월드컵	世界杯	shìjièbēi
• 탁구	乒乓球	pīngpāngqiú
• 라켓	球拍	qiúpāi
• 탁구대	乒乓球台	pīngpāngqiútái
• 서브권	发球权	fāqiúquán
• 서브를 넣다	发球	fā qiú
• 소프트볼	垒球	lěiqiú
• 스매싱, 스파이크	扣球	kòu qiú
• 토스	丢球	diū qiú
• 드라이브	杀球	shā qiú
• 커트볼	削球	xiāoqiú
• 야구	棒球	bàngqiú
• 투수	投手	tóushǒu
• 삼진아웃	三振出局	sān zhèn chū jú
• 만루	满垒	mǎnlěi
• 데드볼	触身球	chùshēnqiú
• 홈런	全垒打	quánlěidǎ
• 도루	盗垒	dào lěi
• 사구	四坏球	sìhuàiqiú
• 변화구	变化球	biànhuàqiú
• 골프	高尔夫	gāo'ěrfū
• 핸디	差点	chādiǎn
• 홀	洞	dòng
• 벙커	沙坑	shākēng
• 오비	出界	chū jiè
• 그린	果岭	guǒlǐng
• 수영	游泳	yóuyǒng
• 다이빙	跳水	tiào shuǐ
• 자유영	自由泳	zìyóuyǒng
• 평영	蛙泳	wāyǒng
• 접영	蝶泳	diéyǒng
• 배영	仰泳	yǎngyǒng
• 수영복	泳衣	yǒngyī
• 비키니	比基尼	bǐjīní
• 태권도	跆拳道	táiquándào
• 무술	武术	wǔshù
• 태극권	太极拳	tàijíquán
• 스키	滑雪	huá xuě
• 스케이트	滑冰	huá bīng

26. 취미와 스포츠

- 볼링　保龄球 bǎolíngqiú
- 테니스　网球 wǎngqiú
- 배드민턴　羽毛球 yǔmáoqiú
- 농구　篮球 lánqiú
- 배구　排球 páiqiú
- 럭비　橄榄球 gǎnlǎnqiú
- 체조　体操 tǐcāo
- 씨름, 레슬링　摔跤 shuāi jiāo
- 마라톤　马拉松 mǎlāsōng
- 사격　射击 shèjī
- 수중발레　花样游泳 huāyàng yóuyǒng
- 승마　赛马 sài mǎ
- 원반　飞盘 fēipán
- 윈드서핑　水上划艇 shuǐshàng huátǐng
- 유도　柔道 róudào
- 조정　赛艇 sàitǐng
- 줄넘기　跳绳 tiào shéng
- 파도타기　冲浪 chōng làng
- 펜싱　击剑 jī jiàn
- 폴로　马球 mǎqiú
- 피겨스케이팅　花样滑冰 huāyàng huá bīng
- 필드하키　曲棍球 qūgùnqiú
- 행글라이더　滑翔飞翼 huáxiáng fēiyì
- 당구　台球 táiqiú